本书系2013年度
国家社科基金重大项目"西南唐宋石窟寺遗存的调查与综合研究"
（项目编号：13ZD&101）结项成果

本书出版得到
四川大学创新2035先导计划"区域历史与考古文明"
亨利·鲁斯基金项目"深研道教：碑刻和考古材料作为道教生活宗教资料"，2019～2024年
(Henry Luce Foundation, "Advancing Daoism: Epigraphic and Archeological Materials as Sources for Daoist Lived Religion", 2019 – 2024)
项目资助

国家社科基金重大项目成果

安岳石窟内容总录

第一卷

白彬　张亮　雷玉华　董华锋　主编

四川大学考古文博学院
西南民族大学旅游与历史文化学院
安岳石窟研究院　编著

天津出版传媒集团
天津古籍出版社

图书在版编目（CIP）数据

安岳石窟内容总录 / 白彬等主编；四川大学考古文博学院，西南民族大学旅游与历史文化学院，安岳石窟研究院编著. -- 天津：天津古籍出版社，2023.12（2025.1重印）
ISBN 978-7-5528-1059-2

Ⅰ. ①安… Ⅱ. ①白… ②四… ③西… ④安… Ⅲ. ①石窟—介绍—安岳 Ⅳ. ①K879.29

中国版本图书馆CIP数据核字（2020）第234925号

安岳石窟内容总录
ANYUE SHIKU NEIRONG ZONGLU

白　彬　张　亮　雷玉华　董华锋　主编

四川大学考古文博学院
西南民族大学旅游与历史文化学院　编著
安　岳　石　窟　研　究　院

出　　　版	天津古籍出版社
出 版 人	任　洁
地　　　址	天津市和平区西康路35号康岳大厦
邮政编码	300051
邮购电话	（022）23517902

选题策划	赵　娜
责任编辑	王宇英　王海燕
技术编辑	娄珊珊
责任校对	刘　睿
封面设计	董　晓
封面编辑	鞠佳美

印　　　刷	北京捷迅佳彩印刷有限公司
经　　　销	全国新华书店发行
开　　　本	889毫米×1194毫米　1/16
印　　　张	133.5
版次印次	2023年12月第1版　2025年1月第2次印刷
定　　　价	2580.00元（全五卷）

地图审图号　川S【2023】18001号
版权所有　侵权必究
图书如出现印装质量问题，请致电联系调换（022-23517902）

《安岳石窟内容总录》

主　编

白　彬　张　亮　雷玉华　董华锋

副主编

王丽君　谈北平　童瑞雪　李挺莉　童　来　李叶平

编著单位

四川大学考古文博学院
西南民族大学旅游与历史文化学院
安岳石窟研究院

前　言

安岳县位于四川盆地中部，地跨北纬 29°40′32″~30°18′53″，东经 104°56′51″~105°45′14″之间，海拔高程 247~551 米。县域平面似菱形，辖区面积约 2689 平方千米。北接遂宁市安居区，东北、东南分别临重庆市潼南区和大足区，南连重庆市荣昌区和四川省内江市东兴区，西倚四川省内江市资中县和资阳市乐至县。

县域内丘陵密布，岭脊连绵，地势起伏，略呈西北向东南倾斜，山岭之间多分布河谷坝地、丘间谷地，地表多暴露红砂岩天然崖壁和独立石包。县域内虽无大江、大河过境，但有分属于沱江和涪江水系的中、小支流七十余条，分别向西南、东北注入沱江和涪江最大支流——琼江（关溅河）。琼江的主要支流包括岳阳河、龙台河、书房坝河，流域覆盖安岳县北部和中部，向北于潼南区注入琼江；大蒙溪河、小蒙溪河、大清流河、小清流河则向南注入沱江，大致覆盖安岳县南部区域。

西汉时，县境界位于犍为郡的牛鞞（今四川简阳）、资中（含今四川资阳）及巴郡的垫江县（今重庆合川）之间。东汉时，县境分属于牛鞞、资中、德阳、垫江四县。蜀汉时同。南朝萧梁时，在今安岳县境设普慈郡，将僚人编入户籍，为安岳县正式设立行政区域之始。

北周建德四年（575 年）置普州及安岳县，州、县同治一城，即今安岳岳阳镇。隋开皇三年（583 年）废普慈郡，普州及安岳县如故。普州辖安岳、普慈、安居、永康县，直属于西南道大行台（今四川成都）。开皇十八年（598 年）永康县更名隆康县。大业元年（605 年）废普州，所领各县隶属资州；大业三年（607 年），废资州为资阳郡。

唐武德二年（619 年）分资州之安岳、隆康、安居、普慈四县置普州。先天元年（712 年）隆康县更名普康县。天宝元年（742 年）改普州为安岳郡。乾元元年（758 年）复称普州，属剑南东道，领安岳、普康、崇龛、安居、普慈、乐至六县，州治所在安岳县城。

前后蜀仍沿唐制。宋初仍设普州及安岳县，州县同治一城。乾德五年（967 年）崇龛并入安居，普慈并入乐至。熙宁五年（1072 年）普康并入安岳，普州隶属潼川府路（今四川三台）。南宋淳祐三年（1243 年）为抗击蒙军，安岳县城建于铁峰山上。宝祐年间（1253~1258 年）铁峰城被蒙军攻陷，州县俱废。南宋时，于县境东南分置石羊县。

元至正四年（1344 年）复置安岳县，安居、乐至两县并入，属遂宁州，石羊同属。明洪武四年（1371 年）于县复置普州。洪武九年（1376 年）州废，合并石羊县地，隶属潼川州，川北道。清顺治十五年（1658 年）并入蓬溪。康熙五年（1666 年）并入遂宁，十九年改并乐至共为一县。雍正六年（1728 年）又各分一县。雍正十二年（1734 年）属潼川府，川北道。

民国二年（1913 年）废府、州、厅，安岳县直属于省。民国三年（1914 年），川北道改为嘉陵道，安岳属嘉陵道。民国九年（1920 年），川军割据，安岳属李家钰部所辖。民国二十四年（1935 年），安岳隶属四川省第十二行政督查区。

1949 年 12 月 8 日，安岳解放，隶属川北行政区遂宁专区。1952 年撤川东、川南、川西、川北四个行署,恢复四川省制,遂宁专区隶属四川省,安岳隶属遂宁专区。1958年撤销遂宁专区,安岳改属内江专区。1985年,内江地区改为省辖内江市,安岳隶之[1]。1998年4月,成立资阳地区,安岳划入。2000年12月,撤销资阳地区,成立资阳市,安岳隶之。

安岳系东出成都平原的重要通道。在安岳石窟开凿鼎盛的唐宋时期,从成都出发,经灵泉县(今四川成都龙泉驿)、简州(今四川简阳),可抵达普州(今四川安岳)。普州向北连接遂州(今四川遂宁),并入成渝北道;普州向南通往昌州(今重庆大足),并入成渝南道[2]。换句话说,安岳是唐宋时期从陆路进出成都平原两条主道的中转站,发达和畅通的交通,使得成都地区的宗教艺术文化,随着僧侣、画家及各种不同身份信众的流动而源源不断地涌入安岳地区,客观上促进了唐宋时期安岳佛道石窟的持续繁荣。

从隋唐开始,随着四川盆地的不断开发,安岳县境内陆续开凿了大量石窟造像。迟至南宋,安岳已成为四川盆地石窟开凿的中心之一。根据2020年全国石窟寺专项调查提供的数据,安岳境内现存隋唐、五代、两宋、明清时期的石窟一百七十七处(表0-1),其中隋唐五代至两宋石窟达九十三处之多,数量位居四川前列。这些遗存绝大部分以摩崖造像的形式存在,分布广泛,在五十五个乡镇均有发现,基本覆盖安岳全境,以岳阳河、龙台河流域分布最为集中。这些石窟中,核定为各级文物保护单位者众多,包括全国重点文物保护单位八处,四川省重点文物保护单位十九处,市县级文物保护单位十处。可以说,安岳石窟规模大,延续长,保存好,雕刻精,是我国石窟分布的一方重镇。

二十世纪五十年代,安岳石窟开始引起学界的注意。自此以后,特别是二十世纪九十年代以来,安岳石窟的调查与研究取得较为丰硕的成果,部分重要石窟资料得以刊发,造像年代、题材研究取得可喜进展,宗教学和艺术史的方法被引入安岳石窟的研究;石窟的保护得到前所未有的重视。但安岳石窟既有的调查和研究成果,与其在中国晚期石窟中所占有的独特地位和所蕴含的重大学术价值不相匹配,主要体现在:

第一,资料发表的全面性、系统性和科学性不够。已刊发的石窟资料,主要集中在级别高、保存好、雕刻精的少数石窟,大量级别不高、保存相对较差、位置较偏远的石窟没有得到应有的关注,安岳石窟的总体面貌不清楚。

第二,已刊布资料较为粗疏,缺漏、错误不少。早年开展的石窟调查,对造像本体的记录要素不够全面,缺乏对崖壁遗迹、造像细节的仔细观察和记录,对后世的改动痕迹缺乏仔细、准确的分辨,导致后续研究和认识多有偏差。

第三,安岳石窟研究虽有不少成果发表,但多集中在年代判断、题材辨识、风格探讨等方面,高质量、高水平的论著不多,其蕴含的造像源流、营建工艺、民间信仰、佛道历史、社会面貌等信息没有得到应有的重视和揭示。

运用考古学的方法和手段,展开科学、系统的田野调查和记录,尽可能完整地呈现安岳石窟的面貌,为中外学者研究安岳石窟提供一批翔实可靠的基础材料,是安岳石窟考古工作的当务之急。在石窟寺考古线图绘制难题尚未攻克、考古报告编写难以短期内形成规模的背景下,采用翔实的文字,配合大量细节清晰的照片,并辅以造像立面分布图的方式编写《安岳石窟内容总录》,是推进安岳石窟研究最有效的途径之一。

---

[1] 安岳县志编纂委员会编纂:《安岳县志》,成都:四川人民出版社,1993年,第43、44页。

[2] 蓝勇:《四川古代交通路线史》,重庆:西南师范大学出版社,1989年,第263、264页。

前　言

表 0-1　安岳石窟一览表

序号	名称	位置	始凿年代	龛数	窟数	保存情况	保护级别	本书收录	备注
1	千佛寨	岳阳镇贾岛村	盛唐	114	1	较好	国保	是	
2	净慧岩	岳阳镇望城村	初唐	22		较好	省保	是	
3	菩萨湾	岳阳镇新村	唐末五代	19		较好	省保	是	
4	香云寺	岳阳镇梓潼村	盛唐	9		一般		是	
5	大佛寺	岳阳镇解放村	北宋	15		一般		是	
6	宝定庵	岳阳镇宝定村	明	3		一般		是	
7	白象寺	岳阳镇竹林村	清	3		较差		否	
8	垮石岩	岳阳镇文昌村	清	1		较好		否	
9	灵游院	岳阳镇船形村	五代	15		较好	省保	否	《安岳县灵游院摩崖石刻造像调查简报》，《成都考古发现(2002)》
10	玄妙观	岳阳镇玄妙村	盛唐	26		好	国保	否	
11	圆觉洞	岳阳镇金花村	盛唐	72		好	国保	否	《安岳圆觉洞：四川安岳圆觉洞石窟考古调查报告》，文物出版社，2019年
12	三教寺	鸳大镇五凤村	盛唐	19		一般	县保	是	
13	福应山	鸳大镇大佛村	明中期	3		一般	市保	是	又名黄桷大佛
14	倒观音	城西乡报国村	清	7		一般		否	
15	佛尔岩	城北乡飞龙村	盛唐	1		一般		是	
16	石锣寺	城北乡画梁村	中晚唐	6		较差		是	
17	圣水寺	城北乡飞龙村	晚唐	15	1	一般	县保	是	
18	画梁林	城北乡画梁林村	五代	3		较差		否	
19	老君庙	城北乡崇乐村	清	8		较好		否	
20	石锣沟	长河源乡石锣村	晚唐	26		较好	省保	是	
21	青竹寺	长河源乡青石村	晚唐	10		一般	县保	是	
22	金堂寺	长河源乡金堂村	唐	1		差		否	
23	凡林寺	云峰乡凡林村	晚唐五代	5		一般		是	
24	勤狮坡	悦来乡沙坪村	中晚唐	4		一般		是	
25	庵堂山	悦来乡沙坪村	盛唐	7		较好		是	
26	罗汉寺	悦来乡火塔村	唐	43		较差		否	
27	下观音	悦来乡沙坪村	清	6		较差		否	
28	圣泉寺	来凤乡胜前村	唐末五代	13		较好		是	
29	佛济寺	来凤乡堰乐村	清	30		较好	省保	是	
30	白云寺	来凤乡堰乐村	唐	3		差		否	
31	关山坡	来凤乡六井村	唐	4		差		否	
32	青岗山	来凤乡南凤村	清	1		较好		否	
33	老君岩	天马乡画青村	清	3		较差		否	
34	千佛岩	姚市镇青竹村	中晚唐	18		一般		是	

(续表)

序号	名称	位置	始凿年代	龛数	窟数	保存情况	保护级别	本书收录	备注
35	佛尔岩	团结乡明星村	明	7		较好		否	
36	寂光寺	石鼓乡石鼓村	盛唐	13		一般		是	
37	香积寺	石鼓乡双渠村	盛唐	2		一般		是	
38	香檀寺	石鼓乡双渠村	宋初	6		较好		是	
39	宝石庵	石鼓乡大象村	南宋	4		较好		是	又名宝禅寺、宝清寺
40	千佛岩	石鼓乡大象村	唐	8		一般	县保	否	又名华阳寺
41	观音岩	石鼓乡龙海村	唐末五代	1		一般		否	
42	金刚寺	通贤镇金刚村	清	2		较差		否	
43	卧佛院	八庙乡卧佛村	盛唐	61	65	好	国保	否	《安岳卧佛院考古调查与研究》,科学出版社,2014年
44	云峰寺	人和乡广云村	唐末五代	18		较好	县保	是	
45	佛爷山	白水乡西禅村	中晚唐	4		较差		是	
46	西禅寺	白水乡西禅村	中晚唐	9		较差	省保	否	《四川省安岳县西禅寺石窟调查简报》,《艺术史研究》（第十辑）
47	毗卢沟	龙台镇双岗村	南宋	4	1	一般	省保	是	
48	土地坡	龙台镇白果村	宋	3		较差		是	
49	花石岩	龙台镇花石村	唐	2		一般		否	
50	舍身岩	林凤镇大月村	盛唐	15		好	省保	是	
51	侯家湾	林凤镇新坝村	晚唐五代	16		较好	省保	是	共为一处省保
52	塔坡	林凤镇新坝村	南宋	1		好		是	
53	大通寺	林凤镇新坝村	明	2		较好		是	
54	庵堂寺	林凤镇新坝村	五代	22		一般	省保	否	《四川安岳县庵堂寺摩崖造像调查简报》,《成都考古发现（2007）》
55	华阳洞	林凤镇华阳村	清	1		较差		否	
56	林家坎	林凤镇长林村	清	1		一般		否	
57	三清庙	林凤镇大坡村	清	3		较好		否	
58	田家岩	林凤镇其林村	清	2		较差		否	
59	牛王石	高升乡云光村	中晚唐	2		较差		是	
60	千佛岩	高升乡天佛村	中晚唐	27		一般	省保	是	共为一处省保，天宫山又名晒佛坪
61	大佛寺	高升乡天佛村	南宋	2		较好		是	
62	社皇庙	高升乡天佛村	南宋	1		较好		是	
63	雷神洞	高升乡天佛村	南宋	1		较好		是	
64	天宫山	高升乡天佛村	南宋	1		一般		是	
65	懒佛岩	高升乡云升村	南宋	3		一般	省保	是	又名峰门寺
66	菩萨岩	高升乡偏牛村	南宋	2		一般		是	
67	玉帝庙	高升乡桐坝村	南宋	1		一般		是	又名宏恩寺
68	三仙洞	高升乡八楼村	明	2	5	较好	省保	是	又名龙门观、明月寺
69	凤凰庙	高升乡红音村	清	3		较好		否	
70	谭家庙	高升乡红音村	清	1		较好		否	

前 言

(续表)

序号	名称	位置	始凿年代	龛数	窟数	保存情况	保护级别	本书收录	备注
71	古佛寺	高升乡偏牛村	清	2		较好		否	
72	观音堂	高升乡瓦坝村	清	1		一般		否	
73	盘龙庙	高升乡瓦坝村	清	1		较好		否	
74	唐家庙	高升乡瓦坝村	唐	5		较差		否	
75	孔家庙	高升乡桐坝村	明	1		一般		否	
76	观音堂	高升乡沙子村	清	4		较好		否	
77	塘湾	高升乡沙子村	晚唐五代	2		较差		否	
78	老林寺	高升乡沙子村	清	1		差		否	
79	罗汉寺	横庙乡丰岩村	南宋		1	一般		是	
80	观音岩	横庙乡丰岩村	清	4		一般		否	
81	老君岩	瑞云乡圆门村	南宋	16		一般	县保	是	又名狮子岩
82	北斗寺	瑞云乡长石村	唐	4		较差		否	
83	观音岩	瑞云乡天云村	清	1		较差		否	
84	大佛寺	白塔寺乡狮家村	南宋	3		较好	省保	是	
85	佛尔岩	协和乡羌寨村	清	7		一般		否	
86	新庙子	两板桥镇东堰村	清	4		一般		否	
87	毗卢洞	石羊镇油坪村	南宋	4	2	好	国保	是	
88	华严洞	石羊镇华严洞村	南宋		2	好	国保	是	
89	半边寺	石羊镇西坝村	南宋	1		较好	省保	是	
90	赤云寺	石羊镇赤云村	明	12		较差		是	
91	社皇庙	石羊镇赤云村	清	2		较差		否	
92	佛慧洞	护龙镇聪明村	明	10		较好	省保	是	
93	茗山寺	顶新乡民乐村	南宋	8		较好	国保	是	
94	朱家经堂	顶新乡青松村	清	5		一般	县保	是	
95	刘家岩	顶新乡青松村	清	1		一般		否	
96	孔雀洞	双龙街乡孔雀村	南宋	11		较好	国保	是	
97	菩萨岩	双龙街乡文库村	南宋	11		一般		是	
98	观音岩	双龙街乡一村	清	5		一般		否	
99	长庆寺	岳新乡新田村	唐末五代	6		一般		是	
100	范家古洞子	朝阳乡虹桥村	南宋	7		一般		是	
101	牛王寺	石桥铺镇石桥村	唐末五代	8		一般		是	
102	滴水岩	石桥铺镇滴水村	清	13		较好		否	
103	镇泉寺	石桥铺镇洪坝村	清	7		较好		否	
104	佛岩	偏岩乡龙凤村	晚唐五代	13		较差		是	
105	岩观音	偏岩乡鹤林村	南宋	6		一般	县保	是	

(续表)

序号	名称	位置	始凿年代	龛数	窟数	保存情况	保护级别	本书收录	备注
106	金鸡寺	偏岩乡金洗村	五代	8		一般		否	
107	长寿寺	偏岩乡新寨村	晚唐五代	1		一般		否	
108	佛耳岩	永清镇店子村	隋末唐初	56		较好	省保	是	
109	鱼龙庙	永清镇石碾村	唐	3		较差		是	
110	柑子村	永清镇柑子村	清	3		一般		否	
111	古佛洞	永清镇明二村	清	3		一般		否	
112	老观音岩	永清镇明二村	清	4		较差		否	
113	帽合山	永清镇明二村	清	2		较差		否	
114	九湾河	永清镇双山村	清	4		较差		否	
115	凉风坳	永清镇流湖村	清	5		一般		否	
116	菩萨岩	永清镇新庄村	清	7		一般		否	
117	石墙院	永清镇石墙院	清	4		一般		否	
118	佛崖湾	鱼龙乡南泉村	明	3		较好		否	
119	佛耳岩	思贤乡道台村	清	2		较差		否	
120	佛二洞	思贤乡道台村	唐	2		较差		否	
121	东岳庙	乾龙乡清湾村	南宋	11		一般		是	
122	庵堂坡	乾龙乡孟公村	清	8		一般		否	
123	菩萨岩	坪河乡海印村	唐末五代	5		较差		是	
124	拜佛岩	坪河乡梅子村	清	3		较差		否	
125	放牛坪	坪河乡龙堡村	清	3		一般		否	
126	钻洞岩	坪河乡梅子村	清	1		一般		否	
127	木鱼山	自治乡黄河村	盛唐	27	2	较好	省保	是	
128	观音寺	自治乡河坎村	五代宋初	2		较好		是	
129	石菩萨	自治乡九沟村	明	1		一般		是	
130	大菩萨岩	建华乡凤凰村	唐	2		一般		是	
131	金堂庙	建华乡团山村	明	1		一般		否	
132	冯家庙	千佛乡洪庙村	中晚唐	2		一般		是	
133	三清寺	镇子镇云桥村	盛唐	13		一般		是	
134	小千佛寺	镇子镇茶店村	中晚唐	4		较差		是	
135	大佛寺	镇子镇新堰村	宋	1		较差		否	
136	滴水观音	镇子镇三圣村	清	1		较差		否	
137	甘露寺	镇子镇云桥村	清	6		一般		否	
138	观音庙	镇子镇天台村	清	1		较差		否	
139	唐家岩	周礼镇荷花村	清	2		一般		否	
140	洞子湾	文化镇枣塘村	清	3		较差		否	
141	观音岩	文化镇隆恩村	明	1		一般		否	
142	望牛坡	文化镇新盆村	清	1		较差		否	
143	岩菩萨	文化镇凉风村	清	3		一般		否	
144	三圣庙	岳源乡金亭村	清	1		一般		否	
145	宝华下寺	宝华乡高寺村	清	2		一般		否	
146	上大佛	清流乡长新村	盛唐	41		较好	省保	是	

前 言

(续表)

序号	名称	位置	始凿年代	龛数	窟数	保存情况	保护级别	本书收录	备注
147	下大佛	清流乡长新村	南宋	12		一般		是	
148	洞塘沟	清流乡六桥村	清	1		一般		否	
149	三清观	清流乡六桥村	清	1		较差		否	
150	观音岩	清流乡翰林村	清	2		一般		否	
151	翰林洞	清流乡翰林村	清	1		一般		否	
152	同气坎	清流乡桐子村	清	8		一般		否	
153	威灵观	共和乡文兴村	清	4		一般		否	
154	吞口岩	大平乡燃灯村	清	1		较差		否	
155	燃灯寺	大平乡燃灯村	晚唐五代	3		一般		是	
156	烂泥沟	南薰乡田心村	中晚唐	4		一般		是	
157	偏菩萨	南薰乡大东村	北宋中晚期	2		一般		是	
158	佛洞岩	李家镇八一村	南宋	8		一般	县保	是	
159	仁和寨	元坝镇双堡村	清	3		较差		否	
160	龙王庙	和平乡龙王村	清	1		一般		否	
161	高屋沟	高屋乡高屋村	清	4		一般		否	
162	太平庙	高屋乡高屋村	唐	1		较差		否	
163	蝴蝶山	高屋乡社皇村	清	6		较差		否	
164	肖家堰	高屋乡社皇村	清	8		较差		否	
165	天星寺	合义乡天星村	明	1		较好		是	
166	佛洞寺	合义乡纸厂村	南宋		1	一般		是	
167	红恩寺	忠义乡伍堡村	盛唐	19		较差		是	
168	千佛岩	忠义乡山观村	中晚唐	11		较差		是	
169	老君洞	忠义乡石碑村	南宋	4		较差		是	
170	兵二岩	忠义乡沙坪黄连村	明清	4		差		否	
171	观音桥	忠义乡石梘村	清	3		较差		否	
172	毗卢寺	忠义乡石梘村	唐五代	19		一般		否	四川省文物考古研究院2015年进行考古发掘,资料整理中
173	红毛人湾	忠义乡观口村	清	4		一般		否	
174	科子岩	忠义乡伍堡村	清	6		一般		否	
175	浪子岩	忠义乡八方村	清	4		较差		否	
176	菩萨湾	忠义乡坛罐村	清	1		较差		否	
177	谢家坡	忠义乡攀角村	清	2		较差		否	
合计	55个乡镇,177处石窟,1375龛,81窟,国保8处,省保19处,市县保10处;本书收录80处石窟,821龛,16窟								

数据来源:2020年全国石窟寺专项调查

2013年9月，四川大学历史文化学院考古学系(今四川大学考古文博学院)白彬教授作为首席专家申报的"西南唐宋石窟寺遗存的调查与综合研究"，获得2013年度国家社科基金重大项目立项，安岳石窟的全面调查和整理，被列为项目的重点工作对象。

2014年7~12月和2015年7~9月，在国家文物局、四川省文物局的支持下，四川大学与西南民族大学、安岳县文物局(今安岳石窟研究院)组成联合调查队，根据第二、三次全国文物普查提供的信息，开展大规模的田野调查工作。2016年6~7月，进行补充调查和资料复核。2018年4月和2019年7~11月，再次对华严洞和毗卢洞进行考古调查。田野调查前后持续了五年，参与调查的专业人员累计三十余人次，田野工作三百余天，足迹遍布安岳各地。

每一处石窟，项目团队均要逐龛(窟)逐像进行文字描述、测量、摄影，绘制石窟的立面图，辨释铭文(部分石窟在确保文物安全的情况下进行拓片)，尽可能获取每一龛(窟)造像的文、照、图、拓信息。

在全面把握石窟信息的基础上，项目团队选择部分具有代表性的石窟进行测绘，编写石窟考古报告。

2020~2022年，对田野调查所获材料进行整理，同时结合此前已刊布的资料，对安岳石窟的时空分布、特点和价值进行提炼和总结，形成定稿提交出版。

安岳石窟始凿于隋末唐初，兴盛于唐宋，至明清仍有开凿，序列完整，不同朝代的石窟造像既有传承又各具特征。根据项目调查所获和以往发布资料所呈现的龛(窟)形制、造像特征、题材组合、分布位置的差异，安岳石窟的发展演变可分为六期。

第一期：隋末初唐

该期是安岳石窟的初创期，石窟不多，仅有佛耳岩和净慧岩两处。

均为佛教造像。多为单层小圆拱形浅龛，外立面装饰繁复华丽，有联珠、莲瓣、火焰、卷草、七佛等，偶有素面龛和稍大的外方内圆拱形双层龛；流行高莲座，莲座下多有茂盛的变形莲茎从一罐口伸出。造像比例不甚协调，身形敦壮，体量小；佛像多戴耳珰，流行通肩式袈裟；菩萨配饰简单，项圈、璎珞多较粗大简洁，多在身前斜挎一条粗大的璎珞，或在腿前横过一道联珠纹大璎珞。组合类型相对简单，以一佛二弟子二菩萨为多，其次有一佛二菩萨、一菩萨二弟子和单尊佛、菩萨等。造像均开凿于大片磨平的崖面上，净慧岩造像位于崖面中央最高最宽阔平整处。

永清佛耳岩第45龛造像记有"大唐武德三年九月"(620年)纪年，相邻之第38龛题记虽缺失年号，但考虑到造像位置邻近，造型风格特征一致，缺失的纪年亦应为"大唐武德三年四月"。第10龛左上方被一则"咸亨三年"(672年)的造像记框打破，应系上方第2龛之开凿题记。因第45、38号龛位于崖面中下部，从龛像分布排列分析，并非最早开凿者。据龛形、特征和组合分析，与佛耳岩、净慧岩特征相似的造像，见于重庆潼南大佛寺隋大业六年(610年)造像龛[1]，四川绵阳玉女泉隋大业六年(610年)、大业十年(614年)年造像龛，梓潼卧龙山千佛崖贞观四年(630年)1号龛中的附龛[2]，四川广元皇泽寺第15号龛隋末唐初的两个附龛[3]，四川巴中西龛隋大业五年(609年)左右开凿的第

---

[1] 胡文和：《四川道教佛教石窟艺术》，成都：四川人民出版社，1994年，第58、59页。

[2] 四川省文物考古研究院、绵阳市文物局：《绵阳龛窟——四川绵阳古代造像调查研究报告集》，北京：文物出版社，2010年，第31~156页。

[3] 四川省文物管理局、成都文物考古研究所、北京大学中国考古学研究中心、广元市文物管理所：《广元石窟内容总录·皇泽寺卷》，成都：巴蜀书社，2008年，第33、34页。

21号龛内的两个附龛[1]等。上述造像均开凿于隋末唐初,故本期造像的年代应为六世纪末至七世纪前中期的隋炀帝至唐高宗时期。

第二期:盛唐时期

该期是安岳石窟的兴盛期,石窟明显增多,包括千佛寨、卧佛院[2]、玄妙观[3]、圆觉洞[4]、舍身岩、木鱼山[5]、上大佛[6]、三教寺、寂光寺、香云寺[7]、佛尔岩、香积寺、三清寺、庵堂山、红恩寺[8]等处,造像数量显著增长,石窟规模普遍增大。

龛(窟)类型多样,形制规整、尺寸较大;以双层龛为主,内龛有一定深度,外方内拱形龛最多,多雕出尖拱形龛楣及龛面,装饰卷草或团花,是本期最典型和流行的装饰。出现宽、高均三米以上的大型龛;新出现大型方形敞口平顶刻经窟,全部集中在卧佛院,数量众多,系统一规划开凿,是四川乃至全国规模最大的刻经窟。造像比例协调,面部丰润饱满,宽肩,胸部厚实,身形健硕挺拔,衣薄贴体垂坠,雕刻线条柔和流畅,具有典型的盛唐时期造像特征;多流行双领下垂式袈裟和袒右式袈裟,通肩式袈裟较少;菩萨多扭动身姿,优美活泼,装扮多华丽,部分宝冠精细高大,项圈、璎珞较前细致精美,样式复杂,常见披挂样式是两道于腹前相交,后垂至膝下折向身后。造像组合丰富,题材多样,仍以佛教造像为主,开始出现道教造像并在短期内急剧增长;佛教造像以一佛二弟子二菩萨二力士为主,后排雕天龙八部众,出现许多新组合、新题材,不乏大规模经变;道教造像多为佛道合龛,纯道教造像数量略少,出现大规模统一规划开凿的现象,以玄妙观最为典型,组合类型多,以一天尊(老君)一佛一真人一弟子一女真一菩萨二力士、一天尊(老君)二真人二女真二力士占绝大多数,身后通常雕一排道教护法。本期造像均位于各石窟崖壁的中心位置或壁面最为宽阔平坦处,布局紧凑有致,大型龛(窟)多位于中央位置,两侧多开凿第三、四期造像,部分被后期造像打破。

本期造像中,千佛寨、卧佛院、圆觉洞、舍身岩、上大佛、三教寺、三清寺等石窟有开元、天宝和至

---

[1] 四川省文物管理局、成都文物考古研究所、北京大学中国考古学研究中心、巴州区文物管理所:《巴中石窟内容总录》,成都:巴蜀书社,2006年,第273页。

[2] 除北岩下部的部分造像为南宋开凿外,其他绝大部分为唐代开凿。参见成都文物考古研究所、北京大学中国考古学研究中心、安岳县文物局:《安岳卧佛院调查简报》,《成都考古发现(2006)》,北京:科学出版社,2008年,第354~408页;大足石刻研究院、成都文物考古研究所、四川美术学院大足学研究中心、安岳县文物局:《安岳卧佛院考古调查与研究》,北京:科学出版社,2014年。

[3] 玄妙观的造像集中开凿于玄宗时期。参见曾德仁:《四川安岳县玄妙观道教摩崖造像》,《四川文物》2014年第4期;四川大学历史文化学院考古学系、成都文物考古研究院、安岳县文物管理局:《四川安岳玄妙观唐代摩崖造像调查报告》,《考古学报》2020年第4期。

[4] 如圆觉洞第4-1、4-2、71、72龛等。参见成都文物考古研究所、北京大学中国考古学研究中心、安岳县文物局:《四川安岳县圆觉洞摩崖石刻造像调查报告》,《南方民族考古》(第九辑),北京:科学出版社,2013年,第365~449页;四川省文物考古研究院、西北大学文化遗产学院、安岳县文物保护中心:《安岳圆觉洞:四川安岳圆觉洞石窟考古调查报告》,北京:文物出版社,2019年。

[5] 木鱼山第一号造像崖壁西侧大部分造像。

[6] 上大佛南段崖壁中部下层以外的绝大部分造像。

[7] 第7、8龛。

[8] 第13龛。

德年间造像记,其中年代最早者为卧佛院第 50 龛开元十一年(723 年)千佛造像记,最晚者为寂光寺第 4 龛至德二载(757 年)造像记,集中在唐玄宗和唐肃宗时期,故本期造像的年代应为八世纪上中叶。

第三期:中晚唐时期

此期是安岳石窟的缓慢发展期,包括西禅寺[1]、木鱼山[2]、香云寺、石锣寺、勤狮坡、姚市千佛岩、佛爷山、高升千佛岩、牛王石、鱼龙庙、大菩萨岩、冯家庙、小千佛寺、烂泥沟、忠义千佛岩等处,龛(窟)数量略少于前一期,规模普遍偏小。

大型龛(窟)基本消失不见,第二期集中出现的大型刻经窟消失;与第二期相比,龛形不甚规整,尺寸变小;单层龛与双层龛的数量相当,以方形龛为主,多为素面,双层龛基本延续第二期的龛形,出现外方内佛帐形龛,龛楣、龛面装饰趋向简化,仍以团花和卷草最多,部分造像内容移至内龛外两侧及上方。少量年代稍早的造像延续第二期的特征,但大部分造像身体比例稍显不协调,身形臃肿,上身略长,身体宽扁,雕刻线条僵硬不流畅;流行双领下垂式袈裟,菩萨装饰单一,少见第二期细致精美的装饰。佛教造像组合与题材更为丰富,部分延续第二期,仍以一佛二弟子二菩萨二力士最多,后排护法神出现频率较第二期降低,新出现众多可辨身份的单尊、成组和经变造像。道教造像数量和组合类型急剧减少,佛道合龛占绝大多数,仍以前期一天尊(老君)一佛一真人一弟子一女真一菩萨二力士、后排雕护法的组合最为流行,前期的纯道教造像组合消失不见。本期造像多开于第二期造像的两侧或新开石窟的中部,后者的规模一般较小。

本期造像中,卧佛院、木鱼山、西禅寺、高升千佛岩、牛王石等石窟有唐代宗至武宗时期的大历、贞元、元和、大和、开成、会昌年间造像记,故本期造像年代应在八世纪下半叶至九世纪中叶的唐代宗至唐武宗时期。

第四期:唐末五代宋初

此期是安岳石窟的转型期,包括菩萨湾、石锣沟、侯家湾[3]、木鱼山[4]、上大佛[5]、圆觉洞[6]、庵堂寺[7]、灵游院[8]、毗卢寺、岳阳大佛寺、圣水寺、青竹寺、凡林寺、圣泉寺、香檀寺、云峰寺、长庆寺、牛王寺、佛岩、坪河菩萨岩、观音寺、燃灯寺、红恩寺等处。龛(窟)数量多,除个别石窟外,规模普遍大于第三期,但不及第二期。

多以中小型龛为主,形制不甚规整,龛形趋于简化,部分系将唐代龛扩凿、改刻而成;单层方形龛占主流,部分龛出现小弧撑,双层龛继续简化,有的外龛仅具形式,不布局造像。造像身体比例仍不十分协调,身形略显瘦,四肢较短,身形呆板,部分造像动作姿态局促,表现不到位;袈裟拘谨束

---

[1] 重庆大足石刻艺术博物馆、四川安岳县文物局:《四川省安岳县西禅寺石窟调查简报》,《艺术史研究》(第十辑),广州:中山大学出版社,2008 年,第 529~553 页。

[2] 木鱼山第二号造像崖壁全部造像。

[3] 侯家湾第二号石包的大部分造像。

[4] 木鱼山第一号造像崖壁北侧大部分造像。

[5] 上大佛南段中部下层所有造像及上层少数经改刻的造像。

[6] 圆觉洞南岩的大部分造像。

[7] 成都文物考古研究所、安岳县文物局:《四川安岳县庵堂寺摩崖造像调查简报》,《成都考古发现(2007)》,北京:科学出版社,2009 年,第 608~617 页。

[8] 安岳县文物局、成都市文物考古研究所:《安岳县灵游院摩崖石刻造像调查简报》,《成都考古发现(2002)》,北京:科学出版社,2003 年,第 432~441 页。

前 言

体。佛教造像除部分延续第三期造像特征外,出现大量新组合与新题材,一佛二弟子二菩萨二力士等一铺数身的固定组合占比减少,单尊像增多,经变数量和种类进一步增加,但情节内容相对简化,更具地方特色;陀罗尼经幢数量显著增加。道教造像数量的组合继续减少,仅零星可见。

本期造像中,有明确纪年的造像记很多,包括咸通、天复、天汉、广政、明德、武成、天成、咸康、永平、长兴、淳化、至道、端拱、咸平、太平兴国、雍熙、开宝、大中祥符等,集中在唐末五代至宋初的唐懿宗至北宋真宗时期,年代最早者为咸通十二年(871年),最晚者为大中祥符三年(1010年),故本期造像的年代应为九世纪后叶至十一世纪初的唐懿宗至宋真宗时期。

第五期:北宋中晚期至南宋晚期

该期是安岳石窟的复兴期,包括毗卢洞、华严洞、茗山寺、孔雀洞、圆觉洞[1]、半边寺、毗卢沟、塔坡、高升大佛寺、高升社皇庙、雷神洞、天宫山、懒佛岩、白塔寺大佛寺、侯家湾[2]、宝石庵、土地坡、高升菩萨岩、玉帝庙、罗汉寺、老君岩、双龙街菩萨岩、范家古洞子、岩观音、东岳庙、偏菩萨、佛洞岩、佛洞寺、老君洞等处。本期龛(窟)数量有所减少,但各龛(窟)造像规模普遍较大,组合、题材、龛(窟)、造像与此前四期相比均发生了巨大变化。

龛(窟)规模大,形制规整,打磨精细;洞窟数量相对增多,有佛坛窟和佛殿窟两种,多为单室,亦有前后室,规模普遍较大;龛大而深,适应大型造像,实用性突出,形制简单,多为单层,有方形和拱形两种,外侧壁面无装饰,龛内多雕刻山石草木为造像背景;出现圆形小龛,多与大龛同时开凿于其内。造像普遍较大,身体比例协调,体形符合自然状态,面部宽阔饱满,上身呈梯形,前倾;服饰宽大,厚重垂坠,衣褶疏朗,多用凹凸的面表现,雕刻线条近机械切割,打磨圆润流畅;流行双领下垂式袈裟,菩萨多着袈裟,项圈和璎珞大多清爽简洁;多戴卷草高冠,雕刻极尽繁复华美;雕刻工艺极高,各细节表现到位,头上部、手及持物多圆雕。佛教造像的数量和组合明显减少,题材发生明显变化,一铺数身的成组造像不再流行,杂糅密宗、华严、净土、观音、地狱等信仰的"柳赵教派"造像在南宋中晚期占据主流,开凿较多,其代表性题材是"柳本尊十炼"和"华严三圣"及各种经变像。道教造像数量较第四期略有增加,均为新的简单组合,与唐以来的道教神系不同;新出现儒释道三教合龛,组合有繁有简。

本期造像有两宋皇祐、熙宁、大观、绍兴、庆元、绍熙、嘉定、乾道、嘉熙的纪年,集中在北宋仁宗晚期至南宋理宗晚期,年代最早者为皇祐五年(1053年),最晚者为庚子嘉熙(1240年),故本期造像年代应为十一世纪中下叶至十三世纪上半叶的北宋仁宗至南宋理宗时期。

第六期:明清时期

该期是安岳石窟的衰落期,明至清代早期的石窟数量锐减,清代中期以后暴增,典型者包括大通寺、宝定庵、福应山、三仙洞、赤云寺、佛慧洞、石菩萨、天星寺、朱家经堂、佛济寺等处,除三仙洞、佛慧洞、福应山、大通寺、佛济寺等规模较大外,其他石窟规模较小。

洞窟数量较少,均呈竖方形,后壁多设佛坛;单层龛最多,除少数延续前一期小圆龛和方形大龛外,余多不甚规整,以造像内容取舍龛的尺寸和形制,出现倚崖壁走势直接造像于天然崖壁,不设龛(窟)的现象。明代晚期以前的造像比例相对合理,雕刻流畅,细节表现比较到位;明代晚期及清代造像体形多短壮,比例较随意,头部较大,雕刻粗糙不流畅,面相多近俗人。造像融合儒释道并融入大量世俗化因素,佛教经变衰落,佛道合龛消失;出现儒释道大型合龛,造像身份复杂;清代中晚期的

---

[1]如圆觉洞北岩第4、7、9、10、14龛和南岩第47~54龛。

[2]如侯家湾第一号石包的全部造像和第二号石包的少数造像。

造像多为儒释道与移民带入的各地民间神祇混杂开凿,身份难辨。

本期有明确纪年的石窟不多。少量造像为明初永乐和明中期景泰年间开凿,大量造像集中出现在明晚期嘉靖、万历和清代同治、光绪时期,故本期造像当开凿于明成祖至清德宗的十五世纪初至十九世纪末。

从龛(窟)形制、造像特征、造像组合看,安岳石窟第一、二、三期龛像各有特点,但基本面貌并未突破隋唐以来的固有模式。第四期龛像虽有一定变化和部分创新,但仍属局部突破,整体上仍是隋唐石窟造像传统的延续。第五、六两期,除个别石窟造像特征仍承袭了第四期外,其他大部分与第一至第四期造像面貌差别很大,系安岳石窟发展的新阶段。

调查资料显示,安岳县境内各乡镇虽有石窟分布,但不同时期石窟开凿的区域中心有所不同。

第一期开凿的两处石窟,净慧岩和佛耳岩分别位于岳阳镇和永清镇,即今安岳北部和中部。第二期石窟造像数量增多,石窟分布范围扩大,集中分布在安岳北部的岳阳、鸳大、城北、悦来、八庙、石鼓,东部的林凤和南部的自治、镇子、清流、忠义零星可见,呈现出从北向南扩散的趋势。第三期造像范围进一步扩大,安岳北部的岳阳、城北、悦来、姚市,中部的永清,东部的高升、白水,南部的自治、建华、千佛、镇子、南薰和忠义均有分布,造像扩散至安岳县域各地,尚未形成石窟开凿的区域中心。第四期石窟分布范围更广,安岳北部的岳阳、城北、长河源、云峰、来凤、石鼓、人和,中部的石桥铺、偏岩、坪河、岳新,东部的林凤、高升和南部自治、清流、大平、忠义均有分布,其中北部的岳阳镇周边地区分布最为集中,是本期安岳石窟开凿的区域中心。第五期分布范围急速收窄,集中在安岳东部的高升、林凤、龙台、石羊、顶新、双龙街、白塔寺、瑞云、横庙等地,中部的朝阳、偏岩、乾龙,南部的南薰、李家、忠义、合义,北部仅有岳阳、石鼓的两处,石窟开凿的重心从安岳北部转移至安岳东部,高升、石羊是本阶段安岳石窟开凿的区域中心。至第六期,清代中晚期石窟在安岳分布极广,可谓无处不在,但开凿年代较早和规模较大者,集中在安岳东部的林凤、高升、石羊、护龙、顶新,北部的岳阳、鸳大、来凤和南部的自治、合义,亦有少量开凿。

总体而言,安岳石窟的第一期至第四期造像,主要分布于以安岳县城为中心的北部、南部和中部,第五、六期则主要集中在以高升、石羊为中心的东部。换句话说,安岳北部、南部和中部地区的造像,以隋唐五代为主;而东部则以宋代至明清造像最集中,安岳石窟开凿的轨迹,是从北部、中部逐渐向南部、东部逐渐推进的。

与四川盆地其他地区的石窟相比,安岳石窟有以下五个方面的特点:

第一,数量众多,规模宏大。安岳已发现一百七十七处石窟,数量之多,在全国范围内实属罕见。各阶段均开凿有大型龛(窟)。唐代的千佛寨、卧佛院,龛(窟)数量都在百龛左右;卧佛院刻经规模为全国之最。北宋晚期的圆觉洞北岩,南宋华严洞、毗卢洞、茗山寺、孔雀洞,均开大龛、造大像,石窟规模之宏大,在整个宋代罕见,尤其是华严洞,创川渝地区单窟体量之最。及至明清时期,在全国石窟造像活动基本趋于停滞之时,安岳依然有较大规模的石窟开凿,如三仙洞、佛慧洞、朱家经堂、佛济寺等。

第二,晚期石窟造像序列完整。安岳自隋末唐初始凿石窟,历经唐、前后蜀、两宋、明、清、民国,石窟开凿一直延绵不绝,开凿传统保存至今。向上承接我国北方地区石窟开凿之尾声,向下开启我国晚期石窟开凿的序幕。

第三,道教石窟众多,规模大。安岳县境内有大型唐代道教石窟玄妙观,其规模在全国范围内亦仅有仁寿坛神岩、丹棱龙鹄山两处石窟可与其媲美。三教寺、三清寺、老君岩、老君洞等,则系专门开凿道教造像的中小型石窟,另有若干道教造像零散分布在以佛教造像为主的石窟中,总量十分可观。

前 言

第四，五代、北宋石窟集中，内涵丰富。我国此前发现的五代和北宋石窟造像不多，主要集中在敦煌和陕北地区，而安岳县境内明确开凿于此一阶段的石窟数量不少，其中五代和前后蜀时期的中大型石窟有圆觉洞、庵堂寺、灵游院、菩萨湾、云峰寺、圣泉寺等，北宋时期的中大型石窟有圆觉洞北岩、偏菩萨、上大佛、毗卢寺、观音寺、石锣沟（部分）等。这些石窟年代明确，造像题材和题刻丰富，是研究中国晚期石窟的重要资料。

第五，南宋造像独树一帜。宋室南迁之后，全国范围内大规模的石窟造像活动几近停滞，可确定为南宋的石窟寥寥无几。但在以安岳和大足为中心的四川盆地中东部，僧人赵智凤所创立的"柳赵教派"造像活动方兴未艾，其特点是开大窟、造大像，杂糅华严、净土、密宗、地狱、观音等诸多佛教思想，工艺水平高，造像精美绝伦，是我国石窟开凿"最后的绝响"！前述华严洞、毗卢洞、茗山寺、孔雀洞，以及高升大佛寺、雷神洞、高升社皇庙、塔坡、白塔寺乡大佛寺、宝石庵等，均系此类遗存。

在北方地区盛唐以后石窟开凿渐趋衰落的背景下，安岳开窟造像规模之大、序列之完整、材料之丰富、承载的文化内涵之广博，在我国晚期石窟中十分罕见，是中国石窟艺术的宝库，其价值集中体现在以下四个方面：

第一，有助于完善四川乃至中国晚期石窟寺发展演变的序列。我国石窟寺开凿的中心在盛唐以后即由中原北方转移至南方地区，四川盆地是中国晚期石窟开凿最集中的区域。安岳地处四川盆地中部，石窟造像自隋末初唐至明清各时期均有开凿，序列完整，尤以盛唐及其以后最为集中，两宋、明清的造像数量和规模更属罕见。作为我国晚期石窟遗存重要的组成部分，安岳石窟对构建和完善我国石窟寺发展序列意义重大。

第二，可补佛教史、道教史之缺。隋唐以来，四川地区佛教、道教活动频繁，影响深远，面貌独特。传世文献中有关记载零星，缺略不全，但佛教、道教的具体活动，在安岳石窟造像和铭刻材料中均有不少具体生动的体现，可补佛、道史文献记载之不足。

第三，可藉以管窥唐代统治中心宗教文化艺术的盛景。唐代两京地区佛道昌盛，艺术创作繁荣，寺观壁画粉本在全国范围内快速传播，四川地区石窟开凿亦多受此风浸润。随着两京地区壁画的湮灭，传世绘本基本毁绝，王朝中心的宗教艺术盛况，只能从如敦煌和四川地区的石窟中管窥一二。更有甚者，部分源于两京的特殊宗教艺术作品的早期式样，仅在四川石窟中有保留，安岳石窟中此类图像即有不少。

第四，见证巴蜀区域宗教艺术的兴起。中晚唐至五代，巴蜀地区政治相对稳定，经济持续开发，文化艺术昌盛，宗教艺术创作方兴未艾，产生了一批原创艺术式样。这些艺术作品首先在四川石窟中开凿，进而影响全国。如产生于成都的《佛说地藏十王经》及其图像，早年仅见于敦煌石窟和藏经洞的图轴，但近年在四川安岳、仁寿、资中、内江和重庆大足等地石窟发现不少，较之敦煌地区数量更多，类型更为丰富，序列更加完整，保留了该题材在原创地的若干早期特征。此外，安岳唐末五代至宋初石窟密集开凿，布局、样式固定的众多造像题材与画史所载成都地区寺观所绘接近，其源于成都的可能性很高，唐后期至前后蜀宗教艺术创作之盛景可见一斑。

如前所述，安岳县境内现存隋唐至清代石窟一百七十七处，按理这些石窟应全部纳入田野调查和记录的范畴，但本书仅选择了八十处石窟共计八百三十七龛（窟）造像进行调查（图0-1），主要基于以下考虑：

一是安岳境内的清代晚期（下限或晚至民国）石窟数量众多，地域分散，不少经后世改造，面目全非，原貌难究，调查难度大，加之受课题研究周期和经费的限制，这部分清代晚期石窟就只有忍痛割爱了，项目团队仅酌情选择少数保存较好、规模较大的清代石窟作为调查对象。

二是本次田野调查的核心和重点是明代及明代以前的石窟,无论保存情况如何,均纳入调查之列。不过,部分石窟虽始凿于唐宋时期,但现代改刻严重,其造像、形制等原始面貌荡然无存,此类石窟亦不在调查之列。

三是项目团队调查工作开启前,卧佛院、圆觉洞、庵堂寺、灵游院、西禅寺等五处石窟,已有学术机构展开过田野调查,撰写或发表过考古调查简报或报告,资料比较翔实。考虑到已刊发考古调查简报或报告的体例,与内容总录存在有一定差异,故未将上述报告收入本书。毗卢寺石窟及其所在的窟前遗址,四川省文物考古研究院2015年进行过考古发掘,资料正在整理中。项目组编写的玄妙观的调查报告已于2020年发表,田野考古专刊正处于校对阶段,即将付梓。为避免重复工作,毗卢寺、玄妙观两处石窟亦不纳入本次考古调查和资料刊布之列。

从这个意义上讲,《安岳石窟内容总录》所收,并非安岳石窟的全部内容,只是安岳现存石窟和摩崖造像中比较核心、比较重要的一部分。我们只是艰难地开了一个头,但愿在不远的将来,有收录石窟更多、内容更为丰富翔实的《安岳石窟总录》问世。

本书是我们在四川地区从事石窟寺考古调查和研究的系列成果之一。由于项目延续时间长,参与调查和记录的人员较多,描述和记录风格、详略不一,观察不一定到位,描述不一定妥帖,题材辨识和年代判断亦不一定准确,存在问题肯定不少,敬请读者谅解!

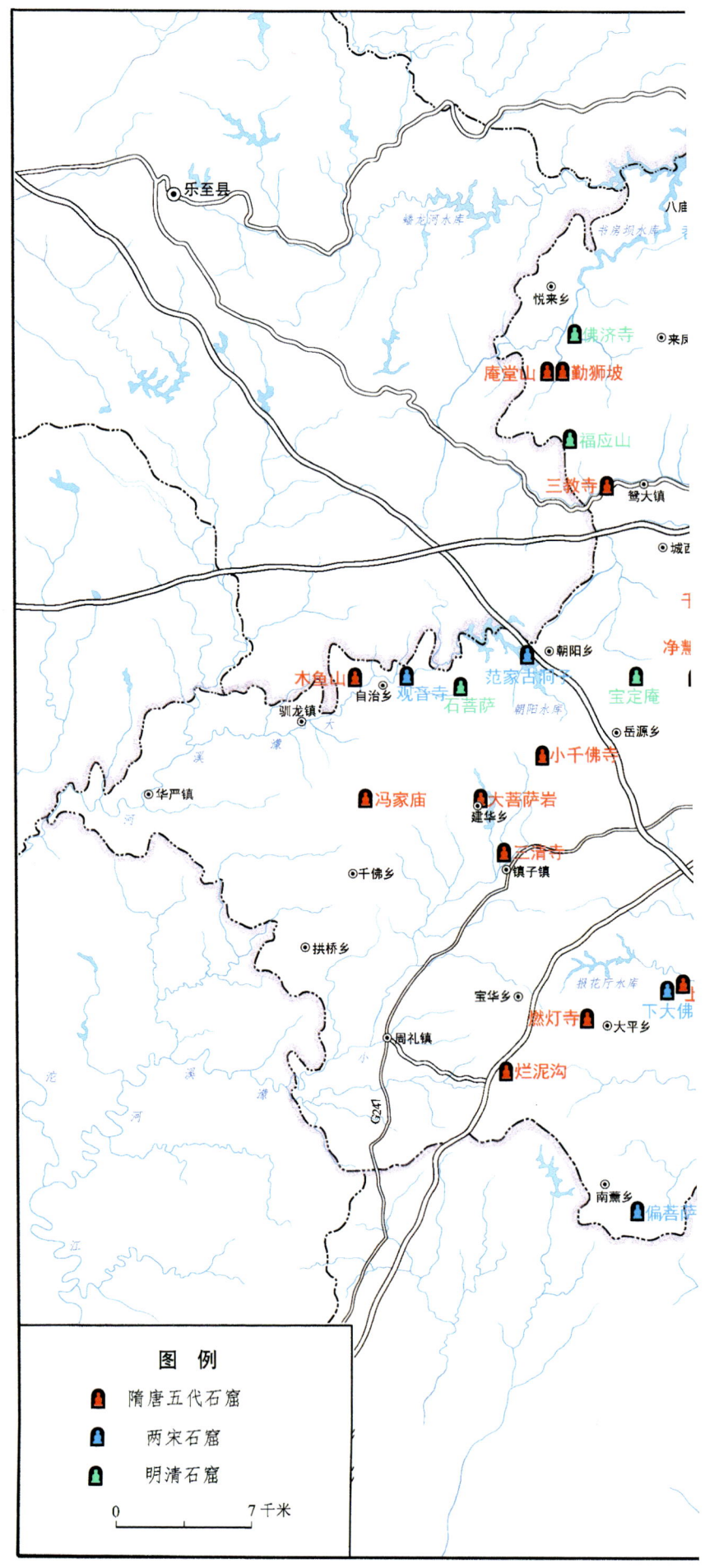

凡 例

1. 安岳县域内的石窟,绝大部分以摩崖造像的形式存在,较之规模和进深较大、一般可供进入瞻礼的"洞窟",摩崖造像一般规模较小,进深较浅,无法进入。但两者在宗教内涵和基本功能上一致,故本书所称"石窟"包括摩崖造像和洞窟。

2. 安岳县辖的乡镇,行政区划多次调整,撤销、合并的情况比较复杂。早期调查、发表和存档的石窟资料,往往与现行政区划下已撤销或已更名的乡镇密切联系,这些乡镇名称,对指示具体石窟的地理位置有重要参考价值。为保持资料信息的连贯性,避免不必要的错误,田野调查时仍沿用第三次全国文物普查时的乡镇名称。部分石窟在当地流行的名称不止一种,以第三次全国文物普查时的定名为准。

3. 田野调查沿用第三次全国文物普查时的编号。大量附凿于大龛(窟)侧壁的小龛,此前均未编号,本书以"-"的形式,遵循以崖壁朝向从左至右、从上至下的顺序编于大龛(窟)之后,如第7-1龛,即表示附凿于第7龛内部的第一个小龛。新发现的龛(窟),亦采用此种方式编于距离最近的已编号龛(窟)后,原则上不新增独立编号。部分规模较大的石窟,早年多次编号,各次编号次序和彼此的对应关系已难于考证,亦无法以某次的编号串联全部龛(窟),在田野调查时,根据崖壁朝向从左至右的原则,重新编号。部分小型石窟多在10龛(窟)以下,以1~3龛(窟)为多,早期调查并未编号,本书亦以崖壁朝向从左至右、从上至下的顺序首次编号。供养人龛不单独编号。

4. 调查过程中,在征得上级文物管理部门许可的前提下,我们对部分保存好、石质坚硬的题刻进行拓印。保存不佳、石质脆弱的题刻只拍摄照片、现场辨识并录文。截至本书定稿提交出版为止,拓印工作尚未完成,加之风化、残损、漫漶,导致题刻辨识难度很大,大量重要题刻录文还在紧张的室内整理和反复核校中。故有关题刻铭文,根据具体情况,部分仅有照片公布,部分概述其基本内容。完整的题刻录文,拟另行编为《安岳石窟铭文录》出版。

5. 安岳石窟数量多,县域各乡镇都有分布。为清晰地呈现安岳石窟的地域分布和发展脉络,本书分北部、东部、中部、南部四个区域分别加以介绍;各区域内不同乡镇的石窟,则大致按始凿年代先后顺序排列。

6. 每个石窟点的文字包括两部分。第一部分为石窟概况,介绍其位置、文物保护级别、现存龛(窟)数量、分布、保存现状、龛(窟)前方寺观遗迹遗物和龛(窟)编号等。第二部分为各龛(窟)造像内容,介绍其位置、年代、龛(窟)形制、保存情况和造像内容等,具体如下:

(1)位置:交代该龛(窟)在整个造像区的分布位置、与周围龛(窟)的相对位置及相互打破关系。

(2)年代:指造像的始凿年代,非后代改刻、补塑的年代;如有造像纪年,则列出,并附以公元纪年;如无明确纪年,则据造像风格、龛(窟)形制等判断其相对准确的年代,如"盛唐""唐末""宋初"等;如保存情况较差,信息有限,则判断大致年代为"唐""宋""明"等;如信息无从判断,则标示"不明"。根据安岳石窟发展的实际情况和目前年代研究的进展,本书所涉及各时期大致年代(以在位帝王标示)如下：隋末指炀帝，初唐指高祖至高宗，盛唐指玄宗至肃宗，中晚唐指代宗至武宗，唐末指懿宗至昭宗，五代指前蜀王建至后蜀孟昶，宋初指太祖至真宗，北宋中晚期指仁宗至徽宗年间，南宋指高宗至理宗，明指成祖至熹宗，清指高宗至德宗。

（3）龛(窟)形制：交代龛(窟)尺寸、龛向，内、外龛外立面形状和内龛平面形状、外立面装饰情况等。其中，以正北方向沿顺时针旋转至龛(窟)正面朝向的度数标示该龛(窟)的方向。

（4）保存情况：介绍龛(窟)和造像总体残损、风化、漫漶、烟熏、青苔覆盖等情况，以及改刻、补塑、装彩及后代遗迹等。

（5）造像内容：本书所言"左""右"，均指龛(窟)本身面朝方向(而非观者面朝方向)的左、右；各龛(窟)按主次关系逐级介绍造像，主尊在前，其次两侧胁侍，再次为后排、龛(窟)底和龛(窟)外造像；同级造像的描述一般遵循先内后外、先左后右、先上后下的顺序；每尊造像的描述亦遵循从上到下、从左至右的原则，依次介绍位置、保存情况、尺寸(像、座的高度)、服饰、装饰、动作、持物；成组对称出现的造像之共有特征，统一陈述在前，差异分别叙述于后；文字描述一般不直接判断具体造像身份，而以客观性的佛、天尊(老君)、弟子、真人、菩萨、女真、天王、力士、护法、飞天等名之。

（6）尺寸单位：本书成组数据间以顿号分隔，单位均置于该组最后一个尺寸数据之后。如"宽(或残宽)95、高(或座高)95、深60厘米"，"宽""高"后均略去"厘米"二字。

（7）图表照片序号：本书行文中，图片、照片及表格序号均置于相关文字介绍末尾的句号前，以便统一格式。

7. "安岳石窟分布示意图"内的各石窟年代以其始凿年代为准。一般情况下，每个独立的造像石包或连续分布龛(窟)的崖壁绘制一张造像分布示意图。

8. 本书正式出版前，项目团队先后公开发表了菩萨湾、侯家湾、石锣沟、舍身岩、上大佛、佛岩、高升千佛岩、高升大佛寺、社皇庙、雷神洞、三仙洞、云峰寺、圣泉寺、双龙街菩萨岩、木鱼山、净慧岩等十六处石窟的考古调查简报。受版面的限制，期刊发表考古简报内容较为简练，而本书内容更为详细，细部照片更多、更丰富，两者内容如有抵牾之处，以本书内容为准。

目录

第一卷

北部石窟

岳阳镇
1 千佛寨 　　　　　　　3
2 净慧岩 　　　　　　309
3 菩萨湾 　　　　　　337
4 香云寺 　　　　　　379
5 大佛寺 　　　　　　395
6 宝定庵 　　　　　　425

第二卷

鸳大镇
7 三教寺 　　　　　　435
8 福应山 　　　　　　469

城北乡
9 佛尔岩 　　　　　　477
10 石锣寺 　　　　　483
11 圣水寺 　　　　　495

长河源乡
12 石锣沟　　　　　　　　　519
13 青竹寺　　　　　　　　　611

云峰乡
14 凡林寺　　　　　　　　　631

悦来乡
15 勤狮坡　　　　　　　　　647
16 庵堂山　　　　　　　　　655

来凤乡
17 圣泉寺　　　　　　　　　671
18 佛济寺　　　　　　　　　715

姚市镇
19 千佛岩　　　　　　　　　759

石鼓乡
20 寂光寺　　　　　　　　　779
21 香积寺　　　　　　　　　819
22 香檀寺　　　　　　　　　829
23 宝石庵　　　　　　　　　845

第三卷

东部石窟

人和乡
24 云峰寺　　　　　865

白水乡
25 佛爷山　　　　　905

龙台镇
26 毗卢沟　　　　　913
27 土地坡　　　　　925

林凤镇
28 舍身岩　　　　　931
29 侯家湾　　　　　971
30 塔　坡　　　　　1011
31 大通寺　　　　　1033

高升乡
32 千佛岩　　　　　1041
33 牛王石　　　　　1097
34 大佛寺　　　　　1105
35 社皇庙　　　　　1121
36 雷神洞　　　　　1131
37 天宫山　　　　　1139

38 懒佛岩 　　　　　1143

39 菩萨岩 　　　　　1153

40 玉帝庙 　　　　　1161

41 三仙洞 　　　　　1167

横庙乡
42 罗汉寺 　　　　　1221

瑞云乡
43 老君岩 　　　　　1229

白塔寺乡
44 大佛寺 　　　　　1249

第四卷

石羊镇
45 毗卢洞 　　　　　1259

46 华严洞 　　　　　1307

47 半边寺 　　　　　1345

48 赤云寺 　　　　　1353

护龙镇
49 佛慧洞 　　　　　1365

中部石窟

顶新乡
50 茗山寺 1381
51 朱家经堂 1405

双龙街乡
52 孔雀洞 1443
53 菩萨岩 1465

岳新乡
54 长庆寺 1485

朝阳乡
55 范家古洞子 1495

石桥铺镇
56 牛王寺 1505

偏岩乡
57 佛　岩 1519
58 岩观音 1547

永清镇
59 佛耳岩 1559
60 鱼龙庙 1629

乾龙乡
61 东岳庙　　　　　　　　1637

坪河乡
62 菩萨岩　　　　　　　　1659

第五卷

南部石窟

自治乡
63 木鱼山　　　　　　　　1669
64 观音寺　　　　　　　　1769
65 石菩萨　　　　　　　　1785

建华乡
66 大菩萨岩　　　　　　　1789

千佛乡
67 冯家庙　　　　　　　　1793

镇子镇
68 三清寺　　　　　　　　1803
69 小千佛寺　　　　　　　1823

清流乡

70 上大佛　　　　　　　1831

71 下大佛　　　　　　　1945

大平乡

72 燃灯寺　　　　　　　1963

南薰乡

73 烂泥沟　　　　　　　1973

74 偏菩萨　　　　　　　1991

李家镇

75 佛洞岩　　　　　　　2007

合义乡

76 天星寺　　　　　　　2029

77 佛洞寺　　　　　　　2035

忠义乡

78 红恩寺　　　　　　　2041

79 千佛岩　　　　　　　2071

80 老君洞　　　　　　　2085

后记　　　　　　　　　　2091

北部石窟

岳阳镇

❶千佛寨

千佛寨摩崖造像位于安岳县岳阳镇千佛寨森林公园内，地处贾岛村大云山上，海拔高程402米，现为全国重点文物保护单位。大云山略呈近东西向的扁长形，为周围地形最高点，山体顶部有古代城寨遗迹。造像环绕大云山山腰开凿，所在崖前有石板修砌的宽2米的环道。造像区以东20米为现代寺院千佛寺的建筑，以西20米为安岳至城西乡公路。

千佛寨现存龛窟内存两组墨书编号，但均无法和全部造像进行统一对照。早期的资料也仅有少量龛窟造像编号的记载，无法据其推导所有造像编号。所以，此次调查根据部分原有编号、龛窟分布和崖面走势，共计编号十一段，即A~K段，共有龛（窟）一百一十五个，其中大龛编第1~87龛（窟），另有二十八个小龛开于第1~87龛（窟）侧壁，分别附编于所在大龛后（图1-1-1、1-1-2）。

千佛寨造像所在的山腰近椭圆形，集中区位于西北、东南侧崖面，密集处分上、中、下三层。西侧南段分布第1~9龛，第1龛所在崖面编号A段，第2~9龛所在崖面编号B段（图1-2）。西侧崖面中段分布第10~29龛，所在崖面编号C段（图1-3、1-4、1-5）。第30~43龛位于西侧崖面中部偏北，所在崖面编号D段（图1-6、1-7）。西侧崖面北段分布第44~49龛，所在崖面编号E段（图1-8、1-9）。山腰东侧崖面北段为第50龛，开凿于路边一单独石包之上，编号F段。东侧崖面中部分布第51~58龛（窟），编号G段（图1-10）。东侧崖面南段分布第59~75龛，编号为H段（图1-11、1-12）。西侧崖面南侧石板路下有一凸出崖面，分布第76~85龛，崖面编号I段（图1-13）。西侧崖面中部底部近公路位置有一凸出崖面，开第86龛，编号J段。东侧崖面H段南端顶部有一独立石包，开第87龛，崖面编号K段（图1-14）。

千佛寨造像多保存较好。部分龛像被树木遮挡，少数龛像被树木根茎破坏，其中第8、23、28龛有现代加固措施，第29龛外侧已被完全破坏，开辟成管理员住所；部分龛像风化残损严重，第77~85龛残损尤其严重；部分龛被后代损毁、改刻，第3、8、10、15、16、21、22、27、43、45龛在保留原唐代基本龛形的基础上，龛形有局部改刻或增刻，部分造像被改刻，形成唐龛宋像的情况；部分龛有重修、加固痕迹；大多数龛有残存后代装彩痕。

图1-2 千佛寨B段造像（西→东）

图1-3 千佛寨C段南侧造像（西南→东北）

图1-4　千佛寨C段中部造像（西南→东北）

图1-5　千佛寨C段北侧造像（南→北）

千佛寨

图1-6　千佛寨D段南侧造像（南→北）

图1-7　千佛寨D段北侧造像（西→东）

图 1-8　千佛寨 E 段南侧造像（西南→东北）

图 1-9　千佛寨 E 段北侧造像（西南→东北）

图1-10　千佛寨G段造像（北→南）

图1-11　千佛寨H段南侧造像（东→西）

图 1-12　千佛寨 H 段中部造像（北→南）

图 1-13　千佛寨 I 段造像（西→东）

千佛寨

图 1-14　千佛寨 K 段造像（东→西）

【第 1 龛】

位置：A 段东端，距离现地面高 342 厘米，被第 1-1、1-2 龛打破。

年代：盛中唐。

龛形：方形龛，平面呈横长方形，壁面交接处呈直角转折，正壁略向外弧。宽 348、高 245、残深 135 厘米，龛向 210 度。

保存情况：龛顶及左、右壁均残损。正壁近底部有凿痕，左、右壁近底覆泥，多数造像头部均残，残损处凿一孔，后代补塑泥头像，造像及壁面残存后代装彩痕。

造像内容：正壁前设低台，高 35 厘米，环三壁造千佛和一佛二菩萨。正壁分五层，共造千佛八十五身，由上至下第一层十八身，第二、三、四层各十七身，第五层十六身。左壁分五层，共造千佛十五身，第一层四身，第二层三身，第三层三身，第四层二身，第五层三身。右壁共分四层，第一层造一佛二菩萨，其余三层共造千佛十二身，第二层四身，第三层四身，第四层四身。

右壁从上至下第一层一佛二菩萨均结跏趺坐于仰莲座上，有内圆外尖桃形头光，莲座下有莲茎。佛居中，头部右边残，用泥补塑，布满圆孔，高 35、座高 15 厘米。着通肩式袈裟，双手于腹前结弥陀定印。左侧菩萨头部、莲座残，高 40、座高 13 厘米。颈部残存两道蚕纹，头侧发辫垂肩，内着僧祇支，披巾自两肩垂下绕两臂后下垂至座；胸前装饰圆形项圈，璎珞下垂于膝前；左手托一圆形物于腹前，右手托一柳枝状物于胸前，柳枝状物垂至圆形物上。右侧菩萨风化严重，头部残，仅存轮廓，高 40、座高

11

10厘米,仅可见双手置腹前。

千佛保存情况较差,除两身佛像头部尚存外,其余头部皆残缺,三壁最下一层千佛皆仅存部分头光。左壁从上至下第一层左起第一、二身,第二层第一身,正壁第四层第一、二身,右壁第二层第四身,第三层第一、三、四身均残损严重,仅存轮廓。正壁第一层第六至十身,第二层第八、十四身,第三层第十身,第四层第十二至十四、十六、十七身的肩部至胸部均有较大残损,其余造像略有风化。像高22~23、座高5~6厘米。皆有尖桃形头光,结跏趺坐,除正壁和左壁最上层的千佛坐祥云之外,其余均坐于莲座上,莲座下有莲茎,壁面转角处还有莲叶和莲蕾,莲蕾中坐小化佛。

左壁从上至下第一层左起第一、二身风化不清;第三身着通肩式袈裟,双手笼袖中置腹前;第四身着双领下垂式袈裟,内着僧祇支,腹前束带打结,双手于腹前捧一物。第二层第一身风化不清;第二身双手置胸前;第三身着通肩式袈裟,双手于腹前捧一物。第三层第一身双手置腹前;第二身风化不清;第三身着通肩式袈裟,双手笼袖中置腹前。第四层第一身双手笼袖中置腹前;第二身双手置胸前;第五层残不可识。

正壁从上至下第一层左起第一身着通肩式袈裟,双手置腹前;第二身着通肩式袈裟,双手笼袖中置腹前;第三身着通肩式袈裟,双手于胸前托一物;第四身着通肩式袈裟,双手笼袖中置腹前;第五身着袒右式袈裟,双手掌心向上置腹前;第六身着通肩式袈裟,双手笼袖中置腹前;第七身着双领下垂式袈裟,左手抚膝,右手掌心向上置腹前;第八身着通肩式袈裟,双手笼袖中置腹前;第九身着通肩式袈裟,双手于腹前结弥陀定印;第十身着通肩式袈裟,双手于胸前托物;第十一身着双领下垂式袈裟,双手于腹前捧一物;第十二身双手笼袖中置腹前;第十三身着通肩式袈裟,双手合十胸前;第十四身着袒右式袈裟,左手抚膝,右手抚胸;第十五身着通肩式袈裟,双手笼袖中置腹前;第十六身着通肩式袈裟,双手于胸前托物;第十七身着通肩式袈裟,双手于腹前结弥陀定印;第十八身左手抚膝,右手抬起。

第二层第一身着偏衫式袈裟,右手抚左胸;第二身着通肩式袈裟,双手笼袖中置腹前;第三身着袒右式袈裟,右手抚左胸前;第四身着通肩式袈裟,双手笼袖中置腹前;第五身着双领下垂式袈裟,双手于腹前捧一物;第六身着通肩式袈裟,双手笼袖中置腹前;第七身着通肩式袈裟,双手于腹前捧一物;第八身着通肩式袈裟,双手于腹前结弥陀定印;第九身着袒右式袈裟,左手抚膝,右手抚胸;第十身着通肩式袈裟,双手笼袖中置腹前;第十一身着通肩式袈裟,双手合十胸前;第十二身着通肩式袈裟,双手于腹前捧一物;第十三身着通肩式袈裟,双手笼袖中置腹前;第十四身着通肩式袈裟,双手笼袖中置胸前;第十五身着袒右式袈裟,双手于腹前结弥陀定印;第十六身着通肩式袈裟,双手笼袖中置腹前;第十七身着双领下垂式袈裟,双手于腹前结弥陀定印。

第三层第一身着偏衫式袈裟,右手抚左胸前;第二身着通肩式袈裟,双手笼袖中置腹前;第三身着通肩式袈裟,双手合十胸前;第四身着双领下垂式袈裟,双手于腹前结弥陀定印;第五身着偏衫式袈裟,右手抚左胸;第六身着通肩式袈裟,双手笼袖中置腹前;第七身着通肩式袈裟,双手合十胸前;第八身着通肩式袈裟,双手笼袖中置腹前;第九身着双领下垂式袈裟,双手于腹前捧一物;第十身双手笼袖中置胸前;第十一身着袒右式袈裟,左手抚膝,右手抚胸;第十二身着通肩式袈裟,双手于腹前结弥陀定印;第十三身着通肩式袈裟,双手笼袖中置腹前;第十四身着双领下垂式袈裟,双手于腹前捧一物;第十五身着通肩式袈裟,双手笼袖中置腹前;第十六身着通肩式袈裟,左手抚膝,右手结弥陀定印;第十七身着通肩式袈裟,双手笼袖中置腹前。

第四层第一、二身风化不清;第三身双手于腹前结弥陀定印;第四身双手置腹前,掌心向上;第五身着通肩式袈裟,双手笼袖中置腹前;第六身着通肩式袈裟,双手合十胸前;第七身着偏衫式袈袈,右手抚左胸前;第八身着通肩式袈裟,双手于腹前捧一物;第九身着双领下垂式袈裟,左手抚膝,右手掌心向上置腹前;第十身着通肩式袈裟,双手笼袖中置腹前;第十一身着通肩式袈裟,双手笼袖中置胸前;第十二身着双领下垂式袈裟,双手于腹前捧一物;第十三身着袒右式袈裟,左手抚膝,右手抚胸;第十四身着通肩式袈裟,双手笼袖中置腹前;第十五身着通肩式袈裟,双手于胸前托物;第十六身双手笼袖中置腹前;第十七身双手笼袖中置腹前。第五层残不可识。

　　右壁从上至下第二层左起第一身着通肩式袈裟,双手笼袖中置腹前;第二身着双领下垂式袈裟,双手于腹前捧一物;第三身着袒右式袈裟,双手掌心向上置腹前;第四身风化不清。第三层第一身着双领下垂式袈裟;第二身着通肩式袈裟,双手合十胸前;第三身风化不清;第四身双手置腹前。第四层残不可识(图1-15、1-16、1-17、1-18)。

　　左壁龛口处后期开两龛,分别编号第1-1、1-2龛。

图 1-15 千佛寨第 1 龛（西南→东北）

千佛寨

图 1-16　千佛寨第 1 龛左壁造像（西北→东南）

图1-17　千佛寨第1龛右壁造像（东南→西北）

千佛寨

图 1-18　千佛寨第 1 龛小佛（西南→东北）

【第 1-1 龛】

位置：A 段东端，第 1 龛左壁龛口内侧。

年代：盛中唐。

龛形：方形龛，平面近横长方形，残宽 35、高 130、深 15 厘米，龛向 293 度。

保存情况：残损严重，左壁被第 1-2 龛破坏。

造像内容：正壁前造一立像，仅存下身轮廓，胸口存一圆形孔，残高 95 厘米（图 1-19）。

图 1-19　千佛寨第 1-1 龛
（西北→东南）

【第1-2龛】

位置：A段东端，第1龛左壁龛口外侧。
年代：盛中唐。
龛形：方形龛，平面近横长方形，残宽95、高195、深40厘米，龛向292度。
保存情况：残损严重，仅存正壁及左壁。
造像内容：正壁前存一立像下身轮廓，残损、风化严重，残高130厘米。可见有头光，似着袈裟（图1-20）。

图1-20 千佛寨第1-2龛（西北→东南）

【第 2 龛】

位置：B 段东端。

年代：盛唐。

龛形：外方内拱形龛，内龛平面呈弧形，外龛宽167、残高148、深68厘米，内龛宽127、高116、深75厘米，龛向217度。雕出龛楣及龛面，内饰团花，沿龛口雕一周凸棱，素面磨平。

保存情况：外龛上部残损脱落。造像局部风化残损严重，造像及壁面局部长青苔、霉斑，残存后代装彩痕。

造像内容：内龛环三壁设低坛，近倒"凹"字形，高3厘米，坛上造一佛二弟子二菩萨。佛居中，结跏趺坐于束腰方座上，风化严重，高60、座高24厘米。有内圆外尖桃形头光，颈部有蚕纹；左手抚膝，右手似抬起。台座上部覆帷幔，束腰处为八角形，下部装饰覆莲瓣（图1-21）。

弟子立左、右壁内侧前仰莲圆座上，头部皆残，有圆形头光，跣足，双手笼袖中置腹前。左侧弟子风化严重，高68、座高12厘米；着交领袈裟，袈裟一角搭于左臂前，胸前肋骨凸起。右侧弟子高67、座高10厘米；颈部有三道蚕纹，内着交领衣，外着交领袈裟。

菩萨立左、右壁外侧前仰莲圆座上，跣足。左侧菩萨风化严重，两臂残，高69、座高13厘米；有内椭圆外尖桃形头光，头侧缯带下垂及肘，可见披巾于膝前横过一道，于身侧下垂及座；左臂戴臂钏，腿前垂饰璎珞；左手置左腹前，右手持物垂体侧。右侧菩萨右手残，高73、座高12厘米；有尖桃形头光，绾高髻，戴宝冠，发辫披肩，末端分三道垂下，头侧缯带下垂及肘，面部方圆，双目微闭，颈部有三道蚕纹；下着裙，裙腰外翻，披巾自两肩垂下，左侧披巾垂体侧，右侧披巾似分两道，一道似于腿前横过一道后搭左手腕后垂体侧，另一道似绕右臂后下垂及座；戴圆形项圈，中间下垂一饰件，两侧各有一道璎珞垂下，于腹前相交呈"X"形后，下垂至膝前折向身后，相交处呈圆饼形；戴臂钏，左手戴腕钏；左手垂体侧，右手置腹前，腹部外胅，腰左扭。

内龛两侧龛口外侧各雕一力士立山座上，皆头部残。有圆形头光，头侧缯带向上飘于两端，上身赤裸，下着过膝战裙，腰束带打结，裙腰外翻，裙摆飘向龛内，跣足，飘带经头后绕两臂经腰带飘于体侧。左侧力士风化严重，高57、座高22厘米；左手举头侧，右手置腰侧，腰左扭。右侧力士头、颈部脱落处各有一圆形凿孔，高56、座高21厘米；左手戴腕钏；左手握拳置腰侧，右手五指张开置头右侧，腰右扭（图1-22、1-23）。

外龛右壁中部开一方形浅龛，龛内无造像，正壁分布粗大凿痕。

图1-21 千佛寨第2龛(西南→东北)

千佛寨

图 1-22　千佛寨第 2 龛左壁造像（西北→东南）

图 1-23 千佛寨第 2 龛右壁造像(东南→西北)

【第3龛】

位置：B段东侧，第2龛右。

年代：盛唐。

龛形：外方内拱形龛，内龛平面呈弧形，外龛宽158、高146、深58厘米，内龛宽103、高110、深58厘米，龛向217度。雕出龛楣及龛面，内饰团花，沿龛口雕一周凸棱，素面磨平。

保存情况：外龛上部残损脱落。造像经后代改刻，壁面大部分覆青苔、霉斑，造像及壁面残存后代装彩痕。

造像内容：内龛环三壁设坛，近倒"凹"字形，高3厘米，坛上造一佛二弟子二菩萨（图1-24）。佛居中，结跏趺坐于方座上，风化严重，高52、座高27厘米。颈部有两道蚕纹，内着僧祇支，腹前束带，外着双领下垂式袈裟，袈裟下摆搭座前。左手抚膝，右手掌心向上置腹前。台座前部中央向外凸出，底部前方雕一方台。

弟子立左、右壁内侧前台座上，均风化严重，头部残。跣足，双手置腹前。左侧弟子高54、座高5厘米；内着交领直袖衣，外着交领袈裟。右侧弟子高58、座高6厘米；着交领袈裟，双手笼袖中。

菩萨立左、右壁外侧前台座上，头部残。左侧菩萨高52、座高12厘米；缯带垂至肩后，下着长裙，腰束带，裙腰外翻，披巾自双肩垂下，绕手腕后垂至台座；戴项圈；双手屈肘置腹前持一柄状物，仅存残迹。右侧菩萨双手上部残损，高60、座高10厘米；似束髻，着双领下垂式袈裟，袈裟衣摆搭于右臂外侧，下着长裙；双手合十胸前（图1-25、1-26）。

内龛左龛口外侧浅浮雕一立像，风化严重，表层凹凸不平，高65厘米。似有圆形头光，束髻，似着抹胸长裙。双手置胸前，头向右扭朝向龛外。右侧对称位置崖面分布凿痕，上部微向内凹，造像当被凿去。

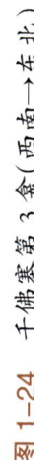

图1-24 千佛寨第3龛(西南→东北)

千佛寨

图 1-25　千佛寨第 3 龛左壁造像（西北→东南）

图 1-26　千佛寨第 3 龛右壁造像（东南→西北）

【第4龛】

位置：B段东侧，第3龛右，第5龛左。
年代：盛唐。
龛形：外方内拱形龛，内龛平面呈弧形，外龛宽269、残高194、深53厘米，内龛宽150、高142、深85厘米，龛向225度。雕出龛楣及龛面，内饰团花，沿龛口雕一周凸棱，素面磨平。
保存情况：龛顶和右壁破坏严重。部分壁面长青苔、霉斑，造像局部经后代改刻，局部风化残损，造像及壁面残存后代装彩痕。
造像内容：内龛环三壁设坛，近倒"凹"字形，高3厘米，坛上雕一佛二弟子二菩萨（图1-27）。佛居中，结跏趺坐于方座上，头、上身残损，身前遍布后代凿痕，高75、座高40厘米。头顶上方浮雕一圆形华盖，周围垂饰璎珞。有内圆外尖桃形头光，头光顶端折至华盖中央；椭圆形身光，身光两侧各伸出一树，树干顶端伸至两侧。有肉髻，颈部有三道蚕纹，着袈裟。左手抚膝，右手似置腹前。台座上覆两层帷幔，帷幔上铺一层垫，边缘呈波浪状。

弟子立左、右壁内侧前仰莲圆座上，皆头部残；有圆形头光，颈部有三道蚕纹；内着交领窄袖衣，外着交领袈裟，袈裟一角搭左臂前，跣足；双手笼袖中置胸腹间。左侧弟子高81、座高17厘米；颈部青筋暴露，锁骨凸出，右肩前有一宽带自身后伸出，自腋下垂至膝旁。右侧弟子高78、座高20厘米，头光为双层。

菩萨立左、右壁外侧前仰莲圆座上。左侧菩萨头部、双足残，高90、座高16厘米；有内椭圆外尖桃形头光，束髻，戴冠，头侧缯带下垂及肘，发辫披肩，末端分三道垂下，颈部有三道蚕纹；下着长裙，裙腰外翻，跣足，披巾自两肩垂下，左侧一道垂体侧，右侧一道又分两道，一道于腿前横过经左手垂下，一道搭右臂后垂体侧；戴圆形项圈，中央垂饰菱形饰件，两侧各有一道长璎珞垂下，于腹前相交呈"X"形后垂于膝前折向身后，腹侧各有一道短璎珞垂下，两腿间有一道"Y"形璎珞垂下；戴臂钏，右手戴腕钏；左手无名指、小指内握，余指伸出握披巾垂体侧，右手掌心向外持一柳枝于肩前，腰左扭。右侧菩萨高92、座高16厘米。有尖桃形头光，上着僧祇支，腹前束带打结，双手戴腕钏，其余皆与左侧菩萨一致（图1-28、1-29）。

内龛两侧龛口外侧各雕一力士立山座上。左侧力士头部残，风化严重，高88、座高22厘米。有圆形头光，似束髻，上身赤裸，肌肉虬结，下着过膝战裙，腰部束带打结，裙腰外翻，裙摆飘向龛内，跣足，飘带经头后绕两臂经腰带飘于体侧；戴腕钏；左手五指张开举头左侧，右手握金刚杵向下斜伸于体侧，腰左扭。右侧力士高86、座高14厘米。左手握金刚杵斜伸体侧，右手上举于头侧，腰右扭。

左侧力士左侧又造一菩萨立圆座上，头部残，面部经后代改刻，风化严重，膝部以上有霉斑，高156、座高19厘米。有双层椭圆形头光，戴卷草纹高花冠，头侧发辫披肩，面部短圆，五官短小，颈部有三道蚕纹；着长裙，跣足，披巾自两肩垂下，于腹、腿前各横过一道后绕两臂下垂及座；戴圆形项圈，璎珞自项圈左右侧垂下，于腹前相交呈"X"形后垂至于膝前折向身后，相交处呈团花形，两道璎珞自小腹前又分出一道璎珞折向上半身；左手垂体侧，右手置胸前（图1-30）。

外龛右壁开一拱形龛，仅存右上部，残高92、宽25、深14厘米。

图1-27 千佛寨第4龛（西南→东北）

图 1-28　千佛寨第 4 龛左壁造像（西北→东南）

图 1-29　千佛寨第 4 龛右壁造像（东南→西北）

千佛寨

图1-30 千佛寨第4龛外左侧菩萨（西南→东北）

【第5龛】

位置：B段中部,第4龛右。

年代：盛唐。

龛形：外方内拱形龛,内龛平面呈弧形,外龛宽295、残高268、深92厘米,内龛宽203、高187、深78厘米,龛向216度。雕出龛楣及龛面,内饰团花,沿龛口雕一周凸棱,素面磨平。

保存情况：外龛左壁及顶部左侧垮塌不存。主尊经后代改刻,龛、像局部风化残损,多处长青苔、霉斑,造像及壁面残存后代装彩痕。

造像内容：内龛环三壁设坛,残损,高2厘米,坛上造一佛二弟子二菩萨。佛居中,结跏趺坐于八角形座上,颈部以上经后代改刻,肩部、背光残存后代凿痕,右手残,高93、座高54厘米。头顶上方雕圆形华盖,周围垂饰璎珞。有尖桃形头光和椭圆形身光,头光顶端折至华盖中央,身光左、右各雕一菩提树伸至华盖两侧,华盖位于树冠中部。佛面部方圆,五官小。内着僧祇支,腹前束带打结呈"十"字形,外着双领下垂式袈裟。左手抚膝,右手似置腹右侧。台座上覆帷幔(图1-31)。

弟子立佛左、右侧仰莲座上,皆头部残。有圆形头光,内着交领窄袖衣,外着交领袈裟,跣足,双手笼袖中置腹前。左侧弟子高100、座高16厘米;颈部青筋暴露,胸前肋骨裸露(图1-32)。右侧弟子高96、座高19厘米;颈部有三道蚕纹(图1-33)。

菩萨立左、右壁外侧前仰莲座上,皆面部残。有内椭圆外尖桃形头光,束髻,戴花冠,头侧缯带下垂及肘,长发披肩,末端分三道垂下,着长裙,裙腰外翻,跣足;戴腕钏。左侧菩萨高114、座高15厘米;颈部有四道蚕纹,披巾自两肩垂下,于腿前横过一道绕手臂后垂下;戴圆环形项圈,中间垂下椭圆形饰件,两侧各有一道长璎珞于腹前相交呈"X"形后下垂,相交处呈圆饼状,腹部两侧又各有一道短璎珞下垂;左臂戴臂钏;左手无名指、小指内握,余指伸出握披巾垂体侧,右手掌心向上微握披巾置腰侧,腰左扭(图1-34)。右侧菩萨右臂、双足及台座残,腿下部风化,高116、座高13厘米;颈部有三道蚕纹,右臂戴臂钏,右手无名指、小指内握,余指伸出握披巾垂体侧,左手掌心向上微握披巾置腰侧,腰右扭(图1-35)。

内龛两侧龛口外侧各雕一力士立山座上,皆头部残。有圆形头光,戴冠,两侧缯带飘于头上方,双目圆睁,面目狰狞,颈部青筋暴露,上身赤裸,肌肉虬结,下着过膝战裙,腰束带打结,裙腰外翻,裙摆飘向龛内,跣足,飘带经头后绕两臂经腰带后飘体侧。左侧力士左手雨浸,残损严重,高108、座高52厘米;右手戴腕钏,左手举头侧,右手掌心向内,五指张开向下斜伸体侧,头向右侧,腰左扭(图1-36)。右侧力士风化严重,右手、腿部及右足残,颈部正中有一凿孔,残高90、座高40厘米;左手戴腕钏,右手举头侧,左手掌心向内,五指张开向下斜伸体侧,头向左侧,腰右扭。

佛像头右侧壁面存墨书题记一则,楷书,上部横书：□善玄。下部竖写九行,前八行分上、下排,左起第一至六行为人名,在上排,第七至八行在下排,第九行不可识,内容为民国二十年(1931年)题记。

千佛寨

图1-31 千佛寨第5龛（西南→东北）

图 1-32　千佛寨第 5 龛左侧弟子（西南→东北）

图1-33 千佛寨第5龛右侧弟子(西南→东北)

图 1-34　千佛寨第 5 龛左侧菩萨（西北→东南）

千佛寨

图 1-35　千佛寨第 5 龛右侧菩萨（东南→西北）

图 1-36 千佛寨第 5 龛左侧力士(西南→东北)

千佛寨

【第 6 龛】

位置：B 段中部，第 5 龛右。

年代：盛唐。

龛形：方形龛，平面呈横长方形，宽 113、高 190、深 58 厘米，龛向 238 度。

保存情况：龛下方崖石大部分坍塌，后代用条石填充。左、右壁及顶部残损，局部长青苔、霉斑，造像局部风化、残损严重，造像及壁面残存后代装彩痕。

造像内容：正壁前造二立像及一弟子小像，均跣足立仰莲圆座上。菩萨居中，风化严重，高 114、座高 30 厘米。有内椭圆外尖桃形头光，戴高冠，缯带垂至肘侧，着长裙，裙腰外翻，披巾自双肩垂下于腿前横过两道后，一道绕左臂后垂体侧，一道搭右臂后垂体侧。胸、膝部装饰璎珞，左手戴腕钏。左手提瓶垂体侧，右手屈肘上举，腰左扭。

菩萨像右侧造一等大弟子像，左侧造一小弟子像，风化严重，手部残。左侧弟子高 76、座高 26 厘米；有内圆外尖桃形头光，着双领下垂式袈裟；左手置腹侧，右手置胸前。右侧弟子高 132、座高 30 厘米；有双层圆形头光，着袈裟；左手置腹前，右手垂体侧（图 1-37）。

左壁下部开一方形浅龛，宽 33、高 27、深 2 厘米。正壁前雕三身供养人面向龛内而跪。左侧一身高 20 厘米，短发及耳，似裸身，头转向左侧朝向龛内胡跪；中间一身高 24 厘米，似有发髻，双手合十胸前朝向龛内胡跪；右侧一身仅存轮廓，高 26 厘米，面向龛内跪拜。

【第 7 龛】

位置：B 段西侧，第 5 龛右下，第 6 龛右。

年代：盛唐。

龛形：方形龛，残宽 128、残高 177、深 16 厘米，龛向 232 度。

保存情况：四壁残损严重。造像及壁面风化，多处长霉斑，局部残损，残损处有凿孔，头、面部均有改刻痕迹，局部残存后代装彩痕。

造像内容：正壁前造一佛一菩萨，双臂、双足皆残。左侧佛高 145 厘米。有头光，似有螺发，五官小，着袈裟。右侧菩萨残高 152 厘米。头部残损，颈部有凿痕，左臂中部残损处有一凿孔。有双层头光，内层椭圆形，外层形制不明。戴卷草纹高花冠，两侧缯带下垂及肘，面部长圆，五官小。下着长裙，裙腰外翻，披巾自两肩垂下于腿前横过两道后，一道搭左手垂体侧，另一道似握于右手后下垂体侧。戴圆形项圈，中间有椭圆形饰件，两侧各有一道长璎珞垂下，于腹前相交呈"X"形后垂至膝前折向身后，相交处呈圆饼状，腹侧又各有一道短璎珞垂下，相交后的两条长璎珞又各分出几道璎珞，呈网状垂于身前。左手提瓶垂体侧，右手置胸侧，似掌心向上握披巾，腰左扭（图 1-38）。

图 1-37 千佛寨第 6 龛（西南→东北）

千佛寨

图 1-38　千佛寨第 7 龛（西南→东北）

【第8龛】

位置：B段东侧，第7龛右。

年代：盛唐。

龛形：外方内拱形龛，内龛平面呈弧形，外龛残宽520、高539、深153厘米，内龛宽490、高492、深145厘米，龛向220度。龛楣磨平。

保存情况：外龛顶部及左、右壁破损严重，外龛右壁下部有条石修补痕迹。外龛左、右壁上部、龛楣及内龛正壁上部有凿孔，龛上部有烟熏痕迹；龛内上部有一裂隙横向贯穿，有后代修补痕迹，内龛左侧壁有数道裂缝；龛形在保留基本形制的基础上进行局部改刻；内龛二菩萨有后代改刻痕迹，中央佛于绍熙三年（1192年）重修，外龛左、右壁部分造像经后代改刻；部分造像及壁面残存后代装彩。

造像内容：内龛环壁造一佛二菩萨立仰莲圆座上（图1-39）。有尖桃形头光，跣足，头略向前倾，莲座为后代修补。佛居中，足部风化严重，左手残，高364、座高41厘米。头光顶端折至龛顶，螺发，头前中央有一髻珠，额前有白毫，面部长圆，双目微睁下视，内着僧祇支，腹前束带打结，外着双领下垂式袈裟。右手戴腕钏。左手食指残断，中指、无名指压拇指，小指伸出，掌心向上置腹前；右手拇指与中指、无名指相拈，余指微屈置胸前，腹部微腆（图1-40）。

菩萨立佛左、右侧，均足部残。左侧菩萨右手残，高282、座高38厘米。戴卷草纹花冠，头侧缯带垂身后，发辫垂肩，面部长圆，双目微睁下视，颈部有三道蚕纹。着僧祇支，腹前束带打结，下着长裙，裙腰外翻。披巾自两肩垂下，于腹前横过两道飘体侧。戴项圈，胸前垂饰璎珞呈"W"形，中央有一道长璎珞垂至腹前；戴腕钏。左手托一钵置腹前，钵内盛物，右手竖掌立于右胸前（图1-41）。

右侧菩萨高286、座高41厘米。戴卷草纹花冠，头侧缯带垂身后，发辫垂肩，面部长圆，额前有白毫，双目微睁下视，颈部有三道蚕纹。内着僧祇支，腹前束带打结，外着双领下垂式袈裟。戴项圈，胸前垂饰璎珞呈网状，戴腕钏。左手掌心向上置腹前，右手于右胸前执带茎莲花，莲花靠于右肩前，下有莲叶，腹部微腆（图1-42、1-43）。

外龛左、右壁分别开六、四个小龛，编号第8-1至8-10龛（图1-44、1-45）。

千佛寨

图 1-39　千佛寨第 8 龛（西南→东北）

图1-40 千佛寨第8龛中央佛(西南→东北)

千佛寨

图 1-41　千佛寨第 8 龛左侧菩萨（西南→东北）

图 1-42　千佛寨第 8 龛右侧菩萨（西南→东北）

图 1-43　千佛寨第 8 龛右侧菩萨头冠（西→东）

图 1-44　千佛寨第 8 龛外龛左壁造像（西北→东南）

千佛寨

图 1-45　千佛寨第 8 龛外龛右壁造像(东南→西北)

【第8-1龛】

位置：B段东侧，第8龛外龛左壁上层外侧，第8-2龛左，被第8-2龛破坏右壁。

年代：盛唐。

龛形：拱形龛，平面近横长方形，残宽184、高170、深20厘米，龛向307度。

保存情况：左下角龛壁坍塌。龛外上方中央有一方形凿孔，龛底左下方崖面遍布凿痕，造像及壁面遍布烟熏痕，存后代装彩。

造像内容：正壁前造一佛二菩萨，均有内椭圆外尖桃形头光，颈部有两道蚕纹。佛居中，结跏趺坐于束腰方座上，右手、右膝及台座右上部残，高77、座高39厘米。螺发，馒头形肉髻，面部方圆，五官短小集中，双下颌，双耳硕大。内着僧祇支，腹前束带打结，外着双领下垂式袈裟。左手抚膝，右手举胸侧。台座上部覆帷幔，帷幔上铺一层垫，帷幔呈波浪状，台座中部束腰处和下部皆为八角形。

菩萨立佛左、右侧仰莲圆座上。戴高花冠，缯带垂肩，长发披肩，面部方圆；上身着僧祇支，胸前束带打结，下着长裙，裙腰外翻；戴圆形项圈，中间垂菱形饰件，两侧各有一道长璎珞垂下，于腹前相交呈"X"形后垂至膝下折向身后，相交处呈圆饼状；腹部微腆；莲座下有一层八角形台基。左侧菩萨风化较严重，双手残，高90、座高26厘米；披巾自双肩垂下，左侧分两道，一道垂体侧，一道于腿前横过一道后绕手臂后垂体侧；右臂戴臂钏；左手似举胸侧，右手垂体侧，腰右扭。右侧菩萨右手残，高97、座高15厘米；披巾自双肩垂下，于腿前横过一道搭绕双臂后垂体侧；左手戴臂钏、腕钏；左手垂体侧握披巾，右手屈肘举于身侧执披巾，腰左扭（图1-46）。

龛底左侧，沿底部外侧向下凿一个横长方形浅龛，宽40、高20厘米。正壁前造三供养人朝向左侧胡跪，风化严重，均高20厘米，均双手合十身前。左起第一身似戴帽；第二、三身头顶缩髻，两侧头发下垂遮耳。

【第8-2龛】

位置：B段东侧，第8龛外龛左壁上层内侧，第8-1龛右，破坏第8-1龛右壁。

年代：盛唐。

龛形：拱形龛，平面近横长方形，残宽60、高186、深25厘米，龛向308度。

保存情况：造像及壁面遍布烟熏痕，存后代装彩。

造像内容：正壁前造一菩萨立仰莲圆座上，左手残，高150、座高16厘米。有内椭圆外尖桃形头光，戴高花冠，缯带垂至肘侧，发辫披肩，末端分三道垂下，面部方圆，下颌宽圆，双耳较大，颈部有三道蚕纹。上着僧祇支，腹前束带打结，下着长裙，裙腰外翻。披巾自两肩垂下，于身前横过两道绕两臂后垂至体侧。戴项圈，中间垂下椭圆形饰件，两侧各有一道长璎珞垂下，于腹前相交呈"X"形后垂至膝前折向身后，相交处呈圆饼状，腹部两侧又各有一道短璎珞垂下，两腿各有一道"Y"形璎珞自腹下伸出垂至小腿间。右臂戴臂钏，右手戴腕钏。左手上举至胸侧，似掌心向内握一物，右手提瓶垂体侧（图1-47）。龛底右下方，即第8龛内龛龛楣左下方，开一拱形浅龛，宽16、高26、深3厘米。正壁前雕一供养人朝左侧胡跪，高21厘米。短发及耳，面部方圆，着交领长袍，腰束带；双手合十身前，微向左侧身。

千佛寨

图 1-46　千佛寨第 8-1 龛（西北→东南）

图 1-47 千佛寨第 8-2 龛（西北→东南）

千佛寨

【第 8-3 龛】

　　位置：B 段东侧，第 8 龛外龛左壁下层外侧，第 8-4 龛左，打破第 8-4 龛左上角。
　　年代：不明。
　　龛形：拱形龛，平面形制不明，残宽 50、残高 33、深 23 厘米，龛向 310 度。
　　保存情况：仅存右上角。
　　造像内容：造像已不存。

【第 8-4 龛】

　　位置：B 段东侧，第 8 龛外龛左壁下层中部，第 8-1 龛下，第 8-3 龛右，左、右上角分别被第 8-3、8-5 龛破坏。
　　年代：盛唐。
　　龛形：拱形龛，平面近弧形，残宽 100、高 314、深 55 厘米，龛向 310 度。
　　保存情况：龛左侧不存。造像经宋代改刻而成，造像及壁面风化严重，局部残损，残存后代装彩痕。
　　造像内容：正壁前造一菩萨立仰莲圆座上，右手、左臂及双足残，高 188、座高 22 厘米。有内椭圆外尖桃形头光，外层头光内残存两朵团花。戴花冠，缯带垂肩，面部方圆，五官风化，颈部较短。下着裙，腰束带打结，披巾自两肩垂下搭两臂后飘垂体侧。戴圆形项圈，胸前装饰璎珞垂至腹前。左手抚腹侧，右手举右胸前似执一物，头微前倾（图 1-48）。
　　龛楣中部刻题记一则，左侧被第 8-3 龛破坏，占壁面宽 76、高 33 厘米，多处风化剥落，存字十四行，竖刻，楷书，内容为绍熙三年（1192 年）装修记（图 1-49）。

【第 8-5 龛】

　　位置：B 段东侧，第 8 龛外龛左壁下层内侧，第 8-2 龛下，第 8-4 龛右，第 8-6 龛上，打破第 8-4 龛右壁。
　　年代：南宋。
　　龛形：拱形龛，平面近弧形，残宽 53、高 157、深 24 厘米，龛向 308 度。
　　保存情况：龛顶不存。造像局部风化，残存后代装彩。
　　造像内容：正壁前造一像立仰莲圆座上，凸出于龛外，头部及双足风化，双手残，高 93、座高 17 厘米。光头，面部方圆，颈部较短，有两道蚕纹，下着长裙，腰束带打结，裙腰外翻，跣足，披巾自两肩垂下绕两臂后垂身侧。戴圆形项圈，下垂三道璎珞于胸前；双手戴腕钏。双手相握于胸前，头微转向右侧（图 1-50）。

图 1-48 千佛寨第 8-4 龛（西北→东南）

千佛寨

图 1-49　千佛寨第 8-4 龛装修记（西北→东南）

图1-50 千佛寨第8-5龛(西北→东南)

千佛寨

【第 8-6 龛】

位置：B 段东侧，第 8 龛外龛左壁下层内侧，第 8-4 龛右，第 8-5 龛下。

年代：盛中唐。

龛形：拱形龛，平面近弧形，残宽 43、高 173、深 15 厘米，龛向 311 度。

保存情况：造像风化严重，局部残损，膝部以下两腿间有一圆孔，残存后代装彩。

造像内容：正壁前雕一像立仰莲圆座上，造像凸出于龛外，头部残缺，莲座为后代修补，高 114、座高 24 厘米。有尖桃形头光，着袈裟，左手置腹左侧，右手似举胸侧（图 1-51）。

图 1-51　千佛寨第 8-6 龛
　　　　（西北→东南）

【第8-7龛】

位置：B段东侧,第8龛外龛右壁上部,第8-8龛上。

年代：盛唐。

龛形：拱形龛,平面呈横长方形,残宽135、高110、深10厘米,龛向125度。

保存情况：右侧脱落。龛外上部中央存一方形凿孔,龛口上、下方崖面密布凿痕,造像及壁面存烟熏痕,造像局部风化、残损,存后代装彩。

造像内容：正壁前从右至左残存一佛一弟子一菩萨一力士。佛结跏趺坐于束腰方座上,下颌、右手及台座残,高60、座高37厘米。有内椭圆外尖桃形头光,肉髻,长圆脸,下颌略宽,嘴角内陷,颈部有三道蚕纹。内着僧祇支,腹前束带打结,外着双领下垂式袈裟。左手抚膝,右手掌心向外举胸侧,施无畏印。座上覆帷幔,帷幔上铺一层垫,帷幔呈波浪状。

弟子立仰莲圆座上,高70、座高16厘米。有圆形头光,光头,面部方圆,立眉瞪目,眉头微锁,两腮微垂,嘴角内陷,双耳硕大,颈部有三道蚕纹。内着交领衣,外着交领袈裟,袈裟一角搭左臂前,跣足。左手在下,右手在上拱胸前。

菩萨立仰莲圆座上,左手残,高82、座高15厘米。有内椭圆外尖桃形头光,束高髻,戴高花冠,缯带垂至两肩侧,发辫披肩,末端分三道垂下,方圆脸,双下颌,嘴角内陷,披巾自两肩垂下,于腿前横过一道搭绕双臂后垂体侧。戴项圈,两侧各垂一道短璎珞,中间垂下一道长璎珞至腹前,末端饰一团花,团花两侧又各伸出一道长璎珞垂至膝前折向身后,戴腕钏。左手置肩前似执一物,右手提一瓶垂身侧,腹部微腆,腰右扭。

力士立山座上,高64、座高11厘米。有双层椭圆形头光,束髻,戴冠,双目圆睁,面目狰狞,颈部青筋暴露,上身赤裸,肌肉虬结,下着过膝战裙,腰束带打结,裙摆飘向右侧,跣足。飘带经头后绕两臂穿腰带后飘体侧。右手戴臂钏。左手举头侧,右手握拳向下斜伸体侧,腰左扭,头扭向右侧(图1-52)。

千佛寨

图 1-52　千佛寨第 8-7 龛（东南→西北）

【第 8-8 龛】

位置：B 段东侧，第 8 龛外龛右壁靠上，第 8-7 龛下，第 8-9 龛上。

年代：盛唐。

龛形：拱形龛，平面呈横长方形，残宽 154、高 120、深 20 厘米，龛向 125 度。

保存情况：右壁不存。龛底左下角被一方形凿孔打破，造像局部经后代改刻，残存后代装彩。

造像内容：正壁存一佛二菩萨。佛居中，结跏趺坐于束腰方座上，身体两侧崖面内凹有凿痕，下颌残，高 56、座高 45 厘米。有内圆外尖桃形头光，螺发，肉髻，额部有白毫，面部饱满，双耳下垂，颈部有两道蚕纹。内着僧祇支，腹前束带，外着双领下垂式袈裟。双手施弥陀定印。座上层覆帷幔，帷幔上铺一层方垫，帷幔边缘呈波浪形，座束腰处为八角形，其下有方形台基，两边抹角。

菩萨立佛左、右侧仰莲圆座上。皆内着僧祇支，腹前束带打结，下着裙，裙腰外翻，披巾自双肩垂下，于膝前横过一道绕两臂后垂体侧，跣足；戴圆形项圈；莲座下有八角形台基。左侧菩萨头光周围有凿痕，头部残，残高 60、座高 15 厘米；有尖桃形头光，腹部微腆，腹前有一圆形凸起，两侧各有一道璎珞垂至膝前折向身后；左手似拇指与中指相扣托一物于腹前，右手执披巾垂体侧，腰右扭。右侧菩萨头光、头、右臂、双手残，头部有一方形凿孔，孔内有等大的石榫，高 75、座高 10 厘米；有内椭圆外尖桃形头光，左侧残存缯带垂肩，膝前各垂饰一道璎珞；左手置腹左侧（图 1-53）。

59

图 1-53　千佛寨第 8-8 龛（东南→西北）

【第 8-9 龛】

位置：B 段东侧，第 8 龛外龛右壁靠下，第 8-8 龛下，第 8-10 龛上。

年代：盛唐。

龛形：拱形龛，平面近横长方形，残宽 142、高 110、深 20 厘米，龛向 125 度。

保存情况：右壁不存。左壁中部有一道风化带，造像局部风化、残损，局部残缺处有榫孔。

造像内容：正壁前造一佛二菩萨，皆头部不存，残缺处壁面较平整，存三个长方形榫孔。皆有内圆外尖桃形素面头光。佛居中，结跏趺坐于束腰方座上，高 33、座高 45 厘米。着双领下垂式袈裟，双手置腹前结禅定印。台座上层覆帷幔，帷幔上铺一层方垫，帷幔边缘呈波浪形，台座束腰处为八角形，下有八角形台基。

菩萨立佛左、右侧台座上，台座风化残损。左侧菩萨左臂及双手残，风化严重，像连座高 68 厘米；缯带垂至肘侧，璎珞于身前呈"X"形相交，可见披巾垂体侧，左臂似垂体侧，右手屈肘置腹侧。右侧菩萨立圆座上，双手、右臂残，高 53、座高 15 厘米；缯带垂至肘侧，着僧祇支，腹前束带，下着长裙，腰束带，跣足，披巾于身前横过一道后垂体侧，两腿前各饰一道璎珞；左手执披巾垂体侧，右手斜置胸前执一物（图 1-54）。

千佛寨

图1-54 千佛寨第8—9龛(东南→西北)

【第 8-10 龛】

位置：B 段东侧，外龛右壁下层，第 8-9 龛下。
年代：盛中唐。
龛形：方形龛，平面近横长方形，残宽 120、高 123、深 20 厘米，龛向 120 度。
保存情况：左壁不存。造像及壁面残损、风化严重，龛右有一方形凿孔打破龛面右侧，造像局部有后代改刻、重修痕。
造像内容：龛壁破损风化严重，正壁前右侧仅存一像立仰莲圆座上，头部有改刻痕，莲座为后代重修，高 87、座高 18 厘米。上部有尖桃形头光（图 1-55）。龛外榫孔右侧有一后代线刻人形，高 20、宽 11 厘米。右侧崖面磨光，刻题记一则，残宽 42、高 60 厘米，存字十行，竖刻，楷书，题记风化、残损严重。

图 1-55　千佛寨第 8-10 龛（东南→西北）

【第9龛】

位置：B段西端，第8龛右下。
年代：盛唐。
龛形：形制不明，龛向220度。
保存情况：破损严重，左手腕处有一凿孔。
造像内容：正壁前存一菩萨立像，残损严重，残高100厘米。可见缯带垂左肩侧，左肩前有披巾垂下，身前横过两道披巾；左臂戴臂钏。身体左侧存一碑右上角（图1-56）。

图1-56 千佛寨第9龛（西南→东北）

【第10龛】

位置：C段偏南，第11龛左。

年代：盛唐。

龛形：外方内拱形龛，内龛平面呈宽"U"字形，外龛宽278、高280、深135厘米，内龛宽176、高205、深75厘米，龛向240度。雕出龛楣及龛面，宽26厘米，内饰团花，沿龛口雕一周凸棱，素面磨平。

保存情况：外龛顶部有一横长方形凹槽与第11龛外龛顶部相贯通，底部右侧有台阶向下延伸与第13龛底部相连通。第10、11龛间崖面上部有一圆孔，外龛左壁外侧有一竖长方形凹槽，底部左侧有一方形凹槽，外龛正壁左侧上、中、下位置各有一方形榫孔，下部方孔破坏左侧力士左腿，正壁右侧上、下各有一方形榫孔，靠下位置榫孔破坏右侧力士右腿；右壁上部与左壁中部偏上有一方形榫孔，内龛底部近龛口处有三圆孔排列在一条直线上，凹槽及榫孔内均有凿痕。造像局部风化、残损；内、外龛造像及壁面残存后代装彩，造像经宋代改刻。

造像内容：内龛环壁造一佛二弟子二菩萨（图1-57）。佛居中，结跏趺坐于仰莲方座上，全身风化严重，肉髻、面部及左手残损，高83、座高72厘米。头顶上方雕圆形华盖，有尖桃形头光和椭圆形身光，头光上部折入华盖下方，身光两侧各伸出一树至华盖两侧，树叶朝下，呈长三角状。螺发，耳垂硕大，颈部有两道蚕纹。内着僧祇支，于腹前束带打结，结带下垂，外着双领下垂式袈裟，衣摆覆台座。左手抚膝，右手置腹前，袈裟覆双足。台座分四层，从上至下第一层为仰莲方座，第二至四层呈八角形，第二层中央装饰一壸门。

弟子立佛左、右侧方座上。有圆形头光残迹，内着交领直袖衣，外着袈裟，跣足。左侧弟子面部残，高100、座高24厘米；头光内饰联珠纹，颈部青筋暴露；双手似托物置胸前（图1-58）。右侧弟子全身风化，面部、双手及双足残，高99、座高25厘米；颈部残存一道蚕纹，双手似合十胸前（图1-59）。

菩萨立左、右壁外侧前仰莲座上，皆双足残。有尖桃形素面头光，头光较厚，打磨平整，戴花冠，面相长圆，着长裙，小腿间有一衣带垂于座上，跣足。左侧菩萨，高107、座高25厘米；缯带自耳后垂下于两肩侧飘起；着双领下垂式袈裟，袈裟一角搭左臂前；双手持一莲枝于体前，头微左转（图1-60）。右侧菩萨头光内有规整排列的细小方形戳痕，颈部有两道蚕纹，高104、座高29厘米；缯带自耳后下垂至颈后；着袒右式袈裟，右肩覆披巾，披巾搭右臂后下垂及座。戴圆环状项圈，项圈中部垂下一条流苏，两侧各有一条璎珞垂下与中部流苏相连；双手托一宝珠于左胸前，宝珠呈三角形，头微右转（图1-61）。

左侧弟子与菩萨头顶之间崖面刻一方形题记框，顶部阴线刻一荷叶盖，占壁面宽40、高24厘米，10行，竖刻，楷书，内容为绍熙癸丑年（1193年）装彩记。题记正下方阴线刻一竖长方形榜题框，顶部雕覆莲瓣，宽20、高33厘米，打磨平整，不见字迹。

内龛两侧龛口外侧各雕一力士立山座上。有圆形素面头光，头光较厚，打磨平整；绾高发髻，两侧缯带飘起，怒目圆睁，塌鼻梁，颈部青筋暴露，上身赤裸，肌肉突起，下着过膝裙，腰束带打结，裙腰外翻，裙摆飘向龛内，跣足，双手戴腕钏。左侧力士左手、左腿及右脚残，高104、座高21厘米；飘带自左肩斜披于体前，于右腹侧打结，打结后飘于身体右侧，左侧有一飘带自腰侧伸出，向上飘起；戴项圈，项圈外侧饰一圈联珠纹，中央雕五朵团花，中央及右端团花各有一流苏垂下；左手举头侧，右手向下斜伸握一杵于体侧，侧头右看，腰左扭（图1-62）。右侧力士双腿残，高105、座高27厘米；飘带自两肩垂下经腰侧飘于体侧；戴圆环状项圈，项圈外侧置水波纹，项圈中部有一"十"字形流苏垂下，左右

千佛寨

图1-57　千佛寨第10龛（西南→东北）

65

图 1-58　千佛寨第 10 龛左侧弟子（西南→东北）

千佛寨

图1-59　千佛寨第10龛右侧弟子（西南→东北）

图 1-60　千佛寨第 10 龛左侧菩萨（西北→东南）

千佛寨

图 1-61　千佛寨第 10 龛右侧菩萨（东南→西北）

图 1-62 千佛寨第 10 龛左侧力士（西南→东北）

千佛寨

各有一圆珠形饰件;左手下伸执绳索,右手握拳举头侧,腰右扭。

外龛左壁中部开一圆拱形小龛,宽52、高65、深7厘米。正壁前雕三身供养人立像。从内至外第一身男像,面部、双手及双足残,高58厘米,戴幞头,着圆领直袖大衣,腰束带,双手捧一物于右胸前,肩部背一物,面向主尊;第二身女像,高57厘米,绾高发髻,内着圆领窄袖衣,外似着褙子,双手托一物于右胸处,回首看向龛外;第三身孩童像,头部及双手残,高36厘米,着窄袖长袍,双手似托一物于胸前,面向主尊(图1-63)。

外龛右壁中部阴刻一拱形碑于莲座之上,碑上部从右至左横刻楷书"大善士"三个大字,下方刻题记七行,竖刻,楷书,内容为道光六年(1826年)信士集资装修千佛岩造像之事。

碑下方开一圆拱形浅龛,宽50、高52、深8厘米。正壁前雕三身供养人立像,皆风化,局部残,着圆领直袖大衣,足穿鞋。左起第一身面部残,高49厘米,戴冠,双手托一圆盒状物于左胸前,回首龛外;第二身面部及双手残,高45厘米,戴冠,双手置胸前,面向主尊;第三身孩童像,头部残,高35厘米,绾髻,双手捧一物于胸前,面向主尊(图1-64)。

图 1-63　千佛寨第 10 龛外龛左壁供养人（西北→东南）

图1-64 千佛寨第10龛外龛右壁供养人(东南→西北)

【第11龛】

位置：C段偏南，第10龛右，第13龛上。

年代：盛唐。

龛形：外方内拱形龛，内龛平面呈"U"字形，外龛宽185、高213、深72厘米，内龛宽151、高192、深43厘米，龛向275度。雕出龛楣及龛面，宽13厘米，内饰团花，沿龛口雕一周凸棱，宽5厘米，素面磨平。

保存情况：外龛底部有凹槽与第10龛相贯通；外龛右壁上部有二方形榫孔，中部近龛口处有一方形榫孔，内均布凿痕。造像风化严重，经宋代改刻，残存后代装彩。

造像内容：内龛环壁造一佛二菩萨（图1-65）。佛居中，结跏趺坐于束腰方座上，高100、座高73厘米。有尖桃形头光，双手置腹前。台座束腰处及下部两层皆呈八角形。

菩萨立左、右壁外侧前仰莲座上，皆有内椭圆外尖桃形头光，头侧缯带垂至肘侧，跣足。左侧菩萨头部、双手及双足残，头部、左手经后代改刻，左手下方与右臂各有一圆形孔洞，高117、座高21厘米；着长裙，裙腰外翻；披巾自两肩垂下，左侧一道似下垂及座，右侧披巾似分两道，一道似经腿前绕左手腕后垂下，另一道似搭右臂后下垂及座；戴项圈，中部垂一菱形饰物，两侧各有一条璎珞垂下，于腹前相交呈"X"形后垂至膝前折向身后，两膝间有"Y"形璎珞垂下，左臂戴臂钏；左手执披巾垂体侧，右手屈肘上举于身侧，腰左扭（图1-66）。右侧菩萨风化、残损严重，头部经改刻，高114、座高31厘米；着长裙，披巾下垂及座，膝前垂饰璎珞；腰右扭。

外龛左、右壁中部后期各开一小龛，分别编号第11-1、11-2龛。

图1-65　千佛寨第11龛（西→东）

千佛寨

图 1-66　千佛寨第 11 龛左侧菩萨（北→南）

【第 11-1 龛】

位置：C 段偏南，第 11 龛外龛左壁中部。

年代：盛中唐。

龛形：方形龛，平面呈弧形，宽 37、高 68、深 13 厘米，龛向 4 度。

保存情况：造像残损较严重，造像及壁面存后代装彩。

造像内容：正壁前造一像立仰莲圆座上，头部及双臂残，高 50、座高 8 厘米。有圆形头光。内着僧祇支，腹前束带打结，外着双领下垂式袈裟，跣足。左手置腹左侧，右手抬起（图 1-67）。

【第 11-2 龛】

位置：C 段偏南，第 11 龛外龛右壁中部。

年代：盛中唐。

龛形：方形龛，平面近横长方形，宽 38、高 68、深 11 厘米，龛向 122 度。

保存情况：造像残损较严重，造像及壁面存后代装彩。

造像内容：正壁前造一菩萨立仰莲圆座上，左手经后代改刻，高 52、座高 7 厘米。有头光残痕，两侧缯带垂至肘侧。披巾自两肩垂下，于腿前横过一道绕双臂后下垂及座。左手垂体侧，右手抬起（图 1-68）。

千佛寨

图 1-67　千佛寨第 11-1 龛（北→南）

图 1-68　千佛寨第 11-2 龛（东南→西北）

千佛寨

【第12龛】

位置：C段中部偏南，第11龛右。
年代：盛唐。
龛形：方形龛，平面呈横长方形，残宽370、高215、深130厘米，龛向170度。
保存情况：右壁及顶外侧不存。龛外左侧下部有一方形榫孔，龛底下方崖面横向分布四个方形榫孔，榫孔所在崖面及孔内分布凿痕；造像腿部以上龛面分布凿痕，经宋代改刻，局部脱落，大部分脱落处有圆形凿孔；造像及壁面残存后代装彩。
造像内容：环三壁设坛，高12厘米，坛上造八身像立仰莲圆座上，均跣足（图1-69）。左起第一身位于左壁，余七身位于正壁。

第一身风化严重，头部、双臂及双足残，头、颈部及双肘处各有一圆形凿孔，内布凿痕，高155、座高22厘米。内着僧祇支，腹前束带打结，外着双领下垂式袈裟。

第二身颈部以上、双臂肘部以下脱落，脱落处各有一圆形凿孔，内布凿痕，腹部以上经后代改刻，高155、座高20厘米。有椭圆形头光，着袈裟。

第三身头、右臂下部脱落，头、右肘处各有一圆形凿孔，内布凿痕，腹部以上经后代改刻，高162、座高18厘米。似绾髻，着僧祇支，腹前束带打结，着长裙，裙腰外翻，璎珞于腹前相交呈"X"形后经两膝折向身后，璎珞在腹前、大腿、膝部及小腿间各有一"十"字形饰件垂下。两侧披巾于腹、腿前横过两道后经两臂垂下；左手执披巾垂体侧（图1-70）。

第四身右臂下部脱落，中部有一圆形凿孔，内布凿痕，右臂、头部及腹部以上经后代改刻，高155、座高20厘米。着袒右式袈裟，袈裟一角穿过一圆环，圆环挂于左肩前垂下的钩钮上。左手置腹前，右手置胸前（图1-71）。

第五身左臂下部脱落，脱落处有一圆形凿孔，内布凿痕，腹部以上经后代改刻，高153、座高20厘米。戴花冠，花冠中央雕一像结跏趺坐于仰莲圆座上。双手合十胸前，头侧缯带飘于肩侧，面相方圆，额部有白毫，双耳硕大，颈部有两道蚕纹。下着长裙，腰束宽带，束带于腹前穿过一"S"形带钩后垂下，裙腰外翻。披巾自两肩垂下于胸下相系，于身前横过两道搭手臂后下垂及座。戴一花瓣状宽项圈，项圈中央及两侧各有三道璎珞垂下，于胸前相交后分为两股折向披巾之下，相交处及两股璎珞中央各有一"十"字形饰件垂下。有三道璎珞自腹前伸出，中间一道在大腿和小腿间各有一"十"字形饰件，左、右侧璎珞经两膝折向身后，在两膝前各有一"十"字形饰件垂下，右手戴腕钏。左手屈肘举身侧，右手提瓶垂体侧，腹部外腆，腰右扭（图1-72）。

第六身腹部以上经后代改刻，高153、座高22厘米。戴花冠，左侧缯带飘肩侧，面相方圆，额部有白毫，双耳硕大，颈部有两道蚕纹，下着长裙，腰束宽带，裙腰外翻。披巾自两肩垂下于胸下相系后，于腿前横过一道下垂及座，两侧披巾另各有一道下垂体侧。戴花瓣纹宽项圈，项圈中央及两侧各有三道璎珞垂下，于胸前相交后分为两股折向披巾之下，相交处及两股璎珞中央各有一"十"字形饰件垂下。有三道璎珞自腹前伸出，中间一道于大腿、小腿间各饰一"十"字形饰件，左右两道于大腿、两膝前各饰一"十"字形饰件，右手戴腕钏。左手屈肘握一方形物于腹侧，右手握披巾垂体侧（图1-72）。

第七身双臂肘部以下脱落，双肘处各有一圆形凿孔，内布凿痕，腹部以上经后代改刻，高156、座高20厘米。内着交领衣，外着袒右式袈裟，袈裟一角搭于左肩前垂下的圆环。双手似屈肘抬起。

第八身风化严重，头部、双臂及双足残，头部及右臂各有一圆形凿孔，左臂有两个圆形孔洞，均内布凿痕,高153、座高22厘米。有头光残痕,两侧缯带垂至肘侧,着长裙,腰束宽带,裙腰外翻。披巾自两肩垂下,于腹前横过两道后经两臂下垂。戴联珠项圈,项圈中部垂一"田"字形饰件,两侧各有一条璎珞垂下,于腹前相交呈"X"形后,经两膝折向身后,相交处呈圆饼状,璎珞于腹前两侧、大腿两侧及两膝处各有一"十"字形饰件垂下,大腿、小腿之间各有一"十"字形饰件(图1-73)。

左壁上部近龛口处墨书题记一则,存字五行,竖写,楷书,内容风化,剥落严重。

千佛寨

图1-69　千佛寨第12龛（南→北）

图 1-70　千佛寨第 12 龛左起第二、三身菩萨（南→北）

千佛寨

图1-71　千佛寨第12龛左起第三、四身菩萨（南→北）

图 1-72 千佛寨第 12 龛左起第五、六身菩萨（南→北）

千佛寨

图1-73　千佛寨第12龛左起第七、八身菩萨（南→北）

【第 13 龛】

位置：C 段中部偏南，第 11、12 龛前正下方，第 14 龛左。

年代：南宋。

龛形：方形龛，平面呈横长方形，宽 175、高 235、深 213 厘米，龛向 230 度。

保存情况：龛上部壁面残损。左壁外侧被与第 11 龛相连的台阶破坏，龛底右侧有台阶与地面相连。龛底下方有两个方形榫孔，右壁上部外侧有一方形榫孔，内布凿痕；壁面大部分长青苔、霉斑，造像风化残损严重，局部残缺处有榫孔，残存后代装彩。

造像内容：正壁前造三像立台座上。中央主尊头部不存，残高 140、座高 20 厘米。着双领下垂式袈裟，跣足，双手置胸前。左侧一身颈部以上脱落，头、颈部各有一榫孔，内布凿痕，高 136、座高 20 厘米。双手置胸前。右侧一身头部残，残缺处有一榫孔，内布凿痕，高 136、座高 17 厘米。左手在下，右手在上拱胸前（图 1-74）。

左、右壁下方中部各有一方形凸起，残不可识。

【第 14 龛】

位置：C 段中部底层，第 13 龛右，第 15 龛左，右壁破坏第 15 龛外龛左壁。

年代：南宋。

龛形：方形龛，平面呈横长方形，宽 100、高 200、深 70 厘米，龛向 250 度。

保存情况：左壁中上部及龛顶不存。左下角有一宽 22、高 132、深 37 厘米的竖长方形凹槽，造像风化严重，双足残，颈部以上经水泥修补，造像及壁面残存后期朱红色装彩。

造像内容：正壁造一像立圆座上，高 150、座高 25 厘米。戴冠，两侧有布帛垂至双肩。内着僧祇支，腹前束带，外着双领下垂式袈裟。戴项圈，有璎珞垂下。双手置腹前，左手抚右手，右手持串珠，腰右扭（图 1-75）。

龛下部有题记一则，占壁面宽 20、高 40 厘米，四行，竖刻，楷书，内容为道光乙酉年（1825 年）信士装修千佛岩观音像之事。

千佛寨

图1-74　千佛寨第13龛（西南→东北）

图 1-75　千佛寨第 14 龛（西南→东北）

【第15龛】

位置：C段中部偏下位置，第14龛右，第16龛左，外龛左壁被第14龛破坏。

年代：盛唐。

龛形：外方内拱形龛，内龛平面呈弧形，外龛残宽180、高175、深30厘米，内龛宽135、高144、深65厘米，龛向260度。雕出龛楣及龛面，宽17厘米，内饰团花，沿龛口雕一周凸棱，宽6厘米，素面磨平。

保存情况：外龛龛顶外侧被二榫孔破坏脱落；第15、16龛之间立柱上部有一宽15、高86、深5厘米的竖长方形凹槽，龛右下方有一宽18、高90、深10厘米的凹槽；外龛正壁上部左侧、左上角及底部中央偏右位置各有一孔，孔与凹槽内均布凿痕。内龛左壁覆青苔、霉斑，造像经宋代改刻，局部残损，造像及壁面有后代装彩。

造像内容：内龛正壁前造一佛二菩萨立莲座上，跣足。佛居中，头部残，高90、座高26厘米。有尖桃形头光，内着僧祇支，外着双领下垂式袈裟。左手食指伸出、余四指内握，掌心向内置左腹前，右手置胸侧。

菩萨立佛左、右侧，戴花冠，两侧缯带下垂及肩，颈部有两道蚕纹，戴项圈，其下垂饰简单璎珞。左侧菩萨双手残，高87、座高16厘米。着双领下垂式袈裟，左手在下、右手在上置腹前，左手覆帛似托一物，右手抚物。右侧菩萨面部残，高87、座高16厘米，着袒右式袈裟，两侧披巾搭臂后下垂及座，双手合十胸前，指间横托一如意（图1-76）。

内龛右壁中部近龛口处阴线刻一竖长方形框，宽18、高30厘米，顶部雕荷叶宝盖，下有仰莲座承托。框内刻题记一则，五行，竖刻，楷书。外龛右壁上部有阴线刻方格痕迹，题记已不存。

外龛右壁开第15-1龛。

图1-76 千佛寨第15龛(西→东)

千佛寨

【第 15-1 龛】

位置：C 段中部偏下，第 15 龛外龛右壁下部。

年代：盛中唐。

龛形：拱形龛，平面近弧形，宽 29、高 34、深 3 厘米，龛向 169 度。雕出尖拱形龛楣及龛面。

保存情况：造像及壁面风化、残损较严重，残存后代装彩。

造像内容：正壁前造一佛二弟子立圆座上，有尖桃形头光，着袈裟。佛居中，高 23、座高 3 厘米，双手置胸前。左侧弟子高 21、座高 4 厘米，双手置腹前。右侧弟子高 22、座高 3 厘米（图 1-77）。第 15-1、16 龛之间的崖面下部存一处题刻，占壁面宽 50、高 64 厘米，刻楷书人名四行。

图 1-77 千佛寨第 15-1 龛（东南→西北）

【第16龛】

位置：C段中部偏北，第15龛右。
年代：盛唐。
龛形：外方内拱形龛，内龛平面呈宽"U"字形，外龛宽289、高220、深110厘米，内龛宽180、高180、深130厘米，龛向255度。雕出尖拱形龛楣及龛面，顶端折向外龛龛顶，宽36厘米，内饰团花，沿龛口雕一周凸棱，素面磨平。

保存情况：外龛右壁及顶部外侧残损。造像经宋代改刻，龛面及造像局部风化残损严重，残存后代装彩。

造像内容：正壁设坛，高32厘米，坛上造一佛二菩萨结跏趺坐于圆座上（图1-78）。佛居中，高62、座高43厘米。存尖桃形头光，内着僧祇支，外着双领下垂式袈裟。双手置腹前。

菩萨坐佛左、右侧，有圆形头光，内着僧祇支，腹前束带，外着双领下垂式袈裟，披披巾，双手似置腹前。左侧菩萨高61、座高35厘米；戴冠，缯带飘向肩侧。右侧菩萨高58、座高41厘米；颈部有一道蚕纹。

内龛左壁近龛口处底部雕一祥云，祥云上方雕一身六臂像朝佛而立，头部、中二手及下左手残，高58厘米；着双领下垂式窄袖衣，下着长裙，两侧披巾搭臂后垂下。上二手各握一曲茎莲叶，莲叶上各托一圆饼状物；中二手置腹前；下左手向下斜伸体侧，下右手举一戟形兵器，兵器顶端有幡飘起。祥云下部前方雕一立像，仅存双腿，残高54厘米；着长裙，余残不可识（图1-79）。

内龛右壁近龛口处雕二像，风化残损严重，仅存轮廓。内侧一身残不可识，造像下似有一台座。外侧一身残高53厘米，似戴冠，着交领衣，左手垂体侧，右手似举一绳状物垂头侧（图1-80）。

内龛龛口两侧下部各雕一立像，头部及双手残。左侧像高84厘米；戴冠，缯带飘于两侧，上身赤裸，下着长裙，腰束带，裙腰外翻，披巾自双肩垂下飘于体侧；戴圆形项圈，项圈中部及两部有璎珞垂下，左手戴腕钏；左手举一方形物于头顶左侧，右置左胸前；腰左扭（图1-81）。右侧立像风化残损严重，仅存轮廓，残高64厘米；腰右扭。

内龛左龛面上部墨书题记一则，占壁面宽14、高26厘米，顶部右起横书"大善士"三字，其下存三行，竖写，楷书，可见民国十九年（1930年）纪年。右侧龛面上部阴线刻一竖长方形框，宽24、高38厘米，框内磨平，刻题记一则，四行，竖刻，楷书，内容为道光甲申年（1824年）信士徐天富等人补修千佛岩神像之事。

外龛左壁开第16-1、16-2龛，右壁开16-3龛。

千佛寨

图1-78 千佛寨第16龛（西南→东北）

图 1-79　千佛寨第 16 龛左壁造像（北→南）

千佛寨

图 1-80　千佛寨第 16 龛右壁造像（南→北）

图 1-81　千佛寨第 16 龛内窟龛口左侧立像（西南→东北）

千佛寨

【第 16-1 龛】

位置：C 段中部，第 16 龛外龛左壁中部。

年代：盛中唐。

龛形：拱形龛，平面呈弧形，宽 28、高 59、深 5 厘米，龛向 342 度。雕出尖拱形龛楣及龛面。

保存情况：造像及壁面局部风化残损严重，存后代装彩。

造像内容：正壁前造一像立仰莲座上，头部及双手、双足残，头部有二圆孔，高 40、座高 6 厘米。有尖桃形头光，着袈裟，跣足。左手置腹前，右手似托物于胸侧。小龛左墨书人名一排，右端书至左侧龛面上（图 1-82）。

【第 16-2 龛】

位置：C 段中部偏北，第 16 龛外龛左壁下部。

年代：盛中唐。

龛形：龛口原为拱形，现为"凸"字形，平面呈弧形，现龛上宽 36、下宽 64、通高 88 厘米，龛向 340 度。雕出尖拱形龛楣及龛面。

保存情况：造像及壁面残损、风化较严重，造像经后代改刻。正壁中央雕一身立像，宋代将左、右壁下部向外扩凿后，各雕一立像；原造像经宋代改刻；龛面及造像局部风化残损，部分残损处有凿孔；存后代装彩。

造像内容：龛内现存三身像。中央主尊腹部被大部分凿去，上部现为一像坐仰莲圆座上，着交领衣，左手置身体左侧，右手支莲座，似游戏坐；下部仍存双腿，断面有一圆形凿孔。两侧立像均侧身朝向主尊而立，左侧像高 53 厘米，戴高冠，着直袖长袍，左手置腹左侧，右手向右前方伸出，掌心向上托中央主尊莲座；右侧像束高发髻，着双领下垂式衣，双手捧一物于胸前（图 1-83）。

【第 16-3 龛】

位置：C 段中部偏北，第 16 龛外龛右壁下部。

年代：盛中唐。

龛形：龛口形状不明，平面近横长方形，宽 37、残高 39、深 2 厘米，龛向 162 度。

保存情况：仅存龛下部。造像及壁面残损、风化严重。

造像内容：正壁前造两身立像，残不可识。

安岳石窟内容总录

图 1-82　千佛寨第 16-1 龛（西北→东南）

千佛寨

图1-83　千佛寨第16-2龛（西北→东南）

【第17龛】

位置：C段中部偏北，第15龛正上，第18龛左，与18龛共用一方形外龛。

年代：盛唐。

龛形：拱形龛，平面呈宽"U"字形，宽108、高130、深22厘米，龛向256度。右侧残存龛面，宽25厘米，沿龛口雕出凸棱，素面磨平。

保存情况：龛左壁坍塌。造像局部残损脱落，部分脱落处有凿孔或补塑，造像及壁面风化严重，存后代装彩。

造像内容：环壁造三佛立圆座上，皆头部残缺，双手残。均有内圆外尖桃形头光，跣足，双手置胸前。左侧佛头部脱落，脱落处有一圆形凿孔，高100、座高15厘米；着通肩式袈裟。中间佛头部为现代补塑，高100、座高14厘米；着通肩式袈裟。右侧佛头部为现代补塑，高101、座高14厘米；着双领下垂式袈裟。

龛口右侧下部雕一力士立方形座上，仅存轮廓，高60、座高15厘米。有双层圆形头光，束髻，下着裙，裙摆飘向龛内，飘带经腰带飘体侧；右臂上举，腰右扭（图1-84）。

右侧龛面上部有一方框，占壁面宽21、高33厘米，框内墨书题记一则，三行，竖写，楷书，文字残损严重，可见部分人名。

图1-84 千佛寨第17龛（西南→东北）

【第18龛】

位置：C段中部偏北，第16龛上，第17龛右，第19龛左，与第17龛共用一个方形外龛，外龛右侧被第19龛破坏。

年代：盛唐。

龛形：拱形龛，平面呈宽"U"字形，宽130、高136、深47厘米，龛向230度。龛外右侧残存龛面，内饰团花，残宽22厘米，沿龛口雕凸棱，素面磨平。

保存情况：龛面残损。龛楣右上方有一方形榫孔，造像风化严重，局部残损，部分经后代补塑，造像及壁面有后代装彩。

造像内容：环壁造三菩萨立仰莲圆座上，头部皆为后代补塑。有双尖桃形头光，跣足。左侧菩萨双手、双足残，高90、座高13厘米。缯带垂至肩侧，着长裙，披巾垂体侧。戴项圈，胸前饰璎珞；左手垂

图1-85 千佛寨第18龛（西南→东北）

体侧,右手似抬起。身体左侧壁面雕一供养人立像,仅存轮廓,残高 27 厘米;双手于胸前持物,面向菩萨。供养人上方刻一竖长方形榜题框,占壁面宽 9、高 31 厘米,竖刻,楷书一行:亡……氏供养。

中间及右侧菩萨双臂、双足残,双臂经后代补塑。皆缯带垂肩侧,着长裙,裙腰外翻,披巾自两肩垂下,过膝前一道后垂体侧;戴圆形项圈,胸、腿前垂饰璎珞。中间菩萨高 95、座高 14 厘米。其左侧壁面雕一供养人立像,仅存轮廓,残高 31 厘米,束髻,似着长裙,双手持物于胸前,朝向菩萨。供养人上方刻一竖长方形榜题框,占壁面宽 10、高 33 厘米,框内竖刻,楷书一行:亡母度氏供养。

右侧菩萨高 94、座高 13 厘米,发辫披肩。右侧供养人残高 38 厘米,似着长袍,腰束带,双手持物于胸前,面向菩萨(图 1-85)。供养人上方刻一竖长方形榜题框,占壁面宽 13、高 42 厘米,竖刻,楷书三行,记简州平泉县令黎远钦为亡父造像供养事。

第 17、18 龛间壁面存题记一则,有界格,上部风化严重,左侧有第 17 龛力士像局部。题记所在壁面宽 46 厘米,残存六行,竖刻,楷书,记黎令宾为亡人造救苦观世音菩萨像之事(图 1-86)。

右侧龛面上部存墨书题记一则,占壁面宽 14、高 33 厘米,上部左起横书"大善士"三字,下部三行,竖写,楷书,风化剥蚀严重。

图 1-86　千佛寨第 17、18 龛之间题记（西南→东北）

【第 19 龛】

位置:C 段中部偏北,第 18 龛右,第 16 龛上。
年代:盛唐。
龛形:拱形龛,平面近横长方形,宽 174、高 196、深 69 厘米,龛向 275 度。
保存情况:龛底及右壁下部坍塌。左壁下部与第 18 龛右相通,龛正壁两侧底部各有一方形榫孔,左侧龛壁上部有一方形凹槽;造像风化残损,局部脱落,部分脱落处有榫孔,局部经后代补塑,造像及壁面有后代装彩。

千佛寨

造像内容：正壁前造二佛一菩萨立圆座上，大腿以下均风化严重。有双层尖桃形头光，头光延伸至龛顶，跣足。中间佛头部及双手残，经后代补塑，高165、座高15厘米。着通肩式袈裟，双手似置胸前，左臂上部后代阴刻一"卍"形图案。

左侧一身为佛像，头部及双手残，头部残断处有一圆形榫孔，双手经后代补塑，高162、座高11厘米。内着僧祇支，外着双领下垂式袈裟。身体左下方壁面雕一供养人立像，破坏第18龛右龛面，风化严重，高42厘米，双手持一物于胸前，朝向弟子。

右侧一身为菩萨，头部及双臂残，头部残断处有一圆形榫孔，双臂经后代补塑，高164、座高15厘米。长发披肩，末端分三道垂下，缯带垂肘侧，下着裙，裙腰外翻，披巾自两肩垂下，于身前横过两道后绕两臂垂体侧，左腹侧有一带垂至左手腕处。戴项圈，中间垂菱形饰件，两侧各有一璎珞垂下，于腹部交叉呈"X"形后垂至两腿前，左臂戴臂钏。左手执披巾垂体侧，右手屈肘上举身侧，腰右扭（图1-87）。菩萨右侧壁面中部有一竖长方形框，占壁面宽19、高56厘米，底部原有一层题记，已不可识，现残存墨书题记一则，四行，竖写，楷书，内容为道光二十四年（1844年）安岳县信士装彩大云山古佛像之事。圆座间有窄方台相连，贯通三壁，与圆座等高。

图1-87　千佛寨第19龛（西→东）

【第20龛】

位置：C段中部，第21龛正上。
年代：盛唐。
龛形：方形龛，平面呈横长方形，龛残宽169、高160、深74厘米，龛向210度。
保存情况：龛顶、右壁下部及龛底右侧残损。右壁由上至下有一裂隙，另一裂隙经龛顶左侧伸至左壁中部，龛外下部左侧有一方形榫孔。造像局部风化，部分长霉斑，造像及壁面残存后代装彩。
造像内容：正壁前造三菩萨立圆座上，双足、圆座风化。有内圆外尖桃形头光，戴圆筒状高花冠，缯带垂肘侧，发辫披肩，颈部有两道蚕纹，着长裙，裙腰外翻，跣足，披巾自两肩垂下，横过身前两道后绕两臂垂体侧；戴联珠项圈，中间下垂菱形饰件，两侧各有一道璎珞垂下，于腹前相交呈"X"形后，垂至膝前折向身后，戴腕钏，左臂戴臂钏；腰左扭。均高129、座高15厘米。

左侧菩萨左手持披巾垂体侧，右手屈肘举肩前，掌心向内似握一物，执物残。中间菩萨左手提净瓶垂体侧，右手屈肘举肩前，掌心向内手指微曲似执物。右侧菩萨左手持披巾垂体侧，右臂肘部以下脱落。圆座间有窄方台相连，贯通三壁，与圆座等高（图1-88）。

图1-88　千佛寨第20龛（西南→东北）

【第 21 龛】

位置：C 段中部，第 22 龛正上，第 20 龛正下。

年代：盛唐。

龛形：外方内拱形龛，内龛平面呈宽"U"字形，外龛宽 155、高 158、残深 40 厘米，内龛宽 123、高 127、深 71 厘米，龛向 185 度。有龛楣及龛面，内饰团花。

保存情况：龛顶右侧不存，外龛左、右壁近龛口处下部及龛底外侧残损，内龛右壁自上而下有一道裂隙，破坏造像。内龛造像及壁面风化残损严重，部分长霉斑，残存后代装彩。

造像内容：内龛现存一佛一弟子二菩萨，均有内圆外尖桃形头光。佛居中，胸部以下风化严重，头顶及双手残，残高 104 厘米。有椭圆形身光，螺发，面相方圆，颈部有三道蚕纹。内着僧祇支，外着双领下垂式袈裟。

弟子立右壁内侧，风化严重，仅存轮廓。

菩萨立左、右壁外侧。左侧菩萨风化严重，头部、双手及膝部以下残损，残高 91 厘米。缯带垂至肘部，似有披巾，戴臂钏；左手似托物于胸前，右手持物垂体侧。右侧菩萨风化严重，仅存轮廓，由上而下被一裂隙贯穿，残高 91 厘米。戴花冠，缯带垂肩，似有披巾；左手持物垂体侧（图 1-89）。

左侧龛面中部有墨书题记一则，形制及文字皆不可识。

图 1-89 千佛寨第 21 龛（南→北）

千佛寨

【第22龛】

位置：C段中部下层，第16龛右，第21龛下。

年代：盛唐。

龛形：外方内拱形龛，内龛平面呈深"U"字形，外龛宽215、高214、深70厘米，内龛宽156、高165、深117厘米，龛向190度。雕出龛楣及龛面，宽29厘米，上饰团花、垂帐、幡，沿龛口雕一周凸棱，素面磨平，垂帐饰挂件，左侧幡上刻"增福德□"四字，右侧幡上刻"□惠命基"四字。

保存情况：外龛顶部残损。外龛左壁外侧中上部有连续分布的榫孔，左下部有一凹槽，龛外右侧有现代垒砌的保坎。造像经宋代改刻，局部风化残损严重，部分残缺处有榫孔，造像及壁面存后代装彩。

造像内容：内龛正壁中央开一拱形浅龛，平面近弧形，宽86、高109、深25厘米。正壁前造一佛倚坐于方座上，高94厘米。有圆形素面头光，头光上方浮雕菩提树叶。螺发，面相方圆，颈部有两道蚕纹。内着僧祇支，其上束带打结，外着双领下垂式袈裟，跣足。双手交叠掌心向上置腹前，足下各踏一圆莲座。莲座下有一方形凸起，残不可识，其下有一向前凸出的方形台基（图1-90、1-91）。

内龛左、右壁各雕立像五身于山座上，分上下两排，上排三身，下排两身。左壁上排内侧一身腹部以下不存，残高48厘米；光头，面相方圆，颈部有两道蚕纹；着双领下垂式袈裟；戴项圈，项圈中部有璎珞垂下，两侧各有一饰件；左手托宝珠于胸前，宝珠下垫一布帛，宝珠上伸出一飘带，飘带经左肩飘向龛顶，右手持锡杖于体侧，头朝向龛外。中间一身头部残，高74厘米；着双领下垂式袈裟；戴联珠纹项圈，项圈中部及两侧有璎珞垂下；双手捧一三角状物于胸前。外侧一身高68厘米；戴花冠，两侧缯带从耳后垂于肩侧，面相方圆；着双领下垂式袈裟；戴项圈，项圈中部及两侧饰璎珞；双手持如意于腹前，如意顶端置左肩前。下排内侧一身整体被凿；外侧一身腹部以上不存，残高65厘米，着袈裟（图1-92、1-93）。

右壁上排内侧一身头部残，残高63厘米；戴花冠，右侧缯带垂肩后，内着僧祇支，外着双领下垂式袈裟；戴项圈和腕钏，项圈中部及两侧有挂饰垂下；左手托一物于体侧，右手掌心向内，指间执一月牙形物置胸前。中间一身面部残，高74厘米；戴花冠，两侧缯带垂于肩后，面相长圆，颈部有两道蚕纹；内着僧祇支，外着双领下垂式袈裟；戴联珠项圈，项圈中部及两侧有璎珞垂下；双手覆布帛捧一宝珠于腹前，宝珠上有一飘带经右肩飘向龛顶，回首看向主尊。外侧一身，头部、双手及双足残，颈部有一方孔，像残高65厘米；着双领下垂式袈裟，戴项圈，项圈中部垂璎珞，项圈两侧有挂饰；双手置于左胸前。下排内侧一身面部、双足残损，头部中央有一圆孔，高74厘米；戴花冠，右侧缯带垂于肩后，内着僧祇支，外着双领下垂式袈裟；戴联珠项圈，中部有璎珞垂下，两侧各有一饰件；双手似捧一物置胸前，头微扬，回首看向龛内主尊。外侧一身残损严重，残高58厘米；两侧缯带垂于肩后，内有僧祇支，外着双领下垂式袈裟；戴项圈，下方垂饰璎珞；左手横置腹前（图1-94、1-95）。

内龛两侧龛口外侧各雕一像立山座上，跣足。左侧一身风化严重，高79厘米；绾高发髻，左侧缯带垂肩侧；下着裙，裙长及踝，腰束带，裙腰外翻，腹部微鼓；两侧飘带绕臂后下垂及座。右侧立像残损严重，仅存轮廓，残高74厘米；两侧衣带下垂及座，下着裙。

外龛左壁上部阴线刻一竖长方形框，占壁面宽20、高32厘米，内刻题记一则五行，竖刻，楷书，可见道光甲申年（1824年）纪年。

外龛左壁下部凿一圆拱形浅龛，平面近横长方形，宽62、高72、深6厘米。龛、像风化严重，仅存轮廓。正壁前雕三身供养人均朝主尊而立。左起第一身高53厘米，双手捧一物于胸前；第二身高55

图1-90 千佛寨 第22龛（南→北）

千佛寨

图 1-91　千佛寨第 22 龛中央佛（南→北）

图1-92 千佛寨第22龛左壁造像(西→东)

千佛寨

图 1-93　千佛寨第 22 龛左壁弟子（西→东）

图 1-94 千佛寨第 22 龛右壁造像（东→西）

千佛寨

图 1-95　千佛寨第 22 龛右壁上排菩萨（东→西）

厘米；第三身高59厘米，双手似执物一端搭右肩。

外龛右壁开第22-1龛。

【第22-1龛】

位置：C段中部下层，第22龛外龛右壁中部。

年代：南宋。

龛形：龛口形状不明，平面近横长方形，宽59、高74、深6厘米，龛向102度。

保存情况：龛顶不存。造像及壁面残损、风化严重。

造像内容：正壁前造四立像，仅可辨左起第三身左手在下、右手在上置腹前。高依次为43、35、46、35厘米（图1-96）。

图1-96　千佛寨第22-1龛（东南→西北）

【第 23 龛】

位置：C 段中部，第 22 龛右。

年代：盛唐。

龛形：原龛形制不明，现为拱形龛，平面近宽"U"字形，残宽 424、现高 485、残深 138 厘米，龛向 185 度。

保存情况：仅存原龛中下部，顶部为现代条石砌成的券顶，正壁上部，左、右壁及底部均有现代维修垒砌的保坎。正壁右侧中部有二圆形榫孔，破坏右侧佛像头光及右壁延伸至正壁的小坐佛。立佛经宋代改刻，局部风化严重，上身经现代修补，造像残存后代装彩。

造像内容：正壁前造三立佛，膝部以下风化严重。左侧一身风化严重，腹部以上经现代修补，现高 313 厘米；着袈裟，左手置腹前。中间一身胸部以上经现代补修，现高 315 厘米；螺发，内着僧祇支，腹部打结，外着双领下垂式袈裟；双手置胸前。右侧一身面颊至胸部经现代修补，现高 315 厘米；有头光，上饰团花；螺发，内着僧祇支，腹部打结，外着袈裟；左手掌心向上伸出小指，余指内握置腹前，右手置胸前（图 1-97、1-98）。

右壁现存二十六排小佛结跏趺坐于莲座上，均有肉髻；着通肩式和双领下垂式袈裟，双手合十或施禅定印，或左手置左胸处、右手置腹前（图 1-99）。

图 1-97　千佛寨第 23 龛（南→北）

图1-98 千佛寨第23龛中央三佛（南→北）

千佛寨

图1-99　千佛寨第23龛右侧小佛（东南→西北）

【第24龛】

位置：C段北侧，第25龛左，与第25龛共用一个方形外龛。

年代：盛唐。

龛形：拱形龛，平面呈宽"U"字形，宽132、高154、深58厘米，龛向240度。雕出龛楣及龛面，内饰团花，沿龛口雕一周凸棱，素面磨平。

保存情况：外龛左壁脱落。龛内下部有一裂隙横贯全龛，破坏造像，龛面外侧下部各有一方形榫孔，造像局部残，造像及壁面存后代装彩。

造像内容：内龛环壁造一佛二弟子二菩萨（图1-100）。佛居中，倚坐于方座上，足踏仰莲座。双手及腹部残，高72、座高42厘米。头顶上方雕圆形华盖，华盖周围饰璎珞，底部内凹。身侧各雕一菩提树，树冠延伸至华盖与龛顶处。有内圆外尖桃形头光，外层饰五朵团花，头光上端延伸至华盖底部中央。螺发，馒头形高肉髻，面相方圆，颈部有两道蚕纹。内着僧祇支，外着双领下垂式袈裟。左手置膝上，右手似掌心向外竖掌于胸前。

弟子立左、右壁内侧前仰莲圆座上，双足残。有圆形素面头光，光头，内着交领窄袖衣，有一衣带自右肩前伸出垂至右腿侧，外着袒右式袈裟。左侧弟子高94厘米，双手拱胸前；右侧弟子高100厘米，颈部有两道蚕纹，双手笼袖中置腹前。莲座下有方形台基。

菩萨立左、右壁外侧前仰莲圆座上，双足残。有内圆外尖桃形素面头光，束髻，戴花冠，两侧缯带垂至肘侧，发辫披肩，颈部有两道蚕纹，着长裙，裙腰外翻，跣足；戴项圈和腕钏，项圈中间垂一菱形饰件，两侧各有一道璎珞垂下，于腹前相交呈"X"形后，垂至膝前折向身后，相交处呈团花状。左侧菩萨右臂残，高103厘米；披巾自两肩垂下，左侧披巾垂体侧，右侧披巾似分两道，一道横过腿部绕左手臂后下垂体侧，一道似搭右臂后垂下；左臂戴臂钏；左手执物垂体侧，右手持物举肩前。右侧菩萨高103厘米；披巾自两肩垂下，左侧披巾似分两道，一道横过腿部绕右手臂后下垂体侧，一道似搭左臂后垂下，右侧披巾垂体侧；右臂戴臂钏；左手持物举肩前，右手执披巾垂体侧。

弟子、菩萨身后雕护法像八身，露上身，左、右各四身。左壁从内至外前三身均着交领大衣。第一、二身束髻，戴日月冠；第三身面部残，束髻，戴冠，六臂，上二臂分举于头侧，左手握折尺，右手握一长条袋状物，中二臂分托日、月轮举肩侧，中右臂隐于第二身像头后，下二臂合十胸前；第四身束髻，戴宝冠，着圆领广袖衣，腰束带，左手置胸前。

右壁从内至外前三身着交领大衣。第一身束髻，戴宝冠，长耳垂至胸前，上耳廓高于发髻；第二身戴虎头帽，前两爪于胸前相系；第三身束髻，戴日月冠，头顶盘一条龙；第四身头发呈尖状竖起，尖立耳，双目圆凸，面目狰狞，颈部绕一圈粗绳状物，呈股状缠绕，上身赤裸，下着短裙，腰束带，右手于胸前执一物（图1-101、1-102）。

内龛两侧龛口外侧各雕一力士立方座上。均有圆形素面头光，绾高发髻，戴冠；怒目圆睁，颈部青筋暴露，上身赤裸，胸腹及双臂肌肉隆起；着过膝战裙，裙摆飘向龛内，跣足，披巾于头后呈圆环状，绕臂后经腰带垂体侧。左侧一身胸腹部、双臂及左腿残，高90厘米，缯带上扬呈卷曲状，左手举肩侧，右手向下斜伸体侧，头微左扭，腰左扭（图1-103）。右侧一身左臂残，高90厘米，两侧缯带向上飘起，末端分成鱼尾状，腰束带打结，裙腰外翻，左臂向下斜伸体侧，右手五指张开举肩侧，头微右扭，腰右扭（图1-104）。

右侧龛面上部有一白色题记框，字迹无存。

千佛寨

图1-100　千佛寨第24龛（西南→东北）

119

图 1-101　千佛寨第 24 龛左壁造像（西→东）

图 1-102　千佛寨第 24 龛右壁造像(南→北)

图 1-103 千佛寨第 24 龛左侧力士（西南→东北）

千佛寨

图1-104 千佛寨第24、25龛力士（西南→东北）

【第25龛】

位置：C段北侧，第24龛右，第26龛左，与第24龛共用一个方形外龛。

年代：盛唐。

龛形：拱形龛，平面呈宽"U"字形，宽130、高155、深60厘米，龛向244度。雕出龛楣及龛面，宽33厘米，内饰团花，沿龛口雕一周凸棱，素面磨平。

保存情况：外龛右壁脱落。左侧龛面上部有一圆形榫孔，有一纵向裂隙贯穿龛顶至龛右下部，龛右有黑色霉斑。造像腹部以下风化残损，造像及壁面存后代装彩。

造像内容：内龛环壁造一佛二弟子二菩萨（图1-105）。佛居中，似结跏趺坐于方座上，腹部以下及台座风化严重，左臂残，高70、座高46厘米。头顶上方雕圆形华盖，华盖周围饰璎珞，底部内凹；身侧各雕一菩提树，树冠延伸至华盖与龛顶处。有内圆外尖桃形头光，外层饰五朵团花，头光上端延伸至华盖底部中央。螺发，馒头形高肉髻，面相方圆，颈部有两道蚕纹。内着僧祇支，外着双领下垂式袈裟。左手似置腹前，右手似掌心向外竖掌于胸前（图1-106）。

弟子立左、右壁内侧前台座上，有圆形素面头光，光头。左侧弟子膝部以下风化严重，高96厘米，内着交领窄袖衣，一衣带自右肩伸出垂至腿侧，外着袒右式袈裟，双手拱胸前；右侧弟子胸部以下风化严重，高103厘米，颈部有两道蚕纹，着袈裟，双手置腹前。

菩萨立左、右壁外侧前台座上，有内圆外尖桃形素面头光，戴花冠，两侧缯带垂至肘侧，发辫披肩。左侧菩萨膝部以下风化严重，高106厘米；颈部有两道蚕纹，着长裙，裙腰外翻，披巾自两肩垂下，于身前横过搭两臂后垂体侧；戴项圈，其上有璎珞垂下，于腹部交叉呈"X"形后垂至腿前，相交处呈圆饼形，左臂戴臂钏，双手戴腕钏；左手持披巾垂体侧，右手持物举肩前。右侧菩萨胸部以下风化严重，面部、双臂残，高106厘米。

弟子、菩萨身后雕护法像八身，露上身，左、右各四身。左侧四身均着交领大衣，从内至外第一身束髻，戴日月冠，右手置胸前；第二身戴虎头帽，前两爪于胸前相系；第三身三面六臂，束髻，戴冠，中二手戴腕钏，上二臂举头侧，左手执折尺，右手握一长袋状物，中二手分托日、月举肩侧，下二手隐于菩萨头光后；第四身束髻，戴宝冠，左手置胸前（图1-107）。

右侧从内至外前三身着交领大衣，第一身束髻，戴宝冠，长耳垂至胸前，耳廓高于发髻，左手置腹前，右手于胸前握右耳垂；第二身束髻，戴日月冠，头顶盘一条龙；第三身戴日月冠；第四身头发呈尖状竖起，尖立耳，双目圆凸，面目狰狞，颈部绕一圈粗绳状物，呈股状缠绕，上身赤裸，下着短裙，腰束带，右手于胸前执一物（图1-108）。

内龛两侧龛口外侧各雕一力士立山座上。有圆形素面头光，绾高发髻，戴日月冠，缯带上扬，末端分成鱼尾状。左侧力士高91厘米，怒目圆睁，颈部青筋暴露，上身赤裸，胸腹及双臂肌肉隆起；下着过膝战裙，裙腰外翻，腰束带，裙摆飘于右侧，跣足，飘带经头后绕两臂经腰带飘于体侧；左手掌心向外五指张开举肩侧，右手握拳斜伸体侧，头微左扭，腰左扭。右侧力士全身覆青苔，风化严重，仅存轮廓，高91厘米；头微右扭，腰右扭。

左侧龛面中部有一白色题记框，字迹无存。

千佛寨

图1-105 千佛寨第25龛（西南→东北）

图 1-106 千佛寨第 25 龛中央佛（西南→东北）

千佛寨

图 1-107　千佛寨第 25 龛左壁造像（西→东）

安岳石窟内容总录

图 1-108　千佛寨第 25 龛右壁造像（南→北）

【第26龛】

位置：C段北侧，第27龛正上，第25龛右，第28龛左。

年代：盛唐。

龛形：外方内拱形龛，内龛平面呈宽"U"字形，外龛残宽243、高220厘米，内龛宽140、高196、深90厘米，龛向210度。龛面饰团花，沿龛口雕凸棱，素面磨平。

保存情况：外龛顶部、左壁不存，有后代立柱支顶，右壁有后代修补痕，底部残损。右壁外侧下部有一方形榫孔，内龛右侧龛面局部被后代水泥修补所覆盖，造像及壁面局部风化残损严重，部分有水泥修补，造像及壁面残存后代装彩。

造像内容：内龛环壁造一佛二弟子二菩萨。佛居中，结跏趺坐于方座上，风化严重，头部及双臂残，头、左肩侧经后代水泥修补，高90、座高75厘米。头顶残存华盖，残存部分头光。内着僧祇支，外着双领下垂式袈裟。右侧残存菩提树干。左手置膝上，右手举胸前（图1-109）。

弟子立左、右壁内侧前圆座上。左侧弟子风化严重，仅存轮廓。右侧弟子双足残，高91、座高17厘米；有圆形素面头光，光头，面相清秀，颈部有三道蚕纹；内着交领窄袖衣，右肩前伸出一衣带垂至腿侧，外着袒右式袈裟，双手笼袖中置腹前。

菩萨立左、右壁外侧前仰莲座上。左侧菩萨风化严重，仅存轮廓。右侧菩萨左臂残，面部经水泥修补，高104、座高20厘米；有内圆外尖桃形素面头光，戴宝冠，缯带垂肘侧，发辫披肩，颈部有三道蚕纹，下着裙，裙腰外翻，跣足，披巾自两肩垂下，横过腹膝前两道后绕臂垂下；戴项圈，其上有两条璎珞于腹部交叉，沿大腿两侧垂下；右臂戴臂钏和腕钏；右手持物垂体侧。

右壁弟子、菩萨身后雕护法像四身。从内而外前二身风化严重，仅存轮廓；第三身束髻，戴冠，看向龛外；第四身颈部以上不存，胸腹部与双臂肌肉隆起，下着短裤，右手于胸前执物（图1-110）。

内龛两侧龛口外侧各雕一力士立山座上。左侧一身风化严重，仅存轮廓，高93、座高14厘米。右侧一身高94、座高14厘米；有圆形素面头光，绾髻，戴冠，缯带向上飘起，末端分成鱼尾状，怒目圆睁，青筋暴露，全身肌肉隆起，下着过膝战裙，腰束带，裙腰外翻，裙摆飘向左侧，跣足；披巾于头后呈圆环状，绕臂后经腰带垂于体侧；左手握飘带垂体侧，右手握拳举头侧，头微左扭，腰右扭（图1-111）。

图 1-109　千佛寨第 26 龛（西南→东北）

千佛寨

图 1-110　千佛寨第 26 龛右壁造像（西南→东北）

图 1-111　千佛寨第 26 龛右侧力士（西南→东北）

千佛寨

【第 27 龛】

位置：C 段北侧下层，第 26 龛下，第 28 龛左。
年代：盛唐。
龛形：外方内拱形龛，内龛平面呈"U"字形，外龛宽 205、高 235、深 91 厘米，内龛宽 170、高 209 厘米、深 103 厘米，龛向 220 度。雕出尖拱形龛楣及龛面，宽 19 厘米，内饰团花，沿龛口雕一周凸棱，素面磨平。

图 1-112　千佛寨第 27 龛（西南→东北）

图 1-113　千佛寨第 27 龛中央主尊（西南→东北）

千佛寨

保存情况：外龛底部及左壁外侧残损，左壁前方与底部正前方有现代修砌的保坎。左壁有一道纵向裂隙，右侧龛面右侧至右壁下部亦有一道裂隙，均经现代水泥修补，龛外左侧1米处有一竖长方形凹槽，外龛右壁近龛口处有一竖长方形凹槽，龛右上方有一方形榫孔，右壁上部有二方形榫孔，内龛左、右壁上部各有一对称榫孔，内均布凿痕。造像经后代改刻，造像及壁面风化，残存后代装彩痕。

造像内容：内龛正壁前造一像立台座上，为后代改刻，风化、残损严重，高147、座高16厘米。头顶有华盖，绾高发髻，双目圆睁，面目狰狞，颈部青筋暴露。上似着铠甲，飘带绕臂后垂体侧，下着战裙。左手置腰处，右手持物置胸前，腰右扭，头微左扭（图1-112、1-113）。

内龛右壁下部雕一龙踏于云朵之上，身体卷曲，头朝内龛主尊（图1-114）。

外龛左、右壁分别开第27-1、27-2龛。

图1-114　千佛寨第27龛右壁龙（东南→西北）

【第27-1龛】

位置：C段北侧下层，第27龛外龛左壁。

年代：唐末五代。

龛形：拱形龛，平面呈弧形，宽69、高170、深15厘米，龛向311度。

保存情况：造像及壁面残损、风化严重，均仅存轮廓。

造像内容：正壁前造一立像，残高124厘米，可见右手垂体侧（图1-115）。

【第27-2龛】

位置：C段北侧下层，第27龛外龛右壁。

年代：唐末五代。

龛形：拱形龛，平面呈弧形，宽65、高183、深17厘米，龛向125度。

保存情况：左壁有水泥修补痕，右壁上方有一方形榫孔，造像足部以下及龛底风化，存后代装彩。

造像内容：正壁前造一菩萨立仰莲圆座上，双足、台座残，高125、座高9厘米。有内圆外尖桃形头光，外层饰火焰纹。戴

图1-115 千佛寨第27-1龛（西北→东南）

高花冠，冠中央雕一结跏趺坐佛，有尖桃形身光，冠顶搭一布帛垂至肩侧。面相方圆，颈部有一道蚕纹，缯带垂肩后。内着衣，外着双领下垂式袈裟，下着长裙，右侧衣袖外侧垂饰璎珞。戴项圈，项圈中部有一饰件垂下，项圈两侧各有一条璎珞垂下，于腹前相交呈"X"形后被袈裟覆盖，于两膝处伸出。左手托一物于腹前，右手持一物于胸前（图1-116）。

千佛寨

图 1-116　千佛寨第 27-2 龛（东南→西北）

【第28龛】

位置：C段北侧，第26、27龛右。

年代：盛唐。

龛形：龛口形制不明，平面呈宽"U"字形，宽667、高650、深366厘米，龛向235度。

保存情况：顶部、右壁近龛口处坍塌，右壁下部有现代石条修砌的保坎，龛底有现代垒砌石条。左壁外侧下部近龛口处有一方形榫孔，中部有一竖长方形凹槽，左壁二菩萨头部之间，由上而下分布四个榫孔，右壁对称位置亦分布四个榫孔，近龛口处有六条横向裂隙经现代水泥修补；造像及壁面风化残损，局部长青苔、霉斑，部分残缺处有榫孔，残存后代装彩。

造像内容：环壁造一佛四菩萨立像，均风化严重（图1-117）。佛居中，左手及胸部以下残损，胸部以下有六个圆形榫孔，右肩上部有一圆形榫孔，现高478厘米。有内圆外尖桃形头光，高肉髻，面相方圆，颈部有三道蚕纹。右手持物垂体侧（图1-118）。

菩萨对称立左、右壁前，外侧二身所在壁面内凹。均有内椭圆外尖桃形头光，外层饰五朵团花。左壁内侧菩萨仅存轮廓，残高335厘米，面部及左臂残，左臂残断处有一方形榫孔，左壁裂隙自头顶上方壁面经身体左侧延伸至龛底，破坏造像。戴宝冠，缯带及发辫垂肩侧。胸右侧残存披巾痕迹。戴项圈，项圈中部垂璎珞，右臂戴臂钏。左手抬起，右手垂体侧（图1-119）。右壁内侧菩萨左手及腿部以下残不可识，现高360厘米。戴宝冠，缯带垂至肘侧，发辫披肩，颈部有三道蚕纹。斜披络腋，着长裙，裙腰外翻，披巾自双肩垂下，于身前横过两道后垂体侧，左颈部伸出一条细带绕左手腕后垂下。戴项圈，中间垂菱形饰件，两侧璎珞于腹前相交后沿双腿下垂，相交处呈团花状，右臂戴臂钏。左手垂体侧，右手举肩前，腰左扭（图1-120）。

左壁外侧菩萨双手及腹部以下残，左手残损处有一圆形榫孔，高275厘米。戴宝冠，缯带垂肩前，发辫披肩，面相方圆，颈部有三道蚕纹，着僧祇支，腹前束带打结，下着长裙，裙腰外翻。披巾自双肩垂下，于腹膝之间横过两道搭手腕后垂体侧。戴联珠项圈，中间垂菱形饰件，两侧璎珞于腹前相交后沿双腿下垂，相交处呈团花状，戴臂钏，右手戴腕钏。左手置胸前，右手微屈肘执物垂体侧，腰右扭（图1-121、1-122）。

右壁外侧菩萨腿部残，现高313厘米。装束与左壁外侧菩萨相类，双手戴腕钏，自左侧颈前伸出一道细带绕左手腕后垂下；左手持物垂体侧，右手执物举肩前，腰左扭（图1-123、1-124）。

正壁立佛与右壁内侧菩萨之间的壁面上存小坐佛像十七排，皆风化严重，右壁二菩萨之间的壁面上存小坐佛像十八排，多风化。小坐佛或着通肩式袈裟，或着双领下垂式袈裟，双手或施禅定印，或合十胸前（图1-125）。

第27、28龛之间崖面下部浮雕一螭首碑，由碑首、碑身组成，宽51、通高105厘米。碑首呈半圆形，雕二螭缠绕，后腿相抵托一宝珠于碑首中央，宝珠下浮雕一方格，螭首相背朝向碑身。碑身呈竖长方形，有界格，刻字十五行，已漫漶不可识（图1-126）。右壁菩萨上部从内至外开第28-1、28-2龛。

图1-117 千佛寨第28龛(西南→东北)

图 1-118　千佛寨第 28 龛中央佛（西南→东北）

千佛寨

图 1-119　千佛寨第 28 龛左壁内侧菩萨（西北→东南）

图 1-120　千佛寨第 28 龛右壁内侧菩萨（东南→西北）

千佛寨

图1-121　千佛寨第28龛左壁外侧菩萨（西北→东南）

图 1-122　千佛寨第 28 龛左壁外侧菩萨头部（西北→东南）

图 1-123　千佛寨第 28 龛右壁外侧菩萨（东南→西北）

图 1-124　千佛寨第 28 龛右壁外侧菩萨头部（东南→西北）

千佛寨

图 1-125　千佛寨第 28 龛右侧小佛（南→北）

图 1-126 千佛寨第 27、28 龛之间题记（西南→东北）

千佛寨

【第 28-1 龛】

位置：C 段北侧靠上，右壁上部内侧，第 28-2 龛左。

年代：盛唐。

龛形：拱形龛，平面呈横长方形，宽 50、高 93、深 13 厘米，龛向 131 度。雕出尖拱形龛楣及龛面。

保存情况：右壁下部有一方形榫孔，造像风化严重，局部存后代装彩痕。

造像内容：正壁前造一菩萨像立圆座上，风化严重，仅存轮廓，高 70、座高 15 厘米。缯带垂至肘侧，似有披巾垂体侧，腰左扭（图 1-127）。

图 1-127　千佛寨第 28-1 龛（东南→西北）

【第 28-2 龛】

位置：C 段北侧靠上，右壁上部外侧，第 28-1 龛右。
年代：盛唐。
龛形：拱形龛，平面呈弧形，残宽 102、高 169、深 13 厘米，龛向 120 度。雕出龛楣及龛面，内饰团花，沿龛口雕凸棱，素面磨平。
保存情况：右侧坍塌不存，上部风化，左上角有一凹槽破坏龛楣。造像局部风化、残损，存后代装彩。
造像内容：正壁前现存二菩萨立仰莲圆座上。原当为一主尊菩萨二胁侍，右侧胁侍不存。主尊菩萨右臂残，高 144、座高 10 厘米。有内椭圆外尖桃形头光，外层饰团花。戴宝冠，缯带垂至肘侧，发辫披肩，着僧祇支，腹前束带打结，下着长裙，裙腰外翻，跣足，披巾自两肩垂下，于腹前横过两道经两臂后下垂及座。胸前垂饰璎珞，于腹部相交后沿两腿垂下，相交处呈圆饼状。左手持物垂体侧，右臂举肩前，腰左扭。左侧胁侍菩萨左臂残，高 133、座高 10 厘米。有内圆外尖桃形头光，戴花冠，缯带垂肩侧，发辫披肩，着长裙，裙腰外翻，跣足，披巾于腹前横过一道经两臂下垂及座。璎珞同主尊菩萨。左手似举肩前，右手持物垂体侧，腰右扭（图 1-128）。

左侧龛面中部存题记一则，大部分风化，可见四行，竖刻，楷书，内容为永平五年（915 年）镌装记。

千佛寨

图 1-128　千佛寨第 28-2 龛（东南→西北）

【第29龛】

位置：C段北侧，第26龛、第27龛左，第23龛右，第24、25龛正下。

年代：盛唐。

龛形：外方内拱形龛，内龛平面呈宽"U"字形，外龛残宽319、高387、深335厘米，内龛残宽269、高349、深251厘米，龛向243度。雕出尖拱形龛楣及龛面，宽50厘米。

保存情况：外龛残损严重，顶部及左壁坍塌，左壁为后代修砌保坎，底部亦有后代修砌痕迹。内龛顶部中央靠外部分坍塌，仅残存龛楣与龛面右上部。

造像内容：内龛环壁造一佛二弟子二菩萨，均风化严重，仅存轮廓。佛居中，坐于方座上。现高272厘米。有头光。

弟子立佛左、右侧，均残高约175厘米；菩萨立弟子外侧，均残高约243厘米。

外龛右壁造数排小千佛，均高约10厘米。或着通肩式袈裟，或着双领下垂式袈裟；双手或结禅定印，或结说法印（图1-129）。

外龛右壁中部靠下方，开一拱形浅龛，残高110厘米。造像不存。

龛外右侧中部崖面雕一拱形碑，风化严重，仅存轮廓，宽56、通高190、残厚约9厘米。碑文不存。

图1-129　千佛寨第29龛外龛右壁造像（东南→西北）

【第30龛】

位置：D段南侧，C段第28龛右，D段第31龛左，右壁被第31龛打破。

年代：晚唐五代。

龛形：现为拱形龛，平面呈弧形，残宽258、高182、残深80厘米，龛向240度。

保存情况：龛顶部及左、右壁损坏，左壁有后代修砌的保坎。造像及壁面风化，局部长青苔、霉斑；多有烟熏痕，造像局部经水泥修补，残存后代装彩痕。

造像内容：环壁造三佛，均风化严重。中央佛倚坐于须弥座上，头部及双手、双足残，面部有后代水泥修补痕迹，高126、座高62厘米。有内圆外尖桃形头光，外层饰火焰纹。螺发，高肉髻，内着僧祇支，外着双领下垂式袈裟。左手抚膝，右手举胸前，双足各踏一圆形物。

左侧佛结跏趺坐于束腰方座上，面部及头顶残，均有后代水泥修补痕，高78、座高62厘米。有圆形素面背光。高肉髻，颈部有三道蚕纹，着通肩式袈裟，袈裟覆双足。双手结弥陀定印于腹前。台座风化不可识。

右侧佛结跏趺坐于束腰仰覆莲座上，面部残，经后代改刻，高80、座高58厘米。有内圆外尖桃形头光，外层饰火焰纹。高肉髻，颈部有三道蚕纹，内着僧祇支，外着双领下垂式袈裟。双手托帛捧一圆形物于腹前。台座束腰处为三个连续圆柱状物体，台座下有一圆台基（图1-130）。

图1-130 千佛寨第30龛(西南→东北)

【第 31 龛】

位置：D 段南侧，第 30 龛右，第 32 龛左。

年代：庆元二年（1196 年）。

龛形：双层拱形龛，内龛平面呈横长方形，外龛宽 110、高 180、残深 22 厘米，内龛宽 108、高 136、深 63 厘米，龛向 255 度。

保存情况：外龛左、右壁残损。造像局部风化、残损，造像及壁面有烟熏痕，残存后代装彩。

造像内容：内龛正壁前造一佛倚坐于方座上，头部不存，双手残，高 97、座高 21 厘米。内着僧祇支，束带，未见带结，外着双领下垂式袈裟，衣摆覆台座。左手仰掌置腹前，右手掌心向上置胸前，双足各踏一圆形物（图 1-131）。

内龛两侧龛口外侧各雕一供养人立佛左、右侧，侧身朝向佛。左侧为男像，头部、双手残，残高 50 厘米；着圆领直袖长袍，腰束带；双手交叉置胸前。右侧为女像，头、双手、双足残，残高 54 厘米；内着抹胸长裙，其上束带打结，披大衣；双手持一条带状物于腹前。

外龛左壁中部阴刻一竖长方形题记框，上饰宝盖，下有仰覆莲承托，占壁面宽 24、高 32 厘米，内刻题记一则，八行，竖刻，楷书，内容为庆元二年（1196 年）造像记。

图 1-131　千佛寨第 31 龛（西南→东北）

千佛寨

【第 32 龛】

位置：D 段南侧，第 31 龛右，第 33 龛左。
年代：南宋。
龛形：拱形龛，平面近横方形，宽 119、高 178、深 90 厘米，龛向 249 度。龛顶隆起较高。
保存情况：龛顶、龛底右侧底部各有一方形榫孔，壁面残存后代装彩。
造像内容：原造像已不存，现存一可移动造像。雕一佛倚坐于方座上，头部不存，残断处有一凿孔，左肩上部残，残高 79 厘米。内着僧祇支，束带打结，外着双领下垂式袈裟，跣足。双手结禅定印于腹前，双足各踏一圆座（图 1-132）。

图 1-132　千佛寨第 32 龛（西南→东北）

【第 33 龛】

位置：D 段南侧，第 32 龛右，第 34 龛左，右壁打破第 34 龛。

年代：庆元二年（1196 年）。

龛形：双层拱形龛，内龛平面呈横长方形，外龛宽 146、残高 150、残深 48 厘米，内龛残宽 128、高 130、深 67 厘米，龛向 253 度。

保存情况：外龛顶部坍塌。有一裂缝从龛顶经造像至内龛龛底，破坏造像，龛底右侧外部残损，龛底左、中、右各有一方形凹槽，造像局部残损，部分残损处有凿孔，造像及壁面残存后代装彩。

造像内容：内龛正壁前起台，高 23 厘米，台上造一菩萨倚坐于束腰方座上，头部、双手及腹部以下残，头部残损处有一圆形凿孔，高 98 厘米。缯带垂至肩后飘向两侧，着双领下垂式袈裟。戴联珠项圈，中部饰流苏，两侧有璎珞垂下。披巾自两肩垂下，横过腹膝两道绕臂后垂体侧，两肩后各雕一朵云彩。左臂置腹前，右臂举胸前，双足各踏一圆台（图 1-133）。

左、右壁下部各开一拱形龛，龛内各雕一供养人面向主尊而立，均风化严重，仅存轮廓。左侧小龛平面呈弧形，宽 20、高 43、深 3 厘米；供养人为男性，高 36 厘米，似戴帽，着长袍，双手置腹前。右侧小龛平面呈弧形，宽 23、高 39、深 3 厘米；供养人为女性，高 33 厘米，似绾高发髻，着长裙，双手置身前。

正壁左上部浮雕一竖长方形题记框，上饰宝盖，下有仰覆莲承托，占壁面宽 24、高 34 厘米，刻题记一则，八行，竖刻，楷书，内容记王天麟于庆元二年（1196 年）造解冤结菩萨之事（图 1-134）。

千佛寨

图1-133　千佛寨第33龛主尊(西南→东北)

图 1-134　千佛寨第 33 龛造像题记（东南→西北）

【第34龛】

位置：D段南侧，第33龛右，左侧被第33龛打破。
年代：盛唐。
龛形：不明，残宽85、高194、深56厘米，龛向260度。
保存情况：残毁严重。龛外右侧上部有一方形榫孔，内有凿痕，造像风化残损严重，部分残损处有凿孔，局部有改刻痕，左侧菩萨左半身被第33龛右壁破坏，仅存右半身，造像及壁面有烟熏痕，局部长青苔，残存后代装彩。

造像内容：现存二菩萨立圆座上。左侧菩萨头部及右手臂不存，高150、座高15厘米。有内圆外尖桃形头光，外层饰团花，缯带垂至肘侧，下着裙，跣足，右臂似置腹前。

右侧菩萨头顶、面部及右臂残，头顶残损处有一圆形凿孔，面部、右臂有后代改刻痕迹。像高84、座高11厘米。有内圆外尖桃形头光，缯带垂肩侧，似有披巾，着双领下垂式衣，下着长裙，未露足。左手五指伸出、掌心向内置腹前。圆座之下似有一方台，现高32厘米（图1-135）。

图1-135　千佛寨第34龛（西→东）

【第35龛】

位置：D段南侧，第34龛右上。

年代：盛唐。

龛形：方形龛，平面呈横长方形，宽105、高180、深94厘米，龛向294度。

保存情况：龛顶及左、右壁上部残损。龛外左侧上、中、下各有一榫孔，内布凿痕，造像局部残损，残存后代装彩。

造像内容：正壁前设坛，高18厘米，坛上造二佛立莲座上，双手残。均螺发，低平肉髻，面相方圆，颈部有三道蚕纹。内着僧祇支，束带打结，外着双领下垂式袈裟，跣足。双足各踏一仰莲小圆座，小圆座下有一大仰莲圆座，均高135、座均高36厘米。左侧佛左手置腹侧，右手置腰侧。右侧佛袈裟一角系左肩前垂下的钩钮中，左手似掌心向上置腹侧，右手似微握举腰侧（图1-136）。

左、右壁下部分别开第35-1、35-2龛。

千佛寨

图 1-136　千佛寨第 35 龛（西北→东南）

【第35-1龛】

位置：D段南侧，第35龛外龛左壁下部。
年代：盛中唐。
龛形：拱形龛，平面呈弧形，宽20、高34、深3厘米，龛向27度。
保存情况：造像风化，存后代装彩。
造像内容：正壁前造一像立圆座上，高26、座高4厘米。有内圆外尖桃形头光，颈部有两道蚕纹，着袈裟，双手置腹前（图1-137）。

图1-137　千佛寨第35-1龛（东北→西南）

【第35-2龛】

位置：D段南侧，第35龛外龛右壁下部。
年代：盛中唐。
龛形：拱形龛，平面呈弧形，残宽19、高34、深3厘米，龛向201度。
保存情况：造像及壁面风化残损严重。
造像内容：正壁前造一像立台座上，仅存轮廓，残高25、座高4厘米。有内圆外尖桃形头光，余不可识（图1-138）。

图1-138　千佛寨第35-2龛（西南→东北）

【第36龛】

位置：D段北侧上层，第37龛左，第39龛左上。
年代：盛中唐。
龛形：外方内拱形龛，内龛平面呈宽"U"字形，外龛残宽110、残高110、深27厘米，内龛宽63、高80、深23厘米，龛向220度。雕出尖拱形龛楣及龛面，宽11厘米，内饰团花。

保存情况：外龛残损严重，内龛龛面残损。龛左有一横向"T"形裂隙，从龛顶自上而下贯穿左壁至龛底，向左横穿左壁中部至龛外，损毁左壁外侧菩萨像。造像风化残损严重，仅存轮廓，部分残损处有凿孔，造像及壁面残存后代装彩。

造像内容：内龛环三壁设坛，高8厘米，坛上造一佛二弟子二菩萨（图1-139）。佛居中，似倚坐于方座上，头部及双手残，膝部以下不存，头部残缺处有一圆形凿孔，残高47厘米；残存尖桃形头光，方座前有一圆台。

弟子立左、右壁内侧前圆座上，头、双手残。有圆形头光。左侧弟子身体左下部残，残高33、座高4厘米；双手似合十胸前。右侧弟子残高37、座高5厘米；着袈裟，跣足；双手似置腹前。佛、弟子像下有一高4厘米的低坛。

菩萨立左、右壁外侧前圆座上。皆有尖桃形头光，跣足。左侧菩萨腹部以上不存，头顶残损处有一圆形凿孔，残高36、座高7厘米；似有披巾，下着裙。右侧菩萨头部残，残高42、座高5厘米；颈部有两道蚕纹，缯带垂至肘侧，下着裙，腰束带，裙腰外翻，跣足；披巾自两肩垂下绕臂后垂体侧；戴项圈，两侧璎珞于腹部相交呈"X"形后沿大腿垂下，相交处呈圆饼状；右臂戴臂钏和腕钏；左手持物于胸前，右手持披巾垂体侧（图1-140）。

右壁弟子、菩萨身后雕护法像四身，仅存残痕，菩萨身后一身像仅存轮廓。内龛两侧龛口外侧各雕一力士立山座上。左侧力士头部及左臂残，头部残损处有一竖长方形凿孔，高40、座高5厘米；右臂垂体侧，腰左扭。右侧力士头部、右臂及腹部以下残损，头部、右臂残损处各有一圆形凿孔，高42、座高3厘米；有圆形头光，左侧缯带垂肩侧；下着裙，裙摆飘向左侧，跣足；右臂握拳举头侧，腰右扭。

千佛寨

图1-139　千佛寨第36龛（西南→东北）

图 1-140　千佛寨第 36 龛右侧菩萨（东南→西北）

千佛寨

【第 37 龛】

位置：D 段北侧上层，第 36 龛右，第 38 龛左，第 40 龛正上。

年代：盛中唐。

龛形：外方内拱形龛，内龛平面呈宽"U"字形，外龛宽 228、高 245、深 60 厘米，内龛宽 120、高 160、深 110 厘米，龛向 245 度。雕出尖拱形龛楣及龛面，宽 28 厘米，内饰团花，沿龛口雕一周凸棱，素面磨平。

保存情况：外龛右壁残毁，内侧残存部分壁面较薄。有一裂隙从外龛龛顶外侧延伸至内龛龛顶中间，外龛左上部有一方形榫孔，内龛龛顶右侧有一圆形孔洞，造像局部风化、残损严重，部分残损处有凿孔，造像及壁面残存后代装彩。

造像内容：内龛环三壁设坛，高 14 厘米，坛上雕一佛二弟子二菩萨（图 1-141）。佛居中，倚坐于须弥座上，头部及右臂残，残损处各有一圆形凿孔，左手及腿部以下风化严重，残高 98、座高 10 厘米。有内圆外尖桃形头光，外层饰团花。内着僧祇支，外着双领下垂式袈裟，跣足。左手抚膝，双足踏一圆座，圆座下有一弧形台基，高 13 厘米。

弟子立左、右壁内侧前仰莲圆座上，风化严重，头部及右臂残，均有一圆形凿孔，均残高 84、座高 15 厘米。头上方残留菩提树叶，有圆形头光，着袈裟，跣足，腰左扭。左侧弟子左手置腹前；右侧弟子袈裟衣摆搭左臂前，双手置腹前。

菩萨立左、右壁外侧前仰莲圆座上，头部及双臂残，残损处均有一圆形凿孔，头部分布凿痕，均高 90、座高 16 厘米。有内圆外尖桃形头光，缯带垂肘侧，长发披肩，着长裙，裙腰外翻，披巾自两肩垂下，横过膝部一道后垂体侧；戴联珠项圈，中间垂菱形饰件，两侧各有一道璎珞垂下，于腹部相交呈"X"形后垂于膝前折向身后，相交处呈团花状。左侧菩萨跣足，腰左扭；右侧菩萨双手似置身前，腰右扭（图 1-142、1-143）。

菩萨身后及外侧各雕护法像四身，分上、中、下三排，分别雕一、二、一身。左壁四身头部风化严重，上排一身颈部以上不存，六臂，上二臂举头侧上方，左手托月轮，右手风化，中二臂举头侧，左手执折尺，右手执物风化，下二臂双手交叉置胸前。中排二身皆束髻，靠内一身着交领衣，戴冠，右手执物置腹前；外侧一身头部残损严重，似戴冠，颈部有三道蚕纹，内着交领衣，外着交领宽袖衣，腰束带，左手执物于左胸前。下排一身立方座上，戴冠，颈部有三道蚕纹，内着交领衣，外着交领宽袖大衣，跣足，双手相握置胸腹间（图 1-144）。

右壁上排一身束髻，戴冠，长耳垂至肩前。中排靠内一身戴盔，身着甲胄，腰束带，右手握拳，拇指与食指相捻、掌心向外置胸前，头顶盘一条龙；外侧一身戴兽头帽，双爪相交于胸前。下排一身立方座上，尖头尖耳，颈部筋骨毕现，下似着裙，腰束带，裙腰外翻；左手托一小坐像，双手合十胸前，右手似置腹前，头微左扭，腰左扭（图 1-145）。

内龛两侧龛口外侧各雕一力士立山座上，头均残。有圆形头光，上身赤裸，全身肌肉隆起，下着过膝战裙，腰束带打结，裙腰外翻，裙摆飘向龛内，跣足，飘带于头后呈圆环状，绕臂后经腰带飘于体侧。左侧一身左手、右臂残，右臂残损处有一圆形凿孔，残高 90、座高 13 厘米；右侧缯带上扬，左臂举头侧，腰左扭。右侧一身左臂、右手及左足残，右臂残损处有一方形凿孔，残高 88、座高 13 厘米；右侧缯带上扬，右臂举头侧，腰右扭。山座前部雕一方框，宽 36、高 21 厘米，框内浅浮雕一兽，头残，前肢伏地，后肢后蹬，朝向左侧。

图 1-141　千佛寨第 37 龛（西南→东北）

千佛寨

图1-142　千佛寨第37龛左壁造像（西北→东南）

图 1-143　千佛寨第 37 龛右壁造像（东南→西北）

千佛寨

图 1-144　千佛寨第 37 龛左侧护法（西北→东南）

图 1-145　千佛寨第 37 龛右侧护法（东南→西北）

【第38龛】

位置：D段北侧上层，第37龛右，第42龛正上。

年代：盛中唐。

龛形：外方内拱形龛，内龛平面呈宽"U"字形，外龛残宽160、高180、深44厘米，内龛宽107、高140、深50厘米，龛向270度。雕出尖拱形龛楣及龛面，宽23厘米，内饰团花，龛楣顶端折向外龛龛顶，沿龛口雕一周凸棱，素面磨平。

保存情况：外龛龛顶及左、右壁大部分脱落，仅存内侧边缘，左侧残存的与第37龛相邻的龛壁甚薄。内、外龛底风化严重，造像整体风化残损严重，部分残缺处分布凿痕，部分有凿孔，局部有后代修补痕，造像及壁面残存后代装彩。

造像内容：内龛环三壁造一佛二弟子二菩萨（图1-146）。佛居中，倚坐于方座上，头部、双手肘部以下残，腹部以下风化，头部与左手残损处有一圆形凿孔，左臂残损处似有后代修补痕，残高100、座高10厘米。头顶上方有圆形华盖，周围饰璎珞，有内圆外尖桃形头光，头光上端延伸至华盖底部中央。内着僧祇支，于腹部束带，打结呈"十"字形，外着双领下垂式袈裟。座下有一圆形台座。

图1-146　千佛寨第38龛（西→东）

弟子立佛左、右侧仰莲圆座上,有圆形头光。左侧弟子,头、右肘及右足残,头部分布凿痕,残高84、座高10厘米;着交领袈裟,袈裟一角搭左臂前,右肩前伸出一衣带垂至腿侧,跣足,双手交叉拱于胸前。右侧弟子仅存轮廓,高90、座高9厘米。弟子身后内侧各残存一菩提树,树冠伸至华盖周围及龛顶,雕出菩提树叶。

菩萨立左、右壁外侧前台座上。左侧菩萨立仰莲座上,头部不存,残损处分布凿痕,双手残,残高82、座高13厘米;有内圆外尖桃形头光,缯带垂至肘侧,发辫披肩,腰部束带打结,下着长裙,裙腰外翻,跣足;披巾自两肩垂下,横过腹膝二道后垂体侧;戴联珠项圈,中间垂饰流苏,两侧各有一道璎珞垂下,于腹前相交呈"X"形后垂至膝前折向身后,相交处呈圆饼状;左臂置腹前,右臂举胸前,左肩微抬,腰右扭。右侧菩萨仅存轮廓,高91、莲座高9厘米;残存头光,可见缯带垂肘侧,披巾垂体侧(图1-147、1-148)。

弟子、菩萨身后雕护法像八身,左、右各四身。左侧从内至外第一身戴冠,颈部有三道蚕纹,着交领衣;第二身戴冠,颈部有三道蚕纹,着交领宽袖衣,双手似交叉置腹前;第三身戴冠,双手置胸前;第四身束髻,戴冠,颈部有三道蚕纹,着交领宽袖衣,左手掌心向内置胸前。右侧仅存残痕,不可识。

内龛两侧龛口外侧各雕一力士立山座上,均头部不存,其上有凿孔。有圆形头光,上身赤裸,全身肌肉隆起,下着裙,腰束带打结,裙腰外翻,裙摆飘向龛内,披巾于头后呈圆环状,绕臂后垂至体侧及两腿间。左侧力士左手、右臂及双足残,残高70、座高13厘米,左手举头侧,腰左扭。右侧力士双肘以下及右足残,残高69、座高14厘米,腰右扭。

千佛寨

图 1-147　千佛寨第 38 龛左壁造像（北→南）

图1-148 千佛寨第38龛右壁造像(南→北)

千佛寨

【第39龛】

位置：D段北侧下层，第36龛右下，第37龛左下，第40龛左，右侧力士及供养人打破第40龛。
年代：盛中唐。
龛形：外方内拱形龛，内龛平面呈宽"U"字形，外龛残宽123、残高109、残深44厘米，内龛宽67、高93、深37厘米，龛向243度。雕出尖拱形龛楣及龛面，素面，宽13厘米，顶端折向外龛龛顶，沿龛口雕一周凸棱，素面磨平。
保存情况：外龛四壁大部分脱落风化，左壁下部有后代修砌保坎。底部靠右有一方形小槽，有一道裂隙自龛顶左上方延伸至龛底中部，破坏主尊造像，造像整体风化严重，头部皆不存，残缺处皆有一圆形榫孔，造像及壁面残存后代装彩。
造像内容：内龛环壁造一佛二弟子二菩萨，下部均风化严重。佛居中，似倚坐于方座上，双臂残，残高71厘米。有内圆外尖桃形头光，似着双领下垂式袈裟，左手置膝上（图1-149）。

弟子立左、右壁内侧前台座上。皆有圆形头光。左侧弟子双手残，膝盖以下风化严重，残高60厘米；内着窄袖衣，右肩前伸出一衣带垂至腿侧，外着交领袈裟，袈裟一角搭左臂前；右手搭左手上拱胸前。右侧弟子仅存轮廓，残高55厘米；双手似置腹前。

菩萨立左、右壁外侧前台座上。皆有内圆外尖桃形头光，缯带垂至肘侧。左侧菩萨双手自肘部以下残，腹部仅存轮廓，残高65厘米；发辫披肩，胸腹间束带打结，下似着裙，腰束带，裙腰外翻，披巾自两肩垂下绕臂后下垂；戴圆形项圈，中央垂饰璎珞，于腹部呈环状，后分为两股垂下，右臂戴臂钏；左臂似置胸侧，右臂搭披巾垂体侧，腹部微腆，腰左扭。右侧菩萨双臂残，余仅存轮廓，残高65厘米；右侧披巾垂体侧。

弟子、菩萨身后雕护法像。左壁存四身，仅存轮廓。从内至外第一身右手举肩侧；第二身束髻；第三身可见一右手托一圆饼形物于头侧；第四身头部不存，腰束带。右壁仅存残痕，不可识（图1-150、1-151）。

内龛两侧龛口外侧各雕一力士分腿而立。均有圆形头光，飘带于头后呈圆环状，绕臂后经腰侧垂体侧。左侧力士左手及右臂残，腹部以下仅存轮廓，残高60厘米；左臂举头侧，腰左扭。右侧力士双臂及膝部以下残，余风化，残高56厘米；上身赤裸，胸腹部肌肉隆起，下似着裙，腰束带；右手似五指张开、掌心向外举头侧，腰右扭。

右侧力士右侧有后期浮雕二供养人，皆风化，仅存轮廓，似双手合十，朝向龛内胡跪。上部一身头、胸间被一道裂隙破坏，残高12厘米。下部一身仅存轮廓，残高15厘米。

外龛左壁残存一小龛，形制不明，龛内雕一供养人像，风化不可识，似朝向龛内主尊。

图1-149 千佛寨第39龛(西南→东北)

千佛寨

图1-150　千佛寨第39龛左壁造像（西北→东南）

图 1-151　千佛寨第 39 龛右壁造像（东南→西北）

千佛寨

【第 40 龛】

位置：D 段北侧下层，第 37 龛正下，第 39 龛右，第 41 龛左，左壁及龛底左侧被第 39 龛破坏。

年代：盛中唐。

龛形：方形龛，平面呈横长方形，残宽 100、高 136、深 62 厘米，龛向 235 度。

保存情况：龛顶右侧与右壁不存，损毁严重。有一道裂隙从龛顶左侧分两道，经正壁左、右侧破坏两侧菩萨像后，于龛底相交延伸至龛外，龛底中部有一方形凹槽，龛内整体风化残损严重，头部均残，部分残损处及头部有一圆形孔。

造像内容：正壁前造一佛一菩萨一立像，皆有内圆外尖桃形头光，头光延伸至龛顶。佛居中，双手自肘部以下残，残损处各有一圆形孔，膝部以下风化，残高 110 厘米。内着僧祇支，胸下束带打结，外着双领下垂式袈裟。双手似置身前（图 1-152）。

图 1-152　千佛寨第 40 龛（西南→东北）

左侧菩萨左臂及右手残,左臂残损处有一圆形孔,身体左侧被第39龛造像打破,残损严重,残高102厘米。右侧缯带垂肩后,披巾自肩前垂下绕右臂,右臂戴臂钏。手腕绕披巾后垂体侧,腰右扭。

右侧立像腹部以下右侧残,剩余部分仅存轮廓,残高110厘米。着袈裟,左手置胸前,右手垂体侧。

右壁下部雕一横长方形浅龛,宽30、高20、深2厘米。正壁前造三供养人胡跪,皆风化,仅存轮廓,由内而外高依次为19、17、16厘米。皆双手合十朝向龛内,最外一身有衣带自腹前伸出垂于身后(图1-153)。

图1-153 千佛寨第40龛供养人(东南→西北)

【第41龛】

位置：D段北侧下层，第37龛右下，第40龛右，第42龛左斜下。
年代：盛中唐。
龛形：方形龛，平面呈横长方形，宽96、高110、深42厘米，龛向244度。
保存情况：龛顶左侧近龛口处垮塌，右壁下部及龛底外侧有后代修砌保坎。有一道裂隙自垮塌处延伸至右壁下端，龛底中部有一方形凹槽，龛内整体风化残损严重，局部长青苔，有烟熏痕，造像头部皆不存，手、臂皆有不同程度残损，残缺处有一圆形孔，造像及壁面残存后代装彩。
造像内容：正壁前造一佛二菩萨立仰莲圆座上。均有内圆外尖桃形头光，头光延伸至龛顶。佛居中，双臂残，全身风化，仅存轮廓，残高93厘米，着袈裟。

左侧菩萨左手、右臂残，腹部以下风化，仅存轮廓，残高90厘米。发辫披肩，左侧缯带垂至肘侧。下似着裙，腰束带，裙腰外翻。戴项圈，中央饰流苏，两侧各有一璎珞垂下，于腹部相交呈"X"形后分两道垂下，相交处呈圆饼状。披巾自两肩垂下，可见一道绕左臂后垂体侧。左手举肩前，腹部微腆。

右侧菩萨左臂残，其余部分风化，仅存轮廓，残高91厘米。右侧缯带垂至肘侧，披巾垂体侧。莲座间有窄方台相连，贯通三壁，与莲座等高（图1-154）。

图1-154　千佛寨第41龛（西南→东北）

【第42龛】

位置：D段北侧下层，第38龛正下，第41龛右斜上。

年代：盛中唐。

龛形：外方内拱形龛，内龛平面呈宽"U"字形，外龛残宽125、残高120、深54厘米，内龛宽78、高97、深36厘米，龛向205度。雕出龛面，宽17厘米。

保存情况：外龛仅存左壁内侧，正壁右侧及龛底右侧被土石覆盖。有一道裂隙自龛顶中部分两道延伸至龛内，左侧一道经外龛左壁至龛底，右侧一道又呈倒"Y"形延伸至内龛中间及右侧，内龛龛面仅残存右上部，余风化无存，造像及壁面整体风化残损严重，大部分长霉斑、青苔，弟子、菩萨、力士头部不存，残缺处各有一圆形孔，局部残存后代装彩。

造像内容：内龛环壁造一佛二弟子二菩萨。佛居中，坐于方座上，双手自肘部以下残，残高73厘米。有内圆外尖桃形头光，头光延伸至龛顶。似着双领下垂式袈裟，左手置膝上（图1-155）。

弟子立左、右壁内侧前台座上，皆有圆形头光。左侧弟子腹部以下残，残高60厘米，似着交领袈裟，双手置腹前；右侧弟子仅存轮廓，残高61厘米。

菩萨立左、右壁外侧前台座上，皆有内圆外尖桃形头光。左侧菩萨头部不存，双手及膝部以下残，残高64厘米；缯带垂至肘侧，下着裙，裙腰外翻；戴项圈，中央垂饰一条璎珞，于腹部呈圆饼状后分两股垂下；披巾自两肩垂下，横过腹膝二道后绕臂垂体侧；左臂举胸前，右臂垂体侧。右侧菩萨全身风化，仅存轮廓，残高66厘米。

弟子、菩萨身后雕护法神，左壁四身，仅存轮廓。右壁风化严重，残不可识（图1-156）。

内龛两侧龛口外侧各雕一力士立台座上，风化严重。披巾于头后呈圆环状，绕臂。左侧力士双手、左足及右腿残，残高55厘米；上身赤裸，胸腹部及双臂肌肉隆起；左臂上举，右臂斜伸体侧，腰左扭。右侧一身双手及右腿残，其余部分仅存轮廓，残高49厘米；右臂上举，左臂斜伸体侧，腰右扭。

千佛寨

图1-155　千佛寨第42龛（西南→东北）

图 1-156 千佛寨第 42 龛左壁造像(西北→东南)

【第 43 龛】

位置：D 段北端，第 38、42 龛右。

年代：盛中唐。

龛形：外方内拱形龛，内龛平面呈宽"U"字形，外龛宽 195、残高 170、残深 60 厘米，内龛宽 168、高 136、深 50 厘米，龛向 207 度。雕出两侧龛面，宽 15 厘米。

保存情况：外龛龛顶右侧垮塌，左、右壁外侧残损。左壁外侧下部有一方形榫孔，龛底中央靠外有一方形凹槽，内龛右上部残存龛面，余风化。造像经宋代改刻，造像及壁面风化，局部残损，残存后代装彩。

造像内容：内龛环三壁设坛，近倒凹字形，高 3 厘米，坛上造一佛二弟子二菩萨。佛居中，倚坐于兽足方榻上，面部残，高 80 厘米。头顶上方有圆形华盖，其上残存菩提树叶。螺发，低平肉髻，颈部有两道蚕纹，内着僧祇支，外着双领下垂式袈裟，跣足。双手似结禅定印于腹前，双足各踏一小圆台。

弟子立左、右壁内侧前仰莲圆座上。皆着袈裟，跣足。左侧弟子膝部以上残损，仅存轮廓，高 68、座高 12 厘米。右侧弟子面部残，高 72、座高 12 厘米；着双领下垂式袈裟，袈裟一角搭左臂，双手似合十胸前。

菩萨立左、右壁外侧前仰莲圆座上。左侧菩萨面部及双手残，高 74、座高 11 厘米；戴冠，发辫垂肩，左侧缯带飘向肩侧；内着僧祇支，其上束带打结，外着双领下垂式衣；戴项圈，中饰流苏；披巾自两肩垂下，于腹前交叉后绕臂垂下；左臂似置腹前，右臂举胸前，腰左扭。右侧菩萨高 74、座高 12 厘米；右侧缯带垂至肘部，似着双领下垂式袈裟；左手持披巾垂体侧，右手绕披巾举胸前执一物置肩侧。

内龛两侧龛口外侧各雕一力士立方座上。皆左肩至右腹斜披一披巾，下穿战裙，裙摆飘向龛内，跣足。左侧力士双臂残，残高 55、座高 8 厘米；绾发髻，戴项圈，中垂流苏；左臂上举，头微左倾，腰左扭。右侧力士头部及左足残，残高 53、座高 7 厘米；右侧缯带飘于肩侧，胸前中部有一流苏；腰束带，裙腰外翻；左手向下斜伸体侧，右臂上举，腰右扭（图 1-157）。

外龛右壁下部凿一横长方形框，内刻题记，占壁面宽 42、高 32、深 2 厘米，存字三行，竖刻，楷书，文字风化剥蚀严重。

图1-157 千佛寨第43龛(西南→东北)

【第 44 龛】

位置：E 段东端，第 45 龛左。

年代：盛中唐。

龛形：方形龛，平面呈横长方形，宽 141、高 140、深 98 厘米，龛向 224 度。

保存情况：左壁及上壁部分残损。龛底近龛口处开一梯形凹槽，上宽 126、下宽 141、高 17、深 32 厘米，凹槽中部又向龛内开一宽 44、高 17、深 14 厘米的小凹槽；造像遍覆青苔，风化严重，仅存轮廓，头部和座前凿有小孔，应为后代修补痕，右侧造像身周略凹，有凿痕，应为后代改刻，正壁及造像残存后代装彩。

造像内容：正壁前设坛，高 15 厘米，坛上造三像。中央一身结跏趺坐于方座上，高 57、座高 34 厘米。左侧一身残高 38 厘米。右侧一身坐高座上，残高 53 厘米，有尖桃形头光，内着僧祇支，外着双领下垂式袈裟，双手于腹前托一圆形物（图 1-158）。

右壁近龛口处中部开一小龛，宽 27、高 37、深 2 厘米。正壁前雕二身像，风化严重，仅存轮廓。

图1-158 千佛寨第44龛（西南→东北）

【第 45 龛】

位置：E 段东侧，第 44 龛右，第 46 龛左。
年代：盛中唐。
龛形：外方内拱形龛，内龛平面呈弧形，外龛宽 215、高 185、深 90 厘米，内龛宽 140、高 161、深 82 厘米，龛向 232 度。雕出龛楣及龛面，内装饰团花，沿龛口雕一周凸棱，素面磨平，右侧龛面上部存一浮雕仰莲座。
保存情况：外龛龛顶及右壁大部分残损。内龛左侧有一纵向裂缝，外龛底部近龛口处凿一长方形凹槽，宽 213、高 17、深 46 厘米，内龛遍布凿痕，右侧弟子、菩萨头部周围内凹，有凿痕，为后代改刻痕，造像肢体残断处有凿孔，造像经宋代改刻，中央主尊残存后代装彩。
造像内容：内龛环三壁设坛，高 13 厘米，坛上造一佛二弟子二菩萨。佛居中，结跏趺坐于仰莲方座上，面部、右手残，高 78、座高 72 厘米。螺发，肉髻，面部方圆，双耳硕大下垂及肩，颈部有三道蚕纹，内着僧祇支，外着双领下垂式袈裟；左手掌心向上置腹前，右臂屈肘（图 1-159）。

弟子立左、右壁内侧前台座上，头部、台座残。颈部有两道蚕纹，内着交领衣，外着袒右式袈裟，袈裟一角搭左臂，双手合十胸前。左侧弟子双腿风化严重，高 76、座高 19 厘米；右侧弟子风化严重，高 77、座高 19 厘米，面部方圆。

菩萨立左、右壁外侧前台座上，风化严重。戴花冠，颈部有三道蚕纹。左侧菩萨高 82、座高 22 厘米，右侧缯带下垂，内着僧祇支，外似着双领下垂式袈裟；右侧菩萨高 81、座高 20 厘米，发辫垂肩，右侧缯带垂身后，内着僧祇支，下着长裙，腰束带，裙腰外翻，披巾自两肩垂下绕两臂后垂身侧，戴项圈，胸前及两腿前垂饰璎珞，双手持一如意于身前（图 1-160、1-161）。

外龛左壁中部阴线刻一竖长方形框，风化。右壁下方开一方形浅龛，无造像。

【第 46 龛】

位置：E 段中部偏东，第 45 龛右。
年代：盛中唐。
龛形：方形龛，平面呈横长方形，宽 221、高 170、深 66 厘米，龛向 236 度。
保存情况：龛顶几乎完全坍塌，左、右壁部分残损。造像及壁面风化，大部分长青苔和霉斑，正壁上部有一排凿孔，造像残损严重，肢体残断处有凿孔，造像及壁面残存后代装彩痕。
造像内容：正壁前设坛，高 5 厘米，坛上造四菩萨立像，均头部不存。头侧缯带垂至肘侧。左起第一身双腿、右手残，高 105、座高 19 厘米；腰束带，披巾绕两臂后垂体侧，腹前残存璎珞，左臂戴臂钏；左手垂身侧，右手抬起，腰左扭。第二身双手、双腿及台座残，残高 104、座高 20 厘米，披巾自两肩垂下绕两臂后垂体侧，跣足，胸腹前装饰璎珞；左手抬起，右手垂身侧。第三身双臂、台座残，残高 102、座高 19 厘米，身侧披巾下垂，右手抬起。第四身左臂残，高 106、座高 17 厘米，披巾自两肩垂下，横过身前绕两臂后垂体侧，左手抬起，右手垂体侧，腰右扭（图 1-162）。

图1-159 千佛寨第45龛（西南→东北）

千佛寨

图1-160　千佛寨第45龛左壁造像(西北→东南)

图 1-161 千佛寨第 45 龛右壁造像（东南→西北）

千佛寨

图1-162　千佛寨第46龛（西南→东北）

197

【第47龛】

位置：E段中部偏西，第46龛右下，打破第48龛左壁。
年代：中唐。
龛形：方形龛，平面近横长方形，宽222、高201、残深45厘米，龛向216度。
保存情况：左、右壁几乎完全不存，顶、底部残损严重。右壁与第48龛相接处凿一竖向凹槽，底部坍塌后修整成台阶，造像头部残损处均凿一孔，造像及壁面风化，左侧长青苔，局部残存后代装彩。
造像内容：正壁前造小坐佛三十身，分上下五排整齐排列，每一排与上一排坐佛位置错开。小佛结跏趺坐于莲座上，头部残，均高18~20、座均高28~31厘米。有尖桃形头光，莲座下有莲茎，莲茎上生出莲叶、莲蕾。第一排存七身，除左起第四身双手置腹前外，其余仅存轮廓。第二排存七身，左起第四、七身双手置腹前，第五、六身着通肩式袈裟，双手置胸前，其余仅存轮廓。第三排存六身，左起第三身双手置腹前，第四、六身左手置腹前，右手抚左胸，第五身内着僧祇支，外着双领下垂式袈裟。第四排存六身，左起第四、六身着通肩式袈裟，双手置腹前，其余仅存轮廓。第五排存四身，左起第一身仅存头光，其余仅存上半身轮廓及头光(图1-163)。

图1-163　千佛寨第47龛(西南→东北)

千佛寨

【第48龛】

位置：E段西侧，第47龛右，第49龛左，左侧被第47龛打破，右侧被第49龛打破。

年代：盛中唐。

龛形：方形龛，平面近横长方形，残宽403、高187、深56厘米，龛向243度。

保存情况：左、右壁脱落不存，上、下壁亦被破坏。窟顶上部有一排凿孔，龛底前部造一凹槽，残宽139、高9、残深12厘米，中部有一长方形凹槽，残长35、宽16、深6厘米，造像局部风化、残损，残缺处有圆形凿孔，头部均不存，部分造像存后代改刻痕，正壁及造像下部有大面积烟熏痕迹，存后代装彩。

造像内容：正壁前起低台，高7厘米，台上造七身像（图1-164）。左起第一身结跏趺坐于仰莲方座上，双臂、台座残，风化严重，残高47、座高65厘米。有尖桃形头光，缯带垂至肘侧，披巾自两肩垂下。莲座下为一方台，高56厘米，台座与低台连成整体。

左起第二至六身立台座上。第二身双臂、双足残，风化严重，高104、座高19厘米。有尖桃形头光，缯带垂至肘侧，下着长裙，裙腰外翻，披巾自两肩垂下，横于身前两道绕两臂后垂体侧。戴圆形项圈，中间垂饰件，两侧各有一道璎珞于腹前相交呈"X"形后，垂至膝前折向身后（图1-165）。

第三身左手、右臂、双足残，高109、座高18厘米。有内椭圆外尖桃形头光，内着僧祇支，胸前束带打结，外着双领下垂式袈裟，袈裟右侧衣摆搭于左臂前。左手置胸前，右手似抬起（图1-166）。

第四身双手、右足残，高111、座高17厘米。着通肩式袈裟，双手置胸前（图1-167）。

第五身双臂、足部皆残，高106、座高18厘米。有内椭圆外尖桃形头光，缯带垂至肘侧，发辫披肩，胸前束带打结，下着长裙，裙腰外翻，披巾自双肩垂下，横过身前两道绕两臂后垂体侧。戴项圈，中间垂菱形饰件，两侧各有一条璎珞垂下，于腹前相交呈"X"形后，垂至膝前折向身后，两腿间有一"Y"字形璎珞垂下，相交处呈圆饼状；右臂戴臂钏。左手垂身侧，右手抬起（图1-168）。

第六身千手观音，原身前六臂残，部分手臂之间的崖面内凹，残存凿痕，可能为后代改刻，高105、座高22厘米。有椭圆形身光，头左侧缯带下垂及肩，发辫披肩，下着长裙，裙腰外翻，披巾自两肩垂下，横过身前两道后搭手臂垂体侧。戴项圈，胸前垂饰件，两侧各有一道璎珞下垂，于腹前相交呈"X"形后垂至胸前折向身后，相交处呈圆饼形。身前六臂较粗壮，上二臂戴臂钏，肘部以下残损；中二臂合十胸前；下二臂垂体侧。菩萨身周浮雕手臂三十三只，皆戴腕钏。左侧十六只，从上至下第一、二只残不可识，第三只持莲蕾，第四只托一圆形物，第五只掌心向外持一枝条，第六至十一只风化不清，第十二只食指拇指拈一叉，第十三只掌心向外，第十四只食指拇指持一串念珠，第十五只风化不清，第十六只五指平伸，掌心向外。右侧十七只，从上至下第一至五只皆残不可识，第六只伸出食指和中指，第七只持一棍形物，第八只持一枝条，第九只五指平伸，掌心向外，第十只持一圆形物，第十一只残不可识，第十二只持一棍形物，前端弯成钩，第十三只残不可识，第十四只拇指和食指拈一铃铛，第十五、十六只手残不可识，第十七只五指平伸，掌心向外。手臂自头颈和上身呈放射状分布，最上六对手臂自头颈后伸出，其余自上身后伸出（图1-169）。千手观音右下方刻一长方形题记框，破坏千手观音身光，左上角被凿坏，下部遍布烟熏痕迹，占壁面宽18、高30厘米，内刻题记一则，竖刻，楷书，四行，第三、四行之间刻信士人名两层，内容为同治十三年（1874年）信士装修千手观音之事。

第七身结跏趺坐于仰莲方座上，双臂、膝部、莲座残，莲座正面有三凿孔，上身风化严重，高50、座高62厘米。有双重头光，缯带垂至肘侧，下着长裙，披巾自双肩垂下，胸前饰璎珞；左手屈肘置身前。

图 1-164 千佛寨第 48 龛（西南→东北）

千佛寨

图 1-165　千佛寨第 48 龛左起第二身（西南→东北）

图 1-166　千佛寨第 48 龛左起第三身（西南→东北）

千佛寨

图 1-167　千佛寨第 48 龛左起第四身（西南→东北）

图 1-168 千佛寨第 48 龛左起第五身（西南→东北）

千佛寨

图 1-169　千佛寨第 48 龛左起第六身（西南→东北）

【第 49 龛】

位置：E 段西侧，第 48 龛右，打破第 48 龛右壁。

年代：盛中唐。

龛形：双层方形龛，内龛平面略呈宽"U"字形，外龛宽 313、高 240、深 82 厘米，内龛宽 230、高 202、深 111 厘米，龛向 273 度。内龛龛楣上部雕小佛结跏趺坐于方座上，共 12 身。

保存情况：外龛三壁破坏严重，内龛龛顶、右壁均部分残损。内龛右龛面上部边沿有一凹槽，造像风化、残损，头部、肢体及台座残损处皆有凿孔，造像及壁面残存后代装彩。

造像内容：内龛壁前设坛，高 6 厘米，左、右壁前再起低台，高 10 厘米。坛上造一佛二菩萨。佛居中，结跏趺坐于束腰方座上，头部、双腿、台座残，高 67、座高 71 厘米。头顶上方有圆形华盖，外侧装饰璎珞，底部内凹。有内圆外尖桃形头光，头光顶端直至华盖底部中间。着通肩式袈裟，双手置胸前（图 1-170）。

菩萨立佛左、右侧束腰台座上。左侧菩萨头部、双臂、足部、台座残，高 106、座高 33 厘米；有内圆外尖桃形头光，缯带垂至上臂两侧，发辫披肩，披巾自两肩垂下，横过身前一道后下垂及座；胸前至腿前装饰璎珞，左臂戴臂钏；左手抬起，右手垂身侧。右侧菩萨全身皆有残损，高 106、座高 23 厘米；仅可见缯带垂至上臂两侧，披巾自两肩垂于身侧。

菩萨外侧至左、右侧壁雕千佛，均结跏趺坐于仰莲方座上，头部皆残，均高 23~24、座均高 9~10 厘米；有尖桃形头光，莲座下有莲茎相连，茎上生出莲叶、莲蕾。左侧千佛十三身，分三排，从上至下第一、二排各五身，第三排三身。第一排左起第一身风化严重，第二、三、四身着通肩式袈裟，第五身内着僧祇支，外着双领下垂式袈裟，第二、四身双手置胸前，第三、五身双手置腹前。第二排左起第一、五身着通肩式袈裟，第一身双手笼袖中置腹前，第二、三身残损严重，第四身着袒右式袈裟，左手置腹前，右手抚左胸，第五身下部残缺。第三排左起第一、二身着通肩式袈裟，第一身下部残损，第二身双手置腹前，第三身仅存轮廓（图 1-171）。右侧共存千佛十二身，仅存轮廓（图 1-172）。

内龛两侧龛口外侧各雕一身力士立山座上。左侧力士头部、右手、双腿、台座残，高 120、座高 23 厘米。有圆形头光，戴冠，冠侧发带绕成圆圈后向上飘起，上身赤裸，小腹微腆，腰束带，下着战裙，裙腰外翻，飘带经头后绕两臂经腰带飘于体侧，左手握拳举头侧，腰左扭。右侧力士仅可见上半身及右手，残高 36 厘米。

千佛寨

图1-170 千佛寨第49龛(西→东)

图 1-171　千佛寨第 49 龛左壁造像（北→南）

千佛寨

图 1-172　千佛寨第 49 龛右壁造像（南→北）

【第 50 龛】

位置：F 段北端。龛所在石包从崖面滑落，现与地面呈大约 45 度角。

年代：盛中唐。

龛形：双层方形龛，内龛平面近弧形，外龛残宽 175、高 180、深 103 厘米，内龛残宽 120、高 175、深 65 厘米，龛向 65 度。雕出龛楣，宽 20 厘米。

保存情况：内、外龛顶部左侧、左壁及底部大部分垮塌，外龛口垮塌；龛顶垮塌后，在断面从左向右墨书"大佛寺□"四字，右侧龛面有两个凿孔，造像风化残损严重，佛、弟子及右侧菩萨头部不存，残缺处有凿孔，局部有凿痕，造像及壁面存后代装彩及墨书题记。

造像内容：正壁及左壁分别设坛，均高 18、深 14 厘米。正壁坛上造一佛二弟子二菩萨。佛居中，结跏趺坐于束腰方座上，双臂、双手、腿部残，头部有凿痕，高 85、座高 15 厘米。头顶上方有圆形华盖，有内椭圆外尖桃形头光，内着僧祇支，腹前束带打结呈"十"字形，外着双领下垂式袈裟。双手似置腹前。台座束腰处呈八角形。身侧各雕一菩提树，树冠伸至龛顶及华盖两侧，雕出树叶。

弟子立佛左、右侧仰莲圆座上，皆双手、双足、台座残。有双层圆形头光，着袈裟。左侧弟子高 65、座高 15 厘米，双手似置胸前；右侧弟子残高 63、座高 17 厘米，双手置腹前。

菩萨立弟子外侧仰莲座上。皆有内椭圆外尖桃形头光，缯带垂至肘侧。左侧菩萨颈部以上、肘部以下、双足、台座残，残高 88、座高 12 厘米；着长裙，裙腰外翻，披巾自两肩垂下，绕腿前一道搭两臂后垂体侧；戴项圈，中间垂菱形饰件，两侧各有一道璎珞垂下，于腹前相交"X"形后垂于膝前折向身后，相交处呈圆饼形；右臂戴臂钏，左手执披巾垂体侧，右手抬起。右侧菩萨颈部以上、肘部以下残损风化，残高 80、座高 20 厘米；着长裙，残存部分披巾垂体侧；胸、腿前饰璎珞；右臂似置体侧。

弟子、菩萨身后残存护法像四身，风化残损。左起第一身着交领宽袖衣，右手置腹侧；第二身颈部有两道蚕纹，着双领下垂式衣；第三身戴兽头帽，颈部有三道蚕纹；第四身着交领广袖衣，左手置胸前握物（图 1-173）。

内龛正壁转角处各雕一像立浅台上。左侧一身风化残损，高 65 厘米，有六臂，颈部似有两道蚕纹，着长裙，披巾自两肩垂下，于身前横过两道垂于体侧，戴项圈，上二臂举头侧，二手分托日、月轮，中二臂举耳侧，左手执折尺，右手握一长袋状物，下二臂合十胸前。此像左侧存一身像右半部分，不可识（图 1-174）。右侧一身仅存轮廓，残高 45 厘米。

右壁雕一力士立方台上，身前遍布凿痕，风化严重，高 75、座高 15 厘米。有圆形头光，左侧缯带向上飘起，上身赤裸，下着过膝裙，裙摆飘于身右侧，飘带经头后绕臂经腰带飘于体侧；左手举头侧，右手向下斜伸体侧，腰左扭。头光上方雕一护法神，露上半身，头上雕一龙，龙爪踏双肩，龙头张嘴向右侧身。力士右上方有后代墨书题记，右书：大善士。其余残不可识。

外龛右壁下部自上而下开两个方形浅龛，风化严重。上层龛宽 36、高 22 厘米。正壁前雕三供养人，遍布凿痕。左起第一身双手身前合十，朝向龛内胡跪；第二身似着宽袖长袍，向右侧身，朝向龛外而立；第三身双手置身前，似朝向龛内胡跪。下层龛宽 40、高 22 厘米。正壁前雕三身像，仅存轮廓，似双手置身前，朝向龛内而跪（图 1-175）。

龛左壁坍塌处磨平一处椭圆形崖面，占壁面宽 25、高 10 厘米，其上横写楷书两行，内容风化残损严重。

千佛寨

图1-173 千佛寨第50龛(东北→西南)

◀ 图 1-174　千佛寨第 50 龛左壁内侧造像
　　　　　（东南→西北）

图 1-175　千佛寨第 50 龛右壁造像 ▶
　　　　　（西北→东南）

千佛寨

【第 51 龛】

位置：G 段西北端。
年代：盛中唐。
龛形：方形龛，平面呈横长方形，宽 282、高 255、深 160 厘米，龛向 40 度。
保存情况：龛顶左侧及左壁部分垮塌，龛底残损。龛外右侧有三个方形凿孔，低台上存有五个圆孔，左、右壁及正壁第二至五层局部有烟熏痕迹，正壁下部及右壁较明显，造像多风化，第四、五层风化严重，造像均残损，头、颈部均残缺，千佛保存情况较差，除一身佛像头部尚存外，其余头部皆残缺，残缺处均有一凿孔，局部残损处有凿痕，造像及壁面残存后代装彩痕迹。
造像内容：正壁起低台，残宽 276、高 26、深 60 厘米；左、右壁各起一低台，左壁低台宽 80、高 50、深 20 厘米，右壁低台宽 110、高 50、深 20 厘米。正壁及左、右壁内侧雕千佛六十九身，分五层，由上至下依次雕十四、十五、十五、十三、十二身（图 1-176）。千佛均结跏趺坐于仰莲圆座上，均高 24~27、座均高 11~13 厘米，有尖桃形头光，莲座下有莲茎伸至龛底，莲茎上又生出莲叶、莲蕾、莲蓬。千佛衣着、姿势各有不同。

第一层左起第三、五、七、九、十一身内着僧祇支，外着双领下垂式袈裟，余皆着通肩式袈裟。第一身双手笼袖中置胸前，左侧伸出一莲蕾；第二身双手笼袖中置腹前，左侧伸出一带茎莲叶；第三身左手掌心向上置腹前，右手抚胸前，左侧伸出一带茎莲蕾；第四身双手捧一圆形物置腹前，左侧伸出一带茎莲叶；第五身双手于腹前结禅定印，左侧伸出一带茎莲蕾；第六身双手同第二身，左侧伸出一带茎莲叶；第七身双手同第五身，左侧伸出一带茎莲蕾；第八身双手同第五身，左侧伸出一带茎莲叶；第九身同第八身；第十身同第七身；第十一身同第八身；第十二身头部有凿痕，双手同第二身，左侧伸出一带茎莲蕾；第十三身双手同第一身，左侧伸出一带茎莲蓬；第十四身双手同第五身，左侧伸出一莲蕾。第一层左、右端各雕一化佛坐莲蕾中，残高分别为 16、15 厘米。

第二层左起第二、五、八、十二、十四、十五身内着僧祇支，外着双领下垂式袈裟；第六身着偏衫式袈裟；余皆着通肩式袈裟。第一身双手于腹前结禅定印；第二身双手笼袖中置胸前；第三身位于转角处，双手笼袖中置腹前，左侧伸出一带茎莲叶；第四身双手残，双手似举胸前；第五身双手同第三身；第六身左手于袈裟下置腹前，右手于胸前握袈裟；第七身双手于腹前结弥陀定印；第八身双手同第二身；第九身双手同第七身；第十身左手掌心向上置腹前，右手抚胸前；第十一身双手同第二身；第十二身双手于腹前结禅定印；第十三身左手抚膝，右手掌心向上置腹前；第十四身双手风化，左手置胸前，右手似置腹前；第十五身双手捧一圆形物置腹前。

第三层左起第一、二身莲座残，有凿孔。第一、四、六、七身着袈裟，样式不明；第二、五、九、十一、十三身内着僧祇支，外着双领下垂式袈裟；余皆着通肩式袈裟。第一身双手似置胸前；第二身双手似置腹前；第三身双手同第二身；第四身双手似笼于袖中置胸前；第五身双手置胸前；第六身双手同第五身；第七身双手置胸前，第八身双手笼于袖中置腹前；第九身右手残，左手抚膝，右手似置胸前；第十身双手同第五身；第十一身手略残，双手置胸前似执一物；第十二身双手笼袖中置胸前；第十三身双手于腹前结禅定印；第十四身双手同第四身；第十五身双手同第二身。

第四层第一、十二身位于转角处；第一至八身身形不辨；第九身双手似置腹前；第十身左手置腹前，右手抚胸前；第十一身双手同第九身；第十二身着袈裟，双手置胸前；第十三身烟熏较严重，内着僧祇支，外着双领下垂式袈裟，双手似置腹前，右侧伸出一带茎莲叶。

第五层第六身莲座下有一方形台,宽13、高8厘米,所有莲茎皆自方台左右侧伸出;第一至八身风化残损严重,身形不辨;第九、十身似双手置腹前;第十一身双手似笼于袖中置胸前;第十二身风化、烟熏较严重,着通肩式袈裟,双手置腹前,右侧伸出一带茎莲叶,莲座底部伸出三支莲茎,右侧一枝莲叶蔓延至第三层(图1-177、1-178)。

左壁千佛外侧低台上分别雕一佛和一佛一菩萨两组像,皆风化严重,头、颈不存。一佛立低台左侧,腹部以下左侧垮塌不存,双手残,残缺处有凿孔,右臂内侧有凿痕,残高145厘米。有圆形头光,似着双领下垂式袈裟;左手微屈肘置体侧,右手似置胸前。一佛一菩萨位于低台右侧。左侧佛似结跏坐于低台上,残高45厘米,双手似置腹前。右侧菩萨立仰莲座上,残高40、座高5厘米,有尖桃形头光,似着裙,披巾垂体侧;莲座下有莲茎伸出(图1-179)。

右壁外侧低台上雕二像立仰莲圆座上,头、颈部不存,台座残,烟熏较严重。左侧一身左手、右臂残,左手腕处有凿孔,腹部有凿痕,高130、座高15厘米;内着僧祇支,外着双领下垂式袈裟,跣足;左手置胸前,右臂似垂体侧。右侧一身右手、双足残,风化较严重,高128、座高17厘米;着袈裟,左手似执一物垂体侧,右手似置胸前(图1-180)。

千佛寨

图1-176 千佛寨第51龛(东北→西南)

215

图 1-177　千佛寨第 51 龛右上部小佛（东北→西南）

图 1-178　千佛寨第 51 龛左上部小佛（东北→西南）

千佛寨

图 1-179　千佛寨第 51 龛左壁造像（东南→西北）

图 1-180　千佛寨第 51 龛右壁造像（西北→东南）

【第 52 龛】

位置：G 段中部下层，第 53 龛左。
年代：唐。
龛形：方形龛，平面呈横长方形，宽 134、高 136、残深 93 厘米，龛向 46 度。
保存情况：龛顶、龛底外侧及左、右壁上部残。
造像内容：龛内造像现已不存（图 1-181）。

图 1-181　千佛寨第 52 龛（东北→西南）

【第 53 窟】

位置：G 段中部，第 52 龛右上。
年代：唐。
龛形：洞窟，窟口方形，平面近"十"字形，分前、中、后室，窟向 45 度。
保存情况：前室左壁近窟口处有一纵向裂缝，正壁左下角有较大裂缝，侧壁上部也开有凿孔；中室左壁有数道大裂缝，延伸至前壁，另有一道裂缝贯穿中室后部，顶部近后室处局部破坏，壁面遍布凿痕，左壁及前壁有凿孔，左侧台右侧、右侧台左侧残损严重；后室窟内遍布凿痕，正壁中央有一纵向裂缝，石床中部亦断裂。
造像内容：分为前、中、后三室（图 1-182、1-183）。前室平面呈长方形，敞口平顶。窟底左侧中央有一圆形柱洞，直径 16 厘米。正壁中央开一圆拱形门，宽 111、高 164、厚 17 厘米，左上部略有残损，门后为中室。右壁中部雕一盝形碑，宽 84、高 140、厚 2 厘米，内部磨平刻题记，现存八行，竖写，楷书，内容风化残损严重。

正壁右侧刻一长方形题记框，占壁面宽 52、高 97、深 5 厘米，竖刻，楷书，残损严重，存五行，文字剥蚀严重。

左壁中部刻一长方形题记框，占壁面宽 73、高 120、深 1 厘米，竖刻，楷书，残损严重，现存三行，内容为游记。门上部刻一长方形题记框，占壁面宽 68、高 27、深 1 厘米，字迹不存。

图 1-182　千佛寨第 53 窟窟口（东北→西南）

千佛寨

图 1-183 千佛寨第 53 窟平、剖面图

中室平面近似圆鼓形，左、右侧壁向外弧，至顶部渐收成穹窿顶。左右壁前起台，均与壁面走势一致，平面呈弧形。窟底中部凿出一圆洞。正壁中部开一个圆拱形门，通向后室，门宽98、高144、厚18厘米（图1-184、1-185）。正壁左侧刻一长方形题记框，占壁面宽56、残高31、深1厘米，风化残损严重。正壁右侧刻一长方形题记框，占壁面宽56、高98、深4厘米，内刻题记，竖刻，楷书，中部凿一隔梁隔开，下部存四行，内容残损严重。

后室顶部比中室高24厘米，平面呈扇形，外窄内阔。近正壁处雕一石床，石床左侧凸起一长方形石枕（图1-186）。正壁磨光刻题记一则，占壁面宽220、高124厘米，九行，竖刻，隶书，记重阳节诸人载酒同游之事。

图1-184　千佛寨第53窟中、后室结构（东北→西南）

千佛寨

图 1-185　千佛寨第 53 窟中室底部结构（东北→西南）

图 1-186　千佛寨第 53 窟后室结构（东北→西南）

【第 54 龛】

位置：G 段南侧上层，第 53 窟右，第 55 龛左。
年代：盛中唐。
龛形：方形龛，平面形制不明，宽 200、高 194、深 65 厘米，龛向 42 度。
保存情况：龛左、右壁下部与底部残损。右壁上部有两个上下排列的圆形榫孔，龛底右侧残损处有一圆形孔洞，造像头部残，双臂自肘部以下残损脱落，皆腹部以下风化严重，仅存轮廓，局部残损处有凿孔。
造像内容：正壁前造三菩萨立圆座上。均有内圆外尖桃形头光，戴冠，缯带垂至肘侧，戴项圈，中间垂菱形饰件，两侧各有一道璎珞垂下，于腹前相交呈"X"形，相交处呈圆饼形。

左侧菩萨头部有一圆形凿孔，高 167 厘米；下似着裙，裙腰外翻，跣足；披巾自两肩垂下，横过腹部一道搭两臂垂体侧；璎珞相交后沿大腿垂下；腰右扭。中间菩萨右臂残断处有一圆形凿孔，高 170 厘米；下似着裙，跣足；披巾自两肩垂下，于身前横过两道后垂体侧；腰左扭。右侧菩萨右臂残断处有一圆形凿孔，高 166 厘米；所在壁面高于其他两身。似为不同的两龛壁面被凿通之后成为三菩萨组合（图 1-187）。

图 1-187　千佛寨第 54 龛（东北→西南）

千佛寨

【第 55 龛】

位置：G 段南侧上层，第 54 龛右，第 56 龛左。

年代：盛中唐。

龛形：外方内拱形龛，内龛平面呈浅弧形，外龛宽 242、高 205、深 55 厘米，内龛宽 232、高 163、深 25 厘米，龛向 46 度。

保存情况：龛顶坍塌，左、右壁上部残损。造像左侧四身头、手、膝部以下风化严重，仅存轮廓，左侧第一身头后有后代修补痕。

造像内容：正壁前造五像立台座上。光头，着双领下垂式袈裟。左起第一身似为左手仰掌，右手覆掌交叠于胸前，头微右扭。第二身双手似呈抱拳状于胸前。第三身双手似交叉于胸前。第四身左手残，左臂置腹前，右手举胸前。第五身有圆形头光，面相方圆，颈部有三道蚕纹；左手仰掌持物于腹前，右手覆掌悬空于持物上（图 1-188）。

图 1-188　千佛寨第 55 龛（东→西）

龛右壁中部磨平一盝形方框，占壁面宽 33、高 52 厘米，刻题记一则，风化严重，残存三行，竖刻，楷书，内容为比丘造像记（图 1-189）。

【第 56 龛】

位置：G 段南侧上层，第 55 龛右，第 57 龛左。

年代：盛中唐。

龛形：方形龛，平面呈横长方形，宽 170、残高 163、深 90 厘米，龛向 60 度。

保存情况：龛顶风化，左、右壁上部残。左、右壁中部近龛口处及正壁右上方各有一榫孔，龛外右侧下部有一圆形榫孔，造像头部残，余残损处部分有孔，左起第二、四身风化严重，仅存轮廓，造像及壁面残存后代装彩。

造像内容：正壁前造四像立圆座上，均高 120、座均高 30 厘米。左起第一身为菩萨，左手残，右手肘部以下不存，肘部有一圆形孔；有尖桃形头光，戴冠，缯带垂至肘侧，颈部有三道蚕纹；斜披络腋，下着长裙，裙腰外翻；戴项圈，中间垂菱形饰件，两侧

图 1-189　千佛寨第 55 龛右壁题记
（西北→东南）

各有一道璎珞垂下，于腹部交叉呈"X"形后垂至膝前折向身后，相交处呈圆饼状；披巾自两肩垂下，横过腿前一道后绕臂垂体侧；左臂垂体侧，右臂似上举，腰左扭。第二身有尖桃形头光。第三身有头光，着通肩式袈裟，双手举胸前。第四身着袈裟，左手置腹侧，右手似屈肘置体侧（图 1-190）。

左、右壁中部各雕一力士立方台上，均高 60、座均高 40 厘米。左侧一身风化残损严重，仅存轮廓；左臂向下斜伸，右臂上举，头左倾，腰右扭。右侧一身全身风化严重；有圆形头光，上身赤裸，胸腹部及双臂肌肉隆起，下着裙，腰束带，裙摆右飘，跣足，飘带于头后呈圆环状后绕臂；左臂上举，右臂下伸，腰左扭。

龛外右侧雕一碑，风化严重，仅存轮廓，由碑首、碑身组成，宽 32、通高 70 厘米。碑首半圆形，中间开一小龛，龛内雕一像。碑身近方形，装饰纹样与文字皆已不存。

千佛寨

图1-190　千佛寨第56龛（东北→西南）

【第 57 龛】

位置：G 段南侧上层，第 56 龛右，第 58 龛左。
年代：盛中唐。
龛形：单层龛，平面呈横长方形，残宽 256、高 200、深 90 厘米，龛向 53 度。
保存情况：龛顶坍塌。左壁上部残损；有一长条裂隙从龛正壁右侧上部延伸至左壁下部，先后打破左起第一身造像与左壁力士像腿部，右壁近龛口处上部有一方形榫孔，下部有一圆形榫孔，龛外右侧底部有一方形榫孔，造像均风化、残损严重，左侧五身头部不存，全身风化严重，腰部以下仅存轮廓，局部残损处有榫孔，局部存后代改刻痕；造像及壁面残存后代装彩。
造像内容：正壁前造六身像。左起第一至五身均立圆座上，均高 60、座均高 50 厘米。第一身为菩萨像，头部残损处有一方形孔，腹膝间各有一道披巾残迹，其上似有璎珞。第二身胸部以上残，似有圆形头光。第三身双臂肘部以下残，有头光，着双领下垂式袈裟。第四身头部残损处有一圆形孔，着袈裟；左臂举胸前，右臂垂体侧。第五身为菩萨像，左臂残，残损处有一圆形孔；着长裙，披披巾，胸前垂菱形饰件，两侧各有一道璎珞垂下。第六身未完工，似为一菩萨坐方座上（图 1-191）。

左、右壁中部各雕一力士立方座上，风化严重，仅存轮廓。左壁一身头、左肘部以下残，高 60、座高 50 厘米；有圆形头光，上身赤裸，下身似着裙；左臂向下斜伸，右臂举头侧，腰右扭。右壁一身似为后代改刻，头残，残损处有一圆形孔，高 59、座高 53 厘米；左臂举头侧，右臂向下斜伸，腰左扭。（图 1-192）。

千佛寨

图1-191　千佛寨第57龛（东北→西南）

图 1-192 千佛寨第 57 龛左侧力士（东南→西北）

千佛寨

【第 58 龛】

位置：G 段南侧上层，第 57 龛右。
年代：盛中唐。
龛形：外方内拱形龛，龛底形制不明，外龛残宽 170、高 200、深 115 厘米，内龛宽 130、高 130、深 50 厘米，龛向 58 度。
保存情况：风化残毁严重，龛顶及正壁右侧被树根缠绕打破并有崩塌，龛底亦不存。壁面残存后代装彩痕。
造像内容：内龛右下方有一立像残迹（图 1-193）。

图 1-193　千佛寨第 58 龛（东北→西南）

【第 59 龛】

位置：H 段西端，第 60 龛左。
年代：盛中唐。
龛形：方形龛，平面呈横长方形，宽 240、高 210、深 100 厘米，龛向 50 度。

保存情况：龛顶、底及左壁部分残损，左壁被树根盘绕，右壁下部整体脱落，缺失部分由数块大石垒砌支撑，其下有水泥和条石加固。造像局部风化、残损，头部有改刻痕迹，肢体残断处皆有凿孔，造像及壁面残存少量装彩痕。

造像内容：正壁前造一佛二菩萨。佛居中，立台座之上，双手残，膝部以下风化严重，面部五官短小，头侧和颈上部有凿痕，应为后代改刻，高162、座高18厘米。有内圆外尖桃形头光，颈部残存一道蚕纹，内着僧祇支，胸前束带打结，外着双领下垂式袈裟，袈裟一角系于左肩前之褡裢，双手抬起（图1-194）。

菩萨立佛左、右侧。左侧菩萨立台座上，双臂肘部以下脱落，腰部以下风化严重，五官短小，头、颈部皆有凿痕，为后期改刻，高155、座高13厘米。有内圆外尖桃形头光，外层装饰团花，缯带垂至肘侧，披巾自两肩垂下，垂于体侧。戴项圈，中间垂菱形饰件，两侧各有一道璎珞垂下，于腹前相交呈"X"形，左臂戴臂钏。腰右扭。

图1-194　千佛寨第59龛（东北→西南）

右侧菩萨五官小，双手、腿部脱落，头侧有凿痕，经过后代改刻，残高90厘米。有内圆外尖桃形头光，外层装饰团花，戴冠，缯带下垂至肘侧，颈部有三道蚕纹，上身斜披络腋，下着长裙，腰束带，裙腰外翻，披巾自双肩垂下，横过身前绕两臂后垂下。戴项圈，中间垂菱形饰件，两侧各有一道璎珞垂

千佛寨

下,于腹前相交呈"X"形,相交处呈圆饼状。左手垂体侧,右手抬起(图1-195)。

佛左、右侧龛面各开一竖长方形小龛,正壁前各雕一供养人立像。左侧小龛宽25、高50厘米,供养人身周略凹,内有凿痕,高45厘米。颈部有三道蚕纹,着窄袖长袍,双手合十面向左侧菩萨。左上方磨平崖面刻一竖长方形题记框,占壁面宽20、高50厘米,字迹无存,上部白地墨书题记一则,三行,楷书,左起:大善士／方其山／叩许。人名竖书,其余横书。右侧小龛宽25、高50厘米,供养人头部残,高45厘米。颈部有三道蚕纹,着窄袖长袍,下着履,双手合十面向右侧菩萨(图1-196)。

▲ 图1-195 千佛寨第59龛右侧菩萨（北→南）

◀ 图1-196 千佛寨第59龛右侧供养人（东北→西南）

【第60龛】

位置：H段西侧，第59龛右，第61龛左下。

年代：中唐。

龛形：方形龛，平面呈横长方形，宽162、高180、深112厘米，龛向115度。

保存情况：龛左上角及右壁下部残。一道裂缝横向贯穿龛中部，龛下有条石和水泥加固，龛外左、右侧有方形凿孔，造像有后代改刻痕，造像及壁面后代装彩保存较好。

造像内容：正壁前造一佛二菩萨立仰莲圆座上。有尖桃形头光，顶端折向龛顶，跣足。佛居中，面部、双手风化，双手有后代改刻痕迹，高155、座高16厘米。尖桃形头光内有一层圆形头光，螺发，有半圆形高肉髻，面部方圆，双耳硕大，颈部有四道蚕纹。着通肩式袈裟，衣纹于胸腹前呈"V"形。双手置身前。

菩萨立佛左、右侧，均头部风化。戴高冠，缯带垂至肘侧，发辫披肩，面部方圆，斜披络腋，下着长裙，裙腰外翻，披巾自两肩垂下，横过身前两道绕两臂后垂体侧；戴项圈和腕钏。

左侧菩萨左臂残，高162、座高18厘米。颈部有三道蚕纹。项圈中部垂饰件，两侧各有两道璎珞垂下，内侧两道于腹前相交呈"X"形后垂至膝下折向身后，外侧两道下垂与内侧两道相交后垂下；右臂戴钏。左手抬起，右手提净瓶垂体侧。

右侧菩萨右臂、台座残，腿前衣纹可能为后代补刻，高158、座高15厘米。颈部有四道蚕纹。项圈中间垂饰件，两侧各有一道璎珞垂下，于腹前相交呈"X"形后垂至膝前折向身后；左臂戴臂钏。左手提净瓶垂体侧，右手抬起(图1-197)。

千佛寨

图 1-197　千佛寨第 60 龛（东南→西北）

【第61龛】

位置：H段西侧，第60龛右上，第62龛左。
年代：中唐。
龛形：方形龛，平面呈横长方形，宽162、高192、深90厘米，龛向71度。
保存情况：龛顶、右壁残损。右侧造像及壁面局部长青苔和霉斑，造像局部风化、残损，有后代改刻痕，残存后代装彩。
造像内容：正壁前设坛，高4厘米，坛上造一佛二菩萨，均立仰莲圆座上，跣足。佛居中，头部、双臂、双腿残，左手尺寸极小，当为后代改刻，高145、座高16厘米。有双层头光，内着僧祇支，胸前束带打结，外着双领下垂式袈裟。左手置腹侧（图1-198）。

图1-198　千佛寨第61龛（东北→西南）

千佛寨

左侧菩萨头部、左臂、双足残,双手有后代改刻痕,高145、座高15厘米。有双层头光,戴高冠,缯带垂至肘侧。着长裙,腰束带,裙腰外翻,披巾自双肩垂下,横过身前两道绕两臂后垂体侧。戴项圈,中间垂菱形饰件,两侧各有一道璎珞垂下,于腹前相交呈"X"形后垂至膝前折向身后,相交处呈圆饼形;右手臂戴臂钏。左手举肩前,右手垂体侧(图1-199)。

右侧菩萨头部残,风化严重,双手及披巾有后代改刻痕,高145、座高15厘米。缯带垂至肘侧。披巾横过身前垂至体侧,胸前装饰璎珞。双手垂体侧。莲座间有窄方台相连,贯通三壁,与莲座等高。

左壁中下部开一横长方形小龛,左下部残,残宽33、高24、深3厘米,中部有一隔梁,左侧存一像轮廓,右侧存一像朝向龛内而立,束高髻,双手置胸前。龛外右侧磨平,刻题记一则,内容风化残损严重,仅可辨左侧一行,占壁面宽4、高25厘米,竖刻,楷书(图1-200)。

图1-199　千佛寨第61龛左侧菩萨(东北→西南)

图 1-200　千佛寨第 61 龛左壁小龛(东北→西南)

【第 62 龛】

位置:H 段崖面西侧,第 61 龛右,第 63 龛左。
年代:中唐。
龛形:单层龛,平面呈长方形,宽 129、残高 154、深 98 厘米,龛向 107 度。
保存情况:龛顶坍塌,左、右壁上部亦残损严重。造像及壁面覆青苔、霉斑,正壁中上部有方形凿孔,造像面部经后代改刻,造像风化、残损严重。
造像内容:正壁前造二菩萨像,立于台座上。左侧菩萨高 128、座高 15 厘米;披巾横过身前绕双臂后垂体侧,胸前装饰璎珞,腰左扭。右侧菩萨高 123、座高 17 厘米;披巾自两肩垂下横过身前两道,可见右侧披巾垂体侧。

左壁下部开一方形浅龛,宽 45、高 54、深 3 厘米。遍布青苔及霉斑,龛顶及左壁部残。浅龛内正壁前雕一供养人胡跪于方台上,头部残,高 49 厘米;着窄袖衣,双手似置身前面向菩萨(图 1-201)。

千佛寨

图1-201　千佛寨第62龛（东南→西北）

【第63龛】

位置：H段崖面西侧，第62龛右，第64龛左下。

年代：唐。

龛形：方形龛，平面呈横长方形，宽106、高96、深62厘米，龛向115度。

保存情况：龛顶坍塌，左壁残损严重，龛右下部分被土掩埋。造像风化严重，造像及壁面大部分长青苔、霉斑，正壁上部有一排凿孔，光头周围有一圈凹槽，内有凿痕，应为后代改刻。

造像内容：正壁前造二身像。左侧一身仅可见尖桃形头光，披巾自两肩垂下横过身前。右侧一身仅存上半身轮廓，可见有尖桃形头光（图1-202）。

图 1-202　千佛寨第 63 龛（东南→西北）

【第 64 龛】

位置：H 段崖面中部上层，第 63 龛右上，第 65 龛左，第 66 龛上。
年代：中唐。
龛形：方形龛，平面呈横长方形，宽 303、高 134、深 64 厘米，龛向 22 度。
保存情况：龛顶右侧及右壁大部分残。造像及壁面大面积长青苔、霉斑，多风化严重，造像局部残损脱落，头、双臂、双足皆残，部分菩萨面部有改刻痕迹，部分造像残存后代装彩痕迹。
造像内容：正壁前设坛，高 6 厘米，坛上造八菩萨，皆立仰莲圆座上，有双层椭圆形头光。左起第一身双腿及台座残，左手经后代改刻，高 102、座高 11 厘米，缯带垂及肘侧，长发披肩，着长裙，腰束带，披巾自左肩垂下，横过身前搭手臂后垂体侧。胸前至小腿装饰璎珞，左手举肩前（图 1-203）。

第二身面部为后代改刻，高 102、座高 11 厘米。发辫披肩，缯带垂至肘侧，胸前束带打结，下着长裙，腰束带，披巾自双肩垂下横过身前两道，绕两臂后垂体侧。戴项圈，中间垂菱形饰件，两侧各有一道璎珞垂下于腹前相交呈"X"形后，垂至膝前折向身后，相交处呈圆饼形；左臂戴钏。左手垂身侧，右手抬起（图 1-204）。

第三身台座残，高 96、座高 12 厘米。仅可见缯带垂至肘侧，披巾垂体侧，腹前装饰璎珞。左手垂

千佛寨

图1-203 千佛寨第64龛(东北→西南)

图 1-204　千佛寨第 64 龛左侧菩萨（东北→西南）

体侧，右手抬起。

第四身高 101、座高 11 厘米。仅可见缯带垂至肘侧，披巾垂体侧。

第五身面部为后代改刻，高 98、座高 12 厘米。戴冠，缯带垂及肘侧，发辫披肩，颈部有三道蚕纹，披巾垂体侧，膝下垂饰璎珞。

第六身膝部以上残损，高 104、座高 11 厘米。戴高冠，缯带下垂及肘，披巾垂体侧，腿前垂饰璎珞。

第七身高 102、座高 11 厘米。缯带垂及肘侧，披巾垂体侧。

第八身高 97、座高 12 厘米。仅可见披巾垂体侧，膝前垂饰璎珞。

莲座间有窄方台相连，贯通三壁，与莲座等高。

【第 65 龛】

位置：H 段崖面中部上层，第 64 龛右，第 67 龛上。

年代：中唐。

龛形：双层龛，外龛形制不明，内龛为拱形龛，平面呈弧形，现宽 252、残高 156、深 104 厘米，龛向 22 度。

保存情况：外龛上半部分垮塌，内龛顶部右侧及左、右壁上部坍塌。造像及壁面风化残损严重，覆青苔、霉斑，造像头部皆残损脱落，残损处均有凿孔。

造像内容：内龛环三壁设坛，高 23 厘米，坛上造一佛二弟子二菩萨。佛居中，结跏趺坐于方座上，双手、双腿残，高 57、座高 35 厘米。头顶上方有圆形华盖，有内圆外尖桃形头光，顶端折向华盖底部中央。内着僧祇支，腹前束带打结呈"十"字形，外着双领下垂式袈裟。左手抚膝，右手置身前。座上覆帷幔，帷幔上铺一层垫，边缘呈波浪状。座两侧各伸出一树，树冠伸至华盖左、右侧。

弟子立佛左、右侧圆座上，皆有双层圆形头光。左侧弟子全身及台座残，高 74、座高 14 厘米，右手屈肘。右侧弟子双足、台座残，高 75、座高 14 厘米。内着交领窄袖衣，右肩前有一衣带垂至腿侧，外着袒右式袈裟，袈裟一角搭左臂前。双手笼袖中置腹前。

菩萨立左、右壁前台座上，皆有内椭圆外尖桃形头光。左侧菩萨腿部以上残损，高 75、座高 10 厘米；披巾垂体侧，膝前垂饰璎珞。右侧菩萨右臂、腹部、台座残，高 74、座高 10 厘米；缯带垂及肘侧，着长裙，披巾自两肩垂下，横过身前绕两臂后垂体侧；戴项圈，胸部至小腿前垂饰璎珞；左臂戴臂钏和腕钏；左手提一瓶垂体侧，右手置胸前。

内龛上部壁面残存护法像五身。左起第一、二身仅存轮廓。第三身戴尖帽，右手持一棒槌形物于左肩前。第四身头部残，双手笼袖中置胸前。第五身仅存腹部以下，分腿而立。

内龛两侧龛口外侧各雕一力士立像。左侧力士仅存轮廓。右侧力士双臂、双足残，残高 70 厘米。可见飘带经头后飘于身侧，战裙飘向左侧，左手向下斜伸体侧，右手上举，腰右扭（图 1-205）。

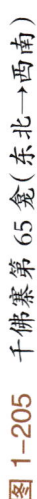

图1-205 千佛寨第65龛（东北→西南）

【第66龛】

位置：H段崖面中部下层,第64龛下,第67龛左。
年代：中唐。
龛形：方形龛,平面呈长方形,宽274、高212、深44厘米,龛向23度。
保存情况：龛顶和右壁大部分残损。造像及壁面风化,多覆青苔、霉斑;造像局部残损,头部及肢体残断处凿有小孔,造像局部有改刻、补刻痕。
造像内容：正壁左端开一方形小龛,与大龛共用左壁和龛顶、龛底,宽63、高212、深7厘米(图1-206)。正壁前造一菩萨立像,风化严重,高194厘米。戴高冠,发辫披肩,下着长裙,披巾横过身前绕两臂后垂体侧;左手提瓶垂体侧,右手置肩前。龛外右下方壁面开一长方形小龛,宽17、高20、深1厘米。龛内雕一跪像,仅存轮廓,似戴幞头,着圆领宽袖衣,双手身前合十朝向左侧菩萨。龛下有云彩承托。

正壁右侧雕一千手观音立方形仰莲座上。头、颈、身前左侧两臂、右侧三臂残损,头、手有改刻痕,高163、座高21厘米。戴高冠,发辫披肩,颈部残存三道蚕纹,下着长裙,腰束带,跣足。披巾自两肩垂下,横过身前两道绕第四臂后垂体侧。戴项圈,中间垂饰件,两侧各有一道璎珞垂下,于腹前相交呈"X"形后垂至膝前折向身后,相交处呈圆饼形;自上而下第一对臂戴臂钏,第三对臂戴腕钏。身前高浮雕四对手臂,从上至下第一对臂举左、右胸前,第二对臂合十胸前,第三对臂垂腿前,右手执一长方

图1-206 千佛寨第66龛(东北→西南)

形物,第四对臂垂体侧。身周放射状浮雕手臂三十四只,左右各十七只,均戴腕钏。最上两臂掌心相背举头顶,微向外侧掌。左侧从上至下第二至六、八、十、十一、十四、十七只手持物残不可识,余手执物依次为枝条、莲蕾、小棍形物、钥匙形物、拇指与食指相捻持一绢索、三叉戟,第十七只伸向斜下方,手下方有一圆饼形物呈向下垂落状。右侧从上至下第二、七、九、十、十五只残不可识,余手姿势或执物依次为:伸出食指、一端张开的长条形物、圆形物、串珠、枝条、小锤形物、镰形物、圆形物、绳形物、小棍形物、枝条。浮雕的手臂之外浅浮雕数只掌心向外的小手,呈放射状分布(图1-207)。

观音左、右侧各雕四排像,上三排每排一身,第四排两身。左侧从上至下第一身踏于云彩上,仅存轮廓,高25厘米,左手举头侧,右手置腰侧,左腿伸直,右腿弯曲,云彩向右上方斜飞。第二、三排皆为一天王立方台上,身着盔甲,腰束带,飘带垂于腿前绕过腰带垂体侧。第二排天王头部、双臂、双足、台座残,高48、座高8厘米,左手叉腰,右手举头前,头朝右侧。第三排天王头部、右臂、足部及台座残,高38、座高8厘米,左手持一棍形物于身侧,右手叉腰。第四排二身均朝向右侧,左侧立像左臂残,高47厘米,上身赤裸,肌肉虬结,腰束带,下着战裙,左手于腹前持一长棍,顶端有一圆球形物,球下有布帛垂下,右手五指张开举头上方,头扭向左前方。右侧为贫儿,略凸出于龛面,当为后代补刻,高33厘米,光头,圆脸,捧一袋状物于身前,头朝右前方。

右侧从上至下第一身立云彩上,仅存轮廓,高28厘米,左手举头侧,右手屈肘垂腰侧,左腿弯曲,右腿伸直,云彩向左上方斜飞。第二身立台座上,头部、台座残,头周略凹,后代改刻成光头,高33、座高11厘米,双手置腹前。第三身立台座上,头部、台座残,头周略凹,后代改刻成光头,残高43厘米,双手持一棍形物于身前。第四排两身朝向左侧而立,左侧一身略凸出于龛面,似为后代补刻,高36厘米,双手举头前。右侧一身头部残,头周略凹,后代补刻成光头,高32厘米,于身前挂一拐杖,身体佝偻。

千佛寨

图 1-207　千佛寨第 66 龛千手观音（东北→西南）

【第 67 龛】

位置：H 段崖面中部下层，第 66 龛右，第 65 龛下。
年代：中唐。
龛形：单层龛，平面呈横长方形，宽 218、高 159、深 52 厘米，龛向 23 度。
保存情况：龛顶及右壁上部垮塌，左壁外侧大部分垮塌。正壁中部有一道纵向裂缝，造像及壁面风化严重，多覆青苔、霉斑，正壁上方均匀分布一排五个圆形凿孔，造像多残损，正壁造像头部、手部经后代改刻，局部残存后代装彩痕。
造像内容：正壁前设坛，高 7 厘米，坛上造三佛二菩萨。皆立于仰莲圆座上，右侧三身皆有内椭圆外尖桃形头光。莲座间有窄方台相连，贯通三壁，与莲座等高。佛居中。中央佛双手残，高 128、座高 7 厘米；颈部残存一道蚕纹，着袈裟，跣足；双手置胸前。左侧佛头光上部、头部、双臂残，高 114、座高 16 厘米；有双层头光，颈部残存两道蚕纹，内着僧祇支，外着双领下垂式袈裟；双手似置胸前。右侧佛双臂肘部以下、双足残，高 113、座高 16 厘米；着双领下垂式袈裟，双手似置胸前。

菩萨立三佛外侧。左侧菩萨像高 117、座高 14 厘米；有双层头光，缯带下垂及肘，着长裙，腹部及小腿前装饰璎珞，披巾自两肩垂下，横过身前绕左右臂后垂体侧；左手垂体侧，右手举胸侧。右侧菩萨高 117、座高 13 厘米；缯带下垂，颈部残存一道蚕纹，着长裙，跣足，披巾横过身前搭左右臂垂体侧；左臂屈起，右臂垂体侧（图 1-208）。

右壁上部雕一力士立山台座上，头部、双臂、台座残，高 60、座高 16 厘米。有圆形头光，上身赤裸，肌肉虬结，着过膝战裙，裙腰外翻，腰束带，裙摆飘于右侧，跣足，飘带经头后飘于体侧。左手五指张开置左上方，腰左扭。

右壁下部开一长方形小龛，宽 40、高 26、深 3 厘米。龛顶及左、右侧壁残损。正壁前雕三供养人朝向正壁胡跪。皆束髻，双手合十胸前，头朝向右前方，从左至右高依次为 24、26、25 厘米（图 1-209）。

千佛寨

图1-208　千佛寨第67龛(东北→西南)

图 1-209　千佛寨第 67 龛右壁造像（西北→东南）

千佛寨

【第 68 龛】

位置:H 段崖面中部,第 69 龛左下,第 70 龛左。
年代:盛唐。
龛形:方形龛,平面呈横长方形,残宽 500、高 270、残深 210 厘米,龛向 47 度。
保存情况:龛顶部及左、右壁近龛口处残损,底部和左壁大部分不存。壁面上部有数道较大裂缝,局部有修整壁面的凿痕,造像及壁面风化、残损,头部和肢体残断处凿有小孔,造像保存较多后代装彩。

造像内容:正壁前造药师经变(图 1-210)。正壁下部起高台,台上中部雕一佛八菩萨,左、右侧浮雕九横死和十二大愿(图 1-211)。佛居中,结跏趺坐于束腰方座上,面部、双手残,高 86、座高 34 厘米。有内圆外尖桃形头光和椭圆形身光,螺发,肉髻,面部方圆,颈部有三道蚕纹。内着僧祇支,腹前束带打结呈"十"字形,打结处有"X"形束带,外着双领下垂式袈裟。左手抚膝,右手抬起。台座上覆帷幔(图 1-212)。身光后左、右侧各立一树,树上生出枝桠,树干直至龛顶,具覆钵形树冠,树冠表面浮雕出菩提树叶,树冠下方、佛头顶部上方有一圆形华盖,外侧装饰璎珞。华盖左、右侧各雕一飞天,头朝向龛外相向而飞。左侧飞天上身赤裸,腰束带,下着裤,飘带绕臂飘向身后,左手戴镯,右手前伸,左腿屈起,右腿伸直,面向华盖飞翔,身下有两朵祥云。右侧飞天双手屈肘前伸,右腿屈起,左腿伸直(图 1-213)。

八菩萨立佛左、右侧,每侧四身,分前后两排,每排两身,对称分布。前排菩萨皆立仰莲圆座上,后排菩萨立束腰方座上,左侧后两身分别立前两身右后方,右侧后两身分别立前一身左后方,皆有椭圆形头光。除左侧左后方一身和右侧右后方一身外,其余六身装扮相同,皆束高髻,面部丰圆,双目微闭,发辫垂肩,缯带垂至肘侧,颈部有两道蚕纹;着长裙,跣足,披巾自两肩垂下,横过身前两道绕两臂后垂体侧;戴项圈,中间垂饰件,两侧各有一道璎珞垂下,于腹前相交呈"X"形垂至膝前折向身后,相交处呈团花状;双臂戴臂钏,双手戴腕钏。左侧左前一身头侧、双臂、双足、台座残,高 99、座高 26 厘米,左手置胸侧,右手置腹前,腰右扭;右前一身头颈部、双臂残,双足及台座风化,高 103、座高 20 厘米,双手置胸前,腰左扭;左后一身头上部残,高 99、座高 26 厘米,内着僧祇支,腹前束带打结,外着双领下垂式袈裟,余与其他菩萨同,左手掌心向外置胸前,右手垂体侧;右后一身头颈部残,高 103、座高 21 厘米,双手合十胸前,腰左扭。右侧左前一身双臂残,足部及台座风化,高 103、座高 23 厘米,双手置胸前,腰右扭;右前一身双手残,足部及台座风化,高 112、座高 11 厘米,双手置胸前,腰左扭;左后一身面部残,台座风化,高 93、座高 31 厘米,左手于腹前挽披巾,右手屈四指微握、掌心向外置胸前,腰左扭;右后一身高 100、座高 18 厘米,着通肩式袈裟,袈裟覆足部,余装扮与其他菩萨同(图 1-214、1-215)。

正壁左、右侧各浮雕数幅场景,分上下五层,每幅场景旁都浮雕竖长方形榜题框,框内字迹无存。左侧浮雕十三幅场景,第一、二层分别有三、四幅,第三至五层间有横向隔梁隔开,各有两幅,每层从左至右编号,依次编为第一至十三幅,第一、四、五、八幅场景被霉斑破坏,仅可见部分轮廓(图 1-216)。

第一幅,左上方雕两人面向龛外,只见上半身。左侧一人左手屈肘左伸,右手向右伸出触右侧一人。右侧一人双手向两侧伸开,身体微向右倾。右侧有一题记框。

第二幅,左上方雕一人分腿而立,着短袍,右手似向右上方伸出。右下方雕三人跪坐于方榻上,

图1-210 千佛寨第68龛（北→南）

千佛寨

图1-211 千佛寨第68龛正壁中央造像（东北→西南）

图 1-212　千佛寨第 68 龛中央佛（东北→西南）

千佛寨

图1-213 千佛寨第68龛中央佛头顶华盖和飞天（东北→西南）

图 1-214　千佛寨第 68 龛左侧菩萨（东北→西南）

千佛寨

图1-215　千佛寨第68龛右侧菩萨（东北→西南）

图 1-216　千佛寨第 68 龛左侧经变（东北→西南）

千佛寨

左侧一人双手前伸扶中间一人后背;中间一人面向左侧,背微躬,双手置腹前;右侧一人双手捧圆形物伸向中间一人。左侧有一题记框。

第三幅,雕坐像七身,分前后两排,前排四人后排三人坐云彩上,风化严重。可见前排左端一人着通肩袈裟,双手置腹前,结跏趺坐。右下方有一题记框。

第四幅,右侧立二人,皆着长裙,向左扭胯,上身向右倾。左侧一人左手指向左下方一横置的山石,右手置胸前,看向右后方一人。右侧一人左手举左上方,右手伸于右下方。右侧有一题记框。

第五幅,雕一人呈"大"字型立左侧,头发向上竖起,身体向右倾。右侧一人左腿向后撑,右腿微屈,双手抓左侧一人右手作用力向后拉扯状。左侧有一题记框。

第六幅,左侧立一人着长袍,身体向前,伸右手触右侧一人左肩。右侧一人面向龛外而立,着长裙,右手置身前立掌作向外推左侧一人右手状。左侧有一题记框。

第七幅,左上方雕一佛二弟子立方座上。佛居中,结跏趺坐于束腰仰覆莲座上,有圆形头光,内着僧祇支,外着双领下垂式袈裟,双手置腹前,两侧弟子着袈裟,双手笼袖中置腹前侧身向佛,台座前饰三壸门。右下方三人并排坐方座上,右侧有横栏,三人手中均持一方形物,下方两人双手置身前,相向朝后方而跪。左侧有一题记框(图1-217)。

第八幅,仅可见两人立像。左侧一人着长袍,左手在下,右手在上,抓右侧一人左臂。右侧一人着长裙,头扭向左侧,身体向右倾,似做挣扎状。左侧有一题记框。

第九幅,左侧立两人,内侧一人身似着袈裟,双手置胸前;外侧一人仅存下半身,着长袍。二人头上方雕一人坐地上,左手置腹前,右手屈肘伸向右侧。右侧立一人,束髻,着窄袖长袍,腰束带,双手置胸前,面向左侧躬身而立。左侧有一题记框。

第十幅,左侧立二人,外侧一人着长裙,内侧一人着长袍,面向右侧而立。右侧雕一人,束髻,上身赤裸,下着及膝短裤,双手挂杖,面向左侧行走。中间有一题记框。

第十一幅,左侧立四人,皆双手置腹前,分前后两排。后排左侧一人着窄袖长袍,腰束带,双手置腹前;右侧一人略矮,着长裙,束髻,双手置腹前。前排两人较矮,姿势与后两人相同,左侧一人着长袍,右侧一人着长裙,可能表现夫妇及儿女。右侧立一人,束高髻,上身赤裸,腰束带,下着及膝短裤,左手前伸,右手挂杖,面向左侧行走。中间有一题记框。

第十二幅,仅可见二像轮廓。左侧一人坐台座上,左手抚左腿,右手置身前,面向右侧,身体微前倾。右侧一像残,似向左侧躬身跪于台座上。左侧有一题记框。

第十三幅,左侧一人下着及膝短裤,左手似握拳置于身后,右手伸出触右侧一人左肩,面向右侧叉腿而立。右侧一人着袈裟,双手托左侧一人手臂,向左微倾。右侧有一题记框(图1-218)。

正壁右侧共浮雕十二幅场景,第一层一幅,第二、三层各两幅,第四层三幅,第五层四幅,每层从左至右依次编号为第十四至二十五幅(图1-219)。

第十四幅,中部左侧立三人,皆着及膝长袍,腰束带,双手均置于身前,面向右侧而立,呈斜向排列。右侧四人皆屈一腿而坐;四人外侧立一长幡,幡尾分两道飘向左上方。幡右侧雕一人,身着长袍,双手合十于胸前,乘云飞向右侧。左上角白底墨书榜题:□岐山叩许培修。

第十五幅,雕一佛结跏趺坐于束腰台座上,有圆形头光,肉髻,内着僧祇支,外着双领下垂式袈裟,双手置腹前托一个圆形物。左上方雕一人,身着长袍,双手合十胸前,乘云飞向左侧。右侧有一题记框。

第十六幅,左侧三人着长袍,双手托一竖长方形物于胸前,上身直立面向右侧而跪。中部一人面向右侧跪拜,身前有一圆筒形物,其上盖一方盖,置于台座上,台座八边形。右侧一佛结跏趺坐于束腰台座上,台座上层为仰莲。下方有一题记框(图1-220)。

259

图 1-217 千佛寨第 68 龛左侧经变中部(东北→西南)

千佛寨

图 1-218　千佛寨第 68 龛左侧经变下部（东北→西南）

第十七幅，左侧二人着短袍，腰束带，双手于胸前持刀，面向右侧呈行走状。右侧一人右手前伸，面向左侧胡跪。左侧有一题记框。

第十八幅，左侧一佛结跏趺坐于束腰台座上，肉髻，着通肩式袈裟，双手置腹前，台座下层为覆莲，佛像左右各有一竿，竿头向外弯折各挂一长幡，幡尾分两道。竿外侧下方各有立像面向佛，左侧一人立圆座上，着长裙，双手合十胸前，位置略低；右侧三人着短袍，立于一向左上升的缓坡上，左侧一人双手置胸前，身体微前躬，右侧二人双手置腹前。两侧各有一题记框。

第十九幅，左侧一人左手肘支右膝前伸，右手置于胸前，面向右侧胡跪。中部有一条盘曲的蛇，右侧有二豹朝左蹲坐。右侧有一题记框。

第二十幅，左侧三人双手均置身前，面向右侧而立，左起第一人着长裙，余二人着长袍。右侧上方有一横长方形台，其上置三供器，中央一个较大，似为高足盘，盘上置一馒头状物，左右侧供器下部为上窄下宽的柱状，中间微束腰，上部雕一桃形物。其下有一题记框。

第二十一幅，左侧一人坐床上，背倚床栏，双手置腹前，身前盖被褥，向左侧身。其右侧床前侍立一人，双手置腹前，朝向左侧。右侧一人面向左侧跪坐于一方形矮塌上，双手置腹前似捧一物。右侧有一题记框。

第二十二幅，雕二动物。前一动物侧首回顾，有四蹄，可能为家畜；后一动物尖嘴长尾。右侧有一

261

图 1-219 千佛寨第 68 龛右侧经变(东北→西南)

千佛寨

图1-220 千佛寨第68龛右侧经变上部（东北→西南）

题记框。

第二十三幅，左侧一人坐方座上，左腿屈起立身侧，盘右腿，露出腹部，双手握一方形带柄物置腹上。右侧一人着长袍，面向左侧而立，双手前伸将左侧一人腋下衣摆向右拉拽。右侧有一题记框。

第二十四幅，右侧一人面向左侧蹲坐于地，双手向后被捆缚于一立柱上，嘴部向前伸出一横长方形物。左侧一人面向右侧而立，上身赤裸，下似着短裤，双手执一个长条状物，伸至左侧一人嘴前，左手腕部竖一棍状物，中部挂一个半圆形物。右侧有一题记框。

第二十五幅，中部立一根长竿，一人正爬竿，全身赤裸，双手双足皆紧缠长竿，头发向上飘起。右侧有一题记框（图1-221）。

正壁高台前起一层低台，台上雕十二神王立像，左、右各六身，头部皆残，风化严重，通高74厘米，仅可见下身着短裙，内着及膝短裤，或着及膝战裙，飘带自腰侧垂至身侧，下着战靴，分腿而立。左侧左起第一身右手置右胸前，第二、五、六身双手置胸前，第三身左手置腰侧，右手置右胸前，第四身双手置腰部。右侧左起第一身双手置胸前，第二至第五身风化严重，双手姿势难以辨识。左侧第三至六身神将头后各浮雕一佛结跏趺坐于束腰台座上，亦风化严重。右侧第一、二身神将头后亦存造像残迹，不可识（图1-222、1-223）。

低台中部上方中央浮雕三叉形物，顶部各有一伞盖状物，仅存上部。左、右各浮雕一供养人，仅存轮廓，束高髻，双手置胸前，跪向中部。中部下方浮雕几幅场景，风化极严重，可分为两层。上层仅可见左端雕二人坐座上，双手置胸前。下层可辨三幅场景，左侧场景左侧有一坐佛；中央场景左侧立两人，中部坐一人，右侧一人双手置身前面，向左侧躬身而立；右侧场景三人面向右侧躬身而立，右侧似有三个经幢。

右壁开一方形浅龛，正壁前浮雕千佛，均结跏趺坐于方座上，共存二百八十四身，分为十三排，第一排二十一身，第二排二十二身，第三排二十三身，第四、五、十排各二十四身，第六、七、十一排各二十五身，第八、九排各二十六身，第十二排存十二身，第十三排存七身。千佛服饰有两种：通肩袈裟；内着僧祇支，外着双领下垂式袈裟。双手姿势，除部分裹于袈裟中外，余有四种，双手托一圆形物于腹前；合十胸前；左手托一圆形物置腹前，右手置胸前；左手托一圆形物置左胸前，右手置身侧。方座上覆帷幔（图1-224）。

千佛寨

图1-221　千佛寨第68龛右侧经变下部（东北→西南）

图 1-222　千佛寨第 68 龛左侧神王（东北→西南）

图 1-223　千佛寨第 68 龛右侧神王（东北→西南）

千佛寨

图1-224 千佛寨第68龛右壁小佛(西北→东南)

【第69龛】

位置：H段中部，第68龛右上，第70龛上。

年代：盛唐。

龛形：外方内拱形龛，内龛平面呈宽"U"字形，外龛宽213、高146、深170厘米，内龛宽165、高107、深70厘米，龛向70度。雕出龛楣及龛面，内饰团花，沿龛口雕一周凸棱，素面磨平。

保存情况：外龛龛底残损，左壁坍塌，内龛龛顶右侧残损，右上部至左下部有一贯穿裂痕。造像及壁面多覆青苔、霉斑；局部风化、残损严重，除护法神外，造像颈部以上残缺不存，残缺处有一凿孔，部分凿孔内现插有圆木，部分造像及壁面残存后代装彩。

造像内容：正壁前设坛，宽90、高6、深8厘米，坛上造二主尊，左、右壁前造四胁侍。二主尊居中，并坐于一方座上，皆有内椭圆外尖桃形头光。左侧主尊似盘坐，身前残损，残高23、座高35厘米；着宽袖衣，双手置胸腹间；身前正中有一竖长方形立柱，上部略宽，下部为兽足，立台座上，当为兽足几中间一足。右侧坐佛右手残，残高22、座高35厘米；内着僧祇支，外着双领下垂式袈裟；左手抚膝，右臂举右膝上。台座上覆帷幔，右侧坐佛帷幔上又铺一层方垫，边缘呈波浪状（图1-225）。

四胁侍对称位于左、右壁前覆莲圆座上。内侧二身有双层椭圆形头光，外侧二身有内椭圆外尖桃形头光，缯带垂肩侧，腰左扭。左侧二胁侍风化严重。内侧一身高45、座高11厘米，内着交领衣，外似着袈裟，双手置胸前；外侧一身双臂、双手、双足残，头部凿孔内插圆木，残高46、座高11厘米，似着对襟宽袖衣，下着长裙，戴圆形项圈，中间垂近"十"字形饰件，两侧各有一道璎珞垂下，于腹前相交呈"X"形后垂至膝下折向身后，相交处呈圆饼形，披巾自双肩垂下于身前横过一道搭手臂后垂体侧，左手微屈肘置体侧。右侧二胁侍皆跣足。内侧弟子残高47、座高13厘米，内着交领窄袖衣，右肩前伸出一衣带垂至腿侧，外着袒右式袈裟，袈裟一角搭左臂前，双手笼袖中置腹前；外侧菩萨右手残，有凿孔，残高50、座高11厘米，除不着对襟衣外，余装扮同左壁外侧一身，裙腰外翻，腰束带，左手执披巾垂体侧，右手似置腹前。

内龛两侧龛口外侧各雕一力士立山座上。皆有双层圆形头光，上身赤裸，肌肉虬结，下着过膝战裙，裙腰外翻，腰束带打结，裙摆飘向龛内，跣足，飘带经头后绕双臂经腰带飘于体侧。左侧力士右臂、右手残，头部凿孔内插圆木，残高43、座高28厘米，左手举头侧，右手向下斜伸体侧，五指张开掌心向内，腰左扭；右侧力士双手残，残高42、座高29厘米，左手向下斜伸体侧，右手举头侧，腰右扭。内龛龛口底部起一层低台，宽74、高10、深10厘米，低台中央雕一六角香炉，两端为力士山座。

左、右壁上部分雕护法像九身，左壁五身，右壁四身，多露上身。左壁从内至外第一身束圆髻，颈部有三道蚕纹，着交领长袍，向左侧身。第二身呈立姿，戴虎头帽，虎头双目怒睁，张嘴露齿，两爪相交置于胸前，面相方圆，着宽袖长袍，右臂置胸前。第三身同第一身。第四身头不存，有凿孔，内插圆木，身前脱落。第五身立龛口内侧方台上，头、颈、双手、左臂残，头部凿孔内插圆木，肩披方巾，于胸前打结，身着战甲，腰束带，衣带于腹前呈"U"字形，足穿鞋，双手置胸前。

右壁四身风化残损严重。从内至外第一身束髻，双耳硕大，耳廓与发髻同高，耳垂垂至胸前。第二身束髻，着交领衣。第三、四身头部不存。第三身仅存轮廓，头顶盘一龙。第四身立龛口内侧方台上，身着甲，腰束带，下着战裙，足穿靴，右手置胸前（图1-226、1-227）。

千佛寨

图1-225 千佛寨第69龛中央主尊（东北→西南）

269

图 1-226　千佛寨第 69 龛左壁造像（东南→西北）

千佛寨

图1-227　千佛寨第69龛右壁造像（西北→东南）

【第 70 龛】

位置：H 段中部，第 69 龛左下，第 68 龛右。
年代：盛唐。
龛形：外方内拱形龛，内龛平面呈弧形，外龛宽 143、高 140、深 28 厘米，内龛宽 119、高 135、深 72 厘米，龛向 65 度。
保存情况：外龛龛顶及龛底垮塌，内龛顶部垮塌，底部破损。正壁左上部自上而下有两道裂隙，造像风化残损严重，头、颈部不存，有凿痕，残损处有一凿孔，局部有后代改刻，残存后代装彩。
造像内容：环三壁设坛，高 10 厘米，坛上造一佛四菩萨。佛居中，结跏趺坐于束腰方座上，头光、右臂、双手、台座残，右手有后代改刻痕，残高 50、座高 44 厘米。着通肩式袈裟，左手抚膝，右手置胸前。

内侧二菩萨立佛左、右侧仰莲座上，双足、座风化严重，似有缯带垂肩侧，披巾垂体侧，腰左扭。左侧菩萨残高 68、座高 22 厘米；左手举胸侧，右手似托一长条状物置胸前。右侧菩萨双手残，残高 64、座高 11 厘米；有双层圆形头光，内侧装饰锯齿纹，着长裙；左手置胸侧，右手似置腹前。

外侧二菩萨立左、右壁外侧前台座上，双足残。左侧菩萨残高 57、座高 23 厘米；有内椭圆外尖桃形头光；斜披络腋，着长裙，披巾自双肩垂下，于身前横过两道后绕两臂垂体侧；戴项圈，下垂璎珞至腹部相交后呈三道垂于身前；左臂较长，左手提瓶垂体侧，右手握柳枝置胸侧，左腿微屈，腰右扭；台座左侧为半圆形，右侧风化严重，似有一小鬼托台座。右侧菩萨双手残，残高 61、座高 14 厘米；有双层圆形头光；下着长裙，披巾于身前横过两道垂体侧，腿前垂饰璎珞；左手置胸侧，右手置腹部，腰左扭；台座形制不可辨。

内龛两侧龛口转角处各雕一力士立台座上。左侧力士双臂、双手、双足残，残高 67 厘米；上身赤裸，肌肉虬结，着战裙，腰束带，裙摆飘向左侧，跣足，飘带经头后绕双臂经腰带飘于体侧；右臂上举头侧，腰右扭。右侧力士左臂残，头部、身体有阴线刻痕，为后代改刻，残高 70 厘米；着战裙，右臂举头侧，腰左扭（图 1-228）。

千佛寨

图 1-228 千佛寨第 70 龛（东北→西南）

【第71龛】

位置：H段中部,第69、70龛右,第72、73龛左。

年代：盛唐。

龛形：外方内拱形龛,内龛平面呈弧形,外龛宽290、高255、深115厘米,内龛宽190、高230、深97厘米,龛向9度。雕出尖拱形龛楣及龛面,宽26厘米,顶端折向外龛龛顶,内饰五朵团花,沿龛口雕一周凸棱,素面磨平。

保存情况：外龛龛顶、右壁及龛底残,内龛底部残。中部有一贯穿裂隙,龛外右侧有一凿孔。造像及壁面下部风化严重,局部残损,颈部以上不存,分布凿痕,内龛五尊头部有凿孔,个别凿孔内插圆木,部分造像仅存轮廓,造像及壁面残存后代装彩。

造像内容：环三壁设坛,高29厘米,坛上造一佛二弟子二菩萨（图1-229）。佛居中,结跏趺坐于台座上,双臂、双手、腿、座残,残高70、座高57厘米。头顶上方雕一圆形华盖,外侧饰璎珞,底部内凹。有内椭圆外尖桃形头光,头光顶部伸至华盖底部中央。内着僧祇支,腹前束带打结呈"十"字形,外着双领下垂式袈裟。左手抚膝,右手置腹前。台座两侧各伸出一菩提树,树冠自头光上部伸至华盖两侧。

左、右壁前坛上各凿一台座,高29厘米,弟子、菩萨立台座上。弟子立左、右壁前台座内侧,皆膝部以下风化。有双层圆形头光。左侧弟子双臂、双手残,头部凿孔现插一圆木,高70厘米,颈部存一道蚕纹,内着交领衣,外着双领下垂式袈裟,双手拱胸前；右侧弟子头、颈部各有一凿孔,右臂及双手残,残高66厘米,内着交领衣,右肩前伸出一衣带垂至腿侧,外着双领下垂式袈裟,袈裟一角搭左臂前,双手笼袖中置腹前。

菩萨立左、右壁前台座外侧,皆头、颈部各有一凿孔,颈部以下残损严重。有内椭圆外尖桃形头光,缯带垂至肘侧,长发披肩。左侧菩萨残高70厘米；右侧菩萨可见左侧披巾自左肩垂下,残高69厘米。

左、右壁上部雕护法像八身,左右各四身,多露上身。左壁从内至外第一、二身束圆髻,戴冠,圆脸,颈部有两道蚕纹,着交领广袖衣,朝向左前方。第二身右手置胸前。第三身头部残缺；有六臂,颈部有三道蚕纹,披巾垂体侧,戴项圈和腕钏；上二臂分托日、月轮上举,中二臂屈肘举头侧,左手握折尺,右手握一袋状物,下二臂合十胸前。第四身立台座上,颈部以上、双手残,足部及座风化；内着交领衣,外着交领宽袖长袍,腹前束带打结；双手置腹前,朝向龛外。

右壁从内至外第一身束圆髻,戴三角形冠,面部方圆,双耳硕大,垂至肩前,耳廓呈椭圆形。第二身立浅台上,像连座高90厘米；束髻,戴三角形冠,圆脸,身着甲,肩披巾,颈部系结,腰束带,足穿鞋；右手举头侧,无名指与小指内握、余三指向上伸出,掌心向外；头顶盘一龙,龙身呈"S"形,头朝向龛外。第三身面部残,戴虎头帽,虎双眼怒睁,张嘴露齿,前两爪相交搭胸前,后腿搭肩侧,颈部有三道蚕纹。第四身立方台上,颈部以上、双手、膝部以下残,像残高70厘米；披肩于胸前打结,上身赤裸,下着裤,腰束带；左手垂体侧,右手置腹前,朝向龛外（图1-230、1-231）。

内龛两侧龛口外侧各雕一力士立山座上。左侧力士像连座高80厘米,有圆形双层头光,有飘带绕头后飘于体侧,腰左扭；右侧力士像残高70厘米,仅存圆形头光及右臂,似有缯带垂头侧,腰右扭。外龛左壁中部开一圆拱形龛,宽67、高80、深22厘米。右壁风化,正壁前造一像结跏趺坐于方座上,颈部以上不存,头、颈部各有一凿孔,余存轮廓。似着袈裟,双手置腹前。

千佛寨

图1-229 千佛寨第71龛（北→南）

图 1-230　千佛寨第 71 龛左壁造像（东→西）

千佛寨

图 1-231　千佛寨第 71 龛右壁造像（西→东）

【第 72 龛】

位置：H 段中部，第 73 龛下，第 71 龛右下。
年代：盛唐。
龛形：外方内拱形龛，外龛形制不明，内龛平面呈浅弧形，残宽 130、高 120、深 13 厘米，龛向 6 度。
保存情况：内、外龛龛顶中部及左壁、龛底垮塌。龛顶中部垮塌处有一裂缝自龛壁中部贯穿至左下部，内龛龛底存内侧部分，造像风化严重，仅存轮廓，头、手皆残，中央主尊头部有凿孔，右侧主尊身体似有后代改刻，头部有后代修补，造像及壁面残存后代装彩。
造像内容：内龛环壁存三主尊八胁侍。中央主尊坐于台座上，高 40、座高 18 厘米。有头光，内着僧祇支，外着双领下垂式袈裟，双手置腹前。左侧主尊结跏趺坐于圆台上，肘部残，高 40、座高 18 厘米。有内圆外尖桃形头光，着袈裟。左手举胸侧，右手置腹前。右侧主尊坐台座上，高 38、座高 12 厘米。有圆形头光，着交领宽袖衣，双手相叠置腹前。

各主尊右侧依次立三、三、二身胁侍。从左至右第一身残高 48 厘米，光头，着袈裟，双手置腹前。第二身残高 55 厘米，缯带垂肩，披巾垂体侧。第三身同第一身，残高 47 厘米。第四、六身有头光，残高依次为 45、42 厘米。第五身残高 55 厘米，缯带垂肩。第七身残高 37 厘米。第八身残高 50 厘米，有内圆外尖桃形头光（图 1-232）。

千佛寨

图1-232　千佛寨第72龛（北→南）

【第73龛】

位置：H段中部顶端，第71龛右，第72龛上。
年代：盛唐。
龛形：外方内拱形龛，内龛平面近"U"字形，外龛宽146、高190、深96厘米，内龛宽88、高105、深56厘米，龛向23度。
保存情况：外龛底部及内龛底部前方坍塌，外龛右壁残，龛内树根盘结，破坏遮挡严重。造像及壁面局部残损、脱落，多存后代装彩。
造像内容：内龛环壁造一佛二弟子二菩萨。佛居中，立于台座上，头光、台座被树根遮挡，双手残，头、颈部风化，高65、座高15厘米。着袈裟。

弟子立左、右壁内侧。有双层圆形头光，内着交领窄袖衣。左侧弟子残高63厘米，面部方圆，颈部有两道蚕纹，着袒右式袈裟，袈裟一角搭左臂前，右肩前伸出一衣带垂至腿侧，双手拱胸前。右侧弟子立圆座上，高62、座高10厘米，着双领下垂式袈裟，袈裟一角搭左臂前，双手笼袖中置腹前。

菩萨立左、右壁外侧。皆有内椭圆外尖桃形头光，束髻，戴花冠，缯带垂至肘侧，发辫披肩；披巾自两肩垂下，于身前横过一道搭两臂后垂体侧；戴项圈，中间垂菱形饰件，两侧各有一道璎珞垂下，于腹前相交呈"X"形后垂至膝前折向身后，相交处呈圆饼状。左侧菩萨残高63厘米；颈部有三道蚕纹，左手臂戴臂钏，双手戴腕钏；左手执披巾垂体侧，右手举肩前。右侧菩萨立圆座上，高66、座高10厘米；右手戴臂钏和腕钏；左手举肩前，右手执披巾垂体侧。

左、右壁上部各雕护法像四身。左壁从内至外第二至四身有高发髻；第四身束髻，颈部有三道蚕纹，着交领衣。右壁从内至外第一身长耳；第四身怒目圆睁，面部狰狞。

内龛两侧龛口外侧各雕一力士立像。皆有双层圆形头光，上身赤裸，肌肉虬结，着过膝战裙，裙腰外翻，腰束带。左侧力士高53厘米。束髻，戴冠，裙摆飘向右侧，飘带经头后绕两臂经腰带后飘于体侧。左手举头侧，右手向下斜伸体侧，头扭向右侧，腰左扭。右侧力士立方座上，身前风化，高55厘米。姿势与左侧力士相反（图1-233、1-234）。

外龛右壁雕两排供养人，残损严重，仅存轮廓。

千佛寨

图 1-233　千佛寨第 73 龛（东北→西南）

图 1-234　千佛寨第 73 龛左壁造像（东南→西北）

【第 74 龛】

  位置：H 段南侧中部，第 73、75 龛之间。
  年代：盛中唐。
  龛形：方形龛，平面呈横长方形，宽 444、高 451、深 300 厘米，龛向 55 度。
  保存情况：龛顶风化严重，左、右壁残，右壁上部垮塌。顶部右侧、左壁上部、右壁内侧下部各有一凿孔，龛外左侧有三个凿孔，左壁高台外侧有竖长方形凹槽，槽内自上而下有三个凿孔，龛底中部右侧用两块石板围成"L"形，左侧存一方形和一长方形凿孔，龛内风化严重，有后代改刻、修补痕。
  造像内容：正壁前起两层台，上层台宽 387、高 53、深 50 厘米，下层台宽 387、高 32、深 30 厘米；左、右壁前各起高台，左侧台宽 130、高 160、深 44 厘米，右侧台宽 118、高 130、深 28 厘米。正壁中央造一方塔，由塔刹、塔顶、塔身、塔基组成。塔上部风化残损，可见两层檐，其上至塔刹部分似为后代堆砌。塔身方形，上层正面雕一浅龛，下层正面开一圆拱形浅龛，宽 47、高 63 厘米，正壁前造一像结跏趺坐于方座上，高 50 厘米，双手置腹前。塔身与塔基间有两层八角形叠涩，从上至下第一层宽 76、高 6、深 50 厘米，第二层宽 78、高 8、深 60 厘米。
  塔基分两层，上层八角形，宽 120、高 19、深 76 厘米。正面雕一长方形龛，宽 48、高 29、深 28 厘米。左右侧各雕出两个侧面，内侧两面各雕一壶门，左侧壶门宽 22、高 17 厘米，内雕一像盘腿而坐，着宽袖长袍，双手置胸前似执一物，似为伎乐；右侧壶门宽 23、高 17 厘米，龛内仅存一人形。外侧两面左侧似雕花卉；右侧存凿痕。下层塔基方形，长 125、宽 82、残高 33 厘米。正面雕一方形龛，宽 120、高 77、深 35 厘米。方龛上方雕三组像，中间似为一壶门，造像风化不可识（图 1-235）。
  正壁左侧上部和右侧上、中部各开一小龛，破坏第 74 龛正壁。

【第 74-1 龛】

  位置：H 段南侧中部，第 74 龛左上，第 74-2 龛左。
  年代：盛中唐。
  龛形：拱形龛，平面呈弧形，宽 155、高 170、深 95 厘米，龛向 56 度。
  保存情况：造像及壁面风化严重，存后代装彩痕。
  造像内容：环三壁设坛，残高 18 厘米。坛上造一主尊六胁侍，风化严重，仅存轮廓，头皆不存，残存后代装彩痕。中央主尊倚坐于束腰方座上，腹部有一凿孔，像连座残高 60 厘米；似有圆形头光和身光。胁侍对称立主尊左、右侧台座上。左侧从内至外第一身不可识；第二身似有椭圆形头光，着袈裟，像连座残高 70 厘米；第三身似有披巾。右侧从内至外第一身残高 63 厘米，似向左扭腰；第二身像连座残高 70 厘米，可见膝部以下的裙摆；第三身残高 50、座高 10 厘米，着长裙，裙腰外翻，腹、腿前垂饰璎珞，两腿间有一道长璎珞，披巾垂体侧（图 1-236）。

千佛寨

图 1-235　千佛寨第 74 龛（东北→西南）

图 1-236　千佛寨第 74-1 龛（东北→西南）

【第 74-2 龛】

位置：H 段南侧中部，第 74 龛右上，第 74-1 龛右，第 74-3 龛上。

年代：盛中唐。

龛形：拱形龛，平面呈弧形，宽 133、高 140、深 68 厘米，龛向 57 度。

保存情况：左、右壁外侧残。造像及壁面残损、风化严重。

造像内容：环三壁造一主尊二胁侍，风化严重，仅存轮廓，头部不存。主尊居中，似结跏趺坐于束腰台座上，颈部有一凿孔，像连座残高 79 厘米。台座右侧残存一向上伸出的树干。胁侍立左、右壁前台座上，右侧胁侍残存圆形头光（图 1-237）。

千佛寨

图 1-237　千佛寨第 74-2 龛（东北→西南）

【第 74-3 龛】

位置：H 段南侧中部，第 74 龛正壁右侧中部，第 74-2 龛下。

年代：唐。

龛形：方形龛，平面呈横长方形，宽 51、高 105、深 2 厘米，龛向 57 度。

保存情况：略风化。

造像内容：正壁前造一塔，风化严重，仅存轮廓。由塔顶、塔身组成，塔顶近圆角梯形，塔身方形，分三层，有收分，宽 51、高 105 厘米。塔身正下方开一方槽，宽 51、高 29、深 30 厘米（图 1-238）。

图 1-238　千佛寨第 74-3 龛（东北→西南）

【第 75 龛】

位置：H 段南端。

年代：盛中唐。

龛形：方形龛，平面近横长方形，宽 220、高 186、深 46 厘米，龛向 80 度。

保存情况：左壁上部残损，顶部及右壁垮塌，顶部风化，底部残损、风化。左壁自上及下有一裂隙，龛内左侧及左壁有烟熏痕迹，造像风化、残损严重，仅存轮廓，头部皆不存，残缺处有一凿孔。

造像内容：正壁左侧雕二像立台座上，皆有内圆外尖桃形头光。左侧立像双手、双足、台座残，双手经后代改刻，有烟熏痕迹；残高 106、座高 30 厘米；内着僧祇支，外着双领下垂式袈裟；左手置腹左侧，右手垂体侧。右侧立像右臂肘部以下残损，残高 97、座高 27 厘米；缯带垂肩侧，长发披肩，披巾自两肩垂下，横过身前搭两臂后垂体侧；左手垂体侧，右手举肩前。

正壁右侧雕七身像，仅可辨轮廓。分上下两排，上排三身，下排四身（图 1-239）。

左壁存三身像，左侧一身较小，仅存右侧边缘。右侧自上而下雕两身立像。上方一身立仰莲座上，上身残，残高 48、座高 20 厘米，着袈裟；下方一身残高 60 厘米。

图 1-239　千佛寨第 75 龛（东→西）

【第 76 龛】

位置：I 段南侧，第 77 龛左后方。
年代：唐。
龛形：不明，残宽 190 厘米，龛向 198 度。
保存情况：整个龛被土石掩盖至龛顶处，仅可见龛顶上部。
造像内容：露出部分未见造像（图 1-240）。

图 1-240　千佛寨第 76 龛（西南→东北）

千佛寨

【第77龛】

位置：I段南侧，第76龛右前，第78龛左。

年代：唐。

龛形：现为单层拱形龛，现宽180、高165、深3厘米，龛向219度。

保存情况：龛顶及左、右壁残损严重，正壁及左壁下部被土石掩盖，右壁中部以下与正壁造像腹部以下压于巨石下。正壁靠左有一正方形凹槽，造像全身风化严重，仅存轮廓。

造像内容：正壁前存两身像。左侧一身仅存残痕，有一方形竖条状凸起。右侧一身残高117厘米，应为菩萨，有尖桃形头光，戴冠，缯带垂肩（图1-241）。

图1-241　千佛寨第77龛（西南→东北）

【第78龛】

位置：I段偏南侧，第77龛右，第79龛左。
年代：唐。
龛形：双层龛，内龛为圆拱形，平面呈"U"字形，外龛残宽244、高195厘米，内龛宽86、高165、深84厘米，龛向254度。雕出龛面，宽23厘米。
保存情况：内龛龛面左右两侧上部残存部分外龛，内龛风化，左、右壁外侧下部风化残损严重。龛楣上有一道弧形裂隙，右壁近龛口处有一竖长方形凹槽，龛面上方有一凿孔，左侧方形，右侧圆形，造像风化严重，仅存轮廓，经后代改刻，头部及右臂残，头部残损处有榫孔，造像及壁面残留后代装彩。
造像内容：内龛环壁设坛，高15厘米，坛上存一立像，现高122厘米。似着双领下垂式衣，两侧下方残存浅浮雕手臂，向外呈发散状，为原造像残存，左侧存四手，右侧脚踝处残存原造像披巾。足部左、右侧各有一小像朝向中央主尊胡跪。左侧一身高20厘米；右侧一身高25厘米，双手捧一物于头前（图1-242）。

图1-242　千佛寨第78龛（西南→东北）

千佛寨

【第79龛】

位置：I 段中部偏南,第 78 龛右,第 80 龛左。
年代：唐。
龛形：拱形龛,平面近横长方形,现宽 316、高 310、深 118 厘米,龛向 235 度。
保存情况：龛顶及左、右壁近龛口处坍塌,形制不完整。造像皆风化残损严重,仅存轮廓,内龛右壁下部近龛口处有一方形榫孔,正壁造像较浅,当为后代补刻,左、右壁造像头部残,造像残存后代装彩痕。
造像内容：正壁开一拱形浅龛,龛内造三像并坐于方形高座上。左侧像残高 77 厘米;中间像残高 78 厘米,着交领衣;右侧像残高 79 厘米,着交领大衣,左手置腹前,右手似执物置胸前。座高 73 厘米。

高座左、右侧各雕一立像。左侧一身仅存轮廓,残高 115 厘米;右侧一身所在壁面内凹,造像较浅,高 123 厘米,似绾高发髻,着交领宽袖大衣,双手置腹前。

左、右壁中部各雕一像。左壁一身倚坐于台座上,头部残缺处分布凿痕,残高 80 厘米,双手似置膝上;右壁一身似坐于方座上,残高 78 厘米(图 1-243)。

图 1-243　千佛寨第 79 龛(西南→东北)

【第 80 龛】

位置：I 段中部，第 79 龛右，第 81 龛左。
年代：唐。
龛形：方形龛，平面形制不明，残宽 122、高 162、深 19 厘米，龛向 194 度。
保存情况：正壁左下侧残损，并被土石覆盖，仅存龛正壁造像及右壁。造像风化残损严重，仅存轮廓，左侧造像左腿下部被土石覆盖，造像头部周围壁面内凹，残存凿痕，当为后代改刻。
造像内容：正壁残存二立像。左侧立像残高 118 厘米，似着袈裟，双手置腹前；右侧立像残高 128 厘米，着袈裟（图 1-244）。

图 1-244 千佛寨第 80 龛
（西南→东北）

【第 81 龛】

位置：I 段中部，第 80 龛右，第 82 龛左。
年代：唐。
龛形：拱形龛，平面呈"U"字形，残宽 93、高 154、深 87 厘米，龛向 213 度。
保存情况：龛顶与左、右壁外侧残损。一裂隙从龛顶经正壁延伸至龛底，造像风化残损严重，仅存轮廓，造像及壁面残留后代装彩。
造像内容：环三壁设坛，高 14 厘米，坛上造一主尊四胁侍。主尊居中，似结跏趺坐于方座上，残高 106 厘米。有头光残痕，台座右侧向上伸出一树干。

四胁侍对称立左、右壁。左壁靠内一身残高 82 厘米；右壁靠内一身为弟子像，残高 83 厘米，光头。左壁靠外一身残高 85 厘米；右壁靠外一身残高 84 厘米（图 1-245）。

千佛寨

图 1-245　千佛寨第 81 龛（西南→东北）

【第82龛】

位置：Ⅰ段中部，第81龛右。

年代：唐。

龛形：双层龛，外龛形制不明，内龛为圆拱形，平面形制不明，残宽140、高170、深52厘米，龛向217度。残存龛楣中部与右侧，宽8厘米。

保存情况：外龛仅残存靠内龛处上部，内龛左壁中部及右壁外侧残损，龛底被土石覆盖。造像全身风化、残损严重，仅存轮廓，可能经后代改刻，造像及壁面残存后代装彩痕。

造像内容：内龛正壁前存一像坐圆座上，残高60厘米，位于正壁右侧，双臂似置腹前（图1-246）。

图1-246　千佛寨第82龛
（西南→东北）

千佛寨

【第 83 龛】

位置：I 段偏北部，第 82 龛右，第 84 龛左。

年代：唐。

龛形：外方内拱形龛，内龛平面呈宽"U"字形，外龛残宽 187、高 180、深 135 厘米，内龛宽 150、高 140、深 80 厘米，龛向 213 度。雕出龛面，宽 16 厘米，素面。

保存情况：外龛顶部及左壁上部垮塌，左、右壁残。内龛有两道长条形裂隙贯穿顶部右侧，一道裂隙从上至下贯穿外龛右壁，外龛左壁近龛口处有一圆形孔洞，右壁上、中部各有一榫孔，分别为圆形、方形，龛外左侧有一凹槽，左、右壁外侧内弧，右壁靠内一侧与第 84 龛贯通。

造像内容：造像不存（图 1-247）。

图 1-247　千佛寨第 83 龛（西南→东北）

【第84龛】

位置：I段北侧，第83龛右，第85龛左。

年代：唐。

龛形：外方内拱形龛，内龛平面呈宽"U"字形，外龛宽203、高173、残深128厘米，内龛宽176、高169、深96厘米，龛向237度。

保存情况：外龛顶部及左、右壁残损。外龛左、右壁分布长条形裂隙，右壁外侧与第83龛贯通，造像风化严重，仅存轮廓，局部存后代改刻痕，造像及壁面残存后代装彩。

造像内容：正壁开一拱形浅龛，宽103、残高135、深30厘米，浅龛正壁前造一身六臂菩萨坐方座上，头部残，上二臂为后代补刻，残高120厘米。上二臂托物举头侧；中二臂置胸前；下左臂向外伸出托物，下右臂向外伸出持一长条形物。

浅龛左、右侧各雕一像。左侧一身残高37厘米；右侧一身腹部以上不存，残高20厘米，似披披巾。

外龛左壁开两个小龛，内无造像。上部小龛宽46、高23、深3厘米；下部小龛宽22、残高10、深3厘米。外龛右壁下方内侧开一横长方形浅龛，残宽19、高15、深2厘米，内无造像（图1-248）。

图1-248 千佛寨第84龛（西南→东北）

千佛寨

【第 85 龛】

位置：Ⅰ段北端，第 84 龛右。
年代：唐。
龛形：外方内拱形龛，内龛平面呈"U"字形，外龛宽 187、残高 170、残深 156 厘米，内龛宽 120、高 147、深 84 厘米，龛向 245 度。
保存情况：外龛龛顶及左、右壁残损，龛底外侧凹陷。外龛左壁上、中部各有一圆形榫孔，下部靠内一侧内凹，右壁外侧中部有一方形榫孔，造像面部残，余皆风化严重，仅存轮廓，造像及壁面残存后代装彩。
造像内容：环壁设坛，高 13 厘米，坛上现存一佛一胁侍。佛居中，结跏趺坐于方座上，高 61、座高 46 厘米。有内椭圆外尖桃形头光和双层椭圆形身光，外缘饰火焰纹，头光顶部延伸至龛顶（图 1-249）。

胁侍立右壁前，残高 70 厘米，有尖桃形头光。外龛右壁内侧开一拱形龛，宽 59、高 147、深 15 厘米。正壁前雕一菩萨立圆座上，仅存轮廓，高 110、座高 6 厘米。似戴冠，左侧缯带垂肩。

图 1-249　千佛寨第 85 龛
（西南→东北）

【第86龛】

位置：西侧山脚底部近公路处，J段崖面。
年代：盛唐。
龛形：双层龛，外龛形制不明，宽423、高330、残深175厘米，内龛圆拱形，平面呈宽"U"字形，宽234、高274、深117厘米，龛向267度。雕出龛楣及龛面，残宽8厘米，沿龛口雕凸棱，素面磨平。
保存情况：内龛龛顶左侧龛口崩塌。崩塌处有一长条形裂隙，经正壁与右壁至龛外右侧底部，先后破坏中央主尊头部及头光、弟子与菩萨胸部、右侧力士双腿，造像及壁面局部风化或崩塌，内龛左上部有一圆形孔洞，龛口转折处中部有一凿孔，造像残存后代装彩。
造像内容：内龛环壁造一佛二弟子二菩萨（图1-250）。佛居中，结跏趺坐于方座上，头光、头顶、右手残，高133、座高63厘米。头顶上方雕圆形华盖，仅存残痕。有内椭圆外尖桃形头光，顶部延伸至华盖处。螺发，肉髻，面相方圆，颈部有三道蚕纹。内着僧祇支，其上束带打结呈"十"字形，外着双领下垂式袈裟，袈裟一角系于左肩前之钩钮，未露足。左手置膝上托一圆钵，钵内盛物，残不可识，右手举胸侧。台座上覆帷幔，帷幔上铺一层方垫，边缘呈波浪状（图1-251）。

弟子立左、右壁内侧前覆莲方座上，皆有双层圆形头光，光头，着袈裟，跣足。左侧弟子高144、座高69厘米；老者形象，蹙眉，眼角有皱纹，耳垂较大，颈部有三道蚕纹；内着窄袖衣，右肩前伸出一衣带垂至腿侧，外着袒右式袈裟，袈裟一角搭于左臂前，双手拱胸前。右侧弟子腿部以上风化，仅存轮廓，高179、座高204厘米。

菩萨立左、右壁外侧前仰莲圆座上，皆有内椭圆外尖桃形头光，戴高花冠，缯带垂至肘侧，长发披肩，面部较圆，颈部有三道蚕纹；着上衣，胸下束带打结，着长裙，跣足，披巾自双肩垂下，于身前横过两道搭手臂后垂体侧；戴项圈，中间垂菱形饰件，两侧各有一道璎珞垂下，于腹前相交后垂至膝前折向身后。左侧菩萨左手及双足残，高163、座高54厘米；戴臂钏，左手屈肘举胸侧，右手执披巾垂体侧，腰右扭。右侧菩萨右手残，高163、座高44厘米；左肩前垂下一细带搭左臂后垂体侧。左手持披巾垂体侧，右臂举肩前，腰左扭（图1-252、1-253）。

弟子、菩萨身后雕护法像，左、右侧各四身。左壁从内至外第一身束髻，戴冠，似着双领下垂式衣。第二身束髻，戴冠，着交领宽袖衣；右手置胸前。第三身三面六臂，束高髻，戴冠，戴项圈；上二臂上举托物，左手托月轮，右手托日轮，中二臂屈肘举头侧，左手执折尺，右手握袋状物，下二臂似横于胸前。第四身立龛口转折处的浅台上，束髻，戴冠，颈部有三道蚕纹，着翻领宽袖上衣，腰部束带打结，内着交领衣；左手似托物于腹部，执物不识，右手垂体侧（图1-254）。

右壁从内至外第一身头部残，束髻，着交领衣，左手于体侧执剑，头顶盘一龙。第二身立浅台上，头顶残，束圆髻，双耳硕大，耳廓较宽，左耳垂至肩后，右耳垂至胸前，着两层交领衣，腰束带打结；左手掌心向内指向左上方，无名指与小指内握，余指伸出，右手置胸前。第三身风化，戴兽头帽。第四身立龛口转折处的浅台上，风化，束髻，小尖耳，下着短裤，腰束带，右手持一长条形物于腹前（图1-255）。

佛与右侧弟子头部之间阴刻一方框，宽21、高30厘米，内有墨写楷书题记，仅残存上部一排及下部最左侧一行，余不存。上排横写"大善士"三字，下部一行竖书"陈吉安"。

内龛两侧龛口外侧各雕一力士立方座上。均有双层圆形头光，绾高发髻，上身赤裸，下着过膝裙，裙腰外翻，腰束带，裙摆飘向龛内，跣足，飘带于头后成圆环状，绕臂后经腰带垂于两腿间及腿

千佛寨

侧。左侧力士左手残,高 144、座高 80 厘米;缯带于头侧向上飘起,末端呈鱼尾状,颈部青筋暴露,全身肌肉隆起;左手举头侧,右手五指张开向下斜伸,头微右扭,腰左扭。右侧一身左手、右臂及左腿残,高 150、座高 80 厘米;右手举头侧,左手向下斜伸,腰右扭。

图 1-250　千佛寨第 86 龛(西北→东南)

图1-251 千佛寨第86龛中央佛(西→东)

千佛寨

图 1-252　千佛寨第 86 龛左壁造像（北→南）

图 1-253　千佛寨第 86 龛右壁造像（南→北）

千佛寨

图1-254　千佛寨第86龛左侧护法（北→南）

图1-255　千佛寨第86龛右侧护法（南→北）

【第 87 龛】

位置：山顶东侧，K段崖面，当代所修浪仙亭左侧，两者之间有当代修石板路。
年代：盛中唐。
龛形：外方内拱形龛，内龛平面呈宽"U"字形，外龛残宽204、高137、深78厘米，内龛残宽119、高137、深52厘米，龛向32度。雕出龛面，残宽15厘米。

保存情况：残存左壁中部以上与龛顶左侧近内龛处，其余部分崩塌风化。内龛有四条裂隙打破中央佛、左右壁弟子、右壁菩萨及左右壁护法像，内龛龛面仅存左右侧上部，余残损，外龛底部似有一长方形凹槽，现已残损；造像风化残损，菩萨仅存轮廓，佛、弟子、力士面部被后代改刻，造像及壁面残存后代装彩。

造像内容：内龛环壁造一佛二弟子二菩萨。佛居中，结跏趺坐于方座上，头部与方座左下部被裂隙打破，右手残，高63、座高30厘米。头顶上方有圆形华盖，风化，头后有内椭圆外尖桃形头光，顶端延伸至华盖处。有肉髻，内着僧祇支，胸前束带打结，外着双领下垂式袈裟，未露足。左手抚膝，右臂上举。台座上覆帷幔，帷幔上铺一层垫，边缘呈波浪状。台座两侧各向上伸出一菩提树干，似延伸至龛顶（图1-256、1-257）。

弟子立左、右壁内侧前圆座上，皆有双层圆形头光，光头，内着交领窄袖衣，外着袈裟，跣足；双手笼袖中置腹前。左侧弟子台座右侧被裂隙打破，头顶残，高72、座高14厘米；颈部有三道蚕纹。右侧弟子台座右半部被裂隙毁坏，高73、座高10厘米。

菩萨立左、右壁外侧前圆座上，皆有内圆外尖桃形头光，戴宝冠，发辫披肩，缯带垂及肘部，披巾自两肩垂下，绕臂垂体侧。左侧菩萨高77、座高19厘米；右侧菩萨圆座被裂隙隔开，高76、座高20厘米。

弟子、菩萨身后雕护法像，左、右壁各四身。左壁从内至外第一身戴冠，着交领衣；第二身三面六臂，可见上四臂中似持矩、月，下二臂似合十胸前，余不识；第三、四身仅存轮廓。右壁四身被裂隙打破，从内至外第一身头上半部分残，长耳；第二身头部残；余两身脱落（图1-258、1-259）。

内龛两侧龛口外侧各雕一力士像。皆有圆形头光，束发，怒目圆睁，上身赤裸，颈部青筋暴露，全身肌肉隆起。左侧力士立方座上，双手残，残高80厘米。下着裙，腰束带，裙腰外翻，裙摆飘向右侧，跣足，飘带于头后呈圆环状，绕臂后经腰带垂体侧。左手举头侧，右臂向下斜伸，头微右扭，腰左扭。右侧力士左臂残，右肩部至左大腿以下崩塌，残高50厘米。披巾于头后呈圆环状。头微左扭。

外龛左壁中部开一方形浅龛，宽30、高27、深1.5厘米。正壁前雕二供养人，仅存轮廓。左侧一身双手合十，朝向主尊而跪；右侧一身为立像。

左侧龛面有一墨写题记，残宽15、高21厘米，残存五行，竖写，楷书，内容风化剥蚀严重。

千佛寨

图1-256　千佛寨第87龛（东北→西南）

图 1-257　千佛寨第 87 龛中央佛（东北→西南）

千佛寨

▲ 图 1-258　千佛寨第 87 龛左壁造像
　　　　　（东南→西北）

◀ 图 1-259　千佛寨第 87 龛右壁造像
　　　　　（西北→东南）

岳阳镇

2 净慧岩

净慧岩摩崖造像位于安岳县岳阳镇望城村二组,地处安岳县城南郊白云山,北距安岳县城1公里,现为四川省重点文物保护单位。北靠白云山,南望郭家沟,东北侧有小道通往安岳县。当地人称其为宝相寺。

在宽23.1、高11.5米的红砂岩崖壁上自西向东开二十二龛(图2-1、2-2),造像崖壁前遍布榫孔,龛、像为后代数次改刻、补塑,造像前立现代塑像,崖壁西侧有两龛现代开凿的造像。原编十八龛,此次调查增编第19~22龛。造像崖壁西侧开第1~6龛,中部崖壁开第7~14、20~22龛(图2-3),中、西侧造像前依托崖壁建简易大殿,东侧开第15~19龛(图2-4)。

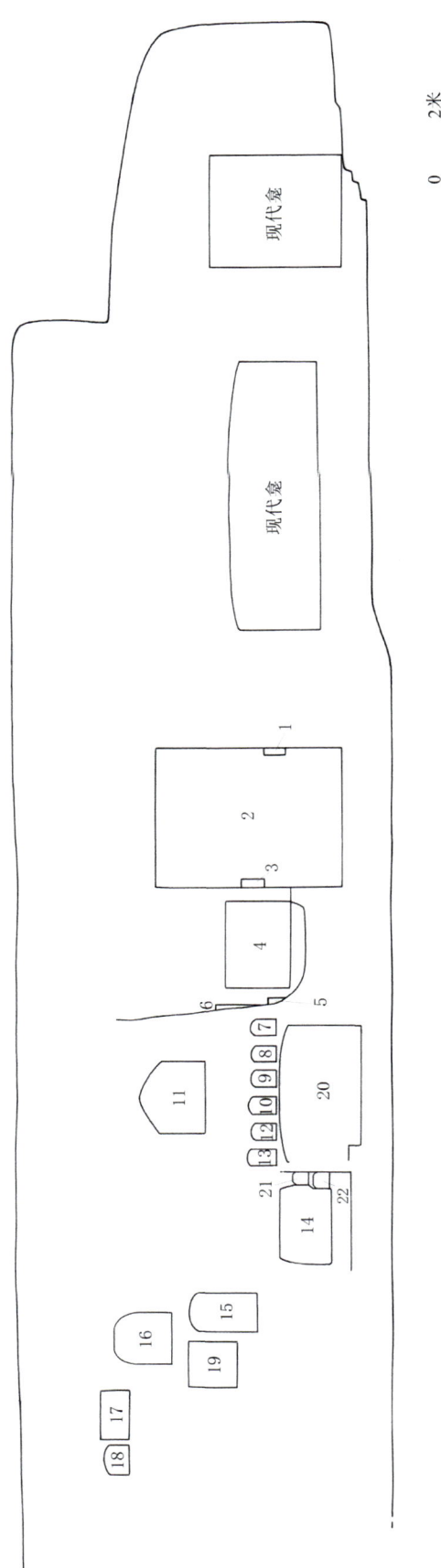

图2-1 净慧岩造像分布示意图

净慧岩

图 2-2　净慧岩全景（北→南）

图 2-3　净慧岩中部造像（东北→西南）

图 2-4　净慧岩东侧造像（东北→西南）

净慧岩

【第1~3龛】

位置：造像崖壁西端，第4龛左，第1、3龛开于第2龛之左、右壁，雕第2龛供养人。

年代：初盛唐。

龛形：方形龛，平面呈宽"U"形，宽432、高570、深133厘米，龛向10度。

保存情况：龛底与正壁连接处脱落。有一窄裂隙自龛顶左侧纵贯而下，龛楣两端、造像头光两侧、左肩侧、右肘后及正壁右侧中央均有榫孔，龛楣磨平，龛口内侧遍布凿痕，造像经后代改刻、补塑，造像及壁面遍覆后代装彩。

造像内容：第2龛正壁前造一佛立仰莲圆座上，全身经后代改刻，头、手为后代补塑，高504、座高20厘米。有内圆外尖桃形头光，外层饰团花，螺发，面部宽圆，眉心有白毫，耳垂硕大。内着僧祇支，外着双领下垂式袈裟，下着裙，跣足。左手置腹前左侧，右手举胸侧。佛左肩及头光外侧分别存原造像之缯带、头光痕（图2-5）。

正壁左侧下补塑一童子立祥云上，高94、座高26厘米，绾髻，下着短裙，披巾自两肩垂下，搭两腕，飘于腿侧，跣足，双踝饰钏，双手合十胸前，身体朝向龛外，双足各踏一小仰莲圆座（图2-6）。正壁右侧中部雕一供养人立方座上，躬身向佛，老者形象，高67厘米，戴帽，长髯呈倒三角形垂胸前，着交领长袍，双手拱胸前（图2-7）。方座前磨光宽85、高120厘米壁面，碑首有莲叶形盖，碑额从左至右刻：重修净慧岩记，篆书，碑身刻字十二行，刻乾隆壬子年（1792年）重修造像之事。老者头顶亦磨光宽140、高120厘米的壁面，刻道光年间题记一则。

左壁中部开一小龛，原编第1龛，雕立佛之供养人。拱形龛，平面近方形，宽65、高74、深17厘米。龛楣及两侧龛面位置遍布凿痕。正壁前雕两身供养人立像，遍覆装彩，身体朝向佛。内侧者男像，高68厘米，戴帽，着圆领长袍，腰束带打结，袍下着裤，足穿鞋；双手持莲茎于腹前。外侧一身女像，高64厘米；绾髻，内着衣，外着双领下垂式广袖大衣，足穿鞋；双手笼袖中，拱胸前（图2-8）。

右壁中部亦开一小龛，原编第3龛，雕立佛之供养人。盝形龛，平面近方形，宽97、高89、深23厘米。左壁与第2龛正壁转折近弧，磨光龛楣及两侧龛面。正壁前雕一男性供养人，高81厘米，身体朝向佛；戴帽，着交领长袍，腰束带，足穿鞋；双手合十胸前（图2-9）。龛底下方磨光一宽47、高67厘米壁面，外有方形框，框顶两端向内弧收，框内遍覆墨迹，刻题记七行，内容记道光二十三年（1843年）信士修建亭宇、装饰佛像还愿之事（图2-10）。

图 2-5 净慧岩第 2 龛（东北→西南）

净慧岩

图 2-6　净慧岩第 2 龛正壁左侧童子
（东北→西南）

图 2-7　净慧岩第 2 龛正壁右侧老者
（东北→西南）

图 2-8　净慧岩第 2 龛左侧供养人龛 ▶
（东南→西北）

图 2-9 净慧岩第 2 龛右侧供养人龛
（北→南）

图 2-10 净慧岩第 2 龛右侧供养人下题记
（西北→东南）

【第 4 龛】

位置：造像崖壁西侧，第 2 龛右，第 5 龛左。

年代：咸丰三年（1853 年）。

龛形：方形龛，平面呈方形，宽 260、高 150、深 70 厘米，龛向 16 度。

保存情况：龛底不存，左、右壁外侧残。龛顶上方存一排小榫孔。

造像内容：正壁前从左至右刻"净慧岩"三字，字较大。左侧刻小字两行，竖刻，记道光五年（1825 年）信士装塑佛像事。右侧刻小字两行，竖刻，内容为咸丰三年（1853 年）撰书人题名。均楷书，字槽填墨，壁面涂朱（图 2-11）。

净慧岩

图 2-11　净慧岩第 4 龛（东北→西南）

【第 5 龛】

位置：造像崖壁中部，第 4 龛右，第 7 龛左，第 6 龛下，楣尖被第 6 龛破坏，所在壁面与第 4、7 龛呈近 90 度转角。

年代：初唐。

龛形：拱形龛，平面近横长方形，宽 50、高 75、深 10 厘米，龛向 110 度；磨光龛楣及两侧龛面，龛楣及龛面彩绘花草。

保存情况：右侧龛面中部存一圆形榫孔，造像全身经改刻，造像及壁面遍覆装彩。

造像内容：正壁设通壁坛，高 8 厘米，坛上造一立像，高 55 厘米。戴高冠，内着交领衣，外着交领直袖上衣，下着裙，足穿鞋。双手置腹前。左手抚右腕，右手持麻花状物，头侧向右前方。身体左右墨绘二祥云（图 2-12）。

图 2-12　净慧岩第 5 龛
（东南→西北）

【第 6 龛】

位置：造像崖壁中部，第 4 龛右，第 7 龛左，第 5 龛上，破坏第 5 龛龛楣，所在壁面与第 4、7 龛呈近 90 度转角。

年代：绍兴辛未（1151 年）。

龛形：剔地平雕，平面呈狭长方形，宽 99、高 190、深 1 厘米，龛向 109 度。

保存情况：造像及壁面遍覆装彩。

造像内容：正壁浅平雕一像立祥云上，平雕，高 163 厘米。老者形象，头顶凹凸，面相苍老。着交领袈裟，下着裙，裙下露裤，足穿僧鞋。双手拄竹杖于体前，身体微躬向左侧，右足微跷（图 2-13）。造像上身右侧及下身左侧各刻题记一则，均竖刻一行，楷书，右侧：文仲璋刊刻谨记，左侧：绍兴辛未岁仲春月倚岩居士赵庆升立石谨记。

净慧岩

图 2-13　净慧岩第 6 龛（东南→西北）

【第 7~13 龛】

位置：造像崖壁中部中央，第 5、6 龛右，第 20 龛上。
年代：初唐。
龛形：拱形龛，平面呈弧形，龛向 11 度。
保存情况：造像均经后代改刻、补塑，造像及壁面遍覆装彩。
造像内容：为同时开凿的一组七龛造像，第 11 龛居大龛上部中央位置，其下整齐排列其余六小龛，即第 7~10、12、13 龛（图 2-14）。第 11 龛四周壁面经后代进一步打磨，集中刻十一则培修记、装彩记、游记和劝善记。

第 11 龛位于大龛上部中央，宽 195、高 202、深 40 厘米，龛向 11 度。两侧龛面下部为后代改刻增扩破坏，中部及龛楣各存一团花，龛楣内缘凸起，主尊台座外侧因后代向内打磨而悬于龛外，龛底、龛顶左、右各存一圆形榫孔。

正壁和左右壁前现造一佛一弟子一菩萨。佛居中，结跏趺坐于束腰圆座上，现高 85、座高 63 厘米。有尖桃形素面头光，较宽，系原造像遗留，螺发，面部宽圆，双目下视，耳垂硕大。内着僧祇支，外着双领下垂式袈裟，露右足，左肩垂一环，拉起袈裟一角。左手置腹前，右手置胸前右侧，伸出食指，余四指屈于手心。台座覆帷幔，束腰下有六边形基座。

弟子、菩萨分立左、右壁前方座上。左侧弟子高 118、座高 24 厘米。光头，着交领袈裟，左肩垂一环，拉起袈裟一角，下着裙，足穿鞋。双手持长锡杖于体前，身体朝向右前方。

右侧菩萨高 122、座高 27 厘米。戴卷草纹高冠，缯带飘头侧，饰耳珰，各垂一道短璎珞于肩前，面部宽圆，颈部有三道蚕纹。着长裙，跣足，披巾自两肩垂下，绕臂后飘于腿前。戴联珠缀接而成的项圈，于胸前中央垂一道短流苏，两侧各垂一道璎珞于腹前相交，分两道下垂于披巾后，相交处呈菱形，膝前又各有一道璎珞水平折向身后，于膝前各垂一道短璎珞，右腕饰钏。左手托圆钵于肩前，右手握披巾于腹前左侧，头微前低，看向主尊，身体朝向左前方（图 2-15）。

第 7~10、12、13 龛位于大龛底部，自左向右排列。大小、形制一致，均拱形龛，平面呈弧形。均雕出尖拱形龛楣及两侧龛面，其上雕七佛各结跏趺坐于小圆龛内，对称分布，小圆龛内、外分饰联珠和莲瓣。相邻两龛共用龛面及小佛，龛楣交接处各浅浮雕一女性立像。龛面、龛楣及其上雕刻为原造像遗留。龛内现各造一弟子坐山座上；均光头，面部宽圆；着袈裟；座前山石嶙峋，凹凸不平；造像身后均墨绘祥云。

第 7 龛宽 56、高 70、深 17 厘米。弟子结跏趺坐于方座上，高 30、座高 12 厘米。着交领袈裟，腹部束宽带，左肩垂一环，拉起袈裟一角。双手抚膝。台座覆帷幔。龛外左侧浅浮雕一碑，宽 22、高 75 厘米，下有仰莲承托，顶部覆莲叶，碑身磨平，未见字迹（图 2-16）。

第 8 龛宽 58、高 73、深 17 厘米。弟子结跏趺坐于山座上，高 45 厘米。着交领袈裟，下摆覆双腿。双手置两膝上。台座覆帷幔，山座左侧置经箧。第 7、8 龛龛楣间女像绾高髻，面部方圆，下颌饱满；着长袍，腰束带，足穿鞋，披巾自两臂下垂；双手托半圆形物于头前，回首龛外，身体微前倾，足下各踩一小圆座（图 2-17）。

第 9 龛宽 65、高 76、深 18 厘米。弟子结跏趺坐于山座上，高 50 厘米。内着交领衣，外着交领袈裟，下摆覆双腿。双手置腹前，头侧向左前方。第 8、9 龛龛楣间女像绾双环髻，面部近方，着广袖大衣，衣摆后飘，腰束带，披巾自两臂下垂，足穿鞋。身体朝向左侧，双手托半圆形物于头前（图 2-18）。

净慧岩

图 2-14　净慧岩第 7~13 龛（东北→西南）

图 2-15　净慧岩第 11 龛
　　　　（东北→西南）

图 2-16　净慧岩第 7 龛
　　　　（东北→西南）

净慧岩

图 2-17　净慧岩第 8 龛
（东北→西南）

第 10 龛宽 62、高 80、深 16 厘米。弟子坐山座上，高 49 厘米。着双领下垂式袈裟，露双足。双腿踩座前山石，腿向左前方，双手托物于腹前右侧，头右偏，看向左前方。第 9、10 龛龛楣间女像绾发髻，面部方圆；着广袖大衣，披巾自两臂下垂，足穿鞋；身体朝向右侧，微前倾，双手托半圆形物于头前（图 2-19）。

第 12 龛宽 64、高 80、深 16 厘米。弟子半跏趺坐于山座上，高 50 厘米。着通肩式袈裟，领口开腹前，露左足，穿鞋。左腿下垂，右腿内盘，左手垂腹侧，右手置腹前，仰面向左上方。山座左侧雕一动物，补塑痕明显，头顶置一军持。第 10、12 龛龛楣间女像绾桃形高髻，面部方圆，下颌饱满；着广袖大衣，腰束带，下身衣纹呈平行短线条，足穿鞋，披巾自两臂下垂；身体朝向左侧，双手托半圆形物于头前（图 2-20）。

第 13 龛宽 58、高 87、深 14 厘米。弟子结跏趺坐于山座上，高 45 厘米。头部宽圆。着通肩式袈裟，领口开腹前，下摆放双腿。左手置腹前，右手持枝条于头侧，上身微后仰。山座右侧悬一杖，杖首悬布袋（图 2-21）。

图 2-18 净慧岩第 9 龛
（东北→西南）

图 2-19 净慧岩第 10 龛
（东北→西南）

净慧岩

图 2-20　净慧岩第 12 龛
（东北→西南）

图 2-21　净慧岩第 13 龛
（东北→西南）

【第14龛】

位置：造像崖壁中部靠下，第21、22龛右，破坏第21、22龛右侧。
年代：初盛唐。
龛形：拱形龛，平面呈浅弧形，残宽236、残高130、深36厘米，龛向20度。
保存情况：龛顶不存，造像风化较严重；造像均为后代补塑，遍覆装彩。
造像内容：龛底设两层通壁台，高36厘米，台上中央及右侧分别塑一善跏趺坐、立像，均双手抱孩童，台前及台上左侧亦塑数身孩童作嬉戏状（图2-22）。

图2-22　净慧岩第14龛（东北→西南）

净慧岩

【第 15 龛】

位置：造像崖壁东侧靠下，第 19 龛左、第 16 龛下。

年代：初盛唐。

龛形：拱形龛，平面呈弧形，宽 110、高 195、深 25 厘米，龛向 12 度；雕出龛楣及两侧龛面，其上雕饰团花。

保存情况：左、右壁下部被后开的两身供养人破坏，龛外壁面均布平整崖壁的凿痕，四周围绕一圈榫孔，造像经后代改刻，造像及壁面遍覆装彩，龛楣及龛面彩绘花草。

造像内容：正壁前造一菩萨立圆座上，系全身改刻原造像而成，高 143、座高 23 厘米。有内圆外尖桃形素面头光，系原造像遗存。绾髻，戴花冠，缯带飘头侧，面部宽圆，耳垂硕大，饰耳珰，各垂一道短璎珞于肩前。下着长裙，腰束带，结带自双腿间下垂及座，中部饰一团花，裙腰外翻，跣足，披巾自两肩垂下，绕臂后下垂至台座两侧。戴数道联珠缠绕而成的项圈，于胸前中央垂一长挂件，两侧各垂一道璎珞至腹前两侧，腿前又各有一道璎珞自披巾下伸出，于膝前折向腹侧。双手置腹侧，左手握右腕，手指修长，右手握一串长念珠，念珠缠绕呈"8"字形，腰微左扭，头微右偏，看向左前方。腹侧各有一朵墨绘祥云。

菩萨腿侧各有后雕供养人立像，相向而立，破坏左、右壁，身后壁面打磨光滑。左侧供养人男像，高 67 厘米；戴幞头，面部近方，一绺胡须垂胸前；着圆领长袍，腰束带，足穿鞋；双手托香炉于头前，头微前低。右侧供养人女像，高 66 厘米；绾圆髻，面部近方，耳垂硕大，各垂一道璎珞于胸侧；内着衣，外着双领下垂式广袖大衣，足穿鞋；双手合十胸前（图 2-23）。

右侧龛面存题记两行，竖刻，楷书，为绍兴辛未（1151 年）工匠题名记。

图 2-23 净慧岩第 15 龛（东北→西南）

净慧岩

【第 16 龛】

位置：造像崖壁东侧靠上，第 17 龛左，第 15、19 龛上。

年代：初盛唐。

龛形：拱形龛，平面近弧形，宽 160、高 170、深 31 厘米，龛向 12 度；雕出尖拱形龛楣及两侧龛面，其上饰团花。

保存情况：壁面风化较严重，左、右龛面底部原造像被磨平，存密集凿痕，造像均为后代改刻，造像及壁面遍覆装彩。

造像内容：正壁前现造一菩萨二童子，全部经后代改刻。菩萨居中，立仰莲圆座上，现高 72、座高 8 厘米。头顶存原造像之尖桃形素面头光，头光中央现雕一小方塔于祥云上，作为菩萨之华盖，系改刻原造像头部而成。菩萨绾髻，戴卷草纹花冠，缯带飘于肩侧，面部宽圆，耳垂硕大，垂一短璎珞于胸侧。内着僧祇支，外着双领下垂式袈裟，下着裙，跣足。戴数道条带缠绕而成的项圈，于胸前中央垂一道长挂件，两侧各垂一道璎珞，隐于袈裟后。双手合十胸前，腰微左扭，双足各踩一小莲座。

童子立菩萨左、右。头顶有原造像遗留之尖桃形素面头光，其上墨绘水波纹，头光顶部有原造像头顶之巨大圆形树冠，可见叶片。二童子均光头，面部宽圆，上身赤裸，下着裙，腰束带，结带分两道垂双腿间，裙腰外翻，飘带经头后，搭两腕，垂于体侧。戴环状项圈，双腕饰钏。双手合十胸前，身体朝向龛外，回首仰面向菩萨，双膝微屈。童子头顶及身体外侧墨绘龙和祥云。

左、右龛面底部各存一造像残痕。左侧者似立山座上，可见裙尾及飘带痕，应为一力士。右侧者残不可识（图 2-24）。

【第 17 龛】

位置：造像崖壁东端上层，第 16 龛右，第 18 龛左。

年代：南宋。

龛形：方形龛，平面呈横长方形，宽 150、高 90、深 15 厘米，龛向 29 度。

保存情况：造像及壁面遍覆后代装彩。

造像内容：上部凸出于下部壁面，浅浮雕群山，其上有后代墨绘幡条。下部中央雕一僧侣立祥云上，高 36、云座高 19 厘米。有巨大圆形身光，戴冠。着袈裟，下着裙。身体朝向左侧，头前低，双手置胸前，作恭敬参拜状。高僧身后雕一狮立圆座上，背上有鞍，鞍上置一硕大尖桃形物，狮头微上仰。狮后雕一小像立仰莲圆座上，戴风帽；着长袍，腰束带；双手拱胸前，上身前低，作恭敬参拜状。高僧、狮子、立像内侧雕一舟形宽祥云。

高僧前方，近左壁前，雕一帝王倚坐靠椅上，着广袖大衣，足穿鞋；左手置胸前左侧，右手抚椅扶手上，头微抬，看向前方高僧。帝王前雕一小像立仰莲圆座上，戴小圆帽，上身着两层短衣，下着裙；身体朝向龛内，侧身向帝王，回首后方高僧，双手置于胸前，作导引状（图 2-25）。

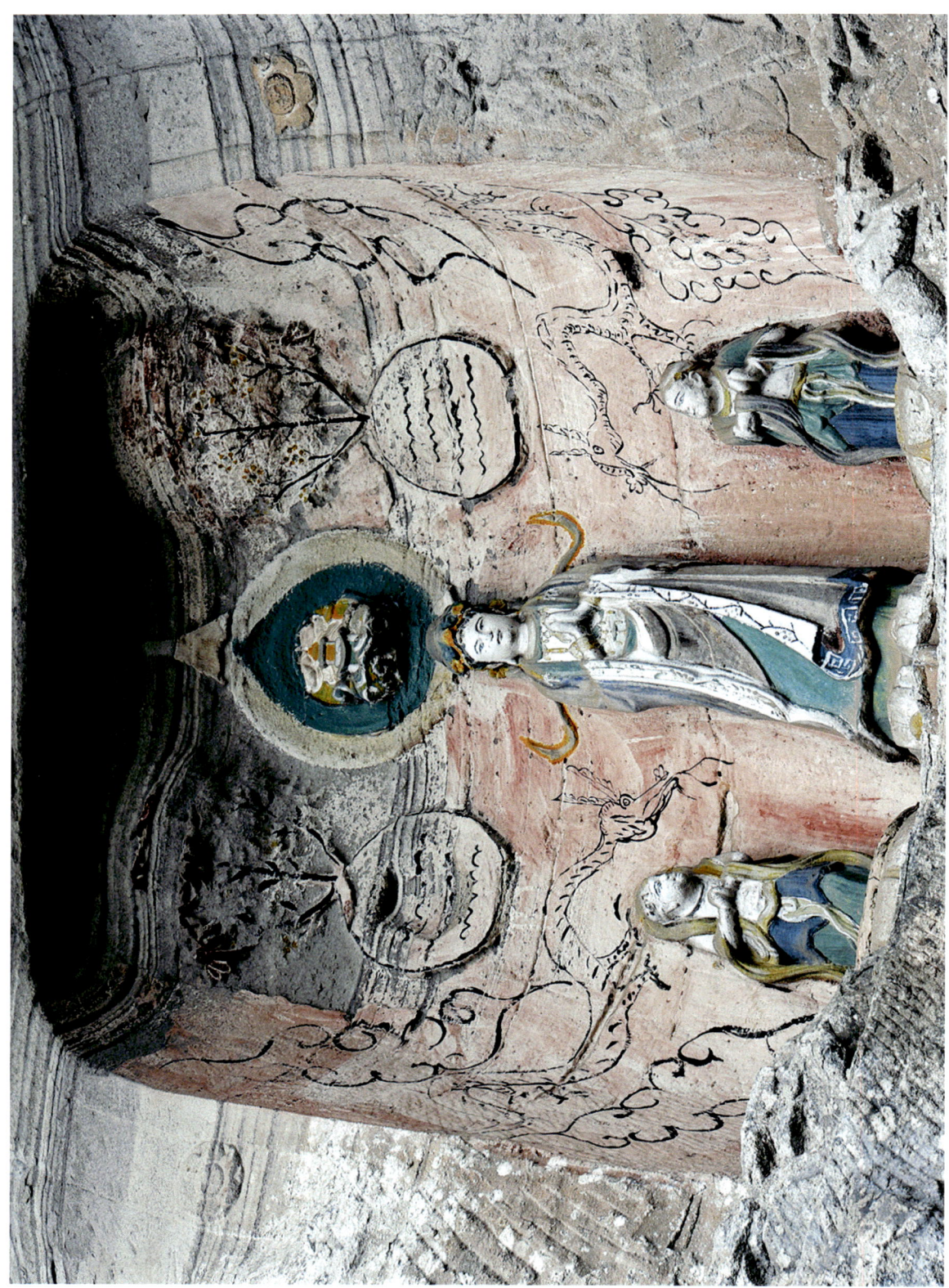

图2-24 净慧岩第16龛（东北→西南）

净慧岩

图 2-25 净慧岩第 17 龛（东北→西南）

【第18龛】

位置：造像崖壁东端上层，第17龛右。
年代：初盛唐。
龛形：拱形龛，平面呈弧形，宽90、高78、深22厘米，龛向35度。存尖拱形龛楣，两侧向下延伸。
保存情况：造像经后代改刻、补塑，造像及壁面遍覆装彩。
造像内容：正壁前造三主尊立像，全身经后代改刻、补塑。中央一身现为佛像，高40、座高20厘米。头顶有原造像之内圆外尖桃形素面头光。螺发，面部宽圆，耳垂硕大。内着僧祇支，外着双领下垂式袈裟，下着裙。左手置腹前，右手置胸前。头光、身体左右各墨绘一朵祥云。

左侧立像高39厘米。绾扁圆髻，面部宽圆，一绺长髯垂胸前。着交领长袍，腰束带，结带分两道垂双腿间，末端饰流苏。双手笼袖中，置腹前。

右侧立像高40厘米。绾高圆髻，面部宽圆，一绺长髯垂胸前。着交领广袖道袍，腰束带，宽结带垂于双腿间。双手持条状物于胸前，身体微左倾（图2-26）。

图2-26 净慧岩第18龛（东北→西南）

净慧岩

【第 19 龛】

位置：造像崖壁东侧中部一凸出壁面上，第 15 龛右，第 16 龛下。
年代：咸丰三年（1853 年）。
龛形：方形龛，平面呈横长方形，宽 159、高 162、深 20 厘米，龛向 11 度。
保存情况：无左壁，龛底脱落。四周遍布点状凿痕。
造像内容：正壁磨平，刻题记二十二行，竖刻，楷书，内容记咸丰三年（1853 年）信众集资装彩佛像事件（图 2-27）。

图 2-27　净慧岩第 19 龛（东北→西南）

【第20龛】

位置：造像崖壁中部靠下，第21、22龛左，第7~10、12、13龛下。
年代：清。
龛形：不明，平面近横长方形，宽366、残高240、深119厘米，龛向11度。
保存情况：仅存正壁及龛底。造像为现代补塑，造像及壁面遍覆装彩。
造像内容：正壁前起一通壁石案，高35厘米，"几"字形足，案上有现代塑像三尊。中央一身结跏趺坐于仰莲圆座上，头右侧墨书"元始天尊"。左、右两身结跏趺坐于牛背上，左侧一身头侧墨书"通天教主"，右侧一身头部右边墨书"李老君"（图2-28）。

图2-28 净慧岩第20龛（东北→西南）

【第21龛】

位置：造像崖壁中部靠下，第20龛右，第14龛左，第22龛上，右侧被第14龛破坏。

年代：初盛唐。

龛形：拱形龛，平面呈弧形，残宽38、高46、深4厘米，龛向30度。

保存情况：右侧不存，顶、底残。造像及壁面残损、风化严重，造像经后代改刻、补塑。

造像内容：正壁前存一佛一菩萨，全身经后代改刻和补塑。佛居中，结跏趺坐于台座上，现高26、座高6厘米。头顶有原造像之尖桃形素面头光痕。光头，头较大。着双领下垂式袈裟，下摆覆双腿。双手置腹前。

菩萨立佛左侧方座上，现高31、座高4厘米。头后有原造像之尖桃形素面头光痕。内着僧祇支，外着双领下垂式袈裟，下着裙，足穿鞋，披巾自两肩下垂及座，余皆残不可识（图2-29）。

【第22龛】

位置：造像崖壁中部靠下，第20龛右，第14龛左，第21龛下，右壁被第14龛破坏。

年代：初盛唐。

龛形：拱形龛，平面呈弧形，宽47、高54、深7厘米，龛向22度。

保存情况：右壁不存。正壁上部有细密凿痕；造像经补塑，造像及壁面遍覆装彩。

造像内容：正壁前存二立像，均现代补塑而成，原造像情况不明（图2-29）。

图2-29 净慧岩第21、22龛（东北→西南）

岳阳镇

❸ 菩萨湾

菩萨湾摩崖造像位于安岳县东北郊的岳阳镇新村一组，地处菩萨湾东面山腰，南距安岳县城1.5公里，现为四川省重点文物保护单位。西北侧有小道通往安岳县城，东南侧为寺院建筑，周边地表有少量造像和建筑残件。

在三个近"品"字形排列的两处红砂岩石包上开十九龛造像，分别编号第一、三号石包（图3-1、3-3）和第二号崖壁（图3-2）。大部分造像的头、臂于早年遭到破坏，部分造像经后代补塑和装彩。原编第一号石包1~12龛，此次调查增编第二号崖壁和第三号石包之第13~19龛。

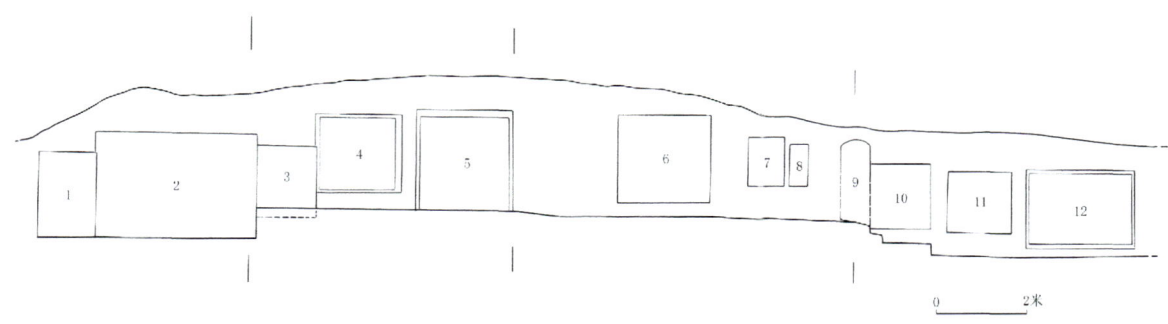

图3-1 菩萨湾第一号石包造像分布示意图

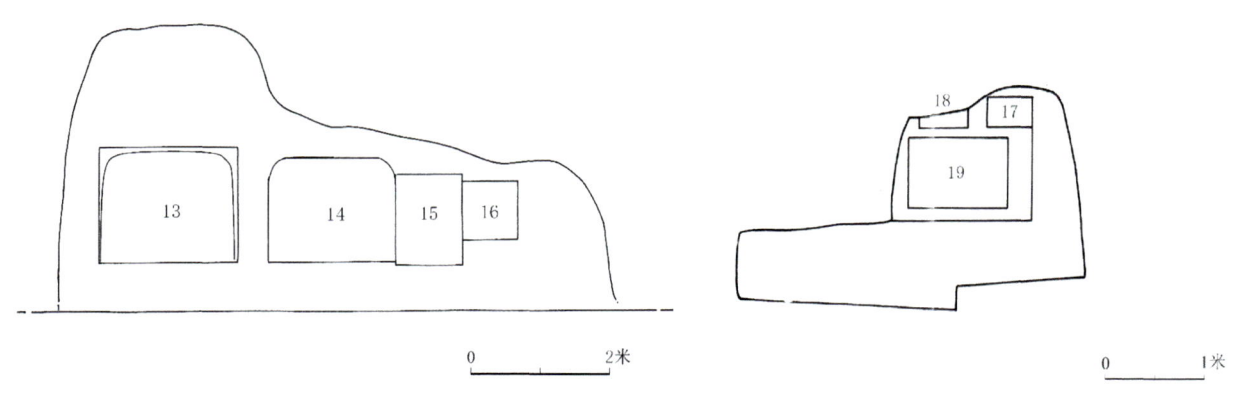

图3-2 菩萨湾第二号崖壁造像分布示意图　　图3-3 菩萨湾第三号石包造像分布示意图

菩萨湾

　　第一号石包位于造像区西北,四周铺设水泥地面,顶部有现代建筑遮盖。石包顶部及壁面有较多柱洞、榫孔,系各时期搭建龛前建筑遗存。第一号石包平面近方形,四面开龛,西壁宽4.9、高3.2米,自北向南开第1、2龛(图3-4);南壁宽5.7、高3.1米,自西向东开第3~5龛;东壁宽7.3、高3.2米,自南向北开第6~9龛(图3-5);北壁宽6.5、高2.8米,自东向西开第10~12龛(图3-6)。第二号崖壁位于造像区东北侧寺院建筑内,于造像区东侧山体裸露的北侧崖壁上开龛造像,顶部及造像壁面存少量柱洞、榫孔,插入木梁和砖砌柱础。造像损坏严重,均为现代补塑和装彩,龛前搭设供台,置现代圆雕造像。崖壁宽8.1、高4.2米,自东向西开第13~16龛(图3-7)。第三号石包位于寺院建筑外走廊东侧,东、北侧残,呈不规则形。西、北面有取条石痕。南面残宽3.15、残高2.15米,下部开第17~19龛(图3-8)。

图3-4　菩萨湾第一号石包西壁造像(西南→东北)

图 3-5　菩萨湾第一号石包东壁造像（东→西）

图 3-6　菩萨湾第一号石包北壁造像（东北→西南）

菩萨湾

图 3-7　菩萨湾第二号崖壁北壁造像（东→西）

图 3-8　菩萨湾第三号石包南壁造像（西北→东南）

【第1龛】

位置：第一号石包西壁北端，第12龛左，第2龛右，破坏第2龛右壁。

时代：唐末五代宋初。

龛形：方形龛，平面近半圆形，宽100、高170、深96厘米，龛向316度。

保存情况：左壁及龛底外侧残；造像经后代补塑，遍覆装彩。

造像内容：正壁前造一像半跏趺坐于束腰方座上，全身有现代装彩，头、臂为现代补塑，现高87、座高41厘米。头顶有八角形华盖，正面悬垂珠链。内着交领衣，外着交领袈裟，下摆覆双腿，悬垂座前，跣足。左、右臂分置腹、胸前，左掌中托物，右手握拳。左腿下垂踩一小莲座，右腿内盘座上。座前雕莲叶、莲蕾，右侧雕一狮子趴伏于地，身体朝向左侧，回首龛外，似经补塑。台座左侧似雕一立像，残不可识（图3-9）。

图3-9 菩萨湾第1龛（西北→东南）

【第 2 龛】

位置：第一号石包西壁中部，第 1 龛左，第 3 龛右，右壁被第 1 龛破坏。
时代：唐末五代宋初。
龛形：方形龛，平面呈横长方形，残宽 340、高 252、深 46 厘米，龛向 256 度。
保存情况：左壁不存，龛顶左侧、右壁下部脱落，龛底为现代水泥地面覆盖。
造像内容：正壁中央开一圆拱形小龛，宽 35、高 37、深 5 厘米，龛内造一主尊二胁侍，均仅存轮廓。中央主尊结跏趺坐于仰莲圆座上。左右胁侍连座高 25 厘米。

正壁及右壁上部密集雕刻十九层小佛像结跏趺坐于圆座上，大多风化严重，仅存轮廓，均高 10、座均高 4 厘米。可见衣纹者着双领下垂式或通肩式袈裟，部分可见僧祇支。双手置腹、胸前（图 3-10）。

图 3-10 菩萨湾第 2 龛(西南→东北)

菩萨湾

【第 3 龛】

位置: 第一号石包南壁西端,打破第 4 龛右壁。

年代: 唐末五代宋初。

龛形: 方形龛,平面呈横长方形,宽 168、残高 180、深 32 厘米,龛向 218 度。

保存情况: 仅存正壁中下部。造像头、臂多残损,造像及壁面覆青苔。

造像内容: 正壁中央造一像半跏趺坐于高方座上,头及右臂残,高 64、座高 40 厘米。头顶雕华盖,有圆形头光和身光,内层饰莲瓣,外缘饰火焰,头顶轮廓近圆。内着僧祇支,于腹部束带打结,外披双领下垂式袈裟。戴环状项圈,胸前垂三道挂饰,中央一道呈"十"字形。左手托一硕大宝珠于腹前,右手举右胸前,左腿下垂踩一小莲座,右腿内盘座上(图 3-11)。

华盖左、右各存一朵祥云。左侧祥云仅存下部,现存三身佛结跏趺坐于圆座上,可见中央一身似着通肩式袈裟,双手置腹前。右侧祥云仅存轮廓。

座下有四层基座。从上至下第一层方形,外凸,正面饰卷草。第二层内凹,中央有一火焰状物上飘,两侧各置一莲台,其上凹凸近三角形。第三层方形,外凸,饰帷幔。第四层雕一狮子蹲踞向右侧,小耳竖立,四肢粗壮,右前腿按球,尾部上翘,回首龛外。

主尊左右各雕一立像。左侧菩萨像立仰莲圆座上,头、臂残,略风化,高 49、座高 9 厘米。绾髻,下着长裙,腰束带,跣足,披巾自两肩垂下,绕臂后下垂及座。双手持一长莲茎于胸前,腰微左扭,身体略转向主尊。右侧立像仅存下身,残高 23、座高 9 厘米。着袈裟,下着裙。双臂似置体前,身体略倾向主尊(图 3-12、3-13)。二立像身体外侧各雕两排共六身像善跏趺坐于方座上,上排各一身,下排各两身,头、臂、腿均残,均高约 25、座高约 10 厘米。戴软脚幞头,着圆领广袖长袍,腰束宽带。可见双手者均持笏板于胸前。头外侧各存一竖长方形榜题框,字迹不存。

立像下方雕十身冥王善跏趺像于方座上,左、右上排各两身,下排各三身,头、臂均残,高约 30~37、座高约 13~17 厘米。除右侧下排靠内一身戴兜鍪、武士装外,其余各身均戴方冠,着圆领广袖长袍,足穿鞋。头内侧各存一竖长方形榜题框,字迹不存。左侧上排靠内一身左手在下,右手在上,托一竖长方形物于胸前;靠外一身双手握一笏板于胸前。上排左侧雕一像立圆座上;绾髻,着圆领广袖大衣,其上似套襦裙,足穿鞋;双手置胸前,笔直站立(图 3-14)。下排内侧一身双手持笏板于胸前左侧;中央一身左手托物于左腹前,右手举胸前右侧,头微右偏,看向左前方;外侧一身长髯垂胸,双手怀抱一笏板于胸前,头左偏,看向右下方(图 3-15)。

右侧上排靠内一身头略宽,双手置腹前,似持笏板;靠外一身双手置腹前。上排外侧雕一像立圆座上,着广袖大衣,足穿鞋,两侧披巾下垂及座,左手置腹前,右手似举肩前(图 3-16)。下排内侧一身武士装,戴兜鍪,着甲,双手托物于胸前左侧;中央一身双手持笏板于胸前左侧;外侧一身双手托一短方形物于腹前(图 3-17)。左壁底部雕一立像,高 48 厘米,光头,着袈裟,下着裙,跣足。双手合十胸前(图 3-18)。

图 3-11　菩萨湾第 3 龛（西南→东北）

菩萨湾

图 3-12 菩萨湾第 3 龛主尊（西南→东北）

图 3-13　菩萨湾第 3 龛主尊左侧菩萨（西南→东北）

菩萨湾

图 3-14　菩萨湾第 3 龛左侧上排冥王之二（西南→东北）

图 3-15　菩萨湾第 3 龛左侧下排冥王之三（西南→东北）

图 3-16 菩萨湾第 3 龛右侧上排冥王之二（西南→东北）

图 3-17 菩萨湾第 3 龛右侧下排冥王之三（西南→东北）

菩萨湾

图 3-18　菩萨湾第 3 龛左壁供养僧侣
　　　　（西北→东南）

【第 4 龛】

位置：第一号石包南壁中部，第 3 龛左，第 5 龛右，外龛右壁被第 3 龛破坏。

年代：唐末。

龛形：双层方龛，内龛平面近横长方形，外龛残宽 193、高 190、残深 3 厘米，内龛宽 180、高 176、深 73 厘米，龛向 216 度。

保存情况：龛顶外侧脱落，内、外龛右壁残。

造像内容：内龛正壁前雕西方净土变（图 3-19）。中央壁面略凹，造一佛二菩萨结跏趺坐于束腰仰莲圆座上。台座束腰处均呈扁球状，各雕三壸门。佛居中，头残，高 48、座高 21 厘米。有圆形身光，肉髻高耸，颈略细。着通肩式袈裟，领口开胸前，下摆覆双腿。双手于腹前结禅定印。

左、右侧菩萨均有尖桃形头光和椭圆形身光，外缘饰火焰，绾髻，戴高花冠，缯带垂及肘后，发辫覆肩，末端分三道；斜披络腋，下着裙，腰束带，裙尾覆双腿，披巾自两肩垂下，于腿前横过，绕臂后下垂及座；戴环状项圈，于胸前中央各垂一挂饰，两侧各垂一道璎珞，于腹前相交，垂及膝部，折向身后，双腕饰钏。左侧菩萨高 47、座高 18 厘米；双手持一圆柱形物于腹前。右侧菩萨高 47、座高 18 厘米；双手持莲蕾于腹前。佛、菩萨间各雕一弟子立菩萨台座内侧，体形较小，头均残。有素面圆形头

351

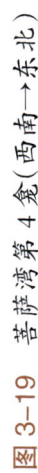

图3-19 菩萨湾第4龛（西南→东北）

菩萨湾

光,光头,长圆脸,耳垂硕大,着交领袈裟,下着裙;双手合十胸前,身体略倾向主尊。佛、菩萨台座间各雕一小菩萨坐像。头均残,可见发辫垂肩,披络腋,下着裙,腰束带,披巾自两肩垂下,于腿前横过,绕臂后下垂及座;双手合十胸前(图 3-20)。

菩萨外侧各雕一幢、塔。幢靠内,三层圆形基座,其间以球形构件承接,下层构件饰壸门,上层基座饰仰莲瓣。幢身八棱柱状。三层天盖,其间亦以球形构件承接,下层构件饰壸门,上层中央开拱形小龛,龛内雕一结跏趺坐佛像,可见着交领袈裟。幢顶雕仰莲台,其上置火焰宝珠。塔靠外,双层,八边形,雕出围栏、立柱、瓦垄。各层中央各雕佛帐,下层中央雕一佛二弟子,上层雕一佛二菩萨。塔顶雕仰莲座,其上置火焰宝珠。下层佛帐中,佛结跏趺坐于中央,高肉髻,着通肩式袈裟,双手于腹前结禅定印;弟子立佛左右,光头,着交领袈裟,下着裙,双手似合十胸前。上层佛帐中,佛形像同下层;菩萨立佛左右,绾髻,下着裙,双手置胸前,略侧身向佛。幢、塔下各雕三身像。内侧两身菩萨像,均朝向中央主尊。有尖桃形头光和圆形身光,绾髻,发辫垂肩,披络腋,下着裙,腰束带,披巾自两肩垂下,于腿前横过,绕臂后下垂及地。靠内两身均胡跪,双手似合十胸前;靠外两身双手托火焰宝珠于胸前(图3-21、3-22)。

佛头顶雕一半圆形华盖,中央饰火焰宝珠,两端上卷,下饰珠链、流苏、风铃。华盖下中央各有一道飘带飘向左、右,卷曲形成三个圆龛。内、外侧龛各雕一佛二弟子;佛结跏趺坐于中央覆莲圆座上,高肉髻,可见衣纹者均为通肩式袈裟,双手于腹前结禅定印;弟子立佛两侧,均光头,着交领袈裟,下着裙,双手似合十胸前,略侧身向佛。中央龛雕一菩萨二弟子;菩萨结跏趺坐于中央覆莲圆座上,绾髻,缯带下垂及肩,着袈裟,双手置腹前;弟子立菩萨两侧,均光头,着袈裟,下着裙,双手置胸前。小圆龛与作为主尊的二菩萨之间壁面遍雕树叶,中央盛开桃形宝珠。飘带两侧各飘一祥云,云尾向外侧,云头各雕五身像。分两排,前排各雕三身佛结跏趺坐于云头上;肉髻较高,着通肩式袈裟,双手笼袖中,置腹前。后排各雕两身菩萨立像,绾髻,缯带垂肩,着袈裟,双手笼袖中,置胸前。

华盖上方中央雕一楼阁,雕围栏、立柱、瓦垄、鸱尾,立柱将其分为三开间,左右各雕一像立围栏后,仅存轮廓,形象不识。楼阁左、右各雕一飞天相向作飞翔状。绾高髻,着长裙,飘带飘于身后,双腿上翘。左侧飞天双手各托一物于头两侧。右侧飞天双手托物于头前(图3-23)。

作为主尊的一佛二菩萨下方雕通壁围栏,上部雕一排菩萨像,均有圆形头光。绾髻,发辫垂肩,披络腋,着长裙,腰束带,披巾自两肩垂下,于腿前横过,绕臂后下垂及座,跣足。中央两身立覆莲座上,双手握飘带,身体对称内倾,作舞蹈状。两侧对称雕七身菩萨结跏趺坐于覆莲座上,均双手合十,身体微侧向中央,微后倾。两侧从内至外第五身均着通肩式袈裟,领口开胸前。

围栏正面中央雕双首鸟立圆座上,短喙、圆首、细长颈,双翅张开,身体朝向右侧,宽尾上翘于左侧。座两侧又各有一鸟相向而立,体型较小,喙置圆座上。双首鸟两侧各雕一人首鸟身像相向而立,有双重圆形头光,绾高髻,双手托物于胸前。其身后各雕四身伎乐,对称分布,身体朝向中央;有圆形素面头光,绾高髻,风化较严重。左侧从内至外第一身吹箫,第二身手持乐器不明,第三身执近圆形乐器,第四身吹笙;右侧从内至外第一身持拍板,第二身吹笛,第三身似抚琴,第四身所持乐器不明。

图 3-20 菩萨湾第 4 龛中部佛、菩萨（西南→东北）

菩萨湾

图 3-21　菩萨湾第 4 龛左侧幢、塔（西北→东南）

图 3-22　菩萨湾第 4 龛右侧幢、塔（东南→西北）

菩萨湾

图 3-23　菩萨湾第 4 龛顶部华盖、楼阁（西南→东北）

　　伎乐身后各雕一菩萨一佛。内侧菩萨相向而立，有内圆外尖桃形头光，绾高髻，发辫垂肩，披络腋，着长裙，披巾自两肩垂下，绕臂后下垂及地，双手似合十胸前。外侧佛均结跏趺坐于仰莲圆座上，有内圆外尖桃形素面头光，磨光肉髻，双耳硕大，着通肩式袈裟，领口开胸前，下摆覆双腿，外侧手臂均置胸前，掌心向内，伸出食指与中指，内侧手臂抚膝，微侧身向中央，微内倾。伎乐下方又雕一排围栏，中央雕莲池，有莲叶、莲蕾及细密水波（图 3-24）。

图 3-24 菩萨湾第 4 龛底部菩萨、伎乐（西南→东北）

菩萨湾

【第 5 龛】

位置：第一号石包南壁东端，第 4 龛左。

年代：唐末。

龛形：双层方形龛，内龛平面呈横长方形，外龛宽 210、残高 232、残深 135 厘米，内龛宽 187、高 230、深 87 厘米，龛向 208 度。

保存情况：龛顶有一宽裂隙自左壁与后壁相交处纵贯而下，左、右壁存小榫孔。

造像内容：正壁中央开一尖拱形小龛，凸出于壁面，宽 81、高 62、深 10 厘米。龛内造三佛结跏趺坐于束腰台座上。均有内圆外尖桃形头光和双重圆形身光，肉髻略高，双耳硕大，颈部存三道蚕纹，袈裟下摆覆双腿及台座。中央一身高 31、座高 20 厘米；内着僧祇支，于腹部束带，外着双领下垂式袈裟；双手托一钵于腹前，坐仰覆莲圆座上。左、右二佛均着通肩式袈裟，领口开胸前；坐束腰方座上。左侧佛双手于腹前结弥陀定印；右侧佛左手托一硕大火焰宝珠于腹前，右手抚膝（图 3-25、3-26）。

正壁环绕中央小龛造六层小佛结跏趺坐于仰莲圆座上，均高 21、座均高 7 厘米，共计五十身。有

图 3-25　菩萨湾第 5 龛（西南→东北）

尖桃形素面头光，肉髻较高，可见衣纹者均着通肩式袈裟，领口开胸前，下摆覆双腿。从上至下第一行九身，左侧五身风化较严重，左起第一身残不可识；第二、五身双手置腹前；第三身双手托钵于腹前；第四身双手置腹前；第六身双手于腹前持一近圆形物；第七身双手托一硕大宝珠于腹前；第八身双手合十胸前；第九身袈裟覆头，双手笼袖中，置腹前。

第二行十身。左起第一身残不可识；第二身双手于腹前结禅定印；第三身袈裟覆头，双手笼袖中，置胸前；第四身双手似于腹前结禅定印；第五身仅存轮廓，双手置腹前；第六身双手于腹前结弥陀定印；第七身双手于腹前似托一圆钵；第八身左手抚膝，右手置胸前；第九身双手于腹前结禅定印；第十身双手托一圆钵于腹前，钵内盛物凸出呈球形。

第三层六身，小龛左右各三身。左起第一身双手托一火焰宝珠于腹前；第二身双手托法轮于腹前；第三身双手合十胸前；第四身双手合十胸前；第五身袈裟覆头，双手笼袖中，置腹前，身体微左倾；第六身双手托一火焰宝珠于腹前，身体微左倾。

第四层四身，小龛左右各两身。左起第一身双手托一硕大宝珠于腹前；第二身左手置胸前，掌心向内，伸出食指和中指，右手抚膝；第三身左手抚膝，右手置胸前，掌心向内，伸出食指与中指。第四身双手托钵于腹前，钵内盛圆球形物。

第五层十一身。左起第一、十一身双手笼袖中，置胸前；第二、七身双手于腹前结弥陀定印；第三、九身双手于腹前托八角形法轮；第四、八身双手合十胸前；第五、十身结禅定印于腹前；第六身双手托一硕大宝珠于腹前。

第六行十身。左起第一、十身着交领袈裟，双手置袈裟内；第二、八身双手笼袖中，置腹前；第三身双手托钵，钵内盛圆球形物；第四身双手于腹前结弥陀定印；第五身内着僧祇支，于腹部束带，外着双领下垂式袈裟，双手笼袖中，置腹前；第六身双手笼袖中，置胸前；第七身双手托一八角形法轮于腹前；第九身着交领袈裟，双手笼袈裟内。

图 3-26　菩萨湾第 5 龛中部小龛（西南—东北）

菩萨湾

内龛右壁中部阴刻一盝形碑,宽51、高110厘米,碑首中央饰二云头相对之卷云,碑座覆莲,碑身呈长方形,竖刻,楷书,十二行,刻白绍镌造阿弥陀佛及二菩萨、五十三佛之事(图3-27)。

图3-27　菩萨湾第5龛造像题记(东南→西北)

【第6龛】

位置：第一号石包东壁中部，第5龛左，第7龛右。
年代：唐末五代宋初。
龛形：方形龛，平面呈横长方形，宽226、高170、深55厘米，龛向120度。
保存情况：左、右壁外侧残。造像存烟熏痕，造像及壁面略残损、风化。
造像内容：环三壁设高22厘米坛，坛上造千手观音及眷属（图3-28）。千手观音居中，善跏趺坐于方座上，面部及两侧手臂残，高124厘米。有尖桃形身光，外缘饰火焰。戴卷草纹高冠，缯带垂肩后，面部长圆，双耳硕大，颈部有三道蚕纹（图3-29）。着双领下垂式大衣，较宽，覆两侧手臂，下着长裙，腰束带，结带于双腿间垂于跣足；披巾自两肩垂下，于两膝外侧下垂及坛。戴饰几何纹的宽环状项圈，两侧各垂一道璎珞于腹前相交，垂及膝部，折向身后，于膝前各垂一道流苏，体前四臂戴腕钏。体前四臂，上二臂合十胸前，下二臂共托一硕大宝珠于腹前。身体左、右各二十臂，呈扇形展开，多残，上二臂共捧一化佛于头顶，其余手臂可见持化佛、塔、绢索、日轮、莲蕾、傍牌、弓、如意轮、数珠、环，双足下踏一仰莲圆座。

台座左右各雕三身眷属。内侧两身相向而跪，左侧一身上身残，残高24厘米；上身赤裸，下着裤，腰束带，跣足；双手似托物置胸前。右侧一身俗人男性形象，高37厘米；戴幞头，着圆领长袍，腰束带；双手托一硕大桃形物于胸前。中央二身相向而胡跪，俗人女性形象，绾高髻，面部饱满；内着圆领衣，外披双领下垂式大衣，下着裙，腰束带，跣足；双手合十胸前。左侧一身高46厘米。右侧一身高45厘米。外侧两身相向而立，微侧身向龛外。左侧一身老者形象，高77厘米；戴圆冠，面部较长，长髯呈倒三角形垂胸前；着袒右式衣，下着裙，足着履；左手握拳置胸前右侧，右手持杖于前方像头后。右侧一身头残，残高62厘米；着圆领广袖大衣，腰束带，下着裙，可见两道披巾于腿前横过；双手似合十腹前（图3-30、3-31）。

千手观音身体左、右靠上位置各雕一横长方形座，高8厘米，座前浅浮雕云纹。座上各雕五身结跏趺坐佛，均风化较严重，高12厘米。有肉髻，着通肩式袈裟，下摆覆双腿；双手笼袖中，拱腹前或置双腿上。

左、右壁外侧前各立一天王于坛上。戴兜鍪，着长甲，戴护臂，腰束宽带，足穿靴。左侧天王身体左侧风化较严重，高90厘米；腰后悬一短剑，左手作拔剑状，右手叉腰，身体微倾向龛外。右侧天王头及右臂残，高97厘米；双手挂一长剑于胸前中央（图3-32、3-33）。

菩萨湾

图 3-28 菩萨湾第 6 龛（东南→西北）

图3-29 菩萨湾第6龛千手观音头部（东南→西北）

图3-30 菩萨湾第6龛千手观音左侧下部眷属（东南→西北）

菩萨湾

图 3-31　菩萨湾第 6 龛千手观音右侧下部眷属（东南→西北）

图 3-32　菩萨湾第 6 龛左侧天王（西南→东北）

图 3-33　菩萨湾第 6 龛右侧天王（东北→西南）

【第 7 龛】

位置：第一号石包东壁北部，第 6 龛左，第 8 龛右。
年代：唐末五代宋初。
龛形：外方内拱形龛，内龛平面呈浅弧形，外龛残宽 53、残高 78、残深 4 厘米，内龛宽 44、高 62、深 5 厘米，龛向 115 度。
保存情况：仅存内龛正壁。造像及壁面残损、风化严重。
造像内容：正壁前造一像结跏趺坐于束腰座上，仅存轮廓，高 50、座高 34 厘米。残不可识（图 3-34）。

图 3-34　菩萨湾第 7 龛（东南→西北）

【第 8 龛】

位置：第一号石包东壁北端，第 7 龛左，第 9 龛右。
年代：唐末五代宋初。
龛形：方形龛，平面呈浅弧形，残宽 60、高 98、深 5 厘米，龛向 106 度。
保存情况：仅存正壁。造像及壁面残损、风化严重。
造像内容：正壁前造一立像，仅存轮廓，高 90 厘米。戴冠，着长裙，其余残不可识。

【第 9 龛】

位置：第一号石包东壁北端，第 8 龛左，第 10 龛右，打破第 10 龛右壁。
年代：唐末五代宋初。
龛形：拱形龛，平面呈横长方形，宽 77、高 170、深 7 厘米，龛向 63 度。
保存情况：龛底及左壁下部残。壁面遍覆青苔。
造像内容：正壁磨光，未见造像或字迹（图 3-35）。

图 3-35 菩萨湾第 9 龛（东北→西南）

【第10龛】

位置:第一号石包北壁东侧,第9龛左,右壁被第9龛破坏。
年代:唐末五代宋初。
龛形:方形龛,平面呈横长方形,宽145、高149、深52厘米,龛向42度。
保存情况:左、右侧壁面遍覆青苔,造像及壁面风化严重。
造像内容:正壁前设低坛,高12厘米,坛上造一佛二菩萨立仰莲圆座上,残损、风化严重。佛居中,高96、座高18厘米。有圆形头光,外缘饰火焰。着双领下垂式袈裟,下着裙,跣足。双臂置体侧,微前抬。

菩萨立佛左、右侧,存头光痕,绾髻,戴冠,缯带垂肩后,长及肘部;着长裙,腰束带,裙腰外翻,结带垂于双腿间,跣足,披巾自两肩垂下,于腿前横过,绕臂后下垂及座。左侧菩萨高85、座高17厘米;双手托一瓶于腹前,右腿微屈。右侧菩萨高86、座高18厘米;双手置胸前,似持物,左腿微屈(图3-36)。

图3-36 菩萨湾第10龛(东北→西南)

菩萨湾

【第 11 龛】

位置：第一号石包北壁西侧，第 10 龛左，第 12 龛右。
年代：唐末五代宋初。
龛形：方形龛，平面近方形，宽 147、高 147、深 86 厘米，龛向 39 度。
保存情况：左、右侧壁遍覆青苔，造像全身均为后代改刻。
造像内容：正壁前设一低坛，高 15 厘米，坛上造一主尊二胁侍，全身遍布新凿痕，原像面貌不存。中央主尊善跏趺坐于方座上，高 97 厘米。绾桃形高髻，戴卷草束发冠，头后右侧插发簪，颈部较细，有三道蚕纹。着双领下垂式衣，下着长裙，裙头提至胸口，于胸口束带打结。左手前抬于腹侧，右手持一带状物于右腿上。

二胁侍立主尊左右。左侧一身高 100 厘米；绾双髻，颈部较细，有三道蚕纹；内着齐胸衣，外着双领下垂式大衣，腹部垂一结带；双手笼袖中，怀抱一扁圆形物。右侧一身风化较严重，高 93 厘米；绾圆形高髻，颈部较细；着大衣；双手怀抱一儿童，面向左前方。儿童头不存，着上衣，裸双腿，面向胁侍，右手上举持一物，左手搭胁侍右臂，双腿作蹬踏状。

左、右壁前坛上各雕二立像，均残损、风化严重，身体倾斜向龛外。左侧靠内一身高 53 厘米；绾垂髻，着窄袖长袍；左手置腹前，似持物，右手持一扇形物于体侧。靠外一身高 55 厘米；戴高冠，着裤；双手似叉腰，有一带状物自左腋下伸出，飘向龛外。右侧靠内一身高 54 厘米；似戴冠，着长袍，足穿鞋；左手置腰侧，右手置胸前中央，似持物。靠外一身高 45 厘米；颈部存两道蚕纹；披巾自两肩下垂及座，着裤；左手置腰侧，右手置腹前。左、右壁立像前各雕一像之上身，均残不可识（图 3-37）。

图 3-37　菩萨湾第 11 龛（东北→西南）

【第 12 龛】

位置：第一号石包北壁西侧，第 11 龛左，第 1 龛右。
年代：太平兴国九年（984 年）。
龛形：双层方形龛，内龛平面呈横长方形，外龛宽 264、高 183、深 20 厘米，内龛宽 247、高 168、深 57 厘米，龛向 3 度。
保存情况：造像略风化，外龛各壁遍覆青苔。
造像内容：内龛正壁前设两层方形浅基座，基座上造十佛结跏趺坐于台座上，每层各五身，头均残，高 45、座高 20 厘米。均有尖桃形头光和椭圆形身光，内饰莲瓣，外缘饰火焰，袈裟下摆覆双腿；除上层左起第二身，下层左起第一、三身坐方座外，其余均坐仰莲圆座上。上层左起第一身着通肩式袈裟，领口开胸前；双手托一钵于腹前。第二身双臂残，着通肩式袈裟，领口开胸前，左臂举肩前。第三身戴冠，缯带垂肩后；着袒右式袈裟；双手结印于胸前。第四身右臂残；内着僧祇支，于腹部束带打结，外着双领下垂式袈裟；左手抚膝，右手置右腿侧。第五身着通肩式袈裟，领口开胸前；双手托一硕大宝珠于腹前。

下层左起第一身着通肩式袈裟，领口开胸前；双手合十胸前；台座左侧立一小像，仅存轮廓，面向右侧。第二身内着僧祇支，于腹部束带打结，外着通肩式袈裟，领口开腹前，左手托一宝珠于腹前，右手置胸前；头光左侧竖刻"东方阿閦佛"五字。第三身内着僧祇支，与腹部束带打结，外着袒右式袈裟；双手于腹前结禅定印；头光左侧竖刻"南方□□佛"五字。第四身右臂及下身残；着袒右式袈裟；左臂置腹前。第五身残损严重，仅存轮廓；着袈裟；双手置腹前。

左壁底部造二供养人立像，面向右侧，均残损、风化严重。内侧一身残高 43 厘米，着圆领长袍，腰束带，双手拱胸前。外侧一身仅存轮廓，残高 20 厘米（图 3-38）。

上层基座左侧正面刻题记一行，字形散乱，为装彩记。左壁上中部竖刻题记两行，刻太平兴国九年（984 年）造像记。左壁下部竖刻题记一则，残损严重（图 3-39）。

菩萨湾

图 3-38　菩萨湾第 12 龛（北→南）

图 3-39　菩萨湾第 12 龛左壁题记（东→西）

菩萨湾

【第13龛】

位置：第二号崖壁北壁东侧，第14龛右。

年代：盛唐。

龛形：外方内拱形龛，内龛平面近梯形，外龛宽190、高180、深134厘米，内龛宽140、高156、深77厘米，龛向17度。雕出拱形龛楣及两侧龛面，其上饰团花。

保存情况：造像均为现代改刻、补塑和装彩，保留原造像布局。

造像内容：内龛环三壁存一主尊四胁侍。主尊居中，结跏趺坐于方座上。有内圆外尖桃形头光，为原造像遗留。两侧胁侍均立圆座上，面向主尊。胁侍身后壁面各造一排护法像，露上半身，对称分布。内龛龛口左、右各雕力士相向而立，圆形头光为原造像遗留（图3-40）。

图3-40　菩萨湾第13龛（东北→西南）

【第 14 龛】

位置：第二号崖壁北壁中部，第 13 龛左，第 15 龛右。
年代：盛唐。
龛形：拱形龛，平面呈宽"U"字形，宽 205、高 155、深 84 厘米，龛向 17 度。
保存情况：造像均为现代改刻、补塑和装彩，保留原造像布局。
造像内容：正壁前现存一佛二弟子二胁侍。佛居中，有内圆外尖桃形头光，为原造像遗留。弟子立佛两侧圆座上。左侧胁侍立左侧龛口圆座上，右侧胁侍已不存，仅可见轮廓（图 3-41）。

图 3-41 菩萨湾第 14 龛（东北→西南）

菩萨湾

【第 15 龛】

位置：第二号崖壁北壁西端，第 14 龛左，第 16 龛右，左壁被第 16 龛打破。
年代：不明。
龛形：方形龛，平面近半圆形，宽 100、高 116、深 55 厘米，龛向 19 度。
保存情况：龛底前有条石垒砌的保坎。造像均为现代改刻、补塑和装彩。
造像内容：环三壁现存一佛四胁侍。佛居中，结跏趺坐于圆座上。两侧胁侍均立圆座上，双手置胸前。右侧胁侍身后壁面雕两身立像，均露上半身。龛口左、右各存一力士立于龛底（图 3-42）。

图 3-42　菩萨湾第 15 龛（东北→西南）

【第 16 龛】

位置：第二号崖壁北壁西端，第 15 龛左，打破第 15 龛左壁。
年代：不明。
龛形：不明，单层龛，平面近弧形，残宽 80、残高 101、残深 15 厘米，龛向 18 度。
保存情况：仅存正壁及四壁内侧，残损严重。
造像内容：龛内正壁左侧存一造像轮廓，残不可识。

【第 17 龛】

位置：第三号石包南壁上部，第 18 龛左，第 19 龛上。
年代：清。
龛形：不明，平面近横长方形，宽 48、残高 30、深 8 厘米，龛向 305 度。
保存情况：仅存正壁下部。
造像内容：正壁前造一像结跏趺坐于龛底，残高 30 厘米。着广袖大衣。双手置腹前，袖口下垂于龛外，呈倒三角形（图 3-43）。

图 3-43　菩萨湾第 17 龛（西北→东南）

【第 18 龛】

位置：第三号石包南壁上部，第 17 龛右，第 19 龛上。

年代：清。

龛形：不明，平面近浅弧形，宽 51、高 22、深 10 厘米，龛向 305 度。

保存情况：仅存正壁下部。

造像内容：正壁前造一像结跏趺坐于龛底，仅存双腿，残不可识，残高 20 厘米（图 3-44）。

图 3-44　菩萨湾第 18 龛（西北→东南）

【第 19 龛】

位置：第三号石包南壁下部，第 17、18 龛下。

年代：清。

龛形：方形龛，平面呈横长方形，残宽 98、高 66、深 9 厘米，龛向 305 度。

保存情况：龛顶中部及右壁残。造像存现代装彩。

造像内容：正壁前造四身像坐于通壁台座上，座高 21 厘米。左起第一身高 62 厘米，戴冠，长髯下垂及胸口;着甲,雕刻简单;左手置腹前,右手于头侧托一圆形物,左腿下垂,右腿内盘。第二身高66厘米,戴三尖冠,披巾绕臂后垂于座前,下着裙;左手置胸前,右手举一尖桃形物于头侧。第三身高63厘米,戴三尖冠,披巾自两肩垂于座前,双手置腹前。第四身仅存残迹,不可识(图3-45)。

图3-45　菩萨湾第19龛(西北→东南)

岳阳镇

❹ 香云寺

香云寺摩崖造像位于安岳县岳阳镇梓潼村七组香云顶,北距安岳县城4.5公里。造像开于香云山顶石寨内及周围的六处红砂岩石包、崖壁上,石寨中心为现代所建梓潼寺,造像区南侧有下山小道。

原编十龛,此次调查仅发现九龛。第一号石包位于石寨东南侧寨门内,平面近方形,于宽4.3、高3.8米的南侧壁面自南向北开第1、2龛(图4-1)。第二号石包位于石寨东南寨门外西侧,顶部为寨墙,于宽5.2、高4.3米的南侧壁面自东向西开第3、4龛(图4-2)。第三号崖壁、四号石包均位于石寨北门外裸露的北侧壁面上,第四号石包从第三号崖壁脱落,分别开第5、6龛(图4-3),相距26米。第五号崖壁位于东北寨门西侧,顶部为寨墙,高16.5米,于北侧崖壁中央开第7、8龛(图4-4)。第六号石包位于石寨北侧山腰处约300米,于宽8、高5.8米的西侧壁面中部靠上开第9龛(图4-5)。

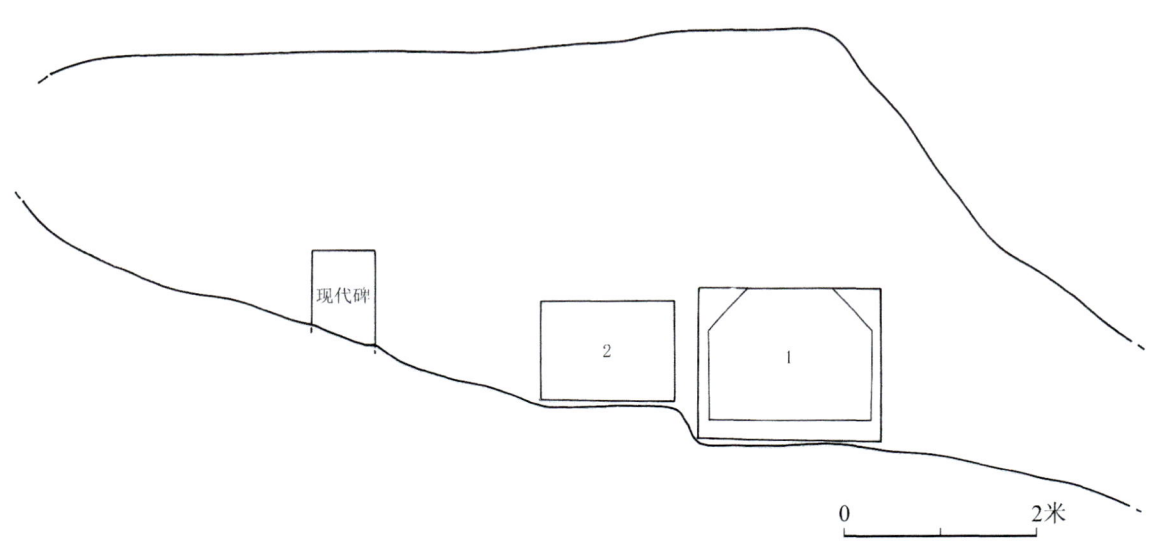

图4-1 香云寺第一号石包南壁造像分布示意图

香云寺

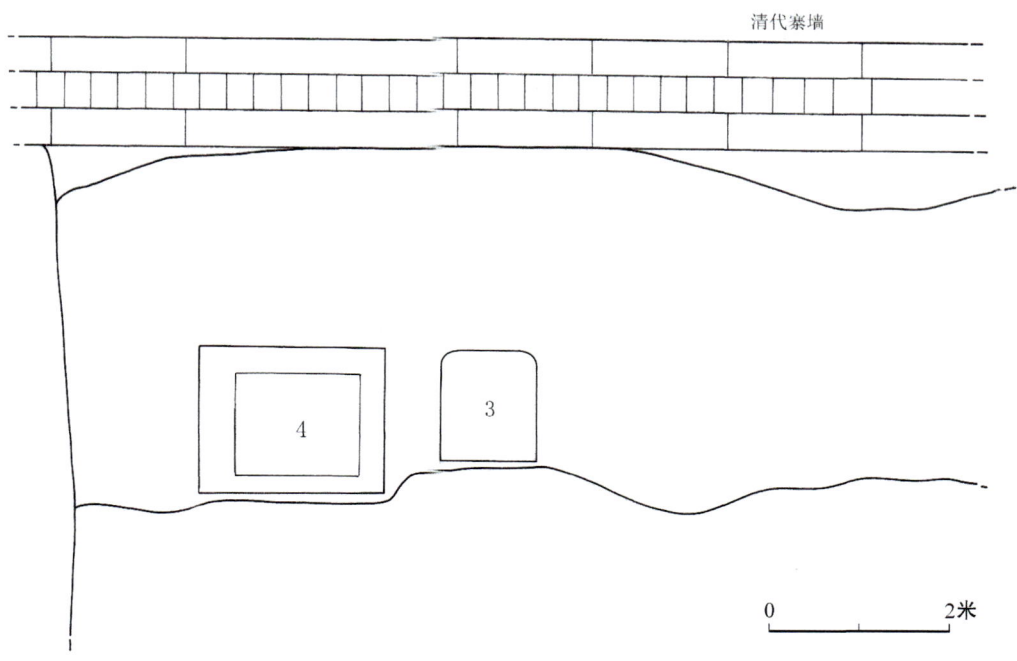

图 4-2　香云寺第二号石包南壁造像分布示意图

图 4-3　香云寺第三号崖壁、四号石包北壁造像分布示意图

安岳石窟内容总录

图 4-4　香云寺第五号崖壁造像分布示意图

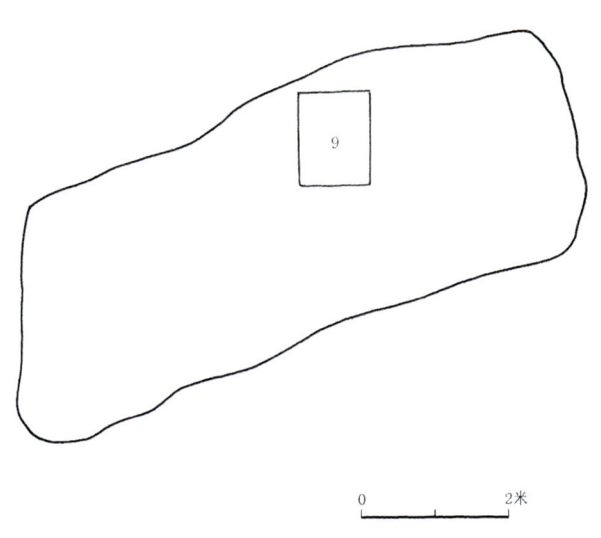

图 4-5　香云寺第六号石包西壁造像分布示意图

【第 1 龛】

位置：第一号石包南面西侧，第 2 龛左。

年代：清。

龛形：外方内盝形龛，内龛平面呈横长方形，外龛宽 192、高 160、深 84 厘米，内龛宽 173、高 136、深 56 厘米，龛向 256 度。

保存情况：内龛壁面遍布凿痕和青苔，有零星装彩痕。

造像内容：内龛底部中央雕一方台，宽 55、高 12、深 34 厘米，打磨平整，顶部中央存一宽 37、深 12 厘米方形凹槽，内布凿痕。未见造像（图 4-6）。

图 4-6　香云寺第 1 龛（西南→东北）

外龛左壁磨光宽63、高74、深2厘米壁面,顶部残,刻题记两则,均竖刻,楷书。靠上一则十三行,内容为装彩记,第六至十二行刻人名及出资金额。靠下一则位于碑之右下角,四行,为撰书人及工匠题名(图4-7)。

图4-7　香云寺第1龛左壁题记(西北→东南)

香云寺

【第 2 龛】

位置：第一号石包南面北侧，第 1 龛右。
年代：中晚唐。
龛形：方形龛，平面呈横长方形，宽 140、高 106、深 12 厘米，龛向 257 度。
保存情况：龛底被埋，右壁及龛顶外侧残，造像及壁面遍覆装彩。
造像内容：正壁前造上、下两排像立仰莲圆座上，每排各五身，头均残，部分造像双臂、胸、腹存用于补接造像的圆孔，高 20～22、座高 3 厘米。均有内圆外尖桃形素面头光，绾桃形髻，露颈者均有三道蚕纹。上排保存较好，内着交领衣；外着对襟大衣，于胸前束带，下着裙；足穿鞋。上排左起第一身左手举肩前，右手置腹侧；第二身双手置胸前；第三身双臂置体侧；第四身双手笼袖中，置腹前左侧；第五身双臂垂体侧。下排残损较严重，左侧两身可见着广袖大衣，右侧三身仅存轮廓。左起第一身双手合十胸前；第二身双臂置胸前；第三至五身不可识（图 4-8）。

左壁存一力士，所在崖壁内凹，身体表面与壁面齐平，系后代补刻而成，高 19 厘米。绾髻，上身赤裸，下着短裙，跣足。左臂下伸，右手举头侧，五指张开。

图 4-8　香云寺第 2 龛（西南→东北）

【第3龛】

位置：第二号石包南面东侧，第4龛左，打破第4龛。
年代：中晚唐。
龛形：拱形龛，平面近弧形，宽105、高123、深62厘米，龛向173度。
保存情况：左、右壁及龛顶外侧残。造像遍布凿痕，造像及壁面有零星装彩痕。
造像内容：环三壁设坛，高10厘米，其上造一主尊二弟子二菩萨。主尊居中，仅存台座，身体所在壁面形成一方形浅槽，遍布凿痕，座高36厘米，其上覆帷幔。座上现置一结跏趺坐圆雕像之双腿及台座。

弟子立左、右壁内侧前圆座上，均被凿不存，仅可见轮廓。有圆形头光，光头。左侧弟子台座高49厘米；右侧弟子台座高50厘米。

菩萨立左、右壁外侧前圆座上，仅存身体内侧，身体外侧被凿，留宽大凿痕。可见有素面头光；下着裙，似跣足，披巾垂体侧；内侧手臂下垂体侧。左侧菩萨残高72厘米。右侧菩萨残高70厘米；可见左臂戴臂钏。

弟子及菩萨身后雕四身护法像，均露上身，均仅存轮廓，左、右各两身。左壁靠内一身似戴冠，着长袍，足穿鞋，双手置胸前；靠外一身可见右上臂托圆形物于头侧，右中臂亦举头侧，下二臂置胸前。右壁靠内一身双耳硕大，下垂及肩，着交领长袍，左手置胸前左侧；靠外一身残不可识。

龛口外侧各存一立像残痕，残不可识（图4-9）。

图4-9　香云寺第3龛（南→北）

【第 4 龛】

位置：第二号石包南面东侧，第 3 龛右，被第 3 龛破坏。
年代：中晚唐。
龛形：外方内拱形龛，内龛平面近方形，外龛宽 190、高 150、深 100 厘米，内龛宽 138、高 123、深 80 厘米，龛向 205 度。
保存情况：外龛仅存顶部。造像及壁面风化剥蚀严重，存零星装彩痕。
造像内容：内龛环三壁造一佛二弟子二菩萨。佛居中，仅存尖桃形素面头光及台座，残高 38 厘米。台座上现倒置一结跏趺坐像之双腿。

弟子立左、右壁内侧前圆座上，残损、风化严重，仅存轮廓。左侧弟子全身为后代改刻，高 56、座高 10 厘米；圆形素面头光为原造像遗留，光头；下着裙，腰束带；双手合十胸前。右侧弟子仅存轮廓，高 54、座高 12 厘米，残不可识。

菩萨立左、右壁外侧前圆座上，残损、风化严重，仅存轮廓。可见下着裙，腰束带，披巾横过腿前，垂于体侧。左侧菩萨高 63、座高 14 厘米；可见尖桃形素面头光痕，右臂垂体侧。右侧菩萨双腿间存一方形榫槽，高 60、座高 14 厘米；左臂垂体侧，右臂举肩前。

弟子及菩萨身后雕护法像八身，均立姿，露上身，左、右各四身。左侧从内至外第一身戴冠，双耳硕大，着交领广袖长袍，右手置胸前右侧；第二身颈部青筋暴露，上身赤裸，右手持棍形物于肩前；第三身残不可识；第四身上身赤裸，下着裙，腰束带，左手置胸前。右侧从内至外第一身绾尖桃形髻，着长袍，足穿鞋，左、右上臂托圆形物于头侧，左下臂持矩于头侧，右下臂持物举头侧；第二身戴冠；第三身残不可识；第四身着长袍，双手置腹前。

内龛两侧龛口外侧各雕一力士立山座上，均残损严重。上身赤裸，下着短裙，腰束带，飘带经头后，搭两臂，过腰带，垂于体侧。左侧力士残高 63 厘米，左臂上举，右臂下伸，腰右扭。右侧力士身体表面风化严重，左臂下伸，右臂举头侧，腰右扭（图 4-10）。

【第 5 龛】

位置：第三号崖壁北面西侧。
年代：盛中唐。
龛形：外方内拱形龛，内龛平面近方形，外龛宽 190、高 182、深 156 厘米，内龛宽 168、高 136、深 63 厘米，龛向 320 度。
保存情况：外龛左、右壁外侧各存一竖长方形浅槽，造像及壁面水蚀严重，遍覆青苔。
造像内容：内龛环三壁造一佛一天尊四胁侍。佛、天尊居中，结跏趺坐于台座上，仅存轮廓。佛居左，连座高 104 厘米；有双层素面头光痕，肉髻略高；着袈裟；双臂置腹前。天尊居右，连座高 106 厘米；有素面头光痕，绾桃形髻；着广袖道袍；双手置腹前。

四胁侍分立左、右壁前台座上。左壁靠内一身仅存轮廓，高 83、座高 10 厘米；有圆形头光；似着袈裟，下着裙；双臂置胸前。右壁靠内一身仅存轮廓，高 88、座高 9 厘米，残不可识。

左、右壁靠外一身胁侍均仅存轮廓。有头光痕，可见披巾下垂基座。左侧胁侍高 84、座高 9 厘米，身体微倾向外侧。右侧胁侍高 87、座高 11 厘米，左臂似置体前，右臂垂体侧，站立较直。

弟子及菩萨身后雕八身护法像，风化严重，仅存轮廓，露上身，左、右各四身。仅可见右侧靠内一身手臂持矩，余皆残不可识。

内龛两侧龛口外侧各雕一力士立于龛底，均残损、风化严重，仅存轮廓。均有头光痕；上身赤裸，下着短裙，腰束带，跣足。左侧力士高87厘米，可见右腿侧飘带痕；左臂上举，右臂下伸，腰左扭。右侧力士高86厘米，可见披巾经头后，搭两臂，垂于双腿间及左腿外侧；左臂下伸，右臂上举，腰右扭。

外龛右壁下部开一方形浅龛，宽25、高45、深2厘米。龛内雕三身供养人立像，风化严重，仅存轮廓。均面向主尊，高39厘米（图4-11）。

图4-10　香云寺第4龛（西南→东北）

图4-11　香云寺第5龛（西北→东南）

【第6龛】

位置：位于第四号石包西面中部，第5龛以东30米。

年代：唐。

龛形：外方内拱形龛，内龛平面呈弧形，外龛宽110、高120、深40厘米，内龛宽80、高108、深20厘米，龛向45度。

保存情况：外龛右壁不存。壁面风化严重，遍覆青苔。

造像内容：龛内未见造像，壁面风化、脱落较严重（图4-12）。

图4-12　香云寺第6龛（东北→西南）

【第7龛】

位置：第五号崖壁北面靠上，第8龛左上方。

年代：盛唐。

龛形：外方内拱形龛，内龛平面呈弧形，外龛宽255、高295、深110厘米，内龛宽195、高205、深112厘米，龛向22度。

保存情况：内、外龛右壁残，顶部右侧脱落。

造像内容：内龛环三壁造一佛二弟子二菩萨。佛居中，结跏趺坐于束腰圆座上，全身经后代改刻，高94、座高88厘米。有内圆外尖桃形素面头光，为原造像遗留。戴莲叶形帽，面部改刻粗糙，五官比例不当，颈部细长，有三道蚕纹。着交领大衣，下摆覆双腿。双臂托宝珠于腹前。

弟子立左、右壁内侧前台座上，均残损、风化严重。有圆形素面头光，光头；着袈裟，下着裙。左侧弟子高111、座高17厘米，全身遍布凿痕；双臂置腹前。右侧弟子高110、座高21厘米；双手似笼袖中置腹前。

菩萨立左、右壁外侧前仰莲圆座上。左侧菩萨风化、剥蚀严重，高118、座高34厘米。有尖桃形素面头光，缯带垂肩后。下着裙，披巾自两肩垂下，于腿前横过，垂于体侧，右腕饰钏。左手举肩前，右手提瓶垂体侧，腰微右扭。右侧菩萨仅存轮廓，残高68、座高32厘米。

内龛左侧龛口外侧雕一力士立山座上，面部经后代改刻，高103、座高59厘米。有圆形素面头光，绾髻，颈部青筋暴露。上身赤裸，下着短裙，腰束带。左手举头侧，右手持短棍状物于腹侧，腰左扭。

内龛底部中央雕一圆形香炉，仅存轮廓，高39厘米。两侧各雕一狮相向作蹲踞姿（图4-13、4-14）。

图 4-13　香云寺第7龛（东北→西南）

图4-14　香云寺第7龛左壁造像(东南→西北)

【第8龛】

位置：位于第五号崖壁北面下层，第7龛右下方。
年代：盛唐。
龛形：拱形龛，平面呈弧形，宽69、高126、深34厘米，龛向21度。
保存情况：龛右侧及左壁不存。造像及壁面剥蚀较严重。
造像内容：正壁前存一佛一弟子。佛居中，善跏趺坐于方座上，高104厘米。有内圆外尖桃形素面头光，肉髻略高，耳垂硕大，颈部存三道蚕纹。内着僧祇支，外着双领下垂式袈裟，双臂置腹前。

弟子立佛左侧台座上，风化严重，仅存轮廓，高72、座高14厘米。有双层圆形素面头光，光头，耳垂硕大。着袈裟，下着裙，跣足。左臂垂体侧，右手似置胸前(图4-15)。

图 4-15　香云寺第 8 龛(东北→西南)

【第 9 龛】

位置:第六号石包西面中部靠上。
年代:唐末五代。
龛形:方形龛,平面呈横长方形,宽 135、残高 175、深 28 厘米,龛向 300 度。

香云寺

保存情况：顶、底及右壁下部不存。壁面遍覆青苔。

造像内容：正壁造一双层塔，塔刹及底部左侧残，残高175厘米。塔身呈方形，每层塔身中央开一方形浅龛，上层浅龛宽30、高40、深8厘米，形制规整，未见造像。塔顶呈从上至下渐向内收之叠涩，上表面内凹，遍覆杂草（图4-16）。

图4-16　香云寺第9龛（西北→东南）

岳阳镇

5 大佛寺

大佛寺摩崖造像位于安岳县岳阳镇解放村八组大佛岩坡东北面山腰,地处安岳县城南郊,北距安岳县城0.8公里。造像点北侧有石板铺设的小道通往安岳县城,山顶为大佛寺现代寺院建筑,约呈"品"字形排列。

造像开于大佛寺北、南侧的两段低矮崖壁上,前有水泥小道相通。现存十五龛,原编第1~13龛,此次调查将第5龛分别编为第5-1、5-2龛,增编第9-1龛(图5-1)。北段造像及原寺院于早年遭到破坏,后经装彩、改刻和补塑,保留原造像布局。造像崖壁有较多榫孔,为历次修建龛前建筑遗存。造像区四周零星可见建筑构件,系早期大殿被毁后遗留。

北段位置较高,宽8.2、高3.4米,自北向南开第1~4龛(图5-2)。南段位置较低,宽28.2、高7.9米,自北向南开第5-1至第13龛。南段北侧第5-1至第11龛顶部搭建简易雨棚(图5-3)。

大佛寺

图 5-2　岳阳镇大佛寺北段造像（东南→西北）

图 5-3　岳阳镇大佛寺南段造像（东南→西北）

【第 1 龛】

位置：造像崖壁北端，第 2 龛左。
年代：清。
龛形：拱形龛，平面呈方形，宽 72、高 140、深 37 厘米，龛向 46 度。
保存情况：龛顶及左、右壁外侧残。壁面遍布点状凿痕，龛外左、右各有一列三个小榫孔，造像遍覆装彩。
造像内容：正壁前造一像倚坐于方座上，全身存装彩，高 135 厘米。戴冠，面部长方，双耳硕大，长髯垂胸前。着交领长袍，腰束带，宽结带垂于两腿间，足穿鞋。左手持拂尘于腹前，右手抚膝，双足踩方形基座（图 5-4）。

图 5-4　岳阳镇大佛寺第 1 龛（东北→西南）

大佛寺

【第 2 龛】

位置：造像崖壁北侧，第 1 龛右，第 3 龛左。
年代：清。
龛形：尖拱形龛，平面呈方形，宽 90、高 114、深 57 厘米，龛向 44 度；龛顶呈三角形尖凸。
保存情况：壁面零星存凿痕，遍覆青苔，左壁上部靠外存一圆形榫孔，造像遍覆装彩。
造像内容：正壁雕一像结跏趺坐于方座上，遍覆装彩，高 72 厘米，座高 53 厘米。戴圆帽，面部长方，双耳硕大。着双领下垂式广袖大衣，外披披肩，下着裙，覆双腿，裙头提腹前，束带打结。双手托宝珠于腹前。

正壁下方座前中央开一拱形小龛，四壁残，宽 37、高 36、深 6 厘米。龛内雕一结跏趺坐像，双手、腿残，高 35 厘米。戴圆帽，面相长方，双耳硕大。着交领广袖长袍，双手置于腹前。龛左壁上部雕卷云（图 5-5）。

图 5-5　岳阳镇大佛寺第 2 龛（东北→西南）

【第 3 龛】

位置：造像崖壁北侧，第 2 龛右，第 4 龛左。

年代：清。

龛形：外方内拱形龛，内龛平面呈方形，外龛宽 220、高 170、深 125 厘米，内龛宽 180、高 126、深 50 厘米，龛向 45 度；内龛左侧龛顶略拱，右侧造像系补凿。

保存情况：外龛右壁上部残。内龛壁面遍布点状凿痕，外龛壁面遍覆青苔，造像遍覆装彩。

造像内容：内龛正壁前造三主尊倚坐于通壁坛上，坛高 35 厘米。戴冠，面部长方，双耳硕大，长髯垂胸前；下着裙，足穿鞋；双手置腹前，各托布帛，持物不存。左、中两身着广袖大衣，外披披肩，下着裙，裙头提腹前，有宽结带自双腿间垂及龛底。左侧一身高 112 厘米。中央一身高 115 厘米。右侧一身高 115 厘米；着交领长袍；双足踩一浅方基座（图 5-6）。

内龛底部下方壁面横刻"人杰地灵"四字，左侧有竖刻"三官庙"三字，均楷书。

外龛左、右壁中部各存一拱形浅龛。左侧浅龛宽 25、高 42、深 3 厘米，内存一立像轮廓，残高 20 厘米，残不可识。右侧浅龛宽 31、残高 40、深 4 厘米，顶部不存，内存一立像轮廓，残高 32 厘米，残不可识。

图 5-6　岳阳镇大佛寺第 3 龛（东北→西南）

大佛寺

【第4龛】

位置：造像崖壁北侧，第3龛右。

年代：清。

龛形：尖拱形龛，平面呈方形，宽92、高138、深53厘米，龛向20度；龛顶呈三角形尖凸。

保存情况：壁面遍覆青苔，造像遍覆装彩。

造像内容：正壁前造一佛结跏趺坐于仰莲台上，高84、座高41厘米。螺发，面部长方，双耳硕大。着广袖大衣，外披披肩，下着裙，裙头提胸前。双手托宝塔于腹前。莲座下有方形基座。

基座前开一拱形小龛，宽30、高32、深8厘米。龛内雕一结跏趺坐像，高30厘米。似戴冠，面部长方，长耳。着双领下垂式广袖衣，双手置腹前（图5-7）。

图5-7 岳阳镇大佛寺第4龛（东北→西南）

【第 5-1 龛】

位置：造像崖壁南侧，第 5-2 龛左，与第 5-2 龛共用外龛。
年代：北宋。
龛形：双层方形龛，内龛平面呈方形，宽 150、高 180、深 76 厘米，龛向 52 度。
保存情况：龛底外侧残。造像及壁面遍覆装彩。
造像内容：正壁前造一菩萨结跏趺坐于方座上，身体前部为后代补塑，高 92、座高 38 厘米。有舟形身光，外缘饰火焰，戴高花冠，发辫披肩，面部略小，颈部较长。着长裙，裙头提至腹前，披巾自两肩垂下，绕臂后下垂至台座两侧，露双足。体前四臂，上二臂合十胸前，下二臂托一瓶持于腹前；体侧四臂，上二臂共托一化佛于头顶，下二臂各持一布帛于头侧。身体左、右彩绘云气纹，座前有数枝莲叶及莲蕾（图 5-8）。

龛底前方左、右各雕一像均向主尊而跪，残损、风化严重，仅存轮廓。左侧一身双手托圆形物于胸前，身体朝向菩萨，身后雕一立像，仅存腿部衣纹。右侧一身双手抓一布袋于胸前。

左壁下部开一方形浅龛，左侧脱落，残宽 24、高 60、深 8 厘米。龛内造一立像，仅存轮廓，高 57 厘米。戴直脚幞头，双手置胸前。

图 5-8 岳阳镇大佛寺第 5-1 龛（东北→西南）

大佛寺

【第 5-2 龛】

位置：造像崖壁南侧，第 5-1 龛右，第 6 龛左，与第 5-1 龛共用外龛。
年代：北宋。
龛形：双层方形龛，内龛平面呈方形，宽 138、高 180、深 70 厘米，龛向 52 度。
保存情况：左壁下部崖面凸出壁面。造像经后代补塑，造像及壁面遍覆装彩。
造像内容：正壁前造一像立龛底，身体前部为后代补塑，高 142 厘米。戴冠，头较小，颈较细。似内着战甲，外着战袍，腰束带，足穿靴。左手托塔于头侧，右手叉腰，腰右扭。身体左、右雕云气纹。头左侧雕上、下两朵祥云，靠上一朵承托二圆轮，左侧圆轮内刻字两行：揭帝／揭帝，右侧圆轮内墨书"陀塔天王"。靠下一朵刻字两行：□诃／僧□／菩提，均楷书(图5-9)。

图 5-9　岳阳镇大佛寺第 5-2 龛(东北→西南)

【第 6 龛】

位置：造像崖壁南侧，第 5-2 龛右，第 7 龛左。
年代：北宋。
龛形：凸出于崖壁，不具龛形。
保存情况：上、下部残，仅存碑身中部。
造像内容：崖壁高浮雕一方形碑，宽 120、高 140、厚约 10 厘米，底部似有人工雕刻，残不可识。碑身现存字二十五行，竖刻，楷书，碑文残损严重，内容记信众割舍田地施与寺院等事，可见至道三年（997 年）纪年（图 5-10）。

【第 7 龛】

位置：造像崖壁南侧，第 6 龛右，第 8 龛左。
年代：北宋。
龛形：双层方形龛，内龛平面呈方形，外龛宽 197、高 232、深 158 厘米，内龛宽 170、高 126、深 58 厘米，龛向 45 度。
保存情况：外龛右壁上部残。外龛壁面遍覆青苔及霉斑，造像经后代补塑，造像及壁面遍覆装彩。
造像内容：内龛正壁前造三尊像倚坐于台座上，身体前部经补塑。有尖桃形素面头光，为原造像遗留；面部长方；足穿鞋；座前雕花朵。左侧两身戴方冠；覆云肩，着广袖大衣，下着裙，足穿鞋；双手托布帛于腹前。左侧一身高 70、座高 38 厘米；中央一身位置较高，高 77、座高 39 厘米。右侧一身高 74、座高 37 厘米；戴直脚幞头；着圆领长袍，腰束宽带；双手握腰带（图 5-11）。

外龛左壁中部偏下开二并列方形浅龛。内侧小龛宽 22、高 40、深 6 厘米；正壁前造一像，为后代补塑、装彩，高 26 厘米；戴圆帽，着圆领长袍；双手拱胸前，左腿直立，右腿内盘，身体朝向龛内。外侧小龛宽 24、高 38、深 6 厘米；正壁前造一立像，为后代补塑、装彩，高 36 厘米；戴直脚幞头，着圆领长袍，腰束带，足穿鞋；双手置腹前，身体朝向龛内。

外龛右壁中部开上、下两个方形浅龛，龛内各雕四身供养人立像朝向龛内，均经补塑、装彩。靠上一龛右侧残，宽 54、高 40、深 4 厘米，供养人均男性；戴直脚幞头，着圆领长袍，腰束带，足穿鞋；双手合十胸前。靠下一龛宽 68、高 43、深 7 厘米，均女性；绾高圆髻，着交领广袖大衣，下着裙，足穿鞋；双手合十胸前或笼袖中置腹前（图 5-12）。

大佛寺

图 5-10　岳阳镇大佛寺第 6 龛（东北→西南）

图 5-11 岳阳镇大佛寺第 7 龛（东北→西南）

图 5-12 岳阳镇大佛寺第 7 龛外龛右壁供养人（西北→东南）

大佛寺

【第8龛】

位置：造像崖壁中部，第7龛右，第9龛左。
年代：北宋。
龛形：方形龛，平面呈方形，宽260、高180、深120厘米，龛向42度。
保存情况：右壁不存。龛底右侧插龛前建筑木柱，造像经后代改刻，造像及壁面遍覆装彩。
造像内容：环三壁造像，原应造十六罗汉，现造像均经改刻、装彩而成，造像略扁平，保留原造像布局。正壁中央起一宽93、高104厘米高台，台上现造一佛四立像，所处壁面内凹，破坏原壁面。佛居中，结跏趺坐于仰莲圆座上，高47、座高23厘米；有圆形华盖及尖桃形头光，外缘饰火焰，为原造像遗留。披披巾，着双领下垂式袈裟。双手托宝珠于腹前。莲座下有束腰方形基座。四立像立佛左、右侧。着交领袈裟，下着裙；双手置腹前。外侧两身头顶有内圆外尖桃形头光，内饰莲瓣，外饰火焰，为原造像遗留。

高台正面墨绘山水，字迹风化严重且多被装彩覆盖。高台左、右各开上、下两个浅龛，左侧浅龛各雕三身坐像，右侧浅龛各存二身坐像，坐像之间雕胁侍。坐像头后圆形素面头光为原造像遗留。左、右上排坐像足下壁面刻云气纹，下排坐像坐山座上，山座为原造像遗留（图5-13）。

左壁底部浅浮雕六身供养人立像，身高自内向外递减，从内至外分别高35、33、32、31、31、28厘米。戴直脚幞头，着圆领长袍，腰束带，足穿鞋；双手合十胸前。头内侧均有竖长方形榜题框，内容残损严重（图5-14）。

图 5-13 岳阳镇大佛寺第 8 龛（东北→西南）

大佛寺

图 5-14　岳阳镇大佛寺第 8 龛左壁造像（东南→西北）

【第9龛】

位置：造像崖壁中部偏南，第8龛右，第10龛左，右壁开第9-1龛。

年代：北宋。

龛形：外方内拱形龛，内龛平面呈方形，外龛宽212、高220、深123厘米，内龛宽196、高180、深68厘米，龛向60度。

保存情况：外龛左、右壁外侧残。造像经后代补塑，造像及壁面遍覆装彩。

造像内容：内龛正壁前造一菩萨半跏趺坐于山座上，身体前部补塑，高130厘米。有圆形身光，外缘饰火焰，为原造像遗存。戴高花冠，面部长方，双耳硕大，颈部较细。披披肩，下着裙，裙头提腹前，腰束带，结带垂于双腿间，跣足。左腿内盘，右腿踩一莲座，右手置右腿上，足下莲座为补塑。座前山石凹凸。菩萨身光左、右及上部雕茂密竹叶，其上又墨绘数株细竹（图5-15）。身光右侧墨书"求神"二字。菩萨台座右侧与正壁转角处雕一束腰八角形台，台上置一瓶，长颈，圆肩，斜直腹，圈足，台座及瓶未经改刻。

菩萨台座两侧各开一拱形小龛，龛内各雕一像结跏趺坐于仰莲座上，均为后代改刻、补塑、装彩而成。造像面部近方，双耳硕大；有肉髻，内着僧祇支，外着双领下垂式袈裟，双手托宝珠于腹前。左侧小龛宽35、高38、深8厘米，右侧小龛宽34、高35、深9厘米（图5-16）。

内龛正壁左侧磨平宽12、高60厘米崖壁，刻题记一则，存三行，竖刻，楷书，内容残损严重。内龛左壁上部磨平宽69、高72厘米崖壁，刻题记两则，均竖刻；左侧一则三行，楷书，内容为游记；右侧一则三行，隶书，内容为游记（图5-17）。内龛右壁上部近龛口处亦磨平宽12、高40厘米壁面，刻题记一则，二行，竖刻，楷书，内容亦为游记。左、右壁另各有一则墨书，为现代书写。

大佛寺

图 5-15 岳阳镇大佛寺第 9 龛（东北→西南）

图 5-16　岳阳镇大佛寺第 9 龛主尊左侧竹（东北→西南）

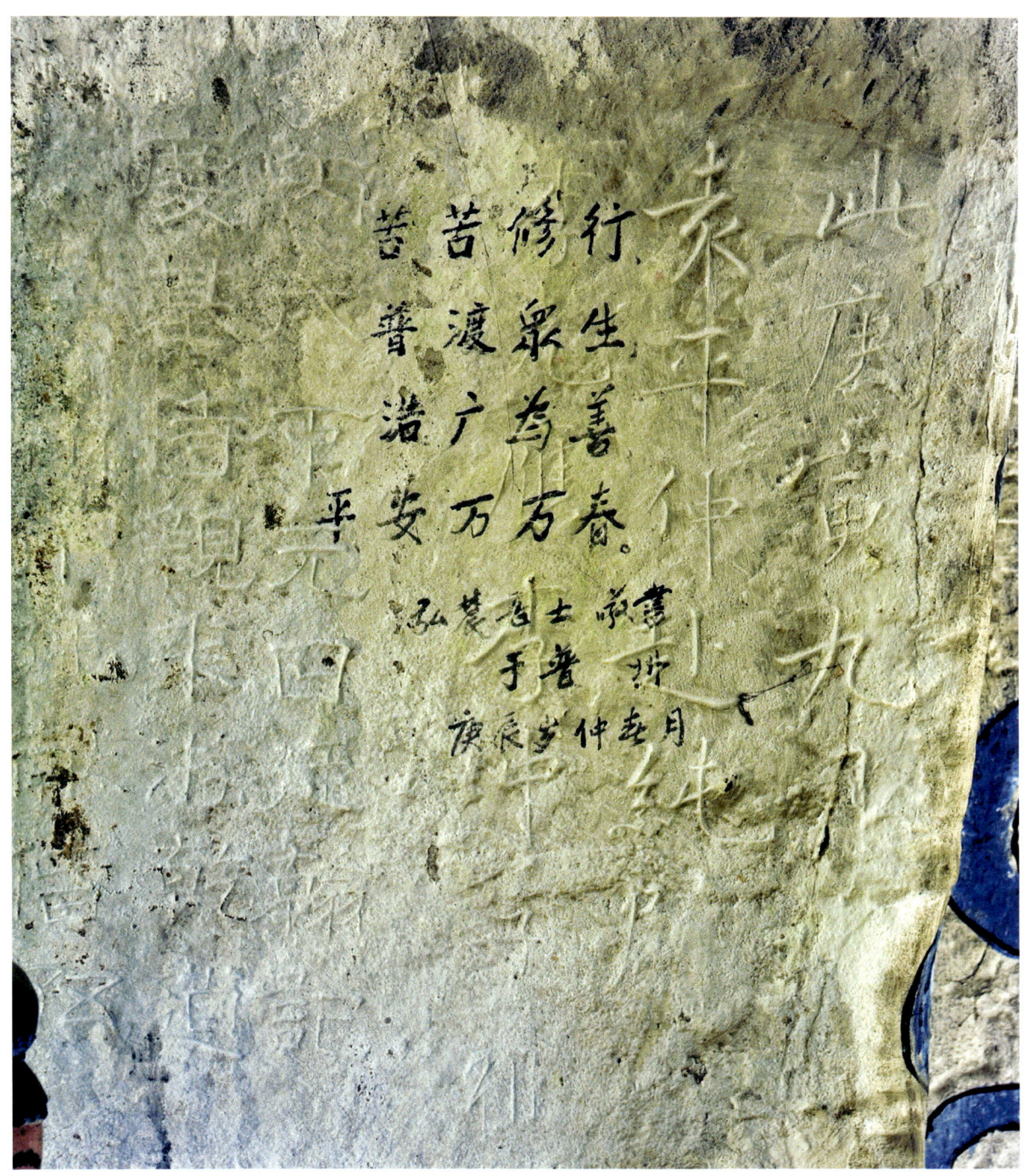

图 5-17　岳阳镇大佛寺第 9 龛左壁题记（东南→西北）

【第 9-1 龛】

位置：造像崖壁中部偏南，第 9 龛外龛右壁，打破第 10 龛左壁。

年代：北宋。

龛形：方形龛，平面呈方形，残宽 66、高 163、深 26 厘米，龛向 320 度。

保存情况：右壁不存。与第 10 龛间形成一宽 26、高 195 厘米孔洞，与第 10 龛相通；造像经后代改刻、补塑，造像及壁面遍覆装彩。

造像内容：正壁前现造一菩萨立于龛底，全身为后代改刻、补塑，原造像头部所在位置内凹，有宽大凿痕，高 105 厘米。戴高花冠，发辫披肩，头较小，面部近方，双耳硕大，颈较细。着广袖大衣，腰束带，下着裙，足穿鞋。双手笼袖中，置腹前（图 5-18）。

图 5-18 岳阳镇大佛寺第 9-1 龛（西北→东南）

大佛寺

【第 10 龛】

位置：造像崖壁中部偏南，第 9 龛右，左壁被第 9-1 龛打破。

年代：北宋。

龛形：双层方形龛，内龛平面近方形，外龛宽 235、高 225、深 54 厘米，内龛宽 210、高 230、深 161 厘米，龛向 39 度。

保存情况：龛顶及左壁外侧残。龛顶外侧插一木梁，龛外左、右各有一列榫孔，插龛前建筑之木梁，造像经后代改刻、补塑，造像及壁面风化严重，遍覆装彩，外龛底遍覆青苔。

造像内容：内龛造西方净土世界，均经后代改刻、补塑和装彩，保留原造像布局（图 5-19）。正壁中央三身造像体型较大，均结跏趺坐于仰莲圆座上。中央主尊之圆形身光、头顶华盖、菩提树叶及两侧胁侍头光、身光为原造像遗存，其余均为改刻、补塑。中央一身高 60、座高 24 厘米；左侧一身高 45、座高 20 厘米；右侧一身高 55、座高 19 厘米。三身大像之间各存一立像，仅存双腿，为原造像遗存。左、右侧各存一经幢轮廓。

图 5-19　岳阳镇大佛寺第 10 龛（东北→西南）

主尊下方存五排坐像残痕,均仅存轮廓,不可识,未经改刻。最上一排坐像中央存一鸟之双足,为原造像所遗留。最下两排造像中央存一方形凸起,不可识。主尊头顶上方各有一建筑残痕,有两侧围栏彼此连通,每层围栏上方有飞廊,彼此连通。左侧建筑下层围栏后可见童子作嬉戏状。上层围栏后有一坐像(图5-20)。

左、右壁外侧中上部各雕一大型双层建筑,仅存轮廓,可见围栏、立柱、瓦垄。建筑内侧有二桥,一座通向正壁顶部建筑,一座通向经幢之后,二桥连通;桥上有立像,均面向主尊;仅建筑与桥为原造像所遗留。左侧建筑下层开二门,左侧门中央雕一佛结跏趺坐,右侧门中央雕一像作半启门状,右侧建筑左侧亦有一像作半启门状,未经后代修改。

建筑下方亦有两座桥,自正壁下部从上至下第一、三排像两端伸出,通向左右壁建筑底部,桥上有立像。二桥之间靠近内侧位置有二经幢,桥与经幢均为原造像遗留。下层桥下方亦有立像,均面向主尊(图5-21、5-22)。

内龛右侧龛面从上至下一次开七个浅方龛,残损严重,其中雕十六观。从上至下第一、二、三、七个方龛内各存一女像。女像均位于小龛左侧,可见第七个小龛女像前方有一莲蕾。

内龛左壁外侧底部有后开小龛,仅存一立像,仅存轮廓残不可识,残高41厘米。内龛右壁外侧底部开一方龛,内雕四身供养人立像,从内至外第一至四身分别高36、36、37、38厘米;均戴冠,着广袖长袍;内侧两身双手笼于袖中,置于胸前;外侧两身双手合十于胸前,腹部以下部分为原造像所遗留。

图5-20　岳阳镇大佛寺第10龛正壁顶部左侧建筑(东北→西南)

大佛寺

图 5-21　岳阳镇大佛寺第 10 龛左壁造像（东南→西北）

图 5-22　岳阳镇大佛寺第 10 龛右壁造像（西北→东南）

【第11龛】

位置：造像崖壁南侧，第10龛右，第12龛左。
年代：北宋。
龛形：方形龛，平面呈方形，宽230、残高250、残深119厘米，龛向40度。
保存情况：龛顶右侧及右壁上部不存，左壁外侧残。正壁下部及右壁各有一排方形榫孔，龛顶搭龛前建筑屋顶，左、右各插龛前建筑木梁，造像经后代改刻、补塑，造像及壁面风化严重，遍覆装彩。
造像内容：原造像内容、布局与第10龛基本一致，造西方净土世界（图5-23）。正壁中央三身造像

图5-23　岳阳镇大佛寺第11龛（东北→西南）

体形较大,均倚坐于云座上。尖桃形头光、圆形身光及头顶树叶为原造像遗留,外缘均饰火焰。中央、左侧及右侧像分别高74、73、75厘米。头顶华盖及台座为后代改刻的卷云。三主尊之间各雕一立像。台座左、右分别雕一经幢、一塔,塔下雕六身立像。主尊台座前雕四排坐像残痕,仅存轮廓,不可识。

中央主尊华盖左右各伸出两飘带,飘带缠绕成一圆环后飘至龛顶,并向龛顶外侧延伸,左侧下部飘带风化不存,右侧二圆环内各雕一结跏趺坐像。龛顶左侧二飘带内侧各雕一飞鸟,左侧鸟头部近三角形,头顶雕竖起羽毛,尖喙、圆眼、长颈,双翅张开,尾部长圆,雕出鱼鳞状羽毛,扬头曲颈,尾部上扬飞向中央楼阁。右侧鸟头部残,长颈,尾部上翘,曲颈展翅,向右飞于中央楼阁顶部,身下有祥云。均为原造像遗存。

三主尊华盖上方雕一组建筑,为原造像遗存,中央雕一两层楼阁,左、右分别雕一方形立柱、一楼阁,其间有两层飞廊相连。下层飞廊雕围栏,围栏后排布立像,仅露上半身(图5-24)。

左壁近龛口处上部雕一双层楼阁,雕出立柱、瓦垄、斗拱、鸱尾,屋檐起翘,有四座桥与正壁上部楼阁、中部经幢及下排坐像相通,桥上雕立像。楼阁下层可见三立柱,左起第二、三根立柱间雕两扇门,右侧门微启,有一像立于两门扇间,左侧身体隐于门后,似着窄袖衣,右手于胸前抚左门扇作探视状,右侧雕一立像。楼阁下方雕一经幢。左侧雕一像立于圆台上,经幢右侧雕二立像。楼阁上部内侧雕一祥云,其上雕一像结跏趺坐于狮背上,有尖桃形头光及圆形身光,外缘饰火焰,为原造像遗存(图5-25)。

图5-24　岳阳镇大佛寺第11龛正壁顶部左侧建筑(东北→西南)

大佛寺

图5-25　岳阳镇大佛寺第11龛左壁造像（东南→西北）

【第 12 龛】

位置:造像崖壁南段,第 11 龛右。
年代:清。
龛形:拱形龛,平面呈弧形,宽 150、高 180、深 52 厘米,龛向 12 度;造像所处位置各内凹呈拱形。
保存情况:龛顶及右壁不存。造像及壁面遍覆装彩、青苔。
造像内容:正壁前造三身像立莲座上。均面部近方,双耳硕大;下着裙,跣足。中央一身高 82、座高 12 厘米。螺发,有髻珠;内着衣,胸束带,外着双领下垂式袈裟,着披肩;双手置于胸前,托一布帛,其上横置一瓶。左侧立像高 83、座高 14 厘米;头戴方冠;内着交领衣,外着交领广袖衣,腰束带打结;左手托宝珠于腹前,右手垂于体侧。右侧立像高 79、座高 13 厘米;戴尖冠,两侧略弧,冠中央装饰一花朵,延伸至冠两侧;着广袖衣,披披肩;双手托宝珠于腹前(图 5-26)。

图 5-26　岳阳镇大佛寺第 12 龛(东北→西南)

大佛寺

【第 13 龛】

位置：造像崖壁南端，第 12 龛右。
年代：清。
龛形：拱形龛，平面呈方形，宽 155、高 149、深 106 厘米，龛向 49 度。
保存情况：龛顶及左、右壁外侧残。造像及壁面遍覆装彩、青苔。
造像内容：正壁前设坛，高 10 厘米，坛上造二主尊结跏趺坐于台座上。面部近方，双耳硕大，颈部短细；着双领下垂式袈裟，披披肩，下着裙，裙头提腹前。左侧主尊双手为补塑，高 65、座高 53 厘米；双手合十胸前。右侧主尊高 67、座高 53 厘米；双手托宝珠于腹前。二主尊台座前各开一拱形小龛，龛内各雕一结跏趺坐像。面部近方，双耳硕大；着长袍。左侧小龛宽 30、高 35、深 9 厘米；造像双手托宝珠于腹前。右侧小龛宽 30、高 36、深 11 厘米；造像双手相叠于腹前（图 5-27）。

左、右壁中部各开一拱形龛，龛内各雕一立像。面部近方，双耳硕大；着交领长袍，腰束带打结，足穿鞋。左龛宽 45、高 97、深 18 厘米；立像高 93 厘米，短发浓密；双手持长莲茎于体前（图 5-28）。右龛宽 50、高 100、深 16 厘米；立像高 90 厘米；双手持卷轴于胸前（图 5-29）。

图 5-27　岳阳镇大佛寺第 13 龛（东北→西南）

图5-28 岳阳镇大佛寺第13龛左壁造像（东南→西北）

图5-29 岳阳镇大佛寺第13龛右壁造像（西北→东南）

岳阳镇

6 宝定庵

宝定庵摩崖造像位于安岳县岳阳镇宝定村四组白虎山北侧山腰,地处安岳县城南,北距县城6.6公里。石包四周为民居,东侧紧邻水泥村道,西侧紧邻民居,西北侧80米为宝定村委会。于石包北面开三龛造像,造像头部于早年被毁,后经补塑和装彩。石包前方及顶部搭建现代建筑,前方铺设水泥地面,形成大殿,为宝定村村民佛事活动场所。

造像壁面切割整齐,中部呈方形,下雕供桌,顶部雕龙腾飞于祥云上,两侧整齐排布小榫孔。东、西侧有排水槽至石包顶部延伸至底部。壁面宽8.8、高3.4米,自西向东开第1~3龛(图6-1、6-2)。

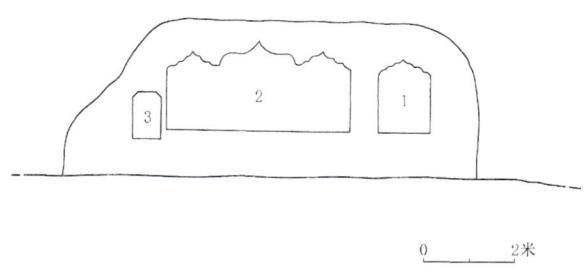

图6-1　宝定庵造像分布示意图

图6-2　宝定庵造像(东北→西南)

宝定庵

【第1龛】

位置：造像壁面西端，第2龛左。

年代：明。

龛形：尖拱形龛，平面呈方形，宽114、高138、深50厘米，龛向340度。龛顶呈波浪形尖凸，各壁打磨光滑，龛形规整。

保存情况：壁面有少许青苔，造像经后代补塑、装彩。

造像内容：正壁前造一弟子结跏趺坐于方座上，全身装彩，头、颈及双手为补塑，高86、座高44厘米。彩绘圆形头光及身光，内绘向外辐射之光芒，外缘绘火焰，光头。着交领袈裟，下摆覆双腿，悬垂座前，左肩垂下一环，拉起袈裟一角。双手于腹前结禅定印（图6-3）。

左壁下部近龛口处刻题记一则，宽8、高24厘米，两行，竖刻，楷书，左起：山住持比丘智宗／舍财信士刘思得。龛外左侧近龛口处刻题记两侧，均竖刻，楷书，靠上一则宽13、高30厘米，五行，有道光七年（1827年）信士刘忠信等镌装楚山祖师像金身等内容；靠下一则宽7、高15厘米，两行，右侧被龛外榫孔破坏，残损严重。

右壁下部中央存题记一则，宽14、高25厘米，六行，竖刻，楷书，内容为天顺二年（1458年）装彩记（图6-4）。龛外右侧中部亦刻题记一则，宽16、高48厘米，三行，竖刻，楷书，内容为光绪十一年（1885年）重装记。

图6-3 宝定庵第1龛（西北→东南）

图6-4 宝定庵第1龛右壁下部中央题记(西南→东北)

【第2龛】

位置：造像壁面中央，第1龛右，第3龛左。

年代：明。

龛形：由三个彼此相连的尖拱形龛组成，平面均呈方形，顶部呈波浪形尖凸，龛向340度。中央一龛较深，两侧龛较浅，对称分布，系组合开凿；龛前雕一宽424、高98、深55厘米长方形仿木结构供桌；；龛顶上方雕二龙作飞翔状，龙身周围祥云环绕（图6-5）。

宝定庵

图 6-5　宝定庵第 2 龛（西北→东南）

保存情况：龛外左、右各存一列方形榫孔，排布整齐，对称分布，造像经后代补塑，造像及壁面遍覆装彩。

造像内容：中央一龛宽129、高160、深110厘米。正壁前设坛，高44、深34厘米，造一像结跏趺坐于坛上，高80厘米。彩绘圆形头光及身光，内绘向外辐射之光芒，中绘卷草，外绘火焰。光头，眉心有白毫。内着僧祇支，于腹部束带打结，外着双领下垂式袈裟，下摆覆双腿，悬垂座前，右肩覆云肩。双手托宝珠于腹前。坛前中央雕一狮匍匐于地，身体朝向左侧，回首龛外（图6-6）。

左、右壁各存两则题记，均竖刻，楷书。左壁靠上一则宽18、高30厘米，四行，内容为光绪十一年（1885年）重装地藏菩萨之事。左壁靠下一则宽20、高25厘米，七行，包括装修发愿等内容。

右壁靠内一则宽16、高23厘米，八行，内容为景泰七年（1456年）镌装金龙祈愿之事。右壁靠外一则宽14、高38厘米，上部刻一覆莲叶，六行，内容为万历十一年（1583年）装修记（图6-7）。

图6-6 宝定庵第2龛中龛（西北→东南）

左、右龛内各造一弟子结跏趺坐于方座上，头、手补塑。彩绘圆形头光及身光，内绘向外辐射之光芒，外缘绘火焰。光头。着交领袈裟，下摆覆双腿，悬垂龛底，左肩垂下一环，拉起袈裟一角。左龛宽125、高155、深49厘米；弟子高90、座高47厘米；双手分置大腿内侧，掌心向上；座底左、右各露一只僧鞋（图6-8）。弟子左侧有竖长方形榜题，宽20、高33厘米，下有须弥座承托，上有莲叶形盖，两侧雕莲瓣，中央楷书竖刻：东普彻空禅师（图6-9）。弟子身体右侧刻上、下两则题记，均竖刻，楷书，靠上一则宽15、高25厘米，四行，内容为光绪十一年（1885年）重装东普彻空祖师像之事；靠下一则宽14、高28厘米，五行，内容为道光七年（1827年）重装东普彻空祖师像之事。

右龛宽125、高155、深48厘米；弟子高91、座高47厘米；双手置双腿上，各托一宝珠，龛底左、右各有一圆孔，位置与左龛弟子僧鞋相对（图6-10）。弟子右侧有竖长方形榜题框，宽4、高25厘米，

宝定庵

图 6-7　宝定庵第 2 龛右壁题记（西南→东北）

其下有卷云承托，中央楷书竖刻：东普无际大宗师（图 6-11）。弟子身体左侧刻上、下两则题记，均竖刻，楷书，字槽有墨迹，靠上一则宽 15、高 25 厘米，四行，内容为光绪十一年（1885 年）重装东普无际祖师像之事；靠下一则宽 13、高 30 厘米，五行，中部被破坏严重，内容为道光七年（1827 年）重装东普无际禅师像之事。

图 6-8　宝定庵第 2 龛左龛
　　　　（西北→东南）

图 6-9　宝定庵第 2 龛左侧榜题
　　　　（西北→东南）

宝定庵

◀ 图6-10 宝定庵第2龛右龛
（西北→东南）

图6-11 宝定庵第2龛右侧榜题 ▶
（西北→东南）

【第 3 龛】

位置：造像壁面东端，第 2 龛右。
年代：景泰四年（1453 年）。
龛形：盝形龛，平面呈狭长方形，宽 64、高 104、深 3 厘米，龛向 335 度。
保存情况：壁面遍覆青苔。
造像内容：正壁顶部从左至右题名"宝定禅庵记"，题名下刻字二十一行，均竖刻，楷书，中部左侧风化较严重。题记内容为景泰四年（1453 年）信众舍田地与寺院之事（图 6-12）。

图 6-12　宝定庵第 3 龛
（西北→东南）

国家社科基金重大项目成果

安岳石窟内容总录
第二卷

白彬　张亮　雷玉华　董华锋　主编

四川大学考古文博学院
西南民族大学旅游与历史文化学院
安岳石窟研究院　编著

天津出版传媒集团
天津古籍出版社

7 三教寺

鸳大镇

三教寺摩崖造像位于安岳县鸳大镇五凤村一组,地处庙子坡东侧山腰,海拔高程341米,现为安岳县重点文物保护单位。造像开于庙子坡东侧独立石包和裸露崖壁上,东邻村道,四周密布农田和民居。

造像分四处开凿,共十九龛造像,编号第一、三、四号石包和第二号造像崖壁,大致呈西北-东南向直线排列,均为红砂岩石质(图7-1、7-2、7-3、7-4)。第一号石包位于造像区中部,第二号造像崖壁东南,第三和第四号石包西北,于宽24.3、高6.1米的东侧壁面自北向南开第1~13龛,其中第1~10龛位于现代修建的三教寺大殿内;壁面顶部开一横向排水槽,两侧多存榫孔,部分插入龛前建筑横梁,前方堆放圆雕造像及供台,是当地信众礼拜场所;造像均经清代改刻,部分造像经现代装彩,原造像痕迹多不存(图7-5)。第二号造像崖壁位于造像区西北端、第一号石包西北侧,在庙子坡东北侧山体裸露的陡直崖壁上自西北向东南开第14~16龛,造像崖壁宽11.5、高12、距地表3.5米,裸露于旷野,残损、风化较严重(图7-6)。第三号石包位于造像区东南侧、第一和第四号石包之间,西侧壁面宽4.5、高1.8米,下部被泥土所埋,自南向北开第17、18龛(图7-7)。第四号石包位于造像区东南端,第三号石包东南侧,紧邻第三号石包,东侧壁面宽12、高3.3米,中部开第19龛,残损严重(图7-8)。造像区东南侧,第一、三、四号石包之间有村道穿过,紧邻村道东南存一清代戏台,四周散落各时期石质造像及建筑构件。

三教寺

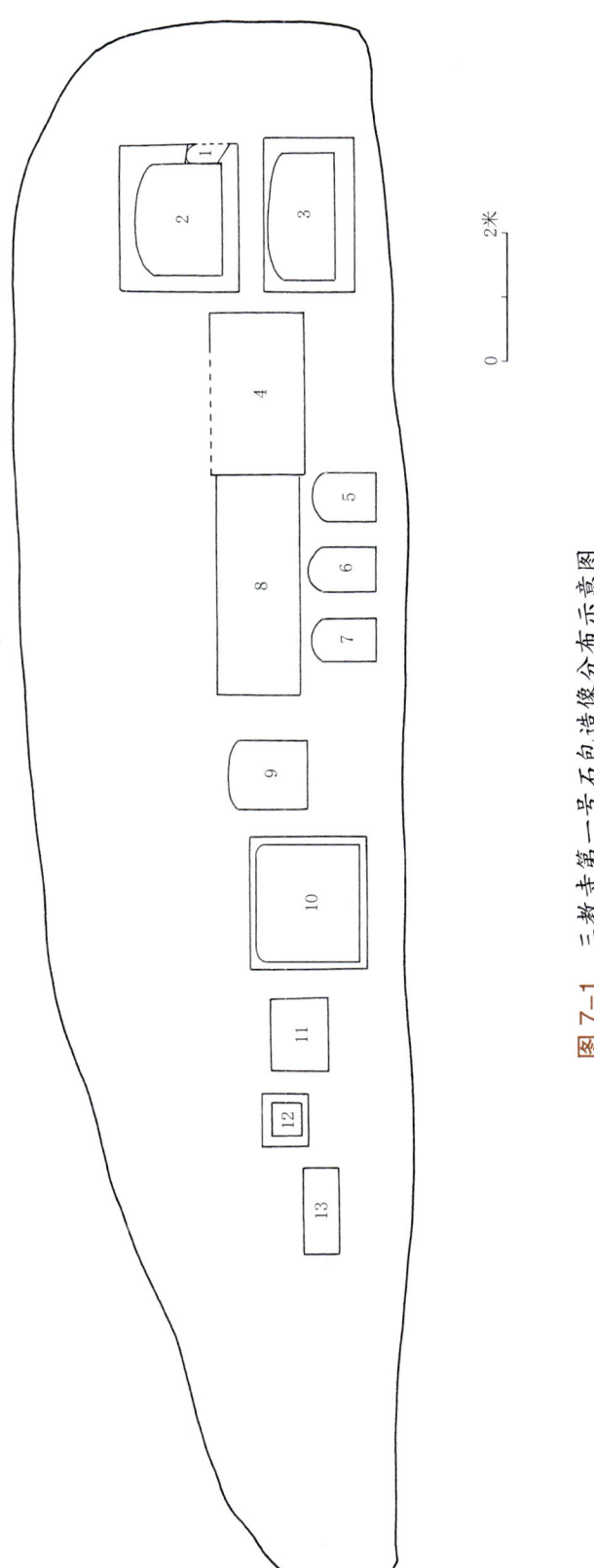

图 7-1 三教寺第一号石包造像分布示意图

437

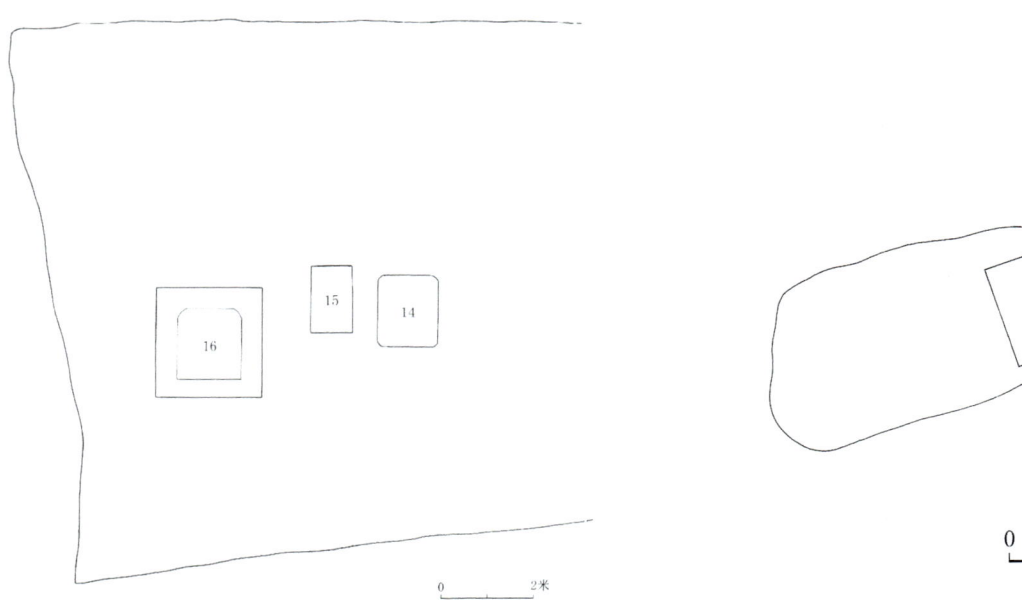

图 7-2 三教寺第二号崖壁造像分布示意图

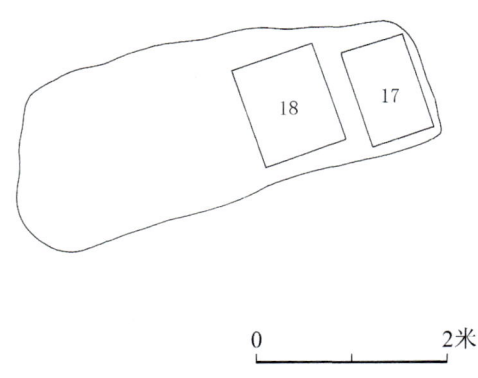

图 7-3 三教寺第三号石包造像分布示意图

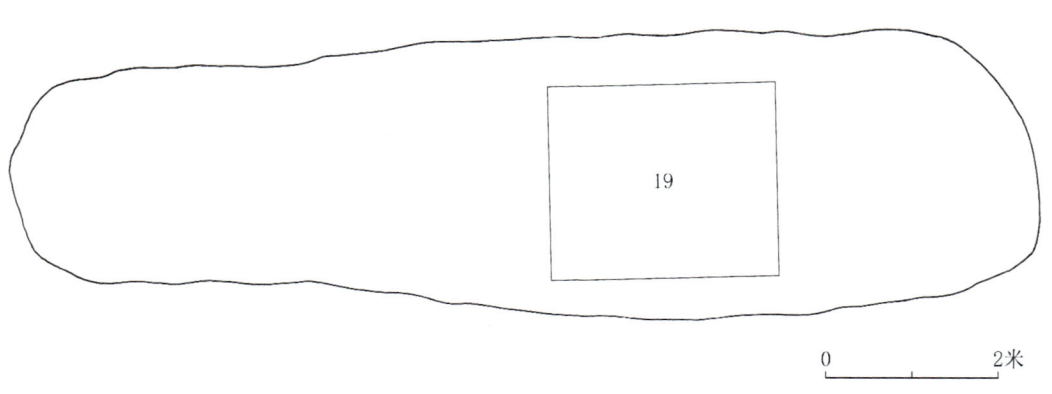

图 7-4 三教寺第四号石包造像分布示意图

三教寺

图7-5 三教寺第一号石包东侧壁面造像(东→西)

图7-6 三教寺第二号崖壁造像(东→西)

图 7-7　三教寺第三号石包西侧壁面造像（西→东）

图 7-8　三教寺第四号石包东侧壁面造像（东→西）

三教寺

【第 1 龛】

位置:第一号石包东面北端靠上,第 2 龛左。

年代:盛唐。

龛形:方形龛,右上角有弧撑,平面呈弧形,宽 68、高 87、深 16 厘米,龛向 178 度。

保存情况:左上部不存。砖墙嵌接造像崖壁,造像及壁面遍布凿痕。

造像内容:正壁前造一主尊二胁侍,均被凿不存,仅存轮廓,遍布凿痕。主尊居中,坐于台座上,连座残高 52 厘米。有头光,外缘饰火焰。似结跏趺坐。

胁侍立左、右壁前台座上。左侧胁侍仅存双腿轮廓,残高 32 厘米。右侧胁侍残高 48 厘米;圆形素面浅头光,似光头;身体微内倾(图 7-9)。

图 7-9 三教寺第 1 龛(南→北)

【第 2 龛】

位置：第一号石包东面北端，第 1 龛右，第 3 龛上。

年代：开元二十七年（739 年）。

龛形：外方内拱形龛，内龛平面现近梯形，外龛宽 219、高 275、深 86 厘米，内龛宽 136、高 126、深 75 厘米，龛向 73 度。雕出龛面及两侧龛楣，其上饰团花；龛楣中央彩绘长方形匾额，刻"三皇宫"。

保存情况：内龛造像及壁面经后代改刻，致使内龛龛形不甚规整，壁面遍覆凿痕，造像及壁面存现代装彩。

造像内容：内龛正壁前起通壁坛，坛上造二主尊善跏趺坐台座上。左侧主尊高 82 厘米；戴圆形高冠，面部苍老，长髯呈倒三角形垂胸前；着双领下垂式广袖大衣，腰束带，宽结带自两腿间垂坛上，足穿鞋；双手持笏板于胸前。右侧主尊高 78 厘米；戴方形冠，着圆领广袖长袍，足穿鞋；双手持圆盘于腹前。

左、右壁外侧靠下各雕一童子立圆座上。光头；着圆领长袍，下着裤，足穿鞋；双手托罐于胸前。左侧童子高 43、座高 16 厘米；右侧童子高 43、座高 14 厘米。左、右壁上部内、外各存原造像之圆形、尖桃形头光痕。内龛两侧龛口外侧原各雕一力士立山座上，仅存山座及身体轮廓残迹（图 7-10）。

图 7-10　三教寺第 2 龛（东北→西南）

三教寺

外龛左壁上磨平宽42、高57厘米崖壁,刻开元二十七年(739年)造像记。题记上部左侧被一横向凹槽破坏,存十三行,竖刻,楷书,每行有阴刻界格。

【第3龛】

位置:第一号石包东面北端,第2龛下,第4龛左。

年代:唐。

龛形:外方内拱形龛,内龛平面现近弧形,外龛宽229、高100、深38厘米,内龛宽247、高142、深80厘米,龛向79度。龛楣中央磨光一宽90、高20厘米横长方形匾额,刻"三仙祠"。

保存情况:原为单层方龛,后破坏原造像,于龛内开拱形内龛,内龛壁面遍覆凿痕,造像及壁面存现代装彩。

造像内容:正壁前设通壁坛,高29厘米,造三主尊善跏趺坐于坛上。均绾高髻,发带垂颈侧,面部近圆;着圆领广袖长袍,腰束宽带,足穿锥形鞋。左侧主尊高89厘米;左手抚膝,右手握腰带。中央主尊高90厘米;左手抚膝,右手怀抱一婴儿于腹前右侧,腿前有两孩童作嬉戏状,头部均为现代水泥补塑。右侧主尊高89厘米;左手覆布帛,其上置一硕大宝珠,右手抚膝。

左、右壁前各雕一官吏形象,相向而立,身体微侧身向龛外。着圆领长袍,腰束宽带,足穿鞋;双手握腰带。左侧者高46厘米;戴冠,正面刻"二□□"三字,面部近方。右侧者高49厘米,头为水泥补塑。坛前中央壁面略内凹,前方雕一高25厘米圆台,台上雕四身孩童,残损严重,可见右侧两身面向中央主尊而跪(图7-11)。

图7-11 三教寺第3龛(东北→西南)

外龛左壁存题记四则，均竖刻，楷书。左上一则磨光崖壁，宽39、残高17厘米，存十二行，以纵向凸棱分行，字迹不可识。左下一则刻于宽52、高45、深15厘米浅龛内，五行，左起：由唐至清/历创留绩/山宝定山/寺三教寺/后修仿此清人题。右侧靠外一则刻宽27、高26厘米题记框，六行，内容记乾德二年(964年)蒲公海装修一佛二菩萨一龛之事(图7-12)。右侧靠内一则两行，左起：信士奉□供养/敬造释迦摩佛一躯。

图7-12　三教寺第3龛左侧装彩题记(东南→西北)

三教寺

【第 4 龛】

位置：第一号石包东面北侧,第 2、3 龛右,第 5、8 龛左,破坏第 8 龛左壁。
年代：不明。
龛形：方形龛,平面呈方形,宽 257、高 145、深 74 厘米,龛向 73 度。
保存情况：龛顶不存。右侧有一宽裂隙自崖壁顶部贯穿龛底下方,壁面存现代装彩痕。
造像内容：龛内置两身现代圆雕像,原造像痕迹不存(图 7-13)。

图 7-13　三教寺第 4 龛(东北→西南)

【第 5 龛】

位置：第一号石包东面北侧靠下，第 4、8 龛下，第 6 龛左。

年代：清。

龛形：拱形龛，平面呈横长方形，宽 67、高 110、深 43 厘米，龛向 76 度。

保存情况：壁面遍布凿痕，造像及壁面存装彩痕。

造像内容：正壁前起一高 10 厘米通壁台，台上造一像坐方座上，武将形象，高 86 厘米。戴高冠，着圆领长袍，腰束带，足穿靴，飘带经头后，搭两肩，垂体侧。双腕饰钏。左手托物上举，右手持剑于腿前，盘左腿，右腿下垂。龛底前部雕方形小香炉，长 22、宽 12、高 12 厘米（图 7-14）。

图 7-14　三教寺第 5 龛（东北→西南）

【第 6 龛】

位置：第一号石包东面中部靠下，第 5 龛右，第 7 龛左，第 8 龛下。

年代：清。

龛形：拱形龛，平面呈方形，宽 61、高 106、深 37 厘米，龛向 73 度。

保存情况：壁面遍布凿痕，造像及壁面存装彩痕。

造像内容：正壁造一像善跏趺坐于方座上，高 70 厘米。戴冠，长髯呈倒三角形垂胸前。着圆领广袖长袍，腰束宽带，足穿鞋。左手抚膝，右手握腰带（图 7-15）。

三教寺

图 7-15 三教寺第 6 龛
（东北→西南）

【第 7 龛】

位置：第一号石包东面中部靠下，第 6 龛右，第 8 龛下。

年代：清。

龛形：拱形龛，平面呈方形，宽 67、高 108、深 44 厘米，龛向 73 度。

保存情况：壁面遍布凿痕，造像及壁面存装彩痕。

造像内容：环三壁造一主尊二胁侍。主尊居中，武将形象，坐方座上，高 70 厘米。戴高冠，颈部青筋暴露。着圆领长袍，胸、腹束宽带，足穿靴，飘带经头后，搭两肩，垂体侧。左手置腹前，似持飘带，右手举头顶，持环，环上系带，左腿下垂，右腿内盘。

胁侍相向立左、右壁前圆座上，微侧身向龛外。左侧胁侍面部及右臂残，高 52、座高 5 厘米；绾髻，着交领广袖衣，腰束带打结，下着裤，足穿鞋；左手握拳置胸前，右肩有一兽首。右侧胁侍高46、座高6厘米；戴冠，着圆领长袍，腰束宽带，足穿鞋；左手持短棍状物于体侧，右手前抬置腹侧（图7-16）。

图7-16 三教寺第7龛（东北→西南）

【第8龛】

位置：第一号石包东面中部靠上，第5～7龛上，第4龛右，左壁被第4龛破坏。

年代：清。

龛形：方形龛。平面呈方形，宽348、高136、深8厘米，龛向78度。

保存情况：龛顶及左、右壁外侧残。造像全身遍施装彩，龛底下方嵌4根圆木，搭一供台。

造像内容：正壁前浅浮雕三主尊，所在壁面略内凹。中央一身佛像结跏趺坐于须弥座上，高120厘米。肉髻小而圆，螺发，面部长圆。内着僧祇支，外着双领下垂式袈裟，下摆覆双腿。双手托宝珠于腹前。

左侧主尊善跏趺坐于独轮车上，高120厘米；戴帽，长髯呈倒三角形垂胸前，着广袖长袍，足穿鞋；左手抚膝，右手持书作观看状，坐椅上。独轮车朝向右侧，其后有一人作推车状，戴帽，着窄袖上衣,腰束带,下着裤,足穿鞋,腰左侧佩剑;身体前躬,双手作推车状。

右侧主尊骑于马背上,高118厘米;绾髻,长髯呈倒三角形垂胸前;着交领广袖大衣,于胸前束带打结,下着裤,足穿鞋;双手勒缰绳。马朝向右侧,作行走状。马头前雕一立像,高86厘米;戴方冠;着广袖上衣,胸前束带,下着裙,足穿鞋;双手托物置胸前,身体朝向龛外(图7-17)。

图7-17　三教寺第8龛(东北→西南)

【第9龛】

位置:第一号石包东面中部,第8龛右,第10龛左。
年代:清。
龛形:拱形龛,平面近方形,宽103、高113、深64厘米,龛向75度。龛楣上方磨平宽128、高38厘米匾额,刻"水晶宫",龛外左、右各浅浮雕一楹联,宽19、高90厘米,左刻"天一恒生水",右刻"地六永成之"。
保存情况:左侧壁面遍布凿痕,造像残存装彩痕。
造像内容:环三壁设坛,高7厘米,坛上造一主尊二胁侍。主尊居中,善跏趺坐于方座上,高82厘米。绾高髻,眼球凸出,长髯浓密,呈倒三角形垂胸前。着广袖长袍,宽结带自双腿间下垂及坛。双手持笏板于胸前。

胁侍立左、右壁近龛口前圆座上,头均残。着圆领广袖长袍;腰束宽带,足穿鞋;双手握宽带上。左侧一身高43、座高14厘米;戴方冠。右侧一身高42、座高13厘米;似戴冠,冠带垂肩。龛底下方50厘米处开一拱形小龛,宽35、高37、深28厘米,其内遍布烟熏痕,未见造像(图7-18)。

图7-18 三教寺第9龛（东北→西南）

【第10龛】

位置：第一号石包东面南侧，第9龛右。
年代：唐。
龛形：外方内拱形龛，平面呈浅弧形，外龛宽205、高166、深21厘米，内龛宽187、高184、深8厘米，龛向73度。龛顶上方磨光宽86、高27厘米匾额，刻"多佛殿"。
保存情况：外龛左、右壁不存。造像头部多为后代改刻，存后代装彩痕。
造像内容：正壁前开方形浅龛，凸出于壁面，龛内造三佛二菩萨，头部均经后代改刻，所在壁面内凹。佛居中，均结跏趺坐于束腰仰莲圆座上；有尖桃形头光；内着僧祇支，外着双领下垂式袈裟，下摆覆双腿。左侧佛现高36、座高23厘米；左手托经卷于腹前，右手抚膝。中央佛高38、座高22厘米；左手抚膝，右手置胸前。右侧佛高36、座高23厘米；双手于腹前托宝珠。

左、右胁侍立佛外侧仰莲圆座上，原应为二菩萨。头顶有尖桃形头光痕；内着僧祇支，下着长裙，腰束带，跣足，披巾自两肩垂下，于腿前横过，绕臂后下垂及座；可见腹、腿前璎珞痕，双腕饰钏；相向而立，身体微侧身向龛外。左侧菩萨现高40、座高10厘米；双手持长莲蕾于体前。右侧菩萨高41、座高11厘米;左手提披巾垂体侧,右手置胸前右侧,似托宝珠。右侧龛面存题刻一行:敬造势至菩萨□/□造……。小龛下方磨光宽98、高39厘米壁面,字迹不可识。

小龛两侧及上方雕六排五十三身小佛结跏趺坐于仰莲圆座上,头多经后代改刻。有圆形素面头光;着通肩式或双领下垂式袈裟,下摆覆双腿;双手置胸、腹前,持物或结印。从上至下第一、二排通壁分布,第三至六排被中央小龛隔断,左、右对称分布。从上至下第一、二排各十三、十四身,第三至五排各六身,第六排八身。小佛身体左侧多存榜题,第一排左起第一身榜题:坛赏造/五十三佛;第二身榜题:张牧造/□□佛;第三身榜题:弥勒佛/殊胜□佛;第六身榜题:自佛/□造;第七身榜题:赏敬/造……;第八身榜题:……/造;第十身榜题:敬造/……佛;第十二身榜题:身佛/……圣。第二排左起第一身榜题:□陈散佛汤□□/敬……消;第二身榜题:……/……佛;第十二身榜题:□妙……;第十三身榜题:造……法泰。第三排左起第三身榜题:宝焰幡王佛黄/氏……田陆氏赵。第四排左起第三身榜题:□□中□造/降伏贪自在;第四身榜题:佛黄……/胜;第五身榜题:……佛/敬……佛。第五排左起第一身榜题:……造/……;第二身榜题:……/……佛。

外龛左、右壁底部各造一弟子相向立圆座上。均光头;着交领袈裟,下着裙,足穿鞋。左侧弟子头残,高38、座高11厘米,着交领袈裟,双手合十胸前,侧身向龛外。右侧弟子全身风化严重,高52、座高12厘米;双手置胸前。外龛右壁中部有粗宽凿痕,存一像轮廓,高44厘米,有尖桃形头光,左手垂体侧,右手置胸前,面向内侧而立(图7-19)。

【第11龛】

位置:第一号石包东面南侧,第10龛右,第12龛左。
年代:清。
龛形:由四块石板砌成方形龛,龛中空,平面呈方形,宽123、高86、深39厘米,龛向98度。
保存情况:保存较好。
造像内容:正面石板中部靠上刻"字库"二字,其下开半圆形孔。龛内正壁为自然崖壁,于其上磨光52厘米壁面,中央竖刻"字库"二字,左侧刻"唐朝至",右侧刻"清人又为"(图7-20)。

【第12龛】

位置:第一号石包东面南端,第11龛右,第13龛左。
年代:唐。
龛形:双层方形龛,内龛平面呈方形,外龛宽100、高70、深101厘米,内龛宽46、高51、深55厘米,龛向118度。
保存情况:外龛仅存龛底。壁面遍覆青苔,内龛各壁遍布凿痕。
造像内容:龛内造像不存。内龛右侧龛口外侧存二力士轮廓,残损、风化严重。左侧力士高42厘米;右侧力士残高36厘米,右臂上举(图7-21)。

图7-19 三教寺第10龛（东北→西南）

三教寺

图 7-20　三教寺第 11 龛（东→西）

图 7-21　三教寺第 12 龛（东南→西北）

【第13龛】

位置：第一号石包东面南端，第12龛右。

年代：清。

龛形：由3块薄石板与自然崖壁围成一方形龛，无顶，平面呈方形，宽150、高140、深82厘米，龛向97度。

保存情况：龛中央及外侧下部被土石填塞。

造像内容：正面石板上刻"添字库"，其下开半圆形孔（图7-22）。

图7-22　三教寺第13龛（东→西）

【第 14 龛】

位置：第二号造像崖壁西北侧，第 15 龛左。

年代：唐。

龛形：方形龛，平面呈方形，宽 133、高 158、深 40 厘米，龛向 35 度。

保存情况：顶、底剥蚀较严重，造像及壁面遍覆青苔，龛外左侧存上、下两个方形榫孔。

造像内容：正壁前造二菩萨立圆座上，连座高约 140 厘米，残损、风化较严重。有尖桃形素面头光；下着长裙，腰束带，结带自双腿间垂及台座，跣足，披巾自两肩垂下，于腿前横过，绕臂后下垂及座。左侧菩萨上身仅存轮廓；膝前可见两道璎珞折向身后，于膝前垂三道短流苏；左臂似举肩前，右手垂体侧，似持物，腰微右扭。右侧菩萨头及右臂残；

图 7-23　三教寺第 14 龛（东北→西南）

绾髻，戴冠，缯带垂及肘部，发辫覆肩；下着裙，裙腰外翻；戴联珠缀接而成的项圈，于胸前中央垂一菱形饰件，两侧各垂一道璎珞于腹前相交，垂及两膝，折向身后，相交处呈圆饼状，于膝前又各垂三道短流苏，左臂饰臂钏，左腕饰腕钏；左手持物垂体侧，右臂似举肩前，腰微左扭（图 7-23）。

左壁中部开一方形浅龛，龛内似雕三身供养人像，仅存轮廓，身体均朝向龛内。

【第 15 龛】

位置：第二号造像崖壁上方中部，第 14 龛右，第 16 龛左。
年代：唐。
龛形：方形龛，平面近方形，宽 90、高 146、深 10 厘米，龛向 37 度。
保存情况：造像及壁面风化严重，遍覆青苔。
造像内容：正壁前似造一像坐台座上，残不可识（图 7-24）。

图 7-24　三教寺第 15 龛（东北→西南）

【第16龛】

位置：第二号造像崖壁东南侧，第15龛右。

年代：盛唐。

龛形：外方内拱形龛，内龛平面呈"U"字形，外龛宽230、高241、深30厘米，内龛宽141、高155、深70厘米，龛向42度。雕出两侧龛面及龛楣，内雕团花、菱形饰等，外侧饰卷草，雕刻精细。

保存情况：外龛壁面遍覆青苔，内龛造像及壁面局部有霉斑，龛外右侧有一列方形榫孔，与第14龛外左侧榫孔位置相对。

造像内容：内龛环三壁造一道教主尊二真人二女真（图7-25）。道教主尊居中，结跏趺坐于束腰方座上，上身残。有内圆外尖桃形素面头光，光尖至龛顶，绾高髻。着对襟，于胸前束带打结，裙尾覆双腿。左臂似置肩前，右手置右小腿上。台座覆帷幔。

真人立左、右壁内侧前仰莲圆座上，头均残。有圆形素面头光，绾桃形髻；内着交领衣，外披双领下垂式广袖大衣，下着裙，足穿鞋；双手置腹前。左侧真人于腹部束带，结带分两道垂及小腿中央。右侧真人腹部剥蚀；颈部雕三道蚕纹。

图7-25　三教寺第16龛（东北→西南）

女真立左、右壁外侧前仰莲圆座上,头均残。有内圆外尖桃形素面头光,绾髻,戴冠,缯带垂及肘后;足穿鞋,披巾自两肩垂下,于腿前横过,绕臂后下垂及座;站立较直。左侧女真风化较严重,可见着广袖上衣,下着裙;左臂前抬,右臂下垂。右侧女真左、右臂残,略风化;着齐胸长裙,于裙头束带;戴项圈,于胸前中央垂一椭圆形饰,两侧各垂一道璎珞,于腹前相交,垂及两膝折向身后,相交处呈圆饼状,膝前又各垂一道短流苏;左臂垂体侧,右臂前抬(图7-26、7-27)。

内龛两侧龛口外侧各雕一力士立山座上,头及双臂均残。有圆形素面头光,绾髻,发带飘头侧;上身赤裸,肌肉虬结,下着短裙,腰束带,裙腰外翻,跣足,飘带自头后,搭两臂,过腰带后飘于身后。左侧力士左臂似举头侧,右臂下伸,腰左扭;右侧力士左臂下伸,右臂举头侧,腰右扭。山座内侧各雕一狮相向而立,左侧狮子仅存轮廓,右侧狮子存四肢。

三教寺

图 7-26　三教寺第 16 龛左壁造像（东→西）

图 7-27　三教寺第 16 龛右壁造像（北→南）

三教寺

【第 17 龛】

位置:第三号石包西面南端,第 18 龛左。

年代:盛唐。

龛形:方形龛,平面呈方形,宽 70、高 106、深 14 厘米,龛向 277 度。

保存情况:石包整体向北倾斜,龛顶左侧及左壁不存,龛底被埋。壁面遍覆青苔。

造像内容:正壁前浮雕一碑,底部为泥土所埋,宽 42、高 106 厘米。半圆形碑首,雕二龙相互缠绕,双足相抵,龙首向下衔碑身上部左、右角。碑首中央开一拱形小龛,宽 10、高 14、深 2 厘米,龛内造一结跏趺坐佛,仅存轮廓,可见肉髻,着袈裟。方形碑身,表面磨平,字迹不存(图 7-28)。

图 7-28　三教寺第 17 龛
（西→东）

【第 18 龛】

位置：第三号石包西面中部，第 17 龛右。
年代：盛唐。
龛形：方形龛，平面呈方形，宽 90、高 102、深 29 厘米，龛向 274 度。

图 7-29　三教寺第 18 龛（西→东）

三教寺

保存情况：龛顶外侧残，造像及壁面覆泥浆。

造像内容：正壁前设通壁坛，高15厘米，坛上中央造一天尊结跏趺坐于方座上，头残，高32、座高19厘米。有尖桃形素面头光，绾髻。着双领下垂式广袖大衣，下摆覆双腿及台座，下着裙。左手抚膝，右手持麈尾于胸前（图7-29、7-30）。

天尊台座束腰处向左、右伸出莲茎，其上承托四排小像结跏趺坐于仰莲圆座上，座下有莲茎伸向龛底。有尖桃形素面头光，绾桃形高髻。从上至下第一排十身，通壁分布，小像风化较严重；长髯呈倒三角形垂胸前；似着双领下垂式广袖大衣；双手均拱胸前。第二至四排分居天尊左、右，每排左、右侧各三身；着通肩式袈裟，下摆覆双腿；双手置胸、腹前，持物、结印或拱袈裟内（图7-31、7-32）。

左壁中部于壁面刻造像题记，宽10、高17厘米，四行，竖刻，楷书，内容为造十方天尊、十方佛及元始天尊像事（图7-33）。

右壁中部近龛口处开一拱形小龛，宽10、高23、深4厘米。龛内造一像立仰莲圆座上，风化严重，高20、座高4厘米；绾高髻；着窄袖长袍；左手持物置左肩侧，右手垂体侧。

图7-30　三教寺第18龛中央天尊
（西→东）

图7-31　三教寺第18龛左侧造像
（西→东）

图 7-32　三教寺第 18 龛右侧造像（西→东）　　图 7-33　三教寺第 18 龛造像题记（北→南）

【第 19 龛】

位置：第四号石包东面中部。

年代：盛唐。

龛形：方形龛，平面呈狭长方形，宽 270、高 257、深 8 厘米，龛向 80 度。

保存情况：龛左侧及底脱落不存，顶、右壁外侧残。壁面遍覆青苔，右侧有一宽裂隙自崖壁顶部纵贯而下。

造像内容：正壁磨平，刻鸠摩罗什本《金刚经》，漫漶严重，存二十二行，竖刻，楷书，字迹不甚工整（图 7-34、7-35、7-36、7-37、7-38）。《金刚经》左侧脱落后的壁面刻题记一则，四行，竖刻，楷书。题记内容为弘治十三年（1500 年）修路事（图 7-39）。龛外右侧中部磨光一宽 38、高 72 厘米崖壁，刻题记一则，左侧漫漶不可识，存字四行，竖刻，楷书，字迹与经文一致，可见"造经弟子等"字，应为该龛造经记（图 7-40）。

三教寺

▲ 图 7-34　三教寺第 19 龛（东→西）

◀ 图 7-35　三教寺第 19 龛局部经文
　　　　　（东→西）

图 7-36　三教寺第 19 龛局部经文（东→西）

图 7-37　三教寺第 19 龛局部经文（东→西）

三教寺

◀ 图 7-38　三教寺第 19 龛局部经文
　　　　　（东→西）

图 7-39　三教寺第 19 龛左侧题刻　▶
　　　　（东→西）

467

图 7-40 三教寺第 19 龛右侧题刻（东→西）

鸳大镇

8 福应山

福应山摩崖造像又称黄桷大佛,位于安岳县鸳大镇大佛村五组福应山景区内,地处福应山北面山腰,海拔高程345米。现为资阳市文物保护单位。东侧150米有村道通往鸳大镇,北侧20米为罗汉堂,两侧有现代龛,前方地面宽平,是寺院内信众礼佛的主要场所。

在裸露的高近17米的红砂岩崖壁上开凿三龛,造像崖壁宽25、高14.7米,自西向东编第1~3龛,仅第2龛造一大佛,第1、3龛分别为明、清时期题刻龛(图8-1)。第2龛顶部有20世纪90年代修建的钢混结构佛阁,用以保护大佛免于雨水侵蚀(图8-2)。据当地村民介绍,第2龛大佛头部及右手于早年被人为破坏,后经修补,大佛前方地面残存有原佛头残块。采用第三次全国文物普查编号。

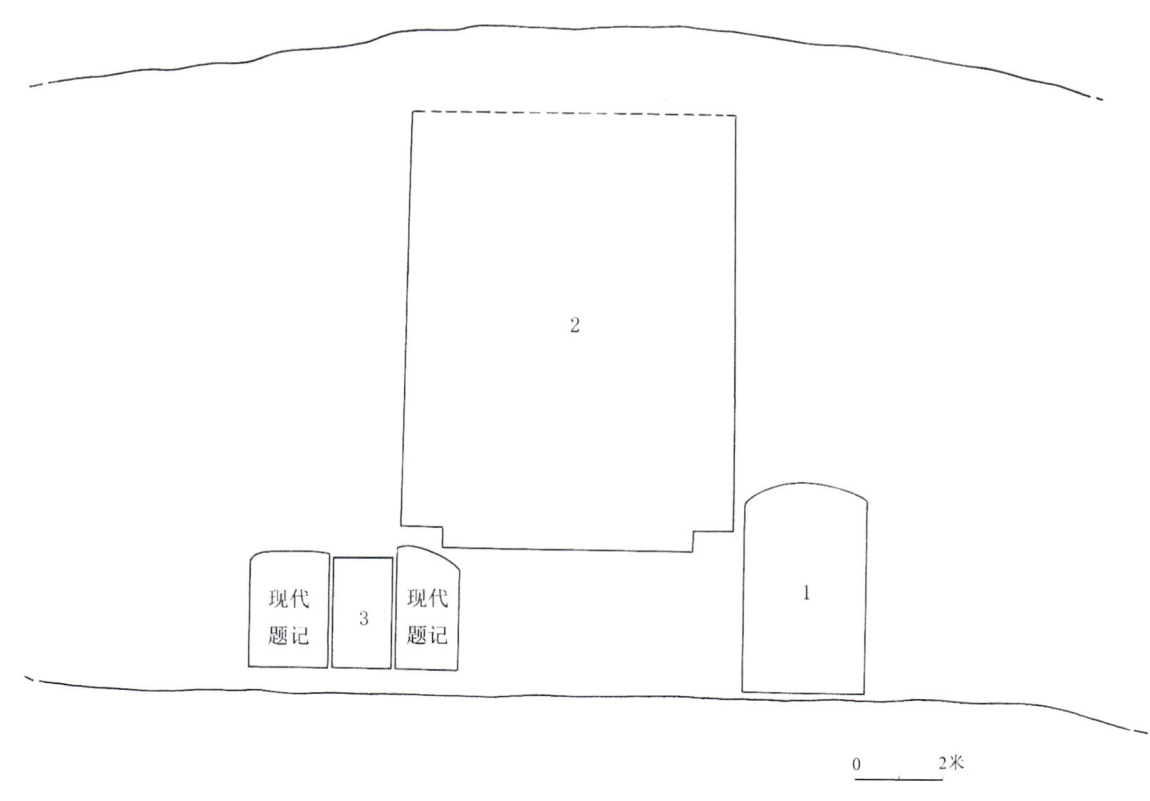

图8-1 福应山造像分布示意图

福应山

图 8-2　福应山造像(北→南)

【第 1 龛】

位置：造像崖壁西侧，第 2 龛左。

时代：弘治十八年(1505 年)。

龛形：拱形龛，平面呈横长方形，宽 251、高 460 厘米，龛向 335 度。

保存情况：较差，残损、风化、水蚀严重。碑身左侧有一列三个方形榫孔。

造像内容：摩崖开一碑。弧形碑首，从左至右篆书"福应山大佛寺"，字体较大。碑身两侧雕卷草，中部以一条带将碑身题刻分为上、下两部分，上部字体较大，均楷书，均残损、水蚀严重。上部三十九行，内容中有弘治十八年(1505 年)纪年。下部内容为募化修像之事，六十二行，左起第一至八行记事，第九至六十一行记出资者姓名及金额(图 8-3)。

471

图 8-3 福应山第 1 龛（西北→东南）

【第 2 龛】

位置：造像崖壁中央，第 1 龛右。
时代：明。
龛形：方形大龛，平面呈方形，宽 780、高 1020、深 440 厘米，龛向 335 度。
保存情况：龛顶不存，现有钢筋水泥浇筑顶部，上建阁楼，将大佛笼罩其中。正壁左、右侧及龛外左、右密布榫孔。
造像内容：正壁前造一大佛结跏趺坐于龛底，头及右手为现代修补，身体局部有水泥修补痕，连座高 1620 厘米。佛头为就地取材的红砂岩修补而成，肉髻较低，螺发细密，面部近方较扁平，宽平额，眼眶较深，鼻梁宽直，薄唇紧闭，双耳硕大。短颈，肩、胸宽厚，内着僧祇支，于腹部束带打结，外披双领下垂式袈裟，下摆覆双腿，悬垂龛底前，露双足，足心向上。左手横置腹前，托一宝珠，右手置肩前，伸出食指与中指（图8-4）。

【第 3 龛】

位置：造像崖壁东侧，第 2 龛前方靠右。
时代：道光十一年（1831 年）。
龛形：方形浅龛，宽 134、高 280、深 4 厘米，龛向 35 度。
保存情况：较好，局部风化，遍覆青苔，水蚀较严重。
造像内容：摩崖开一碑，弧形碑首，凸出碑额，从左至右题"与人为善"四字，碑身刻题记一则，三十七行，均楷书，左起第一至八行记事，第九至三十六行分八排竖刻出资人姓名及金额，第三十七行刻纪年。碑文记述第 2 龛造像开凿历史及本次装彩事，有道光十一年（1831 年）纪年。两侧各有摩崖开凿的一块现代捐资碑（图8-5）。

图 8-4 福应山第 2 龛（西北→东南）

福应山

图 8-5 福应山第 3 龛（北→南）

城北乡

9 佛尔岩

佛尔岩摩崖造像位于城北乡飞龙村八组佛尔岩坡西北面山腰,地处安岳县城北郊,南距安岳县城3公里。西北侧50米有水泥村道通往城北乡和安岳县,北、东、西侧为民居及农田,北侧150米为206省道,西北200米有岳阳河流经。

于裸露的高7.2米崖壁中部位置开一龛(图9-1),右侧崖壁开一现代龛,依靠造像崖壁搭建现代建筑,前方铺设水泥地面,系当地村民宗教活动场所(图9-2)。造像均于早年损毁,后又进行补塑和装彩。龛前建筑系2000年以后搭建。

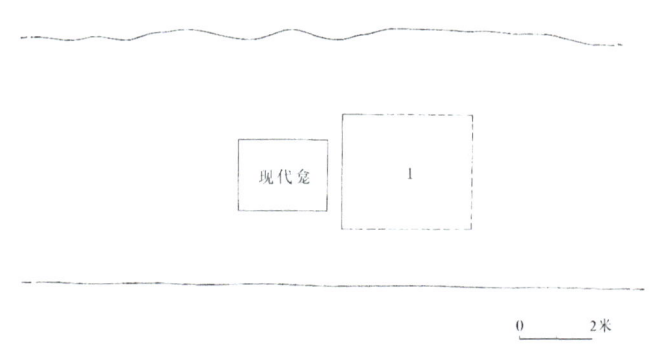

图9-1　佛尔岩造像分布示意图

图9-2　佛尔岩全景(西→东)

佛尔岩

【第1龛】

位置：造像崖壁中部。

年代：盛唐。

龛形：方形龛，平面呈方形，残宽364、残高324、残深195厘米，龛向325度。

保存情况：左壁、龛底脱落不存，龛顶左侧残，现龛底经水泥补砌。造像经现代补塑，造像及壁面遍覆装彩。

造像内容：正壁前现造一佛十二弟子，全身补塑（图9-3）。佛居中，结跏趺坐于仰莲圆座上，高150厘米。双层圆形头光和头顶圆形华盖为原造像遗存，华盖饰珠链、璎珞（图9-4）。华盖左、右各补塑一飞天相向作飞翔状。头光外缘彩绘花草，有葫芦形肉髻，螺发，面部近方。着通肩式袈裟，下摆覆双腿。左手托宝珠于腹前，右手结说法印于胸前右侧。

弟子立佛左、右侧，各六身，前、后排各三身，全身为后代补塑。前排六身均着长裙，跣足。左起第一身高165厘米，身体前部脱落；着袈裟。第二身高165厘米；着袒右式袈裟，披披肩，飘带自身体左侧伸出，绕身前一道垂于身侧；左手于腹前执剑，右手握飘带。第三身高170厘米；着通肩式袈裟；双手于腹前执圆形物。第四身高180厘米；着袈裟；左手置于胸前，右手置于腹前。第五身高195厘米，体形较高；着通肩式袈裟，腰束带，裙腰外翻，腰带自腹前垂于两腿间，披巾于腿前横过，绕臂垂于体侧；左手垂体侧，右手置腹前。第六身高175厘米；着交领袈裟；双手相叠于腹前。

后排弟子大多仅露上身，彩绘尖桃形头光。左起第一身高60厘米；着圆领长袍。第二身高220厘米；着通肩式袈裟；双手合十胸前。第三身高63厘米；着交领式上衣。第四身高80厘米；交领袈裟；双臂置腹前。第五身高88厘米；着交领上衣，领边有彩绘；双手合十胸前。第六身高82厘米；着交领上衣，右手似置于腹前。

龛右壁浅浮雕一碑，右侧及底部残，风化残损，宽90、高303厘米（图9-5）。碑首半圆形，高53厘米，有二龙相背，龙身缠绕于顶部中央，龙首椭圆形，三角形耳，嘴张开，吻部呈三角形，龙首衔碑身顶部两角，后爪相抵于中央，腿间各绕一细带。碑首中央雕一圆拱形小龛，宽22、高31、深5厘米，雕出龛面及尖拱形龛楣。龛内雕一像，胸部以上残；着袈裟；双手置于腹前，结跏趺坐于仰莲圆台上（图9-6）。碑身竖长方形，高250厘米。上部中央有一圆形榫孔，内插一圆木。内缘可见雕饰卷草，字迹风化不存。

图 9-3　佛尔岩第 1 龛（西北→东南）

图 9-4　佛尔岩第 1 龛主尊头顶华盖（西北→东南）

佛尔岩

图 9-5　佛尔岩第 1 龛右壁碑
（西南→东北）

图 9-6　佛尔岩第 1 龛右壁碑首（西南→东北）

481

城北乡

1. 石锣寺

石锣寺摩崖造像位于安岳县城北乡画梁村八组牛旸坡东北面崖壁,南距安岳县城 6.8 千米。东侧 100 米有乡道连接城北乡与通贤镇,东北 100 米为刘家沟,南侧为竹林、农田。造像所在的山前平地原为石锣寺,现已荒废,造像前可见大量石质建筑构件。造像崖壁前依托崖壁搭建现代建筑,为原石锣寺大殿所在,现已废弃。造像两侧遍布榫孔,为龛前建筑遗留。造像前置现代泥塑、圆雕造像。

　　石锣寺造像崖壁宽 9.5、高 6.7 米,现存六龛造像,分两层开凿。下层自西向东开第 1~4 龛,上层开第 5、6 龛(图 10-1)。造像残损、风化严重,存后代装彩。

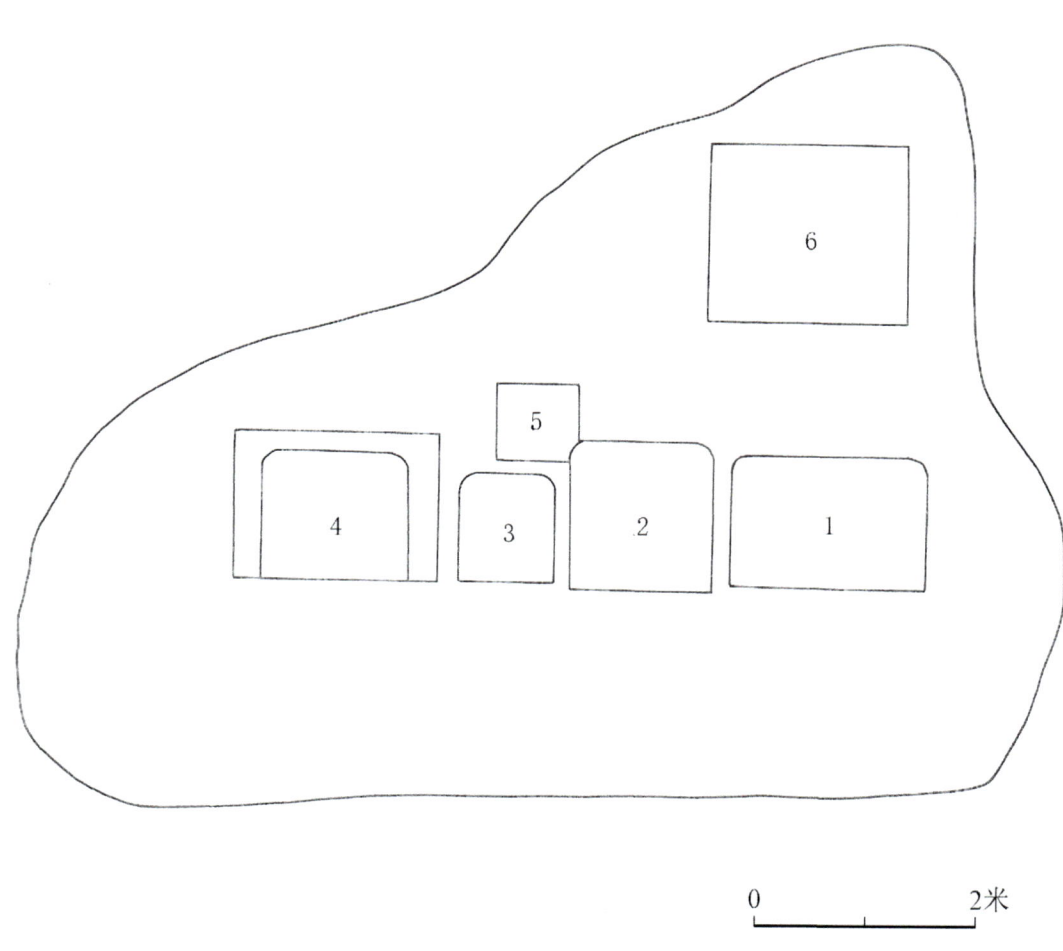

图 10-1　石锣寺造像分布示意图

石锣寺

【第1龛】

位置：造像崖壁西侧下层，第2龛左，第6龛下。

年代：同治九年（1870年）。

龛形：拱形龛，平面近半圆形，宽180、高135、深154厘米，龛向25度。

保存情况：壁面遍布细密凿痕，龛外左侧靠下有两榫孔，插木梁，造像及壁面遍覆装彩。

造像内容：环三壁造二主尊二胁侍。主尊居中，倚坐通壁高台上。有圆形素面头光，面部近方，老者面相，长髯垂胸前；着广袖长袍，下着裙，足穿鞋。左侧主尊高120厘米；戴冠；双手笼袖中，置腹前，左腋下怀抱一长条形物；左肘侧墨书"孔夫圣人"。右侧主尊高123厘米；戴小圆冠；双手持长柄麈尾于体前；右肘内侧墨书"太上老君"，外侧金书"孔夫子"。

胁侍立左、右壁内侧台座上。左侧一身雷神形象，面部及双足残，高94、座高14厘米；头顶绾髻，面部狰狞；肩系巾，上身赤裸，下着短裙，腰束带；双足呈鹰爪立山石上，身后生双翅；左手于腹前握凿，右手持斧举头侧，双腿微前屈，回首龛外。右侧一身电母形象，高105、座高10厘米；戴拱形冠，面部清秀；双耳饰耳珰；披披肩，着广袖长袍，腰束带，下着裙，足穿靴；左手扬举头侧，右手置腹侧，持铙钹作敲击状；头右侧金书"电母"（图10-2）。

右壁近龛口处刻一则题记，三行，竖刻，楷书，内容为刘紫林造像记，有同治九年（1870年）纪年（图10-3）。

图10-2　石锣寺第1龛（东北→西南）

图10-3　石罗寺第1龛右壁题记(西北→东南)

石锣寺

【第 2 龛】

位置：造像崖壁中部下层，第 1 龛右，龛顶右上角打破第 5 龛左下角。

年代：同治九年（1870 年）。

龛形：拱形龛，平面近方形，宽 129、高 137、深 101 厘米，龛向 45 度。

保存情况：壁面遍布细密凿痕，龛外右侧靠下插一木梁，造像及壁面遍覆装彩。

造像内容：正壁前造一佛一菩萨坐通壁台上。佛居左，双手残，高 125 厘米。有圆形素面头光，肉髻较低，螺发，面部长圆。内着僧祇支，于腹部束带打结，外着双领下垂式袈裟，跣足。左手托宝珠于腹前，右手抚右膝，双足踏方形基座。左臂侧金书"阿弥陀佛"。

菩萨居右，手臂持物多残损，高 117 厘米。戴高花冠，面部方圆，双耳硕大。下着裙，披巾自两肩垂下，绕臂后下垂于体侧。体前六臂，上二臂合十胸前，中二臂托宝珠于腹前，左下臂置腿上，右下臂垂圆饼状物。身体左、右各七臂，呈扇形展开，左侧从上至下分别持圆棍形物、圆轮、杵，右侧从上至下分别持矩、圆轮、铃、剑，其余手臂未持物或持物不可辨识。右臂侧金书"千手观音"（图 10-4）。

右壁中部刻一长方形题记框，两行，竖刻，楷书，为刘紫林造像记，有同治九年（1870 年）纪年（图 10-5）。

图 10-4　石锣寺第 2 龛（东北→西南）

图 10-5　石罗寺第 2 龛右壁题记（西北→东南）

【第 3 龛】

位置：造像崖壁中部下层，第 2 龛右，第 4 龛左。
年代：中晚唐。
龛形：拱形龛，平面呈弧形，宽 96、高 97、深 22 厘米，龛向 28 度。
保存情况：右壁不存。造像及壁面残损、风化严重。
造像内容：环三壁造一佛二弟子二菩萨，均仅存轮廓。佛居中，结跏趺坐于台座上，高 48、座高 14 厘米。有尖桃形素面头光，可见腹前左侧袈裟衣纹呈"U"字形，左臂置腹前。

弟子立佛左、右台座上。有圆形素面头光。左侧弟子高 47、座高 6 厘米；着袈裟，下着裙，跣足；双手笼袖中，置胸前。右侧弟子轮廓高 48、座高 6 厘米，仅可见头光痕，跣足。

菩萨立左、右壁台座前。均可见尖桃形头光痕，腿侧披巾垂地，其余残不可识。左侧菩萨高 50、座高 5 厘米；右侧菩萨连座高 57 厘米（图 10-6）。

图 10-6　石锣寺第 3 龛（东北→西南）

【第4龛】

位置：造像崖壁东侧下层，第3龛右。

年代：中晚唐。

龛形：外方内拱形龛，内龛平面近宽"U"字形，外龛宽176、高153、深55厘米，内龛宽136、高96、深17厘米，龛向30度。

保存情况：外龛左壁下部、右壁上部残。造像及壁面残损、风化严重，造像及壁面存零星装彩痕。

造像内容：内龛正壁前造一佛二弟子二菩萨。佛居中，结跏趺坐于台座上，身体前部剥蚀，仅存轮廓，连座高78厘米。有内圆外尖桃形头光，中饰锯齿，外饰火焰，有圆形身光，素面。头顶存肉髻痕。

弟子立佛左、右侧龛底。有圆形头光；着袈裟，下着裙，跣足。左侧弟子上身残，高67厘米；左手置腹前，右臂垂体侧，腰右扭。右侧弟子身体前部脱落，仅存轮廓，高66厘米；腰扭向左侧。右侧弟子靠外雕一小立像，头残，高52厘米；帽沿覆两肩，似着窄袖衣，下着短裤，腰束带，跣足；双手托圆盘于胸前，其上置桃形物，身体朝向弟子。

菩萨立正壁与左、右壁转折前低台上。有尖桃形头光；下着裙，腰束带，跣足，披巾于腿前横过，绕臂后下垂及座。左侧菩萨仅存下身，轮廓残高63厘米；有两道璎珞垂及膝部，折向身后；左臂似举肩侧，右手垂体侧，腰微左扭。右侧菩萨腹部以上残，高68厘米；有两道璎珞于腹前相交，垂及膝部，折向身后，相交处呈圆饼状；左臂垂体侧，右臂举肩前，腰微左扭。

佛、弟子及菩萨身后雕一排六身护法像，对称分布，仅露上身，仅存轮廓。左侧从内至外第一身残不可识；第二身上身赤裸，双手置腹前右侧，似托一婴孩；第三身着长袍，双手于头顶托一圆形物。右侧三身均残不可识。

内龛两侧龛口外侧各雕一力士立山座上，均仅存轮廓。上身赤裸，下着短裙，跣足，飘带经头后，过腰带，垂于体侧。左侧力士高57、座高19厘米，左臂残；可见右臂上举头侧，腰左扭。右侧力士高59、座高19厘米；左臂上举，右臂下伸，腰右扭。

内龛底部正面中央雕一物凸出于壁面，残不可识，向两侧及上方伸铺蔓（图10-7）。

石锣寺

图10-7 石锣寺第4龛(东北→西南)

【第 5 龛】

位置：造像崖壁中部上层，第 3 龛上，龛底左下角被第 5 龛打破。

年代：唐。

龛形：方形龛，平面呈方形，宽 67、高 63、深 15 厘米，龛向 30 度。

保存情况：仅存正壁及龛底。造像及壁面残损、风化严重，遍覆青苔，正壁左侧插入木梁。

造像内容：正壁前造像三身，仅存轮廓。有尖桃形头光痕。左、中、右三身像轮廓分别残高 39、53、52 厘米，其余残不可识（图 10-8）。

图 10-8　石锣寺第 5 龛（东北→西南）

石锣寺

【第 6 龛】

位置：造像崖壁西侧上层，第 1、2 龛上。

年代：同治九年（1870 年）。

龛形：方形龛，平面呈方形，宽 187、高 120、深 42 厘米，龛向 40 度。

保存情况：壁面遍布细密凿痕，左、右壁上部插一木梁，龛外左、右各有一列方形榫孔，位置相对；造像及壁面遍覆装彩。

造像内容：正壁中央有三角形凸出将龛分为左、右两部分。左侧造一像倚坐方座上，高 115、座高 38 厘米。戴冠，冠带垂肩后，长髯垂胸前。着广袖大衣。双手拱胸前。身体右侧的三角形凸起左侧壁面刻题记两行，竖刻，楷书，左起：刘紫林/修玉皇一尊。

右侧造一佛结跏趺坐于方座上，高 110、座高 42 厘米。肉髻较小，螺发，面部扁平。内着僧祇支，外着双领下垂式袈裟，露双足，足心向上，交叉于体前。双手托宝珠于腹前。身体左侧的三角形凸起右侧壁面刻题记两行，竖刻，楷书，左起：刘紫林/修佛一身（图 10-9）。

图 10-9　石锣寺第 6 龛（东北→西南）

城北乡

1.1 圣水寺

圣水寺摩崖造像位于安岳县城北乡飞龙村四组无名坡东侧山腰,地处县城北郊圣水寺内,南距县城3.8公里,现为安岳县重点文物保护单位。造像区南侧有小道通往城北乡和安岳县城,西侧为圣水寺大殿。造像于早年遭到严重破坏,大部分被凿毁,后经补塑和装彩。

造像开于无名坡东侧山腰裸露的两处崖壁上,一处位于圣水寺大殿前,四周为水泥地面,顶部浇筑水泥,宽于崖壁,下有石柱支撑,用作保护造像。另一处开于大殿内崖壁上。原编十龛(窟),此次调查增编第4-1、5-1、5-2、5-3、5-4、7-1龛(图11-1、11-2),共十六龛(窟)。殿前崖壁东面宽6.8、高2.7米,自北向南开第1~4龛(窟),南面宽5.2、高2.4米,自东向西开第5~9龛(图11-3、11-4)。殿内崖壁高5.6米,中部开第10龛。

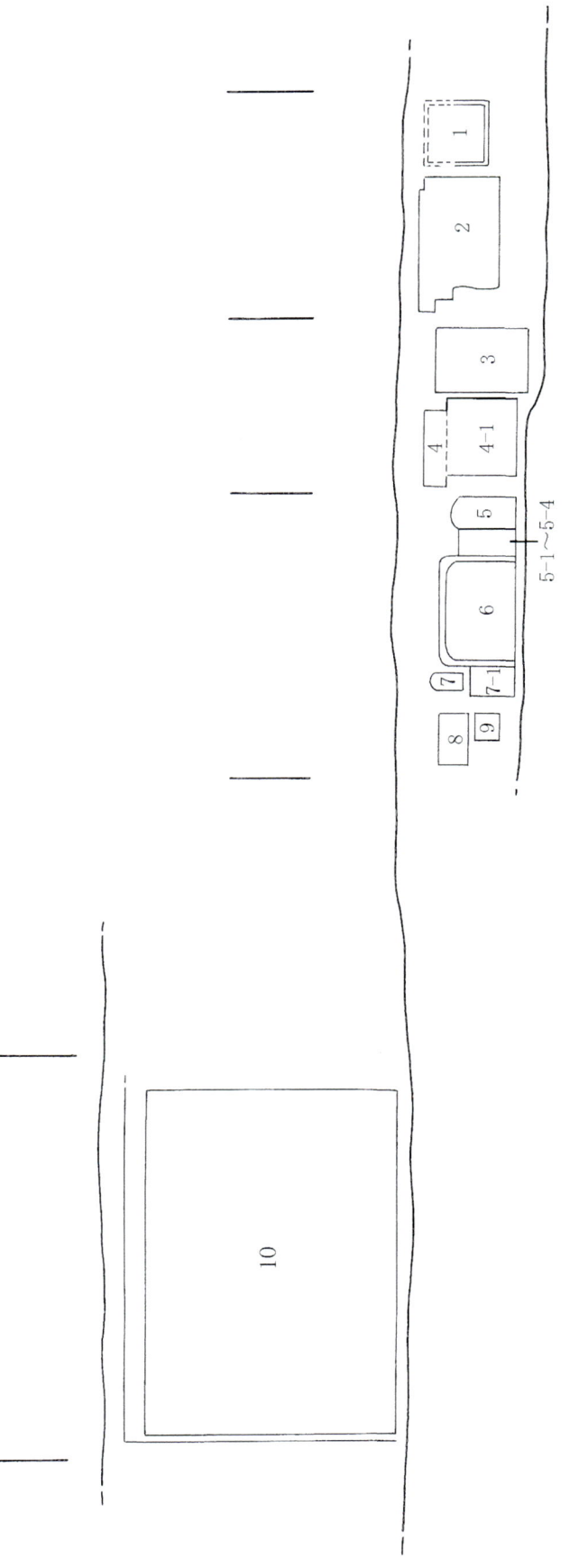

图11-1 圣水寺造像分布示意图

圣水寺

图 11-2　圣水寺造像全景（东南→西北）

图 11-3　圣水寺殿前崖壁东面造像（东南→西北）

图 11-4　圣水寺殿前崖壁南面造像（东南→西北）

【第 1 龛】

位置：殿前崖壁东面北端，第 2 龛左。

年代：晚唐。

龛形：双层龛，龛口形状不明，内龛平面呈方形，外龛宽 110、残高 120、残深 57 厘米，内龛宽 110、高 97、深 48 厘米，龛向 70 度。

保存情况：龛顶及左、右壁上部残，龛外左侧原左壁位置条石砌筑。造像经现代补塑，造像及壁面遍覆装彩和青苔。

造像内容：正壁前造二像倚坐束腰台座上，全身补塑，原造像痕迹不存，水蚀严重。左侧一身男性形象，高 80 厘米。戴高冠，面部扁平近方，长髯呈倒三角形垂胸前。着长袍，下着裙，足穿鞋，有两条窄带垂腿前，搭两臂后垂于台座两侧。

右侧一身女性形象，高 80 厘米。戴圆花冠，面部椭圆，下颌略窄。着广袖衣，下着长裙，足穿鞋。左手置腹前，右手于胸前持一方形物，双足各踏一小圆座（图 11-5）。

圣水寺

图 11-5　圣水寺第 1 龛（东北→西南）

【第 2 龛】

位置：殿前崖壁东面北侧，第 1 龛右，第 3 窟左。

年代：晚唐。

龛形：方形龛，平面呈方形，宽 231、高 138、深 57 厘米，龛向 40 度。

保存情况：右壁不存，左壁上部残，原右壁位置立一条石。壁面及龛楣密布细密凿痕，造像经现代补塑，造像及壁面遍覆装彩。

造像内容：正壁前起通壁台，高 11 厘米，台上造四排像，均全身补塑，保留原造像布局。台上中央开一拱形浅龛，宽 91、高 64、深 20 厘米，龛内造一佛四胁侍。佛居中，结跏趺坐于仰莲圆座上，高 41、座高 20 厘米。尖桃形素面头光为原造像遗存，肉髻较小，螺发，面部椭圆。内着僧祇支，外着双领下垂式袈裟，下摆覆双腿。左手托宝珠于腹前，右手结印于胸前。

内侧两身胁侍立佛左、右侧方座上。有彩绘尖桃形头光，发髻宽高，面部近圆；着双领下垂式袈裟，下着裙，足穿鞋；双手合十胸前。左侧一身高 47、座高 9 厘米；右侧一身高 48、座高 10 厘米。

外侧两身胁侍立正壁左、右端前仰莲圆座上。戴三角形冠，面部椭圆，长髯呈倒三角形垂胸前；着圆领上衣，下着裙，足穿鞋。左侧一身高 50、座高 10 厘米；腹前横过二宽带；左手垂体侧，右手持锄形物于胸前。右侧一身高 48、座高 10 厘米；一宽带于腿前横过，搭两臂垂体侧；左手垂体侧，右手执剑于胸前。

拱形龛左、右及上方雕四排小像结跏趺坐于仰莲圆座上，高 22～24 厘米。光头；着通肩式袈裟，下摆覆双腿；双手于腹前结禅定印。从上至下第一至四排各十三、十三、六、六身。

左壁近龛口处开一拱形龛，上窄下宽，宽 30、高 42、深 4 厘米。龛内造一像立仰莲圆座上，上身补塑，裙及璎珞为原造像遗存，全身装彩，身体中部宽于小龛，高 62、座高 6 厘米。戴花冠，面部扁平椭圆。披披肩，着长袍，下着裙，腹前横一宽带，跣足。腿前各有一道璎珞垂及膝部，折向身后，于膝下各垂一段流苏。双手垂体侧，握宽带（图 11-6）。

图 11-6　圣水寺第 2 龛（东北→西南）

圣水寺

【第 3 窟】

位置：殿前崖壁东面南侧，第 2 龛右，第 4、4-1 龛左。

年代：唐。

龛形：方形洞窟，平面呈方形，宽 116、高 151、深 270 厘米，窟向 85 度。形制规整，窟口外侧向四周外扩形成窟门。

保存情况：正壁风化、剥蚀严重，壁面遍布凿痕，正壁左侧有一斜向裂隙，窟外右侧立条石，窟楣存"入"字形裂隙，窟内堆放稻草（图 11-7）。

造像内容：右壁前部近窟门处阴刻一花瓶置于矮几上。几足弯曲近卷云，花瓶侈口、束颈、鼓腹、平底，其内伸出一束莲，可见莲花、莲蕾和莲叶。

图 11-7　圣水寺第 3 窟（东→西）

【第4龛】

位置：殿前崖壁东面南端，第3窟右，第5龛左，第4-1龛上，龛底被第4-1龛破坏。
年代：晚唐。
龛形：方形龛，平面呈狭长方形，宽130、残高42、残深13厘米，龛向95度。
保存情况：龛底不存，余三壁外侧残。壁面存纽密凿痕，造像经现代补塑，造像及壁面遍覆装彩。
造像内容：正壁前靠上造七佛结跏趺坐于仰莲圆座上，全身补塑，高22、座高5厘米。有尖桃形头光，棱角明显，有细密凿痕，肉髻较小，螺发，面部宽圆扁平，眉心饰白毫；内着僧祇支，外着双领下垂式袈裟，下摆覆双腿；双手结禅定印于腹前；仰莲下有莲茎伸向龛底。左起第一身胸口束宽带；第三身下着长裙，裙头提腹前，束带；第五身披披肩；第七身双手托宝珠。

正壁靠下，上排像台座莲茎之间存六身原造像之腹部以上轮廓，残损、风化严重。从左至右第一至六身分别残高10、9、11、13、11、13厘米。左起第六身结跏趺坐于台座上，双手置腹前。正壁左下位置有二柱状凸起，残不可识。龛外左下存一龛之尖拱形上部，宽13、残高12、深4厘米。龛内造一像，残不可识（图11-8）。

图11-8 圣水寺第4龛（东→西）

圣水寺

【第 4-1 龛】

位置：殿前崖壁东面南端，第 3 窟右，第 5 龛左，第 4 龛下，破坏第 4 龛底部。

年代：晚唐。

龛形：拱形龛，平面近方形，残宽 156、高 100、深 70 厘米，龛向 97 度。

保存情况：左壁不存，现立一条石。正壁左侧有细密凿痕，造像经现代补塑，造像及壁面遍覆装彩。

造像内容：正壁前造一主尊二菩萨二弟子。主尊居中，结跏趺坐于仰莲圆座上，全身补塑，高 64、座高 16 厘米。有圆形素面头光，为原造像遗存。戴高圆冠，面部椭圆，眉心有白毫。内着交领衣，外套齐胸长裙，于裙头束带打结，外披双领下垂式袈裟，下摆覆双腿及台座。双手托火焰宝珠于腹前。

菩萨立佛左、右侧圆座上，胸部以下为原造像遗存。有彩绘尖桃形头光，面部椭圆，眉心饰白毫；下着长裙，腰束带，裙腰外翻，跣足，披巾自两肩垂下，于体前横过，绕臂后下垂至台座两侧；戴环状项圈，于胸前中央垂一道挂件，腿前雕一道璎珞垂及膝部，折向身后。左侧菩萨高 70、座高 8 厘米；双腿间腰带上又垂一道长璎珞；左手提瓶垂体侧，右手置腹前。右侧菩萨高 75、座高 8 厘米；双手持长莲茎于体前，上身微左倾。

弟子立菩萨外侧圆座上，全身补塑。光头，面部椭圆；下着裙，跣足。左侧弟子高 66、座高 7 厘米；补雕尖桃形素面头光，颈部有三道蚕纹；着交领袈裟，腹部束带打结；双手合十胸前。右侧弟子高 63、座高 6 厘米；有圆形头光，中饰锯齿，为原造像遗存；着袒右式袈裟；双手合十胸前（图 11-9）。

图 11-9　圣水寺第 4-1 龛（东→西）

右壁开上、下两个小龛。上部小龛拱形,宽34、高40、深4厘米,右壁不存,壁面遍布细密凿痕。龛内造两身像结跏趺坐于仰莲圆座上,均全身补塑、装彩,原造像痕迹不存。有尖桃形素面头光,绾高髻,面部扁平近圆。左侧一身高23、座高6厘米;颈部系带,着通肩式袈裟,下摆覆双腿;左手持宝珠于左腿上,右手握颈部窄带。右侧一身高24、座高6厘米;颈部缠绕一窄带,自右臂飘向身后,着双领下垂式衣,下摆覆双腿;双手于腹前结禅定印。

小龛底部右侧存一凸起之方形崖壁,内侧残断,凸起壁面存不完整题记一则,残存字若干行,竖刻,楷书,内容似为造阿弥陀佛像记。下部小龛方形,残宽23、高29、深2厘米。龛内造两身供养人立于圆座上,全身补塑,朝向龛内,圆座宽及小龛外。内侧一身男像高29厘米;戴圆冠;着交领长袍,腰束带,足穿鞋;双手合十胸前。外侧一身女像高27厘米;绾小圆髻;着广袖大衣,足穿鞋;双手合十胸前。龛外右侧浮雕一方形碑,系现代所刻(图11-10)。

图11-10 圣水寺第4-1龛右壁造像(北→南)

圣水寺

【第 5 龛】

位置：殿前崖壁南面东端，第 4、4-1 龛右，第 5-1 龛左。

年代：明德三年（936 年）。

龛形：拱形龛，平面近方形，宽 55、高 111、深 39 厘米，龛向 160 度。

保存情况：右壁外侧被第 5-1 龛破坏。壁面遍布细密凿痕，造像经现代补塑，造像及壁面遍覆装彩。

造像内容：正壁前造一像倚坐于束腰台座上，全身补塑，高 79 厘米。有尖桃形素面头光，肉髻较小，螺发，面部扁平近方，眉心饰白毫。着双领下垂式广袖衣，领边于胸口弯曲呈花瓣状，跣足。双手托宝珠于胸前，双足各踩一仰莲圆座。台座底部正面雕莲叶（图 11-11）。

左壁中部外侧磨光宽 9、高 33 厘米壁面，刻造像题记，存外侧三行，竖刻，楷书。题记内容为明德三年（936 年）王文金夫妇造观音菩萨像事（图 11-12）。

图 11-11　圣水寺第 5 龛（东南→西北）

图 11-12　圣水寺第 5 龛左壁题记（西南→东北）

圣水寺

【第 5-1 龛】

位置：殿前崖壁南面东侧，第 5 龛右，第 5-2、5-3、5-4 龛左，被此 3 龛打破。

年代：晚唐。

龛形：方形龛，平面呈方形，宽 20、高 92、残深 22 厘米，龛向 161 度。

保存情况：左、右壁不存。上部壁面低于下部 3 厘米，造像经现代补塑，造像及壁面遍覆装彩。

造像内容：正壁前造一像立束腰仰莲圆座上，全身补塑，高 75、座高 16 厘米。有尖桃形素面头光，戴高冠，顶部饰宝珠，额前中央有一半圆形凸起，面部扁平宽圆。着圆领长袍，下着裙，腰束带，腰带向上绕颈一圈，悬垂腿前，两端垂及台座两侧，腹部雕一圆饼，跣足。左手下伸，右手置胸前，持串珠状物（图 11-13）。

图 11-13　圣水寺第 5-1、5-2、5-3、5-4 龛（东南→西北）

507

【第 5-2 龛】

位置：殿前崖壁南面东侧，第 5-1 龛右，第 6 龛左，第 5-3 龛上，打破第 5-1、6 龛。

年代：晚唐。

龛形：方形龛，平面呈方形，宽 20、高 43、深 5 厘米，龛向 162 度。

保存情况：左下角被第 5-3 龛破坏，壁面存细密凿痕，造像经现代补塑，造像及壁面遍覆装彩。

造像内容：正壁前造一弟子结跏趺坐于通壁方座上，全身补塑，高 10、座高 21 厘米。头较大，光头，面部扁平宽圆，面露微笑。上身赤裸，双乳下垂。袈裟裹双臂，覆双腿。双手于腹前结禅定印。座前塑仰莲，有莲茎伸向龛底（图 11-13）。

【第 5-3 龛】

位置：殿前崖壁南面东侧，第 5-1 龛右，第 6 龛左，第 5-4 龛上，打破第 5-1、6 龛。

年代：晚唐。

龛形：不明，平面呈方形，宽 13、高 23、深 4 厘米，龛向 162 度。

保存情况：仅存龛底及右壁。壁面存零星细密凿痕，造像经现代补塑，造像及壁面遍覆装彩。

造像内容：正壁前造一佛结跏趺坐于方座上，全身补塑，高 21、座高 11 厘米。头较大，螺发，面部扁平宽圆。着交领衣，下摆覆双腿。双手于腹前结禅定印。座前塑仰莲，下有莲茎伸向下方（图 11-13）。

【第 5-4 龛】

位置：殿前崖壁南面东侧，第 5-1 龛右，第 6 龛左，第 5-3 龛下，打破第 6 龛。

年代：晚唐。

龛形：方形龛，平面呈方形，宽 17、高 36、深 4 厘米，龛向 161 度。

保存情况：壁面遍布细密凿痕，造像经现代补塑，造像及壁面遍覆装彩。

造像内容：正壁前造一像立于龛底，全身补塑，高 33 厘米。戴圆冠，面部扁平近圆。着交领长袍，腰束带，足穿鞋。左手置胸前，右手置腹前（图 11-13）。

【第 6 龛】

位置：殿前崖壁南面中部，第 5-2、5-3、5-4 龛右，第 7、7-1 龛左，被第 5-2、5-3、5-4 龛打破。

年代：咸通十四年（873 年）。

龛形：外方内拱形龛，内龛平面呈弧形，外龛宽 167、高 111、深 20 厘米，内龛宽 135、高 102、深 42 厘米，龛向 152 度；内龛左、右龛面存收束的帷幔痕。

保存情况：龛底部为水泥地面覆盖，龛顶外侧残，左壁不存。内龛底部中央存一圆槽，壁面密布细密凿痕，造像经现代补塑，造像及壁面遍覆装彩。

造像内容：内龛环三壁造像，均全身补塑，保留原造像布局。正壁前中央造二主尊结跏趺坐于仰莲圆座上。头顶有方形华盖，均为原造像遗留；补刻尖桃形素面头光，戴圆形花冠，面部扁平椭圆；左侧主尊高 49、座高 26 厘米；着交领广袖大衣，腰束宽带，下摆覆双腿及台座，腿前垂一流苏至台座；左手结印于胸前，右手握腰带；流苏及座前衣纹为原造像遗存。右侧主尊高 50、座高 27 厘米；着内衣，上部饰圆环，腰束带，外披广袖大衣，下摆覆双腿；双手托火焰宝珠于腹前；台座前补塑莲瓣。

圣水寺

二主尊之间雕两身立像,高45厘米;绾双髻,着广袖大衣,下着裙,双手合十胸前。主尊外侧各雕三身胁侍。内侧者均绾髻,着广袖大衣,下着长裙;双手合十胸前;左侧一身高43厘米,右侧一身高45厘米。中央者体形较高,左侧一身高49厘米,有尖桃形素面头光,着长裙,裙腰外翻,跣足,双腿间横过两道披巾,腹、腿前存璎珞痕,裙及璎珞为原造像遗存,左臂垂体侧,右手置胸前;右侧一身高47厘米,戴冠,披披肩,着窄袖长袍,腰束带,跣足,双手于体前握腰带。外侧者立内龛两侧龛口,左侧一身高40厘米,绾三圆髻,着交领长袍,腰束带,双足所穿鞋为原造像遗存,身体朝向右前方;右侧一身高39厘米,戴圆冠,着双领下垂式窄袖上衣,腰束带,左手下垂,右手上举,身体朝向左侧(图11-14)。

二主尊华盖间雕一身立像,华盖外侧各雕一排四身立像,共九身,仅露上身,全身补塑、装彩,原应为护法像,原貌不可辨识。

外龛左、右壁底部现各有一力士。绾髻,披披肩,着上衣,下着短裙,飘带飘于体侧。左侧力士高43厘米;左手下垂握飘带,右手上举托圆形物,腰右扭。右侧力士高52厘米;左手上举托扁圆形物,右手下垂握飘带,腰左扭。

外龛左壁上部存三身坐像,身体朝向龛外,上层两身补塑为女性形象,下有凸出于壁面的原造像台座;下层一身补塑为童子形象,体前置鼓作敲击状。外龛右壁上部存两身像,身体朝向左侧,靠上一身立原造像之祥云上,立像周围围一圈圆形物,双臂上举;靠下一身托一婴孩于右肩上(图11-15、11-16)。

外龛右壁浮雕一盝形碑,宽32、高69厘米,下部剥落严重,存字九行,竖刻,楷书。内容为雍熙三年(986年)罗才蒲等人装修记(图11-17)。

龛外右侧开第7-1龛,龛内造一盝形碑,紧贴第6龛外龛右壁,应为第6龛之造像碑。

图11-14 圣水寺第6龛(东南→西北)

圣水寺

◀ 图 11-15　圣水寺第 6 龛内、外左壁造像
　　　　（西南→东北）

图 11-16　圣水寺第 6 龛内、外龛右壁造像 ▶
　　　　（东北→西南）

图 11-17　圣水寺第 6 龛外龛右壁碑（东北→西南）

圣水寺

【第 7 龛】

位置：殿前崖壁南面西侧，第 6 龛右，第 8 龛左，第 7-1 龛上。

年代：晚唐。

龛形：拱形龛，平面呈方形，宽 25、高 52、深 10 厘米，龛向 140 度。

保存情况：壁面遍布细密凿痕，造像经现代补塑，造像及壁面遍覆装彩。

造像内容：正壁造一立像于仰莲圆座上，全身补塑，高 43、座高 4 厘米。戴冠，面部椭圆。内着圆领衣，外着双领下垂式大衣，跣足。左手提瓶于腹前，右手握左腕（图 11-18）。

图 11-18　圣水寺第 7 龛（东南→西北）

【第 7-1 龛】

位置：殿前崖壁南面西侧，第 6 龛右，第 8、9 龛左。

年代：咸通十四载（873 年）。

龛形：方形龛，平面呈狭长方形，宽 45、高 88、深 11 厘米，龛向 140 度。

保存情况：左上角残，碑面略风化。

造像内容：正壁前浮雕一盝形碑，应为第 6 龛之造像碑，宽 42、高 80 厘米，刻字十二行，均竖刻，楷书，左上部风化较严重，左缘残损，记载寺院边界及部分禁令内容，有咸通十四载（873 年）纪年（图 11-19）。

图 11-19　圣水寺第 7-1 龛
（东南→西北）

【第 8 龛】

位置：殿前崖壁南面西端靠上，第 7、7-1 龛右，第 9 龛上。
年代：晚唐。
龛形：方形龛，平面呈弧形，宽 90、高 52、深 25 厘米，龛向 120 度。
保存情况：龛底外侧，龛顶左侧及右壁下部残。壁面遍布细密凿痕，龛底左、右存烟熏痕，造像经现代补塑，造像及壁面遍覆装彩。
造像内容：正壁前造三身像倚坐于束腰圆座上，除双腿裙纹为原造像遗存外，其余部位均补塑而成。面部近椭圆；着长裙，膝前各横过一道璎珞，折向身后，于膝前各垂一道短流苏，跣足。左侧一身高 40、座高 18 厘米；有尖桃形素面头光，戴圆冠；内着齐胸衣，披巾自两肩垂下，搭两腕，垂于座前两侧；左手托钵于腹前，右手覆掌悬空其上，双足踩一仰覆莲座。中央一身高 43、座高 18 厘米；有尖

圣水寺

桃形素面头光,肉髻呈葫芦形,螺发;着圆领衣,外披双领下垂式广袖大衣;双手持长莲蓬于胸前,双足各踩一小莲座。右侧一身高45、座高17厘米;头顶葫芦形发髻,两侧各绾圆髻,头顶中央饰一团花;着交领衣,原造像之披巾分两道垂腹前;八臂,左、右侧从上至下第一臂分持铃、树枝,第二臂分持莲花、斧,第三臂持物均不明,第四臂共持一钵于腹前,双足踩仰覆莲座(图11-20)。

图 11-20　圣水寺第8龛(东南→西北)

【第9龛】

位置:殿前崖壁南面西端靠下,第7-1龛右,第8龛下。
年代:晚唐。
龛形:方形龛,平面呈方形,宽40、高38、深17厘米,龛向125度。
保存情况:壁面存较多点状凿痕,龛下部存烟熏痕,造像经现代补塑,造像及表面遍覆装彩。
造像内容:正壁前造一弟子结跏趺坐于龛底,全身补塑,高30厘米。光头,面部扁平椭圆。胸前有横向不规则凹凸,似表现肋骨,内着交领衣,外着双领下垂式袈裟,下摆覆双腿。双手置腹前结禅定印(图11-21)。

图 11-21 圣水寺第 9 龛
（东南→西北）

【第 10 龛】

位置：大殿内崖壁中部。

年代：晚唐。

龛形：双层方形龛，内龛平面呈狭长方形，外龛残宽 600、残高 470、残深 70 厘米，内龛宽 590、残高 430、深 100 厘米，龛向 90 度；内龛下部通壁凿三道横向凸棱，从上至下第一、二个凸棱间雕饰团花，团花间有三道斜向阴刻线分开。

保存情况：外龛左壁不存，内、外龛右壁中部被现代龛破坏。有一宽槽破坏龛顶及内外龛左、右壁上部，原外龛左壁位置插入木梁，砌大殿墙壁，龛底为水泥大殿水泥地面覆盖，造像经现代改刻、补塑，造像及壁面遍覆装彩。

造像内容：内龛正壁前造三佛立仰莲圆座上，全身改刻、补塑而成。彩绘尖桃形头光和舟形身光，外缘绘火焰，肉髻小而圆，螺发较密，面部方圆、饱满，双耳硕大；内着僧祇支，于胸前束带打结，外着双领下垂式袈裟，领边彩绘卷草，左侧佛下着长裙，跣足。中央一身高 373、座高 52 厘米；颈部有三道蚕纹；双手结印于胸前，食指相对，余指内屈。左侧一身高 367、座高 55 厘米；胸前彩绘"卍"字；左手托宝珠于腹前，右手举胸前右侧，结说法印。右侧一身高 373、座高 58 厘米；胸前彩绘"卍"字，左肩垂下一环，拉起袈裟一角；左手托钵于腹前，右手于胸前右侧结说法印。

中央佛头左、右各雕一飞天相向作飞翔状，为原造像遗存。绾圆髻，披络腋，着长裙，飘带飘于体侧，身体向上弯曲呈浅弧形，托物于头前。左侧飞天戴项圈，于胸前中央垂三道短流苏（图 11-22）。

三佛腿间浅浮雕竖长方形碑，形制、大小一致，下有祥云承托，云尾呈"S"形飘于碑后，宽 17~20、高 57~60 厘米，字迹不存。龛外右侧下部磨光宽 82、高 95、深 3 厘米壁面，刻修补造像并祈雨题刻一则，十二行，竖刻，楷书，纪年不存。

圣水寺

图11-22 圣水寺第10龛（东→西）

长河源乡

1.2 石锣沟

石锣沟摩崖造像位于安岳县长河源乡石锣村四组，地处石锣沟中部，海拔高程312米，现为四川省重点文物保护单位。造像区西、北侧紧邻村道，通往外界公路，西侧150米为观音寺，南侧为池塘，有排水渠自造像崖壁前流过，造像地势较低，北、东侧多分布民居，西侧多为水田。

造像开凿于两独立的红砂岩石包上，分别编号第一、二号石包，共二十六龛（图12-1、12-2、12-3）。第一号石包位于造像区北侧，是该处造像的主体，平面近圆形，沿西、北、东侧壁面修建文保房，大部分造像笼罩其中，顶部又建八角形佛殿，周围砌一圈矮墙。第一号石包西、北、东侧壁面开凿造像。西侧壁面位置较低，原被埋，20世纪80年代以后掘出，宽11.5、高6.2米，自南向北为第1~3龛，残损、水蚀较严重，保存较差，前方地面铺设水泥（图12-4）。北侧壁面宽8.8、高5.3米，分两层造像，下层自西向东开第4~9龛，上层自西向东开第10~13龛，保存较好（图12-5）。东侧壁面宽15.7、高4.6米，自北向南开第14~21龛，第14~17龛位于文保房内，其余各龛裸露外（图12-6、12-7）。第二号石包平面呈不规则形，北侧壁面宽5.7、高1.8米，下部为泥土所埋，自西向东开第22~25龛（图12-8）。造像壁面多存榫孔，部分插入龛前建筑横梁，第一号石包造像前散落少量圆雕造像残件。

采用第三次全国文物普查编号，增编第4-1龛。

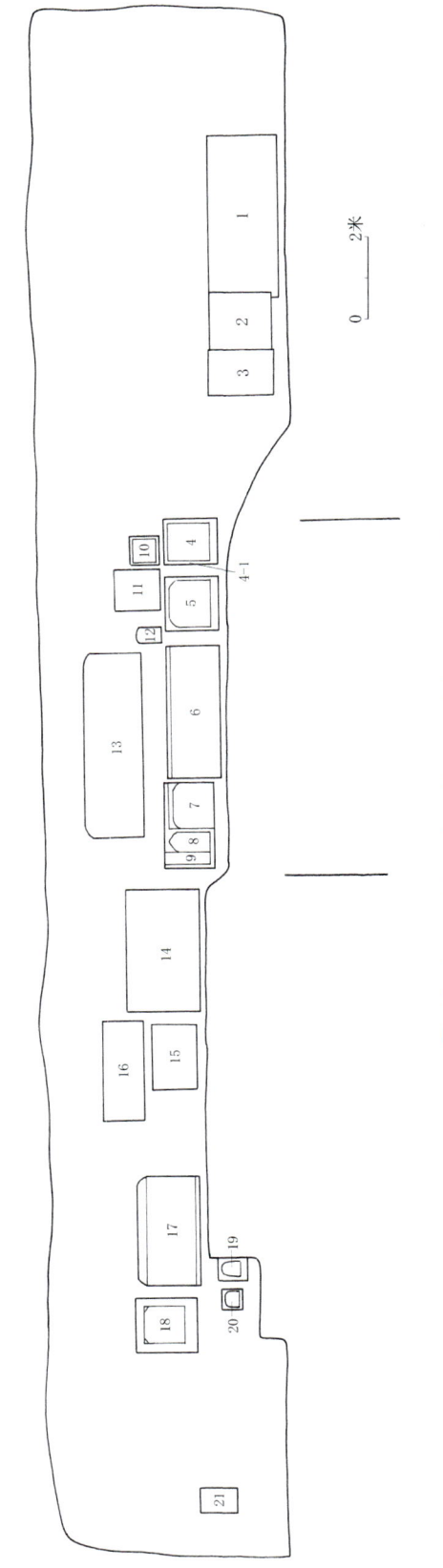

图12-1 石锣沟第一号石包造像分布示意图

石锣沟

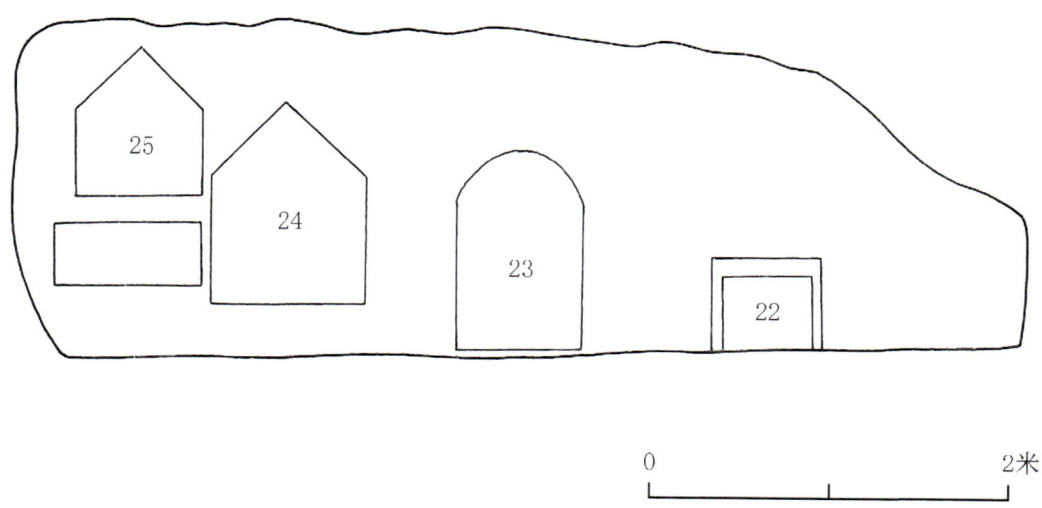

图 12-2　石锣沟第二号石包造像分布示意图

图 12-3　石锣沟造像全景(南→北)

图 12-4　石锣沟第一号石包西壁造像（北→南）

图 12-5　石锣沟第一号石包北壁造像（东→西）

石锣沟

图 12-6　石锣沟第一号石包东壁北部造像（南→北）

图 12-7　石锣沟第一号石包东壁南部造像（南→北）

图12-8 石锣沟第二号石包北壁造像（北→南）

石锣沟

【第1龛】

位置：第一号石包西面南端，第2龛左，破坏第2龛左壁。

年代：宋初。

龛形：方形龛，平面呈横长方形，宽368、高170、深132厘米，龛向306度。

保存情况：左、右壁残。下部造像及壁面遍覆青苔。

造像内容：正壁前造一佛二弟子二菩萨和十六罗汉（图12-9）。中央设一高台，宽100、高84厘米，正面刻造像题记，风化严重，二十九行，竖刻，楷书，仅存上部字迹。

高台上造一佛二弟子二菩萨，均风化严重。佛居中，结跏趺坐于束腰仰莲圆座上，高44、座高33厘米，仅存轮廓。有舟形身光，外缘饰火焰。着袈裟。左手抚左膝，右臂举胸前右侧。台座束腰处饰壸门。

弟子立佛左、右侧山座上。光头；着交领袈裟，下着裙，跣足；双手合十胸前。左侧弟子高42、座高7厘米；右侧弟子高43、座高6厘米。

菩萨立弟子外侧方座上，上身均仅存轮廓。有尖桃形头光，外缘饰火焰，绾髻，戴冠，缯带垂肩。下着长裙，跣足。左侧菩萨高57、座高5厘米；披巾自两肩垂下，绕臂后下垂及座；可见右腿前璎珞痕；双手持长茎莲蕾于左肩上。右侧菩萨高56、座高7厘米；似着袈裟；双手垂于腹前（图12-10）。

高台两侧各分两排造十六身罗汉，每排四身，均风化、水蚀严重，仅存轮廓，高28~32、座高10厘米。有圆形素面头光；着袈裟。左侧上排左起第一身左手置膝上，右手置腹前右侧，头左侧刻榜题：……州第四尊者……；第二身右手置腹前右侧，头左侧刻榜题：东胜身州第三尊者/弟子李约□□□供养；第三、四身双手均置腹前（图12-11）。左侧下排左起第一身左膝前垂下一物，双手置腹前；第二身双臂似置腹前；第三身左手抚膝，右手置腹前，头左侧刻榜题：三十三天第十尊者；第四身双手置膝上，头左侧刻榜题：香醉山中第九尊者。

右侧上排左起第一、二身双手置腹前；第三身左手托物于腹前，右手似抬起持物上端置右膝前；第四身左手抚膝，右手托一长条形物于腹前（图12-12）。右侧下排左起第一身左手抚膝，右手持物于腹前；第二身左手抚膝，右手抬至胸前；第三身双手持长条形物于腹前；第四身左手抚膝，右手持长条形物于胸前。

左壁中部雕一像胡跪于祥云上，低于两侧壁面，高26、云座高20厘米。光头，有尖桃形头光。似着袈裟。左手持棍形物于胸前右侧，身体朝向左侧。

图12-9 石锣沟第1龛(西北→东南)

石锣沟

图 12-10　石锣沟第 1 龛中部主尊及胁侍（西北→东南）

图 12-11　石锣沟第 1 龛左侧上排罗汉（西北→东南）

图 12-12　石锣沟第 1 龛右侧上排罗汉（西北→东南）

【第 2 龛】

位置：第一号石包西面中部，所在壁面凸出于左、右侧的第 1、3 龛，左、右壁分别被第 1、3 龛破坏。

年代：宋初。

龛形：方形龛，平面呈横长方形，宽 152、高 137、残深 5 厘米，龛向 300 度。

保存情况：龛底、顶、右壁不存，左壁仅存内侧部分。下部造像遍覆青苔，残损严重。

造像内容：龛内正壁中部造一坐像及四立像，四周造三十九身像，分五排（图 12-13）。中部坐像头残，像高 51、连座高 56 厘米；戴风帽，发辫垂肩，缯带下垂，颈部三道蚕纹；戴圆形项圈，胸部饰璎珞，着双领下垂式袈裟，下着鞋；左手于腹前托一圆形物，右手于右胸前执一禅杖，杖下端拄地，上端置于头右侧，倚坐于方形仰莲台座上，台座下有一低台，外侧装饰卷云纹。四立像均匀分布于坐像四角。上二身立方台上，左侧像头、右臂残，像高 24、连座高 29 厘米，光头，着交领袈裟，双手胸前合十；右侧像头残，现高 24 厘米，似有双髻，着广袖长袍，胸前束带打结，双手置腹前。下二像戴冠，着窄袖长袍，腰束带，下着鞋，身前持一长棍形物，下端拄地，上端分置于头内侧。左侧像高 30 厘米；右侧像高 29 厘米（图 12-14）。

五排像中，上三排像均有方形仰莲台座，下有莲茎。第一排八身，头部皆残，像高 28、连座高 37

石锣沟

图 12-13　石锣沟第 2 龛（西北→东南）

厘米。左起第一至四身皆跏趺坐，第五至八身立姿。第一身双手置腹前；第二身左手置左腹前，右手置右胸前；第三身双手托物于腹前；第四身双手胸前合十；第五、六、八身双手置胸前；第七身光头，双手胸前合十。第二排七身，像高28、连座高37厘米。左起第一至三身跏趺坐，第四至七身立姿。第一身似有头光，颈部两道蚕纹，着交领袈裟，双手胸前合十，上身微向右侧；第二身双手置腹前；第三身左手置左胸前，右手置腹前；第四身双手置腹前；第五、六身仅存轮廓；第七身微左侧身。第三排六身，像高23、连座高33厘米。左起第二、三身结跏趺坐，余皆立姿。第一身戴冠，着长袍，双手置腹前；第二身头侧有缯带，双手腹前执物；第三身着交领袈裟，左手置左胸前，右手置腹前；第四身台座残，戴冠，头侧缯带下垂，颈部两道蚕纹，下着裙，披巾垂身侧，三对手臂，中二臂胸前合十，上二臂分置头

529

侧,手中持小棍,棍上为一圆形物,下二臂分置身侧,左手持绳索,右手持环首刀;第五身台座残,似戴冠,双手置腹前;第六身台座残,着长袍,足穿鞋,双手置腹前似执物,身后有祥云。第四排八身,皆半身像,形象相似,第四、八身可见戴官帽,着圆领袍,双手置胸前。第五排十身,皆残损,仅存轮廓,像残高32厘米,均结跏趺坐于台座上。

图 12-14　石锣沟第 2 龛中央地藏及胁侍(西北→东南)

石锣沟

【第 3 龛】

位置：第一号石包西面北端，第 2 龛右，破坏第 2 龛右壁。

年代：皇祐五年（1053 年）。

龛形：方形龛，平面近方形，宽 112、高 153、深 24 厘米，龛向 305 度。

保存情况：造像及下部壁面水蚀严重，遍覆青苔。

造像内容：正壁前造一菩萨二胁侍。菩萨居中，左舒相坐于方座上，面部残，高 96 厘米。戴卷草纹高冠，发辫垂肩，缯带垂及肘部。着双领下垂式袈裟，跣足。胸前饰璎珞。左手抚膝，右手举胸前右侧。台座覆帷幔，双足下各有一小圆台（图 12-15）。

二胁侍立菩萨左、右侧圆座上，双手置于胸前。左侧胁侍男像，仅存轮廓，像高 45 厘米；似着长袍（图 12-16）。右侧胁侍女像，手、足部残，像高 48 厘米；头顶束髻；着广袖衣，下着裙；双手覆巾似托一方形物（图 12-17）。

正壁左上方浮雕一块盝形碑，宽 44、高 29 厘米，下雕覆莲，竖刻，楷书，九行，内容为皇祐五年（1053 年）李约之造长寿王菩萨兼左右千秋男、万岁女之事（图 12-18）。

图 12-15 石锣沟第 3 龛（西北→东南）

石锣沟

◀ 图 12-16　石锣沟第 3 龛左侧胁侍
　　　　　（西北→东南）

图 12-17　石锣沟第 3 龛右侧胁侍 ▶
　　　　　（西北→东南）

图 12-18　石锣沟第 3 龛（西北→东南）

石锣沟

【第 4 龛】

位置：第一号石包北面西端下层，第 5 龛左，第 10 龛下，外龛右壁开第 4-1 龛。

年代：唐末。

龛形：双层方形龛，内龛平面近方形，外龛残宽 110、高 131、深 104 厘米，内龛宽 110、高 87、深 45 厘米，龛向 29 度。

保存情况：内、外龛左壁不存，原左壁位置有砖砌围墙。

造像内容：内龛环三壁造一佛二弟子二菩萨二天王（图 12-19）。佛居中，结跏趺坐于束腰仰莲圆座上，高 39、座高 32 厘米。有尖桃形头光，内饰联珠，中饰双重莲瓣，外饰火焰，肉髻较高，前雕扁平髻珠，面部方圆，双耳硕大，颈部有三道蚕纹。着通肩式袈裟，领口开胸前，胸、腹前衣纹呈浅弧形，下摆覆双腿及莲座。双手于腹前结禅定印。台座束腰处呈八边形，其下有覆莲圆座和六边形基座（图 12-20）。

弟子立佛左、右侧仰莲圆座上。有圆形头光，内雕锯齿，光头，面部丰圆，双耳硕大，着双领下垂式袈裟，下着裙，跣足；双手合十胸前。左侧弟子青年形象，高 46、座高 10 厘米；颈部有三道蚕纹；身体微倾向右侧。右侧弟子老年形象，高 46、座高 9 厘米；内着僧祇支；颈部青筋暴露。

菩萨立正壁与左、右壁转折前仰莲圆座上。有尖桃形头光，内饰莲瓣，外缘饰火焰，绾髻，戴冠，缯带垂胸前两侧，其上饰联珠，发辫覆肩，面部方圆，下颌饱满，双耳硕大，颈部有三道蚕纹。内着僧祇支，腹部束带打结，下着长裙，腰束带，裙腰外翻，跣足，披巾自两肩垂下，于体前横过，绕臂后下垂及座。戴联珠缀接而成的项圈，于胸前中央饰一道流苏，两侧各垂一道璎珞，于腹前相交，垂及膝部，折向身后，相交处呈同心圆，于膝下又各垂一道短流苏。左侧菩萨高 50、座高 11 厘米；左手握瓶垂体侧，右手举柳枝于肩前，腰微右扭（图 12-21）。右侧菩萨高 56、座高 10 厘米；右腕饰钏；双手持长莲茎于体前，站立较直（图 12-22）。

天王相向立内龛左、右壁外侧龛口处山座上。着战甲，戴护臂，下着裙，裙下着裤，裤上套胫甲，腰束宽带，于腿前横过一道，两端垂台座两侧，足穿靴。左侧天王高 57、座高 8 厘米；戴兜鍪，下颌有短髭须，忿怒相；双手拄剑于双腿间（图 12-23）。右侧天王高 48、座高 8 厘米；绾髻，戴冠，缯带垂肩后；围护颈，袍袖后飘；双手拄长斧于双腿间（图 12-24）。

正壁上部左、右各雕一飞天相向飞翔于祥云上。绾高髻；下着裙，飘带飘于体侧；双腿修长上翘，身体弯曲呈浅弧形。左侧飞天身体朝下，双手合十胸前，回首龛外。右侧飞天披络腋；仰身向上，双臂置头前。内龛底部正壁正面雕围栏，两侧各雕一狮相向而立。前肢伏地，后肢屈起，尾巴卷曲上翘，作欲腾跃状。

图12-19　石锣沟第4龛（东北→西南）

石锣沟

图 12-20　石锣沟第 4 龛中央佛（东北→西南）

图 12-21 石锣沟第 4 龛左侧菩萨（东→西）

石锣沟

图 12-22　石锣沟第 4 龛右侧菩萨（北→南）

图 12-23　石锣沟第 4 龛左侧天王（东南→西北）

石锣沟

图 12-24　石锣沟第 4 龛右侧天王（西北→东南）

【第4-1龛】

位置：第一号石包北面西端下层，第4龛外龛右壁。

年代：唐末。

龛形：方形龛，平面呈横长方形，宽45、高94、深13厘米，龛向118度。

保存情况：龛底外侧残。

造像内容：正壁前造一菩萨立仰莲圆座上，双臂残，高81、座高7厘米。有尖桃形头光，内饰莲瓣，外饰火焰，戴卷草纹高冠，缯带垂胸前两侧，其上布联珠，发辫覆肩。面部方圆，下颌饱满，双耳硕大，颈部有三道蚕纹。着天衣，于腹部束带打结，下着长裙，腰束带，结带于双腿间垂及台座，裙腰外翻，跣足，披巾自两肩垂下，于腹、腿前横过，绕臂后下垂及座。戴联珠项圈，于胸前中央垂三道短流苏，两侧各垂一道璎珞，于腹前相交，垂及两膝，折向身后，相交处呈圆饼状，双腿间又垂一道长璎珞至台座。左手提瓶垂体侧，右手举柳枝于肩前，腰微右扭，上身略左倾（图12-25）。

菩萨左下角雕一女性供养人立于龛底（图12-26）。供养人体形较小，高37厘米。绾高髻，面部风化，颈部有两道蚕纹。内着衣，外着双领下垂式广袖大衣，下着长裙，足穿鞋。双手笼袖中，置胸前，朝向正前方，身体微右倾。龛右上角浅浮雕一方形题记框，宽6、高52厘米，一行，竖刻，楷书，字迹漫漶，仅可识别一"十"字。菩萨左侧残存题记一则，两行，竖刻，楷书，左起：先妣王氏供养／……氏供养。龛外右侧中部浅浮雕一方形碑，宽12、高59厘米，底部饰卷草，四行，竖刻，楷书，记述向观音菩萨发愿之内容（图12-27）。

石锣沟

图 12-25　石锣沟第 4-1 龛（东南→西北）

图 12-26 石锣沟第 4-1 龛供养人（东南→西北）

图 12-27　石锣沟第 4-1 龛外侧题记（东北→西南）

【第5龛】

位置:第一号石包北面中部下层,第4龛右,第6龛左,第11、12龛下。

年代:咸通十二年(871年)。

龛形:外方内拱形龛,平面近"U"字形,外龛宽132、高135、深118厘米,内龛宽112、高96、深52厘米,龛向20度。

保存情况:外龛右壁下部残。造像及表面存青苔。

造像内容:内龛前排环三壁造一老君一佛一真人一女真二弟子二天王二菩萨(图12-28)。老君、佛居中,结跏趺坐于仰莲圆座上。均有尖桃形头光和圆形身光,内饰卷草,外饰火焰;头顶华盖两侧各雕一飞天相向作飞翔状,飞天绾髻,披络腋,着长裙,飘带飘体侧,跣足,身体弯曲呈弧形,回首龛外。左侧老君高47、座高21厘米;头顶有覆斗形华盖,绾高髻,面部方圆,髭须浓密,长及胸前。内着交领衣,其上套对襟,腰束带,外着双领下垂式广袖大衣。体前存凭几痕,双手置腹前凭几上(图12-29)。右侧佛头不存,高47、座高20厘米。头顶雕方形华盖,饰帷幔、珠链。内着僧祇支,于腹部束带打结,外着双领下垂式袈裟,下摆覆双腿。左手抚膝,右手举胸前右侧。

真人为老君左侧第一身,立方座上,高41、座高9厘米。绾髻,双耳硕大。着双领下垂式广袖大衣,下着长裙,足穿鞋。双臂套臂钏。双手持笏板于胸前。

女真为老君左侧第三身,高42、座高5厘米。绾垂髻。内着齐胸长裙,外着双领下垂式广袖大衣,足穿鞋。双臂套臂钏。双手托小圆钵于胸前,其内置圆柱形物,顶部略尖。

二弟子立佛左侧束腰仰莲圆座上,高43、座高12厘米。有圆形素面头光,外缘呈凸棱状,光头;内着交领衣,外着双领下垂式袈裟,下着裙,跣足;双手合十胸前。可见外侧一身弟子颈部青筋暴露。

二天王分别立老君左侧第二身和佛右侧第三身位置,左侧天王体形明显大于右侧。着战甲,腰带于腿前横过一道,垂于体侧,下着裤,足穿靴。左侧天王立方座上,高49、座高5厘米;戴兜鍪,顶部雕一龙,面部饱满近圆;袍袖后飘,戴护臂,甲裙下露长裙,双手拄长柄斧于双腿间。右侧天王立双层方座上,高38、座高15厘米;戴高冠,面部方圆;左手托塔于肩侧,右手持长棍状武器于体侧,顶端隐于外侧菩萨头光后。

二菩萨立左、右壁外侧近龛口处仰莲圆座上。有尖桃形头光,内饰莲瓣,外饰火焰,绾髻,戴冠,缯带垂胸前两侧,其上饰联珠,颈部有三道蚕纹;披络腋,下着长裙,腰束带,结带自两腿间下垂及座,裙腰外翻,跣足,披巾自两肩垂下,于腹、腿前横过,绕臂后下垂及座。戴宽环状项圈,内、外缀接联珠,于胸前中央垂一道流苏,两侧各垂一道璎珞于腹前相交,垂及膝部,折向身后,双腿间又垂一道长璎珞至台座。左侧菩萨面部残,高52、座高8厘米;右腕饰双重腕钏;双手持长莲茎于体前,上身倾向外侧。右侧菩萨头残,高54、座高8厘米;左手提瓶垂体侧,右手持柳枝于肩前,站立较直(图12-30、12-31)。

内龛后排环三壁雕护法像,共九身,对称分布,多仅露上身。老君、佛头光之间一身头顶有尖角,着双领下垂式大衣,双手笼袖中,置胸前。老君左侧第一身绾高圆髻,着双领下垂式广袖大衣,双手笼袖中,置胸前(图12-32);第二身散发呈火焰状上飘,上身赤裸,下着短裙,双腕饰钏,颈部缠绕一蛇,左手叉腰,右手握蛇身(图12-33);第三身披头散发,面目狰狞,着战甲,下着裤,扎绑腿,双手握长棍于胸前(图12-34);第四身戴兜鍪,顶部雕一龙,着战甲,戴护臂,下着裤,腰束带,足穿鞋,双手持棍

石锣沟

图 12-28 石锣沟第 5 龛（东北→西南）

547

图 12-29　石锣沟第 5 龛中央主尊（东北→西南）

形物于胸前。佛右侧第一身戴冠，双耳长及胸前，面部方圆，着双领下垂式广袖大衣，双手拱胸前；第二身有素面头光，戴虎头冠，面部方圆，双手持剑于胸前；第三身三头六臂，头发上飘，三面，均忿怒相，着双领下垂式广袖大衣，飘带飘于头后及体侧，左、右上臂分托月、日于头顶，左、右中臂下伸于前方像头光后，左、右下臂笼袖中，置胸前（图 12-35）；第四身散发上飘，上身赤裸，下着短裙，腰束带，双手托一婴孩于右肩侧（图 12-36）。

内龛左、右龛口外侧各雕一力士立山座上。绾髻，忿怒相，颈部青筋暴露；下着战裙，腰束带，裙腰外翻，结带自双腿间垂及座前；双腕饰钏。左侧力士高 49、座高 9 厘米；左手举头侧，五指张开，右臂下伸体侧，腰左扭。右侧力士高 47、座高 8 厘米；左手置腹前，右手握拳于头侧，腰右扭。

龛楣左、右各雕一朵祥云，祥云内共雕三身像相向而立。左侧祥云雕一猪首人身像，上身赤裸，下着短裙，跣足，身体围绕一圈圆鼓，双手作敲击状（图 12-37）。右侧祥云内两身像仅露上身，左侧一身绾髻，着双领下垂式广袖大衣，右手抚胸，有条带状物自手背垂下，于腹右侧折向身后；右侧一身戴方冠，忿怒相，着圆领袍，饰腕钏、臂钏，双手怀抱一鼓胀袋，左手紧握袋口（图 12-38）。

石锣沟

图12-30　石锣沟第5龛左壁造像（东南→西北）

图 12-31 石锣沟第 5 龛右壁造像(西北→东南)

石锣沟

◀ 图 12-32　石锣沟第 5 龛左侧从内至外
　　　　　第一身护法（东北→西南）

图 12-33　石锣沟第 5 龛左侧从内至外　▶
　　　　　第二身护法（东→西）

图 12-34　石锣沟第 5 龛左侧从内至外第三身护法（东南→西北）

图 12-35　石锣沟第 5 龛右侧从内至外第三身护法（西北→东南）

外龛左壁浅浮雕一盝形碑，宽 37、高 49 厘米，有横长方形基座，碑面打磨平整，刻第 5 龛造像题记，十三行，竖刻，楷书，内容记咸通十二年（871 年）造二教龛之事（图 12-39）。碑外右侧竖刻楷书一行，为第 5 龛造像题记之题名。

外龛左壁底部开一宽 47、高 31、深 3 厘米浅龛，龛内雕四身供养人立像，均为男像，戴幞头，着圆领长袍，腰束带，足穿鞋，双手合十胸前（图 12-40）。头顶上方壁面均刻榜题，内容为镌造功德和弟子姓名（图 12-41）。

外龛右壁上部雕七佛结跏趺坐于仰莲圆座上，分上、下两排，各三、四身，高 15～17 厘米。肉髻较高；着通肩式袈裟，领口开胸前，袈裟下摆覆双腿；双手笼袖中。上排左起第一、二身及下排左起第三身双手置腹前，上排左起第三身及下排左起第一、二、四身双手拱胸前（图 12-42）。七佛下方内侧浅浮雕一碑，宽 19、高 26 厘米，五行，竖刻，楷书，内容为咸通十二年（871 年）孙行直为亡人造七佛之事（图 12-43）。七佛下方存一宽 25、高 25、深 6 厘米方形浅龛，造像无存。

石锣沟

◀ 图 12-36　石锣沟第 5 龛右侧从内至外第四身护法（西北→东南）

▼ 图 12-37　石锣沟第 5 龛左侧龛楣猪首人身像（东北→西南）

图 12-38 石锣沟第 5 龛右侧龛楣造像（东北→西南）

石锣沟

图 12-39　石锣沟第 5 龛外龛左壁造像题记（东南→西北）

图 12-40　石锣沟第 5 龛外龛左壁下部供养人（东南→西北）

图 12-41　石锣沟第 5 龛外龛左壁供养人上方题记（东南→西北）

石锣沟

图 12-42　石锣沟第 5 龛外龛右壁上部七佛（西北→东南）

图 12-43 石锣沟第 5 龛七佛造像题记(西北→东南)

石锣沟

【第6龛】

位置：第一号石包北面中部下层，第5龛右，第7龛左，第13龛下，右壁被第7龛破坏。

年代：咸通十二年（871年）。

龛形：横长方形龛，平面呈横长方形，宽324、高136、深46厘米，龛向18度。龛底左侧较低，龛楣左侧雕佛帐，饰珠链，中部雕卷草，右侧磨光未见装饰。

保存情况：造像及壁面下部覆青苔，左侧3身造像残损严重。

造像内容：正壁造七身像，左起第一至三身顶部龛楣略高，中央一身所处壁面略内凹（图12-44）。左起第一至三身造像仅存轮廓。第一、二身菩萨形象；有尖桃形头光，内饰莲瓣，外饰火焰；绾高髻，戴冠，可见缯带垂下；下着长裙，结带垂于双足间，披巾垂身体两侧。第一身菩萨轮廓高94、座高12厘米；右肩置一莲茎。腿右侧雕一男性供养人像，高26厘米，戴幞头，髭须垂胸前，着圆领长袍，双手合十胸前，胡跪向龛外（图12-45）。第二身菩萨高94、座高13厘米。

第三身应为佛像，高92、座高11厘米。有尖桃形头光，内饰团花，外饰火焰。头顶上凸，应为肉髻。下着裙，跣足。腿右侧雕一女性供养人像，高29厘米，绾高髻，内着衣，外着双领下垂式广袖大衣，双手笼袖中，置胸前（图12-46）。头光右侧刻造像题记，三行，竖刻，楷书，内容为药师佛造像记（图12-47）。

第四身游戏坐于山座上，头及双臂不存，高84厘米。头后有巨大圆轮，缯带垂胸前两侧，发辫垂肩。披络腋，下着长裙，腰束带，结带自两腿间垂及台座，跣足。盘左腿，右腿踩山座下方形基座上（图12-48）。

第五身菩萨形象，头残，高92、座高10厘米。有内圆外尖桃形头光，外缘饰火焰，戴风帽，可见帽尾覆两肩。着双领下垂式袈裟，下着裙，跣足。戴环状项圈，外侧缀接联珠，于胸前饰繁复璎珞，末端呈"八"字形隐于袈裟后，小腿处又各有一道璎珞自袈裟下伸出，各垂一道长流苏。左手托火焰宝珠于腹前左侧，右手伸出食指与中指置胸前，掌心向左（图12-49）。

第六身菩萨形象，头及右臂残，高92、座高11厘米。有尖桃形头光，内饰莲瓣，外饰火焰，绾髻，戴冠，缯带垂胸前左、右，发辫覆肩，颈部有三道蚕纹。披络腋，下着长裙，腰束带，结带垂两腿间，中部饰团花，跣足，披巾自两肩垂下，于腹、腿前横过，绕臂后下垂至台座两侧。戴环状项圈，于胸前装饰繁复璎珞，于腹前相交，相交处呈同心圆，垂于腿前，于膝部和小腿前各分一道折向身后，左手饰腕钏。左手披巾垂体侧，右手持物举肩前，站立较直，身体微左倾（图12-50）。腿右侧起一3厘米矮方台，台上雕两身供养人立像，均朝向菩萨。前方一身男性形象，高34厘米，戴幞头，着圆领长袍，腰束宽带，足穿鞋，双手合十胸前。靠后一身女性形象，高32厘米，绾高髻，颈部有两道蚕纹，着广袖大衣，披巾自右肩绕右臂垂及腿前，双手置胸前（图12-51）。菩萨身体右侧中央雕一椭圆形崖面，其上雕一供养人结跏趺坐向菩萨，高19厘米，着圆领长袍，双手合十胸前，微侧身向龛外，身体下有祥云承托（图12-52）。头光右侧刻造像题记，两行，竖刻，楷书，内容记造救苦观世音菩萨像之事。

第七身佛像（图12-53），高93、座高11厘米。有尖桃形头光，内饰莲瓣，外饰火焰。高肉髻，前方中央有髻珠，波浪形螺发，面部方圆，颈部有三道蚕纹。内着交领衣，其上套僧祇支，于腹部束带打结，外着双领下垂式袈裟，下着裙，跣足。左手举肩前，右手持锡杖于体侧。佛头顶龛楣刻题记两行，竖刻，楷书，内容为比丘僧造像记（图12-54）。

左壁上部存题记一则，系正壁左侧两身菩萨像之造像记，宽13、高27厘米，五行，竖刻，楷书，内容记咸通十二年（871年）造两身救苦观世音菩萨像之事（图12-55）。

图 12-44 石锣沟第 6 龛（东→西）

石锣沟

◀ 图 12-45　石锣沟第 6 龛左起第一身菩萨腿侧供养人（东北→西南）

图 12-46　石锣沟第 6 龛左起第三身佛腿侧供养人（东北→西南）▶

561

图 12-47　石锣沟第 6 龛第三身头光右侧题记（东北→西南）

石锣沟

图 12-48　石锣沟第 6 龛左起第四身（东北→西南）

图 12-49　石锣沟第 6 龛左起第五身（东北→西南）

石锣沟

图 12-50　石锣沟第 6 龛左起第六身（东北→西南）

◀ 图12-51 石锣沟第6龛左起第六身腿右侧下部供养人（东北→西南）

图12-52 石锣沟第6龛左起第六身 ▶
右侧中央供养人（东北→西南）

石锣沟

图 12-53　石锣沟第 6 龛左起第七身（东北→西南）

图12-54 石锣沟第6龛左起第七身造像题记(东北→西南)

图12-55 石锣沟第6龛左起第一、二身造像记(东南→西北)

石锣沟

左壁下部开三个方形浅龛。上方浅龛宽16、高12、深1厘米。龛底下方有祥云承托,造像已不存。下方内侧浅龛打破外侧浅龛,内侧龛宽16、高28、深2厘米,龛内雕一世俗女像,高26厘米。绾高髻,着交领广袖大衣,双手置胸前,身体朝向正壁左起第一身菩萨。外侧浅龛宽16、高25厘米,造像已不存,轮廓残高15厘米(图12-56)。

右壁底部雕三身供养人立像,均朝向正壁右端立佛,残损严重,仅存轮廓,从内至外分别高24、25、23厘米。

图12-56 石锣沟第6龛左壁供养人(东南→西北)

【第7龛】

位置:第一号石包北面东侧下层,第6龛右,第8龛左,第13龛下,破坏第9龛。
年代:晚唐。
龛形:外方内拱形龛,内龛平面近方形,外龛宽115、高112、深64厘米,内龛宽109、高95、深44厘米,龛向50度。龛楣饰佛帐。
保存情况:造像及壁面遍布泥浆痕,外龛右壁中部存一圆形榫孔。
造像内容:内龛环三壁造三主尊二胁侍(图12-57)。三主尊分居正壁及左、右壁中央。中央主尊结跏趺坐于方座上,头残,高64、座高18厘米。戴风帽,帽尾搭两肩,内着交领衣,外着双领下垂式袈裟,下摆覆双腿。双手于腹前结禅定印。台座覆帷幔。

图 12-57　石锣沟第 7 龛（东北→西南）

图 12-58　石锣沟第 7 龛左侧主尊（东南→西北）

左侧主尊善跏趺坐于方座上，右臂残，高 58、座高 14 厘米。戴风帽，面部椭圆，双目紧闭，颈部青筋暴露。内着圆领衣，外着双领下垂式大衣，胸口束带，足穿鞋。左手抚膝，右臂举肩前，足下踩一方形基座（图 12-58）。

右侧主尊善跏趺坐于方座上，右臂残，高 59、座高 14 厘米。光头，面部方圆，双目圆瞪，塌鼻，口半张。着交领大衣，领边外翻，腰束带，足穿鞋。左手抚膝，右手前抬，足下踩一方形基座（图 12-59）。

二胁侍立中央主尊两侧方座上。左侧胁侍弟子形象，高 55、座高 16 厘米；光头，面部长圆，双耳硕大，颈部有两道蚕纹；内着僧祇支，外着双领下垂式袈裟，下着裙，足穿鞋；双手合十胸前。右侧胁侍侍女形象，高 54、座高 17 厘米；绾垂髻，面部丰圆；着圆领长袍，腰束带，足穿鞋；左手持物垂体侧，右手握拳于胸前。

内龛左、右壁近龛口处各雕一身男性供养

石锣沟

人立像,所处崖壁略内凹,身体均朝向龛内。戴冠,面部方圆;着圆领长袍,腰束带,足穿鞋。左侧一身高32厘米;髭须呈倒三角形垂胸前,双手合十胸前,回首龛右侧。右侧一身高33厘米;双手合十胸前,回首龛左侧(图12-60)。

◀ 图12-59 石锣沟第7龛右侧主尊
（西北→东南）

图12-60 石锣沟第7龛右侧供养人 ▶
（西北→东南）

【第8龛】

位置：第一号石包北面东端下层，第7龛右，第9龛左，破坏第9龛。

年代：唐末五代。

龛形：尖拱形龛，平面呈方形，宽64、高104、深30厘米，龛向28度。

保存情况：造像及壁面遍覆泥浆痕。

造像内容：正壁前造一弟子结跏趺坐于圆座上，双手残，高61、座高11厘米。光头，额部外凸，眼眶深陷，颧骨较高，口半张，双耳硕大，颈部青筋暴露。锁骨凸出，内着两层交领衣，外着双领下垂式袈裟，下摆覆双腿。双手于腹前结禅定印。圆座后置通壁方座，高11厘米（图12-61）。

图12-61 石锣沟第8龛（东北→西南）

【第9龛】

位置：第一号石包北面东端下层，第7、8龛右，被第7、8龛破坏。

年代：唐末五代。

龛形：拱形龛，平面呈弧形，残宽30、高109、残深5厘米，龛向337度。

保存情况：仅存正壁中部造像身体右侧轮廓。

造像内容：龛内中部及右侧各残存一立像轮廓。左侧像残高98厘米；有尖桃形头光，似戴冠，发辫垂肩。右侧像残高94厘米；仅可见尖桃形头光（图12-62）。

石锣沟

图 12-62　石锣沟第 9 龛(西北→东南)

【第 10 龛】

位置：第一号石包北面西端上层，第 11 龛左，第 4 龛上。
年代：唐末。
龛形：双层方形龛，内龛平面呈方形，外龛宽 75、高 77、深 30 厘米，内龛宽 67、高 62、深 26 厘米，龛向 42 度。
保存情况：左壁上部及龛顶左侧脱落。造像及壁面遍覆青苔。
造像内容：内龛正壁前造二主尊相向半跏趺坐于莲座上，座下缠绕莲茎。左侧菩萨形象，全身风化较严重，高 46 厘米。有尖桃形素面头光，戴高冠，缯带垂肩，面部长圆。下着长裙，可见左侧披巾绕左臂后垂及座侧。左手置腹前，右手置胸前，似持物，右腿内盘，左腿下垂踩一小莲台，略侧身向龛外。

右侧地藏形象，略风化，高 33 厘米。有圆形素面头光，戴风帽，面部近圆，颈部存两道蚕纹。内着僧祇支，于腹前束带打结，外着双领下垂式袈裟。左手托宝珠于腹前左侧，右手持锡杖于右肩，盘右腿，左腿下垂踩一小莲台，身体微前倾，略侧身向龛外。

二主尊头光间浅浮雕一竖长方形碑，字迹不存。二像中部存一供养人立像轮廓，残高 18 厘米。着长袍，身体朝向右侧。右壁下部龛口处雕一祥云，其上胡跪一供养人，高 15 厘米，绾高髻，着交领衣，双手置胸前，身体朝向龛内。左壁下部近龛口处开一小龛，宽 12、残高 22、深 2 厘米；龛内造一结跏趺坐像，残高 7 厘米，残不可识（图 12-63）。

图 12-63　石锣沟第 10 龛（东北→西南）

石锣沟

【第 11 龛】

位置:第一号石包北面西侧上层,第 10 龛右,第 12 龛左,第 5 龛上。
年代:唐末。
龛形:方形龛,平面呈方形,宽 96、高 108、深 38 厘米,龛向 34 度。
保存情况:龛顶及右壁下部残。造像及壁面遍覆青苔,正壁可见细密凿痕。
造像内容:正壁前造一菩萨一佛立仰莲圆座上。左侧菩萨双臂残,水蚀较严重,高 76、座高 12 厘

图 12-64　石锣沟第 11 龛(东北→西南)

图 12-65 石锣沟第 11 龛右侧供养人（东北→西南）

米。有尖桃形头光，外缘饰火焰，绾髻，戴冠，缯带垂及胸前两侧，面部长圆，双耳硕大，颈部有三道蚕纹。下着长裙，腰束带，裙腰外翻，跣足，披巾自两肩垂下，于腹、腿前横过，绕臂后下垂至台座两侧。戴项圈，璎珞自项圈两侧垂及膝部，折向身后。左手提物垂体侧，右手前抬，腰微右扭。

右侧佛面部残，高92、座高12厘米，莲座破坏龛底。有尖桃形头光，外缘饰火焰，肉髻较高，双耳硕大，颈部有三道蚕纹。内着僧祇支，外着双领下垂式袈裟，跣足。双手合十胸前（图12-64）。

龛底左、右各雕一供养人相向而立，左侧像立于龛内，右侧立像破坏右壁下部开凿而成。左侧供养人男像，高29厘米，戴幞头，着圆领长袍，腰束带，双手合十胸前。右侧供养人女像，高31厘米，面部丰圆，绾高髻，着双领下垂式广袖大衣，双手笼袖中，拱胸前，身体前倾。菩萨、佛台座间亦雕一供养人女像，高34厘米，绾垂髻，颈部有两道蚕纹，着双领下垂式广袖大衣，足穿鞋，双手笼袖中，拱胸前，身体朝向龛外（图12-65）。

【第 12 龛】

位置：第一号石包北面中部上层，第11龛右，第13龛左。
年代：唐末。
龛形：拱形龛，平面呈方形，宽37、高61、深18厘米，龛向19度。
保存情况：龛顶及左、右壁遍布凿痕，造像及壁面覆青苔。
造像内容：正壁前造一菩萨立仰莲圆座上，高45、座高9厘米。有尖桃形头光，内饰一圈莲瓣，戴卷草纹高冠，缯带垂及胸前两侧，发辫覆肩，面部长圆，双耳硕大，颈部存两道蚕纹。披络腋，下着长裙，腰束带，结带自两腿间垂及莲座，跣足，披巾自两肩垂下，于腹、腿前横过，绕臂后下垂及座。戴环状项圈，于胸前中央垂一短流苏，两侧各垂一道璎珞，于腹前相交，垂及膝部，折向身后，相交处呈圆饼状，双腿间又垂一道长璎珞至莲座，右腕饰钏。左手提瓶垂体侧，右手举柳枝于肩前，上身微左倾（图12-66）。

左、右壁内侧各雕上、下两身童子于仰莲圆座上。均光头，上着衣，下似着裤。左侧两身均双手合十胸前，身体朝向右前方（图12-67）。右侧靠上一身结跏趺坐，双手合十胸前，身体朝向左侧；靠下一身胡跪向右侧，左臂后伸，右臂上握莲茎，头仰向右上方（图12-68）。

石锣沟

图 12-66　石锣沟第 12 龛（东北→西南）

▶ 图 12-67　石锣沟第 12 龛左壁童子
　　　　　（东南→西北）

图 12-68　石锣沟第 12 龛右壁童子 ▶
　　　　　（西北→东南）

【第13龛】

位置：第一号石包北面东侧上层，第6~9龛上，第12龛右。

年代：咸通十□年（869~874年）。

龛形：拱形龛，平面呈横长方形，宽462、高141、深98厘米，龛向36度。

保存情况：右壁不存，龛顶裂成数块。造像及壁面水蚀严重，左侧造像及壁面遍覆青苔，龛底中部立两水泥方柱，用作支撑龛顶。

造像内容：环三壁造十二佛立仰莲圆座上，最右侧一身不存（图12-69）。有尖桃形头光，外缘饰火焰，肉髻较高；内着僧祇支，外着双领下垂式袈裟，下着裙，跣足。左起第一身高98、座高10厘米；双手合十胸前。第二身头、右臂残，高100、座高8厘米；颈部有三道蚕纹；左手托物于腹前左侧，右手前抬。第三身头及双足残，高101、座高8厘米；双手托经箧于胸前。第四身头、右肩及双手残，高101、座高9厘米；双手合十胸前（图12-70）。第五身头、胸部以上残，高102、座高8厘米；双手托圆盒形物于胸前。第六身头及双臂残，高102、座高9厘米；颈部存两道蚕纹；双手置胸前左、右侧。第七身头残，高105、座高8厘米；双耳硕大，颈部有三道蚕纹；双手合十胸前。

第八至十一身保存较好，均面部方圆，双耳硕大，颈部有三道蚕纹（图12-71）。第八身面部及双臂残，高104、座高10厘米；螺发；左手置腹前，右手举胸前右侧（图12-72）。第九身面部及双手残，高104、座高11厘米；双手合十胸前（图12-73）。第十身面部及右手残，高108、座高9厘米；双手持经卷于胸前（图12-74）。第十一身高106、座高9厘米；双手持串珠于胸前（图12-75）。

左起第一身佛腿右侧雕一供养人立像，男相，高32厘米，似戴幞头，着长袍，双手合十胸前。第二身佛腿右侧雕一女性供养人立像，高33厘米，绾高髻，面部丰圆，颈部有两道蚕纹，着双领下垂式大衣，双手笼袖中，置胸前，身体朝向右侧。第八至十一身佛腿左侧各雕一供养人立像，均为男像，戴幞头，着圆领长袍，腰束带，身体朝向龛外。第八身佛左侧供养人高36厘米。第九身佛左侧供养人高36厘米，髭须浓密。第十身佛左侧供养人高36厘米，袍下着短裙，裙下着裤，上身微侧身向右侧。第十一身佛左侧供养人高34厘米。第十一身佛腿右侧雕两身供养人立像，身体朝向左侧，左侧一身男像高38厘米，着长袍，腰束带，双手合十胸前。右侧一身女像高39厘米，绾髻，着广袖大衣，右手置胸前左侧。

龛外右下方残存题记一则，存三行，竖刻，楷书，仅可见"咸通十"字样。

图12-69 石锣沟第13龛(北→南)

石锣沟

图12-70 石锣沟第13龛左侧造像(东北→西南)

图12-71 石锣沟第13龛右侧造像(东北→西南)

石锣沟

◀ 图 12-72　石锣沟第 13 龛左起第八身
　　　　　　（东北→西南）

图 12-73　石锣沟第 13 龛左起第九身 ▶
　　　　　（东北→西南）

图 12-74　石锣沟第 13 龛左起第十身
（东北→西南）

图 12-75　石锣沟第 13 龛左起第十一身
（北→南）

【第 14 龛】

位置：第一号石包东面北端，第 15 龛左，第 9、13 龛右。
年代：广政甲子年（964 年）。
龛形：方形龛，平面呈横长方形，宽 295、高 178、深 98 厘米，龛向 112 度。
保存情况：造像头均残。
造像内容：正壁前造一佛二弟子和十六罗汉（图 12-76）。正壁中央靠下设一方台，宽 70、高 88、深 9 厘米。方台正面刻造像题记，漫漶严重，分上、下两部分，均竖刻，楷书。上部八行，下部二十三行，内容为广政甲子年（964 年）造像记，并刻供养人姓名。

方台上造一佛二弟子。佛居中，结跏趺坐于束腰仰莲圆座上，头不存，高 46、座高 27 厘米。可见肉髻轮廓，双耳硕大。内着僧祇支，外着双领下垂式袈裟，下摆覆双腿及台座，左肩垂下一带，拉起袈裟一角。左手置腹前，掌上搭布帛，其上置圆形物，右手抚膝。台座束腰处中央凸出一圆台，圆形基座饰覆莲。

石锣沟

图12-76 石锣沟第14龛（东南→西北）

弟子立佛左、右侧山座上，头不存。光头；着双领下垂式袈裟，下着裙，足穿鞋；双手合十胸前。左侧弟子高51、座高10厘米；右上方残存一"养"字。右侧弟子高49、座高9厘米（图12-77）。

佛及弟子左、右分上、下两排造十六身罗汉结跏趺坐山座上，每排各四身，头均不存，高41～43、座高13厘米。光头；着交领或通肩式袈裟，下摆覆双腿，悬垂座前；山座中央磨平呈方形，刻题记，其上有方形台座。左侧上排左起第一身左手于胸前伸出食指与中指，指向右上方，右手笼袖中，置腹前，座前题记：敬……／……／□者……／……。第二身双手持经卷于腹前，座前题记：敬造可□山／第十四大阿罗／汉尊者弟子／胡亮□□养。第三身双手置腹前，座前题记：敬造鹫峰山中／第十五大阿罗／汉尊者弟子／王从礼供养（图12-78）。第四身双手托法轮于腹前，座前题记：敬造持轴山中第／十六大阿罗汉尊／者弟子李□／□供养（图12-79）。

左侧下排左起第一身双手托火焰宝珠于腹前，座前题记：敬造半度波山（？）第十／二大阿罗汉尊者／女弟子贾氏／供养。第二身双手合十胸前，座前题记：敬造毕□飑瞿洲中第十一大阿罗汉／尊者女弟子文氏／供养。第三身双手持珠串于腹前，座前题记：敬造三十三天第十大／阿罗汉尊者女弟／子□氏供养。第四身双手笼袖中，置腹前，座前题记：敬……山中第／九大……尊女／弟子……供养（图12-80）。

右侧上排左起第一身双手结禅定印于腹前，座前题记：敬造西瞿陀吕洲中第／一大阿罗汉尊者弟／子乌从□供□。第二身双手合十胸前，座前题记：敬造北方迦湿弥罗／国中第二大阿罗／汉尊者弟子何师立供养。第三身左手置左膝上，右手持扇于腹前，左腿屈起，右腿内盘，座前题记：敬造东胜身洲中第／三大阿罗汉尊者／弟子唐师□供养。第四身左手抚膝，右手笼袖中，置腹前（图12-81），座前题记：敬造北俱灵洲中第／四大阿罗汉尊者／弟子孙文朗供养（图12-82）。

图12-77　石锣沟第14龛中央一佛二弟子（东南→西北）

石锣沟

图 12-78　石锣沟第 14 龛左侧上排左起第三身造像题记（东南→西北）

图 12-79　石锣沟第 14 龛左侧上排造像（东南→西北）

图 12-80　石锣沟第 14 龛左侧下排造像（东南→西北）

图 12-81　石锣沟第 14 龛右侧上排造像（东南→西北）

石锣沟

图12-82　石锣沟第14龛右侧上排左起第四身造像题记（东南→西北）

右侧下排左起第一身双手持经卷于胸前，座前题记：……第八/大……/□供养。第二身双手托一瓶于腹前，瓶口伸出一枝条，座前题记：敬……中第七/大阿罗……/供养。第三身左手置腹前，右手于胸前伸出食指与中指，指向左上方，座前题记：敬……中第六/……罗……/……/□供养。第四身戴风帽，颈部青筋暴露，锁骨凸出，肋骨暴露，双手笼袖中，置腹前，座前题记：……洲中第五大阿/……弟……/……供养。

左、右壁雕饰山形，底部分别雕一龙、虎。左侧龙自山石中探出，身体呈"S"形弯曲，左足踩龙身，右足前伸，身体朝向龛内（图12-83）。右侧虎趴伏于山石上，尾巴上翘，身体朝向龛外（图12-84）。

图 12-83 石锣沟第 14 龛左壁造像（西南→东北）

图 12-84 石锣沟第 14 龛右壁造像（东北→西南）

【第 15 龛】

位置：第一号石包东面中部下层，第 14 龛右，第 17 龛左，第 16 龛下。

年代：开宝七年（974 年）。

龛形：双层方形龛，内龛宽 157、高 112、深 48 厘米，龛向 123 度。

保存情况：外龛不存。

造像内容：正壁前造三菩萨立仰莲圆座上，均保存较完好（图 12-85）。中央一身，双手残，高 89、座高 11 厘米。绾髻，戴冠，缯带垂肩侧，发辫覆肩，面部方圆，额部较宽，双目下视，嘴角上翘，耳垂硕大，饰耳珰，各垂一道短璎珞于肩前。披络腋，外着双领下垂式袈裟，下着裙，跣足。戴双层联珠缀接而成的项圈，外缘饰同心圆，胸、腹前璎珞呈网状垂下，于大腿前自袈裟下露出，垂及膝部，折向身后，于膝前又各垂一长流苏，腹前袈裟上又有两道璎珞相交，垂三道短流苏，双腕饰钏。双手持长莲茎于体前（图 12-86）。

两侧二身样式一致。戴风帽，帽尾搭覆两肩，面部方圆，双目下视。嘴角微上翘；着双领下垂式袈裟，左肩垂下带，拉起袈裟一角，下着长裙，跣足；戴联珠缀接而成的项圈，胸前璎珞呈网状垂下；左手托宝珠于腹前，右手持锡杖于体前。左侧一身高 86、座高 10 厘米（图 12-87）。右侧一身高 85、座高 11 厘米（图 12-88）。

内龛右壁上部刻造像题记，宽 39、高 61 厘米，九行，竖刻，楷书，内容为开宝七年（974 年）造地藏及观世音菩萨像之事（图 12-89）。

石锣沟

图 12-85　石锣沟第 15 龛（东南→西北）

图 12-86　石锣沟第 15 龛中央菩萨（东南→西北）

石锣沟

图 12-87　石锣沟第 15 龛左侧地藏（东南→西北）

图 12-88 石锣沟第 15 龛右侧地藏（东南→西北）

石锣沟

图 12-89　石锣沟第 15 龛造像题记（东北→西南）

【第 16 龛】

位置：第一号石包东面中部上层，第 14 龛右，第 17 龛左，第 15 龛上。
年代：宋初。
龛形：方形龛，平面呈横长方形，宽 236、高 98、深 32 厘米，龛向 117 度。
保存情况：龛顶仅存左侧。造像及壁面遍覆青苔。
造像内容：正壁左、右各造一观音一地藏善跏趺坐于方座上，样式一致（图 12-90）。观音菩萨均居左，绾髻，戴冠，缯带垂及肘部，发辫覆肩；着天衣，下着长裙，腰束带，结带自两腿间垂及座前，跣足，披巾自两肩垂下，于腹前横过，绕臂后下垂至台座两侧，其上缀接联珠。戴环状项圈，璎珞自项圈垂及膝部，折向身后，于两膝又各垂数道流苏；双足各踩一小仰莲圆座。左侧观音菩萨头残，上身略风化，高 65、座高 29 厘米；双腕饰钏；双手持物于体前。右侧观音菩萨胸部及以上残，高 64、座高 30 厘米；左腕饰钏；双手持莲蕾于体前。

地藏菩萨均居右，戴风帽，帽尾搭两肩；内着僧祇支，外着双领下垂式袈裟；戴项圈，璎珞垂及两膝，折向身后，于两膝又各垂数道流苏；左手托火焰宝珠于腹前，右手持锡杖于体前；足下踩仰莲长座，其下有祥云承托。左侧地藏左腿侧雕一狮蹲踞于山座上，身体朝向龛外，尾巴上翘。二地藏菩萨莲座下有长基座，左侧像高约 65、座高约 29 厘米；右侧像残高约 60、座高约 30 厘米（图 12-91、12-92）。

两组菩萨台座左、右分别雕二、一身供养人相向而立。左侧一组菩萨台座左侧靠内一身男像高 36 厘米；似戴幞头，髭须垂胸前，着圆领广袖长袍，腰束带，足穿鞋，双手似合十胸前，微侧身向龛外。靠外一身女像高 36 厘米，似绾垂髻，颈部有两道蚕纹，着双领下垂式广袖大衣，足穿鞋，双手似合十胸前，微侧身向龛外（图 12-93）。台座右侧一身供养人髫子形象，立基座右端，头残，残高 30 厘米，颈部有三道蚕纹，着交领袈裟，下着裙，足穿鞋，双手似合十胸前，身体微侧身向龛外，微右倾（图 12-94）。

右侧一组菩萨台座左侧两身供养人特征与左侧一组菩萨台座左侧两身一致。靠内一身高 36 厘米，靠外一身高 34 厘米。台座右侧一身仅存轮廓，高 35 厘米，着大衣，下着鞋，身体朝向左侧，微侧身向龛外（图 12-95）。

正壁中部浅浮雕一横长方形碑，残损、风化严重，存字迹七行，竖刻，楷书，碑文漫漶严重，可见"地藏""观音"等字样。

石锣沟

图 12-90　石锣沟第 16 龛（东南→西北）

图 12-91　石锣沟第 16 龛左侧一组造像（东南→西北）

图 12-92　石锣沟第 16 龛右侧一组造像（东南→西北）

石锣沟

图 12-93　石锣沟第 16 龛左侧一组
菩萨台座左侧供养人（东南→西北）

图 12-94　石锣沟第 16 龛左侧一组
菩萨台座右侧供养人（东→西）

图 12-95　石锣沟第 16 龛右侧一组
菩萨台座左侧供养人（东南→西北）

【第 17 龛】

位置：第一号石包东面南侧，第 16 龛右。
年代：不明。
龛形：拱形龛，平面呈方形，宽 248、高 161、深 105 厘米，龛向 135 度。
保存情况：右侧嵌入一水泥砖墙，将龛分为内、外两部分，龛内堆积木柴。
造像内容：龛内设一通壁方台，未见造像（图 12-96）。

图 12-96　石锣沟第 17 龛（东南→西北）

【第 18 龛】

位置：第一号石包东面南端，第 17 龛右。
年代：晚唐。
龛形：双层方形龛，内龛左右上角雕弧撑，内龛平面近宽"U"字形，外龛宽 131、高 145、深 102 厘米，内龛宽 97、高 96、深 42 厘米，龛向 135 度。
保存情况：外龛左、右壁下部外侧略残。外龛龛底及内龛造像遍布凿痕，内龛造像及壁面有少许烟熏痕。

石锣沟

造像内容：内龛环三壁造一佛二弟子二菩萨（图12-97）。佛居中，结跏趺坐于束腰仰莲圆座上，遍布凿痕，胸部以上残，高48、座高28厘米。有椭圆形身光和尖桃形头光，均素面，可见肉髻上凸。着袈裟，下摆覆双腿。双手置腹前。台座束腰处呈六边形，其下叠涩两层六边形基座。

弟子立佛左、右侧仰莲圆座上，头、手均残，零星有凿痕。有圆形素面头光，光头，颈部有三道蚕纹。着交领袈裟，下着裙，跣足。双手置胸前，侧身向中央主尊。左侧弟子高60、座高5厘米，右侧弟子高58、座高5厘米。

菩萨立左、右壁前仰莲圆座上，遍布凿痕。有尖桃形素面头光，绾髻，戴冠，缯带垂肩后，发辫覆肩。下着长裙，腰束带，跣足，披巾自两肩垂下，于腹、腿前横过，绕臂后下垂及座；戴环状项圈。左侧菩萨高62、座高6厘米；右膝前可见璎珞折向身后；右手置胸前右侧，站立较直（图12-98）。右侧菩萨高65、座高5厘米；可见胸前左侧及腹前璎珞痕；左臂垂体侧，右臂似前抬，腰微右扭（图12-99）。

内龛两侧龛口外侧各雕一力士立山座上，均残损严重。有圆形素面头光，绾髻；上身赤裸，下着短裙，腰束带，跣足，飘带经头后搭两肩过腰带垂于体侧。左侧力士高45、座高15厘米；左臂上举，右臂下伸，腰左扭。右侧力士高47、座高14厘米；左臂下伸，右臂上举，腰右扭。力士山座内侧各雕一狮子相向作欲腾跃状，前肢屈肘伏地，后肢直立。

外龛左壁下部雕一"凸"字形浅龛，仅存内侧，残宽16、高20、深1厘米。龛内造二供养人，左侧一身位置较高，似结跏趺坐于台座上，残高8厘米，绾髻，着长袍。右侧一身立于龛底，高12厘米，似光头，似着袈裟，双手置腹前，身体左倾。浅龛下方内侧浅浮雕一供养人立像，所在崖壁略内凹，高13厘米，戴幞头，着圆领长袍，腰束带，双手合十胸前，身体朝向右侧。左壁上部刻造像题记，风化较严

图12-97　石锣沟第18龛（东南→西北）

图 12-98　石锣沟第 18 龛左侧菩萨（西南→东北）　　图 12-99　石锣沟第 18 龛右侧菩萨（东北→西南）

重,四行,竖刻,楷书,为造像记,可见"造一佛二菩萨阿难迦叶"等字样(图12-100)。

外龛右壁中部雕一像坐祥云上,所在崖壁略内凹形成一浅圆龛,仅雕出上半身轮廓,高11厘米。圆龛外左侧竖刻榜题:完段氏供养。

外龛右壁下部开一方形浅龛,外侧残,残宽24、高26厘米,龛内雕四身女性供养人立像,身体均朝向龛内主尊,身高自内向外渐次变矮,头顶壁面各刻榜题一行。均不露足。从内至外第一身面部苍老,高28厘米,短发,着交领袈裟,下着裙,双手合十胸前,头顶榜题:比丘尼智严供养。第二身高26厘米,绾髻,内着交领衣,外套齐胸长裙,双手合十胸前,身体微前倾,头顶榜题:李氏供养。第三身高25厘米,装束同第二身,双手置胸前,身体微前倾,头顶榜题:新妇苏氏供养。第四身仅存头部,可见绾高髻,头顶榜题:新妇杨氏供养。第一身前方雕一小像,破坏小龛左壁底部,高14厘米,绾垂髻,着圆领长袍,腰束带,双手笼袖中,置胸前,头顶榜题:孙兴保供养(图12-101)。

石锣沟

图 12-100　石锣沟第 18 龛外龛左壁题记（西南→东北）

图 12-101 石锣沟第 18 龛外龛右壁供养人（东北→西南）

【第 19 龛】

位置：第一号石包东面南端近底处，第 17 龛下。
年代：五代宋初。
龛形：外方内拱形龛，内龛平面近方形，外龛宽 58、高 66、深 23 厘米，内龛宽 32、高 46、深 7 厘米，龛向 129 度。
保存情况：外龛左、右壁风化严重，内、外龛遍覆青苔。
造像内容：内龛正壁前造一结跏趺坐像，连座高 43 厘米。可见有尖桃形头光，其余残不可识（图 12-102）。

图 12-102　石锣沟第 19 龛（东南→西北）

【第 20 龛】

位置：第一号石包东面南端近底处，第 19 龛右，第 18 龛下。

年代：五代宋初。

龛形：外方内拱形龛，内龛平面呈弧形，外龛宽 56、高 64、深 25 厘米，内龛宽 42、高 52、深 7 厘米，龛向 137 度。

保存情况：仅存上部，造像及壁面遍覆青苔。

造像内容：内龛正壁前造一主尊二胁侍，均仅存轮廓。中央主尊结跏趺坐于台座上，残高 40 厘米。可见尖桃形头光，其余残不可识。

二胁侍立佛左、右侧台座上。可见尖桃形头光，其余残不可识。左侧胁侍连座高 33 厘米。右侧胁侍连座高 32 厘米（图 12-103）。

图 12-103　石锣沟第 20 龛（东南→西北）

【第 21 龛】

位置：第一号石包东面南端。
年代：清。
龛形：方形龛，平面呈横长方形，宽 65、高 92、深 11 厘米，龛向 166 度。
保存情况：正壁遍布凿痕，龛底下方有纵向细密凿痕。
造像内容：正壁前一像坐于台座上，风化严重，高 91 厘米。戴方冠，冠带垂头侧，面部方圆，双耳硕大。着广袖长袍，腰束宽带，腹部外腆，足穿靴。左手抚膝，右手似握腰带，双足踩于龛底（图 12-104）。

石锣沟

图 12-104　石锣沟第 21 龛（东南→西北）

【第 22 龛】

位置：第二号石包北面西侧，第 23 龛左。

年代：五代北宋。

龛形：双层方形龛，内龛平面近宽"U"字形，外龛宽 63 厘米，露出部分高 47、深 47 厘米，内龛宽 48 厘米，露出部分高 42、深 41 厘米，龛向 347 度。

保存情况：内、外龛下部被埋，壁面遍覆凿痕和青苔，龛外顶部刻"人"字形槽。

造像内容：龛内未见造像（图 12-105）。

图 12-105　石锣沟第 22 龛（西北→东南）

【第 23 龛】

位置：第二号石包北面中部，第 22 龛右，第 24 龛左。

年代：五代北宋。

龛形：拱形龛，平面呈横长方形，宽 70、高 105、深 13 厘米，龛向 350 度。

保存情况：龛底被埋，壁面遍覆青苔。

造像内容：正壁造一塔，通高 94 厘米。塔基呈双层方形叠涩。方形塔身，正面开一拱形小龛，宽

20、高 23、深 5 厘米，龛内有一结跏趺坐像，残不可识。塔檐顶部似雕仰莲瓣，其上置一硕大桃形宝珠（图 12-106）。

【第 24 龛】

位置：第二号石包北面东侧，第 23 龛右，第 25 龛左。

年代：五代北宋。

龛形：尖拱形龛，平面呈横长方形，宽 91、高 112、深 16 厘米，龛向 350 度。

保存情况：形制规整，遍覆青苔。龛底下方中央有一方孔，破坏塔基中部，宽 34、高 32、深 35 厘米。

造像内容：正壁前造一塔，通高 88 厘米。方形塔基、塔身，塔身中央开一拱形小龛，宽 19、高 23、深 3 厘米，龛内雕一结跏趺坐像，残不可识。顶部似雕仰莲瓣，其上置物，残不可识（图 12-107）。

【第 25 龛】

位置：第二号石包北面东端，第 24 龛右。

年代：五代北宋。

龛形：尖拱形龛，平面呈横长方形，宽 67、高 77、深 16 厘米，龛向 351 度。

保存情况：形制较规整，遍覆青苔。龛底下方中央开一方槽，宽 62、高 44、深 22 厘米。

造像内容：正壁前造一塔，通高 74 厘米。方形塔身，中央开一拱形小龛，宽 23、高 24、深 7 厘米，龛内存一坐像残痕。塔顶饰一硕大桃形宝珠（图 12-108）。

图 12-106　石锣沟第 23 龛（北→南）

图 12-107　石锣沟第 24 龛（北→南）

图 12-108　石锣沟第 25 龛(北→南)

长河源乡

1₃ 青竹寺

青竹寺摩崖造像位于安岳县长河源乡青石村六组,地处千佛岩北侧崖壁,海拔高程 392 米,现为安岳县文物保护单位。东侧有村道通往长河源乡,龛前依岩而建现代建筑,是青竹寺大殿所在,四周为农田及民居。

造像崖壁分上、下两层,共十龛造像,上层崖壁宽 18.5、高 5.6 米,自北向南开第 1~5、3-1 龛;下层崖壁宽 6.8、高 5.3 米,南侧自北向南开第 6、7、7-1、8 龛(图 13-1)。造像于早年遭到毁坏,多仅存轮廓,后又对造像进行改刻、修补和装彩,并于古代造像丙侧新开造像。除第 1、7、7-1、8 龛外,其余各龛原造像面貌已不存。造像所在的红砂岩崖壁石质酥脆,有多条裂缝贯穿于造像之间。

采用第三次全国文物普查编号,增编第 3-1、7-1 龛。

【第1龛】

位置:造像崖壁北侧上层,右侧开两个现代龛。
时代:晚唐五代。
龛形:方形龛,平面呈弧形,残宽 396、高 338、深 32 厘米,龛向 119 度。
保存情况:四壁外侧均残损,龛顶经水泥修补。造像及壁面遍覆装彩,造像均仅存轮廓。
造像内容:正壁底部起一低坛,高 30 厘米,坛上造十七排小佛,均残损、风化严重,仅存轮廓。高 9~11 厘米;可见衣纹者均内着僧祇支,外着双领下垂式袈裟;可见双臂者,均置胸、腹前,结跏趺坐于仰莲圆座上。从上至下第一至十七排各存十七、二十三、二十三、三十四、三十七、三十六、三十五、三十五、三十五、三十五、三十五、三十六、三十六、三十四、三十、二十八、二十九身(图 13-2)。

青竹寺

图13-1 青竹寺造像分布示意图

图 13-2 青竹寺第 1 龛（东→西）

青竹寺

【第 2 龛】

位置：造像崖壁上层中部，第 3 龛外龛左壁。
时代：晚唐五代。
龛形：拱形龛，平面呈横长方形，宽 63、高 106、深 22 厘米，龛向 228 度。
保存情况：左壁被外侧现代造像破坏。壁面遍覆装彩，造像全身补塑，原造像痕迹几乎不存。
造像内容：正壁前现造一菩萨半跏趺坐于方座上，高 83 厘米。有尖桃形素面头光，为原造像遗留。台座、座前二小莲台及右侧莲台上五趾痕亦为原造像遗存。其余部分均现代补塑而成（图 13-3）。

龛下方磨光一长方形壁面，刻造像题记，十七行，均楷书，阴刻字格，内容记当地历史及造观世音菩萨像等事（图 13-4）。

图 13-3　青竹寺第 2 龛
　　（西南→东北）

615

图 13-4　青竹寺第 2 龛造像题记（西南→东北）

【第 3 龛】

位置：造像崖壁上层中部，第 5 龛上，外龛左壁开第 2 龛，外龛右壁开第 3-1 龛，右侧开现代龛。
时代：晚唐。
龛形：双层方形龛，内龛平面近横长方形，外龛宽 148、高 183、深 115 厘米，内龛宽 120、高 145、深 39 厘米，龛向 130 度。
保存情况：龛形较完整。造像及壁面遍覆装彩，造像均经现代补塑，原造像不存。
造像内容：内龛环三壁造西方净土世界，造像均经补塑，保留原造像布局。正壁中央现存一主尊二胁侍，头光、身光为原造像遗留，主尊头顶圆形华盖和头光两侧幢亦为原造像遗留。龛顶分两排雕乐器，可辨者有鼓、笛、琴、琵琶、钹铙，未经补塑。幢外侧各存一朵祥云，左侧祥云内现塑四身像，右侧塑三身。主尊及胁侍两侧及下方现塑五排像，靠上四排均坐仰莲座上，下有莲茎伸向龛底，靠下一排坐围栏后，露上身。围栏前的内龛底部雕莲池，可见莲叶、莲蕾。内龛龛楣、两侧龛面及龛底下方有现代刻字（图 13-5）。

外龛右壁上部内侧磨光宽 21、高 45 厘米壁面，竖刻，楷书，题刻七行，内容为大和四年（830 年）题诗（图 13-6）。

图 13-5　青竹寺第 3 龛（东南→西北）

图 13-6 青竹寺第 3 龛外龛右壁题诗(东北→西南)

青竹寺

【第3-1龛】

位置：造像崖壁上层中部，第3龛外龛右壁中下部。

时代：晚唐五代。

龛形：拱形龛，平面呈弧形，宽22、高55、深5厘米，龛向48度。

保存情况：龛形基本完整。造像遍覆装彩。

造像内容：正壁前造一像立仰莲圆座上，头、手、持物及莲座为现代补塑，现高50、座高5厘米。体形瘦高，着通肩式袈裟，下着裙。左臂置肩前，右臂垂体侧，腰左扭（图13-7）。

图13-7 青竹寺第3-1龛
（东北→西南）

【第 4 龛】

位置:造像崖壁上层中部,第 1 龛右,上方开现代龛。
时代:晚唐五代。
龛形:方形龛,现平面呈方形,宽 98、高 150、深 30 厘米,龛向 120 度。
保存情况:除右上角外,其余部分均经现代改刻,原造像及壁面不存。
造像内容:正壁前现造一像坐台座上,高 131 厘米。龛顶右侧存原造像头光痕,右上角凸出之壁面应为原龛正壁(图 13-8)。

图 13-8　青竹寺第 4 龛
（东南→西北）

【第 5 龛】

位置：造像崖壁上层南侧，第 3 龛下，第 4 龛右。

时代：晚唐五代。

龛形：拱形龛，平面近弧形，宽 100、残高 86、深 26 厘米，龛向 125 度。

保存情况：仅存正壁。造像及壁面遍覆装彩，造像均经现代补塑，原造像不存。

造像内容：正壁前现塑三主尊二胁侍，头光、身光及台座为原造像遗留，其余部分均为现代补塑。龛左、右下角各又塑一小立像（图 13-9）。

图 13-9　青竹寺第 5 龛（东南→西北）

【第 6 龛】

位置：造像崖壁下层中部，第 7 龛左。

时代：晚唐五代。

龛形：方形龛，平面呈方形，宽 55、高 66、残深 18 厘米，龛向 119 度。

保存情况：龛外侧被凿不存，龛内造像亦不存，各壁面密布凿痕。

造像内容：龛内造像已被凿不存，龛底中央存一圆孔（图 13-10）。

图 13-10　青竹寺第 6 龛（东南→西北）

【第7龛】

位置：造像崖壁下层南侧，第6龛右，第7-1龛上，第8龛左。龛底外侧被第7-1龛破坏。

时代：晚唐五代。

龛形：双重方形龛，内龛平面呈弧形，宽145、高120、深72厘米，龛向118度。内龛顶部两角雕三角形弧撑，内侧未掏空，两侧龛面雕卷草。

保存情况：外龛底及右壁残，现用水泥加固支撑。造像及壁面遍覆烟熏痕。

造像内容：内龛正壁前造药师经变，表现药师佛、十二菩萨和药师十二神将，均残损、风化较严重（图13-11）。药师佛居中，立束腰仰莲圆座上，高100、座高10厘米，有尖桃形头光和舟形身光，外沿饰火焰，头光上有圆形华盖，双手置体前，头右侧存锡杖上部。

十二菩萨分两排立佛左、右侧，两侧每排各三身，下排立仰覆莲圆座上，上排立通壁山座上，高63~64厘米。日、月光菩萨立上排左、右侧内侧，紧靠药师佛，分托日、月轮于胸前。上排左、右侧中央一身菩萨分别执拍板和琵琶于体前。其余八身，即上排左、右外侧两身和下排六身为八大菩萨，双手均持物于胸、腹前；下排中央一身均着袈裟（图13-12、13-13）。

十二神将立上排菩萨外侧及身后，上排左、右菩萨外侧立一身，身后立五身，仅露上身，武士装，双手持剑、斧、矛、戟、铜、锤等兵器斜置身前（图13-14、13-15）。

图 13-11 青竹寺第 7 龛（东南→西北）

青竹寺

图 13-12　青竹寺第 7 龛左侧造像（西南→东北）

图 13-13 青竹寺第 7 龛右侧造像(东北→西南)

青竹寺

图 13-14　青竹寺第 7 龛左侧神将（南→北）

图 13-15　青竹寺第 7 龛右侧神将（东→西）

【第7-1龛】

位置：造像崖壁下层南侧，第6龛右，第7龛下，第8龛左。打破第7龛龛底外侧。

时代：晚唐五代。

龛形：方形龛，平面呈弧形，宽150、高30、深6厘米，龛向118度。

保存情况：四壁外缘残。造像及壁面残损、风化严重。零星可见装彩痕。

造像内容：正壁前造十一身坐像，应为地藏及十王，等距分布，均仅存轮廓，高26~28厘米。中央地藏体形较宽，仅存下身轮廓。十王可见细节者，均戴方冠，着长袍，倚坐方座上（图13-16）。

【第8龛】

位置：造像崖壁下层南侧，第7、7-1龛右。

时代：晚唐五代。

龛形：外方内拱形龛，内龛平面呈弧形，宽65、高82、深18厘米，龛向120度。

保存情况：龛左侧嵌入水泥支撑柱，外龛底部外侧脱落。造像及壁面残损、风化严重。

造像内容：内龛正壁前现存一主尊及右侧胁侍，均仅存轮廓。主尊连座高29厘米；双臂似置腹前，结跏趺坐于方座上。右侧胁侍高23厘米；似光头；身本朝向左前方。内龛右壁外侧存一立像残痕，残不可识（图13-17）。

青竹寺

图 13-16　青竹寺第 7-1 龛（东南→西北）

图 13-17 青竹寺第 8 龛(东南→西北)

云峰乡

14 凡林寺

凡林寺摩崖造像位于安岳县云峰乡凡林村六组,地处大坡南侧山腰一独立红砂岩石包上,海拔高程324米。造像南侧紧邻通往外界的村道,南、西侧有现代寺院建筑。四周为农田及民居。

造像石包平面近方形,在宽10.5、高5.2米的南侧崖壁自东向西开第1~5龛(图14-1)。第1、5龛位置靠上,第2~4龛位置靠下,前方有建筑依岩而建,将造像笼覆其中(图14-2)。造像于早年遭到严重损毁,后又经修补和装彩。

凡林寺

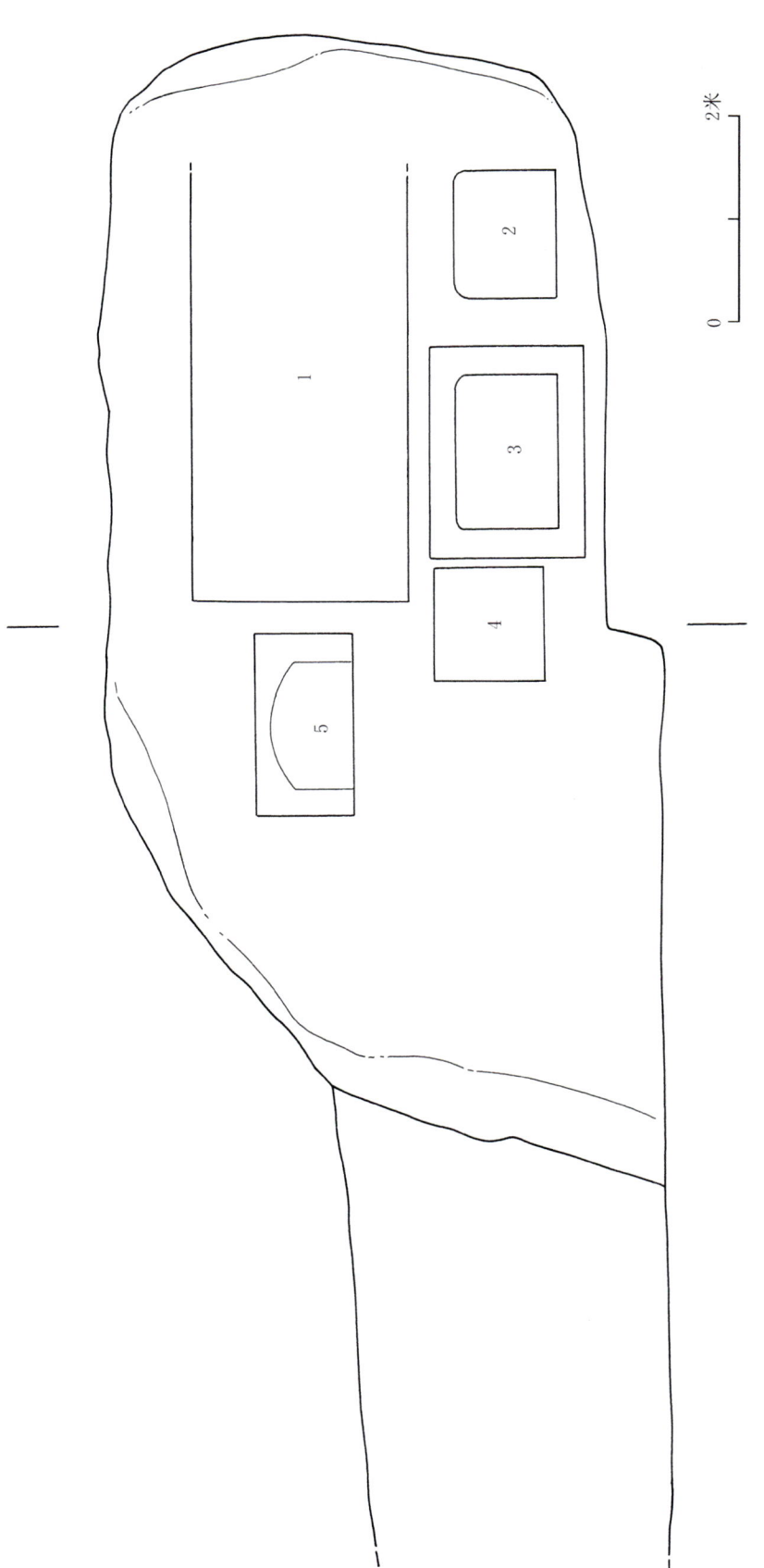

图 14-1 凡林寺造像分布示意图

图 14-2　凡林寺局部造像（南→北）

凡林寺

【第1龛】

位置：造像崖壁东侧上层，第2～4龛上。

年代：晚唐五代。

龛形：方形龛，平面呈横长方形，宽441、高218、深64厘米，龛向183度。

保存情况：左壁不存，右壁及龛顶外侧残。造像及壁面遍覆装彩，造像均经现代补塑，保留原龛形及造像布局。

造像内容：正壁造千手观音及眷属（图14-3）。中央造千手观音立仰莲圆座上，头、体前手臂及台座补塑而成，高117、座高66厘米。缯带垂肩，发辫覆两肩，呈波浪形。披络腋，下着长裙，腰束带，裙腰外翻，跣足，披巾自两肩垂下，于腿前横过，绕臂后下垂及座。戴环状项圈，于胸前两侧各垂一道璎珞。体前二臂现合十胸前，体侧左、右各二十臂，左侧从上至下可见分别执矛状物、如意、斧、宝珠、卷云、棍状物、柳枝等，右侧从上至下分别执方形物、宝珠、卷云、棍状物、莲蕾、柳枝、尖角圆形物、环状物等，外侧浮雕三层掌心向外的小手掌，呈圆形展开（图14-4）。

千手观音台座左、右各雕一小立像，全身补塑，均仰面向中央。立像身后又各有一像骑动物奔向千手观音，全身补塑。

千手观音身体左、右各雕七身立像，头、手经修补，高68～87厘米。各分上、下两排站立，上排各两身，下排各五身。有圆形素面头光；着交领袈裟，下着裙，跣足；双手多置体前。上排二立像外侧各雕一飞天相向作飞翔状。

立像前方各雕一山形背屏，背屏前各雕一组护法群像，全身经修补，左侧二十身，分三排，上、中、下排各四、八、八身（图14-5）。右侧二十一身，亦分三排，上、中、下排各四、六、十一身（图14-6）。

图 14-3　凡林寺第 1 龛（南→北）

凡林寺

图 14-4 凡林寺第 1 龛中央千手观音（南→北）

图14-5 凡林寺第1龛千手观音左侧眷属（南→北）

凡林寺

图14-6 凡林寺第1龛千手观音右侧眷属（南→北）

【第 2 龛】

位置：造像崖壁东侧下层，第 1 龛下，第 3 龛左。
年代：晚唐五代。
龛形：拱形龛，平面呈弧形，残宽 130、高 95、深 45 厘米，龛向 181 度。
保存情况：左壁及龛顶左侧脱落不存。造像全身经现代修补，原造像痕迹无存，仅保留布局，造像及壁面遍覆装彩。
造像内容：环三壁造一主尊四胁侍。主尊居中，现高 55、座高 30 厘米；现为结跏趺坐姿。内侧二胁侍现立正壁前左、右侧，现均为弟子形象，左侧一身高 58、座高 22 厘米，右侧一身高 50、座高 20 厘米。外侧二胁侍现立左、右壁前，体形较大，左侧一身现高 58、座高 22 厘米，右侧一身现高 58、座高 20 厘米。

左、右龛口内侧各雕一小像相向而立，左侧一身现高 40、座高 10 厘米，右侧一身现高 40、座高 12 厘米（图 14-7）。

图 14-7　凡林寺第 2 龛（西南→东北）

凡林寺

【第 3 龛】

位置：造像崖壁中部下层，第 1 龛下，第 2 龛右，第 4 龛左。

年代：晚唐五代。

龛形：方形龛，平面呈横长方形，宽 188、高 154、深 122 厘米，龛向 184 度。

保存情况：龛顶不存及左、右壁上部不存。正壁右侧及左、右壁上部补砌条石。造像全身经现代修补，原造像除保留布局外，其他痕迹不存，造像及壁面遍覆装彩。

造像内容：正壁中央开一拱形小龛，宽 163、高 99、深 12 厘米，龛内现造三主尊二胁侍，除头光、身光为原造像遗留外，其余各部位均补塑而成。三主尊有尖桃形素面头光和圆形素面身光。中央主尊结跏趺坐，现高 43、座高 47 厘米；头左侧竖刻楷书两行，残损严重，应为造像记。左侧主尊倚坐，现高 68、座高约 40 厘米；头部左侧竖刻楷书两行，残损严重，应亦为造像记。右侧主尊结跏趺坐，现高 45、座高 36 厘米。二胁侍立三主尊中央，均有圆形素面头光，袈裟下摆及裙尾为原造像遗留，左侧一身高 56、座高 14 厘米，右侧一身高 57、座高 15 厘米。

小龛外侧的正壁及左、右壁雕二十五身小佛坐仰莲座上，全身补塑，尖桃形素面头光为原造像遗留，高 21～23 厘米，分三排，上排通三壁分布，十八身；中排分布于中央小龛两侧，六身；下排一身，位于右壁第二排下。右壁第二排右下雕两身立像，有尖桃形素面头光，其余部位均经补塑（图 14-8）。

小龛下方左、右现各有一力士立台座上，全身补塑。左侧力士高 70、座高 20 厘米，腰左扭。右侧力士高 65、座高 20 厘米，腰右扭。二力士之间靠下位置各雕一狮子相向而立。右壁外侧存题记一行，记造佛和金刚等事（图 14-9）。

图 14-8　凡林寺第 3 龛（南→北）

图 14-9　凡林寺第 3 龛右壁题记
（东→西）

【第 4 龛】

位置：造像崖壁中部偏西下层，第 3 龛右。

年代：晚唐五代。

龛形：方形龛，平面呈横长方形，宽 105、高 106、深 15 厘米，龛向 195 度。

保存情况：龛顶左侧及右壁残。壁面遍布凿痕。

造像内容：正壁前高浮雕一碑，通高 106 厘米。圆拱形碑首宽 93、高 42 厘米，中央开一尖拱形浅龛，未见造像，碑首两侧各雕一龙相背缠绕于碑身中央，吻部向下。碑身宽 55、高 65 厘米，中央开一方形浅龛，龛内雕四身立像并排站立，风化严重，仅存轮廓，左手屈肘置胸前，右手伸向右前方，头抬向右手方向。碑身风化严重，未见字迹（图 14-10）。

图 14-10　凡林寺第 4 龛（西南→东北）

【第 5 龛】

位置：造像崖壁西侧靠上位置，第 1 龛右，第 4 龛右上。

年代：晚唐五代。

龛形：外方内拱形龛，内龛平面呈弧形，外龛宽 158、高 98、深 8 厘米，内龛宽 135、高 53、深 30 厘米，龛向 210 度。内龛雕出拱形龛楣。

保存情况：内、外龛左壁脱落不存，前方现砌砖墙。造像上身及双臂均经现代补塑，保留原造像布局，造像及壁面遍布现代装彩。

造像内容：内龛正壁前造二主尊倚坐束腰方座上。均有尖桃形素面头光，头光上方高浮雕圆柱形华盖。左侧一身似为道像，高 42 厘米；头顶存发髻痕，着广袖袍，足穿鞋；双手似抚膝。右侧一身佛像，高 40 厘米；内着僧祇支，于腹部束带打结，外披双领下垂式袈裟，跣足；双手置膝上，双足各踩一小圆台。二主尊中央立一胁侍，风化严重，高 39 厘米；有尖桃形素面头光；似菩萨着装；双手于腹前托物。

二主尊两侧各雕三身立姿胁侍。左侧从内至外第一、二身均有圆形素面头光；着交领长袍。第一身立主尊外侧，高 40 厘米，双手似持笏板于胸前。第二身立正壁与左壁转折前，高 39 厘米；双手笼袖中，置胸前。第三身立左壁前，高 37 厘米；有尖桃形素面头光；着交领长袍；双手笼袖中，置腹前。右侧从内至外第一、二身有圆形素面头光；下着长裙，跣足。第一身立主尊外侧，高 33 厘米；着交领袈裟；双手笼袖中，置胸前。第二身立正壁与右壁转折前，高 35 厘米；着通肩式袈裟，领口开颈下。第三身立右壁前,高36厘米;有尖桃形素面头光;着长裙,可见披巾绕臂后垂于体侧;左手置胸前,右手垂腰侧,腰微左扭。

左、右侧三胁侍身后各雕四、三身护法像。左侧从内至外第一身三头六臂,双手各握一圆环状物举于头顶左右侧。第二身头后有圆形凸起,肩前各搭一臂。第三身微侧身朝向龛外。第四身面向龛外,双目圆睁。右侧三身皆着交领衣,双手笼于袖中置于胸前。

外龛右壁下方雕三身像,皆为后代补刻,前排一身、后排两身,皆呈立姿,身体朝向龛外(图14-11)。

凡林寺

图 14-11 凡林寺第 5 龛（西南→东北）

悦来乡

15 勤狮坡

勤狮坡摩崖造像位于安岳县悦来乡沙坪村一组勤狮坡东面山腰的一处独立红砂岩石包上,海拔高程344米。造像石包南侧约500米为沙坪村村委会,西南约250米为沙坪村小学,四周分布农田和民居。

在石包西侧崖壁上自南向北开第1~4龛,崖壁宽16.5、高4.6米,龛前依岩搭建佛堂,将造像笼罩其中(图15-1)。龛前有现代条石砌筑的保坎,保坎上置现代圆雕造像(图15-2)。

沿用全国第三次文物普查编号。

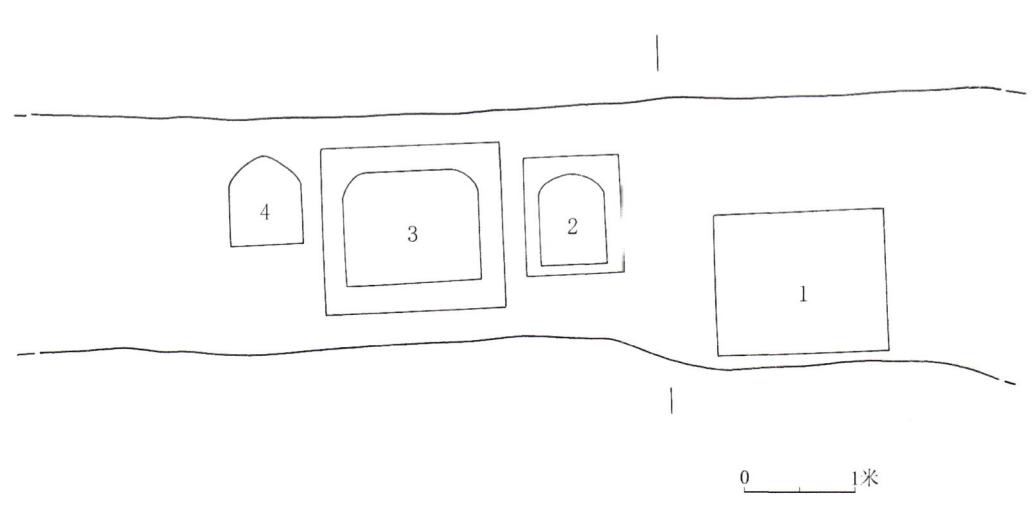

图15-1　勤狮坡造像分布示意图

勤狮坡

图 15-2　勤狮坡造像（西→东）

【第 1 龛】

位置：造像崖壁南侧，第 2 龛左。

时代：乾隆三十一年（1766 年）。

龛形：方形龛，平面呈横长方形，宽 165、高 160、深 90 厘米，龛向 190 度。

保存情况：造像被凿不存，壁面存宽粗凿痕。

造像内容：造像已不存，正壁前浮雕一盝形碑，宽 85、高 100 厘米，碑中部内凹，下部及左侧字迹不存。顶部从左至右刻"日佛月"三字，碑身右侧刻字两行，楷书，内容为乾隆三十一年（1766 年）邓登仑及妻培修之事。

正壁前又立方碑，由碑身、碑座组成。碑身竖长方形，宽 53、高 88、厚 11 厘米，碑座呈横长方形，宽 73、高 32、厚 30 厘米。碑座上部中央有一横长方形凹槽，碑身插入其中。碑身正面刻题记一则，顶部从左至右刻"万古不朽"四大字，楷书。碑身刻字九行，楷书，内容为乾隆五十七年（1792 年）信众装修庙宇、神像并敬佛之事（图 15-3）。

图 15-3　勤狮坡第 1 龛（南→北）

【第 2 龛】

位置：造像崖壁南侧，第 3 龛左。

时代：清。

龛形：外方内拱形龛，平面呈横长方形，外龛宽 91、高 110、深 70 厘米，内龛宽 73、高 87、深 38 厘米，龛向 260 度。

保存情况：龛形完整，造像及壁面遍覆装彩。

造像内容：正壁前造两身像倚坐于通壁台上。左侧一身男性，高 63 厘米；头戴冠，面相方圆，弯眉细目，鼻翼较宽，长髯垂至胸前，双耳较大；内着窄袖衣，外着圆领广袖长袍，足着鞋；颈部带一串佛珠垂至腹前；双手握于胸前，左手在下，右手在上。右侧一身女性，高 61 厘米；头裹巾，面相方圆，弯眉细目，小嘴，嘴角微向上翘，额上刻细纹，双耳硕大；着圆领广袖开襟长袍，袖口外翻，下着裙，足着鞋，足较小；双手屈肘握于胸前，左手在下，右手在上，双足踏于一横长方形台上（图 15-4）。

外龛右壁磨平，其上刻题记一则，中部及下部水蚀严重，字迹多漫漶，存八行，可见乾隆五十一年（1786 年）纪年。

图 15-4　勤狮坡第 2 龛（西→东）

【第 3 龛】

位置：造像崖壁中部，第 2 龛右，第 4 龛左。

时代：中晚唐。

龛形：外方内拱形龛，内龛平面呈弧形，外宽 160、高 150、深 60 厘米，内龛宽 128、高 95、深 55 厘米，龛向 260 度。雕出拱形龛楣及两侧龛面，磨光，宽 18 厘米。

保存情况：外龛底部外侧残。造像及壁面遍覆装彩，造像头、臂均经现代修补，其余部分为原造像遗留。

造像内容：正壁前造二主尊四胁侍。二主尊居中，结跏趺坐于束腰圆座上。均有内圆外尖桃形素面头光，台座覆帷幔，台座形制相同，高 30 厘米。左侧一身原应为道像，高 28 厘米；内着齐胸衣，于

勤狮坡

裙头束带打结,外披广袖对襟,于腹部束带打结;双手分置腹前左、右。右侧一身原应为佛像,高30厘米;内着僧祇支,外披双领下垂式袈裟,下摆覆双腿;双手分置腹前左、右。

四胁侍均立仰莲圆座上。左侧二胁侍原应为道像。内侧一身高36厘米;有双重圆形素面头光;披广袖大衣,下着裙,足穿鞋;双手置胸前。外侧一身高48厘米;有尖桃形素面头光,着广袖大衣,下着裙,足穿鞋;戴项圈,两侧各垂一道璎珞,于腹前相交,垂及膝部,折向身后;双手持物于腹前。

右侧二胁侍原应为佛像。内侧一身高38厘米;有圆形素面头光;着交领袈裟,下着裙,跣足;双手未经修补,笼袖中,置腹前。外侧一身高50厘米;有尖桃形素面头光,原头冠后缯带自肩后垂及肘部;下着长裙,腰束带,裙腰外翻,跣足,披巾自两肩垂下,于腿前横过,绕臂后下垂及座;戴项圈,中央垂一椭圆形饰,两侧各垂一道璎珞,于腹前相交,垂及膝部,折向身后;左手似提披巾垂体侧,右臂似举肩前。

内龛左、右侧龛口靠外各雕一力士立山座上。有圆形素面头光;上身赤裸,下着短裙,腰束带,裙腰外翻,跣足,飘带经头后,搭绕两肘,飘于体侧。左侧力士高42厘米;左臂似上举,右臂下伸,腰左扭。右侧力士高42厘米;左臂下伸,右臂举头侧,腰右扭。

龛底中央雕一圆形三足香炉,下有圆台承托(图15-5)。

外龛右壁开一圆拱形浅龛,宽45、高75厘米,龛内浮雕一碑,风化严重,碑首近半圆形。碑首左侧下方可见一龙首。碑身竖长方形,宽35、高80厘米,原题刻已不存,现存题记六行,楷书,内容为咸丰元年(1851年)信士捐修装塑观音像之事(图15-6)。

小龛外右侧崖面磨平,竖刻题记一则,楷书:修主农官邓登仓杨氏立。

图15-5　勤狮坡第3龛(西→东)

图15-6　勤狮坡第3龛外龛右壁石碑（南→北）

【第4龛】

位置：造像崖壁北侧，第3龛右。

时代：清。

龛形：拱形龛，平面呈横长方形，宽57、高83、深28厘米，龛向280度。

保存情况：龛底外侧残，壁面遍布凿痕。

造像内容：正壁前现造一现代石质圆雕造像，原摩崖开凿的造像不存（图15-7）。

图15-7　勤狮坡第4龛
（西→东）

悦来乡

16 庵堂山

庵堂山摩崖造像位于安岳县悦来乡沙坪村五组庵堂山坡东南面山腰,海拔高程354米。北距勤狮坡摩崖造像约500米,四周为荒废农田。

在一独立的红砂岩石包和一处裸露的山体崖壁上开七龛,二者相距20米(图16-1、16-2)。第一号石包近方形,东侧崖面宽平,是造像主体,宽10.3、高3.8米,自北向南开第1至4及3-1龛(图16-3)。山体南侧崖壁宽9、高4.4米,自南向北开第4-1、4-2龛,编号第二号崖壁(图16-4)。石包前原有名为庵堂寺的佛舍,20世纪50年代被毁,造像周围散落瓦片。造像于早年被损坏,头、臂均残,后经修补。

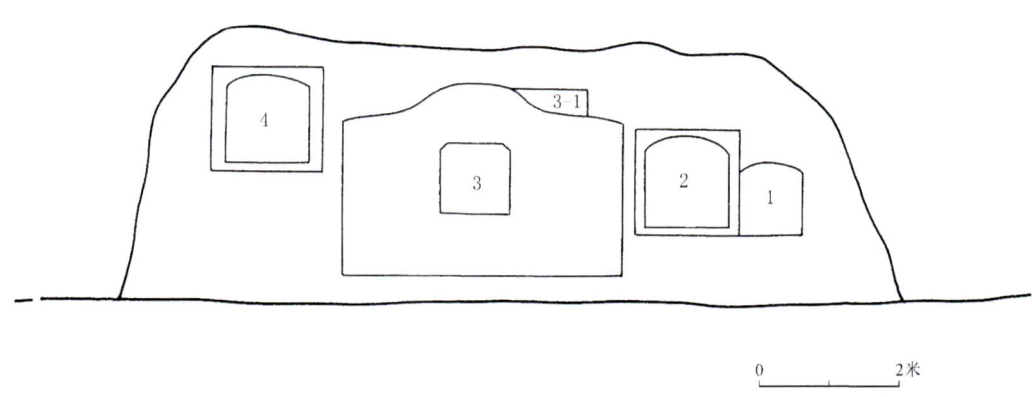

图16-1 庵堂山第一号石包造像分布示意图

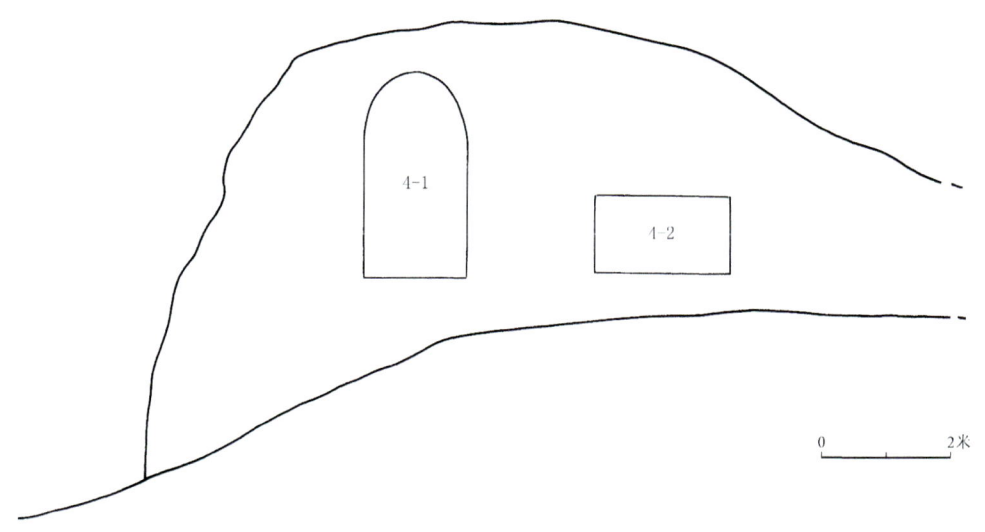

图16-2 庵堂山第二号崖壁造像分布示意图

庵堂山

石包造像崖壁两侧多有榫孔,为历代龛前建筑遗留。

采用第三次全国文物普查编号,增编第 3-1、4-1、4-2 龛。造像分两批形成,始凿于盛唐,清代又有少量开凿并破坏早期造像。

图 16-3　庵堂山第一号石包东侧崖壁造像(东→西)

图 16-4　庵堂山第二号崖壁造像(东北→西南)

【第 1 龛】

位置:第一号石包东侧崖壁北端,第 2 龛左。打破第 2 龛外龛左壁下部力士。
时代:清。
龛形:拱形龛,平面呈横长方形,宽 90、高 102、深 21 厘米,龛向 80 度。
保存情况:右壁不存。壁面遍布凿痕,龛外右侧上方存二圆形榫孔。
造像内容:正壁前造一像坐狮背上,保存较完好,全身装彩,高 73 厘米。戴冠,面部近方,凸额,眼球硕大、圆凸,两颊略高,塌鼻,宽嘴,长髯垂胸前,微右飘。着窄袖战袍,可见右侧护肩及胸前护胸,下着裙,裙头提胸前,腰束宽带,飘带经头后搭两肩后垂下,右侧一道自右足下伸出,足穿鞋。左手握一椭圆形物于腹前,右手横执一铜于头顶上方,左腿下垂,右腿内盘,足尖朝下。

狮子朝向右侧,回首龛外,四肢伏地。小圆耳,大眼圆凸,宽嘴紧闭,双腿略粗壮,未雕出脚趾,尾巴粗壮,波浪状上翘(图 16-5)。

图 16-5 庵堂山第 1 龛(东→西)

【第 2 龛】

位置：第一号石包东侧崖壁中部偏北，第 1 龛右，第 3 龛左。外龛左壁外侧被第 1 龛破坏。

时代：盛唐。

龛形：外方内拱形龛，内龛平面呈浅弧形，外龛宽 154、高 151、深 73 厘米，内龛宽 120、高 126、深 47 厘米，龛向 80 度。

保存情况：龛底外侧及外龛右壁脱落不存，外龛左壁下部残。造像及壁面遍覆装彩，造像头、臂均为现代修补。

造像内容：内龛环三壁造一佛二菩萨。佛居中，结跏趺坐于束腰方座上，高 58、座高 54 厘米。有尖桃形素面头光，光尖至龛顶。内着僧祇支，于腹部束带打结，外披双领下垂式袈裟，下摆覆双腿及台座。左手置左膝上，右手似举体前右侧。

菩萨立正壁与左、右壁转折前圆座上。有尖桃形素面头光，绾高髻，戴冠，缯带垂及肘后；着长裙，腰束带，裙腰外翻，跣足，披巾自两肩垂下，于腹、腿前横过，绕臂后下垂及座；戴项圈，于胸前中央各垂一挂饰，两侧各垂一道璎珞，于腹前相交，垂及膝部，折向身后。左侧菩萨高 94、座高 22 厘米；左臂似举肩前，右臂垂体侧。右侧菩萨高 92、座高 22 厘米；左臂举肩前，右臂垂体侧。

内龛左、右侧龛外靠外各雕一力士，左侧力士被第 1 龛破坏，仅存上身轮廓，高 64 厘米；有圆形素面头光，绾髻；可见右侧短裙痕；右手举头侧，腰左扭。右侧力士高 62 厘米；上身赤裸，下着短裙；左手举头侧，右手下伸体侧，腰右扭。

外龛左壁上部残存二浅龛，龛内造像均仅存轮廓，残不可识（图 16-6）。

图16-6 庵堂山第2龛(东→西)

庵堂山

【第 3 龛】

位置：第一号石包东侧崖壁中部，第 2 龛右，第 4 龛左。
时代：清。
龛形：拱形龛，平面呈横长方形，宽 402、高 270、深 122 厘米，龛向 80 度。
保存情况：龛形完整，龛前左侧开一较高平台，右侧亦开一较低平台，应用作放置石质或泥塑像。
造像内容：正壁中部开一宽 103、高 93、深 14 厘米盝形小龛，龛内雕两身像倚坐于一通壁高台上，高台高 23、深 5 厘米。左侧一身高 79 厘米；戴冠，大耳，方圆脸，宽额，小嘴，嘴上方两侧各有一扁平状凹槽；着圆领广袖长袍，腰束宽带，足穿鞋；左手托一长方形物于腹前，顶端略窄，右手抚膝。右侧一身高 83 厘米；戴冕，方脸，宽平额，小嘴，嘴上两侧各有一扁平状凹槽；着圆领广袖衣，足穿鞋，披云肩，双腿间垂下一宽带；双手托一笏板于胸前（图 16-7）。

较低平台两侧各存两身立像。左侧靠外一身仅存下半身，残高 40 厘米；着长袍，足穿鞋。靠内一身仅存下半身，残高 35 厘米；着短裙，面向外侧一身立像，左腿在前，右腿在后，托一方形物于头前。右侧靠外一身头部及右臂残，高 58 厘米；着交领广袖长袍，腰束窄带，左袖垂地，足较小，穿鞋。靠内一身头残，高 46 厘米；着裤；面向外侧立像，头上仰，双手执一粗棍于头前，左腿在前，右腿在后。左侧较高平台前中央开一方龛，龛中央雕一扁平兽头，高 56 厘米；尖耳，铜铃眼，鼻近方，方口大张，嘴角上翘。

龛外右侧与第 4 龛之间壁面中部被磨平，宽 40、高 82 厘米，刻字十行，楷书，左起第一行纪事，第十行纪年，第二至九行刻出资者姓名及金额，内容为道光二十五年（1845 年）装修庙宇之事。

图 16-7 庵堂山第 3 龛（东→西）

【第 3-1 龛】

位置：第一号石包东侧崖壁中部靠上，第 3 龛上。

时代：唐。

龛形：不明，残宽 110、残高 53、残深 8 厘米，龛向 80 度。

保存情况：仅存正壁，造像及壁面遍覆现代装彩。

造像内容：正壁前存两排立像。上排存九身，左侧三身菩萨形象，可见菩萨项圈、披巾、长裙痕，其余各身亦应为菩萨形象，均有尖桃形素面头光，立仰莲台上。左起第一至三身分别高 43、42、42 厘米，第四至九身分别残高 39、33、28、21、16、5 厘米。下层仅存左侧一身造像头光痕（图 16-8）。

图 16-8　庵堂山第 3-1 龛（东→西）

【第 4 龛】

位置：第一号石包东侧崖壁南侧，第 3 龛右。

时代：盛唐。

龛形：外方内拱形龛，内龛平面近半圆形，外龛宽 160、高 162、深 149 厘米，内龛宽 134、高 146、深 78 厘米，龛向 105 度。雕出拱形龛楣及两侧龛面。

保存情况：外龛右壁残，外龛底向下开凿形成一宽方槽。龛外右侧存十三个榫孔，其外侧又有一道纵向榫槽。造像头、臂均残，经现代修补。

造像内容：内龛环三壁造一佛二弟子二菩萨（图 16-9）。佛居中，倚坐束腰方座上，通高 102 厘米。有尖桃形素面头光，光尖至龛顶；内着僧祇支，于腹部束带打结，外披双领下垂式袈裟，下摆覆双腿，跣足。左臂似置左腿上，右臂似举肩前，双足各踩一小莲台。

庵堂山

图 16-9　庵堂山第 4 龛（东南→西北）

　　弟子立正壁与左、右壁转折前仰莲圆座上。均有圆形素面头光；着双领下垂式袈裟，下着长裙，跣足。左侧弟子高 87 厘米，双手合十胸前。右侧弟子高 86 厘米，双手笼袖中，置腹前。

　　菩萨立左、右壁外侧前仰莲圆座上。有尖桃形素面头光，存高发髻痕，两侧缯带垂及肘后，发辫覆肩；着长裙，腰束带，裙腰外翻；披巾自两肩垂下，于腹、腿前横过，绕臂后下垂及座。戴项圈，于胸前中央各垂一挂饰，两侧各垂一道璎珞，于腹前相交，垂及膝部，折向身后。左侧菩萨高 106、座高 17 厘米；右腕饰双重腕钏；左臂似举肩前，右手垂体侧，提披巾，身体微倾斜向内侧。右侧菩萨高 97、座高 21 厘米；左腕饰双重腕钏；左手垂体侧，提披巾，右臂举肩前（图 16-10、16-11）。

　　内龛左、右龛口外侧各雕一力士立山座上。均有圆形素面头光，着短裙，跣足。左侧力士上身残，高 71 厘米；肌肉虬结，腰束带，裙腰外翻，飘带经头后，搭两肩，过腰带，垂双腿间；左手五指张开，举于头侧，右手下伸体侧，腰左扭。右侧力士仅存轮廓，高 70 厘米；左臂下伸，右臂举体侧，腰右扭。内龛底部前方各雕一动物，相向而立，仅存残痕，不可识。

　　外龛左壁高浮雕一碑，由座、身、首三部分组成，宽 38、通高 133 厘米。方形碑座呈三层叠涩，方形碑身，中部磨平一竖长方形凹槽，字迹无存。碑身中央上部开一小龛，其内雕一立像，着袈裟，下着长裙，不露足，小龛下方雕不规则覆莲。碑身有整齐细小扁平状戳痕，未打磨平整，未见字痕，碑身原应未刻字。碑首呈半圆形，残损，不可识（图 16-12）。

　　外龛右壁中部存三身唐代彩绘供养人，白底朱描，均朝向龛内，身体前躬。从内至外第一身仅存胸部以上，残高 8 厘米；双手似置体前。第二身女性形象，高 21 厘米；头似绾髻，长颈，下着长裙，足穿

图 16-10 庵堂山第 4 龛左壁造像（南→北）

庵堂山

图 16-11　庵堂山第 4 龛右壁造像（东→西）

图 16-12　庵堂山第 4 龛外龛左壁石碑（西南→东北）

鞋。第三身女性形象；高20厘米；胡跪于一长方形毯上，绾髻，披巾绕双臂，下着裙，腰束带；双手托一圆形香炉于胸前（图16-13）。

外龛底部前方为后代开一长方形凹槽，凹槽下方有后代所开一三层方形香炉，三层均为方形，高90厘米。

图16-13 庵堂山第4龛外龛右壁彩绘供养人（东北→西南）

【第4-1龛】

位置：第二号崖壁，第4-2龛右，东南距一号石包20米。

时代：晚唐五代。

龛形：尖拱形龛，平面呈方形，宽166、高316、深75厘米，龛向80度。

保存情况：龛形完整。龛底外侧中央开一方槽，破坏龛底。

造像内容：正壁造七层塔，宽92、通高276厘米。由塔基、塔身和塔顶三部分组成。方形塔基，有密集凿痕。塔身最下一层中央开龛雕一佛，着袈裟，双手置腹前，结跏趺坐。上方各层中央各雕一壸门，可见从下至上第二个壸门内雕一结跏趺坐佛。各层塔身之间可见数层叠涩。塔顶雕两层相轮。龛外右侧磨光35厘米宽壁面，未见字迹（图16-14）。

图 16-14　庵堂山第 4-1 龛（东→西）

【第 4-2 龛】

位置：第二号崖壁，第 4-1 龛左。
时代：不明。
龛形：横长方形龛，平面呈横长方形，宽 210、高 85、深 70 厘米，龛向 120 度。
保存情况：各壁面外缘略残，底部覆土石，各壁密布凿痕。
造像内容：龛内未见造像（图 16-15）。

图 16-15　庵堂山第 4-2 龛（东南→西北）

来凤乡

17 圣泉寺

圣泉寺摩崖造像位于安岳县来凤乡胜前村四组,地处和尚坡北侧山脚,海拔高程335米。造像区北侧10米有村道通往来凤乡及安岳县,南侧20米分布圣泉寺寺院和胜前村小学,现已废弃,造像四周分布农田及民居。

造像开凿于三个独立的红砂岩石包上,编号第一至三号石包,顺山势大致呈西南—东北向的直线排列,共开十三龛(图17-1、17-2、17-3)。第1~6龛所在的第一号石包为2012年当地村民修建文物保护房时掘出。造像四周遍布石质建筑构件及少量造像残件,应为早期寺院遗留。第一号石包位于造像区最北端,平面近椭圆形,顶部平直,露出北、东侧壁面,整体向东倾斜8度,有砖砌文物保护房围绕,北侧壁面宽8.1、高2.2米,自西向东开第1~5龛;东侧壁面较窄,宽1.9、高2米,中央开第6龛(图17-4)。第二号石包位于一号石包西南5米,仅露北侧壁面,顶部覆土石,东侧内凹,宽8、高2.9米,自西向东开第7~11龛,第10、11龛位于东侧内凹处(图17-5)。第三号石包位于二号石包西南约30米,露东侧壁面,顶部为竹林,宽6.1、高2.5米,自西向东开第12、13龛(图17-6)。第一号石包造像因长期被埋,保存较好,第二、三号石包造像头、臂多于早年被人为破坏。二、三号石包造像多有早期装彩痕。各龛外两侧及龛底多被青苔覆盖。

第三次全国文物普查时,第一号石包尚未掘出,仅编五龛,此次调查重新编号。

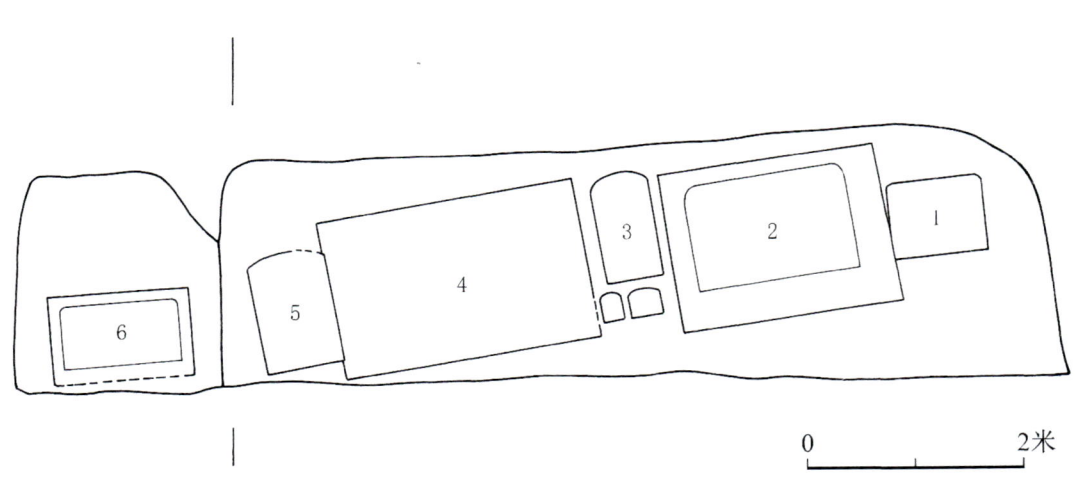

图17-1　圣泉寺第一号石包造像分布示意图

圣泉寺

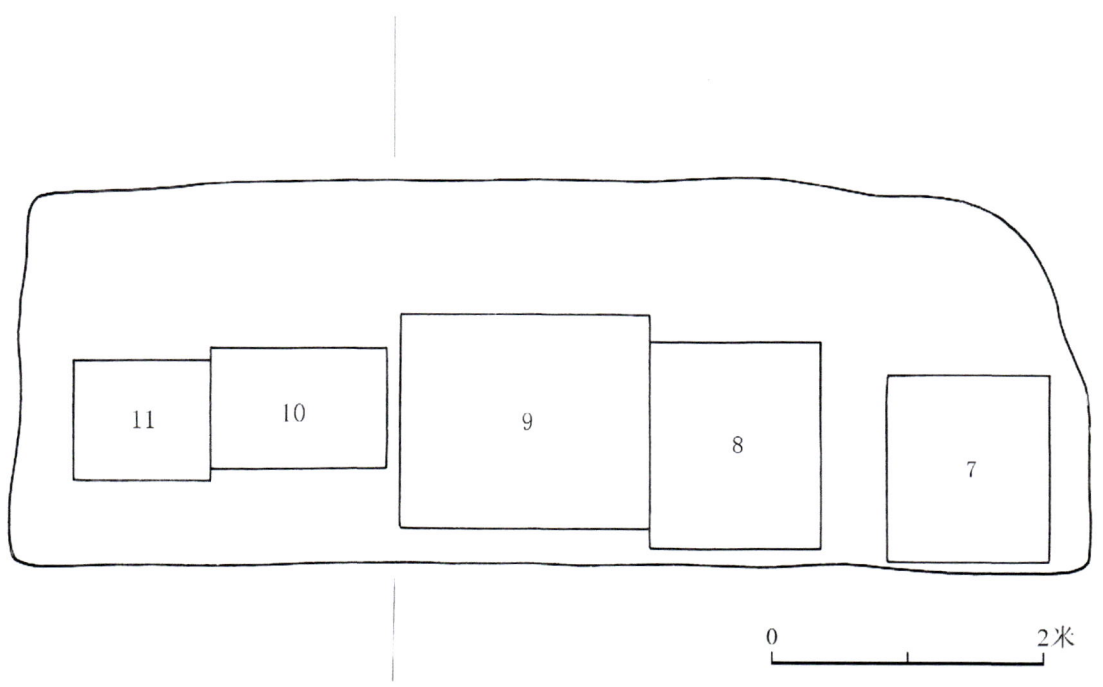

图 17-2　圣泉寺第二号石包造像分布示意图

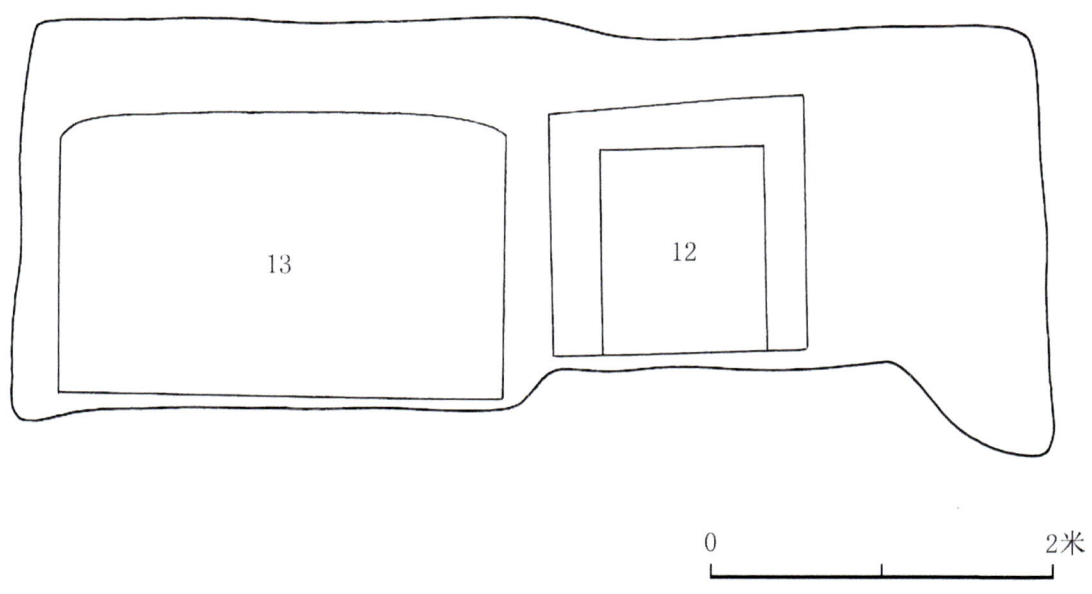

图 17-3　圣泉寺第三号石包造像分布示意图

图 17-4　圣泉寺第一号石包北侧造像（北→南）

图 17-5　圣泉寺第二号石包北侧造像（北→南）

圣泉寺

图 17-6　圣泉寺第三号石包东侧造像(东→西)

【第 1 龛】

位置:第一号石包北壁西端,第 2 龛左,右壁被第 2 龛破坏。
年代:唐末五代。
龛形:方形龛,平面近横长方形,宽 84、残高 68、深 60 厘米,龛向 350 度。
保存情况:龛底不存。造像及壁面遍覆青苔,有一横向窄裂隙贯穿正壁及左壁。
造像内容:环三壁造一主尊二胁侍四天王,主尊及二胁侍均风化、水蚀严重,仅存轮廓(图 17-7)。主尊居中,善跏趺坐于方座上,连座残高 40 厘米。双臂似置腹前。左侧胁侍上身不存,残高 32 厘米。右侧胁侍残高 33 厘米,双臂似置体前。

主尊及胁侍外侧各造两身天王立龛底,靠内两身立正壁前左、右侧,靠外两身位于左、右壁前。均戴兜鍪,着甲,腰束带,足穿靴。左侧两身遍覆青苔。靠内一身高 40 厘米;忿怒相,面部近圆。靠外一身上身遍覆青苔,高 46 厘米;甲裙至踝;左手托塔于头左侧,右手持戟于右肩,腰微左扭(图 17-8)。

右侧靠内一身上身残,高 41 厘米;甲裙至膝,扎绑腿;双手似持一兵器于胸前。靠外一身胸部及以上位置风化严重,双臂残,高 43 厘米;袍袖下垂,甲裙至踝;双手挂长棍于腿间(图 17-9)。

图 17-7 圣泉寺第 1 龛（北→南）

图 17-8 圣泉寺第 1 龛左侧天王（东→西）

图 17-9 圣泉寺第 1 龛右侧天王（西→东）

【第 2 龛】

位置:第一号石包北壁西侧,第 1 龛右,第 3 龛左,打破第 1 龛右壁。

年代:唐末五代。

龛形:外方内拱形龛,内龛平面近方形,外龛宽 213、高 160、深 135 厘米,内龛宽 156、高 112、深 83 厘米,龛向 10 度。内龛雕尖拱形龛楣及两侧龛面,宽 24 厘米,内饰火焰,中饰两层联珠;外侧素面,较宽,龛楣中央及左、右各饰一团花。

保存情况:外龛左、右壁仅存内侧部分,顶部左侧脱落。造像及壁面遍覆青苔。

造像内容:内龛环三壁造道教像。正壁及左、右壁中央各造一主尊,两侧各立一真人一女真,身后雕两排立姿护法(图 17-10)。三主尊均结跏趺坐于台座上,有尖桃形头光及圆形身光,均素面,绾髻,戴莲花高冠,面部长圆,双耳硕大,窄额,双目半睁,鼻梁挺直,下颌近圆。座上均覆帷幔。

中尊发髻及左手残,高 54、座高 36 厘米;内着交领衣,其上套齐胸长裙,外着广袖对襟,裙尾覆双腿;左手举胸前,右手抚右腿,五指细长,身体微右倾,束腰仰莲圆座。左尊上身遍覆青苔,高 50、座高 26 厘米;可见着广袖对襟,裙尾覆双腿;双臂置体前凭几上;"T"字形方座。右尊高 46、座高 17 厘米;内着交领衣,其上套齐胸长裙,外着广袖对襟,裙尾覆双腿;左手举肩前,掌心向外,似持一物,右手抚右小腿;"T"字形方座。

三主尊两侧各立一真人一女真。真人均绾髻,戴冠,面部方圆;着交领广袖道袍,足穿鞋。正壁前两身真人均双手笼袖中,拱胸前;左侧一身高 55、座高 7 厘米;右侧一身高 53、座高 7 厘米。左壁前两身各持一笏板于胸前;左侧一身高 53、座高 8 厘米;右侧一身高 52、座高 8 厘米。右壁前两身左臂置腹前,托右臂横置腹前;左侧一身高 53、座高 8 厘米;右侧一身高 52、座高 7 厘米。

女真均绾髻,戴冠,面部长圆,缯带垂肩后;内着交领衣,外着对襟,下着裙,足穿鞋,披巾自两肩垂下,于体前横过,绕臂后下垂至台座两侧;戴项圈,中央垂一短流苏,两侧各垂一道璎珞,于腹前相交呈"X"形,垂及两膝,折向身后。正壁主尊左侧一身高 52、座高 8 厘米,左臂置腹前,右臂举肩前;右侧一身高 53、座高 7 厘米,双手置腹前两侧,五指并拢,掌心向下。左壁主尊外侧一身高 54、座高 8 厘米,左臂似举前,右臂似举胸前,立正壁前左端;内侧一身高 53、座高 7 厘米,左手举肩前,捏一丹丸,右手抚腹。右壁主尊内侧一身高 52、座高 8 厘米,左臂下垂,右手举肩前,掌心向外;外侧一身高 54、座高 8 厘米,左手下垂提披巾,右臂似举肩前。

三壁主尊头光后各雕两排护法像,均仅露上身。正壁主尊头光左、右侧各四、五身,排列较散乱,残损较严重,仅存轮廓,上排各一身,紧贴主尊头光而立。均绾髻,戴冠,着交领衣。

左、右壁护法像排列较整齐,均绾髻,戴冠,面部方圆。左壁上排四身,从内至外第一身内着交领衣,外着交领广袖衣,右手置胸前;第二身着交领外衣,双手似笼袖中,置腹前;第三身似着圆领衣,可见右臂似笼袖中,置胸前;第四身发髻硕大,忿怒相,左手托一孩童于头侧,身体略转向龛外。下排三身,从内至外第一身仅存轮廓;第二身内着交领衣,外着交领大衣,头微左偏;第三身发髻较高,长耳垂胸前两侧,着圆领衣。

右壁上排三身,从内至外第一身三头六臂,可见披巾自腹前横过,绕臂后下垂,左、右上臂分托日、月于头侧,左、右中臂分持袋形物、矩于头侧,左、右下臂合十胸前;第二身着交领大衣,双手笼袖中,置胸前;第三身着双领下垂式衣,双臂似置胸前。下排两身,均位于近龛口处,从内至外第一身戴兽首冠,着圆领外衣;第二身仅露头部,头顶盘坐一孩童,身体朝向龛外(图 17-11、17-12、17-13)。

图17-10 圣泉寺第2龛(北→南)

圣泉寺

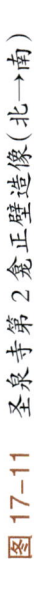

图 17-11 圣泉寺第 2 龛正壁造像（北→南）

龛口各雕一力士立山座上，残损、风化严重。上身赤裸，下着战裙，腰束带，裙腰外翻，跣足，可见飘带自头后，搭两肩，过腰带后垂于体侧。左侧力士仅存下身轮廓，残高70、座高30厘米；左臂上举，右臂下伸，腰左扭。右侧力士头、肩残，高76、座高32厘米；可见缩髻；左臂下伸，右臂上举，腰右扭。

图17-12　圣泉寺第2龛左壁造像（东→西）

圣泉寺

图 17-13　圣泉寺第 2 龛右壁造像（西→东）

【第 3 龛】

位置：第一号石包北壁中部偏西，第 2 龛右、第 4 龛左。
年代：唐末五代。
龛形：拱形龛，平面呈浅弧形，宽 50、高 101、深 15 厘米，龛向 357 度。
保存情况：龛底及左、右壁外侧残。
造像内容：正壁中央造一像立双层圆座上，风化、残损较严重，局部覆青苔，高 83、座高 13 厘米。有尖桃形头光，外缘饰火焰，光尖至龛顶。戴风帽，帽尾搭胸口两侧，面部椭圆，双下颌饱满，颈部有两道蚕纹。着双领下垂式袈裟，下着长裙，跣足。双手托一物于胸前（图 17-14）。

图 17-14　圣泉寺第 3 龛（北→南）

圣泉寺

【第4龛】

位置：第一号石包北壁中部，第3龛右，第5龛左，右壁被第5龛破坏。龛楣中央为后代磨光一宽56、高19厘米长方形匾额，从左至右楷书"圣泉"二字，匾额左、右又各有一长方形题记框，字迹不可识。

年代：唐末五代。

龛形：方形龛，平面近横长方形，宽198、高136、深40厘米，龛向8度。

保存情况：右壁上部外侧残，龛底被埋。造像及壁面遍覆青苔。

造像内容：正壁中央开一宽34、高55、深12厘米圆拱形龛，呈半环状凸出于壁面。龛内造一佛结跏趺坐于仰莲圆座上，上身残，像高37、座高13厘米。有尖桃形头光，内层素面，中层饰莲瓣，外缘饰火焰，有肉髻，面部近圆。着袈裟，下摆覆双腿。双手于腹前捧一钵。莲座下雕二兽相向而立，前肢抬起，后肢各踏一台座上。

环三壁造四排小佛结跏趺坐于仰莲圆座上，共四十八身，均有尖桃形素面头光和肉髻。佛身体左侧均有竖长方形榜题框，字迹均不存（图17-15、17-16）。

从上至下第一排十二身，从左至右第二、四、五、九至十一身戴风帽，第三、六至八身可见螺发，第八身头前中央有一髻珠。第二至九、十一身着通肩式袈裟，第一身着双领下垂式袈裟。第二至四、六、七、九身双手于腹前结禅定印，第一、五、八身双手拱胸前。第十身仅存胸部以上，双手似置胸前。第十一、十二身风化严重，仅存轮廓。

第二排十一身，于中央小龛左侧六身，右侧五身。左侧六身中，左起第一身仅存轮廓，第四、六身仅存头光。第二、三、五身戴风帽。第二、三身着双领下垂式袈裟。第二身内着僧祇支，腰束带，双手置腹前。第三身双手合十胸前。第五身着通肩式袈裟，双手于腹前捧一宝珠。

右侧五身均风化严重，左起第一身双手合十胸前。第二身戴风帽，着双领下垂式袈裟，左手置腹前，右手置胸前。第三、四身仅存头部，其余残不可识。第五身双手似置腹前。

第三排十二身，于中央小龛左、右各六身，可见颈部者均有两道蚕纹。左侧六身均着通肩式袈裟。左起第一身左手似置腹前，右手似置胸前。第二身左手抚左腿，右手举胸前。第三、五身戴风帽，双手相交置腹前。第四身左腿屈起，右腿内盘，左肘搭左膝，右手置右腿上。第六身双手于腹前捧一圆形物。

右侧六身中，左起第一至四身着通肩式袈裟。左起第一身双手合十胸前。第二身于腹前似捧一物。第三身戴风帽，双手拱胸前。第四身戴风帽，左腿屈起，右腿内盘，左肘搭左膝，右手置右腿上，双手持串珠。第五、六身均风化严重，仅存轮廓。

第四排十三身，于中央小龛左侧造六身，右侧七身。左侧左起第一、三、六身戴风帽，第二至四、六身着交领袈裟。左起第一身着通肩式袈裟，双手于腹前相交。第二身双手持一经卷于胸前。第三身着交领袈裟，左手抚左腿，右手似执物于左胸前。第四身双手拱胸前。第五身着双领下垂式袈裟，左手抚左腿，右手执一"T"形长柄状物。第六身双手合十胸前（图17-17）。

右侧七身中，左起第一、四身戴风帽，第一、三、四身着通肩式袈裟。第一身双手拱胸前。第二身内着僧祇支，外着双领下垂式袈裟，左手抚左腿，右手持一长柄锤状物于体前。第三、四身于腹前结禅定印。第五身双手合十胸前。第六身残不可识。第七身左手似置腹前，右手似持一物于胸前。

图17-15 圣泉寺第4龛（北→南）

圣泉寺

图 17-16　圣泉寺第 4 龛中央佛（北→南）

图 17-17　圣泉寺第 4 龛第四排左起第四、五、六身小佛（北→南）

【第 5 龛】

位置：第一号石包北壁东端，第 4 龛右，打破第 4 龛右壁。
年代：唐末五代。
龛形：拱形龛，平面呈新月形，宽 60、高 103、深 25 厘米，龛向 6 度。
保存情况：左、右壁中部不存。龛顶左侧有一纵向榫槽贯通龛顶，造像及壁面遍覆青苔。
造像内容：正壁中央造一菩萨立于仰覆莲圆座上，上身残损严重，遍覆青苔，高 80、座高 12 厘米。有尖桃形头光，内饰卷草，外饰火焰，光尖至龛顶。绾高髻，戴冠，缯带垂胸前两侧。下着长裙，腰束带，裙腰外翻，跣足；披巾自两肩垂下，于腿前横过，绕臂后垂体侧。腿前各有一道璎珞垂下，于膝部折向身后。双手持一物于腹前，左手承托在下（图 17-18）。

圣泉寺

图 17-18　圣泉寺第 5 龛（北→南）

【第 6 龛】

位置：第一号石包东壁中央，第 5 龛右。

年代：唐末五代。

龛形：外方内拱形龛，内龛平面呈新月形，外龛宽 130、残高 87、深 82 厘米，内龛宽 106、高 64、深 51 厘米，龛向 87 度。内龛龛楣及两侧龛面饰卷草，宽 10 厘米。

保存情况：龛底被前方水泥地面覆盖。外龛造像及壁面遍覆青苔。

造像内容：内龛正壁前起一 4 厘米低坛，坛上造三佛结跏趺坐于束腰仰莲圆座上。均有内圆外尖桃形头光，光尖至龛顶。肉髻宽圆，方圆脸，额部宽平，双目下视，下颌饱满，颈部有两道蚕纹。袈裟下摆覆双腿（图 17-19）。

左尊头部残，高 34、座高 17 厘米；内着僧祇支，其上束带打结，外着双领下垂式袈裟；双手托一钵于腹前，内盘曲一蛇。中尊高 30、座高 20 厘米；着通肩式袈裟，领口开胸前，领边外翻较宽；双手于腹前结弥陀定印。右尊高 32、座高 19 厘米；内着僧祇支，其上束带打结，外着双领下垂式袈裟；左手抚左小腿，右手似托一宝珠于腹前（图 17-20）。

三佛两侧各造一弟子一菩萨。弟子居内，立方形山座上，有圆形素面头光，光头，面部方圆，下颌饱满；着交领袈裟，下着长裙，足穿鞋；双手均合十胸前。左侧弟子高 36、座高 8 厘米；颈部青筋暴露；身体微倾向左侧。右侧弟子高 36、座高 8 厘米；颈部有三道蚕纹；身体微倾向右侧。

菩萨居外侧，均立仰覆莲圆座上。有尖桃形头光，绾高髻，面部近椭圆，颈部有两道蚕纹。下着长裙，跣足；披巾自两肩垂下，于腿前横过，绕臂后下垂及座。戴项圈，中央各垂一倒三角形饰，两侧各垂一道璎珞，于上腹相交，垂及膝部，折向身后。双手均持一长柄莲茎于体前。左侧菩萨上身风化较严重，高 37、座高 7 厘米。右侧菩萨高 36、座高 8 厘米；可见胸前络腋痕（图 17-21、17-22）。

外龛左、右壁中部各有一后开之拱形小龛，位置对称。龛内各雕一力士立于龛底，均残损、风化严重。绾髻。上身赤裸，下着战裙，腰束带，跣足；飘带经头后，搭两肩，过腰带飘于体侧。双足饰钏。左侧小龛宽 28、高 45、深 2 厘米，力士高 34 厘米；左手下伸，右手上举，身体略倾向龛外。右侧小龛宽 31、高 46、深 2 厘米，力士高 29 厘米；左臂上举，右臂下伸，身体微倾向龛外。

外龛底部中央内凹形成一方形槽，其内雕一圆形香炉，仅存轮廓。

圣泉寺

图17-19 圣泉寺第6龛(东→西)

图17-20 圣泉寺第6龛中央三佛（东→西）

圣泉寺

◀ 图 17-21　圣泉寺第 6 龛左壁造像
　　　　　（南→北）

图 17-22　圣泉寺第 6 龛右壁造像 ▶
　　　　（北→南）

【第 7 龛】

位置：第二号石包北壁西端，第 8 龛左。
年代：唐末五代。
龛形：方形龛，平面近横长方形，残宽 117、高 148、深 64 厘米，龛向 345 度。
保存情况：右壁不存。壁面存烟熏痕迹，下部造像覆青苔。
造像内容：龛底外侧雕一外凸之弧形素面条带，与正壁围成一椭圆形池（图 17-23）。池内正壁前造一天王立于仰莲圆座上，左臂残，高 118、座高 15 厘米。戴化佛高冠，缯带高飘于头侧，冠中央雕一佛结跏趺坐于仰莲圆座上。天王面部方圆、饱满，怒目圆睁，双耳硕大，口半张，双下颌饱满。着山文甲，胸束甲绊，胸前两侧各有一兽首，兽首形披肩下露袍袖，系结后扬，戴护臂，腹甲中央有一兽首口衔束腰皮带。甲裙长及膝下，裙下着裤，胫甲略短，着翘头靴。飘带于腿前横过，过腰带后飘于体侧。右腕戴钏。左臂下伸，右手于腹前握剑柄，剑身插鞘内，柄部有绳与右腕相绕，腰微右扭，分腿站立（图 17-24、17-25）。

莲座两侧各有一小像，仅露上身，戴兜鍪，着战甲。身体向内，双手前伸，回首相望，作抬托天王莲座状（图 17-26）。

池内左、右两端亦各有一小像相向而立，露膝部以上。戴兜鍪，着甲，腰束带。双手合十胸前（图 17-27）。

图 17-23 圣泉寺第 7 龛底部（西北→东南）

圣泉寺

图 17-24　圣泉寺第 7 龛（西北→东南）

图 17-25　圣泉寺第 7 龛天王头部（西北→东南）

图 17-26　圣泉寺第 7 龛莲座右侧小像（西→东）

图 17-27　圣泉寺第 7 龛池左侧小像（北→南）

【第 8 龛】

位置：第二号石包北壁西侧，第 7 龛右，第 9 龛左，打破第 9 龛左壁。
年代：唐末五代。
龛形：方形龛，平面近横长方形，宽 130、高 160、深 50 厘米，龛向 38 度。
保存情况：左壁下部残。龛下部壁面及造像覆青苔，造像上身残存白色装彩痕。
造像内容：正壁前中央造一天王立于圆形浅座上（图 17-28）。头部、左臂及右手残，上身风化较严重，高 135、座高 6 厘米。有椭圆形厚头光，外缘饰上飘火焰，戴高方冠，缯带飘于头侧上方，面部方圆，下颌饱满。围护颈，着战甲，胸腹前甲纹剥落，可见束胸甲绊，披肩下袍袖后飘，戴护臂，腰束带，甲裙下露长裤，着长靴。飘带于腿前横过，过腰带后垂于体侧。左手举胸侧，右手叉腰。

天王左、右各有两身像立台座上。内侧两身位置较高，立覆莲圆座上。左侧立像面部残，高 96、座高 17 厘米；戴高方冠，缯带垂肩，面部棱角分明，眼角及颊部皱纹明显，双唇紧闭，长髯呈倒三角形垂胸前；着广袖长袍，足穿鞋；双手持一长笏板于胸前（图 17-29）。右侧立像头、胸及双手残，高 91、座高 13 厘米；戴圆脚幞头，肩后各伸出一竖长方形物，着"V"形大翻领窄袖袍，腰束宽带，下着裤，跣足；双手于腹前握一窄带，分为两道（图 17-30）。

外侧两身相向而立。左侧立像仅存双足及台座，残高 25 厘米；可见足穿鞋。右侧立像头不存，高 97、座高 7 厘米；颈部存两道蚕纹；着圆领广袖长袍，腰束带，足穿鞋；双手托一覆钵形物于胸前。

图 17-28　圣泉寺第 8 龛（东北→西南）

圣泉寺

图 17-29　圣泉寺第 8 龛天王左侧
靠内立像（东→西）

图 17-30　圣泉寺第 8 龛天王右侧
靠内小像（北→南）

【第 9 龛】

位置：第二号石包北壁中部，第 8 龛右，第 10 龛左，左壁被第 8 龛破坏。
年代：唐末五代。
龛形：龛口形状不明，平面呈横长方形，宽 186、残高 160、深 57 厘米，龛向 34 度。
保存情况：左、右壁及正壁上部不存。造像及壁面遍覆青苔，造像残损、风化严重。
造像内容：正壁底部起一通壁低坛，高 11 厘米。坛上中央造千手观音善跏趺坐于束腰仰莲圆座上，风化、残损较严重，高 92、座高 43 厘米。身后有尖桃形身光，外缘饰火焰，绾髻，戴冠，缯带垂胸前两侧。披巾搭臂后下垂及座，下着长裙，跣足。身体两侧各雕一排手臂，呈扇形展开，多已断裂不存，可见顶部二臂共托一物于头顶。体前六臂，上二臂合十胸前，中二臂共托一宝珠于腹前，下左、右臂分托环、念珠于两腿上。足下各踩一小圆座。

主尊身体左侧雕上、下两朵祥云。上方一朵雕五结跏趺坐佛，双手置腹前。下方一朵雕三身立像，仅存轮廓，中央一身略高。主尊身体右侧存下方一朵祥云，存二像残痕，不可识。

697

主尊台座底部两侧各雕三身像,均残损、风化较严重。内侧两身紧靠主尊基座,面向主尊,微侧身向龛外。左侧靠内一身高29厘米;似绾髻;双手捧一袋于胸前,头后仰,跪姿。右侧靠内一身高31厘米;头发上飘;双手托一罐于胸前,左腿向前屈起,右腿后跪。

中央两身均为立像,身体朝向主尊,微侧身向龛外。左侧中央一身高52厘米;髭须浓密;着袒右式衣,腰束带,跣足;左手捋须,右手持一长棍立体侧。右侧中央一身高58厘米;内着衣,外着广袖大衣,下露长裙;双手托一长方形物于腹前。

外侧两身均为三头六臂立像,上身赤裸,下着短裙;身体朝向龛外。左侧一身高54厘米,戴冠,颈部挂缠绕之绳状物,飘带经头后,搭两肩,垂于体侧;左、右上臂分别于头侧持短棍、环首短剑,左、右中臂分别于体侧持剑、环,左、右下臂于胸前交叉呈"X"形,右手伸出食指与中指,左腿直立,右腿屈向右侧。右侧一身高57厘米,可见左上臂、右中臂均持短棍状物,下二臂交叉胸前呈"X"形,余二臂持物不识,左腿屈向左侧,右腿直立(图17-31)。

【第10龛】

位置:第二号石包北壁东侧,第9龛右,第11龛左,所在崖壁与第9龛呈90度转折,右壁被第11龛造像破坏。

年代:唐末五代。

龛形:单层龛,龛口形状不明,平面近新月形,宽127、残高95、深8厘米,龛向95度。

保存情况:左壁上部、右壁及龛顶不存。龛左下角有一圆孔,造像及壁面残损、水蚀严重,遍覆青苔。

造像内容:正壁前造一地藏一菩萨善跏趺坐于台座上。左侧地藏头不存,高88、座高37厘米。头部轮廓呈圆形。着双领下垂式袈裟,下露裙尾,跣足;左手置左膝上,右手扶锡杖于体前,杖首呈椭圆形,置右肩上,双足各踏一小圆座。台座右侧趴伏一狮,朝向右侧,回首龛外,四肢伏地。

右侧菩萨头及双臂残,高86、座高36厘米。有内圆外尖桃形浅头光,外缘饰火焰,椭圆形身光,素面,绾髻,戴冠,缯带垂及肩前。披络腋,下着长裙,腰束带,跣足;披巾自两肩垂下,于腿前横过,绕臂后下垂至台座两侧。戴项圈,中部垂一道流苏,两侧各垂一道璎珞,似于腹前相交。双手托物于胸前,双足踏座前一小仰莲座上(图17-32)。

圣泉寺

图 17-31　圣泉寺第 9 龛（东北→西南）

图 17-32　圣泉寺第 10 龛（东→西）

【第 11 龛】

位置：第二号石包北壁东端，第 10 龛右，破坏第 10 龛右壁。
年代：唐末五代。
龛形：单层龛，龛口形状不明，平面近新月形，宽 86、高 96、深 17 厘米，龛向 101 度。
保存情况：左壁及龛顶不存。造像及壁面遍覆青苔。
造像内容：正壁前起一高 2 厘米通壁坛，坛上造一地藏一菩萨善跏趺坐于束腰方座上，头均残。左侧地藏高 64、座高 30 厘米。头顶轮廓平滑，应为光头。内着僧祇支，外着双领下垂式袈裟，下着裙，跣足。戴项圈，于胸前中央垂三道短璎珞。左手托一火焰宝珠于左腿上，焰尾上升至头左侧，右手持锡杖于体前，杖首倚右肩，呈尖桃形。

右侧菩萨风化较严重，高 66、座高 31 厘米。可见缯带垂肩；下着长裙，腰束带，结带垂双腿间，跣足；披巾自两肩垂下，于腿前横过，绕臂后垂及座前两侧。六臂，右侧上、下臂残，左上臂持物于头侧，左、右中臂合十胸前，左下臂持绳索举体侧。

右壁浅浮雕上、下两身供养人像，均朝向左侧。靠上一身坐云座上，高 16 厘米；着窄袖长袍；双手合十胸前，左腿盘座上，右腿下垂座前。靠下一身立姿，高 31 厘米；绾双髻；着广袖大衣；双手似合十胸前（图 17-33）。

圣泉寺

图 17-33　圣泉寺第 11 龛（东南→西北）

【第 12 龛】

位置：第三号石包东壁中部偏北，第 13 龛左。
年代：唐末五代。
龛形：双层方龛，平面近新月形，外龛宽 148、高 149、深 39 厘米，内龛宽 86、高 107、深 21 厘米，龛向 90 度。
保存情况：外龛右上角被后开排水沟破坏，龛外右侧整齐排布一列小圆榫孔，龛底中部外侧开一长 45、宽 7、深 4 厘米长方形槽。
造像内容：龛内壁面遍布细密凿痕，壁面转折平滑，未见造像（图 17-34）。

图 17-34　圣泉寺第 12 龛（东→西）

【第 13 龛】

位置：第三号石包东壁南部，第 12 龛右。

年代：唐末五代。

龛形：方形龛，平面呈横长方形，宽 262、高 164、深 70 厘米，龛向 58 度。

保存情况：保存较完好，龛底中部及左侧存两排六个圆孔，龛顶中央有四个圆孔，与龛底圆孔位置相对，造像头均残，近龛底造像覆青苔。

造像内容：正壁前雕地藏十王及地狱变（图 17-35）。地藏居中部靠上位置，所在位置略凹，半跏趺坐于方座上，头及右臂残，台座左侧被后开二圆孔破坏，高 64、座高 28 厘米。光头，戴风帽，帽尾搭两肩，内着僧祇支，于腹部束带，外着双领下垂式袈裟，跣足。左手托一硕大宝珠于腹前，右臂举右肩前，左腿内盘座上，右腿下垂踩小仰莲圆台。座前中央雕狮子，头向龛外，口衔卷草，鬃毛直立，身体扭向右侧，狮子头、尾侧各雕一硕大莲蕾（图 17-36）。

地藏台座下方壁面雕地狱变，分上、下两层，各雕两组情节。上层左侧情节中央雕业镜，下方有座承托。镜内雕二像相向而立，左侧一身可见着裤，腰束带，双手被缚。右侧一身上身赤裸，下着短裤，腰束带，跣足；双手举一棍于体前。二立像中央雕一龟，头向左上方。业镜左、右各雕一、二身立像。左侧者绾双髻，着广袖大衣，足穿鞋，双手持一摊开之卷册于体前，身体微前躬向业镜。右侧靠内一身绾髻，上身赤裸，下着短裤，跣足，戴枷，双手扶枷躬身向业镜。靠外一身牛首人身，着圆领袍，下

圣泉寺

图 17-35　圣泉寺第 13 龛（东北→西南）

图 17-36 圣泉寺第 13 龛中央地藏（东北→西南）

圣泉寺

着裤,腰束带,跣足,左手抓身后戴枷像头发,右手握拳举头侧,作欲击打状。

上层右侧情节中央雕业秤,左侧勾一心脏。业秤右侧雕一立像,绾双髻,着交领广袖大衣,足穿鞋,朝向业秤,身体微前躬,左手于胸前摊开一卷册,右手作拨调业秤状。

下层左侧情节中央雕一半开门,门中露一像上身,披头散发,颈戴枷,双手扶枷,看向右侧像。门左侧雕一马首人身像,着窄袖衣,下着裤,双手按一棍于体前,左腿下踩地,右腿内盘,身体朝向龛外,回首右侧。马首像身后雕一小圆台,台上立一兽,露前半身,前腿直立,尾部高高翘起,回首右上方。门右侧雕一牛首人身像,着窄袖衣,下着裤,左手置门前,右手握右侧立像左踝,左腿内盘,右腿踩地,身体朝向龛外,头向左侧。

下层右侧情节雕二立像。左侧者披头散发,上身赤裸,下着短裙,跣足,左腿向后抬起,左踝为身后牛首人身像所握,双手握前方立像左手,身体朝向左侧,作奔逃状。右侧像光头,着交领袈裟,下着裙,右手持一锡杖于体前,身体朝向龛外,头向左侧立像,伸出左手,为左侧立像所握(图17-37)。

地藏及台座两侧分两排雕十冥王,左、右各五身,上排均三身,下排均二身。十王均坐方案后,头部均残,露出部分高32、案高38厘米。戴高冠,着交领广袖大衣,腰束带。

图17-37　圣泉寺第13龛中央地狱变(东北→西南)

705

上层左侧从内至外第一身冥王,案上置一摊开卷册,左手似持物置案上,右手执笔置卷册上。头部左侧竖刻榜题:□□变城王。案前雕三身像。左侧立像绾双髻,着交领广袖大衣,足穿鞋,朝向右侧,左手于胸前抱一闭合卷册,右手置头前,伸出食指与中指。中央雕一像坐地上,头发为案前右侧立像所执,颈戴枷,上身赤裸,下着短裙,左手扶枷,身体朝向右侧,回首后方立像。右侧立像着圆领袍,腰束带,下着裤,跣足,左手执左侧坐像头发,右臂举头侧,身体朝向龛外,倾向左侧,作欲打击状。

第二身冥王左手按卷册,右手执笔作书写状。冥王头左侧竖刻榜题:第七太山王。案前右侧雕一立像,披头散发,颈戴枷,着长袍,身体朝向左侧,双手置枷上。立像足下及前方雕三只动物,从内至外分别为龟、狗、蛇,均仰面向立像。

第三身冥王左手笼袖中,置案上,右手于案上执卷册。冥王头左侧竖刻榜题:第八平正王。案前中央雕一立像,绾双髻,着交领广袖大衣,足穿鞋,身体朝向右侧,上手摊开一卷册,作宣读状。立像前方雕坐像,披头散发,颈戴枷,上身赤裸,下着裤,腰束带,身体朝向右侧,左腿向前屈起,右腿前伸,双手合十胸前,回首后方立像。立像身后雕一动物,吻部较长,长耳、前腿着地,后腿凌空上蹬,嘴衔立像衣摆,尾部上翘,作前扑状(图17-38)。

上层右侧从内至外第一身冥王衣袖宽大,飘向后方,左手执案上摊开卷册,右手执笔作书写状。冥王头侧竖刻榜题:第伍阎罗王。案前中央雕一立像,似绾髻,上身赤裸,下着裤,跣足,双手提一像于体前,头前低,看向被执像。被执像长发、腰带分别为身后立像左、右手所执,颈戴枷,着裤,跣足,身体朝向左侧,双腿弯曲,上身被平放身后立像左腿上,双手置体前,作挣扎状。执像者身后雕一立

图 17-38　圣泉寺第 13 龛左侧上层造像(东北→西南)

圣泉寺

像,绾双髻,着交领广袖大衣,右手执一摊开卷册于胸前,看向左侧被提像。

第二身冥王左手笼袖中,置案上卷册上,右手执笔于胸前,作书写状。案前左侧雕两身四足动物,身体朝向左侧,作奔跑状。案前侧雕两身立像,身体均朝向右侧。靠外一身体形较高,着齐胸长裙,左肩披覆披巾,左臂下垂,右臂递一布帛与前方坐像。靠内一身体形较小,着齐胸长裙,外披广袖大衣,双臂下垂。

第三身冥王左手置案上,右手执笔于卷册上,作书写状。冥王头右侧竖刻榜题:第二初江王。案前左侧雕一树,呈扇形展开,树枝悬布帛。树中央雕一像匍匐于树干上,上身赤裸,下着短裤,跣足,右手下伸,接下方一身坐像递与的布帛。树左侧雕一像,内着衣,下着短裤,左手似持一物于腹前,右手将布帛递与树上像,左腿跪向身后,右腿向前屈起,仰面向树上像。树右侧雕一牛首人身像,露上半身,下着裤,左手似持物于腹侧,右手持身后一身像发髻。牛首像身后露二像上身,均绾髻,颈戴枷,身体朝向左侧。靠内一身发髻为前方牛首像所执,头前倾。靠外一身似着长袍,头微前低,右臂垂体侧(图17-39)。

下层左侧从内至外第一身冥王武士装,头顶有兜鍪轮廓,肩覆巾,着战袍,腰束带,双手置案上。头顶上方竖刻榜题:第十转轮王。案前雕四身世俗立像,左侧两身女性,右侧两身男性,均朝向中央,仰面向冥王。左侧两身均绾髻,着双领下垂式广袖大衣,双手均托物于胸前。右侧两身头顶均有幞头轮廓,着圆领长袍,腰束带,可见内侧一身双手托一结跏趺坐佛于胸前,佛身后有桃形身光。

第二身冥王双手笼袖中,置案上。头顶上方竖刻榜题:第九都市王。冥王左侧雕一立像,下身隐案后,绾双髻,着圆领衣,双手笼袖中,置胸前。案前中央雕一"几"字形支架,中央倒悬一像,绾髻,似裸

图17-39 圣泉寺第13龛右侧上层造像(东北→西南)

体,身体朝向左侧,左手撑地,头尽力向右侧抬起。支架两侧各有一像相向而立,均着圆领衣,下着短裤,腰束带,合推一长条形锯于倒悬像双腿间,作肢解状。左侧立像绾髻,右侧立像头发上飘(图17-40)。

下层右侧从内至外第一身冥王双手笼袖中,置案上。冥王头右侧竖刻榜题:第四五官王。案左侧置卷册,右侧似置一砚。冥王两侧各雕一像,微侧身向冥王,均露上身。左侧者绾双髻,着交领广袖衣,双手持一卷册于胸前。右侧者似戴幞头,着圆领长袍,左手抚胸,右手抱一卷册于胸前。案前右侧雕二像相向而立,均双目圆瞪,面目狰狞,上着衣,下着裤。左侧一身头发呈尖角状上飘,着圆领衣,下着短裤,腰束带。左侧者双手端一锅,锅内盛物,看向右侧像。右侧者头发呈火焰上飘,左手持一长柄叉于头前,右手后伸,抓身后一身像发髻,左腿前迈。身后一身像背身向持叉像,位于从内至外第二身冥王案前,发髻为持叉像所执,着短裤,坐地上,双手撑地,头向龛外。

第二身冥王左手抚案上卷册,右手握卷册右端。冥王头左侧竖刻榜题:第一秦广王。案前右侧雕一立像,头发呈火焰状上飘,面部狰狞,着上衣,下着短裤,腰束带,身体朝向左侧,双手扶椎机,右足踩踏杆上,踏杆左端高高翘起,头微前低。踏杆下部中央雕一尖刺,其下横卧一小像,头向左侧,作被椎轧状(图17-41)。

左、右壁上部各开一方形小龛,龛内各雕三身供养人立像,均男性,高40厘米。戴幞头,着圆领长袍,足穿鞋,双手合十胸前(图17-42、17-43)。左、右壁下部亦各开一方形小龛,龛内密布供养人立像,左侧者均男性,右侧者均女性,均朝向主尊。左侧共四排,从上至下第一至四排各六、八、八、八身,戴幞头,着圆领长袍,足穿鞋,双手多合十胸前(图17-44)。右侧两排,从上至下第一、二排各八、七身,绾髻,着交领广袖大衣,足穿鞋,双手笼袖中,拱胸前(图17-45)。

右壁中部,上、下小龛之间的崖壁磨光,刻造像题记,外侧残损,残宽63、高34厘米。存19行,竖刻,楷书,内容为镌装记,年代残(图17-46)。

圣泉寺

图 17-40　圣泉寺第 13 龛左侧下层造像（东北→西南）

图 17-41　圣泉寺第 13 龛右侧下层造像（东北→西南）

图 17-42　圣泉寺第 13 龛左壁上部供养人小龛（东南→西北）

图 17-43　圣泉寺第 13 龛右壁上部供养人小龛（西北→东南）

圣泉寺

图 17-44　圣泉寺第 13 龛左壁下部供养人（东南→西北）

图 17-45　圣泉寺第 13 龛右壁下部供养人（西北→东南）

圣泉寺

图17-46　圣泉寺第13龛右壁中部造像题记（西北→东南）

来凤乡

18 佛济寺

佛济寺摩崖造像位于安岳县来凤乡堰乐村十组黄桷树坡东、北面山腰，书房坝水库西岸，现为四川省重点文物保护单位。

造像分三层开凿，共三十龛，编第1~29龛，沿用第三次全国文物普查编号，本次调查增编第8-1龛。上层北侧崖壁自西向东开第1~8龛，东侧崖壁自北向南开凿第9~14龛；下层崖壁宽直，自北向南开第15~26龛；水库边独立造像石包北、东、西面分别开第27、28、29龛（图18-1）。

上层崖壁崩塌、埋没情况较严重，龛、像保存较差；下层崖壁造像较集中开凿，保存较好；独立石包造像下部浸没于湖水中，水位高涨时，可将造像全部淹没，壁面存明显的水位线痕迹。

【第1龛】

位置：上层造像崖壁西侧，第2龛左。
年代：清。
龛形：不明，平面近方形，残宽176、残高80、残深198厘米，龛向55度。
保存情况：顶不存。各壁存粗大凿痕，龛底被土石所埋，遍覆青苔。
造像内容：未见造像（图18-2）。

图18-2　佛济寺第1龛（东北→西南）

【第 2 龛】

位置：上层造像崖壁西侧，第 1 龛右，第 3 龛左。
年代：清。
龛形：方形龛，平面呈方形，宽 240、高 216、深 145 厘米，龛向 54 度。
保存情况：龛底不存，左、右壁崩塌，右壁砌筑条石加固，正壁残损严重。
造像内容：未见造像（图 18-3）。

图 18-3　佛济寺第 2 龛（东北→西南）

【第3龛】

位置：上层造像崖壁西侧，第2龛右，第4龛左。
年代：清。
龛形：方形龛，平面呈竖长方形，宽115、高216、深245厘米，龛向55度。
保存情况：正壁不存，现为一宽45、高76、深37厘米孔洞。左、右壁外侧崩塌，经垒砌条石加固。龛顶中部左、右各存一方形榫孔。龛内散落石雕及泥塑残件。
造像内容：龛底近龛口处起一通壁高台，高52、深183厘米，高台前方高浮雕两个钱纹，钱纹四周阴刻莲叶。龛正壁前阴刻盛开莲花，延伸至左壁内侧。左壁中部向内凿一圆拱形小龛，平面呈弧形，宽66、高90、深41厘米，小龛壁前阴刻莲花。右壁内侧高浮雕一钱纹，四周阴刻莲叶，右壁中部向内开一圆拱形小龛，平面呈弧形。龛顶阴刻莲叶，内侧中央有一圆形内凹，内阴刻莲花，其外侧从内至外纵向高浮雕六个钱纹（图18-4）。

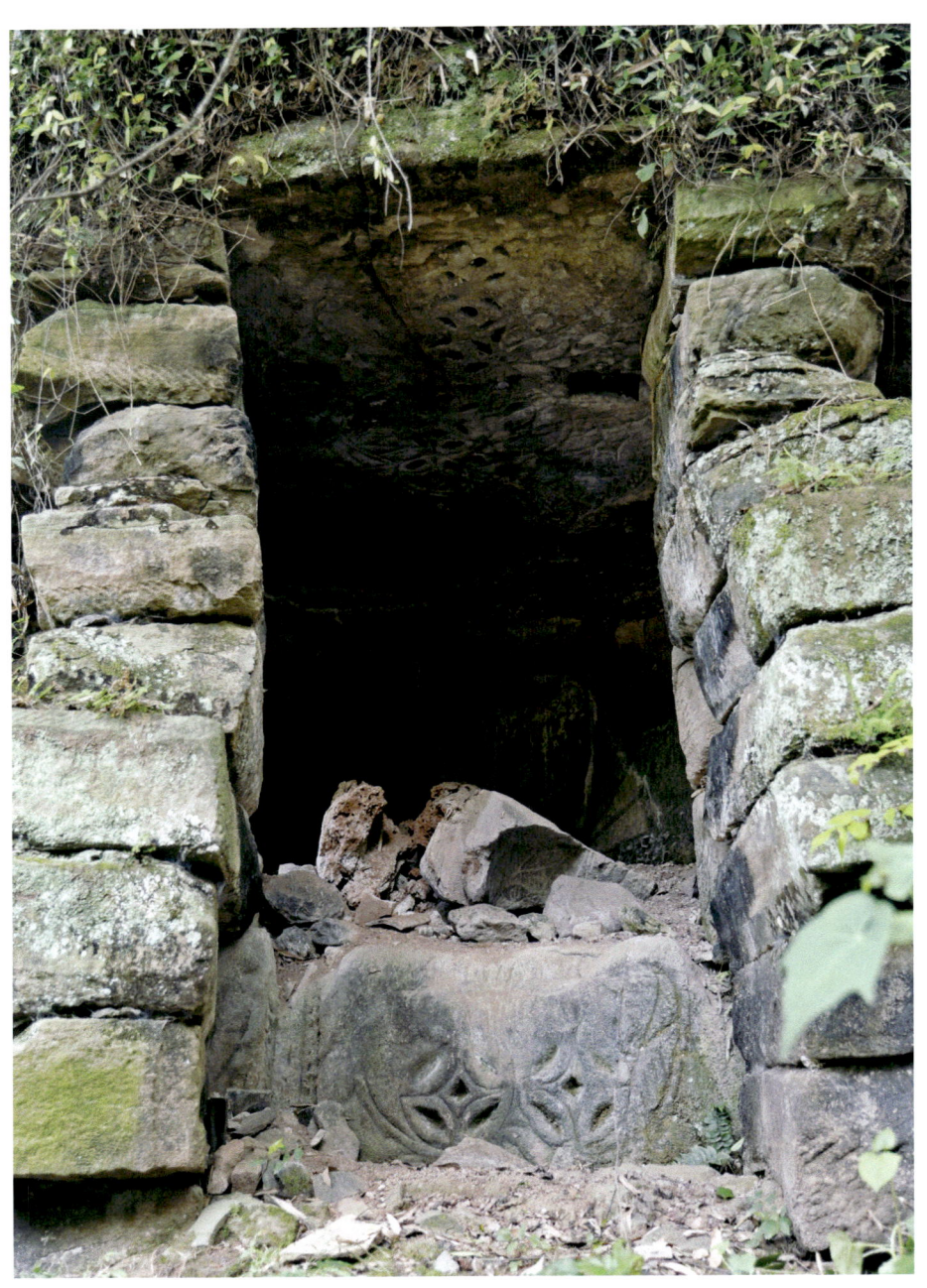

图18-4 佛济寺第3龛（东北→西南）

【第4龛】

位置：上层造像崖壁西侧，第3龛右，第5龛左。
年代：清。
龛形：方形龛，平面近马蹄形，宽108、高130、深135厘米，龛向60度。
保存情况：保存较好，龛形基本完整。壁面长期水蚀严重，遍覆青苔。各壁密布凿痕。
造像内容：正壁上部横向浮雕出三个内凹圆形，其内阴刻莲花。左、右壁上部皆横向浮雕二钱纹，钱纹下对称雕两个内凹圆形，其下阴刻莲花。正壁圆直径45厘米，左、右壁钱纹直径40厘米，下部圆直径40厘米。龛外右侧崖面浮雕四个钱纹，分上、下两排，每排两个（图18-5）。

图18-5　佛济寺第4龛（东北→西南）

【第 5 龛】

位置：上层造像崖壁西侧，第 4 龛右，第 6 龛左。
年代：清。
龛形：方形龛，平面呈竖长方形，宽 105、高 135、深 259 厘米，龛向 58 度。
保存情况：龛顶及右壁外侧崩塌，龛底被土石所埋，左壁中部有一纵向裂隙。
造像内容：龛底中部起一通壁高台，高 40、深 135 厘米。四壁阴刻莲叶、莲花，正壁前浮雕一较大钱纹，左壁内侧横向浮雕二钱纹，右壁内侧对称位置残存一钱纹。左壁外侧雕两排钱纹，延伸至龛口，上排残存两个，下排残存四个。右壁外侧相应位置残存二钱纹，上下分布。龛顶中央近龛口处纵向分布二钱纹（图 18-6）。

图 18-6　佛济寺第 5 龛（东北→西南）

【第 6 龛】

位置：上层造像崖壁西侧，第 5 龛右，第 7 龛左。
年代：清。
龛形：方形龛，平面近竖长方形，宽 100、高 136、深 200 厘米，龛向 55 度。
保存情况：龛顶及左、右壁外侧崩塌，龛内局部壁面残损。各壁密布凿痕，龛底覆土石，各壁遍覆青苔。
造像内容：龛顶中央内侧有一圆形内凹，内阴刻莲花，其左、右向外纵向雕两排钱纹，各残存两个。左、右壁各对称分布上下三排钱纹，左壁每排残存四个，右壁每排残存三个。右壁中部内侧有一横长方形壁龛，宽 60、高 40、深 35 厘米，遍布凿痕（图 18-7）。

图 18-7　佛济寺第 6 龛（东北→西南）

【第 7 龛】

位置：上层造像崖壁西侧，第 6 龛右，第 8 龛左。

年代：清。

龛形：方形龛，平面呈"T"字形，后壁略弧，宽 120、高 170、深 240 厘米，龛向 58 度。

保存情况：龛形较方正，正壁局部脱落，龛底外侧铺石板。左壁近龛口处上部有一圆形榫孔，中部横向分布两排榫孔，每排分布两个，右壁中部内侧有一圆形榫孔，近龛口处与左壁相对位置分布四个方形榫孔。

造像内容：龛壁阴刻莲叶、莲花，后壁横向分布七个钱纹。左壁雕三排钱纹，从上至下第一排残存三个，第二排内侧雕一个，外侧阴刻出一横长方形崖面，磨平，第三排残存四个钱纹；右壁残存两排钱纹，每排皆残存三个，中央两排钱纹间阴刻出一横长方形崖面，磨平。龛顶横向分布两排钱纹，内侧一排五个，外侧一排三个（图 18-8）。

图 18-8 佛济寺第 7 龛
（东北→西南）

【第 8 龛】

位置：上层造像崖壁西侧，第 7 龛右。
年代：清。
龛形：方形龛，平面呈竖长方形，宽 90、高 120、深 190 厘米，龛向 59 度。
保存情况：龛形较完整，右壁外侧残。壁面遍覆青苔，现堆满木料。
造像内容：壁面阴刻莲叶、莲花。正壁上部浮雕一较大钱纹，左、右壁各雕三排钱纹。左壁中部有一圆拱形小龛，宽 90、高 50、深 25 厘米，小龛破坏左壁钱纹，上、中、下排各存三、二、一个钱纹。右壁上、中、下排各有二、三、一个钱纹。龛顶中央内侧有一圆形凹坑，内阴刻莲花，其外侧左、右分别刻两个钱纹，纵向排列（图 18-9）。

图 18-9　佛济寺第 8 龛
（东北→西南）

【第 8-1 龛】

位置：上层造像崖壁南侧，第 8 龛右。

年代：清。

龛形：方形龛，平面呈扇形，宽 60、高 102、深 220 厘米，龛向 78 度。

保存情况：龛形完整，左、右壁及底部条石垒砌。各壁遍布凿痕。

造像内容：四壁阴刻莲叶，环四壁雕一排钱纹，共十六个。左壁近底处雕一钱纹，龛顶横向雕四排钱纹，由内至外，第一至四排各三、四、三、二个（图 18-10）。

图 18-10　佛济寺第 8-1 龛（东北→西南）

【第 9 龛】

位置：上层造像崖壁南侧，第 10 龛左。
年代：清。
龛形：方形龛，平面呈马蹄形，宽 85、高 110、深 180 厘米，龛向 125 度。
保存情况：龛形基本完整，壁面遍布密集凿痕及青苔。
造像内容：正壁上方各有三个圆形凹槽，凹槽内各阴刻莲叶。左、右壁内侧上方亦各有一圆形内凹，阴刻莲叶。龛底靠后位置现置一石雕残件，宽 130、高 30、厚 25 厘米，正面等距分布三个圆孔（图 18-11）。

图 18-11　佛济寺第 9 龛（东南→西北）

【第 10 龛】

位置：上层造像崖壁南侧，第 9 龛右，第 11 龛左。
年代：清。
龛形：方形龛，平面呈横长方形，宽 70、高 76、深 80 厘米，龛向 125 度。
保存情况：龛底外侧残。造像及壁面遍覆青苔。
造像内容：正壁前造一像似结跏趺坐于龛底，体形臃肿，头较小，双手及双腿残，有零星装彩痕，高 76 厘米。头发梳向头后，额部略宽，双目圆睁，双耳仅雕轮廓。内着交领衣，外着交领窄袖袍。双手于腹前托一圆球形物，左、右雕祥云（图 18-12）。

图 18-12　佛济寺第 10 龛
（东南→西北）

【第 11 龛】

位置：上层造像崖壁南侧，第 10 龛右，第 12 龛左。
年代：清。
龛形：方形龛，平面呈方形，宽 65、高 90、深 95 厘米，龛向 130 度。
保存情况：右壁外侧残，龛底外侧被土石所埋。壁面密布凿痕。
造像内容：正壁前造一像结跏趺坐于龛底，体形臃肿，头较小，面部及四肢残，高 80 厘米。头发梳向头后，面部略方，额部较宽，双耳仅雕出轮廓。内着交领衣，外着交领窄袖袍。双手似置腹前（图 18-13）。

图 18-13　佛济寺第 11 龛
（东南→西北）

【第 12 龛】

位置：上层造像崖壁南侧，第 11 龛右，第 13 龛左。
年代：清。
龛形：方形龛，平面呈方形，宽 68、高 95、深 94 厘米，龛向 50 度。
保存情况：右壁下部残，龛底被土石所埋。壁面遍覆凿痕及青苔。
造像内容：正壁前造一像结跏趺坐于龛底，体形臃肿，头较小，面部残，高 80 厘米。头发向后梳，面部略圆，五官较集中，双耳仅雕出轮廓。内着交领衣，外着交领窄袖袍。双手托一椭圆球状物于腹前，周围阴刻祥云（图 18-14）。

图 18-14　佛济寺第 12 龛（东北→西南）

【第 13 龛】

位置：上层造像崖壁南侧，第 12 龛右，第 14 龛左。

年代：清。

龛形：方形龛，平面近梯形，转角略弧，宽 104、高 85、深 100 厘米，龛向 110 度。

保存情况：龛底左壁下部外侧残，壁面遍覆凿痕及青苔。

造像内容：正壁中央阴刻巨大莲叶，左、右壁上部上侧各有一圆形凹槽，其内阴刻莲叶。龛底现存二石雕残件，左侧长 68、宽 26、高 13 厘米，中央有一圆形榫孔；右侧长 75、宽 34、高 10 厘米，其上左右各有一圆形榫孔（图 18-15）。

图 18-15　佛济寺第 13 龛（东南→西北）

【第 14 龛】

位置：上层造像崖壁南端，第 13 龛右。
年代：清。
龛形：方形龛，平面呈横长方形，宽 70、高 85、深 75 厘米，龛向 140 度。
保存情况：龛底外侧残，壁面密布凿痕。
造像内容：正壁前造一像结跏趺坐于龛底，体形臃中，存零星装彩痕，高 84 厘米。头发向后梳，面部方圆，额部凸出，五官集中，双目圆睁，小嘴，双下颌，双耳较厚，仅雕出轮廓。内着交领衣，外着交领窄袖袍。双手托一圆球状物于腹前（图 18-16）。

图 18-16　佛济寺第 14 龛
（东南→西北）

【第 15 龛】

位置：上层造像崖壁南侧，第 16 龛左。
年代：清。
龛形：方形龛，平面近梯形，转角略弧，宽 126、高 140、深 144 厘米，龛向 120 度。
保存情况：龛底外侧残，壁面遍覆凿痕及青苔。
造像内容：正壁中央阴刻巨大莲叶，其上刻一排三个钱纹横向排列。左、右壁刻巨大莲叶，现均可见一钱纹。龛顶左侧亦可见一钱纹（图 18-17）。

图 18-17　佛济寺第 15 龛（东南→西北）

【第16龛】

位置：上层造像崖壁南侧，第15龛右。
年代：清。
龛形：方形龛，平面近长方形，宽116、高138、深122厘米，龛向154度。
保存情况：龛底脱落，右壁下部残损严重，壁面遍覆凿痕及青苔。
造像内容：正壁中央阴刻巨大莲叶，左壁可见莲叶及一钱纹，靠外存一近方形榫孔，右壁仅可见莲叶。龛顶上部刻巨大莲叶，可见两钱纹（图18-18）。

图18-18　佛济寺第16龛（东南→西北）

【第 17 龛】

位置：上层造像崖壁南侧，第 16 龛右，第 19 龛左。
年代：清。
龛形：方形龛，平面近长方形，宽 380、高 248、深 150 厘米，龛向 129 度。
保存情况：龛右壁有一纵向裂隙，壁面遍覆凿痕及青苔。
造像内容：正壁左侧可见巨大莲叶，其上有三个浅椭圆形凹槽，龛顶左侧及左壁亦可见莲叶，龛左壁靠上位置存两方形榫孔，其下有两浅圆形凹槽。龛底右侧向下开凿，形成一两层台阶状，台阶上可见凿痕（图 18-19）。

图 18-19　佛济寺第 17 龛（东南→西北）

【第 18 龛】

位置：上层造像崖壁南侧，第 17 龛右，第 19 龛正前方，应与第 19 龛一体规划开凿。
年代：清。
龛形：佛塔，平面呈方形，龛宽 380、高 377、深 260 厘米。
保存情况：龛形保存较好，壁面遍覆青苔。
造像内容：于崖壁圆雕一塔，宽 130～160、高 380 厘米。塔顶四角攒尖，四坡上各有一兽，雕出瓦垄和瓦当。塔身下部为一方台（图 18-20）。

塔身北侧上部亦开一小龛，龛宽 45、高 54、深 21 厘米。龛内造一身像，高 52 厘米。结跏趺坐，头发向后梳，面部方圆，方额较突，下颌较尖，着交领衣及齐胸衣，左手似置于腹前。小龛两侧各雕一龙，体型较大，长须，双嘴张开，龙首朝向龛内，龙身旁侧雕云纹。塔身下部造二童子，立姿，穿肚兜，面部方圆，左侧一身右手及右侧一身左手合托举一长方形香炉（图 18-21）。

塔身东侧上部开一小龛，龛宽 45、高 84、深 32 厘米。龛内造一身像，像高 80 厘米。结跏趺坐，头发向后梳，面部方圆，方额较凸，双目圆睁，着交领衣，左手持一珠置于左胸前，右手置于右膝上。小龛外左右侧各雕一龙，特征与北侧小龛旁侧龙纹特征一致。小龛下方雕一圆框，其内雕花卉及枝叶（图 18-22）。

塔身南侧上部亦造一小龛，龛宽 42、高 57、深 22 厘米。其内造一身像，像高 50 厘米。结跏趺坐，造像风化较严重，面部细节不识，可见左手仰掌置于身前，右手抚膝。小龛两侧亦各雕一龙纹，特征与北侧小龛旁侧龙纹一致。小龛下方造一身像，立于一方形台基上，背身，上身着衣，下着裤，腰束带，腰部左右侧有飘带伸出。塔身下部有较密集规整凿痕，似为小佛像（图 18-23）。

塔身西侧上部亦开一圆拱形小龛，龛宽 48、高 64、深 22 厘米。龛内造一身像，像高 59 厘米。面部较短，方额较凸，着交领广袖衣，双手捧一钵置于胸前。小龛外左右壁靠近龛口处各有一楹联，楹联上有挂钩，下有束腰莲瓣承托。左侧一联内容为"光明宝塔"，右侧一联内容为"七祖坐禅"。楹联外侧各雕一龙，其特征与北侧小龛旁侧龙纹一致。塔身下部造二童子，均呈半蹲姿，左侧一身右手及右侧一身左手合托一长方形香炉，左侧一身可见头发向后梳，下着短裙，足着鞋，左手撑于左腿上。右侧一身右手置于右腿上。塔座中部雕一莲蕾向上延伸，莲蕾略呈火焰状，莲茎刻画细致。莲蕾左右侧各雕一龙，相向而立，长须，嘴微张（图 18-24）。

佛济寺

图 18-20　佛济寺第 18 龛（东南→西北）

图 18-21　佛济寺第 18 龛塔身北侧小龛（北→南）

图 18-22　佛济寺第 18 龛塔身东侧小龛（东→西）

图 18-23　佛济寺第 18 龛塔身南侧小龛（南→北）

图 18-24　佛济寺第 18 龛塔身西侧小龛（西→东）

【第 19 龛】

位置：上层造像崖壁南侧，第 18 龛右，第 20 龛左。

年代：清。

龛形：横长方形龛，龛内平面呈弧形，宽 96、高 372、深 90 厘米，龛向 85 度。

保存情况：龛顶上部崖面与龛三壁脱节，龛左壁有一纵向裂隙，裂隙右侧壁面残破成两节。造像壁面遍覆凿痕及青苔。

造像内容：龛内壁面自下而上先刻十四排规则凿痕，凿痕形状近小佛像，其上刻一圈钱纹，钱纹上再排规则孔，形状近佛像，其上再刻一圈钱纹，钱纹上侧壁面遍布斜向凿痕，不规整，其上又刻一圈钱纹，钱纹靠近中部处似有莲叶。

龛正壁向内凿进，正壁下部造一台基，台基前方饰钱纹及圆形纹等。台基上雕一横长方形香炉，上饰云纹。正壁及左右壁上部各开一圆拱形小龛，小龛周围有钱纹、圆圈等装饰。小龛内均造一身像。正壁小龛宽 55、高 87、深 42 厘米，像高 74 厘米。造像方额，面容丰腴，着交领衣，腹部微腴，双腿斜立，双手抚膝（图 18-25）。小龛顶部外侧置一圆雕造像，方额，双颊丰腴，小嘴，服饰不明，双手置于

佛济寺

腹前。左壁小龛宽46、高77、深40厘米，像高74厘米。造像面部特征与中央一身类似，头微右偏。着交领衣，胸部束带，双手似抚膝（图18-26）。右壁小龛宽43、高73、深40厘米，像高65厘米。造像面部特征与中央一身类似，着交领衣，双手捧一钵置于腹前（图18-27）。

龛左侧开一圆拱形小龛，龛内造一身结跏趺坐像，面部特征不明，着云肩，上饰莲瓣及卷云纹，胸束带，左手托一宝珠置于腹前，右手抚膝（图18-28）。

图 18-25　佛济寺第 19 龛正壁小龛（东→西）

◀ 图 18-26　佛济寺第 19 龛左壁小龛
　　　　　（南→北）

图 18-27　佛济寺第 19 龛右壁小龛 ▶
　　　　　（北→南）

图 18-28 佛济寺第 19 龛左侧小龛（东南→西北）

【第 20 龛】

位置：下层造像崖壁中部，第 21 龛左，第 22 龛上，第 19 龛右。

年代：光绪丙子（1876 年）。

龛形：方形龛，平面呈狭长方形，宽 150、高 71、深 10 厘米，龛向 107 度。

保存情况：较好，水蚀严重，遍覆青苔，存装彩痕。

造像内容：龛内浮雕一匾额，宽 138、高 66 厘米，中部横向从左至右刻"神麻并休"四字，字体大，楷体。右侧竖刻小字一行，楷书：光绪丙子年夏月士庶立（图 18-29）。

图18-29 佛济寺第20龛(东南→西北)

佛济寺

【第 21 龛】

位置：下层造像崖壁中部，第 20 龛右，第 22 龛上。
年代：清。
龛形：摩崖开凿的题刻，不具龛形，龛向 107 度。
保存情况：水蚀严重，零星装彩痕。
造像内容：摩崖阴刻一竖长方形碑，上部风化、残损较严重，宽 66、通高 102 厘米，下雕一碑座，宽 66、高 20 厘米，碑座左、右雕出兽足，中央饰卷云纹。碑身刻题记一则，十七行，均竖刻，楷书，左起第一至八行记佛济寺开凿之历史，第九至十七行刻出资者姓名及金额等（图 18-30）。

图 18-30　佛济寺第 21 龛
（东南→西北）

【第 22 龛】

位置：下层造像崖壁中部，第 19 龛右，第 20、21 龛下。
年代：清。
龛形：横长方形龛，平面呈横长方形，宽 462、高 83、深 58 厘米，龛向 107 度。
保存情况：保存较好，壁面均匀分布凿痕，龛底下方存烟熏痕。
造像内容：正壁前造十身像坐方台上，全身装彩，左侧四身腿及台座风化较严重。均戴冠，面部方圆、饱满。内着僧祇支，于腹部束带打结，外披双领下垂式袈裟，下摆覆双腿及台座上部，露足者均跣足。左起第一身高 65 厘米，左手置腹前，右手置右膝上。第二身高 92 厘米，双手置腹前，其上覆巾，左足盘右膝上，右腿斜置台座前。第三身高 70 厘米，双手托一横长方形物于腹前，左腿内盘，右腿斜伸台座前。第四身高 70 厘米，六臂，饰腕钏，体前左臂残，体前右臂仰掌置右膝上，覆巾，体侧左下臂持弓，右下臂持长柄兵器，体侧左上臂持绳索，右上臂持剑。第五身高 90 厘米，左手抚右足，右手于腹前右侧持一书卷，左腿斜伸座前，右腿内盘左膝上。第六身高 82 厘米，左手托瓶于左腿上，右手按一长方形物于右腿上，左腿下垂，右腿盘左膝上。第七身高 85 厘米，左手置腹前左侧，抚袈裟，右手持如意于腹前右侧，交脚坐。第八身高 66 厘米，双手于腹前托一法轮，结跏趺坐。第九身高 85 厘米，双手于腹前执一圆盘，盘内置六宝珠，左腿下垂，右腿内盘左膝上。第十身高 66 厘米，双手覆巾，于腹前托一圆形物，结跏趺坐。第一、二、五至十身像头右侧均浮雕出一三角形凸起，其下雕出倒三角形凸起，其上均匀分布凿痕。

龛底下方高浮雕出两排钱纹，上排十五个，从左至右第九、十个钱纹间雕出一方台，方台前雕出一横长方形凹槽，长 20、宽 7、深 10 厘米。下排十四个，钱纹间阴刻椭圆形花叶（图 18-31）。

佛济寺

图 18-31　佛济寺第 22 龛（东→西）

【第 23 龛】

位置：下层造像崖壁南侧，第 24 龛上方。
年代：光绪丙子（1876 年）。
龛形：方形龛，平面呈横长方形，宽 145、高 65、深 10 厘米，龛向 110 度。
保存情况：龛顶及左壁残，壁面遍覆青苔。
造像内容：龛内浮雕一匾额，局部风化脱落，宽 137、高 58 厘米，中央从左至右刻"法雨同沾"四字，字体较大，楷书。右侧竖刻两行，楷书，左起：光绪丙子年夏月／士庶立（图 18-32）。

【第 24 龛】

位置：下层造像崖壁南侧，第 23 龛下。
年代：清。
龛形：方形龛，平面呈横长方形，宽 490、高 99、深 65 厘米，龛向 110 度。
保存情况：龛形完整。壁面遍布凿痕，造像遍覆装彩，龛底下方壁面有烟熏痕。
造像内容：正壁前造十身像，左侧三身倚坐方台上，右侧七身结跏趺坐于仰莲座上。左侧三身中，左侧两身束发，戴冠，双耳硕大；内着交领衣，披战甲，胸前系带，腰束带，带护腕，足着靴。左起第一身双手残，高 105 厘米；面相方圆，下颌微内收，额前中央雕一眼，双眉倒立，蹙眉，双目圆睁，眼角上扬，鼻呈三角形，嘴微张；腰带前方饰一虎头，左右侧各插一护腰；左手似置于胸前，右手抚右膝，左腿向左身侧跨出，右腿向右屈膝，右脚置于身前，足尖踮地，足心朝向左侧。第二身双手及右腿残，胸前风化，高 110 厘米；面相方圆，蹙眉，双目圆睁，鼻翼较小，嘴微张，双下颌；左手置于左腹前，右手置于右胸前。第三身双手及双足残，高 110 厘米；面相方圆，额部较宽，弯眉，双目微睁，鼻翼较窄，小嘴微撇；内着交领衣，外着圆领窄袖长袍，带护腕，腰束带，腰带前方饰一狮头，左、右侧各插一护腰，足着靴；双手置膝上。

第四至十身佛像，螺发细密呈网格状，头前有髻珠，面相方圆，额部、两颊圆润，额前有白毫，弯眉细目，鼻翼较窄，小嘴，上嘴唇较厚，双下颌，颈部有两道蚕纹；内着僧祇支，腹前束带打结，外着袈裟，下摆覆双腿及台座。左起第四身像高 72 厘米；双手置于腹前，执一宝珠。第五身高 73 厘米；饰腕钏，双手相叠置于腹前托一圆形物，上部残。第六身高 75 厘米；左手抚左膝，右手置右膝上握一物。第七身高 75 厘米；饰腕钏，双手于腹前捧一圆形物。第八身高 70 厘米；左手抚左膝，右手置于左腹前，拇指与中指相捻，余三指伸出，掌心向上。第九身高 69 厘米；饰腕钏，双手相叠于腹前托一尖桃形物。第十身高 64 厘米；左手抚左膝，右手置于右膝，拇指与食指伸出，余三指屈于掌心。

每身坐像头右侧高浮雕三角状凸起，其上均匀分布凿痕，第一、三、六至十身三角状凸起下雕出长柄状物。龛右壁下方阴刻出莲瓣，龛底前方高浮雕出十四个钱纹，从左至右第五至六个钱纹间雕出一圆形香炉，中央有一圆槽，直径 15、深 10 厘米；右侧又雕出一方形凹槽，长 35、宽 26、深 15 厘米。左起第一、二身像身前平台上高浮雕出五个钱纹，周围阴刻出椭圆形莲瓣（图 18-32）。

佛济寺

图 18-32 佛济寺第 23、24 龛（东南→西北）

【第 25 龛】

位置：上层造像崖壁南端。

年代：清。

龛形：方形龛，平面呈横长方形，宽 700、高 100、深 85 厘米，龛向 120 度。

保存情况：龛顶及龛底为崖壁风化带，脱落不存，右壁外侧残。造像存后代装彩痕。

造像内容：正壁前造五主尊坐台座上，所处崖面以斜向宽槽区分，各自独立，形成梯形背光。左起第一身倚坐方台上，老者形象，左手及左足被埋，头残，高 105 厘米；头戴圆帽，面部略方，额部较宽，眼球外凸，鼻翼较宽，鼻唇沟较深，撇嘴，两耳较大；内着圆领衣，外着双领下垂式广袖衣，足着鞋，右手似握拳置右膝。第二身倚坐方台上，下颌、右膝残，高 107 厘米；戴帽，面部较方，额头较宽，蹙眉，双目圆睁，鼻梁较高，鼻翼较宽，高颧骨，嘴微抿，长髯垂至胸前，鼻翼两侧及两腮各有一缕胡须垂下；着圆领长袍，腰束宽带，腹部外鼓，胸前横一宽带，足着鞋；左手捧瓶置左腹前，瓶长颈、鼓腹，右手置右腹前抚腰带。第三身倚坐方台上，头不存，颈部有一圆形榫孔，双手及左膝残，残高 100 厘米；袒胸，露乳；鼓腹，身披广袖衣，腰束宽带，足穿鞋；左手于腹左侧握宽带，右手置托一曲柄如意于右膝上。第四身结跏趺坐，面部、双手、双耳残，高 102 厘米；光头，面部圆润，额部突出，眼球外凸，双目前视，眼尾雕出皱纹，鼻翼较宽，鼻唇沟较深，嘴张开作大笑状，颈部有两道蚕纹；袒胸露乳，腹部圆鼓，雕出圆形肚脐，肩披双领下垂式袈裟；双手置双膝上，掌心向下抓袈裟一角。第四身右侧雕一小像，倚坐于方台上，高 75 厘米；卷发梳向头后，面部圆润，额部宽而凸出，弯眉细目，小嘴，双耳较厚；上身着披肩，胸前系带打结，披肩由三角形树叶连缀而成，跣足；双手于腹前执一圆柄状物。第五身面部、双手、左肩残，高 95 厘米；长发梳向头后，面相方圆，弯眉，鼻翼较宽，嘴微撇，耳较厚；内着战甲，外披广袖长袍，腰系带，右手带护腕，下着裤，跣足；左手掌心向下握于左膝上，食指与无名指钩一"T"形物，右手于右胸前执一剑，剑尖朝向右上方（图 18-33、18-34）。

佛济寺

图18-33 佛济寺第25龛(南→北)

图18-34 佛济寺第25龛(东→西)

佛济寺

【第 26 龛】

位置：下层造像崖壁南端，北距第 25 龛约 30 米。
年代：清。
龛形：拱形龛，平面呈方形，宽 60、高 102、深 30 厘米，龛向 145 度。
保存情况：龛底脱落。造像及正壁遍覆装彩，各壁凿痕密集。
造像内容：正壁前造一佛结跏趺坐于仰莲座上，面部有刻划痕，高 73、座高 21 厘米。肉髻较小，螺发，宽额，下颌略窄。内着僧祇支，其上束带打结，外着双领下垂式袈裟，披巾绕两臂后垂及莲台两侧，露双足。双手托一宝珠于腹前（图 18-35）。

图 18-35 佛济寺第 26 龛
（东南→西北）

【第 27 龛】

位置：位于书房坝水库内造像石包南侧崖面中部，第 28 龛左。

年代：清。

龛形：方形龛，龛口轮廓不甚规整，平面呈横长方形，宽 761、高 151、深 54 厘米，龛向 230 度。龛顶上方左侧有规整刻划痕，应为开凿时规划龛的位置遗留。

保存情况：左、右壁残，正壁右侧被一纵向宽裂隙贯穿。龛左侧浸泡于湖面下，右侧为土石淤泥所埋。各壁面遍覆凿痕，造像全身覆泥浆，存零星装彩痕。

造像内容：正壁前造十二身佛结跏趺坐于仰莲座上，中部左、右分别有一方台、宽凸棱将正壁造像分三部分，左侧五身，中央四身，右侧三身。左侧五身位置较低，右侧七身位置较高，高 65~80 厘米。均螺发细密，肉髻宽平，面部略宽圆；内着僧祇支，于腹部束带打结，外披双领下垂式袈裟，下摆覆双腿及莲座上部。

左起第一身左手置左膝上，右手似抚膝。第二身双手托物于腹前。第三身左手抚膝，右手似托一宝珠于右腿上。第四身双手托宝珠于腹前。第五、六身双手于腹前结禅定印。第七身双手拱胸前，食指伸出相对。第八身双手置腹前，似结禅定印。第九身左手抚膝，右手握拳置右腿上。第十、十一身双手于腹前结禅定印。第十二身双手抚膝。

龛底下方高浮雕两排钱纹（图 18-36）。

佛济寺

图 18-36　佛济寺第 27 龛（西→东）

【第28龛】

位置：位于书房坝水库内造像石包东、南侧崖面，第26龛右，第29龛左。
年代：清。
龛形：方形龛，平面呈反"L"形，中部外凸，宽588、高133、深74厘米，龛向320度。
保存情况：左、右壁残，龛底被埋，左壁与正壁转角处有一宽裂隙。各壁面密布凿痕，造像及壁面遍覆青苔，造像存零星装彩痕。
造像内容：正壁造十三身坐像，左起第一至九身位于西侧崖壁，第二至八身露出膝部以上，第十至十三身位于北侧崖壁，双足浸于湖水中。左起第一身仅存轮廓，所在崖面较高，残高120厘米。第二至五身头戴冠，双耳较厚；内着交领衣，披战甲，肩部饰虎头，戴护腕，外披广袖袍，腰系带，带前饰兽首，左、右各插一护腰。第二身高140厘米；面相方圆，弯眉，双眼圆睁，鼻翼较宽，嘴唇较厚，双下颌；双手执一琵琶于左身侧，作弹奏状，左腿向左迈出，右腿屈膝于身前朝向右前方，足着靴。第三至五身倚坐。第三身面部及双手残，高138厘米；双目圆睁，鼻翼较宽，嘴唇较厚；双手于体前各执一长柄状物，残不可识。第四身高130厘米；面部略方，双眉紧蹙，双目圆睁，鼻翼较宽，嘴微撇，嘴唇较厚，双下颌；左手握拳置于左腹侧，右手屈肘于身侧，托一方塔，七重檐。第五身高115厘米；面部方圆，双颊微内收，额部较宽，双目圆睁，鼻翼宽扁；左手于左腹前握剑，剑尖朝上，右手屈肘执一宝伞于体侧。第一至五身头右侧各雕一近三角形凸起，头顶上方有一竖长方形凸起。

第六至十三身头发浓密，向上竖起，面部略长，面相狰狞，额部青筋凸起，双眉紧蹙，怒目圆睁，颧骨突出，鼻呈三角形，双下颌，双耳较厚，喉结凸出，双臂肌肉隆起；上身着甲，胸前戴护心镜，腹部圆鼓，雕出肚脐，饰腕钏，飘带自头后伸出，垂于体侧，下着铠甲，外着裙，腰束带，两侧各插一护腰。第六身左臂残，高105厘米；嘴微张；左手似置于腹前，右手握一椭圆形环状物于头侧。第七身双手残，高105厘米；撇嘴；左手置于左腹侧，右手于右腹侧执一物，顶部圆形，残不可识。第八身左臂残，高100厘米；龇牙咧嘴；左手似置腹前，右手举一圆环状物于头侧。第九身双手残，高98厘米，撇嘴，双手置腹前。第十身双臂及双手残，高110厘米；嘴微张，左手似置腹前，右手握一椭圆形环状物于头侧。第十一身面部、双臂及双手残，高145厘米；双手似置于腹前挂一长柄状物，残不可识。第十、十一身间有一竖长方形凸起，底部呈三角形，中央刻一方形凹槽，长16、宽7、深10厘米，凹槽前方又有一方形小凹槽。第十二身右臂及右手残，高142厘米；左手握一圆环状物于头侧，右手置于腹前执一长柄状物，残不可识。第十三身面部、双臂及双手残，高145厘米；足着靴，双手似置腹前（图18-37、18-38）。

佛济寺

图18-37 佛济寺第28龛(西北→东南)

图 18-38　佛济寺第 28 龛右侧造像（北→南）

【第 29 龛】

位置：位于书房坝水库内造像石包西侧崖面，第 27 龛左，第 28 龛右。
年代：清。
龛形：方形龛，平面呈横长方形，宽 172、高 125、深 55 厘米，龛向 156 度。
保存情况：龛形完整。造像及壁面覆泥浆，龛底下方没于湖面，龛外壁面有整齐鱼鳞状凿痕。
造像内容：正壁前造五身坐像。均戴冠，面部近方，宽额，双眼睁开，嘴微张；着圆领广袖长袍，腰束宽带，束带垂两腿间，足穿鞋。左起第一身倚坐，高 88 厘米；左手握腰带，右手抚膝。第二身倚坐，左手残，高 90 厘米；左手托巾于左腿上，右手握腰带。第三身舒坐，高 91 厘米；飘带经头后搭于两肩后垂下，足穿靴；左手抚膝，右手执一物举头侧，左腿下垂，右腿向内盘屈。第四身倚坐，高 68 厘米；左手握腰带，右手抚右膝。第五身倚坐，双手残，高 69 厘米；左手握腰带，右手抚膝。

龛外左右及上方雕整齐细密的小方格纹。龛外下方雕两层圆形方孔钱纹（图 18-39）。

佛济寺

图 18-39　佛济寺第 29 龛（东南→西北）

姚市镇

19 千佛岩

千佛岩摩崖造像位于安岳县姚市镇青竹村六组,地处青竹山南侧山腰,海拔高程318米。造像四周为废弃农田,密布灌木,南侧80米有村道通往姚市镇,南临冷家湾,东接万子善,西靠观音沟,东南1500米为姚市镇。

在平面近方形的红砂岩巨石上开龛,南、东侧造像出露十八龛,石包所在的山体于2011年整体塌陷,致使北、西侧造像被土石所埋,龛像随石包整体向东倾斜约5度。南侧壁面宽9.8、高4米,开九龛,分三层,上层开第9龛,中层自东向西开第1~4龛,下层自西向东开第5~8龛。东侧壁面宽5.5、高4.4米,自南向北开第10、11龛,第11龛左、右壁又分别开七个小龛,编号第11-1~11-7龛(图19-1、19-2)。造像前原有青竹寺,1949年以后拆除,长期曝于旷野,残损、风化、水蚀严重,后又遭到人为损毁。

第三次全国文物普查编第1~11龛,此次增编第11-1~11-7龛。

姚市镇千佛岩

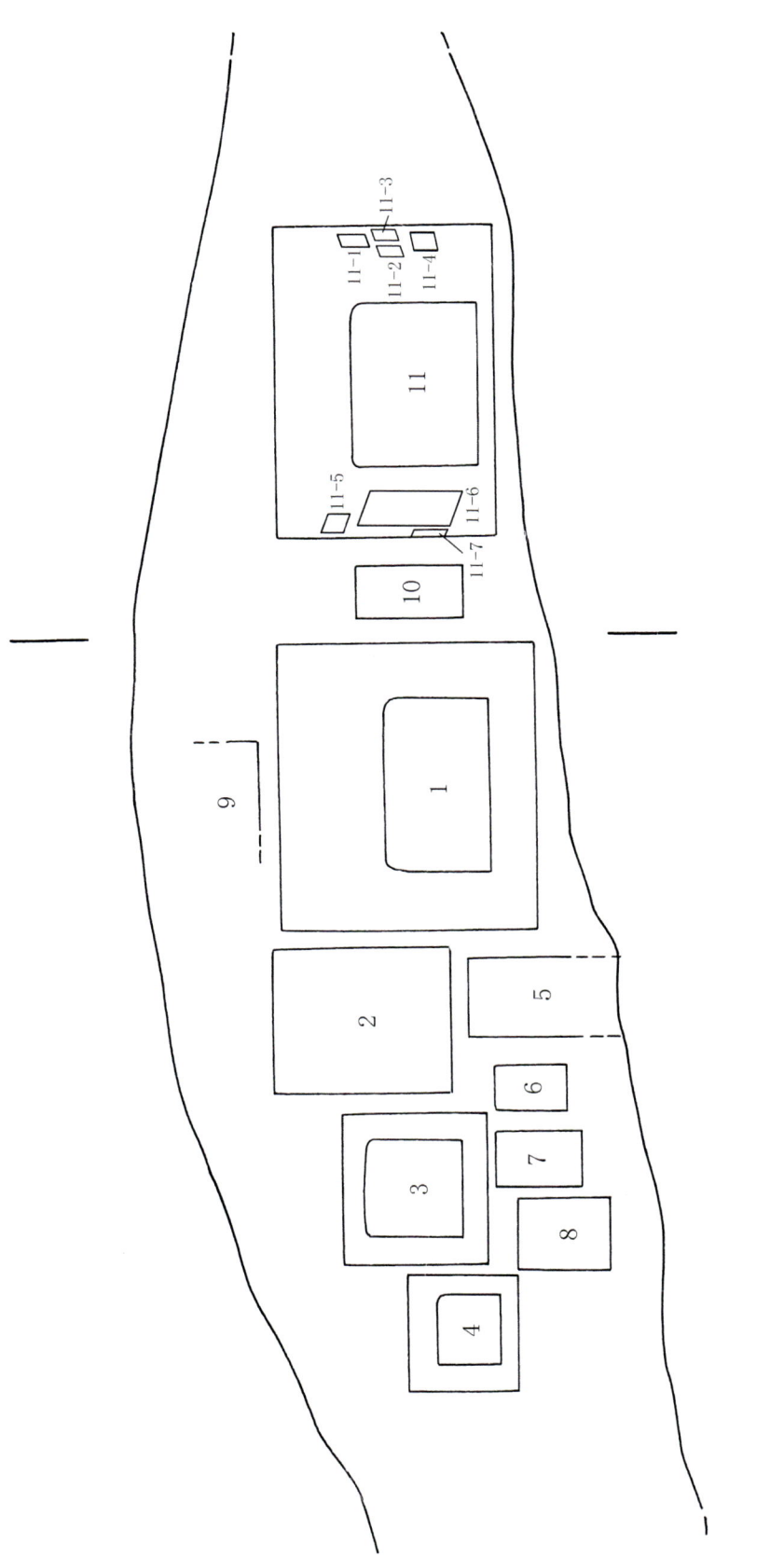

图 19-1　姚市镇千佛岩造像分布示意图

图 19-2　姚市镇千佛岩造像（西南→东北）

【第 1 龛】

位置：南侧壁面中层东侧，第 2 龛左，第 9 龛下，第 10 龛右。

年代：中晚唐。

龛形：方形龛，平面呈横长方形，宽 153、高 160、深 80 厘米，龛向 190 度。

保存情况：保存较差，左壁及右壁上部不存。正壁上部存一横向裂隙，造像及壁面遍覆青苔。造像残损、风化严重，仅存轮廓。

造像内容：正壁中央开一拱形小龛，平面呈横长方形，宽 100、高 60、深 20 厘米。龛内造三身像坐台座上，仅存轮廓，可见头后均有尖桃形头光延伸至龛顶，身后有椭圆形身光。中央一身倚坐，高 48 厘米，左手似抚左膝，右手置胸前，双足各踩一小圆台。左侧一身结跏趺坐，高 30、座高 20 厘米，残不可识。右侧一身结跏趺坐，高 35、座高 20 厘米，双手置腹前。

龛底中央雕一圆形三足香炉，可见两侧有耳。香炉两侧向上方伸出莲茎，莲茎沿小龛两侧延伸至正壁上部，各托一结跏趺小坐佛。小佛三排，残存十八身，从上至下第一至三排分别雕七、八、三身，多仅存轮廓，部分有尖桃形头光，着袈裟，双手置体前。

正壁下部左、右各雕一力士立台座上，左侧力士残不可识。右侧力士仅存下半身，残高 30 厘米；有素面圆形头光；下着短裙，腰侧各伸出一飘带；左手下伸，右手上举，身体微右扭。龛底前方左、右侧各雕一兽相向而立，仅存轮廓（图 19-3）。

姚市镇千佛岩

图 19-3　姚市镇千佛岩第 1 龛（南→北）

【第 2 龛】

位置：南侧壁面中层东侧，第 1 龛右，第 3 龛左，第 5、6 龛上。
年代：中晚唐。
龛形：方形龛，平面呈横长方形，宽 80、高 96、深 40 厘米，龛向 210 度。
保存情况：龛顶及左壁不存。壁面及造像遍覆青苔，正壁与龛底交接处有密集凿痕。
造像内容：正壁前造一多臂立像，残损、风化严重，仅存轮廓，高 80 厘米。身体左、右侧各有两道凸起，呈"X"形，应为体侧手臂，余皆残不可识（图 19-4）。

图 19-4　姚市镇千佛岩第 2 龛（西南→东北）

姚市镇千佛岩

【第3龛】

位置：南侧壁面中层西侧，第2龛右，第4龛左，第7、8龛上。

年代：中晚唐。

龛形：外方内拱形龛，内龛平面呈弧形，外龛宽85、高80、深45厘米，内龛宽56、高55、深25厘米，龛向215度。

保存情况：外龛左壁及龛顶不存。造像及壁面遍覆青苔，造像残损、风化严重，仅存轮廓。

造像内容：内龛环三壁造一主尊六胁侍。主尊居中，结跏趺坐于方座上，连座高42厘米。可见有尖桃形头光，其余残不可识。

胁侍均立主尊两侧台座上，内侧两身立正壁前，外侧一身分立左、右壁前。主尊左侧从内至外第一至三身分别连座高38、38、23厘米，主尊右侧从内至外第一至三身分别连座高29、28、22厘米。

内龛龛底前左、右各雕一狮子相向而立，四肢较长，内侧前腿相抵（图19-5）。

图19-5　姚市镇千佛岩第3龛（西南→东北）

【第 4 龛】

位置：南侧壁面西端，第 3 龛右。

年代：中晚唐。

龛形：外方内拱形龛，内龛平面呈弧形，外龛宽 65、高 60、深 30 厘米，内龛宽 28、高 36、深 10 厘米，龛向 220 度。

保存情况：龛形完整。上部壁面及造像遍覆青苔，可见零星凿痕。

造像内容：正壁前起一通壁低坛，坛高 4 厘米，坛上造一主尊四胁侍，均风化严重，仅存轮廓。主尊居中，高 23、座高 5 厘米，双手似置腹前。

四胁侍均立主尊两侧，均残不可识。主尊左侧从内至外第一、二身分别高 16、17 厘米，主尊右侧从内至外第一、二身均高 17 厘米。靠外一身均将双手置体前，其余残不可识。

内龛底部下方中央向内凿进，存一圆形香炉轮廓，可见二足。香炉两侧各有一物凸出，残不可识（图 19-6）。

图 19-6　姚市镇千佛岩第 4 龛（西南→东北）

姚市镇千佛岩

【第 5 龛】

位置：南侧壁面中部下层，第 1、2 龛下，第 6 龛左。
年代：中晚唐。
龛形：方形龛，平面呈横长方形，宽 45、残高 65、深 20 厘米，龛向 209 度。
保存情况：下部脱落。造像及壁面遍覆青苔。
造像内容：正壁前造一菩萨立像，下身脱落不存，残损、风化严重，仅存轮廓，残高 44 厘米。头顶上凸，似绾髻，左侧缯带垂于左肩后，左臂下垂，右手持柳枝举肩前，柳枝末端垂右肘后（图 19-7）。

图 19-7　姚市镇千佛岩第 5 龛（西南→东北）

【第6龛】

位置：南侧壁面中部下层，第2龛下，第5龛右，第7龛左。
年代：中晚唐。
龛形：方形龛，平面呈横长方形，宽30、高35、深7厘米，龛向204度。
保存情况：左、右壁外侧残。造像及壁面遍覆青苔，正壁遍布点状凿痕。
造像内容：正壁前造一弟子结跏趺坐于方座上，残损严重，高28、座高6厘米。头顶轮廓近圆形。着袈裟，下摆覆双腿。双手于腹前结禅定印（图19-8）。

图 19-8 姚市镇千佛岩第6龛（西南→东北）

姚市镇千佛岩

【第 7 龛】

位置：南侧壁面下层中部偏西，第 3 龛下，第 6 龛右，第 8 龛左。
年代：中晚唐。
龛形：方形龛，平面呈横长方形，宽 33、高 38、深 14 厘米，龛向 214 度。
保存情况：龛形完整。各壁面布较密集凿痕，正壁凿痕呈均匀点状。
造像内容：正壁前造一弟子结跏趺坐于方台上，头残，高 32、座高 3 厘米。戴风帽，帽尾搭覆两肩。着交领袈裟，下摆覆双腿。双手置腹前，结禅定印（图 19-9）。

图 19-9　姚市镇千佛岩第 7 龛（西南→东北）

【第8龛】

位置：南侧壁面西端下层，第3龛下，第7龛右。
年代：中晚唐。
龛形：方形龛，平面呈横长方形，宽55、高63、深8厘米，龛向214度。
保存情况：龛形较完整。壁面密布凿痕，正壁右下角呈均匀点状，其余部分凿痕纵向整齐排列。
造像内容：造像已被凿不存。

【第9龛】

位置：南侧壁面东端上层，第1龛上。
年代：中晚唐。
龛形：不明，平面呈方形，宽70、残高15、深5厘米，龛向190度。
保存情况：上部脱落。造像及壁面遍覆青苔。
造像内容：正壁前现存五身像坐台座上，仅存下部轮廓。左侧第一至五身分别连座残高13、14、11、11、13厘米，余皆残不可识。

【第10龛】

位置：东侧壁面南端靠下，第11龛下，打破第11龛外龛右壁。
年代：中晚唐。
龛形：方形龛，平面近方形，宽28、高60、深10厘米，龛向103度。
保存情况：仅存下部，壁面残损严重。
造像内容：正壁前造一菩萨立仰莲圆座上，仅存下身，残高51、座高5厘米。下着裙，两侧披巾自体侧下垂及座，跣足。右臂垂体侧，站立较直（图19-10）。

图19-10　姚市镇千佛岩第10龛
（东南→西北）

姚市镇千佛岩

【第11龛】

位置：东侧壁面南侧，第10龛左，右壁下部被第10龛破坏。左、右壁开第11-1至11-7龛。
年代：中晚唐。
龛形：方形龛，平面呈横长方形，宽165、高132、深62厘米，龛向85度。
保存情况：龛形较完整，龛底被埋。
造像内容：正壁中央开一拱形小龛，宽82、高69、深21厘米，龛内造一佛二菩萨。佛居中，倚坐方座上，头及双臂残，高54厘米；有尖桃形素面头光和椭圆形身光；着双领下垂式袈裟，跣足；双手置两膝上，双足各踩一小莲台。

菩萨立佛左、右侧仰莲圆座上，均有尖桃形头光；斜披络腋，下着长裙，腰束带，披巾自两肩垂下，绕臂后下垂及座，跣足；戴项圈，两侧各垂一道璎珞，于腹前相交，垂及膝部，折向身后。左侧菩萨高46、座高6厘米；左手提物垂体侧，右手置胸前右侧，站立较直。右侧菩萨高45、座高6厘米；左手置胸前，右臂垂体侧。

小龛外左、右各雕一力士立山座上，头均残。有圆形素面头光，似缯髻；上身赤裸，下着短裙，腰束带，跣足，飘带经头后飘于体侧。左侧力士高45、座高4厘米；左臂上举，右手下伸，腰左扭。右侧力士高44、座高6厘米；左臂下伸，右臂上举，腰右扭。

小龛上方及左、右正壁雕结跏趺坐小佛二十二身，分三排，从上至下第一至三排各十、十、二身，上方两排小佛通壁分布，下排两身分居力士外侧靠上位置，高19~21、座高3厘米。有尖桃形素面头光，肉髻较低；着袈裟，下摆覆双腿；双手置体前（图19-11）。

【第11-1龛】

位置：东侧壁面南侧，第11龛左壁上部，第11-2龛上。
年代：中晚唐。
龛形：拱形龛，平面呈浅弧形，宽18、高21、残深3厘米，龛向173度。
保存情况：仅存正壁轮廓。
造像内容：正壁前造一像结跏趺坐于台座上，仅存轮廓，高15、座高4厘米，可见尖桃形素面头光，余皆残不可识（图19-12）。

【第11-2龛】

位置：东侧壁面南侧，第11龛左壁中层内侧，第11-1龛下，第11-3龛右。
年代：中晚唐。
龛形：拱形龛，平面呈浅弧形，宽19、高23、残深3厘米，龛向174度。
保存情况：仅存龛内部分壁面。
造像内容：正壁前造一像结跏趺坐于台座上，高16、座高4厘米，残不可识（图19-13）。

图19-11 姚市镇千佛岩第11龛（东→西）

姚市镇千佛岩

图 19-12　姚市镇千佛岩第 11-1 龛（南→北）

图 19-13　姚市镇千佛岩第 11-2、11-3 龛（南→北）

【第11-3龛】

位置：东侧壁面南侧，第11龛左壁中层外侧，第11-2龛左。
年代：中晚唐。
龛形：拱形龛，平面呈浅弧形，宽18、高24、残深2厘米，龛向174度。
保存情况：仅存正壁。
造像内容：正壁前造一坐像，仅存轮廓，高16、座高4厘米（图19-13）。

【第11-4龛】

位置：东侧壁面南侧，第11龛左壁下层，第11-2、11-3龛下。
年代：中晚唐。
龛形：方形龛，平面呈浅弧形，宽33、高24、深3厘米，龛向175度。
保存情况：仅存内侧。
造像内容：正壁前造两身像坐台座上，似结跏趺坐，仅存轮廓。左侧一身高17、座高5厘米；右侧一身高17、座高6厘米（图19-14）。

图19-14　姚市镇千佛岩第11-4龛（南→北）

姚市镇千佛岩

【第 11-5 龛】

位置：东侧壁面南侧，第 11 龛右壁上部，第 11-6 龛上。
年代：中晚唐。
龛形：方形龛，平面呈横长方形，宽 35、高 27、深 4 厘米，龛向 6 度。
保存情况：右壁不存。
造像内容：正壁前造两身像结跏趺坐于台座上，均残损、风化严重，仅存轮廓。可见尖桃形素面头光，着袈裟，双手似置腹前。左侧一身高 19、座高 5 厘米；右侧一身高 20、座高 4 厘米（图 19-15）。

图 19-15　姚市镇千佛岩第 11-5 龛（北→南）

【第 11-6 龛】

位置：东侧壁面南侧，第 11 龛右壁中部内侧，第 11-5 龛下，第 11-7 龛左。
年代：中晚唐。
龛形：拱形龛，平面呈弧形，宽 29、高 70、深 6 厘米，龛向 4 度。
保存情况：龛形基本完整，壁面有零星凿痕。
造像内容：正壁前造一菩萨立仰莲圆座上，头及双臂残，高 53、座高 9 厘米。有尖桃形素面头光，绾髻，戴冠，头右侧存缯带痕。斜披络腋，下着长裙，腰束带，披巾自两肩下垂，于腹前横过，绕臂后下垂，跣足。戴环状项圈，两侧各垂一道璎珞，于胸口相交，垂及膝部，折向身后。左手提物垂体侧，右手握柳枝于胸前右侧，笔直站立（图 19-16）。

图 19-16 姚市镇千佛岩第 11-6 龛（北→南）

姚市镇千佛岩

【第 11-7 龛】

位置：东侧壁面南侧，第 11 龛右壁中部外侧，第 11-6 龛右。
年代：中晚唐。
龛形：拱形龛，平面呈弧形，残宽 16、高 33、深 4 厘米，龛向 4 度。
保存情况：右侧脱落不存。壁面存零星点状凿痕。
造像内容：正壁前造一佛结跏趺坐于圆座上，仅存轮廓，高 24、座高 4 厘米。有尖桃形素面头光，可见肉髻。着袈裟，下摆覆双腿。左手置腹前（图 19-17）。

图 19-17　姚市镇千佛岩
第 11-7 龛（北→南）

石鼓乡

20 寂光寺

寂光寺摩崖造像位于安岳县石鼓乡石鼓村三组，地处大罗山南面山腰。北距寂光寺约100米，有上、下山小道贯穿造像区。

在两处独立的红砂岩石包上开凿造像、题刻龛共十三个，石包均露于旷野，均有不同程度的倾斜（图20-1、20-2）。第一号巨石是造像主体，位于造像区东南，平面近方形，四面开龛，自北向西至南而东，开凿十龛，顺时针编号第1~10龛。北、西侧壁面有依岩而建的简易佛舍，崖面宽7.2、高3.5米，自西向东开第1、2-1、2~4龛（图20-3）；南侧壁面宽14.5、高4.2米，自东向西开第5~9龛（图20-4）；东侧壁面宽5.6、高4.8米，中部开第10龛。第二号巨石位于造像区西北，东侧壁面宽5.9、高4.6米，中部开第11、12龛（图20-5）。造像残损、风化严重，头、臂于早年遭到损毁，信众对位于佛舍内的第一号石包第1~4龛补塑和装彩。

采用第三次全国文物普查编号，增编第2-1龛。

寂光寺

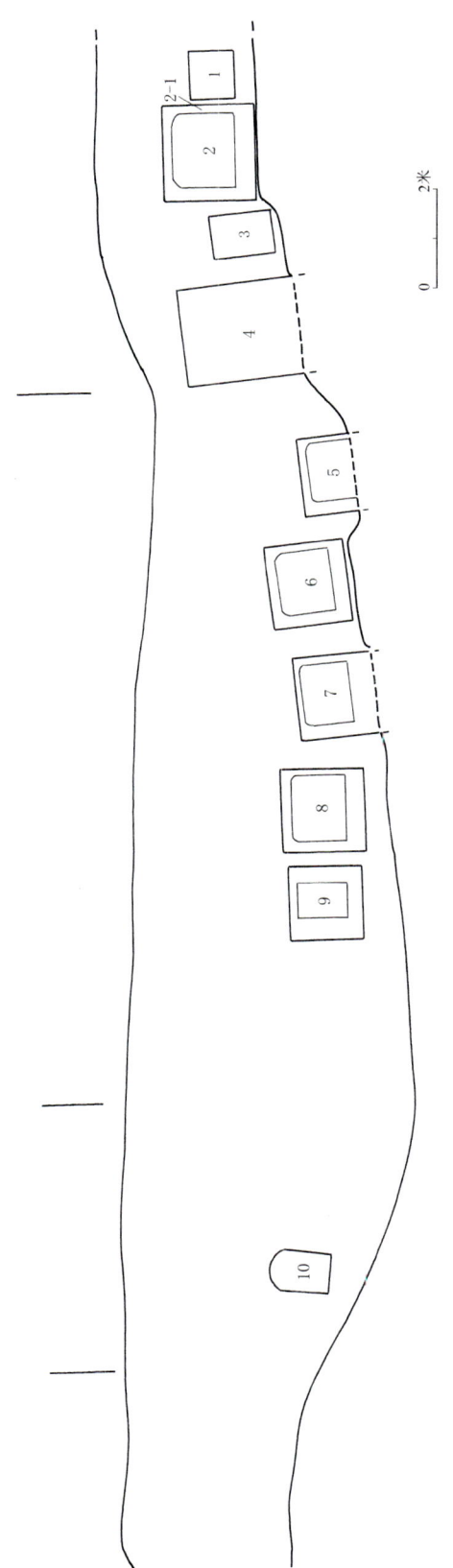

图 20-1　寂光寺第一号石包造像分布示意图

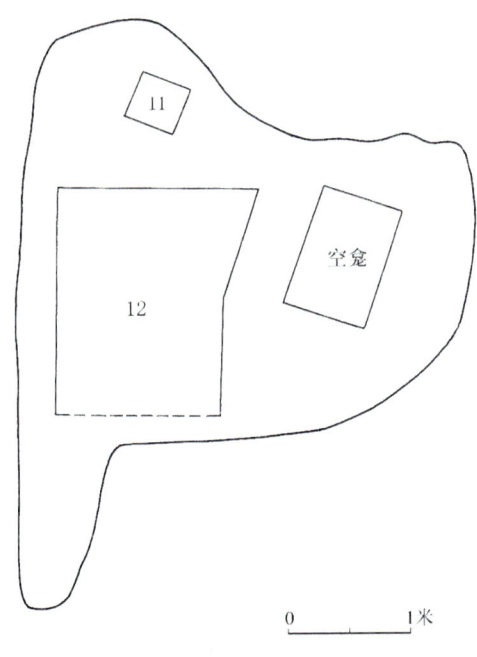

图 20-2 寂光寺第二号石包造像分布示意图

图 20-3 寂光寺第一号石包北壁造像（东北→西南）

寂光寺

图 20-4　寂光寺第一号石包南壁造像（西→东）

图 20-5　寂光寺第二号石包东壁造像（东→西）

【第1龛】

位置：第一号石包北面西端，第2龛左。
时代：清。
龛形：方形龛，平面呈横长方形。残宽97、残高90、深26厘米，龛向24度。
保存情况：左壁及正壁碑面风化严重。
造像内容：龛内正壁磨光，存题记一则，竖刻，楷书，十六行，分六排竖刻出资人姓名及金额，未见其他内容。该龛打破左侧高80、残宽14厘米的螭首碑，可见后者碑首存一龙左半身，龙首朝下，前肢似踏于碑身顶部。碑身中部开一圆形小龛，龛内存一坐像残迹，风化严重，不可辨识（图20-6）。

图20-6　寂光寺第1龛（东北→西南）

【第 2 龛】

位置：第一号石包北面西侧，第 1 龛右，第 3 龛左。

时代：盛唐。

龛形：外方内拱形龛，内龛平面呈弧形，外龛宽 223、高 197、深 147 厘米，内龛宽 157、高 147、深 63 厘米，龛向 38 度。雕出拱形龛楣及两侧龛面，龛楣中央有二团花残迹。

保存情况：造像头、手均为现代补塑，全身及壁面全覆现代装彩。

造像内容：内龛环三壁造一佛二弟子二菩萨（图 20-7）。佛居中，善跏趺坐于坛前方座上，高 93、座高 42 厘米。有舟形身光和椭圆形头光，头光内饰莲瓣，头光周围饰五团花，内着僧祇支，于腹部束带打结，外着双领下垂式袈裟。左臂搭左腿上，右手抚膝，双足各踩一小莲台。

弟子立佛左、右侧覆莲圆座上。有双重圆形头光，着交领袈裟，下着裙，跣足。左侧弟子高 75、座高 11 厘米，双手合十胸前，身体朝向右前方。右侧弟子双手笼袖中，身体朝向左前方。

菩萨立左、右壁前仰莲圆座上。有内椭圆外尖桃形头光，内层饰莲瓣，外层饰卷草，可见缯带垂及肘后，发辫覆肩，末端呈三道；披络腋，下着长裙，腰束带，裙腰外翻，跣足，披巾自两肩垂下，于体前横过两道，绕臂后垂于腿侧；戴环状项圈，于两侧各垂一道璎珞，于腹前相交，垂及膝部，折向身后。左侧菩萨高 82、座高 21 厘米，左手置胸前，右手垂体侧，下方存原造像之提物残痕，腰右扭。右侧菩萨高 80、座高 19 厘米，项圈中央垂一菱形饰，左臂戴臂钏，左手下垂，右臂似举肩前，腰左扭（图 20-8、20-9）。

佛、弟子、菩萨身后雕两排护法立像，每排各八身，上排仅露上身。上排左侧四身，从内至外第一身着交领衣，腰束带，左手抚胸；第二身着圆领衣；第三身原装束不可识；第四身着交领衣，腰束带。上排右侧四身，从内至外第一至三身原装束不可识，现戴盔着甲；第四身着交领衣。下排左侧三身，从内至外第一身着交领衣，腰束带，下着裙，足穿鞋，左手置腹前，伸出食指；第二身着明光甲，足穿靴，右手持剑于腹前右侧；第三身戴盔着甲，左手置腹前。下排右侧三身，从内至外第一身戴盔着明光甲，足穿靴，飘带垂体侧，右手持带状物于腹前；第二身着明光甲，足穿靴，右手持剑于体前；第三身肩系巾，着明光甲；第三身肩系巾，着明光甲，足穿靴，右手置胸前，身体倾斜向龛外。

内龛龛口两侧各雕一力士立山座上，上身补塑。有圆形素面头光，现上身着短褂，下着长裙，腰束带，裙腰外翻，跣足，飘带经头后搭两肩过腰带垂于体侧。左侧力士高 71、座高 17 厘米，左手持剑上举，右手下伸，腰左扭。右侧力士高 72、座高 16 厘米，左手下伸，右手持瓶举头侧，腰右扭。

外龛左壁下部磨光一宽 32、高 51 厘米竖长方形壁面，刻题记一则，字迹残不可识。右壁上部浅浮雕一碑，右下侧被一圆形榫孔打破。宽 42、高 105 厘米，碑首饰二龙相背而立，后足相抵于中央，龙首向下，碑首中央雕结跏趺坐小像，残不可识。碑身原题刻已不存，左侧存四行后代题刻，内容为嘉庆十三年（1808 年）信士装彩记（图 20-10）。碑下部又磨光一宽 38、高 43 厘米壁面，刻题记一则，六行，均竖刻，楷书，风化严重（图 20-11）。

图20-7 寂光寺第2龛（东北→西南）

寂光寺

图 20-8　寂光寺第 2 龛左壁造像（东南→西北）

图 20-9　寂光寺第 2 龛右壁造像（西北→东南）

图 20-10　寂光寺第 2 龛右壁石碑（西北→东南）

图 20-11　寂光寺第 2 龛右壁下部题记（西北→东南）

寂光寺

【第 2-1 龛】

位置:第一号石包北面西侧,第 2 龛左壁中部。

时代:唐。

龛形:拱形龛,平面呈弧形,宽 44、高 105、深 11 厘米,龛向 126 度。

保存情况:龛左下部不存。全身补塑、彩绘。

造像内容:正壁前造一像立仰莲圆座上。高 80、座高 11 厘米。有内椭圆外尖桃形头光,为原造像遗存。螺发,面部扁平。肩披巾,下垂搭于小臂上,下着裙,腰束带,跣足(图 20-12)。

图 20-12 寂光寺第 2-1 龛
（东南→西北）

【第3龛】

位置:第一号石包北面东侧,第2龛右,第4龛左。
年代:唐。
龛形:方形龛,平面呈横长方形,宽96、高126、深40厘米,龛向30度。
保存情况:右壁下部及龛底不存。
造像内容:正壁前浮雕一碑,宽53、高126厘米,长方形基座,竖长方形碑身,半圆形碑首。碑身厚8厘米,中央残存横、竖两条阴刻线围成一方框,框内有字迹残痕,仅存左上角一"清"字。方框下开一方形浅龛,打破方框,宽41、高41、深3厘米。龛内雕二立像,仅存轮廓。左侧一身高40厘米,左手食指指向龛顶,余四指内屈,斜伸头侧,右手叉腰,腰左扭,幅度较大;右侧一身残高36厘米,左手叉腰,右手斜伸头侧,腰右扭,幅度较大。碑首雕二龙相背而立,后足相抵于中央,碑首中部雕一像立浅圆台上,仅存轮廓,有圆形头光和椭圆形身光,着袈裟,双手置腹前,腰微左扭,两侧雕山石(图20-13)。

图20-13 寂光寺第3龛
(东北→西南)

寂光寺

【第 4 龛】

位置：第一号石包东面北侧，第 3 龛右。

时代：至德二载（757 年）。

龛形：方形龛，平面呈横长方形，宽 210、露出部分高 250、深 88 厘米，龛向 70 度。

保存情况：较好，龛底被埋。造像全覆装彩，局部补塑。

造像内容：正壁中央造一方塔，塔基被埋，高 166 厘米，露出塔身、塔顶、塔刹。塔身方形，宽 70、高 80、深 70 厘米，塔身中央开一外方内拱形龛，宽 42、高 34、深 16 厘米。龛内正壁造 3 身像，均在原造像基础上改刻而成，中央一身坐像现高 25 厘米，左、右两身立像，左侧一身现高 19 厘米，右侧一身现高 18 厘米。塔身左、右各开一方形浅龛，宽 46、高 49、深 4 厘米，龛内雕刻残不可识，仅见数道莲茎伸至小龛顶部。塔身转角处浮雕出方形立柱，立柱之间有横梁连通，柱头及横梁中央承托斗拱，皆四层，每层头拱上又托一横梁，顶部为四角攒尖顶，雕出瓦垄。塔顶雕一圆形塔刹，顶端置一宝珠，后有云尾飘向龛顶，宝珠及云尾经现代修补连成一体（图 20-14）。

左壁下部开一圆拱形小龛，龛外部不存，残宽 40、高 104、深 5 厘米。龛内雕一碑，竖长方形碑身，半圆形碑首，外侧均不存，碑身残宽 23、高 66 厘米，碑首残宽 24、高 36 厘米，碑身字迹不存，碑首浮雕风化不可识。

塔左侧，近左壁处磨光一宽 39、高 63 厘米的竖长方形崖面，四周阴线刻出一题记框，竖刻楷书九行，内容为至德二载（757 年）造塔记（图 20-15）。

图 20-14　寂光寺第 4 龛（东北→西南）

图20-15　寂光寺第4龛塔左侧题记（东北→西南）

【第 5 龛】

位置：第一号石包南侧崖面东端,第 6 龛左。

时代：盛唐。

龛形：外方内拱形龛,内龛平面呈弧形,外龛宽 160、现高 110、深 95 厘米,内龛宽 122、高 85、深 38 厘米,龛向 162 度。内龛龛楣及两侧龛面雕七身结跏趺坐佛,均连座高 15 厘米,有圆形头光,结跏趺坐于圆台之上,双手置胸、腹前。

保存情况：内、外龛底被埋,外龛左壁不存。造像残损、风化较严重。

造像内容：内龛环三壁造一老君二真人二女真立仰莲圆座上(图 20-16)。老君居中,头及双臂残,高 58、座高 10 厘米。有内圆外尖桃形素面头光,头光较厚,光尖至龛顶内侧;绾髻,髭须浓密,下垂及胸,内着交领衣,外披对襟,于腹部束带,下着长裙,于腹部束带,足穿鞋;左手似举肩前,右手似垂体侧。

真人立老君左、右侧。有圆形素面头光,头光较厚,绾髻;内着交领衣,外着对襟,下着长裙。左侧真人高 47、座高 8 厘米,双手似持笏板于胸前。右侧真人高 49、座高 8 厘米,双手笼袖中(图 20-17)。

女真立左、右壁前仰莲圆座上。有尖桃形素面头光,绾髻,缯带垂及肘后;下着长裙,披巾垂体侧。左侧女真残损、风化严重,仅存轮廓,高 48、座高 10 厘米;腰左扭。右侧女真上身残,高 54、座高 7 厘米;内着交领衣,外着交领大衣,下着长裙,披巾于腹、腿前横过,足穿鞋;双手抬至胸侧(图 20-18)。

老君、真人和女真身后雕一排十身护法像,左起第一、二、九身隐露头部。左起第一身似戴冠。第二身绾髻,戴冠,面部方圆。第三身颈部存两道蚕纹;内着衣,外着双领下垂式广袖大衣,穿鞋;双手相叠于腹前。第四身绾髻,戴冠,面部方圆;似着广袖大衣;双手持笏板于胸前。第五身戴冠;内着衣,外着交领广袖大衣,穿鞋;双手似持物于胸前,身体微转向左侧,左腿略前迈。第六身戴冠;着广袖大衣,着内衣,穿鞋;左手屈肘前伸,右手似持物于腹前左侧,左腿略前迈。第七身戴冠,面部方圆;着长袍。第八身似着交领袈裟,足穿鞋;双手似置胸前。第九身残不可识。第十身头顶中央上凸,颈部存两道蚕纹;着交领广袖大衣,穿鞋;回首龛外,身体倾斜向外侧,右手置胸前(图 20-19、20-20)。

内龛右侧龛口存一力士立台座上,全身残损仅存轮廓,残高 40 厘米。上身赤裸,肌肉虬结,下着短裙,飘带自腰侧垂下。左手似叉腰,右手屈肘右伸,腰右扭。

外龛右壁开一宽 45、高 85、深 3 厘米竖长方形浅龛,龛内造一高 85 厘米螭首碑。半圆形碑首,仅存内侧部分,竖长方形碑身,字迹不存(图 20-21)。

图20-16 寂光寺第5龛（东南→西北）

图 20-17　寂光寺第 5 龛右侧真人（东→西）

图 20-18 寂光寺第 5 龛右侧女真(东北→西南)

图 20-19　寂光寺第 5 龛左侧护法（西南→东北）

图 20-20　寂光寺第 5 龛右侧护法（东北→西南）

图 20-21 寂光寺第 5 龛右壁石碑（东北→西南）

【第 6 龛】

位置：第一号石包南侧壁面东侧，第 5 龛右，第 7 龛左。
时代：盛唐。
龛形：外方内拱形龛，内龛平面呈弧形，外龛宽 165、高 155、深 110 厘米，内龛宽 125、高 114、深 75 厘米，龛向 170 度。
保存情况：外龛右壁下部脱落，龛底外侧被土石所埋。
造像内容：内龛环三壁造一主尊四胁侍，均为未完工之粗坯，遍布凿痕，未雕出细部。主尊居中，似结跏趺坐于方座上，连座高 80 厘米。左手置左膝上，右手举肩前。

四胁侍均立姿。内侧两身体形较小，立正壁前左、右侧，左侧一身连座高 68 厘米，右侧一身连座高 70 厘米。外侧两身体形较大，立左、右壁前，左侧一身连座高 80 厘米，右侧一身连座高 82 厘米。内龛龛底左、右各有一方形凸起。内龛龛口左、右外侧各存一方形石坯，左侧石坯高 60 厘米，右侧石坯高 61 厘米（图 20-22）。

图 20-22　寂光寺第 6 龛（南→北）

【第7龛】

位置：第一号石包南面中部，第6龛右，第8龛左。

时代：盛唐。

龛形：外方内拱形龛，内龛平面呈弧形，外龛宽153、残高120、深158厘米，内龛宽131、高129、深59厘米，龛向190度。雕出拱形龛楣及两侧龛面，均素面。

保存情况：外龛左、右壁下部残。造像略风化，头、臂均残。

造像内容：内龛环三壁造一佛二弟子二菩萨。佛居中，结跏趺坐于束腰方座上，高50、座高31厘米。内着僧祇支，外着双领下垂式袈裟，下摆覆双腿及台座上部。双手抚膝（图20-23）。

弟子立正壁前左、右侧覆莲圆座上。有双层圆形素面头光，光头；着交领袈裟，下着长裙，跣足。左侧弟子高52、座高10厘米，双手合十胸前，腰微左扭。右侧弟子高54、座高9厘米，双手笼袖中，置胸前，站立较直。

菩萨立左、右壁前仰莲圆座上。有内圆外尖桃形素面头光，绾髻，戴冠，缯带垂及肘后，发辫垂肩；下着长裙，跣足，披巾自两肩垂下，于腹、腿前横过，绕臂后下垂及座；戴项圈，两侧各垂一道璎珞，于腹前相交，垂及膝部，折向身后，相交处呈圆饼状，其下又垂两道短璎珞。左侧菩萨高70、座高11厘米；项圈中央垂一菱形挂件；左臂似举肩前，右手持物垂体侧，腰微右扭（图20-24）。右侧菩萨高69、座高12厘米；披络腋，一角反搭胸前；项圈中央垂一短流苏；左手置腹前，腰左扭明显（图20-25）。

内龛左、右侧龛口靠外各雕一天王立山座上。有圆形素面头光，着战甲，腰束带，甲裙下露裙尾，足穿靴，飘带过腰带后垂于体侧。左侧天王残高52、座高21厘米，左臂似举体前，腰左扭。右侧天王高59、座高17厘米，左手似叉腰，右手举短棍形物于头侧，腰微左扭。

内龛底部中央靠外雕三足香炉，下有圆形台基。香炉左、右各雕一兽似相向而卧，残损严重。外龛左壁存一方形龛上部，宽62、残高48、深3厘米，龛内造一螭首碑，半圆形碑首，龙身缠绕，龙首相背向两侧下方，碑首中央似雕一小坐像，残不可识。碑身未见字迹（图20-26）。外龛右壁上部磨光宽34、残高24厘米的崖壁，未见字迹。外龛右壁下部存一碑之内侧部分，半圆形碑首，可见内侧向下之龙首。

寂光寺

图 20-23　寂光寺第 7 龛（南→北）

安岳石窟内容总录

图 20-24　寂光寺第 7 龛左侧菩萨（西→东）

寂光寺

图 20-25　寂光寺第 7 龛右侧菩萨（东→西）

图 20-26　寂光寺第 7 龛左壁石碑（西→东）

【第 8 龛】

位置：第一号石包南面中部，第 7 龛右，第 9 龛左。

时代：盛唐。

龛形：外方内拱形龛，内龛平面近半圆形，外龛残宽 168、高 198、深 142 厘米，内龛宽 163、高 155、深 63 厘米，龛向 208 度。雕出拱形龛楣及两侧龛面。

保存情况：外龛左壁下部及右壁外侧残。造像略风化，头、臂均残，龛楣中央及左、右共四个榫孔，内龛正壁上部左、右亦各有一榫孔。

造像内容：内龛环三壁造一天尊一佛一真人一弟子一女真一菩萨（图 20-27）。天尊、佛居中，结跏趺坐于高 40 厘米方座上，均有内圆外尖桃形素面头光。天尊居左，高 54 厘米；头顶有发髻痕；外披对襟，于腹部束带打结，内套齐胸襦裙，裙头束带打结，裙尾覆双腿及台座上部；双手托一圆形物于腹前。佛居右，残高 46 厘米；着通肩式袈裟，领口开颈下，领边外翻，胸腹衣纹呈"U"形，袈裟下摆覆双腿及台座上部；左手似抚膝，右臂似举肩前（图 20-28）。

寂光寺

图 20-27　寂光寺第 8 龛（西南→东北）

图 20-28 寂光寺第 8 龛二主尊（西南→东北）

真人、弟子立于正壁与侧壁转折前覆莲圆座上。有双重圆形素面头光；着袈裟，下着裙，跣足。左侧真人高 67 厘米，头顶存发髻痕，着通肩式外衣，双手持笏板于胸前。右侧弟子高 64 厘米，着交领袈裟，双手笼袖中，置胸前。

女真、菩萨立左、右壁外侧前仰莲圆座上。有内圆外尖桃形素面头光，绾髻，戴冠，缯带垂及肘后；项圈两侧各有一道璎珞，于腹前相交，垂及膝部，折向身后。左侧女真高 79、座高 15 厘米；外披对襟，于腹部束带打结，内着齐胸襦裙，于裙头束带打结，穿鞋；项圈中部垂一桃形饰；左臂似举肩前，右手置腹前右侧。右侧菩萨高 77、座高 15 厘米；披络腋，下着长裙，裙腰外翻，跣足，披巾自两肩垂下，于腹、腿前横过，绕臂后垂及台座；左臂垂体侧，右手似举肩前，腰微左扭（图 20-29、20-30）。

前排造像身后又有上、下两排护法像，雕刻较浅，上排十三身，下排六身，均风化严重。上排左侧七身均绾髻，左起第一身存两道蚕纹，着交领大衣，左手似置胸前；第二身颈部存三道蚕纹；第三身着圆领衣；第四身残不可识；第五身似着交领衣；第六至十身均仅存轮廓，残不可识；第十一身着交领衣；第十二至十四身仅可见面部，风化严重。下排左起第一至三身均绾髻，颈部存两道蚕纹，着交领衣；第三身穿鞋；第四身着交领衣，左手置腹前，食指伸出置右前方；第五身似戴帽，仅存轮廓，头微左倾；第六身颈部残存两道蚕纹，似着交领长袍，头左倾（图 20-31、20-32）。

内龛左、右侧龛口靠外各雕一力士立山座上。有圆形素面头光，上身赤裸，肌肉虬结，下着短裙，飘带飘于体侧。左侧力士高 65、座高 18 厘米，左手上举头顶，右臂下伸体侧，腰左扭。右侧力士高 67、座高 17 厘米，左臂似下伸体侧，右臂上举，腰右扭。内龛龛底左、右各雕一兽相向作趴伏状，残损严重。

寂光寺

图 20-29　寂光寺第 8 龛左壁造像（西北→东南）

图 20-30　寂光寺第 8 龛右壁造像（东南→西北）

寂光寺

图 20-31　寂光寺第 8 龛左侧护法（西北→东南）

图 20-32　寂光寺第 8 龛右侧护法（东南→西北）

外龛左壁上部开一竖长方形小龛,龛顶残损,宽51、残高89、深1厘米。龛内中央浮雕一螭首碑,碑首呈半圆形,二龙缠绕,龙首相背向下,碑首中央雕一像坐于圆座上,残不可识。碑身中部开一竖长方形小龛,宽19、高40厘米,龛内雕一立像,高37厘米,头戴高帽,胡须下垂及胸,着长袍,腰束带,左手叉腰,右手上举,似伸出食指与中指(图20-33)。

右壁残存一长方形小龛左部,内似有一碑,仅见碑首左部及碑身左下部,碑首似为半圆形,碑身左下部残存一像,风化严重,残高29厘米,左手上举于左上方,右手似叉腰(图20-34)。

图20-33 寂光寺第8龛左壁石碑(西北→东南)

寂光寺

图 20-34　寂光寺第 8 龛右壁石碑（东南→西北）

【第 9 龛】

位置：第二号石包南面西侧，第 8 龛右，第 10 龛左。
时代：盛唐。
龛形：双重方形龛，内龛平面呈方形，外龛宽 165、高 158、深 98 厘米，内龛宽 68、高 100、深 24

厘米,龛向233度。

保存情况:外龛四壁残损严重。龛内各壁面遍布凿痕。

造像内容:内龛正壁前造二像结跏趺坐于高方坛上,均为未完工之粗坯,未雕膝部。左侧一身高49厘米,左手举肩前,右手置腹前。右侧一身高51厘米,似有尖桃形头光,左手置腹前。

内龛两侧龛口靠外各雕一力士立台座上,均风化严重。有圆形素面头光,上身赤裸,肌肉虬结,下着短裙,腰束带,裙腰外翻。左侧力士高60厘米,左手举头侧,腰左扭。右侧力士高62厘米,右手举头侧,左手似持物伸体侧,腰右扭(图20-35)。

图20-35　寂光寺第9龛(西南→东北)

【第10龛】

位置:第一号石包西面中部。

时代:不明。

龛形:拱形龛,平面呈浅弧形,残宽81、残高120、残深3厘米。

保存情况:残损严重,仅存正壁与龛顶。遍覆青苔。

造像内容:正壁前雕一碑,宽66、通高115厘米,半圆形碑首,竖长方形碑身,风化严重,字迹不可识(图20-36)。

图20-36 寂光寺第10龛
　　　　（东→西）

【第 11 龛】

位置：第二号石包东面南侧靠上，第 12 龛上。
时代：清。
龛形：方形龛，平面呈方形，宽 41、高 49、深 6 厘米。
保存情况：较完好，遍覆青苔。
造像内容：题刻龛，龛内阴刻题记一则，残存三行，可见"三仙娘娘"等字（图 20-37）。

图 20-37 寂光寺第 11 龛（东→西）

寂光寺

【第 12 龛】

位置：第二号石包东面南侧靠下，第 11 龛下。

时代：唐。

龛形：方形龛，平面呈方形，残宽 183、残高 192、深 92 厘米，龛向 95 度。

保存情况：龛顶右侧及右壁不存。造像及壁面遍覆青苔，造像风化严重，头臂均残。

造像内容：正壁中央残存二主尊一弟子一菩萨一力士。二主尊居中，结跏趺坐于圆形台座上，均有内圆外尖桃形素面头光。左侧主尊似着袈裟，双手似置腹前。右侧主尊亦似着袈裟，双手似置胸前。

弟子立二主尊左侧靠内莲台上，有圆形素面头光，光头；着袈裟，下着裙；双手置胸前。菩萨立二主尊左侧靠外莲台上，戴冠，缯带下垂及肘后，下着长裙，披巾自肩垂下，绕臂后下垂及座；左手似持物于胸前，右臂垂体侧。菩萨外侧雕一力士立莲台上，有圆形头光，上身赤裸，下着短裙，腰束带，裙腰外翻；左手上举头侧，右手持一长棍形物于体侧，腰左扭。力士台座底部前方趴伏一兽，残不可识。

二主尊右侧存三身立像残迹，均不可识。正壁底部存七身像残痕，均似坐于高方座上。左起一、二身右腿内盘，左腿下垂，其余各身残不可识。正壁上部存一排像残痕，存左侧四身，左起第一身左手似持物于头侧；第二身残不可识；第三身似绾髻，着衣，左上臂托物于头侧，右上臂托尖桃形物于头侧，左、右下臂似持物举体侧；第四身仅存轮廓，不可识（图 20-38）。

图 20-38　寂光寺第 12 龛（东→西）

21 香积寺

石鼓乡

香积寺摩崖造像地处安岳县石鼓乡双渠村八组寨子坡西面山腰，位于依崖壁而建的香积寺大殿内，海拔高程370米。南侧有小道通往石鼓乡。

造像崖壁呈南北走向，宽15.2、高5.7米，中部开两龛，分别编第1、2龛(图21-1)。造像上方有圆拱形排水槽，内布粗大凿痕，两侧有对称分布的榫孔，为历代龛前建筑遗留。造像头、臂于早年被人为损毁，后又补塑和装彩。造像两侧开现代龛，龛前左、右有条石垒砌的供台，其上置圆雕造像。

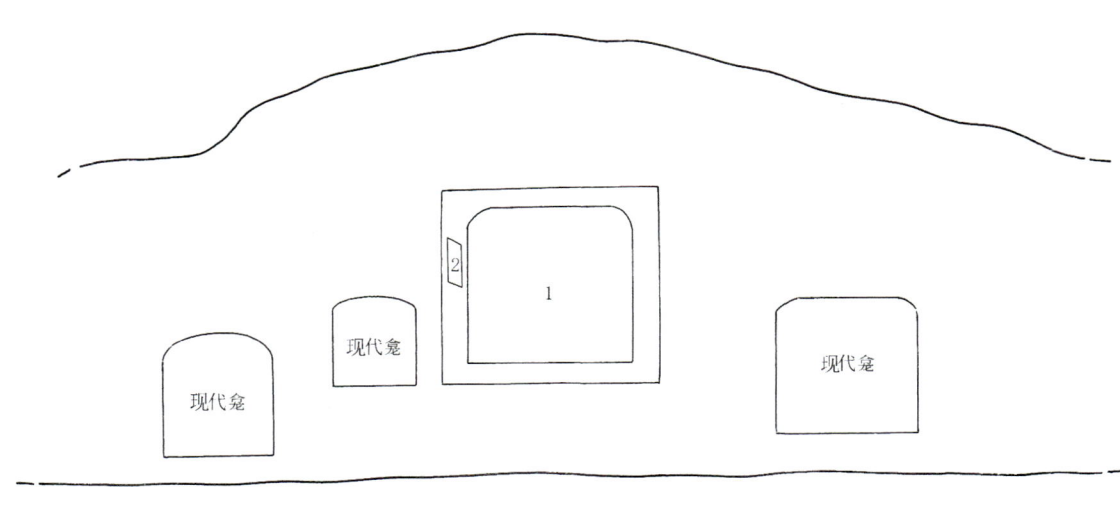

图21-1 香积寺造像分布示意图

【第 1 龛】

位置：造像崖壁中部，两侧为现代龛。

时代：盛唐。

龛形：外方内拱形龛，内龛平面近半圆形，外龛宽 319、高 290、残深 88 厘米，内龛宽 231、高 218、深 145 厘米，龛向 290 度。内龛龛楣雕佛帐，分段收束。佛帐上现存四身飞天，均为补塑而成。

保存情况：外龛顶脱落。造像及壁面遍覆现代装彩，造像上身均为现代补塑，下身多为原造像遗存。内龛龛楣左、右各存一方形榫孔，龛底中央存一横长方形凹槽，宽 45、高 45、深 25 厘米。

造像内容：内龛环三壁造一佛二弟子二菩萨（图 21-2）。佛居中，结跏趺坐于束腰仰莲圆座上，高 105、座高 65 厘米。有尖桃形头光和圆形身光，肉髻较高，面部近方，颈部有两道蚕纹，内着僧祇支，于腹部束带打结，外披双领下垂式袈裟，下摆覆双腿及台座上部，左手托硕大宝珠于左腿，右手横置腹前。

弟子立正壁前左、右侧方座上。光头，有圆形素面头光，头光较厚；着袈裟，下着长裙，跣足。左侧一身老者形象，高 130、座高 30 厘米；着通肩式袈裟；双手合十胸前。右侧一身高 125、座高 35 厘米；

图 21-2　香积寺第 1 龛（西北→东南）

内着交领衣,于胸部束带打结,外披双领下垂式袈裟;左手提串珠于腹前,右手握左腕。

菩萨立左、右壁内侧前仰莲圆座上。有尖桃形素面头光,绾髻,戴冠;下着长裙,腰束带,裙腰外翻,跣足,披巾自两肩垂下,绕臂后下垂及座;戴项圈,下有复杂璎珞呈网状垂下,有两道垂及膝部,折向身后。左侧菩萨高155、座高20厘米;左手举肩前,右手下垂提披巾。右侧菩萨高156、座高24厘米;左手下垂提披巾,右手举肩前。菩萨身体外侧又各补塑一立像于圆座上,左侧一身高90、座高20厘米;肩披巾,下着长裙,跣足,双手持结于胸前。右侧一身高85、座高25厘米;绾双髻;内着交领衣,外着广袖大衣,下着裙,跣足;双手置腹前。

佛、弟子及菩萨身后雕八身护法像,全身补塑和装彩。左起第一身绾髻,面部狰狞,上身赤裸,肌肉虬结,着短裙;颈部盘一蛇,左手握蛇颈,右手握蛇尾。第二身双耳较大,着交领衣,左手置腹前。第三身戴兽首冠,着交领衣。第四身戴高冠,左、右各有一兽足踩肩上,着圆领衣,腰束带,右手置胸前。第五身三头六臂,着双领下垂式广袖衣,戴项圈,饰腕钏;上二臂举头侧,分托日、月,中右臂握矩,下二臂合十胸前。第六身绾髻,双耳垂及胸前,末端为现代补塑系结,着交领广袖衣;双手置腹前。第七身戴冠,着交领衣,左手置胸前。第八身头顶尖凸,小耳,龇牙咧嘴,上身赤裸;左手握拳举肩前,右手托一兽于体侧(图21-3、21-4)。

内龛龛口左、右侧靠外各雕一力士立山座上,体形较大。有圆形素面头光,绾髻,上身赤裸,下着短裙,腰束带,裙腰外翻,跣足,飘带经头后搭两肩过腰带后飘于体侧。左侧力士高120、座高40厘米,左手举肩侧,右手握拳下伸,腰左扭。右侧力士高120、座高41厘米,左手握拳下伸,右手举头侧,腰右扭。

外龛左、右壁下部各开一方形浅龛,龛内雕供养人立像,未经后代改动,残损、风化严重,仅存轮廓。左侧浅龛宽40、高34、深3厘米,龛内雕四身立像,均朝向龛内,双手均置腹前。从内至外第一身高30厘米,绾髻,着窄袖长袍;第二至四身分别高28、25、24厘米。右侧浅龛宽50、高45、深5厘米,龛内雕三身立像,均朝向龛内。从内至外第一身仅存双腿轮廓,第二、三身双手置胸前,第一至三身分别高20、38、23厘米(图21-5)。

外龛左壁上部开一宽40、高34、深3厘米小龛,刻题记一则,十七行,有咸丰八年(1858年)纪年,第二至十七行列人名及出资金额。下方又有题刻三则,左起第一则九行,左起第一行刻"计开新修地藏神像三尊",右侧末两行刻匠师题名,有光绪二十六年(1900年)纪年。第二则一行,字体较大,刻"大清咸丰六年冬月中浣建修"。第三则两行,字体较大,刻装塑香积寺释迦古佛满堂神像之事和石匠姓名(图21-6)。

香积寺

图 21-3　香积寺第 1 龛左壁造像（东北→西南）

图 21-4　香积寺第 1 龛右壁造像（西南→东北）

图 21-5　香积寺第 1 龛右侧供养人（西南→东北）

图 21-6 香积寺第 1 龛外龛左壁题刻（西北→东南）

【第2龛】

位置：造像崖壁中部，第1龛外龛右壁靠上。
时代：盛唐。
龛形：方形龛，平面呈浅弧形，宽64、高182、深8厘米，龛向189度。
保存情况：右壁不存。造像全身补塑、装彩，原造像痕迹几乎不存。
造像内容：正壁现造二菩萨立仰莲圆座上。有尖桃形素面头光，头光为原造像遗留，绾髻，戴冠，宽带覆肩；着交领上衣，下着长裙，跣足，披巾绕体前，搭两臂后垂下。左侧菩萨高140、座高25厘米，腹部存原造像裙纹；左手托宝珠于腰侧，右手举胸侧，腰左扭。右侧菩萨高140、座高20厘米，左手举肩前，右手提瓶垂体侧，腰右扭（图21-7）。

图21-7　香积寺第2龛
（南→北）

石鼓乡

22 香檀寺

香檀寺摩崖造像位于安岳县石鼓乡双渠村二组寨子坡南面山腰，海拔高程357米，地处香檀寺寺院南侧。北侧100米有土石小道通往石鼓乡。造像石包北侧依造像崖壁建两层建筑，将造像笼罩其中。

造像的红砂岩石包近方形，北侧壁面宽5.3、高3.5米，较平直，集中开龛，自西向东开第1～5及5-1龛，第3龛为造像的中心（图22-1、22-2）。造像均残损、风化较严重，头均不存。采用第三次全国文物普查编号，增编第5-1龛。

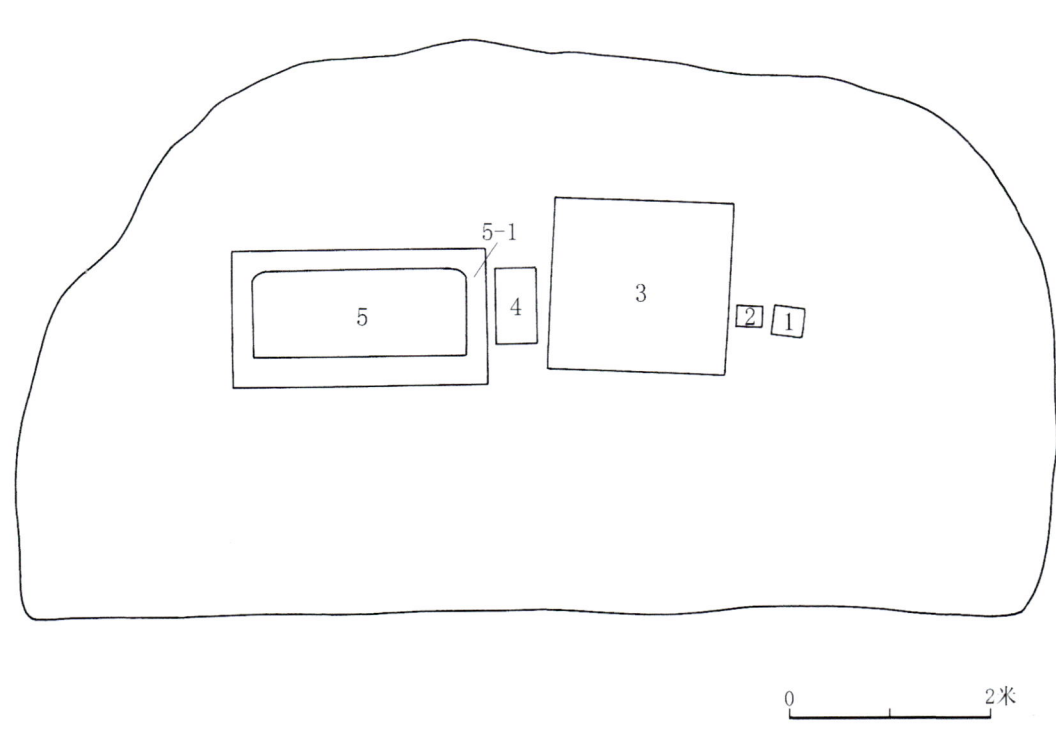

图22-1　香檀寺造像分布示意图

香檀寺

图 22-2　香檀寺造像（西北→东南）

【第 1 龛】

位置：造像壁面西端，第 2 龛左。

时代：宋初。

龛形：方形龛，平面呈横长方形，宽 33、高 35、深 5 厘米，龛向 8 度。

保存情况：右壁残损，造像及壁面遍覆青苔。

造像内容：正壁前造一像结跏趺坐于台座上，全身风化，仅存轮廓。高 26、座高 4 厘米。头顶略上凸。隐约可见胸、腹前衣纹。双手似抚膝（图 22-3）。

图 22-3　香檀寺第 1 龛（北→南）

831

【第 2 龛】

位置：造像壁面西侧，第 1 龛右。
时代：宋初。
龛形：方形龛，平面呈横长方形，宽 24、高 29、深 3 厘米，龛向 7 度。
保存情况：造像及壁面遍覆青苔。
造像内容：正壁前造一像半跏趺坐于台座上，风化严重，仅存轮廓，高 24、座高 3 厘米。左手托一硕大宝珠于腿前，右手执杖于胸前，杖首长及头右侧，左腿内盘，右腿下垂座前（图 22-4）。

图 22-4　香檀寺第 2 龛（东北→西南）

【第3龛】

位置:造像壁面中部,第2龛右,第4龛左。
时代:宋初。
龛形:方形龛,平面呈横长方形,宽176、高172、深16厘米,龛向5度。
保存情况:较好,龛顶外侧残。造像略残损、风化,局部有青苔痕。
造像内容:正壁造地藏十王及地狱变(图22-5)。正壁中央开一宽67、高56、深8厘米的方形小龛,龛内雕两身坐像。左侧一身倚坐于方座上,高35厘米;戴冠,着广袖大衣,足穿鞋;身体朝向右侧,双手拱胸前,身体微后仰。右侧一身半跏趺坐于方座上,高38厘米;戴风帽,着交领袈裟,下着裙,跣足;左手托一硕大宝珠于左腿上,右手持杖于体前,身体朝向龛外,回首左侧坐像,左腿内盘,右腿下垂踩莲台。身体左侧雕一小像胡跪向持杖像;着广袖大衣;双手似托物于胸前,仰面向上(图22-6)。

图22-5　香檀寺第3龛(北→南)

图 22-6　香檀寺第 3 龛中央小龛（北→南）

小龛上方造八身冥王坐像，一字排开，坐方案后，仅露上身，残损、风化略严重。均绾髻；着交领衣，袖摆向后高高飘起；方案覆帷幔。左起第一身高 19 厘米，双手置腹前。第二身高 18 厘米，左手置腹前，右手置胸前。第三身高 18 厘米，仅存轮廓。第四身高 18 厘米，双臂置体前。第五身高 17 厘米，双手似置腹前。第六身高 18 厘米，左手抚方案，右手置案上。第七身高 17 厘米，双手置方案上，双手握一展开之卷轴。第八身高 17 厘米，双手置案上（图 22-7）。中央小龛左侧靠上位置亦雕一武将坐方案后，高 19 厘米；戴兜鍪，着战甲；左手置案上，右手提笔作书写状。武将左侧雕二世俗立像，从内至外第一身绾髻，双手置胸前。第二身头微左偏，双手托物于胸前右侧。方案右下方雕一立像，面向武将，双手似托一物于头前，身体前倾。

小龛左、右及下方分栏雕地狱场景。小龛下方中央一栏左侧分别雕圆镜、瓶、三足锅、瓶。右侧画面中央雕一秤，下部左侧悬秤权，秤左、右各雕一像相向而立。左侧女像绾垂髻，着大衣，双手笼袖中，拱胸前；右侧像似光头，似着袈裟，双手持心脏向秤。

小龛右侧上部一栏画面左侧靠上雕一牛首狱卒，前方靠下有二戴枷亡魂跪像。画面右侧起两层台阶，上阶亡魂躬身向牛首狱卒，双手持短棍形物于头前，下阶亡魂戴枷。台阶右侧又有二亡魂立像，靠前一身女像，靠后一身孩童形象，双手笼袖中，置胸前（图 22-8）。

香檀寺

图 22-7　香檀寺第 3 龛上部冥王（北→南）

图 22-8　香檀寺第 3 龛右上角地狱变（北→南）

小龛左、右侧各雕三栏,栏内外端各雕一判官坐于方案后,均戴幞头,着长袍,判官内侧雕地狱场景。左侧从上至下第一身判官双手置案上,身体右侧雕三身亡魂立像,均戴枷,身体向判官,亡魂身后靠下位置又有一亡魂跪向判官,双臂伸体后。第二身判官双手置胸前,身体右侧雕三组场景。左起第一组雕一马首像,其左手正将一亡魂丢入三足锅中,右手握叉;第二组中央雕一亡魂横卧于床上,头向左,床两头各有一狱卒拄棍而立,床后有一狱卒持锤、杵,作敲击状;第三组画面左侧雕一光头,着袈裟,僧侣形象,右侧有二世俗形象亡魂,双手合十胸前,作礼拜僧侣状。第三身判官双手抚案,身体内侧无对应的地狱场景(图22-9)。

右侧从上至下第一身判官双手抚案,身体左侧雕一男性侍者,双手合十胸前,侍者左侧又有戴幞头、着长袍的狱卒,左臂平伸体侧,右手置胸前。第二身判官双手抚案,身体左侧雕一女性侍者,双手合十胸前,侍者左侧又有一持棍狱卒,身体朝向左侧,左手扶前方高台上跪姿亡魂,亡魂身体朝向右侧,双手被身后二戴幞头、着长袍狱卒所缚。第三身判官双手合十胸前,身体左侧雕一男性侍者,戴幞头,着长袍,怀抱一物于体前,侍者左侧雕一戴枷亡魂坐向判官,身后有一束发狱卒立像(图22-10)。

六判官下方通壁雕一栏地狱场景,造像均朝向左侧。左起第一身狱卒披头散发,双手执一人之双腿作拖曳状,被拖曳者上方雕一立像,朝向右侧,左手置于胸前,执一短绳,绳末端有一套锁,右手伸于体前。被拖曳者右侧雕一散发狱卒,双手托一三角形物于胸前,四肢较细。其后雕两身立像,均朝向左侧,前一身亡魂双手背于身后,着长裙,长发,似被后一身立像所拽,后一身披头散发,四肢略细。其身后又等距雕六身像,第一身抱一长颈袋形物于体前,束发。第二身着短裙,四肢倒立,未雕出头部。第三身狱卒散发于身后,身体微前倾,左手插腰,四肢略细,右手似提一圆形物。第四身披头散发,面目狰狞,左手置于体前,右手抚右膝,左腿垂下,右腿向内盘屈,坐于盘曲蟒蛇上。第五身为光头、着袈裟的僧侣形象,左手持一锡杖于体前,右手伸于体侧。第六身长发散于头后,四肢较细,左手置于第五身像右臂之上。第六身身后雕一方形建筑,上缘雕饰向上之锯齿纹。

龛底正壁及左右壁共雕三十四身供养人立像,均双手合十胸前,以正壁底部中央为界,左侧十七身为女性形象,右侧十七身为男性形象。女性形象均绾髻,着广袖大衣,朝向右侧。男性形象均戴幞头,着窄袖大衣,朝向左侧(图22-11)。

图 22-9　香檀寺第 3 龛左侧地狱变（北→南）

图 22-10　香檀寺第 3 龛右侧地狱变（北→南）

香檀寺

图 22-11　香檀寺第 3 龛下部地狱变和供养人（北→南）

【第 4 龛】

位置：造像壁面中部，第 3 龛右，第 5 龛左。

时代：宋初。

龛形：方形龛，平面呈横长方形，宽 41、高 84、深 6 厘米，龛向 18 度。

保存情况：龛顶左侧、左壁及龛底残，遍覆青苔。

造像内容：正壁前造一螭首碑，宽 31、通高 76 厘米。碑首半圆形，碑身呈竖长方形。碑首中央有一圆尖拱形小龛，龛内造一像坐台座上，高 7、座高 3 厘米。碑首左、右各雕一龙，龙身缠绕，龙首相背朝下。碑身中部开一长方形小龛，宽 14、高 26、深 4 厘米；龛内壁前造一立像，面部残，风化严重，高 25 厘米；头似绾髻，上着衣，下着裙，足着鞋；左手置于腹前，右手托一尖桃形物于体前，身体朝向右前方（图 22-12）。

图 22-12 香檀寺第 4 龛（东北→西南）

香檀寺

【第 5 龛】

位置：造像壁面东侧，第 4 龛右。

时代：宋初。

龛形：外方内拱形龛，内龛平面呈弧形，外龛宽 152、残高 135、深 63 厘米，内龛宽 118、高 84、深 40 厘米，龛向 13 度。

保存情况：龛形较完整，外龛底部残。造像头、臂均残。

造像内容：正壁前起一高 10 厘米低台，台上中央造一主尊一弟子二供养人（图 22-13）。主尊半跏趺坐于方形台上，面部残，高 55 厘米。光头，有圆形素面头光。着双领下垂式袈裟，内着僧祇支，袈裟下摆覆双腿及台座，跣足。胸前戴项圈，其上垂饰璎珞，项圈左、右各垂一尖桃形饰。左手于腹前托宝珠，右手持杖于体前右侧，左腿内盘，右腿下垂踩小莲台上。台座左、右侧各雕一狮子。左侧一身四肢趴伏于地，朝向右前方，身体微后仰，回首龛外。右侧一身后肢蹬于低台前部，尾部搭于低台上（图 22-14）。

主尊台座左侧有一弟子像，面部、双手及左腿残，残高 29 厘米；外披长袍，双手似置于胸前，身体后仰，朝向右侧主尊胡跪。其后有一长方形外凸壁面，宽 23、高 24 厘米，其上方阴刻一碑，宽 15、高 27 厘米，碑首呈梯形，碑身长方形，下有横长方形碑座，碑身阴刻竖书题记六行，残损严重。

主尊左侧，近龛口处有供养人立台座之上，面部残，全身风化严重，高 40 厘米；戴幞头，着圆领广

图 22-13　香檀寺第 5 龛（东北→西南）

袖长袍,腰束带,腹部外腆;双手于胸前持笏板。其头上有一宽6、高14厘米竖长方形题记框,内阴刻竖书题记一行:亡父……(图22-15)。

弟子右侧,近龛口处亦有一供养人立台座上,头部及面部残,高40厘米;戴幞头,着圆领广袖长袍,腰束带,腹部外腆,双手于胸前持笏板。其头上方左侧有一宽5、高15厘米竖长方形题记框,上阴刻竖书题记一行,风化严重,无法辨识(图22-16)。

图22-14 香檀寺第5龛中央地藏(北→南)

图 22-15　香檀寺第 5 龛左侧供养人
（东→西）

图 22-16　香檀寺第 5 龛右侧供养人
（西→东）

【第 5-1 龛】

位置：造像壁面东侧，第 5 龛外龛左壁靠上。

时代：宋初。

龛形：方形龛，平面呈横长方形，宽 23、高 41、深 2 厘米，龛向 15 度。

保存情况：左壁略残。

造像内容：正壁前造两身像立台座上，残损、风化严重。左侧一身腿部以上仅存轮廓，高 24、座高 10 厘米；似着裙，可见左侧披巾垂于身侧。右侧一身头部及双手残，高 28、座高 8 厘米；有内圆外尖桃形头光，似戴冠，缯带下垂及肘；下着长裙，披巾绕左右臂后垂于身侧；双手于体前持一扁长形物，腰左扭。二立像台座前部各有一小像残迹，不可识。

石鼓乡

㉓ 宝石庵

宝石庵又名宝禅寺、宝清寺,位于安岳县石鼓乡大象村十组,地处牛脑壳坡西面山腰,海拔高程350米,西侧紧邻村道,通往石鼓乡。

造像崖壁宽14.5、高5.7米。在裸露的山体东侧崖壁自南向北开第1~4龛,第3龛是造像的主体(图23-1、23-2)。造像两侧有大量榫孔,系历代龛前建筑遗留。依造像崖壁建宝清寺大雄宝殿,大殿两侧设偏殿。造像区所处的寺院位置相对独立,四周为民居和农田。沿用第三次全国文物普查编号。

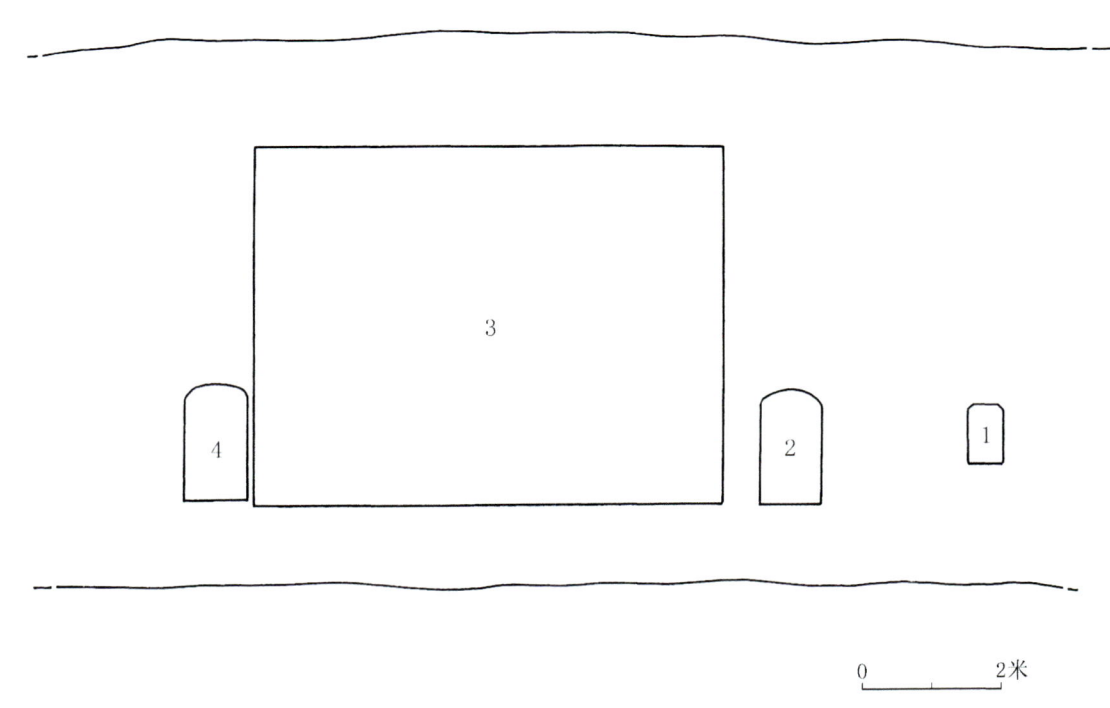

图23-1　宝石庵造像分布示意图

宝石庵

图 23-2 宝石庵全景（西→东）

【第 1 龛】

位置:造像崖壁南侧,第 2 龛左。

时代:清。

龛形:盝形龛,平面呈横长方形,宽 53、高 78、深 2 厘米,龛向 263 度。

保存情况:龛形基本完好,碑文残损较严重。

造像内容:正壁刻题记一则,十三行,楷书,左起第一至十二行分三排竖刻人名及出资金额,第十三行可见"大清"字样(图 23-3)。

图 23-3　宝石庵第 1 龛(西→东)

【第 2 龛】

位置:造像崖壁南侧,第 1 龛右,第 3 龛左。

时代:清。

龛形:拱形龛,平面呈横长方形,宽 93、高 172、深 50 厘米,龛向 278 度。

保存情况:保存完好,局部经现代补塑。

造像内容:正壁前造一像倚坐于通壁方台上,全身装彩,高 140、座高 42 厘米。世俗面相,头覆巾,双耳硕大。内着衣,外着双领下垂式广袖大衣,足穿鞋。双手各扶一孩童于膝上,孩童为补塑,左侧男童,右侧女童,均着圆领长袍,足穿鞋(图 23-4)。

图 23-4　宝石庵第 2 龛(西→东)

宝石庵

【第 3 龛】

位置：造像崖壁中部，第 2 龛右，第 4 龛左。

时代：南宋。

龛形：方形龛，平面呈横长方形，宽 673、高 524、深 298 厘米，龛向 274 度。

保存情况：左壁上部靠外残。现龛底经当地修补，造像及壁面遍覆现代装彩，造像局部经修补。龛底前方有后代砌筑的保坎。

造像内容：正壁前起通壁坛，高 79、深 196 厘米，坛上造三佛(图 23-5)。均螺发细密，头前部中央有髻珠，面部宽圆，柳叶细眉，双目半睁，下视，眼角略斜长，鼻梁高挺，小嘴薄唇，下颌饱满，耳垂硕大呈水滴形，有粘接痕，短颈；肩部较宽，内着僧祇支，于腹部束带打结，外披双领下垂式袈裟，下摆覆双腿及坛；头前低，身体略前倾。中央一身高 342 厘米，戴高花冠，冠中央雕一像倚坐仰莲圆座上，有圆形头光，头光顶部雕一双翅张开的鸟，坐像戴圆冠，面部较长，着交领广袖衣，无左臂，右手持珠串于腹前，莲座下有祥云承托；佛冠两侧缯带垂及腋下；双手合十胸前，指尖抵下颌(图 23-6、23-7)。左侧一身高 282 厘米，左手横置腹前，掌心向上，右手置胸前中央，拇指与中指相捻(图 23-8)。右侧一身高 275 厘米，左肩垂下一环，拉起袈裟一角；左手抚膝，右手置肩前，拇指与中指相捻(图 23-9)。

三佛之间壁面各雕三圆龛，靠上一龛均较大，龛内各雕一结跏趺坐佛，头、手均经补塑。螺发细密，头前部中央雕髻珠；内着僧祇支，外着双领下垂式袈裟，下摆覆双腿，悬垂龛外。左侧从上至下第一龛宽 108、深 27 厘米；佛结跏趺坐于仰莲座上，高 72、座高 34 厘米；左手抚膝，右手托一方塔于体侧，塔身正面开一圆形小龛，龛内雕一结跏趺坐像，塔下有仰莲承托，莲座下铺布帛(图 23-10)。第二龛宽 53、深 12 厘米；佛结跏趺坐于龛底，高 52 厘米；左手抚胸，右手抚膝；头顶从左至右刻"南无取□佛"。第三龛宽 53、深 11 厘米；佛结跏趺坐于龛底，高 52 厘米；左手横置腹前，掌心向上，右手置体侧，掌心向内；头顶上从左至右刻"南无无边乐说佛"(图 23-11)。

右侧从上至下第一龛宽 107、深 24 厘米；佛结跏趺坐于仰莲座上，高 70、座高 35 厘米；双手于腹前托一宝珠(图 23-12)。第二龛宽 53、深 11 厘米；佛结跏趺坐于龛底，左手抚膝，右手持一朵祥云于头侧，云头飘向龛外，承托一宝盖；头顶从左至右刻"南无□□□佛"。第三龛宽 56、深 10 厘米；佛结跏趺坐于龛底，高 52 厘米；双手仰掌置体侧；头顶从左至右刻"南无□诸竟畏佛"(图 23-13)。

左、右壁中部内侧亦各开一圆形小龛，龛内各雕佛结跏趺坐于龛底，形象与正壁佛相同。左壁小龛宽 56、深 8 厘米，佛高 54 厘米；双手结禅定印于腹前；头顶从左至有刻"南无维□□□"(图 23-14)。右壁小龛宽 58、深 10 厘米，佛高 56 厘米；左手横置腹前，掌心向上，右手托宝珠于体侧；头顶从左至右刻"南无宝成佛"(图 23-15)。

左、右壁中部各雕一立像，形象一致。披发于颈后，面部宽圆，世俗面相；着交领广袖长袍，腰束带打结，足穿鞋。左侧一身高 204 厘米，左腕饰钏；双手置体侧，左手掌心向外，右手伸出食指指向上方，身体略前俯(图 23-16)。右侧一身高 174 厘米，右腕饰钏；左臂笼袖中，垂体侧，右手五指相捻，伸于头前，口微张(图 23-17)。

左、右壁底部靠外各雕一武士相向而立。左侧一身高 204 厘米，戴尖圆帽，圆目，塌鼻，宽嘴微张；内着战甲，外套交领长袍，腰束带，足穿靴，无左足，左足位置浅浮雕一风火轮；左手置体侧，指向龛外，右手挂剑于体侧，回首龛外(图 23-18)。右侧一身高 198 厘米，戴兜鍪，双目圆瞪，塌鼻，宽口微张，胡须浓密；肩系巾，着战甲，下露长袍，足穿靴；左手持宝珠于头侧，右手置体前右侧，伸出拇指与食指(图 23-19)。

图23-5 宝石庵第3龛(西→东)

宝石庵

图23-6　宝石庵第3龛中央佛（西→东）

图 23-7　宝石庵第 3 龛中央佛头冠（西→东）

宝石庵

图 23-8 宝石庵第 3 龛左侧佛（西→东）

图 23-9 宝石庵第 3 龛右侧佛（西→东）

宝石庵

图 23-10　宝石庵第 3 龛三佛间左侧上部小龛（西→东）

图 23-11　宝石庵第 3 龛三佛间左侧下部小龛（西→东）

宝石庵

图 23-12　宝石庵第 3 龛三佛间右侧上部小龛(西→东)

图 23-13　宝石庵第 3 龛三佛间右侧下部小龛（西→东）

宝石庵

图 23-14　宝石庵第 3 龛
左壁内侧小龛（北→南）

图 23-15　宝石庵第 3 龛
右壁内侧小龛（南→北）

859

图 23-16　宝石庵第 3 龛左壁内侧立像（北→南）

宝石庵

图 23-17　宝石庵第 3 龛右壁内侧立像（南→北）

861

图 23-18　宝石庵第 3 龛左壁外侧武士（北→南）

宝石庵

图 23-19　宝石庵第 3 龛右壁外侧武士（南→北）

【第4龛】

位置：造像崖壁北侧，第3龛右。

时代：清。

龛形：拱形龛，平面呈横长方形，宽88、高172、深45厘米，龛向272度。

保存情况：保存完好。造像及壁面遍覆装彩。

造像内容：正壁前造一像坐虎背上，高136厘米。戴圆帽，头戴帽，双耳硕大，胡须垂至胸前。着广袖长袍，腰束带，足着鞋。双手举一龙于头顶，左腿下垂于虎身前，右腿抬起踏虎头上。龙首上扬，双耳竖起，龙须上飘，口嘴张开，前爪搭于坐像左手腕，后爪张开置于坐像头侧，尾部弯曲，面向左前方。虎身体朝向右前方，张口，双耳竖起，尾部上翘，回首龛外（图23-20）。

图 23-20　宝石庵第4龛（西→东）

国家社科基金重大项目成果

安岳石窟内容总录

第三卷

白彬 张亮 雷玉华 董华锋 主编

四川大学考古文博学院
西南民族大学旅游与历史文化学院
安岳石窟研究院 编著

天津出版传媒集团
天津古籍出版社

人和乡

24 云峰寺

云峰寺摩崖造像位于安岳县人和乡广云村六组的火烧坡北面山腰，南距安岳县城14公里，北距遂宁市安居区8公里，海拔高程279米，现为安岳县重点文物保护单位。造像开于一平面近方形的红砂岩石包上，为云峰寺寺院建筑环绕一周，四周为农田，造像区北侧有道路通往外界。因石包整体滑动，现由西南向东北倾斜。

　　石包四面造像，现存十八龛，自石包北侧壁面西端起，顺时针编号（图24-1）。北侧壁面宽14.9、高5.4米，自西向东分布第1~4-1龛（图24-2）；东侧壁面宽8.5、高4.7米，自北向南分布第5~9龛（图24-3）；南侧壁面宽11.4、高4.5米，自东向西开第10~13龛（图24-4）；西侧壁面宽8.5、高4.4米，自南向北分布第14、15、15-1、15-2龛（图24-5）。大龛左、右侧壁多开小龛，绝大部分保存较差，原造像痕迹不存。造像两侧多存榫孔，部分插入龛前建筑横梁。造像于早年遭到人为严重破坏，造像头、臂多被人为损毁，北、西、东侧壁面造像均经后代改造及装彩。

　　采用第三次全国文物普查编号，增编第4-1、15-1、15-2龛。

云峰寺

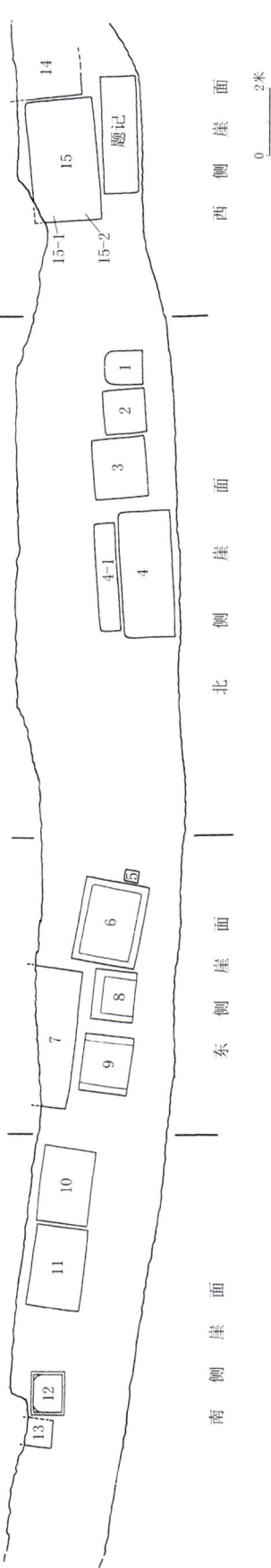

图24-1 云峰寺造像分布示意图

图 24-2　云峰寺北壁造像（东北→西南）

图 24-3　云峰寺东壁造像（西北→东南）

云峰寺

图 24-4　云峰寺南壁造像（东南→西北）

图 24-5　云峰寺西壁造像（西南→东北）

【第 1 龛】

位置：北侧壁面西端，第 2 龛左。
年代：唐末五代。
龛形：原形制不明，现龛口呈拱形，平面呈横长方形，宽 123、高 104、深 45 厘米，龛向 310 度。
保存情况：龛经现代改刻，造像均为现代补塑和装彩，原龛、像痕迹不存。
造像内容：龛楣刻一匾额，其右侧题刻有清同治二年（1863 年）纪年，右壁刻"耳目神"，均竖刻，楷书。龛内现造二主尊二胁侍。左侧主尊现为世俗男像，现高 95 厘米，倚坐方座上，双手现持笏板。右侧主尊现为世俗女像，高 92 厘米，倚坐方座上，双手现持笏板。二胁侍现相向立于左、右壁前（图 24-6）。

图 24-6 云峰寺第 1 龛（西北→东南）

【第 2 龛】

位置：北侧壁面西侧，第 1 龛右，第 3 龛左。
年代：唐末五代。
龛形：方形龛，平面呈宽"U"字形，宽 186、残高 162、残深 58 厘米，龛向 305 度。
保存情况：左壁外侧及右壁残，右壁现经砖砌，龛底覆石板。造像均为现代修补，原造像痕迹不存，造像及壁面遍覆现代装彩。
造像内容：龛楣刻一匾额，题"送子殿"，其右侧有同治三年（1864 年）纪年题记一则。龛内环三壁现造一女性主尊怀抱一小儿，主尊现为世俗女像，高 88 厘米，作哺乳状。主尊左、右各二身女性，主尊右腿侧和右侧女像右下方各有一小儿。左、右壁上部各开一拱形龛，左龛雕一佛一弟子，右龛残损不存。左壁小龛宽 22、高 50、深 5 厘米，龛内现存一佛一弟子，均补塑而成。小龛下方雕一武士立像（图 24-7）。

图 24-7　云峰寺第 2 龛（西北→东南）

【第3龛】

位置：北侧壁面中部，第2龛右，第4、4-1龛左。
年代：唐末五代。
龛形：方形龛，平面呈横长方形，宽186、残高162、残深58厘米，龛向325度。
保存情况：龛顶不存，左壁外侧及右壁上部为现代用砖补砌。造像经现代修补，造像和壁面遍覆现代装彩。

造像内容：正壁前开一高约22厘米的低坛，坛中央造一千手观音倚坐于束腰方台之上，除头部、手臂及持物经现代补塑外，其余部位为原造像遗留，高117厘米。身后有尖桃形身光，外缘饰一圈火焰纹，身光顶部中央有一三重圆环。千手观音戴化佛冠，缯带垂肩，颈部有三道蚕纹。着长裙，跣足；披巾自两肩垂下，环两膝，于腹前横过，垂于身体两侧。胸前戴环形项圈，两侧各有一道璎珞垂下，于腹部相交后，经两膝折向身后，于双腿之间、大腿两侧又各垂下一道璎珞。双足各踏一小仰莲台，莲台下雕缠枝莲茎，两端各有一莲蕾。

千手观音共四十二臂，体前六臂，上二臂合十于胸前，中二臂托一宝珠于腹前，左下臂执一环，右下臂执一珠串。身体左、右侧各存十九、十七臂，左、右侧最上一臂托一结跏趺坐佛于头顶。千手观音左侧手臂从上至下依次持圆形物、化佛、圆盒、小方盒、花朵、指环、宝珠、瓶；右侧手臂从上至下依次持莲蕾、花朵、宝剑、瓶、宝珠、扇、柳枝、瓶。其余手臂五指并拢，掌心向外。

方台底部左、右侧各雕一像跪于圆台之上，均朝向主尊，头后仰，双手托一碗于肩前，作承接状。二跪像身后各雕一身立像。左侧一身右手执一长棍于体前。右侧一身女性形象，双手置胸前，腰微左扭。立像身后各雕一天王立于山形座上，飘带及山形座为原造像遗留。左侧天王双手执剑于胸前。右侧天王左手托一塔，右手拄剑于双腿间。

主尊身体左、右各雕二朵祥云，祥云未经改刻。上方二朵祥云内各雕五身结跏趺坐佛。下方二朵祥云内各立一佛二胁侍（图24-8）。

左壁上部开一方形小龛，龛内雕一六臂菩萨右舒相坐于山形座上，仅山形座为原造像遗留。山形座左、右各有一像。左侧一身着袈裟，右侧一身面向左前方胡跪。小龛右壁中央有一佛结跏趺坐于祥云之上，祥云为原造像所遗留。

云峰寺

图 24-8 云峰寺第 3 龛（西北→东南）

【第4龛】

位置：北侧壁面中部靠下，第3龛右，第4-1龛下。
年代：唐末五代。
龛形：方形龛，平面呈横长方形，宽376、高154、残深36厘米，龛向323度。
保存情况：造像及壁面遍覆装彩，造像头部、双手及座前立像、净瓶等经现代修补。
造像内容：龛内造十六罗汉，分上下两层，各雕八身。除上层左起第六身为左舒相坐外，其余均结跏趺坐于山形座上，袈裟覆双脚，下摆覆台座上部。

上排左起第一身高43厘米，着圆领袈裟；左手掌心向下，握拳置左腿上，右手抚胸。罗汉左侧造两身像，左侧一身右舒相坐于台座上。右侧一身左手撑于左侧一身台座上，右手抚左侧造像右臂，躬身向左侧造像。第二身高44厘米，老者形象；着交领袈裟，内着交领衣；左手抚左膝，右手于腹前持一棍，棍顶端略呈四边形并向内弯曲。台座两侧各有一净瓶。第三身高44厘米，着装与第二身相同；左手握拳置左腿上，右手置胸前，掌心向下，伸出食指和中指，余三指内屈。台座右侧有一立像双手拱于体前，躬身向罗汉。第四身高43厘米，老者形象；着圆领袈裟；左手托一硕大宝珠于腹前，右手抚右膝。台座前方雕一龙，头回首向罗汉手中宝珠。台座左侧有一净瓶。第五身高43厘米，着交领袈裟，内着交领衣；左手抚左膝，右手持一串珠于腹前。第六身高49厘米，着圆领袈裟，露双足；双手合十于胸前，身体朝向右前方。台座左、右侧各雕一立像，左侧一身双手握身前一净瓶瓶颈。右侧立像双手笼袖中，置于腹前。第七身高43厘米，内着交领衣，外着交领袈裟；左手持一小方盒于左腿上，右手抚右腿。台座右侧有一净瓶。第八身高43厘米，内着交领衣，外着双领下垂式袈裟；双手结禅定印。台座右侧有两身立像，前方一身小孩形象，身体微向右倾，双手折向身后，为后方立像双手所执。靠后一身立像较高，双手执前方立像双臂。

下排左起第一身高43厘米，着圆领袈裟；双手于腹前捧一钵，钵下置一方巾。台座左侧有一立像，双手合十于胸前，面向右侧罗汉，前方有一净瓶。第二身高44厘米，着交领袈裟；双手合十于胸前。台座右侧有一立像，面部残，右手于身前执一净瓶颈部。第三身高43厘米，着交领袈裟；左手抚左胸，右手抚右膝。台座右侧有一净瓶。第四身高45厘米，着圆领袈裟；左袖中空，右手执一扇于腹前，扇面呈椭圆形。台座右侧有一净瓶。第五身高44厘米，内着僧祇支，外着双领下垂式袈裟；左手托一经卷于左腿上，右手置腹前。台座右侧有一立像，双手于腹前持一莲蕾，腰微向左扭。第六身高44厘米，着交领袈裟；左手抚左膝，右手执一布帛于腹前。第七身高43厘米，着交领袈裟；胸前似戴一云纹项圈，肋骨凸出；双手笼于袖中，置于腹前。第八身高43厘米，着交领袈裟；左手执一如意于腹前，右手置于胸前。台座右侧有一弟子立莲台上，双手于胸前合十（图24-9）。

龛外左侧上部浮雕一方形碑，碑右侧已脱落不存，残宽50、高71厘米。覆莲碑座，碑座打破下方小龛。字迹均被现代朱红色装彩覆盖，不可识（图24-10）。龛外左侧下部开一方形小龛，存六身供养人立像，均为现代补塑。

云峰寺

图 24-9　云峰寺第 4 龛（西北→东南）

图 24-10　云峰寺第 4 龛龛外左侧石碑（东北→西南）

【第 4-1 龛】

位置：北侧壁面东侧，第 3 龛右，第 4 龛上。

年代：唐末五代。

龛形：方形龛，平面近横长方形，残宽 320、残高 62、残深 36 厘米，龛向 323 度。

保存情况：龛顶及左、右壁外侧残。造像均为现代修补，造像及壁面遍覆现代装彩。

造像内容：正壁前现造七佛二弟子。佛现均结跏趺坐于台座上，高 41～44 厘米，仅身后的圆形头光和舟形身光为原造像遗留。均塑肉髻，面部方圆；内着僧祇支，外披双领下垂式袈裟，下摆覆双腿；双手于腹前结印或持物。左起第二、六身佛坐兽背上，其余各身均坐束腰方座上。二弟子现立佛两侧仰莲圆座上，全身为现代修补，现双手合十，跣足立仰莲座上（图 24-11）。

云峰寺

图 24-11 云峰寺第 4-1 龛（西北→东南）

877

【第 5 龛】

位置：东侧壁面北端，第 6 龛左。

年代：乾隆四十七年（1782 年）。

龛形：方形龛，平面呈横长方形，宽 34、高 46、深 13 厘米，龛向 75 度。

保存情况：右壁外侧残。壁面遍覆现代装彩。

造像内容：题刻龛。正壁磨光，刻字十四行，竖刻，楷书，左起第一行题"重修□□殿佛像碑记"，第十四行有乾隆四十七年（1782 年）纪年，中央各行刻出资人姓名及金额（图 24-12）。

【第 6 龛】

位置：东侧壁面中部偏北，第 5 龛右，第 7、8 龛左。

年代：唐末五代。

龛形：双重方形龛，内龛平面近横长方形，外龛宽 245、高 243、深 100 厘米，内龛宽 193、高 161、深 16 厘米，龛向 87 度。

图 24-12　云峰寺第 5 龛（东北→西南）

保存情况：左、右壁外侧残。造像头及双手均经现代修补，造像及壁面遍覆现代装彩。

造像内容：内龛造西方净土世界（图 24-13）。内龛正壁中央略向内凹，形成一小龛，内雕一佛二菩萨，均结跏趺坐于仰莲台上。佛居中，高 35 厘米；有尖桃形头光和圆形身光，中饰一圈联珠纹，边缘饰火焰纹；着通肩式袈裟，胸、腹前衣纹呈"U"形；双手掌心向上，托一物于腹前。

左、右侧菩萨两侧缯带下垂及肩，发辫垂于身后；上身着僧祇支，下着长裙，披巾自两肩垂下，经两腿，于莲台两侧下垂及座底；胸前戴环状项圈，中部有一流苏垂下，项圈两侧各有一道璎珞垂下。左侧菩萨高 34 厘米，双手执一净瓶于腹前。右侧菩萨高 35 厘米，左手置腹前，右手置右胸前。

佛与菩萨之间各存一立像，着交领袈裟，双手置于胸前。菩萨外侧各有一弟子像立于圆台上。弟子外侧各有上下两朵祥云，下方一朵祥云内各雕一宝幢，圆筒状。上方一朵内各雕一经幢，左侧呈八棱柱状，右侧呈圆柱状。

佛身后雕一楼阁，楼阁左、右各浅浮雕两棵菩提树，树叶遍布内龛正壁及左、右壁上部，延伸至龛顶。

经幢外侧各雕一两层楼阁，顶部各有一火焰宝珠。楼阁下方各雕四朵祥云，云尾朝向外侧，飘向龛顶。每朵祥云内雕立、坐像二至三身。中部一朵内雕一像骑于兽背上，朝向主尊。

两侧楼阁下层各延伸出一桥与主尊及两侧菩萨所在小龛底部相连，桥正面雕出栏杆。左侧桥后

云峰寺

图 24-13 云峰寺第 6 龛（东→西）

雕四身立像，右侧桥雕三身立像，均手抚栏杆。

正壁底部雕一莲池，莲池中央雕一拱桥，将莲池分为左、右两部分，莲池内有莲叶、莲蕾及莲蓬向上伸出。莲池左、右各存一宝船，船头朝向两侧壁。左侧宝船内有一像坐于船头，莲池左端存一像，右手握前方一莲蕾，右端有一像坐莲台上。

拱桥正前方有二迦陵频迦，朝向龛外，双手置于胸前。迦陵频迦身后有四身立像。中央两身较高，身体倾向中央。外侧两身较矮，身体微转身内侧，双手持物于胸前，回首龛外。

莲池上方雕出围栏，左、右围栏后各有三排造像。左侧围栏后从下至上第一排雕七身伎乐，执竖琴、排箫、琵琶、笙等，作演奏状，其余乐器不可识。第二排九身，左侧四身弟子形象，均为立像，其余各身为伎乐，作演奏状，可辨乐器有琴、鼓。第三排六身，均弟子立像。第三排像左侧雕出三朵莲台，莲台下均有莲茎，伸于下方造像身后，莲台上各雕一坐像。

右侧围栏后各身均着袈裟。从下至上第一排五身。第二排九身，最右侧两身女性形象。第三排三身。第二排右侧三身头顶上方雕出两个莲台，右侧莲台上造一身坐像，面向龛内，左侧莲台内有一物凸出。

中央小龛内佛及两侧菩萨下方存一排八身弟子像，左起第一、二、五、八身各坐于一仰莲台上。第三、四、六、七身为立像，脚下有祥云承托（图24-14、24-15）。

内龛左、右龛面各雕出七个方格，每格宽20、高20、深3厘米，雕十六观，每格雕一女像，头挽高髻，着交领广袖衣。左侧从上至下第一、二格内女像均双手置于腹前，结跏趺坐。第三格内双手置于胸前，朝向左侧，结跏趺坐，体前雕四枝莲茎。第四格内双腿跪地，朝向右侧，体前雕四枝莲茎。第五格内身体朝向左侧，双手置于腹前，结跏趺坐。第六格双手置于腹前，结跏趺坐，面向龛外，身体右侧雕一束腰圆座。第七格内双手置于腹前，朝向龛外；身体左侧置一束腰莲台，莲台上雕一像，结跏趺坐。

右侧从上至下第一格内女像双手置于腹前，结跏趺坐。第二格内双腿跪地，双手置于腹前，身体朝向左侧，体前雕一束腰圆台，台上置一物。第三格内双手置于腹前，结跏趺坐。第四格内双手置于胸前，结跏趺坐，身体左侧雕一像立双层圆台上。第五格内双手置于腹前，结跏趺坐，身体右侧雕一小立像，双手置胸前。第六格内左手置腹前，右手置胸前，结跏趺坐，身体左侧雕出四枝莲茎。第七格内双手置于腹前，结跏趺坐，身体右侧雕出三枝莲茎。

外龛左壁开四个小龛，上、下各一个，中部两个，右壁底部开一个小龛，均为方形龛，龛内壁面均有现代装彩，造像均为现代补塑。

云峰寺

图 24-14　云峰寺第 6 龛下部左侧造像（东→西）

图24-15 云峰寺第6龛下部右侧造像(东→西)

【第 7 龛】

位置：东侧壁面南侧靠上，第 6 龛右，第 8、9 龛上。

年代：唐末五代。

龛形：龛口形状不明，平面呈横长方形，宽 421、残高 127、深 97 厘米，龛向 98 度。

保存情况：龛顶及右壁不存，左壁外侧残。造像均经现代修补，原造像痕迹不存，造像及壁面遍覆现代装彩。

造像内容：正壁及左壁前又开十五个小方龛，正壁十三个，左壁两个，龛内现各造一身弟子结跏趺坐于莲座上，均为现代补塑，原造像痕迹不存。小龛均宽 26、高 45、深 7 厘米，弟子均高 28～31 厘米，双手现置体前，结印或持物。

【第 8 龛】

位置：东侧壁面中部，第 6 龛右，第 7 龛下，第 9 龛左。

年代：唐末五代。

龛形：双重方形龛，内龛平面近方形，外龛宽 155、高 125、深 69 厘米，内龛宽 111、高 103、深 63 厘米，龛向 100 度。内龛龛楣垂佛帐，两侧收束。

保存情况：外龛各壁仅存内侧部分。造像均经现代补塑，造像及壁面遍覆现代装彩。

造像内容：内龛环三壁起高 7 厘米坛，坛上现造三主尊四胁侍，全身修补，原造像痕迹不存。三主尊位于三壁中央，中尊现高 60 厘米，现双手结禅定印于腹前。左、右尊现倚坐方座上，双手置两膝上，左尊现高 71 厘米，右尊现高 78 厘米。四胁侍立三主尊之间，均侧身向中尊，左侧内、外两身现分别高 67、66 厘米，右侧内、外两身现分别高 65、68 厘米。龛口两侧补塑二天王，左侧一身现高 65 厘米，右侧一身现高 68 厘米（图 24-16）。

【第 9 龛】

位置：东侧壁面北端，第 8 龛右，第 7 龛下。

年代：唐末五代。

龛形：方形龛，左、右壁外侧向两侧拓宽，使平面呈"凸"字形，宽 114、高 141、深 14 厘米，龛向 98 度。

保存情况：左、右壁外侧被破坏，补塑造像。造像均经现代补塑，造像及壁面遍覆现代装彩。

造像内容：正壁前造三主尊坐台座上，全身补塑，华盖、头光和身光为原造像遗留。圆形华盖，饰仰莲瓣，尖桃形头光和椭圆形身光，外缘均饰火焰。中尊头光内侧饰锯齿，身光内侧雕莲瓣；左、右尊头光内侧饰莲瓣，身光内侧素面。中尊现结跏趺坐于仰莲圆座上，高 52、座高 50 厘米，双手于腹前托宝珠；左尊现结跏趺坐于仰莲圆座上，现高 51、座高 48 厘米，双手置腹前结禅定印；右尊现倚坐方座上，高 96 厘米，双手置两膝上。三主尊两侧各补塑一狮、象，身体朝向龛外。左、右壁外侧拓宽的部分分别塑一弟子、菩萨，均立仰莲圆座上（图 24-17）。

图 24-16 云峰寺第 8 龛（东→西）

云峰寺

图 24-17　云峰寺第 9 龛（东→西）

【第10龛】

位置：南侧壁面东端，第9龛右，第11龛左。
年代：唐末五代。
龛形：方形龛，平面呈横长方形，宽230、高165、深69厘米，龛向127度。
保存情况：龛顶及右壁外侧残。造像残损，风化严重，头、臂均残损。
造像内容：龛内正壁及两侧壁雕十六罗汉，分上下两排，每排八身（图24-18）。上排中央雕一佛结跏趺坐于束腰仰莲台上，头部、双手及双腿残，高42厘米，有肉髻，着交领袈裟，左手抚左膝，右手举于胸前。

下排中央雕一主尊二胁侍。中央主尊立于圆台之上，高49厘米；挽髻，头后有尖桃形头光；下着长裙，跣足；双手置胸前，腰微扭向右侧。左、右侧胁侍均为立像，面向右前方。左侧胁侍残高29厘米，下着长裙，跣足；双手置胸前。右侧胁侍残高24厘米，着鞋，双手置于胸前。

上排十六罗汉均结跏趺坐于方台上，光头，着袈裟，袈裟覆双脚；方台下雕山形座。佛左侧第一身高37厘米，戴风帽，内着僧祇支，外着交领袈裟；双手置于腹前。方台下方中央雕一兽，朝向右侧，耳朵竖起，四肢前屈。兽前方雕一立像，朝向左侧，左手置于兽头部下方，右手置于胸前。第二身高37厘米，颈部有两道蚕纹；着圆领袈裟；左手抚左膝，右手执一棍于腹前。方台右下雕一立像，头发垂及双耳，双手托一圆形物于胸前，面向罗汉。第三身高38厘米，双手托一物于腹前。方台右下方雕一立像，光头，仅存轮廓。第四身高37厘米，左掌支左膝之上，右手置于胸前。方台左下方雕一立像，面向罗汉，双手托一物于胸前（图24-19）。

上排佛右侧第一身高39厘米，着交领袈裟；左手似置于左腹前，右手置于胸前，身体朝向左前方。方台下雕二身立像，左侧一身双手似执右侧一身左臂。右侧一身头发垂至双耳，朝向右侧，右手伸向前方，回首后方。第二身高37厘米，内着僧祇支，外着交领袈裟；双手置于腹前。方台前方雕一立像，左手伸向左侧，与第一身罗汉下方右侧立像右手相连，右手执一短棍状物于胸前。第三身高37厘米，左手抚左膝，右手执一扇于胸前。第四身位于右壁，已不存。

下排中央一主尊二胁侍左侧第一身仅存轮廓，高38厘米，左手置胸前。方台右下雕一立像，双手托一圆形物于胸前，朝向左侧。第二身高38厘米，双手似托物于腹前。方台右下方雕一立像，双手似托一物于胸前，朝向右侧。第三身高38厘米，双手置于胸前。方台下方中央雕一立像，左手垂于体侧，右手伸向右侧。第四身高36厘米，左手抚左膝，右手执一棍于腹前。方台下方雕一立像，双手握一莲蕾于胸前，朝向龛外。

下排中央立像右侧第一身高36厘米，左手置左膝上，右手置于胸前。第二身高37厘米，左手抚左膝，右手执一物于腹前。方台左下方雕一立像，左手握一净瓶于腹前，右手垂于体侧，朝向右侧。第三身高36厘米，左手在下，右手在上，似托一瓶于腹前。方台左下方雕一立像，双手托一物于胸前，朝向罗汉。第四身位于右壁，高36厘米，左手抚左膝，右手提一物于腹前。方台右下方雕一立像，上身残，仅存轮廓，朝向左侧。

云峰寺

图 24-18　云峰寺第 10 龛（东南→西北）

图 24-19　云峰寺第 10 龛左侧上层造像（东南→西北）

【第 11 龛】

位置：南侧壁面东侧，第 10 龛右，第 12 龛左。
年代：唐末五代。
龛形：方形龛，平面呈横长方形，宽 269、高 162、残深 43 厘米，龛向 145 度。
保存情况：龛顶及左、右壁外侧残，造像头及双臂均残损，风化严重。
造像内容：正壁前起一 80 厘米高台，高台后造地藏十王。地藏位于中央，右舒相坐于束腰方台上，高 52 厘米，有肉髻，双耳硕大；着袈裟；左手抚左膝，右手置于胸前，右腿垂下，足下踏一圆形台（图 24-20、24-21）。

十王分居地藏左、右，下半身隐于高台后，上身高 40 厘米。除地藏右侧第五身戴兜鍪外，均戴方形高冠，双耳硕大。地藏左侧第一身有长髯，内着交领衣，外着双领下垂式大衣，双手置于高台上。第二身着交领衣，双手置高台上。第三身有长髯，左手置高台上，右手执一笔于右胸前。第四身双手似置于高台上。第五身有长髯，着交领衣，左手置高台上，右手似举于右胸前。

地藏右侧第一、二身双手置高台上。第一身着双领下垂式衣。第二身着交领衣。第三身左手似执一物于胸前，右手置高台上。第四身有长髯，着双领下垂式衣，双手置高台上。第五身头戴兜鍪，身着甲，双手置高台上。

高台下方中央开一横长方形浅凹槽，凹槽内浮雕地狱变，残损、风化严重。凹槽中央雕业镜，柄倒插于一方台上。

云峰寺

图 24-20　云峰寺第 11 龛（东南→西北）

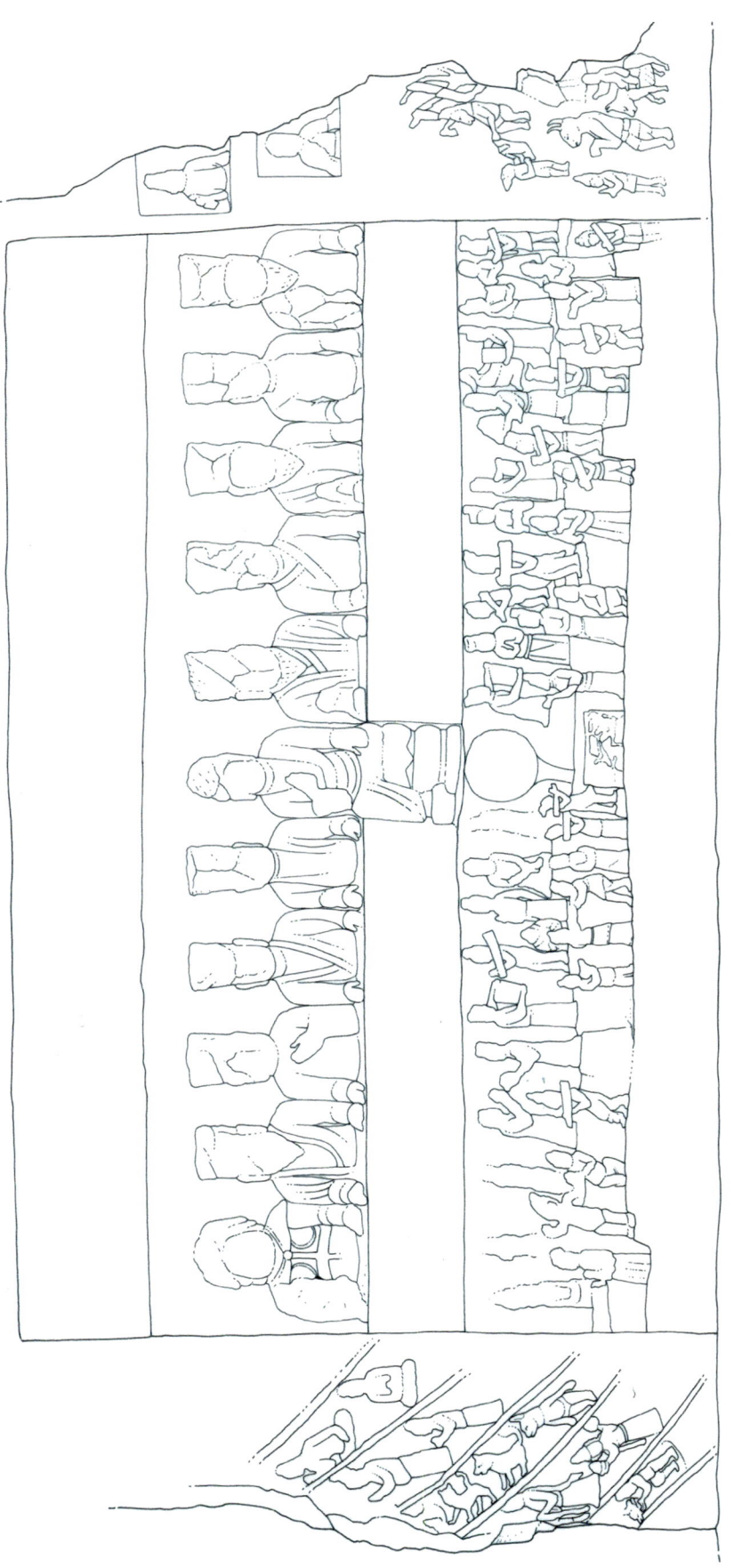

图 24-21 云峰寺第 11 龛线描图

云峰寺

业镜左侧凹槽内左、中、右位置各雕一立像,戴幞头;朝向左侧,微前倾,双手执一摊开之卷宗,作宣读状。

右侧宣读像前方雕上下两排立像,每排四身,除上排第一身外均朝向宣读像。上排第一身头戴冠,面向龛外,双手合十于胸前;第二身头扁圆,戴枷,双手置枷内,双腿微前屈;第三身束发,戴枷,双手置枷内;第四身戴幞头,双手置于胸前,微前倾。下排第一身,戴幞头,双手似执一物于胸前;第二身戴幞头,左手执一棍形物于胸前;第三身散发飘向上方,戴枷,左腿跪地,右腿半蹲;第四身双手似托一物于胸前。

中央宣读像前方雕七身立像,除前方第四身外,其余均面朝宣读像。第一身立像位置较低,体形较矮,戴枷,双手置枷内;第二身立像置于方台之上,束发,戴枷,双手置枷内,双腿微前曲;第三身立于高台之上,戴幞头,双手托一三角形物于头前;第四身头发飘于耳后,跪向左侧;第五身戴幞头,与第四身共同托一竖长方形物于胸前,似作宣读状;第三身立像所踩高台后又有二身立像,均束发,戴枷,双手置枷内,双腿微前曲。

左侧宣读像前方雕上下两排立像,上排两身,下排三身,均朝向宣读像。上排第一身,双手似置于胸前;第二身束发,戴枷,双腿微前曲。下排第一身戴幞头,双手托一物于头前;第二身双手置于胸前;第三身位置较低,束发,戴枷,双手置枷内,双腿微前曲,头低垂(图24-22)。

业镜右侧下部有六身立像,面朝业镜。左起第一、二身颈部戴枷;第三身双手似置于胸前;第四身朝向右侧,似与第五身共托一物;第六身托一物于胸前。

业镜右侧中部亦雕一宣读像,朝向左侧,前方雕四身立像,均朝向宣读像。前方第一身,束发,戴

图24-22　云峰寺第11龛正壁左侧地狱变(东南→西北)

枷，双手置枷内，双腿微前屈；第二身束发，双手置于胸前；第三、四身残不可识。

宣读像身后亦雕上下两排立像，上排五身，下排四身，多朝向右壁。上排左起第一、二身共托一物于胸前；第三、四、五身体微后仰。下排左起第一身戴枷，双腿微前屈；第二身双腿跪地，双手似托一物于右肩侧，面向龛外；第三身束发；第四身头缩髻，双手置腹前（图24-23）。

龛左、右壁下部亦有浮雕，位置与正壁凹槽内浮雕相当，亦属地狱变的内容。左壁浮雕分上、下两排，各雕二、三身像。上排外侧一身马首人身，朝向龛内，蹲姿，左手于腹前执一布条。内侧前方雕一立像仰首面向马首像，束发；双手呈递布条与马首像。马首像后雕出一树，树枝上有布条垂下。下排中央雕一牛首人身立像，有双角；双手持一短棍于腹前，面向龛内，双腿微前屈。其前方雕一立像，束发；双手似被缚，朝向龛内。牛首像后又雕一像，骑于牛背上，朝向龛内（图24-24）。

右壁浮雕表现六道。从上至下雕五个外高内低的斜框，以凸棱相隔，斜框内造像均头朝向龛外，身体前倾，仅存轮廓。从上至下第一个斜框内雕两身像，外侧一身为坐像，左手置腹前，右手似托物于头侧；内侧一身为坐像，双手似置腹前。第二个斜框内雕两身立像，均似托物于胸前。第三个斜框外侧雕一四足动物，尾部上翘；中部雕一狗，尾巴向上卷曲；内侧雕一兔，双耳竖起，前肢下伸。第四个斜框内雕两身立像，外侧一身可见两侧披巾垂下；内侧一身头挽锥形髻，三面，左、右手分托一圆形物于头侧，下着裙。第五个斜框内雕一立像，头发上飘，上身赤裸，小腹凸起，双手似托一物于头前，左腿直立，右腿向上抬起（图24-25）。

左壁上部上下各残存一方形小龛。龛内各雕一半身像，仅存轮廓；右壁上部存一盝形碑，右侧残损，碑身有字迹残痕（图24-26）。

图24-23　云峰寺第11龛正壁右侧地狱变（东南→西北）

云峰寺

图 24-24　云峰寺第 11 龛左壁地狱变（西南→东北）

图 24-25 云峰寺第 11 龛右壁地狱变（东北→西南）

云峰寺

图 24-26 云峰寺第 11 龛右壁石碑（东北→西南）

【第 12 龛】

位置：南侧壁面中部偏西位置，第 13 龛左。
年代：唐末五代。
龛形：双重方形龛，内龛龛顶有弧撑，外龛残宽 130、高 105、深 37 厘米，内龛残宽 121、残高 93、深 14 厘米，龛向 146 度。
保存情况：内、外龛右壁及龛顶右侧不存。
造像内容：内龛正壁前造一佛二菩萨。中央佛结跏趺坐于束腰仰莲圆台上，头部及面部残，高 45 厘米。头顶有一圆形华盖痕。有内圆外尖桃形头光、椭圆形身光，外缘均饰一圈火焰纹。内着僧祇支，其上束带，着双领下垂式袈裟。双手托一钵于腹前。

菩萨均结跏趺坐于佛左、右侧仰莲圆台上。着长裙，腰束带，裙覆双脚，披巾自两肩垂下，于腹前横过，绕双臂后下垂及座；胸前戴项圈，两侧各垂下一道璎珞，于腹前相交。左侧菩萨头部残，高 43 厘米；有尖桃形头光，外缘饰一圈火焰纹，戴高冠，椭圆脸，缯带垂下，发辫垂肩，颈部两道蚕纹；项圈中部垂下一道流苏。莲台下有一立象，长鼻大耳，面向右侧，足下各踏一小圆台。象外侧雕一象奴，面向右侧，双手于身前执绳索，一端套象颈上。右侧菩萨头部不存，残高 31 厘米；上身披络腋。莲台下有一立狮，双耳竖起，双目圆睁，面向左侧，足下各踏一圆形小台。狮外侧雕一狮奴，头挽髻，下身着短裤，腰束带，双手于身前执绳索，一端套狮颈上（图 24-27）。

外龛左壁前造一经幢，幢顶残，高 86 厘米。圆柱形幢身，有四层圆盖，顶部有一宝珠痕。

图 24-27　云峰寺第 12 龛（东南→西北）

【第 13 龛】

位置:南侧壁面西端,第 12 龛右。
年代:唐末五代。
龛形:龛口形制不明,平面呈横长方形,残宽 88、残高 80、深 13 厘米,龛向 150 度。
保存情况:龛顶不存。中部靠下有一横向宽裂隙,破坏造像腹、腿,裂隙导致造像及壁面错位。造像及壁面残损、风化较严重。
造像内容:正壁前造一主尊二胁侍,均仅存轮廓。中央主尊残高 26、座高 11 厘米,有头光,外缘饰火焰,似结跏趺坐。左侧胁侍仅存颈、肩,残高 10 厘米。右侧胁侍残高 24、座高 12 厘米,双臂似置体前,余皆残不可识(图 24-28)。

图 24-28　云峰寺第 13 龛
（东南→西北）

【第 14 龛】

位置：西侧崖壁南端，第 15 龛左。

年代：唐末五代。

龛形：龛口形制不明，平面近横长方形，残宽 130、高 195、深 57 厘米，龛向 245 度。

保存情况：龛顶及左壁不存。正壁中部存两道横向窄裂隙，中央存一列方形榫孔。造像及壁面残损严重。

造像内容：龛内造四排小佛结跏趺坐于仰莲座上，莲座下有莲茎伸向龛底。佛均有尖桃形头光和圆形身光，均素面，肉髻略高；着袈裟，保存相对完好者，均为通肩式；双臂置体前，双手残不可识。从上至下第一至四排各存二、四、三、五身。龛底右侧残存莲蕾和莲叶。龛外右侧下部有一立像残迹，仅可见右侧飘带下垂及足，余皆残不可识（图 24-29）。

图 24-29　云峰寺第 14 龛
（西南→东北）

【第 15 龛】

位置：西侧崖面中部，第 14 龛右。

年代：唐末五代。

龛形：方形龛，平面呈横长方形，残宽 374、高 237、深 57 厘米，龛向 236 度。

保存情况：龛顶、左壁及原龛底不存，正壁侧有三个纵向排列的方形榫孔，左上部有横纵两道裂纹相贯通。

造像内容：正壁造千佛（图 24-30）。中央开一拱形龛，宽 71、高 64、深 44 厘米。龛内正壁起一高 6 厘米低坛，坛上造一佛二弟子，均有后代装彩。中央主尊所处壁面内凹，全身经后代改刻，结跏趺坐于圆形仰莲束腰方台上，头部残，残高 28 厘米。有尖桃形头光，着交领袈裟，左手于左腿前托一圆形物，右手抚右膝。

左、右侧弟子均立于圆台上，均有双层圆形头光。左侧弟子腹部以上残，高 25 厘米；左手于腹前托一盒形物。右侧弟子头部及双足残，胸腹经后代改刻，高 26 厘米；着交领袈裟；双手于腹前捧一钵。

左、右壁近龛口处各雕一立像，均头部残，风化严重，仅存轮廓，有尖桃形头光。左侧一身残高 31 厘米，双手似置于身前。右侧一身残高 38 厘米，左手似置于左胸前。

龛外左、右侧各造一身力士，仅存轮廓，均有圆形头光，着战裙。左侧一身高 41 厘米，右手握拳举于头侧，腰左扭。右侧一身高 36 厘米（图 24-31）。

龛正壁残存二十五排小佛，均结跏趺坐于方台之上，均仅雕出轮廓，残损严重。后代将原龛底向下扩宽，开一宽 317、高 113、深 11 厘米的方形浅龛，龛内阴刻楷书一百零九行，记载乾隆四十七年（1782 年）信众集资装彩造像事，残损、风化较严重。

图 24-30 云峰寺第 15 龛（西南→东北）

云峰寺

图 24-31　云峰寺第 15 龛中央小龛（西南→东北）

【第 15-1 龛】

位置：西侧壁面北端，第 15 龛右壁上部，第 15-2 龛上。

年代：唐末五代。

龛形：形制不明，残宽 28、高 48、深 5 厘米，龛向 155 度。

保存情况：仅存正壁。造像及壁面残损、风化严重。

造像内容：正壁前造六臂菩萨坐圆形台座上，高 30、座高 10 厘米。上二臂合十胸前，左中臂于腹前似托一物，右中臂于腹前托一圆形物，左、右下臂托一瓶。右侧下方有一立像轮廓，仅可见下半身及腿部，残高 12 厘米（图 24-32）。

图 24-32　云峰寺第 15-1 龛（东南→西北）

【第 15-2 龛】

位置:西侧壁面北端,第 15 龛右壁下部,第 15-1 龛下。

年代:唐末五代。

龛形:拱形龛,平面近宽"U"字形,宽 48、高 110、深 10 厘米,龛向 153 度。

保存情况:右壁上部残。壁面遍覆纵向凿痕,左壁上部存一方形榫孔,造像及壁面风化较严重。

造像内容:正壁前造一弟子立台座上,高 81、座高 12 厘米。光头,有圆形素面头光,颈部残存两道蚕纹。着双领下垂式袈裟,下着裙,跣足。左手置胸前左侧,右手掌心向外垂于身侧,身体略左倾(图 24-33)。

图 24-33　云峰寺第 15-2 龛
（东南→西北）

东部石窟

25 佛爷山

白水乡

佛爷山摩崖造像位于安岳县白水乡西禅村九组,地处大岩坡西面山腰,海拔高程329米。造像位于佛爷山寺院内南侧,北侧为寺院大殿,西侧有南北向村道通往外界公路。

造像分布于一独立的红砂岩石包南、西侧崖壁上,共四龛。南侧崖壁宽7.8、高6.5米,自东向西开第1~3龛。西侧崖壁宽7.5、高8.8米,中央开第4龛。各龛大致水平分布(图25-1、25-2)。南侧顶部开一"人"字形排水槽,造像两侧密布榫孔,内插龛前建筑横梁。西侧崖壁残损严重,顶部不存,前方有现代砖石垒砌的支撑柱,造像前方及两侧放置较密集的现代圆雕造像和塑像。造像于早年遭到人为破坏,损毁严重,当地信众集资数次补塑和装彩,形成现状。

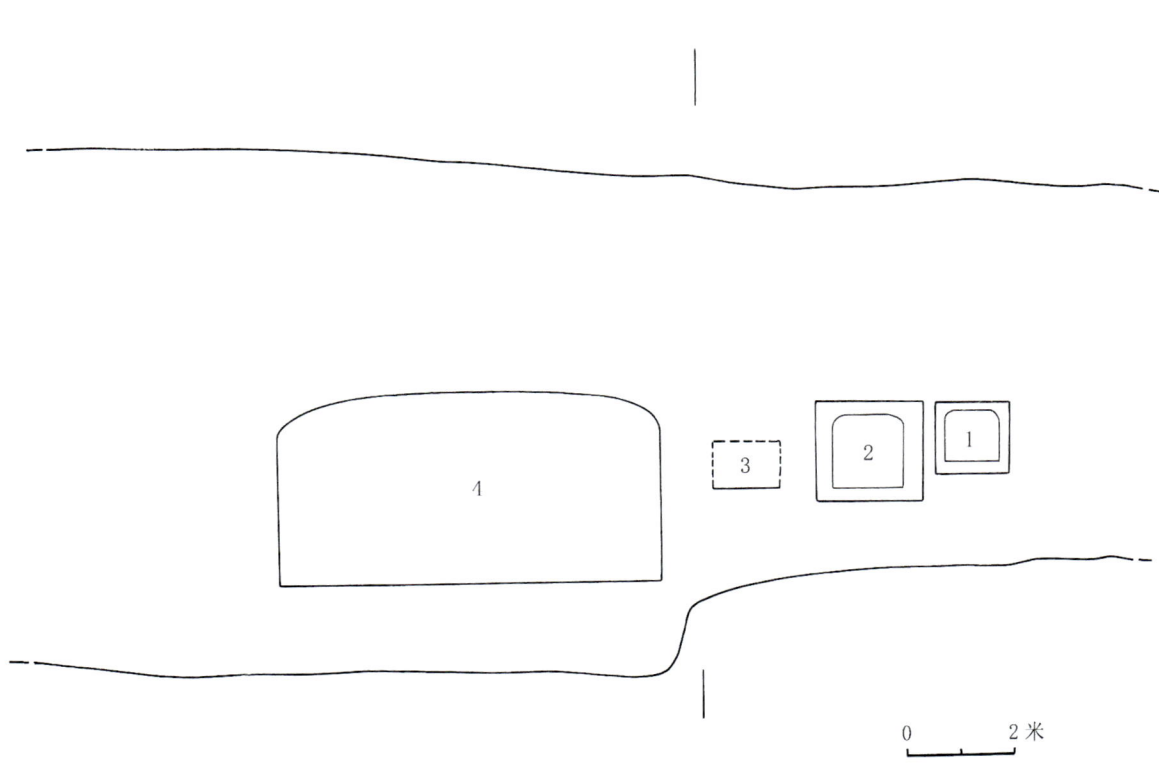

图25-1　佛爷山造像分布示意图

图 25-2　佛爷山造像（西南→东北）

【第 1 龛】

位置：南侧造像崖壁东端，第 2 龛左。

年代：中晚唐。

龛形：外方内拱形龛，内龛平面近宽"U"字形，外龛宽 133、高 131、深 39 厘米，内龛宽 88、高 88、深 35 厘米，龛向 181 度。龛楣及两侧龛面内侧雕联珠，外侧饰莲瓣，龛楣中央饰团花。

保存情况：龛顶、底和右壁外侧脱落。外龛右上方存一方形榫孔。造像均经现代修补。造像遍覆现代装彩。

造像内容：内龛正壁前起一高坛，宽 60、高 28、深 13 厘米。坛上造二主尊，坛左、右侧、各雕二胁侍。均有尖桃形素面头光，为原造像遗留，现结跏趺坐于圆台之上，双手置于腹前。左侧主尊现高 41 厘米，右侧主尊现高 37 厘米。

坛左、右侧胁侍均立于圆形束腰仰莲台上，头光均为原造像遗留，其余部分均为补塑而成。左侧从内至外第一身现高 39、座高 14 厘米，有圆形素面头光，着袈裟，双手置腹前；第二身现高 43、座高 15 厘米，有内圆外尖桃形素面头光，双手现置腹前。右侧从内至外第一身现高 40、座高 22 厘米，有圆形素面头光，双手现置腹前；第二身现高 46、座高 15 厘米，有内圆外尖桃形素面头光，可见双腿两侧、膝部以下有衣纹垂至莲台下部。

内龛两侧龛口靠外各雕一力士立方形山座上,除山石外,全身补塑。左侧一身现高44厘米,着战裙,裙尾飘向龛右侧,飘带自两肘处飘于体侧;左手现举于头左侧,右手现插腰,腰微右扭。右侧一身现高47厘米,着战裙,裙尾飘向龛左侧,头后有飘带残痕;左手现举于头左侧,右手现斜前伸,腰微右扭。

中央二主尊头光左、右各雕三身立像,均经现代补塑而成。左侧从内至外第一、二身残不可识;第三身风化严重,下身隐于左侧二胁侍头光后,可见头后有火焰状凸起。右侧从内至外第一身现双手置于腹前,朝向龛外;第二身仅露出上半身,双手现举于头侧;第三身腿部隐于两胁侍头光之后,双手现举于头侧(图25-3)。

图25-3 佛爷山第1龛(南→北)

【第2龛】

位置:南侧造像崖壁中央,第1龛右,第3龛左。

年代:中晚唐。

龛形:外方内拱形龛,内龛平面近弧形,外龛宽205、高193、深89厘米,内龛宽134、高141、深53厘米,龛向182度。雕出两侧龛面及尖拱形龛楣,内层素面,外层饰团花。

佛爷山

保存情况：左壁仅存内侧。龛前建筑横梁插入外龛右上角。造像全身经现代修补。造像及壁面遍覆现代装彩。

造像内容：内龛正壁前起一高坛，宽112、高60、深11厘米。坛上造二主尊，坛左、右侧各造二胁侍。主尊及胁侍头光、身光均为原造像遗存。

二主尊有内椭圆外尖桃形头光和圆形身光，均素面，现结跏趺坐于圆形仰莲台上，双手现置腹前。左侧主尊现高56厘米；右侧主尊现高54厘米，可见着双领下垂式袈裟，双手置腹前。

坛左、右侧胁侍均立于圆形束腰台座上。左侧从内至外第一身现高57、座高26厘米，有圆形素面头光，双手置腹前；第二身现高65、座高29厘米，有内椭圆外尖桃形头光，内饰莲瓣，可见着广袖大衣，披巾自腰前横过一道，绕两臂下垂及地，腰束带，左手现置左胸前，右臂现垂体侧。右侧从内至外第一身现高66、座高17厘米，有圆形素面头光，着袈裟，双手现置腹前；第二身现高64、座高24厘米，有内椭圆外尖桃形头光，内饰莲瓣，头左侧下方有缯带残痕，下着长裙，腹前有一道披巾横过，双腿两侧各有一披巾垂下，跣足，左手现垂体侧。

二主尊台座下方雕五身立像，均经现代补塑，现头发向上呈火焰状飘起，分腿站立，双手现举向上方作承托头顶莲台状。左侧主尊头光左侧雕三身立像，均全身补塑，头发现呈火焰状飘起，分腿站立，双手向上，从内至外第一身像下存原造像衣纹残痕。右侧主尊头光左侧雕三身立像，内侧两身均全身补塑，现头发向上飘起。从内至外第一身左手现置腹前，右手置右肩之上；第二身双手现置腹前；第三身头部以下未经修补，着交领广袖长袍。

内龛两侧龛口靠外各雕一力士立山座上，全身补塑。左侧力士现高63厘米，分腿站立，左手现举于头左侧，右手插腰，头右侧有原造像飘带残痕。右侧力士现高65厘米，左手现伸于头左侧，右手平伸于体侧，右肘下有原造像飘带残痕（图25-4）。

图25-4　佛爷山第2龛（南→北）

【第 3 龛】

位置：南侧造像崖壁西端，第 2 龛右，第 4 龛左。
年代：不明。
龛形：方形龛，平面呈横长方形，宽 120、高 82、深 10 厘米，龛向 184 度。
保存情况：顶部残。略风化，右上角存少量青苔。
造像内容：正壁磨光，右侧阴刻一圆拱形碑，宽 55、高 70 厘米，由碑身和碑首两部分组成。方形碑身，碑身有纵向字格，字格内未见刻字。圆拱形碑首内又阴刻二圆拱龛（图 25-5）。

图 25-5　佛爷山第 3 龛（南→北）

【第4龛】

位置：西侧造像崖壁中部，第3龛右。
年代：五代宋初。
龛形：方形龛，平面近横长方形，宽710、高360、深142厘米，龛向243度。
保存情况：龛顶和右壁不存。有现代修建的龛顶，右壁前有现代垒砌的砖石支撑。造像均经现代改刻和装彩。
造像内容：正壁前现造三佛结跏趺坐于仰莲圆座上，均现代改刻，近圆雕（图25-6）。左壁存一身原造像遗留的供养人立像，为前方圆雕造像遮挡，可见戴幞头，着交领长袍，腰束带，身体扁平，朝向内侧。龛底下方存一"十"字形围栏痕迹，系原造像遗留（图25-7）。

图25-6　佛爷山第4龛（西南→东北）

图 25-7 佛爷山第 4 龛左壁供养人（西南→东北）

龙台镇

26 毗卢沟

毗卢沟摩崖造像位于安岳县龙台镇双岗村一组,地处长坡西北侧裸露的崖壁上,海拔高程295米,现为四川省重点文物保护单位。造像东北侧为峦山堡坡,西北侧为马桑坡,西南侧为毗卢沟,西北侧10米有村道通往龙台镇,四周遍布农田及民居。

造像开凿于宽45、高10米的红砂岩垂直崖壁上,自西向东开第1~5龛(窟),第1、2龛(窟)位置稍高。第1、2龛(窟)前依岩搭建简易佛殿,将造像笼罩其中,前方放置较多现代圆雕造像,第3龛前亦搭遮雨木棚笼罩造像,第4、5龛露于旷野(图26-1)。造像局部经现代修补。造像及壁面遍覆现代装彩。

图26-1 毗卢沟造像分布示意图

毗卢沟

【第1龛】

位置：造像崖壁西端，第2窟左。

年代：南宋。

龛形：拱形龛，平面呈弧形，宽530、高308、深161厘米，龛向320度。

保存情况：右壁上部及龛底略残。壁面遍布密集凿痕，造像局部修补。造像及壁面经现代装彩，龛前左、右放置现代造像。

造像内容：正壁前起一通壁坛，坛上造三身结跏趺坐佛，面部和双手均经现代修补，正壁和左右壁上部高浮雕山形。三佛螺发细密，面部宽圆，宽额，柳叶细眉，双目半睁下视，鼻梁较宽，双下颌，上颌略凸；内着僧祇支，于腹部束带，外披双领下垂式袈裟，下摆覆双腿，悬垂座前。

中央一身佛坐浅方台上，高193、座高12厘米。佛戴卷草纹高冠，冠中央雕一像结跏趺坐于仰莲圆座上，身后有圆形素面背光，着长袍，空左袖，无左臂，右手举胸前。佛两侧缯带垂肩后。双手现拱于胸前，身体微左倾。

左、右两身佛坐坛上。左侧一身高179厘米，双手现于腹前结禅定印。右侧一身高170厘米，左手现抚膝，右手现单掌合十胸前（图26-2）。

三佛两侧各立一胁侍，均披发至颈部，面部宽圆，经修补；内着僧祇支，外披交领大衣，于腹前束宽带。左侧一身高95厘米，左臂屈肘置体侧，右手抱一长棍于体前，腰微左扭（图26-3）。右侧一身高75厘米，左手举肩侧，右手置腹前（图26-4）。

左侧胁侍下方造一供养人，仅存轮廓，高75厘米；着窄袖长袍；双手于身前执一花瓶，瓶中伸出花朵和枝叶，面向龛内躬身而立。供养人左侧有一半身像，高65厘米；左侧身体被后代立柱遮挡，光头、大耳；双手置于胸前，似为后代造像。

正壁与左右壁转角处中部各浅刻一题刻，左侧一则宽18、高41厘米，覆莲碑首，碑身刻字一行，竖刻，楷书，为嘉庆十二年（1807年）供养题记（图26-5）。右侧一则宽14、高42厘米，圆拱形碑首，碑身两行，竖刻，楷书，记道光八年（1828年）袁绍端等重塑之事。

图26-2 毗卢沟第1龛（西北→东南）

毗卢沟

◀ 图 26-3 毗卢沟第 1 龛左侧胁侍
（东北→西南）

图 26-4 毗卢沟第 1 龛右侧胁侍 ▶
（西南→东北）

图 26-5 毗卢沟第 1 龛左侧题记（东北→西南）

【第 2 窟】

位置：造像崖壁西侧，第 1 龛右。

年代：南宋。

龛形：洞窟，窟口呈方形，平面呈方形，窟口宽 63、高 118、深 33 厘米，窟室宽 296、高 180、深 272 厘米，窟向 318 度。

保存情况：基本完好。

造像内容：窟口左、右各有纵向凹槽，用以封门。窟室正壁前起一长方形壁龛，宽 292、高 140、深 30 厘米。左、右壁前各起一方台，长 235、高 55、深 69 厘米。正壁中央底部造一长方形台阶，正对窟门。壁面密布凿痕（图 26-6）。

图 26-6　毗卢沟第 2 窟窟内结构（西北→东南）

【第 3 龛】

位置：造像崖壁中部偏东。
年代：南宋。
龛形：拱形龛，平面呈浅弧形，宽 265、高 100、深 19 厘米，龛向 20 度。
保存情况：左、右壁及龛顶外侧残。造像局部经现代修补。造像及壁面遍覆现代装彩。
造型内容：正壁前造一佛二菩萨结跏趺坐于龛底，面部和双手均为现代修补；颈部浅刻两道蚕纹；内着僧祇支，于腹部束带打结，外披双领下垂式袈裟，下摆覆双腿，悬垂座前。佛居中，高 93 厘米。螺发细密，头顶中央雕一宝珠，向上方左、右侧各飘一道帛带。双手现托物于腹前。

左侧菩萨高 94 厘米，双手未经修补；戴冠，袈裟覆头冠，冠中央存一结跏趺坐像残痕；戴环状项圈，下垂璎珞呈网状；双手笼袖中，置腹前。右侧菩萨高 95 厘米；戴卷草纹高冠，冠中央雕一瓶，下有祥云承托，冠两侧缯带垂肩后；戴环状项圈，其下璎珞呈倒三角形；双手现托一斜长方形物于腹前。

龛底下方壁面中央浅浮雕二化生像自莲蕾中探出头部，仰面向上。两侧雕莲叶及莲蕾。龛外上方刻四个大字，篆书，为前方建筑遮挡。龛外下部凸出崖面左侧磨光一宽 78、高 102 厘米的崖壁，存题刻一则，风化、残损严重，纪年不存（图 26-7）。

图26-7 毗卢沟第3龛（东北→西南）

【第 4 龛】

位置：造像崖壁东端，第 5 龛上。
年代：南宋。
龛形：拱形龛，平面呈横长方形，宽 255、高 206、深 75 厘米，龛向 2 度。
保存情况：龛形完整。龛顶中央存一方形榫孔，造像遍覆现代装彩。
造像内容：正壁前造一主尊二胁侍。中央主尊结跏趺坐于方座上，高 112、座高 40 厘米。身后有彩绘身光，戴高圆冠，面部方圆，宽额，睁左眼，闭右眼，左耳垂不存，小嘴闭口。着交领广袖长袍，腰束带，结带分两道垂双腿间。左袖垂左腿上，空袖，应无左臂，右手单掌举于胸前，指尖残断。

左、右胁侍仅露上身，披发至颈部，面部近圆；着交领长袍；体前雕有祥云。左侧胁侍高 78 厘米，双手托一盘于胸前，盘中盛一小臂，戴钏，掌心向上，五指向内弯曲。右侧胁侍高 75 厘米，双手托四重叠书册于体前。龛底前方浅浮雕云纹（图 26-8）。

【第 5 龛】

位置：造像崖壁东端，第 4 龛下。
年代：南宋。
龛形：盝形龛，平面呈横长方形，宽 292、高 283、深 93 厘米，龛向 2 度。
保存情况：顶不存。左壁崩塌，龛底为前方土石所埋。造像遍覆现代装彩。
造像内容：正壁前造一方塔，塔身左侧中央嵌接一条石，通高 283 厘米。塔刹雕一硕大宝珠。其下有仰莲承托，两侧壁面浮雕山石。塔檐素面，较宽，近方形。塔身正面开一圆龛，宽 125 厘米。龛中央造一像结跏趺坐于龛底，高 123 厘米，面部经修补，全身装彩；卷发，内着僧祇支，于腹部束带打结，外披双领下垂式袈裟，下摆覆双腿，悬垂座前，左腕饰钏；双手托橄榄形叶片于腹前。

塔身左侧刻题记一则，三行，竖刻，楷书，为嘉庆十二年（1807 年）信士袁纯补塑记（图 26-9）。

图26-8 毗卢沟第4龛(北→南)

图 26-9 毗卢沟第 5 龛(北→南)

龙台镇

27 土地坡

土地坡造像位于安岳县龙台镇白果村土地坡西北侧山腰,海拔高程296米。造像东北侧200米有公路通往龙台和姚市镇,东北为张家湾,西北临王家湾,西南侧为老岭坡,四周密集分布柠檬园和民居。

在宽2.5、高3.9米的红砂岩崖壁中央自西南向东北开第1~3龛,均残损、风化较严重,造像多仅存轮廓(图27-1)。

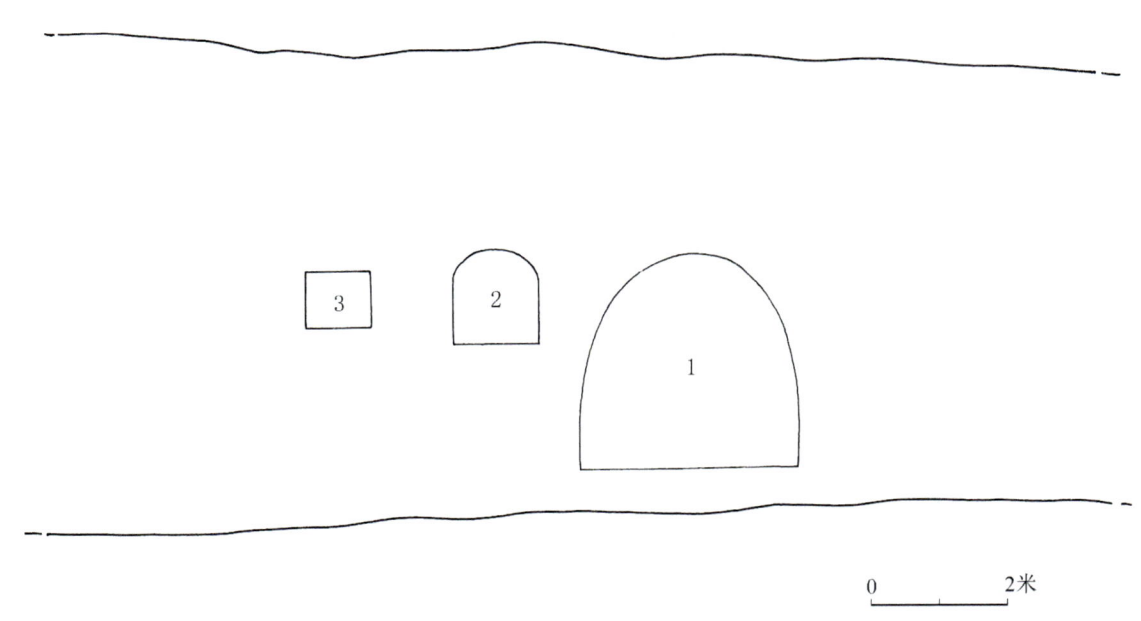

图27-1 土地坡造像分布示意图

土地坡

【第1龛】

位置：造像崖壁南侧，第2龛左。
年代：宋。
龛形：拱形龛，平面呈弧形，宽155、高158、深45厘米，龛向302度。
保存情况：左、右壁及龛顶外侧残。造像及壁面残损、风化严重，遍覆青苔。
造像内容：正壁前造一主尊二胁侍，头均不存。中央主尊结跏趺坐于仰莲圆座上，仅存轮廓，高72、座高53厘米；有圆形素面头光，两侧缯带垂至两肩，发辫垂于肩前；双手置腹前。莲座下雕一圈卷云，卷云下雕一兽伏于地，身体朝向龛右侧。

左侧胁侍立姿，仅存轮廓，高93厘米；着战甲，战甲有竖长方形网格纹，下着裙，足穿鞋；双手置腹前。右侧胁侍立姿，仅存轮廓，高99厘米；着广袖长袍，腰束带，足着鞋；双手置腹前（图27-2）。

图27-2 土地坡第1龛（西北→东南）

【第 2 龛】

位置：造像崖壁中部，第 1 龛右，第 3 龛左。
年代：宋。
龛形：拱形龛，平面呈弧形，宽 66、高 76、深 35 厘米，龛向 302 度。
保存情况：造像及壁面残损、风化严重，遍覆青苔。
造像内容：环三壁起高 6 厘米低坛，坛上造一主尊四胁侍，均残，仅存轮廓。中央主尊结跏趺坐于台座上，高 47、座高 19 厘米。头顶有头冠残痕。双手置腹前。

主尊左侧第一身胁侍高 47 厘米，光头，腰束带，双手似置于胸前。第二身胁侍高 50 厘米，右侧有披巾下垂及龛底。主尊右侧两身胁侍残不可识。第一身轮廓高 46 厘米。第二身轮廓高 50 厘米（图 27-3）。

图 27-3 土地坡第 2 龛（西北→东南）

【第3龛】

位置：造像崖壁北侧，第2龛右。
年代：不明。
龛形：方形龛，平面呈方形，宽42、高44、深36厘米，龛向305度。
保存情况：各壁遍布凿痕，堆放乱石。
造像内容：未见造像（图27-4）。

图27-4　土地坡第3龛（西北→东南）

林凤镇

28 舍身岩

舍身岩摩崖造像位于安岳县林凤镇大月村十组，地处一独立山丘之西侧崖壁，海拔高程385米。造像西、南侧为悬崖，距地表12米，有沿崖壁开凿的栈道向北通往西侧山下的小道，西侧山脚下密布农田和民居，有村道向南通往林凤镇。现为四川省重点文物保护单位。

造像开于宽16.2、高3.3米的红砂岩崖壁上，共十五龛，开凿高度相当（图28-1）。根据崖壁走势，分南、中、北三段，呈"Z"字形走势，南段自东向西开第1、2龛（图28-2），中段密集开凿十二龛，包括第3~14龛（窟）（图28-3），北段中央开第15龛。第1、2龛凌空开于悬崖，下方壁面有较密集榫孔，原应设栈道，中、北段造像前有三角形平台，外侧有围栏，北侧紧贴崖壁，有石阶通往直接开凿于崖壁上的栈道。造像崖壁均天然内凹，上方崖面形成自然遮挡。造像正下方的崖脚有现代依岩而建的简易佛殿，于崖壁上开凿现代造像。舍身岩造像保存较好，略残损、风化，有少量后代装彩。

舍身岩

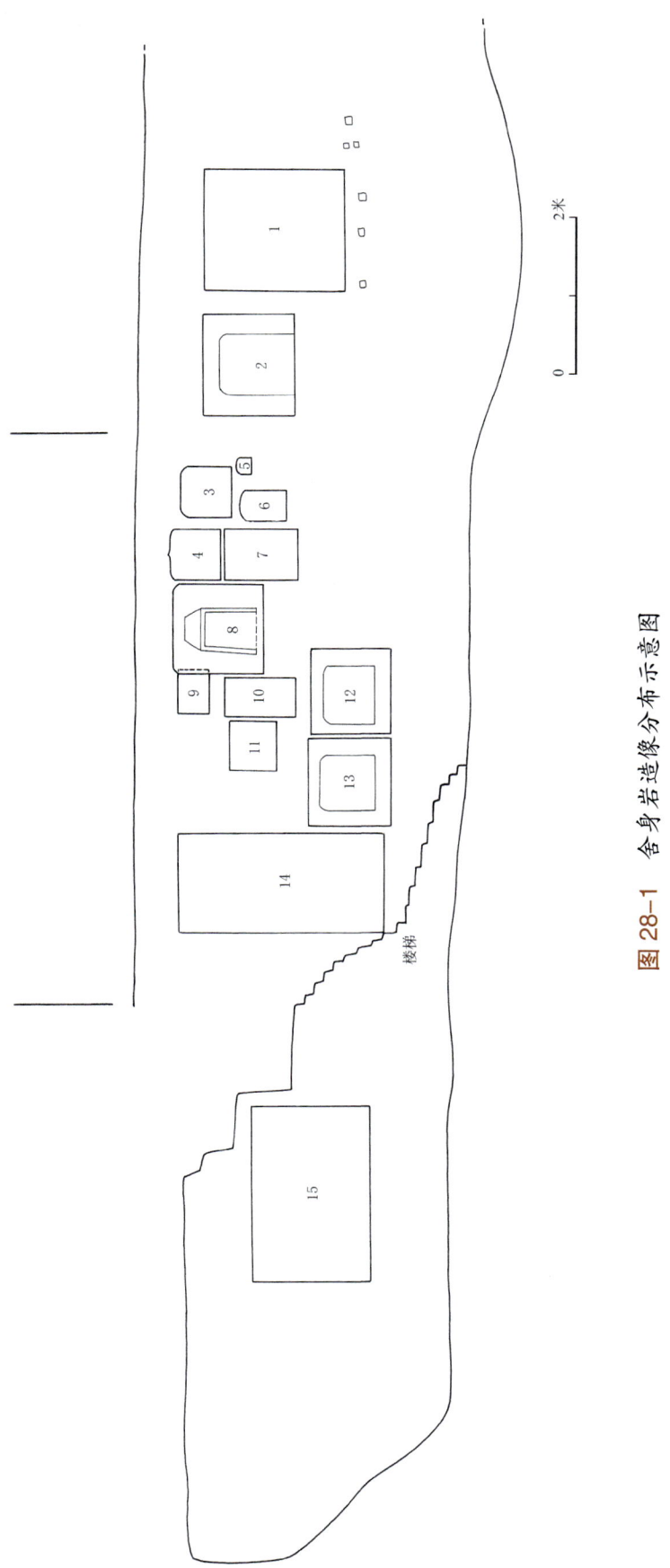

图 28-1 舍身岩造像分布示意图

图 28-2　舍身岩南段造像（西南→东北）

图 28-3　舍身岩中段造像（西北→东南）

舍身岩

【第 1 龛】

位置：造像崖壁南段东侧，第 2 龛左。
年代：盛唐。
龛形：方形龛，平面呈弧形，龛后壁上部凸出，龛向 212 度。
保存情况：保存较好。龛底下方存一排方形榫孔，存少量装彩痕。
造像内容：正壁前造一佛二弟子二菩萨像。主尊右手残，有内圆外尖桃形素面头光，肉髻小而圆，螺发细密，面部长圆，颈部有蚕纹，体态丰满。内着僧祇支，胸下系带打结，外着双领下垂式袈裟，袈裟右领襟搭于左肩，衣缘略外翻。左手抚左腿，结跏趺坐于束腰仰覆莲台上。

左、右侧弟子立佛两侧，均跣足，各立于一带莲茎束腰仰覆莲台上。左侧弟子青年形象，面部丰圆，颈部有蚕纹；着双领下垂式袈裟，下着裙；左手横放于胸前，右手掌心向内握左手手指。右侧弟子老年形象，眉骨凸出，面部布满皱纹，颈部青筋暴露；内着交领衣，胸下系带，外着双领下垂式袈裟，下着裙；左手姿势不详，右手握一串珠于胸前。

左、右侧菩萨立正壁前左、右端仰覆莲圆座上。均有内圆外尖桃形素面头光，戴小冠，发辫横过两耳中部，面部丰圆，颈部有蚕纹，体态丰满；披巾自两肩垂下，于腹、膝前各横过一道后绕两臂垂下，下着长裙，腰束带，裙腰外翻，跣足；戴项圈，垂挂饰和璎珞。左侧菩萨内层头光略残，两璎珞下垂相交于腹前，穿圆环后于膝部折向身后，双腕饰钏；于身前执一柳枝。右侧菩萨内层头光边缘呈锯齿形；璎珞于膝前折向身后，左手饰钏；左手垂于体侧，右手屈肘于右胸前（图 28-4）。

图 28-4 舍身岩第 1 龛（西南→东北）

【第2龛】

位置：造像崖壁南段西侧，第1龛右，第3、5龛左。

年代：盛唐。

龛形：外方内拱形龛，内龛平面近半圆形，龛向207度。雕出尖拱形龛楣和两侧龛面，其上等距雕5身佛结跏趺坐于仰莲圆座上，佛之间饰团花。

保存情况：保存完好。略风化，造像及壁面零星存后代装彩痕。

造像内容：内龛环三壁造一佛二弟子二菩萨。佛居中，倚坐束腰方座上。有尖桃形素面头光，肉髻小而圆，螺发细密，面部丰圆，双耳硕大，颈部有两道蚕纹，体态丰满。内着僧祇支，外着双领下垂式袈裟，身前衣纹呈"U"字形，跣足。左手抚左膝，右手置右腿上，双足下各踏一小莲台。

弟子立正壁与左、右壁转折前台座上。均有圆形素面头光；着袈裟，下着裙，跣足。左侧弟子双手于胸前合十。右侧弟子双手相交于胸前。

菩萨立左、右壁外侧前圆座上。头均残，有尖桃形素面头光；披巾自两肩垂下，于腹、腿前各横过一道后绕两臂垂于体侧，下着长裙，裙腰外翻，腹部微凸。左侧菩萨左手屈肘于腹前，右手持一物垂体侧，腰微右扭。右侧菩萨左手姿势不详，可见右手置于腹前，腰微左扭。

内龛环三壁雕一排八身护法像，佛头光两侧各四身，对称分布，仅露上身，略风化。左侧从内至外第一身立姿，三头六臂，均绾髻，面部丰圆，着交领广袖大衣，上二臂分别托日、月，中二臂伸体侧，下二臂合十胸前；第二身绾髻，面部丰圆；第三身绾高髻，头顶盘一蛇，蛇身缠绕颈部；第四身绾髻，面部丰圆，颈部有一圈圆球形物。右侧从内至外第一身，戴冠，面部丰圆，长耳垂及腹，着交领衣；第二身戴虎头冠，虎两爪于颈部交叉，面部丰圆，着交领广袖大衣，双手置于胸前；第三身似绾高髻，面相丰圆，两腮凸出；第四身头顶盘一龙，龙首向龛外。

内龛两侧龛口靠外各雕一力士立山座上。均有圆形素面头光，绾高髻，怒目圆睁，面部扭曲，颈部青筋暴露；全身肌肉隆起，上身赤裸，下着战裙，腰束带，裙腰外翻，飘带自身后绕两臂，穿过腰带后飘于身侧。左侧力士右手残，左手举拳于身侧，腰左扭；右侧力士左手握飘带于身侧，右手举拳于身侧，腰右扭。

外龛底部中央造一佛四天王。佛倚坐，有圆形头光，高肉髻，面部丰圆，两腮凸出；着双领下垂式袈裟；左手抚膝，右手举肩前。左、右侧各坐二天王，均面部丰满，戴盔着甲，下着战裙。左侧靠内一身左手托一方形物于头侧，右手垂于身侧，屈左腿，伸右腿；靠外一身双手斜握一长棍形锤状物，屈左腿，伸右腿。右侧靠内一身肌肉隆起，身形粗壮，左手举拳于头侧，右手握拳叉腰，伸左腿，弓右腿；靠外一身右手托一塔于头侧，塔为尖形塔刹，塔身仅一层，呈方形，中间开一方形小龛，塔基似呈两层方形叠涩（图28-5）。

舍身岩

图 28-5　舍身岩第 2 龛（西南→东北）

【第 3 龛】

位置：造像崖壁中段南端，第 2 龛右，第 4 龛左，第 6 龛上。
年代：盛唐。
龛形：拱形龛，平面呈弧形，宽 60、高 66、深 12 厘米，龛向 286 度。
保存情况：保存基本完好。造像存零星装彩痕。
造像内容：正壁前造一佛一天尊。佛居左，结跏趺坐于仰莲座上，右手残，高 28、座高 26 厘米。有尖桃形素面头光，低肉髻，面部方圆，颈部残存两道蚕纹。内着僧祇支，胸下束带打结，外着双领下垂式袈裟。左手托一硕大宝珠于左腿上，右手屈肘举右肩前。台座下雕二狮子，左侧狮子头部残，前肢趴伏，后肢直立，面向右侧；右侧狮子面向左侧蹲踞，口衔莲座底部莲茎。

天尊居右，立覆莲圆座上，双手残，高 46、座高 18 厘米。有尖桃形素面头光，发股缠绕，面部方圆，双耳硕大，颈部有三道蚕纹。内着交领衣，外披对襟，于腹部束带打结，下着裙，足着鞋。覆莲座下有一方形基座，三面装饰方格（图 28-6）。

龛外右侧开一宽 12、高 37、深 3 厘米长方形小龛，内造一供养人，高 34 厘米，绾髻，着窄袖长袍，

图 28-6 舍身岩第 3 龛（西北→东南）

双手于胸前合十，面向龛外而立。龛外左侧磨光一竖长方形壁面，刻题记一则，五行，竖刻，楷书，刻比丘僧普光造像记一则。

【第 4 龛】

位置：造像崖壁中段南侧，第 3 龛右，第 7 龛上，第 8 窟左。
年代：盛唐。
龛形：尖拱形龛，平面近浅弧形，宽 63、高 64、深 14 厘米，龛向 281 度。
保存情况：保存完好。造像略风化，造像及壁面存零星装彩痕。
造像内容：正壁前造一佛二弟子。佛居中，结跏趺坐于束腰仰覆莲台座上，右手残，高 26、座高 20 厘米。有尖桃形头光，低肉髻，面部方圆，双耳硕大，颈部有两道蚕纹。内着僧祇支，胸下系带，外着双领下垂式袈裟。左手抚左膝，右手屈肘于右肩前。

弟子立正壁前左、右侧仰莲圆座上。均有圆形素面浅头光，面部丰圆，双耳硕大，颈部有蚕纹；着双领下垂式袈裟，下着裙，跣足。左侧弟子右肩残，高27、座高14厘米；左手垂于体侧，右手置右胸前；台座下有圆球形基座。右侧弟子高29、座高11厘米；双手于胸前合十；台座下雕一兽，风化严重，朝左侧趴伏，似回首龛外（图28-7）。

图28-7　舍身岩第4龛（西北→东南）

【第5龛】

位置：造像崖壁中段南侧，第2龛右，第3龛下，第6龛左。

年代：盛唐。

龛形：拱形龛，平面呈弧形，宽19、高23、深3厘米，龛向276度。

保存情况：保存完好。造像略风化，左、右壁遍布凿痕。

造像内容：正壁前造一像自莲座内探出上身，高21厘米。绾高圆髻，面部方圆饱满，颈部存两道蚕纹，着交领广袖长袍。肩侧存凿痕，未打磨平滑（图28-8）。

图28-8　舍身岩第5龛（西北→东南）

【第6龛】

位置：造像崖壁中段南侧，第3龛下，第5龛右，第7龛左。

年代：盛唐。

龛形：拱形龛，平面呈弧形，宽37、高63、深9厘米，龛向278度。

保存情况：保存基本完好。造像及壁面存零星装彩痕。

造像内容：正壁前造一佛结跏趺坐于仰莲圆座上，头及右臂残，高25、座高23厘米。有尖桃形素面头光，面部方圆，颈部残存一道蚕纹。着双领下垂式袈裟。左手抚左腿，右臂举肩前。台座下有粗莲茎伸向龛底（图28-9）。

图28-9 舍身岩第6龛（西北→东南）

舍身岩

图 28-10　舍身岩第 7 龛（西北→东南）

【第 7 龛】

位置：造像崖壁中段南侧，第 4 龛下，第 6 龛右，第 8 窟左。

年代：盛唐。

龛形：方形龛，平面呈横长方形，宽 67、高 93、深 5 厘米，龛向 280 度。

保存情况：龛底左侧略残。正壁有密集点状凿痕。

造像内容：正壁前开一螭首碑，宽 38、通高 92 厘米。碑首呈半圆形，雕二龙，面向左、右侧相背而立，龙身交缠。碑首中部开一尖拱形小龛，龛内造一佛结跏趺坐于覆莲圆座上，风化严重，低肉髻，着双领下垂式袈裟，双手置于腹前。碑身呈长方形，中下部开一浅龛，宽 17、高 37、深 2 厘米，平面呈弧形。龛内造一像，高 36 厘米；绾高髻，面部长圆；着圆领窄袖长袍，足穿鞋；左手伸指置于头侧，指向龛顶，右手置于腹前，微转向左侧而立。

碑身上部左侧有一行字迹，竖刻，楷书：唯大唐天宝，其中"唐"字反写，"宝"字为简体，应为现代衍刻。龛外下方右侧壁面亦有现代衍刻字迹一则，竖刻，楷书：贞观道士，简体字，字迹较新，字形散乱（图 28-10）。

【第 8 窟】

位置：造像崖壁中段中部。第 4、7 龛右，第 9、10 龛左，破坏第 9 龛左壁。

年代：盛唐。

窟形：方形洞窟，平面呈方形，窟口宽 62、高 74、深 120 厘米，窟口两侧开一方形浅槽，宽 114、高 117、深 7 厘米，窟向 282 度。窟口两侧及顶部雕屋形，两侧雕立柱，顶部有素面屋檐，上方雕一硕大宝珠，宝珠两侧雕山花蕉叶，顶部承托一仰莲台。

保存情况：窟口右侧残，底部存一"V"字形槽。窟内底部堆放碎石块。

造像内容：窟口左、右各造一身天王立小鬼身上。戴兜鍪，面容威严；肩系巾，着明光甲，腰束带，足着靴，戴护臂、护胫，飘带横过腹前绕左右臂后垂于身侧。左侧天王高 47 厘米，左手握剑于身侧，剑尖朝上，右握飘带于体侧，双足踏于小鬼后背；小鬼着短裙，盘腿坐向龛外，头前低，双手撑于双腿上。

图 28-11　舍身岩第 8 窟（西北→东南）

舍身岩

右侧天王风化较严重,高44厘米;双手于身前斜持一剑,剑尖向右上方,右手于胸前右侧握飘带,双足踩小鬼;小鬼上身隐于天王身后,双手抱天王双足,双腿盘坐,右足在下作承托状。

窟口上方屋檐两侧各雕一佛结跏趺坐于仰莲座上。头均残,有肉髻,双耳硕大,颈部存两道蚕纹;内着僧祇支,外披双领下垂式袈裟;双手笼袖中,置腹前。左侧佛高15、座高7厘米,右侧佛高18、座高5厘米(图28-11)。

【第9龛】

位置:造像崖壁中段中部靠上,第8窟右,第10龛上,左壁被第8窟破坏。
年代:盛唐。
龛形:方形龛,平面近浅弧形,残宽58、高52、深4厘米,龛向265度。
保存情况:左壁不存。造像及壁面略风化。
造像内容:正壁前造三佛结跏趺坐于仰莲圆座上。均有尖桃形素面头光,馒头形肉髻,面部丰圆,双耳硕大;内着僧祇支,胸下束带打结,外着双领下垂式袈裟,下摆覆双腿及台座上部。左侧一身右手残,高19、座高11厘米;左手抚左膝,右臂举肩前。中央一身头部和左、右手掌残,高18、座高10厘米;左手置腹前,右手举肩前。右侧一身面部、左臂和台座残,高18、座高11厘米;左手抚左膝,右手举肩前,掌心向外。

龛底中央造一身狮子,面向龛外作蹲踞状,后腿张开较宽,口中向左、右分别吐出一莲茎,连接左、右坐佛莲座底部(图28-12)。

图28-12 舍身岩第9龛(西→东)

【第 10 龛】

位置：造像崖壁中段中部靠上，第 8 窟右，第 9 龛下，第 11 龛左。
年代：盛唐。
龛形：方形龛，平面呈横长方形，宽 49、高 86、深 5 厘米，龛向 267 度。
保存情况：保存完好。
造像内容：正壁前造一螭首碑，宽 31、通高 74 厘米。碑顶部雕歇山式屋顶，雕出鸱尾和瓦垄。碑首呈半圆形，雕二龙面向左、右侧相背而立，龙身交缠，二龙前爪后伸于中部抵持一宝珠。碑首中部有一尖拱形小龛，龛内造一佛结跏趺坐于方座上；高肉髻，面部方圆，双耳硕大；似着通肩式袈裟；双手笼于袖中，置腹前。碑身呈竖长方形，字迹不存。碑通宽 31、通高 74 厘米。

龛左壁下方向外扩开宽 12、高 29、深 4 厘米长方形小龛，龛内造一供养人立像，高 20 厘米，头、双手残。着圆领窄袖长袍，腰部束带，足着鞋。双手似合十胸前，面向右前方，立于一方台上（图 28-13）。

【第 11 龛】

位置：造像崖壁中段北侧靠上，第 10 龛右，第 14 龛左。
年代：盛唐。
龛形：方形龛，平面呈横长方形，宽 70、高 56、深 6 厘米，龛向 270 度。
保存情况：右壁上部外侧残。造像及壁面略风化。
造像内容：正壁前造三佛二弟子，头均残。佛居正壁中央及左、右端。中央佛结跏趺坐于仰莲圆座上，高 18、座高 12 厘米。头顶雕方形华盖，正面覆帷幔，其上垂璎珞，有内圆外尖桃形素面头光，高肉髻。内着僧祇支，外着交领袈裟，下摆覆双腿。双手于腹前托一浅圆钵。

左、右侧佛均半跏趺坐于台座上，有圆形素面头光，肉髻较低，着交领袈裟，下摆覆双腿，跣足；足下各有一小圆台。左侧佛高 23、座高 5 厘米，左手托宝珠于体侧前方，右手抚右小腿，左腿下垂踩圆台，右腿内盘，头微左偏。右侧佛高 24、座高 4 厘米，左手抚左侧小腿，右手举体侧前方，似托物，左腿内盘，右腿下垂踩圆台，头微右偏。

弟子立三佛之间仰莲圆座上。光头，有圆形素面头光；下着裙，跣足。左侧弟子高 20、座高 5 厘米；似着袒右式袈裟；双手于胸前合十，腰微左扭。右侧弟子高 21、座高 5 厘米；着交领袈裟；双手笼袖中，拱胸前，腰微右扭。龛底中央雕一罐，侈口、束颈、鼓腹，罐口伸出三枝莲茎，与上方中央佛及弟子仰莲台座底部相接（图 28-14）。

舍身岩

图 28-13　舍身岩第 10 龛（西→东）

图 28-14 舍身岩第 11 龛（西→东）

【第 12 龛】

位置：造像崖壁中段北侧靠下，第 10 龛下，第 13 龛左。

年代：盛唐。

龛形：外方内拱形龛，内龛平面近半圆形，外龛宽 109、高 102、深 57 厘米，内龛宽 76、高 65、深 23 厘米，龛向 263 度。龛楣中央造一佛结跏趺坐于仰莲座上；有尖桃形素面头光，高肉髻；双手笼袖中，置腹前。佛左、右侧各有一身飞天相向作飞翔状；绾髻，发辫垂肩，面部丰圆；戴尖桃形项圈，上身赤裸，体态丰满，腰束带，下着长裙，飘带绕左、右腕后飘向龛楣中央，身下有祥云承托。左侧飞天双手掌心向外，举于头前、后（图 28-15）。右侧一身左手掌心向外举于头前，右手托一圆形物于身后（图 28-16）。

保存情况：保存较好，龛形完整。造像头均残，略风化，造像及壁面存少量后代装彩痕。

造像内容：内龛环三壁造一天尊一佛一真人一弟子一女真一菩萨（图 28-17）。佛、天尊居中，均结跏趺坐于仰莲圆座上；有尖桃形素面头光。左侧天尊右臂残，高 31、座高 12 厘米；绾高髻，面部方圆，双耳硕大，颈部有两道蚕纹；着对襟，腹前束带打结，下摆呈尖状垂于体前，下着长裙；左手置左胸前，右手抚右膝。右侧佛双手残，高 29、座高 12 厘米；高肉髻，颈部存两道蚕纹；内着僧祇支，于胸前束带

舍身岩

图 28-15　舍身岩第 12 龛龛楣左侧飞天（西→东）

图 28-16　舍身岩第 12 龛龛楣右侧飞天（西→东）

图 28-17 舍身岩第 12 龛（西→东）

舍身岩

打结,外着双领下垂式袈裟,右衣角系于左肩垂下钩钮上;左手抚左腿前,右手举肩前(图28-18)。

弟子、真人立正壁与左、右壁转折前仰莲圆座上。均有圆形素面头光。左侧真人高28厘米,绾高髻,着双领下垂式广袖大衣,穿云头鞋;双手于胸前持笏板。右侧弟子高28厘米,双耳肥大,颈部存两道蚕纹;着交领袈裟,下着裙;双手笼袖中,置胸前,跣足。

女真、菩萨立左、右壁前仰莲圆座上。有尖桃形素面头光,绾高髻。左侧女真右手残,高34厘米;内着圆领衣,外着交领大衣,腹前束带打结,下着裙,披巾自两肩垂下,横过身前两道,绕臂后垂于身侧,穿云头鞋,左手饰钏;左手执披巾垂体侧,右手置胸前。右侧菩萨头左手残,高32厘米;发辫垂肩;下着长裙,腰束带,裙腰外翻,披巾自两肩垂下,横过身前两道,绕左右臂后垂于体侧,跣足;戴环状项圈,胸前至膝前装饰璎珞;双手执一柳枝形物于体前,腰微右扭(图28-19、28-20)。

内龛左、右壁上部浮雕一排八身护法像,左、右各四身,对称分布,仅雕出上身。左壁从内至外第一身立姿,戴尖角冠,面部长圆,着圆领广袖长袍;第二身戴冠,颈部有一圆球形物;第三身戴冠,着交领长袍,腰束带;第四身头戴冠,面部丰圆,着广袖长袍,冠上雕一龙,龙首向左侧,龙身缠于颈部(图28-21、28-22)。右壁从内至外第一身立姿,绾髻,戴小冠,面部长圆,长耳垂及腹,着圆领广袖大衣,腰束带;第二身绾髻,戴小冠,有三头,均面部长圆,着圆领衣,双臂举于头上,掌上各托一圆形物;第三身面部方圆,着广袖大衣,头上盘一蛇,蛇身绕于颈部;第四身戴虎头冠,虎爪相交搭于两肩,面部方圆。

内龛两侧龛口外侧各雕一力士立山座上。均有圆形素面头光,绾高髻,颈部青筋暴露;全身肌肉隆起,上身赤裸,下着战裙,腰束带,裙腰外翻,飘带经头后穿过腰带,飘于身侧,跣足;回首相望。左侧力士面部、双腿残,高33、座高21厘米;裙摆飘向右侧;左手握拳伸于体侧,右手下伸握飘带,腰左扭。右侧力士面部、右手、双腿残,高35、座高21厘米;裙摆飘向左侧;左手执飘带于体侧,右手握拳于体侧,腰右扭。力士台座内侧各雕一狮相向于山石上,左侧一身前肢立起,后肢蹲踞,尾部上绕;右侧一身前肢趴伏,后肢立起。二狮中央雕一小立像,残损严重,可见双腿分开而立,其余残不可识。

图 28-18　舍身岩第 12 龛正壁中央天尊、佛（西→东）

舍身岩

图 28-19 舍身岩第 12 龛左壁造像（北→南）

图 28-20　舍身岩第 12 龛右壁造像（南→北）

舍身岩

图 28-21　舍身岩第 12 龛左侧护法（西北→东南）

图 28-22　舍身岩第 12 龛右侧护法（东南→西北）

【第 13 龛】

位置：造像崖壁中段北侧靠下，第 12 龛右，第 14 龛左下。
年代：盛唐。
龛形：外方内拱形龛，平面近方形，外龛宽 117、高 102、深 50 厘米，内龛残宽 74、残高 67、深 30 厘米，龛向 268 度。内龛龛楣中央造一佛结跏趺坐于仰莲圆座上；有尖桃形素面头光，高肉髻；着通肩式袈裟；双手置于腹前。佛左、右侧各雕一飞天相向作飞翔状，均绾高髻，发辫垂肩，面部丰圆；上身赤裸，腹部外腴，体形丰腴，下着裙，腰束带，裙腰外翻，飘带绕左、右臂后飘向龛楣中央，身下有祥云承托。左侧飞天戴尖桃形项圈，其上装饰联珠纹，左手饰钏；双手托一圆形物于体前（图 28-23）。右侧飞天戴环形项圈，右手饰钏，双手掌心向外举于头侧（图 28-24）。

保存情况：外龛底部和左、右壁外侧残。造像头均不存，造像及壁面略风化，存零星装彩痕。

造像内容：内龛环三壁设坛，高 6 厘米，坛上环三壁造一天尊一佛一真人一弟子一女真一菩萨（图 28-25）。佛、天尊居中，结跏趺坐于方座上；有尖桃形素面头光。天尊居左，双臂残，高 31、座高 13 厘米；绾桃形高髻；内着交领衣，外着对襟，腹带束带打结，衣摆呈尖状垂于体前，下着长裙，裙尾覆双腿及台座上部；左手举胸前左侧，右手抚右膝。佛居右，高 29、座高 13 厘米；肉髻较高，颈部残存两道蚕纹；着交领袈裟，下摆覆双腿及台座上部；双手于腹前捧一钵，钵内盛宝珠（图 28-26）。

真人、弟子立左、右壁内侧前仰莲方座上，均有圆形素面头光；相向而立。左侧真人高 27 厘米，绾髻，颈部存两道蚕纹；着交领大衣，下着裙，穿云头鞋；双手于胸前执一笏板。右侧弟子高 24 厘米，光头；着交领袈裟，跣足；双手笼袖中，拱胸前，身体微左倾。

女真、菩萨立左、右壁外侧前仰莲方座上，台座与内侧真人、弟子台座相连。均有尖桃形素面头光，绾高髻。左侧女真双手残，高 32 厘米；着双领下垂式大衣，腹前束带打结，下着裙，披巾于腿前横过一道，绕左、右臂后下垂及座，穿云头鞋；左手举胸前左侧，右臂垂体侧，腰微右扭。右侧菩萨双手残，高 32 厘米；头侧缯带下垂肩后；披络腋，披巾自两肩垂下，于腿前横过两道，绕左右臂后下垂及座，下着长裙，腰束带，裙腰外翻，跣足；胸前中部下垂璎珞，于腹前穿圆环后分为两股下垂至小腿前，折向身后；左手执一物横于腹前，右手提物垂体侧（图 28-27、28-28）。

内龛左、右壁上部雕一排八身护法像，左、右各四身，对称分布，仅雕出上身。左壁从内至外第一身立姿，绾尖锥状高发髻，右手置于身前；第二身三头，均绾髻，戴小冠，左、右各有三臂，上二臂分别托一圆形物，中二臂及左下臂残不可辨识，右下臂似垂体侧；第三身头戴冠，头上盘蛇，蛇尾绕颈，面部丰圆；第四身戴尖角冠，面部丰圆，着交领衣。右壁从内至外第一身绾高髻，似着交领衣，左耳下垂至腹；第二身头上左侧趴一兽，前肢抱于头顶，后肢缠于颈部；第三身绾髻，头上盘一龙；第四身绾髻（图 28-29、28-30）。

内龛两侧龛口靠外各雕一力士立山座上，均有圆形素面头光，绾高髻，颈部青筋暴露，锁骨凸出；全身肌肉隆起，上身赤裸，下着战裙，腰束带，裙腰外翻，飘带经头后绕左、右臂后，穿过腰带飘于身侧，跣足。左侧力士左手及右臂残，高 35、座高 21 厘米；裙摆飘向右侧；左手举肩侧，右手掌心向下伸腰侧，腰左扭。右侧力士双手及左腿残，高 34、座高 24 厘米；腰带系结，结带垂双腿间，裙摆飘向左侧；左手下伸持飘带，右手置体侧，腰右扭。力士山座之间各雕一狮子，双耳竖起，均蹲踞于龛底，左侧一身朝向龛外，右侧一身身体朝向左侧。

舍身岩

图 28-23　舍身岩第 13 龛龛楣左侧飞天(西→东)

图 28-24　舍身岩第 13 龛龛楣右侧飞天(西→东)

图 28-25 舍身岩第 13 龛（西→东）

舍身岩

图 28-26　舍身岩第 13 龛中央天尊、佛（西→东）

图 28-27 舍身岩第 13 龛左壁造像（北→南）

舍身岩

图 28-28　舍身岩第 13 龛右壁造像（南→北）

图 28-29　舍身岩第 13 龛左侧护法（西北→东南）

图 28-30　舍身岩第 13 龛右侧护法（东南→西北）

舍身岩

【第 14 龛】

位置：造像崖壁中段北端，第 11、13 龛右。

年代：天宝十□载（752~756 年）。

龛形：方形龛，平面近方形，宽 113、高 255、深 28 厘米，龛向 252 度。

保存情况：保存较完好。壁面风化略严重，下部壁面略残。

造像内容：正壁造一螭首碑（图 28-31），宽 94、通高 253 厘米。碑首呈半圆形，左、右侧各有一龙，面向左、右外侧而立，龙身相缠。碑首中央开一尖拱形小龛，小龛正壁前起一高 5 厘米低坛，坛前饰覆莲瓣，坛上造一佛二弟子。中央佛结跏趺坐于台座上，高 16、座高 6 厘米；有尖桃形素面头光，肉髻较高；着袈裟，下摆覆双腿；双手持物于腹前。左、右侧弟子立龛底，均有圆素形面头光，光头；着袈裟，下着裙，跣足；双手笼袖中，置胸前。左侧弟子高 17 厘米，腰微右扭；右侧弟子高 18 厘米，腰微左扭（图 28-32）。

碑身呈竖长方形，其上刻小字四十九行，竖刻，楷书，右侧碑面残损、风化严重，碑面存后代涂鸦。内容为鸠摩罗什本《金刚经》，碑右侧刻"天宝十□载"建碑纪年。

龛外左、右侧中部各开一小龛，打破龛左、右壁。左侧小龛呈方形，宽 27、高 27、深 5 厘米，龛内雕两身供养人立像。左侧一身面部残，高 24 厘米；绾高髻，颈部残存两道蚕纹；着交领衣，下着裙，足穿鞋；双手笼袖中置胸前，面向龛外。右侧一身面部及左臂残，高 26 厘米，绾高髻，着窄袖长袍，腰束带，左侧腰带下垂及小腿部，足穿鞋；双手于腹前持一长方形物，腹部外腆，身体朝向右侧，似回首龛外。右侧小龛呈梯形，上宽 7、下宽 11、高 19、深 3 厘米；龛内壁前造一小立像，面部、右手及右腿残，高 14 厘米；光头，面部丰圆；上身赤裸，下似着短裤，戴圆形项圈；左手垂体侧，右手平伸体侧，腰微左扭，双腿张开，面向龛外。

图 28-31　舍身岩第 14 龛（西南→东北）

舍身岩

图 28-32　舍身岩第 14 龛碑首（西南→东北）

【第 15 龛】

位置：造像崖壁北段中央。

年代：盛唐。

龛形：方形龛，平面呈横长方形，宽 215、高 158、深 32 厘米，龛向 148 度。

保存情况：龛底外侧残，左壁被石阶遮挡。造像及壁面略残损、风化。

造像内容：正壁前造二佛二菩萨立仰覆莲圆座上（图 28-33）。均有内圆外尖桃形头光，内层素面，外层饰三朵团花；下着裙，跣足。佛居中，螺髻较高，螺发细密，面部饱满近圆，颈部有三道蚕纹。左侧佛面部略风化，双手残，高 102、座高 28 厘米；着交领袈裟，左侧领边外翻较宽；左手垂体侧，右手置胸前右侧（图 28-34）。右侧佛面部略残，双手残，高 104、座高 27 厘米；着通肩式袈裟，领口开颈下，领边外翻较宽；双手结印于胸前，残不可识（图 28-35）。

菩萨均绾高髻，戴束发高冠，缯带垂肩后，发辫覆肩，面部饱满；披络腋，一角反搭胸前左侧，下着长裙，腰束带，裙腰外翻，披巾自两肩垂下，于体前横过两道，绕臂后下垂及座；戴宽环状项圈，胸前中央垂一挂饰，两侧各垂一道璎珞，于腹前相交，垂及膝部折向身后，双腕饰钏。左侧菩萨面部、左手和右臂残，高 102、座高 22 厘米；左手举肩前，右臂垂体侧，腰微左扭（图 28-36）。右侧菩萨左臂残，高 104、座高 27 厘米；左臂垂体侧，右手持柳枝于腹前左侧，腰微右扭（图 28-37）。

菩萨外侧正壁壁面起一宽 50、高 65 厘米的三角形台。台前各雕一力士立山座上，左侧力士仅存轮廓，身体左侧轮廓为前方石阶遮挡，可见右足及山座。右侧力士高 57、座高 23 厘米，有圆形素面头光，绾高髻，颈部青筋暴露；全身肌肉隆起，上身赤裸，下着战裙，腰束带，裙腰外翻，裙摆飘向左侧，

图28-33　舍身岩第15龛（东南→西北）

舍身岩

图 28-34　舍身岩第 15 龛左侧佛（东南→西北）

图 28-35 舍身岩第 15 龛右侧佛（东南→西北）

舍身岩

图 28-36　舍身岩第 15 龛左侧菩萨（东南→西北）

图 28-37　舍身岩第 15 龛右侧菩萨（东南→西北）

舍身岩

披巾自头后绕左右臂,穿腰带后飘于体侧;左手下伸握飘带,右手斜伸体侧,腰右扭(图28-38)。右侧力士头顶上方浅浮雕一弟子半跏趺坐于空中,光头,着交领袈裟,露双足;左足内盘,足尖向下,右足踩下方小莲台上,左手抚左腿,右手托宝珠于肩侧(图28-39)。

◀ 图28-38 舍身岩第15龛右侧力士
　　　　　（东南→西北）

图28-39 舍身岩第15龛右侧上部弟子 ▶
　　　　（东南→西北）

林凤镇

29 侯家湾

侯家湾摩崖造像位于安岳县林凤镇新坝村八组，侯家湾南面缓坡上。东北距林凤镇约2公里，西北距村水泥路约300米，有山间小路与石包相连，海拔高程306米。现为四川省重点文物保护单位。

造像开凿于两个独立的红砂岩石包上，分别编第一、二号石包（图29-1、29-2）。皆东西走向，平面近方形。第一号石包东南侧和西侧为农舍，北侧依壁面搭建一层简易建筑，将造像笼罩其中。第二号石包位于第一号石包东北约10米，依龛所在壁面建一层简易建筑。两石包周围散落数件石雕残件。第一号石包东、西侧及中部局部垮塌，东侧垮塌较严重，西侧垮塌处有石条垒砌，局部有凿痕。第二号石包东侧壁面雨浸严重，南部垮塌，多长青苔，中部尤为严重，石包东北角向内垮塌形成一个内凹面。

现存十六龛，第一号石包存四龛，北侧壁面自西向东开第1～3龛，东侧壁面开第4龛（图29-3）。第二号石包存十二龛，北侧壁面开上、下两层龛，上层自西向东为第5～9、11、12、12-1龛，下层开第10龛，造像上、下壁面遍雕山形（图29-4）；东侧壁面自北向南开第13～15龛（图29-5）。其中第12-1龛为此次调查新编号，其余采用全国第三次文物普查编号。造像两侧多布榫孔，部分插入龛前建筑横梁。造像均存后代装彩。

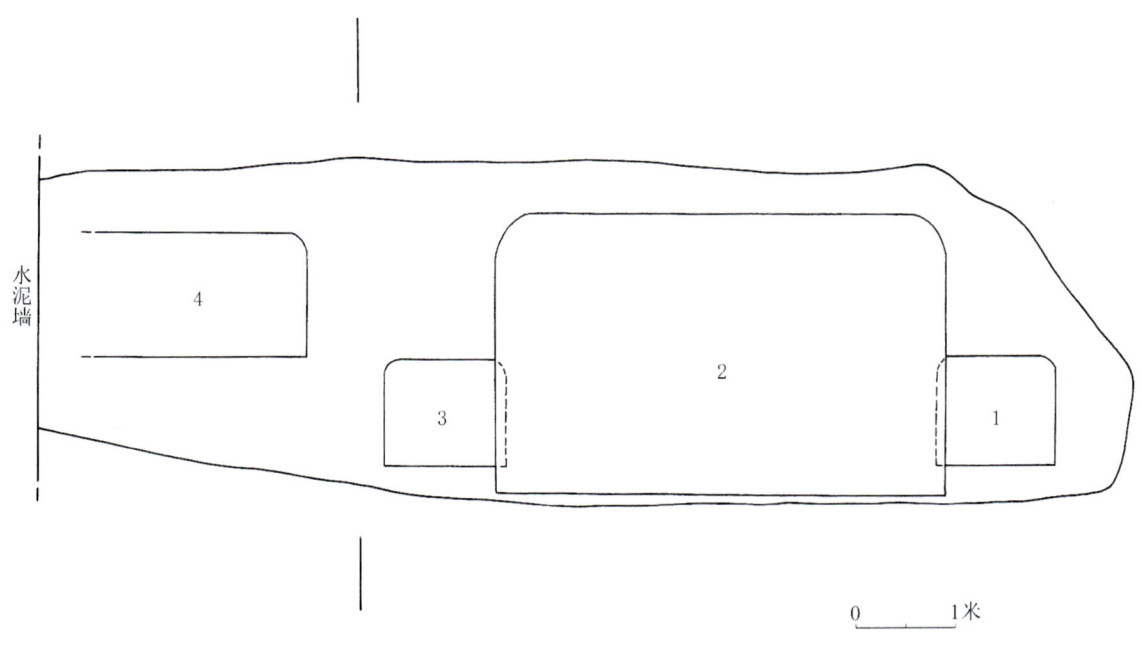

图29-1　侯家湾第一号石包造像分布示意图

侯家湾

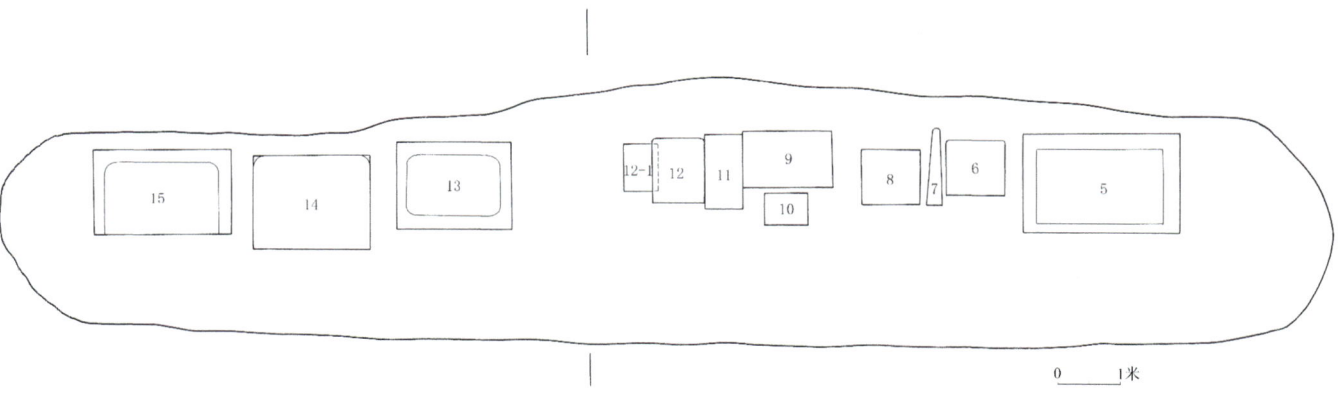

图 29-2　侯家湾第二号石包造像分布示意图

图 29-3　侯家湾第一号石包北、东侧壁面造像（东北→西南）

图 29-4 侯家湾第二号石包北侧壁面造像（东→西）

图 29-5 侯家湾第二号石包东侧壁面造像（北→南）

侯家湾

【第1龛】

位置：第一号石包北侧壁面西端，第2龛左，右壁被第2龛打破。

年代：南宋。

龛形：拱形龛，平面呈弧形，残宽94、高110、深25厘米，龛向13度。龛顶上方崖面雕饰山形纹，龛底饰祥云。

保存情况：左壁中部及龛底外侧略有残损，右壁残损殆尽。壁面及造像局部长青苔，造像局部残损，头部皆不存，颈部残毁处有凿孔。

造像内容：正壁前造一菩萨二胁侍。菩萨居中，结跏趺坐于仰莲圆座上，颈部以上、双肘以下大部分脱落，腹部残，残高50、座高24厘米。缯带垂至胸前，发辫垂肩，胸前残存网状璎珞，披巾自两肩垂下于腹前横过两道后，绕两臂下垂至座底，下着长裙，裙摆搭覆台前，腰前似束带，束带垂至台前折向身后。莲台下立一动物朝向右侧，背上搭一宽布帛，颈部系绳，绕颈后自尾部伸出，臀部可见璎珞，下垂一铃铛，尾巴搭于身后。其前方卧一小动物，似为小牛，头部及前身上部残，前肢跪地，后肢前伏朝向右前方。

胁侍立菩萨左、右侧。左侧胁侍头部、双手及双足残，头部及双手残损处均有一圆形凿洞，残高38厘米。着宽袖大衣，衣袖飘于身侧，腰束带，腰带垂至腿前折向身后，下似着裤，两腿间有一衣带垂至膝部，双手置腹前朝向龛外。右侧胁侍头部、左手残，残高49厘米。全身肌肉隆起，上身斜披一布帛，于腹前打结，袒胸露肚，下着长裙，衣带束于胯上，于踝处横过一道后折向身后，跣足。左手屈肘前伸，右手握腰带于体侧，腹部外腆面向龛外（图29-6）。

图 29-6　侯家湾第1龛（东北→西南）

【第 2 龛】

位置：第一号石包北侧壁面中部，第 1 龛右，第 3 龛左，左、右壁下部分别打破第 1 龛右壁和第 3 龛左壁。

年代：南宋。

龛形：拱形龛，平面呈宽"U"字形，龛宽 465、高 288、深 130 厘米，龛向 0 度。

保存情况：龛顶及左、右壁风化残损。龛顶中部偏右有一纵向裂隙，正壁上部近顶处有一横向裂隙贯穿至两壁，龛顶上两角残缺；正壁分布凿痕，右壁中部以上至残缺处有后代凿痕，左壁中部纵向分布两方形凿孔，右壁中部偏下有一凿孔，与左壁凿孔位置相对应，造像局部残损、脱落，部分有后代补塑、补刻痕迹，后壁及造像有后代装彩痕。

造像内容：正壁前造一佛二菩萨结跏趺坐于仰莲方座上（图 29-7）。佛居中，五官、双颊、下颌、双臂、双手局部有后代补塑，头后、身后有后代彩绘出的圆形头光和双层圆形身光，高 138、座高 104 厘米。螺发，头前中央有髻珠残痕，面部方圆丰润，眉目细长，眼微睁，小嘴，双耳硕大，颈部有三道蚕纹。着双领下垂式袈裟，袈裟下摆覆台座，内着僧祇支，于腹前束带打结。双手似置腹前。莲座下分两层，上层为方几，几上层为方形叠涩，下层三面雕壸门，左右各雕祥云，祥云后各雕一物，残不可识；下层为覆莲方座。

菩萨坐佛左、右侧。戴卷草纹花冠，缯带垂至两肩侧，发辫垂于双臂及胸前，面部方圆丰润，额部有白毫，眉目细长，小嘴，双耳硕大，颈部有三道蚕纹。着僧祇支，于腹前束带打结，下着裙，裙摆覆台座。双手似置腹前。莲台下有一束腰方台基，束腰上为两层叠涩，束腰下为三层叠涩，最下一层三面雕壸门。

左侧菩萨五官、发辫、缯带局部有后代补塑，双臂肘部以下至腕部及双手手指为后代补塑，高 148、座高 110 厘米。花冠中央雕一佛结跏趺坐于仰莲方座上，头光、面部局部补塑，有圆形头光，双耳硕大，颈部有两道蚕纹，着双领下垂式袈裟，内着僧祇支，于腹前束带打结，双手相叠置腹前，袈裟下摆覆台座（图 29-8）。跣足，披巾自两肩垂下搭两腕后下垂及座。胸前垂饰璎珞，璎珞呈三层网状，相交处饰团花，戴腕钏和足钏。足心向上，左足在外、右足在内坐于莲台上。

右侧菩萨冠上部有裂痕，略有风化，五官、发辫、缯带局部有后代补塑，左臂肘部以下至腕部以及拇指为后代补塑，右臂肘部以下至手为后代补塑，高 143、座高 108 厘米。花冠中央雕一宝瓶，瓶上雕一人脸，有圆形眼眶和嘴（图 29-9）。披巾自两肩垂下于身前横过一道，绕臂后搭于膝前垂及台座。胸前垂饰两层璎珞，下层呈"U"形。

左、右壁前各雕一胁侍立方座上。左壁弟子颈部以上及双手大部分脱落，台座右侧被凿去一角，残存粗大凿痕，有后代阴线刻圆形头光，残高 124、座高 28 厘米。颈部有两道蚕纹，着袒右式袈裟，袈裟一角系于左肩前垂下的圆环上，另一侧衣角搭于左臂前，内着交领广袖衣，足穿鞋。双手合十胸前。方台上覆帷幔（图 29-10）。右壁天王颈部以上脱落，右臂、双足残，台座上遍布凿痕，残高 128、座高 25 厘米，身着铠甲，足穿战靴，右侧飘带垂于身侧，双手于腹前挂一剑，左手掌心向下按剑柄，右手握左手腕，剑身残（图 29-11）。

侯家湾

图 29-7　侯家湾第 2 龛（北→南）

图 29-8 侯家湾第 2 龛左侧菩萨头冠（北→南）

图 29-9 侯家湾第 2 龛右侧菩萨头冠（西北→东南）

侯家湾

◀ 图28-10　侯家湾第2龛左侧弟子
　　　　　　（东→西）

图28-11　侯家湾第2龛右侧天王　▶
　　　　（西→东）

【第 3 龛】

位置：第一号石包北侧壁面东端，第 2 龛右，左壁被第 2 龛打破。
年代：南宋。
龛形：拱形龛，平面呈弧形，残宽 110、高 104、深 19 厘米，龛向 13 度。
保存情况：龛顶左侧、左壁、右壁中部残。造像局部风化、残损，个别残断处有凿孔。
造像内容：正壁前造一菩萨二胁侍。菩萨居中，结跏趺坐于仰莲圆座上，颈部以上、双臂肘部以下脱落，颈部残断处有一圆形凿孔，残高 48、座高 24 厘米。缯带垂至肩后，发辫垂至双肩及胸前，戴双层圆形项圈，下层项圈中部及左右侧各垂饰一璎珞，于胸部间相交为一串后垂下，披巾自两肩垂下于腹前横过两道，下着长裙，裙摆覆台座前，腰束带。莲台下雕一动物朝向左侧立山座上，头部残，身上披一布帛，身前伸出一条宽带绕腿部，尾巴成束搭于身后。

山座三周共雕四头牛。中间上下各一头，上方一头朝向左侧立于下方牛背上，面部及后半身残，回首龛外；下方一头朝向右侧而卧，头部略残，有二角，耳朵竖起，前肢跪地，后肢前伏，尾巴搭于后肢，回首龛外。左侧牛面向左前方而卧，仅见前半身，双角及双耳竖起。右侧牛朝向龛内而卧，头部残，前肢跪地，后肢前伏，尾巴搭于身后，回首龛外。

胁侍立菩萨左、右侧，皆双手于身前持一剑，剑下端挂地，面向龛外。左侧胁侍颈部以上脱落，左臂及双手残，头部残损处有一圆形凿孔，残高 42 厘米。似着甲，下着裙，腰束带，腰带于身侧下垂及足，足穿鞋，飘带绕两臂后垂于身侧。右侧胁侍头部及双足残，头部残损处有一圆形凿孔，全身风化严重，残高 50 厘米。下着长裙，腰束带，腰带于身前下垂及足，足穿鞋，飘带垂体侧（图 29-12）。

图 29-12　侯家湾第 3 龛（东北→西南）

【第 4 龛】

位置：第一号石包东侧壁面，第 3 龛右。

年代：南宋。

龛形：不明，残宽 207、残高 118、残深 90 厘米，龛向 60 度。

保存情况：龛右半部分坍塌，现为后代砖石修砌，龛顶残损，左壁外侧残损严重。造像颈部以上皆残，余局部亦有残损，个别残断处有凿孔。

造像内容：正壁及左壁前设坛，高 15 厘米，正壁坛上设台，高 20 厘米。台上残存二主尊六胁侍。二主尊位于左侧，均盘腿而坐，颈部以上无存，残断处及原头部所在壁面上各有一圆形凿孔，头顶有圆形凸起。左侧主尊右手残，右腿前部被凹槽打破，残高 35、座高 25 厘米。着两层交领长袍，内层宽袖，外层广袖，外披对襟，于胸前系带打结，系带垂于身前，衣摆覆坛前。左手抚左膝，右手似置胸前。

右侧主尊双手及左腿残，左手及左腿残损处各有一圆形凿孔，残高 37、座高 34 厘米。内着两层交领长袍，仅可见外层为广袖，腰束带，外披对襟，腹前系带，系带垂至身前，对襟衣角下垂至台前，顶端饰一圆球，衣摆覆台前。左手似屈肘置身前，右手似置腹前。

胁侍立主尊左侧，均头、颈部残，左起第三至第六身残损处有一圆形凿孔，头顶有圆形凸起。均着两层交领长袍，内层宽袖，外层广袖，外披大氅，有一条宽衣带自腹前伸出垂至两足间，足穿翘头鞋，面向龛外。左起第一身残高 53 厘米，似戴冠，外层大氅于胸前束带打结，左手在上、右手在下拱胸前。第二身双手残，残高 51 厘米，双手似持一长形物于身前，左手托其底部于腹前，右手持其上部于右胸前。第三身双手残，残高 51 厘米，似戴冠，双手似笼于袖中置胸前。第四身右手残，残高 51 厘米，戴冠，双手持一物横置腹前。第五身双手残，残高 46 厘米，左手覆帛，掌心向上托一钵，右手似抚钵上。第六身残高 45 厘米，双手持一竖长方形物于胸前（图 29-13）。

图 29-13 侯家湾第 4 龛（东北→西南）

【第5龛】

位置：第二号石包北侧壁面上层西端，第6龛左。

年代：唐末五代。

龛形：双层方形龛，内龛平面呈横长方形，外龛宽240、残高160、深65厘米，内龛宽200、高123、深60厘米，龛向24度。

保存情况：外龛顶部左侧、左壁上部、右壁下部及龛底外侧残，内龛龛顶外侧略有残损。左、右壁外侧下部皆有凿痕，局部造像风化不可识。

造像内容：正壁前中央造一佛二弟子（图29-14）。佛居中，倚坐于束腰方座上，座前有一仰莲圆座，右手残，高93、座高17厘米。头顶上方有一椭圆形华盖，华盖上部饰卷草纹，下部垂饰帷幔，底部内凹。有内圆外尖桃形头光和双层椭圆形身光，外层皆装饰火焰纹，头光上部延伸至华盖底部。螺发，肉髻，头前中央有髻珠，面部瘦长，眉目清秀，双眼下视，双耳硕大，颈部有四道蚕纹。内着僧祇支，于腹前束带，外着双领下垂式袈裟，袈裟衣摆覆方座两侧，跣足。左手抚膝，右手似置胸前，双足踏仰莲圆座（图29-15）。

弟子立佛左、右侧方台上。有圆形头光，双耳硕大，耳垂及肩，着双领下垂式袈裟，足穿鞋。左侧弟子高67、座高21厘米，面部苍老，额上有数道皱纹，颈部青筋暴露，左手在上、右手在下拱胸前，面向右前方（图29-16）；右侧弟子高68、座高18厘米，面部长圆，双手合十胸前，面向左前方（图29-17）。

佛左、右侧各造三胁侍面向龛外而立。靠内一身为菩萨，立山座上。均有内圆外尖桃形头光，外层装饰火焰纹。束高髻，戴高冠，冠上装饰卷草纹，缯带下垂及肩，面部长圆，双耳硕大。下着长裙，腰束带，裙腰外翻，衣带自两腿间下垂及座，跣足，披巾自两肩垂下于膝前横过两道后，绕两臂下垂及座。饰耳环，戴圆形项圈，胸腹前垂饰璎珞，腹下中间有一道璎珞向下伸出，于膝盖上方分两道后，分别垂于小腿前折向身后。左侧菩萨双手残，高82、座高16厘米，颈部有三道蚕纹，双手似置腹前，腰左扭（图29-18）；右侧菩萨高85、座高15厘米，双手于胸前捧一圆盘，盘上置物，风化不可识（图29-19）。

中间一身立覆莲圆座上，座下有一层圆形台基。均束髻，戴小冠，面部短圆，双耳硕大，外披大氅，足穿鞋，双手置胸腹间。左侧一身内着交领广袖长袍，高82、座高17厘米，颈部残存两道蚕纹，腰右扭（图29-20）；右侧一身内着圆领广袖长袍，高75、座高18厘米，缯带垂胸前，颈部残存两道蚕纹，腰右扭（图29-21）。

靠外一身为菩萨，立仰莲圆座上，座下有圆形台基。均有内圆外尖桃形头光，外层装饰火焰纹，戴高冠，面部短圆，下颌略宽，着通肩式袈裟，下着长裙，跣足，胸前戴圆形项圈，项圈垂饰璎珞。左侧菩萨台座残，高76、座高13厘米，冠上饰卷草纹，缯带垂至肩后，发辫披肩，两鬓各有一条发辫垂下呈"U"形，经耳前折向头后；戴耳环，颈部残存两道蚕纹；左手掌心向外提瓶垂身侧，右手握一柳枝于胸侧（图29-22）。右侧菩萨高72、座高20厘米，束高髻，冠上饰卷草纹，冠前中央似雕一花朵，冠顶后部披一布帛，垂至两肩，缯带垂至胸前，颈部有两道蚕纹；双手于身前持一带茎莲蕾，左手于胸前握莲茎中部，右手于腰侧持莲茎下端，莲蕾伸至头左侧（图29-23）。

左、右侧靠内一身菩萨头顶各有一祥云，祥云下饰菩提树叶。祥云上各雕一飞天相向而飞，均束高髻，戴小冠，面部短圆，双耳硕大；上着衣，下着裙，腰束带，裙腰外翻，飘带经头后于胸前横过一道，绕两臂后斜飘于体外，身体上方装饰莲蕾和菩提树叶。左侧飞天颈部有两道蚕纹，左手戴腕钏；托一圆形物于身后头侧，右手托一莲花于头前，面向右前方斜飞。右侧飞天左手似托一莲花于身前，右手

图29-14 侯家湾第5龛（东北→西南）

侯家湾

图 29-15　侯家湾第 5 龛中央佛（东北→西南）

图 29-16 侯家湾第 5 龛左侧弟子头部（东北→西南）

图 29-17 侯家湾第 5 龛右侧弟子头部（东北→西南）

似托一莲蕾于身后头侧，面向左下方斜飞（图 29-24）。

二飞天外侧各有一祥云，祥云下饰菩提树叶，祥云上各雕五佛结跏趺坐于仰莲圆座上，每身佛头后及两佛间均有莲蕾和菩提树叶。左侧五身均面部残，从内至外第五身，全身风化严重，仅存轮廓。第一至四身均有肉髻，第一、三身着通肩式袈裟，第二、四身着双领下垂式袈裟。第一身双手笼袖中置胸前；第二身左手于腹前捧一圆形物，右手覆物上；第三身双手合十胸前；第四身左手掌心向上于腹前托一物，右手抚膝。右侧五身均头部残，有肉髻，双耳硕大，着通肩式袈裟。从内至外第一身颈部残存两道蚕纹，双手笼袖中置胸前；第二身颈部有两道蚕纹，双手合十胸前；第三身双手相交于腹前捧一圆形物；第四身双手笼袖中置胸前；第五身左手掌心向上似置腹前，右手似向上伸出食指和中指置胸前（图 29-25）。

侯家湾

图 29-18　侯家湾第 5 龛左侧靠内菩萨（东北→西南）

图 29-19 侯家湾第 5 龛右侧靠内菩萨（东北→西南）

侯家湾

图 29-20　侯家湾第 5 龛左侧中央立像（东北→西南）

安岳石窟内容总录

图 29-21　侯家湾第 5 龛右侧中央立像（东北→西南）

侯家湾

图 29-22　侯家湾第 5 龛左侧靠外菩萨（东北→西南）

安岳石窟内容总录

图 29-23　侯家湾第 5 龛右侧靠外菩萨（东北→西南）

侯家湾

图 29-24　侯家湾第 5 龛右侧飞天（东北→西南）

图 29-25　侯家湾第 5 龛右侧小佛（东北→西南）

【第6龛】

位置：第二号石包北侧壁面上层西侧，第5龛右，第7龛左，右壁被第7龛打破。
年代：南宋。
龛形：拱形龛，平面呈弧形，宽98、高95、深31厘米，龛向25度；龛顶及龛底外侧雕纹饰，似表现山形。
保存情况：左壁中部残损，佛右手脱落。
造像内容：正壁前造一佛二弟子二菩萨。佛居中，结跏趺坐于束腰方座上，高45、座高33厘米。螺发，肉髻，头前中央有髻珠，面部长圆，眉目细长，双目下视，耳垂硕大。内着僧祇支，外着双领下垂式袈裟，腰束带，衣摆覆座上部，左手戴腕钏。左手托一圆物于腹前，右手似抬起置胸侧。座上部饰仰莲，束腰处为方形，前部雕一壶门，下部饰覆莲。

弟子立佛左、右侧。左侧弟子高38厘米，面部长圆，内着交领衣，外着袒右式袈裟，袈裟一角系于左肩前垂下的钩钮上，双手合十胸前；右侧弟子高37厘米，面部苍老，内着交领衣，外着袒右式袈裟，左手握右手手指、掌心向内置胸前。

菩萨结跏趺坐于弟子外侧束腰方座上，束腰外鼓，方座前方左右各有一仰莲小圆台，莲台下端有莲茎。菩萨束髻，戴高冠，冠上饰卷草纹，缯带垂于肩后，发辫垂及胸前，面部长圆，颈部残存两道蚕纹。下着长裙，腰束带，束带垂于方座前，裙摆覆座前，披巾自两肩垂下，绕两臂后下垂至小圆台上。戴双层项圈，项圈中部有一长条形饰件垂下。左侧菩萨高47、座高28厘米，左手搭一长条布帛，掌心向上托一物，右手执布帛上端，掌心向下置左手上方；右侧菩萨高47、座高30厘米，双手于身前执一如意。菩萨右下方雕一祥云（图29-26）。

图29-26　侯家湾第6龛（东北→西南）

【第 7 龛】

位置：第二号石包北侧壁面上层中部，第 6 龛右，第 8 龛左，利用第 6、8 龛之间的崖面雕造，分别打破第 6 龛右壁、第 8 龛左壁。

年代：南宋。

龛形：不明，仅存后壁，宽 14、高 130、深 26 厘米，龛向 10 度。龛外底部雕出山石及流云，龛外左、右侧上部雕出祥云。

保存情况：龛顶部残损。

造像内容：正壁前造一方形楼阁式塔，顶部残，通高 130 厘米。共七级，向上略有收分，每级面向龛外一侧均开一圆形小龛，龛内雕一佛结跏趺坐于龛底，内着僧祇支，腹前束带打结，外着双领下垂式袈裟，双手笼袖中置腹前，龛底覆帷幔。每级左、右侧均装饰四曲式壸门，塔前及左、右侧均有祥云（图 29-27）。

图 29-27　侯家湾第 7 龛（东北→西南）

【第8龛】

位置：第二号石包北侧壁面上层中部，第7龛右，第9龛左，左侧被第7龛打破。
年代：南宋。
龛形：方形龛，残宽98、高84、深40厘米，龛向20度。龛顶上方及龛底下方均雕纹饰，似表现山形。
保存情况：左壁及龛底外侧略有残损，造像局部残损。
造像内容：正壁前造三菩萨（图29-28）。左侧菩萨坐于仰莲方座上，左手残，高42、座高32厘米。束高髻，戴冠，冠上有纹饰，缯带飘肩侧，发辫垂至胸前，面部长圆，颈部有三道蚕纹。着僧祇支，下着长裙，腰束带，裙腰外翻，裙摆搭座前，跣足，披巾自两肩下垂至台座两侧。戴双层项圈，项圈中部垂下一圆形饰件，左右侧各有一璎珞垂下；右手戴腕钏。右手持一串珠，可见双手相交抱右腿，左腿盘坐于莲座上，右腿屈起置左腿前踏莲台。仰莲方座下有一圆形兽足几，几下雕一八角形台基（图29-29）。

图29-28 侯家湾第8龛（东北→西南）

侯家湾

中间菩萨立仰莲圆座上,头部残,残高60、座高16厘米。似戴冠,缯带飘于肩侧,上着僧祇支,胸下束带,下着裙,腰束带,裙腰外翻,衣带于两腿间下垂及座,跣足;披巾自两肩垂下,于腹前横过两道后下垂及座。戴圆形项圈,中部下垂长条形饰件,两侧似垂下璎珞。左手微屈肘置体侧,右手抬至胸侧似执一物。莲台下方有祥云。

右侧菩萨双足各踏一仰莲圆台而立,头部、左肩、左壁及双手残,残高60、座高17厘米。内着僧祇支,腹前束带打结,外着双领下垂式袈裟,下着长裙,腰束带,衣带于两腿间下垂及座。左手似置腹前,右手持一锡杖于身侧,锡杖下端拄地,上端呈尖桃形。仰莲圆台下各有一圆形台基。

图29-29 侯家湾第8龛左侧菩萨(东北→西南)

【第 9 龛】

位置：第二号石包北侧壁面上层中部，第 8 龛右，第 10 龛正上，第 11 龛左，打破第 11 龛左壁。

年代：南宋。

龛形：方形龛，平面呈横长方形，宽 142、高 101、深 58 厘米，龛向 16 度。龛顶上方雕纹饰，似表现山形。

保存情况：左壁中部略有残损，无右壁。

造像内容：正壁前造一佛二弟子二菩萨。佛居中，结跏趺坐于方形台座上，头部及右手残，残高 63、座高 11 厘米。有尖桃形头光，椭圆形身光，内着僧祇支，腹前束带打结，外着双领下垂式袈裟，袈裟一角系于左肩前垂下的钩钮上，衣摆覆台座前。左手抚膝，右手似置身前。台座前方并列雕两个仰莲小圆台，圆台下有祥云承托。小圆台下有一横长方形台基，前方饰云纹。

弟子立佛左、右内侧的方形台座上。均有双层圆形头光，面部长圆，眉骨凸出，颈部有三道蚕纹；内着两层交领衣，内层宽袖，外层广袖，外着袒右式袈裟，足穿鞋。左侧弟子高 58、座高 4 厘米，双手拱胸前；右侧弟子高 57、座高 8 厘米，袈裟一角系左肩前垂下的钩钮上，双手拱胸前。

菩萨立佛左、右外侧的仰莲圆座上。均有尖桃形头光，跣足。左侧菩萨腰部以上残损严重，全身风化，残高 60、座高 9 厘米。缯带飘头侧，着长裙，裙腰外翻，披巾于腹前横过两道后垂于身侧，腰左扭。右侧菩萨右臂肩部以下脱落，高 59、座高 8 厘米。戴高冠，缯带垂胸前，颈部残存两道蚕纹。上着僧祇支，于胸下束带，下着长裙，腰束带，裙腰外翻，披巾自两肩垂下，于腹下横过两道后飘于身侧，右侧披巾下端飘至第 11 龛左壁，戴圆形项圈。左手握一物于胸前，腰右扭，面向右前方。莲座下浮雕祥云（图 29-30）。

【第 10 龛】

位置：第二号石包北侧壁面下层中部，第 9 龛正下。

年代：南宋。

龛形：方形龛，平面呈横长方形，宽 71、高 51、深 14 厘米，龛向 19 度。左右壁外侧均雕纹饰，似表现山形，龛顶雕纹饰，似表现云。

保存情况：龛内正壁右下方有一方形凹槽，左壁下部有一道长条形凹槽，造像局部残损。

造像内容：正壁前造一佛一菩萨立束腰仰覆莲圆台上。有尖桃形头光，头光上部延伸至龛顶，跣足。菩萨居左侧，面部及双手残，高 37、座高 5 厘米。戴高冠，缯带垂肩后，颈部有三道蚕纹。内着僧祇支，外着双领下垂式袈裟，下着长裙。戴项圈，项圈中部有长条形饰件垂下。双手置腹前。佛居右侧，颈部以上大部分脱落，双手及执物残，残高 34、座高 8 厘米。内着僧祇支，外着双领下垂式袈裟，下着长裙。双手似于胸前捧一物。二菩萨身侧自龛底伸出长茎莲叶、莲蕾，中间莲蕾伸至肩侧，两侧莲蕾伸至头侧（图 29-31）。

侯家湾

图 29-30　侯家湾第 9 龛（东北→西南）

图29-31 侯家湾第10龛(东北→西南)

【第 11 龛】

位置：第二号石包北侧壁面上层中部，第 12 龛左，第 9 龛右，左、右壁分别被第 9、12 龛打破。
年代：南宋。
龛形：单层龛，龛形不明。残宽 65、残高 124、残深 23 厘米，龛向 32 度；右壁下部雕纹饰，似表现山形。
保存情况：龛顶左侧及龛底略有残损，左壁及右壁上部无存。
造像内容：龛底中央设坛，高 19 厘米，坛上造一菩萨立仰莲圆座上。右手残，高 74、座高 10 厘米。有尖桃形头光，戴花冠，缯带飘肩侧，颈部残存一道蚕纹。内着僧祇支，腰部束带打结，外着双领下垂式袈裟，下着长裙，跣足。戴双层项圈，项圈中部及两侧有饰件垂下。左手掌心向内置腹侧，右手屈肘抬起。莲台下方及左侧雕祥云，祥云延伸至坛前部（图 29-32）。

【第 12 龛】

位置：第二号石包北侧壁面上层东部，第 11 龛右，第 12-1 龛左，打破第 11、12-1 龛。
年代：南宋。
龛形：拱形龛，平面呈横长方形，残宽 75、高 100、深 24 厘米，龛向 15 度；龛底外侧雕流云。
保存情况：左、右壁皆不存。造像局部风化、残损，残存后代装彩痕。
造像内容：正壁前造二菩萨立仰莲圆座上。有尖桃形头光，戴花冠，缯带下垂，发辫垂肩，面部长圆。上着僧祇支，腹前束带打结，下着长裙，腰束带，裙腰外翻，披巾自左右肩垂下横过腹前绕左右臂后垂于身侧，跣足。戴圆形项圈，项圈上垂饰璎珞和流苏。左侧菩萨面部、右手残，高 68、座高 13 厘米，颈部有两道蚕纹，左手伸出食指执串珠置腹侧，右手置胸侧；右侧菩萨面部、右臂残，肘部以上风化严重，高 69、座高 15 厘米，颈部残存一道蚕纹，左手戴腕钏，左手持披巾置身侧，右手置胸侧。

仰莲台下浮雕祥云，正壁左侧雕祥云和山石，山石之上生出三棵树，枝叶直至龛顶（图 29-33）。

图 29-32 侯家湾第 11 龛（东北→西南）

侯家湾

图 29-33　侯家湾第 12 龛（东北→西南）

【第 12-1 龛】

位置：第二号石包北侧壁面东端，第 12 龛右，左侧被第 12 龛打破。

年代：南宋。

龛形：方形龛，平面呈横长方形，残宽 53、高 78、深 24 厘米，龛向 20 度。

保存情况：龛顶、右壁残损严重，左壁不存。造像风化严重。

造像内容：正壁前造一像结跏趺坐于山座上。风化严重，高 34、座高 18 厘米。戴风帽，着双领下垂式袈裟，衣摆覆台座前，双手笼袖中置腹前。台座前部雕莲叶，前方并列雕两个仰莲小圆台，圆台下浮雕祥云（图 29-34）。

【第 13 龛】

位置：第二号石包东侧壁面北端，第 12-1 龛右，第 14 龛左。

年代：晚唐五代。

图 29-34　侯家湾第 12-1 龛（东北→西南）

龛形：外方内拱形龛，内龛平面呈宽"U"字形，外龛宽 197、高 151、深 104 厘米，内龛宽 171、高 120、深 88 厘米，龛向 80 度。

保存情况：外龛顶部、底部残。内龛后壁及造像下部有烟熏痕迹，龛底有凿痕，龛外左、右侧及底部有榫孔。

造像内容：正壁前起低台，高 4 厘米，台上造三佛。有内圆外尖桃形头光和双层椭圆形身光。中央佛垂足倚坐于束腰方座上，座前左、右各雕一仰莲小圆台，右手残，高 91、莲台高 14 厘米。螺发，肉髻，面部方圆，双耳硕大，颈部有三道蚕纹。内着僧祇支，胸前束带打结，外着双领下垂式袈裟，下裙呈百褶状，跣足。左手抚膝，右手抬起，双足各踏一仰莲小圆台，圆台下有方形台基。

左侧佛结跏趺坐于束腰方座上，高 64、座高 46 厘米。有肉髻，遍布细密的波浪纹卷发，面部长圆，双耳硕大，颈部有三道蚕纹。内着僧祇支，胸前束带打结，外着双领下垂式袈裟。左手掌心向上托钵置膝上，右手抬起。台座上覆帷幔。

右侧佛结跏趺坐于束腰仰莲圆座上，高 65、座高 44 厘米。头光及身光内层装饰莲瓣，有肉髻，面部长圆，双目睁开，双耳硕大，颈部有三道蚕纹。着通肩式袈裟。双手于腹前结弥陀定印。台座束腰处为一层圆形台，下部为一层台基（图 29-35）。

侯家湾

图 29-35　侯家湾第 13 龛（东→西）

【第 14 龛】

位置:第二号石包东侧壁面中部,第 13 龛右,第 15 龛左。

年代:晚唐五代。

龛形:方形龛,平面呈弧形,宽 220、高 150、深 74 厘米,龛向 85 度;上方两角有三角形弧撑。

保存情况:龛顶、左壁残损。左、右壁有凿痕,造像存后代装彩痕。

造像内容:正壁前造一佛二弟子二菩萨(图 29-36)。佛居中,倚坐于方座上,座前雕两个仰莲小方台,右手残,高 105、座高 19 厘米。有内圆外尖桃形头光,双层椭圆形身光,内层皆饰莲瓣。肉髻,遍布细密螺发,面部长圆,双耳硕大,颈部有三道蚕纹。内着僧祇支,胸前束带打结,外着双领下垂式袈裟,下裙呈百褶状,跣足。左手抚膝,右手抬起,双足各踏一仰莲小方台。二莲台下有一倒凹字形台基。

弟子立佛左、右内侧的仰莲圆座上。皆双手残,有双层圆形头光,内层装饰莲瓣。光头,内着宽袖衣,外着交领式袈裟,跣足。双手合十胸前。莲台下有两层圆形台基。左侧弟子高 83、座高 20 厘米,光头,面容苍老,神情恬静,双耳硕大,颈部青筋暴露,锁骨凸出,袈裟衣摆搭于左臂上;右侧弟子高 81、座高 19 厘米,面部长圆,颈部有三道蚕纹,内着僧祇支。

菩萨立佛左、右外侧的仰莲圆座上。均有尖桃形头光,戴高冠,发辫垂肩,缯带下垂,面部长圆,颈部三道蚕纹。上身着僧祇支,下着长裙,腰系带,裙腰外翻,跣足。胸前戴一圆形项圈,两侧各有一道璎珞垂下于腹前相交呈"X"形,相交处为团花状,相交后垂至膝前折向身后。莲台下有两层圆形台基。左侧菩萨风化严重,高 86、座高 17 厘米,披巾自两肩垂下横过腹、腿前,绕左右臂后垂于身侧。左手提瓶垂身侧,右手似执杨柳枝举肩前。右侧菩萨左手残,高 92、座高 10 厘米,披巾自两肩垂下绕左右臂后垂于身侧,戴腕钏,左手托璎珞上的宝珠于胸前,右手握披巾垂身侧(图 29-37)。

左、右壁近龛口处各雕一力士立龛底。均有圆形头光,束髻,颈部青筋暴露,上身赤裸,肌肉结实,下着及膝战裙,腰束带,裙腰外翻,跣足,飘带经头后绕腰带垂于身侧。左侧力士头部、左臂残,高 54 厘米,裙摆飘向右侧,左手置头侧,右手握拳屈肘向下置腰侧,腰左扭(图 29-38)。右侧力士面部残,高 60 厘米,裙摆飘向左侧,左手执飘带置腰侧,右手五指张开置头右侧,腰右扭。

侯家湾

图29-36　侯家湾第14龛（东→西）

图 29-37　侯家湾第 14 龛右侧菩萨（北→南）　　图 29-38　侯家湾第 14 龛左侧力士（南→北）

【第 15 龛】

位置：第二号石包东侧壁面南端，第 14 龛右。

年代：晚唐五代。

龛形：外方内拱形龛。内龛平面呈横长方形，后壁略弧。外龛宽 224、高 141、深 68 厘米，内龛宽 187、高 124、深 57 厘米，龛向 85 度。

保存情况：外龛顶部左、右侧及底部残。龛外右侧及底部凿平，遍布粗大凿痕。

造像内容：内龛环三壁造小像三十一身，佛像二十九身，菩萨像两身，分上下三排（图 29-39）。佛均结跏趺坐于仰莲方座上，头部皆残，均高 25、座均高 9 厘米，有尖桃形头光，肉髻，莲台下有莲茎。菩萨立仰莲圆座上，头部残，均高 29、座均高 7 厘米，有尖桃形头光，戴高冠，内着僧祇支，下着长裙，披巾自两肩垂下，横过腿前绕左右臂后垂身侧，莲座下有莲茎。

1008

侯家湾

图 29-39 侯家湾第 15 龛（东→西）

从上往下第一排十身,左起第十身风化,仅存轮廓,第四、八身着通肩式袈裟,第五身着袒右式袈裟,余皆着交领袈裟。第一、九身双手笼袖中置胸前。第二身双手于身前执一长条形物,长条形物上方为圆形。第三身双手于腹前托一物。第四身双手于腹前结弥陀定印。第五身左手抚腿前,右手抚左胸前。第六身双手搭一布帛置腹前,其上托一圆形物。第七身双手于身前执一长条形物。第八身双手抚两腿。第十身戴风帽,双手笼袖中置腹前。

第二排十身,左起第一、七身着通肩式袈裟,余皆着交领袈裟。第一、四、十身双手笼袖中置腹前,第一身戴风帽。第二身左手置腹前,右手执串珠置胸前。第三身双手相交置腹前,左手抚右手。第五身左手抚左腿,右手似执物于右腿上。第六身双手于腹前结弥陀定印。第七身双手抚两腿上。第八身左手抚左腿,右手置右胸前。第九身双手搭一布帛置腹前,其上托一圆形物(图29-40)。

第三排十一身,其中左起第六身佛有尖桃形头光和椭圆形身光,着交领袈裟,双手置腹前。此佛左右侧各立一菩萨,左侧菩萨双手持一圆形物于左腹前;侧菩萨双手置身前。左起第八、九身,风化,仅存轮廓。第一、十一身着通肩式袈裟,余皆着交领袈裟。第一身双手于腹前结弥陀印。第二、十一身双手笼袖中置腹前,第十一身戴风帽。第三身左手抚于左腿前,右手置右胸前。第四、十身双手笼袖中置胸前。第八身残不可识。第九身左手抚左腿前。

内龛两侧龛口外侧各雕一身力士立山座上。头部、座残,身前风化,高59、座高3厘米。有圆形头光,束髻,颈部青筋暴露,上身赤裸,肌肉结实,下着及膝战裙,腰束带,裙腰外翻,飘带绕头后经两臂绕腰带后垂于身侧,跣足。左侧力士裙摆飘向右侧,左手握拳置头侧,右手握拳置腰侧,腰左扭。右侧力士高裙摆飘向左侧,左手握飘带置腰侧,右手五指张开置头侧,腰右扭。龛前起一层21厘米高的长方形台,其下另有一5厘米高的低台,长480厘米,贯穿第14、15龛前。

图29-40　侯家湾第15龛第二排小佛(东→西)

林凤镇

30 塔坡

塔坡摩崖造像位于安岳县林凤镇新坝村九组,地处名为塔坡的山体北侧裸露崖壁上,所在地势较高,海拔高程382米,现为四川省重点文物保护单位。造像南侧200米有村道通往林凤镇,前方依岩而建佛殿将造像笼覆其中。西、南侧有现代寺院,东、北侧为山坡,造像区周围遍布民居、农田。

造像共一龛,崖壁宽9.6、高7.5米,大致呈东西走向,位于山体北侧凸出位置,与两侧崖壁呈近90度转角,东段崩塌严重。造像崖壁顶部现存一塔基,直接开于基岩上。造像崖壁的西、南侧崖壁上开数龛现代造像(图30-1)。

塔坡

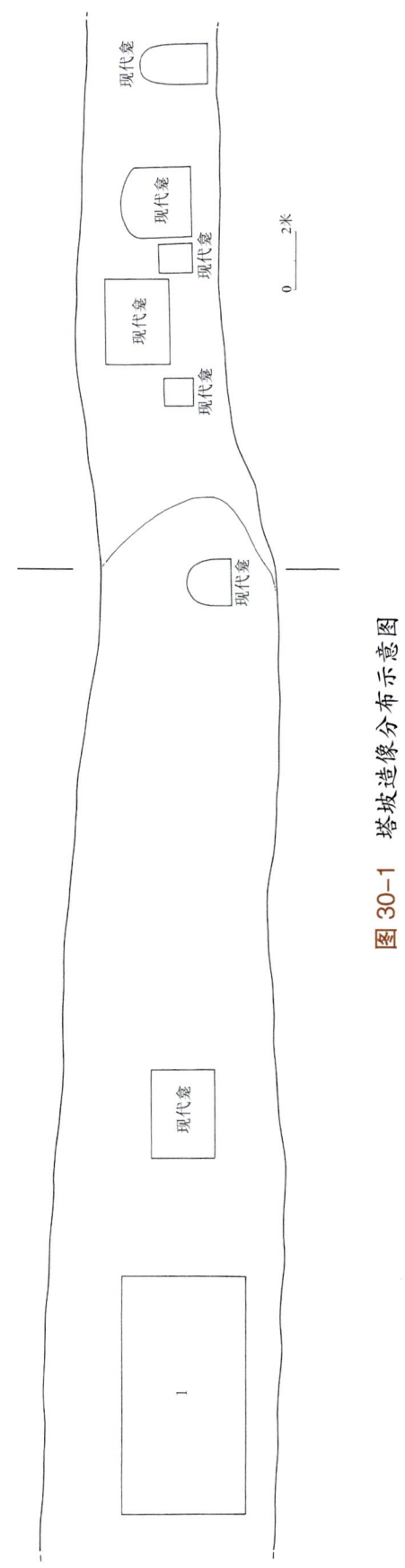

图 30-1　塔坡造像分布示意图

【第1龛】

位置：造像崖壁中部。

年代：南宋。

龛形：方形龛，平面呈横长方形，残宽810、高430、深290厘米，龛向25度。

保存情况：右壁不存，左壁下部崩塌。右壁、左壁下部及龛底外侧均有现代条石补砌的保坎。左壁遍布凿痕。造像均存后代装彩。

造像内容：正壁前造一佛二菩萨结跏趺坐于高25厘米通壁低台上（图30-2）。均内着僧祇支，于腹部束带打结，外披双领下垂式袈裟，下摆覆双腿；头微前低。佛居中，高375厘米；冠中央雕一像结跏趺坐于云座上，有圆形素面头光，头不存，着交领袈裟，腰束带，结带呈"八"字形垂于座前，露两膝，左臂空袖，应表现无左臂，右臂举胸前右侧，头光顶部雕火焰宝珠（图30-3）；佛螺发细密，面部宽圆，宽额，柳叶细眉，双目微睁下视，眼角斜长，鼻梁窄挺，鼻翼较圆，小嘴微张，薄唇，耳垂硕大，呈水滴形，侧脸宽大；双腕饰钏；双手拱胸前，左手握右手。

左侧菩萨高360厘米，头冠中央雕一像结跏趺坐于仰莲圆座上，似卷发，内着僧祇支，外披双领下垂式袈裟，下摆覆双腿，双手笼袖中，置腹前；菩萨两侧发辫分为三道，于耳后缠绕，一道垂于腋下，另两道垂于肩后（图30-4）；戴项圈，其下璎珞呈网状垂下，左手托一扁方形物于胸前左侧，经现代水泥修补，右手抚膝（图30-5）。右侧菩萨现高340厘米，上身分为三段，头及双手为现代补接；面相世俗，与佛、左侧菩萨迥异；戴项圈，其下璎珞呈网状垂下；左手现抚左膝，右手现置腹前托物（图30-6）。

塔坡

图30-2 塔坡第1龛（东北→西南）

图 30-3 塔坡第 1 龛中央佛头部（东北→西南）

塔坡

图 30-4　塔坡第 1 龛左侧菩萨头部（东南→西北）

图 30-5　塔坡第 1 龛左侧菩萨（东南→西北）

塔坡

图30-6　塔坡第1龛右侧菩萨（东北→西南）

正壁现存二十五个圆拱形小龛,位于佛、菩萨之间和左侧菩萨外侧壁面,分五排,从上至下第一至五排各七、五、五、五、三龛,左侧菩萨外侧仅一龛,其余各龛均对称分布于佛两侧。小龛大小一致,形制相同,宽61、深13厘米,佛高41~43、座高16~18厘米。小佛均结跏趺坐于仰莲圆座上,均有螺发,面部特征与主尊同;内着僧祇支,于腹部束带打结,外披双领下垂式袈裟,下摆覆双腿。从上至下第一排左起第一身双手似置于腹前,左侧榜题:文□……唐;第二身左手抬起,右手抚右膝,左侧榜题:南无智成光……;第三身左手抚左膝,右手抬起,左侧榜题残不可识;第四身左手置胸前,右手抚右膝,右肩上放出一道毫光(图30-7);第五身左手置腹前,右手置胸前;第六身双手笼袖中,置胸前;第七身与第五身同(图30-8)。

第二排左起第一身左手抚左膝,右手置胸前,左侧榜题:南无阿弥……顺元(图30-9);第二身双手置腹前,左侧榜题:南无边辨才成□大佛;第三身与第一身相同,左侧榜题:南无□□大佛(图30-10);第四身与第二身同,左侧榜题:……大佛;第五身双手抚左、右膝前,左侧榜题:……十日……(图30-11)。

第三排左起第一身左手屈肘置体侧,持花,伸于龛外右上方,右手抚右膝,左侧榜题:南无□十日大佛……(图30-12);第二身头向左前方,左手抚左膝,右手屈肘置体侧,掌上覆一布帛,布帛上托一法轮,左侧榜题:南无金色……;第三身头向左前方,左手屈肘托物于体侧,右手抚右膝,左侧榜题:南无……(图30-13);第四身双手于胸前合十;第五身左手抚左膝,右手置胸前,左侧榜题:……个大佛□□了因(图30-14)。

第四排左起第一身双手置腹前,右侧榜题:南无差别知见佛了见(图30-15);第二身,双手笼袖中,置腹前,右侧榜题:……了见;第三身头侧有卷发,双手置胸前,右侧榜题:……了连(图30-16);第四身头微向右侧,双手掌心向上置于腹前,右侧榜题:南无……;第五身头微向左侧,双手抚两膝前,胸前向左右放出两道毫光,左侧榜题:南无须……(图30-17)。

第五排左起第一身风化不可识;第二身双手笼袖中,置腹前,头侧向左、右各放出一道毫光,左侧榜题:南无光轮大佛□□了光(图30-18);第三身左手抚左膝,右手置胸前,右侧榜题:南无□……了宝(图30-19)。

左壁上部右侧开一圆形小龛,顶部、左壁残,宽82、深25厘米。龛内造一像结跏趺坐于仰莲座上,头、上身残,高60、座高26厘米。内着僧祇支,腹前束带打结,外着双领下垂式袈裟。左手抚左膝,右手抬起,台座上覆帷幔。

龛底通壁低台前部有一长方形案,由条石砌成,右侧残损,案面长734、残宽96、高121厘米,下部浮雕出案身和案腿,案身前部残存三个长方形框,其内凿出花卉和龙。案前中部有一圆形香炉,香炉外侧雕刻二龙相对而立,身周有云彩环绕。

左壁中部有摩崖刊刻的同治年间补修殿宇题刻一则,其左下方立一方记载同治年间修补造像的碑刻。

塔坡

图 30–7　塔坡第 1 龛第一排左起第二至四身小佛（东北→西南）

图30-8 塔坡第1龛第一排左起第五至七身小佛（东北→西南）

塔坡

图30-9　塔坡第1龛第二排左起第一身小佛（东北→西南）

图 30-10 塔坡第 1 龛第二排左起第二、三身小佛（东北→西南）

塔坡

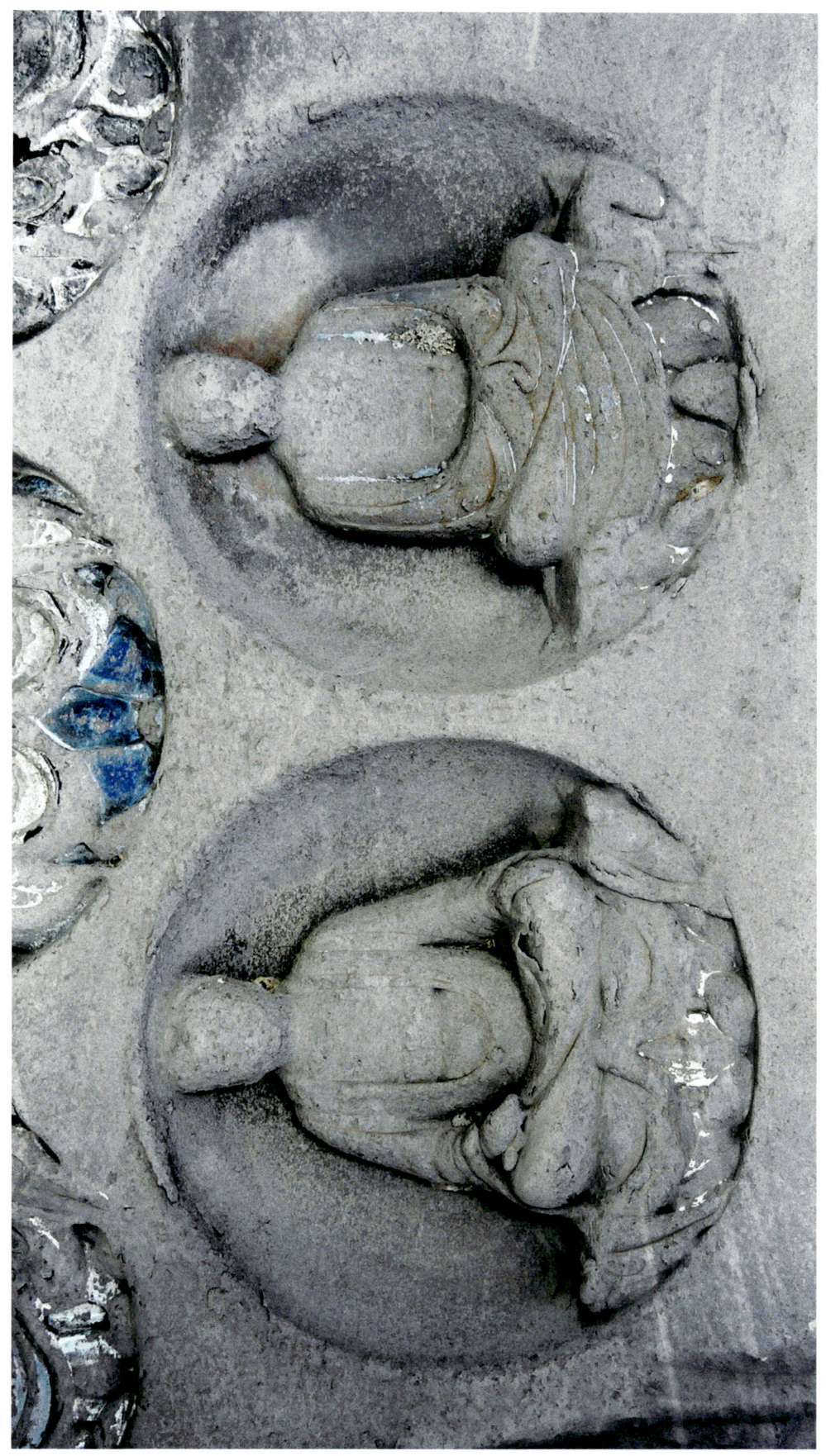

图 30-11　塔坡第 1 龛第 11 排左起第四、五身小佛（东北→西南）

图 30-12 塔坡第 1 龛第三排左起第一身小佛（东北→西南）

塔坡

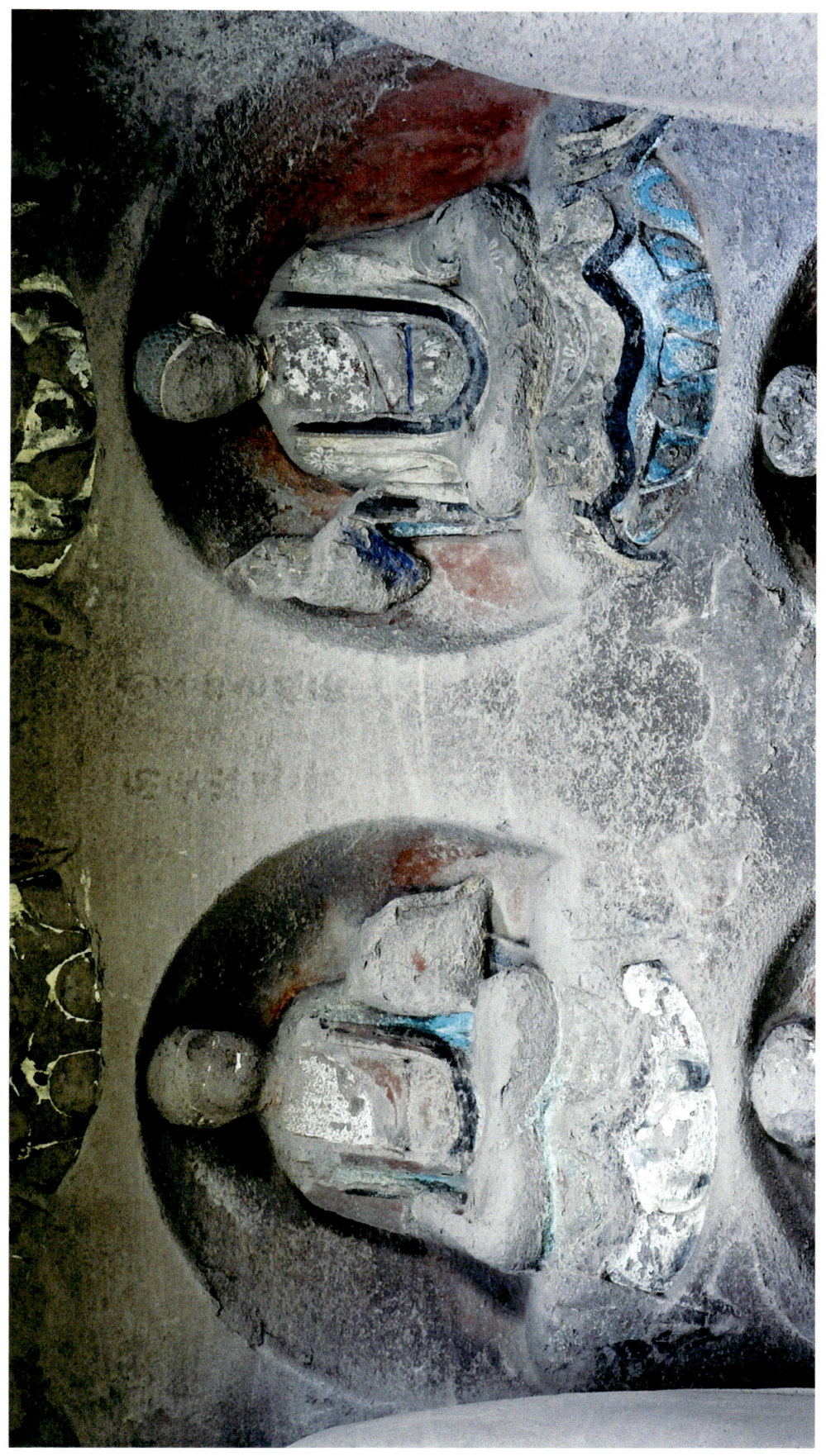

图30-13 塔坡第1龛第三排左起第二、三身小佛(东北→西南)

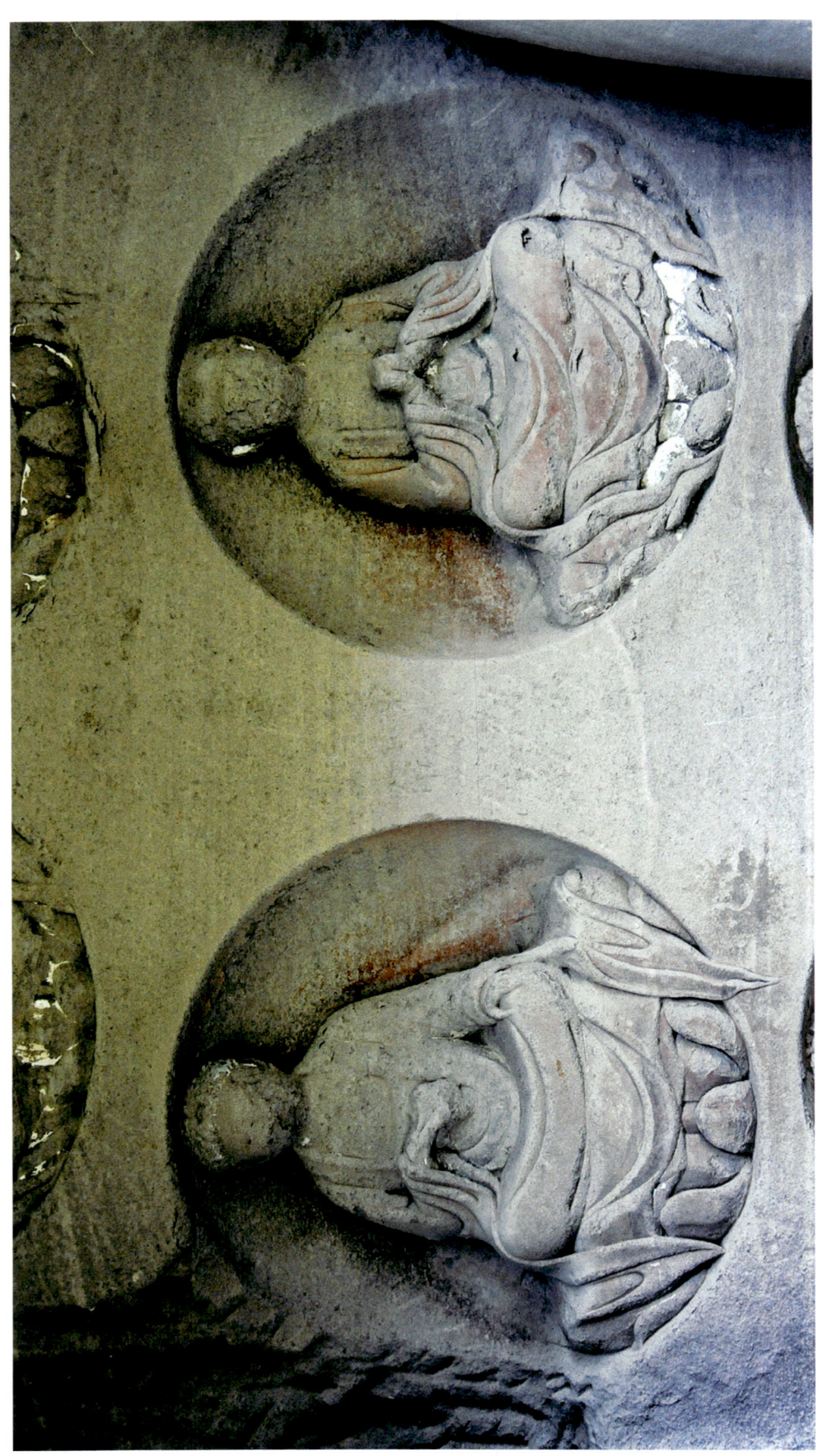

图30-14 塔坡第1龛第三排左起第四、五身小佛(东北→西南)

塔坡

图 30-15　塔坡第 1 龛第四排左起第一身小佛（东北→西南）

图 30-16　塔坡第 1 龛第四排左起第二、三身小佛（东北→西南）

塔坡

图30-17 塔坡第1龛第四排左起第四、五身小佛(东北→西南)

图30-18 塔坡第1龛第五排左起第二身小佛(东北→西南)

图30-19 塔坡第1龛第五排左起第三身小佛(东北→西南)

林凤镇

③₁ 大通寺

大通寺摩崖造像位于安岳县林凤镇新坝村九组,地处大佛嘴坡东北侧,海拔高程340米。造像前方有上、下山小道与侯家湾摩崖造像相通,现为安岳县重点文物保护单位。

造像位于大佛嘴坡东北侧一宽12.5、高6.7米裸露崖壁上,共两龛,大致呈西南－东北走向,所在位置外凸于两侧崖壁,崖壁上凸下凹,对造像形成天然遮挡。崖壁凸出处中央开第1龛,崖壁向西南转折处接第1龛龛楣开第1-1龛(图31-1)。造像前依岩搭建简易木构佛殿,将造像主体笼罩其中。造像两侧壁面崩塌严重,现有条石砌筑的保坎,造像崖壁内有少量榫孔,部分插入龛前建筑横梁。造像及壁面遍覆后代装彩,头、臂多经黄泥修补。

采用第三次全国文物普查编号,增编第1-1龛。

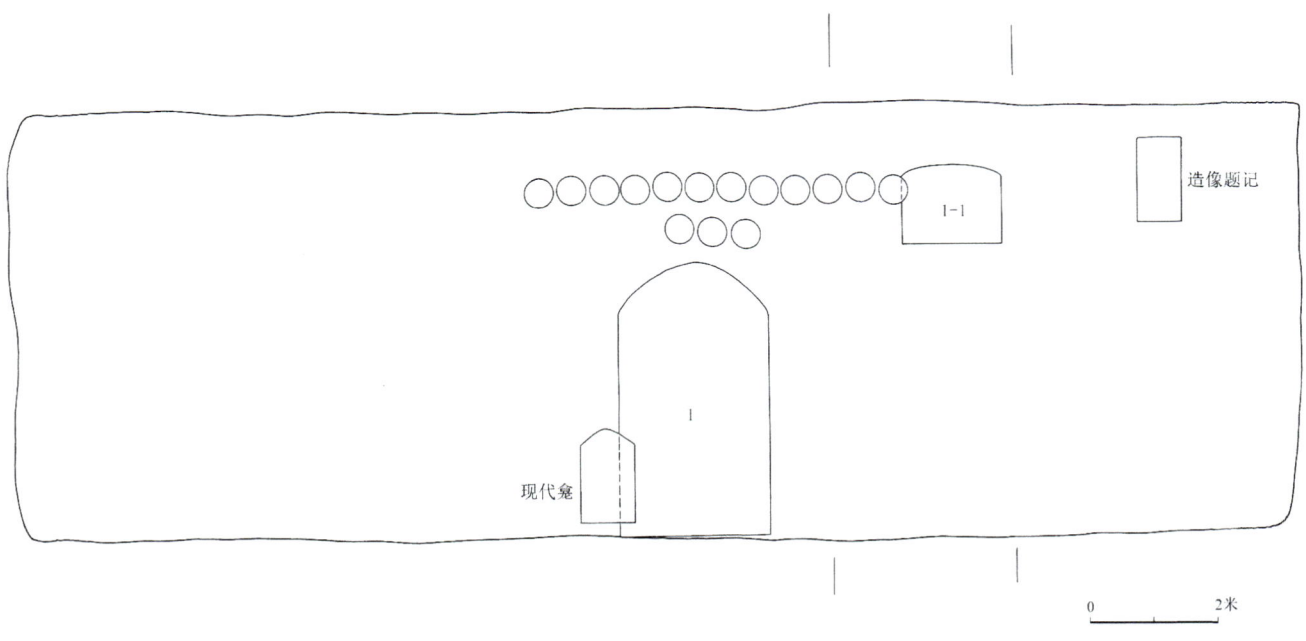

图31-1　大通寺造像分布示意图

大通寺

【第1龛】

位置：造像崖壁中部，第1-1龛右。

年代：永乐十一年（1413年）。

龛形：尖拱形敞口龛，平面呈弧形，残宽210、高427、深108厘米，龛向40度。

保存情况：仅存正壁中央部分及龛楣。残损的两侧壁面有条石补砌加固，龛楣左、右各有三个方形榫孔。造像遍覆后代装彩。

造像内容：正壁中央造一佛立台座上，高338、座高21厘米（图31-2）。头顶中央存凿痕，肉髻不存，螺发细密，面部宽圆，额部宽平，柳叶细眉，双目微睁，下视，鼻梁挺直，小嘴闭唇，唇较薄，侧脸较宽，颈部有两道蚕纹（图31-3）。内着僧祇支，于腹部束带打结，下着长裙，外披双领下垂式袈裟，跣足。左手置腹前，掌心向上，下有祥云承托，右手垂体侧，掌心向外，右腕缠绕一圈念珠。

龛楣磨平，开上、下两排圆形浅龛，上层十二龛，下层三龛，均宽45、深13厘米，龛内各造一小佛（图31-4）。小佛面部多经黄泥修补，全身有后代装彩，均高42～44厘米。经修补的头部有螺发，面部特征与下方主尊差异较大；内着僧祇支，外披双领下垂式袈裟，下摆覆双腿，悬垂座前；均结跏趺坐。上排左起第一身双手置腹前；第二身左手抚膝，右手似举右肩前；第三身双手笼袖中，置腹前；第四身双手笼袖中，置腹前；第五身左手掌心向下，置体侧，右手置腹前；第六身双手于腹前结禅定印；第七身双手笼袖中，置腹前；第八身双手于腹前结弥陀定印；第九、十身双手笼袖中，置腹前；第十一身左手于腹前托一圆形物，右手抚膝；第十二身左手置腹前，右手伸指置体侧。

下层三龛位于上层下方中央。左起第一身双手笼袖中，置腹前，左侧榜题：春明；第二身左手掌心向上，置腹前，右手伸出食指和中指置体侧；第三身双手笼袖中，置腹前，右侧榜题：于妙果（图31-5）。

下层造像左、右侧各浅刻三个大字，左侧从左至右：灵鹫山，右侧从左至右为：大通寺。"大""通"二字间上部阴刻"戊□年"三字。"寺"字右下方竖刻"癸巳年"三字。造像西侧房顶上方有一摩崖题刻，无法近距离释读，据照片可知，其内容为永乐十一年（1413年）造西方接引佛、三世佛、十二光佛之事（图31-6）。

图 31-2　大通寺第 1 龛中央佛（东北→西南）

大通寺

图 31-3　大通寺第 1 龛中央佛头部（东北→西南）

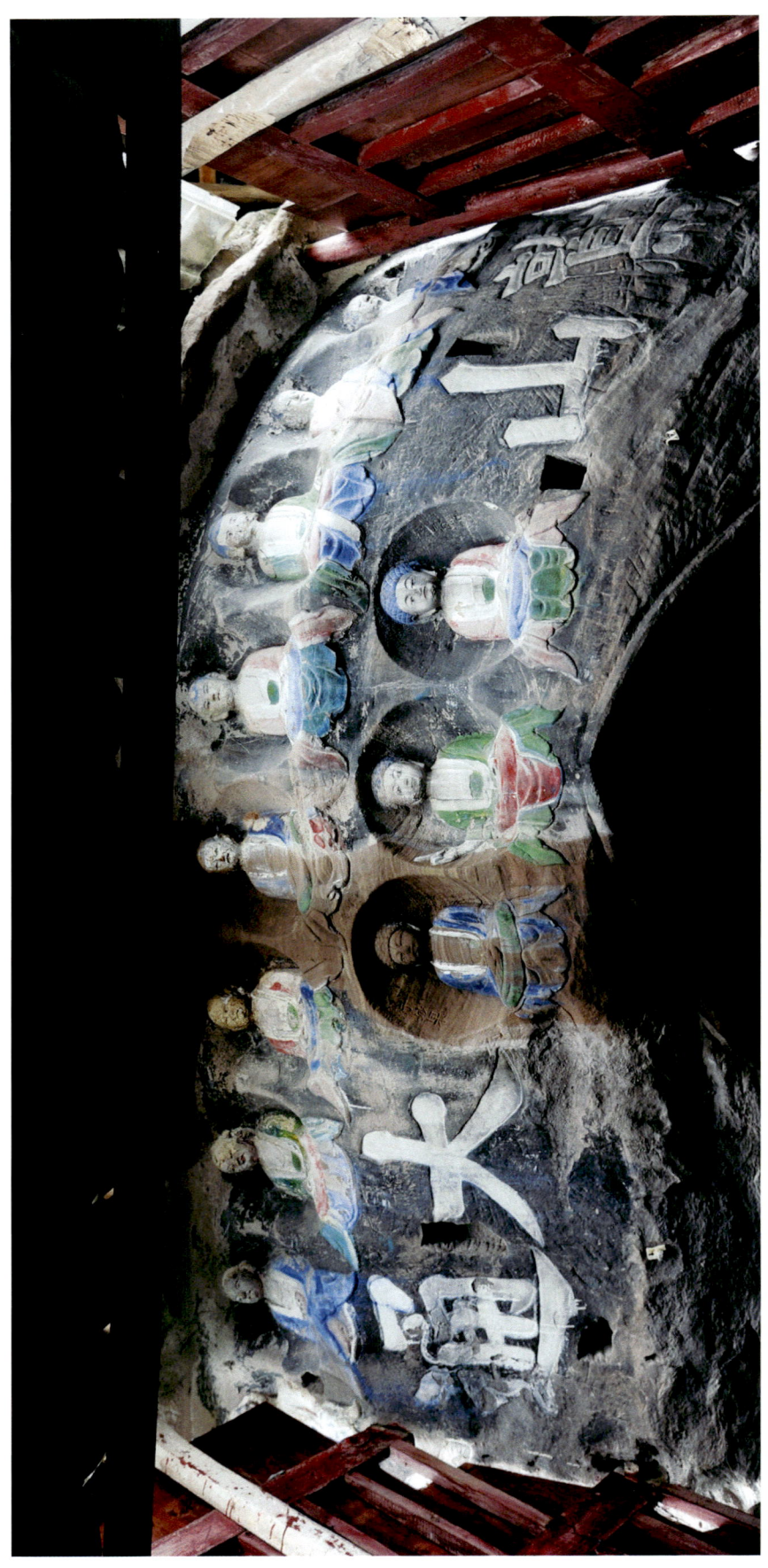

图31-4 大通寺第1龛顶部小龛(东北→西南)

大通寺

图 31-5　大通寺第 1 龛顶部下层小龛（东北→西南）

图 31-6　大通寺第 1 龛西侧题刻
　　　　（东北→西南）

【第1-1龛】

位置：造像崖壁东侧向西南转角处，第1龛左。

年代：明。

龛形：拱形龛，平面近横长方形，宽150、高126、深42厘米，龛向323度。无右壁，正壁与第1龛龛楣小佛连通。

保存情况：龛形完整。造像及壁面遍覆装彩，左壁有密集凿痕，正壁下部有两个方形榫孔。

造像内容：正壁中部偏左上部开一圆拱形小龛，宽92、深23厘米，龛内造三头六臂菩萨坐于龛底，全身装彩，头经修补，高80厘米。戴化佛高冠，绾髻，正脸宽圆，颈部有三道浅蚕纹，左、右脸较小，忿怒相，头发上飘。着僧祇支，下着长裙，裙尾覆双腿，披巾自两肩垂下，于腿前横过，绕臂后垂于龛底左、右。戴宽环状腕钏及臂钏。左、右上手各托一圆饼形物于头侧，左、右中手分执绳索、短剑于体侧，左、右下手置腹前，共持一物，仅存下部短茎。

小龛左、右侧下部各雕一立像，头均经黄泥修补。左侧一身高70厘米，着交领袈裟，下着裙；左手抚胸，右手举体侧，伸出食指与中指，头微右偏。其右下方有一23厘米高小像，头经补塑，肩生双翼，双手合十胸前。右侧一身立像高56厘米，头经修补；内着广袖长袍，外着马褂，足穿鞋；双手笼袖中，左手举胸前左侧，右手垂体侧（图31-7）。

图31-7　大通寺第1-1龛（西北→东南）

高升乡

32 千佛岩

千佛岩摩崖造像位于安岳县高升乡天佛村六组，地处天宫山北侧山腰，海拔高程360米。有村道贯穿造像区，向东通往天佛村，向西与通往林凤镇、高升乡的公路相连。造像区四周密布农田，南侧与高升乡天宫山、雷神洞、大佛寺摩崖造像相距不远。现为四川省重点文物保护单位。

造像开于三处独立的红砂岩石包上，自南向北分别编号第一至三号石包（图32-1、32-2、32-3），共二十七龛。第一号石包位于村道南侧，位置较高，北侧壁面宽8.1、高5.3米，自西向东开第1～6龛，前方依岩搭建简易木棚，将造像笼罩其中，石包顶部外缘开排水槽，造像两侧多有榫孔，部分插入龛前建筑横梁（图32-4）。第二号石包位于村道北侧，第三号石包西侧，位置较低，北侧壁面宽6、高2.4米，自西向东开第7、8龛，壁面下部被埋，残损、风化严重（图32-5）。第三号石包位于现千佛岩大殿内，砖木结构的大殿将第三号石包笼覆其中，北侧壁面宽7.5、高3.5米，自西向东集中开凿第9～22龛，壁面存较多榫孔，东侧壁面狭窄，宽1.8、高2.2米，中央开第23龛（图32-6）。大殿内残存少量圆雕造像，造像区北侧陡坡存少量造像残件。造像曾长期暴露于旷野，多覆青苔和霉斑，少量造像经现代修补。

采用第三次全国文物普查编号，增编第13-1、13-2、13-3、22-1龛。

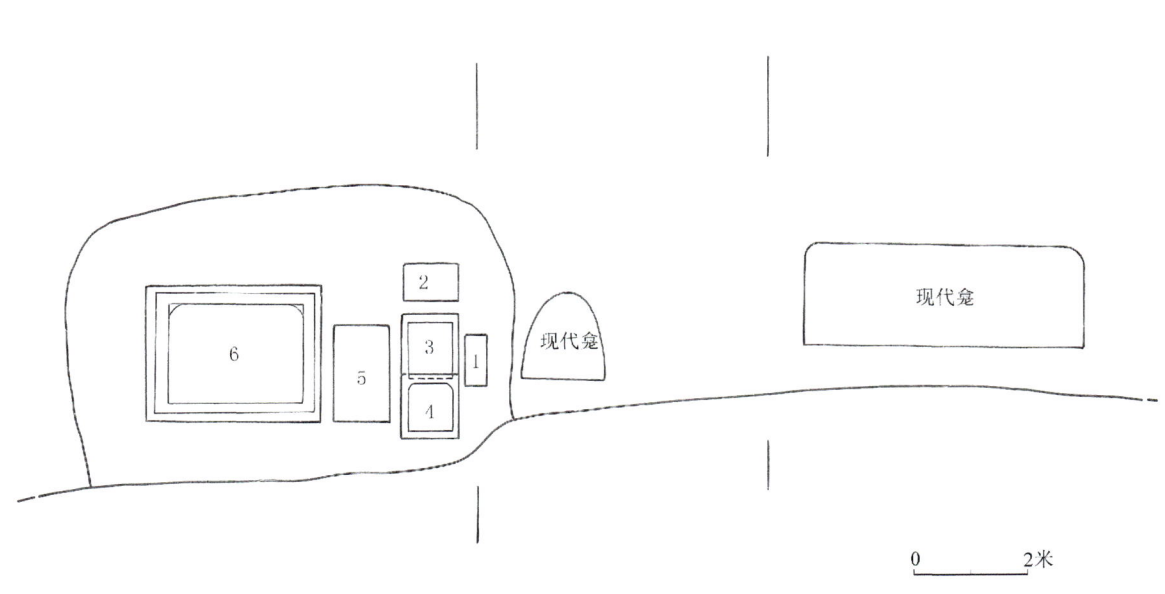

图32-1 高升乡千佛岩第一号石包造像分布示意图

高升乡千佛岩

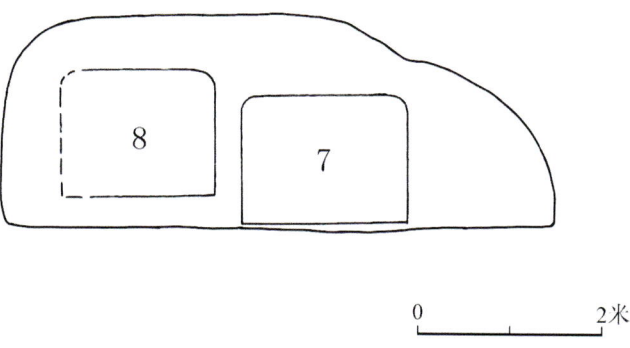

图 32-2　高升乡千佛岩第二号石包造像分布示意图

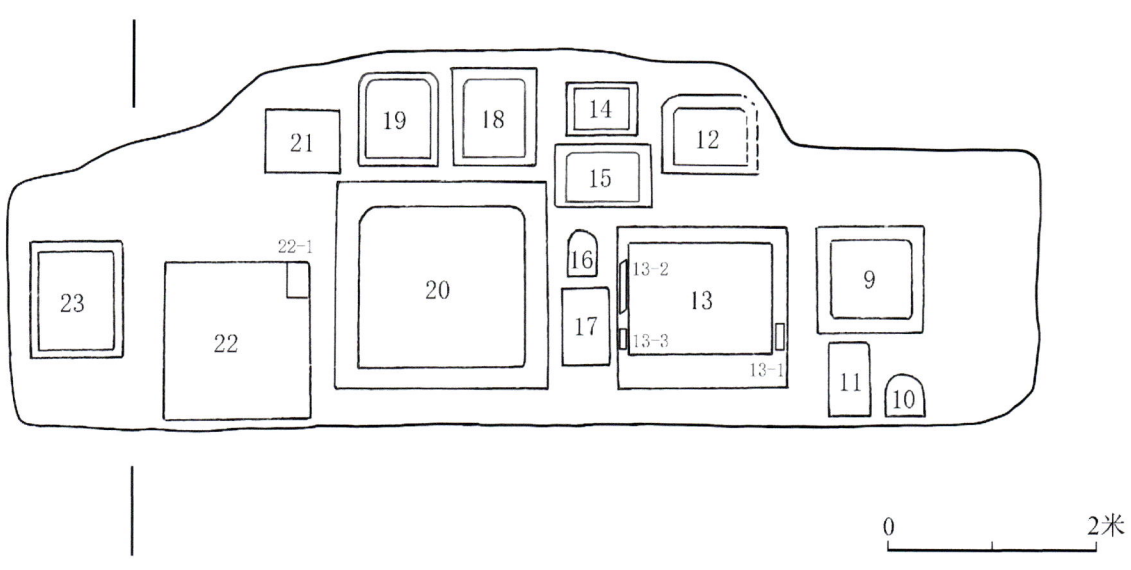

图 32-3　高升乡千佛岩第三号石包造像分布示意图

图 32-4　高升乡千佛岩第一号石包北侧壁面造像（东北→西南）

图 32-5　高升乡千佛岩第二号石包北侧壁面造像（东北→西南）

图 32-6　高升乡千佛岩第三号石包北侧壁面造像（西→东）

【第 1 龛】

位置：第一号石包北侧壁面西端，第 3 龛左。
年代：不明。
龛形：方形龛，平面呈横长方形，宽 44、高 91、深 10 厘米，龛向 340 度。
保存情况：左、右壁外侧残损严重。正壁密布纵向凿痕，正壁右侧存一列三个圆形榫孔。
造像内容：未见造像（图 32-7）。

图 32-7 高升乡千佛岩第 1 龛（西北→东南）

【第2龛】

位置：第一号石包北侧壁面西侧，第3龛上。
年代：不明。
龛形：方形龛，平面呈横长方形，宽101、高67、深11厘米，龛向347度。
保存情况：龛顶及右壁外侧略残。壁面遍覆青苔。
造像内容：正壁磨平，未见造像或字迹（图32-8）。

图32-8　高升乡千佛岩第2龛（西北→东南）

【第 3 龛】

位置：第一号石包北侧壁面西侧，第 1 龛右，第 2 龛下，第 4 龛上，第 5 龛左。

年代：晚唐五代。

龛形：双重方形龛，内龛平面近横长方形，外龛残宽 102、残高 105、深 27 厘米，内龛宽 80、高 98、深 12 厘米，龛向 350 度。

保存情况：外龛左、右壁及龛底残。造像及壁面残损严重，遍覆青苔。

造像内容：正壁前造三排坐像，残损严重。从上至下第一排坐像残损严重，仅存轮廓。第二排三身，左侧一身坐一台座上，高 21、座高 8 厘米，有尖桃形素面头光；右侧两身仅存残迹。第三排三身，坐台座上，有椭圆形素面身光；左侧两身仅存轮廓；右侧一身高 20、座高 8 厘米，双臂似置体前（图 32-9）。

图 32-9 高升乡千佛岩第 3 龛（西北—东南）

【第4龛】

位置：第一号石包北侧壁面西侧靠下，第3龛下，第5龛左。

年代：晚唐五代。

龛形：外方内拱形龛，内龛平面近方形，外龛宽100、高120、深33厘米，内龛宽80、高101、深24厘米，龛向340度。

保存情况：外龛顶和左、右壁上部残，造像和壁面遍覆青苔和霉斑。

造像内容：正壁前造一像倚坐于方椅上，高84厘米。戴直脚幞头，世俗男性面相，面部方圆，双耳硕大，腹部外髁。着圆领长袍，足穿鞋。双手笼于袖中，于腹前持笏，足下踏方台。方台前部饰二壶门，坐像身后有靠背，上搭布帛，靠背上端两侧内卷（图32-10）。

图32-10 高升乡千佛岩第4龛（西北→东南）

【第 5 龛】

位置：第一号石包北侧壁面中部。第 2~4 龛右，第 6 龛左。
年代：晚唐五代。
龛形：方形龛，平面呈横长方形，宽 102、高 184、深 6 厘米，龛向 330 度。
保存情况：左、右壁外侧略残。龛底下方左侧插一龛前建筑的支撑柱于榫孔内，壁面遍覆青苔和霉斑。
造像内容：正壁前造一碑，宽 86、通高 162 厘米。盝形碑首，碑面打磨平滑，两侧剥落，字迹漫漶不可识（图 32-11）。

图 32-11　高升乡千佛岩第 5 龛（西北→东南）

【第6龛】

位置：第一号石包北侧壁面中部，第5龛右。

年代：晚唐五代。

龛形：三重方形龛，内龛平面呈横长方形，外龛宽316、高250、深96厘米，中龛宽290、高208、深80厘米，内龛宽243、高192、深66厘米，龛向320度。内龛顶部两角外侧雕三角形斜撑，内侧未掏空。

保存情况：外龛四壁外侧残。龛外右侧存上、下两个榫孔，插入龛前建筑横梁和支撑柱，造像及壁面略风化，内龛下部遍覆霉斑。

造像内容：内龛三壁及两侧龛面雕观无量寿经变（图32-12）。内龛环三壁造西方净土世界，中部存一竖长方形凸出壁面，中央造一佛结跏趺坐于束腰仰莲圆座上，头光、面部、台座残，高42、座高50厘米。有尖桃形头光，双重椭圆形身光，外饰莲瓣和联珠纹，头上有肉髻，面部方圆，双耳硕大，颈残存一道纹，着通肩式袈裟，双手托一圆形物于腹前（图32-13）。主尊头顶有一饰网状璎珞的八角形华盖。华盖顶部有一鸟，尖喙，头部朝向龛外，展翅欲飞。台座上部为束腰八角形仰莲，束腰有方形壸门，中有一狮子面向龛外蹲踞；下部为束腰仰覆莲座。莲座左、右各立一迦陵频伽，头皆残，上身赤裸，双手交于胸前，尾部翘起，面向龛上而立。

佛左、右侧各立一弟子，双手合十，呈立姿。左侧弟子风化严重，高48厘米，着袈裟；右侧弟子高47厘米，双目微闭，神色庄重，着交领袈裟。弟子外侧各雕一菩萨，外侧一条腿均跣足踏于圆形仰莲小台座上，内侧一条腿盘起，半跏趺坐于仰莲台座上，风化严重。左侧菩萨双臂残，高48厘米；有尖桃形头光，内饰锯齿纹，面部长圆，颈残存一道纹；戴高冠，头侧缯带下垂，胸、腹前垂饰璎珞；左手似持物置于腹前。右侧菩萨高47厘米；有内圆外尖桃形头光，内饰锯齿纹，面部长圆，戴高冠；戴项圈，胸、腹前垂饰璎珞，披巾自双肩垂下，绕双臂后垂于体侧，着长裙；双手持莲。

内龛三壁净土图像从上至下分为六排，以中尊为界，又分左、右两部分。第一排左侧从内至外雕一座方形五级塔，塔刹残。塔左雕一飞天，面向左下方斜飞。飞天上有一坐像，头部残，结跏趺坐。坐像左立一狮子，头部残，前肢立起。狮子左有六身立像，下排三身双手合十，面向右侧；上排三身头皆残。六身像左雕一圆形经幢，顶残，方形基座及台座。经幢左雕双层楼阁，占据第一、二排空间，上层楼阁残损严重，仅存轮廓，楼阁下有祥云。楼阁左有三身坐像，皆残损风化严重。

第一排右侧从外至内雕一塔，风化严重，仅存轮廓，塔右有四身像，仅存轮廓，下有祥云承托。四身像右雕两身像，双手似相拉，呈立姿。右立六像，下排三身双手合十，面向左侧；上排三身仅存轮廓。六身立像上有两只鸟，相对而飞。两鸟右雕一圆形经幢，有方形台座。经幢右有一层楼阁，占据一、二排空间，楼阁下似有祥云。楼阁右有三身坐像，左侧一身双手置腹前，结跏趺坐于方台上；中部一身双手抚膝，垂足倚坐于方台上；右侧一身双手笼于袖中，结跏趺坐于圆形仰莲台座上。

第二排从外至内雕三身菩萨，第一身绾髻，左手垂于体侧，右手抬起，结跏趺坐于方形仰莲台座上；第二身绾髻，双手置胸前，面向左侧蹲踞于一方形仰莲台座上；第三身绾高髻，双手执一枝条形物，面向右侧跪坐于一方形仰莲台座上。其左有三身坐像，第一身仅存残迹；第二身双手笼于袖中，结跏趺坐于仰莲台座上，台座下有祥云；第三身左手抚左膝，右手置右肩前，结跏趺坐于仰莲台座上，台座下亦有祥云。

第二排右侧从外至内雕四身菩萨，第一身左肘支左膝，右手抚左膝，左腿立起，右腿盘坐；第二

图32-12 高升千佛岩第6龛(西北→东南)

高升乡千佛岩

身头部前倾,左手按左膝,面向左侧跪坐;第三身绾髻,右手置腹前,面向左侧跪坐;第四身绾髻,发辫垂肩,左手抱左腿,右手置右腿上,左腿立放,右腿盘起。其右有三身像,结跏趺坐于莲坐之上,左侧一身双手捧圆形物于腹前;中央一身头上有肉髻,左手于腹前托圆形物,右手置右肩前;右侧一身头上有肉髻,着通肩袈裟。

第三排左侧从外至内雕一身立像,面向左侧,立于圆形仰莲台座上。立像左有三身菩萨,绾高髻,第一身右手按于身前地面,面向右侧躬身跪于方形仰莲台座上;第二身发辫垂肩,左手置右膝,右手置右膝托右腮,双腿立身前,面向右侧坐于方形仰莲台座上;第三身发辫垂肩,右肘支右膝,双腿立放身前,面向右侧坐于方形仰莲台座上。三身菩萨左侧有一身立像,头部残,双手合十。立像左有一菩萨,左手抚左腿,右手前伸,结跏趺坐于圆形台座上;

图 32-13　高升乡千佛岩第 6 龛中央佛(西北→东南)

台座下有一象,戴笼头,背上托鞍,面向右侧立于祥云上。菩萨左有三身立像,第一身仅存轮廓;第二身绾髻,左手垂体侧,右手置右肩侧;第三身短发齐耳,颈有两道蚕纹,双手合十。

第三排右侧从外至内雕一身立像,面向右侧,立于圆形仰莲台座上。立像右有四身菩萨,左侧两身,第一身双手合十,结跏趺坐于方形仰莲台座上,第二身双手执一莲蕾,结跏趺坐于方形仰莲台座上;右侧两身,左侧一身右腿立起,左腿屈腿跪坐,面向右侧坐于方形仰莲台座上,右侧一身绾高髻,发辫垂肩,双腿立身前,面向左侧坐于方形仰莲台座上。四菩萨右有一菩萨及一胁侍,菩萨绾高髻,发辫垂肩,结跏趺坐于圆形台座上;座下一狮子,头转向龛外,背上有鞍,面向左侧而立。狮子后立一胁侍,双手置身前,双腿叉开。胁侍右有三身立像,左侧一身双手合十;第二身戴高冠,缯带下垂,左手垂体侧,右手为右侧胁侍所扶;第三身短发齐耳,颈两道纹,双手扶第二身右臂,微面向左侧前方。

第四排左侧从外至内雕三身化生童子坐圆形仰莲台座上。童子左有七身菩萨,绾高髻,发辫垂肩,坐于方形仰莲台座上。

第四排右侧从外至内雕四身化生童子,双手合十,坐于圆形仰莲台座上。童子右有九身菩萨,绾高髻,发辫垂肩,坐于方形仰莲台座上。

第五排左侧从外至内雕两身童子趴于栏杆上。童子左侧雕一化生童子,双腿盘坐于圆形莲座上。化生童子左有七身伎乐菩萨,仅露上半身,第一身双手持排箫于身前;第二身持笙簧;第三身执物不明;第四身持芦笙;前四身皆面向右侧。第五身持曲颈琵琶于腹前,面向龛外;第六身抱箜篌,面向右侧;第七身,腹前有一束腰鼓,双手作拍击状。伎乐菩萨左有五身立像,上排两身,第一身风化严重,绾高髻,左手置腹前,右手置头侧;第二身双手合十,两身像皆转向龛后;下排三身仅露上身,第三身仅存身体右部,绾髻,双手合十。

第五排右侧从外至内雕一身化生童子,仅露上半身,双手合十,生于莲花中。其右雕七身伎乐菩萨,绾高髻,发辫垂肩,仅露上半身,第一身双手执一连筘;第二身右手托一束腰鼓,左手作拍击状,两身皆面向左侧;第三身左臂残,右手持一长条形物于头前,面向右侧;第四身于腹前抱一琵琶,面向龛外;第五身双手执一沙锥面向左侧;第六身持横笛,面向龛外;第七身持物残。其右侧有四身立像,皆绾高髻,发辫垂肩,于胸前合十,除第三身回首之外,皆面向龛内,第四身足下踏圆形仰莲台。

第六排外侧雕有栏杆,栏杆内造菩萨,均仅存上半身。第六排左侧从外至内雕八身菩萨,第一身双手于胸前持一上端圆的棍形物;第二身双手抱芦笙,面向右侧;第三身持排箫,面向龛外;第四身持物残,面向右侧;第五身抱琵琶,面向龛外;第六身持铙钹,面向龛外;第七身持物残,面向龛外;第八身持横笛作吹奏状,面向右侧。

第六排右侧从内至外雕八身菩萨,第一身双手于胸前持箜篌,面向左侧;第二身绾高髻,发辫垂肩,持一长条形物面向右侧;第三身绾高髻,发辫垂肩,捧圆形物,面向左侧;第四身托一尖桃形物,面向左侧。第五身持芦笙作吹奏状;第六身持物面向左侧;第七身持物面向龛外;第八身抱琵琶作弹奏状,面向龛外(图32-14、32-15、32-16、32-17)。

龛底左、右雕莲池,池内各有一尖头船,残损严重,近壁处浮雕莲叶、莲花及其中所生化生童子。内龛龛楣顶部中央雕一鸟,头残,展翅而立。左、右侧各有五身坐佛,仅存轮廓。坐佛左、右侧各有一鸟轮廓。

左、右侧龛面从上至下划分为八格,表现十六观。左侧第一、二格内容残不可识,第五、七格仅存残迹。第三格造两身像,中间一像结跏趺坐,双手置胸前;右侧一像双手合十,立于束腰莲台上。第四格存一像上半身,绾高髻。第六格可见飘带呈圆弧形。第八格右侧有一像,绾高髻,双手合十,双腿盘坐,左上浅刻一方形物。

右侧第一格左侧有一房屋轮廓。第二至八格均有一像,绾高髻,双手合十,双腿盘坐。第三格左上方浅刻一方形物。第四格右侧方台上有两棵树。第五格左上方浅刻一方池,池中有莲叶、莲蕾(图32-18)。第六格右侧有一双层楼阁式塔,顶饰鸱尾,塔下有祥云承托。第七格左侧方台上有一束腰莲台。第八格右侧一佛,头上有肉髻,双手置腹前,结跏趺坐于束腰仰莲台座上(图32-19)。

高升乡千佛岩

图 32-14　高升乡千佛岩第 6 龛正壁左侧造像（西北→东南）

图 32-15　高升乡千佛岩第 6 龛正壁右侧造像（西北→东南）

高升乡千佛岩

图 32-16　高升乡千佛岩第 6 龛左壁造像（东北→西南）

图 32-17　高升乡千佛岩第 6 龛右壁造像（西南→东北）

高升乡千佛岩

图 32-18　高升乡千佛岩第 6 龛右侧十六观中部(西北→东南)

图 32-19　高升乡千佛岩第 6 龛右侧十六观下部（西北→东南）

【第7龛】

位置:第二号石包北侧壁面西侧,第8龛左。
年代:晚唐五代。
龛形:形制不明,残宽171、残高153、残深20厘米,龛向330度。
保存情况:仅存正壁。造像及壁面残损、风化严重,遍覆青苔和霉斑。
造像内容:正壁前现存一主尊四胁侍轮廓。中尊坐于方形台座上,头部、双腿残,残高84厘米;双手似置身前,衣摆垂于座前。左侧靠内一身胁侍残高100厘米;右侧靠内一身残高107厘米,双手似拱于胸前。外侧两身胁侍均立台座上,左侧一身残高103厘米,腹前有一凸起;右侧一身残高101厘米,左手似置左胸前,右手似持一莲蕾。

左、右壁自上至下均残存四身像轮廓,除第一身外,其余残不可识。左壁第一身坐于一方形台座上,残高24厘米,双手置身前。右壁第一身坐于台座之上,残高19厘米,有头光,双手置体前(图32-20)。

图32-20 高升乡千佛岩第7龛(西北→东南)

【第8龛】

位置：第二号石包北侧壁面东侧，第7龛右。
年代：晚唐五代。
龛形：形制不明，残宽181、残高118、残深10厘米，龛向338度。
保存情况：龛顶及右壁残，龛底被埋。造像及壁面残损、风化严重，遍覆青苔和霉斑。
造像内容：正壁前造三主尊二胁侍。中尊坐于圆形束腰台座上，头部及双肩残，高90厘米；手相交置腹前。左侧主尊坐于圆形束腰台座上，头部残，残高61厘米；衣摆覆于座前；双手置身前，台座束腰处有三凸形物。右侧主尊坐于一束腰台座上，腹部以上残，仅存轮廓，残高70厘米。

胁侍立三主尊之间，位置靠后，仅存上半身。左侧一身仅存轮廓，残高70厘米；右侧一身残高65厘米，双手似置身前（图32-21）。

图32-21　高升乡千佛岩第8龛（西北→东南）

【第 9 龛】

位置：第三号石包北侧壁面西端，第 10、1 1 龛上，第 13 龛左。

年代：晚唐五代。

龛形：外方内拱形龛，内龛平面呈弧形，外龛宽 102、高 101、深 67 厘米，内龛宽 81、高 83、深 26 厘米，龛向 320 度。

保存情况：龛形完整。造像及壁面风化较严重，存少量后代装彩。

造像内容：环三壁造三排小佛结跏趺坐于仰莲圆座上。龛底中央雕一束颈瓶上部，瓶口伸出莲茎及蕾，莲茎蔓延龛壁并与莲座底部相接。佛均结跏趺坐于莲座上，面部残，风化严重，内圆外尖桃形素面头光，头顶有肉髻，面部方圆，双耳硕大。自上而下第一、二排五身，第三排两身。第二排左起第三身较其他造像大，高 24 厘米，其余均高 20 厘米。

第一排左起第一身有双重椭圆形身光，颈残存三道蚕纹，着通肩式袈裟，双手交于腹前。第二身左肩残，有椭圆形身光，颈残存两道蚕纹，着通肩式袈裟，拱手于身前。第三身颈存三道蚕纹，似戴风帽，着通肩式袈裟，双手似托一物置腹前。第四身颈残存两道蚕纹，似着双领下垂式袈裟，双手置腹前。第五身颈残存两道蚕纹，双手置胸前。第一排每两身之间均有一莲蕾。

第二排左起第一身双肩及双手残，有椭圆形身光，着通肩式袈裟，双手置腹前。第二身胸部以下及台座残，颈存三道蚕纹，着袈裟。第三身颈部以下残，有内圆外尖桃形三层头光，中层饰莲瓣，中外层间饰素面条带，有三层椭圆形身光，中层饰"回"字纹，中外层间有素面条带。第四身有椭圆形身光，颈残存两道蚕纹，双手置身前。第五身有椭圆形身光，颈存两道蚕纹，着通肩式袈裟。

第三排左侧一身双手、双足及台座残，有椭圆形身光，颈残存两道蚕纹，着通肩式袈裟，双手拱身前。右侧一身双足及台座残，有椭圆形身光，颈存两道蚕纹，着袈裟，双手置腹前。

内龛龛口两侧靠外各雕一力士立山座上，均残损、风化严重。左侧一身高 29 厘米，仅可见圆形头光，下着战裙，左手上举头侧，腰左扭。右侧一身残高 33 厘米，面部方圆，裸上身，肌肉隆起，下着战裙，腰束带，绕飘带，右手似握飘带平伸体侧，腰右扭（图 32-22）。

图 32-22　高升乡千佛岩第 9 龛（西北→东南）

高升乡千佛岩

【第 10 龛】

位置：第三号石包北侧壁面西端靠下，第 9 龛下，第 11 龛左。
年代：晚唐五代。
龛形：拱形龛，平面近方形，宽 44、高 43、深 22 厘米，龛向 328 度。
保存情况：龛形完整。壁面遍覆青苔和霉斑。
造像内容：各壁平整，未见造像（图 32-23）。

图 32-23　高升乡千佛岩第 10 龛（西北→东南）

【第 11 龛】

位置：第三号石包北侧壁面西端靠下，第 9 龛下，第 10 龛右，第 13 龛左。
年代：晚唐五代。
龛形：方形龛，平面呈横长方形，宽 41、高 70、深 19 厘米，龛向 330 度。
保存情况：龛底被埋。造像及壁面风化严重，遍覆青苔和霉斑。
造像内容：正壁前造一立像，头部残，风化严重，仅存轮廓，残高 63 厘米。有内圆外尖桃形三层头光，均素面。披巾于腿前横过，垂于体侧，下着长裙。右壁近龛口处雕一小立像，面部残，高 20 厘米，似戴冠，面部长圆，着广袖长袍，双手合十胸前（图 32-24）。

图 32-24 高升乡千佛岩第 11 龛（西北→东南）

【第 12 龛】

位置：第三号石包北侧壁面西侧靠上，第 13 龛上，第 14、15 龛左。
年代：晚唐五代。
龛形：双重拱形龛，内龛平面呈弧形，外龛残宽 58、高 70、深 31 厘米，内龛宽 50、高 63、深 27 厘米，龛向 318 度。
保存情况：正壁左侧及左壁残。造像及壁面风化较严重，遍覆青苔和霉斑。
造像内容：正壁前造一主尊二胁侍。主尊居中，结跏趺坐于圆形束腰台座上，仅存轮廓，高 35、座高 12 厘米；面部长圆；台座束腰前雕壶门。

左、右侧胁均立台座上。左侧胁侍左半身不存，仅存轮廓，残高 42 厘米；右侧缯带下垂及肩。右侧胁侍头部及双手残，残损严重，高 39 厘米；双臂似置胸前，身体朝向左前方（图 32-25）。

图 32-25　高升乡千佛岩第 12 龛（西北→东南）

【第 13 龛】

位置：第三号石包北侧壁面西侧，第 9、11 龛右，第 12 龛下，第 16、17 龛左。

年代：中晚唐。

龛形：双重方形龛，内龛平面近横长方形，外龛宽 164、高 155、深 110 厘米，内龛宽 159、高 113、深 69 厘米，龛向 338 度。内龛顶部两角外侧雕三角形弧撑，内侧未掏空。

保存情况：龛形完整。造像及壁面遍覆青苔和霉斑。

造像内容：三壁前排造三主尊三胁侍，主尊分别坐于三壁前中央台座上（图 32-26）。中尊结跏趺坐于方形山台座上，头部残，风化严重，像高 53、座高 28 厘米；有椭圆形身光，面部较方，颈部青筋暴露，戴风帽；着交领袈裟，下摆覆双腿；双手置腹前。头顶雕一菩萨结跏趺坐于方形台座上，风化严重，高 21、座高 5 厘米；有尖桃形头光和椭圆形身光，绾髻，面部长圆；下着裙，下摆覆双腿；双手合十胸前。

左、右侧主尊倚坐方座上。左侧主尊风化严重，高 60 厘米；有边缘不规则身光，光头，面部较方，双目睁开，双耳硕大，口半张，耳后有带垂于双肩；着三角形大翻领交领长袍，腰束带，足着鞋；双手抚膝（图 32-27）。右侧主尊头部残，高 59 厘米；有椭圆形身光，戴风帽；内着齐胸衣，外着广袖上衣，胸前系带，着长裙，穿云头鞋；左手抚膝，右手持物胸前（图 32-28）。

中尊与左侧主尊之间胁侍呈立姿，残损严重，仅存轮廓，高 53 厘米。中尊及右侧主尊之间的胁侍，头部残，高 56 厘米；绾垂髻，面部方圆，双目睁开；着圆领广袖长袍，腰束带，左袖上搭一巾；双手于腹前持圆形物。左侧主尊外侧又雕一胁侍，面部残，高 61 厘米；颈残存两道纹；戴直脚幞头，着圆领广袖长袍，腰束带，足穿靴；双手于胸前持物。

正壁及左、右侧壁浮雕场景二十二幅，从左至右编号第一至二十二幅画面。

第一幅，左侧一人戴风帽，着交领袈裟，面向右侧立于祥云之上；其右有一房屋，方形基座，脊饰鸱尾，檐下垂帷幔，房屋中一人左胁卧于床上，床右侧立二人（图 32-29）。第二幅，左侧有一车，中部立一人，面向右侧；右侧一人，双手合十，面向左侧而立。第三幅，为一方形庭院，北墙中部开门，院中有一房屋，脊饰鸱尾，檐下垂帷幔，屋中一人左胁卧，房屋左侧一人面向右侧跪伏于地，右侧一人面向左侧而立。第四幅，左侧一人，双手置胸前，面向右侧躬身而立；右侧一人，面向左侧而立。第五幅，左侧一人，双手抓右侧一人右臂，面向右侧躬身而立；右侧一人面向左侧而立。第六幅，山石后似有一木筏，手持长棍形物似为船夫；后方坐一人，岸边一人面向竹筏而坐，身下有祥云。第七幅，左侧一人，双手置胸前，面向右侧而立；中间有一圆筒形物；右侧一人，面向左侧而立。第八幅，左侧一人背一物，面向右侧趴跪；右侧一人呈立姿。第九幅，左侧一人作奋力上推状；右侧一人双手环抱长方形物。第十幅，左侧一人，身体左倾；中部有一台，台右有圆形物；右侧一人双手置腹前，身体右倾，盘腿而坐。第十一幅，左侧一人，双手交胸前，立一方台后；右侧一人，双手合十，面向左侧而立。第十二幅，左侧一人，面向右侧而立；右侧一人，右臂抱一坛，面向右侧而立。第十三幅，有一船，船首上翘，左、右侧各一人，手中持长棍形物，似作划船状；船头有一椭圆形物，岸上一人，双手合十，面向左侧而立。第十四幅，外有一圆圈，中部有一房屋，脊上饰鸱尾，屋中二人并坐，房屋基座呈方形，房屋左、右侧各立一人，右侧一人双手合十，房屋前立三人（图 32-30）。第十五幅，左侧一人绾高髻，呈立姿，右侧一人面对左侧一人伸左手，呈立姿。第十六幅，左侧四人抬一物，右侧四人分前后两排而立。第十七幅，左侧一人双手交胸前，面向右侧而立；右侧一人牵一马，面向左侧而立（图 32-31）。第十八幅，左

图32-26 高升乡千佛岩第13龛(西北→东南)

◀ 图 32-27 高升乡千佛岩第 13 龛左壁主尊（东北→西南）

图 32-28 高升乡千佛岩第 13 龛右壁主尊（西南→东北）▶

高升乡千佛岩

图32-29 高升乡千佛岩第13龛正壁第一幅画面(西北→东南)

侧一人双手于腹前托圆形物,面向右侧而立;右侧一人,左肘支左膝置头侧,右手于体侧按于地面,左腿立起,右腿盘坐。第十九幅,中部一人双手于胸前抱一圆筒形物;左侧一人身形较矮,双手置身前,紧随中部一人身后;右侧一人右手垂于体侧,面向左侧而立。第二十幅,左侧一立人,中部有一盘,盛圆形物;右侧一人,左手伸出食指置胸前,右手垂于体侧,面向左侧而立。第二十一幅,左侧一人,双手笼于袖中置胸前,面向右侧而立;左侧一人左手垂于体侧,右手伸出食指置胸前,面向左侧而立。第二十二幅,上部一人左手握右臂,右手持一香炉,面向右侧;右下一人头部扬起,双手托一尖桃形香炉于头前(图32-32)。各幅画面之间以山水自然分隔,正壁中上部有流云,左、右壁上部有群山。

内龛两侧龛口靠外底部各雕一天王立于外龛底。左侧一身风化严重,仅存轮廓,残高56厘米。右侧天王头、双腿、足残,高63厘米;面部方圆,头戴兜鍪,身着铠甲,腰束带,双手饰钏,飘带垂于左、右侧;双手握剑于腹前。

图 32-30 高升乡千佛岩第 13 龛正壁第十四幅画面（西北→东南）

图 32-31 高升乡千佛岩第 13 龛正壁第十七幅画面（西北→东南）

图 32-32　高升乡千佛岩第 13 龛正壁第十八至二十二幅画面（西北→东南）

【第 13-1 龛】

位置：第三号石包北侧壁面西侧，第 13 龛外龛左壁底部。

年代：晚唐五代。

龛形：方形龛，平面近横长方形，宽 18、高 33、深 4 厘米，龛向 35 度。

保存情况：龛形完整，造像及壁面风化较严重。

造像内容：正壁前造一佛结跏趺坐于束腰方座上，风化严重，高 23、座高 7 厘米。有圆形头光。着袈裟，下摆覆双腿。胸前双手合十（图 32-33）。龛顶上方存题记一行，风化严重，竖刻，楷书，风化严重。

图 32-33 高升乡千佛岩第 13-1 龛（东北→西南）

【第 13-2 龛】

位置：第三号石包北侧壁面西侧，第 13 龛外龛右壁中上部，第 13-3 龛上。

年代：晚唐五代。

龛形：拱形龛，平面呈弧形，宽 32、高 84、深 14 厘米，龛向 252 度。

保存情况：龛形完整。造像及壁面略风化。

造像内容：正壁前造一像立覆莲圆座上，头及双手残，高 55、座高 9 厘米。有尖桃形素面头光，面部丰圆，双耳硕大，颈部有四道蚕纹。内着僧祇支，外披双领下垂式袈裟，下着长裙，跣足。左手托宝珠于胸前，右手托一方形物于右肩前（图 32-34）。小龛右侧刻题记两行，竖刻，楷书，上部风化较严重，内容

高升乡千佛岩

记为亡人造地藏菩萨之事。

佛左腿侧雕一供养人,所在壁面略内凹,面向右前方而立,头残,高 14 厘米;颈部有两道蚕纹;着交领窄袖长袍,腰束带;双手合十胸前,足下浅刻云纹。供养人下有题记三行,竖刻,楷书,刻广政二十二年(959 年)报装地藏之事(图 32-35)。

图 32-34　高升乡千佛岩第 13-2 龛(西南→东北)

图32-35 高升乡千佛岩第13-2龛左下角装彩题记（西南→东北）

【第13-3龛】

位置：第三号石包北侧壁面西侧，第13龛外龛右壁底部，第13-2龛下。
年代：晚唐五代。
龛形：方形龛，平面呈横长方形，宽16、高31、深6厘米，龛向252度。
保存情况：保存较好，龛形完整。
造像内容：正壁前造一菩萨结跏趺坐于束腰仰覆莲圆座上，头残，高20、座高9厘米。有尖桃形头光，戴高冠，绾髻，缯带垂于身后，颈部有三道蚕纹。内着僧祇支，下着长裙，腰束带，披巾自双肩垂下，横过腿前绕双臂后垂于体侧。戴环形项圈。双手合十胸前。

高升乡千佛岩

左壁向外侧拓宽,雕一身供养人立圆台上,高13厘米;绾髻,着交领上衣,腰束带,下着裙;双手合十胸前,身体朝向菩萨。小龛外左、右侧各有题记一则,均竖刻,楷书,左侧一则记报装救苦菩萨之事;右侧一则记造观世音菩萨之事(图32-36)。

图32-36 高升乡千佛岩第13-3龛(西南→东北)

【第14龛】

位置:第三号石包北侧壁面上部中央,第12龛右,第15龛上,第18龛左。

年代:晚唐五代。

龛形:双重方形龛,内龛平面呈横长方形,外龛宽69、高49、深3厘米,内龛宽62、高45、深2厘米,龛向340度。

保存情况:壁面遍覆青苔和霉斑。

造像内容:原应为题刻龛,字迹不存(图32-37)。

图 32-37　高升乡千佛岩第 14 龛（西北→东南）

【第 15 龛】

位置：第三号石包北侧壁面中部靠上，第 12 龛左，第 16 龛上，第 18 龛左。

年代：晚唐五代。

龛形：外方内拱形龛，内龛平面呈横长方形，略弧，外龛宽 82、高 51、深 32 厘米，内龛宽 63、高 45、深 23 厘米，龛向 343 度。

保存情况：龛形完整。造像及壁面风化较严重，遍覆青苔，壁面存少量后代装彩。

造像内容：正壁前造三佛坐台座上，均残损、风化严重，仅存轮廓。左侧一身倚坐于圆形台座上，高 26 厘米；有椭圆形身光；足下各踩一小台座。中央一身结跏趺坐于圆形束腰仰莲台座上，高 26 厘米；有尖桃形头光和椭圆形身光，头顶存肉髻痕，面部方圆；双手似置腹前。右侧一身结跏趺坐于圆形束腰台座上，高 25 厘米；有尖桃形头光和椭圆形身光；头顶存肉髻痕；双臂置身前。

内龛两侧龛口靠外各雕一力士立山座上，均仅存轮廓。上身赤裸，着短裙，腰束带，飘带飘于体侧，跣足。左侧一身高 25 厘米，左手斜伸体侧，右臂垂体侧；右侧一身高 23 厘米，左手握飘带垂体侧，右手似持物于体侧，头右偏（图 32-38）。

图 32-38　高升乡千佛岩第 15 龛（西北→东南）

【第 16 龛】

位置：第三号石包北侧壁面中央，第 13 龛右，第 15 龛下，第 17 龛上，第 20 龛左。

年代：广政二十七年（964 年）。

龛形：拱形龛，平面呈弧形，宽 34、高 45、深 6 厘米，龛向 330 度。

保存情况：龛形完整。造像及壁面略风化，造像头经现代修补。

造像内容：正壁前造一佛结跏趺坐于束腰仰莲圆座上，现高 22、座高 12 厘米。有尖桃形头光和椭圆形素面身光。着通肩式袈裟，领口开颈下，下摆覆双腿。双手笼袖中，置腹前。台座束腰处呈圆球状，中央开一壶门。

龛外左、右侧均刻一则题记，均竖刻，楷书。左侧一则三行，刻广政二十七年（964 年）修装记一则。右侧一则为阿弥陀佛造像记（图 32-39）。

图 32-39 高升乡千佛岩第 16 龛（西北→东南）

高升乡千佛岩

【第 17 龛】

位置：第三号石包北侧壁面中部靠下，第 13 龛右，第 16 龛下，第 20 龛左。

年代：光启二年（886 年）。

龛形：方形龛，平面呈横长方形，宽 42、高 73、深 3 厘米，龛向 332 度。

保存情况：右壁上部外侧被一方形榫孔破坏。壁面遍覆青苔。

造像内容：题刻龛。正壁刻字十行，竖刻，楷书，下部漫漶严重，残损严重，可见部分人名与光启二年（886 年）纪年（图 32-40）。

图 32-40 高升乡千佛岩第 17 龛（西北→东南）

【第18龛】

位置：第三号石包北侧壁面中央靠上，第14、15龛右，第19龛左，第20龛上。

年代：晚唐五代。

龛形：外方内拱形龛，内龛平面近弧形，外龛宽80、高91、深38厘米，内龛宽63、高77、深21厘米，龛向335度。

保存情况：外龛顶部右侧残。造像及壁面风化较严重，遍覆青苔和霉斑。

造像内容：正壁前造一四臂菩萨坐圆座上，残损、风化严重，仅存轮廓，高51、座高23厘米。似缩髻，下着裙，披巾自肩垂下，绕臂后下垂及台座两侧。左上臂持一圆轮于头侧，右上臂持剑，左、右下臂合十胸前，头微右偏。台座下部呈三层叠涩（图32-41）。

图32-41　高升乡千佛岩第18龛（西北→东南）

高升乡千佛岩

【第19龛】

位置：第三号石包北侧壁面中部偏东，第18龛右，第20龛上，第21龛左。

年代：晚唐五代。

龛形：双层拱形龛，内龛平面呈弧形，外龛宽79、高85、深41厘米，内龛宽67、高72、深22厘米，龛向339度。

保存情况：外龛顶部和右壁外侧略残。造像及壁面风化较严重，遍覆青苔和霉斑。

造像内容：正壁前造一像坐台座上，残损、风化严重，仅存轮廓，高39厘米。戴风帽，帽尾搭两肩，着袈裟。双臂于体前持锡杖，杖首呈尖桃形。台座前方存一凸起，残不可识（图32-42）。

图32-42　高升乡千佛岩第19龛（西北→东南）

【第 20 龛】

位置:第三号石包北侧壁面中部,第 15~17 龛右,第 18、19 龛下,第 22 龛左。
年代:长庆元载(821 年)。
龛形:外方内拱形龛,内龛平面呈弧形,外龛宽 215、高 183、深 122 厘米,内龛宽 186、高 176、深 74 厘米,龛向 330 度。龛楣雕卷曲佛帐,层层垂下。
保存情况:龛形完整,外龛底为泥土所覆。造像及壁面水蚀较严重,遍覆青苔和霉斑。
造像内容:内龛环三壁造一佛二弟子二菩萨(图 32-43)。佛居中,结跏趺坐于束腰方座上,面部、双腿及台座残,高 69、座高 48 厘米。有内圆外尖桃形头光和双重圆形身光,外缘饰火焰,颈部有三道蚕纹。着通肩式袈裟,下摆覆双腿。双手于腹前托钵。

弟子立佛左、右侧仰莲圆座上,头、台座均残。有圆形素面头光,光头;着交领袈裟,下着裙,跣足;双手合十胸前。左侧弟子高 71、座高 10 厘米;右侧弟子高 72、座高 11 厘米,老者形象,颈部青筋暴露。

菩萨立左、右壁前仰莲圆座上,有尖桃形素面头光,颈部存三道蚕纹;下着长裙,腰束带,跣足,披巾自两肩垂下,于体前横过两道,绕臂后下垂;戴环状项圈,两侧各垂一道璎珞至膝部,折向身后,双腕饰钏。左侧菩萨头残,高 81、座高 6 厘米;双手合十胸前(图 32-44)。右侧菩萨双手残,高 85、座高 7 厘米;双手置胸前,似托一物,右手在下,腰微左扭(图 32-45)。

正壁靠上雕十二身护法像,以主尊头光为中心,分左、右两部分,呈内高外低站立。左侧五身,从内至外第一身仅露头部和左肩,绾高髻,面部方圆,双目睁开,转向左侧;第二身绾高髻,面部长圆,双目睁开,双耳硕大,着交领广袖大衣,双手笼袖中,置胸前;第三身有圆形头光,光头,面部长圆,着交领袈裟,双手合十胸前;第四身三头六臂,绾高髻,裸上身,腰束带,下着短裙,披巾自双肩垂下,绕双臂后垂于体侧,体前二臂于胸前合十,左、右上臂各托一圆饼形物,左下臂提秤;第五身面部长圆,戴兜鍪,肩系颈,着甲,腰束带,足着靴,双手按剑于腹前。

右侧七身,从内至外第一身戴方冠,面部长圆,双耳硕大,上身着衣;第二身戴冠,面部长圆,双耳硕大,颈部有三道蚕纹,着交领广袖大衣,拱手于胸前;第三身戴冠,面部长圆,双手置胸前;第四身裸上身,腰束带,下着短裙,颈部绕一蛇;第五身戴冠,面部长圆,着圆领广袖大衣,拱手于胸前;第六身颈部有两道蚕纹,着圆领大衣,双手置胸前,笼于袖中;第七身绾髻,面部较方,下颌有胡须,肩系巾,着甲,腰束带,足着靴,双手持短棍形物,头顶盘一龙,朝向左侧,回首后方。

内龛左、右壁内侧上部各浮雕一身飞天,相背作飞翔状。均绾高髻,面部方圆;斜披络腋,腰束带,着长裙;双手张开平伸于体侧,掌心向上各托圆形物,身周有祥云环绕。内龛底前方左、右各雕一狮,相向而卧。

内龛两侧龛口靠外各雕一力士立山座上。均绾髻,裸上身,肌肉发达;着短裙,腰束带,飘带经头后绕过腰带后,垂于体侧。左侧力士头部、双足、台座残,高 73、座高 7 厘米;左手握拳置头侧,右手置腰侧。右侧力士头部、双臂残,高 63、座高 9 厘米;左手持飘带于腰侧,右手握拳置头侧。

外龛左、右壁各磨光竖长方形壁面,各刻题记一、三则。左侧一则宽 48、高 132 厘米,碑首呈圆拱形,刻大字两行,左起:刻山／之院,楷书。碑身竖长方形,刻字十五行,竖刻,楷书,碑文记述长庆元载(821 年)造像开凿由来及大和二年(828 年)装彩之事(图 32-46)。

右侧题记宽 55、高 112 厘米,分上、中、下三则,均竖刻,楷书,风化较严重。靠上一则十七行,记

高升乡千佛岩

图 32-43　高升乡千佛岩第 20 龛（西北→东南）

述大历九年(774年)于此地开荒之事,有大和二年(828年)纪年。中央一则十行,刻大和元年(827年)契约一则。靠下一则十六行,记信众施舍钱财、物品予寺院之事(图32-47)。

图 32-44 高升乡千佛岩第20龛左侧菩萨(东北→西南)

高升乡千佛岩

图32-45 高升乡千佛岩第20龛右侧菩萨(西南→东北)

图 32-46 高升乡千佛岩第 20 龛左侧题记（东北→西南）

高升乡千佛岩

图 32-47 高升乡千佛岩第 20 龛右侧题记(西南→东北)

【第 21 龛】

位置：第三号石包北侧壁面东侧靠上，第 19 龛右，第 22 龛上。
年代：晚唐五代。
龛形：方形龛，平面呈横长方形，宽 69、高 64、深 13 厘米，龛向 324 度。
保存情况：右壁残，右上角脱落。造像及壁面残损、风化严重，遍覆青苔和霉斑。
造像内容：正壁前造一主尊二胁侍结跏趺坐于束腰台座上，均仅存轮廓。中央主尊高 34、座高 13 厘米。头顶雕方形华盖，有尖桃形素面头光。双臂置腹前。

胁侍半跏趺坐于主尊左、右侧。左侧一身残损严重，残高 32、座高 13 厘米；可见左腿下垂，双臂似置胸前。右侧一身高 31、座高 15 厘米，有尖桃形头光，颈部存两道蚕纹，披巾自两肩垂下，绕双臂后垂于体侧；左手托一圆形物于腹前，右手似持一物于右胸前，右足下踏圆形小台座，座下有莲茎（图 32-48）。

图 32-48　高升乡千佛岩第 21 龛（西北→东南）

高升乡千佛岩

【第 22 龛】

位置：第三号石包北侧壁面东端，第 20 龛右，第 23 龛左。

年代：开成二年（837 年）。

龛形：方形龛，平面近方形，残宽 145、高 145、深 54 厘米，龛向 320 度。

保存情况：右壁不存，现于右壁位置砌砖墙。造像经现代修补，造像及壁面遍覆青苔和霉斑。

造像内容：正壁前左、侧各造一身像（图 32-49）。左侧一身菩萨立束腰仰莲圆座上，高 100、座高 38 厘米。有内圆外尖桃形头光和双重椭圆形身光，外缘均饰火焰纹，头侧缯带垂肩，发辫垂于胸前。着长裙，腰束带，裙腰外翻，结带于两腿间下垂及座，披巾绕腹前两道，绕臂后下垂及座。戴环状项圈，胸及腿前垂饰璎珞，垂及两膝上部折向身后（图 32-50）。

右侧一身全身水泥修补，现游戏坐于方形束腰台座上，头后有原头像残迹，高 60 厘米。有圆形身光，头后有尖桃形头光，头顶有一方形华盖，外缘饰莲瓣。胸前残存原造像项圈痕，垂饰璎珞。台座束腰右前有一仰莲小台座，外部经水泥修补，莲座下有莲茎，台座下部呈三层方形叠涩。台座前右侧有一兽，头部残，全身风化严重。

左壁上部有题记一则，九行，竖刻，楷书，风化较严重，可见"开成二年"（837 年）纪年（图 32-51）。

图 32-49　高升乡千佛岩第 22 龛（西北→东南）

图 32-50　高升乡千佛岩第 22 龛左侧菩萨（西北→东南）

高升乡千佛岩

图32-51　高升乡千佛岩第22龛左壁题记（东北→西南）

【第 22-1 龛】

位置：第三号石包北侧壁面东端，第 22 龛左壁外侧。

年代：晚唐五代。

龛形：方形龛，紧贴第 22 龛左壁开凿，无右壁，宽 14、高 40、深 6 厘米，龛向 320 度。

保存情况：造像头部经现代水泥修补，壁面略风化。

造像内容：正壁前造一像结跏趺坐于束腰圆座上，高 23、座高 12 厘米。有尖桃形头光和椭圆形身光，均素面。着通肩式袈裟，下摆覆双腿。双手笼袖中，置腹前（图 32-52）。

小龛外左侧有题记一则，四行，竖刻，楷书，风化严重，内容似为装彩记。

图 32-52　高升乡千佛岩第 22-1 龛
（西北→东南）

【第 23 龛】

位置：第三号石包东侧壁面中央，第 22 龛右。

年代：晚唐五代。

龛形：双重方形龛，内龛平面呈横长方形，外龛宽 88、高 109、深 49 厘米，内龛宽 77、高 84、深 32 厘米，龛向 60 度。内龛顶部两侧各存一方形石坯，打磨规整。

保存情况：龛形完整。造像残损、水蚀较严重，造像及壁面覆少量树根，遍覆青苔。

造像内容：正壁中央造一像结跏趺坐于台座上，世俗妇女形象，胸部以上保存较好，下身漫漶，高 54、座高 40 厘米。绾高髻，面部长圆，颈部有两道蚕纹。内着齐胸衣，胸前系带，外着双领下垂式大衣。双手似置胸前。

主尊两侧各雕四身孩童作嬉戏状，均残损严重。均光头，面部丰圆。左侧上排左侧一身戴圆形项圈，似着窄袖长袍，腰束带，左手持一物于体前，头微左倾。上排右侧一身上身着衣，右手饰钏，握左侧童子左手，身体微向左弯曲。其余各身残不可识。

内龛龛楣存字迹痕，残不可识（图 32-53）。

图 32-53　高升乡千佛岩第 23 龛（东北→西南）

高升乡

33 牛王石

牛王石摩崖造像位于安岳县高升乡云光村九组洪家坡东侧山腰农田内,海拔高程326米。西侧5米为通往高升乡的村道,其北为牛王岭岗,东面约100米为洪家湾,南为柑子坡,西约160米为云光山,四周红砂岩石包较密集分布,周围分布农田及民居。

造像石包平面近长方形,整体向西倾斜10度,共两龛造像。南侧壁面宽8.6、高6米,中央开第1龛,西侧靠下位置开第2龛(图33-1、33-2)。造像均残损、风化严重,造像均存后代修补形成的榫孔。

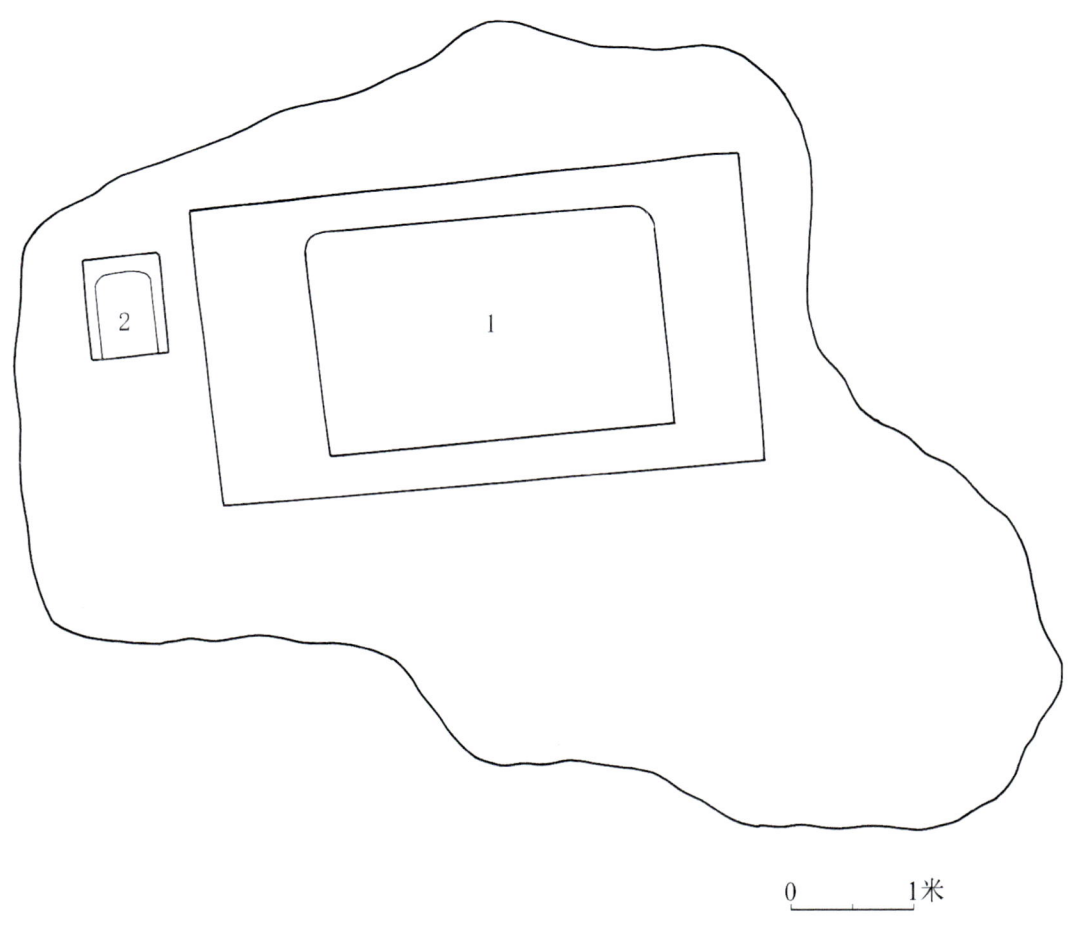

图33-1　牛王石造像分布示意图

牛王石

图 33-2　牛王石造像（东南→西北）

【第 1 龛】

位置：造像壁面中部，第 2 龛左。

年代：会昌三年（843 年）。

龛形：外方内拱形龛，内龛平面呈弧形，外龛宽 452、高 288、深 168 厘米，内龛宽 269、高 209、深 80 厘米，龛向 150 度。

保存情况：外龛左、右壁残，外龛底被土石所埋。外龛左上角及龛顶上方中部各存一方形榫孔，内龛顶部中央存一圆形榫孔。造像及壁面风化较严重。

造像内容：内龛环三壁造一佛二弟子二菩萨，头均不存（图 33-3）。佛居中，结跏趺坐于束腰仰莲圆座上，残损、风化严重，颈部中央及右侧腋下各有一、二个方形榫孔，仅存轮廓，高 105、座高 60 厘米。有尖桃形素面头光和椭圆形素面身光，头顶存肉髻痕。着双领下垂式袈裟。左手置左膝上。

弟子立正壁前左、右侧圆座上，残损、风化严重。颈部中央各存一榫孔；有圆形素面头光；着袈裟，下着裙；双手置胸前。左侧弟子高 122、座高 26 厘米，右侧弟子高 119、座高 28 厘米。

菩萨立左、右壁内侧前台座上，残损、风化严重，仅存轮廓。左侧菩萨颈部中央、右胸前、双肘、左脚、右侧大腿及膝部各存一榫孔，高 121、座高 23 厘米；有尖桃形素面头光，缯带下垂飘于两肩侧；左腹下有裙褶残痕，披巾自两肘下伸出，垂及台座；左臂似垂于体侧，右臂似举于右胸前。右侧菩萨高 120、座高 22 厘米；有内圆外尖桃形头光，可见右侧缯带飘扬于右肩侧，余皆残不可识。

佛头部左、右各雕两身立像，均残损、风化严重。左侧靠内一身头残，颈部中央有一榫孔；着交领

图33-3 牛王石第1龛（东南→西北）

牛王石

衣,下着裙;双手置于胸前。靠外一身三头六臂,束发;披巾自两肘后垂下,下着长裙,腰束带;左上手五指伸开,拇指与食指间飘出云朵,承托圆形物,朝向龛外,右上手握一矩,左中手执秤,右中手承托椭圆形物,左、右下手合十于胸前(图33-4)。右侧靠内一身头不存;着交领广袖衣;双手笼于袖中,置腹前。靠外一身仅存轮廓,双手置胸前。

内龛龛口左、右侧靠外各雕一力士立山座上。左侧力士残损、风化严重,高138厘米;有圆形素面头光;上身赤裸,飘带经头后搭两臂垂于体侧;左手举头侧,右手插腰,腰右扭。右侧力士残痕高139厘米,可见双足踩于山座上,腰左扭。

内龛龛楣及左右侧龛面雕一圈圆拱形浅龛,龛内均雕一佛,头后有尖桃形头光,结跏趺坐,龛楣现存十六身,左侧龛面现存六身,右侧龛面顶部存一身。

内龛左侧龛面靠上位置存题记一则,现存三行,楷书,为造像记,有会昌三年(843年)纪年(图33-5)。

图33-4　牛王石第1龛左侧护法(东南→西北)

图 33-5　牛王石第 1 龛左侧龛面题记（东南→西北）

【第 2 龛】

位置：造像壁面西侧，第 1 龛右。
年代：晚唐五代。
龛形：外方内拱形龛，内龛平面呈横长方形，外龛宽 72、高 82、深 42 厘米，内龛宽 50、高 65、深 27 厘米，龛向 150 度。

牛王石

保存情况：外龛左壁不存。造像及各壁面遍覆青苔，外龛顶右侧存一方形榫孔。

造像内容：内龛正壁前造一身坐像，残损、风化严重，仅存轮廓，残高57厘米（图33-6）。

图33-6　牛王石第2龛（东南→西北）

高升乡

34 大佛寺

大佛寺摩崖造像位于安岳县高升乡天佛村六组,地处云龙山西侧崖壁近山顶处,海拔高程367米,现为四川省重点文物保护单位。北、东侧开凿千佛岩、社皇庙和雷神洞造像,西侧紧邻高升乡至林凤镇的公路,有水泥道与公路相通,北、东侧密布民居和农田。

造像开于宽21、高8米的陡直崖壁上,南北走向,自南向北开第1、2龛,北端有三个现代龛(图34-1、34-2)。造像崖壁前依岩搭建寺院建筑,将造像笼罩其中。造像前有条石砌筑平台,周围设石栏,是现今大佛寺寺院范围。造像两侧及上部存较密集榫孔,部分插入龛前建筑横梁。造像局部经现代修补,全身存现代修补痕。寺院及龛内放置较多现代圆雕造像和碑刻。

高升乡大佛寺

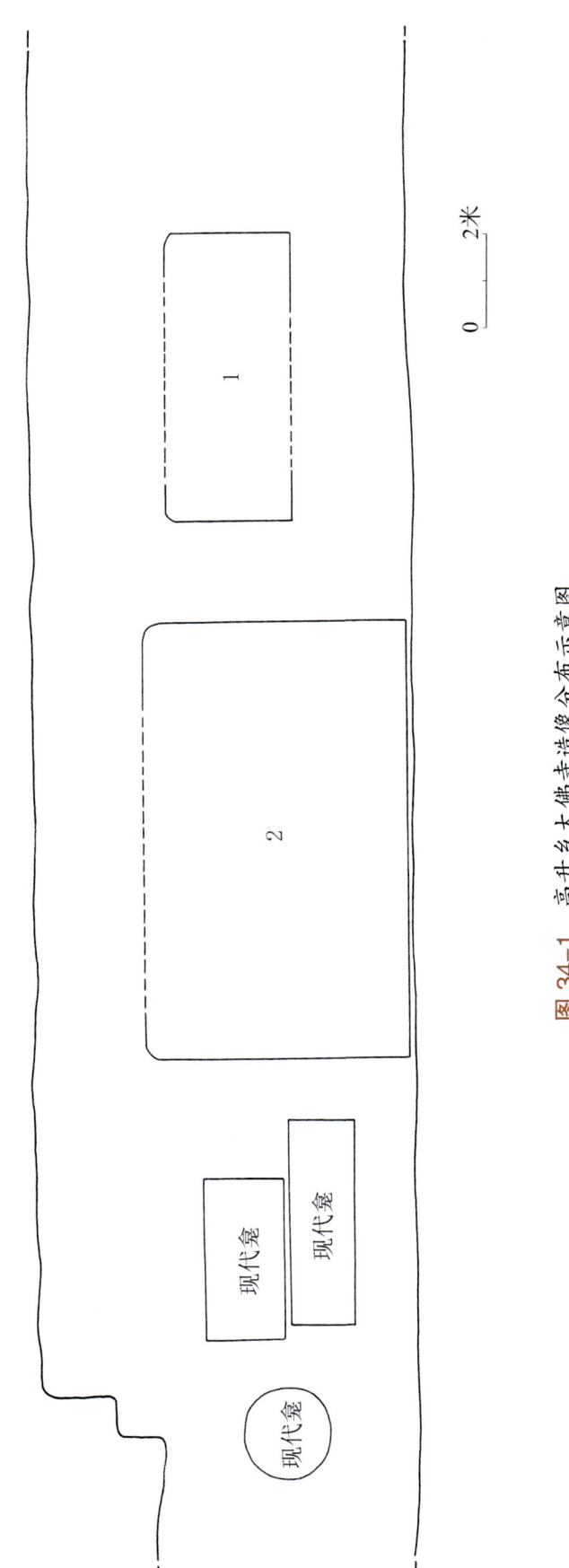

图 34-1　高升乡大佛寺造像分布示意图

图 34-2　高升乡大佛寺造像（西南→东北）

【第1龛】

位置：造像崖壁南侧，第2龛左。

年代：南宋。

龛形：拱形龛，平面呈横长方形，宽613、高272、深292厘米，龛向270度。龛底左、右侧存一方形石坯，左、右分别高99、98厘米，龛内放置现代圆雕造像。

保存情况：龛顶中部崩塌。壁面密布纵向凿痕，造像经现代补塑和装彩。

造像内容：正壁前起通壁坛，高78厘米，坛中央左、右各开一小凹槽（图34-3）。坛上中央又起22厘米低坛，低坛上造三身坐像，面部经现代修补。形象一致，均有圆形素面浅头光，戴圆冠；着交领广袖大衣，腰束带，足穿鞋。左侧一身高113厘米，左手抚腹，右手托一尖桃形物于右膝上，身体朝向右侧，上身倚于兽首凭几上，左腿前伸，足尖向外，右腿向前屈起。中央一身结跏趺坐，高131厘米，左手握左耳垂，右手握一剑作割耳状。右侧一身结跏趺坐，颈部存补接痕，双手经修补，高126厘米，双手现于胸前合十（图34-4）。

坛前刻五则清代题记，均竖刻，楷书。左起第一则宽453、高70厘米，存字122行，为嘉庆元年

图 34-3　高升乡大佛寺第 1 龛（西→东）

(1796 年)"新装佛像碑记"。第二则宽 13、高 45 厘米，存字三行，为道光二十三年(1843 年)的观音装彩记。第三则宽 10、高 62 厘米，存字三行，为嘉庆二年(1797 年)佛像装彩记。第四则宽 11、高 35 厘米，存字四行，为装塑关帝记，未刻纪年。第五则宽 17、高 50 厘米，存字五行，字体与前述装彩记相近，年代应相当。

右侧石坯左壁有一长方形题记，宽 130、高 65 厘米，存字二十九行，竖刻，楷书，刻"塑修圣像碑记"，未见纪年。

图 34-4 高升乡大佛寺第 1 龛坛上坐像（西→东）

高升乡大佛寺

【第 2 龛】

位置：造像崖壁中部，第 1 龛右，现代龛左。

年代：南宋。

龛形：拱形龛，平面呈横长方形，宽 932、高 561、深 265 厘米，龛向 249 度。

保存情况：龛顶中部崩塌，左、右壁外侧残。龛底环三壁用条石砌筑保坎，高 100 厘米，将三壁造像围砌其中，正壁上部存一排方形榫孔。造像及壁面存现代装彩痕。

造像内容：正壁前造一佛二菩萨结跏趺坐于台座上，台座与前方保坎高度齐平（图 34-5）。均戴卷草纹高冠，面部宽圆饱满，柳叶细眉，鼻梁挺直，双目半睁下视，小嘴薄唇，嘴角上翘，双下颌，上颌略翘，耳垂硕大，呈水滴形，侧脸较宽；内着僧祇支，于腹部束带打结，结带呈"八"字形垂袈裟后，袈裟下摆覆双腿。

中央佛双手及两膝残，高 455 厘米。冠中央雕一像结跏趺坐于仰莲台上，头部不存，有圆形头光和椭圆形身光，着交领宽袖大衣，下摆覆双腿；左腕饰钏；左袖扁平，袖摆垂于左膝，应无左臂，右手握串珠置于腹前（图 34-6、34-7）。中央佛双手结印于胸前，头微前低，看向右下方。佛身体左侧开一盏形小龛，龛形规整，遍布凿痕，未见其他雕刻。大佛身体两侧各刻题记一行，均竖刻，楷书，左侧一行：大毗卢□遮□那成佛神变加持经，右侧一行：依宝大毗卢庵教□现金幢□（图 34-8、34-9）。

左侧菩萨高 440 厘米，双手及两膝残，右手及膝前残断处各开一排小方孔。冠正面雕七身小佛结跏趺坐于台座上，上排两身坐云座，下排五身坐仰莲座；均有细密螺发，下排中央一身戴花冠，面部特征同作为主尊的佛和菩萨；内着僧祇支，于腹前束带打结，结带呈"八"字形垂袈裟后，外着双领下垂式袈裟，下摆覆双腿；除下排中央一身于胸前结印外，其余各身均双手笼袖中，置腹前，上身均前倾（图 34-10、34-11）。菩萨额心饰白毫，头侧缯带垂后，发辫垂肩。胸前璎珞呈网状垂下面。左手抬腹侧，右手掌心向上置于右膝上，头向右下方。

右侧菩萨双手及两膝残，高 430 厘米。冠正面雕五身小佛结跏趺坐于仰莲座上。中央及两端小佛均有圆形素面头光；内着僧祇支，于腹前束带打结，结带呈"八"字形垂袈裟后，外着双领下垂式袈裟，下摆覆双腿；中央一身佛螺发细密，面部特征与下方主尊同，双手于腹前结弥陀定印；其余四身头残，双手笼袖中，置腹前（图 34-12、34-13）。菩萨头侧缯带垂肩后，发辫垂肩。胸口璎珞呈网状下垂。双手置两膝上，头微前低。

左、右壁外侧各造一天王立台座上。均戴兜鍪，正面中央各雕一小佛结跏趺坐于祥云上，忿怒相，颈系巾，内着战袍，外着战甲，腰束带，足穿靴。左侧天王双臂残，上身风化严重，高 308 厘米；双手置体侧，回首龛外。右侧天王右手残，高 303 厘米；飘带经头后绕双臂后垂于体侧；左手持飘带于腹侧，右手置腹前，回首龛外。

左、右壁中部存题记三则，均竖刻，楷书，字体较大。左、右内侧一则相对，为同一则之上、下部分，左侧靠内一则：大藏诣大佛供养经，右侧靠内一则：□□护国菩萨经。靠外两则均分上、下两部分，左侧靠外一则上部：□□/光辉，下部：法轮/长转；右侧靠外一则上部：风调/雨顺，下部：国泰/民安（图 34-14、34-15、34-16）。

图34-5 高升乡大佛寺第2龛（西南→东北）

图 34-6　高升乡大佛寺第 2 龛中央佛头部正面（西南→东北）

图 34-7　高升乡大佛寺第 2 龛中央佛头部侧面（东南→西北）

图34-8 高升乡大佛寺第2龛大佛左侧题记（西南→东北）

图34-9 高升乡大佛寺第2龛大佛右侧题记（西南→东北）

图 34-10　高升乡大佛寺第 2 龛左侧菩萨头部正面（西南→东北）

图 34-11　高升乡大佛寺第 2 龛左侧菩萨头部侧面（西北→东南）

高升乡大佛寺

图34-12　高升乡大佛寺第2龛右侧菩萨头部正面（西南→东北）

图34-13　高升乡大佛寺第2龛右侧菩萨头部侧面（东南→西北）

◀ 图34-14　高升乡大佛寺第2龛左壁天王及题刻（西北→东南）

图34-15　高升乡大佛寺第2龛右壁天王及题刻（东南→西北）▶

高升乡大佛寺

图 34-16　高升乡大佛寺第 2 龛右壁天王（东南→西北）

高升乡

35 社皇庙

社皇庙摩崖造像位于安岳县高升乡天佛村六组,地处天宫山西侧,海拔高程369米,现为四川省重点文物保护单位。南侧100米为高升乡大佛寺摩崖造像,北、东侧分别临近高升乡千佛岩、雷神洞摩崖造像,南侧有小道与大佛寺摩崖造像相通。西侧临近连接高升乡和林凤镇的公路,四周密布民居、农田和池塘。

　　在一独立红砂岩石包宽6.3、高3.2米的西侧壁面中央开一龛(图35-1)。前方有清代依岩而建的石刻牌坊,将龛左、右部遮挡于后,仅露中央。龛及牌坊前有现代修建的社皇庙大殿,将造像和牌坊笼覆其中(图35-2、35-3)。大殿与北侧民居相接,殿内堆放较多圆雕造像和建筑构件。龛、像残损较严重,局部经现代修补。全身装彩。

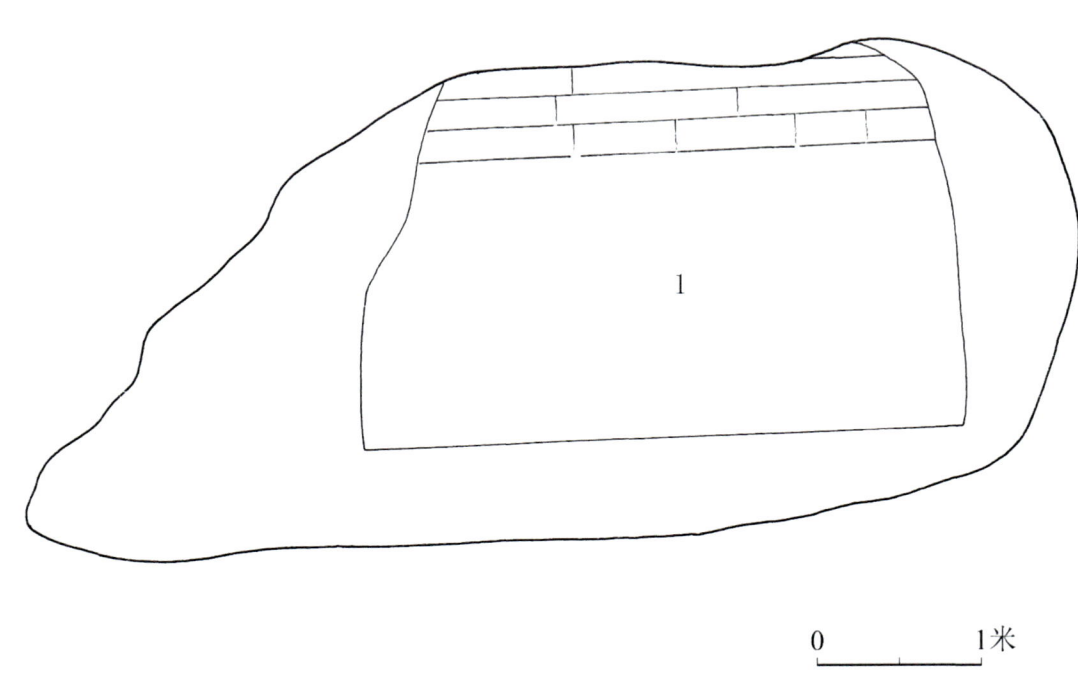

图 35-1　社皇庙造像分布示意图

社皇庙

图 35-2 社皇庙造像（西南→东北）

图 35-3 社皇庙造像前方牌坊（西南→东北）

社皇庙

【第1龛】

位置：造像壁面中部。

年代：南宋。

龛形：方形龛，平面呈横长方形，残宽355、现高250、残深55厘米，龛向215度。

保存情况：龛底与左、右壁不存，龛底前方略残。正壁上部和龛前有后代垒砌的保坎，宽274、高91、深62厘米。保坎前有石阶与地面相接。造像头、手经现代修补，全身装彩。

造像内容：正壁前造一佛二菩萨结跏趺坐于仰莲方座上（图35-4）。戴卷草纹冠，面部宽圆，柳叶细眉，双目半睁下视，鼻翼较圆，小嘴薄唇，双下颌，耳垂硕大，颈部有两道蚕纹，冠两侧缯带垂肩后；内着僧祇支，腹前束带打结，结带呈"八"字形垂袈裟后，外着双领下垂式袈裟，下摆覆双腿。中央佛双手及执物为现代补塑，高188、座高18厘米。螺发，发前中央饰髻珠，花冠中央雕一小佛结跏趺坐于仰莲台上，双层圆形素面头光为原造像遗留，其余均系补塑而成。佛双手掌心向上置于腹前，右手托宝珠（图35-5）。

左侧菩萨高172、座高19厘米。冠面雕五身小佛结跏趺坐于仰莲台上，头经修补，内着僧祇支，外着双领下垂式袈裟，双手置腹前，中央小佛有圆形素面头光。菩萨胸前戴环状项圈，下垂"几"字形璎珞，左手现托一椭圆形物于腹前，正面饰花瓣，右手现置腹前右侧，掌心向内（图35-6）。

右侧菩萨高182、座高15厘米。冠面雕三身小佛结跏趺坐于仰莲台上，有圆形素面头光，头经现代修补，内着僧祇支，外着双领下垂式袈裟，双手于腹前结禅定印。菩萨胸前戴环状项圈，下分两层各垂三道流苏。左手现掌心向上托一莲蕾于腹前，右手抚右小腿（图35-7）。

龛前立清代石刻牌坊。宽552、高640厘米，遮掩后方造像左、右侧，使其仅露正壁中央。牌坊上层中央刻"慈悲坊"，下层中央刻"能仁广济"。下层左、右刻一幅楹联，左侧：贝阙天开万岭碧云环法界，右侧：石幢风静一林紫竹见禅心。

图35-4 社皇庙第1龛（西南→东北）

社皇庙

图 35-5　社皇庙第 1 龛中央佛（西南→东北）

图 35-6 社皇庙第 1 龛左侧菩萨（西南→东北）

社皇庙

图 35-7　社皇庙第 1 龛右侧菩萨（西南→东北）

高升乡

36 雷神洞

雷神洞摩崖造像位于安岳县高升乡天佛村八组，地处天宫山北侧山顶，海拔高程393米，现为四川省重点文物保护单位。造像南距村道400米，四周密布农田。

造像开于一独立红砂岩石包南侧壁面中部，清代于龛前原用条石砌筑成拱形佛殿，2000年以后又拓展佛殿建文物保护房，将造像笼罩其中。造像崖壁宽7、高3.9米，顶部开一横向排水槽，两侧有少量榫孔。崖壁中部开一龛，部分造像头已不存，造像及壁面遍覆现代装彩（图36-1）。

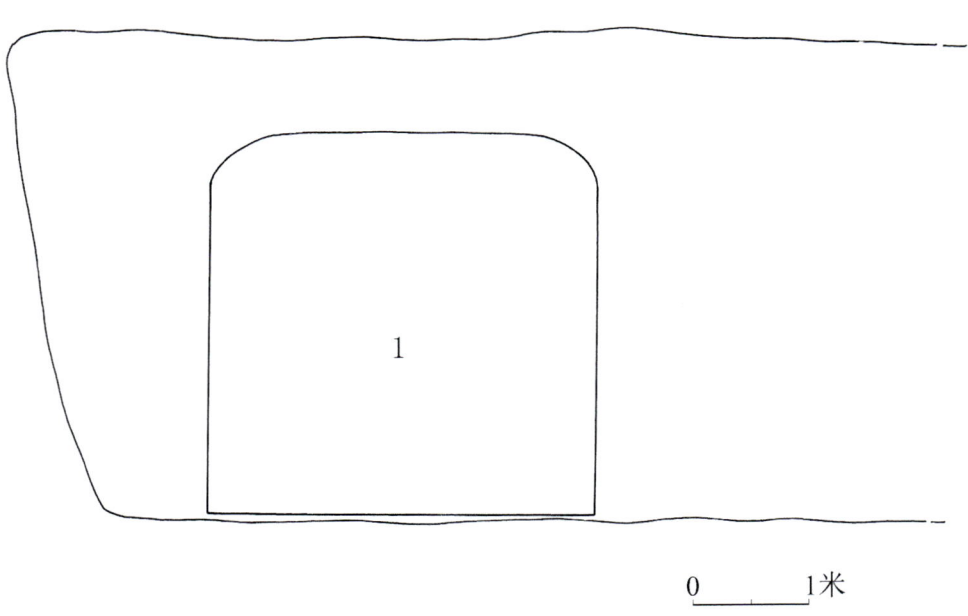

图36-1　雷神洞造像分布示意图

雷神洞

【第1龛】

位置：造像壁面中部。

年代：南宋。

龛形：拱形龛，平面近横长方形，内侧两角略弧，宽338、高336、深227厘米，龛向2度。

保存情况：龛形基本完整。有一道斜向裂隙自右壁外侧中部贯穿至正壁底部右侧，龛顶上方开一横向排水槽，造像及龛面遍覆现代装彩。

造像内容：正壁前起通壁高坛，高193厘米，坛上造一佛二菩萨，均结跏趺坐于坛上。均内着僧祇支，于腹部束带打结，结带呈"八"字形垂袈裟后，袈裟下摆覆双腿；双腕饰钏（图36-2）。

中央佛头不存，残高147厘米。左肩垂下一环，拉起袈裟一角。左手置腹前，掌心向上托一宝珠于腹前，右手曲拇指、中指、无名指，掌心向上，置左肩前，右手与右肩后各雕一朵祥云连接。

左侧菩萨高142厘米。戴卷草纹高冠，冠中央雕一小佛结跏趺坐于仰莲座上，面部宽圆，双耳硕大，内着僧祇支，腹前束带打结，外着双领下垂式袈裟，双手置于腹前，结跏趺坐于莲台之上。菩萨冠侧缯带垂于肩后，右肩前有一道窄发辫垂胸前右侧，面部宽圆，柳叶细眉，双目半睁下视，鼻梁挺直，耳垂硕大，双下颌，颈部有三道蚕纹。戴环状项圈，胸前垂三道短璎珞。左手置于腹前，掌心向上，右手置胸前右侧，持一莲蕾于右胸前。

右侧菩萨头不存，残高145厘米。戴环状项圈，中央垂一道短璎珞。左手横置腹前，掌心向上，右手于右肩前持一莲叶，莲叶搭于右肩上（图36-3）。

佛头左、右侧各浮雕一组小像，均立祥云之上。左侧五身，前排三身，后排两身，均微躬身面向右前方。前排左起第一身绾髻，面部方圆，着交领宽袖长袍，双手似持物于胸前；第二身着交领宽袖大衣，双手相交置于胸前；第三身着长袍，结带垂于身前。后排左起第一身，绾髻，面部方圆，着交领宽袖大衣，双手相交置于胸前；第二身着交领宽袖大衣，双手笼袖中置于胸前。

右侧六身，前、后排各三身，均躬身面向左前方。左起第一身着交领宽袖大衣，双手于胸前托一圆形物；第二身戴冠，面部方圆，着圆领宽袖大衣，腰束带，双手托一盘于胸前，盘上盛物，向上放出毫光；第三身着交领大衣，双手笼袖中，置于腹前。后排左起第一身着交领宽袖大衣，双手持一长条形物于胸前；第二身绾髻，面部方圆，着交领宽袖长袍，双手相交置于胸前；第三身绾髻，面部方圆，着圆领宽袖长袍，腰束带，双手相交置于胸前。

左、右壁各浮雕五身像立云头上，各分两排，上排两身，下排三身。左壁上排左起第一身面向龛外，绾高髻，面容粗犷，鼻略长，上身赤裸，肩绕披巾，腰束带，下着短裙，披巾自双肩垂下，绕腰带后垂于身侧，双手饰钏，身周环五面圆鼓，左手持凿平伸鼓上，右手举锤于头侧，作敲击状；第二身面向龛外，立于祥云上，绾高髻，面部方圆，双耳硕大，戴串珠形项圈，内着齐胸长裙，外着双领下垂式大衣，胸前束带打结，双手持铜镜于身侧。下排左起第一身面向龛内，立祥云上，戴进贤冠，面部方圆，长须垂于胸前，内着衣，外着双领下垂式大衣，双手持笏板于胸前，手上覆布帛；第二身微侧向左前方，胸部以下为祥云，绾髻，戴冠，面部方圆，双耳硕大，内着圆领衣，外着交领长袍；第三身面向龛外而立，绾高髻，面部方圆，双耳硕大，内着圆领衣，外着交领宽袖大衣，腰束带，左手垂于身侧，右手持一水瓢于身侧（图36-4）。

右壁上排左起第一身躬身侧向龛外，立祥云上，绾高髻，面部方圆，着宽袖长袍，腰束带，衣袖挽至肩部，露出窄袖内衣，足穿鞋，双手抚一口袋上部；第二身面朝正前方，胸部以下为祥云，绾髻，面部方圆，双耳硕大，胡须垂于胸前，着交领宽袖大衣，腰束带，左手托一圆形物于腹前，右手持一尖角形物于身侧。下排三身女像下半身为祥云遮挡，左起第一身面向龛外，绾高髻，面部方圆，内着齐胸长裙，胸前束带打结，结带垂于身前，外着双领下垂式大衣，左手垂于身侧，右手笼袖中置于腹前；第二身面朝正前方，绾双丫髻，面部方圆，内着圆领衣，外着双领下垂式大衣，腰束带，左手置身侧，右手置于左腹前；第三身面朝正前方，绾高髻，面部方圆，内着圆领衣，外着交领宽袖长袍，双手笼袖中，左手置于右肘下，右手置于左臂前（图36-5）。

龛顶中部从左至右浅刻"古迹天功山"，楷书。坛前左、右侧各竖刻两行大字，楷书，左侧左起：佛天光辉/法轮常转，右侧左起：风调雨顺/国泰民安。坛中部刻三则题记，左侧一则阴刻竖书两行，占壁面宽15、高40厘米，记补修装彩和毁像罚款之事；中央一则阴刻竖书二十一行，左起第一行及末尾两行字体较大，均楷书，似记装像之事，多残损严重；右侧一则竖刻两行，似刻赏钱条例。

龛右壁前方有后代碑刻两方，内侧一方"补修碑序"，竖长方形碑身，弧形碑首，碑首两角内卷。外侧一方有嘉庆元年（1796年）纪年，刻于一竖长方形条石之上。龛正前方现代建筑嵌碑三方，均呈竖长方形，右起第一方刻"重修雷神洞并装佛像功成记"，第二方刻出资者姓名及金额，第三方有乾隆五十九年（1794年）纪年。

雷神洞

图 36-2　雷神洞第 1 龛（北→南）

图 36-3 雷神洞第 1 龛一佛二菩萨（北→南）

雷神洞

图 36-4　雷神洞第 1 龛左壁造像（东→西）

1137

图 36-5 雷神洞第 1 龛右壁造像（西→东）

高升乡

37 天宫山

天宫山摩崖造像,又名睏佛坪摩崖造像,位于安岳县高升乡天佛村八组天宫山南侧,海拔高程392米。造像南侧有村道通往连接高升乡和林凤镇的公路,周围植被茂密,密集分布民居和农田。

　　在一宽4.8、高5.6米的红砂岩石包南侧壁面中部开一龛,未完成(图37-1)。依崖面搭建简易建筑,将造像笼覆其中,造像前方有条石砌筑的供台。造像顶部有较密集榫孔,插入龛前建筑横梁。

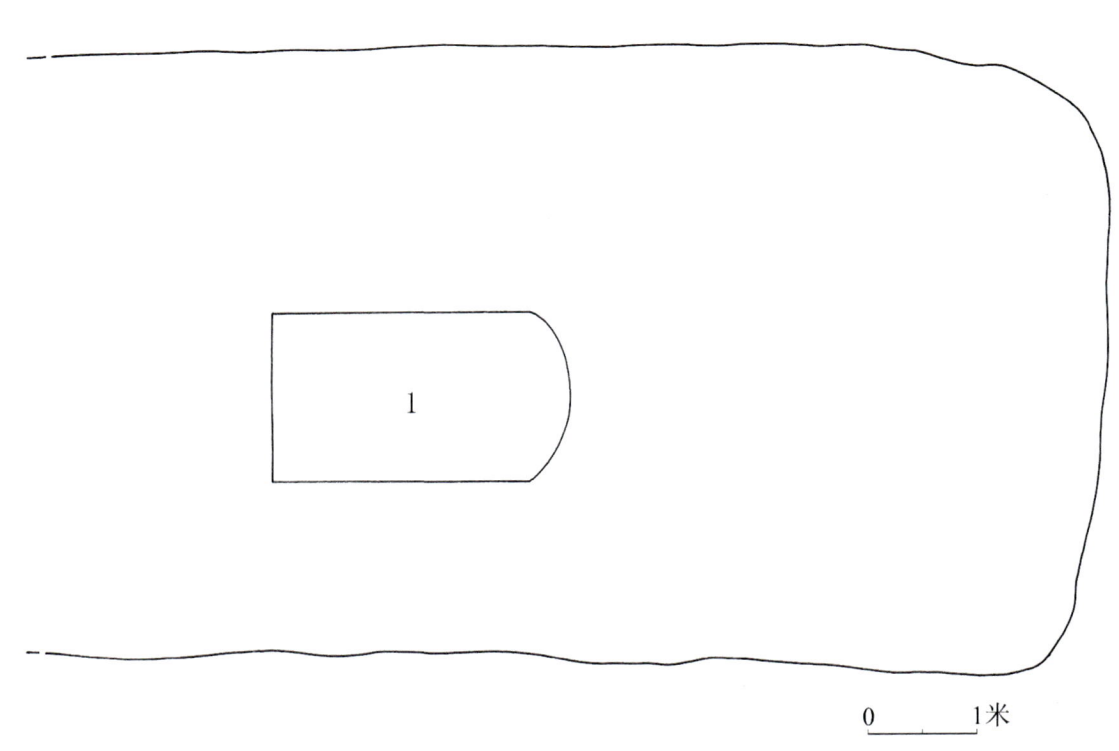

图37-1　天宫山造像分布示意图

天宫山

【第1龛】

位置：造像壁面中部。
年代：南宋。
龛形：不具龛形，已开凿的部分宽274、高153、深47厘米，龛向180度。
保存情况：略风化。
造像内容：于壁面开凿一卧佛上身外侧轮廓，系未完工的作品。卧佛已雕刻部分宽261厘米，左胁而卧，头顶雕出螺发粗坯，面部打磨光滑，额部宽平，柳叶细眉，鼻梁高直，小嘴闭口。胸口雕双领下垂式袈裟粗坯，遍布凿痕。其余部分未开凿（图37-2）。

图37-2 天宫山第1龛（南→北）

高升乡

38 懒佛岩

懒佛岩摩崖造像又名峰门寺摩崖造像,位于安岳县高升乡云升村,地处云光山南侧山腰一段裸露的崖壁中央,海拔高程361米,现为四川省重点文物保护单位。南侧100米有岳林公路通往高升乡和林凤镇,北侧200米为峰门寺,造像前方为果林。

造像所在的宽9.3、高15.5米的红砂岩崖壁风化、水蚀较严重,下部有厚重烟熏痕,东侧中部有一较大横向裂隙,底部有一风化带,局部崩塌,西侧崖面密布凿痕,崖壁遍布大小不一的榫孔,系历次搭建龛前建筑遗留。造像崖壁前依岩搭建简易木构建筑,将造像笼于其中。自东向西开第1~3龛,第2龛为造像的中心,第1、3龛对称分布左、右(图38-1)。

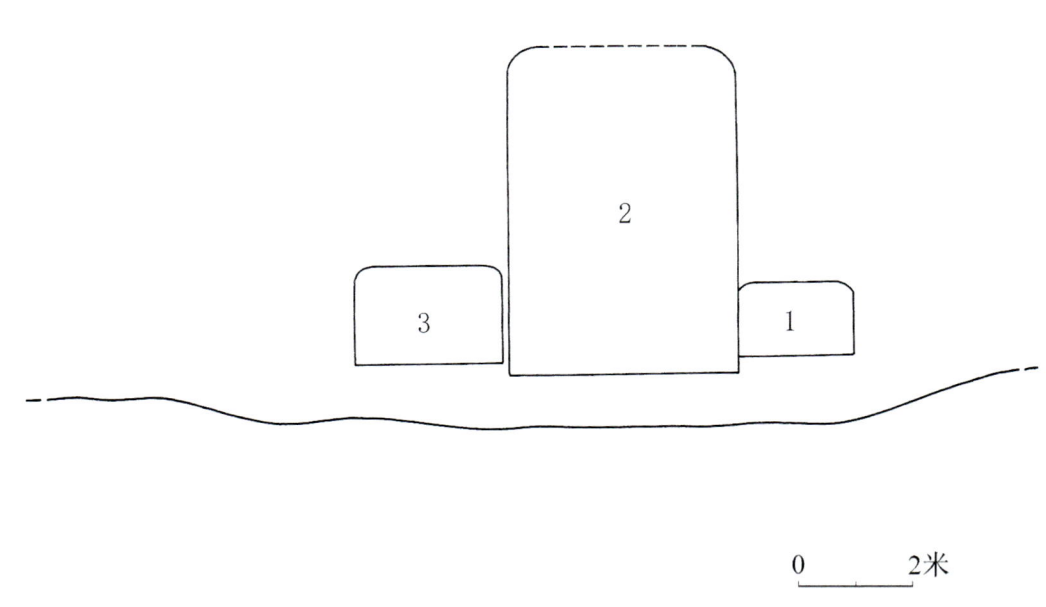

图 38-1　懒佛岩造像分布示意图

懒佛岩

【第1龛】

位置：造像崖壁东侧，第2龛左，被第2龛破坏右壁。
年代：南宋。
龛形：不明，平面近横长方形，残宽152、残高119、深18厘米，龛向165度。
保存情况：仅存正壁。造像及壁面残损、水蚀严重，遍覆青苔。
造像内容：正壁前造五身立像，均仅存轮廓。左起第一身残高98厘米，可见右侧缯带垂肩，胸前左右侧有衣带残迹。第二身残高104厘米，胸前有衣纹残迹。第三身残高104厘米，第四、五身分别高101、98厘米，胸、腹处外鼓。余皆残不可识（图38-2）。

图38-2　懒佛岩第1龛（东南→西北）

【第 2 龛】

位置：造像崖壁中部，第 1 龛右，第 3 龛左。

年代：绍熙癸丑年（1193 年）。

龛形：拱形大龛，平面呈弧形，宽 396、高 556、深 316 厘米，龛向 168 度。

保存情况：龛顶及左、右壁外侧残，龛下部有一横向宽裂隙。壁面有较密集榫孔，部分插入龛前建筑横梁。龛底前有现代砌筑的保坎。壁面存装彩痕。

造像内容：正壁造一佛立圆座上，全身装彩，双手为现代修补，高 487、座高 25 厘米。有圆形头光和舟形身光，均素面，肉髻较低，螺发细密，面部方圆饱满，柳叶细眉，双目半睁下视，鼻梁挺直，小嘴微张，双下颌，双耳垂硕大呈水滴形。着双领下垂式袈裟，左肩垂一环，拉起袈裟一角，下着长裙，双腕饰钏。左手置腹前，右手置胸前，头扭向右下方（图 38-3）。

佛右下方的正壁与侧壁转折前雕一弟子立台座上，头不存，全身风化严重，高 176、座高 20 厘米；有圆形素面头光；着交领袈裟；双手置腹前，身体略前躬，朝向佛（图 38-4）。弟子左上方，佛右肘侧又雕一菩萨立祥云上，头残，高 100 厘米；有阴刻的圆形素面头光，颈部存两道蚕纹；着双领下垂式广袖衣，下着裙，腰束带；戴环形项圈，于胸前中央垂下璎珞；双手相交置腹前，身体朝向龛外（图 38-5）。

菩萨头顶右侧高浮雕一碑，宽 87、高 65、厚 8 厘米，有倒梯形碑首，碑身方形，中央刻一道凹槽，分为左、右部分。刻造像题记十一行，竖刻，楷书，内容为绍熙癸丑年（1193 年）镌装记（图 38-6）。

碑下方浅刻一题记框，宽 66、高 42 厘米，框内刻字二十九行，竖刻，楷书，内容为光绪十年（1884 年）补修记。左起第二至二十八行为出资者姓名及金额。

左壁中部开一长方形小龛，四壁残，残宽 126、高 162、深 33 厘米，龛内正壁存一像残迹，可见圆形头光及椭圆形身光，头顶有一半圆形华盖，其上装饰帷幔，造像左侧装饰一卷云。小龛顶部及左、右壁外侧均高浮雕山形及卷云。小龛外左侧中部有一竖长方形题记框，宽 21、残高 28、深 1 厘米，刻字五行，竖刻，楷书，为装彩记，残损严重。

左、右壁下部近龛口处各开一供养人龛。左侧小龛仅存正壁，残宽 122、残高 100、残深 5 厘米，龛内造五身弟子立像躬身向龛内，均风化严重，多仅存轮廓。从外至内第一身残高 110 厘米；第二身残高 98 厘米，可见体前袈裟衣纹；第三身残高 97 厘米，着袈裟，双手似置于腹前；第四身残高 98 厘米，着交领袈裟，双手于腹前托一圆形物；第五身残高 102 厘米，光头，着交领袈裟，双手合十胸前（图 38-7）。右侧小龛呈拱形，残宽 105、残高 96、深 30 厘米，壁面密布细密凿痕，正壁上部浮雕一碑，碑首呈倒梯形，碑身呈横长方形，宽 40、高 30 厘米，内字迹不存。碑下壁面存二像残迹，均仅存轮廓，左侧一身残高 70 厘米，右侧一身残高 50 厘米，着长袍，身体朝向龛内。

右侧小龛上部的右壁磨光一宽 82、高 146、深 3 厘米的方形壁面，刻清代装彩记一则，右侧纪年部分风化较严重。

懒佛岩

图 38-3 懒佛岩第 2 龛（东南→西北）

图 38-4　懒佛岩第 2 龛佛右侧弟子（东南→西北）

懒佛岩

图38-5　懒佛岩第2龛佛右侧菩萨（东南→西北）

图38-6 懒佛岩第2龛造像题记(东南→西北)

懒佛岩

图 38-7　懒佛岩第 2 龛左壁造像（西南→东北）

【第 3 龛】

位置：造像崖壁西侧，第 2 龛右。
年代：南宋。
龛形：拱形龛，平面近横长方形，残宽 226、残高 115、深 20 厘米，龛向 164 度。
保存情况：顶、底及左壁残。造像及壁面遍布烟熏痕。
造像内容：正壁前造四身立像，均残损、风化严重，仅存轮廓。左起第一身残高 100 厘米，腿部可见衣纹，似为袈裟。第二身残高 104 厘米，胸前可见衣纹，双手似置胸前。第三身残高 109 厘米，双手似置于腹前，腰微右扭。第四身残高 127 厘米，左胸处可见衣带痕迹，下着长裙，两腿间有一衣带垂下，右侧有衣摆飘于体侧（图 38-8）。

图 38-8　懒佛岩第 3 龛（东南→西北）

高升乡

39 菩萨岩

菩萨岩摩崖造像位于安岳县高升乡偏牛村六组鲁家湾,地处名为菩萨岩的向南崖壁上,海拔高程 367 米。东邻大成山,南为庙子坡,西接岭岗坡。四周为农田及竹林,有村道通往高升乡。

在宽 7.5、高 8.5 米的垂直崖壁上开两龛,自东向西编第 1、1-1 龛。第 1 龛是造像主体,龛外两侧密布榫孔,部分插入现代建筑横梁(图 39-1)。造像崖壁前依岩搭建简易木构建筑,将造像笼罩其中。造像全身有现代装彩,面部、双手多经现代修补,总体保存情况较好。

第 1 龛为第三次全国文物普查所编,此次调查增编第 1-1 龛。

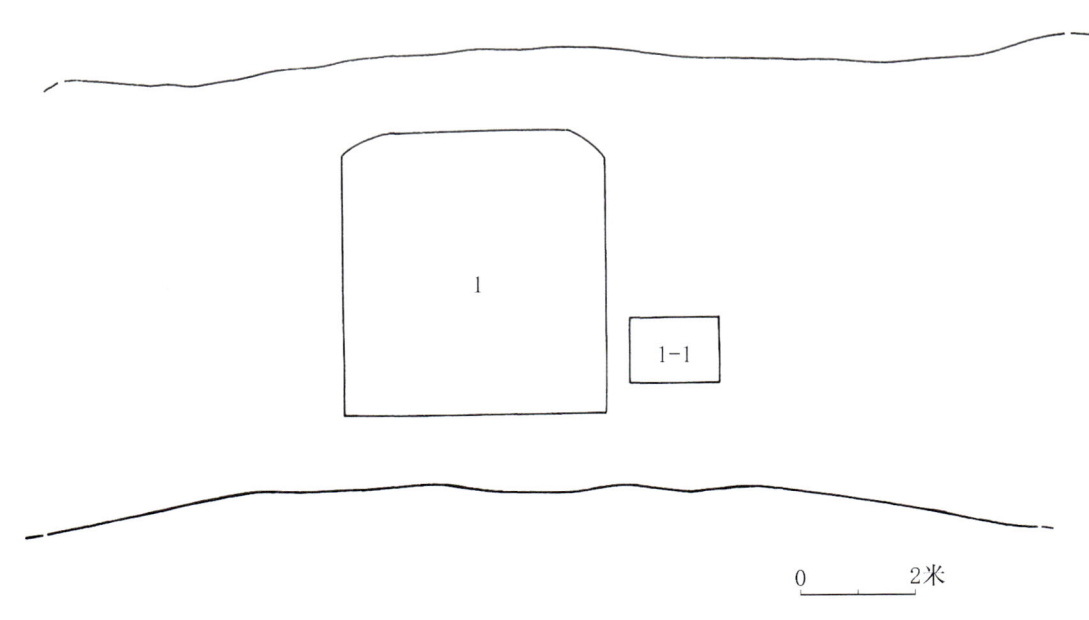

图 39-1　高升乡菩萨岩造像分布示意图

高升乡菩萨岩

【第1龛】

位置：造像崖壁中部，第1-1龛右。
年代：南宋。
龛形：方形龛，平面呈横长方形，宽460、高480、深88厘米，龛向35度。
保存情况：仅存正壁。造像遍施现代装彩，面部经现代补塑。龛两侧密布方形榫孔，部分榫孔插有龛前建筑横梁。
造像内容：正壁前造两排像（图39-2）。靠上位置开一方形小龛，龛内造三身像结跏趺坐于龛底，双手均经修补。中央主尊高148厘米，雕出肉髻、螺发；面部宽圆、柳叶细眉，鼻梁挺直，双目半睁、下视，小嘴闭唇，嘴角略垂，耳垂硕大呈水滴形；内着僧祇支，外披双领下垂式袈裟，下摆覆双腿，悬垂龛

图39-2　高升乡菩萨岩第1龛（东北→西南）

前；左手置腹前，右手置胸前。左、右坐像弟子形象，着交领袈裟，下摆覆双腿，悬垂龛前。左侧弟子高134厘米，凸额，眉骨高凸，眼眶下陷，双目半睁，塌宽鼻，宽嘴，嘴角下垂，胡须浓密；双手于腹前结禅定印；右侧弟子高136厘米，面部宽圆，额部圆凸，柳叶细眉，双目睁开，鼻梁挺直，小嘴，耳垂硕大；双手于腹前托一串念珠（图39-3）。

靠下壁面凹凸不平，密布凿痕，表现山形，造像立龛底凸出之山石上，面部及双手均经修补。中央凿一天王，双手经后代补塑，高223厘米；戴兜鍪，忿怒相；内着长袍，外着战甲，肩系巾，于胸前系结，下着战裙，腹部系带打结，腰束带，左右各插一护腰，足着靴，飘带绕头后，经腰侧飘于身后；左手置左胸侧，右手置右腹侧，两腿分开而立。

天王左、右各雕三身立像，分上、下两排，前排各雕一身像，仅露腹部以上，后排两身。左侧前排一身高125厘米，面部略方，戴兜鍪，忿怒相；着长袍，披战甲，肩系巾，胸前打结，下着战裙，腹部系带打结，腰束带，左右各插一护腰，足着靴，戴护腕，飘带自两肩垂下，飘于身侧；左手屈肘置腰侧，握飘带，右手拄剑于地，身体朝向右前方。右侧前排一身，高134厘米，双手经后代补塑；现戴牛首冠；内着长袍，外着战甲，胸前系巾，腹部系带，着战裙，腰束带，两侧各插一护腰；左手置胸前，右臂垂体侧。

后排内侧两身均为菩萨形象。戴高花冠，冠中央各雕一结跏趺坐像，缯带垂肩后；着双领下垂式袈裟，下着长裙，跣足；戴环状项圈，于胸前中央垂一道流苏。左侧菩萨高240厘米，双手经后代补塑；左手置于左腹前，现握一瓶，右手置胸前，现单掌立于胸前，头向右前方。右侧菩萨高190厘米，双手笼袖中，置腹前，头向左前方。

后排外侧一身露腹部以上，位置稍低。左侧一身高202厘米，双手经后代补塑；光头；着交领袈裟；双手现拱于胸前。右侧一身高118厘米，左足经后代补塑，左臂残，绾髻；内着僧祇支，外着双领下垂式袈裟；左手笼于袖中，置胸前，右手于腹前抚左膝，左腿抬至腹前（图39-4）。

高升乡菩萨岩

图39-3 菩萨岩第1龛上部造像(东北→西南)

图 39-4 高升乡菩萨岩第 1 龛下部造像（东北→西南）

高升乡菩萨岩

【第 1-1 龛】

位置：造像崖壁西侧，第 1 龛左。
年代：清。
龛形：方形龛，平面呈横长方形，宽 161、高 130 厘米，龛向 71 度。
保存情况：龛形完整。右上角存一榫孔。
造像内容：题刻龛，正壁存整齐、细密戳印痕，未打磨平整，未见字迹（图 39-5）。

图 39-5　高升乡菩萨岩第 1-1 龛（东北→西南）

高升乡

40 玉帝庙

玉帝庙摩崖造像，又名宏恩寺摩崖造像，位于安岳县高升乡桐坝村二组，地处桐子坡山顶南侧一独立红砂岩石包上，海拔高程374米。造像北侧有现代寺院，寺院东侧有小道通往高升乡。造像所在石包地势较高，东、南侧为陡坡，密布杂草、灌木。

造像石包平面近圆形，南侧壁面宽阔、平整，宽6.4、高4.3米，仅开一龛，编号第1龛，占据壁面大部，保存较好（图40-1）。

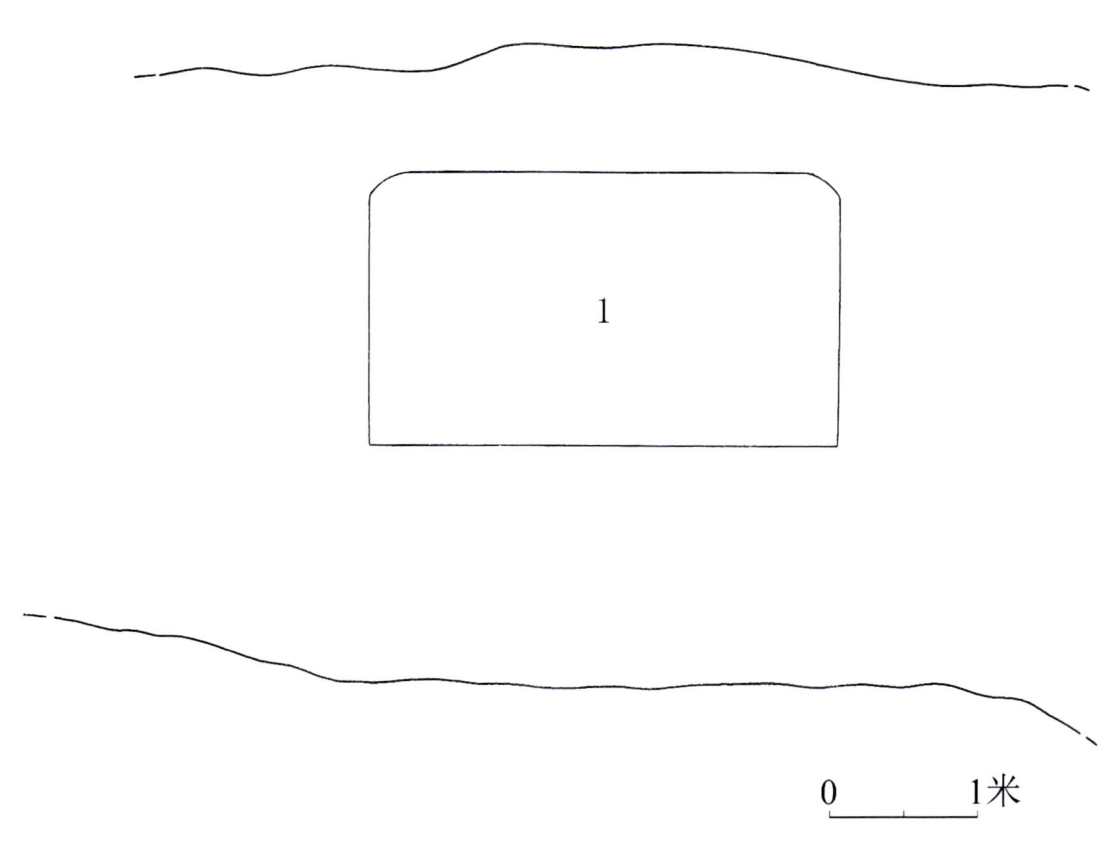

图40-1　玉帝庙造像分布示意图

玉帝庙

【第1龛】

位置：造像石包南侧壁面中部。

年代：南宋。

龛形：拱形龛，平面呈宽"U"字形，宽318、高180、深75厘米，龛向180度。

保存情况：四壁外侧残。造像及壁面略风化，壁面存细密凿痕。

造像内容：正壁前造三身像倚坐方台上(图40-2)。中央主尊男性形象，双手、双足残，体前略风化，高168厘米。头戴高圆冠，面相方圆，眼眶下陷，小嘴微张(图40-3)。着交领广袖长袍，上腹束宽带，宽结带经腹前垂至两足间，中央系一圆环，下着裙，穿云头鞋。左手抚左膝，右手置于胸前。

左、右胁侍女性形象。绾高髻，戴花冠，面部略长圆，上宽下窄；披双领下垂式广袖大衣，下着裙，裙头提至胸前，于裙头束带，宽结带垂于袖摆后，穿云头鞋；戴项圈，胸前璎珞呈网状垂下；双手均笼袖中置腹前，身体微侧向内侧前方。左侧一身高154厘米，面部及双足残，存零星装彩痕；双手覆巾(图40-4)。右侧一身高152厘米，面部残。

两侧龛口各雕一小立像。左侧一身仅存膝部以上，残损、风化严重，残高83厘米。右侧一身仅存腹部以上，残高101厘米，可见双手置胸前，身体朝向右前方。

图 40-2　玉帝庙第 1 龛（南→北）

玉帝庙

◀ 图 40-3　玉帝庙第 1 龛中央主尊头部（东南→西北）

图 40-4　玉帝庙第 1 龛左侧胁侍头部（东南→西北）▶

三仙洞

4.1 高升乡

三仙洞摩崖造像位于安岳县高升乡八楼村六组，海拔高程335米。造像凿建在大成山南侧崖面，龛（窟）前依崖面搭建两层现代建筑，第一层东侧为现在寺庙用房，西侧及上层为造像龛（窟），中央及两侧有石阶连通上、下层。现为四川省重点文物保护单位。

三仙洞又名龙门观、明月寺，始凿于明代，后期及清代继有增刻、装彩。现存造像七龛（窟），开凿于宽约65、高约9米的崖面上，分两层，上层自东向西编号第1~6龛（窟），下层西端开第7龛（图41-1）。所用编号为此次调查新编号。崖面较平整、陡峭。崖面和龛内壁面存多处遗迹，多为后期修整崖面、搭建偏楼等木制建筑形成，另有一部分是造像损毁、修补时所留。第1~6龛（窟）外顶部有一道较大的横向凹槽，东西贯穿崖面，至第3窟顶向下分出一道延伸至第4窟顶部结束；在第5龛、第6窟上部，其上下又各有一道横向凹槽。凹槽内及紧挨凹槽上部分布有榫孔，第1~6龛（窟）间的崖面也纵向均匀分布榫孔，较有规律。第1窟外东侧崖面亦分布有凹槽及榫孔。第1~4窟原造像多已无存，第5~7龛（窟）总体保存较好，局部被毁，部分造像早年以水泥补塑并装彩。

三仙洞

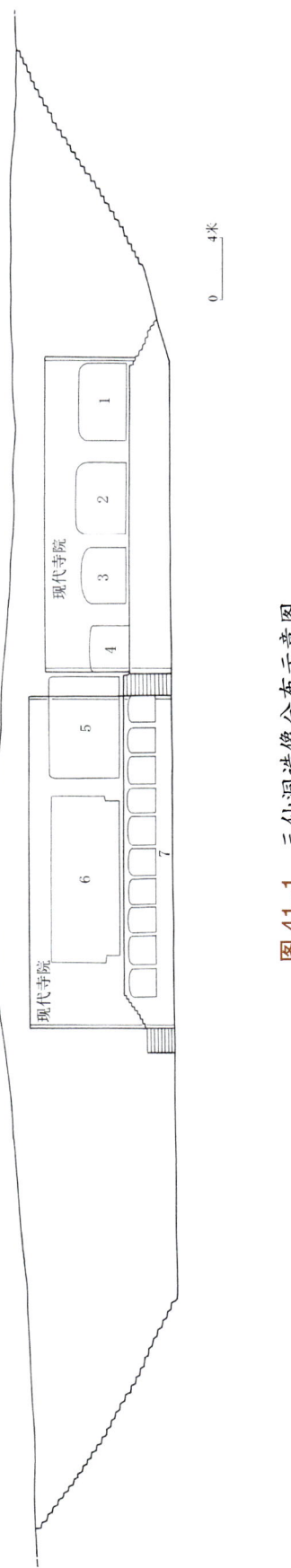

图 41-1 三仙洞造像分布示意图

【第1窟】

位置：造像崖壁上层东端，第2窟左。

年代：明。

龛形：拱形窟，平面近长方形，宽472、高285、深410厘米，窟向194度；顶部略平，右壁略向内斜，壁面遍布凿痕。

保存情况：窟顶近窟口处中部残，左、右壁及顶有烟熏痕迹。

造像内容：正壁前开一通壁高坛，高125、深94厘米，坛前有条石垒砌的横长方形束腰保坎，高110、深42厘米（图41-2）。上层由四块条石相连垒成，从左至右第二块条石前左侧刻题记一则，三行，竖刻，楷书，左起：功德主/陈□乔/信女□□。束腰两侧浮雕兽形足，足上部饰一花朵，兽足与上层条石形成一供台。足间浮雕三组图案，图案间雕有两立柱相隔，柱上各浮雕带茎叶之盛开花朵从花盆伸出，花朵旁有带茎花蕾。从左至右第一组中央雕一鹿，嘴衔枝叶呈向右奔跑状，两侧雕树木、花草（图41-3）。左侧刻题记一则，九行，竖刻，楷书，有万历三十年（1602年）纪年。其中第二至九行穿插于植物茎叶间。第二组雕三鸟于莲池内，均朝向右侧。左起第一只作翱翔状，第二只弯颈仰视，第三只立一龟背上。第三组雕一兽于山石植物间，兽身有鱼鳞，头后有长角，嘴衔一椭圆形物朝左侧作前行状（图41-4）。

图41-2 三仙洞第1窟（西南→东北）

三仙洞

图 41-3　三仙洞第 1 窟坛前左起第一组图案（西南→东北）

图 41-4　三仙洞第 1 窟坛前左起第三组图案（西南→东北）

　　窟内原雕像已不存，现高台上置三尊像，皆圆雕，造像内容皆不同，有现代装彩，保坎左前方有一圆雕立像，头不存。

　　左壁下方近龛口处磨平一宽167、高64厘米的崖面，内刻题记一则，四十七行，竖刻，楷书，其中第七至四十六行刻人名及出资金额四排，每排下刻捐资金额，内容记同治七年（1868年）装绘神像之事。

　　紧临其左又为一题记框，宽114、高73厘米，内刻题记一则，三十一行，各行间有界栏，竖刻，楷书，左起第一行"南无阿弥陀佛"，字较大，第十九至二十九行刻捐资者姓名及金额，上方横刻四字，题记内容记万历三十三年（1605年）装塑神像之事（图41-5）。

左壁中部近龛口处有一则现代捐款题记。龛顶中央近龛口处,阴刻一圆框,框内雕一鹿,嘴衔花草作前行状。左壁中部凿出一壁龛贯穿至龛口,宽343、高90、深26厘米,原有造像。

图41-5 三仙洞第1龛左壁外侧题刻(西北→东南)

三仙洞

【第 2 窟】

位置：造像崖壁上层东侧，第 1 窟右，第 3 窟左，右壁中部破坏第 3 窟形成一不规则长方形孔洞。

年代：明。

龛形：拱形窟，平面呈横长方形，宽 469、高 311、深 403 厘米，窟向 196 度；窟顶上方磨平一长方形匾额，宽 264、高 97 厘米，中间横刻三个大字，行书，左起：三仙洞，左侧竖刻楷书两行，左起：甲午□经□现任成都府学教授/郝绍曾书，右侧竖刻楷书一行：皇清道光丁未秋，匾下雕桃形匾托；匾额左、右各插一横梁，横梁近龛口处托一门额，上雕二龙戏珠，两侧各竖插一方木，方木与门额下方两角间有雀替；壁面遍布凿痕。

保存情况：窟顶上部雨浸严重，右壁残，窟顶及正壁有烟熏痕，原造像多存，部分原造像残缺处分布凿痕，左、右壁原造像被毁，局部存榫孔，现存造像局部有后代补塑，壁面及造像存后代装彩。左壁上部从内至外横向均匀分布三组横长方形榫孔，每组两个、大小相等、上下对称，其中从内至外第一、二组榫孔的下面一个榫孔中各插一木根，断面与崖面齐。据当地村民介绍，这些榫孔处原有塑像，后被毁。榫孔下凿出一横长方形凹槽贯穿至龛口，宽 389、高 98、深 36 厘米，凹槽底部从内至外均匀分布七个大小相等的圆形榫孔，直径 8 厘米，其中从内至外第七个榫孔右侧较近位置有一圆形榫孔，其左侧近龛口处有一横长方形榫孔，当为原塑像所用。

造像内容：正壁设通壁高坛，高 124、深 107 厘米，坛前部雕五个相连的须弥座，每个宽 94、高 50 厘米，均分六层。须弥座上又各有一台座，台座分前后两部分，近后壁部分为横长方形方台，宽 85、高 21、深 44 厘米，为原来开凿，与后壁、须弥座相连，前面部分为现代圆雕之横长方形仰覆莲台，宽 90、高 22、深 31 厘米，与方台、须弥座间均有泥粘合（图 41-6）。

坛上圆雕三佛二菩萨，像与台座间有泥粘合（图 41-7）。三佛居中，二菩萨居两侧，均结跏趺坐，露双足，足心向上。坐像身后壁面雕椭圆形背屏，顶部呈尖桃形，延伸至龛顶。背屏上原造像所在头、身体部位有两个圆形内凹崖面，上方凹面圆形，较小，内部磨平，下方凹面椭圆形，较大，内分布凿痕，原造像头部为圆雕，身体后部仍与崖面相接。背屏以肩部为界分上下两部分，上半部分至顶部为高浮雕，分两层，外层雕火焰纹，内层雕卷草纹，间有造像；下半部分至台座以上，浮雕卷曲祥云。

左起第一身头、颈、发辫上部、右手拇指、食指上部、左手及双手持物为现代补塑，高 127 厘米。戴卷草纹冠，冠中央饰一坐佛。右侧发辫垂肩，发辫缠绕发带于肩前打结后分三道下垂。五官较小。内着僧祇支，腹前束带打结，外着双领下垂式袈裟。戴圆环形项圈，项圈下饰璎珞、流苏；戴联珠纹腕钏。双手执卷轴于胸前。须弥座束腰处两端雕二像，呈肩扛台座状。

背屏内层中部中央雕一兽，朝右站立，回首仰望。兽背上雕一像半跏趺坐于粗莲茎上，头部、执物上部不存，内着僧祇支，腹前束带打结，外着双领下垂式袈裟，双手持一曲柄莲蕾。两侧各雕一童子相向跪于卷草上，下着裤，腰束带，飘带绕头后经手臂下垂，双手合十，面向龛外。佛像上方雕一像，头朝下，背部生双翅，双爪抓一圆棍状物，屈双腿展翅呈飞翔状。两侧各雕一立像，头顶两侧各束一圆发髻，着圆领广袖衣，下着长裙，裙腰外翻，双手屈肘置肩侧，单足各踏圆棍状物一端，身体均向外侧倾斜 45 度。背屏内层下部两侧各雕一山石于祥云上，山石上各雕一兽相背而立，兽背上各雕一像半跏趺坐于粗莲茎上朝向龛外，均内着僧祇支，腹部束带打结，外着双领下垂式袈裟，跣足。左侧兽为狮子，朝向左侧，头右扭，仰头看向龛外。背上坐像戴冠，冠前饰卷云纹，双手执一曲柄莲蕾。右侧兽尖角，长吻，朝向龛右侧，回首看向斜上方。背上坐像双手执一曲柄如意（图 41-8）。

图 41-6 三仙洞第 2 窟(西南→东北)

第二身头、颈及双足为后代补塑,高 126 厘米,螺发,肉髻,头部前中央有髻珠痕,双目微睁下视,三角形鼻,小嘴,双下颌,耳垂硕大,颈部细长。内着僧祇支,其上束带打结,外着双领下垂式袈裟,戴联珠纹腕钏。双手于腹前施禅定印。须弥座束腰处雕二狮子,呈顶撑状。

背屏内层中部雕一龙于云朵上,龙头朝左,身体盘曲回首仰视呈"S"形。左、右各雕一像立卷草上。左侧像戴高冠,内着交领窄袖衣,外着双领下垂式广袖衣,披巾飘体侧,足穿鞋。双手覆巾执一圆筒状物于胸前,身体向左倾,头右扭。右侧像戴冠,头发绕成股状,内着圆领衣,外着双领下垂式广袖衣,披巾飘体侧,足穿鞋。双手覆巾执一圆棍状物于胸前,面向龛外。龙上方雕一像,头发上飘,着披肩,斜披络腋,下着短裙,腰束带,肩后展翅,双腿雕出羽毛。双手五指张开举头侧,微屈腿作下蹲状,双足抓一圆棍状物。圆棍状物两端各雕一立像,头发自耳下垂下,着圆领广袖衣,双手覆巾托一圆形物,单足各踏圆棍状物一端,一腿抬起,身体均向外侧倾斜 45 度。背屏内层下部两侧各雕山石、祥云,山石上各立一像,束发,戴冠,着披肩,上身斜披络腋,下着短裙,裙下着短裤,膝下束带,跣足,披飘带,饰腕钏。左侧天王左手持环状物举过头顶,右手挂一铜于双腿之间,腰左扭。右侧天王左手挂一铜于双腿间,右手持环状物举过头顶,腰右扭(图 41-9)。

第三身头部、双手为后代补塑,高 135 厘米。螺发,肉髻,头前中央有髻珠痕,圆脸,额头宽平,双目微睁下视,鼻翼呈三角形,小嘴,双下颌,两颊内收,耳垂硕大,颈部较细。内着僧祇支,其上束带打结,外着双领下垂式袈裟,双肩覆披巾。双手合十胸前。须弥座束腰处雕二像,相向仰卧,二臂各抵上下台作奋力支撑状。

背屏中部左、右各雕一龙,龙身缠绕呈"8"字形,龙首间雕一宝珠。背屏上部中央雕一像,头部残,

三仙洞

图 41-7　三仙洞第 2 窟正壁造像（西南→东北）

图 41-8 三仙洞第 2 窟正壁左起第一身背屏（西南→东北）

图 41-9 三仙洞第 2 窟正壁左起第二身背屏（西南→东北）

三仙洞

余皆与第二身背屏上端立像相同。两侧相向各雕一像，与第一身背屏上部两斜身像相同。背屏下方两侧各雕一像踏风火轮上，着圆领衣，下着战裙，插护腰。左侧像面部残，戴方冠，下着短裤，足穿靴，佩飘带，左手握拳屈肘置腰侧，右手挂铜于身右侧，腰右扭。右侧像面部、双足残，戴盔，披披巾，双手合十胸前，双臂托一圆棍状物（图41-10）。

第四身头、颈、双腿外侧及双足为现代补塑，右臂不存，中央可见插一木棍，高129厘米。螺发，肉髻，头前中央有髻珠痕，尖圆脸，面相特征、衣着同第三身。左手平伸，右手抬起。须弥座束腰处雕二狮子，均头朝下，尾部朝上，呈顶撑状。

坐像背屏顶部雕三像，头部均残，形态与第二身坐像背屏相应位置三身雕像同。背屏中央开一圆拱形浅龛，龛内雕一像游戏坐，戴尖圆冠，着袈裟，袈裟一角搭右肩，左腿内盘，右腿屈起置前，双手置右膝上。左、右侧各雕一菩萨，均戴高花冠，披披巾，着长裙，足穿鞋，双手举圆棍状物于头侧，对称站立。背屏下部左、右各雕二弟子立莲台上，着袈裟，双手合十于肩前，对称站立（图41-11）。

第五身头、颈、双肩、左手手指及右前臂均经后代补塑，右臂残，高132厘米。戴卷草纹花冠，花冠下饰两圈联珠纹装饰，头发相互缠绕成股状，边缘呈波浪形，圆脸，双目微睁，鼻翼小而圆，双下颌，耳垂硕大，颈部细长。内着僧祇支，其上束带打结，外着双领下垂式袈裟。戴圆环状项圈，项圈下有璎珞、流苏。左手托一物于腹前，持物不存，右手抬起。须弥座束腰处雕二力士作奋力托举状。

坐像背屏内层中央雕一佛跏趺坐于圆座上，内着僧祇支，其上束带，外着袒右式袈裟，袈裟一角覆右肩，衣摆覆双足，双手于腹前结禅定印，圆座下有花朵承托。佛左、右侧各雕一光头童子，穿肚兜，骑于卷草上，双手各握卷草、花朵。圆座左、右侧各雕一像结跏趺坐于仰莲座上。戴圆帽，内着僧祇支，其上束带，外着双领下垂式袈裟。左侧像面部残，双手似托一圆形物于腹前，右侧像额前戴一紧箍，闭双眼，双手于腹前施禅定印。背屏上部中央雕三像，形态与第一身坐像背屏相应位置三身雕像相类（图41-12）。

窟顶正中彩绘一后天八卦图。窟左壁下部近龛口处磨平一宽88、高73厘米的题记框，内刻题记一则，其左上部有一方形榫孔，破坏左起第一行。

图41-10　三仙洞第2窟正壁左起第三身背屏（西南→东北）

1177

图 41-11 三仙洞第 2 窟正壁左起第四身背屏（西南→东北）

图 41-12 三仙洞第 2 窟正壁左起第五身背屏（西南→东北）

三仙洞

框内顶部横刻六字，楷书，较大，左起：南无阿弥陀佛。下方十八行，竖刻，楷书，左起第五至十七行为人名和装彩对象，内容记咸丰八年（1858年）信士集资装修之事。

其右侧浅浮雕一盝形碑，上部被凹槽破坏，宽61、高100厘米，内阴线刻盝形题记框，框外上部及顶部残存卷草纹。框内顶部横刻六字，楷书，较大，左起：南无阿弥陀佛。其下竖刻楷书十七行，行间有界栏相隔，第八至十四行刻人名，人名上方横刻四字，楷书，较大，左起：植福男孙。盝形碑顶部从左至右刻大字楷书"南无阿弥陀佛"。其下刻楷书十七行，行与行间均有界栏隔开，内容为万历三十三年（1605年）信士镌装记（图41-13）。

左壁凹槽外侧龛口处磨平一宽6、高48厘米的题记框，竖刻题记一行，楷书：补修□□尊鼓一面募化善男信女获福无穷。左壁龛口外侧中部，磨光一宽26、高39厘米的题记框，内刻题记一则，九行，竖刻，楷书，左起三至九行为人名和出资金额，内容记光绪二十三年（1897年）信士装修佛像之事。

左壁窟口外侧下部浅浮雕一盝形碑，碑左上角有一方形榫孔破坏碑上字迹，宽62、高98厘米，碑首横刻一行，楷书，左起：南……佛重修中兴。碑身竖刻楷书二十行，第三至十九行刻人名五排，每排之间刻上排施主出资金额，有康熙六十年（1721年）纪年。

右壁窟口外侧下部浅浮雕一磨光崖面，宽45、高95厘米，内刻题记一则。顶部横刻四字，楷书，较大，左起：永定规模。其下竖刻楷书十二行，第九至十一行刻人名和费用，内容记原僧人不守清规，窝留匪徒，后将其逐出，并请圣僧澄祥来寺主持之事，有光绪九年（1883年）纪年。

图 41-13　三仙洞第 2 窟左壁外侧题记（西北→东南）

三仙洞

【第3窟】

位置：造像崖壁上层东侧，第2窟右，第4窟左，左壁后部被第2窟破坏。

年代：明。

龛形：拱形窟，平面呈长方形，宽348、高284、深337厘米，窟向202度；雕出窟楣，宽60厘米，为两朵祥云自两侧伸至中央后各分为两朵卷曲云头，共托宝珠，窟口两侧各雕一柱，宽19、高173厘米；壁面遍布凿痕。

保存情况：正壁及顶有烟熏痕，窟顶靠近正壁处两端各雕一对称的方形榫孔，窟顶中央近龛口处有一牛鼻栓；左壁近后壁处为第2窟打破第3窟形成的一个不规则竖长方形孔洞，底部与两窟贯通，最宽178、最高235厘米；现造像均经后代补塑、装彩，壁面存后代装彩。

造像内容：正壁前设通壁高坛，高75、深64厘米，坛上正壁中央开一横长方形浅龛，宽344、高197、深23厘米，龛内原造像已不存，正壁均匀分布三组浅凹槽，当为原造像所在位置。现高台上置三圆雕像，皆坐于方座上，方台前的台座为后代砖、土补塑，未雕出双足，应为现代作品（图41-14）。

窟左壁中部近窟口处磨光一宽28、高37厘米的崖面，崖面中部线刻一宽15、高30厘米的题记框，内刻题记一则，有界格，四行，竖刻，楷书，字多被现代磨平，可见有正德元年（1506年）纪年。

右壁下方近窟口处磨光一竖长方形崖面，宽110、高137厘米，内刻题记一则，三十行，竖刻，楷书，第七至二十九行刻人名九排，每排下刻上排施主出资金额，内容追述三仙洞之历史及装修佛像之事，有道光四年（1824年）纪年。

右壁窟口外侧中部，浅浮雕一盝形碑，宽95、高170厘米，顶部横刻四字，楷书，较大，左起：补修殿宇。其下竖刻楷书二十八行，第一至二十七行刻八排人名，每排人名下均刻上排施主出资金额，第二十八行刻道光十年（1830年）补修殿宇并砍伐树木之事。

【第4窟】

位置：造像崖壁上层中部，第3窟右，第5龛左，破坏第5龛左壁。

年代：明。

龛形：双室窟，由前、后室组成，前室平面呈横长方形，宽291、高246、深170厘米，后室平面呈马蹄形，宽180、高199、深266厘米，窟向193度。

保存情况：前室右壁近后壁处打破第5龛左壁形成一椭圆形孔洞，宽64、高106厘米；壁面遍布均匀凿痕，有烟熏痕，存后代装彩。

造像内容：前室正壁中央距底47厘米处开后室，前方起一宽96、高10厘米的高台。后室正壁中央开一宽119、高190、深15厘米拱形浅龛（图41-15）。后室正壁中央起一宽90、高15、深57厘米低台，前部中央内弧；台前中央窟底浅浮雕一八边形台，宽117厘米；其上皆均匀分布凿痕（图41-16）。

右壁中部近龛口处浮雕一盝形碑，宽27、高40厘米，顶部雕卷草及云纹，尾部飘向碑左侧中部，内刻题记一则，七行，竖刻，楷书，内容记道光十六年（1836年）信士装彩神像之事。

图41-14 三仙洞第3龛（西南→东北）

三仙洞

图 41-15　三仙洞第 4 窟（西南→东北）

图 41-16　三仙洞第 4 窟后室结构
（西南→东北）

【第 5 龛】

位置：造像崖壁上层中部偏西，第 4 窟右，第 6 窟左。
年代：明。
龛形：方形龛，平面呈浅弧形，宽 641、高 445、深 335 厘米，龛向 202 度；壁面遍布凿痕。
保存情况：左、右壁顶部残，壁面上部有烟熏痕；造像局部有后代补塑，壁面及造像有现代装彩。
造像内容：正壁中央造一像结跏趺坐于仰莲座上，头、面部、双手及执物系后代补塑，高 216、座高 196 厘米（图 41-17）。束发，戴莲花冠，面部方圆，双目微睁下视，鼻梁高直，小嘴，有胡须自两嘴角、下颔及两耳前垂下，颈部有两道蚕纹。内着交领衣，外着双领下垂式衣，下着长裙，于胸前束带，带上饰云纹。两手执一莲蕾于胸前（图 41-18）。莲座下有一巨大莲叶，莲叶下雕一狮朝右而卧，面向龛外。狮子面部左、右各雕四张小狮脸。狮子嘴内含珠，下颔雕一铃铛。狮背上覆一方巾，方巾中央自莲叶下伸出两道绳，结呈"Y"字形，下端打结成蝴蝶结状，并系一球状物。狮背及尾部饰珠串。狮头右侧雕一小狮，头朝下，伏于大狮颈部，衔一飘带，嬉戏状。狮子下有一横长方形台座（图 41-19）。

图 41-17　三仙洞第 5 龛（西南→东北）

三仙洞

图 41-18　三仙洞第 5 龛中央主尊（西南→东北）

图 41-19　三仙洞第 5 龛中央主尊下部狮子（西南→东北）

坐像身后浮雕一"凸"字形背屏，顶端呈尖桃形。背屏分三层，从内至外第一层雕出一上圆下椭圆形的浅凹槽，凹槽上部对应坐像头部，下部有一长方形石柱与坐像相连。第二层内饰植物，其间雕造像。第二、三层底部雕祥云。第三层雕火焰纹。

背屏第二层雕三排像，从上至下第一排五身像，中央三身位于"凸"字形小龛内，龛外饰火焰纹，龛下各雕一盛开花朵。像结跏趺坐于莲座上，束圆发髻，内着交领衣，外着双领下垂式宽袖衣，下着长裙，腰束带。中央一身左手五指并拢、掌心向下置腹前，右手置胸前。左侧一身双手持一莲蕾。右侧一身髭须浓密，双手持一长柄物。三小龛左、右各雕一像结跏趺坐于莲座上，戴冠，内着交领衣，外着双领下垂式广袖衣，下着长裙，腰束带，双手执笏于身前。两坐像下为第二排雕像，各雕一像结跏趺坐于莲座上，内着交领衣，外着交领广袖衣，腰束带。左侧像头发自耳后垂下，双手五指并拢相叠呈十字形置腹前。右侧像束圆髻，双手笼袖中握一笏于腹前。第三排雕二像立花朵上，内着交领衣，外着双领下垂式广袖衣，足穿鞋，双手覆巾执一笏板（图 41-20）。

坐像肘部左、右侧壁面上各有两个高台，左侧高台宽 278、深 31 厘米，右侧高台宽 274、深 33 厘米。狮子两侧壁面上各向内雕出一高台，左侧高台宽 285、高 80、深 31 厘米，右侧高台宽 256、高 89、深 27 厘米。

左壁内侧上部近龛顶处刻：入天堂。左壁中部偏下位置，磨光一宽 26、高 38 厘米的竖长方形崖面，内刻题记一则，竖刻楷书六行，有咸丰元年（1851 年）题诗。

左壁下部近龛口处，磨光一盏形题记框，宽 85、高 129 厘米，右下角被第 4、5 龛之间的后代洞孔所破坏，顶部横刻六字，楷书，左起：咸重修月明寺，"咸"字位置偏高，字体偏小，疑为后代补刻，下方竖刻楷书二十八行，第三至二十七行刻五排人名，每排人名下刻上一排施主出资金额，内容记康熙六十年（1721 年）装修庙宇之事。

三仙洞

图 41-20　三仙洞第 5 龛中央主尊背屏（西南→东北）

右壁偏下位置龛口处刻一碑，方形碑座，拱形碑身。碑座宽 64、高 16 厘米，碑身宽 50、高 69 厘米，碑上刻题记一则，上部横刻三字，楷书，较大，左起：重修记，下方竖刻楷书十三行，内容追述三仙洞之历史及装修神像之事，有万历乙卯年（1615 年）纪年（图 41-21）。

第 5、6 龛之间崖面下部刻一拱形碑，宽 115、高 175 厘米，碑上线刻一圆拱形题记框，内刻题记一则，顶部横刻楷书一行，较大，左起：龙门观增建胜境记，其下竖刻楷书二十四行，碑文主要追述三仙洞之历史（图 41-22）。

图 41-21 三仙洞第 5 龛右壁外侧题记（东南→西北）

图41-22 三仙洞第5、6龛(窟)之间壁面题记(西南→东北)

【第 6 窟】

位置：造像崖壁上层西端，第 5 龛右，第 7 龛上。

年代：明。

龛形：方形窟，宽 1006、高 446、深 545 厘米，窟向 206 度；窟底中央立二圆石柱础，其上立圆柱木枋。

保存情况：造像头部、双手均遭破坏，现存造像为后期据原造像特征补塑，壁面及造像存现代装彩。

造像内容：环三壁密集造像（图 41-23、41-24）。正壁设高坛，宽 918、高 119、深 122 厘米，坛上中央雕五像结跏趺坐于仰莲方座上，莲座下雕五层八边形束腰基座，每个基座宽 134、高 80 厘米。

左起第一身为一菩萨游戏坐，头部不存，有现代泥塑痕，右臂残，残高 157、座高 46 厘米。发辫自耳下垂至胸前，颈部残存一道蚕纹。内着僧祇支，于腹前搭出一角，下着长裙，腰束带打结，两侧披巾自双肩垂下及座，跣足。戴联珠项圈，项圈下饰团花、璎珞、流苏，左手饰三圆环状腕钏。左手支座，右手抚右膝，盘左腿，右腿屈起。莲座前有密集的衣带垂下，莲座底部中央雕一莲花。基座束腰处中部雕一像半跏趺坐于一兽背上（图 41-25）。

第二身为一佛，高 166、座高 63 厘米。有圆形素面头光，螺发，头发垂至颈部，头前中央有髻珠，方圆脸，额头宽平，柳叶细眉，双眼微张下视，鼻翼小而圆，小嘴，双下颌，耳垂硕大。内着僧祇支，其上束带打结，外着双领下垂式袈裟，右肩披偏衫。左手抚左膝，右手掌心向上，中指与无名指卷曲置腹前（图 41-26）。基座束腰中央雕一兽，左、右侧各有一鱼。束腰上面一层基座中部偏左位置刻题记一则，五行，竖刻，楷书，内容为装金祈福记。

第三身老君形象，高 192、座高 54 厘米。有圆形素面头光，头顶前方向上凸起，长发垂肩后，方脸，粗眉弯曲，双眼微张，鼻翼小，颧骨圆凸，小嘴，耳垂硕大，胡须浓密垂于胸前。内着交领衣，外着直领广袖大衣，下着长裙。双手持一长柄扇于腹前（图 41-27）。基座束腰处中央雕一兽，兽背上雕一像，着广袖衣，双手持一长条状物于头前。坐像两侧各雕一狮子。束腰上一层基座中部偏右位置刻题记一则，十行，竖刻，楷书，内容为装金祈福记。

第四身老者形象，高 169、座高 56 厘米。有圆形素面头光，宽额，散发垂及颈部，方圆脸，细眉，双眼微张，鼻翼较圆，颧骨微凸，胡须垂于胸前呈倒三角形。着直领广袖大衣，下着长裙。左手抚左膝，右手置胸前（图 41-28）。基座束腰雕三力士像，中央一力士手掰牛角，两端力士作托举状。

第五身菩萨形象，高 163、座高 62 厘米。有圆形素面头光，头发缠绕成股状，头两侧各有两道发辫垂及胸前，方圆脸，柳叶细眉，双目微张，鼻翼小而圆，小嘴。内着僧祇支，外着双领下垂式袈裟；戴联珠项圈，项圈下有璎珞、流苏，双腕饰腕钏。双手置腹前，右手托一法轮，左手握住法轮一侧（图 41-29）。莲台前有密集条带垂下。基座束腰中央雕一像搏兽状。左、右各雕一根由三圆球形叠加成的立柱，下方均有莲瓣，束腰右侧后方雕一兽足。

五坐像外侧各雕一像立圆形山座上。左侧像高 257、座高 15 厘米，有圆形素面头光，挽髻，方圆脸，双目微睁，鼻翼小而圆，胡须浓密呈倒三角形。内着交领衣，外着直领广袖衣，足穿云头鞋。双手覆巾置腹前（图 41-30）。左手下袖边中部刻题记一则，五行，竖刻，楷书，内容记道人李元明舍资镌装佛像之事。立像头左侧雕上、下两身立像，下身均隐于山形之后。上面一身戴高冠，胡须浓密飘于胸前，外着交领广袖大衣，双手笼袖中执笏板于胸前，左手下衣边上竖刻"一天"二字，头后及身前均雕

三仙洞

图 41-23　三仙洞第 6 窟（西→东）

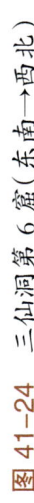

图 41-24 三仙洞第 6 龛（东南→西北）

三仙洞

图 41-25　三仙洞第 6 窟正壁左起第一身坐像（西南→东北）

图 41-26　三仙洞第 6 窟正壁左起第二身坐像（西南→东北）

三仙洞

图 41-27　三仙洞第 6 窟正壁左起第三身坐像（西南→东北）

图 41-28　三仙洞第 6 窟正壁左起第四身坐像（西南→东北）

三仙洞

图41-29　三仙洞第6窟正壁左起第五身坐像（西南→东北）

图 41-30　三仙洞第 6 窟正壁左侧立像（西→东）

三仙洞

有祥云。下方一身侍女形象,绾双丫髻,内着交领衣,外着双领下垂式广袖大衣,下着长裙,其上束带,双手举一巾幡于体前。

右侧像菩萨形象,高266、座高28厘米。戴凤冠,冠两侧璎珞、缯带垂至肩上,头发缠绕成股状,方圆脸,柳叶细眉,双眼微睁,小嘴,双下颔,颈部有两道蚕纹,耳垂硕大。着双层交领衣,下着长裙,披巾自两肩下垂及座,足穿鞋,胸前饰璎珞,双手笼巾。立像头右侧雕三身像,周围山形环绕。上面一身仰躺于山形之上,戴幞头,着交领广袖衣,下着裙,足穿云头鞋,左手抚右膝,右手置头后,背后雕一竖长方形台,台上竖刻"元明像"三字。下方立两身侍者,胸前戴一倒三角形巾,内着圆领衣,外着圆领广袖大衣,下着长裙。左侧一身挽双丫髻,短发辫垂肩,披披巾,双手笼巾持盘,盘上置桃。右侧一身挽髻,两侧发辫呈股状缠绕,双手托一如意于头右侧。身体右侧山形之中雕出一长棍状物,棍顶端雕一圆柄状物(图41-31)。

正壁七身像之间均有浅浮雕。浮雕周围有山形环绕,左侧立像与第一身坐像之间雕一官吏形象坐于方台之后,左手托一圆形物于腹前。左、右各雕一立像,左侧像双手合十面向官吏,右侧像似双手怀抱一物。方台前右侧雕一像倚坐于祥云之上,着交领广袖长袍,腰束带,足穿鞋,双手指尖相对置大腿之上。倚坐像下方又雕二像,左侧像戴冠,躺于一方台之上,左臂笼袖中,头枕左臂,右手抚前方山形;右侧像披发,双手置袖中拱胸前。中部官吏头顶上方雕一雷神立祥云上,左手持一短棍状物于腹前,身后有一圈圆鼓环绕身体。其右侧雕一像结跏趺坐于祥云上,头顶向上尖凸,着交领袈裟,左手托一圆钵状物于腹前,右手执一莲茎于胸前。雷神左侧飘二方形物,其下各垂飘带(图41-32)。

第一、二身坐像之间左侧下部雕一官吏形象于方台之后。方台左侧雕一立像,抱一筒状书卷于右胸侧。方台右上方雕一立像,仅露出膝部以上,双手合十,朝向左下方官吏。方台右侧下方亦雕一像,上身赤裸,双手被缚跪向官吏。方台前方雕一横长方形板,右侧一端中央有一圆孔,圆孔向两侧各斜向刻出一道,与板右侧边缘呈三角形。方台上方雕一像立火焰中,双手合十,头顶有祥云,右侧雕火焰,火焰中雕一朵莲花。立像左侧雕一瓶,瓶口上方中央有一圆珠,两侧有长叶伸出。瓶上方雕一像,戴冠,着交领衣,双手掌心向外置头两侧。瓶左上方雕一像结跏趺坐于仰覆莲座上,有圆形素面头光,两侧缯带飘肩侧,内着僧祇支,外着双领下垂式袈裟,双手置胸前,左手托一葫芦,右手执一短棍状物。浮雕右侧下方山崖上雕出一树,树杆伸出树枝,树枝上雕四身佛结跏趺坐于莲座上,有圆形素面头光,上面一身着袒右式袈裟,中央一身仅存轮廓,下面两身内着僧祇支,外着双领下垂式袈裟,左侧一身双手置腹前执一长方形物,右侧一身双手笼袖中置腹前。树干顶端雕一龙与宝珠,宝珠置火焰中(图41-33)。

第二、三身坐像之间底部浮雕一树,树枝上雕九身像结跏趺坐于仰覆莲座上,分为四排。从上至下第一排左侧一身着袒右式袈裟,双手合十胸前;右侧一身内着衣,外着双领下垂式大衣,其上束带打结,左手似置腹前。第二排左侧一身着袒右式袈裟,双手于腹前结禅定印,中央一身绾髻,着大衣;右侧一身绾髻,内着交领衣,外着双领下垂式广袖大衣,双手置袖中捧一笏板于胸前。第三排左侧一身有肉髻,着袒右式袈裟,右肩披偏衫,游戏坐,左手托头支左膝上,右手抚右膝,左腿屈起,盘右腿;右侧一身绾髻,着双领下垂式广袖大衣,双手置腹前。第四排左侧一身着袒右式袈裟,左手抚左膝,右手伸至左侧树干上;右侧一身戴冠,内着僧祇支,其上束带,外着双领下垂式大衣。树顶端雕龙与宝珠于祥云间。顶部右侧雕一老者形象,披发,胡须下垂至腹前呈倒三角形,着广袖大衣,双手执一杖骑于兽背上。老者前方雕一鸟,衔叶呈飞翔状(图41-34)。

第三、四身坐像之间底部雕一树,树上伸出枝杆及树叶,雕十二身像结跏趺坐于树杆仰覆莲座上,分三排。从上至下第一排五身,仅存轮廓,左起第四身内着衣,其上束带,外着双领下垂式衣。第

图 41-31 三仙洞第 6 窟正壁右侧立像（南→北）

三仙洞

图 41-32　三仙洞第 6 窟正壁左侧浮雕（西南→东北）

图 41-33　三仙洞第 6 窟左起第一、二身之间浮雕(西南→东北)

三仙洞

图 41-34　三仙洞第 6 窟正壁左起第二、三身之间浮雕（西南→东北）

二排左起第一身戴冠,着交领衣,左手支颐,第二、三、四身已不存。第三排左侧及中央一身均戴冠,着双领下垂式广袖衣,左侧一身双手执一笏板于腹前,中央一身内着交领衣,双手笼袖中置腹前,右侧一身戴方冠,着交领广袖大衣,左手置袖中握一笏板于腹前,右手抚右膝,右舒相坐。浮雕顶部中央雕一鸟,呈飞翔状。鸟前后各雕一老者形象,披发,胡须浓密,着广袖大衣;左侧一身左手托一物于胸前,右臂笼袖中垂体侧;右侧一身坐兽背上,双手笼袖中置腹前(图41-35)。

第四、五身坐像之间底部雕山崖,上有一树,树枝上雕四身真人形象,结跏趺坐于仰覆莲座上,分四排,从上至下第一排一身,第二排二身,第三排一身,均戴方冠,着交领广袖大衣,双手执一笏板于胸前。树右侧山崖下雕一动物,作匍匐爬行状,尾后雕出莲蕾、莲叶(图41-36)。

第五身坐像与右侧立像之间下部雕出山形,山形中雕一弟子像,双手抚一禅杖于右侧,其左侧山崖上雕一树,树干直至龛顶,伸出树枝上开有莲叶状花朵(图41-37)。

龛左、右壁底部各设一坛,坛上方凿上中下三个横长方形龛,下层龛龛底与坛的台面贯通。左侧坛宽462、高99、深54厘米。上层龛中央雕一菩萨结跏趺坐,高110厘米,戴卷草纹花冠,两侧缯带垂至肩前,方圆脸,细眉,双眼微睁下视,小嘴,内着僧祇支,外着双领下垂式袈裟,戴项圈,有三道璎珞垂下,右手戴腕钏,双手执一如意。菩萨左、右侧各雕三、四身像,真人形象,均戴冠,方圆脸,着广袖衣,足穿云头鞋。左侧第一身高98厘米,双手覆巾托宝珠于胸前;第二身高97厘米,双手笼袖中置胸前;第三身高108厘米,位置稍低,踩一卷云之上,戴幞头,双手笼袖中置腹前。右侧第一身高102厘米,双手覆巾置胸前;第二身高103厘米,戴幞头,双手覆巾置胸前;第三身高102厘米,双手覆巾置腹前;第四身高86厘米,左手抚腹,右手垂体侧。菩萨头左、右侧分别雕二、三身像结跏趺坐于卷云之上,均有圆形素面头光,戴冠,内着交领衣,外着双领下垂式广袖大衣。左侧二身双手笼袖中置腹前。右侧第一身双手笼袖中握一笏板于腹前,第二身双手笼袖中托一圆形物于腹前,第三身双手置袖中握一笏板于腹前。

中层龛内雕八身像立卷云上。从内至外前五身均戴冠,圆脸,颈前系巾,着战甲、战裙,有护腰。第一身高92厘米,戴护腕,饰腕钏,右手握一长柄圆锤,身后生双翅微张开。第二身高91厘米,戴圆脚幞头,长须,袖摆打结,左手怀抱一竖长方形物,其上竖写:雷霆都司,左袖摆下竖刻:何。第三身高89厘米,戴幞头,左手托一巾,巾上有一长方形物,右手举斧,左侧领边下方竖刻:付氏二。第四身高91厘米,有须,左侧护腰上竖写:陈倘付氏,右手下立一铜,双腿之间雕一虎。第五身高85厘米,胡须浓密垂于左胸前,左手执一短棍,短棍上端有卷云,卷云内雕一宝珠,右手执一剑。第六身高86厘米,束双髻,有须,右手执一宝珠。第七身高61厘米,童子形象,束双丫髻,着交领衣,双手笼巾托一桃。左侧袖摆上刻字一行:李时光邓氏大男明□。第八身高126厘米,老者形象,大笑,摊手状。头顶有一题记框,框内从左至右刻:□帝。

下层龛雕九身罗汉像,均光头,方圆脸,除从内至外第一、五身外,余均着袒右式袈裟,左肩上垂下一圆环拉起袈裟一角,内着僧祇支,除第五身跣足外,余均穿鞋。从内至外第一身高92厘米,螺发,戴风帽,着交领衣,双手笼袖中置腹前。第二身高95厘米,双手执一拂尘于胸前。第三身高94厘米,双手拱胸前。第四身高97厘米,双手笼袖中置胸前。第五身高97厘米,着袒右式袈裟,袈裟一角覆右肩,左手笼袖中于腹前托一海螺,右手执圆状形物于胸侧。第六身高95厘米,双手覆巾托一方盒于胸前。第七身高98厘米,双手执一如意于胸前。第八身高96厘米,双手笼袖中置腹前。第九身高96厘米,双手合十胸前。

右壁坛宽534、高98、深55厘米,坛上方上层龛中央雕一菩萨结跏趺坐,高112厘米,戴卷草纹尖高冠,额前头发缠绕成股状,缯带自耳后斜垂至肘上,方圆脸,内着僧祇支,外着双领下垂式袈裟,

三仙洞

图 41-35　三仙洞第 6 窟正壁左起第三、四身之间浮雕（西南→东北）

图41-36 三仙洞第6窟正壁左起第四、五身之间浮雕(西南→东北)

三仙洞

图 41-37　三仙洞第 6 窟正壁右侧浅浮雕（西南→东北）

戴项圈，项圈中部呈卷纹，有璎珞，双手相叠托一宝珠置腹前。菩萨左、右侧分别雕三、四身真人立像，均方圆脸，足穿云头鞋，除左侧二、三身外，皆戴方冠，着交领广袖长袍。左侧第一身高107厘米，双手覆巾置胸前，右袖摆下竖刻：徐氏。第二身高98厘米，胡须浓密飘于右肩前，着交领衣，外披氅，双手笼袖中置左胸前，右袖摆下竖刻：陈□。第三身高92厘米，着交领直袖衣，外披氅，跣足，左手于腹侧托衣带，右手于腹前执一扇，双足之间雕一龟，右脚踏一蛇，右袖摆下竖刻：陈氏。菩萨右侧四身均双手覆巾执笏于胸前。右侧第一身高93厘米，有须，右袖下竖刻：□□张氏。第二身高98厘米，右袖摆竖刻：徐成。第三身高95厘米，右袖摆竖刻：徐聘。第四身高86厘米，右袖摆竖刻：彭氏。菩萨头部左、右侧分别雕二、三身像，结跏趺坐于卷云之上，有圆形素面头光，绾髻，内着交领衣，外着双领下垂式广袖大衣，双手覆巾执笏板于胸前。

中层龛雕九身立像。左起第一身高97厘米，真人形象，着交领衣，左手垂体侧，右手置胸前执一长柄扇，右肘挎一篮。第二至六身均武将形象，颈前系巾，着战甲、战裙，腰束带打结，插护腰。第二身高99厘米，左手将胡须，右手置腹侧执一长柄弯刀。左侧护腰上竖刻：李氏二。第三身高96厘米，戴幞头，短须，右臂戴护腕，胸前斜挎一圆环，右手置腹前持锤，左手于腿前提一竖长方形物，其上竖刻：天门无拘。第四身高89厘米，胡须浓密，双臂饰护腕，右肩前置法轮，左手置胸前，掌心向内伸出食指与中指指向法轮，右手置腹前握一剑。第五身高86厘米，束发，戴圆环状耳环，左肩斜挎一衣带，于胸前打结，跣足，左手握一金刚铃置左胸前，柄顶端有一窄带连接四小骷髅头搭右肩，右手置腰侧执三叉戟。第六身高92厘米，左手托一椭圆状物于腹侧，右手执一长矛，足踏方形板，中间穿一火轮。第七身立卷云上，高85厘米，双手抱一葫芦，背一剑，左袖下竖刻：元明。第八身高72厘米，童女形象，着通肩广袖长袍，戴卷云纹霞帔，胸前束带，佩飘带，双手覆巾托一圆盘，圆盘上置宝石，左袖下竖刻：李时光邓氏大明继。第九身高92厘米，位置略高，老者形象，披短发，大笑状，着交领广袖长袍，左手垂体侧，空左袖，右手置胸前持一扫帚，右侧衣摆上竖刻：本观比丘僧人龙定装。

第三龛内雕九身罗汉立像，均光头，方圆脸，除从内至外第一、五身外，余均着袒右式袈裟，多数左肩上垂下一圆环拉起袈裟一角，内着僧祇支，下着长裙，除第一、五身为跣足外，余均着鞋。从内至外第一身立方台上，高89厘米，着双领下垂式袈裟，腰部束带，大笑状，袒胸露乳，左手握一袋，右手抓一串念珠。第二身立方台上，高87厘米，双手合十胸前。第三身高92厘米，左手握一宝珠于胸前，右手掌心向内置腹前。第四身高94厘米，双手于胸前执一拂尘。第五身高93厘米，下颌胡须卷曲呈联珠纹状，着袒右式袈裟，双肩有披巾，左手抚衣带置腹前，右手执一椭圆状物于胸前，左足上蹲坐一兽。第六身高92厘米，双手相叠，掌心向上置前。第七身高94厘米，双手于身前拄一杖，杖身下部卷曲呈"8"字形。第八身高93厘米，双手笼袖中置腹前。第九身高91厘米，双手于身前执一杖（图41-38、41-39）。

正壁前方有一宽312、高71、深84厘米的供桌，供桌上造两身坐像，为20世纪80年代重塑。两像外侧及中央各塑一现代倚坐小像。

左壁中部偏下位置外侧，最外侧罗汉像左侧，磨光一竖长方形题记框，宽37、高46厘米，框上方崖面横刻楷书，左起：装罗汉像，框内刻题记一则，竖刻楷书十三行，第三至十二行刻四排人名，每排人名下方刻出资金额，题记内容为道光十六年（1836年）信士集资装彩罗汉之事。

左壁坛前龛口处磨光一横长方形崖面，后于光绪年间将崖面继续向龛内凿进并磨光，高度不变，形成一宽203、高56厘米的横长方形题记框，框内刻题记两则，彼此无打破关系。靠外一则三十五行，竖刻，楷书，第十至三十四行刻三排人名，题记内容记咸丰二年（1852年）集资装修鲁班神像之事。

三仙洞

图41-38 三仙洞第6窟左壁造像(西北→东南)

图 41-39 三仙洞第 6 龛右壁造像（东南→西北）

三仙洞

靠内一则二十一行,竖刻,楷书,第五至二十行刻三排人名和出资金额,题记内容为光绪八年(1882年)集资装修鲁班神像之事。

右壁坛前下部近龛口处,第七至九身罗汉像下方,磨光一横长方形题记框,宽90、高47厘米,内刻题记一则,二十八行,五至二十七行刻三排人名,题记内容为光绪四年(1878年)信士集资装修十八罗汉及玉皇之事。

龛外右侧中部磨光一宽83、高120厘米的竖长方形题记框,右侧被下一则题记破坏,内刻题记一则,上部横刻四字,楷书,较大,左起:川主碑记。下部竖刻楷书十四行,其中六至十三行刻四排人名,题记内容为咸丰二年(1852年)信士集资装修川主神像之事。

其右侧磨光一题记框,宽71、高120厘米,破坏左侧题记右侧,框内上方横刻四字,楷书,较大,左起:东岳碑记。其下竖刻楷书十六行,第九至十五行刻六排人名,每排人名下刻出资金额,题记内容刻咸丰七年(1857年)募化之事。

龛外右侧下部凿一方形题记框,宽91、高128厘米,框内刻题记两则,左侧一则题记竖长方形,顶部横刻四字,楷书,较大,左起:塑罗汉碑。下部竖刻楷书十二行,第五至十一行刻五排人名,题记内容为道光十六年(1836年)装彩记。

右侧一则位于右下方,上部崖面有凿痕,未打磨平整,阴线刻一碑,竖长方形碑身,半圆形碑首,宽33、高60厘米,碑首横刻楷书,较大,左起:大成山。碑身竖刻楷书七行,第二至六行刻人名,题记内容为道光十二年(1832年)装修龙神像之事。

方形题记框右侧磨光一盏形崖面,宽113、高160厘米,内阴线刻一盏形碑,宽109、高156厘米,碑首横刻楷书,较大,左起:大成山鼎建胜境记,每字均有界格。碑身刻字三十七行,左侧十四行每字有界格,第十五至三十六行刻九排人名,每排人名下刻出资金额,题记内容记三仙洞之历史,并修建庙宇之事,有乾隆二十六年(1761年)纪年。

其右侧磨光一盏形崖面,宽83、高116厘米,内阴刻一盏形碑,宽79、高114厘米,碑首横刻楷书,较大,左起:南无阿弥陀佛碑。其下竖刻楷书二十九行,第五至二十八行刻五排人名,每排人名下均刻施主出资金额,题记内容为雍正元年(1723年)重修三仙洞并装彩之事。

【第7龛】

位置:造像崖壁下层东端,第5龛、第6窟下。

年代:明。

龛形:横向开10个拱形龛,龛向194度。

保存情况:崖面左、右有现代条石垒砌的保坎,龛前底部为现代水泥地面,龛前有现代建筑,龛顶上方有条石垒砌的低墙;造像头部、双手均被损坏,现造像头部及双手均为后代补塑,补塑后的造像与原造像较接近;壁面及造像均有装彩。

造像内容:拱形龛内各雕一冥王坐方台之后,方圆脸,戴冠,内着交领衣,外着直领广袖衣。左、右各雕一冥吏立方台之后,方台高75厘米,方台前方雕地狱变,冥吏均面目狰狞(图41-40)。

左起第一龛宽174、高166、深50厘米。冥王高89厘米,左手置方台上,右手掌心向外举右胸前。左侧冥吏高68厘米,挽双圆环髻,三角圆脸,着圆领广袖衣,双手覆巾,巾上置一物。冥吏右下方雕一立像,头发呈火焰状飘起,双手执一长棍。右侧冥吏高69厘米,戴幞头,胡须飘于右肩前,着圆领广袖衣,双手执一横长方形物。冥王头左、右侧有浮雕,残不可识。

图 41-40　三仙洞第 7 龛（西南→东北）

三仙洞

方台前雕地狱变,左、中、右各雕一冥吏。左侧冥吏双手托一摊开之书卷,右下方雕一像,披头散发作跪求状。中央冥吏左手捉住前方一像左腿,右手举刀作剖前一身像腹部状。被剖像仰躺于方台上,中部掏空,披头散发,胸腹前裂开一道伤口。右侧冥吏头发向上呈火焰状飘起,双手持一棍,插入前方一像口中,左足踩该像胯部,该像四肢捆绳索被缚于柱上(图41-41)。

第二龛宽176、高174、深53厘米,冥王高95厘米,双手笼袖中置方台上。冥王背后雕出椅背。左侧冥吏高73厘米,戴幞头,圆领广袖衣,左手执书卷于胸前,右手握笔举肩侧。右侧冥吏高73厘米,戴幞头,双手执一横长方形书卷。冥王头左、右侧有浮雕,残不可识。

方台前雕二冥吏。左侧冥吏左手置腹前,右手举一短棍。冥吏左下方雕一动物作蹲踞状,仰头看向冥吏。右侧冥吏头近圆形,左手掌心置腹前,右手执一长柄圆锤作捶打状。冥吏身后雕一坐像,残不可识;前方雕二身像,前面一身作仰躺状,左脚轮廓置冥吏右腿上,后面一身颈部戴一横长方形枷,右手置于前一身像左肩上。右侧雕一拱桥,桥上雕五身立像,右起第一身作导引状。桥下雕一动物骑于人首上,人首下方有波浪状凸棱,风化不可识(图41-42)。

第三龛宽177、高169、深52厘米,中央冥王高93厘米。胸前挂一细项圈,项圈中部垂一方形锁。双手置方台中央,左手在下掌心朝上,右手抚左手,右肘右侧雕一方形物。头左侧伸出一扇形物,背后雕出椅背。左侧冥吏高70厘米,戴幞头,着圆领广袖衣,双手置袖中举右胸前,头后伸出一树及飞鸟。右侧冥吏高73厘米,戴幞头,胡须浓密垂至胸前,着交领广袖衣,腰束带系结,左手执一卷轴于肩前,右手食指伸直握拳置胸前。头后雕带茎莲叶及莲蕾。

方台前雕三冥吏。左侧冥吏左手扼住身后一身像颈部,右手举刀。中央冥吏牛首,双手拉扯一像

图41-41 三仙洞第7龛左起第一小龛(西南→东北)

图 41-42 三仙洞第 7 龛左起第二小龛（西南—东北）

头发及双脚，双腿之间雕一卧像。右侧冥吏光头隆额，左手执一叉，叉住一像颈部，右手举一圆锤作捶打状。冥吏左侧雕一祥云，祥云上雕一立像，戴莲叶冠，着交领袈裟，右手执锡杖。冥吏右侧及脚下雕三身像卧于刀山之上（图 41-43）。

第四龛宽 174、高 176、深 57 厘米，冥王高 95 厘米，双手相抚置方台上，身后有方形椅背。冥吏戴幞头，着圆领广袖衣。左侧冥吏高 66 厘米，左手执一书卷，右手握腰带，背后雕山形。右侧冥吏高 65 厘米，左手执一摊开之书卷，右手握腰带，右腕饰腕钏。

方台前方上部雕桌布帷幔，台前雕三冥吏。左侧冥吏头发飘起，双手执身前跪像发髻，作蹬拽状。跪像梳双丫髻，左侧髻被身后冥吏所执，双手被缚伸腹前。冥吏头顶上方雕一祥云，祥云右侧雕一像结跏趺坐于祥云上，绾髻，着双领下垂式广袖大衣，左手置胸前，右手执一长棍于身右侧，棍顶端呈"S"形，其上系二物相叠。中央及右侧冥吏相向而立，披头散发，共拉一锯。锯下有一刑台，台上捆一人呈被锯状，台左侧雕一跪像，右侧雕一狗（图 41-44）。龛正下方磨光一宽 178、高 39 厘米的崖面，刻题记一则，竖刻楷书三十九行，第五至三十九行刻两排人名，每排人名下刻施主出资金额。题记内容为光绪五年（1879 年）装彩十殿阎君之事。

第五龛宽 177、高 176、深 56 厘米，冥王高 96 厘米，双手相交置方台上，身后雕出方形椅背。冥吏戴幞头，着圆领广袖衣。左侧冥吏高 66 厘米，左手托一摊开之书卷，右手执笔作书写状。右侧冥吏高 68 厘米，双手执一摊开之书卷。

方台前雕二冥吏。左侧冥吏左手于腹前握腰带，右手握一短棍作敲击状。前方雕上下二身像，四肢被钉于木桩之上。右侧冥吏左手执前一身跪像头发，右手执一短棍作敲打状。跪像面向右侧，披发

三仙洞

图 41-43　三仙洞第 7 龛左起第三小龛（西南→东北）

图 41-44　三仙洞第 7 龛左起第四小龛（西南→东北）

至后腰，回首龛外，左手置膝上，右手掌心向内置腹前。前方雕一高大镜座，其上置一圆镜。冥吏头前方开一圆拱形浅龛，宽18、高30、深4厘米，龛内雕一像立于仰莲圆座上，绾髻，着双领下垂式广袖衣，双手笼袖中（图41-45）。

龛正下方磨光一宽178、高37厘米的崖面，记题记一则，三十九行，竖刻，楷书，第一至三十四行刻一排人名，人名顶部刻施主装彩对象，题记内容记道光二十八年（1848年）装修事。

第六龛宽178、高181、深57厘米，冥王高96厘米，胡须垂及胸前，左手抚方台，右手捋胡须，背后雕方形椅背，有两长柄扇自左、右冥吏身后伸出。左侧冥吏高65厘米，妇女形象，绾髻，内着通肩衣，腰束带，左手握一书卷，右手执一笔。右侧冥吏高72厘米，戴幞头，着圆领广袖衣，双手摊开一卷轴于体前，左手抚卷轴，右手握一笔于卷轴之上。

方台前雕三冥吏。左侧冥吏左手执绳索牵拉左侧立像，右手执前方小像头发。立像绾髻，颈部系一绳，着通肩广袖长袍，下着长裙，左手抚左胸，右手握绳。小像坐于方台上，上身前倾，长发于头顶被冥吏所抓。中央冥吏双手持一叉，右脚踏杵一端。头左侧雕一朵祥云，祥云上雕一立像，着通肩广袖长袍，肩挑箩筐。右侧冥吏右下方雕一圆形大臼，臼内卧一像，右肘及双足撑臼口，冥吏双手执一叉，叉住臼内卧像（图41-46）。

第七龛宽177、高181、深63厘米，冥王高99厘米，双手笼袖中置方台上，身后有后代彩绘一兽。左侧冥吏高59厘米，戴幞头，着圆领袖衣，双手持一摊开之书卷举左身侧。右侧冥吏高64厘米，着圆领广袖衣，双手笼袖中置胸前捧书卷。

方台前雕三冥吏，中央雕一磨盘。左侧冥吏牛首，双手握磨盘左侧柄部，作推磨状。其左侧有一

图41-45 三仙洞第7龛左起第五小龛（西南→东北）

三仙洞

图 41-46 三仙洞第 7 龛左起第六小龛（西南—东北）

戴枷跪像，上方有祥云，祥云间雕一像上身，着广袖衣，双手覆巾置胸前。中央冥吏光头，左手掌心向外握拳于头侧，右手握磨盘右侧柄部。磨盘塞入一人，露下半身，赤身朝下。磨盘底部雕一兽，面向右侧四肢伏地。右侧冥吏面部与中部冥吏接近，双手拉扯左下方一跪像长发。跪像左腿跪地，右腿支起，头后仰，左手撑地，右手握头发做奋力挣扎状（图 41-47）。

第八龛宽 176、高 187、深 61 厘米，冥王高 96 厘米，胡须浓密下垂及胸前，双手交叠置方台上，左手上托一尖桃状物，背后有方形椅背，两侧有卷云、山形，右侧山形中央雕一立像，着袈裟，左手执一锡杖。左侧冥吏高 60 厘米，戴幞头，着圆领广袖衣，双手怀抱一横长方形物。右侧冥吏高 57 厘米，衣着与左侧冥吏同，双手于胸前托一物，已残。

方台前方雕四身冥吏，左侧冥吏两侧头发呈火焰状飘起，左手提左下方一跪像头发，右手握一刀。中央两身冥吏相向立于一方台左、右，分别宰杀台上两身卧像，台下有火焰。头后有一秤，秤杆上有尖钩，两端尖钩上各钩住一像。右侧冥吏马首，蹲踞在圆池上，双手持桶作倾倒状，下方雕三兽首人身像于圆池之内。冥吏头右侧雕一朵祥云，上有一像结跏趺坐，左手置腹前，右手举一短棒（图 41-48）。

第九龛宽 180、高 188、深 63 厘米，冥王高 96 厘米，左手置方台上，右手弯曲抬起。左侧冥吏高 62 厘米，戴幞头，着圆领广袖衣，双手托一摊开之书卷。右侧冥吏高 63 厘米，双手笼袖中置腹前，怀抱一摊开之书卷，余皆与左侧同。

方台前方雕三冥吏，中央雕一圆形锅，锅下火焰燃烧。左侧二冥吏立锅左、右侧，各持叉叉住锅内人像。锅左侧冥吏左手拽一跪像头发，右手执叉。锅右侧冥吏左手摁住一卧像头部，右手持叉。锅

图 41-47　三仙洞第 7 龛左起第七小龛（西南→东北）

图 41-48　三仙洞第 7 龛左起第八小龛（西南→东北）

三仙洞

上方雕一像,结跏趺坐于云朵之上,着交领广袖衣,双手托一宝珠于腹前。右侧冥吏右脚踩一像于火焰上,左手提像头发,右手执一弯刀(图41-49)。

第十龛宽190、高187、深64厘米,冥王高90厘米,左手抚方台,右手捋胡须。左侧冥吏高73厘米,戴幞头,双手摊开一书卷于腹前。右侧冥吏高77厘米,双手执一摊开之书卷于身右侧,左手执书卷,右手握一笔。

方台雕三身冥吏。左侧冥吏双手持一人像作吞食状。中央冥吏朝向左侧冥吏站立,左手执一弯钩举身前,钩朝向右侧冥吏头部,右手执一扇置腹侧。右侧冥吏双手执一叉,叉入右下方跪像头部,右脚踩踏一卧像。冥吏头左侧雕一像立卷云上,光头,圆脸,着交领袈裟,右手持一锡杖。冥吏右侧雕一巨大转盘,中央雕一像,上半身已没入转盘之中。转盘被分割为六个扇形区域,每个区域都自转盘中央升起云气折向右上方。从上至下第一道云气雕二佛结跏趺坐于仰覆莲上。第二道雕一像下着裙,腰束带,足穿鞋,左手垂体侧,右手置头后。第四道雕一立像,上身赤裸,下着短裙,双手置身侧。第六道雕二动物(图41-50)。

第三、四龛之间龛柱中下部刻一则题记,两行,楷书,左起:发心装修/三殿宋帝大王全像信善女,下部刻人名。

第四、五龛之间龛柱中下部刻一则题记,一行,楷书:信士向宗俸唐氏男因洪装彩五殿。

第五、六龛之间龛柱中下部刻一则题记,三行,楷书,左起:……□□善/……鲁□伦/六殿下成大王全像。题记下部刻人名。

第六、七龛之间龛柱刻一则题记,上部已不存,仅存下部人名,楷书。

图41-49 三仙洞第7龛左起第九小龛(西南—东北)

图 41-50　三仙洞第 7 龛左起第十小龛（西南→东北）

第七、八龛之间龛柱刻一则题记，一行，楷书：信士向宗凤唐氏男因来装彩八殿平□等……。

第九、十龛之间龛柱下部刻一则题记，三行，楷书，左起：信士唐元栋鲁氏男荣翼/□装彩/九殿全像。

第十龛方台前右侧冥吏右肩侧刻一则题记，两行，楷书，左起：金装信人唐正……/李长……。

第十龛龛外右侧上部刻题记一则，一行，楷书：信善鲁有荣罗邦泰新……。

横庙乡

㊷ 罗汉寺

罗汉寺造像位于安岳县横庙乡丰岩村二组寨子坡西面山腰,海拔高程369米。造像洞窟现位于罗汉寺大殿内,前方有小道向北通向山下村道。东、南靠寨子坡,西侧为李家沟,北侧为罗汉寺沟。造像两侧原为农田,现已废弃,距离山下民居较远。

　　造像洞窟前依岩搭建罗汉寺大殿,将一洞窟笼罩其中。洞窟位于裸露山体凸出处中央,顶部开"人"字形排水槽,窟口两侧设置现代圆雕造像和清代碑刻,窟外左、右侧存较多榫孔,部分插入窟前建筑横梁(图42-1)。造像早年遭到严重损坏,头、上身及双臂多残损,后经重修并装彩。

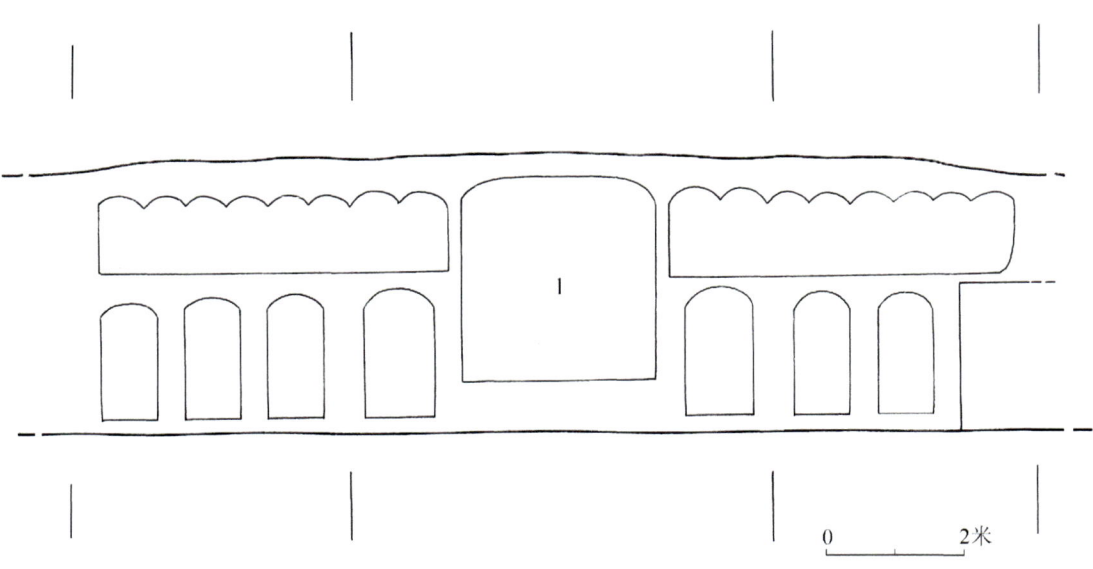

图42-1　罗汉寺造像分布示意图

罗汉寺

【第1窟】

位置：造像崖壁中部。

年代：南宋。

窟形：洞窟，窟口呈拱形，平面近竖长方形，宽560、高320、深450厘米，窟向320度。平顶，平底，左、右壁近窟口处内收。

保存情况：形制基本完整，窟口左、右侧崩塌。窟口左、右侧下部被人为破坏。窟顶密布凿痕，左、右壁下部密布方形榫孔，窟口顶部开"人"字形排水槽，窟口底部开两层台阶。造像上身及双手均经现代修补，全身装彩。

造像内容：正壁中央开一拱形大龛，两侧下部各有四拱形小龛自正壁左、右侧延伸至左、右壁外侧，左、右壁上部又各开一横长方形龛。中央大龛宽280、高300、深103厘米，平面呈横长方形。正壁前现造一佛二菩萨结跏趺坐于台座上，台座下方雕山石。佛居中，高147、座高88厘米；头后有现代彩绘头光、身光，肉髻宽高，螺发较大，面部近方；内着僧祇支，于腹部束带打结，外披双领下垂式袈裟，下摆覆双腿及台座上部；左手现抚膝，右手现举于肩前。莲座下山石前雕一龙，身体卷曲，呈"S"形。

菩萨坐佛左、右侧方座上；彩绘头光，面部方圆；内着僧祇支，于腹部束带，下着裙，覆双腿，披巾自两肩垂下；戴项圈，璎珞呈网状垂下，双腕饰钏；台座下山石前雕一狮子，趴伏于地，昂首向左。左侧菩萨高107、座高94厘米；双手现横托一卷轴于胸前。右侧菩萨高121、座高90厘米；左手现置于腹前，掌心向上；台座下山石前雕一大象，卧向右侧，回首后方（图42-2）。

左、右侧的四拱形小龛对称分布，除左侧从内至外第四小龛被现代改刻为方形外，其余各龛形制相同，尺寸相当，宽95~100、高180~186、深133~138厘米，平面呈方形。各壁均存较新凿痕，原造像已不存，左侧从内至外第一、四龛，右侧从内至外第一、三、四龛现放置圆雕造像。左侧第一、二龛之间崖面上部刻题记一则，八行，内容为成化十年（1474年）信士舍资装彩之事。右侧第一、二龛之间崖面上刻题记一则，四行，内容为嘉庆十八年（1813年）信士修造金身罗汉之事。均竖刻，楷书。

左、右壁上部的横长方形龛对称分布，向内延伸至正壁左、右侧，龛内各造八身弟子坐于方座上。龛顶雕山石，凹凸不平。弟子台座下方有浅浮雕的横长方形榜题框，原题刻已不存。弟子头和双手均经补塑；均着交领袈裟，下摆覆双腿及台座，露足者均穿鞋；姿势不一。外侧近窟口处又各有现代泥塑的一身弟子。

左侧龛宽472、高110~130、深20厘米。从内至外，第一身弟子高93厘米；左肩垂下一环，拉起袈裟一角；双手置于腹前；台座前横置一双僧鞋。身体右侧雕一龙头，昂首向上，口内雕二宝珠，上方雕一方台，其上放置一瓶、一罐。第二身高100厘米；左手抚右腕于右腿上，左腿下垂，右腿内盘。第三身高93厘米；左手抚膝，右手撑台座上，身体仰向右后方。第四身高70厘米；双手笼袖中，置腹前，结跏趺坐；台座前横置一双僧鞋。第五身高99厘米；左手抚右踝，右臂举肩前，左腿下垂，右腿内盘左腿上。第六身高94厘米；双手笼袖中，怀抱左膝，左膝立台座上，右腿下垂。第七身高66厘米；左手置胸前，右手抚膝，结跏趺坐。第八身高93厘米；双手笼袖中，上身倚身体左侧山石上，右腿下垂。榜题三行，刻供养记一则（图42-3）。

右壁呈横长方形，龛宽478、高110~130、深25厘米。从内至外，第一身高94厘米；左手持扇于胸前左侧，右手抚膝，左腿下垂，右腿内盘。第二身高87厘米；身体朝向左侧，左腿内盘，右腿下垂。

图 42-2 罗汉寺第 1 窟正壁造像（西北→东南）

罗汉寺

图 42-3　罗汉寺第 1 龛左壁造像（东北→西南）

榜题六行,内容为天启三年(1623年)装修罗汉之事。第三身高90厘米,全身补塑;左手伸于体侧,抚一方形物,右手置右膝上。第四身高59厘米;内着僧祇支;双手笼袖中,置腹前,结跏趺坐;台座前横置一双僧鞋。榜题六行,记装修罗汉之事。第五身高90厘米;左手抚膝,右手持物于胸前,左腿下垂,右腿内盘;体侧雕一老虎仰首向弟子,经补塑。榜题三行,为装彩记。第六身高89厘米;左腿下垂,右腿内盘,身体略左倾,左手抚膝,右手现持一珠串于腿前。第七身高64厘米;左手抚膝,右手托钵于腹前,结跏趺坐,座前横置一双僧鞋。榜题八行,刻乾隆十四年(1749年)信士装修罗汉之事。第八身高50厘米;身体朝向左侧,背倚身后山石上,左腿前屈,右腿内屈,左手抚膝,右手置腹前;台座前覆搭一方形布帛。题刻两行,记装修罗汉之事(图42-4)。

罗汉寺

图 42-4 罗汉寺第 1 龛右壁造像（西南→东北）

瑞云乡

43 老君岩

老君岩又名狮子岩,位于安岳县瑞云乡圆门村八组,狮子岩东侧崖壁上,海拔高程530米,现为安岳县文物保护单位。造像南侧有公路通往瑞云乡和石羊镇,北靠狮子岩,南望许家坝,所处地理位置是周边制高点。

在宽29、高14米的红砂岩崖壁上,分两层开凿造像和题刻,共十六龛。上层自北向南开第1~5龛,下层自北向南开第6~16龛。第2~8、10、11龛为造像龛,其余均为题刻龛(图43-1)。上层龛前有开凿的栈道通往下层地面。龛前依岩搭建寺院大殿,将除第1、12龛以外的龛像笼罩其中。造像崖壁多存榫孔,部分内插龛前建筑横梁。造像于早年遭到人为损毁,身体多被凿毁,仅存轮廓,后对第2~6、10龛进行全面的补塑和装彩,第7、8、11龛保持被毁原貌。下层造像崖壁前设供台,放置现代圆雕造像,遮挡下层第13~15龛题刻部分内容。造像崖壁南侧只有20世纪80年代开凿的数个大龛。

第三次全国文物普查编六龛,但根据相关资料,难以将当时排定的编号与造像一一对照,本次调查重新编号。

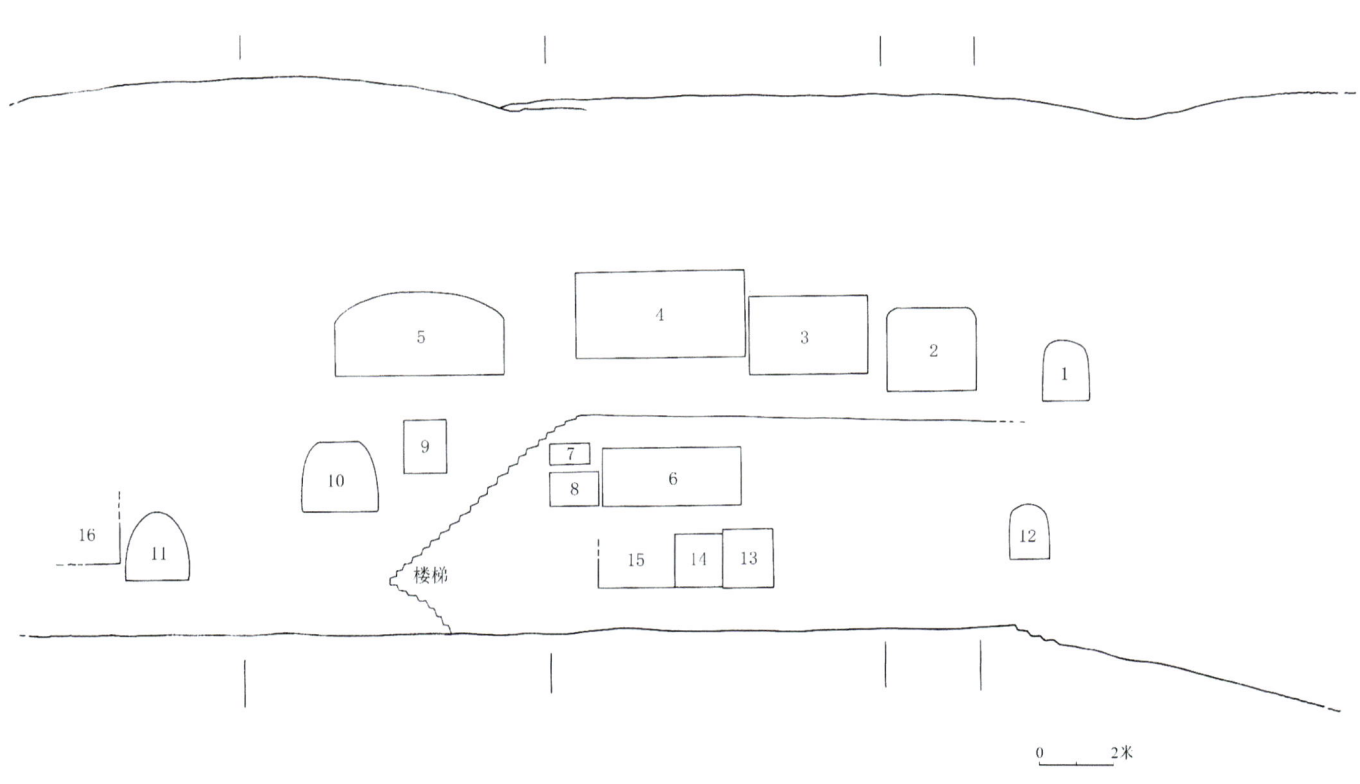

图43-1 老君岩造像分布示意图

老君岩

【第 1 龛】

位置：上层崖壁南端，第 2 龛左。

年代：不明。

龛形：不明，平面呈横长方形，宽 110、高 162、深 18 厘米，龛向 243 度。

保存情况：左上角存一榫孔，破坏左壁，壁面密布凿痕。

造像内容：未见造像（图 43-2）。

图 43-2　老君岩第 1 龛（西南→东北）

【第 2 龛】

位置：上层崖壁南侧，第 1 龛右，第 3 龛左。
年代：南宋。
龛形：拱形龛，平面呈浅弧形，宽 264、高 210、残深 98 厘米，龛向 136 度。
保存情况：右壁不存，龛顶和龛底外侧残损。壁面存后代装彩痕，造像经现代修补，全身装彩。
造像内容：正壁中央造一主尊坐方座上，面部经现代修补，高 145 厘米；戴圆冠，面部长圆，披发于颈后；内着战甲，外套交领长袍，腰束宽带，结带分两道垂两腿间，下着裤，跣足；左手撑左腿上，右手置右膝上，左足下垂踩一龟，右足内盘。台座下左、右有祥云环绕。

主尊身体左侧造一像立于龛底，头及双手为现代补塑，高 137 厘米；着圆领长袍，腰束宽带垂两腿间，足穿鞋；双手现托一竖长方形物于腹前左侧，身体朝向右前方。主尊身体右侧对应位置造像不存，可见衣带垂及龛底。

主尊头两侧又各雕一立像，仅露上身，下身隐祥云后。左侧一身戴直脚幞头，着广袖长袍，左手持一竖长方形物于胸前，右手下垂。右侧一身仅存轮廓，似戴兜鍪，肩披巾，胸前有二圆饼状凸起，着短裙，下着裤，双手持一长杆于体前，杆头有幡飘向左侧，边缘呈火焰状（图 43-3）。

图 43-3　老君岩第 2 龛（东南→西北）

【第3龛】

位置：上层崖壁中部，第2龛右，第4龛左。

年代：南宋。

龛形：龛口形状不明，平面近横长方形，宽331、高220、深93厘米，龛向227度。

保存情况：仅存正壁及龛底。正壁插有龛前建筑的横梁，造像上半身均为现代修补，全身装彩。

造像内容：正壁前起高坛，宽305、高63、深19厘米，坛上雕三高椅，其上各倚坐一身像，椅背覆布帛，两侧各向外侧伸出一龙头。

中央一身现为男性形象，现高170厘米；现戴梁冠，两侧冠带垂及肘部，面部长圆；着交领广袖长袍，胸前束带垂于两腿间，足穿鞋；双手相握于胸前。椅右侧刻题记一则，宽25、高30厘米，五行，竖刻，楷书，内容为嘉靖乙酉年（1525年）比丘装彩记。

左侧一身现为女性形象，现高150厘米；头系巾，绾髻，世俗面相；肩披巾，着广袖大衣，胸口有一宽带垂于双腿间，足穿鞋；双手托巾于胸前。椅右侧刻题记一则，宽17、高30厘米，四行，竖刻，楷书，记信士装彩后土皇帝之事。

右侧一身现男性形象，现高155厘米；戴圆冠，冠带垂胸前两侧，面部近方；着交领长袍，胸前束带垂于两腿间，足穿鞋；双手握笏板于胸前（图43-4）。

【第4龛】

位置：上层崖壁中部，第3龛右，第5龛左。

年代：南宋。

龛形：拱形龛，平面呈横长方形，宽454、高249、深117厘米，龛向264度。

保存情况：左壁不存。正壁插有龛前建筑横梁，造像前半身均为现代修补，全身装彩。

造像内容：正壁前起坛，宽374、高151、深25厘米。坛上造三身结跏趺坐像，均圆形头光和椭圆形身光，素面，为原造像遗留。坛前中央左、右各雕一狮子，蹲踞姿，内侧前肢按绣球，外侧前肢撑坛上檐，系原造像遗留。

中央一身现为佛像，现高106厘米；头顶补塑肉髻，螺发；内着交领衣，外披广袖大衣；双手现托一宝珠于腹前。左侧一身现为老者形象，现高108厘米；绾髻，面部近方，长髯垂胸前；内着交领衣，外披广袖大衣，胸前束带垂于坛前；左手置于胸前，右手置于腹前。右侧一身现为老者形象，现高108厘米；内着交领衣，外披广袖大衣；左手现抚膝，右手持麈尾于胸前。

两侧现各雕一胁侍立方座上，全身修补。左侧胁侍现高132、座高13厘米，现为男性形象；戴冠，着交领长袍，腹部束带，足穿鞋；双手现托一方形物于腹前，身体朝向右前方。右侧胁侍现高131、座高11厘米，现为弟子形象；光头，着交领袈裟，腹部束带，下着裙；双手现握于胸前，身体朝向左前方（图43-5）。

右壁外侧下方开一圆拱形浅龛，宽63、高111、深6厘米，龛内刻题记一则，圆拱形碑首、竖长方形碑身，风化、残损严重，碑身字迹被人为铲平，碑身刻十行，竖刻，楷书，字迹多不可辨，可见"咸丰"等字。

图 43-4　老君岩第 3 龛（西南→东北）

老君岩

图 43-5　老君岩第 4 龛（西→东）

【第 5 龛】

位置：上层崖壁中部，第 4 龛右。

年代：南宋。

龛形：拱形龛，平面呈弧形，宽 368、高 233、深 98 厘米，龛向 165 度。

保存情况：四壁外侧略残。正壁及左、右壁存较密集榫孔，部分插入龛前建筑横梁，龛顶中央存一长方形槽。造像前半身均经现代修补，全身装彩。

造像内容：正壁前起坛，宽 328、高 75、深 22 厘米，坛上雕三高椅，其上各倚坐一身像，椅背覆布帛，两侧各向外侧伸出一龙头。中央一身现为老者形象，高 155 厘米；戴幞头，长髯垂胸前；着交领广袖长袍，腰束带打结，结带垂于双腿间，足穿鞋；双手相握于胸前。椅背右侧刻题记一则，宽 13、高 22 厘米，三行，竖刻，楷书，内容为信士装彩元天大圣后之事。

左侧一身现为男性形象，高 155 厘米；戴冠，两侧冠带垂及肘部；着交领广袖长袍，胸前有宽带垂及双腿间，足穿鞋；双手现相握于腹前。椅背右侧刻题记一则，宽 25、高 29 厘米，五行，竖刻，楷书，内容为比丘装彩北极紫微大帝、保生天尊之事。

右侧一身现为女性形象，高 149 厘米；戴冠，世俗面相；肩披巾，着广袖大衣，胸前有宽带垂及台座前，足穿鞋；双手现托一布帛于腹前。

左壁开一圆拱形龛，宽 60、高 109、深 25 厘米。龛内雕一像，现高 99 厘米，绾髻，戴冠，左手置于腹前，右手置于胸前，面向龛右侧。龛外左侧又雕一小像，现高 48 厘米，绾髻，双手置于腹前。小龛右侧上方刻题记一则，宽 14、高 23 厘米，三行，竖刻，楷书。内容记装彩接引天尊之事。

右壁前雕一立像，现高 130 厘米，双手执一圆筒状物于左胸侧。立像头后壁面有原造像二带飘起（图 43-6）。

老君岩

图 43-6　老君岩第 5 龛（东南→西北）

【第6龛】

位置:下层崖壁中部,第7、8龛左。
年代:南宋。
龛形:方形龛,平面呈横长方形,宽351、高168、深51厘米,龛向271度。
保存情况:左壁不存,右壁仅存内侧。造像前半身均为现代修补,全身装彩。
造像内容:正壁前起坛,宽332、高45、深27厘米。坛上造三身倚坐像,现均为男性形象,均着交领广袖大衣,足穿鞋。

中央一身现高137厘米;有圆形头光和椭圆形身光,素面;戴莲叶高冠,面部略扁平;左手现托钵于腹前,右手现置钵上。

左侧一身现高130厘米;戴圆冠,面部近方;双手握于胸前。右侧一身现高131厘米;戴冠,面部近方;双手相握于胸前。左、右侧坐像身后均浅浮雕椅背,上端两侧各向外伸出一龙头。

坐像上身壁面各存一则题记,残损严重,均竖刻,楷书。左侧一则宽23、高34厘米,六行,残损严重,可见"嘉靖"等字样。右侧一则宽15、残高22厘米,四行,残损严重(图43-7)。

图43-7 老君岩第6龛(西→东)

【第 7 龛】

位置：下层崖壁中部，第 4 龛右，第 8 龛上。
年代：明。
龛形：龛形不明，平面呈弧形，宽 85、高 65、深 27 厘米，龛向 264 度。
保存情况：四壁外侧残。造像及壁面风化严重。
造像内容：正壁前造一主尊二胁侍，头均不存，残损、风化严重，仅存轮廓。中央主尊结跏趺坐于龛底，高 47 厘米；衣下摆呈"U"字形垂龛底下方；双手置胸前。左侧胁侍残高 40 厘米，头中央存一圆孔；身体微右倾。右侧胁侍残高 32 厘米，头部亦存一圆孔；双手置胸前，身体微左倾。龛外左侧开一题记框，打破第 6 龛右壁，仅存底部，宽 24、残高 9 厘米，字迹残不可识（图 43-8）。

图 43-8　老君岩第 7 龛（西→东）

【第8龛】

位置：下层崖壁中部，第6龛右，第7龛下。
年代：嘉靖乙酉（1525年）。
龛形：方形龛，平面呈横长方形，宽128、高104、深13厘米，龛向261度。
保存情况：左、右壁及龛底不存。造像残损严重。
造像内容：正壁前造两排像坐于通壁台座上，均残损严重，仅存轮廓，头顶中央均存一圆孔，头顶中央存方冠痕。

上排左起第一身高31厘米；胸前束带，束带中央有一圆形物，束带下有一宽带垂下，腹前衣纹呈"U"字形；第二、三身分别高32、33厘米；第四身高31厘米，胸前束带；第五身高30厘米，上腹束带，束带中部有一宽带垂下，双手似托一三角形物于腹前。

下排左起第一身高32厘米；第二身高32厘米，两侧袖摆飘起，双手置于腹前，似握一横长方形物；第三身高31厘米；第四身高29厘米，左侧袖摆下垂，左手抚腹；第五身高29厘米，左手置于身体左前方（图43-9）。

龛外左侧下部开一宽26、高28厘米的题记框，右侧残损，内刻造像题记，五行，竖刻，楷书，内容为嘉靖乙酉（1525年）镌装十王之事（图43-10）。

图43-9　老君岩第8龛（西→东）

▶ 图43-10 老君岩第8龛造像题记(西→东)

【第9龛】

位置：下层崖壁北侧。

年代：同治丁卯（1867年）。

龛形：方形龛，平面呈横长方形，宽112、残高135、深35厘米，龛向165度。

保存情况：龛顶风化。正壁中央靠上存一圆形榫孔。

造像内容：题刻龛。正壁额题"圣德无疆"，楷书，字体较大。下方竖刻二十五行，左侧九行纪事，左起第十至二十行刻人名及其出资金额，均竖刻，楷书，内容记同治丁卯年（1867年）信众集资办会之事（图43-11）。

图43-11 老君岩第9龛 ▶
（东南→西北）

【第 10 龛】

位置：下层崖壁北侧，第 9 龛右。

年代：清。

龛形：拱形龛，平面呈浅弧形，宽 192、高 217、深 78 厘米，龛向 164 度。

保存情况：左、右壁不存。龛底前方有二方槽，造像全身经现代补塑和装彩。

造像内容：正壁前起一通壁坛，高 58、深 26 厘米，中央现造一官吏像坐坛上。方坛和双足下台座为原造像遗留。现高 120 厘米；戴幞头，面部近方，长髯垂于胸前；着圆领广袖长袍，腰束宽带，足穿鞋；左手握腰带，右手抚膝。右壁前现塑一立像，高 95 厘米；戴幞头，着交领衣，足穿鞋；双手于腹前托一圆形物，足下踏一方台（图 43-12）。

龛楣磨平，中部开一题记框，宽 44、高 22 厘米，刻字十一行，楷书，刻镌装记一则（图 43-13）。

图 43-12 老君岩第 10 龛（东南→西北）

老君岩

图 43-13 老君岩第 10 龛题记（东南→西北）

【第 11 龛】

位置：下层崖壁北端，第 16 龛右。
年代：南宋。
龛形：拱形龛，平面呈浅弧形，宽 142、高 162、深 90 厘米，龛向 218 度。
保存情况：左壁不存，右壁上部残。壁面凹凸不平。
造像内容：正壁造一佛二胁侍，仅雕出大致轮廓，尚为石坯。中央主尊坐圆座上，高 110、座高 32 厘米。左侧胁侍残高 74 厘米，右侧胁侍残高 64 厘米（图 43-14）。

图 43-14　老君岩第 11 龛（西南→东北）

老君岩

【第 12 龛】

位置:下层崖壁南端。

年代:嘉庆十六年(1811 年)。

龛形:拱形龛,平面呈横长方形,宽 116、高 186、深 4 厘米,龛向 155 度。

保存情况:龛楣残,碑面略风化。

造像内容:题刻龛。龛楣雕一倒梯形匾额,刻四字,仅存左侧"口"字。左、右侧龛面刻一则楹联,竖刻,楷书,左起第十至十八行刻出资者姓名及金额,碑文讲述瑞云山狮子岩之历史,以及嘉庆十六年(1811 年)装塑庙宇及佛像之事(图 43-15)。

图 43-15　老君岩第 12 龛
　　　　（东南→西北）

【第 13 龛】

位置：下层崖壁中部，第 14 龛左。
年代：清。
龛形：方形龛，平面呈横长方形，宽 135、高 153、深 2 厘米，龛向 219 度。

保存情况：为前方现代圆雕造像遮挡，风化较严重。

造像内容：题刻龛。现存二十行，左起第五至十九行刻出资者姓名及金额，竖刻，楷书，碑文风化严重，应为装修记（图 43-16）。

图 43-16　老君岩第 13 龛
（西南→东北）

【第 14 龛】

位置：下层崖壁中部，第 13 龛右，第 14 龛左，第 6 龛下。

年代：嘉靖庚申年（1560 年）。

龛形：直接摩崖刊刻于崖壁上，宽 129、高 144、厚 2 厘米，龛向 234 度。

保存情况：上部剥落，大部为前方现代圆雕造像遮挡。

造像内容：题刻龛。现存二十六行，仅可见中央位置一行，楷书，为嘉靖庚申年（1560 年）进士题记（图 43-17）。

【第 15 龛】

位置：下层崖壁中部，第 14 龛右，第 6 龛下。

年代：清。

龛形：直接刊刻于崖壁，宽 215、残高 79 厘米，龛向 265 度。

保存情况：仅存下部。

造像内容：现存三十九行，均竖刻，楷书，均刻人名，左侧七行为僧侣名，其余各行为信众名字。左、右侧雕卷草（图 43-18）。

图 43-17　老君岩第 14 龛（西南→东北）

图43-18 老君岩第15龛
（西→东）

【第16龛】

位置：下层崖壁北端，第11龛右。

年代：清。

龛形：方形龛，宽105、高109、深11厘米，龛向285度。

保存情况：各壁外侧残，右侧为石墙遮挡。壁面烟熏严重。

造像内容：题刻龛。存十五行，风化严重，左起第七至十五行刻出资人姓名及金额，竖刻，楷书，碑文记述募化修路之事。

白塔寺乡

4·4

大佛寺

大佛寺摩崖造像位于安岳县白塔寺乡狮家村四组,地处庙儿坡大佛寺大殿内,海拔高程470米,现为四川省重点文物保护单位。南临大山坡,东靠庙儿坡,西接兆家沟,北望狮坡,造像南侧有小道连通村道。四周有较密集农田及民居。

　　造像开于一宽14.5、高6米的裸露崖壁上,共三龛。崖壁南侧、北侧自北向南开南宋第1龛和清代第1-1、1-2龛,南侧有现代开凿的龛像(图44-1)。龛像前依岩搭建大佛寺大殿,将造像笼罩其中。北侧古代造像两侧多存历代龛前建筑遗留的榫孔。

　　第1龛是该处造像的主体,早年遭到较严重的人为破坏,后局部修补并全身装彩。

　　第三次全国文物普查编第1龛,此次调查增编第1-1、1-2龛。

白塔寺乡大佛寺

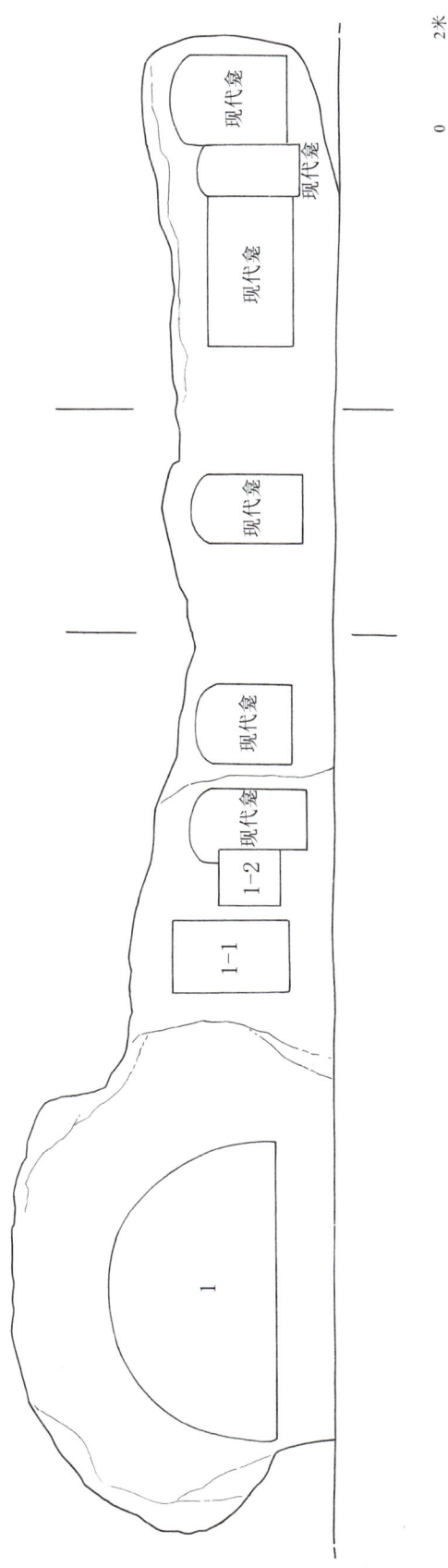

图44-1 白塔寺乡大佛寺造像分布示意图

【第1龛】

位置：造像崖壁北侧。

年代：南宋。

龛形：龛口形状不明，平面呈浅弧形，残宽592、高317、残深126厘米，龛向289度。

保存情况：左、右壁及龛顶不存。造像及壁面遍覆现代装彩，造像经现代修补。

造像内容：正壁前造一佛二菩萨结跏趺坐于龛底，双手均为水泥补塑而成，二菩萨头冠及面部亦经水泥修补。均内着僧祇支，于腹部束带打结，结带呈"八"字形垂于袈裟后；外着双领下垂式袈裟，衣纹厚重，下摆覆双腿（图44-2）。

中央主尊高315厘米，戴卷草纹高冠，冠中央雕一像结跏趺坐于圆环内，戴高圆冠，着双领下垂式袈裟，腰束带，下摆覆双腿，左袖垂腿前，空袖，表现无左臂，右手单掌立掌于胸前，身体微左倾，头看向左下方，身体下方有祥云承托，圆环顶部雕火焰宝珠。冠下缘饰一排花卉，两侧缯带垂于肩后。螺发细密，打磨精细，呈涡状。面部宽圆，额部宽平，柳叶细眉，双目半睁下视，眼角略斜长，鼻梁高挺，小嘴闭口，薄唇，双下颌，上颌略凸，侧面较宽，与正面转折较明显，颈部浅刻两道蚕纹（图44-3）。双手现合十于胸前。

菩萨分居佛两侧，卷草纹高冠、面部、双手和所持物均为水泥修补；头后缯带为原造像遗留，均戴项圈，下有璎珞呈网状垂下。左侧菩萨高303厘米；冠右端为原造像遗留，左侧缯带垂及左肘后，右侧缯带垂于肩后；左手现置于腹前，右手现举于胸前。右侧菩萨高302厘米；两侧缯带均垂肩后；双手现持一如意于体前。

佛与左、右侧菩萨之间壁面各开三、二个小圆龛。除右侧上龛雕一老者外，其余各龛各雕一小佛，均为坐像，全身装彩。

左侧上龛宽82、深20厘米。龛内小佛高57厘米；螺发，面部宽圆；内着僧祇支，外披袒右式袈裟；身体朝向右侧，背倚靠枕，左手笼袖中，置体侧，右手托一宝珠于腹前，左腿前伸，右腿向前屈起，下有仰莲承托。龛顶上方榜题：金幢宝胜佛（图44-4）。

右侧上龛宽80、深21厘米。龛内像高53厘米；绾髻，老者面相，长髯垂胸前；披交领广袖袍，腰束带，露右足；身体朝向左侧，背靠凭几，左手握一帛带于左膝，右手握凭几一端，右腿前伸，左腿向前屈起，下有仰莲承托。龛顶上方榜题：老维摩居士（图44-5）。

左侧中龛宽47、深15厘米。龛内小佛结跏趺坐于龛底，高55厘米；螺发，面部宽圆；内着僧祇支，于腹部束带打结，外披双领下垂式袈裟，下摆覆双腿；左手托山形于体侧，右手抚膝，头微前低。龛顶上方榜题：南无过衰道佛（图44-6）。

右侧下龛宽57、深16厘米。龛内小佛结跏趺坐于龛底，高55厘米；螺发，面部经现代修补；内着僧祇支，外披双领下垂式袈裟，下摆覆双腿；双手托一圆盘于胸前，其内盛七颗宝珠。龛顶上方榜题：南无不坏意佛（图44-7）。

左侧下龛位于佛与菩萨手肘间，宽62、高70、深17厘米。龛内小佛全身经后代改刻，现高55厘米；戴圆形冠，世俗面相；披双领下垂式袈裟，颈部有宽项圈，下身隐于莲台内，探出上身；双手现托一婴孩于腹前，婴孩系补塑。

左侧菩萨头右侧磨光一宽20、高25厘米的壁面，中部及右侧存字迹四行，竖刻，楷书，内容记嘉庆年间裱画之事。龛底下方浅浮雕云纹。

白塔寺乡大佛寺

图 44-2 白塔寺乡大佛寺第 1 龛（西北→东南）

图 44-3　白塔寺乡大佛寺第 1 龛中央佛头部（西北→东南）

图 44-4　白塔寺乡大佛寺第一龛左侧上龛（西北→东南）

白塔寺乡大佛寺

图 44-5　白塔寺乡大佛寺第 1 龛右侧上龛(西北→东南)

图 44-6　白塔寺乡大佛寺第 1 龛左侧中龛(西北→东南)

图 44-7　白塔寺乡大佛寺第 1 龛右侧下龛（西北→东南）

【第 1-1 龛】

位置：造像崖壁中部偏北，第 1-2 龛右。

年代：嘉庆年间（1796～1820 年）。

龛形：方形龛，平面呈狭长方形，宽 132、高 240、深 14 厘米，龛向 324 度。

保存情况：左下角残。

造像内容：题刻龛。正壁磨光，刻嘉庆年间庙宇修建记一则，左侧五行纪事，右侧一行纪年，左起第六至二十八行刻出资人姓名及金额。龛顶正面雕祥云，向左、右各伸出一枝卷草。碑身左、右侧刻一则楹联，凸出于正壁，竖刻，楷书，左侧：修佛像屋宇万□□□，右侧：众善妙名千秋传播。楹联框上方各雕一竖长方形小龛，宽 22、高 24 厘米。龛内各雕一立像，形象一致，均戴圆帽，长髯垂胸前，着窄袖长袍，下着裤，足穿鞋，腰束带。左侧一身高 22 厘米，左手置于左腹侧，右手持一短棍于头右侧，左腿斜伸向左侧，右腿向内盘屈。右侧一身高 24 厘米，左手持长髯，右手叉腰，身后斜插两件长棍状兵器（图 44-8）。

白塔寺乡大佛寺

图44-8 白塔寺乡大佛寺第1-1龛（西北→东南）

【第1-2龛】

位置：造像崖壁中部，第1-1龛左。

年代：道光十七年（1837年）。

龛形：方形龛，平面呈狭长方形，宽93、高145、深15厘米，龛向285度。

保存情况：中部偏左有一列方形榫孔。

造像内容：题刻龛。正壁刻道光十七年庙宇修建记一则，竖刻二十二行，楷书，左侧五行纪事，右侧一行纪年，左起第六至二十一行刻出资者姓名及金额（图44-9）。

图 44-9　白塔寺乡大佛寺第 1-2 龛（西北→东南）

国家社科基金重大项目成果

安岳石窟内容总录

第四卷

白彬　张亮　雷玉华　董华锋　主编

四川大学考古文博学院
西南民族大学旅游与历史文化学院
安岳石窟研究院
编著

天津出版传媒集团

天津古籍出版社

石羊镇

45 毗卢洞

毗卢洞摩崖造像位于安岳县石羊镇油坪村二组，地处石羊镇西侧300米的塔子山东侧毗卢洞景区内，海拔高程340米，现为全国重点文物单位、安岳县著名历史文化遗迹。北侧为油坪坡，坡前有公路通往石羊镇，东侧景区下为紫竹湾，民居聚集，南侧为黄岭坳，西侧为塔子山东侧的寨子坡，南、北侧原为农田，现多已废弃。

在宽80、高10米的红砂岩崖壁上开五龛（窟），自北向南编为第1~5龛（窟）（图45-1）。环绕第1龛前独立红砂岩石包一周开凿第6龛。第1~6龛（窟）又分别被称作柳本尊十炼窟、幽居洞（水井窟）、玉皇窟、千佛窟、水月观音窟、莲花石。分南北两段，各自相对集中开凿，北侧开第1、6龛，第2窟，南侧开第4窟和第3、5龛。造像龛窟之间及南侧200米范围内的崖壁上，开凿十四座崖墓。第2、4窟和第3龛前均有现代搭建的木构建筑。第1龛顶部有现代设置的排水檐。第5龛左侧壁面及龛顶左侧经条石加固，龛底立二水泥柱支撑龛顶。造像龛窟两侧及顶部壁面多存榫孔及排水槽痕迹，系历代龛前建筑遗留。造像及壁面遍覆后代装彩（图45-2）。

景区范围与造像范围相当，中央有清代大殿一座。第1龛前方右侧、第2窟内和大殿中集中堆放宋、明、清时期的圆雕造像和碑刻，部分出土于莲花石东侧原大殿内，后移入窟、殿内。1949年以后，第1、5龛，第2、4窟被分配给当地村民居住。莲花石前原有大殿，于20世纪70年代垮塌。第1龛、第2窟之间和大殿后各存古代水井一口。

毗卢洞

图 45-2　毗卢洞造像全景（东南→西北）

【第1龛】（柳本尊十炼窟）

位置：造像崖壁北段，第2窟左侧420厘米。

年代：南宋。

龛形：龛口近拱形，平面呈弧形，宽1433、高662、深512厘米，龛向113度。顶、底平直，顶部打磨光滑，各壁面转折明显。

保存情况：左、右壁外侧不存，现有条石砌筑的保坎。龛底经水泥、条石修补，分布十余处小榫孔。龛底中央有一宽28、高35厘米的方形沟槽横贯龛底，于正、左壁转折前折向龛外。造像基本保持原貌，有零星后期修补、改刻痕，造像全身存装彩，多斑驳，上层保存较好，下层壁面遍布橘红色装彩。

造像内容：环三壁造柳本尊十炼，分上、下两排开凿（图45-3）。下排中央造一佛结跏趺坐于仰莲方座上，高270、座高150厘米，体形大于龛内其他造像，双膝外侧袈裟、肩后与崖壁交界处及台座缝隙内有黄泥补塑痕。戴高花冠，两侧缯带垂肩，缯带与颈部之间雕卷云，螺发细密，面部宽圆，额部外凸，柳叶细眉，双目半睁下视，鼻梁挺直，小嘴闭唇，耳垂硕大呈水滴状，双下颌，颈部存两道蚕纹。两肩宽厚，内着僧祇支，领口开于胸下，中部束带系结，外着双领下垂式袈裟，两侧领边均有彩绘卷草，下摆覆双腿及莲座上部。戴腕钏，双手拱于胸前，左手握右手，结印。台座正面左侧存一"T"字形裂隙。基座两侧各雕一武将自龛底探出上身，身体紧贴台座，双手置座前后，作承托状。左、右侧武将分别高80、85厘米（图45-4）。

主尊左、右及上排壁面遍雕山形，主尊左、右山座上各造两身大型坐像，上排雕六身大型坐像，一

图 45-3 毗卢洞第 1 龛（南→北）

毗卢洞

图 45-4　毗卢洞第 1 龛中央主尊（东南→西北）

字排开，主尊头部左、右侧各造三身。大像面部特征与中央佛一致，着交领长袍，衣纹厚重，腰束细带，结带呈"八"字形垂下，下摆覆双腿，露腕者均饰腕钏。主尊右侧第二身卷发披于头后，上排左起第一身大像短发披于头后，其余八身均戴高圆冠。

主尊左侧第一身大像高 168 厘米，左耳存上轮廓，右眼球不存，左臂垂左腿上，空袖，下臂应不存；右手置胸前，持一卷云，两膝上各存一云尾，上部残。大像身体左侧雕上、下两身像。上方一身佛像立山石上，左手横置腹前，掌心向上，右手单掌立掌于胸前。佛左臂侧磨光一竖长方形壁面，字迹不存。下方一身露膝部以上部分，双手托一圆角方盘于胸前，左手笼袖中，托盘底，右手抚盘右缘，盘中有一方形浅凹槽，内置断臂。大像身体右侧雕文吏立像，露膝部以上，双手笼袖中，垂于腿前，身体朝向龛外，头看向左前方。文吏像前方造一方塔，上部残，存四级，中央三级正面各开一圆形小龛，龛内各雕一结跏趺坐佛（图 45-5）。

主尊左侧第二身大像高 169 厘米，结跏趺坐，左耳仅存上耳廓，右眼球不存；左手摊左膝上，掌心向上，右手置于腹前，执短刀，作欲切割左臂状。头顶上方雕祥云，其上浮雕一龙，朝向左侧，身体呈"S"形弯曲。大像头左、右侧各雕上、下两件乐器，左侧上方为拍板，右侧上方一件为扁圆鼓，左、右下方均为束腰长鼓。大像山座正下方雕一文吏立像，仅露上身，双手斜持一宽笏于胸前，头微前

图 45-5　毗卢洞第 1 龛主尊左侧第一组造像（东南→西北）

低。大像左侧雕上、下两身像。上方一身文吏形象,双手持一长柄香炉于胸前,身体朝向右前方,身体前倾。下方一身露膝部以上,武士形象,左臂垂于体侧,小臂下雕祥云,持一长杆,杆顶右侧挂幡,右臂上举,掌心向上,持一方册,身体朝向龛外,回首右上方(图45-6)。

主尊右侧第一身大像高141厘米,侧身躺于枕上,左耳仅存上耳廓,右眼球不存;左腿平伸前方,右腿屈起,左臂笼袖中,置左腿上,右肘倚枕上;右手提布帛,布帛乃于枕外侧中央抽出末端垂于山石前;侧身向外,看向右前方,双腿间雕一团火焰。大像头顶左侧雕一祥云,其上托一近方形物,上有八边形华盖,华盖转角处各饰一火焰宝珠,其下垂璎珞,缠绕呈网状。华盖后方及顶部雕祥云,顶部中央雕一仰莲圆座,座后雕圆形头光及身光。大像左、右各雕一、二身立像。左侧一身露小腿以上部分,双手合十于胸前,其上覆巾。右侧靠上立一文吏,双手持笏板于体前右侧。右侧靠下立像露双足以上部分,双手托一圆角方盘于胸前,盘中部内凹,置一经书,经书前左侧横置一耳,耳廓外缘朝上,耳垂肥大,耳右侧雕一宝珠;立像上身微左倾,头朝向左下方(图45-7)。

主尊右侧第二身大像结跏趺坐,高151厘米;发丝细密,分股向后卷曲,不见左侧耳垂,面部方圆;着交领广袖长袍,于腹部束带,袈裟下摆覆双腿;左手抚膝,右手托一经书于胸前中央,经书前半部分断裂不存。山座左侧靠上位置雕一宝珠,颈部左侧雕一对称之团花形饰,头顶左侧山岩雕一兽面。大像山座下雕一文吏立像,露上身,双手持笏板于体前。大像右侧雕上、下两身立像。上方一身菩萨形象,露双足以上部分,左手置于腹前持一长茎,右臂举于右胸前,右肩上现存一盛开花朵,两手原应执一长茎花朵,身体微左倾,朝向左前方(图45-8)。菩萨身后雕一狮子,朝向左侧大像。菩萨身后右侧崖壁磨光,刻一盝形碑,宽40、高90厘米,底部有一层莲瓣承托,碑身存字六行,竖刻,楷书,内容为警告外道及盗者不许侵犯寺院财产。下方一身露腹部以上,左手扶冠缘,头微低向左前方,右手持刀于后颈,作割头状,上身微前躬。

正壁与左、右壁转折前各雕一像立山座上,忿怒相。左侧一身高255、座高24厘米;有"八"字胡,末端卷曲向上,身体朝向右前方。右侧一身高226、座高53厘米;身体朝向左前方。左、右壁内侧前各雕一天王立于龛底。左侧天王高270厘米,左手抚右腕,右手挂一剑于腿前,剑尖朝向龛外下方,掌心向内,腰左扭。右侧天王高278厘米,左手按右侧小臂,右手按一长柄大斧于左腿前,长柄支地,中央系结带垂柄后,斧刃向外侧。后部雕一张口之兽首,双目圆瞪,口衔斧身,獠牙呈三角形(图45-9)。

上排左起第一身大像结跏趺坐,高170厘米;披发及颈,发丝细密,面部方圆;着交领广袖衣,腰束带,结带呈"八"字形垂于腿前,衣摆覆双腿,双腕饰钏,双手结禅定印于腹前。座前浮雕长方形碑,宽88、高58厘米,分左、右两部分,竖刻,楷书。左侧部分宽32、高48厘米,七行,左起第一行为题名,字体较大,记柳本尊立雪故事。左起第一行题名下方有乾隆三十六年(1771年)装彩立雪大佛题记一则。右侧部分宽30、高36厘米,七行,左起第一行为题名,字体较大,记柳本尊舍臂故事。第一行题名下方有清代装彩舍臂大佛题记一则(图45-10)。上排左起第一身大像左侧左壁前造一菩萨立山座上,左手置于腹前左侧,似持一物,右手似单掌合十于胸前。菩萨与右侧大像间壁面内凹,形成一拱形龛,龛内雕山石,山石中有一猴向龛外探出前半身,头呈三角形。猴与右侧大像间雕一树,生山石上,树干粗壮。猴上方山石上磨光方形崖壁,刻题记一则,残损、风化较严重(图45-11)。

上排左起第二身大像结跏趺坐,高181厘米;左手覆一布帛,置胸前,掌心向上,右手掌心向下,持刀,刀身呈方形,柄部饰祥云,刀尖刺向右眼,作剜眼状。山座前浅浮雕一方形碑,宽90、高58厘米,右下角起壳,分左、右两部分,均竖刻,楷书。左侧部分宽36、高47厘米,九行,左起第一行字为题名,字体较大,记柳本尊剜眼故事。左起第一行下方刻乾隆三十六年(1771年)装彩剜眼大佛题刻。右侧一则宽32、高47厘米,八行,左起第一行为题名,字体较大,记柳本尊炼膝故事。左起第一行下方

图 45-6 毗卢洞第 1 龛主尊左侧第二组造像（东南→西北）

图 45-7 毗卢洞第 1 龛主尊右侧第一组造像（东南→西北）

毗卢洞

图 45-8　毗卢洞第 1 龛主尊右侧第二组造像（东南→西北）

图 45-9 毗卢洞第 1 龛右侧立像、天王（东北→西南）

毗卢洞

图 45-10　毗卢洞第 1 龛上排左起第一身座前石碑（东南→西北）

图 45-11　毗卢洞第 1 龛上排左起第一组造像（东南→西北）

刻乾隆三十六年（1771年）装彩炼膝大佛题记一则（图45-12）。大像左侧山石前雕上、下两身像。上方一身菩萨形象，膝部以下隐于祥云内，左手托一方塔于身体左侧，右手垂于体侧，身体微前倾。下部一身立像露上身，双腿隐于祥云后，双手托一椭圆形盘，身体朝向右前方，仰首望向大像（图45-13）。

上排左起第三身大像高175厘米，倚于一凭几上，左耳仅存上耳廓，右眼球不存，左手提一珠串于腹前左侧，右手搭于右膝上，掌心向下，身体朝向右侧，腰倚凭几，左腿内盘，右腿屈起，头朝向龛外，微前低，胸前中央燃烧一簇火焰。山座前浅浮雕一方形碑，宽89、高58厘米，左下角部分脱落，部分起壳，刻题记两则。其中较大一则占据整个碑面，宽99、高57厘米，十七行，竖刻，楷书，字体较大，记柳本尊炼心故事。左起第一行题名下存乾隆三十六年（1771年）装彩炼心大佛题记一则（图45-14）。大像身体左、右各雕一像立山石上。左侧立像明王形象，六臂，左上臂托一轮，右上臂托一方形物，左、右中臂似握拳于胸前，左下臂斜伸于体侧，下臂及以下部分风化不可识，右下臂挂剑于右腿前。右侧立佛像，双手笼袈裟内置于腹前，身体微前倾。立佛右侧，主尊头后雕一塔于山石上，六棱柱形塔身，露外侧三面，中央开一拱形小龛，龛内雕一像结跏趺坐于龛底，双手于腹前结禅定印（图45-15）。

第四身大像结跏趺坐，高179厘米，右眼球不存；左手向外拉扯左耳，右手持刀，刃部置左耳上，作割耳状，刀柄饰云纹，刀身细长，身体微前倾，头微前低（图45-16）。山座前浮雕一方形碑，长89、高57厘米，十八行，均竖刻，楷书，左起第一行为题名，字体较大，记柳本尊割耳故事（图45-17）。大像身体左侧雕一像立山石上，腰部以上风化，露双足以上部分，武士形象，左手上举握一龙，龙首昂起伸向立像，龙身绕武士左腕，右手于腰右侧握腰带，头看向左手所握龙。

第五身大像结跏趺坐，双眼、双耳均完整，高180厘米；双手合十于胸前，露左足，足背向外；左

图45-12　毗卢洞第1龛上排左起第二身座前石碑（东南→西北）

毗卢洞

图 45-13　毗卢洞第 1 龛上排左起第二组造像（东南→西北）

图 45-14　毗卢洞第 1 龛上排左起第三身座前石碑（东南→西北）

图 45-15　毗卢洞第 1 龛上排左起第三组造像（东南→西北）

图 45-16　毗卢洞第 1 龛上排左起第四组造像（东南→西北）

毗卢洞

图 45-17　毗卢洞第 1 龛上排左起第四身座前石碑（东南→西北）

踝上方立一朵祥云。山座前浮雕一方形碑，宽 99、高 58 厘米，均竖刻，楷书，分左、右两部分。左侧一则宽 39、高 47 厘米，十一行，左起第一行为题名，字体较大，记柳本尊炼阴故事。第一行下方存乾隆三十六年（1771 年）装彩炼阴大佛题刻一则。右侧一则宽 36、高 47 厘米，九行，左起第一行为题名，字体较大，记柳本尊炼踝故事。第一行题名下方刻乾隆三十六年（1771 年）装彩第三炼踝大佛题记一则（图 45-18）。

大像左、右各立二身武士于山石上。左侧上方一身露膝部以上部分，左手按一斧于左腿前，右手按左手手背上，身体朝向左前方，头微扭向正前方，微前低。左侧下方一身露双足以上部分，左手托一铜于左肩上，右手举于头侧，身体朝向龛外，头看向右侧大像，头微仰。右侧上方武士露膝部以上部分，左手叉腰，右手挂一剑于右腿前，剑首呈月牙形，身体微侧向左前方。右侧下方武士露双足以上部分，双手托一布帛于胸前，其上置一小塔，有方形基座，方形塔身，正面开一圆形小龛，龛内雕一佛结跏趺坐于龛底（图 45-19）。

左起第六身大像高 179 厘米，结跏趺坐，双耳、双目健全；露左足，可见穿靴，左手仰掌横置于腹前，中指与无名指微内曲，拇指抵无名指根部，小指与食指间燃烧一簇火焰，手掌下雕一祥云与胸口相接，右手抚膝。山座前浮雕一方形碑，宽 88、高 56 厘米，分左、右两则，均竖刻，楷书。左侧一则宽 28、高 47 厘米，六行，左起第一行为题名，字体较大，记柳本尊炼顶故事。左起第一行下方刻乾隆三十六年（1771 年）装彩炼指大佛题记一则。右侧一则宽 34、高 47 厘米，九行，左起第一行为题名，字体较大，记柳本尊炼指故事。第一行下方刻清代装彩炼顶大佛题记一则（图 45-20）。大像身体右侧的右壁前雕一佛立山石上，露双足以上部分，左臂微屈肘垂于体侧，掌心向外，指尖向下。佛与左侧大像间

图 45-18　毗卢洞第 1 龛上排左起第五身座前石碑（东南→西北）

图 45-19　毗卢洞第 1 龛上排左起第五组造像（东南→西北）

毗卢洞

图45-20　毗卢洞第1龛上排左起第六身座前石碑(东南→西北)

雕一垂柳于山岩上,柳叶细长茂密(图45-21)。

龛楣磨光,中央开五个圆形小龛,龛内各雕一佛结跏趺坐于龛底,全身存后代装彩;面部方圆饱满;内着僧祇支,腹部束带打结,外着双领下垂式袈裟,下摆覆双腿,悬垂龛外。左起第一身头发磨光,分两股披向身后,头顶中央雕一髻珠,眉心饰一白毫;左手托圆钵于腹前,右手抚膝。第二身螺发较密,中央雕一髻珠;左手横置于腹前,掌心向上,中指、无名指与拇指相捻,余二指伸直,右手举于胸前右侧。第三身螺发中央雕一髻珠;双手托一硕大宝珠于腹前。第四身头发磨光,分两股披向身后;左手横置于腹前,掌心向上,右手举于胸前右侧,掌心向左,四指微内曲。第五身卷发披向身后;左手抚膝,右手托物于胸前。

窟顶中部横刻"毗卢庵"三字,字体较大,其左侧竖刻"虚空法界遍包含",右侧竖刻"只是毗卢一座庵",均楷书(图45-22、45-23)。龛楣左、右,小圆龛外侧存四则题刻,均竖刻,楷书,字体从外至内渐次缩小,左、右侧相同位置题刻的内容相对应,共为一则。从外至内第一则,左侧:天长地久;右侧:国泰民安。第二则左侧:菩萨因中誓愿;右侧:显扬护国降魔。第三则左侧:定果熏修真秘密;右侧:正心莫作等闲看。第四则左侧十一行,记柳本尊本人历史。右侧十行,记柳本尊法号由来(图45-24、45-25)。

1275

图 45-21 毗卢洞第 1 龛上排左起第六组造像（东南→西北）

图 45-22 毗卢洞第 1 龛龛顶左侧题记（下→上）

图 45-23 毗卢洞第 1 龛龛顶右侧题记（下→上）

图 45-24　毗卢洞第 1 龛龛楣处第四则左侧题记（东南→西北）

图 45-25　毗卢洞第 1 龛龛楣处第四则右侧题记（东南→西北）

【第2窟】（幽居洞、水井窟）

位置：造像崖壁北侧凸出处，第1龛右侧420厘米。

年代：南宋。

窟形：方形窟，平面呈方形，形制规整，宽837、高503、深471厘米，窟向102度。两侧窟口呈直角内收116厘米，形成窟门，平顶。磨光窟楣及两侧窟面。窟楣中央从左至右篆书"宝岩"二字，字宽32厘米，其左、右刻小字一行，左侧竖刻"阿诃呵志向热铁轮里"，右侧竖刻"翻筋斗猛火炉中打倒悬"（图45-26）。左侧窟面宽116、高374厘米，右侧窟面宽116、高384厘米。左侧窟面竖刻"惟有吾师金骨在"，右侧窟面竖刻楷书"曾经百炼色长新"，字宽35厘米。

保存情况：后代将窟底向下开凿形成一方形槽，形制规整，底部左侧有尚未凿掉的石坯，使原窟底形成一环三壁的高坛，现窟底为水泥所覆。两侧窟面底部各有一凸起之方台。左侧窟门中下部靠外有条石补砌，外侧窟面"金骨在"三字凿刻于崖壁补砌之条石上。窟顶上方有一中央高、两侧低的排水槽，左壁及窟底存烟熏痕，窟前有现代搭建的建筑，将洞窟笼罩其中。窟底内侧沿方槽之边缘开五个方形和圆形榫孔，位置相对，左、右壁顶部中央各有一圆形榫孔，位置相对，窟外两侧亦开榫孔，插入窟前建筑横梁。造像及壁面残存后代装彩。

造像内容：正壁前设通壁坛，高30、深90厘米。坛上造三身像，均结跏趺坐于仰莲座上，座下有束腰方形基座，摩崖开凿，仰莲座及造像均为圆雕。造像面部特征一致，均宽平额，面部方圆，上宽下窄，柳叶细眉，双目半睁下视，鼻梁高挺，小嘴薄唇，嘴角上翘，颊部宽平，双下颌，颌间略翘，耳垂硕大靠前，呈水滴状；身后衣纹仅雕至后背外侧。

中央一身高145、莲座高45、基座高74厘米。戴卷草纹高冠，中央雕一硕大圆饼形物，下有祥云承托，头发披及颈后，于面部两侧及额上呈股状缠绕，头冠下缘雕珠链，颈部有两道蚕纹。着圆领窄袖上衣，胸口有一宽布帛自领口覆搭而下，腹部束宽带，中央饰一团花，两侧各有一菱形饰，下着长裙，腰束宽带，裙腰外翻至双腿前，披巾至两肩垂下，覆搭小臂后垂及莲座两侧。戴宽环状云纹项圈，其下垂璎珞呈网状，又有璎珞自裙腰下伸出，折向膝下，悬垂座前。双手置于体前两侧，可见手掌心向外。两肩侧各雕一朵祥云，云尾覆上臂，云头向龛顶。基座束腰处雕二狮戏珠。

左、右两身内着僧祇支，于腹部束带打结，外着双领下垂式袈裟，下摆覆双腿及莲座上部。左侧一身高128、莲座高46、基座高72厘米；卷发，额顶略凸，额中央有一白毫，颈部有两道蚕纹，左肩前垂下一环，拉起袈裟一角，空左袖，应无左侧小臂；右手置于胸前，掌心向内，四指内屈。右侧一身高128、莲座高45、基座高75厘米；螺发，头前正中有髻珠，额中央有白毫，颈部有两道蚕纹；双腕饰钏；左手横置于腹前，掌心向上，中指与无名指内屈，余三指伸直，右手举于体前右侧（图45-27）。

坛前左、右侧各立一与三主尊同时代之圆雕胁侍，形象一致，位置对称，侧身向前方中央。头发披及颈后，面部近圆，耳垂前端自头发下伸出，呈水滴形，颈部有两道蚕纹；着交领广袖长袍，衣袖下又见一层袖口，腰束带，足穿翘头鞋，立方形台座上。左侧一身高154、座高21厘米；双手托一椭圆形浅盘于胸前，盘心内外各盛放一耳、小臂，小臂套窄袖衣，四指内屈，掌心握一桃形物，食指与拇指相捻，立像体朝向右前方，回首右侧（图45-28）。右侧一身高158、座高16厘米，额部宽平，面部饱满；双手托一方塔于胸前右侧，残高19厘米，塔下有仰莲圆座承托，立像身体朝向左前方，回首左侧（图45-29）。

左、右壁中部靠外各雕两身供养人立像，身体表面与左右侧壁面齐平，下方有祥云承托，均躬身向龛内三主尊，双手合十于胸前。左壁两身为成年男像，均高63厘米；戴直脚幞头，面部方圆，世俗面

毗卢洞

图 45-26　毗卢洞第 2 龛龛楣题刻（东南→西北）

图45-27 毗卢洞第2窟中央三尊（东南→西北）

毗卢洞

图 45-28　毗卢洞第 2 窟左侧胁侍（南→北）

图 45-29 毗卢洞第 2 窟右侧胁侍（北→南）

相;着交领广袖衣,衣袖下又见一层袖口,足穿鞋。右壁两身成年女像,绾圆髻,世俗面相;着交领广袖大衣,袖口又露一层窄袖,足穿翘头履。左侧一身高65厘米,腹前垂下两条衣带;右侧一身高63厘米;于大衣后可见披巾自右垂下,至右腋下飘于体侧;戴云纹项圈,中央垂一短璎珞。

左壁上部有并排之三则题刻,均风化严重,直接书于左壁上,可见中央一则存"嘉靖二十□年"(1542~1550年)纪年。窟右壁外侧底部磨光宽79、高113、深0.5厘米的壁面,刻咸丰六年(1856年)集资装彩记。

【第3龛】(玉皇窟)

位置:造像崖壁南侧,第4窟左侧174厘米。
年代:道光二十八年(1848年)。
龛形:双层方形龛,内龛平面呈横长方形,形制规整,外龛宽549、高400、深483厘米,内龛宽289、高306、深180厘米,龛向36度。雕出龛楣及两侧龛面,左侧龛面磨光宽28、高250厘米的壁面,竖刻"尊尚玄穹步清灵而登九五",右侧龛面磨光宽28、高250厘米的壁面,竖刻"圣称无极居太上以遍三千",龛楣磨光宽345、高41厘米的壁面,从左至右横刻"玉皇上帝"。

保存情况:外龛顶部不存,龛底铺设整齐石板。外龛右壁上部中央有上、下两个方形榫孔,内龛两侧龛面中、上各有一方形榫孔,内、外龛壁面遍布凿痕,壁面平整,龛前依岩搭建木棚。造像及壁面存后代装彩。

造像内容:内龛正壁前起一通壁坛,高105厘米,坛上善跏趺坐一像,高276厘米。戴圆冠,前方中央饰一火焰宝珠,方面大耳,额部宽平,眉毛细平,双目半睁下视,鼻梁高直,鼻翼圆挺,嘴略小,微张。内着交领长袍,下缘覆脚面,外着广袖大衣,两侧领边于腹前相交,束带,其上雕花饰,着厚底靴,双脚呈"八"字形,足尖向外。双手置于胸前,掌心向内,五指并拢,相叠呈"X"形(图45-30、45-31)。

图45-30 毗卢洞第3龛(东北→西南)

图 45-31 毗卢洞第 3 龛造像(东北→西南)

内龛右壁上部中央磨光一宽16、高74厘米的壁面，刻造像题记，四行，左起三行字体较大。题记内容为道光二十八年（1848年）信士舍资修塑之事。

外龛右壁中部外侧磨光一宽106、高136、深4厘米的崖壁，顶部有梯形匾额，从左至右刻"尊无二上"四字，碑身两侧刻对联一则，左联"功德昭千古"，右联"姓字垂万年"，碑身刻字十九行，记道光三十年（1850年）信众集资修建玉皇龛前建筑事。

【第4龛】（千佛龛）

位置：造像崖壁南侧，第3龛右侧174厘米，第5龛左侧300厘米。

年代：南宋。

龛形：窟口形状不明，前、后室洞窟平面呈"凸"字形，前室宽615、高561、深430厘米，后室宽583、高739、深762厘米，窟向45度。前后室均无窟顶，壁面陡直，直通崖顶。

保存情况：前室右壁不存，现为后代条石砌筑；左壁上部残，遍布凿痕，现插入建筑梁架；前室外侧窟底残，现经条石垒砌。于前室中部至后室中央窟底位置取石，形成一形制较为规整之方槽，宽335、高51、深330厘米，底部覆石板，抬高两侧原窟底位置，形成紧贴前室左、右壁，向内环三壁一周的环绕通道。方槽近后室正壁一侧有一长321、宽110厘米的石台，三面有窄槽，宽31、深10厘米，系外侧方槽取石未尽的部分，其外侧中央开两级石阶。前、后室有依四壁搭建的佛阁，将各壁造像笼罩其中，中央形成天井。后室各壁存较多榫孔，多对称分布，部分插入横梁（图45-32）。

造像内容：后室环三壁起坛，正壁坛上造一佛二菩萨，左、右壁坛上现放置清代圆雕造像，三壁坛前均开整齐圆形小龛，龛内各雕一小佛像。正壁坛上开一拱形大龛，宽605、高292、深73厘米，壁面粗糙，遍布凿痕，龛内造一佛二菩萨结跏趺坐于仰莲方座上。

佛居中，左手手指为后代修补，右手不存，高224、座高66厘米。无肉髻，螺发较密，额顶中央有一硕大髻珠，面部方圆，额部略宽平，中央凸白毫，柳叶细眉，双目半睁下视，鼻梁高直，鼻翼圆挺，小嘴，嘴角略上翘，双下颌较饱满，耳垂肥大，颈部有两道蚕纹。着双领下垂式袈裟，露双足，足心向上，轮廓近方形，内着僧祇支，于腹部打结，结带呈"八"字形垂于袈裟后。左手置于腹前，右手原应举于胸前右侧。

二菩萨坐佛左、右，均戴卷草纹高冠，缯带垂及肘部，细发辫自耳后分三道垂及胸前两侧。内着僧祇支，于腹前束带打结，结带呈"八"字形垂于袈裟后，外着双领下垂式袈裟，下摆覆双腿。戴项圈，饰宽环状腕钏。双手相叠置于腹前，结禅定印。左侧菩萨面高225、座高55厘米；耳垂细长，面部外侧脱落于造像侧，脱落处崖面遍布方形小榫孔，颈部有两道蚕纹；披巾自后背覆两肩，可见左侧一道垂及腹前，隐于双手后；戴联珠缀接而成的项圈，于胸前中央饰三团花，下方璎珞呈网状；右腿前密布方形小榫孔。右侧菩萨高226、座高59厘米；冠中央雕一佛结跏趺坐于仰莲圆座上，未雕螺发，佛面部方圆，胸前存僧祇支痕迹，外着双领下垂式袈裟，双手置于胸前，结禅定印；菩萨面部方圆，额部略宽平，柳叶细眉，双目微睁下视，鼻梁高直，鼻翼圆挺，小嘴，双下颌较饱满；戴项圈，璎珞呈网状垂下。佛与菩萨台座间壁面开一圆形浅龛，龛内各雕一弟子结跏趺坐于方座上，双手托宝珠（图45-33）。

佛、菩萨头顶上方磨光一宽488、高205厘米的壁面，形成一匾额，残损严重，左侧竖刻"信士彭"三小字，中部从左至右刻"佛口普口"四字，字径68厘米，其右侧竖刻一行小字，风化残损严重。

菩萨外侧，正壁与左、右壁转折前各置一圆雕弟子像，均立方座上，像、座一体。均光头，内着交领僧祇支，外着交领袈裟，左肩垂一环，拉起袈裟一角，下着裙，足穿鞋。左侧弟子青年形象，高152、座

图 45-32　毗卢洞第 4 龛（东北→西南）

毗卢洞

图45-33 毗卢洞第4龛后室正壁一佛二菩萨（东北→西南）

高20厘米,双手合十于胸前(图45-34)。右侧弟子老者形象,高149、座高19厘米,双手拱于胸前(图45-35)。

左、右壁坛前各置九身圆雕像,为十八罗汉,系道光二十五年(1845年)修造。所在坛的位置稍低,右侧坛顶靠内部分破坏坛正面部分小龛顶部,可知十八罗汉所在的侧壁坛高度原应与正壁坛相当,清代为放置十八罗汉圆雕像平整坛顶,向下开凿10厘米,形成现状。罗汉各身特征不一,均遍覆装彩。

后室三壁和前室右壁开凿小圆龛,大小一致,形制规整,均宽26～28、高21～25厘米,龛内各造一小坐佛,有螺发、卷发、披发三种样式,披双领下垂式袈裟,以结跏趺坐占绝大多数,持物各不相同。后室正壁坛前左、右各雕三排小龛,左侧各排均七龛(图45-36),右侧各排均九龛(图45-37)。后室左壁坛前开四排小龛,每排各二十三龛(图45-38)。后室右壁坛前亦开四排小龛,从上至下各二十二、二十一、二十、二十一龛(图45-39)。前室左壁雕七排小龛,靠下六排与后室基本一致,靠上一排内侧五龛尺寸较大,宽52厘米,佛高41厘米(图45-40)。小佛旁侧多有榜题人名。

后室左壁坛上中部磨光竖长方形壁面,存内、外两则题刻。靠内一则宽55、高89、深2厘米,额题"福有攸关",碑身刻乾隆四十三年(1778年)装彩文殊菩萨记。靠外一则宽6、高95、深2厘米,额题"功德全彰",碑身刻乾隆四十五年(1780年)装彩释迦牟尼佛记。

后室右壁坛上内、外各磨光方形壁面,各存一则题记。内侧一则宽65、高102、深4厘米,额题"同结善缘",碑身刻乾隆四十五年(1780年)装彩地藏菩萨记。外侧一则宽129、高86、深3厘米,碑身记载道光二十五年(1845年)培补窟内佛像并修造十八罗汉事件。

毗卢洞

图 45-34　毗卢洞第 4 窟后室正壁左侧弟子（东南→西北）

图 45-35 毗卢洞第 4 窟后室正壁右侧弟子（西北→东南）

毗卢洞

图 45-36　毗卢洞第 4 窟后室正壁前左侧小龛（东北→西南）

图 45-37 毗卢洞第 4 龛后室正壁前右侧小龛（东北→西南）

毗卢洞

图45-38 毗卢洞第4龛后室左壁前小龛（东南→西北）

图 45-39　毗卢洞第 4 龛后室右壁前小龛（西北→东南）

毗卢洞

图45-40 毗卢洞第4龛前室左壁小龛（东南→西北）

【第 5 龛】(水月观音窟)

位置：造像崖壁南端凸出处，第 4 窟右侧 300 厘米。

年代：南宋。

龛形：龛口形状不明，平面近梳背形，现宽 840、高 542、深 340 厘米，龛向 79 度。龛顶平直，与各壁面转折明显。

保存情况：左壁不存，龛底被景区水泥地面所覆，龛顶左侧为现代水泥浇筑。正壁左侧造像早年崩塌，现按原布局将崩塌的造像重砌于正壁左侧，表面高度与正壁基本齐平，补砌部分与原造像壁面之间形成宽裂隙，裂隙及条石缝隙填充水泥。补砌的造像外侧又有条石堆砌的加固保坎，保坎与龛顶内侧交接处嵌入七个方形石墩，用以承托龛顶左侧的水泥顶。窟底左、右各有一 20 世纪 80 年代浇筑的水泥立柱，用于承托龛顶。龛顶上方存"人"字形排水槽，龛内中部有历代龛前建筑遗留的榫孔。造像及壁面遍覆装彩，造像局部经后代修补，正壁右侧壁面有黄泥补塑的"C"字形条状凸起。

造像内容：正壁雕观音救难场景(图 45-41)。正壁遍雕山岩，中央凿一菩萨游戏坐于椭圆形台座上，高 282、座高 82 厘米，右手为现代补塑，全身装彩，头后镂空，头冠与龛顶相接。戴卷草纹冠，冠顶中央雕一结跏趺坐佛像于祥云上，佛有圆形素面宽头光，螺发细密，面部方圆，着双领下垂式袈裟，下摆覆双腿，双手笼袖中，置腹前；佛两侧密集雕刻卷草，冠下缘雕两道璎珞。菩萨头顶靠后雕球形发髻，缯带细长，发辫呈股状缠绕于额上，末端分两道垂于肩侧及肩前，面部近方，额部宽平，中央存一微凸白毫，柳叶细眉，双目半睁下视，眼睑宽大，鼻梁挺直，颊部宽平，小嘴闭唇，唇略薄，双下颌，颌尖略翘，颈部有两道蚕纹，耳垂硕大，呈长圆水滴形。着僧祇支，一角反搭于胸前左侧，下着长裙，腰束宽带，裙腰外翻至大腿，腰带系蝴蝶结，披巾自两肩垂下，左侧一道搭于台座左侧，悬垂体前，右侧一道覆右肘，搭覆于台座右侧，悬垂座前，跣足。胸前搭璎珞，下部左、右各有一道联珠缀接而成的长璎珞，垂及膝下，折向身后，戴宽环腕钏。左足垂座前中央，踩一仰莲圆座，右足踩台座右侧前方，右腕支右膝处，掌心向左后方，头微左转，看向左下方，身体略前倾。台座上部遍覆细长苇叶，垂于座前，底部向上伸出莲叶、莲蕾(图 45-42)。

主尊左侧靠上位置有后代黄泥补塑的鸟，俯身向下，胸口脱落，近鸟足处插有二圆形短木棍，用以固定鸟之身体。菩萨左、右分别雕一、二枝细竹。菩萨上身两侧各雕一座山石。左侧山岩靠外部分随正壁左侧脱落，山岩上现置一椭圆形轮廓，残不可识。右侧山石前方有黄泥补塑，残不可识，山石上方中央立一瓶，瓶口插一粗竹筒，竹筒内又插一柳枝。

主尊左侧山石外侧雕上、下两组情节。靠上一组之右上方崖壁略内凹，中央造一菩萨结跏趺坐于云座上，左手托一瓶于腹前，右手举于肩前，四指内屈，拇指与食指相捻，结说法印，身体微前倾。菩萨右侧山石上雕一巨大圆钵，其内置一巨大花朵，画面左上方雕一组四身像，从内至外第一身双臂上扬于头侧，仰面向左上方，右腿半蹲，足尖向外，腹前雕一巨大兽首，口吐水柱。第二身位置略低，鸟足，四趾，肩后生翅，张开，身体朝向右侧，左手置于右膝内侧，握一凿，右手举头顶执一锤，双手作欲敲击状，双腿前屈，右足略下伸，抓一圆鼓，身体前倾。第三身位置较高，下身隐于前一身像双翅后，双臂上扬于头侧，双手各执一圆饼状物，作欲敲击状，身体右倾，看向右前方。第四身武将形象，于祥云中露上半身，双手托一鼓胀之布袋，右手握袋口，身体右倾，面向右下方。画面中央下方雕一立像于山石上，斜挎一布包于腰左侧，右手撑一硕大莲叶于头顶，莲叶顶部与上方兽首所吐水柱

毗卢洞

图 45-41　毗卢洞第 5 龛（东北→西南）

图 45-42 毗卢洞第 5 龛中央菩萨(东→西)

相接,分腿半蹲于山岩上,朝向右前方,回首龛外(图45-43)。

靠下一组情节内侧雕一菩萨立于莲叶上,身体朝向左前方,左手前伸,掌心向下,右手持一短柄状物于胸前右侧,上端残。画面外侧靠下位置雕一方案,案后雕左、右两身像,均世俗官吏形象。左侧一身双手似执笏板于胸前,身体略前倾,作向下探视状,胸前案上置一方形物,两侧略外凸。右侧一身左手笼袖中,置案上,右手抚案,身体前倾,作向下探视状,胸前案上置一方形物,两侧略外凸。案后二像间置一盘,盘内盛三圆球状物。方案左侧雕一胁侍,左手提壶于腹前右侧,右手置胸前,伸出食指指向左侧,头微前低,看向右下方。内侧一独立石块中央开一拱形浅龛,龛内造一像倚坐台座上,左手托一卷轴于体前左侧,右手持一短茎花朵形物于胸前,龛外下方竖刻楷书五行,有烟熏痕,内容记信众修孔夫神像之事(图45-44)。

主尊台座左下方雕内、外两身像。内侧一身位于清代开凿的小龛内,头顶有一扇形匾额,中央有一方形榫孔,左手抚膝,右手握腰带。靠外一身菩萨像,结跏趺坐于方座上,悬空于壁面,身后壁面为后代磨光,呈圆形,左手握一珠串于左膝上,中指与无名指内曲,余三指伸直,掌心向下,右手握一物之柄部于腹前右侧。

主尊右侧山石外侧雕上、下两组情节。上方一组左上部雕一菩萨结跏趺坐于一祥云上,左手托钵于腹前,右手仰掌于体前,头微前低,上身略前倾。菩萨右下方雕耸立山石,山石底部雕水池,可见细密水波纹,水池上伸出莲叶及莲花,中央有一硕大莲台,台上雕一世俗像,双腿跪向左上方菩萨,双手合十于胸前,回首左上方,身体两侧及头顶外环绕火焰于山石上。上方一组右上部雕嶙峋山石,山石上部雕一立像,分腿站立,上身前倾,双臂上举,五指张开,掌心向外,腰略扭向右侧(图45-45)。下方一组内侧雕一菩萨立于山石上,左手提瓶垂于腹前中央,五指并拢,右手握柳枝于肩前,头右偏,看向右下方。菩萨右侧壁面外缘略宽,中部内凹,中央置一高方案,方台后露一官吏形象之上身,双手笼袖中,置方案上,身体朝向左前方,头微前低。方案后左侧亦雕一官吏像,躬身向右侧官吏,左臂托一书卷,向外一侧有墨书痕迹,字形潦草,右手执笔于体前。方案左侧雕上、下两身官差立像。靠上一身近方案,身体朝向右前方,双手执长棍于体前右侧,搭右肩。靠下一身距方台略远,头为后代黄泥补塑,双手持细棍状物于体前左侧,回首右前方,身体略右倾。案左侧二官差下部内侧雕一像,双腿跪向台座后右侧官吏,头为后代补塑,双腕为绳索所缚,绳结垂于手腕下,五指内曲,头顶中央存一缕头发,表情悲哀。方案右下角雕内、外两身坐像。靠外一身菩萨结跏趺坐于方座上,双手托瓶于腹前,台座下部被掏空成凹槽。靠内一身为清代改刻,于一凸出崖壁的祥云中央开一拱形龛,龛内雕一像坐于兽背上,头部为后代补塑,左手抚膝,右手捋长髯,左腿下垂,右腿内盘,上身微前倾。兽身体朝向右侧,回首龛外。小龛龛楣浅浮雕一龙。小龛外右侧刻题记四行,竖刻,楷书,内容记道光九年(1829年)装塑药王之事。祥云右上角有后代黄泥补塑之兽首形物,不可识(图45-46)。

主尊台座底部下方造左、右两身立像,均立山石上,四周壁面粗糙,凿痕宽大明显,未经打磨。均菩萨形象,大小、高度一致,对称站立。左侧一身高90、座高11厘米,左手抚袈裟垂于体侧,右手托经册于胸前。右侧一身高87、座高18厘米,双手托一瓶于胸前,左手承托在下,右手抚瓶口。二菩萨下方雕山石轮廓,仅雕出粗坯,未作进一步修理,遍布粗大凿痕,山石转折平直而明显(图45-47)。

正壁右下角及右壁内侧密集刊刻后代题记八则,均磨光原壁面,形成竖长方形或盝形碑面。正壁右下角四则。从内至外,第一则仅刻"乾隆四"三字,其余壁面光滑,未刻字。第二则记崇祯十五年(1642年)信众出资装彩造像并捐献香炉事。第三则额题"续传灯记",碑身刻记信众集资修建万年灯

图 45-43 毗卢洞第 5 龛左侧靠上一组情节（东北→西南）

毗卢洞

图 45-44　毗卢洞第 5 龛左侧靠下一组情节（东北→西南）

图 45-45 毗卢洞第 5 龛右侧靠上一组情节（东→西）

毗卢洞

图 45-46 毗卢洞第 5 龛右侧靠下一组情节（东→西）

图 45-47　毗卢洞第 5 龛主尊台座底部菩萨（东→西）

毗卢洞

一事。第四则位置较凸,刻咸丰五年(1855年)装彩观音记。右壁四则。自下而上,第一则刻乾隆四十八年(1783年)装彩记。第二、三则并排,额均题"装金碑"。第二则居内,碑身刻乾隆乙卯年(1795年)装彩记;第三则靠外,刻乾隆庚辰年(1760年)装彩记。第四则位置近龛顶,遍布烟熏痕,刻清代修补观音神像记。

【第6龛】(莲花石)

位置:造像区北侧一独立石包上,第1龛正前方。

年代:南宋。

龛形:环绕平面呈椭圆形的莲花石开凿一圈造像,整体平面呈环形,西面残宽430、高155、深68厘米,龛向288度;南面宽221、高122、深128厘米,龛向205度;东面残宽310、高125、深95厘米,龛向112度。

保存情况:莲花石下窄上宽,北侧崩塌不存,北侧底部砌筑条石加固,其余三面造像龛底脱落。西侧造像下部为一横长方形宽槽破坏。造像及壁面残损、风化严重,零星存装彩痕。

造像内容:现存造像大致等距环西、南、东面崖壁分布。西面中央一身体形较大,位置、高度与第1龛之主尊相对,应为该龛主尊。主尊左侧,自西而南再向东,西面存三身,南面存两身,东面存两身,主尊右侧仅西面北侧存一身。造像均随壁前倾,结跏趺坐于山座上。

中央主尊仅存胸、腹轮廓,残高28厘米,颈部两肩及腹部均开方形榫孔,可见着袈裟,双臂置于腹前。

主尊右侧一身遍覆青苔,高41、座高13厘米;头顶中央肉髻扁圆,头发垂及双耳,末端上卷,面部近方,额部外凸,双目半睁下视,眼角斜长,鼻梁宽高,颊部饱满较宽,小嘴薄唇,下颌饱满,颈部两道蚕纹,露耳垂,较大,呈水滴形;内着僧祇支,外披双领下垂式袈裟,下摆覆双腿,悬垂座前;双手笼袖中置于右腿上。

主尊左侧第一身头及台座残,风化较严重,遍覆青苔,顶部存一方形榫孔,残高30、座残高5厘米;内着僧祇支,外披双领下垂式袈裟,下摆覆双足及台座;双手笼袖中,置于左腿上。

第二身头部、右臂、双腿残,台座不存,颈部有一方形榫孔,风化较严重,全身遍覆青苔,残高45厘米;戴卷草纹冠;可见右侧缯带飘于肩侧,内着僧祇支,腹部束带,右肩披覆袈裟,下摆似覆双腿,右肩披巾垂于腹前横过;戴环状项圈,下有两层璎珞;双手持锡杖于体前。

第三身头及左腿残,遍覆青苔,颈部有一方形榫孔,头部位置遍布凿痕,高42、座高12厘米;内着僧祇支,外着双领下垂式袈裟,可见袈裟下摆覆双腿,悬垂腹前;双手持一扁方形物于腹前(图45—48)。

第四身位于南面与西面转角处,左肩及右臂残,风化严重,呈翘状剥落,高53、座高15厘米;戴卷草纹高冠,可见右侧缯带垂于肩后,右侧发辫垂于胸前右侧,额上发辫呈股状缠绕,面部方圆;内着僧祇支,于腹部束带打结,外着双领下垂式袈裟,下摆覆双腿,悬垂座前;戴连珠缀接而成的项圈,其下垂璎珞;左手持一卷曲短柄物于体前,右手似置于右膝上。第四身东侧,南面中央磨光一宽28、高45、深1厘米的壁面,刻题记一则,字迹漫漶风化,仅存零星字迹痕。其东侧又存题记三行,为原题刻之右上角部分,亦残损严重。

第五身位于南面与东面转角处,所在壁略内凹,造像残损风化严重,仅存轮廓,高53、座高15厘米;可见右腕垂下一道披巾,飘于座前右侧;左臂似置于腹前,右臂似屈肘置胸前。

第六身位于东面南侧,右腿及右手残,全身覆青苔,水蚀较严重,高49、座高15厘米;戴高冠,缯带垂肩后,发辫垂肩,面部方圆饱满;内着僧祇支,于腹部束带,外着双领下垂式袈裟,下摆覆左腿,露右足,袈裟下摆悬垂座前;戴环状项圈,下垂璎珞;左手抚膝,右手置于腹前,持一卷曲器柄。

第七身位于东面中部,身体左倾,随崖壁断裂不存,仅存身体右侧轮廓,遍覆青苔,残高33、座高14厘米;袈裟下摆悬垂座前;右臂似置于腹前。

第六、七身中央浅浮雕一硕大圆轮,宽61、厚2厘米。圆轮左侧有两道纵向裂隙,填充水泥,圆轮表面打磨光滑,风化水蚀较严重,未见字迹。

图45-48 毗卢洞第6龛西面造像(西北→东南)

石羊镇

4₆ 华严洞

华严洞石窟位于安岳县石羊镇华严洞村十组,地处箱盖山东南侧崖壁前的华严洞景区内,海拔高程410米,现为全国重点文物保护单位、安岳县著名历史文化遗迹。西接鸡公坡,东临肖家坡,北靠箱盖山,南侧为李家沟。造像区东侧有公路通往石羊镇和大足区,东侧分布民居,西、北侧为废弃农田。

在宽45、高14米的崖壁上开两个洞窟,北侧开第1窟,即华严洞,南侧开第2窟,即般若洞,二窟相距15米(图46-1)。此二洞窟之间及外侧又开凿七个崖墓。第1窟位置靠东,窟前有明清时期修建的基台,其上有乾隆年间大殿将洞窟笼罩其中。第1窟窟顶因渗水严重,于20世纪80年代重建。第2窟前方有清代大殿,洞窟前方有现代垒砌的整齐保坎。第2窟开凿于南宋,经明代系统改造,现存造像均为明晚期遗存。第1、2窟左、右及窟顶上方有密集榫孔及排水槽,系历代龛前建筑遗留(图46-2)。

第1窟前方为清代山门,有石阶接小道,通往东侧公路。景区东侧边缘又有小道向西通往山下。第1窟东侧修建有文物保护房。

华严洞

图46-2 华严洞造像全景（南→北）

【第1窟】(华严洞)

位置：造像崖壁东侧，西距般若洞15米。

年代：南宋。

龛形：窟口呈方形，平面近竖长方形，正壁与左、右壁转折处近弧形，其余各壁面转折处近直角，窟口内收形成窟门。窟室原高590、现高610、宽1090、深940厘米，窟向165度。窟口左、右各内收150厘米，左侧窟门进深120、右侧窟门进深160厘米。正壁前设一通壁坛，左、右壁前各设一通壁方形供桌，正壁佛坛前又近圆雕一方形供桌。

保存情况：原窟顶不存，现窟顶为20世纪80年代钢筋水泥浇筑，水平覆盖整个窟顶，现窟顶上方搭建砖混结构的中空阁楼。窟底平整，原生石面，左、右壁前底部各有一排位置相对的浅方槽，遍布凿痕。另有一条排水槽于正壁与右壁转角前开凿，沿正壁、左壁及左侧窟口通向窟外。

正壁坛与左壁转折处开一方槽。坛右侧，沿正壁右侧主尊内、外，正壁与侧壁转折前立像台座外缘，开窄槽。右壁外侧底部，于右壁供桌后开一长方形壁龛，形制规整。

左、右侧窟门表面遍布凿痕，略有凹凸，外缘残损。窟前依山岩修建木构大殿，主梁存乾隆二十八年（1763年）大殿修建记，顶部与阁楼相接，将窟口笼罩其中。大殿下设方形台基，抵窟口底部而建,台基外缘与窟前大殿形成走廊。造像屡经后代装彩,现存蓝、绿、红、黑、白五色装彩痕,壁面施黑彩,多剥蚀严重。未造像壁面遍布凿痕,凹凸不平。

造像内容: 窟内环三壁造像,均保存较好,部分造像略有风化。造像为高浮雕,头上部为圆雕,身体两侧向内开凿较深,身体均略向前倾。三壁造像之间浮雕山石、云朵(图46-3)。

正壁佛坛宽1050、高70、深172厘米,坛上造一佛二菩萨二弟子。佛及菩萨居中,结跏趺坐于仰莲圆座上,现头光顶部为现代修补,呈圆形,头光外缘凸出,形成圆环,雕饰卷草。戴卷草纹高冠,冠正面中央各雕一结跏趺坐像。面部宽圆,额部宽平,柳叶细眉,双目半睁下视,眼角斜长,鼻梁高直,鼻翼圆挺,小嘴厚唇,闭口,嘴角略翘,双下颌,侧脸较宽,耳垂硕大饱满,呈水滴形,颈部有两道蚕纹。内着僧祇支,于腹部束带打结,结带呈"八"字形垂于袈裟后,外着双领下垂式袈裟,下摆悬垂座前及两侧,下露裙尾,有两条结带自袈裟下伸出,垂于莲座前方中央,飘向两侧。

中央佛高280、莲座高105、基座高120厘米,有卷云连接头后靠下部位及正壁壁面。冠中央小像结跏趺坐于祥云上,高40厘米;有两层圆形头光,戴高圆冠,面部特征同主尊;着交领袈裟,下摆覆双腿,悬垂座前;左臂置左腿上,袖摆扁平,搭覆左腿,似无左臂,右手举胸前右侧;身后左、右各有一宽带,卷曲飘向窟顶。佛头冠左侧有黄泥补塑的缯带垂于左肩,螺发细密,额心凸出白毫。双腕饰钏。双手拱胸前,结印,左手压右手。佛所坐莲座下有八边形束腰基座,束腰处正面及两侧各雕六身狮子,每身狮子之间各有一纵向凸棱。狮子上部均风化较严重,体型健壮,臀部宽肥,四肢较粗,双目圆瞪,宽嘴闭口,牙齿整齐,下颌鬃毛浓密卷曲,均作戏绣球状。

左、右侧菩萨头冠中央各雕一佛结跏趺坐于仰莲圆座上,螺发,面部特征同主尊;内着僧祇支,于腹部束带,外着双领下垂式袈裟,下摆覆双腿,悬垂座前及两侧。左侧菩萨头冠佛高34、座高16厘米,头顶雕"人"字形华盖,左手抚膝,右手举胸前。右侧菩萨头冠佛高34、座高11厘米,左手横置于腹前,掌心向上,右手举于胸前,手掌残。

二菩萨发辫均呈股状缠绕于额前,经颈侧垂于身后;露双足,跣足;戴项圈,中央及两侧有璎珞呈网状下垂;均舒相坐。

左侧菩萨左舒相坐于象背莲台上,高338、莲座高90、大象高138厘米。两侧缯带垂及肘后,可见右侧发辫末端分出一道垂于腹前右侧。项圈及璎珞中央各饰一朵团花,末端饰一宝珠,左腕饰钏。左手托贝叶经于胸前左侧,右手抚膝,左足垂座前左侧,踩小莲台上,右腿内盘,露右足。大象身体朝向右前方,头向窟外正前方,象口两侧各向上伸出一排长尖牙,各三根。

右侧菩萨右舒相坐于狮背莲台上,持物与左手手指残,高320、莲座高94、狮子高182厘米。左侧缯带垂于肩后,右侧缯带搭覆右肩垂于肩后,可见右侧发辫末端分出一道垂于腹前右侧,项圈呈宽环状,胸前璎珞呈网状垂下,璎珞末端饰一团花,右腕饰钏。左手置于左膝上,掌心向上,右手持如意于体前,左腿内盘,露左足,右腿悬垂座前右侧。狮子身体朝向左前方,回首窟外正前方(图46-4)。

正壁佛与菩萨身体及台座左、右侧,分别开一宽100、高140厘米的题刻框,框内各竖刻楷书大字两行,均从外侧向中央书刻。左侧题刻,从内至外:若人欲了知/三世一切佛。右侧题刻,从外至内:应观法界性/一切惟心造(图46-5、46-6)。

正壁佛坛两端各雕一弟子立浅圆座上,均保存较完好;头后磨光圆形壁面,深2厘米,用以表现头光,头上部圆雕,头下部与壁面之间雕卷云;面部长圆,额部宽凸,鼻梁高直,鼻翼圆挺,双眉倒竖,双目半睁下视,眼角斜长,双下颌,小嘴厚唇,嘴角略上翘,双下颌,侧脸较宽,耳垂硕大,呈水滴形;足穿鞋。

左侧弟子高278、座高20厘米;绾宽圆髻,额中央有白毫,口微张,嘴角上方各向后飘出一窄带,

华严洞

图 46-3　华严洞造像（东南→西北）

1311

图 46-4 华严洞正壁一佛二菩萨（东南→西北）

图 46-5 华严洞第 1 窟正壁右侧题记(东南→西北)

图 46-6 华严洞第 1 窟正壁左侧题记（东南→西北）

华严洞

自颈后飘于头光内,颈部有两道蚕纹;内着两层交领衣,外披双领下垂式大衣,均于腹部束宽带;左手向内托一经书,方形,经书内侧上角竖刻篆书"合论"二字,右臂似笼于袖中,略前抬垂体侧。左侧弟子右下方磨光宽80、高175、深6厘米的壁面,刻道光年间(1821～1850年)装塑记一则(图46-7)。

右侧弟子高285、座高21厘米;头顶光秃,两侧垂短卷发至颈部;细眉,闭口;内着两层交领衣,腹部系带,外披双领下垂式袈裟,下着长裙,左手持卷轴式经卷于腹前,经卷正面中部倒刻楷书"□略"二字,右手单掌立掌于胸前,上身略前倾(图46-8)。

正壁前圆雕供桌乃摩崖开凿而成,仅底部与山体相连,长515、宽85、高145厘米。供桌正面中部开四个形制相同、大小相当的方形小龛,宽63、高47、深8厘米,外宽内窄,其内各浅浮雕一花卉或果实。左、右壁下部各开一供桌,供桌正面有六组雕刻。中部雕通壁佛坛,坛上造十身菩萨坐像,左右各五身,对称分布。上部近龛顶处雕经变(图46-9、46-10)。

左侧供桌宽720、高135、深55厘米,顶部外端外侧由一块条石堆砌拼合,乃与摩崖部分一体雕刻而成。供桌中部开一排七个方形小龛,大小一致,外宽内窄,宽62、高38、深5厘米,其内各雕一形态各异花卉或果实伸向窟外(图46-11)。

右侧供桌710、高58、深143厘米。供桌中部开一排七个方形小龛,大小一致,外宽内窄,均宽67.5、高42、深8厘米。除从外至内第1龛雕刻一束花卉外,其余各龛均雕一组情节连续的人物场景。

第一龛雕一束三枝莲花,雕刻较浅,左侧存一竖长方形石坯。

第二龛画面左侧雕山石,中央有一粗壮树干,顶部雕一坐像,身体朝向右侧,双手伸于两侧,握叶片,双腿夹树干。山石左、右雕细竹。画面中部靠右雕一立像,残高18厘米,身体朝向左侧,上身前躬,双手挂龙首杖于体前。立像身后山石上雕一单层建筑,露左侧部分。第一、二组之间壁面竖刻"隆庆丁卯祠信人何彰重妆一次"一行,楷书。

第三龛画面左侧雕山石,山石正面雕长叶片植物,顶部雕一小树。山石中部左、右各雕一兽。左侧一身四肢立山石上,身体朝向右上方,前半身扭曲向右下方。右侧一身自山石内向下探出臀部以外部分,头不存,前半身肥圆,前肢短细。画面右侧雕云气涌动,云内探出一龙头,头向右侧。云气右侧雕山石,画面中央雕一粗壮树干。

第四龛画面左侧雕一像左舒相坐于束腰山石上,头不存,残高13、座高12厘米,左臂置于左腿上,右手置于腹前,左足踩凸出之山石上。坐像左侧雕一树。画面外侧雕耸立山石,与第六组画面外侧山石轮廓一致。山石与坐像台座之间云气涌动。山石上方雕一祥云,云头承托一圆轮,中央刻一"日"字。

第五龛画面左侧雕一双层建筑,露右侧部分。建筑右侧雕一立像,仅存轮廓,高16厘米,身体朝向右侧,左臂垂于体侧,笼袖中,右臂前举,置于前方山石上。身后建筑之台基外侧雕一树,山石右侧亦雕一树。

第六龛画面左侧雕一像结跏趺坐于束腰形山石上,身体仅存轮廓,高10、座高12厘米;着大衣,悬垂山石前,身体朝向右侧,左臂置于腹前,右臂前伸。山石后雕一树,树冠弯曲向右,遮于坐像头顶。坐像前方雕一立像,仅存轮廓,高20厘米,向左躬身向坐像,双手置于胸前,似合十(图46-12)。

左、右壁供桌顶部靠后设佛坛,佛坛上开通壁方槽,槽内各雕五身菩萨坐坛上。菩萨均保存较好,体形一致,排列整齐。菩萨头后均磨光圆形壁面,深近1厘米,用以表现头光。均戴卷草纹高冠,冠中央各雕一小佛结跏趺坐于台座上,小佛面部特征与正壁主尊同,内着僧祇支,于腹部束带,外着双领下垂式袈裟,袈裟下摆覆双腿及台座上部;双手均笼袖中,置腹前。菩萨头上部圆雕,头下部浮

图 46-7 华严洞正壁左侧弟子（西南→东北）

图 46-8　华严洞正壁右侧弟子（东北→西南）

图 46-9 华严洞左壁造像（西南→东北）

1318

华严洞

图46-10 华严洞右壁造像（东北→西南）

1319

图46-11 华严洞左侧供桌（西南→东北）

华严洞

图 46-12　华严洞右侧供桌（东北→西南）

1321

雕较高,与头后壁面雕祥云相接。面部特征、着装方式与正壁二菩萨相同。跣足,座底前方各有二近圆雕仰莲台,莲台中部雕莲叶,下有祥云承托。佛坛前各浅浮雕"几"字形足,末端向两侧卷曲呈云状。上身略前倾,头微前低。

左壁从内至外第一身左舒相坐,高165厘米,左手横置腹前,掌心向上,右手五指残,似单掌立掌于胸前中央,掌内缘与胸口间雕祥云,左腿垂于座前,足尖踩小莲台,右腿内盘。第二身右舒相坐,双手、所持物及右耳残,高160厘米,左手抚膝,右手持一长茎莲蕾于体前,左腿内盘,右腿垂于座前,足尖踩莲台上。第三身结跏趺坐,高173厘米,冠上覆巾,双手笼于袖中,置于腹前。第四身左舒相坐,左足残,像高170厘米,双手托方塔于体前左侧,右手横托塔下仰莲基座,塔高30厘米,塔身方形,正面及左、右侧各开一拱型小龛,龛内各雕一立佛,菩萨左腿垂于座前,左足踩仰莲台。第五身菩萨游戏坐,高172厘米,左手持一祥云于左肘上,身体朝向左前方,倚靠一兽足凭几,左腿内盘,右腿垂于座前右侧,踩仰莲台上,头扭向右下方(图46-13)。

右壁从内至外第一身左舒相坐,左手、右足残,高168厘米,左手平托书册于胸前左侧,右手仰掌置于右小腿上,左腿垂于座前,踩仰莲台上,右腿内盘,右足置左膝上。第二身右舒相坐,高172厘米,左手抚膝,右手横托祥云于腹前,左腿内盘,左足置于右膝上,右腿垂于座前,踩莲台上。第三身结跏趺坐,右手残,高168厘米,右手托一宽带于胸前中央,右手抚膝,菩萨头后两侧各雕一祥云,其上各承托一圆饼形物。第四身左舒相坐,右手所持物残,高165厘米,左手托杯于右踝上,右手持一短柄于胸前中央,似为柳枝,左腿垂于座前,足尖踩莲台上,右足置于左膝上。第五身游戏坐,高165厘米,身体倾斜向左后方,倚靠一凭几,左臂置于凭几上,左手持一如意,右手托一硕大宝珠于体侧,头向左前方,左足内盘,置于右膝上,右腿垂座前,足尖踩仰莲(图46-14)。

左、右壁佛坛外侧的窟口内壁均雕山石,下部各雕一狮立山石上,身体朝向下方,头向窟内,身体弯曲呈弧形。

左、右壁上部,十菩萨上方壁面各高浮雕6组画面。内侧一组为数量众多之天众群像。外侧五组中心各雕一座大殿,有佛、菩萨、童子、弟子、天众、俗人等形象。各组排列有致,尺幅相当。佛有戴冠者与螺发者两种,佛、菩萨衣着样式、装饰和面部特征与正壁主尊佛、菩萨的一致,胸、腹前璎珞缠绕较简单。天众群像位于左、右壁内侧,所在壁面略凸,下方有祥云承托,云尾内侧飘向窟顶。左侧群像七身,中部凸出处雕一体形较大立像,似结跏趺坐于云头上,残损,仅存轮廓,高45厘米,左臂似置于腹前,大像左、右各对称站立三身像。右侧群像八身,身体下方及两侧祥云环绕,分三排站立,下、中、上排各四、三、一身,除下排左侧一身外,外侧七身头部均为黄泥补塑,风化较严重。

左、右壁上部五组画面中央各雕一座大殿,其下均有祥云承托。下层中央均开一方形小龛,龛内各雕一结跏趺坐像,小龛上方各有一横长方形匾额。大殿四周祥云环绕,各组情节围绕建筑展开,彼此独立。

左壁从外至内第一组画面中央雕三层大殿,正殿下层中央开一双扇门,右侧门扉半开。大殿左侧祥云前雕一童子立云头上,双手合十于胸前,上身略前躬,下方云尾高高飘于身后。大殿右侧云头上立一佛,身体朝向左侧大殿,全身明显前倾,左手横置于腹前,掌心向上,伸出食指与中指,余指内曲,右手置于胸前中央,残不可识。童子身后山石上雕一树,树干粗壮扭曲,树冠顶部右侧立一鹦鹉,身体朝向中央大殿,俯首向下。

第二组画面中央雕两层大殿,下层中央小龛内造一佛二菩萨。佛结跏趺坐,双臂置腹前。左、右侧菩萨仅露上身。左菩萨双手托一竖长方形经书于肩侧,身体朝向右前方;右侧菩萨左手垂于腹前右侧,手握袈裟领边,右手举于身体右侧立柱上,伸出食指与中指,指向右前方,身体朝向左前方。

华严洞

图46-13 华严洞左壁菩萨（西南→东北）

图46-14 华严洞右壁菩萨(东北→西南)

华严洞

大殿前方右侧高浮雕一密檐方塔，前方各有一天王作承托状，左前一面靠下五级中央各开一圆形浅龛，龛内各雕一佛。塔前雕三身弟子向塔躬身礼拜。靠前一身双手合十于胸前，作礼拜恭敬状。中央一身头微前低，双手拱于胸前，身体略前倾。第三身右臂抬于体前。

第三组画面中央雕两层大殿，正殿中央小龛内造一佛结跏趺坐于龛底，双手于胸前结印。大殿下方左、右各雕一像于祥云上。左侧一身骑马背上，身体朝向右侧，双手置于腹前似牵缰绳，左足踩兽侧方形马镫上。右侧一身立祥云后，身体朝向正前方，双手笼袖中，置于腹前右侧。

第四组画面中央雕一座单层大殿，中央小龛内雕一佛结跏趺坐于龛底，双手拱于胸前，身体略前倾。大殿右侧雕一菩萨立云头上，身体朝向左侧，明显前倾，左手置于腹前，指尖向前，右臂似举于胸前。大殿下左侧雕一菩萨跪于云头上，身体朝向右侧，身体前倾，双臂置于体前。大殿下方中部及右侧各雕一像自祥云后露出上身。

第五组画面中央雕一座双层大殿，中央小龛内雕一佛结跏趺坐于龛底，双手拱于胸前。大殿下方右侧高浮雕一菩萨结跏趺坐于云头上，可见左臂前抬，其余残不可识（图46-15）。

右壁从外至内第一组画面中央雕双层大殿，中央小龛雕一佛结跏趺坐于龛底，双手拱于胸前，左手压右手，结印。大殿左侧雕一菩萨立云头上，身体朝向右侧，左手置于腹前，右手举于体前，伸出食指、中指，余三指内屈，身体略前倾，头微前低。大殿右侧雕高浮雕密集云头，中央雕一童子立云头上，身体朝向窟外，双手合十于胸前，上身前躬，回首窟左侧。童子前方山石后雕两株柳树，树干粗直。

第二组画面中央雕单层大殿，中央小龛内造一佛结跏趺坐于龛底，双手似拱于胸前，左掌压右掌，结印，头微前低。正殿左侧及前方中央各雕一菩萨，相向而对，左侧菩萨结跏趺坐于仰莲圆座上，左手置于左膝上，右手置于胸前，头微前低，看向右侧菩萨。菩萨身后山石上雕一立像，双臂置于腹前，似笼袖中，身体朝向左前方，头微右偏。右侧菩萨双腿跪于祥云上，双手似合十于胸前，上身躬身侧向左侧菩萨。

第三组画面上方雕单层大殿，中央小龛内造一佛结跏趺坐于龛底，双手似拱胸前，左掌压右掌，结印。正殿左侧及下方中央各雕一像，相向而对。左侧一身佛或菩萨，朝向右侧而立，左手置腹前，掌心似向上，右臂似举于胸前。右侧菩萨双腿跪于山石上，身体朝向左侧立像，双手合十于胸前，头微前低。下方山石上雕三粒宝珠。

第四组画面中央靠上雕两层大殿，中央小龛内雕一佛结跏趺坐于龛底，高38厘米，双手拱于胸前。大殿下方左、右侧各雕一菩萨相向坐在云头上。左侧菩萨左手托一缕祥云于左肘上，云头上雕一结跏趺坐佛，右手举于肩前祥云上，伸出食指、中指与拇指，指尖向大殿内佛，头微前低。左侧菩萨身后雕一像，双手合十于胸前，头向左前方，身体微左倾。右侧菩萨双手合十于胸前，指尖向前方。大殿上层左侧前雕一佛结跏趺坐于仰莲圆座上，左手抚膝，右手置于胸前，身体朝向右前方。

第五组画面中央雕双层大殿，中央小龛内造一佛结跏趺坐于龛底，双手拱于胸前，左手压右手，结印。正殿前方左、右靠下位置各高浮雕一菩萨，相向而坐。左侧菩萨结跏趺坐于仰莲圆座上，左手托一三层方塔于腹前中央，右手伸于体前右侧，伸出食指与中指，指向右上方佛，头微前低。右侧菩萨双腿跪向左侧，双手合十于胸前，指尖向前方，头微前低（图46-16）。

左、右侧窟口中部靠上各开一尖拱形浅龛，平面呈浅弧形，大小相当，位置相对，系同时开凿。龛内各造一身三面多臂菩萨结跏趺坐于方座上，戴斗形五尖高冠，头冠中央造一佛结跏趺坐于仰莲座上，菩萨头发于额上呈细密股状缠绕，面部方圆，二侧面头发呈火焰状上飘，忿怒相；着齐腰长裙，于腹部束带打结，裙覆双腿，裙尾呈两层悬垂座前，披巾覆两肩，经腹侧，过双腿，搭台座；戴宽环状项圈，各臂均饰腕钏。台座宽于上方小龛，表面略高于四周壁面。

1325

图46-15 华严洞左壁顶部经变(西南→东北)

华严洞

图 46-16　华严洞右壁顶部经变（东北→西南）

1327

左侧小龛保存较完好，宽 90、高 141、深 17 厘米，菩萨高 77、座高 46 厘米。菩萨三头六臂，上身略前倾，体前二臂合十于胸前，身体左、右侧各二臂。左、右上臂各托一祥云于头侧，云头上各置一圆饼形物；左、右下臂分别持一圆饼形物、方形印章于体侧；靠下二臂手掌及所持物均置于龛外，凸出壁面较高，所持物后方各有帛带垂下（图 46-17）。

小龛左下方磨光一方形壁面，刻万历三十四年（1606 年）装彩记一则，打破小龛底部外侧（图 46-18）。小龛下方内侧嵌入一碑，碑身刻乾隆三十一年（1766 年）集资装修佛像记。小龛下方外侧磨光壁面，刻万历丙戌（1586 年）装彩记。

右侧小龛右下角残，宽 77、高 134、深 18 厘米，菩萨高 83、座高 42 厘米。菩萨三头八臂，上身略前倾，体前二臂结禅定印于腹前，右手压左手。身体左、右侧各三臂。左、右上臂各托一云头于头侧，其上各置一圆饼形物；左、右中臂分握一杵、铃于体侧，铃及右手掌置于龛外右侧，凸出壁面较高；左侧下臂持一绳索于腿侧，右侧下臂握拳于腿侧。基座中部靠前浅浮雕一方形碑，凸出于台座表面，乃与龛内造像一体规划和开凿而成（图 46-19）。

小龛下方中央阳刻一方形碑，刻嘉靖三十五年（1556 年）装彩记，下方又有光绪二十五年（1899 年）记载购置乐器的题刻一则。小龛下方内侧阳刻一方形碑，刻嘉庆十二年（1807 年）修建记。右侧窟口底部内、外各有一则题刻。内侧一则刊刻于嵌入窟口的石碑上，刻光绪七年（1881 年）装彩记。外侧一则阳刻，有屋形碑首，刻万历三十一年（1603 年）镌装摩利支天记（图 46-20）。

窟外左、右壁面各存题刻一则。左侧一则碑首题"复修华严大殿碑记"，碑身刻乾隆三十年（1765 年）修建记。右侧一则碑首题"箱盖山华严洞禅记"，碑身刻洪武二十二年（1389 年）装彩记。

华严洞

图 46-17　华严洞窟口左侧小龛（西南→东北）

图46-18 华严洞第1窟左侧窟口下部镌装记(西南→东北)

华严洞

图 46-19 华严洞窟口右侧小龛（东北→西南）

图 46-20　华严洞第 1 窟右侧窟口下部镌装记（东北→西南）

华严洞

【第 2 窟】（般若洞）

位置：造像崖壁西侧，东距华严洞 15 米。

年代：嘉熙庚子年（1240 年）。

窟形：窟口呈拱形，平面近内窄外宽之"凸"字形，宽 433、高 508、深 554 厘米，窟向 163 度。窟口上宽下窄，左壁略内收，窟顶外浅内深。窟楣磨光宽 390、高 92 厘米的长方形壁面，中央雕一横长方形匾额，宽 315、高 65 厘米，四周有宽 4、深 0.5 厘米的窄槽，中央自左而右书刻"大般若洞"四字，字体较大，楷书，字宽 35 厘米。两侧各竖刻一行题刻，字体稍小，字宽 11 厘米，左侧"庚子嘉熙"，右侧"赵印存叔书"，"印"字较小（图 46-21）。

保存情况：根据造像题刻及现场遗迹判断，该窟始凿于嘉熙四年（1240 年），万历年间拓宽并造像。左壁下部供桌之顶部打破窟外左侧未造像洞窟，使二窟相连。右壁下部外侧脱落，现有水泥补砌，下部中央嵌插三石块。窟底前部经现代条石补砌保坎，上方铺设石板。窟口前有清代修建的两层阁楼，将洞窟笼罩其中。窟顶上方有一"人"字形排水槽，窟口外左右侧各开上中下三条排水槽。窟口两侧遍布大小不一的榫孔，系历代窟前建筑遗留，部分榫孔内插入窟前建筑横梁。

造像内容：窟内环三壁造像（图 46-22）。正壁中央内凹，上宽下窄，上部宽 338、高 181、深 107 厘米，下部宽 290、高 165、深 92 厘米。底部条石堆砌成一供台，长 330、宽 181、高 110 厘米，内填土石，表面覆石板，将正壁造像围砌其中。供桌顶部两端外侧各有一横长方形凹槽。供桌下有方形基座，正面装饰一长壶门，供台正面及左、右侧面刻乾隆三十八年（1773 年）修建记，左、右侧面及正面左中部刊刻人名及出资金额，正面右侧记事。

正壁中央造一佛结跏趺坐于仰莲圆座上，台座下部为前方供桌所覆，全身存装彩痕，高 236、露出台座高 75 厘米。有圆形素面头光，顶部存一凸出之扇形石坯，延伸至龛顶内侧，遍布凿痕，有舟形身光，仅雕出上部轮廓。头比例较大，螺发细密，头顶前方中央略凸，应表现髻珠。面部宽大，额部宽平，中央凸出白毫，双目半睁下视，眼睑宽大，鼻梁较宽，小嘴闭口，嘴角略上翘，双下颌，颌尖略凸，侧脸宽平，耳较小，耳垂较大，弯向后方，颈部有三道细蚕纹。内着僧祇支，于腹部束带，外披双领下垂式袈裟，下摆覆双腿及莲座上部，双手结禅定印于腹前。莲座正面中央雕一双鱼图案，两端又各雕一铜钱纹。

佛头光及身体两侧各雕五身弟子立像，位于倒"凸"字形凹槽内，身体表面与正壁齐平，足下雕凹凸山石，全身有装彩痕，风化较严重，从上而下三排，各有二、二、一身。光头，面部近方，较饱满，额部宽平，眼睛轮廓近圆，眼球略凸，鼻梁较宽，鼻翼斜直，小嘴闭口，嘴角略上翘，双耳硕大，耳垂弯向身后；着交领袈裟，下着长裙，露双足者均穿鞋。

弟子外侧，正壁两端上、中、下各有三个小龛，造像位置、内容、大小左右相对。上排左、右龛平面呈浅弧形，龛内各造一佛结跏趺坐于通壁方座上，面部特征及着装方式同主尊。左侧上龛宽 60、高 100、深 25 厘米，佛高 60、座高 27 厘米，双手似托一物于腹前。右侧上龛宽 65、高 110、深 23 厘米，佛高 68、座高 30 厘米，头前中央饰髻珠，双手置于腹前，四指相对，中指内勾。

中排左、右龛呈尖拱形，平面近半圆形，龛内各雕一像结跏趺坐于束腰方座上。左侧中龛宽 57、高 65、深 20 厘米，造像头覆巾，绾圆形髻，颊部及下颌有长髯垂至胸前，着广袖长袍，左手置双足前，右手置腹前中央。右侧中龛宽 52、高 68、深 20 厘米，造像头顶上凸，似绾髻，颊部及下颌有长髯垂于胸前，着广袖长袍，左手托一圆形物于腹前，其上有短曲柄，右手握柄。

图 46-21 般若洞第 2 窟窟楣（东南→西北）

华严洞

图 46-22 般若洞造像（东南→西北）

下排左龛呈圆形,宽26、深9厘米,龛内雕一菩萨游戏坐于通壁台座上,高22、座高9厘米,绾髻,下着长裙,腰束带,可见身体两侧披巾痕,左臂似下伸,右手似置于右膝上,左腿向右斜伸于座前中央,右腿内盘。下排右龛呈圆拱形,平面呈弧形,宽44、高60、深23厘米,造像左舒相坐于通壁台座上,绾髻,内着僧祇支,外着双领下垂式袈裟,领边覆头顶,露双足,双手似结禅定印于腹前,左足下踩座前仰莲,右腿内盘。

下排左、右龛下方通壁磨光,各刻造像题记一则,对称分布,均风化严重。左侧一则额题"题□□□镌妆功德记",碑身纪年不存。右侧一则额题"题赞镌妆功德记",碑身左侧第一行存"万历"二字,结合造像风格及其窟内其他造像记,此"万历"应系窟内部分造像之开凿纪年(1573～1620年)(图46-23、46-24)。

正壁上部与左、右壁转角前起三角形平台,台上各雕一菩萨半跏趺坐于仰莲圆座上。左侧菩萨高163、座高55厘米,左足下垂踩座前一小莲台,莲台下左侧又向右伸出一支卷草,右腿内盘,右足仰掌置左膝上,身体朝向右前方。右侧菩萨高166、座高45厘米,头冠中央雕一桃形宝珠,其下有莲瓣承托,菩萨左足内盘,仰掌置左膝上,右腿下垂,右足踩座前右侧一宽大叶片上,身体朝向左前方。

正壁下部与左右壁转折处壁面外凸,形成一平面近三角形台,台上分别造一弟子、一天王立像,头均不存。弟子头部圆雕,残高112厘米,双手应合十于胸前,身体朝向右前方。右侧天王残高126厘米,头部圆雕,头侧下部存兜鍪之两侧下端,双手拱于胸前(图46-25)。

左、右壁中上部造上、中、下三排像,均位于横长方形宽槽内。上、中排宽槽间雕排列整齐的祥云,云头较小,分布较密。右壁中、下排间雕卷草。祥云、卷草间,浅浮雕竖长方形榜题框,左壁有十一个,右壁有六个,表面平滑,未见字迹。造像及壁面遍覆装彩,造像保存较完好。各排卷草祥云轮廓完整,未被造像破坏,系一体开凿。

左、右各排造像位置内容相对。上排各雕五身童子像,高57～61厘米,均光头,面部方圆饱满,颈部有两道细蚕纹;上身赤裸,下着裙,腰束宽带,两侧插护腰,跣足,飘带经头后搭两肩于腰带两侧系结,飘于体侧;戴项圈,双腕饰钏。左壁上排,从内至外,第一身童子双手托一布帛于腹前,其上承一宝珠;第二身双手合十于腹前;第三身腹部外腆,左手握一扁圆形物于腹前左侧,右手举头侧,指向窟顶;第四身双手合十于胸前;第五身左手握飘带于腹前左侧,右手于腹前托一宝珠。右壁上排,从内至外,第一身童子双手托一布帛于腹前,其上置一物,中央呈圆珠状,各向两侧伸出一长叶片;第二身双手合十于胸前;第三身双手持一粗圆柄于腹前;第四身双手合十于腹前;第五身左手托一扁方形物于腹前,右手握飘带于腹前右侧。

左、右上排童子内侧各雕一立像,位置相对。左侧一身高75厘米,双手抱于腹前,左手抚右小臂,身体微前倾。右侧一身高70厘米,三头八臂,从上自下,第一对手臂共持一竖长方形物于体前;第二对手臂左侧一只残不可识,右侧一只托一圆饼形物于头侧;第三对手臂左侧一只托一圆饼形物于左肩侧,右侧一只持一剑举于体侧;第四对手臂均下伸于腿前,小臂残断。

左、右壁中排各雕十一身立像。左壁中排,从内至外,第一身高70厘米,双手托一布帛于胸前,其上置一圆形物。第二身武将形象,高71厘米,双手拱于腹前,内侧怀抱一长方形兵器。第三身高72厘米,双手合十于胸前,左小臂下悬一剑于体前,身体微外倾。第四身三头六臂,高73厘米,三面头发呈火焰状上飘,忿怒相,左、右上臂各托一圆轮于头侧,其下有祥云承托,左、右中臂合十于胸前,左侧下臂握于腹侧,掌心向上,右侧下臂托一竖长方形物于腹侧,身体略前倾。第五身高70厘米,双手合十于胸前,怀抱一剑,剑柄呈三圆球状。第六身高65厘米,双手持一长茎莲蕾于体前,莲蕾置右肩上。第七身高70厘米,双手拖一小圆盘于胸前,盘内置数颗不规则圆球形物,表面凹凸。第八身三

华严洞

◀ 图46-23　般若洞第2窟正壁下排左侧题记（东南→西北）

图46-24　般若洞第2窟正壁下排右侧题记（东南→西北）▶

图46-25 般若洞正壁造像（东南→西北）

华严洞

头六臂,高70厘米,左、右侧面头发呈火焰状上飘,忿怒相,左、右上臂各托一圆饼形物于头侧,左、右中臂合十于胸前,左下臂握一绳索于腹侧,右下臂持一扁方形物于腹侧,似为印章。第九身高69厘米,双手托一布帛于胸前,顶部中央有一长方形榫孔,原应插物。第十身高70厘米,双手相叠于腹前,掌心向下。第十一身高66厘米,双手托一布帛于胸前,顶部中央有一长方形榫孔,原应插物。

右壁中排,从内至外第一身高68厘米,双手合十于胸前。第二身武士形象,高67厘米,左、右手于腹侧左、右分别握弓、剑。第三身高68厘米,左手托一小塔于头侧,右手握一圆棍形物于胸前。第四身高70厘米,左手置于腹前,五指并拢,掌心向下,右手置于胸前,伸出食指与中指。第五身高70厘米,头发上飘呈火焰状,双手持一方条形物于体前。第六身高68厘米,双手合十于胸前,内侧横托一方条形物。第七身三头六臂,高70厘米,正面绾桃形高髻,头发呈细股状,左、右侧脸头发呈火焰状上飘,三面均忿怒相,左、右上臂各托一圆饼形物于头侧,左、右中臂拱于胸前,左掌压右手,左、右下臂握于腹部两侧。第八、九身形象一致,双手托一布帛于胸前,顶部中央开一长方形榫孔,原应插物。第八身高70厘米,第九身高69厘米。第十身高70厘米,双手托一布帛于胸前,顶部中央有一长方形榫孔,原应插物。第十一身高69厘米,头发呈火焰状上飘,左手托一法轮于头侧,右手握一短圆棍形物之上端于腹前右侧。

左、右壁下排宽槽内各雕九身罗汉坐通壁台上,头均被破坏。

左侧,从内至外,第一身残高40厘米,左手置于左膝上,右手握珠串于右膝上,左腿内盘,右腿屈起直立,露双足,身体微左倾。第二身残高65厘米,左手似抚右足,右手横置于腹前,左腿踩地,右腿内盘,足心向上。第三身残高40厘米,双手托一布帛于腹前,其上置一扁方形物,结跏趺坐。第四身残高43厘米,双手于腹前结禅定印。第五身残高83厘米,左手于左膝上握袈裟末端,右手举头侧,拇指、中指与无名指捻一圆珠,左腿斜伸槽底,足跟着地,足尖上翘向左上方,右腿内盘台前。第六身残高64厘米,双手各置于膝上,持一"八"字形扭曲之珠串,双腿交叉于台前。第七身残高41厘米,左手抚左小腿,右手托四片层叠之椭圆形物于腹前。第八身残高43厘米,左足踩槽底,右腿屈起立于身体前右侧,双手抱小腿,微侧身向右前方。第九身残高45厘米,双手托袈裟下摆于腹前。宽槽外侧壁面刻题记一则,浅浮雕,宽34、高75厘米,有覆莲形盖,碑身呈竖长方形,下有方形基座,中央饰壶门,右壁边缘紧贴罗汉所在小龛,首行题"镌妆功德记",碑身刻万历十四年(1586年)镌装记(图46-26)。

右侧,从内至外,第一身残高40厘米,双臂笼袖中置于腹前,右袖在前,袖口扁平,似表现无右臂。第二身残高65厘米,左手托一动物于胸前左侧,右手置右足上,左腿内盘,左足置于右膝上,右足踩槽底。第三身残高42厘米,左手抚左膝外侧,右手置于腹前。第四身残高42厘米,左臂垂于体侧,袖口紧贴左侧大腿,空袖,似表现无左臂,右肘支右膝上,左腿内盘,右腿屈起直立,身体微左倾。第五身残高71厘米,左手握袈裟末端于左膝上,右手握拳举于头侧,双足踩槽底;双腿间雕一动物,身体朝向窟外,仰首向第五身罗汉;第五身罗汉左侧袖口于肘部上飘。第六、七身相向坐于方桌两侧,作弈棋状,桌上置一方形棋盘。第六身残高62厘米,左手握一圆饼形棋子于棋盘一角,右手持棋子于棋盘上,作放棋状,右手下与棋盘间雕一祥云。第七身残高60厘米,双手各托一圆饼形棋子于棋盘右侧,略侧身向外,身体微倾向窟左侧。第八身残高42厘米,双手结禅定印于腹前。第九身残高75厘米,左手横置于腹前,右手持一曲首竹杖于体侧,左腿内盘,左足置于右膝上,右足踩槽底。

左、右壁下部各浅浮雕一供桌,左侧供桌摩崖开凿,右侧供桌上部开凿于嵌入崖壁的三块方形石块上,下部及内侧部分摩崖开凿。左侧供桌宽312、高118、厚6厘米。中央开三个方形小龛,正壁又开一"亚"字形浅槽。内侧一龛宽60、高45、深5厘米,左侧雕一鹿,鹿身体前方存一孔隙与左侧未造

图 46-26　般若洞第 2 窟左壁宽槽外侧题记（西南→东北）

华严洞

像洞窟相连通,鹿身后雕山石,山石上又雕一树,顶部中央向上伸出一笋状物,树前方雕一祥云,云头承托一朵团花。中央一龛宽60、高43、深5厘米,中央雕一丛花卉,上部盛开三朵团花。外侧一龛宽60、高42、深5厘米,雕一组情节,外侧雕一像,结跏趺坐于方座上,左手横置于腹前,右手举于体侧,伸出中指,余四指内曲。方座下有山形基座,画面内侧雕一世俗立像,躬身向外侧;内侧像身后雕山石,山石上倒插两把宝剑。

供桌内侧和中央小龛之间刻题记一行,竖刻"万历癸卯雷金德杨氏镌"(图46-27)。供桌内侧,左壁与正壁转折处靠下位置浅浮雕一供台,中央刻万历丙戌(1586年)题记,残损严重,可见中央一行为"开□本师临济川禅莲座"(图46-28)。

右侧供桌底部脱落,现为水泥修补,中部亦开内外两个方形浅槽,壁面较平整,未经打磨平滑。内侧方槽宽60、高56、深1厘米,有1985年墨书题记一则。供桌内侧,正壁与正壁转角处刻乾隆三十六年(1771年)装彩记。右壁下部近窟口处刻清代题刻一则(图46-29、46-30)。

图46-27 般若洞第2窟左壁供桌内侧和中央小龛之间题记(西南→东北)

图 46-28 般若洞第 2 窟正壁与左壁转折处下排题记(西南→东北)

华严洞

图 46-29　般若洞左壁造像（西南→东北）

1343

图46-30 般若洞右壁造像（东北→西南）

石羊镇

47 半边寺

半边寺摩崖造像位于安岳县石羊镇西坝村二组半边寺内,地处面朝西北的"U"字形山腰中部,海拔高程385米,现为四川省重点文物保护单位。造像所在的半边寺有小道通往连通石羊镇和白塔寺乡的公路,造像南侧背靠半边寺坡,东邻水井坡,北侧为上墩田沟,南邻垭口沟。

造像开于宽13、高8米的崖壁上,所在崖壁凸出,于崖壁中央开一龛。依岩搭建白塔寺木构大殿,将造像崖壁笼罩其中(图47-1)。造像顶部崖壁有中央高、两侧低的排水沟,龛外左、右侧亦有两条内高外低的排水槽。造像壁面较密集地分布着方形榫孔,部分插入龛前大殿横梁。大殿底部铺设条石,遮盖造像崖壁底部。

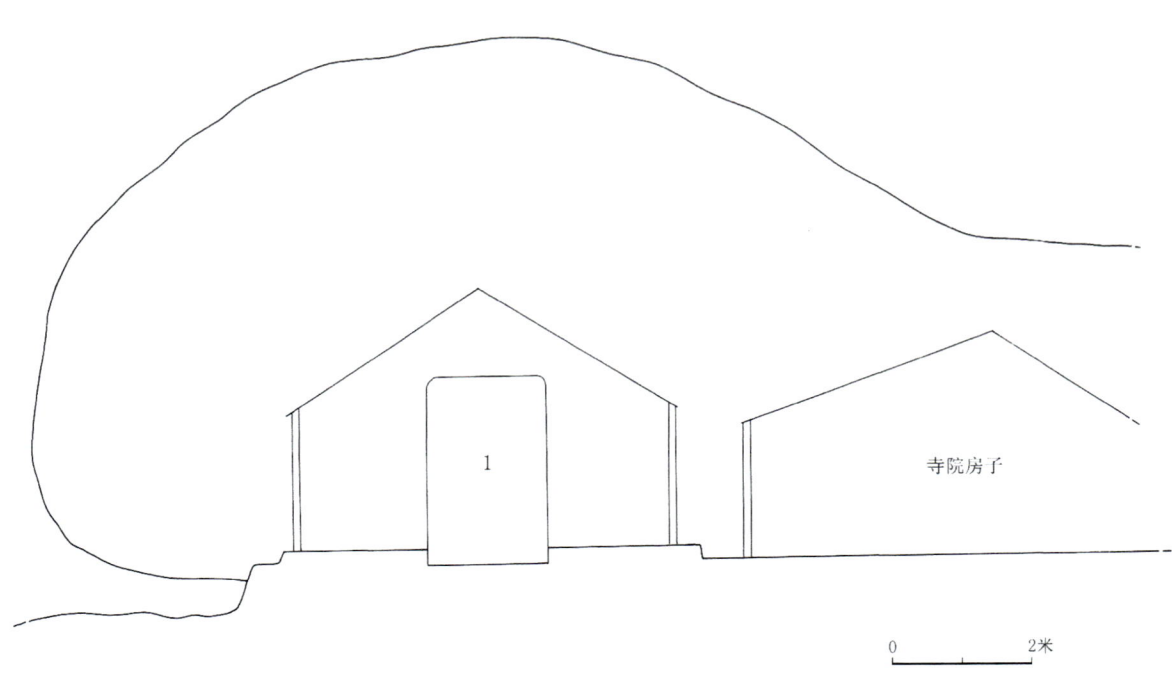

图47-1 半边寺造像分布示意图

半边寺

【第1龛】

位置：崖壁中部偏西南。

年代：庆元六年（1200年）。

龛形：拱形龛，平面呈宽"U"字形，宽358、高560、深106厘米，龛向318度。龛底低于前方大殿地面50厘米。

保存情况：龛顶外侧残，龛底被条石所覆，左、右壁下部各被现代开凿的横长方形浅槽破坏。龛外左、右各有一列方形榫孔。

造像内容：正壁前造一佛立仰莲圆座上，高浮雕，仅背部中央与崖壁相接，右手经补接，左额、左眼存修补痕，全身存后代装彩，高485、座高30厘米（图47-2）。螺发较密，打磨精细，面部宽圆，宽平额，柳叶细眉，双目半睁下视，眼角斜长，鼻梁高挺，小嘴闭口，唇较薄，嘴角微上翘，侧脸较宽，耳垂尖圆，撇向外侧，颈部浅刻两道蚕纹，头后雕祥云与崖壁相接（图47-3）。内着僧祇支，于腹部束带打结，外披双领下垂式袈裟，袈裟一角穿过左肩垂下的一圆环之后搭左臂垂下，袈裟衣纹厚重。头微低，看向右下方弟子，左手掌心向上，拇指与中指、无名指相捻，置于腹前，右手掌心朝右，中指与无名指向内弯曲，余三指伸直，置于胸前，双脚各踩一仰莲圆台。

弟子立右壁下部三角形台座上，高浮雕，仅背部中央与崖壁相接，头经现代补塑，全身存现代装彩，高240、座高38厘米；披交领袈裟，下着裙，足穿鞋；双手合十于胸前。身后右侧壁面雕山形（图47-4）。

佛右肩侧刻造像题记，楷书，六行，宽50、高106厘米，碑文记述了半边寺造像开凿的历史及信众施舍的情况，有庆元六年（1200年）纪年（图47-5）。

左右壁外侧中部偏上位置有后代开凿的两身立像，打破龛左、右壁。左侧一身高99厘米；老君形象，头戴冠，长圆脸，皱眉，双目下视，鼻梁高宽，胡须下垂及胸；内着两层衣，外着双领下垂式广袖大衣，足穿鞋；双手置于腹前，右手掌心向内，握一麈尾，足下有祥云承托。右侧一身高92厘米；头戴冠，方脸，双目下视，鼻梁高直，胡须垂及胸前；着交领广袖大衣，足穿鞋，左手垂于体侧，右手握一拂尘于腹前，足下有祥云承托。左、右壁下部分别向外侧凿进，各形成一横长方形龛，龛内有现代塑像。

图 47-2 半边寺第 1 龛(西北→东南)

半边寺

图47-3　半边寺第1龛佛头部(北→南)

图 47-4 半边寺第1龛弟子（西南→东北）

半边寺

图 47-5　半边寺第 1 龛大佛题记（西北→东南）

石羊镇

4.8 赤云寺

赤云寺摩崖造像位于安岳县石羊镇赤云村十组,地处一独立山丘山腰处的东侧裸露崖壁上,海拔高程422米。造像南侧30米为赤云寺寺院所在,造像东侧5米有小道向北通往山下村道,小道外侧为陡直山坡。

造像所在崖壁天然内收,近方形,形成一天然洞穴,宽452、高736、深372厘米。洞穴正、左、右三壁造像分三层分布,共十二龛,上层开第11龛,中层自北向南开第12、1~6龛,下层自北向南开第7~10龛(图48-1、48-2)。造像于早年遭到人为破坏,残损严重,多仅存轮廓。造像顶部壁面存一较宽裂隙。

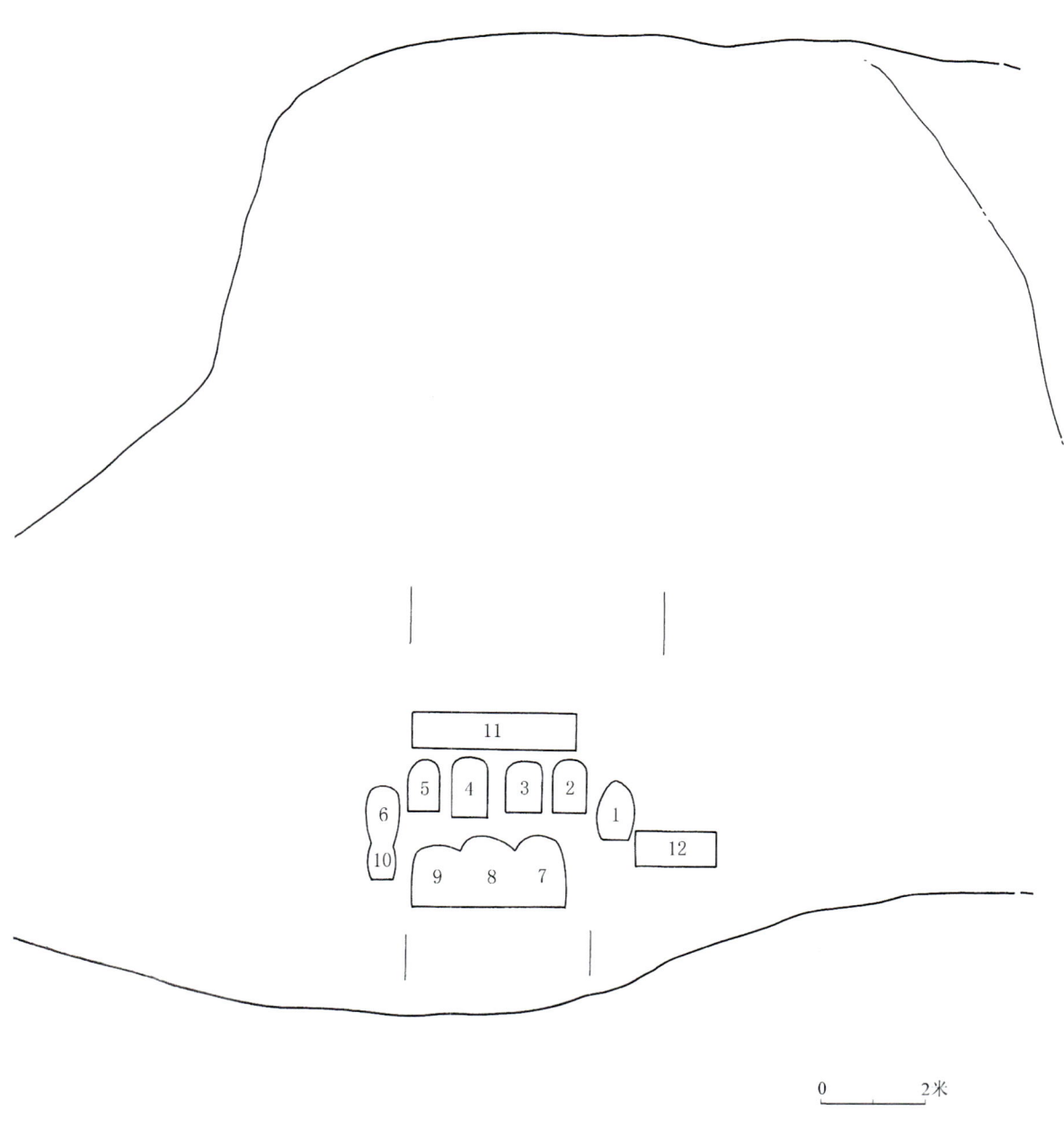

图48-1 赤云寺造像分布示意图

赤云寺

图 48-2　赤云寺造像（北→南）

【第1龛】

位置：洞窟中层，左壁内侧，第2龛左下，第12龛右上方。

年代：明。

龛形：拱形龛，平面呈浅弧形，宽53、高114、深32厘米，龛向140度。

保存情况：左、右壁及龛顶外侧残。壁面遍覆密集凿痕。

造像内容：正壁前造一像立祥云上，头部存，全身遍布凿痕，残高61厘米，似着裙。祥云尾部飘至龛左壁外侧中部，云中雕一龙，龙首朝向右侧，龙身隐祥云中，双目圆睁，口微张。

龛外左侧磨平一宽23、高26厘米的崖壁，刻题记一则，九行，仅存字迹残痕，不可辨识（图48-3）。

图 48-3　赤云寺第1龛（东南→西北）

1355

【第 2 龛】

位置：洞窟中层，正壁北端，第 1 龛右，第 11 龛左下方。

年代：明。

龛形：拱形龛，平面呈横长方形，宽 65、高 100、深 38 厘米，龛向 75 度。

保存情况：龛形完整。壁面存密集凿痕，造像及壁密布烟熏痕。

造像内容：正壁前造一像结跏趺坐于方座上，头不存，全身遍布凿痕，高 64、座高 24 厘米。可见双手置腹前，余皆残不可识（图 48-4）。

图 48-4 赤云寺第 2 龛（东北→西南）

【第 3 龛】

位置：洞窟中层，正壁中部，第 2 龛右，第 4 龛左，第 11 龛下。

年代：明。

龛形：拱形龛，平面呈横长方形，宽 57、高 95、深 44 厘米，龛向 75 度。

保存情况：龛形完整。壁面遍布整齐凿痕。

造像内容：龛内未见造像（图 48-5）。

图 48-5 赤云寺第 3 龛（东北→西南）

【第 4 龛】

位置:造像中层,正壁中部,第 3 龛右,第 5 龛左,第 11 龛下。
年代:明。
龛形:拱形龛,平面呈横长方形,宽 70、高 115、深 48 厘米,龛向 75 度。
保存情况:龛形完整。壁面遍布整齐凿痕,正壁中央风化形成数个相连之圆坑。
造像内容:正壁前未见造像。左、右壁前方有一宽 101、高 15、深 28 厘米的方槽,槽内左、右外侧各雕一立像,均风化严重,仅存轮廓。左侧立像残高 52 厘米,可见右手置于腹前。右侧一身残高 39 厘米,可见着长裙,裙纹于双腿间呈"V"字形,身体右侧有飘带飘于体侧。二立像头部上方均有盘曲凸起,延伸至龛顶,残不可识(图 48-6)。

图 48-6　赤云寺第 4 龛(东北→西南)

【第5龛】

位置：洞窟中层，正壁南端，第4龛右，第6龛左，第11龛下。
年代：万历三十五年（1607年）。
龛形：拱形龛，平面呈横长方形，宽54、高99、深42厘米，龛向75度。
保存情况：龛形完整。壁面遍布整齐凿痕，存烟熏痕。
造像内容：正壁前造一像结跏趺坐于方座上，左臂残，高56、座高27厘米。内着僧祇支，于腹部束带打结，外着双领下垂式袈裟（图48-7）。

龛外右侧，洞窟右壁内侧存内、外两则题刻。内侧一则位置较高，磨平宽19、高28厘米的壁面，竖刻楷书六行，风化严重，有万历三十五年（1607年）纪年。外侧一则位置稍低，宽25、高32厘米，直接刻于壁面，竖刻楷书九行，保存较差，内容为镌造观音与文殊菩萨之事，有万历三十五年（1607年）纪年（图48-8、48-9）。

图48-7 赤云寺第5龛
（东北→西南）

图 48-8　赤云寺第 5 龛龛外右侧靠内题记(北→南)

图48-9 赤云寺第5龛龛外右侧靠外题记(北→南)

【第6龛】

位置：洞窟中层，右壁内侧，第5龛右，第10龛上，与第10龛顶部相连，未见打破。

年代：明。

龛形：拱形龛，平面呈浅弧形，宽65、高105、深32厘米，龛向350度。

保存情况：左侧残损严重。壁面遍布整齐凿痕。

造像内容：正壁前造一像立祥云上，胸部以上残不可识，残高72厘米。上似着袍，下着长裙，裙纹于双腿间呈"V"字形，腰束带打结，两肘处有飘带下垂及龛底，跣足。龛底下方雕祥云，云尾飘向龛外右侧上部，云中雕一龙盘曲，头不存，左前爪四趾张开向后，龙身隐于祥云内（图48-10）。

图48-10　赤云寺第6、10龛（北→南）

【第7龛】

位置：洞窟下层，正壁北侧，第2、3龛下，第8龛左，与第8龛相连。

年代：明。

龛形：拱形龛，平面呈横长方形，宽77、高135、深52厘米，龛向73度。

保存情况：右壁仅雕出内侧。壁面遍布整齐凿痕。

造像内容：正壁前造一像结跏趺坐于仰莲圆座上，头及双臂残，风化较严重，高89、座高21厘米。内着僧祇支，于腹部束带打结，外着袒右式袈裟。左手置于左膝上，右手横置于腹前。龛底前方存一仰莲残痕，可见莲瓣（图48-11）。

图 48-11　赤云寺第 7~9 龛（东北→西南）

【第 8 龛】

位置：洞窟下层，正壁中央，第 7、9 龛之间，与第 7、9 龛相连。
年代：明。
龛形：拱形龛，平面呈浅弧形，宽 77、高 145、深 54 厘米，龛向 73 度。
保存情况：无左、右壁，正壁较两侧龛略高。正壁有整齐的纵向凿痕。造像及壁面风化较严重。
造像内容：正壁前造一像坐鸟背上，风化严重，仅存轮廓，连座高 104 厘米。头顶上凸，似戴冠或束发，双手置于腹前。鸟身体朝向龛外，可见左翅张开，伸向龛后，分腿站立（图 48-11）。

【第 9 龛】

位置：洞窟下层，正壁南侧，第 8 龛右，与第 8 龛相连。
年代：明。
龛形：拱形龛，平面近横长方形，宽 60、高 124、深 41 厘米，龛向 73 度。
保存情况：无左壁。壁面遍布整齐凿痕，有烟熏痕。造像及壁面风化严重。
造像内容：正壁造一像似倚坐方座上，残损、风化严重，仅存轮廓，高 78、座高 24 厘米。头顶有圆球状凸起，双手置于腹前（图 48-11）。

【第 10 龛】

位置：洞窟下层，右壁内侧，第 6 龛下，与第 6 龛底相连。
年代：明。
龛形：拱形龛，平面呈浅弧形，宽 45、高 107、深 31 厘米，龛向 350 度。
保存情况：左壁中、下部不存。壁面遍布整齐凿痕。
造像内容：正壁前造一童子立祥云上，头及双臂残，高 62 厘米。光头，耳垂硕大，垂及两肩。下着长裙，腰束带，跣足，飘带经头后，搭两肩后垂于体侧（图 48-10）。

龛外右侧刻一则题记，直接刻于崖壁上，三行，竖刻，楷书，内容记民国三十二年（1943 年）装彩神像及捐资之事。

【第 11 龛】

位置：洞窟上层，正壁中央，第 2~5 龛上。
年代：万历三十四年（1606 年）。
龛形：方形龛，平面呈横长方形，宽 286、高 96、深 12 厘米，龛向 75 度。
保存情况：左壁及顶、底外侧残。中部存一斜向窄裂隙，壁面风化较严重，两侧壁面遍覆青苔。
造像内容：正壁从左至右刻"宝台福地"四字，字体较大，楷书。左、右各竖刻一行小字，均楷书，左侧：济南王蒙轧书，右侧：万历丙午仲春吉旦（图 48-12）。

图 48-12　赤云寺第 11 龛（东北→西南）

【第 12 龛】

位置：洞窟中层，左壁外侧，第 1 龛左下，第 7 龛左。
年代：不明。
龛形：方形龛，平面呈横长方形，宽 152、高 68、深 6 厘米，龛向 122 度。
保存情况：风化严重。
造像内容：题刻龛，字迹不存。龛上方有后代衍刻的二竖立弓箭，内侧衍刻一"佛"字（图 48-13）。

图 48-13　赤云寺第 12 龛（东南→西北）

护龙镇

49 佛慧洞

佛慧洞摩崖造像位于安岳县护龙镇聪明村二组周家坡,海拔高程530米,现为四川省重点文物保护单位。造像开凿于周家坡西北侧裸露崖壁上,面向西北侧的叶家沟,前方为佛慧洞寺院,有小道向北通往护龙镇,周围农田及民居较密集。

造像开于宽46、高37米的西南—东北走向红砂岩崖壁上,分上、下两层,共十龛。上层自西南向东北开第1~4龛,下层自西南向东北开第5~9龛,上、下层之间有栈道连通(图49-1)。第1~3龛前方搭建简易建筑保护造像,第5~8龛位于佛慧洞大殿内。龛像两侧有历次龛前建筑遗留的榫孔。造像均覆现代装彩。部分造像于早年遭到轻微破坏,后经修补,总体保存较好。采用第三次全国文物普查编号,增编第7-1龛。

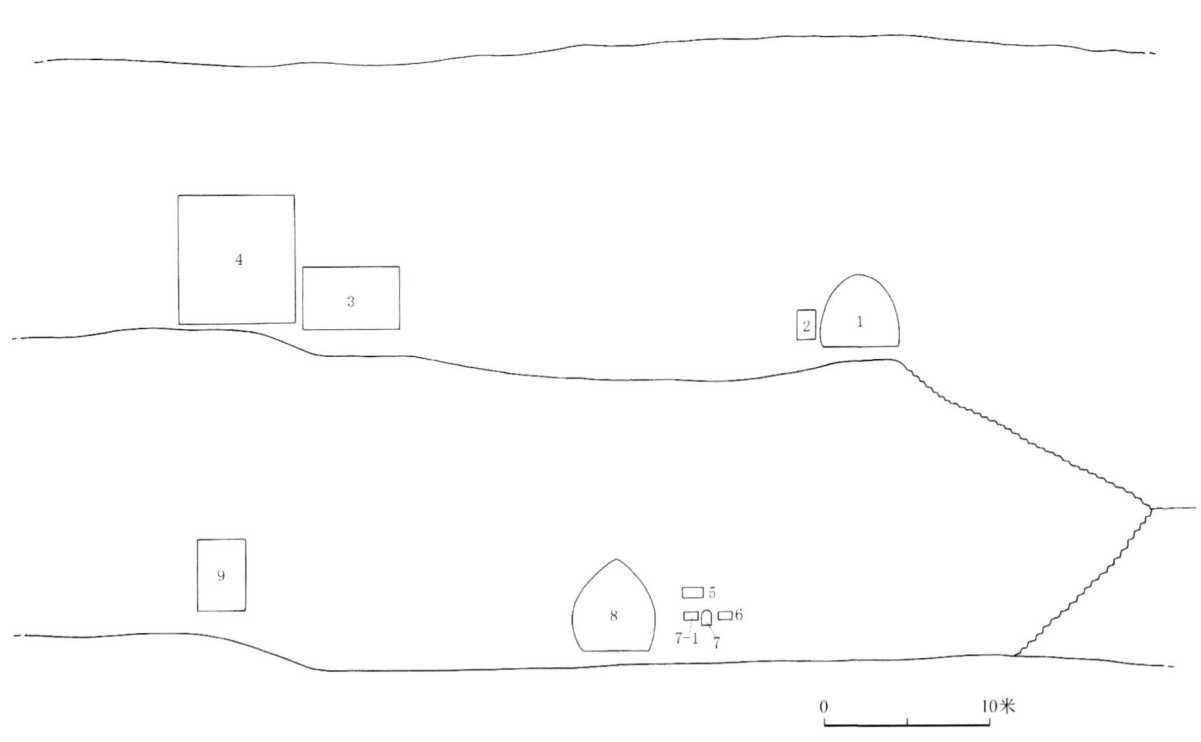

图49-1 佛慧洞造像分布示意图

佛慧洞

【第1龛】

位置：上层崖壁西南端，又称百子观音龛。
年代：明。
龛形：龛形不明，残宽445、残高410、深52厘米，龛向312度。
保存情况：仅存正壁中部。
造像内容：正壁前中央高浮雕一菩萨结跏趺坐于方座上，身后壁面雕26排小佛形成背屏，呈扇形展开。菩萨前额、双手及身体左、右侧小像为现代补塑，高219、座高70厘米。有圆形头光和近方形身光，均素面，头部偏大，头顶发辫盘曲，尾端上飘，头部较大，面部宽圆，世俗面相，颈部有两道蚕纹。着齐胸长裙，下摆覆双腿。双手现托小佛于腹前。额前左、右各补塑小佛十二身，身体两侧又补塑上、下各二身，双手前补塑三身。

菩萨头后飘出一"Y"字形飘带。飘带顶部中央及两侧雕4排小佛像，均肉髻，呈覆斗形高耸，内着僧祇支，于腹部束带，外着双领下垂式袈裟，下摆覆双腿，双手置于体前，多于腹前结禅定印。从上至下，第一至四排各存小佛十一、十一、九、八身。飘带下左、右侧又分别存小佛二十、二十二排，形象与飘带内小佛一致。左侧从上至下第一至二十排分别存小佛三、五、九、十、十、七、七、六、五、四、五、七、七、八、八、七、六、六、五、二身，右侧从上至下第一至二十二排分别存一、三、四、九、九、八、九、八、九、九、八、九、八、八、八、五、六、二、五、六、六、三身（图49-2）。

图49-2 佛慧洞第1龛（西北→东南）

【第 2 龛】

位置：上层崖壁西南侧，第 1 龛右下方。
年代：清。
龛形：龛口形状不明，平面呈方形，残宽 124、残高 198、深 56 厘米，龛向 303 度。
保存情况：龛顶、左壁及右壁上部不存。壁面遍布整齐凿痕，造像全身装彩。
造像内容：正壁前造一像游戏坐于方座上，面部、右手及双足经水泥修补，高 129、座高 54 厘米。头较大，肉髻尖圆，螺发呈圆珠状，面部近方，胡须浓密。内着僧祇支，于腹部束带，外着袒右式袈裟，跣足。左腿立于体前，右腿内盘，双手抚膝（图 49-3）。

图 49-3 佛慧洞第 2 龛
（西北→东南）

佛慧洞

【第 3 龛】

位置：上层崖壁东北侧，第 4 龛左。

年代：明。

龛形：方形龛，平面呈横长方形，宽 619、高 389、深 93 厘米，龛向 318 度。

保存情况：龛顶外侧及龛底右侧崩塌。龛底右侧垒砌条石，壁面遍布整齐凿痕。龛两侧密布榫孔，内插龛前建筑横梁。

造像内容：正壁造三身菩萨结跏趺坐于束腰方座上，右侧一身胸部以下不存，现有条石垒砌。均头部偏大，戴卷草纹高冠，两侧缯带垂肩，额前发辫呈股状缠绕，面部近方，额部宽平，小眼半睁，鼻梁宽扁，小嘴闭口，薄唇，双下颌，上颌略挺，侧面与正面转折较明显。内着僧祇支，于腹部束带，外披双领下垂式袈裟，下摆覆双腿。台座下部浅浮雕于龛底前方。

左侧一身高 211、座高 144 厘米；左手托一方形物于胸前，右手横置于腹前，掌心向上。中央一身高 213、座高 140 厘米；双手托一宝珠于腹前。右侧一身残高 160 厘米；右手举一如意于胸前（图 49-4）。

图 49-4 佛慧洞第 3 龛（西北→东南）

【第4龛】

位置：上层崖壁东北端，第3龛右。

年代：明。

龛形：开凿于平面呈三角形的天然形成的凹陷崖壁内，不具龛形，凹陷处宽760、高938、深362厘米，龛向331度。

保存情况：造像基本完好。崖壁底部覆水泥，顶部有一水泥板支撑顶部。左、右侧下部存方形榫孔。右侧下部开一宽140、高206厘米的水池。

造像内容：三角形天然凹陷崖壁内造一佛立仰莲座上，高587、座高145厘米，全身存后代装彩痕。螺发颗粒近方形，头顶前雕髻珠，面部近方，额部宽平，鼻梁略宽扁，小嘴闭口，薄唇，耳垂硕大，紧贴面部。内着僧祇支，外披双领下垂式袈裟，下着裙，跣足。左手置于腹前，拇指、无名指与中指相捻，余二指伸直，掌心向上，右手置于胸前，掌心向左，拇指与无名指、小指向内弯曲，余二指伸直，身体微倾向左侧。莲座呈三角形，下有六边形基座（图49-5）。

图49-5 佛慧洞第4龛（西北→东南）

佛慧洞

【第 5 龛】

位置:下层崖壁西南侧,第 7、7-1 龛上。

年代:清。

龛形:直接刻于崖壁,不具龛形,宽 180、高 60 厘米,龛向 315 度。

保存情况:略风化。

造像内容:题刻龛,从左至右刻"佛惠(慧)洞"三字,楷书,字体较大(图 49-6)。

【第 6 龛】

位置:下层崖壁西南侧,第 7 龛左。

年代:道光二十三年(1843 年)。

龛形:横长方形龛,平面呈横长方形,宽 80、高 45、深 2 厘米,龛向 322 度。

保存情况:风化较严重,前有现代造像遮挡。

造像内容:题刻龛,刻第 8 龛千手观音赞词。竖刻,楷书,二十五行,左起第九至二十四行刻出资人姓名及金额,有道光二十三年(1843 年)纪年(图 49-7)。

【第 7 龛】

位置:下层崖壁西南侧,第 6 龛右,第 7-1 龛左。

年代:民国十年(1921 年)。

龛形:拱形龛,平面呈横长方形,宽 60、高 85、深 2 厘米,龛向 312 度。

保存情况:略风化。

造像内容:题刻龛。额题"施碑"二字,字体较大,碑身刻字十九行,竖刻,楷书,碑文内容记庙田诉讼案,有中华民国十年(1921 年)纪年(图 49-8)。

【第 7-1 龛】

位置:下层崖壁西南侧,第 5 龛下,第 7 龛右。

年代:乾隆五十一年(1786 年)。

龛形:方形龛,平面呈横长方形,宽 130、高 32、深 1 厘米,龛向 315 度。

保存情况:略风化。中部为前方条石遮挡。

造像内容:题刻龛。三十三行,竖刻,楷书,左起第二至三十一行刻出资者姓名及金额,碑文内容记乾隆五十一年(1786 年)信众捐香钱之事(图 49-9)。

图49-6 佛慧洞第5龛（西北→东南）

佛慧洞

图 49-7　佛慧洞第 6 龛（西北→东南）

图 49-8 佛慧洞第 7 龛（西北→东南）

佛慧洞

图 49-9　佛慧洞第 7-1 龛（西北→东南）

【第 8 龛】

位置：下层崖壁西南侧，第 5、7 龛右。

年代：明。

龛形：开凿于崖壁凸出处，不具龛形，宽 410、高 478、深 200 厘米，龛向 312 度。

保存情况：基本完好。造像遍覆现代装彩。

造像内容：正壁前造千手观音结跏趺坐于仰莲圆座上，头光及面部为现代修补，高 190、座高 110 厘米。三头，中央头偏大，正面有补塑的卷草纹冠，发辫分三道垂肩，两耳后各有一小头，头发呈火焰状上飘，忿怒相。内着僧祇支，下着裙，腰束带，各手臂搭出一道披巾，垂于座侧。体前及体侧高浮雕的手臂双腕饰钏。体前上二臂合十于胸前，体前下二臂结禅定印于腹前（图 49-10）。身体两侧高浮雕一圈手臂，呈扇形展开，左、右分别为十二、十四只，各持法器。身后壁面浅浮雕密集小手掌，均掌心向外，呈扇形展开，顶部呈尖拱形，小手掌所持法器和所结手印众多（图 49-11、49-12、49-13）。莲座下有八边形束腰基座，分五层，束腰处中央雕二兽足，底部雕出四足，足边雕卷草。

佛慧洞

图 49-10　佛慧洞第 8 龛(西北→东南)

图 49-11　佛慧洞第 8 龛上部手掌（西北→东南）

图 49-12　佛慧洞第 8 龛左侧手掌局部（西北→东南）

图 49-13　佛慧洞第 8 龛右侧手掌局部（西北→东南）

【第 9 龛】

位置：下层崖壁东北侧。

年代：明。

龛形：开于崖壁凸出处，不具龛形，所在凸出崖壁宽 290、高 562 厘米，龛向 331 度。

保存情况：基本完好，全身装彩。

造像内容：在一凸出壁面中央造一立佛，高 279 厘米。鼻、左手经现代修补。肉髻尖圆，螺发呈尖椎形，面部方圆，宽平额，双目半睁下视，小嘴闭口，薄唇，下颌较宽，双耳硕大。内着僧祇支，于腹部束带，外披双领下垂式袈裟，下着裙，跣足。左手支于腹前，掌心向上，食指与中指间夹一带茎叶之圆球状物，右手掌心向外，五指并拢垂于体侧，腰微右扭，身体微向左侧身，面向左前方（图 49-14）。

1379

图 49-14 佛慧洞第 9 龛（西北→东南）

顶新乡

50 茗山寺

茗山寺摩崖造像位于安岳县顶新乡民乐村五组虎头山,海拔高程492米,现为全国重点文物保护单位。造像区前有瞻礼造像的石板小道,向南通往县际公路。山顶近平,为茗山寺寺院所在。造像区南侧50米为塔坡,现有倒塌南宋佛塔一座。

现存八龛造像,大致沿平面近圆形的虎头山腰顺时针自南向东等距开凿,开凿范围宽160、高12米,地势较高,高度相当(图50-1)。第1、7龛前方依岩搭建简易木结构建筑,各龛壁面及龛外两侧有榫孔,系历代龛前建筑遗留。第1、2、4、5龛开凿于凸出于崖壁的壁面中央,其余各龛开于较平直的崖壁上。各龛造像及壁面均存后代装彩痕,部分龛像风化较严重。

采用第三次全国文物普查编号,增编第6-1龛。

茗山寺

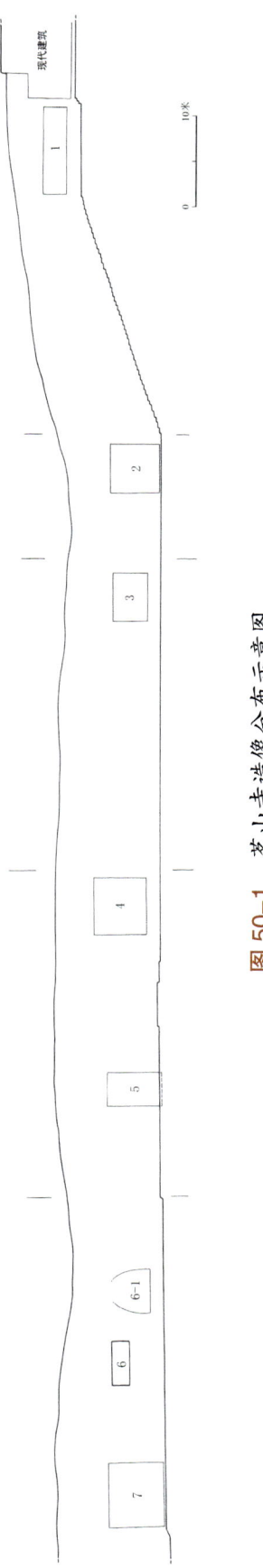

图 50-1 茗山寺造像分布示意图

【第1龛】

位置：南侧崖壁东端。

年代：南宋。

龛形：横长方形龛，平面呈随山势向后弯曲之弧形，宽990、高300、深60～110厘米，龛向187度。

保存情况：左、右壁及龛底残。龛顶有圆形榫孔，插入龛前建筑横梁。正壁下部风化严重。

造像内容：正壁前造十身明王立像，双腿均残损，风化较严重。

左起第一身所在崖壁较深，双臂残，高220厘米；戴高圆冠，披发，忿怒相，浓眉，怒目圆睁，眼球略大，嘴微张，嘴角下撇，颈部肌肉凸起；上身内着网格纹战甲，外着"U"字形领长袍，下着裙，腰束带打结，裙腰外翻，飘带飘于头后，搭两肩后过腰带垂下，腹前横置一带柄状物，残不可识；左臂屈肘伸出食指，指向左侧，右臂置于身体右侧，腰扭向右侧，头微低，看向左前方。明王左侧雕一立像，风化严重，仅存身体轮廓，残高140厘米；着广袖大衣，右侧袖摆于肘后向后飘起，双手置于腹前，腹部外腆。明王右侧亦雕一身立像，风化残损严重，右臂及左小腿不存，高160厘米；头发向上呈火焰状飘起，有高浮雕圆形素面头光；着双领下垂式衣，下着三角裤，裤上束带打结；左手向内屈肘举头侧，右手举身体右侧，身体微向左前倾，看向前方。明王及左、右侧立像身后均雕出山形。明王头左侧山形之上雕一朵云，云尾卷曲，飘至头后。云朵顶部较平，雕一结跏趺坐像坐于覆莲台上，高45、座高25厘米；有圆形身光；着双领下垂式袈裟，袈裟下摆覆莲台；双手置于腹前。云朵左侧雕二立像，仅雕双腿以上，仅存轮廓。明王左侧壁面靠下磨光一高40、宽25厘米的题记框，打破山形，字迹不存（图50-2）。

第二身高177厘米，束发，发带缠绕形成三发髻，眉骨凸出，眼眶深陷，怒目圆睁，眼球较大，巨口微张，嘴角朝下，可见牙齿；上身内着网格纹战甲，外着双领下垂式窄袖衣，下着长裙，裙腰外翻，腰两侧插入护腰，胸前及腰部束带打结，飘带自两肩垂下，过腰带后下垂，戴护腕；左手提物垂体侧，右手掌心向上似托一物于头顶右侧，腰右扭，头看向左前方。明王头左侧雕一圆形浅龛，宽25厘米，龛雕一结跏趺坐像，残高20厘米。

第三身高190厘米，戴兜鍪，双目圆睁，眼球较大，塌鼻梁，口内衔一较长的扁平状物，其一端伸向右侧；肩系巾，着广袖长袍，腰束带，下着长裙，裙腰外翻；胸口开一圆口，双手撕裂胸肚皮，露出一头像，双目圆睁，腰微左扭，看向右前方。明王头部左上亦雕一圆形浅龛，宽25厘米，龛内雕一身坐像，残不可识。

第四身右手残，高180厘米；戴兜鍪，怒目圆睁，口微张；内着战甲，外着广袖大衣，下着裙，裙腰外翻，胸前及腹部束带，腰前束带打结，腰两侧插护腰，飘带自左肩垂下，经腰带后下垂，戴护腕；左手似提物垂于体侧，右手举于头右侧，腰右扭，看向左下方。明王左上方雕一圆形小龛，仅存残迹。

第五身双手残，高188厘米；戴冠，冠带于头后两侧飘向龛顶，头后披发，头前束发呈莲瓣状，两侧发辫垂至胸前，双目圆睁，眼球较大；上身着战甲，外着广袖衣，可见自腹前横过一道，下着裙，裙腰外翻，胸前及腰部束带，腰两侧插护腰；左手垂于体侧，右手执一长棍于身体右侧，长棍搭靠右肩，头看向右下方。明王左上方开一圆形浅龛，宽25厘米，龛内雕一身结跏趺坐像，高20厘米，仅存轮廓（图50-3）。

第六身左手及面部残，高182厘米；戴兜鍪；肩系巾，内着战甲，外着双领下垂式长袍，下着长裙，裙腰外翻，胸前及腰部束带，腰两侧插护腰，右臂戴护腕，披巾经头后自两肩下垂及底；左手屈肘置于

茗山寺

图50-2 茗山寺第1龛左起第一身明王(东南→西北)

图 50-3 茗山寺第 1 龛左起第二至五身明王（南→北）

体侧，小臂伸向前方，右手握一短剑横置于腹前，剑尖朝左，腰微左扭，头看向右下方。头顶上方开一圆形小龛，宽25厘米，龛内雕一身结跏趺坐像，高20厘米。

第七身高180厘米，头右侧有一束带垂下，眼眶深陷，眼球硕大，巨口微张；内着战甲，外着双领下垂式窄袖大衣，下着裙，胸前及腰部束带，腰两侧插护腰；左手握一蛇于头顶左侧，蛇身缠绕左臂，右手置右腰处，看向左前方。

第八身右手残，高181厘米；头戴覆莲状冠，顶端有一圆形凸起，尾部飘向后方，披发，眼眶深陷，眼球较大，巨口微张；着战甲，外着双领下垂式大衣，下着长裙，裙腰外翻，胸前及腰部束带，腰部两侧插护腰，戴护腕；左手掌心向内握一柄大刀于体侧，刀尖朝上，右臂横置于腹前，看向右前方。明王头顶左侧开一圆形小龛，宽25厘米，内雕一结跏趺坐像，高20厘米，双手置于腹前。

第九身左手残，高175厘米；戴高圆冠，眉骨凸出，眼眶深陷，眼球硕大，塌鼻梁，双唇紧闭，嘴角向下，髭须浓密垂至胸前；着战甲，外着双领下垂式窄袖衣，腰束带；左手托一物于体侧，底部呈圆球状，右手掌心向外握一扇于头右侧，扇面呈圆角方形，腰微右扭，目视前方。明王头顶左侧开一圆形浅龛，宽25厘米，龛内雕一结跏趺坐像，高23厘米，着袈裟，双手置于腹前。

第十身右手残，高156厘米，胸部以下均风化；戴圆形盔，顶部雕一圆球形物，尾部飘向龛顶，眉骨突出，眼眶深陷，眼球硕大，塌鼻梁，巨口张开；着战甲，外着双领下垂式衣，胸前束带，左臂戴护腕；左手掌心向内托一鸟于头左侧，右手下伸于体侧，腰右扭，头看向左下方（图50-4）。

【第2龛】

位置：西侧崖壁偏南，第1龛右28米。
年代：南宋。
龛形：方形龛，平面呈横长方形，宽450、高500、深260厘米，龛向248度。
保存情况：右壁不存，右下方有现代条石砌筑的保坎。正壁左侧存一列方形小榫孔，左壁中部亦存二榫孔。造像及壁面存装彩痕。
造像内容：正壁前起通壁高坛，高153厘米，坛上造一天尊一佛，均高浮雕（图50-5）。

左侧天尊倚坐方座上，高325厘米。戴方冠，面部饱满，宽平额，柳叶细眉，双眼半睁下视，眼角略斜长，鼻梁圆直，蒜头鼻，小嘴，嘴角上翘，侧脸较宽，双下颌轮廓明显，耳垂硕大，颈部浅刻两道蚕纹。内着交领衣，外披双领下垂式广袖长袍，腰束宽带，于腹前系结后，宽结带下垂及地，结带饰流苏及卷草，两肩各披一条披巾自腋下垂于身体两侧，穿鞋。双手于胸前托巾，巾上所托物不存。

右侧佛结跏趺坐于仰莲圆座上，高298、座高45厘米。戴卷草纹高冠，中央雕一佛结跏趺坐于仰覆莲圆座上，有舟形身光，头顶有小肉髻，头部风化，螺发细密，雕刻精细，眉心雕一细小白毫，面部特征与左侧天尊同（图50-6）。内着僧祇支，于腹部束带打结，结带分两道垂于腹前袈裟后，外披双领下垂式袈裟，下摆覆双腿。双手拱腹前，掌心向下，左掌压右掌。

莲座左侧雕一力士，披头散发，双目圆睁，嘴角向下，双耳硕大，身体朝向右侧，回首龛外，左手托住莲台一角，右手伸向莲台下方，作承托状。莲台左侧靠近正壁处雕一云尾飘向上方。

左壁中部偏下位置磨光高73、宽49厘米的崖面，刻道光二十二年（1842年）题记一则。左壁下部立一块咸丰三年（1853年）信众集资修路碑，宽84、通高168厘米。

图 50-4 茗山寺第 1 龛左起第六至十身明王(西南→东北)

茗山寺

图 50-5　茗山寺第 2 龛（西南→东北）

图 50-6　茗山寺第 2 龛右侧佛头部
　　　　（西南→东北）

【第 3 龛】

位置：西侧崖壁中部，第 2 龛右 10 米。

年代：南宋。

龛形：方形龛，平面呈横长方形，宽 550、高 400、深 100 厘米，龛向 274 度。

保存情况：左壁及龛顶左侧不存，右壁下部外侧残。正壁两侧各有一列榫孔。造像及壁面零星存后代装彩。

造像内容：正壁前造二菩萨结跏趺坐于仰莲方座上，高浮雕，双腿及台座经后代改刻，宽度与上身相同。戴卷草纹高冠，额前发辫呈股状缠绕，面部宽圆饱满，额部较宽，柳叶细眉，双目半睁下视，眼角略斜长，鼻梁高挺，蒜头鼻，小嘴闭口，唇较薄，嘴角略上翘，双下颌略凸，侧脸宽大，耳垂硕大，呈水滴形，颈部浅刻两道蚕纹。内着僧祇支，于腹部束带打结，外披双领下垂式袈裟，两肩覆披巾。戴宽环状项圈，饰云纹（图 50-7）。

左侧菩萨高 290、座高 110 厘米。头冠中央雕佛立仰莲圆座上，有圆形素面头光；内着僧祇支，外披双领下垂式袈裟，下着裙；双手笼袈裟下，置腹前（图 50-8）。菩萨头冠两侧缯带垂及胸前两侧，双腕饰钏。双手托一方盒于腹前，左手承托在下，右手抚盒身，头略向左下方。

右侧菩萨高 305、座高 85 厘米。头冠中央雕七层宝塔于仰莲圆座上，塔底中央开一圆形小龛，龛内雕一佛结跏趺坐于龛底，内着僧祇支，外着双领下垂式袈裟，莲座下又有祥云承托（图 50-9）。菩萨发辫自耳后垂至胸前。双手托一圆钵于腹前。

右壁中靠上内侧磨光一宽 42、高 49 厘米的崖面，内刻道光十九年（1839 年）装彩记一则。

茗山寺

图 50-7 茗山寺第 3 龛（西→东）

◀ 图50-8 茗山寺第3龛左侧菩萨头部
（西→东）

图50-9 茗山寺第3龛右侧菩萨头部 ▶
（西→东）

【第4龛】

位置：北侧崖壁中部，第3龛右28米。
年代：南宋。
龛形：方形龛，平面近"U"字形，宽570、高600、深250厘米，龛向10度。
保存情况：左壁不存，右壁外侧及龛顶左、右侧残损严重。正壁右侧有一道"L"形较宽裂隙。右侧造像及壁面风化较严重。
造像内容：龛楣磨光一通正壁崖面，高120厘米，从左至右刻"现师利法身"，字体较大，楷书。

正壁中央造一菩萨立于龛底，高浮雕，双手残，高480厘米（图50-10）。菩萨戴卷草纹高冠，冠前雕五身佛结跏趺坐于祥云上，高低错落排布，均水蚀较严重；有圆形素面头光；内着僧祇支，于腹部束带，披双领下垂式袈裟，下摆覆双腿；中央一身双手结印于胸前，其余四身均双手笼袖中，置腹前。冠两侧缯带搭两肩垂肩后，额前发辫呈股状缠绕，两侧发辫分为三道，一道垂及胸前两侧，另两道垂肩后，额较宽，柳叶细眉，双目半睁下视，眼角略斜长，鼻梁高挺，小嘴闭口，嘴角略上翘，双下颌略凸，耳垂硕大，颈部浅刻两道蚕纹（图50-11）。内着僧祇支，于腹部束带打结，结带呈"八"字形垂袈裟后，外披双领下垂式袈裟，下着裙，不露双足。戴环状项圈，其下璎珞呈网状，可见右腕饰钏。左手前抬置于腹前左侧，右手横置于腹前，腰微左扭，头微前低，看向右下方。

菩萨左、右侧各开五个圆形浅龛，分三排，从上到下各有一、二、二龛，靠上一龛尺寸较大。上层各龛分别造一佛结跏趺坐于仰莲座上，靠下四龛均结跏趺坐于龛底。保存较完整者，可见面部特征与主尊同，均内着僧祇支，于腹部束带打结，外披双领下垂式袈裟，下摆覆双腿悬垂座前或龛底下方。左侧靠上一龛宽142、深25厘米，佛高80、座高40厘米；螺发细密，面部特征同主尊；双手于腹前结禅定印。右侧靠上一龛宽142、深24厘米，佛连座高120厘米，造像风化严重；左手置于左膝上，右手屈肘举于体侧。

左侧中、下层外侧一龛均仅存右壁轮廓。中层内侧一龛宽75、深15厘米，佛高70厘米；卷发，左掌伸向左侧，掌心向外，右手抚右踝，头看向左下方。下层内侧一龛宽75、深15厘米，佛高70厘米；螺发，左手横置于腹前，掌心向上，五指内屈，右手抚膝，头看向下方。

右侧中、下层各龛均残损、风化严重，仅存轮廓，均宽75、深15厘米，佛高70厘米。中层内侧佛左腿似向前屈起，右手举于肩侧；外侧佛残不可识。下层内侧佛双手置于腹前，外侧佛残不可识（图50-12、50-13）。

图 50-10 茗山寺第 4 龛（北→南）

茗山寺

图50-11　茗山寺第4龛
菩萨头部（北→南）

图 50-12 茗山寺第 4 龛左侧小龛（东北→西南）

茗山寺

图 50-13　茗山寺第 4 龛右侧小龛（西北→东南）

【第 5 龛】

位置：北侧崖壁东侧，第 4 龛右侧 15 米。

年代：南宋。

龛形：不明，平面近弧形，宽 360、高 580、深 100 厘米，龛向 18 度。

保存情况：右壁、龛顶及左壁外侧不存，龛底为水泥地面所覆。正壁右侧存一纵向裂隙，中上部壁面呈层状风化。

造像内容：正壁造一佛立莲座上，高浮雕，高 540、座高 40 厘米（图 50-14）。戴卷草纹高冠，冠中央雕一佛结跏趺坐于祥云上，佛有圆形素面头光，头光上方雕一硕大火焰宝珠，戴圆冠，面部风化；着交领式外衣，左腿垂座前，右腿盘云座上，左手置左腿上，空袖，似无左臂，右手持一串念珠于腹前；云座两侧向左、右侧上方各飘出一道飘带至龛顶。佛冠两侧缯带垂于肩后，螺发细密尖圆，面部雕刻较高，宽圆饱满，柳叶细眉，双目半睁下视，鼻梁高挺，小嘴闭口，嘴角略上翘，双下颌略上翘外凸，侧脸较宽，与正脸转折较明显，耳垂硕大，呈水滴形，颈部有一道凸出的蚕纹。内着僧祇支，于腹部束带打结，结带呈"八"字形垂袭袈裟后，披双领下垂式袈裟，下着长裙，双腿间有腰带垂下，跣足，双腕饰钏。双手拱胸前，结印，双足各踏一仰莲圆座，下有祥云承托（图 50-15）。

佛上身左侧壁面存字迹残痕，不可识。龛外左侧 150、距离地面 200 厘米处开竖长方形题记框，宽 37、高 46、深 2 厘米，字迹无存。

【第 6 龛】

位置：东侧崖壁偏北，第 5 龛右侧 22 米。

年代：不明。

龛形：不明，平面呈横长方形，宽 520、高 270、深 32 厘米，龛向 64 度。

保存情况：仅存正壁下部。残损、风化严重。

造像内容：正壁前现存四座方形石坯，系未完工的作品。左起第一座宽 100、高 120 厘米；第二座宽 80、高 85 厘米；第三座宽 50、高 40 厘米；第四座宽 131、高 70 厘米。第三、四座石坯上部相连，第一座石坯左侧、第四座石坯右侧各有一凹槽，似为龛之左、右壁，第四座石坯可见密集凿痕（图 50-16）。

【第 6-1 龛】

位置：东侧崖壁偏北，第 6 龛左侧 3.6 米。

年代：南宋。

龛形：不明，平面呈弧形，宽 400、高 450、深 130 厘米，龛向 80 度。

保存情况：龛顶不存。造像及壁面遍覆青苔，风化略严重。

造像内容：正壁中央造一坐像，连座高 260 厘米。仅雕出上身轮廓，两肩明显，雕出袈裟左侧领边和衣纹，其余部位未做进一步雕琢（图 50-17）。

茗山寺

图 50-14　茗山寺第 5 龛（东北→西南）

图 50-15 茗山寺第 5 龛佛头部（东北→西南）

图 50-16 茗山寺第 6 龛（东北→西南）

茗山寺

图 50-17　茗山寺第 6-1 龛（东→西）

【第 7 龛】

位置：又称观音堂，位于东侧崖壁中部，第 6 龛右侧 10 米。

年代：南宋。

龛形：方形龛，平面呈宽"U"字形，宽 637、高 617、深 293 厘米，龛向 76 度。后代将龛底中央掏空，使原龛底成为环绕三壁的低坛，坛高 99 厘米。

保存情况：左、右壁外侧略残。左、右壁外侧及正壁有较密集纵向榫孔，部分插入龛前佛殿横梁。造像及壁面上部呈层状风化。造像及壁面存少量后代装彩。

造像内容：正壁前造二菩萨立仰莲座上，高浮雕（图 50-18）。戴卷草纹高冠，冠中央各雕一佛结跏趺坐于仰莲圆座上，均风化严重。佛有圆形素面头光；内着僧祇支，外披双领下垂式袈裟；双手置腹前。菩萨额前发辫呈股状缠绕，面部宽圆，雕刻较高，宽平额，柳叶细眉，双目半睁下视，眼角略斜长，鼻梁高挺，小嘴闭口，薄唇，嘴角略上翘，双下颔，侧脸较宽，耳垂硕大，呈水滴形，头后上部雕祥云与崖壁相接。内着僧祇支，于腹部束带打结，结带呈"八"字形垂袈裟后，外披双领下垂式袈裟，下着长裙，跣足，双足间垂腰带。戴环状项圈，其下有璎珞呈网状垂下，双腕饰钏。双足各踩一小莲台。

左侧菩萨高 508、座高 5 厘米。冠两侧缯带垂肩后，发辫于耳后分为三道，可见右侧前方一道垂及腹部右侧（图 50-19）。左手托一布帛于体侧，其上置物不存，右手垂于体侧，提袈裟一角，腰右扭明显，上身左倾。

图 50-18　茗山寺第 7 龛（东北→西南）

右侧菩萨高 499、座高 7 厘米。头冠中央小佛头光顶部雕火焰，可见右侧发辫分出一道垂及胸前右侧（图 50-20）。左手托贝叶经于腹前，右手举于肩前，拇指、无名指与小指相捻，余二指伸直，右掌内侧雕祥云与右肩相接，身体微左倾。

左侧菩萨外侧磨光宽 196、高 159 厘米的题记框，字迹不存。右侧菩萨外侧有内、外两则题记，内侧题记框宽 87、高 154 厘米，风化严重。外侧一则宽 50、高 88 厘米，刻道光二十一年（1841 年）装彩题记。龛前方两侧坛上造十二尊圆雕造像，头不存，据右侧坛内侧的同治壬戌（1862 年）题记可知，所造为十二圆觉菩萨。

茗山寺

图 50-19 茗山寺第 7 龛左侧菩萨头部（西北→东南）

图 50-20 茗山寺第 7 龛右侧菩萨头部（东北→西南）

顶新乡

51 朱家经堂

朱家经堂摩崖造像位于安岳县顶新乡青松村六组朱家坡，海拔高程530米，现为安岳县文物保护单位。造像位于朱家经堂大殿内，东侧有村道通往外界公路，四周密集分布农田和民居。

造像开于一裸露崖壁的西南侧崖壁上，自东南向西北开第1~4龛，崖壁宽20、高3米，各龛高度一致，开凿规模较大（图51-1）。龛前依岩搭建大殿，将第2~4龛造像笼罩其中，造像前方地面铺设水泥，第1龛底部亦铺水泥。造像顶部及两侧密集分布榫孔，部分插入龛前建筑横梁。造像均全身装彩，头、手多经现代修补。造像西北侧5米处存有一清代崖墓，墓口立石板，墓底有棺板碎片及碎骨，墓后壁中央雕一居士。

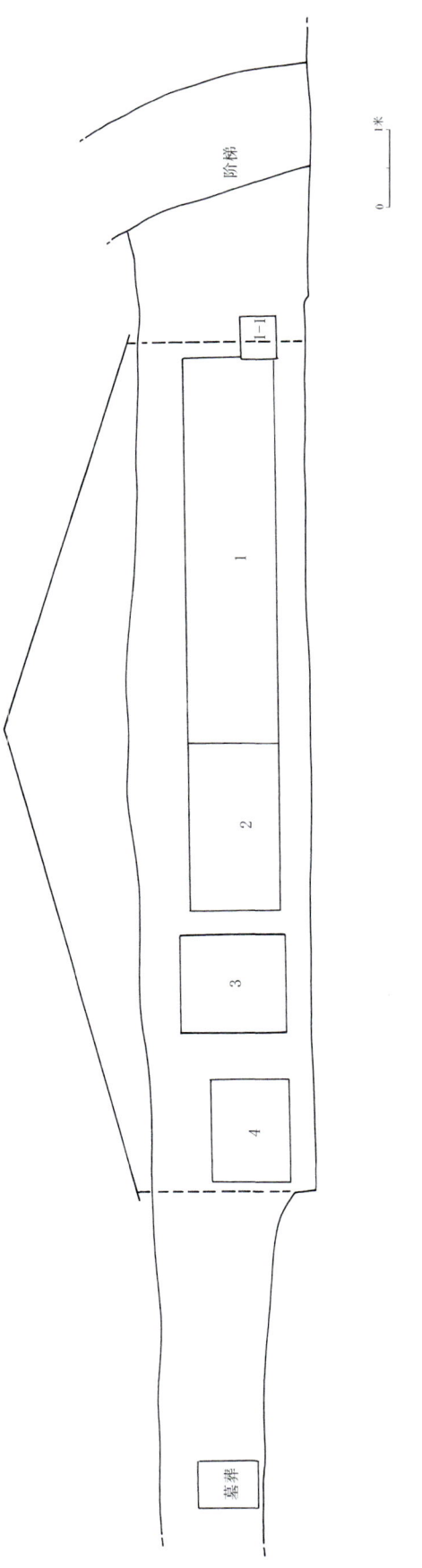

图 51-1 朱家经堂造像分布示意图

【第1龛】

位置：造像崖壁东南侧，第1-1龛右，第2龛左，左壁被第1-1龛打破。

年代：清。

龛形：长方形龛，平面呈横长方形，宽1004、高231、深228厘米，龛向220度。龛前有预留的四根方形立柱，均为圆雕。

保存情况：正壁右侧与第2龛左壁自然相接，无右壁，龛底现为水泥修补规整。造像头、手均经现代修补，造像及壁面遍覆现代装彩。

造像内容：正壁前起通壁坛，高60、深68厘米，坛上造九身大像，大像之间又雕十一身立姿胁侍。

左起第一身倚坐于高坛之上，高160厘米。有圆形素面头光，头光较厚，头光左侧竖刻"孔夫圣神"，楷书，绾髻，耳垂硕大，髭须呈倒三角形垂及胸前。内着交领衣，外着双领下垂式广袖长袍，外着短裙，裙腰提至胸前，裙上束带后垂于两腿之间，于两膝之间打结。左手托一笏板于左腹前，右手抚右腿，足穿云头鞋，足下踏一矮方台。

第二身像倚坐，高164厘米。有圆形素面头光，头光较厚，头光左侧竖刻"救苦天尊"，楷书，绾髻，髻顶有一宝珠，耳垂硕大，两耳前各有一缕头发下垂及胸，髭须浓密下垂及胸。内着交领衣，外着双领下垂式广袖长袍。左手置于腹前，左手上覆一巾，巾上托一圆钵，右手手指捏住圆钵边缘，足穿云头鞋，足下有一横长方形低台。

第三身近圆雕，立云座上，所在位置向外凸出，头部脱落后重新补装至原位置，高123厘米。头戴方冠，尖圆脸，皱眉，眼睛向外凸出，圆头鼻，鸟嘴，颈部青筋暴露。胸前系巾，乳房下垂，下着战裙，裙上束带打结，垂于两腿间，裙腰外翻，两腰侧各插一护腰，飘带经头后搭两肩绕过腰带下垂至身体两侧。双足为四趾鸟腿状，背后雕双翅，翅尖朝下，左手掌心向内握一凿于腹前，凿尖向下，右手掌心向外握一锤于头后右侧，作敲击状，双腿各抓一圆鼓，圆鼓下半截没于云中，云尾飘至身后。

第四身立于扁云座之上，高135厘米。有圆形素面头光，头光较厚，戴风帽。着双领下垂式广袖大衣，衣摆均向后飘起，内着圆领窄袖衣，胸前衣纹呈横向凸棱状，下着裤，腰束带，束带垂于大腿之间，下着长筒靴。双手握一袋于腹前，左手握住袋口，右手抚袋底，分腿站立，云台尾部飘向身后。

第五身结跏趺坐于仰莲方台之上，高114厘米。有圆形素面头光，头光较厚，头光左侧竖刻"药师尊佛"，楷书，雕肉髻，螺发，颈部有两道蚕纹。着深"U"字形领袈裟，袈裟下摆覆莲台，双肩覆云肩，双乳下垂及腹，肚脐呈双鱼形。左手置于左膝之上，握住袈裟一角，右手掌心向外，拇指、食指与中指相捻，置于右腹侧，露左足，足穿鞋。

第六身立于莲叶台上，高150厘米。有圆形素面头光，头光较厚，头光左侧竖刻"阿弥"，楷书，雕肉髻，螺发，额中央上方有髻珠，颈部有两道蚕纹。内着僧祇支，其上束带，外着偏衫式袈裟，下着长裙。左手掌心向上托一宝珠于腹前，右手垂于体侧，跣足。

第七身结跏趺坐于仰莲方台上，高102厘米。有圆形素面头光，头光较厚。头光左侧有字迹残痕，不可识。螺发，头顶有顶髻，颈部有两道蚕纹，双肩覆披巾，下垂至莲台，下着长裙，裙腰提至胸前，裙上束带，露双足，裙下摆覆莲台。

第八身立于扁云台之上，高161厘米。有圆形头光，头光较厚，戴冠。胸前系巾，内着圆领窄袖衣，外着双领下垂式广袖大衣，下着裤，腰束带，足穿长筒靴。双手捧一直口、圆肩、斜腹、小平底罐于腹前，罐口朝右。

第九身立于云台上，高143厘米。戴尖冠，冠两端于头两侧向内卷曲，头发盘曲呈莲叶状。着圆领广袖衣，领口开于颈部，胸前有云纹装饰，下着短裙，其上束带打结，裙腰外翻，有一宽带于裙腰下下垂及双足之间，不露双脚。双手掌心向外，执一长柄圆形镜于头两侧。云台尾部飘向身后（图51-2、51-3）。

高坛上左起第一身像左侧雕四身胁侍。从内至外，第一身高110厘米；戴方形高帽，帽尖直至龛顶，头右侧雕一朵团花，双目圆睁，龇牙，头后置一扇形物，扇面置于右肩上；着深"U"字形领广袖大衣，腰束带打结，下着裤，足穿长筒靴；左手平伸于体侧，右手掌心向外，握一扇形物于头右侧，扇面呈方形。第二身高93厘米；束发呈三角状；着交领广袖衣，下着短裙，裙下又伸出裤角，裤之间有二竖带垂下，腰束带，足穿尖头鞋；左手握住左侧立像右手，右手拄一长棍于体侧，长棍末端雕一圆环。第三身较矮，高53厘米；戴方形高冠，着圆领短袖衣，领口开于颈部，下着短裙，短裙下露裤角，足穿圆头鞋；左手掌心向外平伸于体侧，右手被左侧第二身左手所握，面向右前方。第四身位于第三身前方下部，高89厘米；绾髻呈圆盘状，两侧头发垂至两胸侧呈倒三角形，双目圆睁，眼珠凸出，口吐长舌于胸前，颈部青筋暴露；着双领下垂式广袖大衣，衣摆向外侧飘起，下着裤，其上束带打结，束带分两道垂及两膝间，肋骨凸出，双乳下垂，腹部内凹；不露双手，左足呈四趾鸟足状，右足穿尖头鞋。

坛上第一至八身之间雕七身立像，形象一致，均有圆形素面头光，戴冠，长髯下垂及胸前，两耳前各有一缕头发下垂及胸；着交领广袖大衣，大衣下有一层裙露出，足穿圆头鞋；双手置于胸前，握笏板，其下有宽带下垂及地。左起第一至七身分别高90、90、89、88、89、90、93厘米。

坛前中央凿一方形香炉，香炉两侧壁面开十三个方形浅龛，龛内各雕一组地狱变，从左至右第七组变相开始折向第2龛左壁，第八至十组变相延伸至第2龛左壁坛前，第十一至十三组位于第2龛正壁坛前。左起第一至七浅龛前方均开三个半圆形凹槽，中央一个略大。

左起第一龛左侧雕一身判官，戴幞头，着圆领广袖长袍，腰束带，左手托一书卷于身体左侧，右手握一笔于身体右侧，笔尖朝外，足穿鞋，腰微右扭，看向龛外。判官右侧雕二身冥吏形象，肩系巾，上身赤裸，下着短裙，腰束带，裙腰外翻，跣足。左侧一身朝向右侧，双腿分开，身体前倾，左手按住一跪像头顶，右手执一长柄圆锤作敲打状，跪像左手扶住冥吏左臂，右手置于体侧，面向龛外，跪像右侧雕一桥。右侧冥吏位于上桥之阶梯上，头发呈火焰状飘起，牛首，双手握三叉戟于胸前，戟尖朝向右下方，右腿前迈踩于桥之台阶上，左腿隐于桥后朝向龛外。桥上雕六身立像，右起第一身头绾髻，着圆领广袖长袍，腰束带，长袍下伸出裙摆，左手似牵后一身像右手，右手置于头前，伸出食指与中指，朝向龛外；第二身戴覆莲圆形帽，着圆领广袖长袍，左手五指张开置于胸前，右手笼于袖中，似为前一身造像所牵引，面向龛外；第三身绾方髻，着圆领窄袖大衣，下着裤，双手举一幡于身体右侧，作导引状，面向龛外；第四至六身均朝向右侧，第四身头绾圆形髻，着交领广袖长袍，双手托一圆形物于胸前；第五身头绾双丫髻，着交领广袖长袍，双手托一巾于胸前，巾上置一物；第六身披发，着圆领广袖长袍，双手合十于右胸前。桥正面雕出三个圆拱形桥洞，左侧桥洞内雕两身像，上面一身仅雕出胸部以下，着短裙，双腿朝向左上方，似被桥上冥吏三叉戟推向桥下；靠下一身头发呈火焰状飘起，面向右侧作爬行状。中央桥洞内雕一身像，亦作爬行状，右手伸向头前（图51-4）。

左起第二龛左侧雕一判官，戴幞头，髭须下垂及胸，着圆领广袖长袍，长袍下有裙尾伸出，覆鞋面，足穿圆头鞋，左手执笔于右胸侧，右手握书卷于右肩上。判官右侧雕两身冥吏，胸前系巾，上身赤裸，下着短裙，腰束带。左侧一身马首，双手持三叉戟于胸前，戟尖刺入右下角一身像胸部，左腿直立，右腿斜伸于右下角一身像腹部，作蹬踏状，面向龛外。右侧一身左手握拳置于左侧一身像头部作捶

图 51-2　朱家经堂第 1 龛（西→东）

图 51-3　朱家经堂第 1 龛（南→北）

图 51-4　朱家经堂第 1 龛左起第一组地狱变（西南→东北）

击状,右手握头前方一身像头发尾部及右手作后拽状,双腿呈弓步,前脚踩于前方一身像腹部,后脚蹬于后方下部一身像腹部。冥吏之间雕四身像,上面一身仰面朝天,头部、胸部及左腿与头顶上方一横梁伸下的条状物相连,似被条状物勾住,头发及右手被右侧冥吏右手所扶,双腿向上弯曲;下部左侧一身绾髻,上身赤裸,下着短裙,腰束带,右手支于后一身像腹部,胸前为左侧冥吏插入三叉戟尖,双腿前伸,身体倒向后方,面向左侧;中央一身头发呈火焰状飘起,上身赤裸,下着短裙,腰束带,双腿分开面向龛外;右侧一身上身赤裸,下着短裙,腰束带,左腿踩于一山崖上,右腿前伸,头前及腹前雕左侧冥吏左手及左腿,身体倒向后方,呈挨打状。四身像身后雕出长椭圆状树叶,右侧冥吏身后雕一门,圆拱形门洞,门顶部中央似雕一宝珠。门内及左侧雕四身立像,左起第一身下着裤,足穿鞋,腹部为右侧冥吏右腿所蹬,左腿抬起,身体后仰,作倾倒状;第二身着圆领广袖衣,足穿鞋,抬头看向第二身冥吏;第三身戴冠,着圆领广袖长袍,腰束带,面向龛外;第四身戴冠,着圆领长袍,腰束带,面向龛外。门右侧雕三身像立于山岩之上,左起第一身绾髻,着交领广袖长袍,长袍下有裙尾伸出覆鞋面,足穿圆头鞋,左手托一如意于胸前,右手置于右肩侧;第二身戴风帽,着圆领窄袖大衣,足穿鞋,双手托一翻开之经书于右肩前;第三身披发,着圆领窄袖长袍,足穿鞋,左手抚右膝,右手掌心向内举一长柄方形物于头右侧,方形物朝上,左腿直立,右腿屈膝踩于山岩之上。门右侧三身立像身后左侧各雕出一树,枝丫分向两边,未雕出树叶(图51-5)。

左起第三龛左侧雕一判官,戴幞头,耳后各有一带垂至两肩,着圆领广袖长袍,腰束带,足穿鞋,双手执一摊开之书卷于胸前,头微仰向左侧,作诵读状。判官右侧雕两身冥吏,上身赤裸,下着短裙,腰束带。左侧冥吏戴三尖冠,忿怒相,足穿鞋,左手执前方一身立像之头发,右手举一长柄圆锤于头顶作敲击状,面向右侧。右侧冥吏兔首,左手掌心向外执三叉戟,扎向前方跪像,右手握住前方跪像右肩,朝向左侧。冥吏之间上部雕一狮子,头从龛后伸出,头生双角,铜铃大眼,嘴张开,衔住一人之上半身,露出下半身,背向龛外,腿朝向左侧,作吃人状。狮子下雕六身像,右侧四身均为跪像,面向右侧冥吏。右起第一身戴冠,左手置于腹前,右臂为前方冥吏所抓;第二身披发,着通肩式衣,下着裤,双手置于胸前;第三身戴圆帽,着通肩式衣,双手拱于胸前;第四身披发,着通肩式衣,双手置于腹前。第四身像身后雕一绞架,竖长方形,绞架顶部中央垂下一绳,绳下雕一像,披发,皱眉,着交领衣,足穿鞋,左手握住一侧绞绳,双手离地,呈受绞刑状。绞架左下方雕一立像,下着裤,左手伸于体侧,右手伸于第五身像右臂之后,口吐长舌,头发为身后冥吏所抓,头向后仰。右侧四身像下方开一浅龛,龛内左侧雕一像之赤裸上身,双手置于体侧看向龛外。小龛右侧雕二头像,看向龛外。第二身冥吏身后雕一高台,高台上雕四身立像,高台右雕一双层楼阁,下层雕出门、屋檐,上层有网格形窗,楼顶雕出瓦垄。楼前第一身下着长裙,左手执一幡于左胸前,面向双层楼阁作导引状;第二身戴冠,着圆领广袖大衣,大衣下有裙摆伸出,足穿鞋,左手置于左胸前,右手举于右肩侧,面向龛外;第三身着圆领窄袖大衣,腰束带,足穿鞋,左手举于右侧,似与第四身相牵,右手置于胸前,面向龛外;第四身着圆领窄袖大衣,腰束带,足穿鞋,双手似与前一身左手相牵,面向龛外(图51-6)。

左起第四龛左侧雕一判官,戴幞头,着圆领广袖长袍,腰束带,足穿靴,左手托书卷于左肩前,右手执笔举于头右侧,身体微后仰,面向右前方。冥吏前方下部雕三层圆形磨,磨后雕一冥吏,头发呈火焰状向上飘起,怒目圆睁,双颊凸起,肩系莲叶状巾,上身赤裸,下着短裙,双手于腹前握二人腿,面向龛外,人腿足朝上,上半身已没入磨盘。磨盘左侧雕一冥吏,面向磨盘,双手握住磨盘推杆,身体微前倾作推磨状。推磨冥吏上方亦雕一冥吏,双目圆睁,上身赤裸,下着裙,怀抱一裸体像于腹前。裸体像披发,双臂、双足被缚,头朝向磨一侧。冥吏右腿着地,左腿抬起身体微前倾,面向磨作投送状,跣足。冥吏前方又雕一立像,戴冠,上身赤裸,下着短裙,双手置于腰后似被缚。磨右侧雕上、下两排

图 51-5 朱家经堂第 1 龛左起第二组地狱变（西南→东北）

图 51-6 朱家经堂第 1 龛左起第三组地狱变（西南→东北）

像。上排左起第一身着圆领上衣,下着裙,左手置于体侧,右手于头前举一鞭面向右侧,作鞭笞状;第二身身体面向右侧,前躬,戴冠,髭须浓密垂及胸前,着圆领广袖长袍,下着裙,腰束带,双手握住前面一身像左臂;第三身冥吏头发呈火焰状飘起,双目圆睁,上身赤裸,下着短裙,面向龛外,左手伸于体侧,被前一身像双手所抓,右手举一铜于头右侧,左腿前伸,右腿直立。下排左起第一身身体躬向上排第一身像,上身赤裸,下着裙;第二身面向上排第一身像,着交领广袖长袍,腰束带,回首龛外,左手举于头前,右手垂于体侧;第三身绾髻,着大衣,臀部着地,左手支地,身体后仰,看向右上方,作惊惧状。第三身像右上方雕一牛首冥吏,着圆领广袖衣,腰束带,下着短裙,裙腰外翻,跣足,面向左侧,回首龛外,身体微前倾,左足踏于前一身像右膝之上,双手执三叉戟,刺向前方(图51-7)。

第四、五龛之间雕一方形香炉,由炉座、炉身两部分组成,均呈方形,炉座正面及两侧面雕壸门,炉身中空呈一方形凹槽。

左起第五龛左侧雕一马首冥吏,上身赤裸,下着短裙,腰束带,足穿靴,面向右侧,左手置于腹前,右手提三叉戟,戟尖朝向前方。马首冥吏前方雕山崖,山崖上放双层三足圆桌,圆桌上置一圆镜,有镜座,镜下左、右各雕一像。左侧一身像面向右侧,头前低,左手似置于胸前,蹲坐,藏于山崖之后。右侧一身头发向上飘起,着圆领衣,下着裤,仰面看向镜,左手置于胸前。右侧一身像后方雕一牛,亦仰面看向镜。镜前方底部雕一铡刀。铡刀左侧雕两身冥吏,上身赤裸,下着短裙,腰束带。左侧一身光头,面向龛外。右侧一身头发如火焰状飘起,面向铡刀。二冥吏双手握铡刀长柄。铡刀后雕一判官,戴幞头,着圆领广袖长袍,髭须垂及胸,腰束带,面向龛外,左手托一书卷于头左侧,右手握一笔于右胸前。判官右侧雕一冥吏,光头,上身赤裸,下着短裙,腰束带,足穿靴,面向判官,左腿向上抬起,双手执一长棍,棍前端没于判官身后(图51-8)。

左起第六龛左侧雕一判官,戴幞头,着圆领广袖长袍,腰束带,足穿靴,双手握一摊开书卷于胸前,作诵读状。判官右侧下部雕一圆形灶,灶上锅内雕一像,双腿蜷曲,似作挣扎状。灶左侧雕一冥吏,头发呈火焰状飘起,上身赤裸,下着裤,腰束带,足穿靴,坐于一方座之上,右手伸向灶堂之内,作添柴状。锅上方中央雕一像,着圆领衣,双手扶住灶台,俯身看向锅内。锅上方左、右侧各雕一冥吏,均上身赤裸,下着短裙,腰束带。左侧冥吏左手垂于体侧,右手执一长棍于体后,面向右侧。右侧冥吏头发呈火焰状飘起,左手执一长柄方形物于左侧,似为令牌,右手抓腿前一身像头发,面向左侧,回首龛外。右侧冥吏前方雕一身像,上身赤裸,下着短裙,双手置于腰后,似被缚,左腿微抬起,头发为身后冥吏所抓,身体微倾向左侧,似作被投送至锅中状。锅上方右侧冥吏身后雕两身冥吏。左侧一身头发呈火焰状飘起,着圆领广袖衣,腰束带,面向龛外,左手扶住"十"字形支架,支架顶部左侧有三角形幡飘向左上方,右手似抓腿前一身像头发。腿前一身像面向身后冥吏,上身着衣,下着裤,双腿弯曲,双手提一方盒于胸前,左手提盒带,右手托盒身。右侧一身光头,上身赤裸,下着短裙,腰束带,足穿靴,身体朝向左侧,腰扭向右侧,回首后方,双手挂一三叉戟于体前,戟尖朝下(图51-9)。

左起第七龛右侧造像延伸至第二龛左壁。龛左侧雕一身判官,戴幞头,髭须垂于胸前,着圆领广袖大衣,腰束带,足穿鞋,左手怀抱书卷于左腹前,右手执笔于右腹侧,身体朝向右侧,回首龛外,身体微后仰。判官前方雕一身冥吏,头发呈火焰状飘起,双目圆睁,颈部青筋暴露,上身赤裸,下着长裙,足穿鞋,面向龛外,左手置于腹前,右手执三叉戟于体侧,戟尖朝下,左腿微屈,右腿踩一像之头顶。右腿下雕一像之上半身,双手扶地,面向左侧。冥吏前方雕一桥,桥上雕六身立像。从右至左,第一身着圆领衣,下着裙,左手置于腹前,右手举一幡于头顶,面向右侧,回首龛外;第二身戴冠,着圆领广袖长袍,袍下有裙覆鞋面,足穿鞋,面向右侧,双手合十;第三身着圆领广袖衣,双手置于腹前;第四、五身着圆领广袖衣,左手垂于体侧,右手置于胸前;第六身面向右侧,回首看向桥下,双手置于

图51-7 朱家经堂第1龛左起第四组地狱变（西南→东北）

图51-8 朱家经堂第1龛左起第五组地狱变（西南→东北）

图 51-9 朱家经堂第 1 龛左起第六组地狱变（西南→东北）

胸前。其中第三至六身位于桥上栏杆之后,均朝向龛外,身体略前倾,看向桥下。桥下左侧雕二冥吏,头发呈火焰状飘起,上身赤裸,下着短裙,腰束带。左侧一身面向龛外,身体微前倾,双手抓住身体前一身像头发;被抓一身像仅雕出上半身,身体向前倾,双手扶地。右侧一身肩系巾,身体朝向右前方,回首龛外,双手抓一立像,左手抓住立像胸部,右手似掐住立像颈部;立像光头,着圆领广袖长袍,足穿鞋,腰束带。桥右侧雕一身判官,戴幞头,髭须垂及胸,着广袖长袍,腰束带,足穿鞋,身体朝向左前方,左手垂体侧,右手托书卷于右胸侧,双腿前屈(图51-10)。

　　左起第八龛内左侧上部雕一朵祥云,上立一像,着通肩衣,头发向上飘起,右手置于体侧,身体朝向龛外,回首龛右下方。祥云下雕一身冥吏跪像,面向右侧,双目圆睁,胸前系巾,上身赤裸,下着裙,双手拱于胸前,回首龛外。跪像前方雕一山崖,山崖上雕两身冥吏。右侧一身披发飘至头后,上身赤裸,下着短裙,腰束带,朝向右前方,双手置于头前,似持一物。左侧冥吏上身赤裸,下着裙,面向龛外,双手于腹前抓体前一像双腕。左侧冥吏体前及左侧各雕一身像。体前一身像双手为冥吏所缚,左腿向上翘起,面向龛外,头部抬起,头发飘于右侧,上身赤裸,胸口着地。左侧一身面向冥吏,头发向上飘起,上身赤裸,下着裙,身体后仰,左手支地,右手似抓住前一身像左臂,左腿向内盘曲,右腿伸直似作拉扯状。山崖右侧雕一判官,戴幞头,着圆领广袖大衣,腰束带,下着裤,足穿靴,面向龛外,头偏向右侧,左手提经卷于体侧,右手伸出食指中指,掌心向内置于胸前。判官前方雕一像面向左侧,身体前倾,双腿弯曲,头发向后飘起,下着短裙,双手似捧一物于胸前,看向山崖上冥吏。龛顶中央及右上角各雕一朵祥云(图51-11)。

　　左起第九龛左侧雕一判官,戴幞头,着圆领广袖大衣,下着裤,足穿靴,腰束带,面向龛外,腰微右扭,左手托书卷于右胸前,右手置于胸前。判官右侧雕五身冥吏,左起第一、二身立方形台座上,头发呈火焰状飘起,上身赤裸,下着短裙,腰束带,足着鞋。左起第一身面向右前方,左手置于左腰处,右手执一短棍于体前,左手直立,右腿踩一杵之一端,杵中部有一纵向支架,支架右侧呈横长方形,末端呈三角形;第二身面向龛外,左腿直立,右腿跨向右侧,双手执三叉戟于腹前刺向右侧;第三身头左、右各扎一辫垂及两肩前,上身赤裸,下着短裙,面向龛外,左手怀抱一人,头朝向右下方,双手似抓住下方一身像之左腿,右手抚人头,左腿直立,右腿伸向右侧,体前下方又雕一像,头朝下,双腿朝上;第四身位于龛底,面向左侧,上身赤裸,下着短裙,足穿靴,腰束带,身体前躬,双手持一横长方形物于体前;第五身上身赤裸,下着裙,腰束带,面向龛外,双手握住腰部束带(图51-12)。

　　左起第十龛左侧雕一判官坐于方台之后,戴幞头,着圆领广袖长袍,长袍下摆覆方台,左手似执一笏板于右肩前,右手置于头右侧,腰扭向右侧,面向龛外。判官右侧雕一冥吏,头似戴盔,胸前系巾,上身似着甲,下着战裙,腰束带,足穿靴,面向龛外,双手挂三叉戟于胸前,戟尖朝向左下方一龟之背部,左腿直立,右腿向右弯曲踏于龟背。冥吏右下角雕一龟,龟腿后肢直立,龟背朝向龛外,雕出甲片,左前肢扶住右侧一身像右腿。龟颈部冒出一人像,双手紧贴体侧,朝向左侧,回首龛外。龟右侧雕一冥吏,双目圆睁,上身赤裸,下着短裙,腰束带,足穿靴,面向右侧,回首龛外,双手执一碾之摇臂。碾呈横圆筒状,碾下伸出一人头及胸口,五官不可识。碾正上方雕一身像,面向龛外,颈部及双手均戴枷,下身没于碾之内。碾右侧各雕上、下两身像。靠上一身面向龛外,颈戴枷锁。靠下一身下着短裙,足穿靴,面向右侧,蹲坐,颈部及右手戴枷锁,右手伸于体侧,看向左前方(图51-13)。

　　左起第十一龛左侧雕一判官坐于方台之后,戴幞头,幞头下各有一带飘向头部两侧,髭须垂及胸前,着圆领衣,左手垂于体侧,右手似置于方台上,面向龛外,方台上覆帷幔。判官右侧雕二冥吏。左侧冥吏面向判官,头绾髻,皱眉,双目圆睁,上身赤裸,下着裙,腰束带,双手持三叉戟于腹前,戟尖缚一像,头朝向判官,双手反缚于身后,冥吏左腿为体前一身像双手所托,右腿直立。冥吏前方下部

图 51-10 朱家经堂第 1 龛左起第七组地狱变（西南→东北）

朱家经堂

图 51-11　朱家经堂第 1 龛左起第八组地狱变（西南→东北）

图 51-12 朱家经堂第 1 龛左起第九组地狱变(西南→东北)

朱家经堂

图51-13　朱家经堂第1龛左起第十组地狱变（西南→东北）

雕一身像,披发,着广袖衣,朝向右侧,回首龛外,双手托右侧冥吏左脚于右胸前,坐于地,跣足。右侧一身冥吏朝向右侧,光头,双目圆睁,上身赤裸,双手置于身体前方。冥吏前方雕一狮子,朝向右侧,回首上方冥吏,前后左腿向前抬起,尾巴后翘。狮子身后雕上、下两身立像。靠上一身为僧侣形象,光头,穿圆领广袖长袍,腰束带,左臂置于体侧,似被左侧冥吏所抓,右手执一锡杖于右胸前,面向龛外。靠下一身披发,朝向龛内,头上仰看向上面一身,着圆领长袍,腰束带,左脸贴上一身像右腿,右手抚上一身像左腿。龛右侧雕一门,门底部有台阶通向龛底,门左扇打开,探出一像之上半身,着圆领衣,左手抚门框,有一飘带自左肘垂至龛底,门右侧雕出砖形,门上方雕一狮头,双目圆睁,嘴两侧有獠牙,牙齿衔住门框上方(图51-14)。

  左起第十二龛左侧雕一判官,戴幞头,髭须垂及胸,着圆领广袖大衣,腰束带,下着裤,足穿靴,左手托书卷于左腹侧,右手置于体前,面向右前方站立。判官前方雕一方架,架上挂四张兽皮,兽头均朝向龛外。方架左侧雕一冥吏,头发呈火焰状飘起,胸系巾,上身着战甲,下着短裙,足穿鞋,腰束带,左手握拳平伸于体侧,右手执三叉戟于头右侧,戟尖朝向右下方,面向龛外,头看向右侧,微后仰。方架右侧亦雕一冥吏,戴高冠,上身赤裸,下着短裤,足着鞋,身体朝向龛外前倾,回首看向右侧,左手扶方架,右手伸出食指,指向左侧。方架右侧冥吏右侧又雕一身冥吏,头戴帽,双目圆睁,上身赤裸,下着短裙,朝向龛外,头看向左侧一身冥吏,左手伸出食指,指向冥吏,右手抚身前一动物头部。冥吏前方及右侧各雕一动物,均朝向右侧,作行走状。右侧动物为一牛,牛头朝向上方,置于一巨大的狮口之内,狮口呈方形,口内雕出舌头,狮头雕出双耳,呈尖桃形,双目圆睁,嘴两侧有獠牙。狮头左侧飘出三条飘带。上两条飘带各雕出三身人立像。下面一条飘三只动物,左侧为鸟,中部为狗,右侧似为家禽(图51-15)。

  左起第十三龛左侧雕一判官,戴幞头,着圆领广袖大衣,腰束带,下着裤,足穿靴,朝向龛外,腰微右扭,左手托书卷于左胸侧,右手握笔于头右侧。判官右侧雕一刀山,山上有三角形刀片。刀山后雕一冥吏,头发呈火焰状飘起,上身赤裸,下着裙,腰束带,朝向龛外,面向右侧,怀抱一人,作投向刀山状,右腿向右侧屈起。刀山上雕一像,头发向上飘起,双手双脚被缚,头朝向右侧,胸、腹着地,背上有一刀尖冒出。刀山右侧雕五身冥吏。左侧雕上、下两身。靠上一身下着裙,腰束带,双腿分开,朝向龛外,双手托圆盘于右肩处,盘上置一圆形物。靠下一身头发呈火焰状飘起,双目圆睁,下着裙,足穿鞋,面向左前方,身体微后仰,左手伸出食指,指向左上方冥吏,屈肘,右手执三叉戟于身体右侧,戟尖朝下。右侧雕三身冥吏。靠上一身着圆领窄袖衣,下着裤,朝向龛外,看向右下方,左手握拳举于头侧,右手握右下角一身立像头发,作拖拽状,左腿前屈,踩下方左侧一身冥吏头顶,右腿直立踩于下方二身冥吏所托之物上。靠下左侧一身冥吏下着短裙,足着鞋,腰束带,面向龛外,双腿分开。靠下右侧一身冥吏着圆领衣,下着短裙,腰束带,足穿靴,朝向左前方,面向龛外,双手与左侧冥吏共托一物。龛右侧雕一身立像,头发为冥吏所拽,头微左偏,着圆领广袖大衣,下着裙,腰束带,足穿鞋,面向龛外,左手置于左腹前,右手举于头右侧(图51-16)。

  龛底前方雕四根方形立柱,中央两根宽20、深32厘米。上部各雕一龙,龙首为脱落后补塑,龙首朝向龛外,龙嘴含一宝珠,龙身盘绕于柱上方,右侧龙首已脱落,原龙首位置中央有一榫孔,内插一铁棍,左侧龙首与方柱接处已现裂缝。方柱正面刻一幅楹联,左侧方柱刻"人间雅化天居一",右侧石柱刻"宇内名山佛占多",均楷书。外侧两根方柱宽33、深43厘米。方柱正面及内外侧面开龛造像,正面均开方龛,宽26、高40、深6厘米;内侧均开圆形龛,宽38、深8厘米;外侧上部开两个小龛,呈圆形,下部开三个小龛,呈方形。

  左侧方柱正面从上至下第一小龛内雕一倚坐像,高37厘米;戴冠,着双领下垂式广袖大衣,着

朱家经堂

图51-14 朱家经堂第1龛左起第十一组地狱变(西南→东北)

图51-15 朱家经堂第1龛左起第十二组地狱变（西南→东北）

图 51-16 朱家经堂第 1 龛左起第十三组地狱变(西南→东北)

内衣，腰束带，束带垂及两脚之间；左手抚左膝，右手托一笏板于右腹前，足穿鞋；龛外右侧上部竖刻"天子"二字。第二龛内雕立像一身，高39厘米；戴盔，髭须浓密垂及胸前，上身着鱼鳞形战甲，下着百褶战裙，飘带飘于头后及身体两侧，双手饰护腕；左手掌心向上，握拳于左腹侧，右手握一宝剑于头顶，剑尖朝左；龛外右侧上部竖刻"灵官"二字。第三身倚坐，高36厘米；戴冠，着圆领广袖长袍，腰系带，足穿鞋；左手抚左膝，右手握腰带；龛顶上方从左至右刻"文昌□□帝君"。第四身倚坐，高37厘米；戴冠，髭须下垂及胸，内着圆领长袍，外着双领下垂式广袖大衣，双腿之间有一竖带自腰间垂下，足穿鞋；双手托一巾于胸前，握一笏板；龛顶上方右侧存一"子"字（图51-17）。

左侧方柱内侧小龛，从上至下，前四身像均为佛像，螺发，颈部有两道蚕纹，内着僧祇支，外着双领下垂式袈裟，袈裟覆双脚。第一身高35厘米，有高肉髻，双手于腹前结禅定印。第二身高33厘米，双肩覆云肩，双手托一宝珠于腹前。第三身高31厘米，左手掌心向上置于腹前，右手举于胸前。第四身有肉髻，双肩覆云肩，双手于腹前结定禅印。第五身为一立像，高36厘米；光头，着交领广袖衣；左置于腹前，右手置于胸前；龛右侧上方存一"阿"字（图51-18）。

图51-17　朱家经堂第1龛左侧方柱正面造像（西南→东北）

朱家经堂

方柱外侧上部两龛呈圆形，内均雕一结跏趺坐佛，螺发，颈部有两道蚕纹，内着僧祇支，外着双领下垂式袈裟，袈裟覆双脚，从上至下，第一身高33厘米，有肉髻，双手于腹前结禅定印。第二身高32厘米，双手托一宝珠于腹前。从上至下第三至五龛呈方形，造像均倚坐。第三身高36厘米，头戴冕，着双领下垂式广袖大衣，双腿间有一宽带垂下，足穿鞋，双手托一巾于腹前，握一笏板；龛左侧有字迹残痕，不可识。第四身高35厘米；戴冠，髭须浓密下垂及胸前，着双领下垂式广袖长袍，双腿之间有一宽带垂下，足穿鞋；双手托一巾握一笏板；龛左侧中部竖刻"西岳大帝"四字。第五身高34厘米，戴幞头，着通肩式广袖长袍，腰束带，足穿鞋；左手抚左膝，右手握腰带；龛左侧竖刻"口德成皇"（图51-19）。

右侧方柱正面，从上至下，第一身倚坐，高34厘米；卷发，有耳珰，发辫垂及两肩前，着通肩式广袖大衣，腰束带，足穿鞋；左手抚左膝，右手握腰带；龛左侧中部有字迹残痕，不可识。第二身为立像，高39厘米；天王形象，头戴圆盔，髭须浓密飘及右胸前，上身着鱼鳞形战甲，下着百褶战裙，腰束带，足穿鞋，飘带经头后飘于身体两侧；左手托一宝珠于腹前，右手握一铜于头上方，铜尖朝左；龛左侧竖刻"坚牢尊天

图51-18　朱家经堂第1龛左侧方柱内侧造像（西北→东南）

菩萨"。第三身高36厘米；戴冠，髭须垂及胸前，发辫自耳后下垂，着双领下垂式广袖大衣，足穿鞋，双腿间有一宽带垂下；双手托一巾于腹前，握一笏板；龛右侧中部竖刻"天官赐福"。第四身结跏趺坐，高34厘米；戴风帽，内着僧祇支，外着双领下垂式袈裟，袈裟覆双脚；双手于腹前结禅定印；龛左侧中部竖刻"达摩"，正面底部浮雕一杯，顶部中空（图51-20）。

方柱内侧，从上至下，第一至四身均结跏趺坐，袈裟覆双脚。第一身高33厘米；光头，大脸，上身赤裸，双乳下垂，腹部凸出；双手抚两膝；龛左侧中部竖刻"弥勒"。第二身高33厘米；有肉髻，螺发，颈部有两道蚕纹；双肩覆云肩，内着僧祇支，外着双领下垂式袈裟；双手于腹前结禅定印。第三身高33厘米；有肉髻，螺发，着双领垂式袈裟；双手合十于胸前。第四身高33厘米；有肉髻，螺发，颈部有两道蚕纹；双肩覆云肩，内着僧祇支，外着双领下垂式袈裟；双手托一宝珠于腹前。第五身

图51-19　朱家经堂第1龛左侧方柱外侧造像（东南→西北）

为立像，高36厘米；光头，着交领袈裟；双手合十于胸前。第五身像下方雕一方形束腰香炉，方形炉座，方形炉身，炉身中空（图51-21）。

图 51-20 朱家经堂第 1 龛右侧方柱正面造像（西南→东北）

图 51-21 朱家经堂第 1 龛右侧方柱内侧造像(东南→西北)

朱家经堂

图 51-22　朱家经堂第 1 龛右侧方柱外侧造像（西北→东南）

方柱外侧上面两身均有肉髻，螺发，内着僧祇支，外着双领下垂式袈裟，袈裟覆双脚，双手于腹前结禅定印。从上至下，第一身高 37 厘米；颈部有两道蚕纹；龛右侧上部有字迹残痕，不可识。第二身高 36 厘米。第三至五身均倚坐。第三身高 34 厘米；头戴冕，髭须下垂及胸前，着广袖长袍，双腿间有一宽带自腰部垂下，足穿鞋；双手托一巾于胸前，握一笏板。第四身高 34 厘米；戴冠，着圆领广袖长袍，双腿间有一宽带自腰部垂下，足穿鞋；双手置于腹前，其上覆巾。第五身高 34 厘米；戴冠，髭须下垂及胸，着圆领广袖长袍，双腿间有一宽带自腰部下垂，足穿鞋；左手举于右肩前，右手置于右膝上。第五身像下部雕一圆形香炉，圆形炉座，双层圆环状炉身，炉身中空，云形炉耳，耳尖朝向龛顶（图 51-22）。

左壁前方放置两身圆雕天王立像，均有方形基座。外侧一身连座高 177、像高 162 厘米。内侧一身连座高 175、像高 165 厘米。

【第1-1龛】

位置：造像崖壁东南端,第1龛左,打破第1龛左壁。
年代：清。
龛形：方形龛,平面呈方形,宽104、高104、深114厘米,龛向218度。
保存情况：左壁中部存一横向裂隙,造像遍覆现代装彩,壁面遍覆青苔。
造像内容：龛内起通壁坛,其上放置两身圆雕坐像。左侧一身高71厘米,左舒相坐于一虎背上。头顶绾双髻,发带自头顶经两耳后垂及肩,戴冠,长方脸,浓眉,双目圆睁,颧骨呈圆形凸起,嘴微张,双耳硕大,右耳下有圆环形耳珰,颈部青筋暴露。内着圆领衣,着战甲,胸前有一圆形护心镜,左肩披一翻领广袖衣,衣摆覆左足,腰束带,衣袖向后飘起,下着裤。左手屈肘前伸,握一蛇,蛇身盘于左肘处,右手屈肘上举,掌心向外,握一眼置于头右侧,左腿下垂,右腿向右盘虎背上。虎双目圆睁,龇牙,四肢伏地,面向龛外,卧于高坛上,尾巴向上翘起。

右侧一身倚坐于一方台上,高72厘米。戴帽,额前皱纹明显,双目微闭,颧骨呈圆形凸起,嘴微张,髭须浓密呈三角形垂至胸前,耳垂硕大,腹部凸起。内着对襟衣,外着广袖大衣,下着裤。左手抚于左膝,右手握一串念珠置于右膝(图51-23)。

图51-23 朱家经堂第1-1龛(西南→东北)

【第 2 龛】

位置：造像崖壁西北侧，第 1 龛右，第 3 龛左。

年代：清。

龛形：方形龛，平面近方形，宽 402、高 233、深 544 厘米，龛向 226 度。

保存情况：左壁外侧与第 1 龛连通，有造像自第 1 龛正壁右侧延伸至第 2 龛正壁，无打破关系。正壁中部至右壁前开一排水槽，通向龛外，宽 13、深 20 厘米。各壁密布凿痕，造像均残存现代装彩，部分造像头经现代修补，正壁及右壁前设供桌。

造像内容：正壁及左壁起一贯通高坛，与第 1 龛正壁前高坛相连，高 55、深 63 厘米。坛上造一佛二菩萨结跏趺坐于仰莲方台上，均内着僧祇支，腹前束带打结，外着双领下垂式袈裟，袈裟下摆两侧覆台座并垂至高坛。

中央佛高 161、座高 20 厘米。螺发、有顶髻，额上中央有髻珠，方圆脸，额前有白毫，五官较小，耳垂硕大，颈部有两道蚕纹。双手掌心向上托一圆珠于腹前。

菩萨戴双层卷草纹高冠，冠中央各雕一结跏趺坐佛，其面部、上身有后代补塑，头顶部有一圆形凸起，头后有圆形素面头光，身后有舟形身光，螺发、耳垂硕大，着双领下垂式袈裟，双手置于腹前，坐于仰莲圆台上，坐佛两侧各雕两花朵。菩萨面部椭圆，五官较小，鼻梁高直，耳垂硕大，颈部有三道蚕纹。双手相叠，左手在上，右手在下，托一如意于腹前，如意顶端雕一团花。左侧菩萨高 173、座高 19 厘米，右侧菩萨高 173、座高 17 厘米（图 51-24）。

左壁坛上造三身立像，面部经现代补塑；有圆形素面头光，头光较厚，戴高冠，耳垂硕大，颈部有两道蚕纹，髭须呈倒三角形垂及胸前；内着交领衣，外着双领下垂式广袖长袍，下着短裙，裙腰提至胸前，裙上束带后垂于两腿之间，披巾自两肩垂下，于两袖下部伸出垂于身体两侧，穿云头鞋；双手覆巾，握一笏板于胸前。从内至外，第一身高 179 厘米，两耳前各有一缕头发垂至肩前，其头光左侧竖书阴刻楷书"转轮"二字；第二身高 177 厘米，两耳前各有一缕头发垂至肩前；第三身高 180 厘米（图 51-25）。

右壁雕两身像立于龛底。从内至外，第一身高 241 厘米；牛首人身，双目圆睁，嘴微张露齿；内着窄袖衣，外着广袖衣，两袖口向上飘起，披云肩，胸前置一圆形护心镜，着铠甲，其上束带打结，下着裤，外着短裙，足着靴，其上束带打结；双手于腹前挂三叉戟，戟尖朝下立于两腿间，左腿直立，右腿前弓踩于一山石上，微向右侧身，面向龛外。第二身右手经现代补塑，高 219 厘米；马首人身，双目圆睁，嘴微张，露齿，伸出的舌头下垂，颈部青筋暴露；上身披巾于胸前打结，下着短裙，腰部束带打结，内着裤，足着靴，其上束带；双手掌心向内握三叉戟于胸前，左手置于左胸前，右手置于右腹前，戟尖斜向下方，双腿分开，右足足尖朝向右侧，面向龛外。

图51-24 朱家经堂第2龛（西南→东北）

图 51-25　朱家经堂第 2 龛左壁造像（西北→东南）

【第 3 龛】

位置：造像崖壁西北侧，第 2 龛右。

年代：清。

龛形：方形龛，平面近方形，宽 306、高 266、深 382 厘米，龛向 216 度。

保存情况：左壁上部外侧残。龛外左、右有现代条石垒砌的保坎，龛底前有石阶通向地面，造像遍覆现代装彩。

造像内容：正壁中央造一千手观音结跏趺坐于仰莲方台上，高 195、座高 50 厘米。戴花冠，花冠上饰卷草，两侧卷草末端各开出三朵莲花，花冠中央雕一佛，结跏趺坐于仰莲圆台上，头后有圆形头光，身后有椭圆形身光，身光外侧饰火焰；佛内着僧祇支，外着双领下垂式袈裟，露双足，双手合十于胸前，莲台左、右各有一支卷草伸出。冠下部中央有网格纹缨络垂覆额头。观音发辫自耳下垂至两胸前，于颈部分为两道，内侧一道较短。椭圆脸，额头宽平，双目下视，鼻梁高直，嘴唇较薄，嘴角微上翘，耳垂硕大，颈部有三道蚕纹。内着僧祇支，其上束带打结，束带垂于袈裟之后，外着双领下垂式袈裟，露双足，胸前戴网状缨络，缨络下端左、右各有两道流苏垂下。仰莲台下雕一方台。方台顶部雕一层仰莲瓣；方台左、右浮雕手掌，均掌心向内扶住方台，左侧八臂，右侧七臂，最外侧手掌掌心向上各托一方形五层宝塔；方台左、右侧底部与后壁形成的三角形区域内浮雕手掌，平铺于龛底，左、右各五掌，掌心均向上。

千手观音身体前方雕六臂。左、右上臂托一宝瓶于胸前，瓶直口、弧肩、直腹、高足；左、右中臂双手合十于腹前；左、右下臂托一宝珠于腹前，宝珠已脱落。千手观音身体后方左、右各雕三层手臂，呈扇形展开，可见掌心者均饰眼睛。左侧内层雕十一臂，从上至下分别执一圆形物、长柄方形物、如意、经卷、圆形物、金刚杵、经卷、绳索、条状物，倒数第二只手拇指与食指伸开，余三指蜷曲。左侧中层雕十六臂，从上至下依次执带状物、山形物、如意轮、法螺、宝剑、短柄圆形物、斧、横长方形物、右端散开之条状物、带状物、方形物，最内侧一手五指摊开。左侧外层十四臂，从上至下依次执宝剑、念珠、寿桃、云朵、末端呈三角形之条状物、葫芦、如意、柳枝、扇形物，宝剑右侧内层雕十三臂，从上至下依次执圆形物、飘带、铃铛、二圭板、笔、香炉、宝剑、一圆棍状物、一顶端呈三角形之条状物、条状物，第七只手被第五只手遮挡。中层雕十五臂，从上至下依次执直口折沿垂腹瓶、方框形物、短棍形物、莲蓬、金刚锤、二宝剑、莲叶、柳枝，第一臂小指伸直、余四指相捻，其余各手均五指摊开。外层雕十三臂，从上至下依次执短棍状物、长矛、山形物、铃铛、树枝、顶部呈三角形之条状物、一端呈云朵状之枝条、莲蕾、柳枝、圆形物（图51-26）。

左壁外侧磨光一宽134、高184厘米的崖面，额题"石硐寺碑"四字，其下竖刻字二十七行，楷书，每行阴刻界格，其中第二十一至二十六行字已被凿去，碑文记述了石硐寺修建的缘由，寺庙的经济支出及开龛造像之事，有同治二年（1863年）纪年（图51-27）。

图51-26　朱家经堂第3龛（西南→东北）

朱家经堂

图 51-27 朱家经堂第 3 龛左壁题记（西北→东南）

龛右壁开一方形龛，平面呈浅弧形，宽225、高212、深50厘米，未打破内侧千手观音手臂，系与千手观音同时规划开凿。龛内雕一身像坐于牛背之上，高197厘米；绾圆髻，椭圆形脸，双目下视，耳垂硕大，颈部浅刻一道蚕纹；着交领窄袖长袍，领口开于颈部，腰束带，足穿靴，靴底较高；左手握腰带，右手拇指与食指握一宝珠于胸前，余三指向内弯曲，掌心向内，左腿下垂，右腿倚于牛背之上。牛呈卧姿，牛角宽大，牛角中央雕饰一涡纹，四肢均卷向后方，朝向右侧，回首龛外（图51-28）。

图51-28　朱家经堂第3龛右壁造像（东南→西北）

【第4龛】

位置：造像崖壁西北端，第3龛右。

年代：清。

龛形：方形龛，平面呈梯形，宽241、高223、深102厘米，龛向154度。右壁打磨平直，呈竖长方形。

保存情况：龛顶及左壁不存，左壁前下部砌筑保坎。造像经后代修补，全身装彩。

造像内容：正壁前造二天王立于方座上，面部经后代修补。双目圆睁，龇牙，胸前系巾，身着战甲，胸前有一圆形护心镜，飘带绕头后垂于身体两侧，下着战裙，腰束带，腰两侧各插一护腰，足穿鞋。左侧天王双手不存，高182、座高17厘米；戴盔，正面饰波浪纹，腰带中央饰一兽头，战裙中部有裙垂下，裙上有两条竖带，战裙呈褶皱状；左手置于左肩，右手似握飘带于体侧，左前方立一伞。右侧天王高181、座高15厘米；颈部有两道蚕纹；战甲饰网格纹，战裙饰"山"字形纹，中央有一裙尾垂下；双手握一蛇于腹前，左手握蛇颈，右手握蛇身，蛇头置于左肩前，蛇尾搭右肩垂向身后（图51-29）。

图51-29 朱家经堂第4龛(东南→西北)

双龙街乡

5.2 孔雀洞

孔雀洞摩崖造像位于安岳县双龙街乡孔雀村三组,地处安岳县东南段,紧邻大足区,海拔高程458米,现为全国重点文物保护单位。东侧为通往大足区的公路,南侧背靠报国寺,西侧紧邻村道,北侧500米为双龙街乡。造像区西侧有小道通往山顶报国寺,寺中央立南宋经目塔。

造像开于报国寺山北侧宽46、高14米的裸露红砂岩崖壁上,自西向东开十一龛,大致开凿于同一平面(图52-1)。第2、3、4~9、10龛各有独立搭建的文保建筑,将造像笼罩其中(图52-2)。造像崖壁遍布榫孔,系历次搭建龛前建筑遗留。第4~11龛现位于文物保护院墙内,前方地面多散布造像残件。除第10龛外,其余各龛于早年遭受不同程度的损毁。

根据造像位置的不同,可将十一龛造像大致分为三段,第1~3龛位于造像区西侧,第4~9龛位于造像区中部,第10、11龛位于造像区东侧。

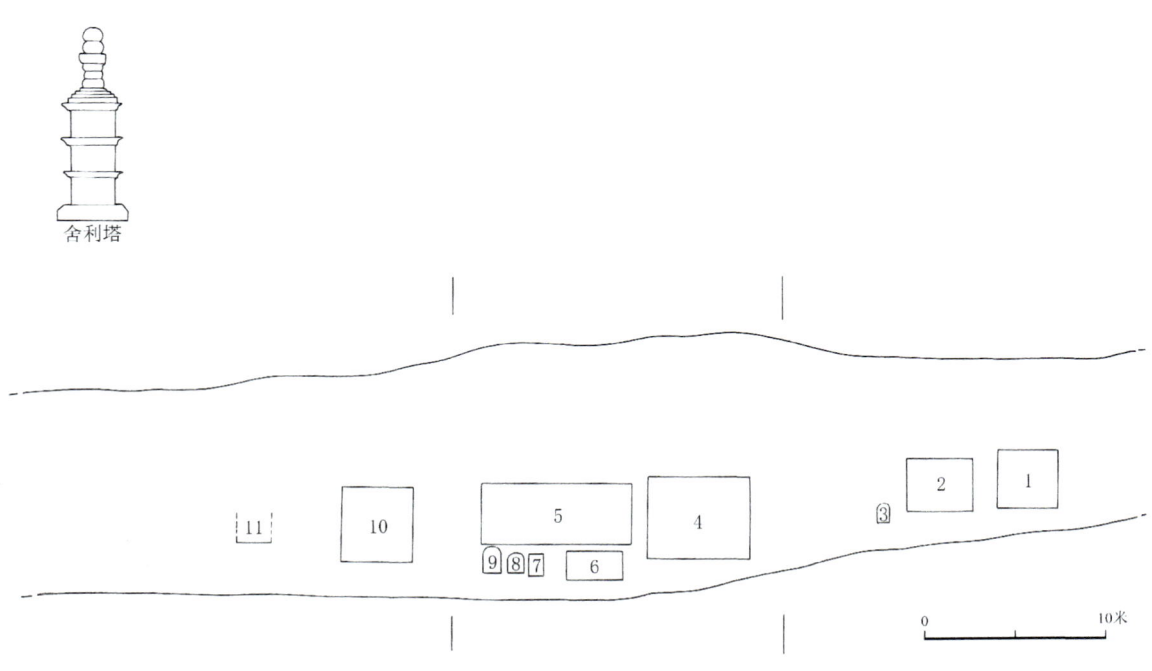

图 52-1 双龙街乡孔雀洞造像分布示意图

孔雀洞

图 52-2　孔雀洞中、东侧造像（东→西）

【第 1 龛】

位置：造像崖壁西端，第 2 龛左。

年代：不明。

龛形：方形龛，平面近方形，宽 262、高 329、深 259 厘米，龛向 11 度。

保存情况：龛顶及左、右壁上部崩塌。龛底近正壁处下陷，正壁及左、右壁底部有一宽 10 厘米凹槽，彼此连通。各壁遍覆青苔。

造像内容：题刻龛，现存题刻四则。

左壁存内、外两则，外侧一则磨光宽 40、深 16 厘米长方形壁面，刻字七行，草书，碑文漫漶，有万历辛亥年（1611 年）纪年。内侧一则直接刻于壁面，两行，楷书，风化较严重。

正壁刻左、右两则，左侧一则宽 203、高 138 厘米，刻字五行，行书，有嘉靖丙申年（1536 年）纪年。右侧一则刻方形题记框，宽 116、高 136 厘米，刻字九行，行书，大部风化（图 52-3）。

图 52-3　孔雀洞第 1 龛（东北→西南）

【第 2 龛】

位置：造像崖壁西侧，第 1 龛右。
年代：南宋。
龛形：方形龛，平面近方形，宽 360、高 225、深 128 厘米，龛向 13 度。
保存情况：仅存正壁。龛前搭建简易遮雨木棚，龛底前开一宽 146、高 29、深 32 厘米长方形槽，两侧壁面有方形榫孔。造像及壁面遍覆现代装彩，造像全身补塑。
造像内容：正壁中央现造一佛结跏趺坐于龛底，现高 251 厘米。螺发较细密，双耳硕大，颈部有两道蚕纹。内着僧祇支，外着双领下垂式袈裟，袈裟下摆覆双腿，双手合十于胸前。

佛右侧立一胁侍，下身及云座为原造像遗留，现高 143 厘米。现戴冠，着双领下垂式广袖大衣。双手拱腹前，双足隐祥云内，云头较厚，云尾飘向后方上部（图 52-4）。

孔雀洞

图 52-4　孔雀洞第 2 龛（东北→西南）

【第 3 龛】

位置：造像崖壁西侧，第 2 龛右。
年代：清。
龛形：方形龛，平面呈横长方形，宽 65、高 102、深 23 厘米，龛向 24 度。浅浮雕拱形龛楣，中央从左至右刻"了愿堂"，楷书。
保存情况：龛形完整。打破直接刻于崖壁的南宋时期山形雕刻。造像及壁面遍覆现代装彩和青苔。
造像内容：正壁前设一通壁坛，高 27、深 8 厘米，造一像倚坐坛上，高 88 厘米。戴冠，冠带垂及胸前左、右，面部近方。内着衣，外着交领广袖长袍，足穿鞋。左手托一经书于左膝上，右手握一物于右膝上（图 52-5）。

图 52-5　孔雀洞第 3 龛（东北→西南）

【第4龛】

位置：造像崖壁中部，第5、6龛左。
年代：南宋。
龛形：方形龛，平面呈横长方形，宽550、高460、深330厘米，龛向53度。
保存情况：龛形完整。正壁中央及左侧存方形榫孔。造像及壁面遍覆现代装彩，造像全身补塑。
造像内容：正壁前起一通壁坛，高110、深150厘米。坛上现造三佛结跏趺坐于仰莲方座上，原造像痕迹不存。头部大小、面部特征、袈裟样式均不一致。现均有肉髻、螺发，披双领下垂式袈裟，下摆覆双腿及台座上部，仰莲方座。左侧一身高240、座高70厘米，现左手单掌立掌于胸前，右手横置于腹前；中央一身高40、座高68厘米，现双手托一宝珠于腹前；右侧一身高234、座高70厘米，现双手拱于胸前（图52-6）。

左、右壁中部外侧各开一圆形龛，龛内造像全身补塑，均结跏趺坐于仰莲座上，莲座下部的山形浮雕为原造像遗留。二龛内现塑弟子像，光头，内着僧祇支，外披双领下垂式袈裟，下摆覆双腿及台座。左龛宽142、像高100、座高30厘米，现左手单掌立掌于胸前，右手抚膝（图52-7）。右龛宽152、像高101、座高39厘米，现左手抚膝，右手横置腹前（图52-8）。

图52-6　孔雀洞第4龛（东北→西南）

孔雀洞

图 52-7　孔雀洞第 4 龛左侧弟子（东南→西北）　　图 52-8　孔雀洞第 4 龛右侧弟子（西北→东南）

【第 5 龛】

位置：造像崖壁中部偏东，第 4 龛右，第 6~9 龛上，第 10 龛左。

年代：南宋。

龛形：方形龛，平面呈横长方形，宽 810、高 342、深 156 厘米，龛向 37 度。

保存情况：左壁及龛顶左侧崩塌不存。龛底中部、右侧靠外各立一水泥方柱，左壁位置现砌砖墙。造像及壁面遍覆现代装彩，造像全身补塑。

造像内容：正壁前现造四佛结跏趺坐于仰莲方座上，全身补塑，原造像痕迹不存。头部大小、面部特征、袈裟样式均不一致。现均有肉髻、螺发，披双领下垂式袈裟，下摆覆双腿及台座上部。左起第一身现高 245、座高 90 厘米，现左手抚左踝处，右手抚膝。第二身现高 240、座高 95 厘米，现双手于腹前结禅定印。第三身现高 230、座高 102 厘米，现左手置左踝处，右手单掌立掌于胸前。第四身现高 225、座高 90 厘米，现左手抚膝，右手握拳于体前右侧（图 52-9）。

图 52-9 孔雀洞第 5 龛(东北→西南)

【第 6 龛】

位置：造像崖壁中部靠下，第 5 龛下，第 7 龛左。
年代：南宋。
龛形：方形龛，平面呈浅弧形，宽 275、高 165、深 45 厘米，龛向 46 度。
保存情况：龛顶与左壁不存。造像及壁面遍覆现代装彩。
造像内容：正壁前造三身立像，头及双手经现代补塑，身体两侧及身体下部祥云环绕，下身隐于祥云后。左侧一身露出部分现高 110 厘米，着广袖长袍，现左手托一圆形物于胸前，右手现握一瓶，身体朝向右前方。中央一身露出部分现高 85 厘米，着广袖长袍，双手现扶一鼓胀风袋于体前，身体朝向左前方。右侧一身露出部分现高 110 厘米，着圆领窄袖长袍，左手现握一短棍于腰侧，右手现握一斧，环身体左侧雕一圈圆鼓，身体朝向右前方(图 52-10)。

孔雀洞

图 52-10　孔雀洞第 6 龛（东北→西南）

【第 7 龛】

位置：造像崖壁中部偏东，第 5 龛下，第 6 龛右，第 8 龛左。

年代：南宋。

龛形：不明，平面呈横长方形，龛向 30 度。

保存情况：龛顶及左、右壁不存。正壁密布细长凿痕，造像全身装彩。

造像内容：正壁前左侧造一立像，未经补塑，下身隐祥云后，头不存，颈部有一榫孔，内插一圆木，残高 88 厘米。体形瘦高，内着长袍，外披双领下垂式大衣。双手各持钹铙，左手置腹前左侧，右手举头顶右侧，右侧钹铙飘带向下卷曲垂下。身体下方有两朵祥云（图 52-11）。

图 52-11　孔雀洞第 7 龛（东北→西南）

【第8龛】

位置：造像崖壁中部偏东，第5龛下，第7龛右，第9龛左。
年代：南宋。
龛形：拱形龛，平面呈横长方形，宽100、高110、深50厘米，龛向25度。
保存情况：龛形完整。造像及壁面风化较严重，右侧有烟熏痕，造像存零星装彩痕。
造像内容：正壁前造三佛二弟子二胁侍，头均不存，中央存一小榫孔。中央佛体形较大，位置居中，结跏趺坐于仰莲圆座上，高30、座高40厘米。有尖桃形头光和椭圆形身光，均素面。内着僧祇支，外披双领下垂式袈裟，下摆覆双腿。双手似持物于腹前，残不可识。头光左、右各向上飘出一朵祥云，云头上各托一圆饼形物。头顶顶部雕一横长方形华盖，中央垂风铃，两侧各垂一道流苏。佛台座前左、

图52-12　孔雀洞第8龛（东北→西南）

右各雕一立像,仅存轮廓,可见左侧一身似托物于胸前右侧。

另两身小佛结跏趺坐于中央佛身体两侧靠上仰莲圆座上。有尖桃形头光和圆形身光,均素面,头顶略上凸。着双领下垂式袈裟,下摆覆双腿。左侧小佛高20、座高6厘米,双手于胸前持一短棍状物。右侧小佛高20、座高7厘米,双手持一长棍状物于胸前。

弟子立佛莲座两侧低台上。均有圆形素面头光,光头。着交领袈裟,下着裙,足穿鞋。双手置于胸前,微侧身向中央。左侧一身高29厘米;右侧一身高30厘米,双手似持一棍形物,应为经卷。

二胁侍立佛台座左、右侧靠下位置,均仅存轮廓。左侧一身高20、座高16厘米;左腿屈起于胸侧,右腿半跏趺坐,双手抱左腿。右侧一身高28、座高17厘米;着交领广袖大衣,左手置腹前左侧,右手握一长方形物于胸前右侧,半跏趺坐。右侧坐像外侧立一小像,高23厘米,可见双手似拱于胸前,身体朝向左侧(图52-12)。

【第9龛】

位置:造像崖壁东侧,第5龛下,第8龛右。

年代:南宋。

龛形:拱形龛,平面呈横长方形,宽104、高138、深38厘米,龛向22度。

保存情况:龛形完整。造像及壁面风化较严重,遍覆烟熏痕。

造像内容:正壁上部造四菩萨坐方座上,头均残。均有圆形素面头光,绾髻,戴冠。左起第一身结跏趺坐,高30、座高7厘米;两侧缯带垂及胸前两侧;披巾于腹前横过,绕两肘后下垂及座,下着裙;双手合十于胸前。第二身结跏趺坐,高34、座高6厘米;发髻较高;内着僧祇支,外着双领下垂式袈裟;左手置左膝上,右手置右肩前,双手共持一长茎于体前。第三身游戏坐,高39、座高6厘米;发髻较高,两侧缯带垂胸前两侧;披络腋,下着长裙,跣足;戴项圈,中部饰团花,戴臂钏和腕钏;左腿屈起,右腿内盘,左手提物垂体侧,右手支地。第四身结跏趺坐,三头六臂,高34、座高6厘米;发髻较高,侧脸较小,头发呈火焰状上飘;着僧祇支,披巾自两肩垂下,于腹前横过,绕臂后,为双腿所压,下着裙;左、右上手分别托一圆形物于头侧,下有祥云承托,左、右中手分持绳索、宝剑,左下手托钵于腹前,右下手置于胸前。

左起第一身菩萨下方雕上、下两组群像。靠上一组中央雕一身体朝向龛外的马,四肢并排站立,雕出马衔和马鞍。马左、右各雕一立像,左侧一身戴冠,着通肩式广袖长袍,下着长裙,腰束带,双手握一笏板状物于胸前,足着鞋,下有两层山岩砌成的台座,面向龛外,头微右转;右侧一身绾髻,着大衣,下着长裙,双手托一圆形物于胸前,身体朝向上方菩萨,回首龛外,足下雕七层山石垒砌而成的台座。靠下一组左侧靠近左壁处雕一山崖,山崖正前方雕一竖长方形门,门内雕一立像,肌肉发达,左手握拳举于头侧,拳心向内,右手提一方形物垂体侧,面向龛外;山崖右侧雕一立像,面向左侧,身体前倾,双手托物于胸前。

第二身菩萨下方雕上、下两组群像。靠上一组雕二立像于一横长方形平台上,左侧一身戴冠,有髭须,着通肩式广袖长袍,腰束带,下着长裙,足着鞋,双手执一笏板状物于右胸前,朝向龛外,腰微右扭;右侧一身头绾髻,着广袖长袍,双手笼袖中,执一笏板状物于胸前,身体朝向左侧,身体微前躬。平台下方右侧雕一棍,棍上悬挂织物。靠下一组上方中央雕一像坐于圆台之上,左手置于左膝之上,右手举一粗棍于头右侧,左腿向内盘曲,右腿向前支起。立像身后上、下各雕一方形物,立像前方雕一动物,四条腿,雕出尾巴,朝向右侧。坐像下方中央雕一方形物,方形物左、右各雕一像,相向而坐于高台之上，左侧一身左手置于左大腿上，右手举于头前，左腿向内盘曲，右腿向前屈起；右侧坐像左手举一物于头前，右手置于右小腿上，左腿向前屈起，右腿向内盘曲。

第三身菩萨下方雕三组群像。靠上一组上方中央雕一硕大莲茎，向左右各分出一莲枝，莲茎上各向上伸出一莲蕾，莲茎下方左侧雕一四足方形香炉，香炉右侧雕一立像，头戴高冠，着长袍，颈部带一巨大枷锁，朝向左侧，头微前低。中央一组雕二身立像，均着长袍，左侧一身面向龛外，右侧一身朝向左侧，两身立像共执一长条形物。靠下一组右侧雕一竖长方形门，门内雕一像，残不可识；门左

图 52-13　孔雀洞第 9 龛（东北→西南）

侧雕一坐像,左手置于两腿之间,右手伸向门,蹲坐,朝向龛外,头部微左转。

第四身菩萨下雕一组群像。中央雕一童子立像,光头,双翼展向两侧,其左、右各雕一立像,面向童子。童子双手张开似抓住二立像作拉扯状,童子微左转,右腿稍高,臀部后有一物凸起,腰部有一窄带斜伸而出。童子左侧一身立像似光头,着交领袈裟,下着长裙,双手持一长柄状物于体前,长柄状物前端呈圆形,似为香炉,身体微右转。右侧立像绾髻,着广袖长袍,腰束带,双手置于胸前,袖摆垂至腹前,足着鞋,面向左侧,身体微前倾。

正壁左、右下角均造供养人立像。左侧两身,均戴高冠,着长袍,腰束带,面向右侧,双手合十于胸前。偏左侧一身高28厘米,偏右侧一身高30厘米。右侧三身,均面向左侧。左起第一身较矮,高17厘米,着长袍,腰束带,双手置于胸前;第二身高31厘米,绾髻,着广袖长袍,双手置于腹前;第三身高32厘米,戴冠,着交领广袖长袍,双手置于腹前(图52-13)。

【第10龛】

位置:造像崖壁东侧。

年代:南宋。

龛形:方形龛,顶部两角略弧,平面呈"U"字形,宽380、高420、深265厘米,龛向79度。

保存情况:左壁崩塌不存,龛底为石板所覆。龛外左、右侧有一排较密榫孔。造像及壁面遍覆后代装彩。

造像内容:环三壁造孔雀明王经变(图52-14)。孔雀明王居正壁中央,结跏趺坐于仰莲高圆座上,座下有孔雀承托,保存基本完好,高223、座高117厘米。戴卷草高冠,中央雕一佛结跏趺坐于仰莲圆座上,佛有圆形素面头光,螺发细密,面部宽圆,内着僧祇支,外披双领下垂式袈裟,下摆覆双腿及台座上部,双手笼袖中,置腹前,冠两侧缯带垂及肩前(图52-15)。孔雀明王发辫呈股状缠绕于额前,两侧发辫较细,自耳后垂下,左侧发辫搭于肩后,右侧发辫下垂至右上臂后,面部宽圆,额部宽平,柳叶细眉,双目半睁下视,眼角斜长,鼻梁高挺,小嘴闭口,唇较薄,耳垂硕大,呈水滴形,颈部浅刻两道蚕纹。内着僧祇支,于腹部束带打结,披双领下垂式袈裟,下摆覆双腿及台座,露左足,足穿鞋。胸前戴三层联珠缀接而成的项圈,其下璎珞呈网状垂下,手腕饰钏。四臂,左上手持一枝莲茎,末端雕莲蕾和莲叶;右上手残,置胸前,手肘处雕一羽毛;左下手托一圆盘于左膝上,其内置山竹;右下手于右膝上托贝叶经(图52-16)。

孔雀露出的前部悬空开凿,双翅平张,头颈直立,头微后仰,头微转向右侧看向龛外,头后羽毛向上翘起,双目圆睁,喙短而尖,鼻孔呈三角形,颈部正面雕水波纹,颈背及双翅雕饰繁密的莲叶状羽毛(图52-17)。

孔雀明王莲座左右侧各雕一武将立于祥云之后,大腿以下均未雕出。均戴兜鍪;上身披双领下垂式广袖大衣,内着圆领衣,腰束带,下着裙,飘带经头后,搭两肩垂下;双手拱于胸前。左侧武将高110厘米,身体朝向龛外,头向右侧。右侧武将高114厘米,身体朝向龛外,头向左侧,身体右侧雕出山形。

孔雀明王两肩侧各雕一朵祥云,云尾飘至龛顶,祥云内各雕一组人物。左侧祥云上雕四身立像,分上、下两排站立。上排三身,左起第一身戴冠,着圆领广袖长袍,双手笼袖中,置腹前,身体微前倾,身体朝向龛外;第二身绾髻,着圆领广袖衣,腰束带,左手为前一身头部所挡,右手置于胸前,身体朝向龛外;第三身戴兜鍪,着广袖长袍,肩系巾,腰束带,双手似托一物于胸前,面向主尊。下排仅雕出

图52-14 孔雀洞第10龛（东北→西南）

孔雀洞

图 52-15　孔雀洞第 10 龛孔雀明王头部（东北→西南）

一身，头绾髻，着广袖长袍，肩系巾，腰束带，身体朝向龛外，腰扭向左侧，左手不存，右手置于腹前。上排左起第一、二身头顶有其他雕刻痕迹，残不可识（图 52-18）。

右侧祥云内雕六身立像，分前、后两排站立。上排左起第一身头不存，着交领广袖长袍，双手托一物于胸前，朝向主尊；第二身头不存，着交领广袖长袍，腰束带，双手笼袖中置于腹前；第三身头不存，着交领广袖长袍，双手合十于胸前，朝向主尊。下排左起第一身头不存，着交领广袖长袍，双手似托一物于腹前，朝向主尊；第二身头戴冠，着交领广袖长袍，双手托一椭圆形箕于胸前，内置一宝珠，朝向主尊，身体微前弓。第三身头不存，着交领广袖长袍，双手合十于胸前，面向主尊（图 52-19）。

右壁上部雕一组群像于山石上，表现攻战情节，分内、外两部分。内侧山石上雕一朵祥云，祥云上雕四身武将，戴兜鍪，着战甲，下着战裙，裙腰外翻，腰束带，戴护腕，朝向龛外。从内至外，第一身位置稍低，外着广袖衣，双手持一旗帜于身体右侧，旗帜呈三角形，旗尾飘向龛内，呈火焰状；第二身位置略高，双手执一长棍，左腿前迈，身体前倾，作搏击状；第三身位置较低，束发，外着广袖衣，肩披巾，左手持一弓，右手屈肘置身体右侧，双腿分开，朝向右侧，面向龛外作拉弓状；第四身外着广袖衣，双手举一山石于头左侧，作向前奋力砸击状。外侧山石后雕六臂明王像，头发呈火焰状飘起，怒目圆睁，嘴微张；飘带于头后，经两肩绕左臂后垂下，上身赤裸，下着裙；各臂戴腕钏。左上手执一祥云于

1457

图 52-16　孔雀洞第 10 龛孔雀明王（东北→西南）

孔雀洞

头左侧,祥云上雕一宝珠;右上手似举于头侧,残不可识;左中手向内握一细长圆棍;右中手残不可识;左下手执绳索于胸前;右下手执宝剑于右腹侧,剑尖向下。明王身体朝向内侧,面向内侧四身武将,腰微右扭,作奋力搏击状(图52-20)。

右壁中、下部壁面有雕出轮廓的粗坯,未表现细部。右壁中部靠下位置刻内、外两则题记,内侧题记磨光一宽51、高34厘米的崖面,内刻字九行,楷书,内容记道光十九年(1839年)信士装彩孔雀明王之事。外侧题记刻于一摩崖碑内,"几"字形碑座,方形碑身,尖拱形碑首,碑座宽100、高37厘米,碑身及碑首宽80、高96厘米,碑身打磨平整,从左至右刻字十六行,楷书,碑文记嘉靖年间信士装彩佛母明王之事。

左壁已不存,近龛口处有一宽100、残高84厘米的长方形碑,碑右侧磨光一宽7厘米的凸棱,残存"叶支芳"三字,楷书,碑内残存三排人名。

图52-17 孔雀洞第10龛孔雀头部(东南→西北)

图 52-18 孔雀洞第 10 龛孔雀明王左肩侧造像（东北→西南）

孔雀洞

图52-19　孔雀洞第10龛孔雀明王右肩侧造像（东北→西南）

图 52-20 孔雀洞第 10 龛右壁上部攻战情节（西北→东南）

孔雀洞

【第 11 龛】

位置：造像崖壁东端，第 10 龛右。
年代：南宋。
龛形：不明，龛向 64 度。
保存情况：仅存造像下部。造像前方有现代条石砌筑的保坎。造像及壁面露天敞置，遍覆青苔。
造像内容：正壁前现存一像之腹部以下部分和台座，残高 70、座高 85 厘米，系条石堆砌再雕凿而成。造像似游戏坐于仰莲座上，左腿向内盘曲，右腿向右侧支起，右腿已碎裂成块状。双腿覆长裙，长裙下摆覆台座。有三道披巾自腿下伸出，其中两道在台座前方横过后隐于裙摆之下，另一道下垂及座底，折向左侧山形之后。莲台左下方雕一山形，近圆锥状（图 52-21）。

图 52-21　孔雀洞第 11 龛（东北→西南）

5.3 菩萨岩

双龙街乡

菩萨岩摩崖造像位于安岳县双龙街乡文库村三组陈家坡,海拔高程458米。西侧5米有村道通往双龙街乡和石羊镇,北侧约500米为著名的宋代茗山寺摩崖造像区,西南侧为佛耳岩,西北为庙子坡,东北侧为黄连岩。造像石包东侧为民居,周围遍布农田,所在地势略高。

于红砂岩石包西侧壁面开龛,石包平面近圆形,直径9米,顶部平直,有较多柱洞。在西侧壁面宽15、高4米的范围内自南向北开十一龛,编为第1~11龛(图53-1)。根据崖壁转折,将造像壁面分为南、中、北段三部分,南段仅包括第1龛,中段造像最集中,包括第2~8、10龛,北段开第9、11龛(图53-2)。中段中央近顶处开一"X"形排水槽,造像两侧有零星榫孔。造像前方因取石形成一近三角形平台,西、北侧外围用条石向外拓宽,使造像壁面前形成一最宽处近5米的半月形平台,平台前石砌台阶与村道相通。造像残损、风化较严重,存少量后代装彩痕。

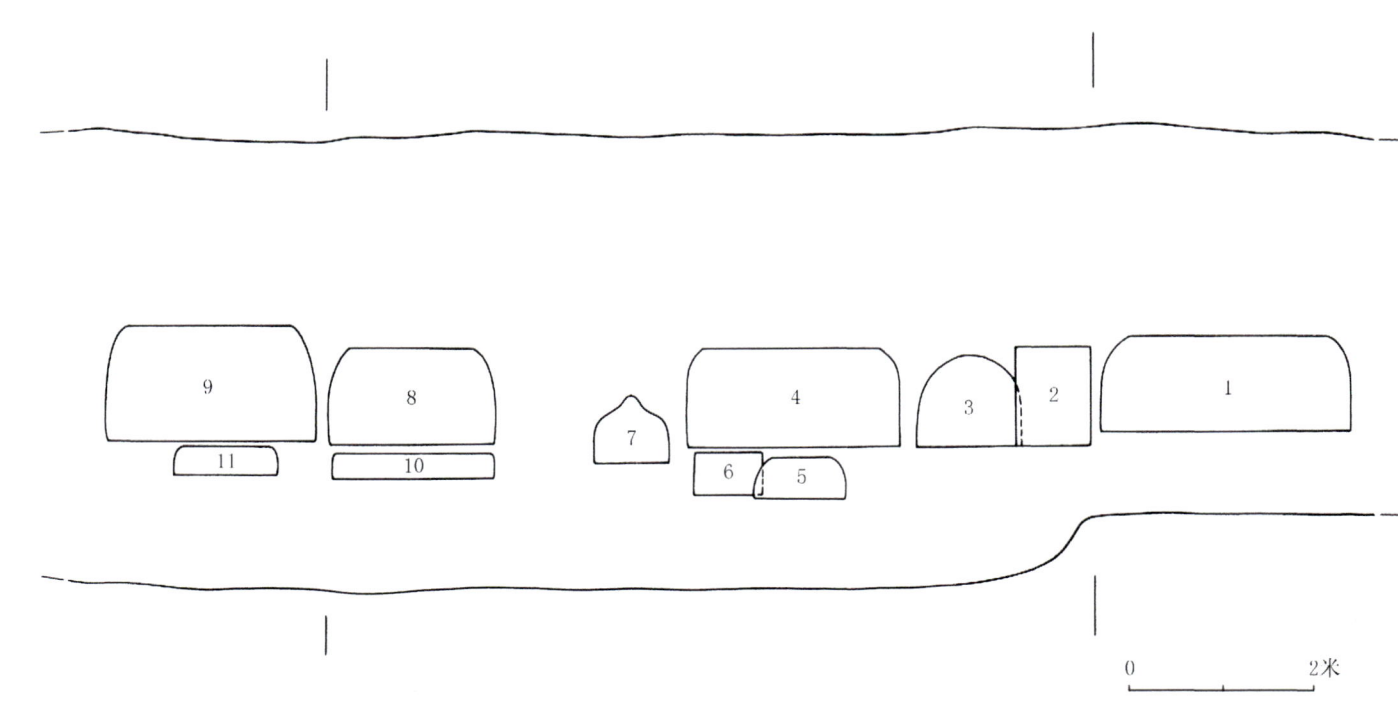

图53-1 双龙街乡菩萨岩造像分布示意图

双龙街乡菩萨岩

图 53-2　双龙街乡菩萨岩造像（西北→东南）

【第 1 龛】

位置：造像壁面南段，第 2 龛左。

年代：南宋。

龛形：拱形龛，平面近横长方形，宽 275、高 110、深 25 厘米，龛向 210 度。

保存情况：右壁不存，龛底两侧残。造像残损、风化严重，头均不存，头后有补接头部遗留的小孔。

造像内容：龛内造像分上、下两层。上层造四主尊倚坐于方座上，体形较大，座高 14 厘米，从左至右依次残高 45、40、40、35 厘米。主尊之间及左侧主尊外侧各有一小像，亦倚坐方座上，现存四身，座高 10 厘米，从左至右依次残高 25、20、27、30 厘米。主尊及小像装束、姿势均一致，着交领广袖长袍，腹部束带，结带于双腿间下垂至台座上，足穿鞋。双手均置于胸前，似持物，足下各踩"几"形足踏。

下层造像多残损、风化，仅存轮廓，可见右侧存二立像上身轮廓，身体朝向右侧，着交领广袖衣，举右手于胸前作托物状，上身略后仰。身后可见云尾残痕。

龛底下方中央雕一方形凸起，两侧遍布凿痕，正面雕山形，顶部存一近方形浅槽，外侧残（图 53-3）。

图 53-3　双龙街乡菩萨岩第 1 龛（西南→东北）

【第 2 龛】

位置：造像壁面中段南侧，第 1 龛右，第 3 龛左，打破第 3 龛左壁。

年代：南宋。

龛形：拱形龛，平面近弧形，宽 70、高 110、深 15 厘米，龛向 327 度。

保存情况：左、右壁及龛底残损严重。

造像内容：龛中部以下雕一 55 厘米高台座，正面雕山形。座上造一结跏趺坐像，残损、风化严重，高 50 厘米。绾高髻，长圆脸，可见缯带垂肩后。似着双领下垂式袈裟，下摆覆双腿，垂于台座上。双手置于腹前（图 53-4）。

图 53-4　双龙街乡菩萨岩第 2 龛（西北→东南）

双龙街乡菩萨岩

【第3龛】

位置：造像壁面中段南侧，第2龛右，第4龛左，左壁被第2龛破坏。
年代：南宋。
龛形：拱形龛，平面近横长方形，宽110、高100、深25厘米，龛向274度。
保存情况：龛顶及左壁不存。造像残损、风化严重。
造像内容：正壁前造三尊像结跏趺坐于圆座上，均仅存轮廓。造像大小一致，可见着广袖衣，双臂均置于腹前。右侧两身像台座间存一圆形榫孔（图53-5）。

图53-5　双龙街乡菩萨岩第3龛（西→东）

【第 4 龛】

位置：造像壁面中段中部，第 3 龛左，第 7 龛右，第 5、6 龛上。

年代：嘉定四年（1211 年）。

龛形：拱形龛，平面近外宽内窄的梯形，顶部中央近平，宽 240、高 113、深 28 厘米，龛向 285 度。

保存情况：左壁外侧残，右壁下部被一列连续方形榫孔破坏。造像残损、风化较严重。

造像内容：正壁前造三主尊于台座上，头均不存。中央一身结跏趺坐于束腰仰莲圆座上，高 51、座高 49 厘米；内着僧祇支，于腹部束带，外着双领下垂式袈裟，袈裟下摆覆双腿；左手仰掌置于腹前，右手置于胸前左侧。台座束腰处雕山形，基座正面雕壸门。左、右主尊均倚坐方座上，像高 100、座高 24 厘米。左侧主尊风化较严重，着交领广袖长袍；左手置胸前左侧，右手似抚膝。右侧主尊着交领广袖长袍，于腹部束带，结带于双腿间垂及龛底；左手抚膝，右手置腹前，仰掌向上。

右壁内侧前雕一像于双层圆座上，头不存，高 57、座高 22 厘米。下着长裙，披巾绕臂后下垂及座，跣足。戴环状项圈，于胸前垂三道挂饰。双手似托一物于胸前，身体倾向右侧。立像头顶雕一祥云，云尾飘向龛外，云头上置一圆轮，中央刻一"月"字（图 53-6）。

左侧二主尊之间磨光一宽 37、高 57 厘米壁面，下有仰莲承托。刻造像题记，竖刻，楷书，七行，内容记嘉定四年（1211 年）造三教暨鬼祖母神像之事（图 53-7）。

图 53-6　双龙街乡菩萨岩第 4 龛（西北→东南）

双龙街乡菩萨岩

图 53-7　双龙街乡菩萨岩第 4 龛造像题记（西北→东南）

【第 5 龛】

位置：造像壁面中段中部，第 6 龛左，第 4 龛下，打破第 6 龛左壁。
年代：南宋。
龛形：拱形龛，平面近浅弧形，宽 90、高 45、深 14 厘米，龛向 275 度。
保存情况：左壁不存，顶部外侧及右壁下部残。造像残损、风化严重。
造像内容：正壁中央造一像倚坐于方座上，残高 29、座高 12 厘米。头后中央存一小孔。着广袖长袍，双手笼袖中，置腹前。

主尊左右各雕一组造像，左侧一组已不存，仅可辨残迹。右侧一组雕四身像，均仅存轮廓。中央一身高 28 厘米，体形较大；广袖长袍，左手置腹前，右手持一圆形物于胸前。身后左侧雕一像立云头上，高 20 厘米；可见左手置于胸前左侧，右手平伸于右侧。身体右侧雕前、后两身像。靠前一身立姿，体形较小，高 14 厘米；着长袍；面向左侧大像，双手似呈递一物予大像，身体微前躬。靠后一身半蹲姿，高 24 厘米；头顶上凸，着广袖长袍，足穿鞋；上身略左倾，双手似置前方大像右肩上，头右偏（图 53-8）。

图 53-8　双龙街乡菩萨岩第 5 龛（西→东）

双龙街乡菩萨岩

【第 6 龛】

位置：造像壁面中段中部偏北，第 5 龛右，第 7 龛左，第 4 龛下，左壁被第 5 龛破坏。
年代：南宋。
龛形：方形浅龛，平面呈横长方形，宽 61、高 40、深 6 厘米，龛向 282 度。
保存情况：左上角残。
造像内容：正壁前起一高 12 厘米坛，坛上倚坐二像，均风化严重，仅存轮廓。左侧一身高 40 厘米；戴直脚幞头，髭须浓密，着广袖长袍，足穿鞋；双手持物于胸前。右侧一身高 37 厘米；绾高髻，着长袍，足穿鞋；双手置于腹前（图 53-9）。

图 53-9　双龙街乡菩萨岩第 6 龛（西北→东南）

【第 7 龛】

位置：造像壁面中段北部，第 4、6 龛右，第 8 龛左。
年代：南宋。
龛形：拱形龛，平面呈横长方形，宽 75、高 71、深 20 厘米，龛向 302 度。龛顶中部上凸。
保存情况：壁面遍布凿痕。

造像内容：正壁前造一佛二弟子立于龛底，均风化严重。佛居中央，高65厘米；头顶略上凸，双耳硕大；似着双领下垂式袈裟，下着裙；双手置于腹前，似笼袖中。弟子分立两侧，均光头；着袈裟，下着裙；双手置于胸前。左侧弟子高42厘米，右侧弟子高41厘米（图53-10）。

图53-10　双龙街乡菩萨岩第7龛（西北→东南）

【第8龛】

位置：造像壁面中段北端，第7龛右，第9龛左，第10龛上。
年代：南宋。
龛形：方形龛，平面呈弧形，宽186、高104、深54厘米，龛向293度。
保存情况：以崖壁上部的自然脱落面为龛顶，左壁下部外侧略残。造像头部均不存。
造像内容：内龛正壁中央造一佛结跏趺坐于束腰方座上，高54、座高39厘米。头顶轮廓上凸，应为肉髻；内着僧祇支，于腹部束带打结，外着双领下垂式袈裟，袈裟覆双腿及台座上部，左肩垂下一环，拉起袈裟一角；左手置于腹前，仰掌向上，右手举于胸前右侧。台座束腰处雕二狮戏珠，中央雕一

双龙街乡菩萨岩

宝珠,两侧各雕一狮相向而立,前肢伏地,后肢直立。方形基座雕一壸门。

佛两侧各雕两身供养人立像,相向而立,朝向主尊,略侧身向龛外。左侧两身男像,均着交领窄袖长袍,足穿鞋。内侧一身体形较大,双臂残,高65厘米,双臂置腹前。外侧一身立方台上,体形较小,高44、座高16厘米,双手合十于胸前。二供养人间刻一则题记,高47厘米,楷书,一行:奉佛李文郁男李太元焚献。外侧供养人头左侧亦存题记一则,高25厘米,楷书,两行,左起:太元□□伍始/焚献亡人伍长回。右侧两身女像,内着齐胸长裙,外着双领下垂式窄袖大衣,于胸、腹打结,足穿鞋。内侧一身体形较大,双臂残,高59厘米,双手置于腹前,似托一物。外侧一身立方台上,体形较小,高41、座高14厘米,双手置于胸前,似合十。二供养人间刻一则题记,高59厘米,楷书,一行:奉佛张氏女孟孙娘供养。外侧供养人头右侧亦存题记一则,仅可见底部一"言"字(图53-11)。

图 53-11　双龙街乡菩萨岩第8龛(西北→东南)

主尊头后两侧各浅浮雕一单层建筑,下有祥云承托,其上雕出立柱、横梁、瓦垄,顶部中央有火焰宝珠。正面各开一拱形小龛,龛内各雕一佛结跏趺坐于仰莲座上。二佛均内着僧祇支,于腹部束带,外着双领下垂式袈裟,左手抚膝,右手屈肘前伸。

建筑内外侧各雕九身弟子于横长方形浅龛内,内侧各一身,外侧各八身。除从内至外第六身外,其余各身均倚坐于方座上,光头,着交领袈裟,足穿鞋,均侧身朝向中央主尊。

左侧浅龛宽80、高16厘米。从内至外，第一身双手合十于腹前；第二身双手笼袈裟内，举胸前；第三身双手笼袖中，置右膝上；第四身双手笼袈裟内，举胸前；第五身双手于腹前结禅定印；第六身双手托一物于右腿上，舒相坐；第七、八身双手笼袈裟内，置腹前；第九身风化严重，双手置腹前。浅龛下方刻题记一则，残损严重，残宽26、残高20厘米，竖刻，楷书，现存七行（图53-12）。

图53-12　双龙街乡菩萨岩第8龛正壁左侧弟子（西北→东南）

右侧浅龛宽82、高16厘米。从内至外，第一身位置较高，双手置腹前；第二身双手笼袖中，拱于左肩侧，身体微右倾；第三、四、五身双手笼袖中，置腹前；第六身结跏趺坐，戴风帽，双手笼袖中，置腹前，台座下置二僧鞋；第七、八、九身双手笼袖中，置腹前，可见第九身戴风帽。浅龛下方刻题记一则，残损严重，残宽32、残高35厘米，竖刻，楷书，现存九行。从内至外第六身弟子像下方亦存题刻一则，残高23厘米，竖刻，楷书，存两行，残损严重（图53-13）。

正壁顶部与左、右壁相交处各雕一祥云，云尾飘向龛内，云头上各雕一圆轮，中央分刻"日""月"二字。

双龙街乡菩萨岩

图 53-13　双龙街乡菩萨岩第 8 龛正壁右侧弟子（西北→东南）

【第 9 龛】

位置：造像壁面北段，第 8 龛右，第 11 龛上。

年代：南宋。

龛形：方形龛，平面近横长方形，宽 220、高 121、深 78 厘米，龛向 336 度。

保存情况：以崖壁上部的自然脱落面为龛顶，左壁外侧、右壁及龛底右侧残。造像及壁面残损、风化较严重，造像头、臂均残。

造像内容：正壁前造二佛结跏趺坐于台座上。左侧佛高 63、座高 41 厘米；内着僧祇支，于腹部束带，着双领下垂式袈裟，袈裟覆双腿及台座上部；双手托一近圆形物于腹前。台座束腰处雕二狮戏珠，中央雕一宝珠，两侧各雕一狮相向而立，前肢伏地，后肢直立。右侧佛高 56、座高 45 厘米。头顶上凸，应为肉髻。内着僧祇支，于腹部束带，外着双领下垂式袈裟，袈裟覆双腿台座上部。左臂置左腿上，右手持一长茎莲蕾于右肩前。台座呈方形，正面中部雕一圈凸起较高的卷草，近底处雕壶门。

左壁顶部内侧雕一祥云，云尾卷曲飘向龛内，云头雕一圆轮，中央刻一"日"字。

左侧佛头顶两侧各浅浮雕一朵祥云，云尾飘向龛外，云头相向。云头中央各承托一单层建筑，雕出立柱、横梁、瓦垄，顶部中央有火焰宝珠。左侧建筑中央开一拱形浅龛，内雕一佛结跏趺坐于覆莲圆座上；内着僧祇支，外着双领下垂式袈裟；双手置于腹前。右侧建筑中央雕一门，右侧门扉半开，探出一像上身（图 53-14）。

佛台座两侧各雕两身供养人，均朝向佛，相向而立，体形一致。

左侧两身男像，着交领广袖长袍，腰束带，结带分两道垂双腿间，足穿鞋；双手置于腹前。内侧一身高60厘米，外侧一身高59厘米。外侧供养人身体左侧雕内、外两则题记。外侧一则一行，仅存下部，竖刻，楷书，残损严重。内侧一则紧贴外侧题记，宽23、高42厘米，存五行，竖刻，楷书，应为镌装记。外侧供养人头顶左侧亦刻一则题记，宽34、高28厘米，竖刻，楷书，八行，可见部分姓氏（图53-15、53-16）。

右侧两身女像，内着齐胸长裙，外着双领下垂式窄袖大衣，于胸、腹束带打结，足似穿鞋，双手置腹前。内侧一身高58厘米，外侧一身高62厘米（图53-17）。

图53-14　双龙街乡菩萨岩第9龛（西北→东南）

双龙街乡菩萨岩

◀ 图 53-15　双龙街乡菩萨岩第 9 龛
　　左侧供养人（北→南）

图 53-16　双龙街乡菩萨岩第 9 龛 ▶
　　左侧题记（东北→西南）

图 53-17 双龙街乡菩萨岩第 9 龛右侧供养人（西→东）

【第 10 龛】

位置：造像壁面北段，第 8 龛下，第 11 龛左。
年代：南宋。
龛形：方形龛，平面呈狭长方形，宽 180、高 28、深 6 厘米，龛向 315 度。
保存情况：龛顶左侧残。造像残损、风化严重。
造像内容：正壁中央造一弟子立于龛底，高 26 厘米，戴风帽，着袈裟，下着裙，跣足，左臂下垂，右臂持杖。弟子左侧雕一小立像，残高 16 厘米，可见着长袍，足穿鞋，身体略朝向右侧弟子，双臂前伸，似作搀扶状。

立像两侧各雕五身像倚坐方座上，座高 8 厘米。除右侧从内至外第五身外，其余各身均戴高方冠，可见衣纹者均着交领广袖长袍，腰束带，结带自双腿间垂及龛底，足穿鞋。立像左侧从内至外第一身高 20 厘米，双手似斜持一笏板于胸前；第二身高 20 厘米，双手置腹前；第三身高 19 厘米，双手似抚膝；第四、五身残高 17、16 厘米，均仅存轮廓。

立像右侧从内至外第一身高 20 厘米，双手笼袖中，置于腹前；第二、三身仅存轮廓；第四身双手持笏板于胸前；第五身武将形象，似戴兜鍪，着战袍、战靴，双掌撑膝上。

双龙街乡菩萨岩

龛底下方左、右侧均磨平,存字迹残痕,均竖刻,楷书。左侧题记残宽 27、高 30 厘米,存三行,仅可见一"七"字,其余风化不可识。右侧题记残宽 24、残高 21 厘米,存六行,残损严重(图 53-18)。

图 53-18　双龙街乡菩萨岩第 10 龛(西北→东南)

【第 11 龛】

位置:造像壁面北段靠下,第 9 龛下,第 10 龛右。
年代:南宋。
龛形:方形龛,平面近横长方形,宽 110、高 36、深 16 厘米,龛向 334 度。
保存情况:龛顶右侧及右壁上部残。造像及壁面残损、风化严重。
造像内容:正壁前设一通壁高台,高 15、深 7 厘米。高台后雕六身坐像,仅露上身,多仅存轮廓,可见衣纹者均着广袖袍。左起第一身高 18 厘米,左手置台上,右手置胸前,身体微左倾;第二身残高 17 厘米,腰束带,双手笼袖中,置高台上;第三身残高 15 厘米,双手置高台上;第四身体形略小,残高 13 厘米,左手置高台上;第五身残高 12 厘米;第六身残高 12 厘米,右臂似置高台上。

台前中部及左侧各雕一立像,面向右侧,身体前倾,双手托一物于头前,作恭敬状。台前右侧亦有一凸起,仅存底部,残不可识(图 53-19)。

图 53-19 双龙街乡菩萨岩第 11 龛（西北→东南）

中部石窟

岳新乡

5/4 长庆寺

长庆寺摩崖造像位于安岳县岳新乡新田村八组,海拔高程328米。造像区南侧有小道通往400米外的村道,西靠长庆寺坡,东侧为陡坡,四周环绕果林,东侧密布民居。

在宽30、高5.8米的红砂岩崖壁上自北向南开第1~6龛,水平分布(图54-1)。龛像前方搭建龛檐,将造像笼覆其中。龛前地面经条石垒砌,表面铺设水泥。龛顶开一排水槽,造像两侧存较多榫孔,部分内插龛前建筑横梁(图54-2)。造像于早年遭到人为毁坏,后经多次修补和装彩,形成现状。

长庆寺

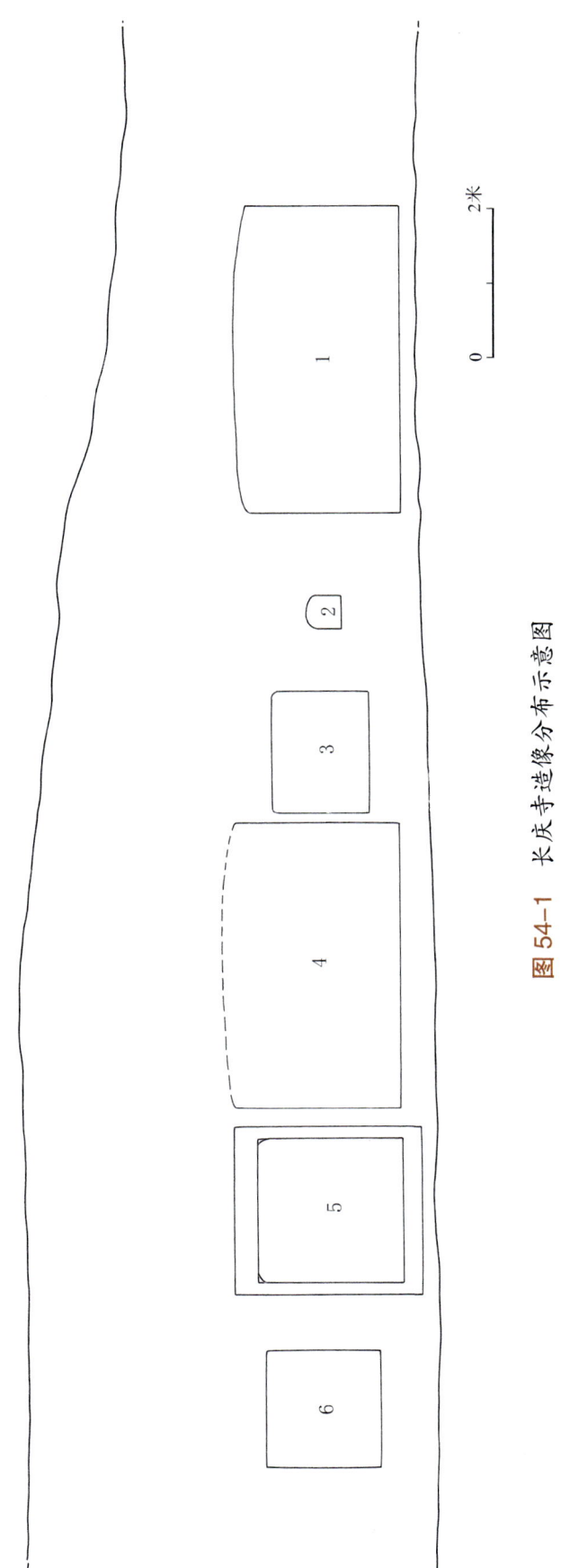

图 54-1 长庆寺造像分布示意图

图 54-2　长庆寺造像（东北→西南）

【第1龛】

位置：造像崖壁北端，第2龛左。

年代：唐末五代。

龛形：方形龛，平面呈横长方形，宽412、残高222、深171厘米，龛向107度。

保存情况：龛顶不存，左、右壁外侧残。龛底前有水泥砌筑保坎。原造像不存，现造像为现代补塑，全身装彩。

造像内容：正壁前现造一佛二菩萨。佛居中，现结跏趺坐于大象承托的莲座上，现高126厘米。左、右侧菩萨身后残存原造像遗留的双重椭圆形背光，外缘饰火焰纹，内层饰卷草。左侧菩萨现高150厘米，右侧菩萨现高126厘米。

左壁中部残存一长方形碑刻，仅存下部，宽54、高59厘米，底部装饰卷云纹。右壁中部存一碑刻下部，碑座装饰仰莲瓣，其下装饰卷云纹，残宽40、残高80厘米。均不见字迹。

左、右壁前外侧各塑一立像，相向而立，双足下山形座为原造像遗留。左侧立像高132厘米，右侧立像高134厘米（图54-3）。

长庆寺

图 54-3　长庆寺第 1 龛（东南→西北）

图 54-4　长庆寺第 2 龛（东→西）

【第 2 龛】

位置：造像崖壁北侧，第 1 龛右，第 3 龛左。

年代：不明。

龛形：方形龛，平面近方形，宽 45、高 50、深 43 厘米，龛向 95 度。

保存情况：龛顶外侧残。各壁遍布凿痕，风化较严重。

造像内容：未见造像（图 54-4）。

【第3龛】

位置：造像崖壁中部偏北，第2龛右，第4龛左。
年代：唐末五代。
龛形：龛口形状不明，平面近半圆形，残宽163、残高132、深60厘米，龛向108度。
保存情况：龛顶不存，左、右壁上部残。造像全身经现代修补，造像及壁面遍覆现代装彩。
造像内容：正壁中央造一主尊结跏趺坐于束腰仰莲圆座上，全身改刻，现高52、座高33厘米。尖桃形头光和椭圆形身光为原造像遗留，外缘饰火焰。现头戴五尖冠，面部方圆，双耳硕大。着袒右式袈裟。双手现于腹前托一圆球形物。

主尊左、右侧壁前各造五身坐像，上、下层各二、三身，全身修补，原造像痕迹不存。现均着交领袈裟，双手合十于胸前，结跏趺坐于低台之上，高32～34厘米（图54-5）。

图54-5　长庆寺第3龛（东南→西北）

【第4龛】

位置：造像崖壁中部，第3龛右，第5龛左。
年代：唐末五代。

长庆寺

龛形：方形龛，平面近横长方形，宽378、高236、深96厘米，龛向108度。

保存情况：左、右壁及龛顶外侧残。造像及壁面残损、风化严重。

造像内容：正壁中央开一拱形小龛，平面呈弧形，宽56、高53、深10厘米。小龛现造一佛二菩萨，均补塑而成，全身装彩，头光、身光为原造像遗留，均有尖桃形头光和椭圆形身光，外缘饰火焰。佛居中，现结跏趺坐于束腰仰莲圆座上，现高29、座高18厘米。现双手托一硕大圆球于腹前。左、右侧菩萨现均结跏趺坐于兽背之仰莲圆座上，左侧菩萨现高19、座高18厘米；右侧菩萨现高19、座高17厘米。莲座下兽分别为狮子、大象。狮、象外侧各塑一立像，左侧一身现高23厘米，右侧一身现高22厘米。小龛左侧榜题一行：……□普贤菩萨，小龛右侧榜题一行：南无文殊师利菩萨。

环小龛现存九排小菩萨像，多结跏趺坐于仰莲圆座上，残损、风化较严重，高13~16厘米，座高3厘米。菩萨均有内圆外尖桃形头光和椭圆形身光，外缘饰火焰；绾高髻，发辫垂肩，面部长圆，双耳硕大；颈部存三道蚕纹；下着裙，腰束带，披巾自两肩垂下，绕臂后下垂及座；戴环形项圈，下垂流苏，双腕饰钏；双手多置体前，结印或持物；部分菩萨体侧存榜题，多残不可识。从上至下，第一至九排菩萨像各有十二、十二、十六、十九、二十六、二十五、三十三、三十五、二十九身（图54-6）。

图54-6　长庆寺第4龛（东南→西北）

【第 5 龛】

位置：造像崖壁南侧，第 4 龛右，第 6 龛左。

年代：唐末五代。

龛形：双重方形龛，内龛平面呈宽"U"字形，外龛宽 219、高 249、深 146 厘米，内龛宽 185、高 149、深 64 厘米，龛向 116 度。左、右侧龛面饰卷草纹，其间各有三身小坐像，均经补塑，原貌不可识。

保存情况：外龛顶部和左壁不存。造像全身经现代修补，造像及壁面遍覆现代装彩。

造像内容：内龛环三壁造阿弥陀经变，全身补塑。正壁中央现造一佛二菩萨结跏趺坐于仰莲圆座上，尖桃形头光和椭圆形身光为原造像遗留，外缘饰火焰。中央佛现托一宝珠于腹前。左侧菩萨现左手托一钵于腹前，右手食指与拇指相捻置于胸前。右侧菩萨现双手捧一带茎莲花置于腹前，搭于右肩。佛、菩萨之间壁面雕一幢，下有仰莲台承托。

作为主尊的佛和菩萨左、右及下方壁面雕三排小像，全身修补，均结跏趺坐于仰莲圆座上，下有莲茎伸向龛底。从上至下，第一排左、右侧各三、四身，第二排左、右侧各二、三身，第三排十五身。小像下通三壁雕上、下两排像，下排像立围栏后。龛底中央雕一拱桥，两侧各补塑一船向桥而行。桥下又开一莲池，雕莲叶、莲花及莲蕾，莲池未经改刻（图 54-7）。

图 54-7　长庆寺第 5 龛（东南→西北）

【第6龛】

位置：造像崖壁南端，第5龛右。

年代：唐末五代。

龛形：方形龛，平面近横长方形，宽156、高157、深88厘米，龛向116度。

保存情况：龛顶及左、右壁外侧残。造像全身经现代修补，造像及壁面遍覆现代装彩。

造像内容：正壁前现造三主尊四胁侍，全身经修补。三主尊头光、身光为原造像遗留。三主尊现呈菩萨形象，有尖桃形头光和椭圆形身光，外缘饰火焰。中央一身现高62、座高36厘米，双手现拱于胸前。左侧一身现高60、座高37厘米，左手抚左膝，右手单掌立掌胸前。右侧一身现高60、座高35厘米，双手现托一莲台于腹前。

三主尊之间靠后的壁面各立一弟子，身体略扁，上身补塑，下身为原造像遗留；着袈裟，下着裙；现双手合十于胸前。左、右壁前各立一胁侍，全身补塑。左侧一身现为弟子形象，高57厘米，现双手合十于胸前。右侧一身现为童子形象，高57厘米，双手托一圆球于胸前（图54-8）。

图54-8　长庆寺第6龛（东南→西北）

朝阳乡

55 范家古洞子

范家古洞子摩崖造像位于安岳县朝阳乡虹桥村六组,地处洞子沟安郎坡西北侧山腰,海拔高程431米。造像北侧为洞子沟,沟内密集分布农田,现均废弃。距离东、西侧民居较远,有小道通向东南侧500米外的村道。

造像开于一平面近方形的红砂岩北侧崖壁上,共七龛,崖壁宽13.3、高6.4米,分东、西两段,近90度直角转折。西段自西向东开第1-1、1龛,东段自西向东开第2-1~2-4龛,大致位于同一平面。沿崖壁底部开一排水沟(图55-1)。造像前依岩搭建砖木结构建筑,将造像笼罩其中。造像前方堆放较多现代圆雕造像,原为当地信众礼佛场所,现已废弃。东段造像前设供台。部分造像经后代修补和装彩。

第三次全国文物普查编第1、2龛,此次调查增编第1-1、2-1~2-4龛。

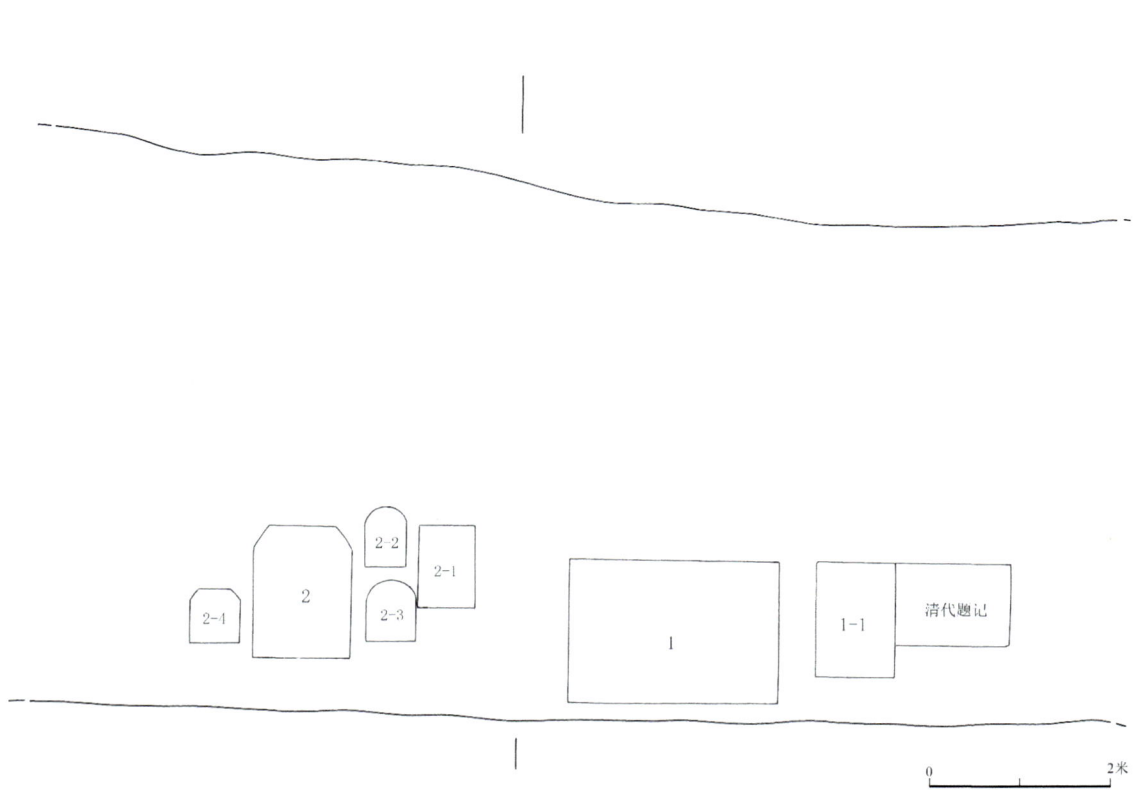

图55-1 范家古洞子造像分布示意图

范家古洞子

【第1龛】

位置:造像崖壁西侧,第1-1龛右。

年代:南宋。

龛形:方形龛,平面呈横长方形,宽229、高208、深24厘米,龛向38度。

保存情况:龛形完整。部分造像经后代改刻,造像及壁面遍覆现代装彩。

造像内容:正壁分上、下两部分,上龛造像密集,雕刻较高深,下龛雕刻较低浅。上龛全部造像经后代改刻,下龛保留南宋造像原貌。上龛上部中央有一竖长方形凸起,其上造一倚坐像,高23厘米。戴高冠,着双领下垂式广袖袍,下着裙;双手于身前持一竖长方形物,身体下方向内凹进,饰卷云纹。上龛底部中央造二倚坐像,戴冠,着广袖长袍。左侧一身高54厘米,下着裙,衣带垂于腿间,双手于胸前持笏板,足穿鞋。右侧一身高64厘米,着鞋,双手于胸前持一尖桃形物。倚坐像外侧各有三身倚坐像,高38~40厘米。戴冠,着长袍,足穿鞋,双手于胸前持笏板。

倚坐像身后壁面密集雕刻四排小立像,均戴圆冠,着圆领长袍,双手于腹前持笏板,不露足。从上至下第一至四排各十二、十二、十、十身。上龛右上角存一结跏趺坐小像。龛楣中央开一尖拱形小龛,宽22、高23、深7厘米。龛内雕一结跏趺坐小像,高17厘米;戴高冠,着双领下垂式袈裟,下摆覆腿前,下着裙;双手置腹前。

下龛中央置一方案,覆帷幔,其上置三圆盒。左、右内侧各雕一立像,紧贴方案,均戴幞头,着圆领长袍,腰束宽带。左侧一身左手握剑,右手置胸前。右侧一身左、右手分别置腹、胸前。左侧握剑像身后雕四身立像,身体朝向右侧,从内至外渐次变高,均戴圆冠,着圆领广袖长袍,腰束宽带,足穿鞋。其中第四身牵马于身体内侧,足穿靴。右侧紧贴方案像身后雕三身立像,身体朝向左侧,从内至外高度渐次变高。内侧两身绾髻,着广袖大衣,足穿鞋,双手笼袖中,拱胸前。外侧一身戴圆冠,着圆领长袍,腰束带,足穿靴,于身体内侧牵马。

龛顶外中央有一拱形小龛,左右壁有横向凿痕,龛壁装红彩,造像装黄、绿彩。龛宽22、高23、深7厘米。龛内有一像,结跏趺坐于仰莲台上,高约17、座高约3厘米。戴高冠,着双领下垂式袈裟,衣摆覆于腿前,下着裙;双手合拢置于胸前(图55-2)。龛外右侧于壁面刊刻一则题记,宽34、高50厘米,存十行,竖刻,楷书,内容记光绪己卯岁(1879年)禁砍树之事。

图 55-2　范家古洞子第 1 龛（东北→西南）

【第 1-1 龛】

位置：造像崖壁西端，第 1 龛左。

年代：清。

龛形：方形龛，平面呈横长方形，宽 64、高 130、深 23 厘米，龛向 40 度。

保存情况：龛底外侧残。造像及壁面遍覆现代装彩。

造像内容：正壁前造一像结跏趺坐于仰莲座上，面部经修补，高 67、座高 20 厘米。有椭圆形身光，戴圆冠。内着僧祇支，外披双领下垂式袈裟，披云肩，下摆覆双腿，露双足，足心朝上，。双手托瓶于腹前（图 55-3）。

右侧磨光宽 130、高 92、深 3 厘米的壁面，刻题记一则，二十九行，竖刻，楷书，左起第十四至二十七行刻人名及出资金额，碑文追述此地造像历史，并记道光七年（1827 年）装修之事。

图 55-3　范家古洞子第 1-1 龛
（东北→西南）

【第2龛】

位置：造像崖壁东侧，第 2-2、2-3 龛右，第 2-4 龛左。

年代：淳熙六年（1179 年）。

龛形：盝形龛，平面呈横长方形，宽 112、高 153、深 15 厘米，龛向 312 度。

保存情况：水蚀较严重，壁面存少量青苔。

造像内容：题刻龛，应系第 1 龛之造像记。正壁前浮雕一盝形碑，宽 90、高 130、厚 7 厘米，底部有一 13 厘米高的基座。碑首中央开宽 15、深 3 厘米的圆形浅龛。龛内雕一坐像，全身装彩，有肉髻，圆面大耳，双手及双腿置体前，为衣所覆。圆龛下方雕仰莲瓣。圆龛左、右侧各雕一圆轮于云头上，中央分别刻"日""月"二字。

碑身刻字二十八行，均竖刻，楷书，保存较差，内容为第 1 龛造像记，碑文记开龛造像缘由和造像内容，有淳熙六年（1179 年）纪年（图 55-4）。

图 55-4　范家古洞子第 2 龛（西北→东南）

【第 2-1 龛】

位置：造像崖壁东侧，第 1 龛右，第 2-2、2-3 龛左。

年代：清。

龛形：方形龛，平面近横长方形，宽 58、高 90、深 22 厘米，龛向 320 度。

保存情况：左、右壁下部和龛底分别向两侧、下方拓宽，致使龛形不规整。壁面遍布凿痕。造像及壁面遍覆现代装彩。

造像内容：正壁前造一像倚坐方座上，台座系后代用石板补砌于龛底，高 63、座高 10 厘米；可见头顶细密发丝，世俗老年女性面相；着长袍，足穿鞋；左手怀抱一婴孩于腹前，右手垂右膝前。龛外右侧下部竖刻"大天人"三字，字形不规整，系现代题刻（图 55-5）。

图 55-5 范家古洞子第 2-1 龛（西北→东南）

【第 2-2 龛】

位置：造像崖壁东侧，第 2 龛左，第 2-1 龛右，第 2-3 龛上。

年代：清。

龛形：拱形龛，平面呈横长方形，宽 69、高 47、深 7 厘米，龛向 312 度。

保存情况：龛形完整。壁面遍覆黑彩。

造像内容：题刻龛。磨光正壁，呈碑形。碑额凸出于正壁，呈拱形。碑身竖长方形，未见字迹（图 55-6）。

【第 2-3 龛】

位置：造像崖壁东侧，第 2 龛左，第 2-1 龛右，第 2-2 龛下。

年代：清。

龛形：拱形龛，平面近横长方形，宽 50、高 68、深 12 厘米，龛向 320 度。龛楣中央磨光一横长方形壁面，从左至右刻"蒲德□神"，楷书。

保存情况：左壁上部被第 2-1 龛破坏。壁面斑驳，遍布凿痕。造像及壁面遍覆现代装彩。

造像内容：正壁前造一像倚坐方座上，高 58 厘米。戴小圆冠，着广袖长袍，足穿鞋。双手于腹前斜持一笏板，双足踩足踏上（图 55-7）。

◀ 图 55-6 范家古洞子第 2-2 龛
（西北→东南）

图 55-7 范家古洞子第 2-3 龛 ▶
（西北→东南）

【第 2-4 龛】

位置：造像崖壁东端，第 2 龛右。

年代：清。

龛形：盝形龛，平面近横长方形，宽 50、高 58、深 11 厘米，龛向 312 度。

保存情况：龛底外缘残。壁面不甚规整，造像及壁面遍覆装彩和青苔。龛楣中央磨光一宽 30、高 14 厘米的壁面，从左至右刻"土地神"，楷书。

造像内容：正壁前造一像倚坐台座上，高 49 厘米，未雕出台座。戴冠，面部较宽，老者形象，长髯垂胸前。着圆领长袍，腰束宽带，足穿鞋。左手抚腰带，右手抚膝（图 55-8）。

图 55-8　范家古洞子第 2-4 龛
（西北→东南）

石桥铺镇

56 牛王寺

牛王寺摩崖造像位于安岳县石桥铺镇石桥村五组,地处寨子坡西面山腰,海拔高程397米。造像区东、南靠寨子坡,坡顶为牛王寺寺院,西侧前15米有村道通往外界,四周为农田和民居。

造像和题刻开凿在寨子坡西面的五处独立红砂岩石包上,分别编号第一至五号石包,共八龛。第一号石包位于牛王寺西侧近公路处,西侧壁面宽16.4、高6.3米,自南向北开第1、2龛(图56-1);第二号石包位于牛王寺西南山坡上,西侧壁面露出部分宽6、高2.7米,中央开第3龛(图56-2);第三号石包牛王寺西南侧近山脚处村道旁,西侧壁面宽10.6、高5.2米,中央自南向北开第4、5龛(图56-3)。第四、五号石包开题刻龛,位于第三号石包西南侧,近村道。前者于宽9.8、高4.1米的北侧壁面上自西向东开第6、7龛(图56-4),后者于宽7.5、高4.6米的西侧壁面上开第8龛(图56-5)。

第三次全国文物普查共编四龛,无法与现存龛像进行对照,此次调查自北向南重新编号。

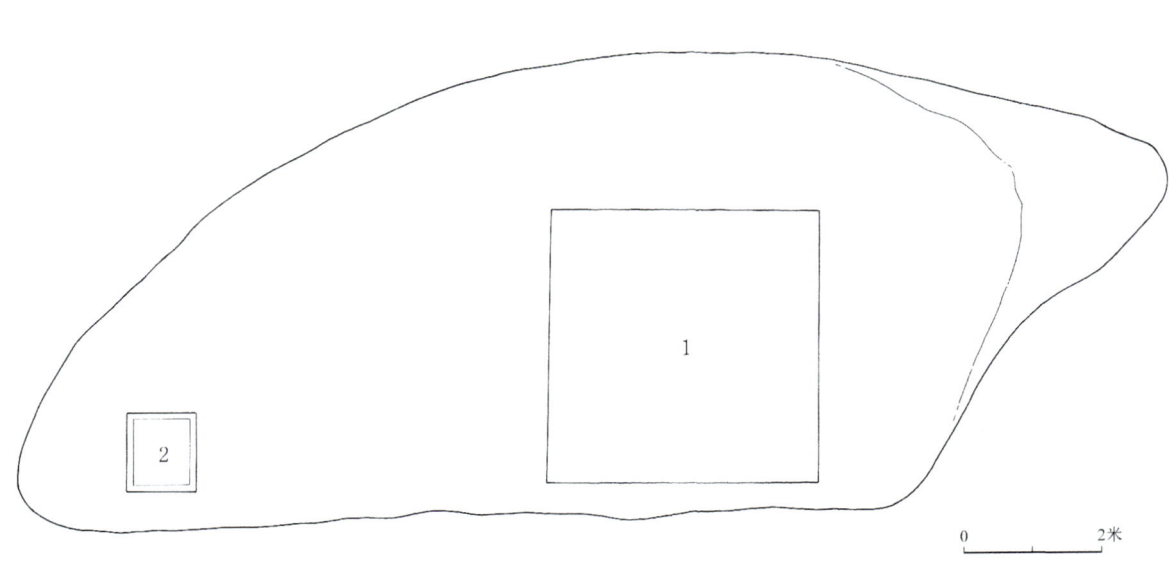

图56-1　牛王寺第一号石包造像分布示意图

牛王寺

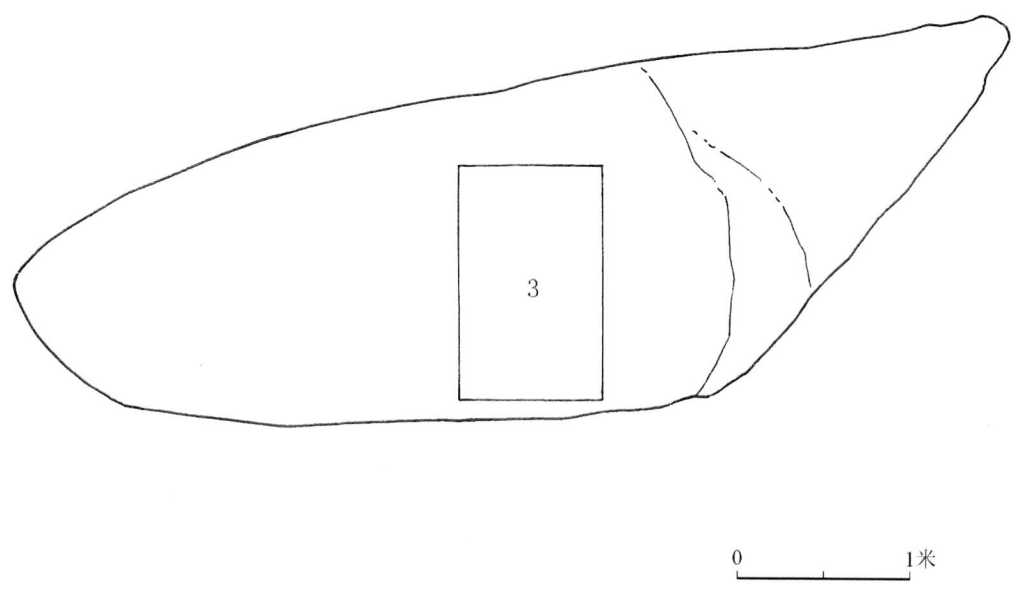

图56-2　牛王寺第二号石包造像分布示意图

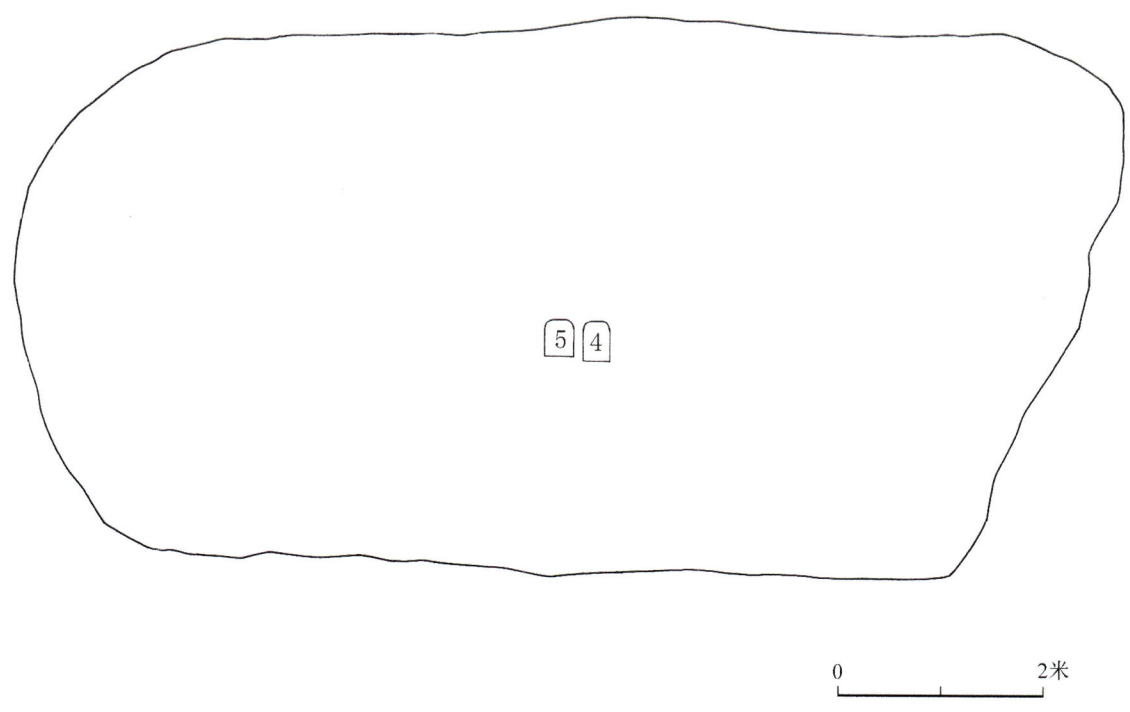

图56-3　牛王寺第三号石包造像分布示意图

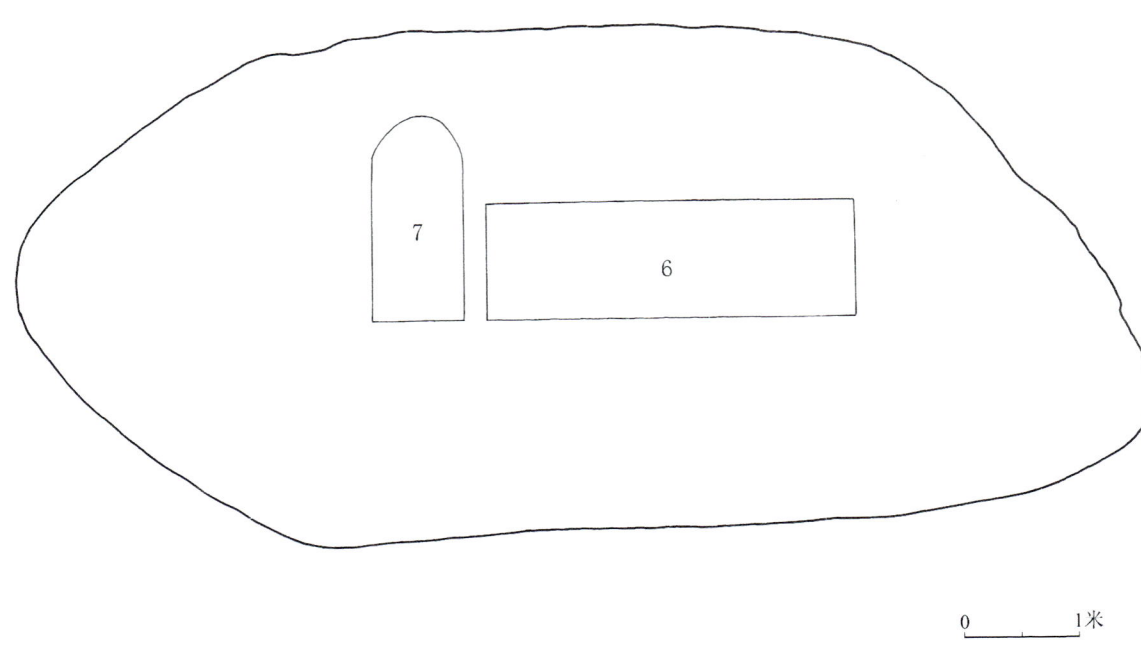

图 56-4　牛王寺第四号石包造像分布示意图

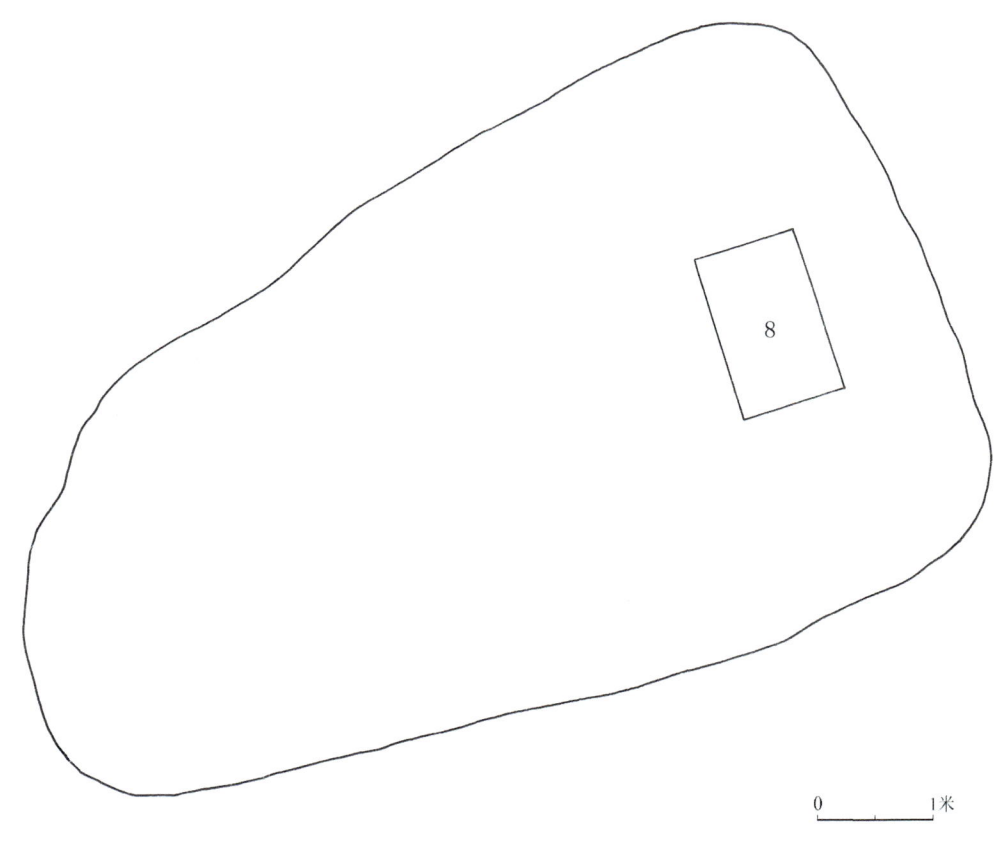

图 56-5　牛王寺第五号石包造像分布示意图

牛王寺

【第1龛】

位置：第一号造像石包西面中央。

年代：唐末五代。

龛形：方形龛，平面呈方形，宽394、高400、深257厘米，龛向282度。

保存情况：龛形完整。龛外左、右及龛顶上方开榫孔，内插龛前建筑横梁。造像局部经现代修补，造像及壁面遍覆现代装彩。

造像内容：正壁前起15厘米高的低坛，坛上造一佛二菩萨。佛居中，结跏趺坐于束腰仰莲圆座上，头、双手经现代修补，高158、座高112厘米。有内圆外尖桃形头光和椭圆形身光，外缘饰火焰，颈部存两道蚕纹；内着僧祇支，于腹部束带，外披双领下垂式袈裟，下摆覆双腿及台座上部；双手现补塑，似结印。莲座束腰处雕力士，作向上承托莲座状，下有圆形基座，环绕雕一圈壶门（图56-6）。

菩萨立正壁前左、右侧束腰仰莲圆座上，头均经改刻，头较小，现均戴冠，双耳与颈部相连；披双领下垂式袈裟，下着裙，跣足。左侧菩萨现高175、座高33厘米；两侧缯带垂及肘部；胸前戴项圈，胸、腹及小腿前均有璎珞痕，右臂戴臂钏，右腕饰钏；补塑的双手现置于腹前，腰微右扭（图56-7）。右侧菩萨头经改刻，现高181、座高29厘米；双手五指张开，掌心向上，手背相抵置于腹前，腰微左扭。

主尊头光右侧雕一飞天、左侧雕一供养菩萨，相向面对主尊。供养菩萨胡跪于云头上，绾高髻，面部方圆，颈部存三道蚕纹；下着裤，腰束带，裤腰外翻，跣足，飘带经头后，搭两肩，飘于体侧；戴项圈，于腹前垂璎珞，左臂饰腕钏；双手托一盘于头前，盘内置香花，呈三角形，身体外侧云气环绕（图56-8）。飞天仅存轮廓，可见头顶绾高髻；双手置于体前，身体朝向左侧作飞翔状，身体为云气所环绕。

左壁内侧中部有一盝形碑刻，宽100、高203厘米，碑座装饰卷草纹，碑面磨光，原字迹不存，有现代衍刻。碑左面有一双层方形小龛，打破碑左侧边缘，外龛宽60、高60、深53厘米，内龛平面呈方形，宽56、高56、深53厘米。内龛左壁右侧似有一像轮廓，残不可识。

图 56-6 牛王寺第 1 龛（西北→东南）

图 56-7　牛王寺第 1 龛左侧菩萨（西北→东南）

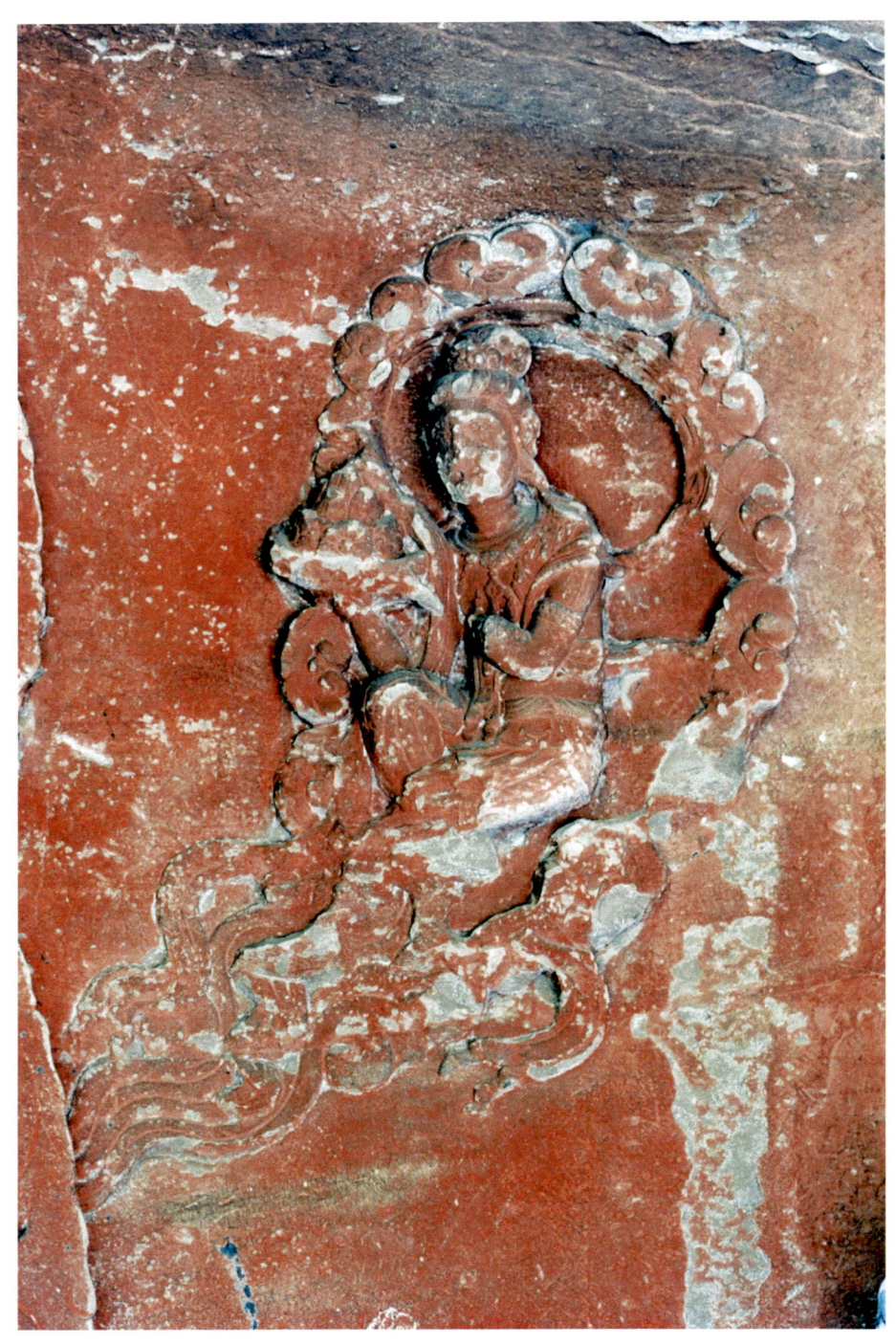

图 56-8　牛王寺第 1 龛左侧供养菩萨（西北→东南）

牛王寺

【第 2 龛】

位置：第一号造像石包西面北侧。
年代：不明。
龛形：双重方形龛，平面近方形，宽80、高98、深59厘米，龛向290度。
保存情况：左壁残。内龛底部中央开一方形凹槽。
造像内容：未见造像。

【第 3 龛】

位置：第二号造像石包西面。
年代：唐末五代。
龛形：龛口形状不明，平面呈弧形，残宽85、高103、深30厘米，龛向305度。
保存情况：仅存正壁。造像及壁面残损、风化严重，遍覆青苔。
造像内容：正壁前造一像结跏趺坐于台座上，残高45、座高41厘米。可见双手置两膝上，其余残不可识（图56-9）。

图 56-9　牛王寺第 3 龛（西北→东南）

【第 4 龛】

位置：第三号造像石包西面北侧，第 5 龛左。
年代：唐末五代。
龛形：拱形龛，平面近方形，宽 27、高 37、深 30 厘米，龛向 305 度。
保存情况：造像及壁面风化严重。
造像内容：正壁前造一像结跏趺坐于龛底，仅存轮廓，高 25 厘米（图 56-10）。

【第 5 龛】

位置：第三号造像石包西面北侧，第 4 龛右。
年代：唐末五代。
龛形：拱形龛，平面呈弧形，残宽 28、残高 35、深 6 厘米，龛向 305 度。
保存情况：右壁不存。造像及壁面风化严重。
造像内容：正壁前造一像结跏趺坐于龛底，仅存轮廓，高 25 厘米（图 56-10）。

图 56-10　牛王寺第 4、5 龛（西北→东南）

牛王寺

【第6龛】

位置:第四号题刻石包北面中部,第7龛左。
年代:乾隆五十三年(1788年)。
龛形:方形龛,平面呈横长方形,宽312、高106、深16厘米,龛向350度。
保存情况:壁面遍覆小孔和青苔。
造像内容:题刻龛。中央及左侧从左至右刻"天然门户"四字,楷书,字较大。右侧竖刻十三行小字,楷书,风化较严重,有乾隆五十三年(1788年)纪年(图56-11)。

图56-11 牛王寺第6龛(北→南)

【第 7 龛】

位置:第四号题刻石包北面东侧,第 6 龛右。

年代:清。

龛形:拱形龛,平面呈横长方形,宽 74、高 184、深 18 厘米,龛向 350 度。

保存情况:壁面遍覆青苔。

造像内容:题刻龛。碑首呈半圆形,从左至右刻"阿弥陀佛"四字,楷书,字较大。碑身磨光,字迹不存(图 56-12)。

图 56-12 牛王寺第 7 龛
（北→南）

【第 8 龛】

位置:第五号题刻石包西面。

年代:不明。

龛形:方形龛,平面呈横长方形,宽 102、高 143、深 12 厘米,龛向 282 度。

保存情况:水蚀较严重,遍覆青苔。

造像内容:题刻龛。字迹不存(图 56-13)。

牛王寺

图 56-13　牛王寺第 8 龛（西北→东南）

偏岩乡

57 佛岩

佛岩摩崖造像位于安岳县偏岩乡凤龙村一组,地处圆山坡东面山腰,海拔高程274米。造像前有小道向东与通往外界公路的村道相通。造像前原为农田,现废弃,灌木丛生。造像周围密集分布果林和民居,东侧400米有龙桥河流过。

在宽30、高6.2米的裸露红砂岩崖壁上自北向南开十三龛,编号第1~13龛,高度相当。中部崖壁向东再向南转折,分北、中、南三段,北段开第1~10龛,中段即转折处崖壁,自西向东开第11、12龛,南段开第13龛(图57-1、57-2)。造像残损、风化较严重,头、臂多不存,存零星后代装彩。

佛岩

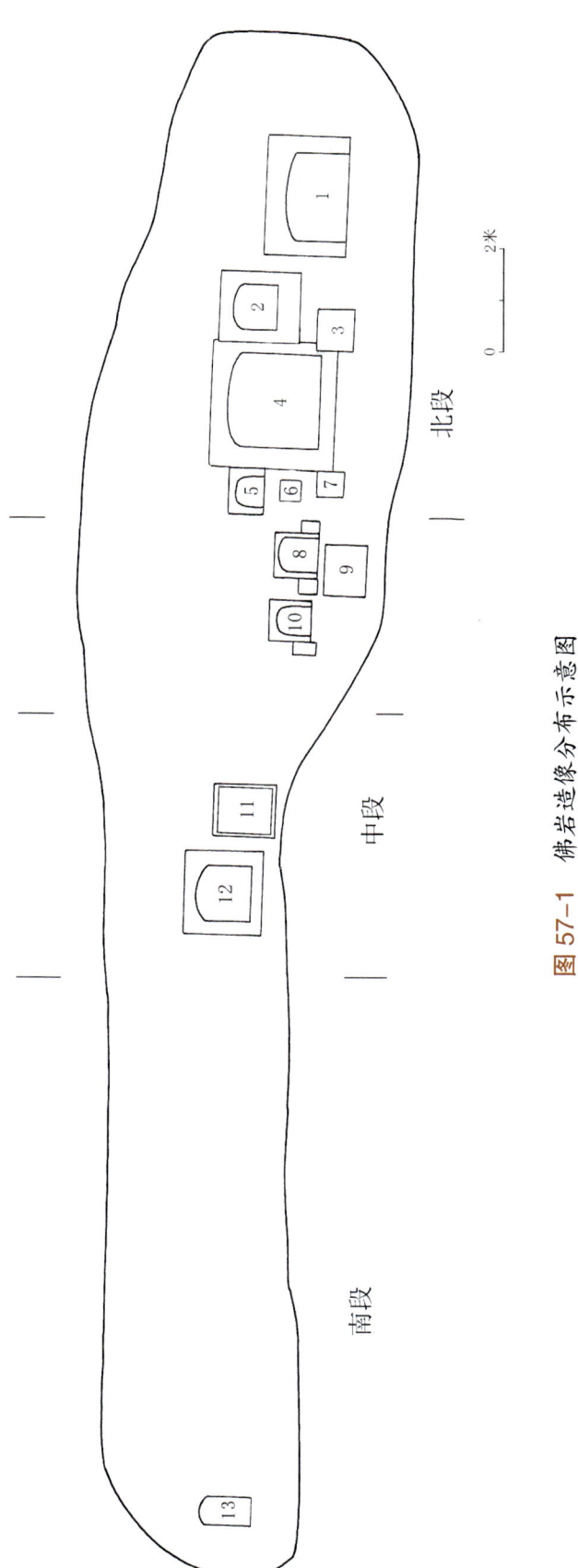

图 57-1 佛岩造像分布示意图

图 57-2　佛岩北段造像（南→北）

【第 1 龛】

位置：造像崖壁北端，第 2、3 龛左。

年代：永平二年（912 年）。

龛形：外方内拱形龛，内龛平面呈弧形，外龛宽 223、高 163、深 118 厘米，内龛宽 162、高 134、深 37 厘米，龛向 111 度。

保存情况：外龛底不存，内龛顶部略残。外龛左、右壁及内龛左、右壁外侧遍布细密凿痕，造像及壁面遍覆青苔。

造像内容：内龛环三壁造一佛二弟子二菩萨（图 57-3）。佛居中，结跏趺坐于束腰方座上，保存较完好，高 54、座高 28 厘米。有方形背屏，正面刻划呈棋格状，左、右侧下部各雕一力士自背屏底部探出上身。背屏顶部左、右各雕一兽首；其上各立一鸟，长喙，身体朝向外侧，引颈向上。力士头顶一仰莲方座，莲座上左右各雕一像骑于兽背上，兽身体朝向外侧，后肢直立，前肢屈起。佛有尖桃形头光，外缘饰镂空雕饰火焰，光尖中央饰一团花。头光后左、右各雕一株菩提树。佛头戴冠，缯带垂肩前，面部方圆、扁平，下颌较宽，颈部有三道蚕纹。着袒右式袈裟，下摆覆双腿。右臂戴臂钏，左手横置腹前，掌心向上，右手抚膝。方座上部正面被联珠分为五格，其内饰团花，束腰处呈方形，其上有一层方形叠涩，正面饰联珠，其下有方形基座（图 57-4）。

弟子立正壁与左、右壁转折前覆莲圆座上。有圆形头光，中饰锯齿，光头，面部长圆，双耳硕大；

佛岩

图 57-3　佛岩第 1 龛（东南→西北）

内着僧祇支，外着双领下垂式袈裟，下着裙；双手合十于胸前，微侧身向龛外。左侧弟子老年形象，高 68、座高 9 厘米；颈部青筋暴露，肋骨凸出。右侧弟子青年形象，高 62、座高 10 厘米；下颌饱满，颈部有四道蚕纹。

菩萨立左、右壁外侧近龛口处仰莲圆座上，体形瘦高。有尖桃形头光，外缘饰火焰，绾高髻，戴冠，缯带垂肩；着长裙，腰束带，结带于双腿间下垂及座，裙腰外翻，跣足，披巾自两肩垂下，于腿前横过，绕臂后下垂及座；戴宽环状项圈，中央缀接联珠，内、外为素面条带；两道璎珞自腹部垂及两膝，折向身后，于膝前各垂数道短流苏，双腕饰钏。左侧菩萨高 73、座高 13 厘米；发辫覆肩；双手持"S"形莲茎于腹前，站立较直，身体微左倾。右侧菩萨高 74、座高 82 厘米；左手握披巾于腹前，右手持物于胸前，笔直站立（图 57-5、57-6）。

内龛左侧龛面中部磨光一竖长方形壁面，可见中部竖刻"永平二年"四字，余皆残不可识。

图 57-4　佛岩第 1 龛中央佛（东南→西北）

佛岩

图 57-5　佛岩第 1 龛左壁造像（西南→东北）

图 57-6　佛岩第 1 龛右壁造像（东北→西南）

佛岩

【第 2 龛】

位置：造像崖壁北侧，第 1 龛右，第 4 龛左，第 3 龛上，打破第 4 龛左侧龛面。

年代：晚唐五代。

龛形：外方内拱形龛，内龛平面呈弧形，宽 137、高 173、深 72 厘米，龛向 112 度。

保存情况：外龛仅存左壁内侧部分，内龛底外侧残。造像及壁面风化较严重，内龛龛楣及左、右龛面遍覆青苔。

造像内容：内龛环三壁造二主尊二菩萨（图 57-7）。二主尊居中，善跏趺坐于一长方座上，头均残，座高 10 厘米。左侧主尊高 64 厘米，有圆形素面头光，头顶轮廓略上凸；着交领大衣，于腹部束带打结，领边外翻较宽，下着裙，足穿云头鞋；双手似抚两膝，双足踩一仰莲圆座。右侧主尊双臂残，高 63 厘米，有尖桃形素面头光，肉髻略低；着袒右式袈裟，下着裙，跣足；左手似抚左膝，右手举肩前，双足踩一仰莲圆座。

菩萨立左、右壁前仰莲圆座上。有尖桃形素面头光，绾髻，戴冠，缯带垂肩后，发辫覆肩；披络腋，下着长裙，腰束带，跣足，披巾自两肩垂下，于腿前横过一道，绕臂后下及座；戴环状项圈，于胸前中央垂下一道璎珞，于腹部缀接一圆饼状饰，其下璎珞分两道，垂及膝部，折向身后。左侧菩萨头及右

图 57-7　佛岩第 2 龛（东南→西北）

臂残,高55、座高12厘米;左腕饰钏;左手提环状物垂体侧,右臂似举于肩前,腰微右扭(图57-8)。右侧菩萨头及双臂残,高69、座高8厘米;左臂似持物举于肩前,右臂提瓶垂于体侧,腰微左扭(图57-9)。

◀ 图57-8 佛岩第2龛左侧菩萨
（西南→东北）

图57-9 佛岩第2龛右侧菩萨 ▶
（东北→西南）

佛岩

【第3龛】

位置：造像崖壁北侧，第1龛右，第4龛左，第2龛下，右壁上部被第4龛破坏。
年代：晚唐五代。
龛形：龛口形状不明，平面呈横长方形，宽86、残高92、深12厘米，龛向108度。
保存情况：龛顶、左壁外侧及右壁上部不存。造像及壁面残损、风化严重，遍覆青苔。
造像内容：正壁前造三身立像，体形自左向右渐次变宽大。

左侧立像高56厘米，体形瘦高，腰细腿长，可见下身着长裙或长袍，双臂置胸前。

中央一身仅存小腿，轮廓高55厘米，下着裙或长袍。

右侧一身菩萨形象，头及双臂残，高63厘米；似有头光；披络腋，下着长裙，腰束带，跣足，披巾于腹前横过，绕臂后下垂及龛底；左臂垂于体侧，右手似持物举于肩前，腰微右扭（图57-10）。

图57-10　佛岩第3龛（东南→西北）

【第4龛】

位置：造像崖壁北侧，第2、3龛右，第5~7龛左，左侧龛楣和右壁上部分别被第2、5龛破坏，打破第3龛右壁上部。

年代：晚唐五代。

龛形：外方内拱形龛，内龛平面呈弧形，外龛宽270、高250、深66厘米，内龛宽192、高189、深46厘米，龛向110度。左侧龛面内侧雕细密莲瓣，外侧雕圆形卷草；龛楣左侧浅浮雕一飞天，着长裙，飘带后飘，双手举于头前，身体朝向右侧作飞翔状，下有祥云承托；左侧龛面中部雕一像胡跪于仰莲圆座上，身体朝向龛内。

保存情况：外龛左壁不存，右壁仅存内侧。造像及壁面存后代装彩痕，龛底下方存一排小方榫孔。

造像内容：内龛中部开一深4厘米拱形浅龛，造一佛二菩萨，系改刻原造像而成。佛居中，结跏趺坐于仰莲圆座上，头残，头部被挖掘成一椭圆形凹坑，内部凿痕，形制规整，高63、座高23厘米。头顶雕方形华盖，雕刻精美，上部饰硕大仰莲瓣，正面饰珠链，下部雕网格。有尖桃形头光和双层椭圆形身光，均素面。身体两侧各雕一菩提树之上部，树干上有光头裸体孩童作嬉戏状，树冠长及龛顶。内着僧祇支，外着双领下垂式袈裟，下摆覆双腿。双手相握于胸前。莲座下有祥云承托。

菩萨立佛左、右侧仰莲圆座上，头顶有原造像之尖桃形头光痕，凸出于壁面，头及下身残；戴卷草纹高冠，缯带垂肩，发辫垂肩后；着双领下垂式袈裟，下着裙，跣足；身体微侧身向主尊；台座下有莲茎伸向龛底。左侧菩萨高57、座高10厘米；双手持长莲茎于体前。右侧菩萨高66、座高76厘米；左手提物垂体侧，右手举肩前，似持物（图57-11）。

作为主尊的佛及菩萨两侧各雕六排小菩萨于仰莲圆座上，头均残。绾高髻，发辫垂肩；披络腋，下着裙，腰束带；双腕饰钏；动作不一，有结跏趺坐、交脚坐、游戏坐等姿势，双手多持物于体前。从上至下，第一至六排各有雕像五、六、八、七、七、八身，左、右对称排布，下部造像风化较严重。

龛底起8厘米低台。台上中央雕一对人首鸟身像相向而立，其外侧各立一身舞者，宽袖挥摆，作舞蹈状。左侧舞者外雕三身伎乐，均持鼓作敲击状。伎乐身后立两身供养人，仰身向主尊，双手置胸前。右侧舞者外侧雕四只鸟，均朝向中央，形态各异。台上中央雕植物茎叶，其上承托小龛内佛及菩萨，向两侧伸出卷草（图57-12、57-13）。

外龛底左、右各雕一力士立山座上；上身赤裸，身形扁平，下着短裙，腰束带，跣足，飘带经头后，过腰带，垂于体侧；身体朝向龛外，回首相望。左侧力士上身水蚀严重，高82、座高8厘米；左手下伸，右手上举，腰左扭。右侧力士头及左臂残，高88、座高8厘米；绾髻，忿怒相，颈部青筋暴露；左臂似下伸，右手上举，腰右扭。

外龛底部中央雕一圆形香炉，正面饰卷草，卷草顶部雕一结跏趺坐佛，着袈裟，双臂置腹前。两侧各雕一像半跏趺坐于台座上。左侧像左手置左腿上，右臂上举；右侧像左臂上举，右手置右腿上。香炉两侧各雕一狮相向作趴伏状，体形壮硕，回首龛外。左侧狮子四肢伏地，右侧狮子前腿伏地，后肢直立。

佛岩

图57-11　佛岩第4龛（东南→西北）

图 57-12　佛岩第 4 龛左侧小菩萨（西南→东北）

佛岩

图 57-13　佛岩第 4 龛右侧小菩萨（东北→西南）

1533

【第 5 龛】

位置：造像崖壁中部靠上，第 4 龛右，第 6 龛上，破坏第 4 龛外龛右壁上部。
年代：晚唐五代。
龛形：外方内拱形龛，内龛平面呈弧形，外龛宽 114、高 71、深 4 厘米，内龛宽 82、高 64、深 9 厘米，龛向 96 度。可见内龛左侧龛面内饰联珠纹。
保存情况：外龛不存。造像及壁面遍覆青苔，龛外右侧存粗大凿痕，龛外左侧存一方形榫孔。
造像内容：内龛正壁前造二主尊二胁侍，均水蚀严重。主尊居中，结跏趺坐于仰莲圆座上，均有尖桃形素面头光。左侧主尊头残，全身为青苔所覆，残高 29、座高 13 厘米；头顶略上凸；似着袈裟；左手似前抬，右手置右膝上，右腿压左腿。右侧主尊头残，高 28、座高 14 厘米；绾桃形髻；着交领大衣，下摆覆双腿；左手置左膝上，右手似前抬，右腿压左腿。

胁侍立二主尊两侧台座上，有圆形素面头光，披巾垂体侧。左侧胁侍仅存下身，高 18、座高 4 厘米；下着长裙，足似穿鞋；左臂似举肩侧，右臂下垂。右侧主尊仅存轮廓，高 19、座高 4 厘米（图 57-14）。

图 57-14　佛岩第 5 龛（东→西）

【第6龛】

位置：造像崖壁中部，第4龛右，第8龛左，第5龛下。
年代：晚唐五代。
龛形：方形龛，平面呈长方形，宽42、高44、深20厘米，龛向121度。
保存情况：各壁遍布凿痕，形制规整。
造像内容：未见造像（图57-15）。

图57-15　佛岩第6龛（东南→西北）

【第7龛】

位置：造像崖壁中部靠下，第4龛右，第9龛左，第6龛下。
年代：晚唐五代。
龛形：龛口形状不明，平面呈方形，宽46、高52、残深4厘米，龛向126度。
保存情况：仅存正壁。造像及壁面遍覆青苔。

造像内容：正壁前造一佛二胁侍。佛居中，立台座上，头、肩及双臂残，高36、座高4厘米。有尖桃形素面头光，肉髻上凸。着双领下垂式袈裟，下着裙。左臂垂体侧，右臂似举肩前。

胁侍立佛左、右侧台座上。左侧胁侍头及双足残，高29、座高4厘米；着双领下垂式广袖大衣，腰束带；左手置腹前左侧，右手掌心向上举头前，身体朝向佛。右侧胁侍仅存轮廓，高28、座高4厘米；有尖桃形素面头光，头顶上凸，似绾髻；可见披巾垂体侧；身体微左倾（图57-16）。

图57-16　佛岩第7龛（东南→西北）

【第8龛】

位置：造像崖壁中部，第6龛右，第10龛左，第9龛上。
年代：晚唐五代。
龛形：外方内拱形龛，内龛平面呈浅弧形，外龛宽90、高93、深35厘米，内龛宽66、高71、深24厘米，龛向127度。
保存情况：外龛右壁下部被后开小龛破坏，内、外龛造像及壁面风化、剥蚀严重。

佛岩

造像内容：内龛正壁前造一佛二弟子二菩萨，均残损、风化严重。

佛居中，结跏趺坐于仰莲圆座上，高27、座高17厘米。头顶雕圆形华盖，有尖桃形素面头光。着袈裟，下摆覆双腿。左手置腹前左侧，右臂置右腿上。

弟子立佛左、右侧菩提树前台座上，仅存轮廓，树冠长及龛顶，有尖桃形素面头光；着袈裟；下着裙，跣足。左、右侧弟子分别连座高29、30厘米。

菩萨立弟子外侧圆座上，有尖桃形素面头光；下着裙，腰束带，跣足，披巾于腿前横过，绕臂后下垂及座；微侧身向主尊；余皆残不可识。左侧菩萨高34、座高5厘米。右侧菩萨高33、座高4厘米。

内龛两侧龛口外侧底部各雕一力士立山座上，均残损、风化严重；上身赤裸，下着短裙，腰束带，跣足，飘带经头后，搭两肩，过腰带后垂于体侧。左侧力士高34、座高5厘米；左臂上举，右臂下伸，腰右扭。右侧力士高33、座高4厘米；左臂下伸，右臂上举，腰右扭。

内龛底部下方正面存一圆形香炉轮廓。左、右各雕一狮子，相向作蹲踞姿，回首龛外。左侧狮子右侧前肢举头前。

龛外左侧底部及右壁下部各开一小龛，对称分布，龛内各造一天王，身体朝向龛外。左侧小龛宽23、残高40、残深11厘米；天王仅存双腿，残高12厘米。右侧小龛宽23、高41、深7厘米；天王体形略大，高34厘米；着战甲，下着裤，足穿靴；左手似提一瓶于体侧，右手握剑于腹前右侧，剑尖朝下（图57-17）。

图57-17　佛岩第8龛（东南→西北）

【第 9 龛】

位置：造像崖壁中部靠下，第 8 龛下。
年代：晚唐五代。
龛形：方形龛，平面呈横长方形，宽 93、高 78、深 8 厘米，龛向 134 度。
保存情况：左上角残。
造像内容：正壁前造五排小佛结跏趺坐于覆莲方座上，面部均残，均高 11、座高 2 厘米。肉髻高，着双领下垂式或通肩式袈裟，下摆覆双腿，双手多于腹前结禅定印或拱于胸前。莲座下有莲茎，靠下两排莲座彼此相接，形成通壁长座。

从上至下，第一至五排各有九、九、十、十一、十身。第三排中央一身两侧各雕一弟子立仰莲小圆座上，高 10 厘米，光头，着袈裟，下着裙，跣足，双手合十于胸前（图 57-18）。

图 57-18　佛岩第 9 龛（东南→西北）

佛岩

【第 10 龛】

位置:造像崖壁中部转折北侧,第 11 龛左,第 8 龛右。
年代:晚唐五代。
龛形:外方内拱形龛,内龛平面呈弧形,外龛宽 83、高 81、深 22 厘米,内龛宽 61、高 66、深 16 厘米,龛向 139 度。可见内龛左、右侧龛面雕宽大卷草。
保存情况:外龛顶部右侧残。内、外龛壁面剥蚀较严重,壁面遍覆青苔。
造像内容:内龛正壁前起一坛,高 21 厘米,坛上造一佛二弟子二菩萨。佛居中,结跏趺坐于双层仰莲圆座上,全身外侧剥蚀,仅存轮廓,高 28、座高 10 厘米。有尖桃形素面头光,肉髻较高。着袈裟,下摆覆双腿。左手抚膝。

弟子立佛左、右侧覆莲圆座上,有圆形素面头光;着袈裟,下着裙,跣足。左侧弟子仅存双腿和身体轮廓,轮廓高 25、座高 6 厘米。右侧弟子头残,高 26、座高 6 厘米;着交领袈裟;双手置于腹前,身体微倾向佛。

菩萨立正壁与左、右壁转折前覆莲圆座上,有尖桃形素面头光,似绾垂髻;披络腋,下着长裙,腰束带,跣足,披巾自两肩垂下,绕臂后下垂及座;戴环状项圈,项圈两侧各垂一道璎珞,于腹前相交,垂及两膝,折向身后。左侧菩萨头残,胸部略错位,高 31、座高 6 厘米;双腕饰钏,璎珞相交处饰团花;左手举柳枝于肩侧,右手下垂提瓶,腰左扭。右侧菩萨身体表面剥蚀较严重,高 33、座高 6 厘米;左手下垂似提物,右手举于肩前,似持柳枝。

坛前左、右端各雕一力士立山座上,上身赤裸,下着战裙,腰束带,裙腰外翻,跣足,飘带经头后,搭两肩,过腰带后,垂于体侧。左侧力士头残,高 24、座高 6 厘米;左手举头侧,五指张开,掌心向外,右手下伸握飘带,腰左扭。右侧力士上身残,高 23、座高 5 厘米;左手下伸,五指张开,右臂上举,腰右扭。

坛前中央雕一跪像向龛外,右手支地,左手托一硕大圆形物于左肩上,圆形物内向上伸出莲茎,向两侧延伸卷草。跪像两侧各雕一狮子相向而坐。左侧狮子蹲踞姿,右侧前肢置圆形物上,回首龛外;右侧狮子蜷缩于地。

龛底下方凿一平台,其上雕九身供养人立像,均残损、风化严重,仅存轮廓。左、右侧各四、五身,身体朝向中央。可见左侧靠内两身着长袍,腰束带;右侧靠内两身似着长裙,从内至外第一身双手持物于胸前。

龛外右侧底部有后代高浮雕一像立台座上,高 37、座高 6 厘米。头顶上凸,着窄袖上衣,下着裤。戴项圈,中部垂一短细带。左臂垂体侧,似握拳,右手置于腹前右侧(图 57-19)。

图 57-19　佛岩第 10 龛（东南→西北）

佛岩

【第 11 龛】

位置：造像崖壁中部转折南侧，第 10 龛右，第 12 龛左。
年代：不明。
龛形：双层方形龛，平面呈横长方形，宽 87、高 120、深 8 厘米，龛向 29 度。
保存情况：左下角被埋。
造像内容：正壁浮雕一方形碑，上部及中部偏下位置剥落，宽 59、高 119 厘米。存字十八行，竖刻，楷书，漫漶较严重，多残不可识（图 57-20）。

【第 12 龛】

位置：造像崖壁转折南端，第 11 龛右下方。
年代：晚唐五代。
龛形：外方内拱形龛，内龛平面呈宽"U"字形，外龛宽 161、高 170、深 85 厘米，内龛宽 107、高 128、深 40 厘米，龛向 19 度。雕出龛楣及两侧龛面，较宽，仅存残迹。
保存情况：外龛底部被埋，龛顶左、右侧残。造像及壁面遍覆青苔。造像局部被改刻。
造像内容：内龛环三壁造一佛二菩萨（图 57-21）。佛居中，结跏趺坐于束腰仰莲圆座上，头残，存椭圆形凹坑，内布凿痕，高 60、座高 34 厘米。有尖桃形头光和椭圆形身光，均素面，头光上方残存卷草彩绘痕。内着僧祇支，于腹部束带打结，外着双领下垂式袈裟，下摆覆双腿。双手于腹前结禅定印。台座束腰处为素面，其下为圆形基座。菩萨立左、右壁前仰莲圆座上，头均残，系改刻而成，头后有原造像之头光痕，菩萨体形明显偏小，与原造像头光尺寸不符。菩萨均绾髻，戴冠，缯带垂肩前；着双领下垂式袈裟，下着长裙，袈裟下伸出一宽带，跣足；戴项圈，于胸前中央饰三道短流苏，双腕饰钏。左侧菩萨高 62、座高 10 厘米；左手提瓶垂于体侧，右手举柳枝于肩前，腰微右扭（图 57-22）。右侧菩萨高 68、座高 9 厘米；左手持柳枝举于肩前，右手提瓶垂于体侧，站立较直（图 57-23）。

内龛两侧龛口外侧各雕一力士立山座上，绾髻，缯带飘向两侧；上身赤裸，下着战裙，腰束带，裙腰外翻，跣足；飘带经头后，搭两肩，过腰带后垂于体侧。左侧力士头残，左手改刻一尺寸较小之手掌，高 78 厘米；左手上举，右手下伸，右腿侧存原手掌于裙尾上，腰左扭。右侧力士头及右臂残，体形略瘦，高 76、座高 18 厘米；左手握拳下伸向体侧，右臂上举，腰右扭。

内龛底部正面右侧力士下方存一狮轮廓，身体朝向左侧，回首龛外。

图 57-20　佛岩第 11 龛（东北→西南）

佛岩

图 57-21　佛岩第 12 龛（东北→西南）

◀ 图 57-22 佛岩第 12 龛左侧菩萨
（东南→西北）

图 57-23 佛岩第 12 龛右侧菩萨 ▶
（西北→东南）

佛岩

【第 13 龛】

位置：造像崖壁南端。

年代：晚唐五代。

龛形：拱形龛，平面近方形，宽50、高120、深22厘米，龛向124度。

保存情况：顶、底不存。造像及壁面遍覆青苔。

造像内容：正壁前造一菩萨立圆座上，全身水蚀严重，高80、座高20厘米。戴冠，可见发辫垂肩。下着长裙，腰束带，跣足，披巾绕臂后下垂及座。左手提瓶垂体侧，右手持物举肩前，腰右扭（图57-24）。

图 57-24　佛岩第 13 龛
（东南→西北）

偏岩乡

58 岩观音

岩观音摩崖造像位于安岳县偏岩乡鹤林村七组，地处七龙山北面山腰，海拔高程346米，现为安岳县重点文物保护单位。造像位于岩观音寺院内，西侧有水泥道通往山下村道，南靠七龙山，北侧为悬崖。

造像开于宽65、高17米的裸露红砂岩崖壁上，分西、东两段，西段仅开第1龛，东段开第2～6龛（图58-1）。第2～6龛前依岩搭建简易佛殿，将造像笼罩其中，第2龛前亦搭有简易龛檐。第5、6龛间又开现代造像。龛两侧密布榫孔，系历代龛前建筑遗留。龛形均较大，保存较好，但造像早年遭到人为破坏，头、臂均损毁，后经修补和装彩。龛内及前方密集放置现代圆雕造像。

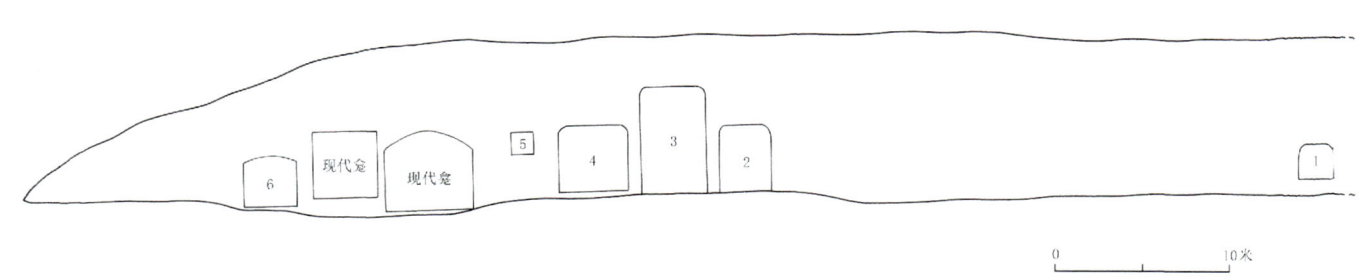

图 58-1　岩观音造像分布示意图

岩观音

【第1龛】

位置：造像崖壁西端。

年代：南宋。

龛形：拱形龛，平面近方形，宽200、高205、深101厘米，龛向8度。

保存情况：龛底外侧中部被开凿，呈一方槽。造像全身经现代修补，造像及壁面遍覆装彩。

造像内容：正壁前现存三身像。

左侧一身现为菩萨形象，游戏坐于山座上，山座为原造像遗留。菩萨现高130厘米，绾髻，戴冠，头顶覆巾；披袒右式袈裟，右肩覆云肩；戴项圈，下有璎珞呈网状垂下；左腿踩山座上，右腿踩山座前补塑的小莲台，左手抚膝，右手撑山座，身体略仰向右后方。山座前又有一方形基座。

右侧靠上一身现立祥云上，云下有方形基座，祥云和基座为原造像遗留。菩萨现高84厘米，侧向左侧坐像，双手现托一宝珠于腹前。

右侧靠下一身紧靠右壁，腹部以下为原造像遗留。菩萨高78厘米，着长袍，足穿鞋，双手现托一圆钵于腹前，身体朝向左侧坐像。

龛外右侧开一宽103、高127、深2厘米的题刻龛，刻嘉庆十八年（1813年）修补神像记（图58-2）。

图 58-2　岩观音第 1 龛（北→南）

【第2龛】

位置：造像崖壁中部，第3龛左。

年代：南宋。

龛形：拱形龛，平面近方形，宽305、高383、深212厘米，龛向355度。

保存情况：龛形完整。左、右壁遍布凿痕，正壁磨光。造像经现代修补，全身存现代装彩。左、右壁前靠外放置圆雕造像。

造像内容：正壁前造一主尊二胁侍。主尊居中，立方座上，头和双手为现代补塑，现高297、座高56厘米。着交领袈裟，左肩垂下一环，拉起袈裟一角，下着长裙，跣足。双手现相握于腹前。

左侧胁侍立左壁内侧台座上，腹部以下为原造像遗存，现高172、座高20厘米；着长袍，足穿鞋；双手现相握于腹前，身体朝向右侧。右侧胁侍立右壁内侧，腹部以下为原造像遗存，现高178、座高21厘米；披袈裟，下着裙，跣足；双手现拱于胸前，身体朝向左侧（图58-3）。

图58-3 岩观音第2龛（北→南）

岩观音

【第 3 龛】

位置：造像崖壁中部，第 2 龛右，第 4 龛左。

年代：南宋。

龛形：拱形龛，平面近方形，宽 362、高 610、深 286 厘米，龛向 355 度。

保存情况：龛形完整。龛外顶部及两侧有较多榫孔，大多内插龛前建筑横梁。造像均经修补，全身装彩，龛底前密集堆放现代圆雕造像。

造像内容：正壁前造一佛二弟子立台座上。大佛居中，双手经现代修补，高 553、座高 47 厘米。螺发细密，头前中央雕髻珠，额心饰白毫，面部方圆，宽平额，柳叶细眉，双目半睁下视，鼻梁高挺，小嘴闭口，薄唇，双下颌，上颌略凸，耳垂硕大，颈部浅刻两道蚕纹。内着僧祇支，外披双领下垂式袈裟，左肩垂下一环，拉起袈裟一角，下着裙，跣足。左手现横置腹前，右手现置胸前，掌心向右，中指与拇指相捻，头看向左下方（图 58-4）。

左侧弟子所在崖壁略内凹，身体表面与左壁齐平，系后代补刻而成，头、双臂经现代修补，高 209、座高 29 厘米；光头，世俗面相；着交领袈裟，左肩垂一环，拉起袈裟一角，下着裙，足穿鞋；双手现合十于胸前（图 58-5）。右侧弟子凸出于崖壁，头、双手经现代修补，高 219、座高 23 厘米；光头，现为老者面相；胸口肋骨凸出，着交领袈裟，左肩垂一环，拉起袈裟一角，下着裙，足穿鞋；双手现拱于胸前，补塑腕钏，仰面向大佛（图 58-6）。

左侧弟子身体左侧存一方形题记框，宽 20、高 30 厘米，上部装饰一覆莲。题刻五行，竖刻，楷书，内容为正德十一年（1516 年）镌造记和嘉靖五年（1526 年）装彩记（图 58-7）。

龛外左侧上、下各有一则题记。上部一则左侧风化严重，三行，竖刻，楷书，有光绪二十二年（1896 年）纪年。下部一则七行，竖刻，楷书，内容为咸丰六年（1856 年）装彩记。

图58-4 岩观音第3龛(东北→西南)

岩观音

◀ 图58-5　岩观音第3龛左侧弟子
（东北→西南）

图58-6　岩观音第3龛右侧弟子 ▶
（西南→东北）

图 58-7 岩观音第 3 龛左侧弟子左侧题记（东北→西南）

【第 4 龛】

位置：造像崖壁中部偏东，第 3 龛右，第 5 龛左。

年代：南宋。

龛形：拱形龛，平面呈宽"U"字形，宽 397、高 376、深 292 厘米，龛向 355 度。

保存情况：龛形完整。造像经现代修补，造像及壁面遍覆现代装彩。正壁右侧中部存密集小圆孔。左、右壁前放置圆雕造像。

造像内容：正壁前中央造一菩萨结跏趺坐于仰莲圆座上，头、双手和所持物经现代修补，现高 137、座高 143 厘米。头顶雕八角形华盖，残损严重，可见璎珞垂下。头顶现戴化佛冠，面部长圆，发辫垂胸前两侧。内着僧祇支，于腹部束带打结，外披双领下垂式袈裟，下摆覆双腿及台座上部。戴项圈，胸前璎珞缠绕呈网状，双腕饰钏。双手现托一瓶于腹前。莲座下有八边形基座，中央开一壸门，内雕二狮抢绣球,作嬉戏状(图58-8)。

龛外左侧有一盝形题记框,宽40、高60厘米,题刻七行,竖刻,楷书,刻咸丰六年(1856年)装彩记一则。龛外右侧外上部亦开题记框,宽26、高52厘米,题刻五行,竖刻,楷书,刻咸丰十二年(1862年)朝拜观音大士之事。

图58-8　岩观音第4龛(北→南)

【第5龛】

位置:造像崖壁东侧,第4龛右,第6龛左。

年代:南宋。

龛形:方形龛,平面呈弧形,宽78、高82、深46厘米,龛向355度。

保存情况:龛底前方开一方形凹槽,造像及壁面残损、风化严重。

造像内容:正壁前造一主尊二胁侍,均仅存轮廓。主尊居中,高45、座高12厘米,仅可见结跏趺坐于方台上,台座上覆帷幔。

二胁侍立正壁与侧边转折前。左侧胁侍残高38厘米,似着交领袈裟,双手置胸前。右侧弟子残高36厘米,着袈裟,足穿鞋。

左、右龛口外侧各雕一力士立台座上。左侧力士高42厘米，可见绾髻，上身赤裸，腰束带，下着战裙；左手垂体侧，右手持一长条状物于头右上方，跣足。右侧力士仅存台座残迹（图58-9）。

龛外左下方有磨光壁面，上刻题记，宽34、高53、深1.5厘米，上部呈盝形，字迹残不可辨。

图58-9　岩观音第5龛（北→南）

【第 6 龛】

位置：造像崖壁东端。

年代：南宋。

龛形：拱形龛，平面呈方形，宽 294、高 272、深 425 厘米，龛向 4 度。

保存情况：龛形完整，左壁底部及窟顶中部残损。壁面遍覆现代装彩。三壁前密集放置现代圆雕造像及残件。

造像内容：环三壁起一坛，正壁坛上存二造像残痕，不可辨识（图 58-10）。右壁中部磨光宽 99、高 40 厘米的崖壁，刻字二十九行，竖刻，楷书，左起第十二至二十八行刻出资者姓名及金额，碑文残损严重，有道光二十四年（1844 年）纪年。

图 58-10　岩观音第 6 龛（北→南）

永清镇佛耳岩

图 59-7　永清镇佛耳岩第 4 龛（西北→东南）

【第 5 龛】

位置：造像崖壁中部偏南上层，第 4 龛右，第 6 龛上。
年代：初唐。
龛形：拱形龛，平面呈弧形，宽 32、高 39、深 8 厘米，龛向 316 度。两侧龛面磨光。
保存情况：壁面遍覆青苔。
造像内容：正壁前设一通壁坛，高 6 厘米。坛上造一菩萨立像，头残，略风化，残高 18 厘米。有尖桃形素面头光。披络腋，着长裙，腰束带，跣足，披巾自两肩垂下，绕臂后下垂及坛。戴环状项圈，于胸前左侧垂一道璎珞，横过两膝，向上折向身后。左手握柳枝于肩前，右手提瓶垂体侧，腰微左扭，身体微右倾（图 59-8）。

图 59-8　永清镇佛耳岩第 5 龛（西北→东南）

永清镇佛耳岩

【第 6 龛】

位置：造像崖壁中部偏南上层，第 4 龛右，第 5 龛下。

年代：初唐。

龛形：拱形龛，平面呈弧形，宽 26、高 33、深 8 厘米，龛向 313 度。雕出两侧龛面及尖拱形龛楣，素面。

保存情况：壁面遍覆青苔。

造像内容：正壁前造一菩萨立于龛底，左臂残，风化较严重，高 23 厘米。绾髻，戴冠，两侧缯带下垂及肩，面部近圆。下着长裙，一条宽束带自腹部右侧抽出，垂及右膝前，跣足，披巾自两肩下垂及座底。左臂垂体侧，右手举柳枝于肩前，腰左扭（图 59-9）。

图 59-9　永清镇佛耳岩第 6 龛（西北→东南）

【第 7 龛】

位置：造像崖壁中部上层，第 6 龛右，第 8 龛左。
年代：初唐。
龛形：拱形龛，平面呈弧形，宽 20、高 19、深 4 厘米，龛向 346 度。两侧龛面及龛楣略凸出于壁面，呈拱形。
保存情况：造像及壁面覆青苔。
造像内容：正壁前造一菩萨立圆座上，全身风化较严重，高 13、座高 3 厘米。有尖桃形素面头光，绾圆髻，面部近圆，双耳硕大，饰耳珰，下垂及肩。下着长裙，跣足，可见双腿外侧披巾下垂及座。胸前存项圈痕。左臂垂于体侧，右手举柳枝于肩侧，腰微左扭（图 59-10）。

图 59-10　永清镇佛耳岩第 7 龛（西北→东南）

永清镇佛耳岩

【第8龛】

位置：造像崖壁中部上层，第7龛右，第9龛左。

年代：隋末唐初。

龛形：外方内拱形龛，内龛平面呈弧形，外龛宽70、高96、深16厘米，内龛宽50、高57厘米，龛向265度。雕出两侧龛面及龛楣，内侧饰一层水波纹，外层饰火焰，龛楣中央及两侧三个小圆浅龛内各雕一结跏趺坐佛，浅龛外缘饰联珠。

保存情况：保存较好，正壁上部壁面脱落。佛头部似被改刻。

造像内容：正壁下部中央雕一侈口、束颈、鼓腹罐，罐口向上方及左右伸出莲茎，莲茎上环三壁造一佛二弟子二菩萨。佛居中，结跏趺坐于仰莲圆座上，高31、座高14厘米。有尖桃形头光，上部脱落，仅存外轮廓，下部内侧饰联珠，中饰卷草，外缘饰火焰，肉髻低矮。螺发，面部方圆，额部宽平，双耳硕大，饰耳珰。着通肩式袈裟，领口开于颈下，领口外翻一圈，胸、腹前衣纹呈"U"字形，下摆覆双腿。双手托钵于腹前，钵内盛一宝珠。

弟子立佛左、右侧。光头，面部长圆，双耳硕大；着袈裟，下着裙，跣足。左侧弟子双腿略风化，高33厘米；内着僧祇支，于胸口束带，外着双领下垂式袈裟；双手于腹前托一扁圆形物。右侧弟子高32厘米；着通肩式袈裟，领口开于胸前，胸、腹衣纹呈浅"U"字形；双手持经卷于腹前，身体微左倾。

菩萨立弟子外覆莲圆座上，左侧菩萨立左壁前，右侧菩萨立正壁右侧前。有内圆外尖桃形头光，上部仅存外轮廓，下部内饰联珠，中饰卷草，外缘饰火焰，绾髻，戴冠，发辫垂肩，面部方圆，下颌饱满，颈部有三道蚕纹，双耳硕大，饰耳珰，下垂及肩；披络腋，下着长裙，腰束带，裙腰外翻，跣足，披巾自两肩垂下绕臂后下垂及座；戴双层环状项圈，双环中央夹一圈联珠。莲座底部中央各有一莲茎与下方中央罐相连。左侧菩萨头及双腿风化较严重，高36、座高8厘米；项圈于胸前中央雕一倒三角形饰；左手持一长茎柳枝于体前，右手握瓶于腹前右侧，腰右扭。右侧菩萨高36、座高8厘米；腰部结带分两道垂于双腿间，末端系结；项圈于胸前中央垂一流苏，腹前左侧垂一璎珞，悬垂踝部，经腰右侧折向身后，呈"U"字形，右腕饰钏；左手握瓶于腹前左侧，右手持长茎柳枝于体前。

龛口左、右各雕一像相向立于山座上，微侧身向龛外；戴兜鍪，方圆脸，颈部青筋暴露；上身赤裸，胸、腹肌肉隆起，下着短裙，腰束带，跣足，飘带自两肩绕两臂后下垂及座；腕、踝饰钏；左手抚腹，右手握拳于头侧。左侧像高35、座高8厘米。右侧像高36、座高8厘米；左腿微抬。

龛口像台座前各雕一狮子相向作蹲踞姿，腿较长，胸前各挂一铃，双耳立起，尾部上翘，回首龛外（图59-11）。

图 59-11 永清镇佛耳岩第 8 龛（西→东）

【第9龛】

位置:造像崖壁中部偏北上层,第8龛右。
年代:隋末唐初。
龛形:形制不明,残宽54、残高56、残深15厘米,龛向280度。
保存情况:仅存正壁下部。
造像内容:正壁前设一通壁坛,高19厘米,坛上现存五身菩萨立像。左起第五身仅存上身轮廓。其余四身有内圆外尖桃形头光,中饰一道凸棱,绾髻,缯带垂肩;下着裙,跣足,披巾自两肩垂下,绕臂后,下垂及底。左起第一身上身仅存轮廓,高27厘米;右手下垂,似提披巾,腰左扭。第二身头残,高27厘米;腰束带,裙腰外翻;有一道璎珞自左肩垂下,横过腿前,自右膝折向身后;左手下垂,提披巾,右手持柳枝于肩前,腰右扭,身体左倾,幅度较大。第三身上身略风化,高28厘米;腰束带,裙腰外翻;有一道璎珞自左肩垂下,横过腿前,于右膝处折向身后;左手持柳枝于肩前,右手下垂提物,腰左扭,幅度较大。第四身全身风化较严重,高28厘米;腰束带,裙腰外翻;左手下垂,右手持物于肩侧,腰右扭,幅度较大。第五身残高12厘米;可见左臂下垂,身体倾向左侧。

坛正面中央浅浮雕一侈口、长束颈、鼓腹罐,口内向上方及两侧伸出莲茎。罐两侧各雕一狮相向作蹲踞姿,尾巴上翘,回首龛外(图59-12)。

图 59-12　永清镇佛耳岩第9龛(西→东)

【第10龛】

位置：造像崖壁南侧上层,第3龛下,第11龛左,第16~19龛上。

年代：初唐。

龛形：外方内拱形龛,平面呈弧形,外龛宽100、高95厘米,内龛宽70、高61、深9厘米,龛向319度。内龛雕出龛楣及两侧龛面,内层饰卷草,外层饰摩尼宝珠。

保存情况：龛上部有一风化形成的裂隙,破坏造像及左侧龛面。造像及壁面风化较严重,遍覆青苔,龛底右侧存一方形榫孔。

造像内容：正壁前设一通壁坛,坛内造一佛二弟子二菩萨。佛居中,结跏趺坐于束腰仰莲座上,仅存轮廓,高27、座高26厘米。有头光痕,内着僧祇支,外似着双领下垂式袈裟,下摆覆双腿。左手置左膝上,右手举胸前。座分三层,上层仰莲,中层八棱柱,下层似覆莲。

弟子立佛左、右侧圆座上,头均不存;有圆形素面头光;肩较宽,着袈裟,下着裙,似跣足。左侧弟

图 59-13　永清镇佛耳岩第10龛(西北→东南)

子高 26、座高 4 厘米;左手置于腹前左侧,右手置于胸前右侧,面向右前方而立。右侧弟子高 25、座高 4 厘米;双手似置于腹前,面向左前方而立。

菩萨立弟子外侧圆座上;有内圆外尖桃形素面头光;着长裙,跣足,披巾自两肩垂下,绕臂后下垂及座。左侧菩萨高 25、座高 5 厘米;左臂置左腹侧,右臂垂体侧,左腿紧贴一束腰台。右侧菩萨高 24、座高 5 厘米;可见绾髻,缯带垂于肩后,发辫垂肩;双手似托一物于腹前,右腿紧贴一束腰台。

坛正面左、右侧各雕一像立台座上,残损、风化严重,仅存轮廓。左侧一身残高 12、座高 8 厘米。右侧一身残高 14、座高 8 厘米;面向左前方,腰右扭。立像台座内侧各雕一物凸起,残不可识(图59-13)。

【第 11 龛】

位置:造像崖壁南侧上层,第 10 龛右,第 4 龛下,第 21、22 龛上。

年代:初盛唐。

龛形:拱形龛,平面呈弧形,宽 33、高 37、深 8 厘米,龛向 296 度。雕出尖拱形龛楣及两侧龛面,内侧有一圈凸棱。

保存情况:造像及壁面遍覆青苔。造像均残损、风化严重。

造像内容:正壁前设一通壁坛,高 8 厘米,坛上造一佛二菩萨。佛居中,结跏趺坐于圆座上,高 18、座高 5 厘米。有尖桃形头光痕,头顶上凸,饰耳珰。着袈裟。左手似置于胸前左侧,右手置右腿上。

菩萨立佛两侧,仅存轮廓。有内圆外尖桃形素面头光,绾髻;着长裙,腰束带,似跣足,披巾自两肩垂下,绕臂后下垂及坛。左侧菩萨高 20 厘米,左手举柳枝于肩侧,右手垂体侧,腰右扭。右侧菩萨高 20 厘米,左手垂体侧,右手举柳枝于肩侧,腰左扭(图59-14)。

图 59-14　永清镇佛耳岩第 11 龛(西北→东南)

【第 12、13 龛】

位置：造像崖壁南端中层，第 14 龛左，第 13 龛应为第 12 龛龛外左侧供养人。

年代：初盛唐。

龛形：拱形龛，平面呈弧形，宽 44、高 43、深 8 厘米，龛向 324 度。雕出拱形龛楣及两侧龛面，可见龛面饰摩尼宝珠，内层呈凸棱状。

保存情况：第 12 龛龛顶不存。造像及壁面遍覆青苔。造像均残损、风化严重。

造像内容：正壁前设一通壁坛，高 8 厘米，坛上造一主尊二菩萨。主尊居中，善跏趺坐于高方座上，仅存轮廓，轮廓高 21、座高 19 厘米。袈裟下摆覆双腿，跣足。双足各踏一小圆台。

菩萨立佛左、右侧覆莲圆座上，有尖桃形素面头光；下着裙，跣足。左侧菩萨仅存膝部以下，残高 11、座高 3 厘米；披巾垂腿侧；面向右前方。右侧菩萨高 20、座高 3 厘米；绾髻；腰束带，披巾自两肩垂

永清镇佛耳岩

下,绕臂后下垂及座;左手垂体侧,似提披巾,右手持一柳枝于肩侧,左膝微前抬。

坛正面左、右各雕一狮子相向而立,四肢后屈,作欲腾跃状,尾部弯曲上翘。

龛外左、右侧底部各雕一供养人立于平整后的崖壁底部,左侧供养人原编为第13龛,头残,风化严重;似绾髻;着圆领窄袖长袍,足穿鞋;双手合十于胸前,面向右前方。右侧供养人仅存膝部以下,残高5厘米;下着裙,足穿鞋;面向左前方(图59-15)。

图 59-15 永清镇佛耳岩第 12、13 龛(西北→东南)

【第 14、15 龛】

位置：造像崖壁南侧中层，第 13 龛右，第 16 龛左，第 15 龛为第 14 龛供养人。
年代：初盛唐。
龛形：拱形龛，平面呈弧形，宽 24、残高 23、深 4 厘米，龛向 310 度。雕出龛楣及两侧龛面，两侧龛面饰宝珠，内层呈凸棱状。
保存情况：龛上部不存。
造像内容：正壁前设一通壁坛，高 10 厘米。坛正面下部中央雕一侈口、束颈、鼓腹罐，罐口向上方及左、右伸出莲茎，铺满坛前。坛上造一结跏趺坐佛，头残，全身风化严重，高 16 厘米，着袈裟，双手托一近圆形物于腹前。

龛外右侧雕两身供养人，立于平整后的崖壁底部，原编第 15 龛，均面向佛。前方一身头残，全身风化严重，高 16 厘米，绾髻；着窄袖长袍，腰束带，足穿鞋；双手持长莲茎于体前。靠后一身仅存小腿及双足，残高 3 厘米；着长袍或裙；足穿鞋（图 59-16）。

图 59-16　永清镇佛耳岩第 14、15 龛（西北→东南）

永清镇佛耳岩

【第 16 龛】

位置：造像崖壁南侧中层，第 15 龛右。

年代：初盛唐。

龛形：拱形龛，平面呈弧形，宽 31、高 46、深 8 厘米，龛向 330 度。雕出尖拱形龛楣及两侧龛面，内层凸起，饰卷草，外层饰火焰。

保存情况：龛楣顶部不存。

造像内容：正壁前设通壁坛，高 13 厘米，坛正面下部雕一侈口、束颈、鼓腹罐，罐口向上方及两侧伸出莲茎，铺满坛前。坛上造一佛二弟子二菩萨。佛居中，结跏趺坐于仰莲方座上，残损、风化严重，高 10、座高 5 厘米。肉髻略高，双耳硕大，饰耳珰。胸、腹前存袈裟痕。双手置于腹前。

弟子立佛左、右侧，位置靠后，仅存轮廓；着袈裟，下着裙；略侧身向主尊。左侧弟子残高 10 厘米。右侧弟子高 11 厘米，双臂置腹前。

菩萨立弟子外侧圆座上，有内圆外尖桃形素面头光，绾髻；着长裙，披巾自两肩垂下，绕臂后，下垂及坛。左侧菩萨全身风化严重，高 11、座高 2 厘米；左手举于肩侧，似执柳枝，右手置腹前右侧，似持物，腰微左扭。右侧菩萨头及双腿残，略风化，高 10、座高 3 厘米；可见头侧缯带垂肩；左手持物置于腹前左侧，右手置于肩前，似持物，腰微右扭。

坛正面左右各雕一像立狮背上，风化较严重。有圆形素面厚头光，面部近方，髭须浓密；上身赤裸，下着裙。左侧像高 12 厘米；左手举于头侧，右手垂于体侧，腰右扭，幅度较大。右侧像高 11 厘米；左手于腹前持剑，右手垂于体侧。二狮相向，作蹲踞姿，四肢粗壮，尾部上翘。

龛外左侧下部雕两身供养人立像，均朝向主尊。前方一身高 12 厘米；戴三角形冠，面部饱满；着广袖长袍，足穿鞋；左手置于腹前，右手置于胸前。靠后一身女性形象，高 13 厘米，绾髻，面部饱满；着长裙，裙头提至胸前，于胸口束带，结带垂下，外披披巾，足穿鞋；双手置腹前。

龛底下方浅浮雕一横长方形底座，正面雕二壸门，其内各雕一伎乐，飘带飘于体侧，均结跏趺坐。左侧伎乐双手于腹前怀抱一琵琶，作弹奏状。右侧伎乐双手于胸前持排箫，作吹奏状（图 59-17）。

图 59-17　永清镇佛耳岩第 16 龛（西北→东南）

永清镇佛耳岩

【第 17 龛】

位置：造像崖壁西侧中层，第 16 龛右，第 18 龛左。

年代：初盛唐。

龛形：拱形龛，平面呈弧形，宽 27、高 46 厘米，深 8 厘米，龛向 325 度。雕出尖拱形龛楣及两侧龛面，内层凸起，饰卷草，外层饰火焰。

保存情况：龛形保存较好。造像均残损、风化严重。

造像内容：内龛正壁前设一通壁坛，高 14 厘米，坛前中央雕一鼓腹、圈足罐，罐口向上方及两侧伸出莲茎，铺满坛前。坛上造一佛二弟子二菩萨。佛居中，结跏趺坐于仰莲圆座上，高 11、座高 4 厘米。有肉髻，尖桃形素面头光，饰耳珰。着袈裟。双手置腹前。

弟子立佛左、右侧，位置靠后，仅存轮廓；光头，着袈裟；双臂置腹前。左侧弟子高 10 厘米；面向右前方。右侧弟子高 11 厘米；有尖桃形素面头光；面向左前方。

菩萨立弟子外侧，绾髻，戴冠，有尖桃形素面头光；下着裙；披巾自两肩垂下，绕臂后，垂体侧；微侧身向龛外。左侧菩萨高 10 厘米；双手持长茎莲蕾于体前，腰微右扭。右侧菩萨高 10 厘米；左臂置于腹前，右臂置于肩前，腰微左扭。

坛前左、右各雕一像立于狮背上，有圆形素面头光；上身赤裸，下着裙，飘带自两肩垂体侧。左侧像高 11、座高 5 厘米；双手持短棍形物于胸前，头扭向右前方，腰微左扭。右侧像高 10、座高 5 厘米；双手持长棍形物于胸前，头扭向左前方，腰微右扭。二狮相向作蹲踞姿，仅存轮廓（图 59-18）。

图 59-18 永清镇佛耳岩第 17 龛（西北→东南）

永清镇佛耳岩

【第 18 龛】

位置:造像崖壁西侧中层,第 17 龛右,第 19 龛左,右侧龛面与第 19 龛共用。

年代:初盛唐。

龛形:拱形龛,平面呈弧形,宽 32、高 47、深 6 厘米,龛向 325 度。雕出尖拱形龛楣及两侧龛面,内层凸起,饰卷草。

保存情况:龛形保存较好。造像均风化严重。

造像内容:内龛底部中央置一侈口、束颈、鼓腹罐,罐口向上承托一宝珠,向左、右伸出莲茎,铺满正壁下部,其上承托一佛二弟子二菩萨。佛居中,结跏趺坐于仰莲圆座上,高 11、座高 5 厘米。有肉髻,尖桃形素面头光,饰耳珰。着袈裟,下摆覆双腿。双手置腹前。

弟子立佛左、右侧,位置靠后,仅存轮廓;光头,着袈裟。左侧弟子高 11 厘米,右侧弟子高 12 厘米。

菩萨立弟子外侧仰莲圆座上,有内圆外尖桃形素面头光,绾髻、戴冠;着长裙,披巾自两肩垂下,绕臂后垂体侧。左侧菩萨高 11、座高 4 厘米;双手持物于胸前,腰微右扭。右侧菩萨高 12、座高 4 厘米;左手似持物置于腹前左侧,右手似持物于肩前。

龛底左、右侧各雕一像立狮背上,有圆形素面头光;上身赤裸,下着裙;飘带自两肩垂体侧。左侧像高 11、座高 4 厘米;双手持短棍形物于体前,面向右前方,腰微右扭。右侧像高 10、座高 5 厘米;左手置于腹前左侧,右手握拳举头侧。二狮相向作蹲踞姿。

龛底雕一横长方形基座,正面雕二壶门,其内各雕一伎乐,可见飘带飘于体侧(图 59-19)。

图 59-19　永清镇佛耳岩第 18 龛（西北→东南）

永清镇佛耳岩

【第 19 龛】

位置：造像崖壁西侧中层，第 18 龛右，左侧龛面与第 18 龛共用。

年代：初盛唐。

龛形：拱形龛，平面呈弧形，宽 32、高 46、深 6 厘米，龛向 320 度。雕出龛楣及两侧龛面，内层凸起，饰卷草。

保存情况：龛形保存较好。造像均风化严重。

造像内容：龛底中央置一侈口、束颈、鼓腹罐，罐口向上承托一宝珠，向两侧伸出莲茎，铺满正壁下部，其上承托一佛二弟子二菩萨。佛居中，结跏趺坐于仰莲圆座上，高 12、座高 5 厘米。有肉髻，饰耳珰。着袈裟。双手相叠置于腹前。

弟子立佛左、右侧，位置靠后，均仅存轮廓。左侧弟子高 11 厘米。右侧弟子高 10 厘米。

菩萨立弟子外侧仰莲圆座上，有尖桃形素面头光，绾髻，戴冠，可见缯带垂肩后，发辫覆肩；披巾自两肩垂下，绕臂后，下垂体侧。左侧菩萨高 12、座高 3 厘米；双手持一长条形物于体前，面向右前方，腰微右扭。右侧菩萨高 12、座高 4 厘米；左手垂体侧，右手举肩前，面向左前方，腰微左扭。

龛底左、右各雕一像立狮背上，有圆形素面头光；上身赤裸，下着裙，飘带自两肩垂体侧。左侧像高 10、座高 4 厘米；可见绾髻；双手持长棍形物于体前，面向右前方，腰微右扭。右侧像高 10、座高 3 厘米；左手握拳举于头侧，右手似握拳置于体前，面向左前方，腰微右扭。二狮相向作蹲踞姿（图 59-20）。

图 59-20　永清镇佛耳岩第 19 龛（西北→东南）

永清镇佛耳岩

【第 20 龛】

位置：造像崖壁中部中层，第 19 龛右。

年代：初盛唐。

龛形：拱形龛，平面呈弧形，宽 15、高 28、深 4 厘米，龛向 332 度。雕出两侧龛面及尖拱形龛楣，内层凸起，饰卷草。

保存情况：龛形保存较好。造像均残损、风化严重。

造像内容：正壁前起一低坛，高 2 厘米，坛上造一佛二菩萨。佛居中，善跏趺坐于方座上，残高 10 厘米。有尖桃形头光，左臂似置于左腿上，双足下各有一圆台。

菩萨立佛左、右侧，有尖桃形头光，戴冠；下着长裙，披巾自两肩垂于体侧。左侧菩萨高 8 厘米；双手持长条形物于体前，腰微左扭。右侧菩萨高 9 厘米；可见缯带垂肩；双手似置于腹前。

坛前中部有二像残痕，不可识。龛底下方浅浮雕一仰覆莲座，承托整个龛（图 59-21）。

图 59-21 永清镇佛耳岩第 20 龛（西北→东南）

【第 21 龛】

位置：造像崖壁中部中层，第 20 龛右，第 22 龛左。
年代：初盛唐。
龛形：形制不明，残宽 25、残高 28、深 2 厘米，龛向 337 度。
保存情况：仅存正壁右侧部分。造像及壁面遍覆青苔。造像均风化严重。
造像内容：正壁下部雕莲茎铺满壁面，其上造一佛二弟子二菩萨。佛居中，结跏趺坐于仰莲圆座上，高 10、座高 11 厘米。有尖桃形素面头光，着袈裟。双手似托一宝珠于腹前。莲座下有束腰方形基座，束腰处开一拱形小龛，龛内雕一结跏趺坐像，残不可识。

弟子立佛左、右侧，均仅存轮廓；光头；着袈裟，下着裙。左侧弟子高 10 厘米；双手似笼袖中，置胸前；面向右前方。右侧弟子高 9 厘米，面向右前方。

菩萨立弟子外侧仰莲圆座上。左侧菩萨仅存身体内侧轮廓。右侧菩萨头残，高 8、座高 3 厘米；面部长圆；下着长裙，跣足，披巾自两肩垂下，绕臂后下垂及座；双手持长条形物于体前。

龛底右侧现存一力士立狮背上，头残，风化严重，高 7、座高 5 厘米；上身赤裸，下着裙，腰束带，跣足；左手置体前，右手握拳举头侧，腰微右扭。狮子相向作蹲踞姿。

龛底雕一横长方形基座，正面雕三壶门，其内各雕一伎乐，风化严重，可见体侧飘带。

龛外右侧存三身供养人立像，均面向龛内。前方一身高 12 厘米，双手合十于胸前。第二身高 11 厘米，仅存轮廓。第三身高 10 厘米，双手合十于胸前（图 59-22）。

图 59-22　永清镇佛耳岩第 21 龛（西北→东南）

永清镇佛耳岩

【第 22 龛】

位置:造像崖壁中部中层,第 21 龛右,所处局部崖壁与此前各龛所在壁面呈近 90 度转角。

年代:初盛唐。

龛形:拱形龛,平面呈弧形,宽 20、高 31、深 3 厘米,龛向 230 度。雕出尖拱形龛楣及两侧龛面,中央饰莲瓣。

保存情况:龛右上角残,造像及壁面水蚀严重。造像仅存轮廓。

造像内容:龛内环三壁造一佛二弟子。佛居中,结跏趺坐于仰莲圆座,高 10、座高 7 厘米。饰耳珰,垂及两肩。着袈裟。双手置腹前,似结禅定印。

弟子立正壁与左、右壁转折前,光头;着袈裟,下着裙;双手合十于胸前。左侧弟子高 9 厘米。右侧弟子高 10 厘米。

龛底左、右侧各雕一狮,相向而立,四肢粗壮,后背上躬,尾巴上翘,回首龛外。

龛底雕一横长方形基座,正面雕二壶门,其内各雕一身伎乐,飘带飘于体侧(图 59-23)。

图 59-23 永清镇佛耳岩第 22 龛（西南→东北）

【第 23 龛】

位置：造像崖壁中部中层，第 24 龛左，与第 24 龛共用右侧龛面。

年代：初盛唐。

龛形：拱形龛，平面呈弧形，宽 31、高 47、深 8 厘米，龛向 318 度。雕出尖拱形龛楣及两侧龛面，龛面内层凸起，饰卷草，外层饰火焰。右侧龛面浅浮雕一列三个圆圈，其内各雕一结跏趺坐佛。

保存情况：造像及壁面遍覆青苔。造像均风化严重。

造像内容：龛底中央置一侈口、束颈、鼓腹罐，罐口向上方两侧伸出莲茎，铺满正壁下部壁面。莲茎上造一佛二弟子二菩萨。佛居中，结跏趺坐于仰莲圆座上，高 12、座高 5 厘米。有肉髻，饰耳珰。着通肩式袈裟，下摆覆双腿。双手托宝珠于腹前。

弟子立佛左、右侧，光头，着袈裟，下着裙。左侧弟子高 12 厘米，双手托物于胸前。右侧弟子残高 10 厘米，右手似置肩前。

菩萨立左、右壁前台座上，均有内圆外尖桃形素面头光；下着裙，腰束带，跣足，披巾自两肩垂下，绕臂后下垂及座。左侧菩萨高 11、座高 4 厘米；右手持物置于腹前右侧，腰右扭。右侧菩萨高 11、座高 4 厘米；饰耳珰，垂及两肩；左手握瓶置于腹前左侧，右手举柳枝于肩前，腰右扭。

龛底左、右各雕一像立狮背上，有圆形素面头光，似光头，上身赤裸，下着裙，飘带垂体侧。左侧像高 11、座高 4 厘米；双手持短棍状物于体前。右侧像高 10、座高 4 厘米；左手置胸前，右手托塔于肩前。二狮相向作蹲踞姿，回首龛外。

龛底雕横长方形基座，与第 24 龛底部基座贯通。正面雕二壶门，其内各雕一身伎乐，飘带飘体侧。左侧伎乐似执笛作吹奏状。右侧伎乐执琵琶作弹奏状（图 59-24）。

永清镇佛耳岩

【第 24 龛】

位置：造像崖壁中部中层，第 23 龛右，第 25、26 龛左侧，与第 23 龛共用左侧龛面。

年代：初盛唐。

龛形：拱形龛，平面呈弧形，宽 31、残高 40、深 8 厘米，龛向 318 度。雕出尖拱形龛楣及两侧龛面，龛面内层凸起，饰卷草，外层饰火焰。左侧龛面浅浮雕一列三个圆圈，其内各雕一结跏趺坐佛。

保存情况：造像及壁面遍覆青苔，均风化严重。龛楣为顶部一方形榫孔破坏。

造像内容：龛底中央置一侈口、束颈、鼓腹罐，罐口向上方及两侧伸出莲茎，铺满正壁下部壁面。莲茎上造一佛二弟子二菩萨。佛居中，结跏趺坐于仰莲圆座上，高 12、座高 3 厘米。有尖桃形头光，肉髻略高，饰耳珰，垂及两肩。着袈裟。双手置腹前。

弟子立佛左、右侧，光头，着袈裟，下着裙。左侧弟子高 11 厘米，着通肩式袈裟，双手合十于胸前。右侧弟子高 11 厘米，双手置于胸前。

菩萨立左、右壁前仰莲圆座上，有内圆外尖桃形素面头光；下着长裙，披巾自两肩垂下，绕臂后下垂及座。左侧菩萨高 10、座高 3 厘米；可见饰耳珰；左手举柳枝于肩前，右手置腹前，似持物。右侧菩萨残高 9、座高 3 厘米；左臂置腹前左侧，右手持物举肩前。

龛底左、右各雕一像立狮背上，风化严重；有圆形素面头光；上身赤裸，下着裙，飘带自两肩垂体侧。左侧像高 9、座高 4 厘米；左手托塔于头侧，右手置腹前。右侧像高 9、座高 4 厘米；双手握短棍状物于胸前。二狮相向作蹲踞姿，尾巴上翘，回首龛外。

龛底雕横长方形基座，正面雕二壸门，其内各雕一伎乐，飘带飘体侧。左侧伎乐怀抱束腰鼓，作敲击状。右侧伎乐左手托一双层圆饼状物于头前（图 59-24）。

图59-24 永清镇佛耳岩第23、24龛（西北→东南）

永清镇佛耳岩

【第25、26龛】

位置：造像崖壁中部中层，第23、24龛右，第25龛应为第26龛供养人。

年代：初盛唐。

龛形：形制不明，残宽30、残高22、残深3厘米，龛向310度。

保存情况：仅存正壁左下角。造像均仅存轮廓。

造像内容：正壁下部左侧铺满莲茎，莲茎上原应造一佛二弟子二菩萨，现存佛和左侧弟子及菩萨。佛似善跏趺坐于台座上，残高10厘米，左臂置腹前左侧，双足各踩一小仰莲台。

左侧弟子立佛、菩萨之间，位置靠后，残高9厘米，双臂似置胸前。

菩萨立弟子外侧仰莲圆座上，残高10、座高3厘米。下着长裙，披巾自两肩垂下，绕臂后下垂及座。左臂垂体侧，右手置腹前，腰微左扭。

龛底左侧雕一力士立狮背上，高12、座高5厘米。绾髻，束发带飘于头侧；上身赤裸，下着裙；左手托方形物于头侧，右手置右腿前，腰左扭。狮子朝向右侧，蹲踞姿，尾巴上翘。

龛外左侧磨平一横长方形壁面，浅浮雕七身供养人立像，均朝向龛内，原编第25龛。从内至外，第一身高12厘米；戴楔形冠；着圆领长袍，足穿鞋；双手持长柄香炉于胸前。第二身高11厘米；发辫垂及颈部；着大衣，足穿鞋；双手置腹前，身体略后仰。第三身高12厘米；着窄袖衣，下着裙；双手托长柄香炉于胸前。第四身高11厘米；着窄袖衣，下着裙，披巾自两肩垂及膝，下着长裙；双手置腹前。第五身孩童形像，高5厘米；似绾髻，着长袍；左臂下伸，右臂上扬，右腿抬起作蹦跳状。第六身高11厘米；似戴幞头，似着长袍；双手托香炉于胸前。第七身高11厘米；似绾髻，下着长裙，披巾自两肩下垂及膝；双手合十于胸前（图59-25）。

图 59-25 永清镇佛耳岩第 25、26 龛(西北→东南)

【第 27 龛】

位置：造像崖壁中部偏北中层，第 28 龛左，第 40、41 龛上。

年代：初盛唐。

龛形：龛形不明，残宽 21、残高 26、残深 4 厘米，龛向 320 度。

保存情况：仅存正壁左侧部分。造像及壁面遍覆青苔，均仅存轮廓。

造像内容：正壁下部铺满莲茎，莲茎上原应造一佛二弟子二菩萨，现存佛和左侧弟子、菩萨。佛善跏趺坐于台座上，残高 10 厘米。着袈裟。双手置腹前。

弟子立佛、菩萨之间，位置靠后，高 12 厘米。光头，着通肩式袈裟，下着裙，双手持长方形物于胸前。

菩萨立右壁前仰莲座圆座上，高 11、座高 3 厘米。似绾髻，下着裙，跣足，披巾自两肩下垂及座。左臂垂体侧，右手举肩前，腰左扭。

图 59-26　永清镇佛耳岩第 27 龛（西北→东南）

龛底右侧雕一力士立像，风化严重，高 13 厘米。有圆形素面头光，面目狰狞。上身赤裸，下着短裙，腰束宽带，于两腿间下垂及座。左手提物垂腹前，身体朝向龛外，回首左侧（图 59-26）。

【第 28 龛】

位置：造像崖壁北侧中层，第 27 龛右，第 41、42 龛上。

年代：初盛唐。

龛形：拱形龛，平面呈弧形，宽 20、高 28、深 3 厘米，龛向 287 度。雕出尖拱形龛楣及两侧龛面，内层饰联珠，中层饰莲瓣，外层风化。

保存情况：造像及壁面水蚀严重，遍覆青苔。造像仅存轮廓。

造像内容：正壁前起一 12 厘米高坛，坛上造一主尊二胁侍。主尊居中，结跏趺坐于台座上。可见尖桃形头光。

胁侍立左、右壁前，均高 11 厘米，似着袈裟，下着裙；双臂似置于体前。龛底中央雕香炉，两侧各雕一狮相向作蹲踞姿，尾巴上翘（图 59-27）。

图 59-27 永清镇佛耳岩第 28 龛
（西北→东南）

【第 29 龛】

位置：造像崖壁南侧下层，第 16 龛下，第 30 龛左。

年代：初盛唐。

龛形：拱形龛，平面呈弧形，宽 35、高 40、深 10 厘米，龛向 339 度。雕出龛楣及两侧龛面，内层饰联珠，中层饰莲瓣，外层饰火焰。

保存情况：龛底脱落，龛楣风化。

造像内容：正壁前造一菩萨结跏趺坐于仰莲圆座上，面部残，全身风化较严重，高 24、座残高 3 厘米。绾髻，戴冠，缯带垂及肘部，发辫覆肩，面部长圆，饰耳珰，垂及肩部。有内圆外尖桃形素面头光。下着裙，腰束带，披巾自两肩垂下，绕臂后垂至台座两侧。戴环状项圈，可见璎珞于腹部垂及膝前。双手于腹前持一条形物（图 59-28）。

图 59-28 永清镇佛耳岩第 29 龛
（西北→东南）

【第 30 龛】

位置：造像崖壁南侧下层，第 29 龛右，第 17 龛下。
年代：初盛唐。
龛形：拱形龛，平面呈弧形，宽 11、高 14、深 3 厘米，龛向 335 度。雕出尖拱形龛楣及两侧龛面。
保存情况：造像及壁面风化严重。
造像内容：正壁前造一像结跏趺坐于龛底，仅存轮廓，高 9 厘米，双臂置于腹前（图 59-29）。

图 59-29　永清镇佛耳岩第 30 龛
（西北→东南）

【第 31 龛】

位置：造像崖壁南侧下层，第 30 龛右，第 32 龛左，第 18 龛下。

年代：初盛唐。

龛形：拱形龛，平面呈弧形，宽 15、高 26、深 3 厘米，龛向 336 度。雕出尖拱形龛楣及两侧龛面，内层饰联珠，外层饰火焰。

保存情况：造像及壁面风化严重，仅存轮廓。

造像内容：正壁下部设一 7 厘米坛，坛上造一菩萨二弟子。菩萨居中，立仰莲圆座上，高 14、座高 3 厘米。有尖桃形头光，戴冠，缯带垂肩侧。下着长裙，披巾自两肩垂下，绕臂后下垂及座。左手置腹前左侧，右手举肩前，腰微左扭。

弟子立左、右壁前，光头，面部方圆；着袈裟，下着裙。左侧弟子高 11 厘米，着通肩式袈裟，双手置于胸前。右侧弟子高 10 厘米，双手合十于胸前。

龛底左右各雕一狮，相向作蹲踞姿，尾巴上翘，回首龛外。龛底雕一横长方形基座，正面存二壶门痕迹（图 59-30）。

永清镇佛耳岩

图 59-30　永清镇佛耳岩第 31 龛
（西北→东南）

【第 32 龛】

位置：造像崖壁西侧下层，第 31 龛右，第 33 龛左，第 19 龛下。

年代：初盛唐。

龛形：直接开凿于壁面，不具龛形，龛向 328 度。

保存情况：遍覆后代装彩。

造像内容：于崖壁浮雕一碑，宽 13、通高 32 厘米，半圆形碑首，竖长方形碑身，横长方形碑座，碑座上部饰覆莲。字迹不存（图 59-31）。

图 59-31　永清镇佛耳岩第 32 龛
（西北→东南）

【第 33 龛】

位置：造像崖壁西侧下层，第 32 龛右，第 20 龛下。

年代：初盛唐。

龛形：拱形龛，平面呈弧形，宽 29、高 41、深 7 厘米，龛向 316 度。雕出尖拱形龛楣及两侧龛面，内饰联珠，中饰莲瓣，外饰火焰。

保存情况：龛楣风化严重。造像及壁面遍覆后代装彩。龛底下方崖壁脱落，有条石垒砌加固。

造像内容：龛底中央雕一侈口、束颈、鼓腹罐，罐口向上承托一火焰宝珠，向两侧伸出莲茎，铺满正壁下部。莲茎上造一佛二弟子二菩萨。佛居中，结跏趺坐于仰莲圆座上，头残，高 12、座高 3 厘米。有肉髻，双耳硕大，饰耳珰。着通肩式袈裟，领口开于胸前，下摆覆双腿。双手置于腹前，似结禅定印。

弟子立佛左、右侧，位置靠后，体形较小；光头，面部近圆，耳垂硕大；着袈裟，下着裙。左侧弟子高 8 厘米，双手合十于胸前。右侧弟子高 9 厘米，着交领袈裟，双手托物于腹前。

菩萨立弟子外侧仰莲圆座上，风化严重；有尖桃形素面头光，绾髻，戴冠，缯带垂肩；下着长裙，腰束带，跣足，披巾自两肩垂下，绕臂后下垂及座。左侧菩萨高 10、座高 2 厘米；左手举柳枝于肩前，右手置腹前右侧，似持物，腰微右扭。右侧菩萨高 10、座高 2 厘米；戴环状项圈；左手置腹前左侧，右手举肩前，腰微左扭。

龛底左、右各雕一力士立狮背上，上身赤裸，下着短裙，跣足，飘带垂体侧。左侧力士高 11 厘米；左手似持物举头侧，右手置腹前，左腿直立，右腿弯曲，身体朝向龛外，回首右侧。右侧力士高 12 厘米；面目狰狞；左手置腹前，右手持环首刀于头侧；身体朝向龛外，回首左侧，双腿直立。二狮相向作蹲踞姿，头上昂，尾巴上翘。

龛外左、右侧各浅浮雕两身供养人立像，均朝向龛内。左侧两身风化，仅存轮廓，残高 12 厘米；可见着长袍。右侧两身高 13 厘米；戴幞头，面部丰圆；着圆领窄袖长袍，足穿鞋；双手置体前。

龛底雕横长方形基座，正面雕三壸门。右侧壸门雕一兽，面向左侧，四肢直立，作行走状（图 59-32）。

永清镇佛耳岩

图 59-32　永清镇佛耳岩第 33 龛（西北→东南）

【第 34 龛】

位置：造像崖壁中部下层，第 25 龛下，第 35 龛左。
年代：初盛唐。
龛形：拱形龛，平面呈弧形，宽 20、高 36、深 4 厘米，龛向 272 度。雕出尖拱形龛楣及两侧龛面，中央饰火焰。
保存情况：龛底外侧残。造像及壁面遍布后代装彩。
造像内容：正壁前造一菩萨立仰莲圆座上，面部及右臂残，全身风化较严重，高 21、座高 3 厘米。有尖桃形素面头光，绾髻，戴冠，缯带垂肩，颈部有两道蚕纹。下着长裙，腰束带，结带自双腿间下垂及座，披巾自两肩垂下，于腿前横过，绕臂后下垂及座。戴环状项圈，于胸前中央垂饰挂件。左手托一圆形物于腹前左侧，右手举于肩前，站立较直。

菩萨左、右侧各平雕一弟子立像，有圆形素面头光，光头；着袈裟，下着裙，跣足。左侧弟子风化严重，高 19 厘米；身体朝向右前方。右侧弟子高 18 厘米；着交领袈裟；双手笼袖中，置腹前，身体朝向左前方，回首龛外（图 59-33）。

【第 35 龛】

位置：造像崖壁中部下层，第 34 龛右，第 36 龛左。
年代：初盛唐。
龛形：拱形龛，平面呈弧形，宽 25、高 41、深 6 厘米，龛向 254 度。雕出尖拱形龛楣及两侧龛面，饰卷草。龛楣中央及两侧各雕一结跏趺坐佛，中央一身位于小圆龛内。
保存情况：造像及壁面遍覆后代装彩，均风化较严重。
造像内容：正壁前造一佛二菩萨立圆座上。佛居中，头、足残，高 20、座高 3 厘米。有尖桃形头光，中饰一圈联珠，外侧饰火焰，可见头顶肉髻痕，饰耳珰，垂及两肩。着通肩式袈裟，领口开于胸前，腹前衣纹呈"U"字形，跣足。左手托一物于体侧，似为一硕大宝珠，右手举肩前，腰右扭。

菩萨立佛左、右侧，有内圆外尖桃形头光，外侧饰火焰，绾髻，戴冠，缯带垂肩侧，发辫覆肩；下着长裙，腰束带，结带于双腿间下垂及座，跣足，披巾自两侧垂下绕臂后下垂及座；戴环状项圈，两侧各有一道璎珞垂及腿前。左侧菩萨头、足残，高 15、座高 3 厘米；双手持长莲茎于体前，腰左扭。右侧菩萨高 14、座高 3 厘米；双手持长条形物于体前，腰右扭。

左、右侧龛面底部各雕一像相向而立。右侧像仅存残迹，不可识。左侧像胸部以下风化，高 13 厘米；光头；着圆领衣，足穿鞋；双手持一长棍于体前，棍上部较粗。

两侧龛面中部各平雕一弟子相向而立；有圆形素面头光，光头，双耳硕大；着袈裟，下着裙，跣足。左侧弟子高 9 厘米；面部略方，深目高鼻；内着僧祇支，外着双领下垂式袈裟；左手置腹前，右手举头前，伸出食指与中指。右侧弟子高 10 厘米；面部较圆；着交领袈裟；双手笼袖中，置腹前（图 59-34）。

永清镇佛耳岩

图 59-33 永清镇佛耳岩第 34 龛（西→东）

图 59-34　永清镇佛耳岩第 35 龛（西南→东北）

【第 36 龛】

位置:造像崖壁中部下层,第 35 龛右,第 37 龛左。
年代:初盛唐。
龛形:拱形龛,平面呈弧形,宽 21、高 39、深 6 厘米,龛向 261 度。雕出尖拱形龛楣及两侧龛面,内层饰联珠,外层饰火焰。
保存情况:正壁下部、龛楣风化严重,左下角残。造像及表面遍覆后代装彩,均风化严重。
造像内容:环三壁造一菩萨二弟子。菩萨居中,全身风化,结跏趺坐台座上,高 13、座高 5 厘米。有尖桃形头光,头顶上凸,似戴冠,缯带垂肩。双手置腹前。

弟子立正壁与左、右壁转折前台座上,有圆形素面头光,光头。左侧弟子高 14 厘米;颈部残存两道蚕纹;着袈裟;双手持长方形物于体前,身体朝向右前方。右侧弟子全身风化,高 13 厘米;面向左前方。

龛底中央存一香炉残迹,右侧蹲踞一狮,仅存后半身。龛底雕横长方形基座,正面雕壸门,风化严重(图 59-35)。

【第 37 龛】

位置:造像崖壁中部下层,第 36 龛右,第 38 龛左。
年代:初盛唐。
龛形:拱形龛,平面呈弧形,宽 22、高 40、深 5 厘米,龛向 262 度。雕出尖拱形龛楣及两侧龛面,内侧凸起,外层饰火焰。
保存情况:龛底左侧残。造像均风化严重。
造像内容:正壁前造一菩萨二弟子立台座上。菩萨居中,立仰覆莲圆座上,全身风化,高 21、座高 5 厘米。有尖桃形头光,中饰一圈联珠,外缘饰火焰,戴冠,缯带垂肩。下着长裙,跣足,披巾自两肩下垂及座。胸前存项圈痕。左臂置腹前,右手似举肩前,腰左扭。

弟子立菩萨左、右侧台座上,身体均向龛外;均有圆形素面头光,光头;着袈裟,足穿鞋。左侧弟子仅存轮廓,高 16、座高 2 厘米;双手合十于胸前。右侧弟子立覆莲座上,高 15、座高 2 厘米;着交领袈裟;左手置胸前,右手置腹前右侧。座下有莲茎伸向龛底。龛底雕横长方形基座(图 59-36)。

图 59-35　永清镇佛耳岩第 36 龛（西→东）

永清镇佛耳岩

图 59-36　永清镇佛耳岩第 37 龛（西→东）

【第 38、46 龛】

位置：造像崖壁中部偏北下层，第 37 龛左，第 40 龛右，第 47 龛上，第 46 龛所雕为第 38 龛的造像题记。

年代：初唐。

龛形：拱形龛，平面呈弧形，宽 26、高 38、深 6 厘米，龛向 271 度。雕出尖拱形龛楣和两侧龛面，内层凸起，饰两层联珠，外层饰火焰。外层雕七身结跏趺坐小佛，左、右对称。楣尖两侧靠内各雕一摩

图 59-37　永清镇佛耳岩第 38 龛（西→东）

永清镇佛耳岩

尼宝珠，外侧各雕一拱形小龛，有尖拱形龛楣，内各雕一结跏趺坐佛；龛内近龛口处雕佛帐。

保存情况：龛底下部残。造像均风化较严重。

造像内容：龛底设低坛，高5厘米。坛上造一菩萨二弟子。菩萨居中，立仰莲圆座上，仅存轮廓，高20、座高2厘米。有尖桃形头光。下着裙，跣足，两侧披巾下垂及座。

弟子立菩萨左、右侧，有圆形素面头光，光头，双耳硕大；着袈裟，下着裙，跣足。左侧弟子高15厘米；着通肩式袈裟，领口开于胸前；左手抚胸前左侧，右手托物于腹前。右侧弟子高14厘米，仅存轮廓；右手置腹前。

龛底左、右各雕一力士立狮背上；发带飘向两侧；上身赤裸，下着短裙，腰束带，裙腰外翻，跣足。左侧力士高11、座高3厘米；左臂上举，右臂下伸，腰右扭。右侧力士高11、座高4厘米；左臂下伸，右臂上举。二狮相向作蹲踞姿，尾巴上翘。二狮中央雕一香炉。龛底雕横长方形基座，正面雕三壸门（图59-37）。

龛底下方磨平一宽37、高29厘米的壁面，上部平雕供养人，下部刻该龛造像题记。

上部所雕供养人位置略低，左、右侧各五、六身，相向而立。

左侧五身均着圆领长袍，腰束带，足穿鞋。从内至外，第一身孩童形象，高7厘米；双手置胸前。第二身男性形象，高11厘米；双手托香炉于体前。第三身戴幞头，高10厘米；双手托长条状物于体前。第四身高10厘米；双手笼袖中，置于腹前。第五身高8厘米；双手似提一物于腹前。

右侧靠后四身上身残，均着长裙，裙尾覆双足。从内至外，第一、二身孩童形象，高7厘米；双手置胸前。第三身残高8厘米；双手托香炉于体前。第四、五、六身分别残高7、5、4厘米。

下方造像题刻位置略高，十五行，竖刻，楷书，内容记为亡人造观世音像之事（图59-38）。

图59-38　永清镇佛耳岩第38龛造像题记（第46龛，西→东）

【第39、40龛】

位置：造像崖壁中部偏北下层，第38龛右，第41龛左，第48龛上，第39龛所雕为第40龛造像碑。

年代：初盛唐。

龛形：拱形龛，平面呈弧形，宽26、高37、深8厘米，龛向320度。雕出尖拱形龛楣及两侧龛面。

保存情况：造像及壁面风化严重。

造像内容：龛底设坛，高8厘米。坛上造一菩萨立像，残损、风化严重，仅存轮廓，高21厘米；有尖桃形头光，头顶上凸，两侧披巾下垂及坛；左手垂体侧，似提物，右手似举肩侧，腰右扭。

龛底左、右各雕一力士，残损、风化严重，仅存轮廓；上身赤裸，下着裙，跣足，飘带垂体侧。左侧力士残高9厘米，左臂举头侧，右臂置腹前。右侧力士残高8厘米，左手置腹前左侧，右臂上举。两力士内侧各雕一狮，作蹲踞姿，尾巴上翘。左侧狮子身体朝向龛外。右侧狮子身体朝向左侧。

龛外左侧浮雕一碑，原编为第39龛，宽10、高30厘米。龟趺，竖长方形碑身，半圆形碑首。碑首两侧各雕一龙，身体相互缠绕，龙首衔碑身左、右上角。碑首中央开一拱形小龛，其内雕一结跏趺坐小像。碑首上方雕一歇山顶屋檐，雕出瓦垄、鸱尾，檐角上翘。

碑左侧雕一供养人立覆莲圆座上，高15厘米。发髻宽平，面部方圆。着交领大衣，下着长裙，足穿鞋，披巾自两肩下垂及腿侧。身体朝向碑，双手持长柄香炉于胸前，头微前低（图59-39）。

图59-39 永清镇佛耳岩第39、40龛（西北→东南）

永清镇佛耳岩

【第 41、49、54 龛】

位置：造像崖壁北侧下层，第 40、48 龛右，第 42、50 龛左，第 27、28 龛下，第 49、54 龛所雕为第 41 龛供养人。

年代：初盛唐。

龛形：拱形龛，平面近横长方形，宽 116、残高 104、深 45 厘米，龛向 229 度。雕出龛楣及两侧龛面，内层凸起，饰卷草。

保存情况：龛底脱落，龛顶中部及左、右壁中部残。造像及壁面存后代装彩痕。造像均残损、风化严重。

造像内容：正壁前设通壁坛，高 11 厘米。坛正面雕五壶门，其内各结跏趺坐伎乐，飘带飘体侧，从左至右五身分别持琵琶、竖琴、排箫、腰鼓、笛作演奏状。坛上靠下壁面铺满莲茎，其上造一佛二弟子二菩萨二胁侍。佛居中，结跏趺坐于仰莲圆座上，高 38、座高 9 厘米；有内圆外尖桃形素面头光，肉髻略高，面部长圆，双耳硕大，饰耳珰，垂及两肩；着双领下垂式袈裟，下摆覆双腿，内着僧祇支；左手置腹前，右手置右腿上。莲座下有方形基座，凸出于两侧，正面雕三身立像，残不可识。

弟子立佛左、右侧，光头，面部近圆；着袈裟，下着裙。左侧弟子高 35 厘米；左手置腹前，右手举肩前，身体朝向右前方。右侧弟子高 33 厘米；双手持物置胸前，身体朝向左前方。

菩萨立弟子外侧仰莲圆座上，有内圆外尖桃形头光，绾髻，戴冠，缯带垂肩，面部长圆；下着裙，

图 59-40　永清镇佛耳岩第 41、49 龛（西南→东北）

1611

腰束带,跣足,披巾自两肩垂下,绕臂后下垂及座。左侧菩萨高37、座高8厘米;左手似举于肩前,右手置腹前右侧,似持一物,腰微右扭。右侧菩萨高36、座高8厘米;左手置腹前左侧,腰微右扭。

胁侍立菩萨外侧,均仅存轮廓。左侧胁侍高32厘米;双手置胸前左侧。右侧胁侍高31厘米;似着长袍,可见右臂置腹前右侧。

龛外左、右侧下部各雕一身供养人立像,均朝向主尊,为光头、着交领袈裟的僧侣形象。左侧供养人原编为第49龛,仅存头部,残高10厘米;双手持莲蕾于胸前。右侧供养人存腹部以上,残高12厘米;右手执长柄香炉于胸前(图59-40)。

龛底下方磨平宽170、高35厘米的壁面,雕第41龛之供养人,原编第54龛。中央雕一兽首,顶部残,宽32、残高48厘米,怒目圆睁,尖耳竖起,鼻孔外翻,张口露牙,长舌垂下,面部两侧毛发细密上飘。兽首两侧各近平雕一排供养人,相向而立,身体微前躬。

左侧七身。前方四身男性形象,着圆领长袍,腰束带,足穿鞋。靠后三身女性形象,宽平髻,面部清秀;内着交领衣,上套齐胸长裙,足穿鞋,披巾自两肩垂下。从内至外,第一身高32厘米;戴宽檐帽;双手持长柄香炉于胸前。第二、三、四身分别高31、29、27厘米;双手均笼袖中,置腹前。第五身高31厘米;双手饰腕钏,双手持莲蕾于胸前。第六身高29厘米;双手合十于胸前。第七身高27厘米;双手笼袖中,置腹前(图59-41)。

右侧六身。从内至外,第一身儿童形象,高12厘米;光头,着短袖上衣,下着裤;双手饰腕钏;左手持莲蕾置头前,似欲献予主尊,右手置腹前右侧。第二、五身着圆领长袍,腰束带,足穿鞋。第三、四、六身绾宽平髻;内着交领衣,上套齐胸长裙,披巾自两肩垂下,足穿鞋。第二身男性形象,高31厘米;戴梯形冠,腰带下悬弯刀、钩;双手持长柄香炉于胸前。第三身孩童形象,高17厘米;双手饰腕钏;双手合十于胸前。第四身女性形象,高28厘米;双手笼袖中,置腹前。第五身孩童形象,高22厘米;双手笼袖中,置腹前,上身略后仰。第六身孩童形象,高18厘米;绾双髻;腰束带;双手笼袖中,置腹前(图59-42)。

图59-41　永清镇佛耳岩第54龛左侧供养人(西南→东北)

永清镇佛耳岩

图59-42　永清镇佛耳岩第54龛右侧供养人（西南→东北）

【第42龛】

位置：造像崖壁北侧下层，第41龛右，第50龛上。

年代：初盛唐。

龛形：拱形龛，平面呈弧形，宽33、高48、深7厘米，龛向264度。雕出尖拱形龛楣及两侧龛面，内层凸起，雕"回"字形纹，外层饰火焰。龛楣及两侧龛面上部对称开七个小圆龛，圆龛外各饰一圈联珠纹，其内各雕一结跏趺坐小佛，中央圆龛尺寸较大；龛底雕横长方形基座，正面存二壸门，内各雕一伎乐，双腿盘坐，可见靠右一身怀抱琵琶作弹奏状。

保存情况：右下角脱落。造像均风化严重。

造像内容：龛底中央立一狮之前半身，身体朝向龛外，口吐莲茎，铺满正壁下部，莲茎上造一佛二弟子二菩萨。佛居中，似善跏趺坐于方座上，高11厘米。有尖桃形头光，头顶存肉髻痕，似饰耳珰，垂及两肩。着通肩式袈裟，领口开于颈下，似跣足。双臂置腹前，足下各踏一小莲台。

弟子立佛左、右侧，位置略靠后；光头；着袈裟。左侧弟子高13厘米；双手置胸前，身体朝向右前方。右侧弟子高14厘米；着通肩式袈裟，领口开于胸前；双手合十于胸前，身体朝向左前方。

菩萨立弟子外侧仰莲方座上。左侧菩萨仅存轮廓，高12、座高3厘米；身体朝向右前方。右侧菩萨高12、座高3厘米；有内圆外尖桃形素面头光，绾髻，戴冠，缯带垂肩后，发辫覆肩，面部饱满；下着长裙，跣足，披巾自两肩垂下，绕臂后下垂及座；左手持物置左腿前，右手持物举肩前，腰微左扭。

龛底左、右各雕一力士立山座上，右侧力士仅存右臂及台座。左侧力士头残，高14、座高4厘米；上身赤裸，下着战裙，腰束带，跣足；左手握拳举头侧，右手下伸，屈左腿踏山石上，右腿直立。右侧力士残高14厘米；可见右手握拳上举。

龛底下方存四身供养人立像，仅存头部，可见中央两身戴幞头，身体朝向右侧（图59-43）。

图 59-43 永清镇佛耳岩第 42 龛(西→东)

永清镇佛耳岩

【第43龛】

位置：造像崖壁中部中层，第44龛左，第34龛下。

年代：初盛唐。

龛形：拱形龛，平面呈弧形，宽16、高23、深4厘米，龛向251度。雕出尖拱形龛楣和两侧龛面。

保存情况：造像、壁面、龛面及龛楣风化严重。造像均仅存轮廓。

造像内容：环三壁造一佛二弟子立圆座上。佛居中，高12、座高3厘米。着袈裟。双臂似置体前。

弟子立左、右壁前，仅存轮廓；着袈裟，似跣足。左侧弟子高10厘米。右侧弟子高9厘米（图59-44）。

图59-44　永清镇佛耳岩第43龛（西南→东北）

【第 44 龛】

位置：造像崖壁中部下层，第 43 龛右，第 45 龛左，第 35 龛下。

年代：初盛唐。

龛形：拱形龛，平面呈弧形，宽 32、高 40、深 7 厘米，龛向 230 度。雕出尖拱形龛楣及两侧龛面，内层凸起，雕卷草，外层饰火焰；龛楣中央及两侧各雕一小圆龛，其内雕一结跏趺坐佛。

保存情况：下部残损、风化严重。壁面遍覆后代装彩。造像头均残。

造像内容：正壁下部铺满莲茎，风化严重，密布孔洞，莲茎上造一佛二弟子二菩萨。佛居中，结跏趺坐于仰莲圆座上，高 13、座高 5 厘米。有尖桃形头光，中饰一圈联珠，可见头顶肉髻痕，饰耳珰，垂及两肩。着通肩式袈裟，胸、腹前衣纹呈"U"字形，袈裟下摆覆双腿。双手托一硕大宝珠于腹前。

弟子立佛左、右侧，位置稍靠后；光头；着袈裟，下着裙。左侧弟子高 12 厘米；双手托物于胸前。右侧弟子高 12 厘米；双手合十于胸前，未雕出五指。

菩萨立正壁与左、右壁转折前的仰莲圆座上，有内圆外尖桃形素面头光，绾髻，戴冠，缯带垂肩侧；下着裙，腰束带，披巾自两肩垂下，绕臂后下垂及座；戴环状项圈，一道长璎珞自项圈两侧悬垂及腿前，呈"U"字形。左侧菩萨高 12、座高 4 厘米；左手举柳枝于肩前，右手置腹前右侧，似持物，腰微左扭。右侧菩萨高 12、座高 3 厘米；左手握瓶于腹前左侧，右手举柳枝于肩前，腰微右扭。

龛底左、右各雕一护法像立台座上；有圆形素面头光，虬髯，忿怒相。左侧像高 15 厘米；双手持短棍于胸前。右侧像高 15 厘米；右手托塔于头侧（图 59-45）。

永清镇佛耳岩

图 59-45　永清镇佛耳岩第 44 龛（西南→东北）

【第 45 龛】

位置：造像崖壁中部下层，第 44 龛右，第 47 龛左，第 36 龛下。

年代：武德三年（620 年）。

龛形：拱形龛，平面呈弧形，宽 31、高 49、深 6 厘米，龛向 250 度。雕出尖拱形龛楣及两侧龛面，内层凸起，饰卷草，外层饰火焰。龛楣中央及两侧各雕一小圆龛，其内各雕一结跏趺坐小佛；龛底雕横长方形基座，仅存右侧，可见一壸门残痕。

保存情况：龛底左侧残。壁面遍覆后代装彩。造像头均残。

造像内容：龛底中央雕一侈口、束颈、鼓腹罐，罐口向上方及两侧伸出莲茎，铺满正壁下部壁面，莲茎上造一佛二弟子二菩萨。佛居中，善跏趺坐于方座上，高 15、座高 4 厘米。有尖桃形头光，中饰一圈联珠，头顶存肉髻痕。着通肩式袈裟，胸、腹前衣纹呈"U"字形，跣足。双手托物于腹前，足下各踏一小仰莲圆台。

弟子立佛左、右侧，位置靠后；光头；着交领袈裟。左侧弟子高 13 厘米；耳垂及肩；双手托经箧于腹前。右侧弟子高 13 厘米；双手拱于胸前。

菩萨立左、右壁前仰莲圆座上；有内圆外尖桃形头光；下着长裙，腰束带，结带于双腿间垂下，披巾自两肩垂下，绕臂后下垂及座；可见一道璎珞自胸前悬垂腿前，呈"U"字形。左侧菩萨高 13、座高 3 厘米；可见绾髻；左臂举于肩前，右手置腹前右侧，腰微左扭。右侧菩萨高 13、座高 3 厘米；左手握瓶于腹前左侧，右手举柳枝于肩前，腰微右扭。

龛底左、右各雕一护法像立狮背上，风化较严重；有圆形素面头光，虬髯。左侧像高 10、座高 7 厘米；左手持一长戟于头侧，右手置腹前，回首右前方。右侧像高 10、座高 7 厘米；双手持短棍状兵器于胸前，回首左前方。二狮相向作蹲踞姿，尾巴上翘。

龛外右侧靠下位置雕四身供养人立像，身体朝向主尊，靠后一身被第 47 龛所在磨平壁面破坏。从内至外，第一、二身男性形象；戴幞头，着圆领长袍，腰束带，足穿鞋。第一身体形较高，高 12 厘米；双手托长柄香炉于胸前。第二身高 9 厘米；双手笼袖中，置腹前，上身略后仰。第三、四身女性形象，高 9 厘米；绾双髻；着交领衣，其上似套齐胸长裙，裙尾覆双足；双手合十于胸前。第四身高 12 厘米，全身为后代改刻，上身存一凹槽，比例不当，轮廓不清晰，线条与其余三身不同。

供养人上方壁面刻造像题记，宽 10、高 11 厘米，现存六行，有散乱刻划痕，竖刻，楷书，内容为武德三年（620 年）造像记（图 59-46）。

永清镇佛耳岩

图 59-46　永清镇佛耳岩第 45 龛（西南→东北）

【第 47 龛】

位置：造像崖壁北侧下层，第 45 龛右，第 48 龛左，第 46 龛下。

年代：初盛唐。

龛形：拱形龛，平面呈弧形，宽 25、高 32、深 3 厘米，龛向 290 度。雕出尖拱形龛楣及两侧龛面，内层凸起，雕联珠，中饰莲瓣，外饰火焰。龛底雕横长方形基座，正面雕壶门，基座仅存右侧上部。

保存情况：造像及壁面遍覆后代装彩。造像均风化严重。

造像内容：正壁下部中央立一狮之前半身，身体朝向龛外，口吐莲茎，铺满正壁下部，莲茎上造一佛二弟子。佛居中，结跏趺坐于仰莲圆座上，头残，高 11、座高 3 厘米。肉髻略高。上身略长宽，着袈袈，下摆覆双腿。双手置腹前。

弟子立佛左、右侧仰覆莲圆座上，光头；着袈裟，下着裙，跣足；双手置胸前。左侧弟子高9、座高3厘米；身体朝向右前方。右侧弟子高8、座高3厘米；身体朝向左前方。

龛底左、右各雕一狮子相向作蹲踞姿，尾巴上翘（图59-47）。

图59-47　永清镇佛耳岩第47龛（西北→东南）

【第48龛】

位置：造像崖壁北侧下层，第46龛右，第41龛左，第40龛下，第49龛上。

年代：初盛唐。

龛形：拱形龛，平面呈弧形，宽19、高30、深5厘米，龛向325度。雕出尖拱形龛楣及两侧龛面，内层凸起，饰联珠，中饰莲瓣，外饰火焰。龛底下方雕覆莲基座。

保存情况：造像及壁面风化严重。造像均仅存轮廓。右侧龛面遍覆后代装彩。

造像内容：龛底设通壁坛，高7厘米，坛上造一佛二弟子。佛居中，结跏趺坐于台座上，高12、座高6厘米。有尖桃形头光。台座底部可见上层叠涩，底部饰联珠。

弟子均高11厘米，相向立佛左、右侧台座上，仅存轮廓；光头，着袈裟。左侧弟子双臂置于胸前。

永清镇佛耳岩

龛外左侧浅浮雕三身供养人立像,身体朝向龛内,头微前低。从内至外,第一身男性形象,高16厘米;戴幞头;着圆领广袖长袍,腰束带,足穿鞋;双手置于胸前。第二身孩童形象,高13厘米;绾髻,着圆领上衣,下着裙,足穿鞋;双手笼袖中,置腹前。第三身女性形象,高15厘米;绾髻;着上衣,其上似套齐胸长裙,足穿鞋,披巾自两肩垂下;双手合十于胸前。

覆莲基座中央雕一香炉,两侧各雕一狮作蹲踞姿,尾巴上翘。左侧狮子右侧前腿、右侧狮子左侧前腿抬于头前(图59-48)。

图59-48　永清镇佛耳岩第48龛(西北→东南)

【第50龛】

位置:造像崖壁北侧层,第41龛右,第42龛下。
年代:初盛唐。
龛形:拱形龛,平面呈弧形,宽20、残高30、深5厘米,龛向300度。雕出龛楣及两侧龛面,内层凸起,饰联珠,中有一道凹槽。龛底雕横长方形基座,上饰联珠,中饰方格,下饰覆莲。
保存情况:龛顶残。造像及壁面遍覆青苔。造像均残损风化严重。

造像内容： 正壁前起一坛，高 8 厘米，坛上环三壁造一佛二菩萨。佛居中，结跏趺坐于束腰方座上，仅存轮廓，高 10、座高 8 厘米。有内圆尖桃形头光，肉髻略高，饰耳珰，垂及两肩。着袈裟。双手置腹前，似结禅定印。台座束腰处呈六边形，其下有四层六边形叠涩。

菩萨立左、右壁前圆座上，仅存轮廓；绾髻，似戴冠；下着长裙，跣足，披巾自两肩垂下，绕臂后下垂及座。左侧菩萨高 10、座高 2 厘米；双臂似置于腹前，腰微右扭。右侧菩萨高 9、座高 2 厘米；腰微左扭。

龛底中央雕香炉，两侧各雕一狮相向作蹲踞姿，尾巴上翘（图 59-49）。

图 59-49 永清镇佛耳岩第 50 龛（西北→东南）

永清镇佛耳岩

【第 51 龛】

位置：造像崖壁北侧下层，第 52 龛左。

年代：初盛唐。

龛形：拱形龛，平面呈弧形，宽 30、高 32、深 6 厘米，龛向 303 度。雕出两侧龛面，内层凸起，外缘饰联珠，中饰莲瓣，外饰火焰。龛底雕横长方形基座。

保存情况：龛面上部、龛楣及龛底基座残。造像及壁面遍覆青苔，均风化较严重。

造像内容：龛底中央立一狮之前半身，身体朝向龛外，口吐莲茎，铺满正壁下部，莲茎上造一佛二菩萨。佛居中，结跏趺坐于仰莲圆座上，高 15、座高 3 厘米。有内圆外尖桃形头光，肉髻较高，饰耳

图 59-50　永清镇佛耳岩第 51 龛（西北→东南）

裆,垂及两肩。着袈裟。左手置腹前左侧,右手举胸前右侧。

菩萨立正壁与左、右壁转折前覆莲圆座上,有尖桃形头光,戴冠;下着长裙,跣足,披巾自两肩垂下,绕臂后下垂及座。左侧菩萨高13、座高1厘米;左臂垂体侧。右侧菩萨高14、座高1厘米;双手于体前置一"几"字形弯曲物。

龛底中央雕一香炉,香炉两侧相向蹲踞一狮子,回首龛外,尾巴上翘(图59-50)。

【第52龛】

位置:造像崖壁北端底部。

年代:初唐

龛形:拱形龛,平面呈弧形,宽22、高27、深4厘米,龛向283度。雕出两侧龛面及龛楣,内层略凸,中饰莲瓣,外饰火焰;龛底雕横长方形及座,正面开三壶门。

保存情况:龛楣上部残。造像及壁面风化严重,有烟熏痕。像仅存轮廓。

造像内容:正壁下部铺满莲茎,其上造两身像结跏趺坐于台座上,均高7、座高6厘米。

龛外右侧刻字两行,竖刻,楷书,字体较大,残损严重,仅可见"三年"字样(图59-51)。

图59-51 永清镇佛耳岩第52龛(西北→东南)

永清镇佛耳岩

【第 53 龛】

位置：造像崖壁中部近地面处，第 47 龛下，第 54 龛左。
年代：不明。
龛形：方形龛，平面呈方形，宽 15、高 15、深 4 厘米，龛向 300 度。
保存情况：龛内壁面遍布粗大凿痕，遍覆后代装彩。
造像内容：正壁中央存一粗坯（图 59-52）。

图 59-52　永清镇佛耳岩第 53 龛（西北→东南）

【第55龛】

位置：造像崖壁中部上层，第6、7龛下。
年代：初盛唐。
龛形：龛形不明，残宽16、残高25、残深7厘米，龛向243度。

保存情况：仅存正壁右侧。

造像内容：正壁右侧存一菩萨立台座上，头残，仅存右半身，残高19厘米。着长裙，跣足，披巾绕臂后下垂及座。左手握瓶垂体侧（图59-53）。

图59-53 永清镇佛耳岩第55龛（西南→东北）

【第 56 龛】

位置：造像崖壁中部上层，第 9 龛上。
年代：初盛唐。
龛形：形制不明。
保存情况：仅存部分衣纹。
造像内容：造像已残不可识（图 59-54）。

图 59-54　永清镇佛耳岩第 56 龛（西→东）

永清镇

60 鱼龙庙

鱼龙庙摩崖造像位于安岳县永清镇石碾村六组鱼龙庙内，地处名为寨儿坎的独立小山包南面。造像东南100米为陈家沟，西南80米为黄家沟，西北60米为古佛洞坡，东北10米为陈家沟坡，南侧20米为鱼龙河，南侧紧邻小山包，有村道通往永清镇。

在西侧崖壁上自南向北开第1~3龛，崖壁宽5.8、高4米（图60-1、60-2）。造像崖壁前方依岩搭建鱼龙庙大殿，将造像笼罩其中。造像崖壁上、下有密集榫孔，部分内插龛前建筑横梁。造像北侧崖壁又续开现代龛。造像均经清代全面改刻，唐代造像痕迹几乎不存，原唐代龛形保留。

鱼龙庙

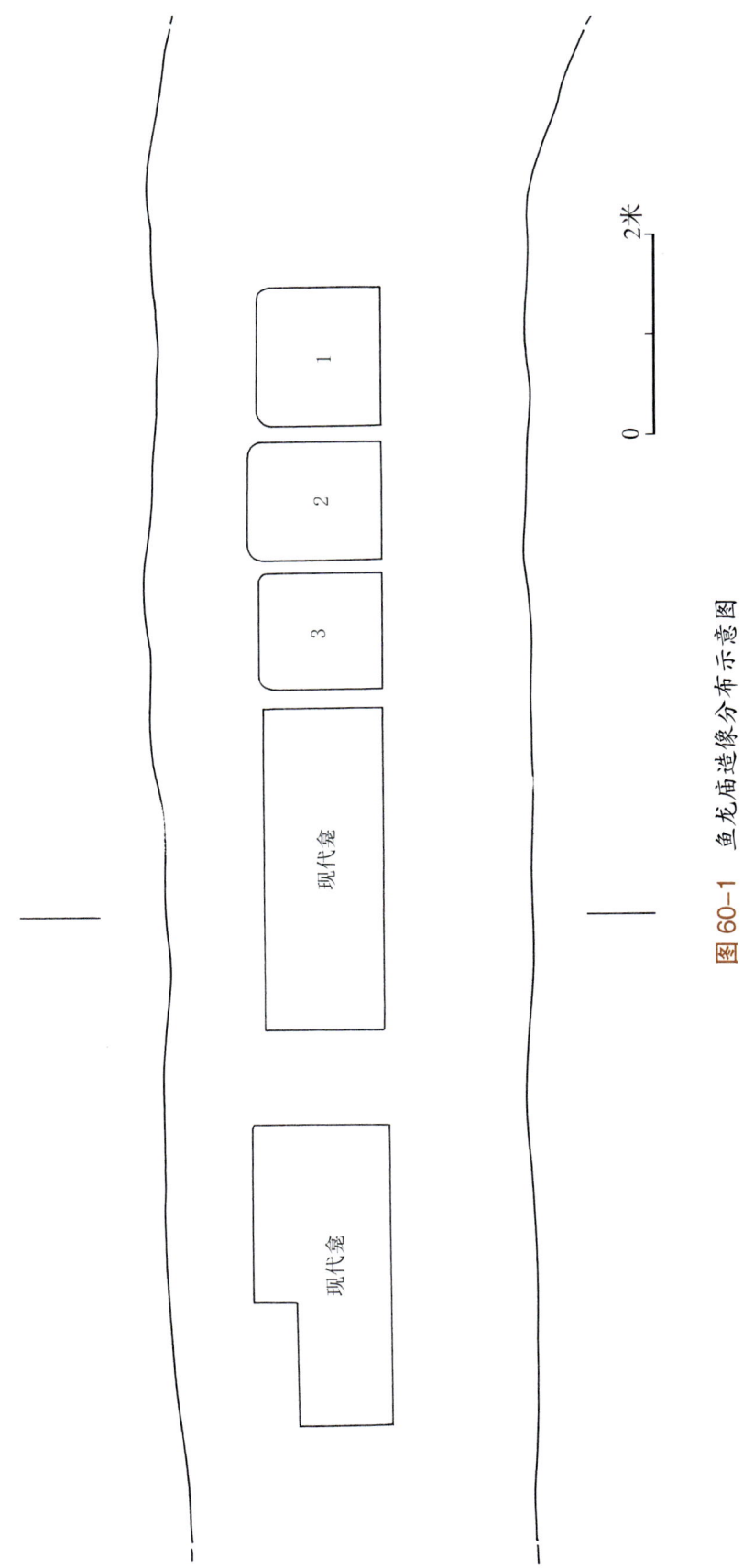

图 60-1 鱼龙庙造像分布示意图

图 60-2　鱼龙庙造像（西北→东南）

【第 1 龛】

位置：造像崖壁南段，第 2 龛右。
年代：唐。
龛形：拱形龛，平面呈宽"U"字形，宽 138、高 127、深 67 厘米，龛向 265 度。
保存情况：保存原唐代龛形。造像均经清代改刻，全身装彩，原造像痕迹不存。
造像内容：环三壁设坛，高 27 厘米，坛上造一佛二弟子二菩萨二力士。佛居中，结跏趺坐于仰莲圆座上，高 65、座高 28 厘米。肉髻较小，螺发近圆珠状，面部近圆，世俗面相，耳垂硕大，颈部有两道蚕纹。内着僧祇支，于胸前束带，外披双领下垂式袈裟，下摆覆双腿，露双足，足心向上。双手托一宝珠于腹前。

弟子立佛左、右侧仰莲圆座上，侧身向佛；均光头，面部近圆；着交领袈裟，左肩垂下一环，拉起袈裟一角，下着长裙，足穿鞋；双手合十于胸前。左侧弟子高 50、座高 17 厘米；老者面相，身体微前躬。右侧弟子高 50、座高 15 厘米；青年面相。

菩萨立正壁与左、右壁转折前的仰莲圆座上，戴卷草花冠，额前发辫呈股状缠绕，头侧发辫垂肩，

鱼龙庙

面部宽圆,世俗面相,颈部有两道蚕纹;内着僧祇支,于胸前束带,外披双领下垂式袈裟,下着长裙,跣足。左侧菩萨高60、座高11厘米;左手托宝珠于腹前,右手垂体侧,持袈裟衣摆。右侧菩萨高60、座高12厘米;左手垂于体侧,持袈裟衣摆,右手握如意于体侧。

力士立左、右壁前,绾髻,戴冠,面部近方,忿怒相;肩系巾,上身赤裸,下着短裙,腰束带,两侧插护腰,足穿靴;双腕饰钏。左侧力士高50厘米;左手挂剑于左腿前,右手握拳上举头侧,握一环,腰微右扭。右侧力士高51厘米;左手握拳上举头侧,握一环,右手挂剑于双腿间,腰左扭。龛底左、右各雕一狮子相背而卧,回首相顾。

佛、弟子、菩萨和力士身后雕八身护法像,左、右对称分布,仅露上身,下身隐祥云内。内侧二身戴冠,面部近方;披双领下垂式大衣;双手各托一圆饼形物于胸前。外侧六身天王形象,戴冠,面部近方,忿怒相;肩系巾,着战甲,腰束带,两侧各插一护腰。左侧从内至外第二身左手托剑于体侧;第三身双手持剑于胸前;第四身左手托塔于体侧,右手持长矛,顶部缠绕幡。右侧从内至外第二身右手持剑于体侧;第三身双手持绳索于体前;第四身双手持剑于胸前。龛外右侧壁面竖刻题记一则,楷书,有嘉庆十三年(1808年)纪年(图60-3)。

图60-3 鱼龙庙第1龛(西→东)

【第 2 龛】

位置：造像崖壁南侧，第 1 龛右，第 3 龛左。

年代：唐。

龛形：拱形龛，平面近宽"U"字形，宽 122、高 138、深 55 厘米，龛向 265 度。

保存情况：存原唐代龛形。造像均经清代改刻，全身装彩，原造像痕迹不存。

造像内容：正壁前起一通壁坛，坛上造一菩萨结跏趺坐于仰莲圆座上，高 75、座高 20 厘米。戴卷草纹高冠，中央雕一小结跏趺坐佛，绾高髻，发辫垂肩，面部椭圆，世俗面相，颈部有两道蚕纹。内着僧祇支，于腹部束带，外披双领下垂式袈裟，下摆覆双腿，披巾自两肩垂下。戴项圈，下有璎珞呈三角状。双手于腹前结禅定印。

左、右壁前各雕一胁侍相向立仰莲圆座上。左侧一身双臂经补塑，高 71、座高 17 厘米；绾双髻，面部近圆，饱满；披巾搭绕两肩，下着长裙，束带，裙腰外翻，足穿鞋；双手现合十于胸前，回首龛外。头顶上方雕一方形华盖，外侧垂两道珠链，系原造像遗存。右侧一身高 63、座高 22 厘米，耳后存原造像头后侧部分；绾髻，面部近圆；着圆领衣，下着长裙，外披双领下垂式衣，足穿鞋，双腿间垂一宽带；左手举于胸前，右手抚左袖，回首龛外。头顶上方雕三角形台，台上雕一鸟，面向龛外，圆头尖喙，胸前挂一项圈，项圈中央系一铃铛。可见鸟左翅斜伸向龛后，喙部衔一如意，如意下有扇形物，双爪抓住台座前方。

龛外两侧，与第 1、3 龛之间的壁面刻一则楹联，竖刻，楷书，左侧：普荫慈云垂象教，右侧：群沾甘露感声灵（图 60-4）。

图 60-4 鱼龙庙第 2 龛（西—东）

鱼龙庙

【第 3 龛】

位置：造像崖壁南侧，第 2 龛右。
年代：唐。
龛形：拱形龛，平面近方形，宽 115、高 124、深 44 厘米，龛向 263 度。
保存情况：存原唐代龛形。造像均经清代改刻，全身装彩，原造像痕迹不存。
造像内容：正壁前起一通壁坛，高 17、深 32 厘米。坛上造一佛一弟子。左侧佛立仰莲圆座上，高 75、座高 10 厘米。头后彩绘圆形头光，头顶前方雕髻珠，螺发近圆球状，面部近圆，世俗面相，颈部有两道蚕纹。内着僧祇支，于腹部束带，外披袈裟，一角搭右臂，下着裙，跣足，右腕饰钏。左手托一方盒于腹前，下有布帛，右手垂体侧。

右侧弟子结跏趺坐于方座上，高 57、座高 25 厘米。头后彩绘圆形头光，光头，面部方圆，世俗面相，颈部有两道蚕纹。着交领袈裟，左肩垂一环，拉起袈裟一角，下摆覆双腿。双手托宝珠于腹前。

台座正面中央雕一狮子卧台座下，身体朝向右侧，回首龛外。下方壁面朱书"地藏王"三字。

龛外右侧壁面刻题记一则，一行，竖刻，楷书，为总领首事及匠师题名(图 60-5)。

图 60-5　鱼龙庙第 3 龛(西→东)

乾龙乡

61 东岳庙

东岳庙摩崖造像位于安岳县乾龙乡清湾村二组东王坡东侧山腰,海拔高程339米。造像位于东岳庙寺院范围内,北侧有小道通往村道,西靠东王坡,东侧为陡直的大山坡,南侧为黄葛坡,所处地理位置较高。

在宽18、高4米的陡直崖壁上开十一龛,分南、北两段(图61-1)。北段所在崖壁内凹形成一深5米的方形浅穴,成为天然遮挡,集中开第1、1-1~1-9龛,南段仅开第2龛。其中第1、1-9、2龛为造像龛,其余各龛均为题刻龛。龛前依岩搭建简易建筑,将北段造像笼罩其中。南段第2龛位于崖壁凸出处,开凿较深,上部崖面略凸。北段造像前放置古代及现代圆雕造像(图61-2)。题刻龛保存较差,第1、1-9龛经修补,第1、1-9、2龛造像及龛前圆雕像均遍覆装彩。北段龛像上部遍布榫孔,部分插入龛前建筑横梁。

第三次全国文物普查仅编第1龛,此次调查增编第1-1~1-9、2龛。

东岳庙

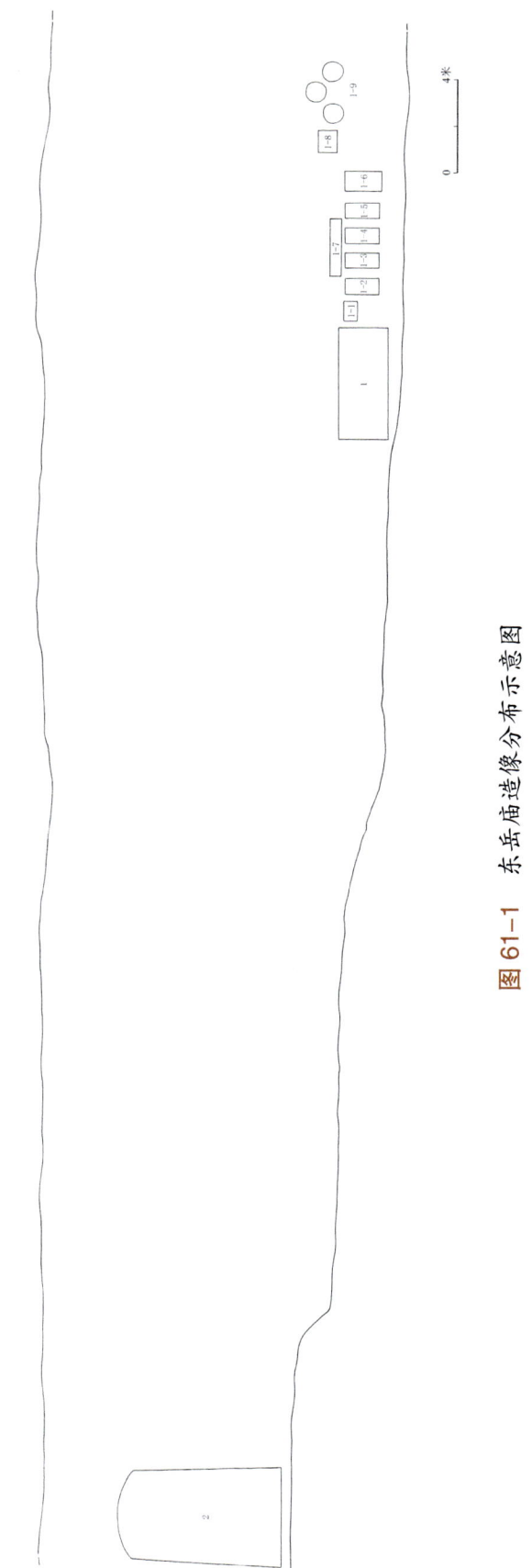

图 61-1 东岳庙造像分布示意图

图 61-2　东岳庙北段造像（东南→西北）

【第 1 龛】

位置：北段南侧，第 1-1 龛右。

年代：南宋。

龛形：方形龛，平面呈横长方形，宽 492、高 244、深 200 厘米，龛向 102 度。

保存情况：左壁外侧残，下部有条石垒砌，龛底被埋。造像全身经改刻和装彩。

造像内容：正壁前现造三身像，均露半身，身体扁平；戴高花冠，螺发尖凸，面部扁平，颈部有两道蚕纹；内着衣，领口开于颈下，外披双领下垂式袈裟。左、右两尊肩披云肩。中央一尊双手为现代补塑，现高 217 厘米；双手现合十于胸前。其头左侧有题记三行，宽 6、高 26 厘米，竖刻，楷书，内容刻信士张仲寅一家等装彩毗卢佛像之事。

右侧一身双手及胸前璎珞为现代补塑，现高 222 厘米；胸前璎珞缠绕；左、右手现分别持宝珠、珠串于腹前。右侧一身双手为现代补塑，现高 212 厘米；左手现托一孩童于腹前，右手置于腹前右侧。

正壁主尊与头部之间，左壁上部内侧和右壁上部内、外各开一小圆龛，宽 60～62、深 15～17 厘米。龛内现各雕一佛结跏趺坐于龛底，头、双手及所持物经现代补塑。均有螺发，现面部宽圆，内着僧祇支，于腹部束带，外披双领下垂式袈裟，下摆覆双腿。左壁上部内侧一身现双手托宝珠于腹前。龛上部刻榜题"阿弥陀佛"，榜题框宽 22、高 8 厘米。主尊头左侧一身现左手抚胸，右手抚膝。主尊头右侧一身现左手抚膝，右手持珠串于腹前。右壁上部内侧一身现左手置于腹前，右手伸出食、中指于腹前。右壁上部外侧一身现双手笼于袖中，置腹前（图 61-3）。

图 61-3　东岳庙第 1 龛（东北→西南）

【第 1-1 龛】

位置：北段南侧，第 1 龛左，第 1-2 龛右。
年代：不明。
龛形：方形龛，平面呈横长方形，宽 84、高 58、深 1 厘米，龛向 91 度。
保存情况：刷现代白漆，其上有朱书。
造像内容：题刻龛。字迹不存（图 61-4）。

图 61-4　东岳庙第 1-1 龛（东→西）

【第 1-2 龛】

位置：北段中部，第 1-1 龛左，第 1-3 龛右。
年代：绍兴壬子（1132 年）。
龛形：横长方形龛，平面呈横长方形，宽 64、高 118、深 1 厘米，龛向 114 度。
保存情况：前方有现代造像遮挡。
造像内容：题刻龛。四行，竖刻，楷书，刻绍兴壬子年（1132 年）题记一则（图 61-5）。

图 61-5　东岳庙第 1-2 龛
（东南→西北）

【第 1-3 龛】

位置：北段中部，第 1-2 龛左，第 1-4 龛右。
年代：南宋。
龛形：方形龛，平面呈横长方形，宽 62、高 143、深 1 厘米，龛向 114 度。
保存情况：中部略风化。
造像内容：题刻龛。四行，竖刻，楷书，风化残损严重（图 61-6）。

图 61-6 东岳庙第 1-3 龛（东南→西北）

【第1-4龛】

位置:北段中部,第1-3龛左,第1-5龛右。

年代:南宋。

龛形:方形龛,平面呈横长方形,宽66、高140、深1厘米,龛向114度。

保存情况:上部剥蚀严重。

造像内容:题刻龛。四行,竖刻,楷书,风化残损严重(图61-7)。

【第1-5龛】

位置:北段中部,第1-4龛左,第1-6龛右。

年代:南宋。

龛形:方形龛,平面呈横长方形,宽62、高140、深1厘米,龛向114度。

保存情况:剥蚀较严重。

造像内容:题刻龛。四行,竖刻,楷书,风化残损严重(图61-8)。

【第1-6龛】

位置:北段北侧,第1-5龛左,第1-7右。

年代:南宋。

龛形:方形龛,平面呈横长方形,宽78、高168、深1厘米,龛向114度。

保存情况:剥蚀严重,壁面有现代蓝漆书写字迹。

造像内容:题刻龛。一行,竖刻,楷书,字体较大,从上至下:安乐囤(图61-9)。

【第1-7龛】

位置:北段中部,第1-3、1-4龛上。

年代:南宋。

龛形:横长方形龛,平面呈横长方形,宽24、高40、深1厘米,龛向114度。

保存情况:剥蚀严重。

造像内容:题刻龛。中部篆刻一行大字,残不可识,末尾有一行楷书小字:……文仲璋刻(图61-10)。

图 61-7 东岳庙第 1-4 龛（东南→西北）

图 61-8　东岳庙第 1-5 龛（东南→西北）

图 61-9　东岳庙第 1-6 龛（东南→西北）

东岳庙

图 61-10　东岳庙第 1-7 龛（东南→西北）

【第1-8龛】

位置：北段北侧，第1-6龛左，第1-9龛上。

年代：咸丰九年（1859年）。

龛形：直接刊刻于崖壁上，宽105、高96厘米，龛向114度。

保存情况：遍覆白彩，存彩绘。

造像内容：题刻龛。十四行，竖刻，楷书，刻咸丰九年（1859年）安岳县喜井乡禁事文一则（图61-11）。

图61-11 东岳庙第1-8龛（东南→西北）

东岳庙

【第1-9龛】

位置：北段北端，第1-8龛左。

年代：南宋。

龛形：成组的三个圆形浅龛，呈"品"字形排列，平面均呈浅弧形，各宽85、深10厘米，龛向115度。

保存情况：原造像痕迹不存。现造像全身经现代补塑，造像及壁面遍覆现代装彩。

造像内容：龛内现各塑一像坐龛内。中央一身现结跏趺坐于台座上，现高82厘米；现塑一佛，螺发，着袈裟，双手持一长茎莲蕾于腹前。左侧一身现倚坐台座上，现高76厘米；世俗男性形象，戴方冠，着交领长袍，双手现笼于袖中，垂体侧。右侧一身现倚坐台座上，现高76厘米；世俗妇女形象；戴冠，着交领长袍，左手现笼于袖中，垂于体侧，右手现置于右膝上。右侧二龛下部壁面横刻"安乐团"三字，字体较大（图61-12）。

图61-12 东岳庙第1-9龛（东南→西北）

【第 2 龛】

位置：南段。
年代：南宋。
龛形：方形龛，平面近宽"U"字形，宽450、高710、深237厘米，龛向128度。
保存情况：龛顶残。正壁右侧有一道宽裂隙向右壁贯穿至龛底，壁面及塔遍覆现代装彩。
造像内容：正壁前高浮雕六级方塔，高700厘米。方形塔基，中部略内收，遍布宽粗凿痕，未经细致打磨。塔身五级，均方形，各层檐角上翘，壁面遍布细密凿痕。各级正面和左、右侧面各开一圆形浅龛，龛内各雕一像结跏趺坐于龛底，全身装彩，未经后代改动。正面从上至下第三、五龛像分别戴冠、卷发。其余各身均螺发，面部宽圆，额部宽平，双目半睁下视，眼角斜长，鼻梁挺直，小嘴闭口，颈部浅刻两道蚕纹；内着僧祇支，于腹部束带打结，外披双领下垂式袈裟，下摆覆双腿，悬垂龛底下方（图61-13）。

塔身正面，从上至下，第一身双腕饰钏，双手拱于胸前。第二身双腕饰钏；左手横置于腹前，掌心向上，屈中指与无名指，右手伸于头侧，伸出食指与中指。第三身世俗老者形象，戴高圆冠；着交领长袍，于腹前束带打结，露左足，穿鞋；左袖垂于体侧，中空，应表现无左臂，右手托一方形书册于头侧，中央束带（图61-14）。第四身戴卷草纹高冠，中央饰一硕大宝珠，两侧缯带垂于肩后；双腕饰钏；双手拱于胸前（图61-15）。第五身卷发，双手托一仰莲圆台于腹前，其上置方塔，仅雕出方形轮廓，中央有一立佛，内着僧祇支，外着双领下垂式袈裟，双手置于腹前（图61-16）。

塔身左侧，从上至下，第一身双手置于腹前。第二身双手置于腹前，其上覆搭一方形布帛。第三身左手抚膝，右手执一布帛于胸前中央（图61-17）。第四身双手笼袖中，拱于胸前（图61-18）。第五身双手托一浅腹圆钵于腹前，钵下置一巾，钵内盛宝珠（图61-19）。

塔身右侧，靠上四层开龛。从上至下，第一身双手持一方形书册于腹前，中央束带。第二身双手笼袖中，置于腹前。第三身左手托一宝珠于胸前中央，下有布帛承托，宝珠后方向龛顶上方飘出一飘带（图61-20）。第四身双手笼袖中，置于腹前（图61-21）。塔身左侧从上至下第五级未完工，内侧为尚未打磨的石坯。

塔顶左侧又开内、外两个小圆龛。内侧一龛位于正壁上部左侧，龛内造一菩萨结跏趺坐于龛底；戴卷草纹高冠，冠中央雕一长颈瓶，下部饰珠链，缯带垂肩；内着僧祇支，外披双领下垂式袈裟，下摆覆双腿，悬垂龛底下方。左手托一小圆钵于腹前，右手掌心向内，五指卷曲，握胸前。

外侧一龛位于左壁顶部，龛内雕一佛结跏趺坐于龛底；头顶有一圆轮，螺发细密，面部特征与开凿于塔身的小佛一致；内着僧祇支，于腹部束带打结，外披双领下垂式袈裟，下摆覆双腿，悬垂龛底下方；左手抚膝，右手横置腹前，掌心向上，拇指、中指与无名指相捻。

外侧小龛内雕一佛，头顶雕一轮，内有花瓣，螺发，内着僧祇支，外着双领下垂式袈裟，双手结禅定印于腹前。塔顶雕一硕大宝珠，顶部有二飘带飘向上方左、右侧。

东岳庙

图 61-13　东岳庙第 2 龛（东南→西北）

图 61-14　东岳庙第 2 龛塔正面从上至下第三身（东南→西北）

图 61-15　东岳庙第 2 龛塔正面从上至下第四身（东南→西北）

东岳庙

图 61-16　东岳庙第 2 龛塔正面从上至下第五身（东南→西北）

图 61-17　东岳庙第 2 龛塔左侧
从上至下第三身（东→西）

图 61-18　东岳庙第 2 龛塔左侧从上至下第四身（东北→西南）

图 61-19　东岳庙第 2 龛塔左侧从上至下第五身（东北→西南）

东岳庙

图 61-20　东岳庙第 2 龛塔右侧从上至下第三身(西南→东北)

图 61-21　东岳庙第 2 龛塔右侧从上至下第四身(西南→东北)

坪河乡

062 菩萨岩

菩萨岩摩崖造像位于安岳县坪河乡海印村三组马头寺内,地处名为菩萨岩的山体西侧山腰,海拔高程310米。造像区西临石竹沟,东靠菩萨岩山,西侧20米有村道通往连通外界的公路。

　　在宽19、高7.5米的红砂岩崖壁上开凿五龛,编号第1~5龛。西侧崖壁自南向北开第1~4龛,距离地表2~6米;北侧崖壁西端开第5龛(图62-1)。龛像前依岩搭建马头寺,将第1、2龛笼罩其中,其余各龛曝露于旷野。造像于早年遭到人为损坏,现均残损、风化严重。

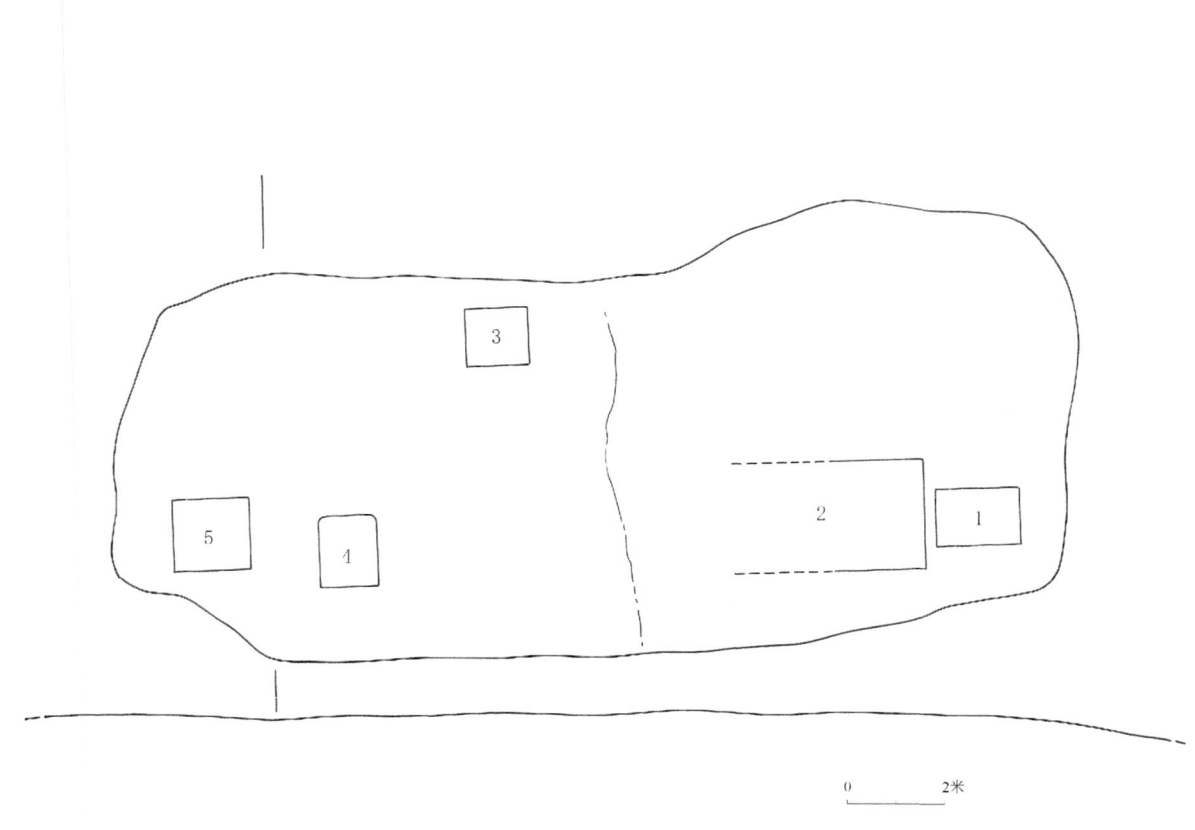

图62-1　坪河乡菩萨岩造像分布示意图

坪河乡菩萨岩

【第 1 龛】

位置：西侧造像崖壁南端，第 2 龛左。

年代：唐末五代。

龛形：方形龛，平面呈横长方形，宽 170、高 100、深 20 厘米，龛向 275 度。

保存情况：右上角残。造像及壁面风化严重，龛底下方存一排榫孔。

造像内容：正壁前起一高 60、深 10 厘米的高台。高台上造十一身坐像，仅露上半身，均仅存轮廓。中央一身体形略宽高，两侧对称分布五身坐像，仅可见左侧两身似戴方形高冠，胸部轮廓较完整者均似双臂置于胸前。

高台前浅浮雕十一个竖长方形框，其位置与上方坐像一一对应。各框内独立浅浮雕地狱变，均脱落、风化严重。

左起第一框中部左侧雕两身男像并排朝向右侧而立，仰面向高台中央；戴幞头，着圆领长袍，腰束带；双手笼袖中，拱于胸前，身体微前倾。右侧靠下位置雕三身亡魂，未雕出面部、衣纹，仅有轮廓；戴长枷，头低垂；双臂置枷上或下垂；身体朝向左侧。

第二框上部右侧存一立像轮廓；似着长袍，腰束带；身体朝向左侧，双手搭下一宽布帛。前方造像残不可识。下部雕二冥吏作驱使亡魂状。二冥吏相向而立，双耳肥大，近桃形；着窄袖衣，下着裤，腰部左右各垂一袋。左侧冥吏身体朝向右侧，左臂置腹前，右手扬棍作击打状，腹部微腆。右侧冥吏身体朝向左侧，左手握右手腕，右手握前方长枷。二冥吏中央雕一亡魂，似绾发髻，颈戴长枷，下着裤，似跣足，身体朝向右侧，身体前躬，作奋力挣扎状。

第三框上部左侧雕一立像，着长袍，身体朝向右侧。下部左侧一身双臂上举，似着短裤，身体似朝向右侧；右侧一身着裤，身体朝向左侧，腿侧存一长棍痕。

第四框上部雕一架秤，中央似倒悬一物。秤下左侧雕两身立像，均仅见双腿，身体朝向右侧。立像前方雕圆形业镜，下有方形台座承托。

第五框上部中部雕一像，身体朝向右侧，仰面向上。

第六至八框隐约有造像轮廓，残不可识。第六至十一框内容风化，脱落不存（图 62-2）。

图62-2 坪河乡菩萨岩第1龛（西→东）

坪河乡菩萨岩

【第 2 龛】

位置：西侧造像崖壁南侧，第 1 龛右。

年代：唐末五代。

龛形：方形龛，平面呈横长方形，宽 320、高 229、深 20 厘米，龛向 276 度。

保存情况：龛顶、龛底和右壁不存。造像及壁面风化较严重。

造像内容：龛下方中央开一圆拱形龛，龛底不存，宽 66、残高 60、深 12 厘米。龛内造像均为现代全身补塑而成，现为一菩萨四胁侍，仅主尊身后头光及身光为原造像遗留。中央菩萨结跏趺坐于仰莲台上，高 38、座高 10 厘米，有尖桃形头光和椭圆形身光，外缘饰火焰，现双手置于腹前。

菩萨左、右侧各有两身胁侍，前、后站立。前排胁侍立仰莲圆座上，身后有巨大椭圆形背光，于头两侧微内收，系原造像遗存。左侧一身高 25、座高 5 厘米，双手现覆巾置于胸前，巾上托一圆形物。右侧一身像高 30、座高 5 厘米，现双手合十置于胸前。后排胁侍立前排胁侍身后，仅露上身。

龛左侧雕千佛，现存十九排，其中从上至下第一至六排造像不存，均风化严重，仅存轮廓。千佛可见着袈裟，结跏趺坐于圆台上，高 9～11 厘米。龛右侧对应部分尚为石坯，未造像，该龛应未完成开凿（图 62-3）。

图 62-3　坪河乡菩萨岩第 2 龛（西→东）

【第3龛】

位置：西侧造像崖壁中部靠上。
年代：唐末五代。
龛形：方形龛，平面呈横长方形，宽120、高110、深60厘米，龛向245度。
保存情况：龛形完整。壁面遍覆青苔。
造像内容：未见造像。

【第4龛】

位置：西侧造像崖壁北端。
年代：唐末五代。
龛形：拱形龛，平面近横长方形，宽100、高165、深20厘米，龛向235度。

保存情况：仅存正壁和龛顶内侧部分。造像及壁面残损、风化严重。龛底下方存两个方形榫孔，正壁左上方亦存一方形榫孔。龛底左下方存一宽30、高50、深25厘米的凹槽。

造像内容：正壁前浅浮雕塔一座，高150厘米，由塔基、塔身和塔顶三部分组成。方形塔基，圆拱形塔身，塔身中部开一圆拱形浅龛，宽45、高62、深4厘米。三角形塔顶，两侧有檐角伸出，塔顶中央雕一凸起的椭圆形物（图62-4）。

图62-4　坪河乡菩萨岩第4龛（西南→东北）

坪河乡菩萨岩

【第5龛】

位置:北侧造像崖壁西端。

年代:广政十二年(949年)。

龛形:方形龛,平面呈横长方形,宽153、高185、深85厘米,龛向5度。

保存情况:龛底被埋。各壁面遍覆青苔。

造像内容:正壁前造像被毁不存,仅存台座,残高60厘米,下层近圆形,上层为方形(图62-5)。右壁中、上部刻题记一则,顶、底及外侧脱落,风化严重,现宽28、高64厘米,存九行,竖刻,楷书,内容记广政十二年(949年)建立罗汉堂及修造经幢之事(图62-6)。

图62-5 坪河乡菩萨岩第5龛(北→南)

图 62-6　坪河乡菩萨岩第 5 龛造像题记（西→东）

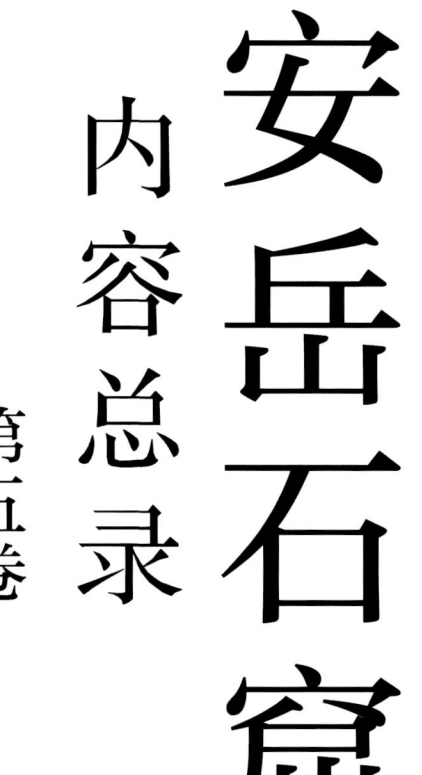

国家社科基金重大项目成果

安岳石窟内容总录

第五卷

白彬　张亮　雷玉华　董华锋　主编

四川大学考古文博学院
西南民族大学旅游与历史文化学院
安岳石窟研究院　编著

天津出版传媒集团
天津古籍出版社

南部石窟

自治乡

63 木鱼山

木鱼山摩崖造像位于安岳县自治乡黄河村四组,地处木鱼山山腰,现为四川省文物保护单位。造像区西北距安岳县城23公里,西南距自治乡政府200米,西300米为原菩提寺旧址,现为自治乡小学,西北150米为农舍。所在木鱼山山脚紧临村道。

造像开凿于木鱼山裸露的上、下两处崖壁上,编号第一、二号崖壁。第二号崖壁前建寺院大殿,西侧有石阶通往第一号崖壁前的石板路。两处崖壁上共开二十九龛(窟),通编第1~24龛(窟)(图63-1)。第一号崖壁贯穿木鱼山西、北侧,造像龛自西侧崖壁始,按顺时针编号,西侧崖壁开第1~15、14-1龛,分上、下两排,除第8龛开于下排外,其余龛皆在上排(图63-2);北侧崖壁开第16~19、17-1、18-1、19-1、19-2龛(窟)(图63-3)。第二号崖壁位于山脚处、第一号崖壁北侧下部,开第20~24龛(图63-4)。

第一号崖壁西侧宽81.5、高4.5~15米,部分崖壁凹凸转折,中部有大面积垮塌,第10、11龛之间崖壁自顶部垮塌,现有条石垒砌加固;北侧崖壁宽81、高8.5~13.5米,略有凹凸转折,第16~19、17-1、18-1龛(窟)下方崖壁垮塌,现有条石垒砌的保坎。第二号崖壁宽6.8、高2.3~2.5米,较平整,略向前倾斜,与现地面约呈40度角。从崖壁形状及位置推测该崖壁是从第一号崖壁北侧下部脱落至此。崖前现有石板垒砌保坎。

第一号崖壁龛像在早年遭到严重破坏,大部分头、手被凿毁,村民将部分残毁造像用水泥补塑。现造像部分风化残损较严重,局部垮塌。第二号崖壁所在地为低矮缓坡,原被掩埋,近年被村民挖出,并修补装彩。2000年,在崖前建大殿。2013年,在第16龛顶部加盖水泥板,在第16~18龛下方修建保坎、铺设石板路,将上、下两层崖壁连通。

采用第三次全国文物普查编号,增编14-1、17-1、18-1、19-1龛,第19-2窟。

木鱼山

图 63-2　木鱼山第一号崖壁西侧造像（西北→东南）

图 63-3　木鱼山第一号崖壁北侧造像（西北→东南）

图63-4　木鱼山第二号崖壁造像（北→南）

【第1龛】

位置：第一号造像崖壁西侧南端，第2龛左。
时代：唐。
龛形：方形龛，平面呈方形，残宽82、残高70、深33厘米，龛向248度。
保存情况：龛、像风化、残损严重，覆青苔，造像残不可识。
造像内容：正壁前存二身像轮廓。左、右侧像残高分别为40、39厘米（图63-5）。

木鱼山

图 63-5　木鱼山第 1 龛（西南→东北）

【第 2 龛】

位置：第一号造像崖壁西侧上排南侧，第 1 龛右，第 3 龛左。
时代：唐。
龛形：拱形龛，平面呈横长方形，宽 81、残高 80、深 26 厘米，龛向 329 度。
保存情况：仅存正壁。龛壁及造像风化、残损严重，覆青苔，造像仅存轮廓。
造像内容：正壁前造一主尊二胁侍。主尊似坐于座上，连座残高 40 厘米。二胁侍立于左右侧，残高分别为 36、35 厘米（图 63-6）。

图 63-6　木鱼山第 2 龛（西北→东南）

木鱼山

【第 3 龛】

位置：第一号造像崖壁西侧上排南侧，第 2 龛右，第 4 龛左。

时代：盛唐。

龛形：外方内拱形龛，内龛平面呈"U"字形，外龛残宽 187、残高 170、残深 32 厘米，内龛宽 101、高 145、深 69 厘米，龛向 275 度。内龛左右壁外侧微内收。

保存情况：外龛四壁及造像风化、残损严重，龛中部及左侧覆青苔。

造像内容：内龛环三壁造一佛二弟子二菩萨。佛居中，似坐于圆座上，仅存轮廓，像连座残高 101 厘米。有圆形素面头光、身光。

弟子立左、右壁内侧前圆座上，似有圆形素面头光，着袈裟，双手置胸前。左侧弟子残高 83、座高 15 厘米。右侧弟子残高 81、座高 14 厘米。

菩萨立左、右壁外侧前圆座上，有尖桃形素面头光，戴束发冠，发辫及缯带垂肩，面部丰圆，颈部有两道蚕纹；着长裙，披巾绕臂后垂体侧。左侧菩萨高 87、座高 4 厘米；足似穿鞋，左手置腹前，右手似提瓶垂体侧，腰右扭。右侧菩萨右臂及小腿残，高 83、座高 7 厘米；头绾扇形髻，戴花冠；左手似持披巾垂体侧，腰左扭。

佛、弟子及菩萨身后存五身护法像。佛左、右侧上部各见一身像之轮廓。左侧菩萨头左侧存一身残痕。右侧菩萨头光右侧可见两身，上方一身存胸部，似着甲；下方一身存头部，束髻。

内龛两侧龛口外侧各雕一力士立台座上，头、双臂、双足残；上身赤裸，下着及膝裙，腰束带打结，裙腰外翻，飘带经头后过腰带飘于体侧。左侧力士高 76、座高 14 厘米；左手举肩侧，右手斜伸右下方似提罐，腰左扭。右侧力士高 81、座高 12 厘米；有圆形素面头光，跣足，左手伸体侧，右手举于肩侧，腰右扭（图 63-7）。

图 63-7　木鱼山第 3 龛（西→东）

【第4龛】

位置：第一号造像崖壁西侧上排南侧，第3龛右，第5龛左。

时代：盛唐。

龛形：外方内拱形龛，内龛平面呈弧形，外龛残宽190、残高200、残深30厘米，内龛宽108、残高135、深53厘米，龛向262度。

保存情况：外龛四壁残损脱落，内龛和造像均风化、残损严重，仅存轮廓。下部造像多密布凹坑，上部及右侧龛、像覆青苔。

造像内容：内龛环三壁造一佛二弟子二菩萨。佛居中，善跏趺坐于台座上，高65、座高25厘米。有尖桃形素面头光，肉髻。双手置身前。

弟子立左、右壁与正壁转折处圆座上，光头，双手似置胸前。左侧弟子存圆形头光痕，高70、座高14厘米。右侧弟子残高70、座高10厘米。

菩萨立左、右壁外侧前圆座上。左侧菩萨高75、座高15厘米；有尖桃形素面头光，绾高发髻，发辫垂肩；披巾绕臂后垂体侧；左手举左肩前，右手似提物垂体侧。右侧菩萨仅存左侧轮廓，残高70、座高12厘米；有头光残痕；左臂垂体侧。

佛、弟子及菩萨身后存五身护法像，均露上身。佛左侧存三身，从内至外，第一身光头；第二身头顶上方有尖锥状凸起；第三身绾髻，着交领衣，双手置胸前。佛右侧存二身，从内至外，第一身戴兽头

图63-8　木鱼山第4龛（西→东）

木鱼山

帽,第二身束髻。

内龛两侧龛口外侧各造一力士立山座上。左侧力士双臂残,高78、座高10厘米;有圆形素面头光;束髻,缯带上飘;上身赤裸,下着及膝裙,跣足;飘带经头后垂体侧;左手上举,右手下伸于体侧,腰左扭。右侧力士仅存轮廓,残高58、座高10厘米;左手下伸于体侧,右手上举,腰右扭(图63-8)。

【第5龛】

位置:第一号造像崖壁西侧上排南侧,第4龛右。
时代:盛唐。
龛形:方形龛,残宽155、高170、残深30厘米,龛向312度。
保存情况:仅存正壁。造像风化、残损严重,覆青苔。
造像内容:正壁前造二身像立于束腰圆座上,有头光残痕。左侧一身菩萨形象,左臂不存,腹部以下遍布小凹坑,高130、座高35厘米;戴冠,缯带垂肩侧,发辫垂肩;上身斜披络腋,跣足;左手举身前,右手执物垂体侧,所执物残不可识。右侧一身仅存轮廓,高132、座高28厘米;头光内饰锯齿纹。

立像外侧近龛底处各开一方形浅龛。左侧小龛遍布青苔,下部残,底不存,宽39、残高31、深2厘米。龛内造一像,仅存轮廓,高28厘米。右侧小龛风化严重,右侧残,上部及右侧覆青苔,残宽20、高40、深2厘米。龛内造一立像,仅存残痕,高32厘米(图63-9)。

图63-9 木鱼山第5龛
(西北→东南)

【第 6 龛】

位置：第一号造像崖壁西侧上排南侧，第 5 龛右，第 7 龛左。

时代：唐末五代宋初。

龛形：不明，平面近横长方形，残宽约 420、高 249、深 60 厘米，龛向 290 度。

保存情况：龛左侧随崖壁整体脱落，右侧龛顶及右壁大部分脱落。所在崖壁外凸，龛底下方崖壁内凹。

造像内容：正壁造西方净土世界（图 63-10）。正壁中部内凹，形成一圆形浅龛，龛内造一佛二菩萨。佛居中，结跏趺坐于束腰仰莲圆座上，面部残，高 48、座高 38 厘米。头顶雕八角形华盖，其上饰帷幔、珠链。有尖桃形头光和圆形身光，均中部饰素面条带，外缘饰火焰。有肉髻，髻顶向上方左右各伸出一道毫光，卷曲形成三个圆环后飘至龛顶两端。圆环内均雕一身结跏趺坐佛，着通肩式袈裟，下摆覆双足；双手于腹前结禅定印。莲座前雕圆形三足香炉。香炉两侧各雕一身像胡跪于仰莲圆座上，仰面向佛，绾髻；着长裙，跣足；双手置胸前。佛身后雕一座双层楼阁，可见瓦垄、鸱尾及上层围栏，歇山顶。

左、右侧菩萨位于圆形浅龛两端，头顶雕八角形华盖，其上饰帷幔、珠链。左侧菩萨不存。右侧菩萨结跏趺坐于仰莲圆座上，高 49、座高 24 厘米；有尖桃形头光及圆形身光，外缘饰火焰纹；戴宝冠，似绾髻，发辫垂肩，缯带垂肩后；斜披络腋，下着长裙，衣摆覆双足；披巾自两肩垂下，搭两臂后垂莲座上；双手执柳枝于胸前。

佛与两侧菩萨之间的中央位置各雕一经幢。左侧经幢仅存轮廓。右侧经幢由方形幢座、八棱柱形幢身及宝盖组成，幢基正面有后代衍刻的"卐"字。

佛身后楼阁的左、侧各雕三排弟子立像。左侧弟子均残损，仅存轮廓。右侧弟子每排二身，均光头，着袈裟，双手合十于胸前。

经幢与两侧菩萨之间亦雕有立像。左侧部分仅存数身轮廓。右侧雕五排，从上至下分别有三、二、三、二、一身，风化严重；多绾髻，圆脸；双手多置胸前。

佛与两侧菩萨之间下方雕数排像，均半跪朝向佛，回首龛外。左侧存上方五排内侧数身造像轮廓。右侧存八排，风化较严重；头绾髻，椭圆脸；着交领广袖衣，下着裙，腰束带；双手多合十于胸前。

龛内左、右侧各有一座楼阁，左侧楼阁仅存顶部残痕。右侧楼阁两层，雕出两层围栏、瓦垄、檐椽，攒尖顶。下层围栏后雕四身结跏趺坐像，风化严重。中央两身头顶微凸，双手置胸前，似有发髻，右侧一身头向左偏。外侧两身光头，着通肩式袈裟，双手置腹前。上层围栏后雕六身坐像，均风化，双手合十于胸前。两侧楼阁各伸出一飞廊与佛身后楼阁相连通。飞廊内雕一排立像面向主尊，风化严重。右侧楼阁外侧有一座密檐塔，方形塔基、塔身，均未雕出细部（图 63-11）。

楼阁下方雕两排伎乐，均绾髻，着交领直袖长袍，上腹束带。上排三身，左起第一身双腿跪向右侧，回首龛外，腹前系一腰鼓，双手笼袖中作击鼓状；第二身跪向左侧，左手执手鼓，右手执长棍，作敲击状；第三身跪向左侧，头微前低，双手执海螺作吹奏状。下排五身均有祥云承托，左起第一身跪向左侧，双手持拍板于胸前；第二身结跏趺坐，头微向左偏，左手抚膝，右手执鼗鼓；第三身跪向左侧，双手执笙吹奏；第四身结跏趺坐，面向龛外，双手执排箫于腹前；第五身位于右壁内侧，跪向左侧，双手持横笛吹奏（图 63-12）。

伎乐下方雕一层矩形纹围栏。围栏内雕四身结跏趺坐佛，均有肉髻，脸近圆；着通肩式袈裟，下

木鱼山

图63-10 木鱼山第6龛（西北→东南）

图63-11 木鱼山第6龛右侧楼阁(西北→东南)

木鱼山

图 63-12　木鱼山第 6 龛右侧楼阁下方伎乐（西北→东南）

摆覆双足；双手笼袖中，置腹前。第三身腹前托一三角状物。第一、二身之间及第三身身后各有一株菩提树。

围栏下方雕两层像，有"几"字形凸棱隔开。上层残存三身，均呈坐姿，仅存轮廓。最右侧一身坐于山岩上，双手于胸前合十，面向左前方，前方有一座拱桥。下排近龛底处雕出莲叶及莲花，风化严重。左侧残存三身像。左起第一身仅存胸部以上，有尖桃形头光。第二、三身为童子像。第二身立莲花上，双腿微屈朝向右侧。第三身坐莲花上，朝向左侧。龛底右侧雕水波纹。

【第7龛】

位置：第一号造像崖壁西侧上排中部，第6龛右，第9龛左，第8龛上。

时代：盛唐。

龛形：双层龛，内龛平面呈两端微内收的浅弧形，外龛残宽170、残高124、残深22厘米，内龛残宽91、残高100、深20厘米，龛向346度。内龛呈拱形，龛楣右侧上部浮雕一菱形饰物。

保存情况：外龛仅存龛底内侧，内龛顶部左侧及左壁不存。造像局部风化、残损。

造像内容：内龛正壁存三佛三菩萨。三佛均结跏趺坐于仰莲座上，有内椭圆外尖桃形素面头光，馒头形肉髻，脸部方圆丰润，长耳垂肩，下颌较圆，颈部有蚕纹；袈裟下摆垂覆莲座上部。左侧一身双手残，高41、座高11厘米；发呈股状集中于头后；内着僧祇支，外着通肩式袈裟，下摆覆双足；左手似托一物于左膝上，右手前抬至胸侧。中央一身左手残，高41、座高11厘米；着通肩式袈裟，胸腹前衣纹呈"U"字形，露双足；双手置胸前，左手似掌心向内，右手掌心向外，五指并拢；左足压右足，足心朝上。右侧一身高39、座高12厘米；似着双领下垂式袈裟，覆双足；右手压左手拱胸前。

三佛左侧各雕一身菩萨像，有尖桃形素面头光，戴束发冠，绾高髻，缯带垂肩，面部丰圆，下颌较圆。左侧一身跪向龛外，着通肩式袈裟；双手合十于胸前。中央一身跪向左前方，斜披络腋，下着裙，右侧披巾绕右臂后垂下；戴项圈，胸前中央垂一道流苏；双手执一枝长茎莲蕾于左侧。右侧一身坐莲座上，下着裙，跣足，两侧披巾搭两臂后垂下；戴项圈；左手托宝珠于腹前，右肘支膝举一圆环，左腿内盘，右腿支起。莲座下方浮雕变形高莲茎与莲座相接。莲茎前方右侧底部雕一狮立于低台上，四肢微屈，朝向左侧站立，回首龛外。

内龛右侧龛口外侧雕一力士立山座上，高76、座高28厘米。有圆形头光，中间饰一圈锯齿纹，其外饰一圈联珠纹条带，头光外缘均匀分布五个尖桃形装饰物。绾髻，缯带飘至头上方两侧。上身赤裸，肌肉呈块状凸起，下着裙，裙长及踝，裙腰外翻，腹前系一细绳，打结后呈"八"字形下垂，裙带自裙腰下伸出，于腿前打结后下垂及座，跣足。飘带经头后搭两肩，过腰带后垂体侧。戴项圈，于胸前垂下五道吊坠，双腕饰钏。双手握拳，左手下伸，右手上举，腰右扭，看向左前方（图63-13）。

木鱼山

图 63-13　木鱼山第 7 龛（西北→东南）

1683

【第8龛】

位置：第一号造像崖壁西侧下排中部，第7龛下。

时代：唐末五代宋初。

龛形：双层方形龛，内龛平面近横长方形，残宽138、残高193、残深58厘米，龛向326度。内龛正壁与左、右壁转角处略弧。

保存情况：外龛仅存右上角，内龛存正壁及右壁上部。造像局部残损、脱落。

造像内容：内龛正壁雕一经幢，由幢座、幢身、幢顶组成，幢座、幢身下部残，通高185厘米（图63-14）。幢座束腰，高32厘米。幢身八棱柱形，高78厘米，残存字痕不可识。幢顶高75厘米，现存三层天盖，每层天盖上雕三身像，均残不可识。刹部有仰莲承托宝珠。

经幢两侧各开一拱形浅龛，龛内各浅浮雕一像面向经幢而立。左侧小龛顶部左壁及底部残，宽38、高50、深4厘米。龛内雕男性供养人，双手、双腿残，高40厘米；戴幞头，着直袖长袍，腰束带；双手持一物于胸前，身体微前躬（图63-15）。右侧小龛右上角残，宽36、高49、深5厘米。龛内雕女性供养人，风化，仅存轮廓，高34厘米；似绾垂髻；双手似托一物于胸前。

图63-14　木鱼山第8龛
（西北→东南）

木鱼山

图 63-15　木鱼山第 8 龛左侧供养人（西北→东南）

【第 9 龛】

位置：第一号造像崖壁西侧上排中部，第 7 龛右，第 10 龛左。

时代：盛唐。

龛形：外方内拱形龛，内龛平面呈宽"U"字形，外龛残宽 160、高 180、深 45 厘米，内龛宽 84、高 138、深 60 厘米，龛向 350 度。内龛龛口略敞；雕出尖拱形龛楣和两侧龛面，内饰卷草，右侧龛面上部雕一飞天沿龛楣而飞，仅存轮廓，飘带飘至龛楣中央，左手下伸，双腿上翘，头朝龛内。

保存情况：外龛顶部、左壁及底部脱落，内龛龛顶左侧残。造像局部残损。

造像内容：内龛环三壁造一佛二弟子二菩萨（图 63-16）。正壁前设高坛，高 28 厘米；左、右壁设低坛，高 10 厘米。佛居中，结跏趺坐于仰莲方座上，面部略残，高 45、座高 70 厘米；有圆形华盖和内圆外尖桃形素面头光，华盖上饰珠链；螺发肉髻，面部方圆，耳垂下各有一圆结，颈部有三道蚕纹；着偏衫式袈裟，右侧袈裟在胸前内折后垂下，左肩垂下一物拉起袈裟一角，露左足；双手相叠捧宝珠于腹前。

二弟子立左、右壁内侧，有双层圆形素面头光，光头；着交领袈裟，衣摆覆右肩，下着裙，跣足。左

图 63-16　木鱼山第 9 龛（北→南）

侧弟子老者形象,高 55 厘米;双耳较大,耳垂下各有一圆结,颈部青筋凸起,胸口略凹,可见肋骨;双手笼袖中置胸前。右侧弟子青年形象,高 56 厘米;圆头,招风耳;左手握右手置胸前。

左、右壁低坛上各雕一菩萨立仰莲圆座上,面部残;有内圆外尖桃形素面头光,束高髻,戴宝冠,发辫覆双肩,末端分三道;面部丰圆,颈部有三道蚕纹;着长裙,腰束带,裙腰外翻,跣足,饰腕钏。左侧菩萨高 70、座高 12 厘米;上身赤裸,披巾自两肩垂下,于腿前横过一道绕臂后垂至莲座;戴项圈,中间垂花饰,两侧各垂一道璎珞于腹前相交后垂至膝前折向身后,相交处呈圆饼状;左手掌心向外,执柳枝于肩前,右手提瓶垂体侧。右侧菩萨高 70、座高 13 厘米;上身披络腋,披巾自两肩垂下,于腿前横过两道绕臂后垂至莲座;戴项圈,中央垂花饰,两侧垂短流苏;左手提披巾垂体侧,右手握椭圆形牌状物于肩前,所执物上饰卷草（图 63-17、63-18）。

佛两侧雕护法像八身。背光左右侧各立一身。左侧一身高 46 厘米,头顶有尖角,着交领广袖衣,双手笼袖中置胸前;右侧一身高 38 厘米,着铠甲,肩系巾,着战裙,足穿靴,左手托一条鱼于头顶,鱼身下有一"Y"字形托,右手叉腰,腰左扭。余六身对称分布于弟子、菩萨身后,露上身。左壁从内至外第一身绾圆髻,方脸,细长耳紧贴面部,宽额,小眼微凸,塌鼻,下颌近方,着交领衣,右臂垂体侧;第二身三头两臂,绾高髻,发辫垂肩,方圆脸,宽额,眼睛略凸,龇牙,下颌方圆,颈部有两道蚕纹,可见右侧披巾,戴项圈,中间有椭圆形垂饰,头两侧分别雕日、月轮,双手于胸前合十（图 63-19）;第三身头发呈

木鱼山

图 63-17　木鱼山第 9 龛左壁造像（东→西）

图 63-18 木鱼山第 9 龛右壁造像（西→东）

木鱼山

图 63-19　木鱼山第 9 龛左壁内侧护法(东→西)

火焰状飘起,长方脸,眼眶深陷,眼球凸出,塌鼻,阔口半张,方下颌,尖立耳,面目狰狞,戴项圈,其上饰三个圆球,上身赤裸,肌肉隆起,下着裙,腰束带,左手托一婴孩于胸前(图 63-20)。右壁从内至外第一身残损风化,绾髻,方脸,额部宽平,眼球凸出,宽嘴微张;第二身戴虎头帽,虎爪分踏两肩,方脸,大眼凸出,双唇紧闭,下颌近方;第三身头发呈火焰状飘起,眼眶深陷,双目凸出,塌鼻,撇嘴,尖立耳,面目狰狞,颈部青筋暴露,肩系巾,着铠甲,右手握袋置腹前(图 63-21)。

内龛两侧龛口外侧各雕一身力士立山座上,朝向龛外相向而视。力士有圆形素面头光,绾髻,缯带飘向头后上方,方脸,额头及两颊凸出,眼眶内陷,颈部青筋暴露;上身赤裸,肌肉隆起,可见胸前肋骨;着战裙,腰束带,裙腰外翻,跣足;飘带经头后搭两肩过腰带后飘于体侧。山形浮雕较高。左侧力士面部及左臂残,高

图 63-20　木鱼山第 9 龛左壁外侧护法(东→西)

1689

图 63-21　木鱼山第 9 龛右壁护法（西→东）

70、座高 15 厘米；左臂似举于头左侧，右手握飘带置腰侧，腰左扭，幅度较大（图 63-22）。右侧力士左臂及右手残，高 70、座高 17 厘米；左手握飘带置腰侧，右臂上举于头右侧，腰右扭，幅度较大（图 63-23）。

木鱼山

图63-22　木鱼山第9龛左侧力士（北→南）

图 63-23　木鱼山第 9 龛右侧力士（北→南）

木鱼山

【第 10 龛】

位置：第一号造像崖壁西侧上层中部，第 9 龛右，第 11 龛左。

时代：唐。

龛形：方形龛，平面近横长方形，宽 70、高 125、深 51 厘米，龛向 268 度。

保存情况：与第 11 龛之间有一道宽约 100 厘米的裂隙自山顶贯穿至底部，其中垒砌现代保坎。与第 9 龛之间存三角形平台。龛底前方左侧有一个半圆形凹槽，内有凿痕。造像风化严重，面部、双臂及双腿残。

造像内容：正壁前造一佛立圆座上，高 101、座高 10 厘米。佛有高肉髻，方圆脸，双眼微睁，双耳及肩；着双领下垂式袈裟，袈裟一角搭左臂，下着裙；左手置腹前，右手置右胸前（图 63-24）。

图 63-24　木鱼山第 10 龛
（西→东）

【第 11 龛】

位置：第一号造像崖壁西侧上层中部，第 10 龛右，第 12 龛左。

时代：唐。

龛形：方形龛，平面呈横长方形，宽 130、高 190、深 31 厘米，龛向 235 度。

保存情况：左壁外侧脱落，右壁中部以下残。造像面部、双手、双足及莲座有现代水泥修补痕迹。龛左壁上部有一列三个方形榫孔，龛顶上方及右壁外侧上方各有一方形榫孔。龛底中央沿龛口凿一个长方形槽，内有凿痕。

造像内容：正壁造二菩萨立莲座上。有尖桃形头光，分三层，内层饰锯齿纹，中层为条带状，条带中间装饰团花或菱形花，边缘各饰一圈联珠纹，外层饰卷草。束髻，戴高宝冠，冠上层饰卷草，下层饰五宝珠，宝珠间饰珠链，下垂数道流苏，缯带分两道垂胸前，其中较长的一条缯带上饰一道珠链。发辫披肩，末端分三道垂下，颈部有三道蚕纹。着长裙，腰束带，裙腰外翻，跣足。披巾自双肩垂下，搭两臂后下垂及座。戴耳环和项圈。

左侧菩萨高 150、座高 15 厘米。着僧祇支，于腹前束带打结，项圈于颈部左右各有一道璎珞垂下，于腹前呈"X"形相交后分五道呈网状垂至小腿前折向身后，相交处有长方形饰物，两膝前璎珞缠绕成股状，右臂戴臂钏。左臂似置左肩前，右臂垂体侧，两手间有一个条带状凸起，腰微左扭。

右侧菩萨高 139、座高 21 厘米。宝冠中央造一佛结跏趺坐于莲座上，经水泥修补，有桃形背光。披络腋。璎珞同左侧菩萨，唯相交处为圆形花饰，左臂戴臂钏。姿势与左侧菩萨相反。

二菩萨头光之间刻题记一行，竖刻，楷书：观世音菩萨（图 63-25）。

【第 12 龛】

位置：第一号造像崖壁西侧上层中部，第 11 龛右，第 13 龛左，被第 13 龛打破。

时代：唐末五代宋初。

龛形：方形龛，平面呈横长方形，宽 173、残高 147 厘米，龛向 257 度。

保存情况：龛下部脱落不存。造像局部风化、残损。

造像内容：正壁现存五排小佛，均结跏趺坐于仰莲座上，共三十六身，像均高 20、座高 5 厘米。小佛有尖桃形素面头光，着袈裟，袈裟覆双足。莲座下有莲茎伸向龛底。

第一排七身。左起第一身面部残，有肉髻，内着僧祇支，外着双领下垂式袈裟，双手置腹前。第二身有肉髻，着袈裟，双手置腹前。第三身仅存轮廓，双手似置胸前。第四、六身双手置腹前。第五身双手置胸前。第七身着袈裟，双手置腹前。

第二排八身，均仅存轮廓，残不可识。

第三排七身。左起第一身头部残，着通肩式袈裟，双手置腹前。第二身头部及右臂残，有肉髻，着通肩式袈裟，左手胸前，伸食指、中指指向右侧，右手置腹前。第三身仅存轮廓，双手置腹前。第四至六身残不可识。第七身仅存轮廓，着通肩式袈裟，双手置腹前。

第四排八身。左起第一身仅存头部及左上臂，风化。第二身头部残，有肉髻，着通肩式袈裟，左手抚胸，右手似抚膝。第三身头部残，着交领袈裟，面向左前方，双手笼袖中置腹前。第四身头部、双手残，有肉髻，着通肩式袈裟，双手置腹前。第五身仅存轮廓，有肉髻，双手似置胸前。第六身头部、双手残，有肉髻，着通肩式袈裟，双手置腹前。第七身头部残，有肉髻，颈部有一道蚕纹，着通肩式袈裟，双手笼袖中置胸前。第八身仅存头部和左半身，面部残，颈部有两道蚕纹。

第五排存六身，除左起第一身可见轮廓外，余五身均残不可识。第三、四身之间雕两根并列向上的莲茎（图 63-26）。

木鱼山

图63-25　木鱼山第11龛(西南→东北)

图 63-26　木鱼山第 12 龛（西南→东北）

木鱼山

【第 13 龛】

位置：第一号造像崖壁西侧上层中部，第 12 龛右，左壁打破第 12 龛。

时代：盛唐。

龛形：外方内拱形龛，内龛平面呈弧形，外龛宽 169、高 181、深 65 厘米，内龛宽 88、高 142、深 70 厘米，龛向 278 度。外龛龛口略内收，左右壁中部略向外弧；雕出尖拱形龛楣及两侧龛面，其上饰五朵团花。

保存情况：外龛四壁残。造像局部风化、残损，龛壁、造像残存后代装彩。

造像内容：内龛环三壁造一佛二弟子二菩萨（图 63-27）。佛居中，结跏趺坐于仰莲方座上，右臂残，高 61、座高 23 厘米。头顶上方有圆形华盖，其上饰珠链。身体两侧各雕一菩提树，对称分布，树冠延伸至华盖两侧。有内圆外尖桃形素面头光，半圆形高肉髻，中央饰髻珠，发呈波浪状，面部丰满，宽额，双目微睁，小嘴厚唇，下颌较圆，双耳及肩，耳垂硕大，颈部有三道蚕纹。内着僧祇支，其上束带打

图 63-27　木鱼山第 13 龛（西→东）

结;外着双领下垂式袈裟,左肩垂下一窄带拉起袈裟一角,右腹侧袈裟衣摆折入领内,袈裟覆双脚。左手抚膝,右手似举肩前。座上覆双层帷幔,帷幔上铺方垫,边呈波浪状(图63-28)。

弟子立佛左、右侧仰莲圆座上,有双重圆形素面头光,光头,额头略圆鼓,面、颈特征同主尊;内着交领窄袖衣,外着双领下垂式袈裟,袈裟一角自腹前拉起搭左小臂,跣足。左侧弟子高72、座高11厘米;双手拱胸前。右侧弟子高71、座高10厘米;双手笼袖中置腹前。

菩萨立于左、右壁外侧仰莲圆座上,有内圆外尖桃形素面头光,戴高花冠,束高髻,缯带垂至两肘后,发辫垂肩,末端呈三道垂下,面、颈特征同主尊;着长裙,腰束带,裙腰外翻,跣足,披巾自两肩垂下,于腿前横过一道绕两臂后下垂及座;戴项圈,中央垂菱形饰物,两侧各垂下一道璎珞于腹前相交呈"X"形后垂至膝前折向身后,相交处呈圆饼状。左侧菩萨所持物残,高80、座高16厘米;右臂戴双重臂钏和腕钏,臂钏上饰椭圆形物;左手拇指、食指与中指似握柳枝于左肩前,右手提瓶垂体侧,腰右扭。右侧菩萨右臂残,面部略风化,高78、座高16厘米;左臂戴双重臂钏和腕钏,臂钏上饰椭圆形物;左手握飘带垂体侧,右手举右肩前,腰左扭(图63-29、63-30)。

弟子及菩萨身后雕护法八身,左右各四身,均立姿,面目清晰者均小嘴厚唇,圆下颌。左侧四身绾扇形髻,戴小冠。从内至外,第一身位置稍低,面部丰圆,双眼微睁;着双层交领衣,双手相叠置胸腹间。第二身三面四臂,方圆脸,颈部有蚕纹;右肩披披巾;四臂戴腕钏;上两臂分托日、月于头侧,左下臂举折尺,右下臂握较粗的圆条状物于头侧。第三身面部丰圆,双目微凸,颧骨略高,颈部有三道蚕纹;着交领衣。第四身方圆脸;内着交领衣,外披交领广袖长袍;双手拱腹前(图63-31)。右侧从内至外第一身绾扇形髻,面部丰圆,双眼微睁,双耳垂至胸前,耳廓宽大,与发髻顶部齐平。第二身绾扇形髻,头顶盘一龙,龙首朝外,面部丰圆,双目圆睁,鼻近圆,两颊圆凸,撇嘴作忿怒状,小圆耳;着战甲;左臂垂体侧。第三身戴虎头帽,虎爪相搭于胸前,面部丰圆,双目微凸,颈部有两道蚕纹。第四身头顶有螺旋状尖角,高颧骨,水滴形耳紧贴头侧,颈部缠绕一蛇;右手于腹前握蛇颈(图63-32)。

内龛两侧龛口外侧各雕一力士立山座上,朝向龛外相向而视。力士有双层圆形素面头光,绾髻,缯带飘向上方,额头、颧骨凸出,双眉倒竖,双目凸出,塌鼻,两颊较高,龇牙,颈部青筋暴露;上身肌肉隆起,下着过膝战裙,腰束带,裙腰外翻,跣足,飘带经头后绕双臂穿过腰带垂体侧。左侧力士右手残,高82厘米;左手握拳举于头侧,右手握拳下伸于体侧,腰左扭(图63-33)。右侧力士左手残,高83厘米;左手握拳下伸于体侧,右手五指张开举于头侧,腰右扭(图63-34)。

外龛左壁上部残存题记一行,竖刻,楷书,内容残损严重。下部开一方形浅龛,仅存右上部,残宽12、残高25、深6厘米。龛内雕一像,风化严重,仅存轮廓,残高22厘米;光头;右手置胸前。内龛龛底前部有两层台,上层台中央雕一圆形三足香炉,底部有圆盘承托。香炉左右各雕一狮相向而卧,头部均残,前肢伏地,后肢直立。

木鱼山

图 63-28　木鱼山第 13 龛中央佛（西→东）

图 63-29　木鱼山第 13 龛左壁造像（西北→东南）

木鱼山

图 63-30　木鱼山第 13 龛右壁造像（西南→东北）

图 63-31　木鱼山第 13 龛左壁护法（西北→东南）

图 63-32　木鱼山第 13 龛右壁护法（西南→东北）

木鱼山

◀ 图63-33　木鱼山第13龛左侧力士（西→东）

图63-34　木鱼山第13龛右侧力士（西→东）▶

【第 14 龛】

位置：第一号造像崖壁西侧上层北侧，第 14-1 龛右，第 15 龛左。

时代：唐末五代宋初。

龛形：双层方形龛，内龛平面呈宽"U"字形，外龛宽 190、高 180、深 67 厘米，内龛平面宽 155、高 145、深 102 厘米，龛向为 271 度。内龛龛口略内收；龛楣及龛面雕飞天和伎乐。龛楣中央刻十余道纵向划痕，左、右侧各雕二身飞天相向而飞，均绾高髻，披络腋，着长裙，腰束带，裙腰外翻，飘带搭两肩后飘于体侧，身下有祥云承托。左侧二身左手置身后执飘带，右手前伸托圆盘于头前，盘上置宝珠，左腿向后平放，右腿向前弯曲（图 63-35）。右侧二身左手前伸托圆盘于头前，盘上置宝珠，右手置身后执飘带，左腿向前弯曲，右腿向后平放（图 63-36）。两侧龛面各雕五身伎乐，或跪或坐，作演奏乐器状，四周有祥云环绕。伎乐均身形丰腴，绾髻，着宽袖衣，腰束带。左侧五身错落分布。从上至下，第一身双手执拍板举头前；第二身吹奏横笛；第三身执一乐器于头前，乐器残不可识；第四身位于外龛左壁内侧，双手执乐器作吹奏状；第五身双腿跪地，头、手部不存，双手似置腹前（图 63-37）。右侧五身分三排。上排一身，双手执拍板举头前，右腿跪地。中排两身，左侧一身盘左腿，右腿屈起外撇，右手于身前抚箜篌；右侧一身双腿跪地，面向龛外，头向右偏吹奏横笛。下排两身，左侧一身盘左腿，右腿屈起外撇，双手执乐器作吹奏状，乐器残；右侧一身胡跪，双手执乐器于头前，乐器残（图 63-38）。

图 63-35　木鱼山第 14 龛龛楣左侧飞天（西→东）

木鱼山

图 63-36　木鱼山第 14 龛龛楣右侧飞天（西→东）

保存情况：外龛左壁及底部左侧残，右侧脱落。内龛正壁与左壁交接处有一裂隙自龛顶延伸至底部，右壁有一横向裂隙延伸至正壁中部，外龛左壁下部有一椭圆形孔洞。坛上造像头部及身体局部均有现代水泥补塑痕迹，其余造像局部风化、残损。造像及壁面残存后代装彩痕。

造像内容：内龛环三壁设倒"凹"字形坛，高 15 厘米。坛上造二主尊四胁侍二天王（图 63-39）。二主尊居中央，坐于束腰仰莲方座上，有尖桃形素面头光和圆形素面身光。莲座束腰为长方体，上、下均为二层叠涩，上层叠涩上方为方形仰莲座。左侧主尊盘坐，执物有水泥修补痕迹，现高 33、座高 43 厘米；内着衣，外着对襟大衣，胸前束带打结，衣摆覆双足后垂至莲座前；左手执麈尾于左胸前，右手抚膝。右侧主尊结跏趺坐，高 36、座高 38 厘米；着通肩式袈裟，衣纹于胸、腹前呈深"U"字形，袈裟下摆覆双足后垂至莲座前；双手托三角形布帛于腹前，布帛上似置一物，现已不存。

胁侍对称立于主尊两侧，腹部微外腆。内侧二身立正壁转角处。左侧一身立圆座上，双手残，双足及台座风化严重，现高 63、座高 14 厘米；着广袖长袍；双手于胸前持笏板，笏板仅存下半截。右侧一身立仰覆莲圆座上，双手残，现高 60、座高 11 厘米；有圆形素面头光；内着交领衣，外着双领下垂式袈裟，袈裟一角自腹前拉起搭左臂，跣足；双手执物于胸前。

外侧二胁侍位于左、右壁内侧。左侧一身风化，仅存轮廓，残高 51、座高 31 厘米。右侧一身立覆莲圆座上，左手及所持物残，所执物局部有水泥修补痕迹，高 74、座高 11 厘米；有尖桃形素面头光；发辫覆肩，缯带垂至胸前两侧，斜披络腋，下着长裙，腰束带，裙腰外翻，跣足；披巾自两肩垂下，于腿前横过两道，绕两臂后下垂至莲座两侧；戴项圈，两侧各垂下一道璎珞，于腹前相交呈"X"形后垂至膝前折向身后，相交处呈圆饼状，右臂戴臂钏；从轮廓看，双手应持一枝长茎莲蕾于体前。

天王位于左、右壁外侧。左侧天王仅存轮廓，像连座残高 88 厘米。右侧天王右舒相坐山形座上，右臂残，高 52、座高 23 厘米；着战甲，衣袖于肘部呈荷叶状竖起，下着战裙，腰束带，裙下着裤，足穿

图 63-37　木鱼山第 14 龛左侧伎乐（西→东）

木鱼山

图63-38　木鱼山第14龛右侧伎乐（西→东）

图 63-39 木鱼山第 14 龛（西→东）

靴；左腕饰腕钏；左手抚腿，右手托一单层方塔于体侧，左腿内盘，右腿踏山形座。

内龛上部环壁雕护法像十一身，均立姿，风化严重。二主尊头光之间雕一身，头光外侧左、右各五身。中间一身头部残，六臂；着裙，腰束带，裙腰外翻；披巾自两肩垂下绕臂后垂体侧；上二臂分托日、月轮于头侧，左中臂提一物，右中臂执折尺于头侧，下二臂合十于胸前。左侧从内至外第一、二身仅存头部；戴冠，冠中部内凹。第三、四身残不可识。第五身绾扇形髻，头两侧各垂一髻；左手横置胸前，右手于胸前执长条形物。右侧从内至外第一身头部残，头顶有一尖角；着广袖衣，腰束带；左手似握一物于腰侧，右手紧握一鼓袋于身前。第二身面部残，颈部有蚕纹，戴虎头帽，虎爪分踏两肩。第三身戴冠，冠中央饰一宝珠，方圆脸；着交领广袖衣；双手置胸前。第四身面部残；绾双髻，双目圆凸，面目狰狞，尖长耳，颈部缠绕一蛇，蛇尾垂至腰左侧；腰束宽带；嘴咬蛇身，右手于胸侧握蛇头。第五身面部及双手残，绾髻，髻呈"八"字形分别垂于头顶两侧，方圆脸，下颌略丰满，颈部有一道蚕纹；着交领广袖衣，腰束带；双手于胸前托物（图 63-40）。

内龛两侧龛口外侧各雕一力士立山座上，局部风化、残损；有圆形素面头光；上身肌肉微凸，下着短裙，跣足；飘带经头后搭两肩过腰带后飘于体侧；戴足钏。左侧力士高 62、座高 29 厘米；左手举头侧，右手握腰带于腰侧，腰左扭。右侧力士高 63、座高 28 厘米；左手握腰带于腰侧，右手举头侧，腰

木鱼山

图 63-40　木鱼山第 14 龛右壁造像（南→北）

右扭。

内龛龛底前方左、右各有一兽相向而卧,残损严重。左侧一身头、尾部残;仅见前肢伏地,后肢直立。右侧一身仅存轮廓;可见后右肢趴卧。

外龛左壁中部磨光一块长方形崖壁,存题记一则,六行,残损严重,竖刻,楷书,内容残损剥蚀严重,可见"佛道二教龛"等字样(图63-41)。

外龛左壁下部开一方形浅龛,宽23、高38、深2厘米。龛内雕两身供养人立像,风化严重,仅存轮廓;朝向龛内,双手置胸前。内侧一身高38厘米,束高髻;着广袖衣。外侧一身高25厘米。

图63-41 木鱼山第14龛外龛左壁中部题记(北→南)

【第14-1龛】

位置:第1号造像崖壁西侧上层北侧,第14龛左,第13龛右。

时代:唐。

龛形:双层龛,内龛平面近宽"U"字形,外龛残宽143、残高132、残深66厘米,内龛残宽120、残高115、残深45厘米,龛向338度。

保存情况:内、外龛均仅存右壁中下部、左壁下部及龛底。造像残损、风化严重。

造像内容:内龛正壁前残存一像,仅存腿部以下,结跏趺坐于方形台座上,残高10、座高16厘米;双腿为袈裟覆盖,座上垂饰帷幔;可见左手抚膝。左壁底部前方有两个覆莲圆座,残高8厘米。右壁前存一弟子一菩萨立仰莲圆座上,风化严重,仅存轮廓。弟子残高66、座高9厘米。菩萨残高77、座高11厘米;两侧披巾垂莲座上。

内龛右侧龛口外侧下部存一力士像立台座上,高75、座高18厘米。有圆形头光,绾髻。上身赤裸,下着战裙,腰束带,裙腰外翻,飘带经头后绕两肩过腰带后飘体侧。左手握拳下伸于体侧,右手举于头侧,腰右扭(图63-42)。

图63-42　木鱼山第14-1龛(西北→东南)

【第15龛】

位置:第一号造像崖壁西侧上层北侧,第14龛右,第16龛左。

时代:唐末五代宋初。

龛形:外方内拱形龛,内龛平面呈宽"U"字形,外龛宽205、高200、深50厘米,内龛宽160、高158、深80厘米,龛向315度。雕出龛楣及龛面,龛楣与龛面转角处雕出花草纹装饰。龛楣与龛面雕出方框,每面四个,共十二个。龛楣宽198、高25厘米,方框均宽35、高18厘米;左侧龛面宽24、高124

厘米,方框均宽18、高23厘米;右侧龛面宽26、高126厘米,方框均宽19、高24厘米。方框间有磨平的方形崖壁,内无字迹;每框内雕一幅场景,合为十二大愿。龛楣处方框从右至左编为第一至四号,左、右侧龛面处方框从上至下分别编为第五至八、九至十二号,分述如下:

第一号,可见二身像。左侧一身位于一建筑内,结跏趺坐于束腰圆座上,双手置腹前。建筑雕出立柱、屋檐,屋檐下垂帷幔。右侧一身面向右侧作跪拜状,双手合十于胸前。其前有一座六层塔。

第二号,造二身像。右侧一身似着直袖长袍,双手合十举于面前作跪拜状。其前雕一镜架,其上置一圆镜。圆镜左上方雕一亭,亭下有三级台阶,亭有双柱、斗拱、瓦垄,柱有收分,屋楣间有"人"字拱,屋檐起翘,鸱尾翘起。亭中央挂帷幔,其下雕一佛结跏趺坐于三层圆座上,有圆形身光,双手置于胸前。亭右侧雕出祥云,云尾飘向右侧,其后连接波浪状云雾(图63-43)。

图63-43 木鱼山第15龛龛楣右起第二组情节(西北→东南)

第三号,造三身像。像头上方雕出波浪状凸起。左侧像较小,结跏趺坐;似戴冠,着交领窄袖长袍;双手置胸前,面向龛外。中间一身位于一方桌左侧,戴冠,着窄袖长袍;双手端一圆形物作向左行走状,左足前有一椭圆形凸起物。方桌上置圆形或椭圆形盘,内置物。右侧一身面向中央倚坐于方座上;头上有圆形凸起;着圆领窄袖衫,腰束带,下着裤;左手抚膝,右手抬起,似指向中间一人(图63-44)。

第四号,造二身像。左侧一身向右侧身而立;光头,面部较圆;着交领直袖衫,腰束带,下着裤;左手垂体侧,右手伸出拇指、食指,二指并拢指向右上方,左足跷起脚跟;头顶上方依次向右雕云、北斗七星、弯月。右侧一身坐于树下,戴帽,着交领直袖衣,下着裤;左手抚地,右手屈肘,握一长柄圆扇于头右侧,左腿盘曲,右腿支起,面向左前方;身后为大树,树右侧有一物,不识。二人之间雕一座小山(图63-45)。

木鱼山

图 63-44　木鱼山第 15 龛龛楣右起第三组情节（西北→东南）

图 63-45　木鱼山第 15 龛龛楣右起第四组情节（西北→东南）

图 63-46　木鱼山第 15 龛左侧龛面从上至下第一组情节（西北→东南）

图 63-47　木鱼山第 15 龛左侧龛面从上至下第二组情节（西北→东南）

第五号，左侧造一立像，面向右侧；着直袖衫，下着裤；双手合十于胸前。其右雕一方形架，架上搭方巾。立像右上方雕一建筑，有二立柱以及斗拱、"人"字拱、瓦垄，屋檐起翘，鸱尾上翘。两柱间雕出二扇门，门紧闭（图 63-46）。

第六号，造三身像。左侧一身拄杖躬身前行；头似戴冠，着交领窄袖长袍，腰束带，下着裤；左手抚左膝，右手执杖，微弯腰屈膝，朝向右侧。中间一身为立像，位置略高于左、右二身，似有髻，着交领窄袖长袍，腰束带，下着裙；左手垂体侧，右手置右耳侧，作聆听状。右侧一身蹲于山前；着交领窄袖衣，腰束带；双手于体侧撑地，朝向龛外半蹲（图 63-47）。

第七号，造三身像。左侧一身结跏趺坐于束腰仰莲座上；有尖桃形头光和椭圆形身光，皆分两层，内层素面，外层火焰纹；双手置腹前。像左侧向上飘出二卷云；右侧雕一束腰灯台，灯台上有粗壮的火苗。像上方雕一房屋于方形平台上，平台中部有阶梯，雕出二立柱、瓦垄，屋檐起翘。屋下挂帷幔，帷幔下雕一像坐于床上。立柱右侧平台上雕一像面向龛外而立；着长袍，头似看向屋内，双手于胸前交叉抱一方形物（图 63-48）。

第八号，造五身像。左侧一身倚坐于方座上；着交领窄袖衣，下着裙，左手置左膝，右手屈肘置身前，似握一带柄圆环状物，面向右侧。方座下有一横长方形台。坐像前雕二身像，胡跪；着直袖长袍，腰束带，下着裤；双手合十于胸前。前一身戴幞头，后一身似绾髻。两像间上方雕一跪像，戴幞头，两翼下垂呈"八"字形，着圆领直袖衣，腰束带；双手笼袖中，置腹前，脸朝向左前方。其左侧有一长幡。跪像上方雕一像结跏趺坐于仰莲座上；有尖桃形头光和椭圆形身光。座下有祥云承托，云尾飘向左上方（图 63-49）。

第九号，造三身像。右侧一身结跏趺坐于方榻上；着交领直袖衣；双手托一圆形物伸向前方，面向左侧。其前方有一台，台上雕一坐像，残不可识。台下左侧雕一像向右侧跪拜，双

木鱼山

◀ 图63-48　木鱼山第15龛左侧龛面
从上至下第三组情节（西北→东南）

图63-49　木鱼山第15龛左侧龛面 ▶
从上至下第四组情节（西北→东南）

手合十于胸前。框上部雕两朵祥云,上下呼应,首尾相连。

第十号,分三层,造六身像。上层从右至左,第一身雕出上半身,着窄袖衣,双臂交叉于胸前,胸前斜置一棍状物;第二身面向左侧立方座上,双手似托物置身前;第三身立于一祥云右上方,似双手伸于腹前握一物,面向右前方。中层右侧一身倚坐于方座上,着直袖长袍,腰束带,左手屈肘伸向左侧,右手置右膝上;左侧一身面向左侧而立,似戴冠,着长袍,腰束带,双手屈肘伸体前。下层一身似戴帽,上着窄袖衣,腰束带,下着裤,双手屈肘伸向前方一祥云下端,双腿作向左前行状,祥云另一端飘向左上方。其左侧有一像,残不可识。

第十一号,分上、下两层。上层雕一亭,亭有二立柱、瓦垄,屋檐起翘。亭内造三身像,右侧二身长发向上竖起后弯向头后,两臂张开,上身向右侧倾斜,呈痛苦状,余残不可识。下有卷云,卷云右侧与亭相连。下层右侧一像结跏趺坐于束腰台座上,有尖桃形头光、椭圆形身光,有圆髻,双手置腹前。头光顶部雕一祥云,祥云尾部飘向亭顶部。左侧一像胡跪,似戴冠,双手合十于胸前,面向右侧。

第十二号,分上、下两层。上层左侧雕一长方形架,架上搭布帛。下层雕三身立像:右侧立像面向中间,双手执物施与中间一立像;中间立像伸手承接,身前雕一兽匍匐于地,兽背上有一方形物,兽前有一海螺;左侧立像左手搭右臂上,右手伸向斜下方,右腿微前弓。

保存情况:外龛顶部右侧及右壁大部分垮塌不存,左壁上部残,下部及龛底左、右侧垮塌。龛顶部有一裂隙经内龛正壁左侧延伸至坛上,龛右侧风化雨浸,有青苔。造像部分残损、风化严重,部分仅可分辨轮廓,局部经水泥修补。

造像内容:龛内造药师经变(图63-50)。内龛环三壁设倒"凹"字形坛,宽27、高33厘米。正壁坛上雕药师三尊结跏趺坐于台座上,有尖桃形头光和椭圆形身光。台座上层为仰莲方座,座上覆帷幔,莲座下为八角形台,周围雕方形框,内雕卷草;中层为八角形束腰;下层为覆莲座,莲座下雕八角形台,各面雕出方形框。

药师佛居中,坐于束腰仰覆莲座上,颈部以上、胸前、双膝及所执物经现代水泥补塑,残高45、座高22厘米;内着僧祇支,胸前束带打结,外着双领下垂式袈裟,下摆覆台座;双手拇指相抵置腹前,掌心覆方巾托一圆球形物。头光、身光皆分三层,头光内层圆形素面,中层圆形饰菩提树枝叶,外层尖桃形饰火焰纹,中层与外层间饰联珠纹;身光皆椭圆形,内层素面,中层饰莲瓣纹,外层饰火焰纹,中层与外层间饰联珠纹。药师佛头光上方雕一盛开莲花,莲花左、右各向下伸出三片花瓣,六花瓣间搭粗璎珞,璎珞下方有圆形垂饰。莲花上方托一八角形轮,轮中央雕"十"字金刚杵,底层雕出放射状平行纹。八角形轮两侧各雕一朵卷云,卷云两侧各雕一飞天相向而飞。飞天均高发髻,发辫披肩,颈部有三道蚕纹;斜披络腋,下着长裙,腰束带打结,打结后于两腿前又打一结飘向身后;披巾自身后绕两臂飘向身后;戴项圈,饰臂钏。左侧飞天头、面部、双手残;左手执一带柄圆形物伸向左后方,右手执一物斜伸向右前方,上身倾向右前方,两腿相叠呈仰卧状面向右前方。右侧飞天头、面部、双臂残,饰腕钏;左手托一团花举左前方,右手举于胸前托一圆盘,盘上置物;上身向左前方倾斜,双腿相叠呈斜卧状面向左前方。二飞天身下有祥云承托,祥云尾部飘向八角轮(图63-51)。

菩萨坐圆座上,颈部以上为现代水泥补塑。头光、身光皆分三层,头光内层圆形素面,中层圆形饰莲瓣纹,外层尖桃形饰火焰纹;身光皆椭圆形,内层素面,中层饰卷草纹,外层饰火焰纹。菩萨发辫披肩,缯带垂肩前,斜披络腋,有一长条形衣带垂于台座前;披巾自两肩垂下,经肘后垂于台座两侧,上饰联珠纹;戴项圈,璎珞自胸前垂下,一条从肩侧折向身后,一条绕胸前;台座左、右各绕一枝粗壮的带茎莲蕾。左侧菩萨双手、台座残,所执物、腿部、台座有现代水泥补塑痕迹,双臂风化,残高36、座高24厘米;左手置左胸前,右手托物于腹前。右侧菩萨右手、腿部、台座有现代水泥补塑痕迹,胸、腹

木鱼山

图 63-50　木鱼山第 15 龛（西北→东南）

图 63-51　木鱼山第 15 龛正壁上部飞天（西北→东南）

部风化,残高38、座高22厘米;左手掌心向上置腹前,右手置右胸侧。

菩萨台座外侧下方分别雕出荷叶和一枝长茎莲蕾,伸向上方,莲蕾内侧各雕一菩提树,树冠从头光外侧伸出。

药师三尊间各雕一弟子,立姿,面部、双手残;光头,面部方圆,双耳硕大;着交领袈裟,足穿鞋;双手合十于胸前。左侧弟子高50厘米,颈部青筋凸起。右侧弟子高52厘米。

坛前正中有一半圆形凸起,残不可识,其上部有圆球状凸起,四周雕出火焰,似为香炉;半圆形凸起左、右各雕一壶门。

左、右壁各雕菩萨四身,合为八大菩萨,皆坐于莲座上,分两排,每排两身。下排各莲座内侧底部雕出莲叶、莲茎,莲茎与上排莲座相接。左壁上排二身均一腿内盘、一腿支起,呈游戏坐状,双手残,头、面、颈、莲座经现代水泥补塑;头部两侧各残存一条缯带,打结后垂肩前,另有一缯带垂胸前;长发披肩;内着僧祇支,于胸前束带打结,下着裙,裙腰垂腹前;披巾自两肩垂下,绕臂后垂于莲蕾左右侧,上饰联珠纹;戴联珠纹项圈,下垂璎珞,肩侧披巾外各横绕一璎珞,饰腕钏。内侧一身左手掌心向上置腹前托物,右肘置右膝上,右手举右胸侧。外侧一身双手残,双腿经水泥补塑;双手置腹前。下排二身头、颈不存,胸部、双手、腿部残。内侧一身游戏坐,似披络腋、戴臂钏,膝下绕一道璎珞,余装扮与上排二身相似;左手置腹前,右手置右胸前,盘左腿,支右腿。外侧一身结跏趺坐;内着僧祇支,外着双领下垂式袈裟;戴项圈;左手置腹前,右手置胸前托一圆球状物(图63-52)。四坐像内侧雕一朵祥云,祥云上似雕一金钢铃,左侧立一锡杖(图63-53)。

右壁四身菩萨的装扮与左壁对称位置的菩萨相类。上排内侧一身双手残,头、颈、右腿、莲座经现代水泥补塑;双手置腹前,右腿盘曲。外侧一身游戏坐;双手、双腿残,头、莲座经水泥补塑,风化严重;戴臂钏;左手置左胸前,右手置右膝上,左腿支起,盘右腿。下排二身头、颈部残损严重。内侧一身游戏坐;双手置腹前,支左腿,盘右腿。外侧一身双手、双腿残;双手置腹前(图63-54)。

坛下起一层低台,两侧延伸至外龛左、右壁。低台前部雕围栏,多风化残损,右侧近转角处雕出团花装饰,两侧有立柱分隔。低台左、右侧上方各雕六身坐像,合为十二药叉大将,皆风化残损严重,仅存轮廓,头后有圆形素面头光。左侧从内至外第二身似有高发髻;第五身有高发髻,头侧残存竖向打结缯带,打结后垂肩侧(图63-55)。右侧从内至外第五身左手屈肘上举;第六身双手置胸前,右腿屈起。

外龛左壁中部磨平崖壁刻一题记框,风化严重,左侧下部垮塌不存,宽42、高65厘米。题记框竖长方形,顶部抹角,底部有方座,饰卷草纹。框内刻题记一则,上部中央从左至右横刻:□药师记。下部正文存十一行,竖刻,楷书,内容风化残损严重,应为造像记(图63-56)。题记框下方开一方形浅龛,仅存右上角,残宽3、残高10、残深19厘米。

木鱼山

图 63-52　木鱼山第 15 龛左壁造像（东北→西南）

图 63-53 木鱼山第 15 龛左壁内侧锡杖（东北→西南）

木鱼山

图 63-54　木鱼山第 15 龛右壁造像（西南→东北）

图 63-55 木鱼山第 15 龛底部左侧造像（北→南）

木鱼山

图 63-56　木鱼山第 15 龛外龛左壁题记（东北→西南）

【第16龛】

位置：第一号造像崖壁北侧西端，第17龛左。
时代：南宋。
龛形：不明，残宽240、高480、残深90厘米，龛向306度。
保存情况：龛顶、左壁以及右壁上部垮塌不存，现龛顶为水泥板搭成的梯形檐，龛左壁及龛下部有条石垒砌加固。龛上部有一横向风化带，其脱落形成的裂隙横穿造像颈、肩部。造像右胸有一方形凿孔，身体左侧纵向均匀分布三个方形凿孔，右侧有一方形凿孔，与左侧上部第一个凿孔对称分布。造像局部风化、残损，部分长霉斑。

造像内容：正壁前造一立佛，头光上部、面部、上身、双足残，面、颈部长霉斑，高445厘米。有三层头光，内层为椭圆形素面；中层为椭圆形，内饰莲瓣；外层为尖桃形，饰卷草纹。有肉髻，面部方圆，鼻翼较宽，嘴唇较厚，双耳硕大。着双领下垂式袈裟，袈裟一角自腹前拉起搭右臂，腕部袈裟下有一层窄袖口。左手置腹侧，右手置胸侧。

右壁向内凿一方龛，右侧不存，残宽125、高210、深30厘米。龛内雕一菩萨立像，风化残损，仅存轮廓，高170厘米；有尖桃形头光，缯带垂肩；披巾垂体侧；左臂似置体侧（图63-57）。

图63-57 木鱼山第16龛
（西北→东南）

木鱼山

【第17龛】

位置：第一号造像崖壁北侧西部，第16龛右，第17-1龛左。
时代：唐末五代宋初。
龛形：方形龛，宽123、残高127、残深30厘米，龛向320度。
保存情况：右上部、左壁大部分、龛底局部垮塌不存。
造像内容：正壁前造一像倚坐于方座上，面部下方、上身、右手、双足残，高60、座高40厘米。有圆形头光和圆形身光，头光三层，内层为素面，中层饰卷草纹，外层饰火焰纹；身光内侧风化，仅见外圈火焰纹。光头，额头略鼓，有白毫，弯眉，双目微睁下视，颈部有三道蚕纹；着广袖衣，衣纹于两腿间呈浅"U"字形，衣纹下有两道衣带垂两腿间；左手置腹前，托一圆形物，右手置胸前，似执物。

身光左侧下方开一方形浅龛，延伸至右壁，右侧残，残宽32、高32、深4厘米。龛内造四身供养人立像。从内至外，第一身面部、双手、足部残，高28厘米；着窄袖长袍，腰束带；双手置胸前面向龛外。第二身残损严重，仅存轮廓，高24厘米。第三身面部、双手及膝部以下残，高25厘米；双手置胸前。第四身仅存身体右侧中部，残高10厘米（图63-58）。

图63-58　木鱼山第17龛（西北→东南）

【第 17-1 龛】

位置：第一号造像崖壁北侧西部，第 17 龛右，第 18-1 龛左。

时代：唐末五代宋初。

龛形：双层方形龛，内龛平面呈横长方形，外龛残宽 175、残高 135、残深 31 厘米，内龛残宽 133、残高 135、残深 65 厘米，龛向 324 度。内龛正壁与左、右壁交接处略弧。

保存情况：龛口残，右壁上部大部分垮塌。造像风化、残损严重。

造像内容：龛内造千手观音变（图 63-59）。内龛环三壁起低台，高 4 厘米。台上造一千手观音倚坐于方座上，风化残损严重，残高 90 厘米。似有尖桃形身光，边缘饰火焰纹。戴高冠，缯带垂头侧，面部方圆；着长裙，披巾绕两臂后垂身前。手臂均残损严重，局部可见饰腕钏。身前六臂，上二臂托物于头顶，中二臂合十于胸前，下二臂抚膝。左侧现存九臂，右侧现存十一臂，皆各分上、中、下三组，对称分布。左、右侧上组各一臂，对称伸至头侧。左侧中组五臂屈肘上举，右侧中组六臂，分两层，仅识下层左起第一臂上举。两侧下组各三臂，均伸向斜下方。方座上层饰卷云纹。

方座两侧各造一跪像，风化严重，仅存轮廓。左侧一身面向龛外，着广袖衣，双手执一口袋于胸前，嘴咬袋口，双手似接物。右侧一身朝向方座，双手置身前，头上仰。

左壁上部有一祥云，其上存二身像。左侧一身残不可识。右侧一身头部残损，着广袖袍，双手似合十于胸前。中部造五身像立于卷云上，均风化残损。中央一身头部及上半身风化残损，有尖桃形头光，戴高冠，着广袖长袍，下着裙；左、右内侧二身像，下着裙；外侧二身不可识，左侧一身左上方斜出

图 63-59　木鱼山第 17-1 龛（西北→东南）

木鱼山

一物,残。中部与正壁转折处造一像立于卷云上,头顶、左手及胸以下风化残损,残高35厘米;似束髻,舌头伸至下颌,胡须垂至胸前;下着裙,右臂戴臂钏;右手抚头侧,腰右扭(图63-60)。下部造四身立像,分上、下两排。上排一身,残不可识。下排三身,左起第一、二身均风化残损,仅存轮廓,第三身头部残,腿部风化,像高依次为41、40、42厘米。第一身似戴冠;第二身双手置身前;第三身似束髻,头后有条带垂于左肩,内着圆领衣,外着交领宽袖袍,下着裙(图63-61)。

右壁与正壁转折处上部有造像,风化严重,不识。其下有一身像,立于台座上,风化严重,仅存轮廓,高47厘米;左手于胸前托物,肘下有长衣带垂下。右壁下部有三身立像,风化严重,不识,左起像高依次为34、30、26厘米。

图63-60　木鱼山第17-1龛左壁与
正壁转折处立像(北→南)

图 63-61　木鱼山第 17-1 龛左壁造像（东北→西南）

木鱼山

【第 18 龛】

位置：第一号造像崖壁北侧西部，第 18-1 龛右，第 19 窟左。

时代：唐末五代宋初。

龛形：双层方形龛，内龛平面呈横长方形，外龛宽 320、高 327、深 58 厘米，内龛宽 254、高 250、深 160 厘米，龛向 325 度。内龛正壁与左、右壁转角处略弧，雕出龛楣及两侧龛面。龛楣上方雕三朵祥云首尾相连，云内均雕九身结跏趺坐佛，分上、下两排，着通肩式袈裟，双手置腹前。两侧龛面磨平，各雕八个方格，每格沿一侧边框雕出一竖长方形磨平崖壁，左右错落分布，当是榜题框，现字迹无存。每格内雕一幅场景，合为十六观，其中韦提希夫人均结跏趺坐于地上，绾发髻，披云肩，着广袖衣，双手置腹前，朝向榜题框。方格从上至下编号，左侧龛面编为第一至八号，右侧龛面编为第九至十六号，分述如下：

第一号，一切色想观。夫人面向右前方，右侧雕一佛结跏趺坐于方座上，有尖桃形头光、椭圆形身光（图 63-62）。

图 63-62 木鱼山第 18 龛左侧龛面从上至下第一组情节（西北→东南）

第二号,观世音菩萨真实色身想观。夫人面向左前方,左侧雕一像结跏趺坐于束腰仰莲方座上,头、上身残(图63-63)。

第三号,大势至菩萨色身想观。夫人朝向右前方,右侧雕一像结跏趺坐于束腰仰莲座上,头残,有内圆外尖桃形头光、椭圆形身光,着袈裟,左手置腹前,右手于胸前执一曲茎莲蕾(图63-64)。

第四号,普想观。夫人面向左前方,左侧雕一长茎莲花(图63-65)。

第五号,杂想观。夫人面向右前方,右侧有一座经幢,风化严重,可见幢顶。

第六号,韦提希夫人面向左前方,有祥云飘于左上方,云上托方形物,不识(图63-66)。

第七号,中辈生想观。夫人面向右前方,右上方飘一朵祥云,云上托一结跏趺坐像,有尖桃形头光、椭圆形身光,双手置胸前(图63-67)。

第八号,下辈生想观。夫人面向左前方,左上方有一朵祥云,云上雕一像结跏趺坐于莲座上,头、上身残,腋下有飘带,双手置胸前(图63-68)。

第九号,日想观。夫人位于右侧,造像风化,其左上方有祥云托一圆日(图63-69)。

第十号,水想观。韦提希夫人面向左前方,其左侧为水池。

图63-63 木鱼山第18龛左侧龛面从上至下第二组情节(西北—东南)

木鱼山

◀ 图 63-64 木鱼山第 18 龛左侧龛面从上至下第三组情节（西北→东南）

图 63-65 木鱼山第 18 龛左侧龛面从上至下第四组情节（西北→东南）▶

◀ 图 63-66 木鱼山第 18 龛左侧龛面从上至下第六组情节（西北→东南）

图 63-67 木鱼山第 18 龛 ▶ 左侧龛面从上至下第七组情节（西北→东南）

木鱼山

图 63-68　木鱼山第 18 龛左侧龛面从上至下第八组情节（西北→东南）

图 63-69　木鱼山第 18 龛右侧龛面从上至下第一组情节（西北→东南）

第十一号，地想观。右侧浮雕一块梯形，上划出"田"字格。

第十二号，宝树观。造像残损，右上方有一椭圆形树冠。

第十三号，八功德水观。夫人面向左前方，左侧雕出一个斜长方形框，内有不规则凸起。

第十四号，总想观。夫人面向右前方，右侧雕一座两层阁楼，阁楼有立柱、屋檐、瓦垄（图63-70）。

第十五号，造像风化脱落。

第十六号，像想观。夫人像风化严重，右上方有一像结跏趺坐于方座上，仅存轮廓，似有尖桃形头光和身光，左手置腹前，右手置胸前。

图63-70 木鱼山第18龛右侧龛面从上至下第六组情节（西北→东南）

保存情况： 外龛右上角大部分、底部垮塌不存，左壁上、下部残。内龛顶部近正壁处有一条纵向裂隙向右延伸至外龛顶部，左壁与正壁转折处下方有一裂隙延伸至龛底，右壁与顶转折处有一裂隙。龛外左、右侧崖壁各有一个圆形凿孔，外龛左、右壁顶部近转角处各有一个圆形凿孔，外龛左壁下方中部有一个椭圆形凿孔。龛内造像大部分风化残损，头部不存，局部残损处有榫孔，正壁主尊经现代补塑，部分造像残存后代装彩。

造像内容： 龛内造观无量寿经变（图63-71）。内龛正壁前雕三主尊结跏趺坐于仰莲圆座上，风化严重，仅存轮廓，身光由后代黄泥修补，上身经水泥补塑，座下有一低台。中央主尊残高64、座残高20厘米；有内圆外尖桃形头光、双层椭圆形身光，皆内层素面、外层饰火焰纹；双手掌心向上置腹前。两侧主尊有三层头光，内二层为椭圆形素面，外一层为尖桃形、饰火焰纹；身后有双层椭圆形身光，

木鱼山

图 63-71　木鱼山第 18 龛（西北→东南）

内层素面，外层饰火焰纹。左侧主尊残高 60、座残高 18 厘米，双手为补塑。右侧主尊右胸部有一圆形凿孔，原莲座处分布三个凿孔，残高 53、座残高 27 厘米；左手置腹前，右手似置胸前。三主尊间各造一弟子，立姿，头、双手、足部残，风化严重，原头部中央各有一圆形凿孔；光头，双耳硕大，着交领袈裟，双手合十于胸前。三主尊外侧各雕一立像，风化、残损严重。左侧像头部残；有圆形素面头光，双耳硕大；左手置胸前。右侧像仅存轮廓；可见右侧小腿立圆座上。立像左、右侧雕菩提树。

三主尊头光上方各雕一华盖，风化、残损严重。中央华盖为半圆形，左、右各有一条飘带，飘带缠绕成六个圆环后向两侧伸至斜上方，延伸至龛顶，尾部飘向龛口处。从下至上，第一至五个圆环内各雕一像结跏趺坐于莲座上，双手置腹前，第六个圆环内造像残不可识。华盖上方雕一座两层阁楼，下层七柱六间，上层四柱三间，有立柱、围栏、斗拱、屋檐、鸱尾上翘。围栏前有一近三角形凸起，围栏后左侧雕二身像，右侧雕三身像，不可识。屋脊中央有一个圆形凸起。楼顶左、右各雕一祥云，祥云上各有一像面向龛外胡跪，仅存轮廓，肩肘部有飘带。左侧像双手置左侧；右侧像头部有圆形凸起，双手屈肘托一圆形物置身右侧（图 63-72）。

两侧华盖局部残存璎珞、飘带。华盖上方各雕一飞天朝向中央阁楼相向而飞，下有祥云承托，皆风化、残损。左侧飞天仅见腰部披巾。右侧飞天左臂戴臂钏，披巾自腋下伸出飘向龛顶，左手似前屈于左侧，右手屈肘前伸抚一物，抬头挺胸，身体向斜上方飘起。飞天上部近龛顶处各雕一阁楼隐于飘带后。左侧阁楼可见一根立柱，立柱前雕一立像，着圆领衣，身体左侧隐于祥云后。右侧阁楼有三根立柱，立柱前雕三身立像，风化不可识。

图 63-72　木鱼山第 18 龛正壁上部造像（西北→东南）

三主尊台座前各雕三层围栏，呈阶梯状，延伸至龛底。中央台座前，从上至下，第一层围栏上有近方形平台，其上残存方形凸起。围栏前等距离分布三个束腰圆座，左侧二圆座上各残存一坐像，头部不存。第二层围栏前残存二身像，仅存膝部以下；着裙，披巾垂体侧。第三层围栏前有造像残痕，不可识。

左侧台座前，从上至下，第一层围栏前雕五身结跏趺坐像，皆头部不存。左起第一身仅存轮廓，余四身着袈裟；第二身双手置腹前托一圆钵形物；第三身左手置腹前，右手置胸前；第四身双手置腹前；第五身左手置腹侧，右手置胸前。第二层围栏前雕四身坐像，头部不存，仅存轮廓；左起第三身似左腿支起，右腿盘屈。第三层围栏上雕四身像，露腹部以上，头不存，残损严重；左起第一身双手于胸前执方形物；第二身双手置胸前；第三、四身仅存轮廓。

右侧主尊台座前围栏风化残损。从上至下，第一层围栏风化呈缓坡状，其前仅存五个方形凸起。第二层围栏左侧残存两个圆形凸起。第三层围栏上方雕四身像，露腹部以上。左起第一、二身双手置腹前，第三、四身仅存轮廓。

三主尊两侧立像外侧各雕一经幢。左侧经幢由幢座、幢身、幢顶组成。幢座两层，下层为八角形，上层为束腰八角形；幢身为八棱柱形；幢顶分两部分，下部三层，每层间有圆盘状物分隔，上部似有七重宝盖。右侧经幢下部风化剥落，仅存两层幢顶。宝盖左、右侧各雕一祥云。左侧祥云上托一方形物，其上阴刻不规则横纹。右侧祥云上托璎珞。

幢顶外侧似又各雕一宝幢于祥云上。左侧宝幢风化，仅见顶部尖桃状凸起和底部束腰台座。右侧宝幢残存束腰台座下部，余存轮廓。

木鱼山

经幢上方近龛顶处各雕一祥云,祥云上分别雕普贤、文殊菩萨结跏趺坐于兽负圆座上,有圆形头光、椭圆形身光。兽背置方巾、圆座。左侧普贤菩萨仅存轮廓,双手置腹前,坐象背上。象朝龛中央而立,颈部有带饰、绳索。大象右腹前立象奴,作双手用力拉拽绳索状。大象前立一像,着长裙,披巾垂体侧,双手合十于胸前,面向龛外。右侧文殊菩萨左手置腹前,右手置胸前,坐狮背上。狮朝左前方而立,颈部有绳索。狮左、右各立一像。左侧像似着长裙,披巾垂体侧,双手合十于胸前,面向龛外。右侧立狮奴,络腮胡;上着窄袖衣,下着短裙,腰束带,扎绑腿,足穿鞋;左手抓绳索,右手握拳置胸前,朝向左前方。

经幢底部外侧前方各雕一立像,残损严重。左侧立像有圆形素面头光;头顶有尖状凸起,双耳硕大,披巾垂体侧;双手置腹前。右侧立像仅存轮廓。立像头后各向外伸出一座弧形桥,分别与左、右壁阁楼相连,桥下雕出长茎莲叶、莲蕾。桥两侧雕围栏。两桥上各雕十一身像,露出上半身,残损严重。左侧弧形桥上从内至外第一、二、四至八身有圆形素面头光。第一身双手置腹前;第二、四、十身仅存轮廓;第三身似着袈裟,披巾绕左手腕垂体侧,右手胸前托方形物;第五身披巾垂右侧,左手垂体侧,右手置胸前;第六身披巾垂体侧,双手置腹前,右臂前有一凸起;第七身仅存胸部以下;第八身左手置胸前;第九身头不存,胸前残存衣纹;第十一身头部残,内着僧祇支,胸前束带打结,胸前有一圆形凸起,外着双领下垂式袈裟。桥上方雕一身像,有圆形素面头光,头顶有圆状凸起,双手似托物朝向右前方。其下雕一鸟,鸟身及尾部残,圆形鸟首,曲颈回首,尾部上翘,头部前方与造像手中所执物相接。右侧桥上从内至外第一至四身、第六至九身皆仅存轮廓。第五身有圆形发髻,颈部有蚕纹,着长袍,双手笼袖中置腹前;第十身着广袖长袍,双手笼袖中置腹前;第十一身仅存胸部以下,可见纵向衣纹。桥上方雕一身像跪仰莲圆座上,头、上身残,有圆形素面头光,披巾自腹前横过一道经肘部垂身后,双手置腹前,身后有祥云(图63-73)。

图 63-73　木鱼山第18龛正壁下部造像(西北→东南)

内龛左、右壁中央各雕一座两层阁楼，有立柱、斗拱、屋顶、瓦垄、屋檐、鸱尾上翘。楼顶上方伸出菩提树冠，其上雕一双头鸟，双首相向，展翅翘尾，其左、右各雕一鸟。阁楼前方各雕三层围栏，呈阶梯状分布，下层围栏下雕束腰方台，束腰为方形，方台上层饰卷云纹，下层饰莲瓣纹。

左壁阁楼高186厘米，两层皆四柱三间，左、右间雕有窗棂。下层中央一间雕两扇门，右侧门扉半启，探出一人，仅存轮廓。屋顶中央雕两个半环形凸起，不识。上层中央一间雕一像结跏趺坐于双层仰莲方座上，有尖桃形身光。座前雕一方形缓坡，坡上造像不可识。缓坡左、右雕围栏，围栏内各四身坐像，皆雕出腹部以上，风化，头、双手残。左侧四身均着双领下垂式袈裟。左起第一身双手于腹前托一圆形物；第二身双手置腹前似托物；第三、四身双手置腹前。四身像前有三个圆形凸起，风化不可识。右侧四身像双手置腹前，第二至四身着双领下垂式袈裟。四身像前雕两身像，左侧一身为一兽横躺于围栏上，头部呈三角形，向下垂于围栏外；右侧像不可识，中间有一个倒"T"形物垂于围栏外。屋顶中央雕一鸟，头、身残，展翅翘尾。屋顶左、右各雕一鸟，左侧鸟仅见尾部上翘，右侧鸟横卧屋檐上。屋脊两侧鸱吻张开，睁圆目作咬屋脊状。屋脊中央雕一坐像，残不可识。楼顶双头鸟左侧一鸟伸颈展翅飞向双头鸟；右侧一鸟尖喙，长尾，曲颈下伸展翅飞向龛内（图63-74）。

围栏从上至下第一层中央雕台阶，台阶两侧围栏上分别雕出三、五身像，皆风化不可识。第二层中央向外雕出一近横长方形物，上部残，前可见圆柱状足。左侧围栏上残存二身像，皆雕出上半身，头、胸及双手残，左侧像双手置腹前；右侧像左手置胸侧，右手似置胸前。右侧围栏上残存三身像，雕出上半身，均存轮廓。第三层围栏右侧雕一像结跏趺坐于束腰圆座上，仅存腿部以下。圆座两侧及左侧后方各雕二身立像。左侧后方二身像头、胸部残，左侧像着双领下垂式袈裟，双手拱胸前；右侧像双手置腹前。圆座左侧二像仅存腰部以下，左侧像着袈裟；右侧像着长裙，披巾垂体侧。右侧二像内侧像头、胸部残，着长袍，披巾绕身前两道后垂体侧，双手置腹前；外侧像仅存轮廓。

阁楼左侧自上而下雕三组像。从上而下第一组造五身像结跏趺坐于祥云上，均头部残，着通肩袈裟，分两排。上排二身双手均置腹前。下排三身，中央像左手掌心向上置腹前，右手置胸前；两侧像均双手置腹前。第二组造一像，胡跪，头、肩、双手残；有圆形素面头光；下着裙，腰束带，披巾自两肩垂下经腋下垂体侧；左手置膝上，右手前伸持一尖柱状物朝向龛内。第三组雕向上伸出的带茎莲叶、莲蕾、莲座。莲座上造三身像，分两排。上排二身坐像，头、双手、腿部及莲座残，风化严重，左侧像结跏趺坐，双手置腹前；右侧像左腿后盘，右腿前伸而坐，左手抚膝，右手置腹前。下排一身向左前方站立，着窄袖长袍，左手前伸，似执一莲蕾，右手置体侧。

右壁阁楼高185厘米。下层六柱五间，左右四间有窗棂，中央一间雕两扇门。右侧门扉半开，一身立像隐于左侧门后。立像风化严重，着窄袖长袍，腰束带，右手抚左侧门扉向右前方作探视状。屋顶大部分脱落，局部可见瓦垄。上层四柱三间，左、右间有窗棂，中央一间雕出门框。门框内造一像结跏趺坐于方形仰莲座上，头、胸部残，有尖桃形身光，双手置腹前。像前雕一长方形缓坡，坡上左、右有围栏，围栏前各雕四身，残不可识，左侧四身雕出上半身，右侧四身雕出膝部以上。屋顶中部残，有瓦垄。屋顶中央雕一像，头、胸部残，头顶凸起，鸟身，右手置胸前，两翅张开。左、右各雕一鸟相背而卧，头、颈不存，左侧鸟四爪分开伸向右侧。楼顶双头鸟左侧一鸟与左壁对称之鸟相类；右侧为一人首鸟像，头、上身残，展翅朝向龛外而立（图63-75）。

阁楼前围栏风化严重。从上往下第一层中央雕出台阶，台阶左、右侧围栏上各雕四、五身像。左侧像不可识。右侧五身皆雕出上半身，左起第一至四身头部残。第一身双手置腹前；第二身双手持物于腹前；第三身双手合十于胸前；第四身着双领下垂式衣，戴项圈，左手垂体侧，右手置腹前似执物；第五身面部风化，仅雕出右半身，圆发髻，右手置胸前。第二层围栏中央有一残像，不识。其左侧围栏

木鱼山

图63-74　木鱼山第18龛左壁建筑（东北→西南）

图 63-75　木鱼山第 18 龛右壁建筑（西南→东北）

木鱼山

上雕三身像，仅雕出上半身，头、胸、双手残，着交领衣。左起第一身双手拱胸前；第二身双手置腹前；第三身双手置腹前执物。右侧围栏上雕二身像，雕出上半身，头部残，着交领衣。左起第一身双手置胸前，似抓一物；第二身隐于第一身后，右手抚前一身像右肩。第三层围栏右侧雕一组像，仅存轮廓。中央主尊似结跏趺坐于束腰圆座上，双手置腹前。左、右各雕一像，仅雕出上半身。圆座右侧雕二像，残不可识。

  阁楼右侧自上而下雕三组像。第一组雕五身像结跏趺坐于祥云上，分两排。上排二身：左侧像面部残，头上有圆形凸起，双耳硕大，着通肩式袈裟，双手笼袖中，置腹前；右侧像头部残，颈部有一道蚕纹，着通肩式袈裟，双手笼袖中，置腹前。下排三身，头部皆残，左起第一身右臂残，着袒右式袈裟，左手掌心向上，置腹前，似托物；第二、三身着通肩式袈裟，双手笼袖中，置腹前。第二组造一像胡跪于祥云上，头、上身、双手残；有圆形素面头光；披巾自腹前绕过一道后经肘垂于体侧；双手前伸托物，朝向阁楼。第三组造向上伸出的带茎莲叶、莲蕾、莲座。莲座上雕三身像，上身皆风化严重，分上下两层，上排两身，双手置腹前，分腿站立；下层一身，跪莲座上。莲座下均有祥云承托。

  内龛左、右壁近龛口处由上至下各雕七组像。下方自龛底向上伸出莲茎、莲叶、莲蕾，莲茎与七组造像之莲座相连。

  左壁从上至下第一组雕一佛二弟子于祥云上。佛居中，结跏趺坐于莲座上，头、右手残；有内圆外尖桃形头光、双层椭圆形身光，皆内层素面、外层饰火焰纹；着双领下垂式袈裟；左手掌心向上，于腹前托圆形物。弟子立佛两侧，头部残，有圆形素面头光；着袈裟，双手合十于胸前。左侧一身双耳硕大；右侧一身光头。

  第二组雕三像结跏趺坐于莲座上，头皆残。中央一身着双领下垂式袈裟，双手合十于胸前。左侧像着双领下垂式袈裟，披巾自两肩垂下，于身前横过一道后绕臂垂体侧，饰臂钏，双手置胸前托物。右侧像披巾自两肩垂下，于身前横过一道后垂体侧，戴项圈，双手置腹前。

  第三组雕三像结跏趺坐，头皆残。中央一身披巾自两肩垂下，绕臂后垂体侧，戴项圈。余二像腿部以下残损脱落。左侧像披巾自两肩垂下，于身前横过一道后经肘垂体侧，左手掌心向上，似托物于身前，右手置胸侧，似抚一物。右侧像着通肩式袈裟，左手置腹前，似托物，右手置胸前。

  第四组雕三身像。中央一身结跏趺坐于莲座上，面部、上身残，有圆髻，着通肩袈裟，双手置腹前。余二像风化残损，仅可见局部衣带垂体侧。

  第五组雕三身像，均存轮廓。右侧像结跏趺坐于莲座上，双手似置腹前。

  第六组雕二身像。左侧像残不可识；右侧像结跏趺坐于莲座上，头、手残，着双领下垂式袈裟，双手置腹前，似托物。

  第七组雕二像立莲座上，头、上身皆残。上部一身下着裙，飘带绕头后垂体侧，双手似置腹前。下部一身左手残，下着裤，腰束带打结，飘带绕头后经腋下飘体侧，右手置腹前（图63-76）。

  右壁从上至下第一组雕一佛二弟子。佛居中，结跏趺坐于莲座上，头、左腿残；有内圆外尖桃形头光、双重椭圆形身光，皆内素面、外饰火焰纹；颈部有一道蚕纹；着交领袈裟，左手掌心向上置腹前托摩尼宝珠，右手置胸前。弟子头、手残，有圆形素面头光；光头，着交领袈裟；双手合十于胸前。

  第二组雕三身像。中央一身结跏趺坐，头部残；颈部有两道蚕纹，披巾自两肩垂下，于身前横过一道经腋下垂体侧；双手于腹前持物。左侧像结跏趺坐于莲座上，头、上身残；披巾绕身前一道经手腕垂体侧；双手置腹前。右侧像头、腹部以下及莲座残；披巾自双肩垂下绕两臂垂体侧；双手似置腹前。

  第三组雕三像结跏趺坐于莲座上。中央一身头部残；着交领袈裟；双手于腹前托物。左侧像头、

图 63-76　木鱼山第 18 龛左壁造像（东北→西南）

木鱼山

上身残；披巾自肘后垂体侧；双手置腹前。右侧像仅存腿部以下。

第四组雕三身像。中央一身头部、腿部残，风化严重；着通肩式袈裟；双手置腹前。余二像风化不可识。

第五组雕三像结跏趺坐于莲座上。中央一身腿以上脱落。左侧一身头部残，左手掌心向上置腹前，右手似置胸前。右侧一身头、上身残，左手置腹前，右手抚右腿。

第六组雕二坐像。左侧像结跏趺坐于莲座上，头、双手、腿部残；着袈裟，披巾自两肩垂下，横过身前一道，经肘后垂体侧；戴联珠纹项圈；双手掌心向上，置腹前。右侧像头、右臂、腿及莲座残，风化严重；披巾绕臂后垂体侧；双手置腹前。

第七组雕三像立莲座上，均风化。上排二身，左侧像飘带绕头后飘体侧；右侧像不可识。下排一身，双手似置腹前（图63-77）。

龛顶中央雕一朵盛开的圆形莲花，四周雕卷草。莲花左、右及外侧雕乐器，乐器皆系飘带，其下有祥云承托。左侧从内至外分别为长笛、拍板、笙，最外侧一乐器仅存飘带。右侧从内至外依次为笙、拍板、铙钹。外侧有一方响（图63-78）。

外龛左壁中部纵向排列三个小方龛，龛内造供养人像。从上至下第一龛宽49、高35、深5厘米。龛内造四身女供养人面向龛内而立，头部残，每身像头前上方均高浮雕一竖长方形榜题框，框内竖刻楷书一行。从内至外第一身高28厘米，束髻，着广袖长袍，下着裙，足穿鞋，披巾自身后绕臂经腋下垂于体侧；双手置腹前，似提一物。题刻：女弟子……。第二身高22厘米，着窄袖长袍，下着裙，足穿鞋；双手置腹前，似托一物。题刻：新妇……。第三身高19厘米，着广袖长袍，下着长裙，足穿鞋，披巾绕臂后垂体侧；双手笼袖中，置腹前。题刻：孙女十一……。第四身高16厘米，着窄袖长袍，下着长裙，足穿鞋，披巾绕臂后垂体侧；双手笼袖中，置腹前。题刻漫漶。龛外左侧竖刻题记一行：……节度散兵马史（图63-79）。

第二龛宽44、高32、深4厘米。龛内造五身男供养人立像，头部残，除左起第一身外，余题刻形式同第1龛。左起第一身朝向龛外而立，双手残，高14厘米，着窄袖长袍；双手于胸前托物。第二至四身双手合十于胸前，朝向龛内。第二、三身高分别为25、18厘米，均戴展脚幞头；着圆领窄袖长袍，腰束带，足穿鞋。第四、五身高分别为16、14厘米，着圆领窄袖长袍，腰束带，足穿鞋。第二身题刻漫漶，第三至五身题刻均仅见：男……（图63-80）。

第三龛宽20、高19、深4厘米。龛内造二身立像。内侧一身头、上身风化，高19厘米；着长袍，足穿鞋；双手置胸前。外侧一身朝向龛内，头部残，高17厘米；着长袍，腰束带，足穿鞋；双手合十于胸前。

图 63-77　木鱼山第 18 龛右壁造像（西南→东北）

木鱼山

图 63-78　木鱼山第 18 龛龛顶雕刻（西北→东南）

图 63-79　木鱼山第 18 龛外龛左壁上龛供养人（东北→西南）

图 63-80　木鱼山第 18 龛外龛左壁中龛供养人（东北→西南）

【第 18-1 龛】

位置：第 1 号造像崖壁北侧西部，第 18 龛左，第 17-1 龛右。

时代：唐末五代宋初。

龛形：方形龛，平面呈横长方形，宽 92、高 176、深 16 厘米，龛向 330 度。

保存情况：龛顶、左壁上部垮塌不存，下部残。龛内右侧从上至下纵向分布五个方形凿孔，其中第二至五个凿孔破坏碑身右侧。碑身上部风化严重，分布青苔及杂草，下部局部脱落，右侧被凿孔破坏。

造像内容：正壁雕一座碑，由碑首、碑身组成。碑首残损，仅见右侧局部卷云状凸起。碑身长方形，宽 72、高 128、深 4 厘米。碑身磨光，存字二十一行，竖刻，楷书，碑文风化剥落严重，可见有"造西方变相壹龛"等字（图 63-81）。

木鱼山

图 63-81　木鱼山第 18-1 龛（西北→东南）

【第 19 窟】

位置：第一号造像崖壁北侧西部，第 18 龛右，第 19-1 龛左。

时代：不明。

窟形：方口窟，平面呈竖长方形，顶部略呈穹窿形，宽 195、进深 250、四壁高 150、顶高 168 厘米，窟向 340 度。双层竖长方形窟口，外层窟口宽 146、高 185、深 25 厘米，内层窟口宽 95、高 160、深 42 厘米。

保存情况：窟底被土石所埋。窟外上方 110 厘米处有一横向凹槽，左、右各有一斜向凹槽，呈"八"字形，左侧凹槽上部不存。横向凹槽中央下方及龛外中部左、右侧各有一圆形榫孔，横向凹槽左侧、右侧及斜向凹槽下方中部各有一方形榫孔，外层窟口左、右壁上方中部各有一方形榫孔。

造像内容：无造像。窟右壁下方向内凿出一横长方形壁龛，平面呈横长方形，后部被土掩埋，可见部分宽 120、高 32、深 20 厘米。龛顶外高内低，与后壁呈弧形（图 63-82、63-83）。

图 63-82　木鱼山第 19 窟（西北→东南）

木鱼山

图 63-83　木鱼山第 19 窟内部结构（西北→东南）

【第 19-1 龛】

位置：第一号造像崖壁北侧东端，第 19 窟右，第 19-2 窟正上方。

时代：不明。

龛形：方形龛，平面呈横长方形，残宽 85、残高 110、残深 10 厘米，龛向 335 度。

保存情况：四壁残。造像风化、残损，局部长青苔。

造像内容：正壁前造一塔，塔顶、塔身均残损，残高 90、宽 60 厘米。塔顶屋檐起翘。塔身一层，方形，正面开一圆拱形小龛。龛内雕一坐像，头部、双手残，风化严重，仅存轮廓，残高 20 厘米（图 63-84）。

图 63-84 木鱼山第 19-1 龛(西北→东南)

【第 19-2 窟】

位置:第一号造像崖壁北侧东端,第 19 窟右,第 19-1 龛正下方。

时代:不明。

窟形:方口窟,平面呈刀形,剖面呈"凸"字形;后龛及其前方 100 厘米处较低,平底,高约 83 厘米;窟前部方顶,较高,微上弧,高 168、最宽 240、深 480 厘米,窟向 335 度。双层竖长方形窟口,外窟口宽 130、高 235、深 45 厘米,内窟口宽 90、高 220、深 42 厘米。内层窟楣呈横长方形凸起,上有凿痕,窟口外侧左、右向外凿进,各形成一个竖长方形凹槽,深约 10 厘米。凹槽内凿痕与窟门外立面凿痕不同,前者粗糙无序,后者打磨光滑。凹槽上方外侧左、右各有一个圆形榫孔,位置对称。

保存情况:窟口右侧约 70 厘米处有一竖长方形榫孔,其右侧约 105 厘米处有一长方形榫孔。窟口两侧上方约 20 厘米处各有一榫孔,左圆右方,内有凿痕。

造像内容:正壁开一横长方形壁龛,长 160、宽 60 厘米,龛底距窟顶 70、距窟底 13 厘米。窟内左壁近窟口处开一壁龛,长 230、宽 80 厘米,龛底距窟顶 100、距窟底 12 厘米。窟右壁近窟口处有一圆孔,平底,底宽约 14 厘米,内有凿痕。圆孔下方有一个"Y"字形凹槽,末端终于右壁中部,似为烛台。窟内壁面均有粗大凿痕。

木鱼山

窟底左、右侧各有一长方形凹槽，长230、宽30、高10厘米，自后龛底部通向窟口。窟口内侧各有一低台。左侧低台分两层，上层长60、宽30、高6厘米，下层长60、宽40、高4厘米，似为两级台阶。右侧低台长40、宽25、高5厘米。低台近窟口处左、右对称凿一横向凹槽，破坏低台。凹槽对应的窟顶位置各有一圆形榫孔（图63-85、63-86）。

图 63-85　木鱼山第 19-2 窟（西北→东南）

图 63-86　木鱼山第 19-2 窟内部结构（北→南）

【第 20 龛】

位置：第二号造像崖壁西端，第 21 龛左。

时代：中唐。

龛形：双层方形龛，内龛平面呈横长方形，外龛残宽 142、残高 135、深 34 厘米，内龛宽 106、高 106、深 48 厘米，龛向 350 度。内龛顶部两角雕三角形弧撑，左右壁与正壁交接处略弧。

保存情况：外龛左侧被现代造像打破，顶部、左壁及右壁上部残。造像局部经改刻、现代修补。造像及壁面遍覆装彩。

造像内容：内龛环三壁设倒"凹"字形坛，高 8 厘米。坛上造二主尊四胁侍二天王（图 63-87）。二主尊居中，面部、身前衣纹局部经现代修补；有尖桃形头光，束髻，戴冠，冠两侧饰卷云，缯带垂至胸前，颈部有两道蚕纹，腹部外腆；内着圆领长袍，胸下系带，打结后垂至双足间，外着广袖衣，足穿鞋；披巾于两肩垂下，于身前横过两道，搭左、右臂后垂体侧。左侧主尊双手经后代改刻，高 73 厘米；左手掌心向外置肩前，右手垂体侧。右侧主尊左手残，右手经后代改刻，高 72 厘米；左手垂体侧，右手掌心向外置肩前（图 63-88）。

胁侍立主尊两侧，对称分布。内侧二身立正壁坛上，头部经后代修补，均束髻带冠，着广袖长袍，胸前有一竖长方形布帛垂至腿前，其上束带打结，下着裙，足穿鞋。左侧胁侍高 66 厘米，长须垂胸前，双手相握置胸前。右侧胁侍高 65 厘米，双手于胸前执笏板。外侧二身位于侧壁坛，立山座上，座高 4 厘米，均束桃形发髻，颈部有肉纹，衣着同内侧胁侍。左侧胁侍高 59 厘米，双手笼袖中，置左肩前。右侧胁侍高 59 厘米，双手笼袖中，置胸前。

天王立胁侍外侧山座上，座高 4 厘米。天王均头戴盔，身着甲，下着长裙，飘带于身前横过一道，绕两臂后垂体侧，足穿鞋。左侧天王高 55 厘米；左手置胸前，右手于腹前执剑，剑尖斜置于右肩前，面向左前方。右壁天王高 56 厘米；双手于腹前挂剑，面向右前方（图 63-89、63-90）。

内龛两侧龛口外侧各雕一天王立山座上，台座高 4 厘米。左侧天王头部经后代改刻，上部残存一尖状凸起，高 52 厘米；上身似着盔甲，内着长裙，飘带于身前横过一道，绕两臂后垂下，足穿鞋；双手于腹前握斧柄，斧头挂足间。右侧天王头部及面部残，高 54 厘米；束髻，缯带飘于头两侧，着盔甲，腹部外腆，内着长裙，足穿鞋；左手置腹前，右手于体侧执戟。

木鱼山

图 63-87　木鱼山第 20 龛（北→南）

图 63-88　木鱼山第 20 龛中央主尊（北→南）

木鱼山

图 63-89　木鱼山第 20 龛左壁造像（东→西）

图 63-90 木鱼山第 20 龛右壁造像（西→东）

木鱼山

【第 21 龛】

位置:第二号造像崖壁中部,第 20 龛右,第 22 龛左。

时代:中唐。

龛形:双层方形龛,内龛平面略呈弧形,外龛宽 148、高 138、深 54 厘米,内龛宽 136、高 98、深 57 厘米,龛向 344 度。内龛顶部两角略弧,雕出龛楣及龛面。龛楣饰帷帐,龛楣及龛面上部雕七身佛结跏趺坐于卷云上,龛楣五身,左、右龛面各一身。佛像头、手多经后代修补,均高 16 厘米;有尖桃形头光、椭圆形身光、螺发肉髻,面部丰圆。除龛楣左起第四身着袒右式袈裟、第五身着双领下垂式袈裟外,余皆着通肩式袈裟。左起第一身双手笼袖中置腹前;第二身左手抚腿,右手握一月牙形物之上端置胸前;第三身双手覆帛托圆形物于腹前;第四身左手抚膝,右手执袈裟一角于胸前;第五身双手笼袖中,置腹前。左侧龛面坐佛双手笼袖中,置腹前。右侧龛面坐佛双手执串珠于腿前。

保存情况:外龛上部残。造像头、手多残损,多在原轮廓上改刻、修补。造像及壁面遍覆装彩。

造像内容:内龛正壁造一主尊二弟子二菩萨(图 63-91)。中央主尊结跏趺坐于束腰方座上,高 42、座高 34 厘米;有内圆外尖桃形头光,内层饰莲瓣、外层饰火焰纹,椭圆形身光,边缘饰火焰纹;颈部存两道蚕纹;着通肩式袈裟,跣足;双手置身前。方座上层覆帷幔。

弟子、菩萨立束腰仰覆莲圆座上,腹部微外胼。弟子有圆形头光,内饰锯齿纹;内着交领衣,外着双领下垂式袈裟,袈裟一角搭左臂,跣足;双手置身前。左侧弟子高 53、座高 11 厘米;颈部筋骨凸起,双手合十于胸前。右侧弟子高 57、座高 10 厘米;双手似于腹前托物。菩萨有内圆外尖桃形头光,内层饰莲瓣,外层饰火焰纹;缯带垂身后,颈部存两道蚕纹;下着裙,跣足;披巾自双肩垂下,于身前横过两道,搭两臂后垂体侧;戴项圈,璎珞于腹前相交呈"X"形后垂至膝前折向身后,相交处呈圆饼形。左侧菩萨高 60、座高 10 厘米;双手于胸前持物。右侧菩萨高 61、座高 11 厘米;双手置胸前。

左、右壁分别由内至外造一菩萨一天王。菩萨立束腰仰覆莲圆座上,腹部微外胼。左侧菩萨莲座、头光、璎珞同正壁左侧菩萨,高 60、座高 10 厘米;缯带自头后垂至身前,颈部存两道蚕纹;似着僧祇支,胸前系带,下着裙,裙腰外翻;披巾自双肩垂下,绕两臂后垂体侧;戴项圈;左手提瓶置体侧,右手持物举胸前。右侧菩萨高 55、座高 11 厘米;有圆形头光,内饰锯齿纹;颈部有两道蚕纹;着通肩式袈裟,胸前衣纹呈"U"形,跣足;左手举于胸侧,右手置胸腹间。天王立山形座上,兵器残,高 45 厘米;头戴盔,上着甲,下着裙,腹部系粗绳,裙腰外翻,内着裤,膝处系带;双手于腹前挂一长棍形兵器。左侧天王座高 9 厘米,衣袖束起,呈荷叶状。右壁天王座高 11 厘米。

内龛上部环壁雕护法像八身,头、面部多经修补,像均高 60 厘米。除戴帽者外,皆束髻。主尊左侧由内至外第一身六臂,上二臂分托日、月于头侧,中二臂上举,左手持秤,右手持矩,下二臂双手合十于胸前;第二身双手于胸前握方形物;第三身带尖角帽,双手笼袖中,置胸前;第四身面目狰狞,赤上身,下着裙,腰束粗绳,右手托婴孩于左肩前,婴孩局部补塑。主尊右侧由内至外第一身上着甲,下着裙,双手执剑于右肩前;第二身戴虎头帽,双手笼袖中,置胸前;第三身双耳垂至腹前,双手各执一耳于胸前;第四身怒目圆睁,尖立耳,双手握蛇于右胸前。

内龛两侧龛口外侧各雕一力士立山座上,头部经修补;上身肌肉隆起,下着裙,飘带自头后绕双臂穿过腰带垂体侧,跣足;戴腕钏、足钏。左侧力士右手残,高 45、座高 9 厘米;左手上举于体侧,右手叉腰,腰左扭。右侧力士高 45、座高 11 厘米;左手伸体侧,右手举头侧,腰右扭。内龛龛口前雕一香炉二狮子,均经修补。中央香炉呈圆形。两侧狮子相向而立,右侧狮子前爪扑一圆球。

图 63-91 木鱼山第 21 龛（西北→东南）

木鱼山

外龛左壁下部开一方形浅龛,宽32、高33、深2.5厘米。龛内雕三身供养人像,均面向龛内,侧身站立,拱手于身前。由内至外第一、二身束高髻,面部丰圆,眉眼细长,身形丰腴,着广袖长袍,披巾自两肩绕双臂后垂于体侧,足穿鞋。第三身束髻,着长袍。三像依次高32、31、23厘米(图63-92、63-93)。

外龛右壁磨光,刻造像题记,七行,竖刻,楷书,有"贞元元年"(785年)纪年(图63-94)。

图 63-92 木鱼山第 21 龛左壁造像（东北→西南）

木鱼山

图 63-93　木鱼山第 21 龛右壁造像（西南→东北）

图 63-94 木鱼山第 21 龛造像题记（西南→东北）

【第22龛】

位置：第二号造像崖壁中部，第23龛左，第21龛右。

时代：中唐。

龛形：双层方形龛，内龛平面呈横长方形，外龛宽150、高152、深28厘米，内龛宽118、高102、深65厘米，龛向345度。内龛顶部两角有三角形弧撑，正壁及左、右壁交接处略弧。

保存情况：外龛顶部左侧及左壁上部脱落，余四壁均有残损。内龛右侧近龛口处略残。造像风化残损，局部经后代改刻。造像及壁面遍覆装彩。

造像内容：内龛环三壁设坛，正壁坛外弧，高9厘米，坛上造三佛二菩萨二力士（图63-95）。三佛居中。中央佛倚坐于方座上，高59、座高18厘米；有内圆外尖桃形头光和椭圆形身光，头光内层装饰莲瓣，边缘饰联珠纹，外层饰火焰纹；有肉髻，面部丰圆，大耳，颈部有两道蚕纹；内着僧祇支，外着双领下垂式袈裟，跣足；左手抚膝，右手举胸前，双足各踏一束腰圆座。圆座两侧各雕一菩萨，胡跪；可见披巾横过身前一道，绕两臂后垂体侧；双手拱胸前，朝向中央。两侧佛均结跏趺坐于束腰方座上，头光、身光同中央佛；有肉髻，面部丰圆，长耳，颈部有两道蚕纹；均着通肩式袈裟；双手交叠置腹前。方座上层垂帷幔。左侧佛高33、座高21厘米。右侧佛高34、座高21厘米。

菩萨结跏趺坐于圆座上，均高26、座高5厘米；有尖桃形头光；双手皆执一长条形物。从左至右，圆座分别由大象、狮子背负。

左、右壁各雕一力士立山形座上；束髻，着短裙，飘带自头后绕双臂，穿过腰带飘于体侧。左侧力士高42、座高7厘米；左手握腰带，右手举拳于头侧，腰右扭。右侧力士高45、座高6厘米；左手举拳于头侧，右手向下伸直，腰左扭。两力士内侧各雕一像立山形座上，有圆形头光，带帽；着圆领长袍，腰束带。左侧像双手搭布帛，于胸前托物。右侧像双手捧物于身前。

正壁上部雕二弟子二胁侍，对称而立，面部均经后代改刻。中间二弟子像均高29厘米，双手笼袖中，置胸前。外侧二胁侍像均高34厘米，均菩萨装束。左侧胁侍双手于胸前捧物，右侧胁侍双手合十于胸前。

左、右壁上部各雕三身像。左壁三身头部均经后代改刻。由内至外，第一、二身双手均经后代改刻；颈部有两道蚕纹，似斜披络腋，下着裙，腹前束带打结；披巾于身前横过两道，绕双臂后垂下。第一身双手于胸前捧物。第二身双手置胸前。第三身着铠甲，披巾绕两臂后垂体侧；双手相握置腹前。三像高依次为44、27、31厘米。右壁三身衣着依次同左壁。前二身双手于身前捧物。第三身左手置腹前，右手上举。三像高依次为39、28、31厘米（图63-96、63-97）。

图63-95 木鱼山第22龛（西北→东南）

木鱼山

图 63-96　木鱼山第 22 龛左壁造像(东北→西南)

图 63-97 木鱼山第 22 龛右壁造像（西南→东北）

木鱼山

【第 23 龛】

位置：第二号造像崖壁东侧，第 24 龛左，第 22 龛右。

时代：中唐。

龛形：双层方形龛，内龛平面呈横长方形，外龛宽 78、高 72、深 47 厘米，内龛宽 65、高 56、深 30 厘米，龛向 343 度。内龛正壁与左、右壁交接处略弧。

保存情况：外龛四壁略残损。造像风化残损，头部均经后代改刻，局部有修补。造像及壁面遍覆装彩。

造像内容：正壁前设坛，高 2 厘米，坛上造一佛二菩萨。佛居中，结跏趺坐于束腰座上，头光残，双手经后代改刻，高 31、座高 14 厘米；着通肩式袈裟；双手置腹前。座分三层，上层覆帷幔，束腰处呈椭圆形凸起，下层为圆台。

菩萨立座上，双足及座残；斜披络腋，下着裙，裙腰外翻；披巾于两肩垂下，于身前横过两道，绕双臂后垂体侧。左侧菩萨高 40、座高 4 厘米，双手于胸前捧物。右侧菩萨高 39、座高 4 厘米，双手于身前持一莲蕾置头右侧。

左、右壁各雕一身天王立山座上，着铠甲，下着裙，足穿鞋；披巾绕两臂后垂体侧；双手于腹前挂剑。左侧天王高 38、座高 4 厘米。右侧天王高 39、座高 4 厘米（图 63-98）。

图 63-98　木鱼山第 23 龛（西北→东南）

【第 24 龛】

位置：第二号造像崖壁东端，第 23 龛右。
时代：中唐。
龛形：方形龛，平面近横长方形，残宽约 33、残高 56、残深 4 厘米，龛向 7 度。
保存情况：四壁残。造像风化严重，头部经后代改刻，头光、双手残，双足及座略残损。造像及壁面遍覆装彩。

造像内容：正壁前造二菩萨立座上；着裙，披巾自腹前横过三道，绕两臂后垂体侧。左侧菩萨高 38、座高 4 厘米；左手上举，右手于腹前执一莲蕾。右侧菩萨高 39、座高 4 厘米；双手于腹前执一莲蕾（图 63-99）。

图 63-99 木鱼山第 24 龛（北→南）

自治乡

64 观音寺

观音寺摩崖造像位于安岳县自治乡河坎村四组,地处观音寺坡西侧山腰,海拔高程411米。造像区东侧北靠观音寺坡,西临农田,北侧400米有村道通往自治乡,四周密集分布农田和民居。

在山体西侧宽7.5、高3.4米的裸露崖壁上自南向北开两龛,编号第1、2龛,占据崖壁大部分面积,大小相当,左右对称(图64-1)。龛像外搭建简易保护造像的木棚,将造像笼罩其中。崖壁顶部开一排水槽。壁面有较密集榫孔,部分内插龛前建筑横梁。第1、2龛外侧上部各有一竖长方形榫槽。第1、2龛之间有现代开凿的龛七个。造像局部经现代修补,全身装彩(图64-2)。

第三次全国文物普查将七个现代龛纳入编号,共编九龛。本次调查不录现代造像,将原编第3、7龛改编为第1、2龛。

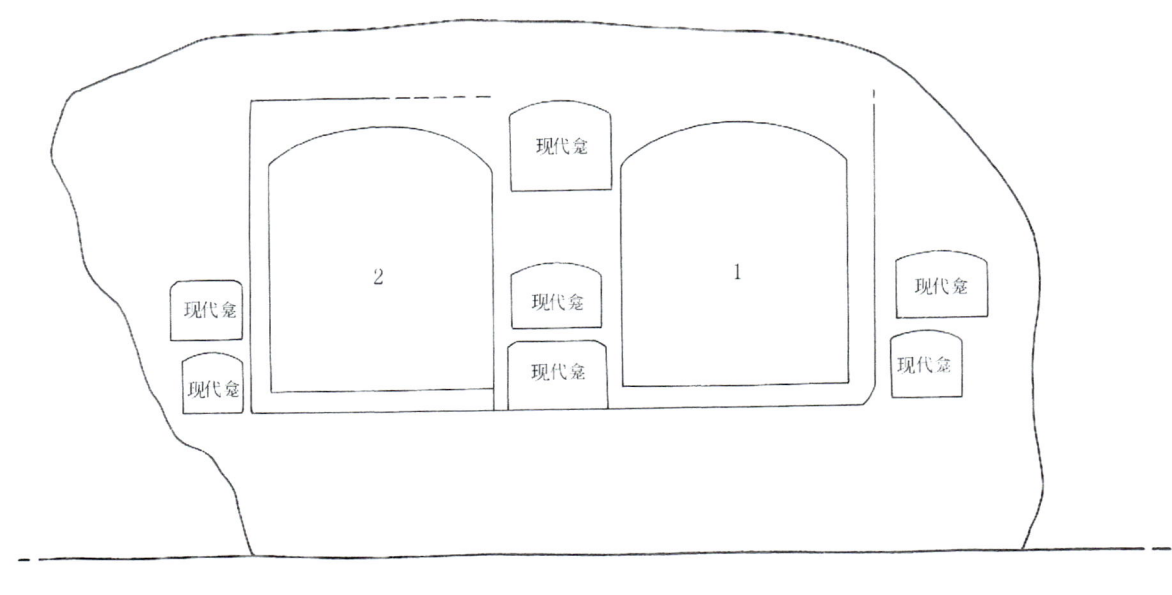

图64-1 观音寺造像分布示意图

观音寺

图 64-2　观音寺造像（西北→东南）

【第1龛】

位置：造像崖壁南侧，第2龛左。

年代：五代宋初。

龛形：外方内拱形龛，内龛平面呈横长方形，外龛宽191、高195、深13厘米，内龛宽175、高183、深62厘米，龛向265度。

保存情况：龛形完整，未雕外龛右壁。左、右壁外侧被现代开凿的小龛破坏。造像及壁面遍覆现代装彩。

造像内容：正壁前造一经幢，通高190厘米（图64-3）。八边形束腰幢座，束腰处雕一龙，龙身绕幢一周，龙首向右侧，胡须上扬。

束腰下有三层八边形叠涩。从上至下第一层各面均开一壶门。正面中央壶门内雕三像。中央一像结跏趺坐于圆形仰莲台上，着通肩袈裟。其左、右各有一像，均头残，似着窄袖衣，双手捧一物面向中央。左侧一身左腿跪地，右腿支地。右侧一身左腿支地，右腿跪地。正面左、右侧壶门内均有一摩尼宝珠。左侧壶门内造四身像。中央二身仅存膝部以下，可见衣纹。左、右侧各一像，均着袍，双手于身前捧一近圆形物，面向中央。左侧一身双腿不识。右侧一身左腿支地，右腿跪地。右面壶门内现存左、右二身像，仅有轮廓，均面向中央，双手于身前捧一物，余不识。第二、三层转角处各雕一天王，均仅露上身，头为现代补塑；绾髻，着甲，肘部束带；头均上扬，仰视幢顶，双手于幢座下作承托状。

束腰处上方雕四层八边形叠涩。从下至上第一层转角前各雕一方形凸起，凸起处饰卷云，下凹

图 64-3 观音寺第 1 龛（西→东）

观音寺

处饰卷草。第二层各面雕卷草,转角处各雕一天王坐台座上。天王头经现代补塑;着甲,下着裙,穿鞋;身形魁梧,腹部外腆。正面左侧一身头侧残留原兜鍪痕迹,面部狰狞;左手撑于左腿,右手上举于胸前,左腿支地,右腿横置于方台上。正面右侧一身倚坐方台上,耳两侧存兜鍪护耳痕;双手交叠于腹前,手中拄一剑于两腿间。左面一身头两侧存兜鍪痕,右臂下有布帛垂于体侧;左手撑于左腿,右手于腹前斜持一剑于腿间,左腿支地,右腿横置于方台上。右面一身左手上举,托一塔于身侧。塔座呈抹角方形,塔身仅一层,呈竖长方形,尖顶,塔后连接一卷云。第三层正面及左、右侧面各开一圆形小龛,

图64-4　观音寺第1龛经幢底座正面(西→东)

龛内各雕一结跏趺坐佛,着通肩式袈裟,均于腹前结禅定印。第四层各面雕围栏,每面围栏后均有造像。正面中央栅栏上有二像,着圆领衣,手均置围栏前一尖圆形物上,作提拉状。左、右面靠外围栏上均造二像。左面左侧一身侧身向龛外,右手置于右侧一身手下作承接状;右侧一身着窄袖衣,下着裤,右手向下趴于围栏上,双脚朝天。右面左侧一身面部近圆,似着裤,左手趴于栅栏,双腿踏于围栏作攀登状;右侧一身右手搭于左侧一身左手下作提拉状。左、右面靠内栅栏后各造一像,左面一身双手交叉趴于围栏上,右面一身右手于围栏外持一球(图64-4、64-5、64-6)。

1773

八边形幢身,圆雕,下有仰莲承托。幢顶雕三层天盖。下层天盖檐下雕卷草纹。中层天盖下雕七身结跏趺坐佛,均着通肩式袈裟,双手于腹前结禅定印。小佛之间雕"X"形装饰。上层天盖底部雕围栏,围栏后雕童子,作翻越或嬉戏状。围栏上方雕六身结跏趺坐佛,均着通肩式袈裟,双手于腹前结禅定印。上层天盖上方又雕围栏。围栏后正、左、右面各雕一小方塔,阴刻门扉。幢顶雕一硕大宝珠,下有四层圆形叠涩,有仰莲基座(图64-7)。

图64-5　观音寺第1龛经幢底座左侧(西南→东北)

图 64-6 观音寺第 1 龛经幢底座右侧（西北→东南）

图 64-7　观音寺第 1 龛经幢顶部（西→东）

【第 2 龛】

位置：造像崖壁北侧，第 1 龛右。

年代：五代宋初。

龛形：外方内拱形龛，外龛宽 205、高 225、深 12 厘米，内龛宽 189、高 204、深 87 厘米，龛向 263 度。

保存情况：龛形较完整，无外龛左壁，内、外龛顶中央残。龛底下方密布圆形孔洞。造像局部经现代修补，全身装彩。

造像内容：正壁前造一菩萨半跏趺坐于山形台座上，面部、双手和双足经现代修补，高 140 厘米（图 64-8、64-9）。头顶上方雕八边形华盖，华盖垂帷幔。华盖中央雕二飞天相向作飞翔状，面部丰满，绾髻；着长裙，飘带飘于头顶及体后，下身笼裙内，肩生双翼。左侧飞天双手执笛，作吹奏状。右侧飞天双手执一布帛于体前（图 64-10）。

菩萨身后彩绘圆形身光，戴高束发冠，饰卷草，下垂珠链。冠中央雕一结跏趺坐佛，身体扁平，有尖桃形头光和椭圆形身光，雕出肉髻，着通肩式袈裟，双手置腹前。冠两侧缯带垂肩后，饰耳珰，下有"十"字形璎珞垂至两肩，折向身后。颈部存两道蚕纹。上身披络腋，下着长裙，腰束带，裙腰外翻。飘带绕两臂，环左膝，垂于座前中央及台座右侧。飘带饰三组图案，每组顶端为一团花，其下有两道璎珞呈螺旋状缠绕，团花下饰一段卷草，下饰二相扣之菱形，末端又饰一团花（图 64-11、64-12）。

戴环状项圈，外缘饰一圈卷云，两端各有一道璎珞环两肩后折向后方。项圈中部垂下一"心"形挂饰，挂饰由左、右两只动物组成（图 64-13）。动物头仰向上方，内侧前腿同握项圈中部垂下的一道较短璎珞末端，外侧前腿抓住上方垂下的一道较短璎珞，后足相抵于下方。菩萨双臂戴臂钏，其上饰卷草。双腕戴三层环状腕钏，双足有双层环状腕钏。两膝前又各垂下一挂饰，上部饰卷草，下部饰珠链、流苏。右侧挂饰中央雕一佛之上半身，有肉髻、螺发，双手于胸前合十，身后有火焰（图 64-14）。双手抱左膝，右腿内盘于右膝上，右足踩一莲台上，跣足。

台座分两层，上层近圆形，表面铺苇叶，下层呈四层方形叠涩，表面均雕成山形，山石凹凸。台座底部有卷草铺开。

正壁与左、右壁转折前各造一供养人立圆座上。左侧供养人现为男像，面部和双手经现代修补，高 72、座高 20 厘米；戴直脚幞头，着圆领长袍，腰束宽带，足穿鞋；双手持笏板于胸前，身体朝向右前方（图 64-15）。右侧供养人现为女像，高 70、座高 22 厘米；绾髻，内着齐胸衣，外着双领下垂式广袖大衣，足穿鞋；双手笼袖中，置腹前。右侧胁侍左侧雕一方台，中部内凹，其中雕三身坐像，中部一身略高，残不可识。主尊与左侧胁侍之间亦有一方台痕迹（图 64-16）。

龛底雕细密水波纹，其中有近圆形和三角形的凸起，多残损。内龛底部前方雕山石，山石顶端高出于内龛底（图 64-17）。

图 64-8 观音寺第 2 龛(西→东)

观音寺

图 64-9　观音寺第 2 龛中央菩萨（西→东）

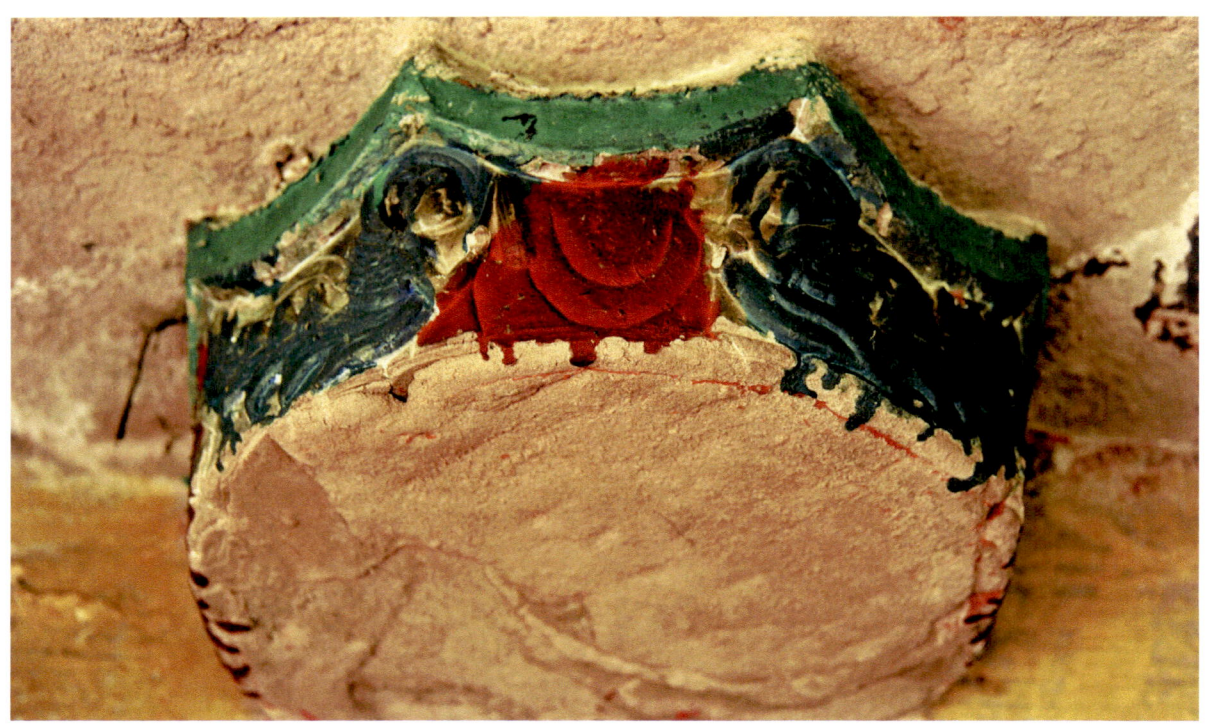

图 64-10　观音寺第 2 龛头顶华盖（西→东）

图 64-11　观音寺第 2 龛菩萨头冠正面（西→东）

观音寺

图64-12 观音寺第2龛菩萨头冠左侧（西南→东北）

图64-13 观音寺第2龛菩萨胸前装饰（西→东）

图 64-14 观音寺第 2 龛菩萨腿前装饰（西→东）

图 64-15 观音寺第 2 龛左侧胁侍（西北→东南）

观音寺

◀ 图64-16 观音寺第2龛右侧胁侍（西南→东北）

图64-17 观音寺第2龛龛底左侧雕刻（西→东）▶

自治乡

065 石菩萨

石菩萨摩崖造像位于安岳县自治乡九沟村二社石菩萨坡顶,海拔高程461米。造像区位置较高,东侧有村道通往自治乡,四周现为荒废农田。

在一暴露于旷野、平面近方形的红砂岩石包东侧壁面中央开一龛,石包宽3.5、高3米。石包整体向南倾斜10度(图65-1、65-2)。

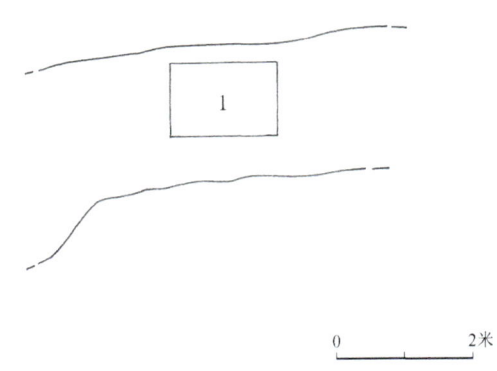

图 65-1　石菩萨造像分布示意图 ▶

图 65-2　石菩萨造像壁面(东南→西北)

石菩萨

【第1龛】

位置：造像壁面中部。

年代：明。

龛形：方形龛，平面呈横长方形，宽161、高106、深52厘米，龛向90度。

保存情况：各壁外缘略残。造像及壁面风化较严重，存装彩痕。

造像内容：正壁前起一高45、深12厘米坛。坛上造三身像结跏趺坐于方座上。三像头均不存，颈中央各开一方形小孔。中央一身高53厘米；着袒右式袈裟，下摆覆双腿及台座；左手置腹前，右手置胸前。

左、右两身均六臂。左侧一身高51厘米，两肩有披巾垂及膝前，下着裙，裙尾覆台座上部；左、右上臂各托一圆形物于头侧，左中臂伸于体侧，持物不明，右中臂持宝剑于体侧，左、右下臂合十于胸前。右侧一身高54厘米，披巾搭两肘后，经两膝垂至身体两侧，裙摆覆双腿，下摆垂覆台前；左、右上手分置头侧，似托一物，左、右中手似各执一短棍状物，右侧下手于腹前托一硕大宝珠，宝珠浅浮雕。

坛前雕云头，其上托宝珠（图65-3）。

图65-3　石菩萨第1龛（东→西）

建华乡

66 大菩萨岩

大菩萨岩摩崖造像位于安岳县建华乡凤凰村十一组，地处仙娘湾大佛坡东南侧山腰，海拔高程460米。造像西北靠大佛坡，南侧为陡坡，有小道向东通往山下村道，村道南为康家桥水库。东、南侧山脚下密布民居和农田。造像周围密布杂树和灌木。

　　造像开于一宽10、高12米的红砂岩崖壁上，系大佛坡东南侧山体裸露部分，共两龛，西南侧开第1龛，东南侧分布第1-1龛（图66-1）。第1龛距离地表2.5米，开于崖壁凸出处，保存较差，前方依岩搭建木架。造像下部裸露，水蚀严重，龛底悬空（图66-2）。造像经现代修补和装彩。

　　第三次全国文物普查编第1龛，此次调查增编第1-1龛。

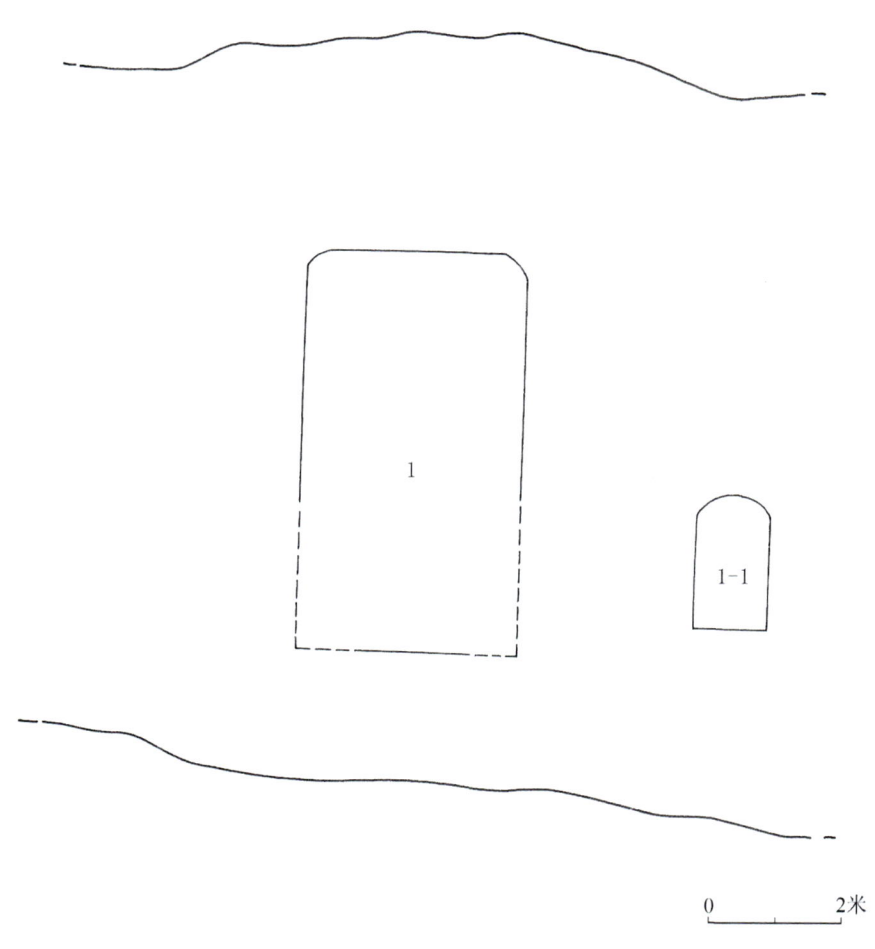

图66-1　大菩萨岩造像分布示意图

大菩萨岩

图 66-2　大菩萨岩造像（南→北）

【第 1 龛】

位置：造像崖壁西南侧，第 1-1 龛右。

年代：唐。

龛形：拱形龛，平面呈弧形，宽 330、高 600、深 180 厘米，龛向 135 度。

保存情况：龛底及左、右壁下部不存。壁面水蚀较严重。造像头部经现代修补，存现代装彩痕。

造像内容：正壁前造一佛倚坐台座上，残损严重，高 290 厘米。有双层头光和椭圆形身光，外缘均饰火焰，雕肉髻，螺发，面部方圆，下颌略宽，双目下视，鼻呈三角形，双下颌，双耳硕大，颈部有三道蚕纹。内着僧祇支，外着双领下垂式袈裟，领边均匀装饰团花。左手抚左膝，右手屈肘上举，置于右膝。

左壁上部开一浅龛，龛内雕一像立于圆台上，头部不存，腹部以上残损，身前风化，残不可识。右壁上部一像立于方台上，有尖桃形头光，外缘饰火焰，现为光头，面相圆润，鼻翼较小，小嘴，双耳硕大；着圆领广袖衣，下着裙，披巾自两肩垂下，于腹前横过两道后搭左、右臂垂于身侧；左手饰腕钏；左手垂于体侧，似提一物，右手举于右胸侧，执一长柄状物。

右侧上部立像头光左侧上方浮雕一像跪于方台上，着广袖长袍，双手置于胸前，左腿下蹲，右腿跪地，朝向中央主尊（图 66-3）。

1791

【第 1-1 龛】

位置：造像崖壁东南侧,第 1 龛左。
年代：清。
龛形：拱形龛,平面呈横长方形,宽 105、高 189、深 22 厘米,龛向 105 度。
保存情况：龛形完整。正壁两侧及左、右壁密布凿痕。龛外左侧存上、下两个方形榫孔。
造像内容：正壁前浮雕一碑,方形碑身,弧形碑首,宽 75、高 144 厘米。碑身底部中央有一圆形凸起,残不可识。碑身、碑首打磨光滑,未见字迹(图 66-4)。

图 66-4　大菩萨岩第 1-1 龛
（东→西）

◀ 图 66-3　大菩萨岩第 1 龛
（东南→西北）

千佛乡

67 冯家庙

冯家庙摩崖造像位于安岳县千佛乡洪庙村四组，地处名为冯家庙的小山丘顶部中央，海拔高程440米。南侧10米有村道通向公路，东侧紧邻城隍庙，20世纪60年代拆除，周围为杂树林。山丘四周密布农田，有少量民居。

造像开凿于一平面近圆形的红砂岩石包南侧壁面上，自东向西开第1、2龛，崖壁陡直，顶部近平，宽8.3、高4.3米（图67-1）。造像顶部存一横向排水槽，中央略高。壁面右侧中部存一横向宽槽。造像两侧有少量榫孔，前方地面有零星圆雕造像（图67-2）。造像经清代改刻和装彩，有少量造像未经改动。

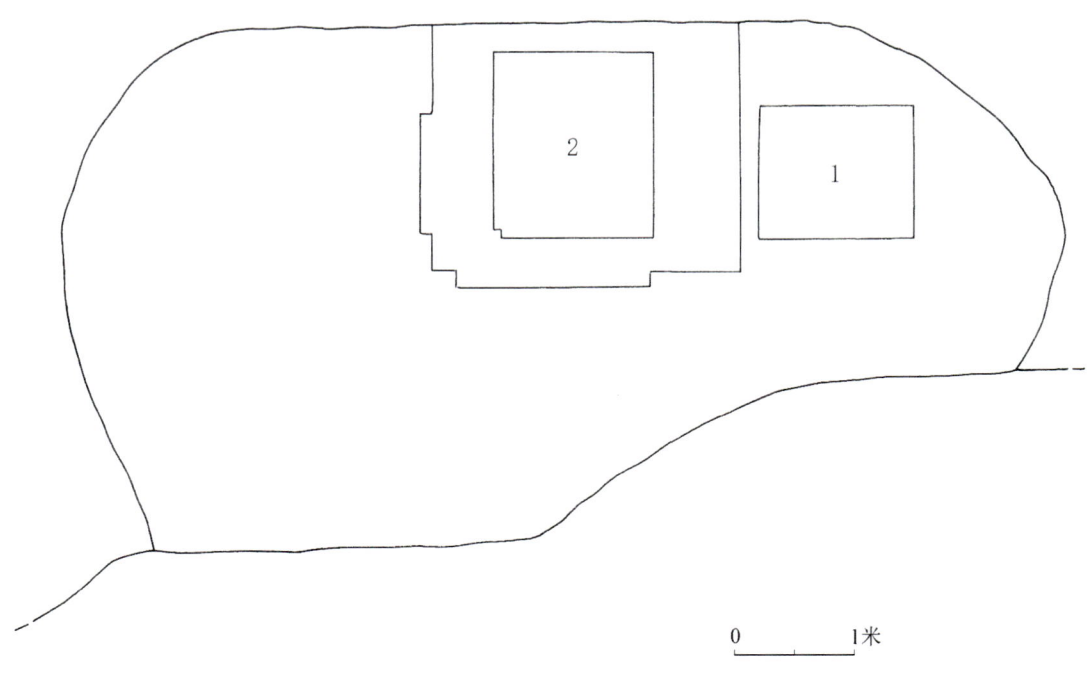

图 67-1　冯家庙造像分布示意图

冯家庙

图 67-2　冯家庙造像全景（南→北）

【第 1 龛】

位置：造像壁面东侧，第 2 龛左。
年代：嘉庆九年（1804 年）。
龛形：方形龛，平面呈横长方形，宽 133、高 113、深 46 厘米，龛向 170 度。龛楣浅浮雕卷草。
保存情况：龛形基本完整，左壁外缘残。龛外左、右侧上部各存两个位置相对的方形榫孔。造像及壁面存后代装彩痕。左侧壁面水蚀较严重。
造像内容：正壁前造一主尊二胁侍。主尊居中，结跏趺坐于仰覆莲方座上，头残，高 37、座高 25 厘米；内着僧祇支，于腹部束带打结，外披双领下垂式袈裟，下摆覆双腿；双手于腹前结禅定印。莲座现有双层方形基座，下层基座正面饰卷云。

左、右侧胁侍立正壁与左、右壁转折前圆座上。左侧一身上身残损严重，高 61、座高 10 厘米；上着衣，下着裤，足穿鞋；双臂置胸前，身体朝向右前方。右侧一身头残，头中央现存一榫孔，高 60、座高 10 厘米；着长袍，外套马甲，腹部束带，下着裙，腰带分两道垂双腿间；双手托物于胸前，其下覆巾，身体朝向左前方（图 67-3）。

右侧龛面刻题记一则，两行，竖刻，楷书，内容为嘉庆九年（1804 年）造像记（图 67-4）。

图67-3 冯家庙第1龛（南→北）

冯家庙

图 67-4 冯家庙第 1 龛右侧龛面题记（南→北）

【第 2 龛】

位置：造像壁面中部靠上，第 1 龛右。

年代：中晚唐。

龛形：双重方形龛，内龛平面呈横长方形，外龛宽 243、高 220、深 52 厘米，内龛宽 154、高 192、深 106 厘米，龛向 182 度。外龛底部中央开一方槽，两侧各有双层石台。龛楣中央从左至右刻"天雷宝盖"四字，龛楣左侧从左至右刻"神光充溢"四字，均楷书，字体较大。

保存情况：全龛经清代改刻，外龛右壁与正壁转折处存一纵向窄槽。龛上部存烟熏痕。造像及壁面存后代装彩。

造像内容：内龛正壁前起一高坛，坛上造一结跏趺坐像，头不存，高 84 厘米。浅浮雕双层身光，内层饰卷云，外缘饰火焰。内着僧祇支，于腹部束带打结，结带分两道垂下，外披双领下垂式袈裟，下摆覆双腿，披云肩。双手于腹前结禅定印（图 67-5、67-6）。

坛前浮雕一香炉，仅存轮廓。香炉上部左、右各相向趴伏一狮子，身绕飘带，四肢下弯，作欲腾跃状。龛顶中部浅浮雕一涡纹，宽 48 厘米（图 67-7）。内龛左、右壁内侧各开一近方形浅龛，龛内各浅浮雕一花瓶，内插花束，花瓶侈口、束颈、斜肩、斜弧腹、喇叭足。左侧一龛宽 27、高 51、深 2 厘米（图 67-8）。右侧一龛宽 26、高 53、深 2 厘米（图 67-9）。

内龛左、右壁外侧各自向外开凿 6、11 厘米，开凿后的壁面磨平。磨平的壁面各刻一拱形碑，位置相对，大小相当，碑首中央各雕一圆轮，四周

图 67-5 冯家庙第 2 龛（南→北）

云气环绕。

左侧碑宽 52、通高 129 厘米，圆轮中央刻一"日"字，为一小榫孔破坏，碑身刻字七行，竖刻，楷书，刻嘉庆甲戌年（1814 年）信士舍资镌装之事（图 67-10）。

右侧碑宽 59、通高 110 厘米，圆轮中央刻一"月"字，碑身刻字八行，竖刻，楷书，碑文记载冯家庙之历史，并及嘉庆甲戌年（1814 年）装修佛像之事（图 67-11）。

内龛左壁外侧向龛内凿进 50 厘米，开凿后的壁面磨平。壁前造一像结跏趺坐于圆座上，仅存轮廓，胸及左臂开数个小孔，高 88、座高 40 厘米；双手置胸前，似合十。内龛右侧龛口靠外雕一力士立像，系原造像遗存，未经改刻，唐代造像特征明

图 67-6 冯家庙第 2 龛中央主尊（南→北）

1798

冯家庙

图 67-7　冯家庙第 2 龛坛前香炉（南→北）

图 67-8　冯家庙第 2 龛内龛左壁花瓶（西南→东北）

图 67-9　冯家庙第 2 龛内龛右壁花瓶（东南→西北）

显,头及四肢残,残高97厘米;上身赤裸,肌肉虬结;下着短裙,腰束带,裙腰外翻,飘带经头后,绕双臂,过腰带,垂于身侧,跣足;左手下伸体侧,右手似上举于头侧,腰右扭。外龛右壁下部又造一力士立像,残损严重,仅存轮廓,残高76厘米;有圆形素面头光;右手似叉腰,腰左扭,左腿直立,右腿略弯曲(图67-12)。

图67-11 冯家庙第2龛内龛右壁碑
（东→西）

图67-10 冯家庙第2龛内龛左壁碑
（西→东）

冯家庙

图 67-12　冯家庙第 2 龛右侧龛口力士（南→北）

镇子镇

68 三清寺

三清寺摩崖造像位于安岳县镇子镇云桥村九组孔家湾西侧山腰,海拔高程526米。造像区西侧20米有村道通往镇子镇,东靠三清寺坡,西、北、南侧均密布农田和民居。

在宽13、高5.8米的崖壁上自南向北开十三龛,高度相当,所在崖壁陡直(图68-1)。龛像前有现代搭建的简易木构建筑,将龛像全部笼覆其中。造像崖壁有较密集榫孔,部分内插龛前建筑横梁。建筑上方壁面开横向排水槽,较宽。造像于早年遭到严重毁坏,后经数次修补和装彩。现造像头、胸和双手多经修补,部分造像原貌无存。从现存的原造像痕迹分析,该处集中开凿道教造像。造像下方壁面刊刻六则清代修建、装彩题记。造像前方中央依岩设供台,建筑内放置少量现代圆雕像。

第三次全国文物普查编第1~4龛。此次调查在原编号基础上,增编第1-1、2-1、2-2、2-3、3-1、4-1、4-2、4-3、4-4等龛,共十三龛。

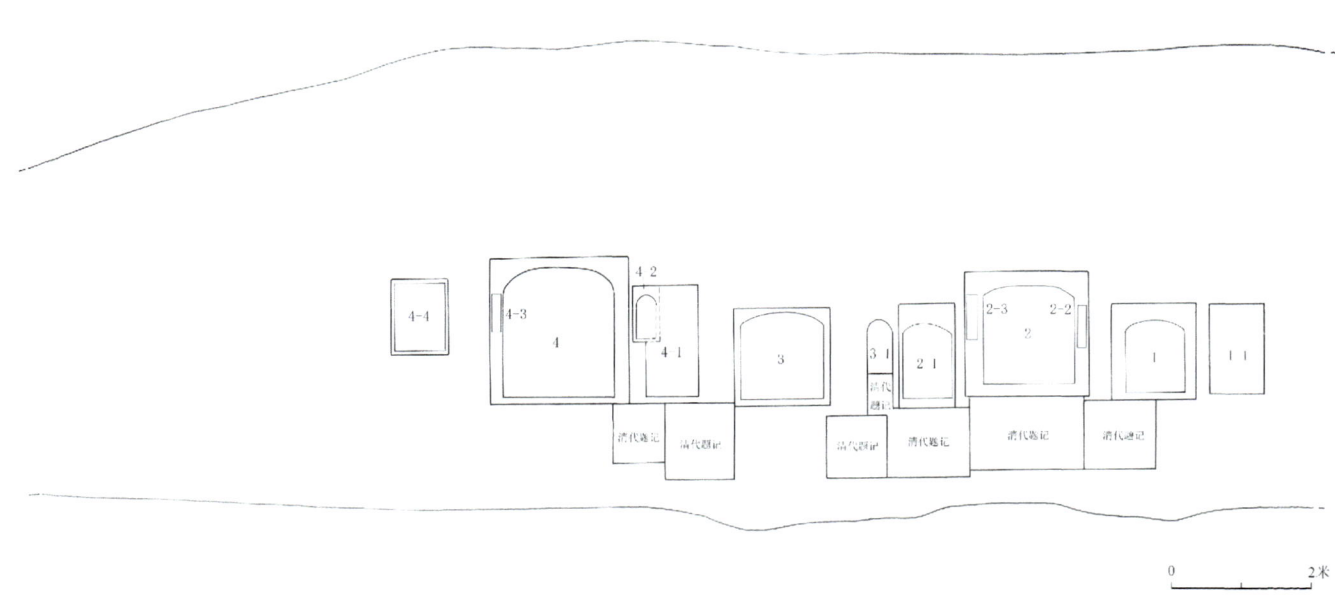

图68-1　三清寺造像分布示意图

【第 1 龛】

位置：造像崖壁南端，第 1-1 龛右，第 2 龛左。

年代：唐。

龛形：外方内拱形龛，平面近方形，外龛宽 123、高 141、深 21 厘米，内龛宽 85、高 101、深 25 厘米，龛向 270 度。

保存情况：外龛右壁中部残。后代将内龛向右侧拓宽 22 厘米，导致内龛龛口形状不规整。龛内左下角和龛外右下方各存一方形榫孔。

造像内容：原造像已被凿不存，现置两身现代圆雕造像（图 68-2）。

图 68-2　三清寺第 1 龛（西→东）

【第 1-1 龛】

位置：造像崖壁南端，第 1 龛左。
年代：清。
龛形：方形龛，平面呈横长方形，宽 80、高 124、深 30 厘米，龛向 270 度。
保存情况：龛形完整。各壁存密集凿痕，造像全身经现代装彩。
造像内容：正壁前造一老君坐通壁方台上，高 98、座高 24 厘米。绾圆髻，发丝细密，老者面相，长髯垂胸前。着圆领长袍，腰束带，足穿鞋。左手持麈尾于胸前左侧，右手握拳置右膝上（图 68-3）。

图 68-3　三清寺第 1-1 龛
（西→东）

【第 2 龛】

位置：造像崖壁南侧，第 1 龛右，第 2-1 龛左。
年代：开元廿九年（741 年）。
龛形：外方内拱形龛，内龛平面近半圆形，外龛宽 178、高 182、深 40 厘米，内龛宽 141、高 164、深 50 厘米，龛向 270 度。内龛龛楣及两侧龛面饰卷草。
保存情况：龛形基本完整。外龛底中央造像均经现代修补和装彩。壁面风化较严重。
造像内容：内龛环三壁原应造一主尊二真人二女真，现造一主尊四胁侍，头光和双腿系原造像遗留，其余部分均经现代修补而成。中央主尊现为一佛，结跏趺坐于束腰仰莲圆座上，全身补塑，除头光外，原造像痕迹不存，现高 29、座高 25 厘米。有尖桃形头光，光尖至龛顶，内层雕锯齿，中层为素面条带，外缘饰卷草。双手现托钵于腹前。

内侧两身胁侍立正壁前左、右侧仰莲座上，胸部以下系原造像遗留；圆形头光，内饰锯齿；着广袖大衣，下着裙，足穿鞋；双手现置胸前。左侧一身现高 41、座高 7 厘米。右侧一身现高 40、座高 8 厘米。

三清寺

外侧两身胁侍立左、右壁外侧前仰莲圆座上，胸部以下为原造像遗留；有尖桃形头光，外缘饰火焰；披对襟，于腹部束带，对襟下露内衣下摆，下着裙，足穿鞋；胸前存原项圈痕，两侧各垂一道璎珞，于腹前相交，垂及膝部，折向身后，相交处饰团花，双腿间又各垂一道长璎珞。左侧胁侍现高77、座高13厘米；左手现举肩前，右手现垂体侧提衣摆，腰左扭。右侧胁侍现高75、座高16厘米；左手现提物垂体侧，右手现举肩前。

内龛左、右壁上部各存护法像二身，未经修补。左侧从内至外第一身头顶有尖角；第二身着交领衣，双手置体前。右侧从内至外第一身可见双手各托一圆饼形物于头侧；第二身残不可识。

内龛左、右壁近龛口处各造一力士，均立于山形台座上。左侧一身全身经后代改刻，高约72、座高12厘米；戴尖形冠，面部方圆，双耳硕大，戴项圈，上有珠状物垂下；上身赤裸，下着战裙，为原像所有，腰束带，裙腰外翻，跣足；左手上举于头侧，右手握拳，掌心向外，伸于身侧。右侧一身全身经后代改刻，高约62、座高22厘米；光头，戴项圈，上有珠状物垂下；上身赤裸，肌肉隆起，下着战裙，为原像所有，腰束带，裙腰外翻，跣足；左手握拳，掌心向外伸于身侧，右手握拳上举于头侧（图68-4）。

图68-4　三清寺第2龛（西→东）

外龛左壁下部刻一题记,宽25、高68厘米,现存十行,竖刻,楷书,字迹较浅,有字格,下部字迹为后代磨平,内容为开元二十九年(741年)造像记(图68-5)。

图68-5　三清寺第2龛外龛左壁题记(北→南)

【第2-1龛】

位置:造像崖壁中部,第2龛右,第3-1龛左。

年代:唐。

龛形:外方内拱形龛,内龛平面近横长方形,外龛宽80、高152、深23厘米,内龛宽72、高112、深28厘米,龛向270度。

保存情况:龛形完整。内龛为后代拓宽,壁面遍布新凿痕,存少量装彩痕。

造像内容:原造像已被破坏不存,现放置一圆雕造像(图68-6)。内龛龛楣刻题记一则,十八行,均为人名。外龛左、右壁亦各存题刻一则,各七行,刻人名。龛外左侧崖面刻嘉庆十二年(1807年)装修记一则,四行,竖刻,楷书。

三清寺

【第 2-2 龛】

位置：造像崖壁南侧，第 2 龛外龛左壁上部。
年代：唐。
龛形：拱形龛，平面呈弧形，宽 19、高 45、深 5 厘米，龛向 2 度。
保存情况：龛形完整。造像胸部以上经现代修补，全身装彩。壁面存烟熏痕。
造像内容：正壁前造一像立龛底，现高 34 厘米；着交领广袖大衣，下着裙，足穿鞋；左臂垂体侧，右手举肩前。龛底下浅浮雕仰覆莲瓣（图 68-7）。

图 68-7 三清寺第 2-2 龛（北→南）

图 68-6 三清寺第 2-1 龛（西→东）

【第 2-3 龛】

位置：造像崖壁南侧，第 2 龛外龛右壁上部。

年代：唐。

龛形：拱形龛，平面呈弧形，宽 18、高 43、深 6 厘米，龛向 172 度。

保存情况：右壁中部残。造像及壁面存烟熏痕。

造像内容：正壁造一像立仰莲圆座上，仅存轮廓，高 32、座高 6 厘米。有尖桃形头光，缩髻。下着裙，足穿鞋（图 68-8）。

龛底下方存镌装记一则，宽 23、高 65 厘米，八行，竖刻，楷书，有字格将各行隔开，风化残损严重（图 68-9）。

图 68-8　三清寺第 2-3 龛（南→北）

图 68-9 三清寺第 2~3 龛造像记（南→北）

【第3龛】

位置：造像崖壁中部，第3-1龛右，第4-1龛左。
年代：唐。
龛形：外方内拱形龛，内龛平面近半圆形，外龛宽142、残高153、深11厘米，内龛宽121、高132、深40厘米，龛向267度。雕出拱形龛面和龛楣。
保存情况：龛顶和左、右部不存。后代向左、右拓宽，开凿造像，破坏左、右壁。造像经现代修补，遍覆现代装彩。
造像内容：内龛环三壁造一主尊四胁侍，头光均为原造像遗留。主尊居中，全身修补，头光为原造像遗留，现高53、座高41厘米。头光内饰卷草，光尖至龛顶。双手现托一瓶于腹前。

内侧两身胁侍立正壁前左、右侧，胸部以下为原造像遗留；有圆形头光，内饰一圈锯齿；内着交领衣，外披双领下垂式广袖大衣，下着裙，足穿鞋；双手笼袖中，置腹前。左侧胁侍现高65、座高10厘米。右侧胁侍现高67、座高8厘米。

外侧两身胁侍立左、右壁外侧前圆座上；均有尖桃形头光；足穿鞋。左侧胁侍现高54、座高14厘

图68-10　三清寺第3龛（西→东）

米,胸部以下为原造像遗存;似着对襟,下露一层衣摆,下着裙,足穿鞋。右侧胁侍全身补塑,原造像痕迹不存,现高60、座高9厘米(图68-10)。

外龛左、右壁向两侧凿进,各存一现代造像,左、右对称分布。

【第3-1龛】

位置:造像崖壁中部偏南,第2-1龛右,第3龛左。

年代:唐。

龛形:拱形龛,平面呈"U"字形,宽33、高84、深9厘米,龛向268度。

保存情况:左壁下残。正壁左下存一榫孔,造像及壁面存现代装彩。

造像内容:正壁前起一高6厘米的方台。台上造一立像,高59、座高7厘米,头部以下未经修补。有尖桃形头光,披发垂肩。着广袖长袍,胸部束带打结,结带垂于身前,足穿鞋。右手握一物于体侧(图68-11)。

图68-11 三清寺第3-1龛
(西→东)

【第4龛】

位置：造像崖壁北侧，第4-1龛左，第4-4龛右，距地表较高。
年代：盛唐。
龛形：外方内拱形龛，内龛平面呈半圆形，外龛宽200、高约205、深约60厘米，内龛宽约168、高约190、深约90厘米，龛向253度。
保存情况：外龛右壁外侧、左壁上部残，龛底中央脱落，外龛左壁上部风化严重。龛楣经现代修补，造像头部均经现代补塑，造像及壁面遍覆现代装彩。
造像内容：内龛环三壁造一主尊八胁侍（图68-12）。主尊居中，结跏趺坐于圆形台座上，头、颈和双手为现代修补，现高105、座高55厘米。有尖桃形头光，内层饰莲瓣，中层饰一圈锯齿，外层饰卷草。现塑为老者面相，有长髯。内着交领衣，外披对襟，于腹部束带打结，裙头提至胸口，下摆覆双腿。左手现托一圆轮于左膝上，右手置右膝上。座前底部现补塑一牛，身体朝向右侧，回首龛外。

内侧雕四身弟子立主尊左、右侧。左、右各两身，分上、下排站立，体形较小，身体略扁平，胸、头

图68-12　三清寺第4龛（西南→东北）

三清寺

均经现代修补;着交领广袖大衣;双手均笼袖中,置胸前。左侧靠下一身现高77厘米,靠上一身露出部分高78厘米。右侧靠下一身现高79厘米,靠上一身露出部分高76厘米。

左、右壁前内、外又各造一胁侍立台座上,头经现代修补,其余部分为原造像遗留。内侧两身均有尖桃形头光,内层饰莲瓣,外层饰卷云;内着交领衣,外披双领下垂式广袖大衣,宽结带垂两腿间,足穿鞋;双手持笏板于胸前。左侧靠内一身高126、座高24厘米。右侧靠内一身高122、座高23厘米。外侧两身均有尖桃形头光,内、外层均饰卷云;内着交领衣,外披双领下垂式广袖大衣,腰束带,结带垂双腿间,下着裙,足穿鞋;双手持笏板于腹前。左侧一身高129、座高25厘米。右侧一身高127、座高28厘米。

内龛上部环三壁造一排八身护法像。左起第一身残不可识;第二身戴虎头冠,虎足踩两肩,似着交领衣,右手横置胸前,手指内勾;第三身六臂,绾髻,内着交领衣,外着广袖交领衣,上四臂均带双层腕钏,上二臂举于头侧,左中臂残,右中臂持一哑铃状物,下二臂双手笼于袖中,置体前;第四身绾高髻,内着交领衣,外着交领广袖长袍,双手笼袖中置体前;第五身绾高髻,内着交领衣,外着交领广袖长袍,双手笼袖中,置体前;第六身绾高髻,头上部横飞一龙,龙首置于头左侧,面朝左前方,像身着甲,颈下系巾;第七身绾髻,颈部绕一蛇,双手于胸前持蛇身;第八身残不可识(图68-13、68-14)。

内龛两侧龛口靠外各存一立像,被人为损毁,不存,全身布满凿痕。左侧一身残高83厘米,可见头后飘带呈圆弧状,左手上举,右手垂体侧。右侧一身残高80厘米,可见身体左侧飘带下垂。

外龛左壁中上部开五列尖拱形小龛,十排,共50龛,均宽10、高12、深3厘米。龛内各雕一佛结跏趺坐于莲座上,高8、座高2厘米;均有肉髻;多着通肩式袈裟,另有少量着双领下垂式袈裟,下摆覆双腿;双手多置胸、腹前,结印(图68-15)。

图 68-13　三清寺第 4 龛左壁造像(西北→东南)

三清寺

图 68-14　三清寺第 4 龛右壁造像（东南→西北）

图 68-15 三清寺第 4 龛外龛左壁小佛(北→南)

【第 4-1 龛】

位置：造像崖壁北侧，第 3 龛右，第 4-2 龛左，后代拓宽的部分打破第 4-2 龛。

年代：清。

龛形：拱形龛，平面呈浅弧形，宽 83、高 152、深 19 厘米，龛向 255 度。

保存情况：顶不存，右壁上部残。毁坏原造像开凿而成。

造像内容：正壁前现存一碑，碑上部存原造像头光痕，分两层，外层饰火焰。碑宽 60、通高 124 厘米，半圆形碑首，额题"万古碑记"。碑身存题刻一则，十八行，竖刻，楷书，字槽填白彩，内容记乾隆六十年（1795 年）募化修建殿宇之事（图 68-16）。

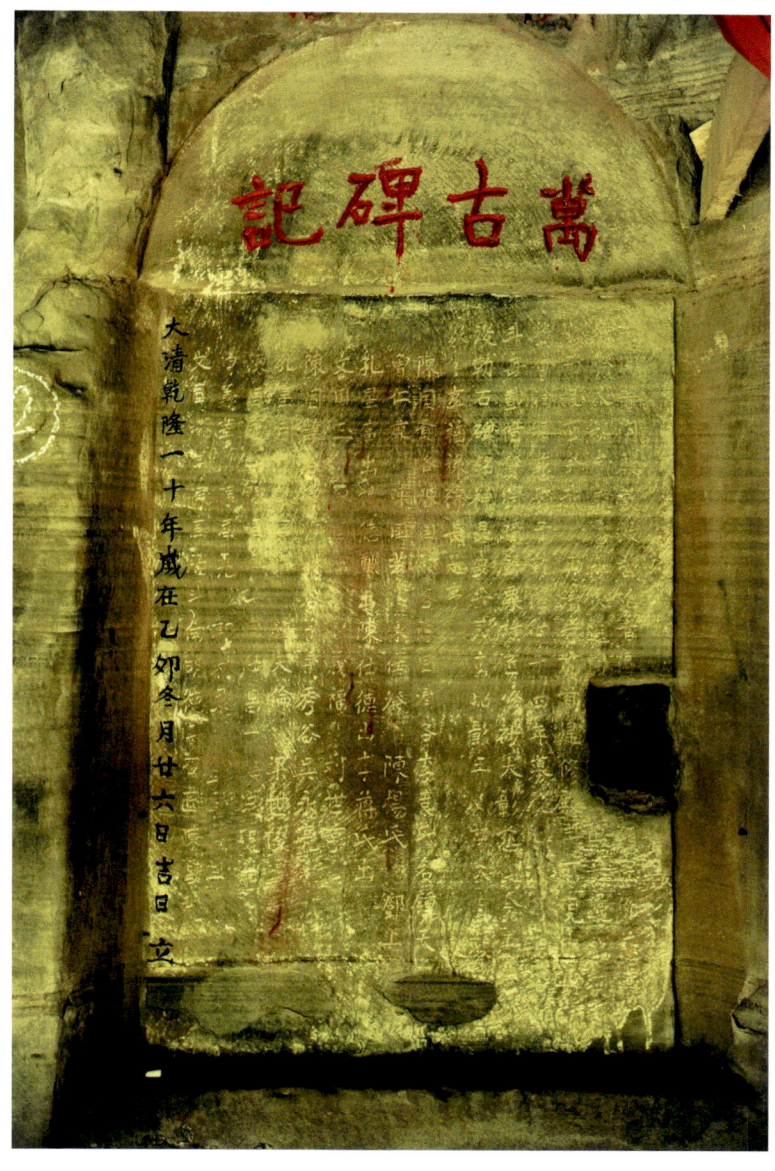

图 68-16 三清寺第 4-1 龛
（西南→东北）

【第 4-2 龛】

位置：造像崖壁北侧，第 4-1 龛右，第 4 龛左，左壁被第 4-1 龛拓宽的部分破坏。

年代：唐。

龛形：外方内拱形龛，内龛平面呈弧形，外龛残宽 33、残高 82、深 7 厘米，内龛残宽 22、残高 72、深 7 厘米，龛向 252 度。

保存情况：左壁和龛顶不存。

造像内容：正壁前造一像立圆座上，全身残损，高 59、座高 9 厘米。有圆形素面头光，绾桃形髻，颈部有三道蚕纹。内着交领衣，外披广袖长袍。双臂似置胸前（图 68-17）。

【第4-3龛】

位置:造像崖壁北侧,第4龛外龛右壁上部。

年代:唐。

龛形:拱形龛,平面呈弧形,宽28、高75、深8厘米,龛向182度。雕出较宽的尖拱形龛楣,饰团花。

保存情况:龛形完整。造像头、颈和台座经现代修补,全身装彩。

造像内容:正壁前造一像立台座上,双手残,现高64、座高8厘米。有圆形素面头光。内着交领衣,外披对襟,裙头提胸前,足穿鞋。双臂垂体侧(图68-18)。

图68-17 三清寺第4-2龛(西南→东北)

图68-18 三清寺第4-3龛(南→北)

【第4-4龛】

位置:造像崖壁北端,第4龛右。

年代:不明。

龛形:方形龛,平面呈方形,宽85、高112、深90厘米,龛向252度。

保存情况:龛形完整。

造像内容:龛内未见造像,壁面打磨光滑(图68-19)。

三清寺

图 68-19　三清寺第 4-4 龛（西南→东北）

镇子镇

69 小千佛寺

小千佛寺摩崖造像位于安岳县镇子镇茶店村二组，地处茶店小学西侧陡直崖壁上，海拔高程468米。造像西靠山坡，东侧紧邻小千佛寺大殿，东侧100米为已经废弃的茶店小学，小学前方有村道通往镇子镇。造像区周边密集分布民居和果林。

　　在宽32、高9.8米的红砂岩崖壁上，自西向东开第1~3、3-1龛，高度一致（图69-1）。分西、东两段，西段开第1~3龛（图69-2），东段开第3-1龛。西段造像两侧密布较大榫孔。右侧前方存一石台。右侧壁面有两道较宽的纵向裂隙。崖壁底部悬空，前方独立搭建小千佛寺大殿。东段造像位于崖壁凸出处，距离地表较高。两侧崖面崩塌严重，中央存一较宽的横向裂隙。造像于早年遭到严重损毁，后经修补和装彩。保存下来的造像残损、风化严重，多仅存轮廓。

　　第1~3龛为第三次全国文物普查所编，本次调查增编第3-1龛。

图69-1　小千佛寺造像分布示意图

小千佛寺

图 69-2　小千佛寺西段造像（东→西）

【第 1 龛】

位置：造像崖壁西端，第 2、3 龛右。

年代：晚唐。

龛形：方形龛，平面呈横长方形，宽 550、高 220、深 68 厘米，龛向 40 度。

保存情况：龛形完整。龛口外缘有一圈较大榫孔，正壁中部存纵向窄裂隙。造像均已被凿毁，遍布凿痕。

造像内容：环三壁造小佛十一排，整齐排布，仅存轮廓。可见肉髻，结跏趺坐。从上至下第一至三排各七十九尊，第四至九排各八十六尊，第十、十一排各八十二尊。第十一排下方中央左、右侧又各雕八身小像，特征与上面十一排的相同。最后一排距龛底 38 厘米（图 69-3）。

左、右壁底部外侧开一方形小龛，未打破左、右壁小佛像，与内侧佛像之间留有较宽的距离，应系原本有计划开凿所遗留。龛内遍布凿痕，正壁前各雕一幢，下有仰莲承托，残损严重，均仅存轮廓。左侧龛宽 28、高 70、深 9 厘米，幢高 35 厘米。右侧龛宽 28、高 71、深 10 厘米，幢高 33 厘米。龛外右侧又开一浅龛，内开一竖长方形碑。碑身左侧存一列榫孔，宽 68、高 139、深 19 厘米。碑文漫漶不可辨识（图 69-4、69-5）。

图 69-3 小千佛寺第一龛（东北→西南）

图 69-4 小千佛寺第一龛右侧经幢（西北→东南）

图 69-5 小千佛寺第一龛龛外右侧石碑（东北→西南）

小千佛寺

【第 2 龛】

位置：造像崖壁西侧，第 1 龛右，第 3 龛上。
年代：晚唐五代。
龛形：方形龛，平面近横长方形，宽 45、高 79、深 20 厘米，龛向 37 度。
保存情况：造像及壁面风化严重。龛顶上方左侧存一宽 26、高 8 厘米方形榫孔。
造像内容：正壁前造一像立圆形台座上，仅存轮廓，高 64、座高 10 厘米。有双层圆形头光，内、外层均饰莲瓣，头顶轮廓近圆。着通肩式袈裟，领口开胸前，下着长裙，跣足。左臂下垂，右臂置腹前。

龛右侧开一碑，宽 40、高 70、深 6 厘米。右侧有一宽裂隙自外而内斜贯碑面。碑面遍覆青苔，有半圆形碑首，碑身文字漫漶不可辨识（图 69-6）。

图 69-6　小千佛寺第 2 龛及右侧碑（东北→西南）

【第3龛】

位置：造像崖壁西侧，第1龛右，第2龛下。
年代：中晚唐。
龛形：外方内拱形龛，内龛平面呈横长方形，外龛高95、宽50、深12厘米，内龛高85、宽40、深13厘米，龛向37度。

保存情况：外龛底外侧残。龛外左、右侧各存一道纵向宽裂隙。造像及壁面风化严重，正壁存少量后代装彩。

造像内容：正壁前造一菩萨立仰莲圆座上，胸部以上残，高43、座高9厘米。头顶上凸，有双层圆形头光，内、外层均饰莲瓣。着长裙，跣足，披巾自两肩垂下，于腹前横过，绕臂后垂及台座。左臂下垂似提物，右臂举肩前，腰微左扭（图69-7）。

图69-7 小千佛寺第3龛（东北→西南）

小千佛寺

【第 3-1 龛】

位置：造像崖壁东端，距离地表 5.5 米。

年代：中晚唐。

龛形：龛口形状不明，平面近弧形，龛向 41 度。

保存情况：仅存正壁。造像及壁面残损、水蚀严重。部分造像经现代修补和装彩。

造像内容：正壁前中央雕三佛坐台座上，全身经修补和装彩，头光、身光和台座为原造像遗留；均有尖桃形头光，内层素面，中层饰联珠，外层饰火焰；有椭圆形素面身光。左侧一身现倚坐方座上。右侧两身现结跏趺坐于仰莲圆座上。

三佛两侧各存两身胁侍，均仅存轮廓。靠内的一身均为菩萨，有尖桃形头光，头顶上凸，似戴冠，后缩髻。外侧一身为力士，可见着裙，腰束带，跣足，飘带飘于体侧，腰扭向外侧。右侧力士外侧又雕两身立像。靠内一身弟子形象，光头，有圆形头光，着袈裟，下着裙。弟子外侧又雕上、下两身小立像，残不可识。右侧力士头顶上方又补雕一小立像，破坏龛顶右侧，似着广袖衣，下似着裙，左手置腹前，右手置腰侧。

正壁靠上位置雕一排八身护法像。从左至右，第一、二、七、八身仅存轮廓，残不可识；第三身戴尖帽；第四身颈部缠绕一蛇；第五身着长袍，双手笼袖中，置胸前；第六身右侧有二臂托物上举，胸前双手合十（图 69-8）。

图 69-8　小千佛寺第 3-1 龛（东北→西南）

清流乡

⑩ 上大佛

上大佛摩崖造像位于安岳县清流乡长新村二组、庙子坡西面山腰，地处安岳县南部，海拔高程551米，西北距清流乡政府2公里，现为四川省文物保护单位。造像点西侧20米有村道通往清流乡，南、北两侧紧邻农舍，西面为小片农田。

造像所在崖面前方建保护性建筑，南侧依崖面搭建龛檐，造像前铺设石板地面。龛前散置数件雕像残件，有圆雕造像、台座构件等，部分体积较大，时代从唐至明清皆有，系修建造像前方建筑时掘出。北侧崖前建保护房，龛前置现代圆雕、泥塑造像等。

现存四十一龛，第三次全国文物普查编第1~18龛，有二十三龛附编于临近龛（图70-1）。造像开凿在宽约50、高约2~10米的红砂岩崖面上，自北向南编号。此次调查增编第7-1~7-4、8-1~8-9、9-1~9-3、10-1~10-5、16-1、18-1龛等共二十三龛。造像区大致分两段：南段造像密集，开三十八龛，是造像区的主体，部分龛低于现地表（图70-2、70-3）；北段开三龛。造像残损、风化、水蚀较严重，多存后代装彩和烟熏痕。北段中部造像开于唐代，于北宋早期被改刻并拓宽开凿新龛。造像崖壁存较密集榫孔，部分内插龛前建筑横梁。

上大佛

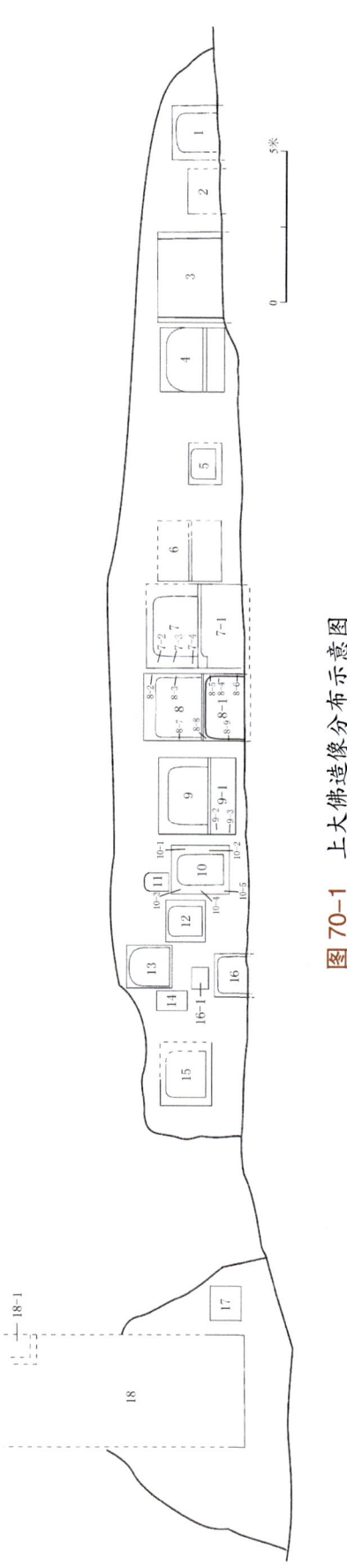

图70-1 上大佛造像分布示意图

图 70-2　上大佛南段造像（南→北）

图 70-3　上大佛南段造像（北→南）

上大佛

【第 1 龛】

位置：南段崖壁南端,第 2 龛左。

时代：唐。

龛形：外方内拱形龛,内龛平面呈弧形,外龛宽 175、高 140、深 80 厘米,内龛宽 115、高 120、深 60 厘米,龛向 245 度。雕出尖拱形龛楣及两侧龛面,尖拱折向外龛龛顶,宽 25 厘米,内饰团花,沿龛口雕一周凸棱,素面磨平,宽 5 厘米。

保存情况：龛底被泥土掩埋,外龛右壁仅存下部。造像风化较严重,局部残损、脱落,部分造像长青苔、霉斑。造像及壁面残存后代装彩。

造像内容：内龛环三壁设倒"凹"字形坛,高 4 厘米,坛上造一佛二弟子二菩萨(图 70-4)。佛居中,结跏趺坐于台座上,头部、胸部、双臂及台座残,高 59、座高 33 厘米。有内椭圆外尖桃形素面头光,肉髻,颈部有三道蚕纹。着双领下垂式袈裟,衣领于右腹前内折后垂下,下摆覆台座,衣纹呈深"U"字形。双手置腹前。

弟子立佛左、右侧台座上,风化严重;有双层圆形素面头光,颈部有三道蚕纹;着袈裟,下着长裙,跣足。左侧弟子高 63、座高 14 厘米,双手似置腹前。右侧弟子膝部以上残损、脱落,高 63、座高 15 厘米。

菩萨立左、右壁外侧仰莲圆座上,面部及双臂残;有内椭圆外尖桃形素面头光,绾髻,缯带垂肩侧,发辫披肩,颈部有三道蚕纹;下着裙,裙腰外翻,腰束带,跣足;披巾自双肩垂下,于身前横过一道绕两臂后垂体侧;戴项圈,中部垂下一菱形饰件,两侧各垂一道璎珞,于腹前相交呈"X"形后垂至两膝折向身后,相交处呈圆饼形,于两膝前各垂下一"十"字形挂件。左侧菩萨高 68、座高 14 厘米;左臂似置肩前,右手垂体侧似握物。右侧菩萨高 70、座高 13 厘米;左臂垂体侧,右臂似置肩前(图 70-5、70-6)。

弟子及菩萨身后雕护法像八身,均立姿,露上身,左、右各四身。左侧从内至外第一、二身绾扇形髻,脸近圆,颈部有三道蚕纹;内着交领衣,外着双领下垂式衣。第一身双手似置腹前。第二身双手笼袖中,拱胸前。第三身三面六臂,绾扇形髻,方圆脸,双眼微睁,五官较集中,颈部各有三道蚕纹;左侧三臂饰腕钏,上二臂分托日、月,左中臂握折尺,右中臂执一椭圆状物,下二臂合十于胸前。第四身绾高髻,余同第一身(图 70-7)。右侧从内至外第一、二身绾髻,脸近圆,颈部有三道蚕纹;内着交领衣,外着双领下垂式衣。第一身长耳垂至胸侧,宽耳廓高于头顶。第二身双手笼袖中,置胸前,头朝向左侧;左肩后伸出一龙,吻部尖长,双目圆睁,张嘴龇牙朝向龛外。第三身头部残;戴兽头帽,兽小尖耳,兽足相交于胸前,着双领下垂式衣;双手似笼袖中,拱胸前。第四身挽髻,招风耳呈三角形,双目圆睁,口微张;上身赤裸,下似着裙,双手似置腹前;颈部缠绕一蛇(图 70-8)。

内龛两侧龛口外侧各雕一力士立座上,风化较严重;有双层圆形素面头光,挽髻,缯带飘于头侧;着过膝战裙,跣足;飘带经头后绕两臂飘于体侧。左侧力士腹部以上和右臂残,高 60 厘米;肌肉发达,裙腰外翻;左手五指张开,掌心向外举于头左侧,右臂下伸于体侧,腰左扭。右侧力士仅存轮廓,高 66 厘米;姿势与左侧力士相反。

外龛左壁雕二像立台座上,跣足。左侧一身头部不存,余仅存轮廓,残高 100 厘米。右侧一身头部及双臂、双足残,高 110 厘米;有双层圆形素面头光,光头,颈部有三道蚕纹;着双领下垂式袈裟,右侧衣领于右腹前内折后垂下;胸前垂下一菱形饰物;左手胸前托物,右手垂体侧(图 70-9)。

图70-4 上大佛第1龛（西南→东北）

上大佛

图 70-5　上大佛第 1 龛左壁造像（西北→东南）

图 70-6　上大佛第 1 龛右壁造像（东南→西北）

上大佛

图 70-7　上大佛第 1 龛左侧护法（西北→东南）

图 70-8　上大佛第 1 龛右侧护法（东南→西北）

图70-9 上大佛第1龛外龛左壁立像(西北→东南)

上大佛

【第 2 龛】

位置：南段崖壁南端，第 1 龛右，第 3 龛左。
时代：唐。
龛形：方形龛，平面呈横长方形，宽 150、现高 100、深 30 厘米，龛向 250 度。
保存情况：龛顶及右壁均不存，左壁仅存下部，龛底被泥土掩埋。造像风化严重，残不可识，局部残存后代装彩。
造像内容：正壁前造二主尊四胁侍。二主尊居中，似结跏趺坐于台座上。左侧一身高 62 厘米。右侧一身高 70 厘米。

胁侍对称立于主尊两侧的台座上。左侧从内至外像高分别为 60、50 厘米。右侧从内至外第一身高 40 厘米，第二身残不可识。

左壁下部存一力士立台座上，上身不存，风化严重，残高 20 厘米（图 70-10）。

图 70-10　上大佛第 2 龛（西南→东北）

【第 3 龛】

位置：南段崖壁南侧，第 2 龛右，第 4 龛左。
时代：唐。
龛形：双层方形龛，内龛平面呈横长方形，外龛宽 326、现高 188、残深 85 厘米，内龛宽 310、现高

221、深201厘米,龛向265度。内、外龛共用一个龛顶,平顶。内龛上部近顶处环三壁浮雕一周帷幔,宽15厘米。纹饰分上、下两层,上层方形,下层三角形。

保存情况:外龛龛顶前方及左壁外侧垮塌,右壁残。自左上角有三道裂隙呈放射状延伸至龛底和龛外,破坏造像。龛底被土石掩埋。造像风化,部分残损、脱落,局部残损处有榫孔。部分造像雨蚀,或长青苔。造像及壁面残存后代装彩。

造像内容:内龛环三壁造一佛五十二菩萨(图70-11)。正壁中央高浮雕一佛二菩萨。佛居中,结跏趺坐于仰莲方座上,头部不存,身前残损严重,头、颈部各有一方形榫孔,胸前横向分布三个方形榫孔,残高137、座高33厘米。有华盖,以头光顶端为中心向两侧各伸出一弧形璎珞,末端下垂,华盖中央及两端各饰一团花,团花间有帷幔。有内椭圆外尖桃形头光,内层素面,外层饰卷草纹;身后残存椭圆形身光痕迹。头顶有圆形凸起,似着袈裟,双手置胸前。

莲座两侧各高浮雕一菩提树,树冠枝叶伸至头光、华盖后。树冠顶端各雕一人首鸟身像相向而立,头部残,均高30厘米;束髻戴冠;双手饰腕钏;张翅翘尾,两爪直立。左侧一身吹奏横笛。右侧一身吹奏胡笙。

菩萨立台座上,头部不存,膝部以上身前残损脱落,头部有一方形榫孔;有尖桃形头光,内饰卷草纹,缯带垂肩侧,膝下可见两层衣摆,披巾垂体侧。左侧一身双足不存,胸前左、右各有一方形榫孔,残高146厘米;长发披肩;璎珞绕膝前折向身后;双手似置胸前。右侧一身双足残,右胸侧有一榫孔,残高131厘米;跣足。菩萨头光外侧各雕一人首鸟身像立祥云上,均残损。左侧一身左手置肩前,右手置胸前,似执一物,残不可识。右侧一身可见右手伸头侧(图70-12)。

二菩萨外侧至左、右壁雕菩萨像五十身,共四排,或坐或跪于莲座上,多侧身朝向正壁,部分朝向侧壁,高43、座高11厘米;皆束髻,长发披肩,面部圆润饱满,细目,小嘴,嘴角微上翘,颈部有三道蚕纹;跣足;戴项圈、腕钏。每个莲座下皆有莲茎伸至龛底,莲茎于莲座左、右又各伸出一莲叶、莲蕾或莲座。

左侧菩萨从上至下第一、四排雕七身,第二、三排雕六身。第一排从左至右第一身面部、胸部以下残;戴花冠;右手置头侧,掌心向外握一柄,柄上端残。第二身坐莲座上,头、面部、左手、腹部以下残;下着裙,腰束带;左手抚右臂,右手支头,右腿下蹲,头微右倾呈思考状。第三身胡跪于莲座上,头部、面部、胸前、两膝残,莲座中央有一方形榫孔;戴花冠,下着裙,腰束带;右手握左手腕环抱右膝。第四身坐莲座上,头部、左臂、左腿残;戴花冠,披络腋,下着裙,腰束带;左手抚肩,右手撑右腿上,左腿跪地,右腿倚坐,身体微右倾(图70-13)。第五身坐莲座上,腰部以下至莲座残,腿部中央有一方形榫孔;戴三角形花冠,腰系带;两臂相交于胸前,双手五指并拢抚胸侧,身体微右倾。身后莲座上雕一童子像,单腿而立,左臂、右腿残,高22、座高5厘米;头顶覆莲叶,面部圆润饱满,小嘴微抿,双下颌;着披肩,戴腕钏、足钏;两臂向左、右平伸,右手握拳掌心向外,左腿直立,右腿膝部屈体侧。第六身结跏趺坐于莲座上,上身及两膝、莲座残,胸前有一方形榫孔;戴三角形花冠,着通肩式袈裟;双手似笼袖中,置腹前。身后莲座上雕一倒立童子像,头部、臀部残,高20、座高7厘米;赤身,戴腕钏和足钏;双手五指并拢撑台座,左腿伸直,右腿微前屈,背部朝外(图70-14)。第七身头、面部、身前残;右手支右膝置左胸前,左腿下蹲,似坐于莲座上。身后莲座上雕一身童子像,左手支地倒立于莲座上,上身及右手残,高20、座高7厘米;赤身,戴腕钏;左腿伸直,右腿微前屈,左手撑莲座,右手置肩侧,背部朝外。

第二排菩萨皆坐于莲座上,残损严重,仅存轮廓,胸部、莲座中央各有一方形榫孔。可见第五身结跏趺坐,束髻,长发披肩,披络腋;双手似置腹前。

上大佛

图70-11　上大佛第3龛（西→东）

图 70-12　上大佛第 3 龛中央佛、菩萨（西→东）

　　第三排第一至五身头部残，头中央有一方形榫孔。第一至四身披络腋，着长裙，腰束带。第一身胡跪于莲座上，双手残；右肘支右膝上，双手相抵于胸前，似执一物。第二身胡跪于莲座上，右膝、莲台残；戴足钏；双臂举至头顶，似托一物，上身朝向右壁。第三身结跏趺坐于莲座上，胸前、两臂、右腿残；双手置腹部，托一圆形物。第四身胡跪于莲座上；着僧祇支，胸前束带打结，下着长裙，腰束带；左手抚腰带，右手撑头侧。第五身结跏趺坐于莲座上，头部、身前残损严重，腿部中央有一方形榫孔；左手似置胸前，右手举头侧执一莲叶（图 70-15）。第六身残不可识。

　　第四排第一至六身腹部以下被埋，头部皆残，中央有一方形榫孔；披络腋，腰束带。第一身双臂残，双手似置胸前。第二身双臂残，左手托一圆形物于胸前，右手置其上。第三身双臂残，左手抚腹部，右手置身侧。第四身双手残，左手置腹前托一粗圆柄，右手似执一曲茎莲蕾于右肩侧，右腿下蹲。第五身双臂残，腰束带，左手于腹前抚腰带，右手似举身侧。第六身双手残，腰束带，左手置胸前托一圆珠形物，右手撑头右侧。第七身残不可识（图 70-16）。

　　右侧菩萨从上至下第一、二排各雕五身，第三排八身，第四排六身。第一排造像头部皆残损，从左至右第一身仅存轮廓，第四身残不可识，第二至五身头部有方形榫孔。第一身似跪于莲座上，双手似置胸前。莲座左、右向上伸出的莲座上各雕一童子立像。左侧童子双手支地倒立于莲座上，头部、

上大佛

图70-13 上大佛第3龛左侧从上至下第一排菩萨（北→南）

图70-14 上大佛第3龛左侧从上至下第一排菩萨（西→东）

图 70-15　上大佛第 3 龛左侧从上至下第三排菩萨（北→南）

上身、左腿、双手及莲座残，残高 23、座高 8 厘米；戴腕钏和足钏；右手撑莲座，左腿向前微屈，右腿伸直朝向龛内。右侧童子头部、右手、左腿、莲座残，残高 23、座高 7 厘米；赤身，颈部有两道蚕纹；左手握拳伸于体侧，右手握拳举于头侧，左腿向外屈膝，右腿直立朝向龛外。第二身结跏趺坐于莲座上，胸前、双腿、莲座残，莲座中央有一方形榫孔，着袈裟。第三身跪于莲座上，双手、腿部残，头顶有圆形突起，腰束带，双手似置胸前。身后伸出的莲座上雕一童子像，单腿而立，面部、胸部以下及台座残，高 22、座高 27 厘米；头覆莲叶，戴腕钏；左手握拳伸头前，右手平举置肩前，左腿屈膝外伸，右腿直立朝向龛内。第五身身体右侧及莲座残；披络腋；左腿蹲地，双手于身前抱右腿。

　　第二排残损严重，多仅存轮廓。第一身胸部及莲座中央有一方形榫孔。第二身结跏趺坐于莲座上，莲座中央有一方形榫孔。第三身似结跏趺坐于莲座上。第四身双手似置胸前。第五身残不可识。

　　第三排第四至八身残损严重，第五、八身残不可识，余仅存轮廓或局部。第二身莲座中央、第四身胸前及莲座中央、第六身头部及莲座中央有一方形榫孔。第一身双手似置胸前。第二、四身结跏趺坐，双手似置胸前。第三身胡跪于莲座上，左肘支左膝，握拳举头侧，右手似置腹前。第六身似胡跪于莲座上，双手似置胸前。第七身左肘支左膝，右腿下蹲。

　　第四排残损严重，仅存轮廓。第一、五、六身腹部以下埋于土中，第二、三、六身覆青苔，第三、四、六身头部有方形榫孔。第一身双手似置腹前。第二身胡跪，腰束带，双手似置身前。第三身结跏趺坐，左手置腹前。第四身胡跪，双手置胸前，右手掌心向外，拇指握于掌内。第五身双手似置腹前。第六身双手置胸前。

　　内龛左、右壁近龛口处各雕三身像。左侧三身分别位于第一至三排菩萨像外侧。从上至下第一

上大佛

图 70-16　上大佛第 3 龛左侧菩萨（北→南）

身立于莲座上，头部残，颈部以下脱落，仅存轮廓，残高 41、座高 9 厘米；有内椭圆外尖桃形头光，头顶有圆髻，颈部有两道蚕纹；右手似置胸前，右肩侧斜置锡杖。第二身结跏趺坐于莲座上，残损严重，残高 26、座高 17 厘米；有内椭圆外尖桃形头光；着袈裟，双手似置腹前。第三身倚坐于方座上，双足踏横长方形台基，台基中央有一方形榫，胸部以上、双手、右腿、双足、方座残，残高 40、座高 7 厘米；头后有内椭圆外尖桃形头光；头顶有圆形凸起；着袈裟；双手置腹前托物，残不可识。

右侧三身分别位于第一、二、四排菩萨像外侧。从上至下第一身立于莲座上，头部脱落，身前风化，残高 38、座高 8 厘米；有内椭圆外尖桃形头光；着袈裟；双手似置胸前。第二身风化严重，仅存轮廓，似结跏趺坐于莲座上，像残高 34、座高约 9 厘米；残存圆形头光。第三身像残不可识，残高 24 厘米；存尖桃形头光（图 70-17）。

外龛左、右壁各雕一力士立像,小腿以下埋于土中;飘带绕臂后经腰带垂于体侧。左侧力士头部及身体左侧不存,其余风化,现高90厘米;腰左扭。右侧力士双臂、双腿残,头及面部风化,现高122厘米;局部残存头光;头顶有圆形凸起,颈部青筋凸起,上身赤裸,腰束带;左臂上举于头侧,右臂向外伸出,腰左扭,头朝向龛外。

【第4龛】

位置:南段崖壁南侧,第3龛右,第5龛左。
时代:唐。
龛形:方形龛,平面呈横长方形,宽195、高223、残深125厘米,龛向280度。
保存情况:四壁残,左壁与龛顶转折处垮塌。有两道裂隙延伸至左壁下部。正壁左侧有一条横向内凹风化带延伸至左壁中部。左壁垮塌处上部有一方形柱洞。造像风化残损严重,多数仅存轮廓。
造像内容:环三壁起倒"凹"字形低台,左侧较窄。正壁前起高坛,高80厘米。坛上方开一拱形浅龛,宽193、高113、深31厘米。龛内左、右各雕一主尊四胁侍。二主尊结跏趺坐于圆座上,有尖桃形头光,胁侍对称立于主尊两侧。左侧主尊残高67、座高13厘米。内侧二胁侍光头,着袈裟。左侧胁侍上身脱落,残高52厘米。右侧胁侍头部局部脱落,残高50厘米;着交领袈裟,跣足;双手笼袖中,置胸前。外侧二胁侍披巾垂体侧。左侧胁侍残高54厘米。右侧胁侍存腹部以上,残高70厘米,有尖桃形头光。

右侧主尊残高66、座高18厘米。内侧二胁侍束圆发髻;着交领广袖长袍,足穿云头鞋;双手置胸前。左侧胁侍高59厘米。右侧胁侍残高57、座高8厘米。外侧二胁侍有尖桃形头光,双手似置胸前。左侧胁侍残高74厘米。右侧胁侍残高69、座高9厘米;着长袍,衣带垂两足间,足穿云头鞋。

主尊与胁侍身后存八身像,皆露上半身,残损严重。左起第六身头顶有尖状凸起,第八身头顶有圆形凸起,双耳硕大,双手似执一物于左肩侧。余不可识。

坛前雕坐像七身,仅存轮廓,均残高38厘米。

龛左、右壁上部各开一拱形小龛,龛内各雕一身立像。左壁小龛上部残,宽26、残高55厘米。龛内造像立于圆形覆莲座上,仅存膝部以下,残高32、座高8厘米;着长裙,跣足;披巾垂体侧。右壁小龛四壁残,宽26、残高60厘米。龛内造像仅存轮廓,残高56厘米,可见披巾垂体侧。

小龛下方各雕一力士立方座上。左壁力士高70、座高30厘米;似有髻,头后有飘带残痕,下着短裙;左手举头侧,右手叉腰,腰左扭。右壁力士残高63、座高32厘米;着及膝战裙,飘带经头后绕两臂,经腰侧后飘于体侧;左手握拳伸腰侧,右手不可识,腰右扭。

方座前各雕一小龛,龛内雕一像。左侧小龛及造像仅存残痕。右侧小龛四壁残,宽35、高24厘米,龛内造像残不可识,高23厘米(图70-18)。

上大佛

图70-17　上大佛第3龛右侧菩萨（南→北）

图 70-18 上大佛第 4 龛（西→东）

上大佛

【第5龛】

位置：南段崖壁南侧，第4龛右，第6龛左。

时代：唐。

龛形：外方内拱形龛，内龛平面呈圆弧形，外龛宽125、高125、深70厘米，内龛宽96、高80、深35厘米，龛向295度。雕出尖拱形龛楣及龛面，宽14厘米，内饰卷草纹，尖拱折向外龛龛顶。

保存情况：外龛左壁垮塌不存。造像身前局部残损脱落，有青苔。造像及壁面残存后代装彩。

造像内容：内龛环壁造一佛二弟子二菩萨，身前皆残损脱落（图70-19）。佛居中，结跏趺坐于仰莲方座上，高52、座高18厘米；头顶上方有圆形华盖，有内椭圆外尖桃形头光，头光较厚，内层素面，外层饰卷草纹；有肉髻，双耳硕大。莲座左、右各雕一树，树枝伸至华盖。

弟子立佛左、右侧覆莲圆座上；有圆形头光，光头，双耳硕大；着袈裟，跣足。左侧弟子残高45、座高11厘米。右侧弟子残高47、座高10厘米。

菩萨立左、右壁外侧圆座上；有尖桃形头光；戴高冠，缯带垂胸前，跣足；披巾垂体侧。左侧菩萨残高50、座高8厘米。右侧菩萨残高48、座高12厘米（图70-20、70-21）。

内龛两侧龛口外侧各雕一力士立方座上；有圆形头光，内似饰锯齿纹。左侧力士腿部以上残；着战裙；腰左扭。右侧力士上身、左手残；着战裙，飘带绕臂后经腰部飘于体侧；右手握拳举头侧，腰右扭。

龛底前方中央有一凸起，左、右各雕一兽相向而卧，身体残；前肢伏地，后肢微屈，臀部上翘。外龛右壁下部开一浅龛，顶部残，宽16、残高18厘米。龛内雕一立像，残不可识，残高12厘米。

图70-19 上大佛第5龛(西北→东南)

上大佛

◀ 图 70-20　上大佛第 5 龛左壁造像
　　（东北→西南）

图 70-21　上大佛第 5 龛右壁造像 ▶
　　（西南→东北）

【第 6 龛】

位置：南段崖壁中部，第 5 龛右，第 7 龛左。

时代：天宝十四载（755 年）。

龛形：方形龛，残宽 216、高 234、残深 102 厘米，龛向 260 度。

保存情况：四壁残，龛顶及左壁垮塌不存。右壁有一裂隙延伸至龛外。造像风化、残损、脱落严重，局部残损处有榫孔，左侧大面积长黑色霉斑。造像多不可识。造像及壁面残存后代装彩。

造像内容：环三壁起倒"凹"字形低台，台左侧较宽，右侧略低，高 10～18、深 25～75 厘米。龛内造涅槃变，正壁分上、下两组像，中央由一条横长方形装饰带相隔，带上由阴刻线均匀隔出方框，现存九个，框内分别雕菱形花、团花、卷草纹等（图 70-22）。

上组造像所在壁面高 96 厘米，造像残损脱落，可见中央雕一横长方形台，台前左、右各有凸起，残不可识。台下雕横长方形覆莲座。方台后雕两排像，上排雕护法像三身，仅雕出上半身。左起第一身仅存轮廓，头顶有圆形凸起。第二身头顶有尖状凸起；着交领衣；双手置胸前。第三身有圆髻；头顶盘一龙，曲颈张嘴朝右侧吐一祥云，云头飘向龛右侧；着交领衣；双手置胸前。下排雕立像六身，中间二身为弟子，余为菩萨。左起第一、二身残损严重，仅存轮廓，高 60 厘米；可见局部衣纹，有尖桃形头光。第二身右前方有一圆形物置方台上。第三、四身身前脱落；光头；着袈裟，跣足；双手置胸前。第三身高 41 厘米。第四身立圆座上，残高 40、座高 8 厘米；向左微侧身。第五身立覆莲圆座上，膝部以上脱落，残高 52、座高 8 厘米；有双层椭圆形头光，内层素面，外层饰卷草纹；缯带垂肩侧，着长裙，跣足；披巾垂体侧；左手似置体侧。第六身立祥云上，残高 52 厘米；头顶有圆形凸起，缯带垂肩侧；着袈裟，跣足；双手似置胸前；右腿前雕一狮子。狮子朝向右侧，头部脱落，前肢伏地，后肢微屈，尾部翘起。菩萨、狮子身下有祥云承托，云尾飘向右上方。第五、六身菩萨下方雕一身像左侧身而卧，面部残；头顶有圆髻，着短裤，腰束带，飘带经头后绕腋下折向身后；左手抚腹前，右手五指分开伸于体侧，左腿在下、右腿在上，脚尖朝上蹬一方形台，头朝左侧，面向龛外。方台右侧有两个凸起，残不可识（图 70-23）。

下组造像所在壁面高 114 厘米，造像身前风化残损。正壁中央有一不规则横长方形凸起，下方有一个横长方形台。凸起上方中央雕一主尊二胁侍，方台右侧雕三排立像，左侧对称位置存造像，残不可识。中央主尊结跏趺坐于方台上，头部中央有一圆形榫孔，残高 31、座高 20 厘米；头顶有圆形华盖；有圆髻。主尊身体两侧各有一树，树干伸向华盖。胁侍立主尊两侧，双手置胸前，朝向主尊。左侧一身残高 21 厘米。右侧一身头部中央有一圆形榫孔，残高 28 厘米。右侧三排立像头部多有圆形榫孔。从上至下第一排五身，雕出上半身。第一身头戴盔，左手置腰侧，右手掌心向外握一长柄状物于肩侧。第二、三身头顶有圆髻，着交领衣，双手置身前。第四身束髻，着长袍，双手举胸前执长方形物，侧身朝向中央。第五身头顶有尖状凸起，左手置身侧，右手置胸前。第二排四身，皆着袈裟，双手置胸前，左起高依次为 45、44、47、38 厘米。第四身前方有一凸起，不可识。第三排雕三身，左起第一、二身小腿以上脱落。第一身残高 19 厘米，似着长袍。第二身残高 21 厘米；着长裙，披巾垂体侧。第三身为力士，朝向左侧站立，高 44 厘米；有圆形头光；着过膝战裙，跣足；飘带经头后绕两臂经腰侧飘于身侧；左手握拳伸体侧，右手五指张开，掌心向外伸至右上方，腰右扭（图 70-24）。

龛右壁上部雕两排像。上排残存立像二身。内侧一身头部脱落，残高 45 厘米；头顶有尖状凸起，着战甲，肩系巾，腰束带，戴腕钏；左手于胸前握长棍状物，所执物顶端朝左上方，右手五指并拢抚腰

上大佛

图 70-22　上大佛第 6 龛（西→东）

图70-23 上大佛第6龛上组造像(西→东)

上大佛

图70-24　上大佛第6龛下组造像（西→东）

部。外侧一身仅存身体左侧局部,残高37厘米;有椭圆形头光,缯带垂肩,披巾垂体侧。像头光左上角存一残像,仅见左手置身前。

下排雕一力士立山形座上,头光、右臂残,高48、座高10厘米。有圆形头光,内饰锯齿纹。头束髻,上身赤裸,肌肉隆起,下着过膝战裙,裙腰外翻,腰束带打结,跣足。飘带经头后,绕臂前经腰侧飘身后。左手握拳举头侧,右手五指张开向下斜伸于体侧,头朝龛外,腰左扭。

力士下方磨平崖面刻题记一则,外侧损毁,宽46、高46厘米,有字格,存字十一行,竖刻,楷书,碑文记天宝十四载(755年)造涅槃变一龛(图70-25)。

图70-25　上大佛第6龛造像题记(南→北)

【第7龛】

位置:南段崖壁中部,第6龛右,第7-1龛上,第8龛左。外龛右壁上部开第7-2、7-3龛。
时代:唐、宋初。
龛形:外方内拱形龛,内龛平面呈浅弧形,外龛宽300、高164、深95厘米,内龛宽200、高150、深54厘米,龛向260度。雕出尖拱形龛楣及龛面,龛面宽24厘米,内饰卷草纹。

上大佛

图70-26　上大佛第7龛（西→东）

保存情况：龛顶左侧、左壁大部分垮塌，龛底前方不存。造像大部分经后代改刻，壁面及造像残存后代装彩。

造像内容：内龛环三壁设坛，高25、深10厘米。坛上左侧造一主尊二弟子二菩萨，右侧造一主尊三胁侍，均经后代改刻（图70-26）。二主尊结跏趺坐于方座上，头顶上方有圆形华盖，头部所在崖面向内凹，上身较薄，当为后代改刻。左侧主尊头、面部脱落，胸部风化层状起翘，腹部以下风化，高75、座高35厘米；有三层头光，内层椭圆形素面，中层椭圆形饰团花，外层尖桃形饰火焰纹；有三层椭圆形身光，从内至外依次为素面、卷草纹、火焰纹；头顶有圆形凸起，耳垂及肩，颈部有两道蚕纹；内着僧祇支，着双领下垂式袈裟，外衣摆覆台座。左手抚膝，右手竖掌置胸前。台座下有圆形台基（图70-27）。

弟子立左侧主尊左、右侧，光头，着双领下垂式袈裟。左侧弟子颈部以上前部脱落，余风化，高58厘米；单线阴刻出圆形头光，双耳硕大，跣足；双手拱胸前，上身微右倾，朝向右前方。右侧弟子头、面部残，高54厘米；面部方圆，耳较大，颈部有两道蚕纹；双手似合十于胸前，朝向左前方。

图70-27　上大佛第7龛左侧主尊（西→东）

菩萨结跏趺坐于弟子外侧的束腰圆座上。左侧菩萨两侧崖面内凹，上身较薄，当为后代改刻。身前风化剥蚀，头、面部前部脱落，残高45、座高27厘米。有尖桃形头光，单线阴刻椭圆形身光；头顶有凸起，缯带垂头侧，耳垂较大，飘带垂至座两侧。左手抚膝，右手置腹前。台座上层覆帷幔，中层束腰为方形，下层为圆形台，台前有两个凸起。

右侧菩萨六臂，头光下部不存，原头光下部、上身两侧崖面内凹，身体略薄，六臂较细，台座前有二足朝向龛外，足背刻斜向凸棱，现造像当为原立像改刻而成。胸部以上身前脱落，腿部以下至台座风化，残高47、座高38厘米。有尖桃形头光，头顶有竖长方形凸起，缯带垂肩，长发披肩，披巾垂至座两侧。戴耳环，后四臂戴腕钏。前左臂似置胸前，右臂置腹前托一联珠状物。后四臂掌心向外举身侧，

上大佛

上二臂举头侧,左手握曲柄莲蕾,右手握曲柄圆珠状物;下二臂举臂侧,左手握一环状绳索,右手握剑,剑尖朝上。台座上层覆帷幔,束腰为方形,饰卷云,下层为圆形台。

主尊、弟子、菩萨头后雕护法像三身,露半身,所在崖面较高。左起第一身头、面部、左手残;束髻,面部方圆,双目圆睁,嘴微张;颈部盘一蛇,蛇头伸至嘴右侧,蛇尾伸至左肩侧;右手握蛇头。第二身六臂,头部脱落,手及所执物残;头顶有尖状凸起,披巾自双肩垂下,于身前横过两道绕下二臂后垂体侧,上二臂举头侧各托一圆饼状物,中二臂置肩侧,左手握矩,右手执秤,下二臂双手合十于胸前(图70-28)。第三身头部残,戴盔,身披甲,面部方圆,怒目圆睁,颧骨凸出,鼻翼较宽,撇嘴。有一龙自像左肩上伸出,龙身呈"S"形盘至头顶,龙头触角上翘,圆目,尖吻上翘,张嘴呲牙朝向右侧,左侧一爪隐于主尊华盖后,右爪前伸(图70-29)。

右侧主尊六臂,头部四周及上身所在崖面内凹,华盖下有尖桃形头光残痕,上身略薄,六臂较细,当为后代改刻。胸部以上残,余风化,高75、座高25厘米。头顶有竖长方形凸起,缯带垂肩,披巾垂台侧。前二臂于腹前托一束腰圆柱状物之两端。中左臂不存,原所在位置有凿痕,经后代改刻;中右臂从腋下伸出举于肩前执物,所执物残不可识。后二臂举肩侧,掌心向外各执一物,所执物残:左手举一带柄尖桃形物;右手执一带柄椭圆形物,上部呈联珠状(图70-30)。

图70-28 上大佛第7龛左侧主尊身后护法(西北—东南)

图70-29 上大佛第7龛左侧主尊身后护法(西→东)

上大佛

图 70-30　上大佛第 7 龛右侧主尊（西→东）

右侧主尊左、右分别雕一、二身菩萨,均结跏趺坐。左侧菩萨坐于束腰仰莲圆座上,头部左、右及上方崖面内凹,分布横向细密凿痕,其上部可见尖桃形头光残痕,身体略薄,为后代改刻。颈部以上残,余风化,高45、座高25厘米。头顶有尖状凸起,缯带垂肩,长发披肩,腰束带,衣带垂座前。披巾于身前横过一道搭手臂后垂座两侧。左手置腹前托一圆形物,右手置胸前。座上层为圆形仰莲;中层束腰为圆形,饰联珠纹和方格纹;下层有两层方座,上层雕卷云,下层素面(图70-31)。

右侧二菩萨结跏趺坐于束腰台座上,上身所在崖面内凹,有尖桃形头光残痕,头、面部残,余风化。内侧菩萨坐于束腰圆座上,头左侧崖面密布细密斜向凿痕,当为后代改刻,高40、座高33厘米;头顶有竖长方形凸起,缯带垂肩侧,双耳较大,颈部有两道蚕纹;腰束带,衣带垂至圆座;披巾自两肩垂下,于身前横过一道绕臂后垂至座两侧;戴耳环;左手置腹前,右手置胸前执一曲茎莲叶。座上层为圆形;中层束腰,雕三层不规则几何纹;下层雕出山形。外侧菩萨台座前方左、右各有一足朝向龛外,足背上有两层衣纹,现造像当为后代将原立像改刻形成,高45、座高25厘米;头顶有竖长方形凸起,长发披肩,缯带垂肩,披巾垂体侧;左手掌心向上置腹前,托一圆珠状物,右手置膝上。台座上层覆帷幔;中层束腰方形,雕出三立柱;下层为横长方形台(图70-32)。

内龛两侧龛口外侧各雕一力士立方座上;有圆形头光,内饰锯齿纹;上身赤裸,肌肉虬结,颈部青筋凸出,着及膝战裙,腰束带,裙腰外翻,飘带经头后绕臂前经腰侧飘于体侧。

左侧力士左侧垮塌不存,头、面部残,右臂肘部以下、右腿脱落,右腿下部有后代补塑脚一只,较粗壮,高76、座高24厘米;头顶有圆形凸起;左手屈肘上举,右臂向下斜伸于体侧,腰左扭。方座前磨平,刻题记一则,宽41、高20厘米,仅存右侧一行,竖刻,楷书,为一镌匠题名。

右侧力士头、面部前部脱落,左手肘以下不存,余风化,高80、座高30厘米;头顶有圆形凸起,右手屈肘上举,左臂向下斜伸体侧,腰右扭。方座前左侧磨平,刻一竖长方形题记框,宽28、高28厘米,四周雕一圈连续"S"形纹,内刻题记一则,七行,竖刻,楷书,内容记至道三年(997年)王义友等造一佛二菩萨及长寿王菩萨之事。题记右侧开一盝形小龛,造像不存(图70-33)。

上大佛

图 70-31　上大佛第 7 龛二主尊之间造像（西→东）

安岳石窟内容总录

图 70-32　上大佛第 7 龛右侧主尊外侧造像（东南→西北）

上大佛

图70-33　上大佛第7龛右侧力士座前题记（西→东）

【第7-1龛】

位置：南段崖壁中部，第6龛右，第8龛左，第7龛下。右壁外侧开第7-4龛。

年代：淳化元年（990年）。

龛形：方形龛，平面近梳背形，宽250、高112、深173厘米，龛向260度。系第7龛破坏原龛底向下开凿形成。

保存情况：造像残损、风化较严重，存后代装彩痕。

造像内容：正壁中央设坛，高20、深35厘米。坛前雕壸门，坛上造一佛四菩萨。坛左、右侧起高台，台上造四天王像（图70-34）。佛居中，结跏趺坐于束腰圆座上，身前残，像高56、座高34厘米。有三层头光，内二层椭圆形，外层尖桃形；三层椭圆形身光，内二层素面，外层饰火焰纹。肉髻，着袈裟，双手置胸前。台座束腰圆形，中央雕一壸门。

图70-34 上大佛第7-1龛(西→东)

上大佛

菩萨结跏趺坐于佛左、右侧圆座上。内侧二菩萨身前残损脱落；有内椭圆外尖桃形头光，内层素面，外层饰火焰纹，身光同中央佛。左侧菩萨高70厘米。圆座下雕一狮朝左前方而立，头部不存，前二肢残；背部有鞍，饰卷草纹，鞍上搭一巾，鞍后有一宽带经臀部折向身后；前二肢伏地，后肢微屈，尾巴翘起，侧身向左，头扭向龛外。右侧菩萨高76厘米。圆座下雕一大象朝向右侧而立，头部残；身体较长，鼻呈圆柱状，四肢粗壮，肌肉凸起，雕出四趾。大象左侧雕一立像，仅存下半身残痕，双腿分开站立。佛、内侧二菩萨头光后雕出茂密的菩提树叶。

外侧二菩萨身前残损脱落，头顶有凸起。左侧菩萨残高44、座高30厘米；内椭圆外尖桃形头光，内层素面，外层饰火焰纹，上端左、右各伸出二火焰纹；椭圆形身光，内阴刻放射状波浪纹；可见身侧披巾垂于座。右侧菩萨高48、座高18厘米；有椭圆形头光，内二层素面，外层饰火焰纹；身光同左侧菩萨；双手置胸前（图70-35）。

四天王坐方座上。左侧二天王风化雨蚀，长青苔，皆左腿下垂，足踏座下左侧跪像，右腿盘曲。内侧天王右臂、右腿残，高58厘米；戴冠，缯带垂肩，身着甲，衣袖于肘部向上飘起，足穿靴；飘带垂方座两侧；左手置腹前。台前雕二身像：左侧一身双膝跪地，其上踏天王左足，身体向左倾，左臂屈肘支地，右手握拳置身侧；右侧一身呈坐姿，右臂残，左腿下蹲，右腿盘曲，左手屈肘向上承托天王右足。外侧天王双手、所执物残，高56厘米；束髻，戴高冠，缯带垂至肩后向上飘起，着战甲，衣袖于肘部向上飘起，足穿鞋；左手戴腕钏；左手置肩侧执一物，右手置膝上。台前雕三身像，左起第一身坐天王左腿后，头向左倾，左臂屈肘支地，左手臂前伸，左腿盘曲，其上踏天王左足；第二身雕出上身，头顶有圆形凸起，着交领窄袖衣，双手合十于胸前；第三身跪于天王左腿下，头向右倾，双手于身体左侧托天王右腿，双膝朝向龛外而跪（图70-36）。高台前磨平，刻题记一则，上部及右侧残损，宽40、高32厘米，存九行，竖刻，楷书，内容记镌装一佛二菩萨、文殊、普贤并四天王之事（图70-37）。

右侧二天王风化。内侧天王右腿及台座右侧残，仅见衣纹，残高50厘米；飘带垂至座两侧。外侧天王双腿、所执物残，高51厘米；戴盔，衣带垂至座两侧；左手置肩前，右手置腹前似执长柄状物，左腿倚坐，右腿盘曲。台座前雕一像上身，头、胸前残损脱落；腰束带；左手撑地，右臂屈肘支地，身体向右倾（图70-38）。高台前磨平，刻题记一则，左上角脱落，宽40、高36厘米，竖刻，楷书，存十行，内容为淳化元年（990年）镌装记（图70-39）。

左壁雕一像，仅存膝部，残高24厘米。

图70-35 上大佛第7-1龛中央佛、菩萨（西→东）

上大佛

图 70-36　上大佛第 7-1 龛左侧二天王（西北→东南）

图 70-37　上大佛第 7-1 龛左侧天王台前题记（西→东）

图 70-38 上大佛第 7—1 龛右侧二天王（西→东）

图 70-39 上大佛第 7—1 龛右侧天王台前题记（西→东）

上大佛

【第7-2龛】

位置:南段崖壁中部,第7龛外龛右壁上部,第7-3龛上。

年代:宋初。

龛形:方形龛,平面近横长方形,残宽80、高65、深10厘米,龛向169度。

保存情况:右壁不存。正壁右上部有一圆形榫孔。造像残损、风化严重,存后代装彩。

造像内容:正壁前造三菩萨立于莲座上,皆风化,局部剥落;有尖桃形头光;跣足。左侧两身束髻,有一发辫于耳前绕过垂至肩,颈部有两道蚕纹;披络腋,着长裙,腰束带;披巾自两肩垂下,于身前横过一道绕臂后垂体侧;戴项圈。左起第一身头、面部、所执物残,高58厘米;面部圆润,双目细长;左手垂体侧似提物,右手置胸侧似执物。第二身头、面部残,残高59厘米;左手提一三角形物垂体侧,右手置腹前握瓶。第三身身前脱落,右足垮塌不存,残高54厘米;头顶有圆形凸起;披巾垂体侧(图70-40)。

图70-40 上大佛第7-2龛(东南→西北)

【第 7-3 龛】

位置：南段崖壁中部，第 7 龛外龛右壁中部，第 7-2 龛下，第 7-4 龛上。

年代：宋初。

龛形：方形龛，平面近横长方形，残宽 95、高 85、深 26 厘米，龛向 168 度。左上角雕三角形弧撑。

保存情况：右壁不存。正壁左侧自龛顶有一裂隙向下延伸至龛底，并延伸至下部龛中部。壁面存烟熏痕，有少量后代装彩。

造像内容：正壁前造一佛二菩萨一立像。佛居中，结跏趺坐于束腰仰覆莲圆座上，面部、右手残，高 47、座高 28 厘米；三层头光，内层圆形饰莲瓣纹，中层圆形饰卷草纹，外层尖桃形饰火焰纹；三层椭圆形身光，内层素面，中层饰卷草纹，外层饰火焰纹；螺发，肉髻，面部方圆，双目细长，微睁下视，小嘴微抿，耳垂较大，颈部有两道蚕纹；内着僧祇支，衣边饰卷草纹，腹前束带打结，外着双领下垂式袈裟，衣摆覆台座；左手五指并拢抚膝，右手置胸前。台座上层为仰莲圆座；中层束腰为圆形，雕出三莲瓣；束腰与上层莲座间有一圆台，台前雕卷草、团花纹；下层为覆莲座。

菩萨立于仰莲方座上，斜披络腋，着长裙，腰束带，衣带自腹前垂至龛底，衣带中央饰联珠纹，跣

图 70-41　上大佛第 7-3 龛（东南→西北）

上大佛

足;披帛自两肩垂下,于身前横过两道绕臂后垂至龛底;璎珞绕膝后折向身后。左侧菩萨面部、右肩、右手残,高63、座高6厘米;束高髻,戴卷草纹花冠,冠分两层,上层中央雕一像结跏趺坐于圆环内,下层下部流苏垂至额前;面部方圆,眉眼细长,小嘴微抿,耳垂较大,颈部有二道蚕纹;跣足;戴耳环,璎珞垂至肩前;颈戴项圈,胸前及两膝处垂饰流苏、璎珞;戴腕钏;左手置腹前,捧一圆珠形物,右手置胸前。右侧菩萨颈部以上脱落,双手、双足、台座残,身前风化,残高60、座高8厘米;头顶有圆形凸起,长发披肩,戴项圈;左手置腹前,右手置胸前。右侧菩萨外侧残存一身立像,仅存胸部以下左侧,可见披巾垂体侧(图70-41)。

【第7-4龛】

位置:南段崖壁中部,第7龛右壁下部,第7-3龛下。
年代:宋初。
龛形:拱形龛,平面近横长方形,宽106、高95、深25厘米,龛向169度。
保存情况:造像及壁面略风化,壁面存少量烟熏痕。
造像内容:正壁前造一佛二菩萨。佛居中,结跏趺坐于束腰仰覆莲座上,面部、双手残,高48、座

图70-42 上大佛第7-4龛(东南→西北)

1875

高37厘米。有三层头光，内二层椭圆形素面，外层饰火焰纹；三层椭圆形身光，内层素面，中层饰卷草纹，外层饰火焰纹。螺发，肉髻，双耳硕大，颈部有两道蚕纹。内着僧祇支，外着双领下垂式袈裟，衣摆覆台座。双手覆巾置腹前，托一尖桃形物。台座上层为仰莲座；中层束腰为圆形，中央雕壸门；束腰与仰莲座间有一层圆座；下层为圆形覆莲座。

菩萨立于覆莲圆座上，跣足。左侧菩萨头不存，颈部有一圆形榫孔，双手、所执物残，上身风化、浸蚀，密布圆形凹槽，高59、座高4厘米；着长裙，衣带自两腿间垂至座前，披巾于身前横过两道，自肘部垂至座前；璎珞绕膝前折向身后；左手置腹前、右手置胸前执一曲柄，顶端残。右侧菩萨头、胸前、双手残，残高60、座高8厘米；左侧缯带垂肩侧，着袈裟，内着长裙，衣带自腹前垂至莲座；双手置胸前（图70-42）。

龛外右侧下部存题记一则，多剥落不存，残宽17、残高17厘米，存内侧三行，竖刻，楷书，残损严重，可见有"二年八月"等字样。

【第8龛】

位置：南段崖壁中部，第7龛右，第8-1龛上，第9龛左。外龛左壁开第8-2、8-3龛，外龛右壁开第8-7龛。

时代：唐。

龛形：外方内拱形龛，内龛平面呈弧形，外龛残宽225、高340、残深182厘米，内龛宽217、高161、深85厘米，龛向287度。雕出龛面及龛楣，宽20厘米，内饰卷草纹。

保存情况：龛底不存。造像及壁面残损，水蚀、风化较严重，局部残存后代装彩。

造像内容：内龛造千佛（图70-43）。正壁中央开一拱形小龛，四壁残，龛底前方崖面脱落，宽85、高48、深8厘米。龛内造一主尊四胁侍，均残损严重、仅存轮廓。主尊居中，似结跏趺坐于莲座上，残高27、座高13厘米；有双层头光和身光，皆内层素面、外层饰火焰纹。胁侍立主尊左、右侧。左侧二身残不可识，残高由内至外分别为19、27厘米。右侧胁侍由内至外依次为弟子、菩萨，弟子高35厘米，光头，似着袈裟，双手置胸前；菩萨高38厘米，束髻，缯带垂肩侧，着长裙，披巾垂身侧（图70-44）。

拱形小龛上部通壁雕三层坐佛，现存六十三身，均结跏趺坐于莲座上，从上至下每排分别存二十、二十一、二十二身，均高18厘米。第一排左起第十三、十七身双手置腹前；第十四身双手置胸前；第十五身左手置胸前，右手置腹前；第十六身双手笼袖中，置腹前；余仅存轮廓。第二排左起第十四身着通肩式袈裟；第六、七、十六、十七身双手置腹前；第十四、十八、二十身双手笼袖中，置腹前；第十五、十九身双手置腹前；余残不可识。第三排左起第五、十四、十五、十八身双手置胸前；第六、二十、二十一身双手笼袖中，置腹前；余残不可识。

拱形小龛左侧雕上、下两个横长方形小龛，左侧经改刻。上层小龛造像四身，各像间有龛柱隔开。从内至外第一身右侧龛柱残，造像仅存轮廓，可见圆形身光残痕。第二至四身倚坐于方座上，皆菩萨装，双足各踏一小莲座。第二身头部、所执物残，风化；头顶有圆形凸起，有圆形身光，内阴线刻放射状直线；披络腋，衣带垂至两足间；左手置腹前，右手置右胸前，执一长茎莲叶。第三身风化；有圆形身光，内阴线刻放射状波浪纹；似戴冠，长发披肩，着袈裟，下着裙，跣足；双手于身前执瓶，左手于腹前托瓶底，右手于胸前握瓶颈。第四身风化，双膝残；束髻，戴花冠，缯带垂肩前，面部方圆，双耳较大；着长裙，衣带自腿间垂至台座前；披巾自两肩垂下，绕臂后垂至座两侧；戴项圈；双手于身前托一带柄竖长方形物，左手于腹前托物底部，右手于右胸前执柄。

上大佛

图70-43　上大佛第8龛（西北→东南）

图 70-44　上大佛第 8 龛中央小龛（西北→东南）

　　下层小龛内雕佛像七身，均结跏趺坐于莲座上，均高 14、座均高 6 厘米。每身造像右侧雕竖长方形榜题框，内有题刻一或二行，右起，竖刻，楷书。从左至右第一至三身有肉髻，头前有髻珠，面部方圆，双耳硕大，颈部有两道蚕纹；着通肩式袈裟。第四至七身残损严重，仅存轮廓。第一、二身双手笼袖中，置腹前。第一身题刻：弟子男……。第二身题刻：□子千佛……。第三身双手于身前执竖长方形物，题刻：……/□□□。第四身双手置腹前，题刻：敬造千□一身/……。第五身左手置腹前，右手似抚膝，题刻：敬造千佛一身□王/氏供□。第六身题刻：敬造千……/供养（图 70-45）。

　　小龛左下方磨光，浮雕一盏形碑，宽 19、高 30 厘米。碑下有四朵卷云，云下有水波状云尾。碑身刻题记一则，六行，竖刻，楷书，内容记安岳县同化乡信士装修之事。

　　拱形小龛右侧雕佛像四排，每排七身，均结跏趺坐于仰莲座上，皆风化残损，均高 15、座均高 4 厘米，着袈裟。每身佛像左侧雕出竖长方形榜题框，内有题刻一或二行，左起，竖刻，楷书。第一排从左至右第四至六身着通肩式袈裟，第四至七身双手置腹前。第一身仅存轮廓，题刻：弟子梁公友供养。第二身左手置腹前，右手似置胸前，题刻：……全供养。第三身螺发，肉髻，双耳较大，双手笼袖中，置腹前，题刻：弟子杨公蒲供养。第四身题刻：弟子林□□母梁氏供养。第五、六身榜题风化不识。第七身题刻：□□□□弟子何氏/赵……供养。第二排从左至右第一、三身残不可识，第四身着双领下垂式袈裟，第五、六身着通肩式袈裟。第一身题刻：□子……/□□。第二身双手置腹前，题刻：……/□□□□□供养。第三身题刻仅存"弟子"二字。第四身头部、右臂残，左手置胸前托圆形物，右手抚膝。题刻残损。第五身双手笼袖中，置腹前，题刻：弟子梁□光供养。第六身双手姿势同第四身，题刻：弟子……供养。第七身双手于身前托竖长方形物，左手于腹前托物底端，右手抚物中部，题刻：弟子

上大佛

图 70-45　上大佛第 8 龛左侧下层小龛（西北→东南）

罗士和供养。第三排从左至右第一至四身残不可识。第一身题刻:弟子□行□供。第二身题刻:弟子梁□供□。第三、四身题刻下部残损脱落,第三身仅存"弟"字,第四身仅存"女弟"二字。第五身双手置胸前,题刻残损脱落,仅存"弟子"二字。第六身双手笼袖中,置胸前,题:弟子□□文供养。第七身左手置腹前托物,右手抚膝,题刻:弟子□□供养。第四排从内至外第一至三身残不可识。第一、二身榜题残损脱落,第三至七身榜题均为一行。第三身题刻:弟子庞□。第四身左手置腹前托一物,右手置胸前,榜题框上部脱落,仅存"□真"。第五身双手置腹前,题刻:弟子□□□。第六身双手笼袖中,置腹前,题刻:弟子□□□。第七身双手姿势同第五身,题刻:……祖。外龛左、右壁各雕像六排。外龛左壁从上至下第一至三排各开三个竖长方形小龛,第四排开两个竖长方形小龛。小龛均宽12、高18、深2厘米。龛内皆雕一身跪像,风化严重,仅存轮廓,均高16厘米;双手置胸前,朝向龛内胡跪。外龛右壁从上至下第一至四排开龛,造像同左壁。第一、二排风化严重,残不可识。第三、四排开四个小龛,造像仅存轮廓。

【第8-1龛】

位置:南段崖壁中部,第7龛右,第8龛下,第9龛左。左壁外侧开第8-4、8-5、8-6龛,右壁外侧开第8-8、8-9龛。

年代:端拱元年(988年)。

龛形:外方内拱形龛,与第8龛共用外龛,平面近梳背形,外龛宽225、高340、深182厘米,内龛宽218、高138、深108厘米,龛向287度。系第8龛破坏原龛底向下开凿形成。

保存情况:造像残损、风化、水蚀严重,造像及壁面存后代装彩痕。

造像内容:正壁及转角处起坛,高31、深25厘米,坛上左侧雕药师经变,右侧造千手观音(图70-46)。

左侧主尊所在崖面略向外凸。药师佛居中,立莲座上,身前残损,仅余轮廓,残高63、座高14厘米;有尖桃形头光和椭圆形身光残痕,头光较厚;双手似置胸前,右肩前斜置锡杖,仅存脱落痕。药师佛两侧各雕三排立像。左侧从上至下第一、二排各雕神王像四身,皆武将形象。从左至右第四身均仅存轮廓;余皆戴盔,身着甲,腰束带,飘带于腹前横过两道后垂体侧。第一排第一身双手置胸前;第二身双手置腹前,托一圆形物;第三身双手置腹前,似按一长柄状物上端。第二排第一身右手置胸前,似执物;第二身双手于胸前挂一长柄状物于身前;第三身双手似置胸前。第三排雕立像五身,上身皆残损。第一身仅存双腿。第二、三身为神王,足穿靴;余装扮同第一排神王。第二身挂棍状器于足间;第三身头顶有圆形凸起,着长裙,衣带垂于两足间,可见披巾于腹前横两道后垂体侧,璎珞绕膝前折向身后;第四身着长裙,衣带垂至两足间,裙外似有袈裟下摆;第五身着长裙,衣带垂至两足间,披巾垂体侧(图70-47)。右侧第一排雕神王像二身,从左至右第一身存上身轮廓,第二身存脱落痕。第二排雕菩萨像三身,仅存下半身轮廓,局部可见裙摆垂身侧。第三排雕菩萨像四身,第一、四身仅存轮廓。第二身仅见膝部以下,着长裙,衣带垂至两足间,披巾垂身侧,膝下可见璎珞;第三身仅见膝部以下,着长裙,衣带垂至两足间,裙外有袈裟下摆,跣足。

右侧千手观音倚坐于方座上,左、右侧崖面内凹,密布凿痕,头、面部、双臂、双腿残损严重,高75、座高30厘米。头顶有圆形凸起,发辫垂肩,披络腋,衣带垂至两足间,戴耳环、腕钏。上二臂外侧雕火焰纹。上二臂屈肘举头顶托一身结跏趺坐像,风化严重,仅存轮廓;有圆形身光,头顶有圆形凸起;双手置腹前。左侧残存手五只,皆执带柄状物:从上至下第一手所执器物顶部有尖状凸起,第二手所执物呈尖桃形,余执物残不可识。右侧残存手四只,各执一物,从上至下依次为戟、剑、长条形物、

上大佛

图70-46　上大佛第8-1龛（西北→东南）

图 70-47　上大佛第 8-1 龛左侧药师经变左侧造像（西北→东南）

上大佛

图 70-48　上大佛第 8-1 龛右侧千手观音（西→东）

图 70-49　上大佛第 8-1 龛右侧菩萨（南→北）

上大佛

弓箭(图70-48)。

右壁内侧雕一菩萨像倚坐于方座上,胸部以上风化严重,密布圆形凹槽,有烟熏痕迹,右手、双膝、双足残,残高74、座高12厘米;有内椭圆外尖桃形头光,内层素面外层饰火焰纹,头光顶部左、右各伸出一祥云,祥云上各浮雕一圆饼状物;缯带垂肩侧,着僧祇支,下着长裙,腰束带,衣带自腹前垂至两足间;披巾于身前横过两道绕臂后垂体侧;左手置腹前似托物,右手似置膝上。方座下有山形台基。方座左侧雕二身立像,残损严重,仅存轮廓,像均残高35厘米(图70-49)。菩萨左侧磨光一处崖面,上部风化,下部局部脱落,宽8、高50厘米,刻题记一则,左侧及下方各阴刻一线条,存字三行,竖刻,楷书,内容记端拱元年(988年)造观音像之事(图70-50)。

图70-50 上大佛第8-1龛右侧菩萨左侧题记(南→北)

【第 8-2 龛】

位置：南段崖壁中部靠上，第 8 龛左壁上部，第 8-3 龛上。

年代：宋初。

龛形：方形龛，平面呈横长方形，宽 30、高 38、深 8 厘米，龛向 15 度。顶部两角外侧雕三角形弧撑。

保存情况：造像及壁面风化较严重。造像存烟熏痕。

造像内容：正壁前造一菩萨倚坐于方座上，双足各踏一仰莲圆座，残高 30、座高 5 厘米。有圆形身光，阴线雕出放射状波浪纹。头顶有圆形凸起，缯带垂肩侧，跣足。披巾垂至台座两侧。双手似置胸前（图 70-51）。

【第 8-3 龛】

位置：南段崖壁中部，第 8 龛左壁下部，第 8-2 龛下，第 8-5 龛上。

年代：端拱元年（988 年）。

龛形：方形龛，平面呈横长方形，宽 28、高 45、深 8 厘米，龛向 16 度。顶部两角外侧雕三角形斜撑。

保存情况：造像及壁面存少量烟熏痕。

造像内容：正壁前造一菩萨倚坐方座上，头部、双手残，高 40、座高 5 厘米。束高髻，戴花冠，长发披肩，面相圆润，弯眉细目，小嘴微抿，双耳硕大，颈部有两道蚕纹。着通肩式袈裟，下着长裙，跣足。戴耳环，耳环垂至肩前。戴项圈，项圈下垂饰三道璎珞，中央一道呈菱形，璎珞绕膝前折向身后。左手置胸侧，右手置膝上，捧圆形物（图 70-52）。

两侧龛面磨平，刻题记一则，竖刻，楷书。左侧龛面存一行，宽 6、高 42 厘米，为供养人题名（图 70-53）。右侧存二行，宽 5、高 42 厘米，记端拱元年（988 年）何彦超夫妇造白衣观音之事（图 70-54）。

【第 8-4 龛】

位置：南段崖壁中部靠下，第 8-1 龛左，第 8-3、8-5 龛下，第 8-6 龛右上。

年代：端拱元年（988 年）。

龛形：方形龛，平面呈浅弧形，宽 76、高 88、深 19 厘米，龛向 7 度。

保存情况：造像残损严重。

造像内容：正壁前造二菩萨坐于方座上，足踏莲座；有三层头光，内二层椭圆形素面，外层尖桃形饰火焰纹。

左侧菩萨善跏趺坐，头部、双手残，下身风化严重，裂隙自右耳延伸至左腿，残高 64、座高 24 厘米。戴花冠，缯带垂至肩侧，面部方圆，小嘴，双耳硕大，颈部有两道蚕纹。披络腋，着长裙，衣摆垂方座，跣足。披巾垂肩。戴耳环，耳环垂至肩前；戴项圈，璎珞于胸前呈"W"形；戴臂钏。双手置胸前，左腿倚坐踏莲座，右腿盘曲。

方座前左侧雕一仰莲圆座，右侧雕一圆形莲蕾，其下皆有祥云承托，祥云下有山形台基。

右侧菩萨头部脱落，身前风化，胸部密布圆形孔洞，右手、双足、右侧莲座残，残高 61、座高 14 厘米。似善跏趺坐，可见长发披肩，着长裙，披巾自肘部垂至座前。左手置腹前，右手似置右胸侧。

方座前左侧雕一仰莲圆座，右侧残，余同左侧方座（图 70-55）。

菩萨头顶上方刻造像题记，宽 32、高 28 厘米，九行，竖刻，楷书，内容记端拱元年（988 年）造长寿王菩萨及白衣观世音菩萨之事（图 70-56）。

上大佛

图 70-51　上大佛第 8-2 龛（东北→西南）

图 70-52 上大佛第 8-3 龛（东北→西南）．

上大佛

◀ 图 70-53　上大佛第 8-3 龛造像题记左侧部分（东北→西南）

图 70-54　上大佛第 8-3 龛造像题记右侧部分（东北→西南）▶

图 70-55　上大佛第 8-4 龛（北→南）

上大佛

图 70-56　上大佛第 8-4 龛上方题记（西→东）

【第 8-5 龛】

位置：南段崖壁中部，第 8-4 龛左，第 8-6 龛上。
年代：宋初。
龛形：形制不明，龛向 14 度。
保存情况：仅存正壁中央。
造像内容：正壁前造一结跏趺坐像，仅存轮廓，身前密布横向凿痕，残高 60 厘米，残存头光，其余残不可识（图 70-57）。

图 70-57　上大佛第 8-5 龛（东北→西南）

上大佛

【第 8-6 龛】

位置：南段崖壁中部靠下，第 8-4 龛左，第 8-5 龛下。
年代：宋初。
龛形：方形龛，平面呈横长方形，宽 35、高 38、深 10 厘米，龛向 15 度。
保存情况：造像及壁面残损、风化较严重。
造像内容：正壁前造一像倚坐于方座上，凸出于龛外，双手、双腿残，身前风化，局部长青苔，残高 50、座高 13 厘米。头顶有圆形凸起，双耳硕大，着双领下垂式袈裟。双手置腹前，双足各踏一圆形台，圆台下雕一横长方形台基（图 70-58）。

图 70-58　上大佛第 8-6 龛
（东北→西南）

【第 8-7 龛】

位置：南段崖壁中部，第 8 龛外龛右壁，第 8-8 龛上。

年代：至道三年（997 年）。

龛形：方形龛，平面呈横长方形，残宽 38、高 56、深 11 厘米，龛向 188 度。左上角雕三角形弧撑。

保存情况：右壁不存。造像及壁面风化较严重。

造像内容：正壁前雕一像倚坐于须弥座上，身前风化，双手残，高 39、座高 8 厘米。有圆形身光，阴刻出放射状波浪纹。头顶有圆形凸起，长发披肩，颈部有两道蚕纹。着通肩式袈裟，下着长裙，跣足。璎珞绕膝前折向身后。左手置腹前，右手置胸前执一曲茎莲，双足各踏一仰莲圆座，莲座下有莲茎、莲叶（图 70-59）。

龛外右侧崖面磨平，中部略内凹，左侧风化严重，内刻题记一则，宽 16、高 32 厘米，六行，竖刻，楷书，内容为至道三年（997 年）镌装记。

【第 8-8 龛】

位置：南段崖壁中部，第 8-7 龛下，第 8-9 龛上。

年代：宋初。

龛形：形制不明，宽 82、高 82、深 20 厘米，龛向 186 度。

保存情况：右壁及龛底右侧不存。造像残损严重。

造像内容：正壁前雕二像倚坐于方座上，凸出于龛外，头部皆不存，均残高 40、座高 5 厘米。

左侧一身胸前、双腿风化，颈部残存一道蚕纹；斜披络腋，着通肩式袈裟，袈裟一角系于左肩垂下之钩钮，下着长裙，跣足；颈部左、右各有一条璎珞垂至肩前；戴项圈，项圈垂下五道璎珞，腿部璎珞绕膝前折向身后；左手置腹前托圆形物，右手五指微屈置胸前，双足各踏一仰莲圆座。龛底浮雕莲茎、莲叶，与莲座相接。莲座左侧雕一兽朝向龛内而卧，头部不存，四肢伏地，尾巴盘于臀部。

右侧一身右侧不存，左手、左腿残；似戴风帽，颈部残存两道蚕纹；内着僧祇支，外着双领下垂式袈裟，下着裙，跣足；戴项圈，项圈垂饰三道璎珞；戴腕钏；左手置腹前，似托物，左腿倚坐，足踏仰莲圆座。龛底浮雕莲茎、莲叶，与莲座相接（图 70-60）。

龛外右侧上部崖面磨光，刻题记两则。上方一则可见两行残痕，字体较小，仅存一个"县"字，被下方一则破坏。下方一则存两行，字体较大，可见"地藏菩萨"字样。

图 70-59 上大佛第 8-7 龛（南→北）

图 70-60　上大佛第 8-8 龛（南→北）

【第 8-9 龛】

位置：南段崖壁中部靠下，第 8-1 龛右，第 8-7 龛下。

年代：宋初。

龛形：拱形龛，平面呈弧形，残宽 90、高 88、深 30 厘米，龛向 182 度。

保存情况：右壁不存。造像及壁面残损严重。

造像内容：环三壁造一主尊四胁侍。主尊居中，高浮雕，结跏趺坐于莲座上，头部风化严重，双臂、双手、腿部、台座残，高 50、座高 30 厘米。有三层头光，内二层椭圆形，外层尖桃形；三层椭圆形身光，皆内层素面，中层饰莲瓣纹，外层饰火焰纹。螺发，肉髻，双耳硕大。内着僧祇支，外着双领下垂式袈裟，袈裟一角系于左肩垂下之钩钮。右手置胸前。台座中部横向分布五个近方形凹槽。

胁侍对称立主尊左、右侧圆座上。左侧二胁侍头部不存。内侧胁侍残高 47、座高 12 厘米；着袈裟，双手置胸前。外侧胁侍残高 39、座高 7 厘米；可见衣带垂体侧。右侧胁侍内侧一身头部不存，原头部所在崖面有一方形榫孔，内有凿痕，身前风化，双足残，残高 39、座高 9 厘米，着袈裟，跣足，双手置胸前；外侧一身仅存腹部以下，着长裙，披巾垂体侧（图 70-61）。

上大佛

图70-61　上大佛第8-9龛（南→北）

【第9龛】

位置：南段崖壁北侧，第8龛右，第10龛左。

时代：唐。

龛形：外方内拱形龛，内龛平面呈弧形，外龛宽220、高145、深76厘米，内龛宽192、高129、深100厘米，龛向265度。雕出尖拱形龛楣及龛面，宽30厘米，分两层，内层饰卷草纹，外层素面，沿龛口雕一周素面窄凸棱，尖拱折向外龛龛顶。

保存情况：龛底不存。造像经后代改刻、修补和装彩。

造像内容：上内龛正壁前造一佛二弟子二菩萨（图70-62）。佛居中，结跏趺坐于束腰仰莲方座上，头、面部、双手、胸前、身前衣纹、莲座前部经后代改刻、补塑，像高70、座高44厘米。有三层头光，内层椭圆形素面，中层椭圆形饰团花，外层尖桃形饰火焰纹；双层椭圆形身光，外层饰火焰纹。螺发，肉髻，双耳硕大，耳垂及肩，颈部有两道蚕纹。着双领下垂式袈裟，袈裟一角系左肩前之钩钮，衣摆覆莲座两侧。左手似抚膝，右手置胸前。台座上层为仰莲座；中层束腰六边形，雕出三个壸门；下层为六边形台基。

1897

图70-62　上大佛第9龛（西→东）

上大佛

弟子立佛左、右侧圆座上，光头，双耳硕大，耳垂及肩；着交领袈裟，跣足；双手似合十胸前。左侧弟子头、面部、双手风化剥落，双足、台座残，头顶位于头光偏下位置，或经后代改刻，高57、座高18厘米；有三层椭圆形头光，由内至外依次为素面、团花纹、火焰纹；面部略长，颈部筋骨凸出。右侧弟子面部、台座残，台座前分布斜向凿痕，双手风化，残高62、座高14厘米；面部略圆，颈部有两道蚕纹。

菩萨立弟子外侧仰覆莲圆座上，膝部以上风化，头、面部残；双耳硕大，耳垂及肩，缯带垂肩侧；着袈裟，下着长裙，衣带垂至足间，跣足。左侧菩萨双足、台座残，残高64、座高14厘米；双手置腹前捧物，物残不可识。右侧菩萨残高67、座高13厘米；双手置腹前托一圆球状物。

左、右壁造佛像七身，左壁三身，右壁四身，均分两排。佛像有内椭圆外尖桃形头光、双层椭圆形身光，皆内层素面、外层饰火焰纹；肉髻，髻前中央有髻珠；着交领袈裟。

左壁上排一身结跏趺坐于仰覆莲方座上，头部脱落，右手残，残高34、座高12厘米；袈裟覆台座；左手置腹侧，握一圆球状物，右手竖掌置胸前。外侧浮雕一方形碑，宽26、高29厘米，刻题记一则，竖刻，楷书，碑文多漫漶剥落，残存右侧七行，应为造像记。下排两身。内侧一身倚坐于方座上，足踏仰覆莲方座，头、面部、双足、莲座残，高38、座高10厘米；左手拇指、食指相捻，余三指微屈置腹

图70-63　上大佛第9龛左侧造像（西北→东南）

前，右手五指并拢抚膝。台座下有祥云承托，云尾飘向右上方。外侧一身结跏趺坐于圆座上，面部残，高 35、座高 13 厘米；袈裟覆台座，台下有覆莲座基座；双手相抵置腹前，拇指、食指相捻，余三指微握。

右壁四身结跏趺坐于方座上，袈裟覆台座，台下为覆莲方座。上排二身莲座下有祥云承托，云尾飘向左上方。内侧一身面部残，高 34、座高 9 厘米；左手置胸前，食指、中指间夹一半圆形物，无名指内握，余指微屈；右手食指伸入左手掌心，余指微握。外侧一身高 33、座高 10 厘米；双手相叠托一摩尼宝珠。下排内侧一身面部、右手残，高 36、座高 19 厘米；左手置腹前托圆钵，右手掌心向外置胸前，拇指按中指，食指伸出微屈，余指内握。外侧一身面部残，高 35、座高 18 厘米；双目微睁下视；左手抚膝，右手托一圆珠状物置腹前（图 70-63、70-64）。

右侧龛面下方磨平一片凸出崖面，刻题记一则，宽 25、高 20 厘米，存字十一行，竖刻，楷书，为成化十九年（1483 年）信士装彩记（图 70-65）。

图 70-64　上大佛第 9 龛右侧造像（西南→东北）

上大佛

图 70-65　上大佛第 9 龛装彩记（西南→东北）

外龛左壁下部残存一身立像，身前已磨平，仅存残痕，残高 27 厘米；戴幞头，两翼微上翘，着广袖长袍；双手似置胸前。外龛右壁下方开一个浅龛，仅存下半部分，龛壁分布凿痕，宽 28、残高 23 厘米，残深 6 厘米。龛内造二身像，身前凿平，左侧一身呈立姿，仅存下半身，像残高 14 厘米；右侧一身呈跪姿朝向龛内，像残高 12 厘米。

【第 9-1 龛】

位置：南段崖壁北侧靠下，第 8-1 龛右，第 9-2、9-3 龛左，第 10 龛左。系破坏第 9 龛龛底向下开凿而成。右壁外侧开第 9-2、9-3 龛。

年代：宋初。

龛形：方形龛，平面呈梳背形，宽 220、高 99、深 125 厘米，龛向 265 度。

保存情况：龛底铺水泥地面。造像及壁面残损较严重，存后代装彩。

造像内容：环三壁起高坛，高 38、深 10 厘米。坛上造四主尊（图 70-66）。

左起第一身立圆座上，为引路王菩萨，位置略高，圆座向前凸出，双手、双足、台座残，身前风化脱落，高 46、座高 12 厘米；高发髻，缯带垂肩侧，双耳硕大；着长裙，披巾垂体侧；戴耳环；左手似置左胸

图70-66 上大佛第9-1龛(西→东)

上大佛

前执物,右手置腹前执长幡,上身微右倾。幡杆曲颈,自左肩侧弯曲至头右上方,杆头雕禽嘴衔长幡,幡上部为三角形,中央幡身长方形,其下有尾带,两侧各有一飘带,幡飘动近"S"形垂身右侧。菩萨右侧造四身立像,皆脱落,仅存轮廓。左起第一、二身较矮,第三、四身较高。第一身残高14厘米;第二身高16厘米,束发髻,微侧身朝向主尊;第三身高28厘米,着长袍,双手置腹前,微侧身朝向右侧主尊;第四身高29厘米,戴方帽,双手置胸前,微左侧身,抬头回首,看向右侧主尊(图70-67)。

第二身善跏趺坐于方座上,方座下有横长方形台基;头部、左手、左腿不存,身前、右腿、右手及所执物残,残高35、座高10厘米;着袈裟;左手置腹前,右手于右肩前执物,右腿倚坐,足踏台基。所执物椭圆形,顶部较尖,似为锡杖。主尊左侧雕一立像,足部以上残;光头,着袈裟,跣足;双手置胸前,朝向主尊(图70-68)。

第三身结跏趺坐于圆座上,为六臂观音,头部、上二臂脱落,胸部、前二臂、腿部、台座残,残高35、座高11厘米。双耳硕大。着僧祇支,披巾自两肩垂下,经前臂垂体侧。下二臂戴腕钏;上二臂举头侧执物,所执物不可识;中二臂置腹前;下二臂伸向两侧,左手执圆环状绳索,右手握宝剑,宝剑上部残(图70-69)。

第四身坐于圆座上,腹部以上、双腿、所执物及台座残,残高34、座高12厘米;似戴风帽,着袈裟;左手置腹前,右手似置胸侧,执锡杖。主尊左、右各雕一立像,仅存轮廓:左侧一身高25厘米,双

图70-67　上大佛第9-1龛左起第一尊(西→东)

手似置胸前,朝向龛外;右侧一身高26厘米,光头,双手置胸前,侧身朝向主尊(图70-70)。

左、右壁内侧各雕一力士立山座上,局部有烟熏痕;双耳硕大,上身赤裸,肌肉虬结,颈部青筋凸起;着及膝战裙,裙腰外翻,腰束带打结,跣足;飘带经头后,绕臂前,穿过腰带后,飘于体侧;戴腕钏。左侧力士头、面部、双足残,高52、座高28厘米;束髻,发带飘头侧;左臂向下伸于体侧,掌心向内,握飘带,右手上举,掌心向外,握金刚杵,腰右扭。右侧力士面部残,高60、座高14厘米;束髻,戴冠;右臂下伸体侧,左手上举。

图 70-68　上大佛第9-1龛左起第二尊(西→东)

上大佛

图70-69　上大佛第9-1龛左起第三尊(西→东)

图 70-70 上大佛第 9-1 龛左起第四尊（西→东）

上大佛

【第 9-2 龛】

位置：南段崖壁北侧靠下，第 9-1 龛右，第 9-3 龛左。

年代：咸平五年（1002 年）。

龛形：方形龛，平面呈浅弧形，宽 22、高 39、深 7 厘米，龛向 172 度。龛底向前凸出。造像凸出于龛顶及左、右壁。

保存情况：保存较好，造像略残。

造像内容：正壁前雕一菩萨立于覆莲圆座上，头部、双手残，残高 35、座高 4 厘米。长发披肩，缯带垂肩侧。斜披络腋，着长裙，腰束带，衣带自腹前垂至两足间，跣足。披巾自两肩垂下，于身前横过二道后垂体侧。戴项圈，璎珞于腹前相交后，分两道绕膝前折向身后。左手屈肘置于身侧，右手于胸前执柳枝。

龛外右侧龛柱磨平，宽 6、高 35 厘米，刻题记一则，两行，竖刻，楷书，内容为咸平五年（1002 年）镌造记（图 70-71）。龛底右下方刻题记一则，仅存原题记右上方三行，残宽 15、高 9 厘米，竖刻，楷书，内容残损严重。

【第 9-3 龛】

位置：南段崖壁北侧靠下，第 9-2 龛右。

年代：宋初。

龛形：方形龛，平面呈弧形，残宽 45、高 107、深 20 厘米，龛向 170 度。左上角存三角形斜撑。

保存情况：右侧不存。造像残损较严重。

造像内容：正壁前造一菩萨倚坐于方座上，头、面部残，右臂不存，胸部以下风化，残高 83、座高 19 厘米。戴高冠，缯带垂肩侧，长发披肩，披巾自两肩垂下绕臂后垂台座前。戴耳环和项圈，胸前和腿前垂饰璎珞。左手置腹前，头右侧竖一卷曲莲叶（图 70-72）。

图 70-71　上大佛第 9-2 龛（南→北）

上大佛

图 70-72 上大佛第 9-3 龛（南→北）

【第10龛】

位置：南段崖壁北侧，第9龛右，第12龛左，第11龛下。外龛左壁开第10-1、10-2龛，外龛右壁开第10-3、10-4、10-5龛。

时代：唐。

龛形：外方内拱形龛。内龛平面呈浅弧形，外龛宽157、高195、深145厘米，内龛宽130、高132、深42厘米，龛向263度。雕出尖拱形龛楣及龛面，宽23厘米，内饰卷草纹，沿龛口雕一周凸棱，素面磨平，宽6厘米。龛楣两侧各开一小龛，龛内雕一结跏趺坐佛，有肉髻，面部方圆，双耳硕大，着通肩式袈裟，双手笼袖中，置胸前。

保存情况：龛外左、右侧崖面纵向分布一列榫孔。右侧中部有一个纵向凹槽。外龛近龛口处上部纵向分布两个圆形榫孔，左、右对称。底部近龛口处向下凿一个凹槽，宽147、高24、深14厘米。龛下部雨蚀，长青苔。造像局部残损，部分脱落处有圆形榫孔，局部有烟熏痕。部分造像经后代改刻、补塑，主尊经现代装彩，余造像及壁面残存后代装彩，龛面有现代白色涂鸦。

造像内容：内龛环壁造一佛二弟子二菩萨（图70-73）。佛居中，结跏趺坐于束腰仰莲方座上，面部、双手、腿部、台座前部经后代补塑，高70、座高45厘米。头顶上方雕八角形华盖，各角间联缀联珠纹璎珞。有内椭圆外尖桃形头光、双层椭圆形身光，皆内层素面、外层饰火焰纹。螺发，肉髻，头前有髻珠，面部方圆，双耳硕大，颈部有两道蚕纹。内似着僧祇支，外着偏衫式袈裟，袈裟一角系于左肩前之钩钮，右肩、肘覆袈裟。左手似抚膝，右手置胸前。台座上层为方形仰莲台；中层束腰为方形，饰卷草纹；下层近圆形，素面（图70-74）。

弟子立佛左、右侧覆莲圆座上，面部、双足、台座残；光头，面部方圆，双耳硕大，着袈裟，内着宽袖衣，跣足。左侧弟子老者形象，上身残，高75、座高15厘米；面部较长，颈部青筋凸起；双手似置胸前。右侧弟子青年形象，高75、座高14厘米；面部方圆，颈部有三道蚕纹；双手合十于胸前。

菩萨立弟子外侧圆座上；束高髻，戴花冠，缯带垂至肩前，长发披肩，颈部有三道蚕纹；着长裙，衣带垂至两足间，其上饰联珠纹，跣足。左侧菩萨膝部以上残，面部经后代改刻，高82、座高13厘米；双耳硕大；披巾自双肩垂下，向上搭手臂后垂体侧；左手置胸前，右手似垂体侧。右侧菩萨头、面部、上身前部风化残损，高84、座高12厘米；披巾自双肩垂下，于身前横过两道后搭手臂垂体侧；璎珞绕膝前折向身后；左手置胸前，右手置右腹侧执一长柄莲蓬，莲蓬顶部置左肩前（图70-75、70-76）。

内龛两侧龛口外侧各雕一力士立山座上，身前风化，双足、台座残；束髻，戴冠，上身赤裸，肌肉隆起，下着及膝战裙，裙腰外翻，腰束带打结；飘带经头后，绕臂前，经腰带飘于体侧。左侧力士高69、座高28厘米；双手握拳，左手举头侧，右手向下斜伸于体侧，腰左扭，头朝左前方。右侧力士高70、座高28厘米；右手举头侧，左手向下斜伸于体侧，腰右扭，头朝右前方。

龛底左、右各雕一狮相向蹲于方座上，头部脱落，身前残损严重；前二肢直立，后二肢蹲踞。右侧狮子左前爪按一圆球。外龛右壁内侧开一排三个小龛。内侧一龛雕一供养人朝向左侧胡跪，高13厘米；戴幞头，双翼斜向头后，着圆领窄袖长袍，腰束带；双手笼袖中，拱胸前。余二龛各雕一佛结跏趺坐；肉髻，双耳硕大；着通肩式袈裟；双手笼袖中，置身前。

上大佛

图 70-73　上大佛第 10 龛（西→东）

图 70-74　上大佛第 10 龛中央佛（西→东）

上大佛

图 70-75　上大佛第 10 龛左壁造像（西北→东南）

安岳石窟内容总录

图 70-76　上大佛第 10 龛右壁造像（西南→东北）

上大佛

【第 10-1 龛】

位置：南段崖壁北侧，第 10 龛外龛左壁上部，第 10-2 龛上。

年代：太平兴国八年（983 年）。

龛形：方形龛，平面近横长方形，宽 92、高 82、深 13 厘米，龛向 6 度。

保存情况：龛外左侧下部存一圆形榫孔。造像及壁面风化较严重，存后代装彩。

造像内容：正壁前造三坐像。释迦牟尼佛居中，结跏趺坐于束腰仰覆莲方座上，面部残，高 40、座高 27 厘米；有三重头光，内层椭圆形素面，中层椭圆形、内饰团花，外层尖桃形、内饰火焰纹；双层椭圆形身光，外层饰火焰纹；螺发，馒头形肉髻，有髻珠，面部方圆，细目微睁下视，嘴微抿，双耳硕大，耳垂及肩，颈部有两道蚕纹；内着僧祇支，外着双领下垂式袈裟，袈裟一角系于左肩前之钩钮，右腹前有一衣角内折后垂至腹前，衣摆覆莲座；左手抚膝，右手置胸前，拇指、食指伸出，余三指握于掌心。台座上层为仰莲座；中层束腰为方形，前方雕壸门；束腰与莲座间有一层方座，四周雕卷草纹；下层为覆莲座，覆莲座下雕方形台基。

阿弥陀佛居左，结跏趺坐于束腰仰覆莲圆座上，头、身光、颈部以上风化，左胸、左膝、台座残，高 36、座高 29 厘米；有内椭圆外尖桃形头光、双层椭圆形身光，皆内层素面、外层饰火焰纹；螺发，肉髻，双耳硕大，耳垂及肩，颈部有两道蚕纹；着通肩式袈裟，衣摆覆台座；双手于腹前施弥陀定印。台座三层皆为圆形：上层仰莲座；中层束腰雕三壸门；下层为覆莲座，覆莲座下为一层台基，雕三壸门。

观音菩萨居右，善跏趺坐于方座上，头、面部、左手、右足残，高 40、座高 20 厘米；束髻，戴花冠，缯带垂至肘部，长发披肩，面部方圆，细目微睁下视，嘴角上翘，双耳硕大，颈部有两道蚕纹；着通肩式袈裟，下着长裙，两腿间伸出一衣带垂至台基，衣带饰联珠纹，跣足；戴耳环和项圈，璎珞绕膝前折向身后；左手于腹前握一枝曲茎莲蕾，右手竖掌置胸前抚莲蕾，左足踏圆莲座，盘右腿。方座上覆三角形植物叶，右侧向上伸出二竹，上部向内弯曲延伸至主尊头顶，雕出竹叶。方座下方向左、右各伸出一带茎圆莲座，莲座有祥云承托。祥云下雕二层方形台基，台基前饰山形（图 70-77）。

龛外左侧崖面磨平，风化严重，表面有青苔，干枯起翘，顶部有一三角状凸起。崖面刻题记一则，宽 7、高 51 厘米，两行，竖刻，楷书，内容记太平兴国八年（983 年）造释迦等事（图 70-78）。

图70-77 上大佛第10-1龛（北→南）

上大佛

图 70-78 上大佛第 10-1 龛龛外左侧题记（北→南）

【第 10-2 龛】

位置：南段崖壁北侧靠下，第 10 龛外龛左壁下部，第 10-1 龛下。

年代：雍熙三年（986 年）。

龛形：方形龛，平面近横长方形，宽 86、高 84、深 17 厘米，龛向 8 度。

保存情况：造像及壁面存较多烟熏痕，略风化。造像残损较严重。

造像内容：正壁前起高台，台面自内向外微向下倾斜，高 33～39、深 14 厘米。台上造二菩萨倚坐于方座上，头、胸前、双手、双足、台座残，有烟熏痕。长发披肩，缯带垂肩侧，披络腋，下着长裙，衣带于两腿间垂至足间，衣带饰联珠纹。披巾自两肩垂下，于身前横过两道后，搭手臂垂至龛底。戴耳环，耳环垂至肩侧；戴项圈，璎珞绕膝前折向身后。双足各踏一圆座，圆座下为横长方形台基。

左侧一身左臂、左腿上部残，残高 66、座高 13 厘米。双手置胸前，似执一物。头顶上方左、右各浮雕一圆饼状凸起，其下有祥云承托，云尾飘向中央。

右侧一身残高 60、座高 18 厘米。左手置腹前托物，右手置胸前（图 70-79）。

图 70-79　上大佛第 10-2 龛（北→南）

上大佛

菩萨之间壁面存题记一则,宽4、高38厘米,表面有青苔,两行,竖刻,楷书,内容记王珣渥于雍熙三年(986年)镌造日月光菩萨之事(图70-80)。

图70-80 上大佛第10-2龛造像题记(北→南)

【第10-3龛】

位置:南段崖壁北侧,第10龛外龛右壁靠上,第10-4龛上。
年代:宋初。
龛形:方形龛,平面呈横长方形,宽57、高41、深4厘米,龛向170度。
保存情况:龛外右侧底部存一圆形榫孔。造像残损、风化严重。
造像内容:正壁前造像已不存,壁面磨光。

1919

右侧上部向外拓展宽28、高18、深4厘米的壁面。正壁雕三像结跏趺坐于圆座上,风化严重,仅存轮廓。左起第一身高12.5、座高3.5厘米;着袈裟;双手笼袖中,置身前。第二身像连座高16厘米。第三身像连座高14厘米。

龛外右侧又雕一小坐像,风化不可识,残高10厘米(图70-81)。

图70-81 上大佛第10-3龛造像(南→北)

【第10-4龛】

位置:南段崖壁北侧,第10龛外龛右壁中部,第10-3龛下,第10-5龛上。
年代:宋初。
龛形:方形龛,平面呈横长方形,宽68、高52、深3厘米,龛向169度。
保存情况:保存较差,碑面风化严重,密布后代刻划痕。
造像内容:正壁前浮雕二碑。左侧雕盝形碑,由碑座、碑身组成。碑座横长方形,宽45、高6、厚2.5厘米。碑身被后代磨平,有杂乱刻划痕,宽41、高42、厚2厘米,仅存部分字痕,可见十七行,竖刻,楷书,碑文残损严重。右侧雕拱形碑,由碑座、碑身组成。碑座长方形,其上饰覆莲瓣。碑身宽20、通高46厘米,碑身被磨平,存字一行,竖刻,楷书,风化严重,仅可见"三界"等字样(图70-82)。

上大佛

图70-82　上大佛第10-4龛（东南→西北）

【第10-5龛】

位置：南段崖壁北侧靠下，第10龛右壁下部，第10-4龛下。

年代：宋初。

龛形：拱形龛，平面近横长方形，宽36、高70、深24厘米，龛向170度。

保存情况：造像及壁面遍覆烟熏痕。

造像内容：正壁前雕一菩萨倚坐于方座上，足踏方形莲座，头、面部、双足、莲座残，身前风化，有烟熏痕，残高50、座高14厘米。戴高花冠，缯带垂至肩侧，长发披肩，双耳硕大。着长裙，衣带自腿间垂至莲座；披巾自两肩垂下，于身前横过两道后搭手臂垂至莲座。戴项圈，璎珞绕膝前折向身后。左手置腹前，托圆形物，右手置右胸前，似执长柄形物，顶部较粗（图70-83）。

龛外左侧浮雕一方形碑，底部饰一层覆莲，残宽43、高65厘米。碑身顶部两侧各阴刻一圆形物置祥云上，云尾相对。碑身左侧风化严重，字迹可辨的有十五行，竖刻，楷书，内容记信士施钱镌装之事（图70-84）。

图 70-83　上大佛第 10-5 龛（南→北）

上大佛

图 70-84　上大佛第 10-5 龛左侧碑（南→北）

【第 11 龛】

位置：南段崖壁北侧靠上，第 10 龛上。

时代：唐。

龛形：拱形龛，平面呈横长方形，宽 64、高 78、深 20 厘米，龛向 260 度。

保存情况：右壁外侧上方有两个柱洞，上下排列。造像风化严重，面部和双手残。壁面和造像局部残存后代装彩。

造像内容：正壁前造二菩萨像立圆座上。

左侧菩萨高 67、座高 9 厘米。戴冠，着长裙，腰束带，衣带自腹前垂至两足间；披巾自两肩垂下，于身前横过两道后搭腕垂体侧。戴项圈，胸前及膝下饰璎珞。左手置体侧，似持一椭圆形物，右手置胸前。

右侧菩萨胸部以上残，腹部以下风化剥落，高 66、座高 8 厘米。上身斜披络腋，着长裙，腰束带，衣带自腹前垂至两腿间；披巾垂体侧。可见胸部饰璎珞。左手提物垂体侧，右手置胸前（图 70-85）。

上大佛

图 70-85　上大佛第 11 龛（西→东）

【第12龛】

位置：南段崖壁北侧，第10龛右，第13龛左下，第16龛左上。

时代：唐。

龛形：外方内拱形龛，内龛平面呈弧形，外龛宽141、高119、残深34厘米，内龛宽96、高95、深53厘米，龛向280度。雕出龛楣及龛面，宽12厘米，内饰卷草纹。

保存情况：外龛左、右壁残。左壁上方中部近龛顶处有一个竖长方形榫孔，下方中部有一竖长方形凹槽，右壁对称位置亦有一竖长方形凹槽。中央主尊有现代装彩，余造像和壁面残存后代装彩。

造像内容：内龛环壁造一佛二弟子二菩萨（图70-86）。佛居中，结跏趺坐于束腰仰覆莲座上，右手残，像高49、座高33厘米。有内椭圆外尖桃形头光，内层素面，外层饰火焰纹。螺发，馒头形肉髻，肉髻下部中央有髻珠，面部方圆，双耳硕大，颈部有两道蚕纹。着双领下垂式袈裟，覆偏衫，袈裟一角系于左肩前之钩钮，右肩及肘覆袈裟，一衣角自腹前袈裟内伸出垂腿前。左手抚膝，右手掌心向外置胸前，食指伸出微曲，余指微内握。台座上层为仰莲座；中层为方形束腰，浮雕卷曲纹；下层为覆莲座。

图70-86　上大佛第12龛（西→东）

上大佛

图 70-87　上大佛第 12 龛左侧菩萨（北→南）

图 70-88 上大佛第 12 龛右侧菩萨（南→北）

上大佛

图 70-89 上大佛第 12 龛外龛左壁石碑(北→南)

图 70-90 上大佛第 12 龛外龛右壁石碑(南→北)

弟子立佛左、右侧山座上;光头,双耳硕大;着交领袈裟,足穿鞋。左侧弟子老者形象,高57、座高13厘米;额头有皱纹,眼眶内凹,颧骨、锁骨凸出;双手拱胸前。右侧弟子青年形象,高56、座高16厘米;双目细长,颈部有三道蚕纹;双手拱胸前,食指并拢向上伸出。

菩萨立左、右壁外侧仰莲圆座上;束高髻,长发披肩,戴卷草纹花冠,缯带垂肩前,面部方圆,弯眉细目,嘴角上翘,双下颔,双耳硕大,有一缕发辫搭耳侧后折向头后;下着长裙,裙腰外翻,腰束带,衣带自腹部前垂至两足间,带饰联珠纹,跣足;戴项圈,璎珞于腹前相交呈"X"形后分两道垂下,绕膝前折向身后,相交处为圆饼形。莲座下有一方形台基。左侧菩萨高70、座高10厘米;内着僧祇支,披巾自两肩垂下,向上搭手臂垂体侧;双手于胸前托一椭圆形盘,盘上置一横长方形物(图70-87)。右侧菩萨高70、座高11厘米;斜披络腋,披巾自两肩垂下,于身前横过两道后搭手臂垂体侧;左手置腹前,右手置胸前执一曲茎莲蓬于右胸前,上身微向右倾(图70-88)。

两侧龛面下方各开一小龛,龛内造像不存。左侧小龛宽20、高35厘米。右侧小龛宽19、高38厘米。左侧小龛上方刻题记一则,宽15、高30厘米,存字四行,竖刻,楷书,内容为嘉庆十六年(1811年)信士装彩记。

外龛左、右壁各开一浅龛,龛内各雕一碑,皆风化残损,字迹无存。两碑均由碑首、碑身组成,碑首圆拱形,碑身竖长方形。左壁浅龛右侧垮塌,残宽23、高82厘米。龛内碑首高28、残宽23厘米;碑身高47、残宽20厘米。右壁浅龛残宽40、高77厘米。龛内螭首碑碑首残宽38、高26厘米;碑身宽34、高48厘米(图70-89、70-90)。

【第13龛】

位置:南段崖壁北侧靠上,第12龛右上,第16-1龛上,第14龛左。

时代:唐。

龛形:方形龛,平面呈横长方形,宽128、高145、残深90厘米,龛向280度。

保存情况:龛顶大部分垮塌,右壁上部残。龛外左下方崖面有一较大方形凹槽,右侧上方有一方形榫孔,内插当代保护房横梁。龛底前方崖面有一凹槽贯穿左右。造像风化、雨蚀,局部长青苔。壁面及造像残存后代装彩。

造像内容:正壁设坛,高30、宽10厘米。坛上方开一拱形浅龛,宽127、高77、深10厘米。浅龛内造一佛二弟子二菩萨。佛居中,结跏趺坐于仰莲方座上,头右侧、两臂、右腿残,残高53、座高15厘米。有内椭圆外尖桃形头光,椭圆形身光。肉髻,颈部有两道蚕纹。内着僧祇支,外着双领下垂式袈裟。双手似置膝上。莲座下方有六角形台基。

弟子立佛左、右侧覆莲圆座上,头部残;有圆形素面头光,着交领袈裟。左侧弟子残高50、座高13厘米;着袈裟,袈裟一角搭左臂,内着交领衣,足穿云头鞋;双手笼袖中,置身前。右侧弟子双手、双足残,高49、座高14厘米;内着交领直袖衣,跣足;双手置胸前。

菩萨立弟子外侧覆莲圆座上,头、面部残,身前风化剥落;有尖桃形头光,长发披肩,跣足。左侧菩萨双手残,残高54、座高14厘米;缯带垂肩侧,披巾自两肩垂下,末端垂体侧;戴项圈,璎珞绕膝前折向身后;左手垂体侧,似提一椭圆形物,右手置胸前执柳枝。右侧菩萨双手、双足残,残高53、座高12厘米;着长裙,裙腰外翻,衣带自腹前垂至膝部;披巾自两肩垂下,于身前横过两道后,经肘部垂体侧;戴项圈和腕钏,右臂戴臂钏;左手屈肘提瓶置体侧,右手执柳枝于胸侧。

方座左、右各雕一狮相向而立,小耳,眼眶深陷,眼珠圆睁,头扭向龛外。左侧一身面部残,前二

图70-91 上大佛第13龛（西→东）

上大佛

肢直立,后二肢蹲踞,尾部贴于臀部,上身朝向龛外。右侧一身塌鼻,呲牙,前二肢伏地,后二肢直立,尾巴翘起,微弓身而立(图70-91)。

左、右壁各雕两排像。上排开一拱形小龛,内造一结跏趺坐像,均风化严重,龛均残宽24、残高40厘米,像均残高25厘米。下排各雕一力士朝向龛外立山座上,有圆形头光,上身赤裸,下着战裙,裙腰外翻,跣足。左侧一身风化,高52、座高22厘米;飘带经头后,绕臂前,经腰侧,飘体侧;左手似握飘带伸于体侧,右手握拳举于头侧,腰右扭。右侧一身双臂、左足、左腿、飘带残,残高48、座高27厘米;飘带绕臂后,经腰带,飘体侧;左手举头侧,右手伸体侧,腰左扭(图70-92)。

图70-92 上大佛
第13龛右侧力士
(南→北)

【第14龛】

位置：南段崖壁北侧靠上，第13龛右。

时代：唐。

龛形：方形龛，宽65、高110、深23厘米，龛向292度。

保存情况：龛顶左侧及左壁上部不存。造像风化严重。

造像内容：正壁高浮雕一螭首碑，风化严重，宽40、通高108厘米，由碑首、碑身和碑座组成。碑首圆拱形，高40厘米。碑首下部中央雕一拱形小龛，残宽6、高10厘米，有尖桃形龛楣。龛内雕一结跏趺坐像，风化严重，残不可识，残高10厘米。碑身竖长方形，高68厘米，字迹无存。碑座位于碑身下部中央，现可见半圆形凸起（图70-93）。

图70-93　上大佛第14龛
（西北→东南）

【第15龛】

位置：南段崖壁北端，第14龛右，第17龛左。

时代：唐。

龛形：外方内拱形龛，内龛平面呈弧形，外龛宽210、高170、深80厘米，内龛宽150、高130、深40厘米，龛向270度。雕出龛楣及龛面，宽24厘米，内饰团花，沿龛口雕一周凸棱，素面磨平，宽5厘米。

保存情况：内、外龛左上角及外龛左壁不存。内龛龛底中央及右侧分别凿一平面呈方形和半圆形的凹槽，方形凹槽边长30厘米，半圆形凹槽直径30厘米。内龛正壁中部有一竖长方形榫孔，宽5、高10、深12厘米。造像残损严重，局部有烟熏痕。壁面和造像残存后代装彩。

造像内容：内龛正壁前现存二主尊七胁侍，其中左侧存一主尊四胁侍，右侧存一主尊三胁侍。二主尊对称而坐，头部不存，风化严重，残不可识（图70-94）。

左侧主尊似结跏趺坐于台座上，连座残高60厘米。胁侍对称立于主尊左、右侧，风化严重，残不

上大佛

图 70-94　上大佛第 15 龛（西→东）

可识。左侧二像仅存下半身轮廓，内侧一身残高 40 厘米，外侧一身残高 30 厘米。右侧内侧一身残高 60 厘米，双手似置腹前；外侧一身残高 72 厘米，有头光，右肩侧可见缯带，双手似置胸前。

右侧主尊似盘坐于方座上，残高 45、座高 25 厘米，有尖桃形头光。主尊左、右侧各雕一、二身胁侍。左侧一身风化严重，高 63 厘米，似戴冠，双手拱胸前。右侧二身风化严重，内侧一身高 60 厘米，有圆形头光，双手拱胸前；外侧一身立仰莲座上，双手、双足残，高 50、座高 16 厘米，有内椭圆外尖桃形头光，腰束带，足穿鞋，披巾于身前横过两道垂体侧，双手置身前（图 70-95）。

主尊身后浅浮雕护法立像四身，残损严重。从左至右，第一身头似戴冠，两侧有长条状物垂至胸前，残损严重。第二身仅雕出上半身，上部脱落；仅可见下部两手臂，两手相交垂身前。第三身脱落不可识。第四身头部及面部残；束髻，戴冠，着长袍；双手置胸前。

内龛两侧龛口外侧各雕一力士。左侧力士仅存下半身，残高 15 厘米。右侧力士立山座上，风化严重，面部及左手残，高 70、座高 14 厘米；有圆形头光，戴冠，上身赤裸，下着过膝战裙，裙腰外翻，跣足；飘带经头后绕两臂，穿过腰带飘身后；左手向下斜伸于体侧，右手五指张开举于头侧，头朝左侧，腰右扭。

外龛右壁开一拱形龛，宽 30、高 95、深 5 厘米。拱形龛正壁雕一像立莲座上，风化严重，残不可识，高 72、座高 18 厘米。

图70-95 上大佛第15龛
右侧立像(南→北)

【第16龛】

位置:南段崖壁北侧底部,第10龛右,第12龛右下,第13龛下。

时代:唐。

龛形:外方内拱形龛,外龛残宽149、现高91、深64厘米,内龛残宽119、现高83、深41厘米,龛向275度。雕出龛楣及龛面,宽14厘米,内饰卷草纹。

保存情况:外龛右上角不存,左壁残,龛底被埋。壁面及造像大部分风化剥落,仅存轮廓,局部残存后代装彩。

造像内容:内龛存一佛五胁侍(图70-96)。佛居中,结跏趺坐,现高65厘米。有内椭圆外尖桃形头光,内层素面,外层饰卷草纹,头光较厚。头顶有圆形凸起。

胁侍立佛左、右侧。左侧三身,从内至外第一身残高40厘米,有圆形头光,内饰锯齿纹,光头;第

上大佛

图70-96　上大佛第16龛（西→东）

二身残高25厘米,有尖桃形头光;第三身残高30厘米,有圆形头光,局部残损,内饰锯齿纹,余不识。右侧二身内侧一身残高37厘米,有圆形头光;外侧一身残不可识,残高28厘米。

胁侍身后存护法像五身,露上身,残损严重。左起第一身戴帽,身前衣纹呈弧形,左肩有一孩童;第二身戴盔,衣纹同第一身;第三身戴帽,两侧各有一兽爪垂肩;第四身头顶有尖状凸起,颈部有一道圆形凸起;第五身头顶有一凸起(图70-97)。

外龛左壁上方开一小龛,宽10、残高15厘米。龛内正壁雕一像,风化残损,残高14厘米。

图70-97　上大佛第16龛左壁护法(西北→东南)

【第16-1龛】

位置:南段崖壁北侧,第12龛右,第13龛下,第16龛右上,第14龛左下。
时代:唐。
龛形:方形龛,宽70、残高55、深10厘米,龛向310度。
保存情况:龛顶及龛下部脱落不存,左、右壁残。壁面及造像风化、残损、剥落。
造像内容:正壁存一碑,风化残损,由碑首和碑身组成。碑首圆拱形,宽50、残高30厘米。碑身竖长方形,下部残,宽33、残高25厘米,字迹不存(图70-98)。

图 70-98　上大佛第 16-1 龛（西北→东南）

【第 17 龛】

位置：北段崖壁南侧，第 18 龛左，第 15 龛右。

时代：明。

龛形：摩崖碑，凸出于崖壁，不具龛形，龛向 290 度。

保存情况：碑身下部有一道裂隙。左侧崖面分布两纵向凹槽，两凹槽间纵向分布三个方形榫孔。碑右上方有一方形榫孔。

造像内容：盝形碑，由碑身和碑座组成。碑身宽 94、高 116 厘米。碑座横长方形，宽 125、高 18 厘米。碑身及碑座均匀分布斜向凿痕，字迹不存（图 70-99）。

图 70-99 上大佛第 17 龛（西北→东南）

上大佛

【第 18 龛】

位置：北段崖壁中央，第 17、18-1 龛右。

时代：宋。

龛形：方形龛，平面呈横长方形，宽 370、高 635、深 320 厘米，龛向 285 度。

保存情况：龛顶及左、右壁上部不存。龛前搭建保护房，保护房后部二立柱立于原龛顶垮塌处。龛正壁左、右侧纵向排列两列方形柱洞：外侧一列六个，从上至下第一、三、六个较大；内侧一列两个，内插保护房横梁。正壁右侧中部及下部各有一竖长方形柱洞，内插保护房横梁。造像局部风化残损，局部经后代补塑。壁面及造像覆现代装彩。

造像内容：正壁前造一佛结跏趺坐于仰莲方座上，头、面部、双手、左臂、双膝经后代补塑，高 470、座高 71 厘米；螺发，肉髻，长方脸，双耳硕大，弯眉，双目下视，鼻梁较高，嘴微抿，双下颌，颈部有两道蚕纹；内着僧祇支，胸前束带打结，外着双领下垂式袈裟，双肩覆袈裟，衣摆覆台座；左手抚膝，右手置腹前，掌心现托一圆珠（图 70-100）。莲座下有一横长方形台基，宽 390、高 84 厘米。台基前方中央雕壸门，壸门左侧崖面磨平，宽 27、高 34 厘米，刻题记一则，风化严重，存字六行，竖刻，楷书，残损严重。台基前有束腰方形保坎，宽 410、高 88、深 107 厘米，上、下层边缘外弧，其上均匀雕饰花纹，中层束腰为方形。保坎上垒砌两层当代条石，保坎下有两层方形台基。

龛左、右壁各开一拱形小龛。左侧小龛龛顶右侧残，宽 70、高 78、深 10 厘米。龛内造供养人立像二身，朝向龛内，皆风化。左侧一身女性形象，高 68 厘米；束圆髻，面部方圆；着交领窄袖衣，腰束带，下着长裙，足穿鞋，左侧腰部有衣带垂身侧；双手笼袖中，置胸前。右侧一身男性形象，头、面部残，高 75 厘米；戴帽，着圆领窄袖长袍，腰束带，足穿鞋；双手合十于胸前。龛外左侧崖面刻题记一则，局部风化，下部不存，宽 10、高 26 厘米，存两行，竖刻，楷书，有天启三年（1623 年）纪年。右侧崖面磨平，宽 16、高 70 厘米，表面风化，无字迹（图 70-101）。

右侧小龛龛顶及左、右壁上部残，龛底左侧较低，宽 80、高 58、深 5 厘米。龛内造供养人立像五身，朝向龛内，造像身前皆风化。左起第一至三身较矮小。第一身高 25 厘米，头顶有圆状凸起，着窄袖长袍，双手置胸前；第二身高 30 厘米，束髻，衣着、姿势同第一身；第三身头、胸前残，残高 34 厘米，着长袍，腰束带，左手压右手，置腹前。第四身女性形象，面部、左足残，高 50 厘米；束圆髻，着窄袖长袍，足穿鞋；双手置胸前。第五身头、面部、右臂、双足残，高 50 厘米；戴帽，着圆领窄袖长袍，腰束带；双手合十于胸前（图 70-102）。

左、右壁龛口处各雕一像立座上，朝向龛外。左侧一身立方形座上，头、面部、身前经后代补塑，台座残，高 210、座高 58 厘米；戴冠，头后残存原造像发带，面相长圆，嘴微撇；着宽袖长袍，衣带自胸前垂至两足间，内着长裙，足穿鞋；双手置胸前。右侧一身立山座上，头、双手、双足、身前衣纹经后代补塑，台座经后代改刻，高 220、座高 50 厘米；光头，面部方圆，双耳硕大，嘴微撇，颈部青筋凸起；内着僧祇支，胸前束带，外着双领下垂式袈裟，足穿鞋；双手合十于胸前。

图70-100 上大佛第18龛（西北→东南）

上大佛

图 70-101　上大佛第 18 龛左侧供养人（北→南）

图 70-102　上大佛第 18 龛右侧供养人（南→北）

【第 18-1 龛】

位置：南段崖壁南侧上部，第 15 龛右，第 18 龛后。

时代：唐。

龛形：外方内拱形龛，内龛平面呈弧形，外龛残宽 113、残高 110、残深 15 厘米，内龛残宽 83、残高 88、深 65 厘米，龛向 210 度。

保存情况：龛顶及左壁均不存。龛右侧被第 18 龛佛殿墙体阻挡。

造像内容：内龛现存二主尊一弟子一菩萨。二主尊居正壁前，均结跏趺坐于台座上，风化严重。左侧一身高 54、座高 24 厘米，似有尖桃形头光。右侧一身高 43、座高 24 厘米。弟子立右壁内侧台座上，风化严重，高 55、座高 9 厘米。菩萨立右壁外侧台座上，高 56、座高 9 厘米。

内龛右侧龛口外侧雕一力士立山座上，风化严重，左臂残，高 62、座高 20 厘米。束髻，下着长裙，跣足。飘带绕双臂后飘于身后。左臂下伸体侧，右臂举头侧（图 70-103）。

图 70-103　上大佛第 18-1 龛（西南→东北）

清流乡

71 下大佛

下大佛摩崖造像位于安岳县清流乡长新村八组,地处钻子坝南面山腰,海拔高程367米。北靠钻子坡,南20米为清流河,东侧50米零星分布民居,东、南、西侧均为果林,北侧植被茂密。南侧紧邻小道,通往东侧村道,连接至清流的公路。

造像崖壁宽33、高5.5米,分东、西两段,系同一红砂岩石包裂开之东、西两部分,呈"八"字形分布,中央存宽1.5米的通道,通往北侧钻子坡山顶。共十二龛,西段自西向东开第1~6龛,东段自西向东开第6~11龛。第6龛分两部分,分别开于东、西段崖壁的最北端,造像一致,龛形相同,大小相当(图71-1)。第1~4龛前搭简易建筑将造像笼罩其中,西段前方地面多集中堆放圆雕造像,东段东端现存一汉代崖墓。造像以东的裸露崖壁上密布汉代崖墓(图71-2)。造像于早年遭到人为损毁,部分造像经后代修补、改刻和装彩。

采用第三次全国文物普查编号,增编第6-1龛。

下大佛

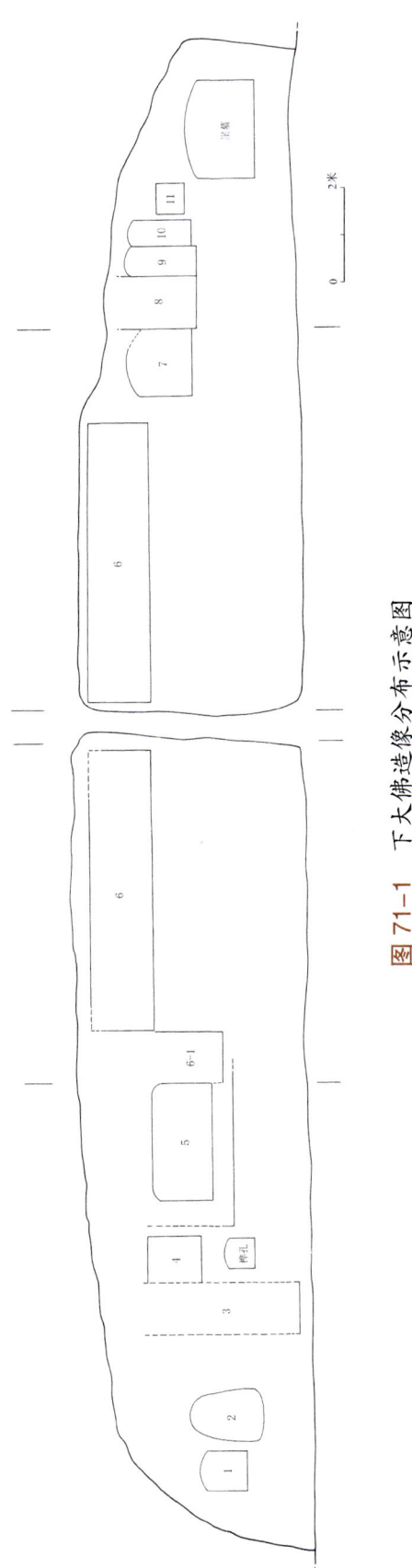

图71-1 下大佛造像分布示意图

图71-2　下大佛造像（东→西）

【第1龛】

位置：西段南壁西端，第2龛右。
年代：清。
龛形：拱形龛，平面近方形，宽84、高100、深55厘米，龛向165度。
保存情况：右壁上部残。壁面风化较严重。
造像内容：正壁前现造一像结跏趺坐于台座上，全身经现代修补和装彩，仅台座为原造像遗留，现高70、座高15厘米。现戴圆冠，着袈裟，披云肩，袈裟下摆覆双腿，露双足，足心向上。双手现持一短棍状物于腹前（图71-3）。

图71-3　下大佛第1龛（东南→西北）

下大佛

【第 2 龛】

位置：西段南壁偏西第 1 龛左，第 3 龛右。

年代：光绪十三年（1887 年）。

龛形：拱形龛，上窄下宽，平面呈横长方形，宽 83、高 150、深 80 厘米，龛向 125 度。

保存情况：龛形完整。壁面遍布凿痕，龛底下方中央开一长 45、宽 7、深 7 厘米的方槽。

造像内容：原造像已不存，保留开于龛底前方的仰莲瓣。龛内现置一高 95 厘米的圆雕菩萨像。龛外右侧下方浅浮雕一碑，宽 26、高 43 厘米，弧形碑首，碑身存七行题刻，竖刻，楷书，可见有光绪十三年（1887 年）纪年（图 71-4、71-5）。

图 71-4　下大佛第 2 龛（东南→西北）

图 71-5　下大佛第 2 龛龛外右侧石碑（东南→西北）

图71-6 下大佛第3龛（东南→西北）

【第3龛】

位置：西段南壁中部偏西，第2龛左，第4龛右。

年代：清。

龛形：龛形不明，残宽120、残高323、残深90厘米，龛向155度。

保存情况：仅存正壁中部。

造像内容：正壁前造一佛立圆雕方座上，全身经现代修补和装彩，原造像痕迹不存，现高287厘米。佛现补塑螺发，面部近方；着双领下垂式袈裟，下着裙，跣足；左手现横置腹前，右手现单掌举于胸前（图71-6）。

【第4龛】

位置：西段南壁中部，第3龛左，第5龛右。

年代：清。

龛形：方形龛，平面近浅弧形，宽100、高140、深35厘米，龛向160度。

保存情况：龛形完整。龛底下方存一排方形榫孔，右下角的一个榫孔内插龛前建筑横梁。壁面覆装彩，略风化。

造像内容：正壁中央造一牌位立浅台上，竖长方形，高60厘米。中央阳刻"大成至圣孔子神位"一行，楷体，涂红彩。上部及左、右各雕二龙盘于云间。左、右侧各浮雕一楹联框，阳刻，楷体，左侧框宽15、高82厘米，刻：盛德参天地；右侧宽15、高80厘米，刻：大道冠古今（图71-7）。第4龛下方开一凹槽，宽65、高65、深40厘米，原放置圆雕造像。

图71-7 下大佛第4龛（东南→西北）

下大佛

【第 5 龛】

位置：西段南壁中部，第 4 龛左，第 6 龛右。

年代：清。

龛形：拱形龛，平面近横长方形，宽 280、高 155、深 52 厘米，龛向 150 度。

保存情况：左壁上部和右壁下部残，龛底为土石所覆。壁面密布凿痕，中部有一道横向窄裂隙贯穿三壁。龛顶上方存一排小榫孔。壁面存零星装彩。

造像内容：未见造像（图 71-8）。龛外右侧上方开上、下两个题记框，均呈竖长方形。上部题记框外侧边缘饰火焰纹，中部剥蚀残损，字迹不存，宽 21、高 45 厘米。下部题记框外侧边缘饰卷草纹，宽 20、高 47 厘米，中部阴刻楷书一行：……当今皇帝万岁万岁万万岁香案□。龛底下方壁面中央阴刻"赐福"二字（图 71-9）。龛底前方有一横长方形台，下部被埋，宽 200、高 74 厘米，刻题记一则，风化剥蚀严重，遍覆青苔，局部可见刻姓名及出资金额。方台左侧上方有一横长方形凹槽，前方集中堆放圆雕造像。

图 71-8　下大佛第 5 龛（东南→西北）

图 71-9 下大佛第 5 龛右侧题记
（东南→西北）

【第 6 龛】

位置：西段东壁中央，东段西壁中央，第 5 龛左，第 7 龛右。

年代：南宋。

龛形：由二横长方形龛共同构成，平面各自呈横长方形。左侧一龛宽 610、高 140、深 60 厘米，龛向 192 度。右侧一龛宽 620、高 130、深 58 厘米，龛向 36 度。

保存情况：北侧龛底被土石所埋。造像及壁面均残损、风化较严重。

造像内容：正壁前左、右各开一高 35、深 33 厘米高坛，坛上各造九身结跏趺坐像，共十八身，多仅存轮廓（图 71-10）。像袈裟下摆垂覆坛前，双手均置腹前。

东侧一龛左起第一身高 76 厘米，坛前横置一僧鞋，坛前左侧雕一立像，高 47 厘米。第二身高 75 厘米。第三身高 73 厘米，坛前置一双僧鞋，呈"八"字形排列坛前。左侧存一像立于圆台上，仅存下半身，残高 33 厘米，可见衣摆，足穿鞋。第四身高 78 厘米，方坛前横置一双僧鞋，呈"八"字形排列。第五至九身分别高 74、74、75、70、68 厘米。可见第五身前方左侧、第六身前方右侧各存一立像（图 71-11）。

西侧一龛从右至左第一至九身分别高 70、72、68、110、108、78、77、74、72 厘米。右起第一身前方右侧、第二身前方左侧各有一立像，着裙，足穿鞋，立圆台上，高 41 厘米。第四身左腿内盘，右腿垂下，右足踏一方台。第五身倚坐，足穿鞋。余皆残不可识（图 71-12）。

下大佛

图71-10　下大佛第6龛（东南→西北）

图71-11　下大佛第6龛东侧龛（东南→西北）

图71-12　下大佛第6龛西侧龛（东北→西南）

【第6-1龛】

位置：西段南壁东侧，第5龛左，第6龛下，右壁外侧被第6龛破坏。

年代：南宋。

龛形：拱形龛，平面近方形，残宽95、高195、深40厘米，龛向142度。

保存情况：仅存正壁与右壁内侧部分。龛顶左侧有一横向凹槽，正壁与右壁转折处开一纵向凹槽。造像及壁面残损、风化严重。造像遍覆青苔。

造像内容：正壁和右壁内侧各存一立像轮廓。左侧一身残高95厘米，着长袍，下着长裙，足穿鞋，双手似置胸前。右侧一身仅雕出上身，存左侧部分，残高80厘米，体前有凿痕，可见左侧衣纹，左臂置胸前（图71-13）。

下大佛

图 71-13　下大佛第 6-1 龛
（东南→西北）

【第 7 龛】

位置：东段南壁中央，第 6 龛左，第 8 龛右。左壁被第 8 龛破坏。

年代：乾道七年（1171 年）。

龛形：拱形龛，平面近横长方形，残宽 135、高 143、深 42 厘米，龛向 215 度。

保存情况：左壁不存。龛顶上方开一"人"字形排水槽，槽右侧存二圆形榫孔。造像及壁面残损、风化较严重，遍覆青苔。

造像内容：正壁前造二坐像。左侧一身倚坐方座上，头及双足残，高 92、座高 30 厘米。绾高髻，小圆耳。着圆领广袖衣，腰束宽带，于腹前打一椭圆形结，结带分两道垂于双腿间，下着裙，可见裙尾，足穿鞋，呈小三角形。双手抚膝。右侧一身结跏趺坐于方座上，仅存轮廓，高 81、座高 30 厘米。可见胸前衣纹。双手置腹前，左胸前略凸，似为双手所托物，左腿压右腿。方座前左、右各雕一小立像，左侧一身仅存轮廓，高 35 厘米；腰似束带，可见双腿前衣纹；左臂垂体侧，右臂伸向前方，左腿不存，右足踩一圆台上，面向主尊；右侧一身仅存轮廓，高 43 厘米；腰束带，似着长裤；面向主尊，左腿微前抬（图 71-14）。

二坐像之间刻造像题记,存七行,宽30、高24厘米,竖刻,楷书,内容记乾道七年(1171年)造像之事(图71-15)。

图71-14　下大佛第7龛(西南→东北)

下大佛

图 71-15　下大佛第 7 龛造像题记（西南→东北）

【第 8 龛】

位置：东段南壁中部，第 7 龛左，第 9 龛右，打破第 7 龛左壁和第 9 龛右壁。

年代：明。

龛形：方形龛，平面形状不明，残宽 110、高 170、深 120 厘米，龛向 173 度。

保存情况：仅存正壁中部。正壁左侧上部有一方形榫孔，下方存一道窄槽。造像及壁面遍覆青苔。

造像内容：正壁前造大肚弥勒游戏坐于方座上，高浮雕，面部及双手残，高 118、座高 27 厘米。弥勒头顶近圆，方面大耳，塌鼻，宽嘴，嘴角上翘明显，唇略厚，颈部有两道蚕纹。胸腹轮廓呈方形，双乳及腹部外凸明显，下着裙，飘带绕两臂后垂于身体两侧，跣足。身体微后仰，双手抚膝，盘左腿，右腿竖起。座前及右侧雕壶门（图 71-16）。

图 71-16 下大佛第 8 龛（南→北）

【第 9 龛】

位置：东段南壁中央偏东，第 8 龛左，第 10 龛右，右壁被第 8 龛破坏，打破第 10 龛右壁。
年代：明。
龛形：拱形龛，平面呈横长方形，宽 90、高 150、深 65 厘米，龛向 160 度。
保存情况：龛外右侧上方存一纵向凹槽，龛底左侧亦有一纵向凹槽破坏龛底。下部壁面遍覆青苔。

下大佛

造像内容：正壁前现造一像坐于束腰方座上，全身及台座经后代改刻，现高40厘米。座下有宽方台，其上有衣摆垂下，系原造像遗存。坐像头残，长髯呈倒三角形；披巾自两肩垂于座前；双手托下颔，双肘支右膝，左腿内盘，右腿前屈胸前中央。

原造像方台底部右侧雕一兽伏地，仅雕出头部及前肢，风化残损严重。兽头部方形，头顶左右各有一圆形凸起，眼眶深陷，鼻梁凸出，两前足较宽大，朝向龛右侧，雕出四趾（图71-17）。

坐像右侧上方龛壁刻题记两则，皆直接刻于壁面，竖刻，楷书。内侧一则宽12、高20厘米，四行，有乾隆十三年（1748年）纪年。右侧一则两行，为信士题名。

图71-17 下大佛第9龛
（东南→西北）

【第10龛】

位置：东段南壁东侧，第9龛左，第11龛右，右壁被第9龛破坏。
年代：南宋。
龛形：拱形龛，平面呈横长方形，残宽50、高138、深12厘米，龛向175度。
保存情况：右壁不存。正壁上部中央存较大圆形榫孔。壁面遍覆青苔。
造像内容：正壁前造一碑，风化较严重，宽42、通高122厘米。碑首近圆拱形，有二兽相背而立。碑身竖长方形，上部中央开一圆拱形小龛，宽24、高25、深3厘米。龛内雕一结跏趺坐像，风化严重，双手置胸前。碑身字迹不存（图71-18）。

图71-18 下大佛第10龛
（南→北）

【第11龛】

位置：东段南壁东端，第10龛左。
年代：明清。
龛形：拱形龛，平面呈浅弧形，宽60、高60、深15厘米，龛向161度。
保存情况：龛形完整。上部壁面遍覆青苔。
造像内容：正壁造一像结跏趺坐于龛底，上身残损严重，仅存轮廓，残高25厘米。着双领下垂式广袖衣，腰束带。双手置腹前（图71-19）。

下大佛

图 71-19　下大佛第 11 龛（东南→西北）

大平乡

72 燃灯寺

燃灯寺摩崖造像位于安岳县大平乡燃灯村四组,海拔高程442米。东侧60米有村道连接通往外界的公路,西南侧20米有民居,四周密集分布农田。

造像开于一平面近椭圆形的红砂岩石包西侧壁面上,自南向北开第1~3龛(图72-1)。崖壁陡直,顶部近平,宽6.5、高3.5米。造像上方存一横向排水槽,两侧又各开一纵向宽槽。龛前现保存原建筑的石立柱和横梁,横梁一端插入崖壁两侧的榫孔内。造像前方地面铺设水泥(图72-2)。造像于早年遭到人为损毁,后经补塑和装彩。

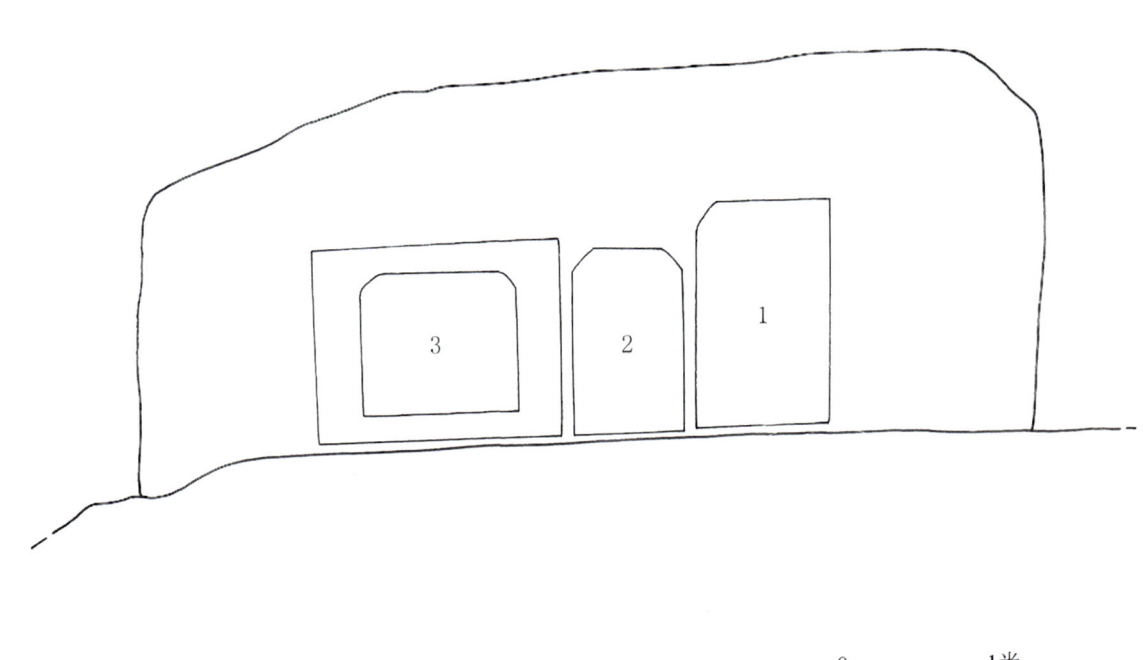

图72-1 燃灯寺造像分布示意图

图 72-2　燃灯寺造像全景（西→东）

【第 1 龛】

位置：造像壁面南端，第 2 龛左。
年代：晚唐五代。
龛形：方形龛，平面呈横长方形，宽 85、高 115、深 21 厘米，龛向 260 度。
保存情况：龛顶外侧脱落，右壁外侧被后代磨平，壁面存少量凿痕。造像全身经现代修补和装彩。
造像内容：正壁前现造二菩萨立圆形台座上，头光、台座和头两侧后方的冠痕、缯带、发辫为原造像遗存。菩萨有内圆外尖桃形头光，内层素面，外层饰火焰；戴冠，缯带垂肩后，发辫覆肩。台座有两层圆形叠涩。左侧一身现高 120、座高 31 厘米；体形较宽，左手现提物下垂，右手现举肩前。右侧一身现高 116、座高 30 厘米；体形略窄，左手现于腹前左侧握披巾，右手现举胸前右侧（图 72-3）。

龛左壁下部开一竖长方形小龛，龛内造一身像，双手置于胸前，躬身面向正前方。

图 72-3 燃灯寺第 1 龛(西→东)

燃灯寺

【第 2 龛】

位置：造像壁面中央，第 1 龛右，第 3 龛左。

年代：晚唐五代。

龛形：盝形龛，平面呈横长方形，宽 78、高 131、深 27 厘米，龛向 260 度。

保存情况：龛形基本完整，龛顶中央略残。右侧下部壁面存烟熏痕。造像局部经现代修补，全身装彩。

造像内容：正壁前造一像右舒相坐于束腰台座上，腹部以上经现代修补，高 80 厘米。有圆形头光和身光，均素面，较薄。着袈裟，下着长裙，下摆覆双腿，露双足，跣足。左腿内盘台座上，右腿下垂踩一小莲座，双手现持杖于腹前，台座前方存原杖之下端。台座束腰处表面浅雕山石，底部雕两朵祥云。左侧祥云上雕一狮子蹲踞向右侧，体形短小，头较大，右腿按一硕大宝珠于体前，略回首龛外。

台座两侧各雕一像立台座上。左侧一身上身残，身体表面脱落，立云头上，残高 40、座高 10 厘米；下着裙，似跣足；身后飘一道宽云尾，卷曲向龛顶；身体略朝向右前方。右侧一身上身残，立八边形台座上，残高 42、座高 12 厘米；着袈裟，下着裙，足穿鞋；身体朝向左前方，双臂置胸前。龛底前方浮雕整齐山石（图 72-4）。

图 72-4 燃灯寺第 2 龛（西→东）

【第3龛】

位置：造像壁面北侧，第2龛右。
年代：晚唐五代。
龛形：外方内拱形龛，内龛平面近弧形，外龛宽160、高122、深52厘米，内龛宽98、高107、深40厘米，龛向261度。龛楣及两侧龛面浅浮雕卷草，龛楣呈尖拱形。
保存情况：外龛顶不存，左、右壁外侧被磨平。造像局部经现代修补，全身经现代装彩。
造像内容：内龛环三壁造一佛二弟子二菩萨(图72-5)。佛居中，结跏趺坐于圆形台座上，头、右臂残，高62、座高20厘米。有内圆外尖桃形头光和双层圆形身光，内层素面，外缘饰火焰。头顶存肉髻轮廓。内着僧祇支，于腹部束带打结，外披双领下垂式袈裟，下摆覆双腿。左手抚膝，右手举胸前右侧，似单掌立掌于胸前。

弟子立正壁前左、右侧圆形台座上，头及双手均残；有圆形素面头光，光头；着交领袈裟，下着裙，足穿鞋；双手置腹前，身体略侧身向中央。左侧弟子双手经修补，高51、座高12厘米；双手现合十于胸前。右侧弟子高48、座高13厘米；双手似笼袖中，置腹前。

图72-5　燃灯寺第3龛（西→东）

菩萨立左、右壁前仰莲圆座上,腹部以上均残;有内圆外尖桃形头光和双层椭圆形身光,外缘饰火焰,头两侧存冠痕,缯带垂肩后,发辫覆肩;着长裙,腰束带,裙腰外翻,跣足;披巾自两肩垂下,于腿前横过,绕臂后下垂及座。左侧菩萨上身经修补,高56、座高14厘米;左腕饰钏;左手提披巾垂体侧,右手现举肩前,身体朝向右前方。右侧菩萨高54、座高13厘米;左腕饰钏;左手提瓶垂体侧,右手举胸前,似持物,身体朝向左前方。

内龛上部环三壁雕一排八身护法像,仅雕出上身,于中央佛头光两侧各四身,对称分布。头光左侧从内至外第一身戴冠,着圆领广袖衣,双手笼袖中,置胸前;第二身着圆领衣;第三身六臂,绾髻,着交领衣,上二臂分托一圆饼形物于头侧,左中臂持矩,右中臂握长棍形物,下两臂于胸前合十;第四身上身赤裸,肌肉隆起,左手托一婴孩于胸前。头光右侧从内至外第一身绾髻,头上盘一龙,龙首向龛外,前爪置于头两侧,左后爪踏于头顶,右后爪足心向外,置于龙身右侧,着圆领长袍,双手置体前;第二身绾髻,可见右侧长耳垂于身前;第三身绾髻,着圆领长袍,双手拱身前;第四身绾髻,右侧可见原兜鍪护耳,右手上举于体前。

内龛两侧龛口靠外各雕一力士立山座上;均有圆形素面头光,绾髻,颈部青筋暴露;上身肌肉虬结,下着短裙,腰束带,裙腰外翻,跣足;飘带经头后,搭两肩,过腰带,垂于体侧。左侧力士上身残损严重,高59、座高25厘米;左手举于头侧,右手下伸体侧,腰左扭。右侧力士高64、座高15厘米;左手下伸体侧,右手上举头侧,腰右扭(图72-6、72-7)。

燃灯寺

图 72-6　燃灯寺第 3 龛左壁造像（西南→东北）

图 72-7 燃灯寺第 3 龛右壁造像(东南→西北)

南薰乡

73 烂泥沟

烂泥沟摩崖造像位于安岳县南薰乡田心村七组,地处地势较低的烂泥沟北侧山脚下,又名"石菩萨",海拔高程415米。造像南侧50米有村道通往公路,东、北侧30米各有一民居,四周密布水田。

造像开凿于一平面近椭圆形的红砂岩石包南侧壁面。石包宽11米,顶部平整,东高西低,南、西缘有柱洞、排水槽等遗迹。造像崖壁宽8.3、高3米,自东向西开第1~4龛,高度自东向西渐次降低(图73-1)。造像壁面顶部存一弧形排水槽,第3、4龛上方密布柱洞,第4龛底部现低于地表。造像头、臂残,风化较严重,局部存烟熏痕,造像及壁面遍覆后代装彩,局部有修补痕(图73-2)。

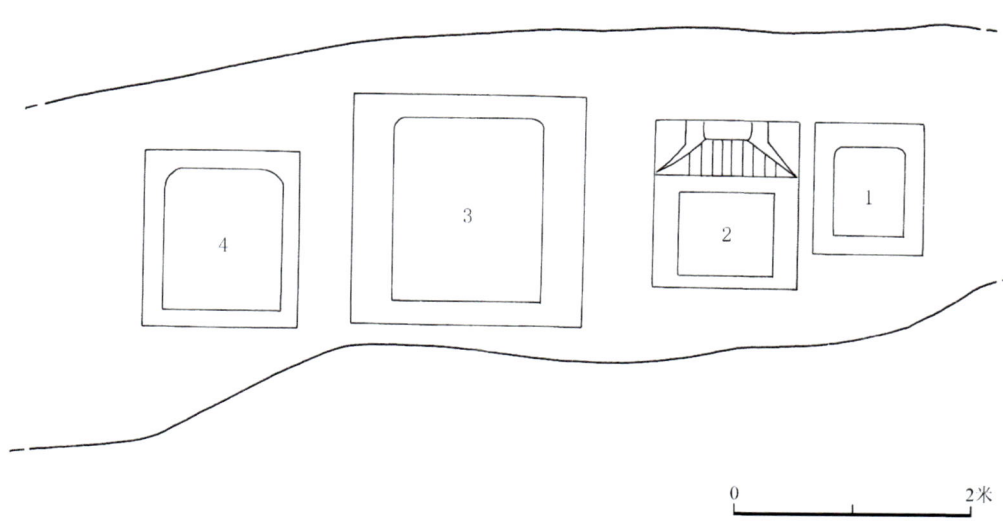

图73-1　烂泥沟造像分布示意图

烂泥沟

图 73-2　烂泥沟造像（西南→东北）

【第 1 龛】

位置：造像壁面东侧，第 2 龛左。

年代：中晚唐。

龛形：双重方形龛，内龛平面近横长方形，外龛宽 93、高 120、深 27 厘米，内龛宽 56、高 70、深 23 厘米，龛向 196 度。

保存情况：外龛左壁及龛底不存。造像残损、风化较严重，正壁左、右各存一方形榫孔。造像及壁面存后代装彩痕，外龛壁面遍覆青苔。

造像内容：环三壁造一佛二弟子。佛居中，结跏趺坐于方形束腰台座上，头、双手、左膝及台座残，高 35、座高 20 厘米。有尖桃形素面头光，头中央存一方形榫孔。着交领袈裟，下摆覆双腿及台座上部。台座分三层，上、下层为长方形，束腰处呈圆球状。

弟子立正壁前左、右侧台座上，残损严重；均光头，有圆形素面头光；着袈裟，下着裙。左侧弟子头、双手及台座残，高 34、座高 12 厘米，双手置腹前，身体朝向右前方。右侧弟子上半身及台座风化、残损严重，高 35、座高 11 厘米，身体朝向左前方。

菩萨立左、右壁前台座上，均仅存轮廓；均有尖桃形素面头光，绾髻；着裙，披巾自肩部垂下，绕臂后垂体侧。左侧菩萨仅存右半身，高 42、座高 9 厘米，右腕饰钏，右手提披巾垂体侧。右侧菩萨高 42、座高 8 厘米，可见发辫垂两肩，披巾于体前横过，左手提披巾垂体侧，右手举肩前，腰微右扭。

内龛上部环三壁雕护法像八身,主尊头光两侧各四身,均残损、风化严重,仅存轮廓。从左至右,第一身残不可识;第二身有尖耳,着交领衣,左手横放于体前;第三身残不可识;第四身头右侧上部平放一椭圆形物;第五身仅存头部轮廓;第六身似戴尖角帽;第七身残不可识;第八身似戴兜鍪。

内龛右侧龛口外雕一力士立像,仅存轮廓,残高32厘米,头上残存一圆形轮廓,应为飘带,右手上举于头侧,腰右扭(图73-3)。

图73-3　烂泥沟第1龛(西南→东北)

【第2龛】

位置:造像壁面东侧,第1龛右,第3龛左。
年代:中晚唐。
龛形:双重方形龛,内龛平面呈近横长方形,外龛宽125、高140、深48厘米,内龛宽92、高68、深27厘米,龛向210度。内龛龛楣及两侧龛面浮雕佛帐,左、右龛面各立一方柱,上部雕斗拱,一斗三升,其上承托歇山屋顶,顶部两侧雕垂鸱尾轮廓。两端斗拱内侧各雕一小像,似坐姿,仅存轮廓。
保存情况:龛形完整。龛顶上方存一横向凹槽。造像残损较严重,造像和壁面遍覆后代装彩。

烂泥沟

造像内容： 内龛环三壁造二主尊一真人一弟子一女真一菩萨（图73-4）。主尊居中，结跏趺坐于束腰方座上，下有方形基坛，头均残；均有尖桃形素面头光，头中央各存一小榫孔。左侧主尊高34、座高17厘米；头顶上凸，似绾髻；内着交领衣，外披广袖对襟，下摆覆双腿，腹前束带打结；双手托一圆球状物于腹前。右侧主尊高32、座高17厘米；头顶轮廓略凸，颈部存两道蚕纹；内着僧祇支，于腹部束带，外披双领下垂式袈裟，下摆覆双腿；双手托钵于腹前。

真人、弟子分立正壁前左、右侧仰莲圆座上，头均残；均有圆形素面头光，头中央存一方形榫孔。左侧真人高41、座高6厘米；绾桃形髻，面部轮廓方圆；内着交领衣，外着双领下垂式大衣，下着裙，裙、外衣上均垂两道结带，足穿鞋；双手持笏板于胸前。右侧弟子高37、座高6厘米；光头，内着僧祇支，外披双领下垂式袈裟，下着裙；双手拱于胸前（图73-5）。

女真、菩萨分立左、右壁前仰莲圆座上；均有尖桃形素面头光，绾髻，戴冠；下着长裙，披巾自两肩垂下，绕臂后下及座；戴项圈，两侧璎珞自项圈两侧垂下，于腹部相交，垂及小腿，折向身后。左侧女真头、左臂残，高47、座高4厘米；两侧缯带垂肩后；着双领下垂式广袖大衣，似于腹部束带，足穿鞋；左手垂体侧，右手提披巾垂身体右侧（图73-6）。右侧菩萨右臂不存，高43、座高6厘米；发辫垂两肩，面部丰圆；上着交领衣，下着长裙，腰束带，裙腰外翻，跣足；左腕饰钏；左手提披巾垂体侧，右手置肩前（图73-7）。

图73-4　烂泥沟第2龛（西南→东北）

图 73-5　烂泥沟第 2 龛正壁造像（西南→东北）

内龛上部环三壁雕一排护法像，仅雕出头、胸，风化较严重。左起第一身头上有尖角；第二身似绾髻，颈部存一道蚕纹，着双领下垂式广袖长袍，双手合十于胸前；第三身戴冠，着交领衣，双手笼于袖中，置胸前；第四身戴冠；第五身戴冠，着交领广袖长袍，双手笼袖中，置胸前；第六身戴冠，着交领衣；第七身三头，绾髻，戴小冠，左侧似有发辫垂肩，戴项圈；第八身戴冠，长耳，双耳垂及肩前，着交领广袖衣，右手笼袖中，横置身前；第九身绾髻，着双领下垂式外袍；第十身头上有尖角；第十一身绾髻，颈部缠一蛇；第十二身头上有尖角，面部狰狞；第十三身戴兽首冠，左肩上部立一兽爪。

正壁与左、右壁转折处各雕一方形立柱。

内龛左、右侧龛口靠外分别雕一天王、一力士立于山座上。左侧天王头残，高31、座高16厘米；似戴兜鍪，着战甲，肩系巾，腹部束带，裤腰外翻于腹前中央，腰带垂体侧，甲裙下露裤，穿护胫；右手叉腰，左手似拄剑于体侧。右侧力士头残，高30、座高16厘米；有圆形素面头光，绾髻，发带上飘；上身赤裸，肌肉隆起，下着短裙，腰束带，裙腰外翻，跣足；飘带经头后，搭两肩，过腰带，垂体侧；左臂下伸于体侧，右手握拳举头侧，腰右扭。

外龛左壁存四排立像，头部轮廓相对完整者，头顶均上凸，似绾髻。从上至下第一排存一身，风化严重，仅存轮廓，高20厘米，双手置于体前。第二排存一身，似绾髻，高22厘米，双手置于身前。第

烂泥沟

图 73-6 烂泥沟第 2 龛左侧女真
（西→东）

三排存四身，均仅存轮廓，立于台座上，余残不识，从内至外，第一至四身分别高 28、28、27、21 厘米。第四排存三身，左起第一身仅存右下部，高 18 厘米，着宽袖长袍；第二、三身残不可识，分别高 14、16 厘米。

外龛右壁中下部存四排像。靠上三排为结跏趺坐佛像，有肉髻。从上至下第一排存三身，均坐于台座上，左起第一身残不可识，高 22 厘米；第二身结跏趺坐，高 20 厘米，着通肩式袈裟，双手置两膝上；第三身残不可识，高 21 厘米。第二排存四身，左起第一身残不可识，高 21 厘米；第二身似绾髻，高 20 厘米；第三身着交领衣，高 19 厘米；第四身残不可识，残高 18 厘米。第三排存三身，左起第一身残不可识，高 19 厘米；第二身高 20 厘米，似有肉髻，着交领袈裟，双手置膝上；第三身残不可识，高 19 厘米。第四排为立像，存三身，左起第一身高 23 厘米，腰束带，余不可识；第二身高 25 厘米，似绾髻，着广袖衣，双手似置体前；第三身高 23 厘米，光头，双手置胸前（图 73-8）。

◀ 图73-7 烂泥沟第2龛右侧菩萨
　　　　（东南→西北）

图73-8 烂泥沟第2龛外龛右壁小像 ▶
　　　　（东南→西北）

【第3龛】

位置：造像壁面中部，第2龛右，第4龛左。

年代：中晚唐。

龛形：双重方形龛，内龛平面呈横长方形，外龛宽200、高160、深31厘米，内龛宽138、高146、深70厘米，龛向215度。

保存情况：龛形完整。部分造像残损，造像及壁面遍覆后代装彩。

造像内容：内龛环三壁造一佛二弟子二菩萨（图73-9）。佛居中，善跏趺坐于方座上，头为现代修补，腹部中央和左足下各有一小榫孔，现高80厘米。头顶有圆形华盖，底部内凹。圆形素面头光。内着僧祇支，外着双领下垂式袈裟，跣足。双足各踩一小莲台，双手于腹前结禅定印。

弟子立正壁前左、右侧仰莲圆座上；均有圆形素面头光，光头；内着僧祇支，外着交领袈裟，下着裙，跣足。左侧弟子头顶残，中央存一榫孔，高73、座高15厘米；老者面相，颈部青筋凸起；双手笼袖

图73-9 烂泥沟第3龛（西南→东北）

中,置腹前。右侧弟子头残,存上、下两个榫孔,高73、座高12厘米;双手相握于腹前(图73-10)。

菩萨立左、右壁前仰莲圆座上;均有尖桃形素面头光,绾髻,戴冠,发辫覆肩,面部丰圆,颈部有三道蚕纹;下着裙,腰束带,裙腰外翻,腰带垂至两腿间,披巾自两肩垂下,于胸前横过一道绕两臂垂于胸侧,跣足;戴宽环状项圈,于胸前中央垂挂饰,多残损,两侧各垂一道璎珞,于腹前相交,垂及膝部,折向身后,于双腿前又垂数道长短不一的璎珞,末端饰流苏,双腕饰钏。左侧菩萨头顶残,前方中央存一榫孔,面部略风化,高80、座高16厘米;左手举柳枝于肩前,右手提披巾垂体侧(图73-11)。右侧菩萨全身表面略风化,高80、座高16厘米;左手提瓶垂体侧,右手举柳枝于肩前(图73-12)。

内龛上部环三壁雕一排八身护法像。主尊头光两侧各四身。左起第一身戴冠,尖耳硕大,面部狰狞,怒目圆睁,张嘴露齿;戴项圈,项圈上饰三骷髅;着通肩衣,腰束带,下着裤;足为三爪,足下有圆形小台,左臂似垂于胸侧,右手掌心向内抓一小像置腹前(图73-13)。第二身绾髻,面部狰狞,颈部绕一蛇,蛇头位于头右侧,圆目张嘴,长舌外吐,蛇尾自左肩垂下,左手于身前抓蛇身。第三身头上有尖角,面部丰圆。第四身已不存。第五身仅存残迹,似着广袖袍,双手似置于体前。第六身三头,绾髻。第七身绾髻,面部长圆,着交领广袖长袍,双手似于体前合十。第八身尖耳,肩系巾打结,巾带下垂,腰束

图73-10　烂泥沟第3龛正壁造像(西南→东北)

烂泥沟

图 73-11　烂泥沟第 3 龛左侧菩萨（西→东）

图 73-12　烂泥沟第 3 龛右侧菩萨（东南→西北）

带,左手横放于胸前,执一袋。

内龛两侧龛口靠外各雕一力士立山形座上;有圆形素面头光,绾髻,颈部青筋暴露;上身赤裸,肌肉隆起,下着战裙,腰束带,裙腰外翻。左侧一身双臂、双足残,面部风化,高70、座高24厘米;怒目圆睁;飘带自头后绕两肩垂于身侧,跣足;左手上举,掌心向上托一尖桃形物,右手向下执飘带于身侧,腰左扭,身体朝向右前方。右侧一身面部、双足及台座残损,高69、座高28厘米;飘带自两肩垂下;左手执飘带垂于身侧,右手上举于头侧,五指张开,腰右扭,身体朝向左前方。

内龛龛楣造十五身像。龛楣左侧造一佛六弟子。佛右手残,结跏趺坐于仰莲台上,高20、座高6厘米;有肉髻;着交领袈裟;左手于腹前托一硕大宝珠,右手举肩前。左、右侧弟子均立于圆形台座上,风化、残损严重,仅存轮廓。左侧从内至外第一身残不可识,高21、座高4厘米;第二身面部残损,高23、座高5厘米,双手置腹前;第三身头部残,高23、座高6厘米,着交领袈裟,双手似持一圆形物于胸前。右侧三身从内至外第一身头及双手残,高20、座高6厘米,右手举于胸前;第二身头残,高22、座高5厘米,双手共托一物置于胸前;第三身头残,高22、座高3厘米,着交领袈裟,左手于胸前托一物,不可识,右手垂体侧。佛右侧第一、二身弟子左下方又各造一小像,均朝向佛,跪姿,双手置胸前(图73-14)。

龛楣右侧雕五佛一菩萨。左起第一、四身佛倚坐方座上,其余三身佛均结跏趺坐于仰莲座上。佛有肉髻,颈部存两道蚕纹;着通肩式袈裟。左起第一身佛风化较严重,高21、座高4厘米,双手于腹前结禅定印,双足各踩一小圆台;第二身头残,高19、座高3厘米,佛双手于腹前托物,残不可识;第三身菩萨形象,立仰莲圆座上,头残,高24、座高2厘米,风化严重,绾高髻,发辫垂肩,披络腋,披巾自两肩垂下,于腿前横过,绕双臂垂于体侧,下着裙,腰束带,裙腰外翻,左手举肩前,右手持披巾垂体

图73-13 烂泥沟第3龛左起第一身护法(西→东)

图73-14　烂泥沟第3龛龛楣一佛六弟子（西南→东北）

侧；第四身佛头残，风化严重，高19、座高4厘米，双手置胸前；第五身佛仅存轮廓，高21、座高3厘米，双手置于胸前，双足下各踩一小圆台；第六身佛风化严重，仅存轮廓，高18、座高3厘米，双手置胸前。龛楣下部中央偏左雕卷莲茎，末端有莲台承托上方小像（图73-15）。

内龛左侧龛面上部起一方形台，台上雕五身供养人立像。第一、二身风化严重，仅存轮廓，残不可识，身材矮小，应为孩童。第三身头残，仅存轮廓，双手似持一物于胸前，身材矮小，应为孩童。第四身女性形象，风化严重，高21厘米，绾髻，着交领广袖长袍，足穿鞋，双手笼袖中，置腹前。第五身男性形象，头及双足残，风化严重，高21厘米，似戴幞头，着窄袖长袍，腰束带，足穿鞋，双手置于胸前（图73-16）。

内龛右侧龛面上部有一后代开凿的拱形浅龛，龛形不规整，宽25、高39、深3厘米。龛内造上、下两身坐像，风化严重，仅存轮廓。

烂泥沟

图73-15　烂泥沟第3龛龛楣五佛一菩萨（西南→东北）

图73-16　烂泥沟第3龛左侧龛面供养人（西南→东北）

【第 4 龛】

位置：造像壁面西侧，第 3 龛右。
年代：中晚唐。
龛形：外方内拱形龛，内龛平面近弧形，外龛宽 138、高 157、深 69 厘米，内龛宽 117、高 104、深 53 厘米，龛向 220 度。
保存情况：龛形完整，右壁上部被一较大方槽破坏。造像略残损、风化，造像及壁面存后代装彩。外龛壁面靠外处多覆青苔。
造像内容：内龛环三壁造一老君四真人四天王（图 73-17）。正壁前中央起 4 厘米低坛，坛上造老君及四真人。老君居中，结跏趺坐于束腰方座上，头顶、左手及台座中央残，胸前有一方形凿孔，高 45、座高 30 厘米。有尖桃形素面头光，绾桃形高髻，面部方圆，老者面相，长髯呈倒三角形垂胸前。内着交领衣，外披双领下垂式广袖袍，下摆覆双腿，悬垂座前。双手于胸前斜执麈尾，体前雕凭几，露中足，底部雕兽足。

老君左、右侧坛上各造两身真人像立仰莲圆座上，内侧一身体形均较小。均有尖桃形素面头光，绾桃形髻，面部丰圆，颈部有两道蚕纹；着交领广袖长袍，下着裙，足穿鞋。内侧两身均双手笼袖中，

图 73-17　烂泥沟第 4 龛（西南→东北）

烂泥沟

置胸前;外侧两身均持笏板于胸前。老君左侧第一身高37、座高12厘米,面部及双足残;右侧第一身高37、座高15厘米,面部、双足及台座残。老君左侧第二身高49、座高18厘米,台座中央存一小榫孔;右侧第二身高46、座高19厘米,台座中央存一小榫孔(图73-18)。

四天王立左、右壁前山座上,左、右各两身;均有圆形素面头光;下着裤,足穿靴;足下各踩一小鬼。左侧两身绾髻,着长袍,腰束带,左手持剑搭左肩上,剑尖朝上,右手垂体侧。靠内一身高42厘米,小鬼及山座高21厘米,小鬼露上身,双手托天王双足;靠外一身高39厘米,小鬼及山座高29厘米,小鬼趴向内侧,天王踩小鬼背上(图73-19)。右侧两身戴兜鍪,上身着甲,腰束带,左手均垂体侧,右手各持剑搭右肩上,剑尖朝上。靠内一身高45厘米,小鬼及山座高13厘米,小鬼露上身,两肩为天王所踩,仅雕出小鬼轮廓;靠外一身高42厘米,小鬼及山座高20厘米,小鬼趴伏向龛外,天王双足立小鬼背上(图73-20)。

内龛两侧龛口靠外各雕一力士立山座上,头均残,全身存烟熏痕;上身赤裸,下着短裙,腰束带,裙腰外翻,跣足。左侧力士残高42、座高11厘米,左手举头侧,五指张开,右手下伸于体侧,腰左扭,头向右前方。右侧一身残高48、座高10厘米,左手下伸于体侧,右手握拳举头侧,腰右扭,头向左前方。

图73-18　烂泥沟第4龛正壁造像(西南→东北)

◀ 图 73-19　烂泥沟第 4 龛左壁造像
　　　　　（西北→东南）

图 73-20　烂泥沟第 4 龛右壁造像　▶
　　　　（东南→西北）

南薰乡

74 偏菩萨

偏菩萨摩崖造像位于安岳县南薰乡大东村三组,地处大岭坡北面山腰,海拔高程445米。造像四周为农田和杂树林,地势较高,距离山下民居和道路较远,有小道通往村道。

在宽12、高11.5米的红砂岩裸露崖壁上自西向东开第1、2龛,所在崖壁凸出于两侧,龛形均较大(图74-1)。造像均残损、风化较严重。造像两侧壁面多开榫孔,系龛前建筑遗留,前方地面遍覆瓦片、碎石。造像有零星后代装彩痕,部分造像身体遍布榫孔,系后代修补遗留。

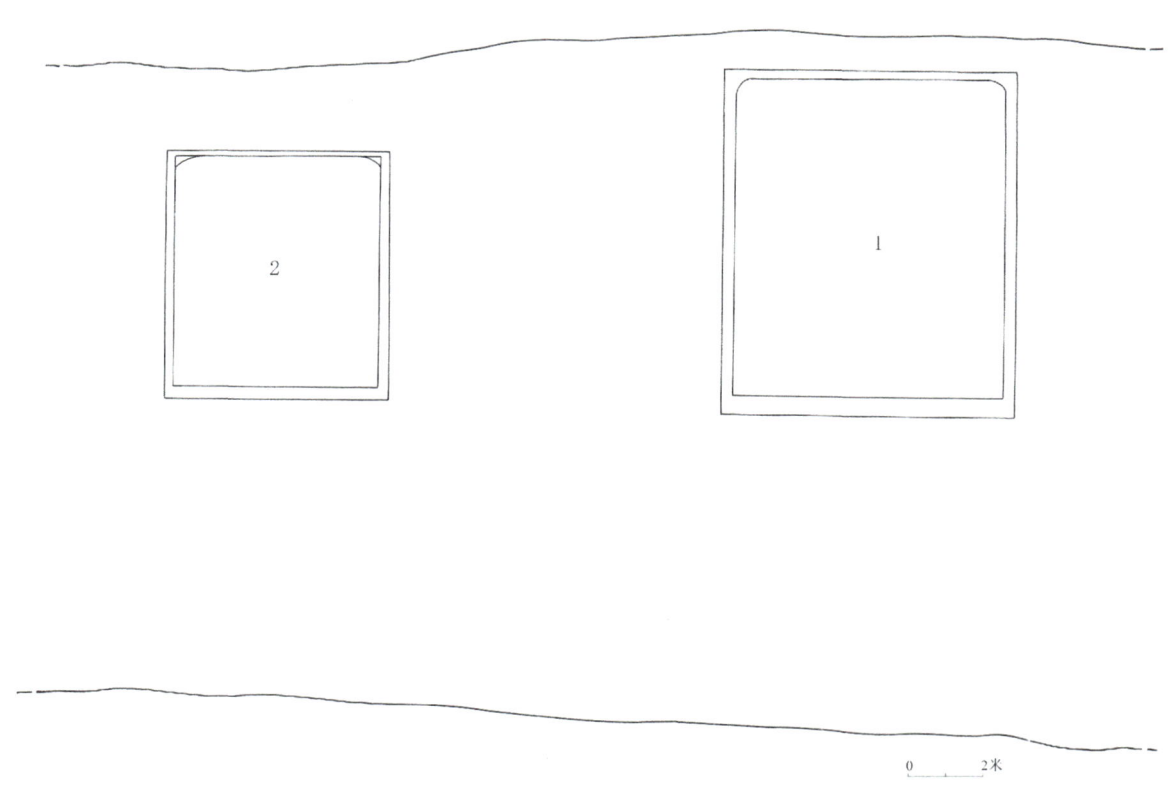

图74-1　偏菩萨造像分布示意图

偏菩萨

【第1龛】

位置：造像崖壁西侧，第2龛左。

年代：北宋中晚期。

龛形：外方内拱形龛，内龛平面呈横长方形，外龛宽430、高490、深90厘米，内龛宽400、高440、深73厘米，龛向35度。

保存情况：龛底外侧崩塌，左、右壁外缘残。外龛左、右壁有较密集方形榫孔。造像及壁面零星存后代装彩痕。

造像内容：内龛正壁前中央造一佛立仰莲座上，全身风化严重，下身残损，高360、座高45厘米。肉髻宽平，螺发细密，面部方圆，双耳硕大，颈部存蚕纹。内着僧祇支，外披双领下垂式袈裟，左肩垂一环，拉起袈裟一角，下着裙，跣足。左手横置腹前，右臂举胸前，上身略左倾，看向左下方小像。双足各踩一小仰莲台（图74-2、74-3）。

图74-2　偏菩萨第1龛（东北→西南）

图74-3 偏菩萨第1龛中央佛（东北→西南）

左壁左侧前靠下造一像立台座上，仅存下身，残高107、座高20厘米。上身位置未见与壁面连接痕，应为圆雕。着袈裟，下着裙，双腿间垂二窄带，跣足。双臂上抬，身体躬身向右侧佛（图74-4）。

外龛左壁下部开一方形浅龛，宽75、高80、深9厘米。龛内雕三身供养人立像，均残损严重，身体朝向龛内。从内至外第一身孩童形象，高46厘米，似着长袍，回首仰面向身后立像；第二、三身似成年男像，分别高74、72厘米，戴冠，着长袍，腰束带，足穿鞋，双手置胸前（图74-5）。

外龛右壁中部开一拱形龛，宽82、高116、深8厘米。正壁前造一像坐台座上，残损、风化严重，高55、座高43厘米；似着长袍，腰似束带，左手可见衣纹，体前有一宽带垂至座前中央；左手似持一方形物于腹前（图74-6）。

外龛右壁下部开一盝形龛，宽72、高108、深5厘米。龛内雕三身供养人立像，身体朝向龛内，均残损严重。从内至外第一身孩童形象，高44厘米，着宽袖大衣，足穿鞋；第二身高61厘米，头中央存一方形榫孔，着广袖大衣，下着长裙，足穿鞋，双臂置体前，腹前腆；第三身高70厘米，可见双腿前衣纹，双臂似置于腹前，腹部前腆（图74-7）。

正壁右侧下部磨光一宽102、高134、深1厘米的竖长方形崖壁，上部额题"大清光绪十三年（1887年）岁次季夏月廿八日立碑"。碑身刻字二十五行，左起第十至二十五行分九排刻人名及出资者姓名，碑文记述第1龛造像开凿之历史，并修建佛殿装彩造像之事。

外龛左壁中部浅浮雕一盝形碑，字迹不存，宽86、残高184、深3厘米（图74-8）。

偏菩萨

图 74-4　偏菩萨第 1 龛左侧立像（东南→西北）

图 74-5 偏菩萨第 1 龛左壁小龛（东南→西北）

图 74-6 偏菩萨第 1 龛右壁中部小龛
（西北→东南）

图 74-7 偏菩萨第 1 龛右壁下部小龛
（西北→东南）

偏菩萨

图 74-8　偏菩萨第 1 龛外龛左壁石碑（东南→西北）

【第 2 龛】

位置：造像崖壁东侧，第 1 龛右。

年代：熙宁二年（1069 年）。

龛形：双重方形龛，内龛平面近半圆形，内龛顶有三角形斜撑，内未掏空，左侧残损。外龛宽 350、高 330、深 149 厘米，内龛宽 300、高 328、深 98 厘米，龛向 35 度。

保存情况：外龛顶脱落不存。造像身体多存小榫孔。造像及壁面残损、水蚀较严重，遍覆青苔。造像存零星装彩痕。

造像内容：正壁前环三壁造一佛二弟子二菩萨（图 74-9）。佛居中，结跏趺坐于束腰仰莲圆座上，全身外层残损，上身遍布小孔，高 123、座高 110 厘米。有内圆外尖桃形头光和椭圆形身光，内层素面，外层饰火焰。内着僧祇支，于腹部束带打结，披双领下垂式袈裟，右侧领边自右肩搭右肘，垂于体侧，下摆垂覆台座上部。双臂置腹前。台座束腰处中央及两侧各开一壶门。左、右侧壶门内各雕一动物，身体朝向龛外，作奔跑姿，仅存轮廓。中央壶门内雕刻残不可识。台座底部有两层圆形基座。

弟子立正壁前左、右侧圆形台座上，上身残损严重，有较密集小孔；存头光残痕；着袈裟，下着裙，跣足；双臂置腹前。左侧弟子高 145、座高 35 厘米。右侧弟子高 141、座高 33 厘米。

菩萨立左、右壁前圆形台座上，双腿以上残损、水蚀严重；披袈裟，下着长裙，跣足；宽结带下垂双腿间，其上饰一道璎珞；腿前及两侧有数道璎珞垂下，装饰繁复，末端饰"十"字形流苏；双臂置体前。左侧菩萨高 160、座高 38 厘米，发辫垂肩（图 74-10）。右侧菩萨高 161、座高 37 厘米，左手举胸前，似持一物（图 74-11）。

内龛左壁上部近龛口处有题记一则，两行，竖刻，楷书，左起：岳阳祖□□□□/佛像文惟简男……（图 74-12）。

外龛左壁上部浮雕一盏形碑，宽 60、高 137 厘米，底部残，内侧存仰莲装饰。碑身刻题记十五行，竖刻，楷书，占据碑身左侧部分，右侧部分未见刻字，碑文简述了佛教在中国发展史，并追述祖先奉佛之事，后于垅山造像装彩之事，有熙宁二年（1069 年）纪年（图 74-13）。

外龛左壁下部开一方形浅龛，四壁外侧残，宽 95、高 100、深 19 厘米，龛内造六身供养人立于龛底，上身均残，分前、后排站立，身体均朝向龛内。后排三身较高，成年男性形象，戴幞头，着圆领长袍，腰束带，足穿鞋，双臂置胸前。前排三身较矮，孩童形象，着长袍，腰束带，足穿鞋。从内至外第一身似回首后方，头微后仰。第二身左手置胸前，右臂前伸。后排从内至外第一至三身分别高 80、79、75 厘米，前排从内至外第一至三身分别高 50、44、46 厘米（图 74-14）。后排像头顶前方各刻榜题一则，均两行，竖刻，楷书。从内至外第一则：曾孙男曹正/……贤；第二则：曾孙男曹讯/玄孙男熙宁；第三则：曾孙男曹询/玄孙男端源。

外龛右壁上、中、下部均开一方形浅龛，顶部转角呈弧形，龛内均雕供养人立像。

靠上一龛宽 78、高 64、深 8 厘米，雕两身像，身体朝向正前方。内侧一身为成年男像，头残，高 60 厘米；戴直脚幞头，着圆领广袖长袍，腰束带，足穿鞋；双手合十于胸前。外侧一身为成年女像，高 53 厘米；着交领广袖大衣，腹前外翻一宽布帛，身体右侧垂一窄带，足穿鞋；双手笼布帛下（图 74-15）。龛外内侧竖刻题记两行，楷书，左起：摄本州都押衙曹令/亡婆白氏奉礼（图 74-16）。

中央一龛宽 77、高 67、深 11 厘米，存两身立像轮廓，身体均朝向正前方，残不可识。龛外左侧存题记两行，楷书，左起：先考曹光美/先妣……（图 74-17）。

偏菩萨

图 74-9 偏菩萨第 2 龛（东北→西南）

◀ 图 74-10　偏菩萨第 2 龛左侧菩萨
（东南→西北）

图 74-11　偏菩萨第 2 龛右侧菩萨 ▶
（西北→东南）

偏菩萨

图74-12　偏菩萨第2龛左壁上部题刻(东南→西北)

　　靠下一龛宽100、高95、深11厘米，雕立像五身，头均残，身体均朝向龛内。从内至外第二、三、五身为成年女像，均绾圆髻，有环髻于头后；内着交领衣，裙头提至胸口，外披双领下垂式广袖大衣，足穿鞋；双手笼袖中，置腹前。第一、四身为孩童形象，上身残，着长袍，腰束带，宽结带分两道垂腿前；双手笼袖中，置腹前。从内至外第一至五身分别高43、78、73、40、77厘米(图74-18)。第二、三、五身头前各竖刻题记一则，均为两行，楷书。从内至外，第一则：同酬愿孙妇李氏／玄孙女越(？)娘子；第二则：曾孙妇李氏；第三则：曾孙妇杜氏。

图 74-13　偏菩萨第 2 龛外龛左壁碑（东南→西北）

偏菩萨

图 74-14 偏菩萨第 2 龛外龛左壁下部供养人（东南→西北）

图 74-15 偏菩萨第 2 龛外龛右壁上部供养人（西北→东南）

图 74-16 偏菩萨第 2 龛外龛右壁上部供养人榜题（西北→东南）

图 74-17 偏菩萨第 2 龛外龛右壁中部供养人（西北→东南）

偏菩萨

图 74-18　偏菩萨第 2 龛外龛右壁下部供养人（西北→东南）

李家镇

75 佛洞岩

佛洞岩摩崖造像位于安岳县李家镇八一村十一组,地处庙子坡西南面山腰,海拔高程434米,现为安岳县文物保护单位。北靠庙子坡,南200米为松树坡,西150米为关牛坡,北100米为王灯坡。造像前有小道向南蜿蜒通向山下村道。

在宽15.7、高5.7米的红砂岩崖壁上自东向西开第1~7龛,其中第2、4龛规模较大,是该处造像的主体(图75-1)。造像前依岩搭建简易砖木结构佛殿,将全部造像笼罩其中,地面覆水泥,是当地信众礼佛的场所。造像两侧及上方有较密集榫孔,部分内插龛前建筑横梁。中部造像前方设一供台,佛殿内放置较多清代和现代圆雕造像(图75-2)。造像于早年遭到人为破坏,头、手均残损,后经修补和装彩。

采用第三次全国文物普查编号,此次调查增编第7-1龛。

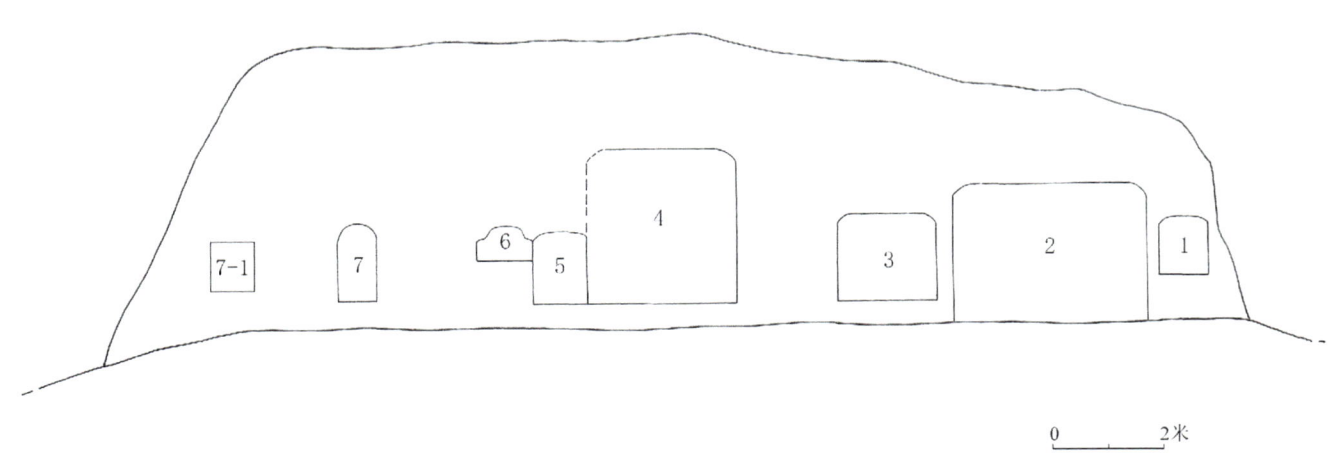

图75-1　佛洞岩造像分布示意图

佛洞岩

图75-2　佛洞岩造像（西→东）

【第1龛】

位置：造像崖壁东端，第2龛左。

年代：南宋。

龛形：拱形龛，平面呈弧形，宽106、高109、深51厘米，龛向205度。

保存情况：左、右壁外侧残，龛底被凿不存。造像经现代补塑，全身覆现代装彩。

造像内容：正壁前现造一菩萨结跏趺坐于牛背之仰莲圆座上，仅腹、腿为原造像遗留，其余部分均经修补，高45、座高13厘米。菩萨现戴卷草纹高冠，面部宽圆；内着僧祇支，外着双领下垂式袈裟，下摆覆双腿及台座；左手现持一方形物于左膝上，右手较小，现单掌立于胸前。牛卧山石上，身体朝向右侧，回首龛外。下方山石围绕雕四身小牛犊，均现代补塑而成。

左壁外侧开一方形小龛，左壁脱落，残宽23、高69、深4厘米。龛内造一立像，头和双手经现代修补，现高61厘米；着交领窄袖长袍，腰束带，宽腰带垂于双腿间，足穿靴；双手现握一短棍状物于腹前右侧。右壁外侧亦开一小龛，仅存造像及龛底部分。龛内造一像，全身经现代修补，原造像痕迹不存；现双手持一钺形物于腹前（图75-3）。

图 75-3 佛洞岩
第 1 龛
（西南→东北）

【第 2 龛】

位置：造像崖壁东侧，第 1 龛右，第 3 龛左。

年代：南宋。

龛形：方形龛，平面呈倒梯形，宽 301、高 262、深 319 厘米，龛向 203 度。

保存情况：左、右壁外侧残，龛底覆水泥。后代继续向下拓展开凿，破坏原龛底。下排造像底部西方壁面密布凿痕，系拓宽的部分。龛顶密布宽粗凿痕。造像头、手均经现代修补。造像及壁面遍覆现代装彩。

造像内容：正壁前设一通壁坛，高 81 厘米。坛上中央又设一宽 262、高 56、深 34 厘米的低坛，低坛上造三主尊二胁侍，均结跏趺坐于坛上，身后彩绘云气环绕。

佛洞岩

中央一身现为佛像，现高85厘米。内着僧祇支，于腹部束带打结，结带呈"八"字形垂袈裟后，外披双领下垂式袈裟，下摆覆双腿及坛。双手现于腹前结禅定印。坛前雕二小莲台，经补塑。

左侧一身道教神祇形象，现高68厘米。现戴高冠，雕出胡须。内着交领衣，其上套长裙，裙头提胸前，束带打结，结带垂座前中央，外披双领下垂式广袖袍，下摆覆双腿及坛，坛前横置一双鞋。左手现抚膝，右手现屈肘于腹前右侧，头向右前方，略低头。

右侧一身现为老者形象，应表现孔子，现高90厘米。头顶有塔形冠，下颔长髯垂胸前。着交领广袖长袍，下摆覆双腿及台座，两肩覆巾，坛前横置一双鞋。左手现抚膝，右手现置腹前，头向左前方，略低头。

低坛两侧各雕一胁侍立台座上。左侧一身现为弟子形象，高104、座高16厘米；有圆形素面头光，现为光头，面部长圆饱满，头较小；着双领下垂式袈裟，下着裙，跣足；左手现持一圆方形物于腹前左侧，右手持锡杖于体前，头略前低。台座下部及两侧雕卷云。右侧一身现高106、座高10厘米；有圆形素面头光，面部近方；着交领广袖长袍，下着裙，足穿鞋；左臂笼袖中，垂体侧，右手现持锦囊于胸前。

右侧立像头顶两侧各雕一圆形台座，其上各造一身结跏趺坐佛；肉髻较低，螺发，面部宽圆。左侧一身高20厘米；内着僧祇支，于腹部束带打结，下摆覆双腿；双手现于腹前托一宝珠。右侧一身高21厘米；着通肩式袈裟，领口开于胸前；左手现托宝珠于腹前，右手置腹前。右侧立像身体两侧各雕一胁侍，相向而立，全身补塑。左侧一身高69厘米，侍女形象，双手现托一方形物于腹前。右侧一身高68厘米，男侍形象，双手现笼袖中，置腹前（图75-4、75-5）。

正壁高坛前有后代开凿的横长方形浅龛，宽373、高49、深9厘米。正壁前造十二身坐像，头及双手均经修补，造像特征及着装方式与其他造像差异较大，身体两侧壁面刻卷云纹。除左起第一身外，均补塑头冠，着交领广袖长袍，足穿鞋。左起第一身高47厘米，忿怒相，下着短裙，腰束带，左手现于腹前左侧执菱形物，右手执斧于腹右侧，下身隐于祥云后。第二身高46厘米，双手怀抱一鼓状布袋于腹前。第三身高48厘米，左手抚膝，右手于胸前握一宽布帛，布帛搭向身后。第四身高49厘米，双手笼袖中，置腹前。第五身高46厘米，左手抚膝，右手抚腰带。第六身高49厘米，双手相叠于腹前。第七身高46厘米，双手笼袖中，置腹前。第八身高49厘米，双手笼袖中，置腹前。第九身高49厘米，双手分置腹前左右。第十身高49厘米，双手置腹前。第十一身高46厘米，左手置膝上，右手置右腹前。第十二身高59厘米，立姿，左手持物举头侧，右手置左膝上，执一方形物。高坛右侧，正壁与侧壁转折处有一凸出壁面，原造像痕迹不存，现补塑一像倚坐台座上，高55厘米，世俗妇女形象，左手现托一婴孩于左腿上。像身体下方及身后环绕四身像，全身均现代补塑而成。

左、右壁造上、下两排弟子坐方形台座上，上、下排各五、四身，共十八身，头均经现代修补，造像双手多经修补。像均内着交领衣，外披袈裟，下着裙。台座下方中央各存一横长方形榜题框，未见字迹，榜题框两侧雕山石。左侧上排从内至外第一、三至五身着交领袈裟；第二身着双领下垂式袈裟，袈裟领边覆头顶；第二至五身座前横置一双僧鞋，鞋跟相对。第一身倚坐，高45厘米，双手于腹前持一如意。第二身结跏趺坐，高51厘米，双手笼袖中，置腹前，其上有一短棍状物，上部呈月牙形，抵下颔。第三身高51厘米，左腿屈体侧，右腿内盘，左手持圆环于腹前，下系帛带，右手撑地，身体扭向右侧。第四身高51厘米，盘腿坐，左腿全压右腿，左手于左小腿上持一串念珠，右手抚膝，头向左前方。第五身结跏趺坐，高50厘米，双手于腹前结禅定印。

下排从内至外第一身着双领下垂式袈裟，第二至四身均着交领袈裟，均穿鞋。从内至外第一身倚坐，高78厘米，袒胸露乳，腹部外鼓，双手抚膝。第二身结跏趺坐，高62厘米，双手现于腹前托一

图 75-4　佛洞岩第 2 龛（西南→东北）

长方形物于腹前。第三身高 80 厘米，左腿踩地，右腿向前屈台座上，双手笼袖中，置右腿上，回首龛外。第四身高 77 厘米，左腿下垂踩地，右腿内盘台上，左手抚膝，右手举肩侧。第四身外侧雕一小立像，全身经现代修补，高 42 厘米，身体朝向龛内，双手现拱胸前（图 75-6）。

右壁上排从内至外第一身倚坐，高 81 厘米，左手挂竹杖于双腿间，右手握一串念珠于右膝上。第二身结跏趺坐，高 57 厘米，双手笼袖中，置腹前，台座前横置一双僧鞋，鞋头相对。第三身高 79 厘米，左腿立台座上，右腿下垂踩地，双手抚膝。第四身高 77 厘米，左腿盘台座上，右腿下垂踩地，左手

佛洞岩

图 75-5　佛洞岩第 2 龛正壁造像（西南→东北）

图 75-6　佛洞岩第 2 龛左壁造像（西北→东南）

置袖中，微前抬，右手置胸前。体前左侧雕一身小立像，头经修补，高 37 厘米，着圆领广袖长袍，腰束带，足穿鞋，双手笼袖中，置胸前，身后披斗篷，覆头，身体朝向龛外。第五身倚坐，高 79 厘米，左手置体前左侧，掌心向上，右手横置腹前，掌心向上。

　　右壁下排从内至外第一身高 85 厘米，左腿盘台座上，右腿下垂踩地，双手持一经卷于腹前，头向右前方。第二身倚坐，高 87 厘米，双手抚膝。第三身结跏趺坐，高 57 厘米，双手相握于胸前。第四身倚坐，左手撑左腿上，右手置胸前，头向右前方。

　　右壁底部中央又有后代补开的三身造像，所在崖面内凹，头、手经现代修补。像均倚坐方台上，戴冠，着交领广袖长袍，双手相握于胸前。从内至外第一至三身分别高 46、35、42 厘米。造像下方存原造像山石痕（图 75-7）。

佛洞岩

图75-7 佛洞岩第2龛右壁造像（东南→西北）

【第 3 龛】

位置：造像崖壁中部偏东，第 2 龛右，第 4 龛左。
年代：南宋。
龛形：拱形龛，平面呈横长方形，宽 171、高 163、深 132 厘米，龛向 202 度。
保存情况：龛底被埋，左壁外侧残。造像头、手均经现代修补，造像及壁面遍覆现代装彩。前方左侧有供桌和圆雕造像，遮挡右侧和下部造像。

造像内容：正壁前造三主尊倚坐方台上；头后均有现代彩绘头光，足穿鞋。中央一身高 97 厘米；戴冕，面部饱满，着交领广袖长袍，腰束带，腰带垂于两腿间，下着裙，足穿鞋；双手握物于胸前，上方存插物之扁方槽。左侧一身高 95 厘米；现绾髻，面部饱满，着交领广袖长袍，腰束带，宽结带垂于两腿间；双手置胸前，上方存一扁方槽，原应插有持物，身体朝向右前方。右侧一身高 97 厘米；戴幞头，着圆领广袖长袍，腰束带，足穿鞋；双手笼袖中，拱胸前，身体朝向左前方（图 75-8）。

左、右壁雕上、下两排像。左壁上排雕四身倚坐像，均戴圆冠，着交领广袖长袍，腰带垂于双腿间，足穿鞋。从内至外第一身高 41 厘米，左手笼袖中，置体侧，右手托笏板于腹前。其左侧雕一小立像，戴幞头，着长袍，右手持一摊开书卷于腹前，身体朝向内侧大像。第二身高 39 厘米，双手怀抱笏板于腹前，上身探向右下方。其身体两侧各雕一小立像，左侧一身着长袍，双手似怀抱一卷轴；右侧

图 75-8　佛洞岩第 3 龛（西南→东北）

佛洞岩

一身双腿跪地,朝向左侧,双手托一摊开卷轴。第三身高39厘米,左手笼袖中,置腹前,右手持笏板于体前,身体微右倾。第四身高41厘米,左手笼袖中,置膝上,右手托一笏板于腹前,头微偏向左下方。其身体左侧雕一身小立像,着长袍,腰束带,面向坐像,双手上举,似握坐像右手,身体朝向主尊。下排像仅于外侧雕两身,靠外一身仅存上身,残高36厘米,戴冠,着交领长袍,右手置胸前。靠内一身体形较小,高28厘米,戴冠,着圆领长袍,右手持一摊开卷轴贴于腹部,头微右偏(图75-9)。

右壁上部雕三身倚坐像,戴圆冠,足穿鞋,腰带垂于双腿间。从内至外第一身高42厘米,双手笼袖中,怀抱一笏板。其身体左侧雕一小立像,左手笼袖中,垂体侧,右手抚一摊开之书卷于胸前。第二身高42厘米,着交领长袍,左臂垂体侧,右手托笏板于腹前。其身体左侧雕一小立像,着长袍,双手摊开一卷轴递向右侧大像。第三身高41厘米,双手笼袖中,怀抱一笏板,身体朝向龛外,回首后方。其身体左侧雕一小立像,着长袍,左手怀抱一卷轴,右手置右侧大像身上(图75-10)。下部雕二倚坐像。内侧一身高41厘米,着交领长袍,双手笼袖中,置腹前。外侧一身高43厘米,着外翻领长袍,足穿鞋,双手抚膝。二坐像中央雕一小像,着长袍,足穿鞋,双手笼袖中,持一宽笏板(图75-11)。右侧龛口雕一力士立山座上,破坏右壁外侧,系后代补刻,高112厘米;光头,忿怒相;着短袖上衣,下着裙,腰束带,结带垂于左腿前,足穿鞋;双手怀抱一卷轴于腹前,头微右偏。

图75-9　佛洞岩第3龛左壁造像(西北→东南)

图 75-10 佛洞岩第 3 龛右壁上部造像(东南→西北)

图 75-11 佛洞岩第 3 龛右壁下部造像(东南→西北)

佛洞岩

正壁下部开一宽151、高29、深9厘米的长方形槽,底部被土石所埋。正壁前造一通壁方台,高22厘米。台前帷幔垂下,台后雕6身冥吏,仅露上身,均戴幞头,着圆领广袖长袍,双手置方台上。从左至右第一身高25厘米,双手笼袖中,头向右前方。第二身高28厘米,双手置台上,头向左前方,胸前置一椭圆形物。第三身高27厘米,身体微左倾,双手笼袖中。第四身高27厘米,左手置方台上,右手置胸前,身体略朝向左前方。第五身高24厘米,左手垂方台后,右手置台前,伸出食指与中指,指向下方。第六身高25厘米,双手笼袖中,置台上,身体微左转。

方台前方雕地狱变,下部被埋,仅露上部。左起第一至三身冥吏下方存二小立像,左侧一身着圆领广袖衣,腰束带,足穿鞋,面向右侧一身,双手托一摊开之书卷于头前;右侧一身牛首,着短袖衣,下着短裙,腰束带,面向左侧,双手持一长柄铡刀,铡刀中央似卧一像。第四身冥吏前方左侧雕一身立像,着长袍,腰束带,趴伏于高台上,戴幞头,头左偏,双手各托一笏板于头顶两侧。第五、六身冥吏下方左、右似各雕一像,残不可识。左壁近底部内侧,与六冥吏齐平位置雕两身小像,外侧一身牛首,着短袖衣,下着短裙,腰束带,双腿较长,跣足,面向龛内,双手似托前方一身像头部;内侧一身上身糊水泥,双手被缚,着短裙,腰束带,坐于地上,面向龛内,双腿屈起,跣足(图75-12)。

图75-12　佛洞岩第3龛下部地狱变(西南→东北)

【第 4 龛】

位置:造像崖壁中部,第 3 龛右,第 5 龛左,右壁下部被第 5 龛破坏。
年代:南宋。
龛形:拱形龛,平面近内宽外窄的体形,残宽 294、高 279、深 304 厘米,龛向 185 度。
保存情况:右壁不存,龛底外侧残。壁面密布凿痕。造像头、手均经现代修补,造像及壁面遍覆现代装彩。龛内放置圆雕造像。
造像内容:正壁前起两层坛,下层宽 280、高 81、深 49 厘米,上层宽 242、高 77、深 29 厘米。坛上造一佛二菩萨。佛及左侧菩萨头部被盗,现代用水泥、黏土补塑。佛及菩萨均戴高冠,冠中央有一小佛结跏趺坐于仰莲圆台上,有椭圆形身光和圆形头光,小佛两侧各雕四个圆饼状物,其上饰团花卷草;均着双领下垂式袈裟,覆双脚,下摆垂覆坛前。佛居中,高 93 厘米。螺发,面部方圆,双耳硕大,双下颌。内着僧祇支,其上束带打结;双手戴环状腕钏;现双手相握,拱于胸前。

菩萨头冠均饰珠链,垂下较短饰件。左侧菩萨高 89 厘米;可见头两侧缯带痕,内着僧祇支,其上束带;戴项圈,垂下三道条带状璎珞,于胸前中央相交,相交处呈圆环状;左手现于胸前施无畏印,右手抚膝。右侧菩萨高 87 厘米;左侧缯带垂肩后,有发辫痕,右侧仅见缯带痕;着双层僧祇支;双手戴环状腕钏;双手托一硕大如意于体前。

主尊下方高坛前雕两朵莲花。左侧菩萨下方雕一狮子,头顶有数颗圆珠组成一圆盘,圆盘后延伸出一条联珠组成的珠链,直至尾部,身体朝向右侧,回首龛外。右侧菩萨下方雕一大象,卧向右侧,回首后方,长鼻垂至腹下。佛与菩萨之间壁面雕凹凸山石(图 75-13、75-14)。

龛左壁内侧雕两排造像,四周壁面雕山石,凹凸不平。左壁上排从内至外第一身高 52 厘米,立姿;着交领广袖衣,腰束带,可见内衣袖口,下着裙,足穿鞋;双手现合十于胸前。第二身坐于山座上,高 40 厘米,着交领广袖衣,腰束带,可见内衣左侧领襟及右侧袖口,下着裙,足穿鞋;左手支台,右手抚膝,左腿内盘,右腿下垂,踩一较小山石上。第三身高 59 厘米,立姿;着交领广袖长袍,腰束带,足穿鞋,双足呈倒"八"字形;左袖空,无左臂,垂体侧,右手现执一拂尘于胸前。

第三身外侧造像又可分为高、低两层。较高一层从内至外第一身靠山形,高 40 厘米,坐姿;着圆领广袖长袍,腰束宽带,宽带下垂下一倒三角形布帛,足穿鞋;双足并拢,左手现抚膝,右手现托一六边形扁平状物于山形上。第二身高 51 厘米,立姿;内着交领衣,外着交领广袖长袍,足穿鞋,双足呈倒"八"字形排列;左手现握一卷起之书卷于腹前,右手现五指张开,伸体侧。第三身高 49 厘米,立姿;着交领广袖长袍,足穿鞋;左手现抚胸,置腹右侧,右足踩一椭圆形凸起之上,头微左偏。较低一层从内至外第一身较矮,高 38 厘米,立姿;着圆领窄袖长袍,足穿鞋;双手现托一细颈鼓腹瓶于腹前。第二身倚坐于山形座上,高 47 厘米;着交领广袖长袍,腰带垂腿间,足穿鞋;双手现置胸前,似握一笏板。第三身高 50 厘米,立姿;着交领广袖长袍,腰束带,足穿鞋,双肩披一飘带,绕左肘,垂体侧;双手现于腹前似托一方形布帛,其上似置一圆形物,不存,身体右转,面向内侧一身。第四身高 55 厘米,立姿;着交领广袖长袍,腰束带,足穿鞋;左袖空,无左臂,右手现伸出中指与食指,置于体前,指向上方,身体朝向右侧,面向内侧一身像。

左壁下排存八身像。从内至外第一身高 57 厘米,立姿;着交领广袖长袍,腰束带,足穿鞋;左袖空,无左臂,右手掌心向上,横置腹前。第二身高 54 厘米,立姿;着交领广袖衣,下着裙,足穿鞋;右手现置胸前。第三身倚坐山形上,高 48 厘米,倚坐;着圆领广袖长袍,腰束带,足穿鞋;左手现置左膝

图75-13 佛洞岩第4龛(南→北)

上,右手现置右腹侧。第四身高46厘米,位置较高,立姿;着圆领广袖衣,下着裙,裙头提至胸前,腰带垂两腿间,足穿鞋;左手现于腹前握一圆饼状物,右手握左手腕。第五身高47厘米,立姿;着圆领窄袖长袍,腰束带,足穿鞋;双手现合十于胸前。第六身高50厘米,立姿;绾圆髻,着交领广袖长袍,腰束带,足穿鞋;左手置胸前,右手叉腰,回首龛外。第七身高55厘米,立姿,位于一凹进之小龛内;着交领广袖长袍,足穿鞋;双手现拱于胸前。第七身前方雕一小像,高51厘米,立姿;着交领广袖衣,足穿鞋;左手笼袖中,置腹前,右手伸于腹前,头微右偏(图75-15)。

右壁内侧存三排造像,造像周围均雕山石。上排仅一身,高26厘米,坐姿。着圆领广袖长袍,腰束带,打结后呈"八"字形垂于腿后,足穿鞋。双手现笼袖中,置于左胸前,双足相抵。

中排存二身。内侧一身高61厘米,立姿;着交领广袖长袍,腰束带,足穿鞋;双足呈"八"字形站立,左手现握一长方形块状物于腹前,右手现置胸前。外侧一身位置稍低,倚坐于山形上,高40厘米;内着交领衣,外着交领广袖衣,下着裙,足穿鞋,呈倒"八"字形;双手笼于袖中,置腹前。

下排存三身。从内至外第一身高56厘米,立姿;着交领广袖长袍,腰束带,右腰处垂下一布帛,

图 75-14 佛洞岩第 4 龛正壁造像（南→北）

图 75-15　佛洞岩第 4 龛左壁造像（西→东）

经左手握于腹前，垂于右足处；右手现笼袖中，置胸前。第二身跪向龛内，位置较高，高 44 厘米；着交领广袖长袍，覆双足；双手现托一物于腹前。第三身高 48 厘米，立姿；着交领广袖长袍，足穿鞋；左手握一圈绳索于腹前，右手握左手腕（图 75-16）。

左壁近龛口处下部存两身现代补刻的立像。内侧一身破坏左壁外侧山形，高 105 厘米；戴军帽，方脸，大耳；内着纽扣式军装，有衣兜，外披马褂，下着长裤，足穿棉鞋，有鞋带孔；左肩斜挎一方包，左手握包带，右手抚包，身体左倾。外侧一身位置较高，立于仰莲台上，高 110 厘米；光头，方圆脸；着交领广袖衣，着内衣，腰束带打结，垂于两腿间，下着裙，跣足，小腿粗壮，有两道布帛自两腕后伸出，垂于身体两侧；双手拱胸前，头微右偏。

龛底中央存一竖长方形香炉，宽 50、高 96、深 25 厘米。香炉顶部中央有一方形凹槽。

图 75-16 佛洞岩第 4 龛右壁造像(东→西)

佛洞岩

【第 5 龛】

位置：造像崖壁西侧，第 4 龛右，第 6 龛左，打破第 4 龛右壁内侧，右壁外侧被第 6 龛打破。
年代：清。
龛形：拱形龛，平面近横长方形，宽 94、高 126、深 23 厘米，龛向 205 度。
保存情况：造像及壁面遍覆现代装彩，龛底下方中央存二方形榫孔。
造像内容：正壁前造两身像倚坐一通壁高坛上，坛高 46、深 5 厘米。

左侧一身高 118 厘米。戴宝冠，扁长脸，双耳较长，长髯呈倒三角形垂及胸前。肩覆巾，外着圆领广袖衣，腰束宽带，右肩有护肩，右腿露战甲，膝前有一兽首，吐出长舌，战甲下露裙，足穿鞋。左手抚膝，右手捋长髯。

右侧一身高 117 厘米。头戴冠，脸近方，耳较长，额中央有一眼竖立。着圆领广袖长袍，腰束带，足穿鞋。左手托梯形物于膝上，梯形物正面中央雕有一眼，右手抚膝。

龛顶上方左侧磨光一榜题框，下部被第 5 龛破坏，字迹不存，宽 16、高 17 厘米（图 75-17）。

图 75-17　佛洞岩第 5 龛（西南→东北）

【第6龛】

位置：造像崖壁西侧，第5龛右，打破第5龛右壁。
年代：清。
龛形：拱形龛，平面呈横长方形，宽100、高73、深12厘米，龛向215度。
保存情况：左、右壁残。壁面有密集凿痕。造像头经现代修补，全身有现代装彩。
造像内容：正壁前造两身像倚坐于方坛上，坛高14、深4厘米，头均经现代修补。左侧一身高60厘米；着交领广袖衣，左侧领边多出一道领边垂至腹前双手后，腰束带，下着裙，足穿鞋；双手笼于袖中，置腹前。右侧一身高61厘米；着"U"字形领广袖长袍，腰束宽带，足穿鞋；左手抚膝，右手握宽带。

坛两侧各雕一小立像。左侧一身高34厘米；胸前系巾，裸上身，着三角短裤，跣足；左手置腹前，右手挂一刀于右腿前。右侧一身高36厘米；着"V"字形领广袖长袍，腰束带，下着裙，足穿鞋；双手笼袖中，置腹前（图75-18）。

图75-18　佛洞岩第6龛（西南→东北）

【第7龛】

位置：造像崖壁西侧，第6龛右，第7-1龛左。

年代：近现代。

龛形：拱形龛，平面近横长方形，宽60、高127、深14厘米，龛向170度。

保存情况：龛形不规整。壁面密布凿痕。造像全身装彩。

造像内容：正壁前造一佛于龛底，高111厘米。螺发，有髻珠，脸近方，扁平，长耳，塌鼻，小嘴，下颌较宽。着双领下垂式袈裟，露右臂，下着裙，内着僧祇支，跣足。左手托一宝珠于腹前，右手五指并拢，掌心向外，垂体侧（图75-19）。

图75-19 佛洞岩第7龛
（南→北）

【第7-1龛】

位置：造像崖壁西端，第7龛右。

年代：清。

龛形：方形龛，平面呈横长方形，宽126、高152、深152厘米，龛向170度。

保存情况：前方砌墙壁，分为内、外两部分。各壁残损、水蚀较严重。

造像内容：题刻龛。正壁局部打磨，未见字迹。左、右侧浮雕一纵向榜题框，宽16厘米。左侧楷书：神灵显应四方。右侧楷书：众像祈佑一境（图75-20）。

图 75-20 佛洞岩第 7-1 龛（南→北）

合义乡

76 天星寺

天星寺摩崖造像位于安岳县合义乡天星村六组，开凿于名为"峦坡"的裸露山体南侧崖壁上，海拔高程556米。造像西、北背靠峦坡，东、南侧为干沟，密布竹林及农田，前有小道向东通往村道，连接合义乡至李家镇的公路。

造像仅一龛，所在崖壁宽16.5、高8.8米，上凸下凹，形成天然洞穴，围绕龛像搭建围墙，是天星寺寺院主体范围，原为1949年以后天星村小学所在（图76-1、76-2）。围绕造像砌筑供台，其上置现代圆雕造像。造像于早年遭到严重破坏，头、臂及所持物均为后代修补。

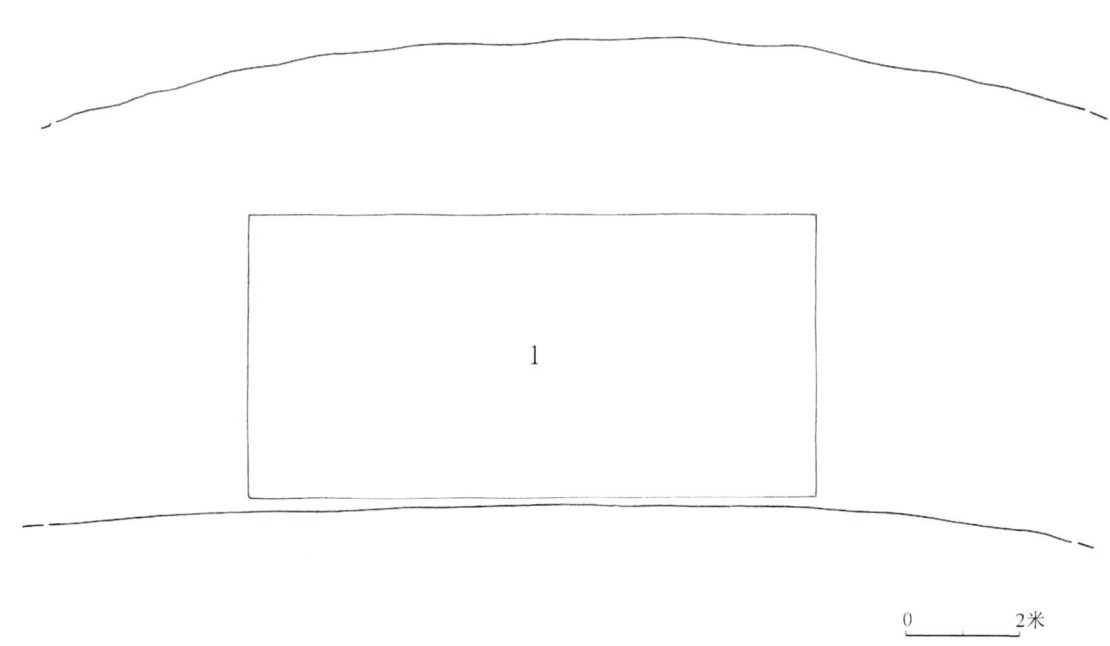

图76-1　天星寺造像分布示意图

天星寺

图 76-2　天星寺造像全景（东南→西北）

【第 1 龛】

位置：造像崖壁中部。
年代：明。
龛形：方形龛，平面呈横长方形，宽 1010、高 532、深 721 厘米，龛向 150 度。
保存情况：龛形完整。正壁及左、右壁前方均有条石垒砌的保坎，高 157 厘米，前方保坎与造像之间的空间填塞土石。造像头、手及所持物均为现代补塑，全身装彩，壁面均有现代彩绘。各壁均密布整齐凿痕。
造像内容：正壁前现造三菩萨结跏趺坐于束腰仰莲圆座上，所在方形壁面凸出正壁 43 厘米。三菩萨均有舟形背光，厚 10 厘米，戴高冠，发辫较粗，分三道垂两肩上，现面部方圆；内着僧祇支，于腹部束带打结，外披双领下垂式袈裟，下摆覆双腿。台座束腰处近方形，其上有两层叠涩，承托莲座，束腰处下部有三层叠涩，转角内收。

左侧一身高 190、座高 125 厘米；左手置于肩前，右手握腰带于腹前。中央一身高 180、座高 120 厘米；双手托一瓶于腹前。右侧一身高 195、座高 100 厘米；双手持一木质如意于体前（图 76-3）。

龛右壁中央磨光一横长方形崖面，宽 121、高 59、深 3 厘米，字迹不存（图 76-4、76-5）。

图76-3 天星寺第1龛(东南→西北)

图76-4 天星寺第1龛左壁(西南→东北)

图 76-5　天星寺第 1 龛右壁（东北→西南）

合义乡

⑦ 佛洞寺

佛洞寺摩崖造像位于安岳县合义乡纸厂村五组，地处佛洞寺坡近山顶处，海拔高程482米。西侧200米为合义乡，四周为农田，有小道向西通往合义乡。

在近佛洞寺坡山顶的一独立红砂岩石包西侧壁面中央开凿洞窟一座，所在壁面宽19、高7米。窟前左、右开现代龛，放置圆雕造像，依岩搭建简易龛檐，将洞窟和圆雕造像笼罩其中（图77-1、77-2）。石包南、东侧存三座未造像洞窟，现用作堆放杂物。有小道自西而东再向北通往石包顶部，于石包部分凿整齐石阶。石包顶部宽平，近圆形，有排水槽和柱洞遗迹。造像于早年遭到损毁，正壁造像胸部以上及双臂均经后代补塑，侧壁前造像已被毁不存。

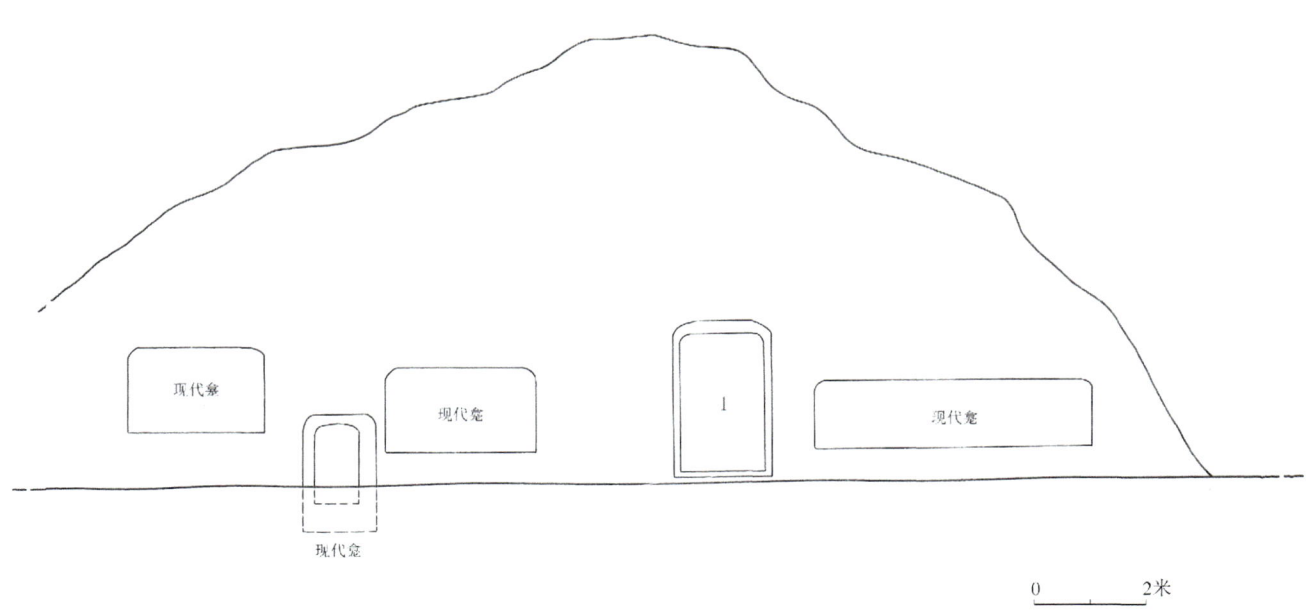

图77-1　佛洞寺造像分布示意图

佛洞寺

图 77-2　佛洞寺造像(西南→东北)

【第 1 龛】

位置：西侧壁面中部。

年代：南宋。

龛形：窟口呈拱形，平面呈竖长方形，形制规整，宽 305、高 388、深 492 厘米，窟向 282 度。窟口内收形成窟门，分两层，外层宽 174、高 282 厘米，内层宽 156、高 242 厘米。内侧窟门刻楹联一则，左联：不是山不是佛不是物，右联：不在内不在外不在中(图 77-3)。

保存情况：窟口顶部中央崩塌。造像均经现代修补和装彩。壁面打磨光滑，遍布彩绘和烟熏痕。

造像内容：正壁前设通壁坛，高 46、深 128 厘米。坛上现置圆雕造像三尊，头、手及胸部经现代修补，现均为菩萨形象，结跏趺坐于束腰方座上；现戴高花冠，经修补的面部长圆；原袈裟下摆覆双腿及台座上部。台座束腰上部方台与造像连为一体，下部与造像分离。

中央一身高 101、座高 107 厘米；胸前存原造像项圈及璎珞痕；双手现托一瓶；台座底部中央雕一龙，身体缠绕，龙首向右侧。左侧一身高 106、座高 103 厘米；左手现抚一方形物于左膝上，右手现持腹前一宽带；台座底部中央雕一狮子，经补塑，身体朝向右侧。右侧一身高 104、座高 103 厘米；双手现托一莲花于腹前；台座底部雕一大象，经补塑，身体朝向右侧，回首窟外，四肢伏地(图 77-4)。

图 77-3　佛洞寺第 1 窟窟口（西北→东南）

　　三主尊两侧各补塑一现代立像，左侧立像圆形仰莲台座为原造像遗留。左、右壁底部有现代条石垒砌的低台，高45、深48厘米，上部用水泥抹平，台上各置六身现代泥塑立像。
　　窟门后左、右侧上部各有一方形壁龛，左侧壁龛宽95、高91、深56厘米，右侧壁龛宽59、高77、深20厘米，其内遍布凿痕。

佛洞寺

图 77-4　佛洞寺第 1 窟正壁造像（西北→东南）

忠义乡

78 红恩寺

红恩寺摩崖造像位于安岳县忠义乡伍堡村九组,地处当地人称千佛岩的山坡北侧裸露崖壁上,海拔高程509米。造像四周为农田,北侧集中分布民居,有小道向北通往外界公路。造像南侧为庙子坡,西侧为架架坡,北侧为青杠坡,东侧为宝塔坡。

在宽23.4、高3.2米的红砂岩崖壁上,自东向西开十九龛,第19龛距离其余各龛位置较远(图78-1)。造像前依岩搭建简易建筑,底部铺设水泥。中部第10~12龛前有长方形供台。造像壁面多有方形榫孔,部分插入龛前建筑横梁。造像于早年遭到严重破坏,后经数次装彩和修补,原造像面貌基本不存(图78-2)。

第三次全国文物普查编十一龛,但无法与现存龛进行对照,且漏编较多,此次重新自西向东编第1~19龛。

红恩寺

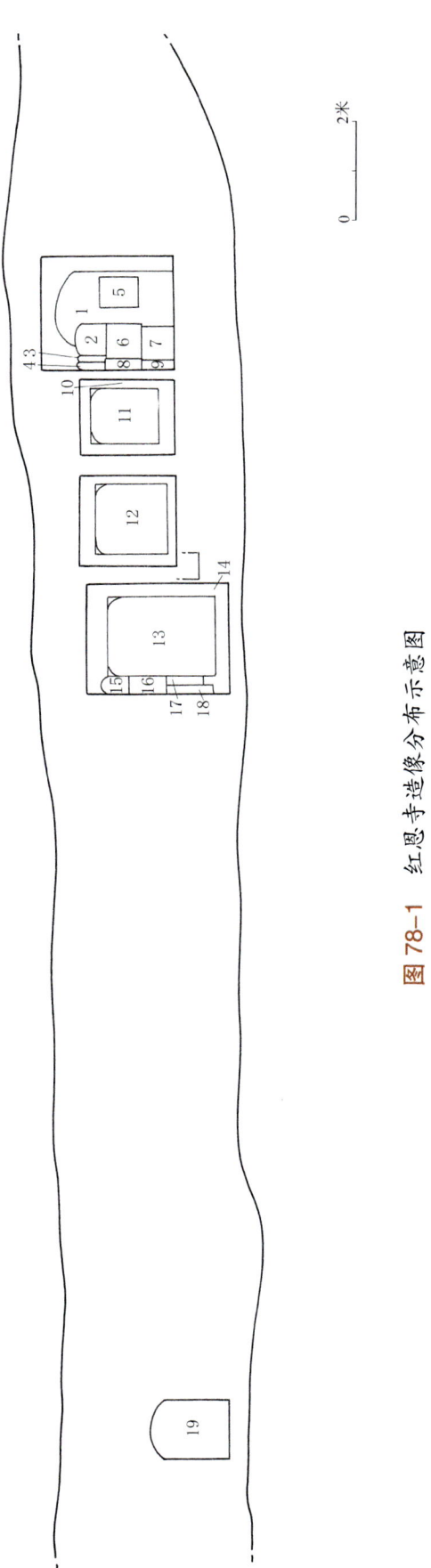

图78-1 红恩寺造像分布示意图

图 78-2　红恩寺造像（西北→东南）

【第 1 龛】

位置：造像崖壁西侧，第 11 龛左。

年代：晚唐五代。

龛形：外方内拱形龛，内龛平面近半圆形，外龛宽 216、高 272、深 119 厘米，内龛宽 169、高 247、深 83 厘米，龛向 13 度。内龛顶部两角留出一凸出的三角形崖面，应为预留的弧撑位置。

保存情况：左壁、右壁上部及龛顶外侧不存，龛底为水泥所覆。龛内又开三排小龛，上排自下向东编第 2、3、4 龛，中排自西向东开第 5、6、8 龛，下排自西向东编第 7、9 龛。

造像内容：正壁下部中央造一经幢，幢身中部不存，其余部分残损严重，仅存轮廓，现高 150 厘米。方形基座，呈两层叠涩，幢身八边形，底部左右侧各存一段龙身，雕出鳞片，正前方左、右各有一龙足。幢顶上方的正壁上部高浮雕一方形石坯，宽 97、高 36、厚 29 厘米（图 78-3）。

红恩寺

图78-3　红恩寺第1龛(东北→西南)

【第 2 龛】

位置：造像崖壁西侧，第 1 龛内，第 3 龛左，第 6 龛上。

年代：晚唐五代。

龛形：拱形龛，平面近横长方形，宽 78、高 74、深 15 厘米，龛向 8 度。左下角雕一扁瓶，瓶内伸出卷草，铺满龛楣及左侧龛面，宽 8 厘米。

保存情况：右壁被磨。造像及壁面遍覆现代装彩，造像全身补塑。

造像内容：正壁前现造一菩萨游戏坐于山座上，头光、身光和台座为原造像遗留，现高 46 厘米。有圆形头光和椨圆形身光，均素面。台座右侧山石上置一瓶，系在原造像轮廓上修补而成。台座呈束腰形，表面凹凸，表现山石。龛底前方又雕一排山石，山石后雕三身小像，仅露上身，均为原造像遗留。左起第一身着战甲，双手置胸前，身体朝向龛外；第二身绾髻，胸前系巾，雕出肋骨及腹部肌肉，左、右肘各有一披巾垂下，身体朝向龛外，仰面向菩萨；第三身着甲，身体朝向龛外，左手置左前方，右手执莲蕾于胸前。

龛底右侧现存两身坐像，均补塑而成，原应为供养人，下方雕山形。内侧一身现高 24 厘米，双腿前可见原造像衣纹；外侧一身现高 19 厘米。二像头顶有一段横向卷草，与龛楣及龛面卷草样式不同（图 78-4）。

图 78-4 红恩寺第 2 龛（北—南）

【第 3 龛】

位置：造像崖壁西侧，第 1 龛内，第 2 龛右，第 4 龛左，第 6 龛上。

年代：晚唐五代。

龛形：凸出于壁面开凿，未雕四壁，不具龛形，龛向 296 度。

保存情况：造像及壁面遍覆现代装彩，造像全身补塑。

造像内容：现造六臂菩萨立仰莲座上，仅双腿、身光、两侧披巾为原造像遗留，现高 54、座现高 13 厘米。有舟形素面背光。下身着裙，双腿间垂一宽结带，腿侧披巾向外卷曲。胸前存原造像璎珞痕（图 78-5）。

图 78-5　红恩寺第 3 龛
（西北→东南）

【第 4 龛】

位置：造像崖壁西侧，第 1 龛内，第 3 龛右，第 6 龛上。

年代：晚唐五代。

龛形：尖拱形龛，平面呈浅弧形，宽 48、高 70、深 8 厘米，龛向 275 度。

保存情况：右壁不存。造像及壁面遍覆现代装彩，造像全身补塑。

造像内容：正壁前现造一像立仰莲圆座上，头光、身光、台座为原造像遗留，现高 65 厘米。有尖桃形头光和舟形身光，均素面。台座饰仰莲瓣，下有倒三角形祥云承托（图 78-6）。

图 78-6 红恩寺第 4 龛
（西→东）

【第 5 龛】

位置：造像崖壁西侧，第 1 龛内，第 6 龛左。

年代：大中祥符三年（1010 年）。

龛形：外方内拱形龛，内龛平面呈横长方形，外龛宽 74、高 81、深 9 厘米，内龛宽 68、高 75、深 25 厘米，龛向 13 度。

保存情况：龛形完整。造像及壁面遍覆后代装彩，造像全身补塑。

造像内容：正壁前现造一像坐于台座上，仅头光、身光及台座为原造像遗留，现高 65 厘米。有圆形头光和椭圆形身光，均素面。台座上部残破，正壁与两侧转折前有三层叠涩残痕，台座前方底部有二兽残痕，仅存外侧双腿，似相向而立。台座左侧雕两身像面向主尊，均仅存轮廓，残不可识，内侧一身较高，高 22 厘米，外侧一身高 19 厘米，跪姿。台座右侧亦雕一跪像，面向主尊，仅存轮廓，高 25 厘

红恩寺

米,右腿上有衣纹残痕,双手合十于胸前(图78-7)。

　　主尊身光两侧各伸出三条飘带,均斜向飘向上方,飘带上雕六道图像,均为原造像所遗留。左侧从上至下第一条飘带上部雕一身四臂像,头部残,头轮廓较宽,上身赤裸,下着短裙,跣足,左、右上手分托一物于头两侧,左、右下手合十于胸前,面向上方,身体后仰,左腿前屈,右腿伸向后方;下部一身上身赤裸,下着短裙,跣足,面向上方,双手屈肘伸于体侧,左手似执一物,左腿前屈,右腿伸向后方。第二条飘带中部雕一身立像,上身赤裸,下着短裙,腰束带,朝向上方,左手举一六边形物于头前方,六边形物转交处各有一圆形凸起,左手屈肘置于头右侧,左腿前迈,右腿后蹬,呈弓步。第三条飘带中部雕一四足动物,仅存轮廓,面向上方,作奔跑状,尾巴平伸于后方(图78-8)。

　　右侧从上至下第一条飘带上部雕一佛结跏趺坐于祥云上,有尖桃形素面头光和圆形素面身光,有肉髻,双手置胸前,云尾飘向下方,佛右侧雕一宝珠;下部雕一立像,绾髻,着交领大衣,下着长裙,两肩各有一披巾垂下,搭两臂,折向身后,双手合十于胸前。第二条飘带雕二身世俗立像,上部一身男性,戴幞头,着圆领广袖长袍,腰束带,面向上方,双手合十于胸前,体前雕一宝珠;下部一身女性形象,绾髻,着圆领衣,下着长裙,双手置于腹前,面向上方。第三条飘带雕二身像作奔跑状,均左腿

图78-7　红恩寺第5龛(东北→西南)

◀ 图78-8 红恩寺第5龛六道
左侧部分（东北→西南）

图78-9 红恩寺第5龛六道 ▶
右侧部分（东北→西南）

前迈,右腿蹬地,呈弓步,跣足,双手五指张开,屈肘置于身体两侧,上部一身似束发,头发较短;下部一身着长裙(图78-9)。

龛顶上方阳刻一方形题记框,凸出于第1龛壁面,宽42、高36厘米,为第5龛造像题记,现存七行,均楷书,内容记大中祥符三年(1010年)造地藏菩萨及经幢等事(图78-10)。

图78-10　红恩寺第5龛龛顶上方题记(东北→西南)

【第6龛】

位置:造像崖壁西侧,第1龛内,第2、3、4龛下,第7龛上。右上角被第4龛破坏。

年代:大中祥符三年(1010年)。

龛形:方形龛,平面呈弧形,龛形不甚规整,宽160、高75、深10厘米,龛向311度。

保存情况:顶、底残损,右壁不存。造像及壁面遍覆装彩,造像全身经现代修补。

造像内容:正壁前造三身像(图78-11)。左侧一尊现立仰莲座上,头光、身光、披巾下端及台座为原造像遗留,现高53厘米。有尖桃形头光和舟形身光,均素面。体侧存原造像披巾。仰莲台仅雕出正面。身体左、右各有两身小立像,均现代补塑。头光左侧雕刻一圆拱形碑,宽20、高34厘米,现存字六

图 78-11　红恩寺第 6 龛（西北→东南）

行，均楷书，内容记大中祥符三年（1010 年）镌造救苦观音菩萨等事（图 78-12）。

中央一尊倚坐方座上，所出壁面外凸，华盖、头光、身光、台座为原造像遗留，现高 49 厘米。头顶雕圆形华盖，其上饰祥云、璎珞和风铃，尖桃形头光和椭圆形身光，均素面。束腰方形台座。身光右侧存一小像，为原造像遗留，绾髻，身后生双翅，右翅下雕一朵祥云，左手上举，右手下伸，身体朝向左侧（图 78-13）。

右侧一尊立台座上，头光、身光、台座为原造像遗留，现高 56 厘米。有尖桃形头光和舟形身光，均素面。台座上宽下窄。

龛右侧雕一身像立于圆台之上，除像本身外，其余均为现代改刻、补塑。现像高 56、座高 9 厘米。头后有尖桃形头光，身后有舟形背光，圆台上宽下窄。

图 78-12　红恩寺第 6 龛正壁左侧石碑
　　　　　（西北→东南）

红恩寺

图 78-13　红恩寺第 6 龛中部带翼小像（西北→东南）

【第 7 龛】

位置：造像崖壁西侧，第 1 龛内，第 6 龛下，第 8 龛左。
年代：大中祥符三年（1010 年）。
龛形：方形龛，平面近弧形，宽 156、高 60、深 67 厘米，龛向 309 度。
保存情况：仅存正壁，龛底被水泥地面所覆。造像及壁面残损、风化严重。
造像内容：龛内造三组像（图 78-14）。左侧一组中央雕二像立于一横长方形台上，仅存轮廓。左侧一身仅存腿部，残高 19 厘米；右侧一身高 32 厘米。立像之间及右侧立像外侧伸出菩提树，其上雕细密树叶，树枝右侧纵向并列二圆饼状物，其间伸出卷云。左侧立像外侧雕刻一圆拱形题记框，宽 24、高 51 厘米，紧依第 1 龛经幢右侧，存字迹四行，内容有大中祥符三年（1010 年）纪年（图 78-15）。

中央一组残损严重，仅存二像头光上部及底部残痕。头光呈尖桃形，延伸至龛顶，素面。左侧像残高 45 厘米，右侧像残高 44 厘米。

右侧一组雕一主尊二胁侍，均立姿，小腿以下被埋。中央主尊仅存轮廓，高 45 厘米；有尖桃形素面头光，可见腰右侧衣纹。左侧胁侍残高 13 厘米；右侧胁侍残高 26 厘米，可见尖桃形素面头光，双手置于腹前，朝向中央主尊。

图 78-14　红恩寺第 7 龛（西北→东南）

图 78-15　红恩寺第 7 龛左侧一组题记
　　　　（西北→东南）

红恩寺

【第 8 龛】

位置：造像崖壁西侧，第 1 龛内，第 4 龛下，第 6 龛右。被第 10、11 龛破坏。
年代：晚唐五代。
龛形：不明，龛向 274 度。
保存情况：仅存正壁左侧。
造像内容：正壁左侧现存一残像，残高 42 厘米。可见头光及舟形身光，均素面。左腿侧有一帛带垂及台座，尾部上卷。其余残不可识（图 78-16）。

图 78-16　红恩寺第 8 龛
（西→东）

【第 9 龛】

位置：造像崖壁西侧，第 1 龛内，第 7 龛右，第 8 龛下。

年代：晚唐五代。

龛形：拱形龛，平面近横长方形，宽 76、高 79、深 19 厘米，龛向 268 度。

保存情况：仅存左侧。造像及壁面遍覆现代装彩，造像全身修补。

造像内容：正壁前现造一像半跏趺坐于方座上，头光、身光、台座及双腿为原造像遗存。圆形头光和身光，均素面。台座近方，下垂之右腿亦为原造像遗存（图 78-17）。

图 78-17　红恩寺第 9 龛（西→东）

【第 10 龛】

位置：造像崖壁西侧，第 7 龛右，第 11 龛外龛左壁中部。打破第 8 龛。

年代：晚唐五代。

龛形：双层方形龛，内龛平面近横长方形。外龛残宽 22、高 68、残深 20 厘米，内龛残宽 15、高 60、残深 13 厘米，龛向 105 度。内龛右上角存一弧撑。

保存情况：仅存内、外龛右壁。

造像内容：造像已不存（图 78-18）。

图 78-18　红恩寺第 10 龛（东南→西北）

【第11龛】

位置：造像崖壁中部偏西，第4、8龛右，第12龛左。

年代：中晚唐。

龛形：外方内拱形龛，内龛平面近半圆形，外龛宽380、高80、深70厘米，内龛宽146、高190、深112厘米，龛向15度。内龛顶部两角有较大三角形弧撑，内侧未掏空。

保存情况：外龛仅存左壁，其余壁面被磨平。内龛造像及壁面遍覆现代装彩，造像全身经补塑，旁侧均有现代墨书榜题。

造像内容：内龛环三壁造一主尊二胁侍。主尊居中，结跏趺坐于束腰仰莲圆座上，华盖、头光、身光及台座为原造像遗存，现高64、座高53厘米，现为菩萨形象。头顶有扁圆形华盖，外缘雕一圈莲瓣。有尖桃形头光和舟形身光，均素面。台座上层为圆形双层仰莲座，束腰处呈八边形，正面及左、右侧雕壸门，壸门中央有一竖长方形凸起。主尊左、右侧各雕一朵祥云，云尾延伸至龛顶，绕华盖左右侧至龛顶处相抵，祥云中各雕一像，亦全身补塑。

二胁侍立左、右壁前圆台上，头光、台座为原造像遗留。尖桃形头光均素面。左侧胁侍现高74、座高18厘米，右侧胁侍现高75、座高20厘米（图78-19）。

外龛正壁左侧竖刻题记一行，楷书，字体较大：观世音菩萨一龛（图78-20）。

图78-19　红恩寺第11龛（东北→西南）

图 78-20　红恩寺第 11 龛外龛左侧题记(东北→西南)

【第12龛】

位置：造像崖壁中部，第11龛右，第13龛左。
年代：中晚唐。
龛形：双层方形龛，内龛平面近半圆形，外龛宽175、高202、深59厘米，内龛宽136、高155、深59厘米，龛向16度。内龛龛楣及两侧龛面浅刻佛帐，龛楣呈波浪形垂下，两侧于中部收束。
保存情况：外龛被磨平不存。内龛造像及壁面遍覆现代装彩，造像全身修补，旁侧有现代墨书榜题。

图78-21 红恩寺第12龛（东北→西南）

红恩寺

造像内容：正壁底部中央起一高坛，宽87、高22、深22厘米，坛上造三主尊，全身补塑，舟形素面身光及台座为原造像遗留。中央主尊现结跏趺坐于束腰仰莲圆座上，现高25厘米。两侧主尊现结跏趺坐于方座上，左侧主尊现高28厘米，右侧主尊现高31厘米。二主尊方座前均有一扁圆形物，残不可识。三主尊之间雕二胁侍，位置靠后，全身补塑，圆形素面头光为原造像遗留，现为弟子形象；左侧一身现高44厘米，右侧一身现高45厘米。

三主尊身后及两侧壁面分四排雕二十五身小像，均结跏趺坐于仰莲圆座上，全身补塑，仅尖桃形头光为原造像遗留。从上至下第一至四排各七、八、六、四身，身体左侧均有凸出于壁面的榜题框，其上存现代墨书，原刻已不存（图78-21）。

【第13龛】

位置：造像崖壁东侧，第12龛右，第14、15龛左。内龛右壁被第14龛破坏。

年代：天宝元年（742年）。

龛形：双层方形龛，内龛平面近半圆形，外龛宽220、高265、深271厘米，内龛宽162、高218、深101厘米，龛向15度。两侧龛口内收，形成龛门，内龛顶部两角有三角形弧撑，内侧掏空。

保存情况：外龛被磨平不存。龛顶中央存一纵向裂隙。造像及壁面遍覆现代装彩，造像全身修补。

造像内容：内龛环三壁现造一天王四胁侍，均立姿。天王居中，头光及台座为原造像遗留，现高192厘米。左、右足各为自地下探出头部的小像所托，双足间又有一小像探出头部。足下有一高12厘米低台，正面雕卷云。

左、右胁侍仅台座为原造像遗留。左侧靠内一身高126厘米，现补塑成一文吏形象；靠外一身高130厘米，现补塑为一武将形象。右侧靠内一身高127厘米，腰侧飘带为原造像遗留，现补塑成一武将形象；靠外一身高127厘米（图78-22）。

内龛左侧龛口内侧靠上刻题记一则，一行，楷书，内容为天宝元年（742年）的造像记（图78-23）。内龛左侧龛面中部开一小龛，宽33、高51厘米，内造两身供养人像，均为补塑，左侧一身高32厘米，右侧一身高23厘米。小龛下方磨平一宽24、高68厘米的崖面，存字迹五行，楷书，碑文磨灭风化严重。

图 78-22　红恩寺第 13 龛（东北→西南）

图78-23 红恩寺第13龛左侧题记（东南→西北）

【第14龛】

位置：造像崖壁中部偏东，第13龛外龛左壁下方，第11、12龛高坛前右侧。
年代：晚唐五代。
龛形：方形龛，平面呈横长方形，宽55、残高15、深11厘米，龛向95度。
保存情况：仅存下部。
造像内容：正壁前仅存一造像小腿，立姿，残高19厘米。可见左腿左侧存一圆柱形物（图78-24）。

图 78-24　红恩寺第 14 龛（东→西）

【第 15 龛】

位置：造像崖壁东侧，第 13 龛右，第 16 龛上。打破第 16 龛顶部。

年代：晚唐五代。

龛形：拱形龛，平面近横长方形，宽 70、高 73、深 10 厘米，龛向 275 度。

保存情况：左壁、龛顶左侧及龛底左侧不存。正壁下部左、右各存一方形榫孔。造像及壁面遍覆现代装彩，造像全身补塑，身体右侧存现代墨书榜题。

造像内容：正壁前现造一立像，现高 42 厘米，台座为原造像遗存。台座呈倒三角形，延伸至第 16 龛内顶部（图 78-25）。

图 78-25　红恩寺第 15 龛（西→东）

【第 16 龛】

位置：造像崖壁东侧，第 15 龛下。顶部被第 15 龛破坏，打破第 13 龛内龛右壁。

年代：晚唐五代。

龛形：拱形龛，平面呈横长方形，宽 132、高 69、深 13 厘米，龛向 275 度。

保存情况：龛顶不存，与第 15 龛连通形成一大龛。造像及壁面遍覆现代装彩，造像全身补塑，头光内有现代墨书榜题。

造像内容：正壁及左壁前造四身较大立像，全身补塑，原貌不可辨识，头光、身光、台座为原造像遗留。均有尖桃形素面头光，台座均呈方形仰覆莲座。从左至右第一身立左壁前，现高 46 厘米。第二身立正壁与左壁转折前，高 43 厘米。第三身立正壁中央，高 56 厘米，有舟形素面身光。第四身立正壁前右侧，高 52 厘米。

第四身外侧又塑二小立像，原应为供养人像，全身补塑，原貌不存。内侧一身高 36 厘米，外侧一身高 32 厘米（图 78-26）。

图 78-26　红恩寺第 16 龛（西→东）

【第 17 龛】

位置：造像崖壁东侧，第 16 龛下，第 18 龛左。
年代：晚唐五代。
龛形：方形龛，平面呈横长方形，宽 76、高 69、深 15 厘米，龛向 275 度。
保存情况：无右壁，正壁与第 18 龛贯通。造像及壁面遍覆现代装彩，造像全身补塑，头光内有现代墨书榜题。
造像内容：正壁前造二坐像，全身补塑，圆形头光、台座为原造像遗留。左侧一身现高 46 厘米，现倚坐方座上；方座下有两层方形基座。右侧一身现高 43 厘米，现游戏坐；束腰方座，座前下方雕山石凹凸（图 78-27）。

【第 18 龛】

位置：造像崖壁东侧，第 16 龛下，第 17 龛右。
年代：晚唐五代。
龛形：方形龛，平面呈横长方形，宽 80、高 87、深 19 厘米，龛向 275 度。
保存情况：无左壁，右壁上部不存，正壁与第 17 龛贯通。造像及壁面遍覆现代装彩，造像全身补塑，彩绘头光内有现代墨书榜题。
造像内容：正壁前现造两身像坐方座上，仅台座为原造像遗留。左侧一身高 53 厘米，现右舒相坐，台座前方左、右各有一小圆台，台座底部右侧雕一小狮子，身体盘曲向龛外，系原造像遗留。右侧一身现高 52 厘米,现右舒相坐,右足下有一小莲台,台座底部右侧亦盘曲一狮子,为原造像遗留。

龛外右侧上部开一方形小龛,其内雕一身坐像,残高 15 厘米,双手置于腹前,游戏坐。龛外右侧下部亦开一方形小龛,现存一立像,全身补塑,原貌不可辨识(图 78-27)。

图 78-27　红恩寺第 17、18 龛(西→东)

【第 19 龛】

位置:造像崖壁东侧。
年代:晚唐五代。
龛形:拱形龛,平面呈横长方形,宽 120、高 140、深 90 厘米,龛向 20 度。
保存情况:四壁外侧崩塌。有两道横向裂隙贯通中、上部。造像及壁面遍覆青苔。
造像内容:环三壁造一主尊二胁侍,均仅存轮廓(图 78-28)。中央主尊坐台座上,连座高 105 厘米。两侧胁侍立台座上,双手均置腹前。左侧胁侍高 63 厘米,右侧胁侍高 65 厘米,余皆残不可识(图 78-29)。

图78-28　红恩寺第19龛（东北→西南）

图 78-29 红恩寺第 19 龛左侧胁侍(东南→西北)

忠义乡

79 千佛岩

千佛岩摩崖造像位于安岳县忠义乡山观村五组庙儿坡北侧一独立红砂岩石包上，海拔高程530米。东南侧400米有村道通往公路，西侧临寨子坡，北侧靠长田坎，东侧为大石坡，周围分布水田及民居。

造像所在石包平面呈不规则型，龛前依岩搭建简易佛殿，将造像壁面笼罩其中。壁面两侧及顶部存少量榫孔，部分插入龛前佛殿横梁，顶部及两侧有中央高、两侧低的排水槽，佛殿外两侧各有一纵向凹槽。北侧壁面宽平，宽8.5、高4.9米，中部开第1龛，几乎占据整个壁面，第1龛内自西向东开第1~9龛，第1龛外右侧开第10、11龛（图79-1、79-2）。造像主体开于中晚唐，清代又有少量增开，造像早年被严重破坏，大部分造像身体被完全凿毁，仅存轮廓，后又对造像进行数次补塑和装彩。

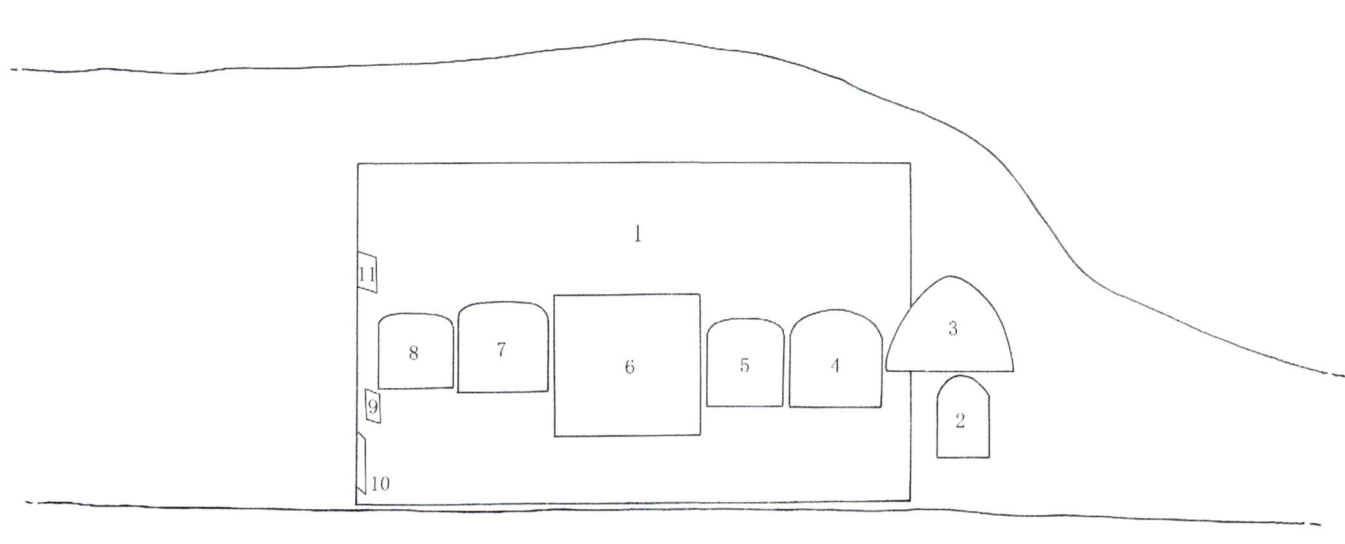

图79-1　忠义乡千佛岩造像分布示意图

图 79-2　忠义乡千佛岩造像（东北→西南）

【第1龛】

位置：造像壁面中央。第2~8龛均开于第1龛内。

年代：中晚唐。

龛形：外方内拱形龛，内龛平面呈狭长方形，外龛宽563、高391、深114厘米，内龛宽525、高356、深34厘米，龛向0度。内龛龛楣雕卷草，龛楣左、右各雕一飞天相向作飞翔状，身体向上弯曲呈"U"字形，飘带飘于身后，裙摆向后飘起，双手托物于胸前。

保存情况：外龛仅存内侧部分。龛顶有一排方形榫孔。造像残损、风化严重，仅存轮廓，存少量装彩痕。

造像内容：正壁造千佛，中央部分被第4~8龛破坏，均仅存轮廓。共十九排，小佛均结跏趺坐于仰莲座上，有尖桃形头光和椭圆形身光，均素面。外龛左、右壁底部各雕一力士相向立于山座上，全身经现代改刻，原造像痕迹不存；左侧力士高111厘米，右侧力士高115厘米（图79-3）。

图79-3 忠义乡千佛岩第1龛(北→南)

【第2龛】

位置:第1龛外龛左壁下部近龛口处。
年代:清。
龛形:拱形龛,平面近浅弧形,宽50、高85、深5厘米,龛向90度。
保存情况:左壁残。
造像内容:正壁前造一像坐于猪背上,左手残,全身装彩,高58厘米。戴冠,面部长圆。着圆领窄袖衣,下着长裤,穿尖头鞋。左手提桶于体侧,右手抚膝。猪身体朝向龛内,回首龛外,大耳长粗腿(图79-4)。

图79-4 忠义乡千佛岩第2龛
（东→西）

【第 3 龛】

位置：第 1 龛左上角，打破第 1 龛外龛左壁。
年代：清。
龛形：拱形龛，龛口形状不甚规整，平面呈横长方形，宽 120、高 105、深 21 厘米，龛向 4 度。
保存情况：壁面遍布密集凿痕。
造像内容：正壁前造一主尊二胁侍，全身装彩。主尊居中，结跏趺坐于仰莲圆座上，高 77、座高 21 厘米。戴圆形高冠，发辫自耳后分两道垂及肩前，面部方圆，双耳硕大。内着圆领衣，着双领下垂式袈裟，披巾自两肩垂下，隐于肘后。双手托瓶于腹前，露双足，足心朝上。

左、右胁侍均立姿。左侧胁侍高 66 厘米；头较小，绾双髻；着圆领上衣，下着长裤，足穿鞋；双手合十胸前。右侧胁侍高 65 厘米；戴高圆冠，面部方圆；着圆领广袖长袍，足穿鞋；双手于腹前托二桃形物（图 79-5）。

图 79-5　忠义乡千佛岩第 3 龛（北→南）

【第 4 龛】

位置：第 1 龛正壁中部西端，第 5 龛左。
年代：中晚唐。
龛形：拱形龛，平面呈浅弧形，宽 92、高 93、深 37 厘米，龛向 0 度。
保存情况：龛形较完整。造像及壁面遍覆现代装彩，造像全身补塑。
造像内容：正壁前开一通壁坛，高 23、深 17 厘米。坛上现造一倚坐像，残高 82 厘米，补塑的头部脱落，头部位置向内凿进，有密集凿痕（图 79-6）。

图 79-6　忠义乡千佛岩第 4 龛（北→南）

【第5龛】

位置：第1龛正壁中部东侧，第4龛右，第6龛左。
年代：中晚唐。
龛形：拱形龛，平面呈浅弧形，宽82、高92、深10厘米，龛向0度。
保存情况：龛形基本完整。造像及壁面遍覆现代装彩，造像全身补塑。
造像内容：正壁现造一像坐牛背上，现高40、牛高30厘米。现造像补塑为一双手合十的结跏趺坐像。牛头向右侧，四肢较长（图79-7）。

图79-7　忠义乡千佛岩第5龛（北→南）

忠义乡千佛岩

【第 6 龛】

位置：第 1 龛正壁中央，第 5 龛右，第 7 龛左。
年代：中晚唐。
龛形：方形龛，平面近半圆形，宽 144、高 147、深 44 厘米，龛向 0 度。
保存情况：左、右壁外侧略残。造像及壁面遍覆现代装彩，造像全身补塑。
造像内容：正壁前起一通壁坛，坛上现造一主尊六胁侍。主尊居中，仅头光及身光为原造像遗留，现高 58、座高 24 厘米；圆形头光和椭圆形身光，均素面；现托一宝珠于腹前。主尊两侧靠内一身胁侍的圆形素面头光为原造像遗留，现均为弟子形象；左侧一身现高 52 厘米，右侧一身现高 53 厘米。主尊两侧中央一身胁侍原貌无存，左侧一身现高 49 厘米，右侧一身现高 43 厘米。主尊两侧靠外一身胁侍原貌无存，现相向骑兽背上。

主尊及胁侍身后雕一排立像，仅露上身，左、右各四身，原貌无存。左、右壁顶部外侧各雕一朵祥云，云头上现各塑三身立像，原貌不存，左侧靠外一身双手执幡于身体左侧，所执幡为原造像遗留（图 79-8）。

图 79-8　忠义乡千佛岩第 6 龛（北→南）

【第7龛】

位置：第1龛正壁中部偏东。
年代：中晚唐。
龛形：拱形龛，平面呈浅弧形，宽87、高83、深15厘米，龛向0度。
保存情况：左、右壁外侧残。造像及壁面遍覆现代装彩，造像全身补塑。
造像内容：正壁前现造唐僧、孙悟空、沙悟净和猪八戒四身像，均补塑而成，原造像不存。唐僧居中，现结跏趺坐于马背上，现高40厘米；马头向左。沙悟净立马左侧后方，现高66厘米，双手持兵器于体前。孙悟空立马尾后，现高55厘米。猪八戒立孙悟空外侧，现高50厘米，位置稍低，位于第7、8龛之间（图79-9）。

正壁现存楷书题记一则，主尊头光左侧存一行，主尊头光右侧现存七行，均风化残损严重。

图 79-9　忠义乡千佛岩第7龛（北→南）

【第8龛】

位置：第1龛正壁中部东端，第7龛右，第9龛左。被第9龛破坏右壁。
年代：中晚唐。
龛形：拱形龛，平面呈浅弧形，宽85、高75、深13厘米，龛向0度。
保存情况：右壁及龛底外侧略残。造像及壁面遍覆现代装彩，造像经补塑。
造像内容：正壁右侧前现造一身倚坐像，全身补塑，现高62厘米。头后及身体左侧存原造像之凹凸轮廓，不可辨识。倚坐像现双手持圆柱形物，双腿间塑一孩童。身体右侧高台上又塑两身孩童像，身体朝向倚坐像（图79-10）。

图79-10　忠义乡千佛岩第8龛（北→南）

【第9龛】

位置：第1龛内龛右壁中部靠下，第8龛右，打破第8龛右壁下部。

年代：中晚唐。

龛形：拱形龛，平面呈浅弧形，宽32、高58、深8厘米，龛向276度。

保存情况：右壁下部残。造像及壁面遍覆现代装彩，造像全身补塑。

造像内容：正壁前现造一像立圆台上，原造像痕迹不存，现高48、座高8厘米。两侧飘带垂体侧。双手置胸前（图79-11）。

图79-11 忠义乡千佛岩第9龛（西→东）

【第10龛】

位置：壁面东侧，第1龛龛外右侧，第9龛右。

年代：清。

龛形：方形龛，平面呈横长方形，宽80、高120、深6厘米，龛向270度。

保存情况：左侧上部存一方形榫孔，中部壁面有两道横向凿痕。

造像内容：正壁浅浮雕一碑，宽51、通高117厘米，有凸出于壁面的方形碑盖，碑身呈竖长方形，存题刻十一行，均楷书，风化严重，左起第三至十一行刻书人名及出资金额，有同治十年（1871年）纪年（图79-12）。

图79-12 忠义乡千佛岩第10龛(西→东)

【第11龛】

位置：壁面东侧，第1龛龛外右侧，第10龛上。

年代：唐。

龛形：拱形龛，宽34、高36、深5厘米，龛向271度。

保存情况：仅存正壁。龛外左侧中上部及龛顶上方各有一方形榫孔。造像及壁面风化严重。

造像内容：正壁前造两身像坐束腰圆座上，均残损严重，仅存轮廓。左侧一身连座高31厘米，双手似置腹前，肩左侧伸出一棍状物一端，右舒相坐，右脚下踏一圆台。右侧一身连座高27厘米，左舒相坐，左脚下有一圆台。

龛外左侧中上部及龛顶上方各有一方形榫孔（图79-13）。

图79-13　忠义乡千佛岩第11龛（西→东）

忠义乡

80 老君洞

老君洞摩崖造像位于安岳县忠义乡石碑村八组菩萨坡东侧,海拔高程524米。造像前有小道绕山通往外界,四周为农田。

造像开于一天然形成的内凹洞穴内,洞穴宽2.5、高12米,大致呈外宽内窄的三角形,在洞穴北、南侧崖壁各开两龛。洞穴顶部的菩萨坡山顶宽平,现辟为农田,中央存一古代遗址,当地人称送佛寺,可见造像残件及少量陶、瓷片(图80-1)。造像区北侧有小道通往山顶。共四龛,北侧崖壁自东向西开第1、2龛,南侧崖壁自西向东开第3、3-1龛(图80-2)。造像石质疏松,风化严重。

采用全国第三次文物普查编号,增编第3-1龛。

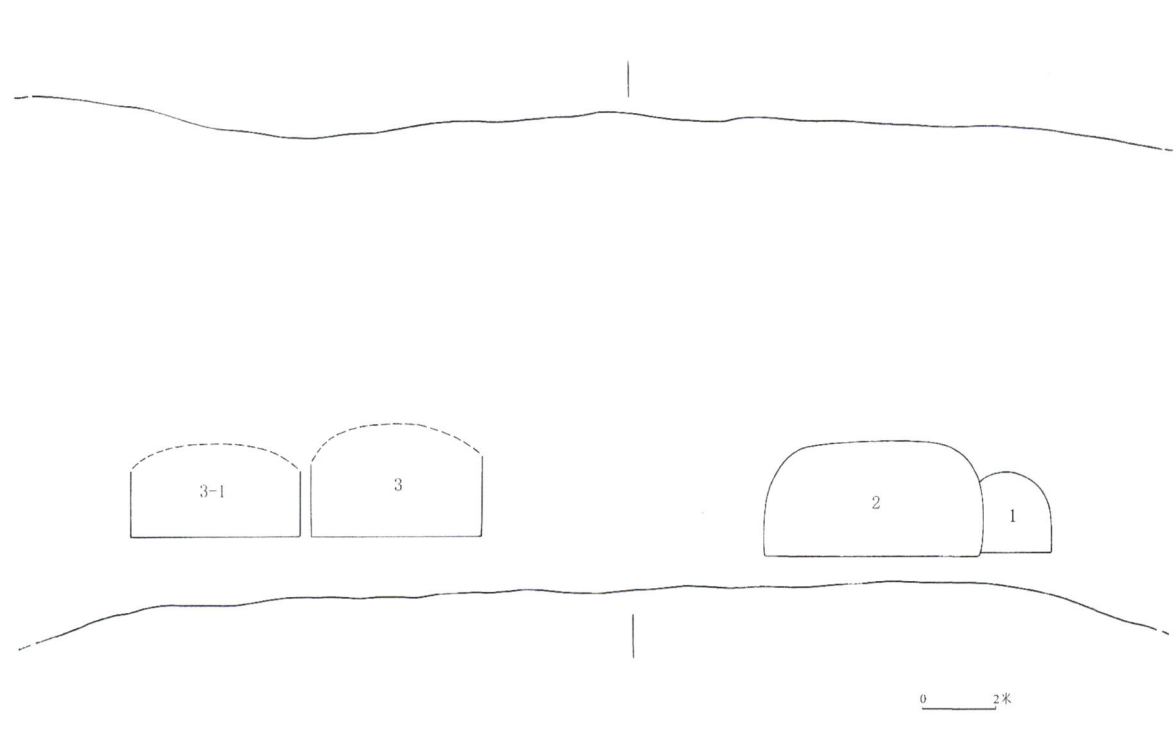

图80-1　老君洞造像分布示意图

图 80-2　老君洞造像所在洞穴（南→北）

【第 1 龛】

位置：北侧造像崖壁东部，第 2 龛左。右壁被第 2 龛破坏。

年代：南宋。

龛形：拱形龛，平面呈弧形，残宽 90、高 120、深 45 厘米，龛向 170 度。

保存情况：仅存正壁左侧部分及左壁。壁面遍布点状凿痕。

造像内容：正壁前中央造一老君倚坐方座上，高 105 厘米，仅胸、腹和右臂相对完整。绾髻，面部方圆，长髯浓密，呈倒三角形垂胸前。着"U"字形领广袖大衣，领边外翻，胸前束带。左手抚膝，右肘上残存麈尾之顶端，方座上存帷幔痕。

老君左侧雕一身立像，头及左臂残，下身风化严重，高 74 厘米。头顶有冠痕。着交领广袖大衣。双手置于腹前，身体微右倾，朝向右前方（图 80-3）。

图 80-3　老君洞第 1 龛（南→北）

【第 2 龛】

位置：北侧造像崖壁西部，第 1 龛右。破坏第 1 龛右壁。
年代：南宋。
龛形：拱形龛，平面呈浅"U"字形，宽 290、高 162、深 44 厘米，龛向 155 度。
保存情况：四壁外侧残。壁面遍布密集点状凿痕，造像及壁面风化严重。
造像内容：正壁前起一通壁高坛，高 47、深 16 厘米，坛上造三尊倚坐像，均残损、风化严重，仅存轮廓。均着交领广袖大衣，衣纹于两腿间呈"U"字形，两腿间一宽结带垂至龛底；双手置腹前，双足处各有一锯齿形残痕，不可识。左起第一身高 133 厘米；第二身高 134 厘米；第三身像高 134 厘米。左起第一、二身头部之间雕出一竖长方形题记框，宽 16、高 37 厘米，题记框上部有屋檐形装饰，屋檐顶部中央为一圆形物，从圆形雕出放射状直线，框底似有一方形装饰，风化不可识，题记框内字迹风化严重，仅可辨四行残痕（图 80-4）。

老君洞

图 80-4　老君洞第 2 龛(东南→西北)

【第 3 龛】

位置：南侧造像崖壁西部，第 4 龛左，第 2 龛正对面。

年代：南宋。

龛形：拱形龛，平面呈浅弧形，宽 123、高 165、残深 40 厘米，龛向 45 度。

保存情况：仅存正壁。壁面局部有较密点状凿痕，龛顶左、右各存一方形榫孔，造像及壁面风化严重。

造像内容：正壁前造一主尊二胁侍倚坐方座上，均仅存轮廓。主尊居中，高 152 厘米。戴方形高冠，面相长圆，左颊微凸。着交领广袖大衣，两腿间雕出"U"字形衣纹，有宽结带自腹部中央垂至龛底。双手于胸前似执一物，残不可识，头微右扭。

左侧胁侍仅存身体内侧轮廓，高 100 厘米；可见身体左侧有衣带垂至底，两腿间雕出"U"字形衣纹。右侧胁侍高 127 厘米；戴幞头，两侧软脚呈三角形系于头后，面部方圆，左耳较大，垂及肩；着圆领广袖衣，两腿间雕出"U"形衣纹，穿鞋；双手笼袖中，置腹前，上身微左倾(图 80-5)。

图 80-5 老君洞第 3 龛（东北→西南）

【第 3-1 龛】

位置：南侧造像崖壁东部，第 3 龛右。

年代：南宋。

龛形：拱形龛，平面近弧形，宽 228、残高 121、残深 65 厘米，龛向 85 度。

保存情况：残损严重，仅存正壁。壁面残损、风化严重。仅可辨识部分造像残痕。

造像内容：正壁左侧残存一坐像轮廓，高 90 厘米。坐像左下方又雕一立像，仅雕出膝部以上，高 40 厘米；可见头顶上凸，着广袖衣，下着裙；双手于腹前按一柄短剑（图 80-6）。

图 80-6 老君洞第 3-1 龛（东→西）

后 记

五卷本两千余页的《安岳石窟内容总录》，是2013年立项的国家社科基金重大项目"西南唐宋石窟寺遗存的调查与综合研究"（项目编号：13ZD&101)）结项成果之一。田野调查工作始于2014年7月，至2022年10月定稿提交出版，前后历时八年。

田野调查和记录，以四川大学考古学系（今四川大学考古文博学院）教师和硕、博士研究生为主要力量，自2014年7月~2019年11月，先后五次组织队伍，历时三百余天，完成了安岳县境内八十处古代石窟的田野调查工作。2014年7月~12月，参加田野调查的人员有四川大学考古学系教师白彬、董华锋，博士研究生王丽君，硕士研究生张亮、张媛媛、干倩倩、余靖、王晓华、司程文、周永强。2015年7月~9月，参加田野调查的人员有四川大学考古学系博士研究生王丽君、张亮，硕士研究生张科、邓宏亚、干倩倩、余靖。2016年6月~7月，参加田野调查的人员有四川大学考古学系博士研究生王丽君，硕士研究生干倩倩、余靖。2018年4月，参加田野调查的人员有四川大学考古学系博士研究生张亮、张科，硕士研究生贺越洋、陈焜。2019年7月~11月，参加田野调查的人员有四川大学考古学系教师白彬、张亮，绘图技师寇小石，博士研究生王丽君，硕士研究生丁曼玉、徐佳甜、郑郁潇、谈北平、郭振新、魏新柳。他们在紧张的工作和学习之余，抽出宝贵时间，翻山越岭，涉水穿林，不惧酷暑严寒，不畏蛇虫鼠蚁，在极其艰苦的条件下，以极大的恒心和毅力，完成了极为浩繁的田野调查任务，所形成的完善而翔实的一手资料，是本书得以顺利出版的基础。

参加本书校稿的有四川大学考古文博学院教师张亮，西华师范大学历史文化学院教师王丽君，四川大学考古文博学院博士研究生谈北平、童瑞雪，硕士研究生杨潇、王淇、邓雅琳、何睿琦、刘一粟、赖敏。

本书编写具体分工如下：王丽君、雷玉华负责千佛寨、石锣沟、木鱼山、上大佛四处石窟内容的整理与撰写。白彬、张亮负责大佛寺（高升乡）、社皇庙、雷神洞、天宫山、菩萨湾、舍身岩、侯家湾、佛岩、三仙洞、菩萨岩（双龙街乡）、佛耳岩十一处石窟内容的整理与撰写。张亮、董华锋、谈北平、童瑞雪、李挺莉、童来、李叶平、邓宏亚、干倩倩、余靖负责其余六十五处石窟内容的整理和撰写。全书完成后，由四川大学考古文博学院白彬、张亮、董华锋和西南民族大学旅游与历史文化学院雷玉华进行统稿。

本书照片由张亮和王丽君拍摄，造像分布示意图由司程文、王晓华、邓宏亚、张科、寇小石、张亮绘制，寇小石统一清绘。

田野调查、室内整理和编辑出版，自始至终得到国家文物局、四川省文物局、四川大学考古文博学院领导的大力支持。孙华（北京大学）、杭侃（云冈研究院）、黎方银（大足石刻研究院）、蒋晓春（安徽大学）诸先生，在项目开展和本书编写过程中，给了我们莫大的支持和帮助。安岳县文物局、安岳县文物保护中心（今安岳石窟研究院）付成金、廖顺勇、杨中华、黄科进、唐文军、漆虎兵先生提供了诸多协助。安岳各乡镇的民众质朴而真诚，在调查工程中，为我们热心带路、割草辟荒、搭架做饭，提供很多慷慨无私的帮助,可以说,没有他们的全程参与,这部《安岳石窟内容总录》是不可能完成的。本书责任编辑及相关工作人员为本书编辑和出版付出很多心血。原在天津古籍出版社供职、今在天津博物馆工作的赵娜女士,在本项目刚启动不久,即主动联系课题负责人,希望我们能将"石窟内容总录"这个序列的成果,交由天津古籍出版社出版,她为此多方联系、奔走呼号,为本书出版争取到了2018年的国家出版基金立项。四川大学考古文博学院亦将该书列入四川大学创新2035先导计划"区域历史与考古文明"资助项目。本书还得到亨利·鲁斯基金项目"深研道教:碑刻和考古材料作为道教生活宗教资料,2019~2024年"(Henry Luce Foundation, "Advancing Daoism: Epigraphic and Archeological Materials as Sources for Daoist Lived Religion", 2019–2024)的支持。在此,谨向所有参加过调查、整理、撰写和校对工作的同仁和同学,以及为本书顺利出版提供过慨然帮助和支持的各位领导、专家和编辑致以崇高的敬意,表示衷心的感谢!

安岳县域广阔,石窟众多,在时间、人力和经费有限的情况下,我们只能优先选择保存较好、规模较大、年代较早、信息缺失严重的石窟作为调查和呈现的主体,遗漏在所难免。在本书即将付印时,我们从四川省文物局获悉,安岳县境内又有若干新的重要石窟发现,四川省文物考古研究院已组织专业人员,对新发现的石窟点展开田野调查。我们期盼这批材料能早日刊布,以嘉惠学林。

编者
2023年10月20日